甲骨文字詁林

第二册

主编 于省吾

按語編撰 姚孝遂

中華書局

0931 對

羅振玉　「說文解字：『對从丵从口从寸，或从士作對。漢文帝以為責對而為言多非誠，故去其口，以从士也。』案古金文無从口作者，亦非从士。又許書从寸，古金文及卜辭均从又。」（殷釋中五十九葉下）

王襄　「古對字。」（簠室殷契類纂第十一葉）

葉玉森　「說文『對，應無方也。从口从寸』，寸，法度也。金文作對（師酉毀）、𦍒（伯晨鼎）、對（太保毀）。契文則作對，按金文皇作㞷（虢叔編鐘）㞷（頌敵）、㞷（王孫鐘）、㞷（陳侯因資毀）。汪袞父謂上象冠冕，其說極新。契文對从㞷，上為口，與鐘文㞷之从凷相似，當亦象冠冕。予前釋風字所从之丵，謂象大鳥之冠。鼎文對正从丵，參比益信。下為丄，即王。从又蓋持事於戴冠冕之王前，含對揚意。契文中未見皇字。金文中之㞷，殆由㞷蛻化而生，又知皇本从王，陳侯因資敵、王孫鐘文，猶得古意。」（說契四葉背）

葉玉森　「字从又，蓋持事於戴冠冕之王前，含對揚意。凷象冠冕，下為丄即王，又契文未見皇字，金文之㞷殆由㞷蛻化而生，又知皇本从王矣。」（說契八葉四行）

孙海波　「對，甲七四○。从丵从又，与金文同。說文對，从丵从口从寸，或从士作對，云汉文帝以为責對而为言多非誠，故去其口以从士也。西對，地名。」（甲骨文編九九頁）

孫海波　「从丵从又，與金文同。說文云：『从丵从口从寸，或从士作對，漢文帝以為責對而為言多非誠，故去其口，以从士也。』非。」（文編三卷三葉）

李孝定　「說文『對譍無方也从丵从口从寸。對對或从士。漢文帝以為責對而為言多非誠，對故去其口以从士也』漢文帝以下云云當非許語，姚文田說文校議桂氏義證均主此說。且金文對字多見，均不从口。趙明誠金石錄云『周以後諸器欵識對字最多，皆無从口者，疑李斯変古法作小篆對字始从口，至文帝復改之耳。』其說當是。按金文皆對揚連文，有顯揚之意，疑與『封』之構造法同。封作𡉚，象一手持屮樹於土上之形，屮為植物之象形字，其初誼當為樹木於某處以為疆域：標識，猶今之界碑。散氏盤云「自洽涉以南至于大沽一封以涉二封至于邊柳復涉濡陟雩歔邍陵以西封于類城桂木封于芻逨封于若道……」此銘紀散矢交爭後畫定疆界之事甚詳。封字作𢦏，从手从収，為對之異體。省土从収與从又同。」其文有可注意者，凡言封之處不為川（大沽、濡是也），則為山（歔、邍、陵是也。邍，許訓高平之野）。凡無自然之山川可為之界域者，則樹木以識之。邊柳之柳、類（字作濈，吴大澂釋類，實當隸定作散）城之桂木是也。其下言封于某封于某，殆皆就地樹之以木。文云「封于散城桂木」，即于散城樹以桂木以為標識也。此蓋封之本誼。對字从丵，丵，許訓叢生艸，與封字从屮同意。字亦象以手持丵樹之之形，其下亦从土。金文土字作土盂鼎土散盤土𠂤盨土老鼎土（陳伯元匜膡字偏旁、子璋鐘基字偏旁均如此作），正金文對字（見下引）所从也。然則對之與封，其異祇在丵丰之別，其意當同。標識之物旨在明顯示人，故金文對字皆有明顯之意，觀金文皆對揚連文，可證也。左宣十二年傳云「取其鯨鯢而封之，以為大戮」，舊注于此無說。意者，蓋明君伐不敬，執元凶，大懟而誅之，樹碑于其冢上，明顯示人，以垂永戒。是封蓋亦有明顯之義也。（余為此說，固臆測無據，然費苦思不得其解，以對封形近，姑妄說之。）對之本義即為明顯，應對之義，蓋假借字。卜辭對字之義不明。辭云「其于西對」（湔四·三·六·四）「辛卯王囗小臣𫧇其作圖（疑圉字）于東對，王固曰囗」（甲二·二五·十，珠三二六重見）「于夲西對大吉」（甲編七四〇），疑亦與封同意。第二辭言小臣𫧇作圉其于東封之手。金文對字多見，大抵相似。如對號叔鐘對寰盤對段簋對格子卣對無奠簋對頌壺對毛公鼎對加簋對師旂鼎對同簋對大保簋對無叀鼎對對卣對召伯虎簋，召伯虎簋對字與封字形極近，可為余說佐證。亘侯鼎對作𢦏，䜌簋作𢦏，亦與封之作𢦏散盤者相近。召伯虎簋銘云「𢦏詢宗君其休」，𢦏揚連文，為金文習語，可見𢦏必為對字無疑。同器封字作對，其左旁所从與對字偏旁極近。」（集釋〇七七〇葉）

陳邦怀 「四五二九号：于南阳西叟，于鳥日北對。」……「對」，疑「禬」字假借，「對」、「禬」同属脂部。《說文解字》示部：「禬，会福祭也。」段玉裁注：「《周礼》注曰：除灾害曰禬。禬，刮去也。与许异。」许郑之说不同。今就卜辞言之，上句云：「于南阳西叟（穰）」，穰义谓除疠殃。下句云：「于鳥日北對（禬）」，禬义谓除灾害。上下二句其事相同，故取《周礼》郑注之说。」（《小屯南地甲骨中所发现的若干重要史料》，《历史研究》一九八二年第二期一二九页）

詹鄞鑫 「甲骨文有𢦏字（《屯》一·二三四），也见于爵文（《三代》一五·七），旧不识。根据上文所述辛变成丵的规律（按：参看𢦏字条），可知𢦏与對同，都是对字。金文对字或作𢦏（同簋）、對（伯姬鼎）、對（师毛父簋），都从辛，是其确证。甲骨文的𢦏對两体与金文的𢦏對两体正好相应。

说文：「对，譍无方也。」此释不可信。对的本义应是雕治。首先从字形上看，甲骨文对字象手持镌形，镌是雕琢玉石的主要工具。辛下或加一横画，则象被雕治的物面。广雅释诂三：「对，治也」，正保存了古义，但由于经典里很难找到例证，所以王念孙疏证对此表示怀疑。其实经典里例证并不少，下面从经典用例看对字本义。

借追为对。大雅棫朴：「追琢其章，金玉其相」，传：「追，雕也」，笺：「追亦治玉也。」又周礼追师郑注：「追犹治也。」追对古音同在端母微部，所以通用。后来追字孳乳为鎚或琱，意义不变。

借敦为对……对又音转为雕……对字的分化情况可以归纳为：借追表示，孳乳为鎚、琱；借敦表示，孳乳为弴、弤；音转为雕，孳乳为彫、琱。

直接以对训治的用例也有。大雅皇矣的「王赫斯怒，爰整其旅，以按徂旅，以笃于周祜，以对于天下」，对字旧注众说纷纭，都赖增字为训，其实对正应训为治，诗文便涣然冰释了。」（释辛及与辛有关的几个字，中国语文一九八三年五期三七○至三七一页）

按：合集三○六○○言「于夫西對」；三六四一九言「于東對」；屯四五二九言「于售北對」，均當為「譍對」之義。字均不从「口」，亦不从「士」，與「辛」亦無涉。

0932

商承祚　「祐作朮」。（佚考八五葉）

唐蘭　「右朮字，商承祚釋祐，誤。按說文朮字正作𣎳，金文盂鼎「我聞殷述令」之述從𣎳（舊誤釋為遂，非是。述令借為墜命），魚鼎匕述字從朮，小臣謎簋「述東陕」之述從𣎳，均可證。說文：「秫，稷之黏者，從禾，朮，象形。𣎳，秫或省禾。」小徐本作「從禾朮聲」，徐鍇謂「言聲，轉寫誤加之」。今按徐說非，秫字當从禾朮聲，朮字或叚作穀名（如弭仲簠云「朮稻糯粱」）後人加禾作秫耳。朮字本作𣎳，從又，又者手形，其本義未詳，然要非秫之省也。卜辭云：「王其朮」，疑叚為述，說文：「述，循也」，惟辭意未足，無以決之」。（文字記卅二葉下至卅三葉上）

孫海波　「朮，乙三三九四。与秫字或体同。」（甲骨文編三〇八頁）

李孝定　「說文『秫稷之黏者从禾朮象形朮秫或省禾』契文此字唐釋朮可从。朮之為秫當為叚借，以字非稷之象形也。其本義不可知。唐說亦是」（集釋二三五三葉）

0933

按：卜辭云：

「丙戌卜，爭貞，父乙朮多子」

「貞，父乙弗弗朮多子」

文辭皆足，當與盂鼎「我聞殷述令」之「述」之用法同。

合集二九四〇

合集三二三八正

0934

按：字在卜辭當為地名。

0935

按：字不可識，其義不詳。

勞榦　「就殳字之发展而言自契文經金文以至小篆，亦可謂相承有序。契文誠象矛头，無可疑者。許氏之『从又几聲』而几則為鳥之短羽者，則亦必本於晚周以后之傳述。因此越王矛从鳥形从𠂇之文，可释为殳。而全部銘文則可释为：

越王作殳以賜

蓋越王及賜三字，已經由容氏辨認。作字及以字則字跡清晰，亦無疑者。惟第四字从𠂇从鳥，以器之形质說，当為矛或殳。但矛字不从手，更証以考工記之文，則此字宜為殳。」（古文字試释，歷史語言研究所集刊第四十本五十一頁）

按：字不可識，其義不詳。

0936

按：字不可識，卜辭為人名。

0937

按：合集一七一〇一辭云：「貞，□其井」為人名。

0938

羅振玉「說文解字反古文作𠬡。此作反，與古金文及許書篆文合。」（殷釋中五十九葉下）

孫海波「反，前二、四、一。地名。」（甲骨文編一二〇頁）

按：卜辭反字均用為地名。

0939

按：字不可識，其義不詳。

0940 □

按：字不可識，其義不詳。

0941 □

按：字不可識，其義不詳。

0942 □

按：合集二七三六八辭云：「丁卯卜，其□叀丁亥于父甲」當為祭名。

0943 □

按：合集三七四〇八辭云：「壬辰王卜貞，田□，往來亡巛」為地名。

0944 □

按：合集六六六四正辭云：「隹父乙降□」當為災咎之義。

0945

按：字不可識，其義不詳。

0946

按：字在卜辭為地名。

0947

張亚初「（綜类九四页）此字从小从殳，可隶定为⿰小殳。毛公鼎有字，容庚先生以为即及字，不确（金文编一四七页）。此字从少从殳，应隶定为⿰少殳。古文字小少音同字通，小字可作少字（綜类四九七页）、雨小可作雨少（同上五八六页）。⿰少殳即⿰小殳。它与后世何字相当，尚待研究。疑与抄字有关。」（古文字分类考释论稿　古文字研究第十七辑二五二页）

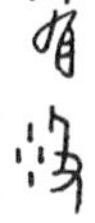

按：字不可識，其義不詳。

0948

斝

王襄「古斝字，象形。」（類纂正編第十四第六十一葉上）

羅振玉「說文解字：『斝，从吅从斗冂象形，與爵同意。』案斝从吅，不見與爵同之狀，从冂亦不能象斝形。今卜辭斝字从，上象柱，下象足，似爵而腹加碩，甚得斝狀，知許書从吅作者，乃由而譌。卜辭从又象手持之，許書所从之斗，殆又由此轉譌者也。又古彝文（金文家稱濮伕彝）有字，與此正同。但省又耳。其形亦象二柱三足一耳而無流，與傳世古斝形狀脗合，可為卜辭字之證。又古散字作，與字形頗相似，故後人誤認斝為散。韓詩說諸

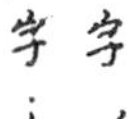

飲器有散無斝，今傳世古飲器有斝無散。大於角者惟斝而已。故諸經中散字疑皆斝字之譌」。（殷釋中三十七葉）

葉玉森　「按羅氏釋斝可信，惟卜辭之斝似非禮器之名。如後編下第七葉第九版『貞𠂤』為殘文，又第十版『王貞韋𠂤亡𡆥』與同版『王貞韋茅』辭例同。韋即違，有離叛之意。曰『韋茅』，曰『韋斝』，猶他辭曰『舁若』（藏龜一百卅三葉之二），則若與茅及斝並國名」。（前釋卷五第七葉）

王國維　「余按羅參事說是也。潍陽端忠敏（方）所藏古斯禁上備列諸酒器，其飲器中有爵一觚一觶二角一斝一，與特牲饋食禮之實二爵二觚四觶一角一散，數雖不同，而器則相若，其證一也。禮言飲器之大者，皆散角或斝角連文，禮器：『禮有以小為貴者，宗廟之祭，尊者獻以爵，卑者獻以散，尊者舉觶，卑者舉角』。明堂位：『加以璧散璧角』。而郊特牲則云：『舉斝角詔妥尸』。皆與角連文，言散則不言斝，言斝則不言散，明二者同物，其證二也。斝為爵之大者，故名曰斝，斝者，假也，大也，古人不獨以為飲器，又以為灌尊，周禮司尊彝：『秋嘗冬蒸，祼用斝彝黃彝』：（註文畧）明堂位：『灌尊夏后氏以雞夷，殷以斝，周以黃目』。左氏昭十七年傳：『若我用瓘斝玉瓚』，按瓘當作灌，灌斝即灌尊，斝所以盛鬯，瓚所用以灌也。是古之灌尊，亦以斝為之，而周禮鬯人職則云：『凡疈事用散』，散既為飲器，又為灌尊，明係斝字之訛，其證三也。詩邶風：『赫如渥赭，公言錫爵』。毛傳云：『祭有畀煇胞翟閽者，惠下之道，見惠不過一散』，經言爵而傳言散，雖以禮詁詩，為毛傳通例，然疑經文『爵』字本當作『斝』，傳訛為『散』，後人因散字不得其韵，故改為『爵』，實則散乃斝之譌字。藉斝為韻，不與上文籥翟為韻，其證四也。禮有散爵，乃雜爵之意，燕禮與大射儀：『公與諸臣異尊，公尊謂之膳尊，諸臣之尊謂之散』，酌於公尊謂之酌膳，酌於諸臣之尊謂之酌散，公爵謂之膳爵，諸臣之爵謂之散爵，是散者對散言之。祭統：『以散爵獻士』，亦對獻卿之玉爵獻大夫之瑤爵言之，散爵，猶言雜爵也，是散本非器名，其證五也。比而書之，知小學上之所得，有證之古制而愚合者，益以斯也」。（集林卷三說斝）

李孝定　「說文『斝玉爵也夏曰琖殷曰斝周曰爵从吅从斗冂象形與爵同意或說斝受六升』許引或說乃說字从斗之意。羅氏釋契文上出諸形為斝，王氏復引經義證之，二說互為發明蓋不可易。惟羅氏謂篆文从斗乃𠁽之譌則似有可商，从斗蓋累增之偏旁，斝為酒器斗為量器物類相近，故又增斗以為偏旁，此亦文字孳乳衍變之通例也。斗古作午，與𠁽形雖略近實不相混也」。

（集釋四一〇八葉）

李孝定　「㪍字所見數辭均殘泐，未詳其義，葉說未足據」。（集釋四一〇八葉）

按：字可隸作「戳」，與器名之「㪍」有別。合集九五四四正辭云：「壬戌卜，古貞，乎𠕋戳黍」可能為地名。

0949

鑿

孫詒讓　「此疑是報字。右从㞋，即𠬝字；左从丫，即幸之省。又疑為設之省，右為殳左从丫，或言字之省。兩讀未知孰是，姑並存之。」（契文舉例下十五頁下）

王襄　「疑古酌字。」（簠室殷契徵文考釋典礼十二頁上）

李旦丘　「字當釋設，說文信古文作㐰，所从之言作丫，與㪍字所从正同。㪍亦設字。」（鐵云藏龜零拾考釋三六——三八頁）

郭沫若　「[illegible]疑毁字。」（卜辭通纂一六五頁下）「[illegible]疑是毀字，要當含惡意，與祟咎等同。」（卜辭通纂八九頁上）

饒宗頤　「㪍即㕧，古兒字，見汗簡。古語有『瞢兒』（說文㕧字下注），目蔽垢也。『有㕧』猶言『有兒』。他辭云：『……夕㞢㕧于西。』『……霾（霾）。庚申亦有㕧，有鳴雊……。』（屯甲二四一五）指日入蒙气。故『㞢希㞢㕧』連言，并指𤈦气蒙气。古人以为氛祲也。」（通考八一頁）

李平心　「下面先舉三例：

辛未㞢（有）殺新星。　前七·一四·一

☐冬（終）夕☐☐亦大星☐。　簠雜一二〇

七日己巳，夕壹，囗出（有）新大星并火。后下九·一

「有殺新星」，是记录一颗不祥的新星出现。殺我考定即「遗大投艰」之投，实为妖，与咎为同族字。字从辛殳声。辛（说文训罪，与妖孽之孽声义相通。殳最古音当在宵幽部，后变入侯部。侯、宵、幽三部往往相转。殳本萧类，本读如敲，读殊是晚变之音。贾谊过秦论「执敲朴以鞭笞天下」，汉书项籍传注引邓展说：「敲，短杖也」，敲朴正相当于殳攴二字。敲殳与妖同音。古书投或作抠，而从区从夭之字每每相假。金文簋或作𣪘，其字从食殳声，与殺同声。古音簋（𣪘）在幽部，妖在宵部，二部最近，有些古韵家谓宵幽实一部。故知殺即妖孽字。：在卜辞中，殺（妖）与出（祟）、希（煞，与祟通）义近，当训凶咎。它有时用作名词，如：「有殺」，即有妖厉或妖孽，犹左传云「有妖」；有时又用作形容词，如「有殺虹」，即有不祥之虹，与「有出（祟）虹」文法无殊。书大诰：「予造天役，遗大投艰于朕身。」成王自谓他遭受天虐，天降大艰于他。（旧注家于投字皆曲为之说，而不可通。今得卜辞殺字比证，其义大明。）殺（投、妖）与咎声义互通。古人称彗为妖星。因此，「有殺新星」犹他辞言「有殺虹」，即是有新彗星见于夕空。」（商代彗星的发现，李平心史论集第三四至三五页）

屈翼鹏　「孫詒讓疑为報字，又疑为設字。纂释疑毁字，似均未的。」（殷墟文字甲编考释一九〇页）

張秉权　「吺，象以殳击▽之形，▽，象錐形物体。孫詒讓疑為報字，又疑為設字（注一）。王襄疑為凿字，又疑為酌字（注二）。通纂考释疑為毁字（注三）。胡厚宣释為酘字（注四）。魯实先释為吺字（注五）。其中「設」和「吺」，在字形上是比較可信的，但在卜辞的解释上，仍有若干困难。」（殷虚文字丙编考释第四〇頁）

（注一）見契文举例下十四頁

（注二）見殷契类纂存疑三及殷契徵文考释典礼十二頁

（注三）見卜辞通纂考释八九頁

（注四）見集刊第九本卜辞同文例p.p.一四五

（注五）見殷曆譜糾譎附录三二八九至三一一頁。

白玉峥　「籀庼先生释報，又疑为設。王襄氏释酌（簠考典礼十二）。或释毁，曰：「吺，疑毁字，要当含恶意，与祟、咎等同」（通考八九）。高笏之先生释震，曰：「说文：震，劈历振物者；从雨辰声。春秋传曰：震夷伯之庙」。字原倚又画持硾硾椿状，似雷震霹历；由

文又生意，故讬以寄雷震之震。动词。字亦用为名词，皆所以言天象，非雷震之震莫屬。㱿字，意为意震，後世通以震字代之，日久而古文遂廢。（見字例二·二九〇）峥按：究当今字何字，其意为何，及其於卜辞之为用，皆有待深论。然就字之构形审之，似当释设。盖字从丫从殳，丫，与甲文𧥢之所从同；𧥢今释戠，且已成定说，音、言又为同字，则㱿之释设，似无疑义。然较之辞义，则又窒碍难通。阙疑可也。」（契文举例校读十九中国文字第五十二册五九〇八至五九〇九页）

于省吾「甲骨文设字作㱿或𢼸。……㱿字从丫从殳，丫即言字的初文，孳乳为𠮛。甲骨文偏旁从丫与从𠮛无别，其佐证有三：一，甲骨文戠字左从音（古文字言音二字每同用），早期多从丫，晚期多从𠮛；二，甲骨文競字作䇾，周代金文作𧩸，其上部从丫与从𠮛同；三，甲骨文燮字中从丫，说文谓「燮从言从又」。依据上列三项证明，则设字所从之丫，即言字的初文，了无可疑。

……设之训施训陈典籍习见。甲骨文的设字有两种含义：一种指自然界之设施兆象言之。当时人们认为，自然界的兆象，甚至鸟鸣，都有吉凶的徵验，而此类兆象是上帝有意为之，故以设施为言。另一种指祭祀时的陈设祭物言之。今分别举例如下：

甲，对自然界言设

一，丙申卜，㱿贞，来乙子酢下乙。王固曰，酢，隹有希，其有设。乙子酢，明雨，伐，既雨，咸伐，亦雨。𢼊，卯，鸟星（乙六六六四）。

二，乙子夕，㞢设于西（乙六六六五，即乙六六六四的反面）。

三，☒允有设，明（明）㞢各（格）云（雲）自东口口。昊亦有设，㞢出虹，自北口饮于河（缀存三五）。

四，☒㞢设虹于西☒（湔七·七·一）

五，☒象（象），庚申亦㞢设，㞢鸣鸟口[illegible]圉羌，戋（甲二四一五）。

六，五日甲子，允酢，㞢设于东（乙三三三四）。

七，☒庚其㞢设，吉，受又；其隹壬，不吉（簠典一〇五）。

八，其隹戊㞢设，不吉（乙七四七四）。

九，丁子卜，穷贞，设隹囚（咎）（京津一九五二）。

十，口寅卜，穷贞，设不隹囚（缀合一八九）。

乙，对祭祀言设

一，壬辰卜，贞，设司室（湔四·二七·八）

二，庚申卜，叀父乙設，用（南北明六一三）。
三，貞，王設父乙（乙四八二一）。
四，乙亥卜，貞，叀羌用，寳（拓本）。
五，壬午卜，大貞，設六人（林一·二六·六）

以上所列甲项十条的設字，均指自然界的設施兆象言之。……以上所列乙项五条的設字，系一种概括的简语，均指祭祀时的陈设言之。……对自然界言設，是因为兆象为天所設施；对祭祀言設，是因为祭祀须要陈设品物。如此，则設字的义训，无有不符。」（释設，甲骨文字释林一〇三至一〇七页）

詹鄞鑫　「甲骨文𣪊字屡见，偶或写作𣪊（乙六六八四），这字曾被疑为报、为酌、为毁、为覓，有的书隶定为酘，或释为设，王襄曾疑为凿字。除王襄外，诸说都不对。王氏也仅仅是怀疑而已，并无佐证，后人不能相信。现在可以知道，𣪊字象手持锤击凿具之形，是凿字初文。

古文字里作偏旁的辛字，往往演变为丵字，如宰字（原父簋）、齊鎛及三体石经都作宰。对字甲文和金文都有从辛和从丵两体……皆其证。众所周知，丵柄经过锤击之后，柄头木质都会顺理撕裂为一丛细丝。丵写作丵，正是这种现象的反映。……鑿字所从的臼是后加的会意符，臼同凵，是坎字的初文，表示凿物成坎。金旁是形声意符。未加金或臼的𣫌或𣪠字，也见于字书。广韵屋部有𣪠字，与同部鑿字音义同。广韵集韵均有𣫌字，注云「与鑿同」，集韵又省作𣪠。据此可知，𣪠的变体𣪠𣫌等字，确是鑿字。

根据以上两点，即使我们不知道辛辛是凿具，也不妨碍我们把𣪊字断定为凿字。同时，通过𣪠之断定为凿，反过来又证明了辛辛的确是凿具。

辛凿二字古音迥别，既然辛是凿具，怎样解释这种矛盾呢？原来辛是凿具，但从语源上看，辛凿并不同源。辛是名词，后来写作鐫鑯，釺等字；凿字起初是动词，义为击辛。古音与凿相近者往往有击义。如击杙叫椓，椎击物叫𣪠，击璞叫琢，斧斤击物叫斫，喙击叫啄，水滴击物叫涿等，这是一组同源词。可见凿音本与击相关，而与辛没有内在联系。后来凿字由动词转化为名词，才成为凿具的名称。」（释辛及与辛有关的几个字，中国语文一九八三年五期三七〇页）

林小安　「𣪊之为文，犹𣪘之为文。左旁▽、皀分别为𤔲、簋之象形，右旁又为使用该器时动作之会意。前者为手持酒端倾酒于𤔲中，后者为手持勺匙从簋中取食。𣪘既为簋之初文，吺为䜌之初文当无违理之处。

以上我们用手持酒端倾酒于漏斗来解说卜辞吺字之形构，虽了无违理之处，然而，殷代的吺字怎么演化为东汉说文解字时的䜌字，尚待其他证据证成之。

寻绎现存古文字，我们认为有两个例证，可以证明从吺到䜌的演化过程。

其一，即一九七二年四月在山东省临沂地区银雀山汉墓中发现的简书孙膑兵法中，有一「㝐」字，整理者释为「变」……我们认为「㝐」字实为吺之隶写……㝐的本义应是䜌，在银雀山汉简中是作为变的假借字来用的，并非是变的省写或简化字。……

其二，即一九七八年五月，在湖北省随县擂鼓墩出土的战国早期曾侯乙墓钟铭中，有一諩字，异体又作諩……应视为从敨（訍）㠯声，敨（訍）亦声。敨（或隶为敨、訍）即卜辞之吺（隶为設）及银雀山汉简之㝐，偏旁位置不同罢了。……在曾侯乙钟铭及银雀山汉简中，諩及㝐均读为变，实际是变的假借字。以之验之卜辞我们发现吺（䜌的初文）字的用法及在卜辞中的义训亦不例外，应读为变异、变乱之变。试举其例：

……庚吉，其佳……㞢吺，[古文字]于西。 前七·七·一

戊……又，王固……佳丁吉，其……未允……允㞢吺，㞢……昃亦㞢吺，㞢出[古文字]自北……于河，在十二月。 前七·四三·二

[古文字]即虹，彩虹的出现在古人眼中是天空中的异象。㞢吺，读为「有变」，于前后文义相合。其辞曰发生了反常情况，有变异出现，变异即指虹的出现。」（殷墟卜辞吺字考辨，考古与文物一九八七年五期四六至四九页）

徐兆仁 「甲骨文吺字作[古文字]（合集六四四一）[古文字]（合集一三三二九）[古文字]（京津一九六一）[古文字]（乙四八二一）[古文字]（铁二·七·一）[古文字]（京津一九五五）诸形。孙诒让释为報，又怀疑是設（举例下一四）；王襄释作酌（簠考典礼一二）；郭沫若释为毁（卜通八九）；陈梦家隶定为殺，释作霓；于思泊先生释作設（释林一〇三）。各家对吺字的解释多有异说，吺字所处的卜辞亦难通读。……

吺字从[古文字]、[古文字]，[古文字]即殳，无疑。甲骨文中[古文字]、[古文字]、[古文字]、[古文字]诸形在偏旁中可互用，例如：

[古文字] 后上一七·一 [古文字] 合集二一八三三 [古文字] 合集二一六二 [古文字] 责父辛觯

[古文字] 乙一八·九 [古文字] 燕五五八 [古文字] 佚三八八 [古文字] 佚三八八 [古文字] 䔲五·一

[古文字] 宁沪一·九四 [古文字] 京津四一四三 [古文字] 粹三八七 [古文字] 燕八三〇

□（甲一五六四）　□ 京津四一四四　□ 佚六一一

□ 后一·九·一二　□ 存一二七六　□ 掇一·一三二　□ 明藏五七二　□ 后二·三六·七

□ 存下六〇　□ 佚六八七　□ 存下六一　□ 甲七二七　□ 粹一二三九

□ 甲四九九　□ 粹五·五·三　□ 京津三五六一　□ 拾八·二

□ 库一二五〇

可见□字所从之▽为□之异构。从□、▽之字后来常变作从丵、丵，如：

□ 掇一·一·三一　□ 佚五八　□ 颂鼎　□ 散盘　□ 鲁原父毁　□ 三体石经僖公

□ 后下二〇·一　□ 隣仲盘　□ 几父壶　□ 召伯虎毁　□ 说文古文　□ 三体石经僖公

□ 宁沪一·二三四　□ 同毁　□ 甗侯鼎　□ 卯毁　□ 史獸鼎

故□即可隶定为㱿或𣪘。陈梦家隶定为㱿是正确的，然而释作霓则非是。……

▽非言字的初文，而是辛字的异构或初文。并且，我们从□（粹七·三一·四）□（京津一九五五）等会意字中可以看出□、▽是一种凿形工具。辟字作□（京津四一四四）□（甲一五六四）□（佚六一一），即以凿形工具施于人身，□、□、▽充作刑具。在石器时代、青铜时代，工具、刑具之间的差别并没有截然的区分。我们既已得出▽为辛字的异构或初文，从▽□□□诸字常演变作从丵、丵的字，所以□可隶定作𣪘、㱿，即为后来鑿字的初文。该字结构是一手持锤状器，去敲击另一凿形工具，开凿、穿凿之状也十分明显。至于□字演变为鑿字的一些中间环节，我们可以在字书里找到。说文：「鑿，穿也。」玉篇：「𣪘，在各切，穿𣪘也。」广韵：「𣪘，穿也。」、「𣪘，穿𣪘。」集韵：「鑿、𣪘，说文穿木也，或省。」、「𣪘𣪘，穿也，或省。」据此，我们即可得出鑿字形体的嬗变过程：

□ ╱ 𣪘 㱿 ╳ 𣪘 𣪘 ╲ 鑿

甲骨文的鑿字有三种用法，以下分别言之。

甲、鑿是一种杀牲方式

一、壬午卜，大贞，鑿六人。（林一·二六·六）

二、……卜，贞，鑿六人。（粹五〇三）

三、丙戌卜，穷贞，告曰：㞢鑿于上甲三牛。（合集一三三二九）

甲骨文中类似的记载有伐、𢼄等，……伐是砍头，𢼄为剖腹肢解，鑿为穿鑿人体，均可见商代统治者的残忍。

乙、由穿鑿人体、动物而演变成一种祭名，这种祭祀的对象主要是自然神，部分为祖先神，例如：

一、鑿父乙。（合二八六）
二、丙戌卜，穷贞，告曰：㞢（有）鑿于上甲三牛。（合集一三三二九）
三、壬辰卜，贞，鑿司室。（前四·二七·八）
四、庚辰卜，穷贞，告鑿于河。（人三）
五、㞢鑿虹于西□。（前七·七·一）
六、……来，㞢鑿彩星。（前七·一四·一）

右列卜辞第一、二两条即以鑿祭的方式来祭祀父乙、上甲。第三条是在祖先宗庙祠室中举行这种祭祀，甲骨文有太室、文室、中室、南室、西室、太甲室等，在这类场合举行各种形式的祭祀。第四、五、六三条卜辞都以鑿祭的形式祭祀彩虹、彩星、河神，因为殷人慑于大自然的无穷威力，产生了泛神论思想，……。

……鑿是一种由杀牲方式演变而来的祭祀之名。这种杀牲方式、祭祀之法实开后代黥刑的先河。尚书吕刑、周代儯匜、云梦秦简等均程度不同地记载了有关黥刑的情况。汉书刑法志记载：“大刑用甲兵，其次用斧钺；中刑用刀锯，其次用鑽鑿……”韦昭曰：“鑽，髌也。鑿，黥刑也。”……通过甲骨文、周代铭文、秦简及典籍的交互验证，即可证实黥刑起源于商代杀牲方式——鑿。

丙、鑿蕴毁義

北齐颜之推在颜氏家训书证中指出“鑿头生毁”，意即鑿可作⿱毁金。约与颜之推同时代的南朝梁陈之间文字训诂学家顾野王，在其玉篇一书中谓⿱毁金通作鑿。南北一致，绝非偶合。这种现象，不妨用古汉字中义近形旁可以互换的例子来解释，……。

我们再来考察毁字的形体来源、义训及与鑿的关系。说文：“毁，缺也，从土毇省声。”许慎创立的“省声”这一概念，指的是形声字的声符有部分的省略。……说文：“糲米一斛舂为九斗曰糳，从毇，丵声。”（大徐本）段玉裁已指出经传多借鑿为糳：淮南主术：“粢食不毇”，而左传桓公二年则作“粢食不鑿”。可见鑿糳、鑿毇可以互用。我们知道毁字形、声的本源与毇字密切相关，而毇与鑿在古籍中通用的现象，又为我们提供了毁、毇、鑿三者之间的一些联系。鑿的义训为开、穿；毁的义训为缺。段注曰：“缺者器破也，因为凡破之偁。”两者在改变对象的物理形态这一点上，存在某种程度的一致性。又由于具体事物不同，出现就金属而言鑿，就稻米而言糳、毇，就土器而言毁（典籍引伸义有破、亏、坏、败、短等等）的现象。鑿⿱毁金互用，说明糳、毁义近，即鑿蕴毁义。一旦揭明这点，左列卜辞的疑惑之处也就涣然冰释了。

一、允有鑿，明（明）出各（格）云（雲）自东□□。昃亦有鑿，㞢出虹，自北□歙

于河（殷存三五）

二、丙申卜，㱿贞，来乙子酚下乙。王固曰，酚，佳有希，其有鑿。乙子酚，明雨，伐，既雨，咸伐，亦雨，𢼄、卯鸟星（乙六六六四）

三、乙子夕，出（有）鑿于西（乙六六六四反）

四、……寅卜，㱿贞，鑿不佳囚（咎）。（合一八·九）

五、戊午卜，㱿贞，今萅王正（征）土方。王固曰：甲申出（有）鑿，吉，其佳（唯）甲戌出（有）鑿于东……（合集六四四一）

六、王固曰：其佳甲出（有）鑿，吉；其佳辛出（有）鑿，亦不吉。

卜辞第一条是说果然遭到了毁坏。旦明有格至之云，日昃时即有毁坏并出出虹自北饮于河。可见这是大自然造成的某种毁坏，与其同时出现的自然现象云、虹等便成了殷人解释这种灾祸产生的原因了。……第二条的佳出希即唯有祟，其有鑿即其有毁。卜辞中与「佳出希，其出鑿」这种句型类似的尚有「出希，其有来艰」，郭沫若先生认为，嬉（即艰，郭误）字必与希字相资而含凶咎之意。这一论断被唐兰先生誉为不刊之论。郭老又曰：「□，疑是毁字，要当含恶意与祟、咎等同。」（卜通八九）释□为毁，并无根据，故作「疑是毁字」，但指出该字含恶意，与祟、咎义同，实为卓识。于老也指出：「佳出希即唯有祟，泛指灾祸为言。」而鑿蕴毁义，恰好应之。殷人往往认为自然神、祖先神会在冥冥中降罪于他们，「佳有希，其有鑿」乃是由于神的作祟，才造成了某种毁坏，带来了灾祸。……卜辞第三条是指乙子那天晚上，在西部有所毁坏。第四条是卜问这次毁坏不致于造成什么灾难吧。第五、六两条卜辞记载殷与敌方的战争中，什么时候造成对敌方的毁坏是好的、有利的，什么时候是不好的。可能这种在预定达到的日期中打击敌方，造成毁坏会有利于整个战争，从中可以窥见殷人指挥作战的计划性」。（释□古文字研究第十七辑二二三——二二九页）

按：字當釋「𣫀」，即「鑿」。卜辭為用牲之法，進而引伸為祭名。又為災咎之義。

0950

𣫀

王襄 「疑揆字」（簠纂存疑第三第二十葉下）

商承祚收作𣫀。曰：「古金文亦有此字」（簠編三卷十九葉）

陳邦福　「當釋揆，據鄭敦有癸字可澄。通作葵，爾雅釋言云：『葵，揆也。』左定公四年傳殷民七族，有終葵氏。路史國名紀云：『終葵，商時侯國。』」（辨疑八葉）

孙海波　「𢼸，前二·二一·一。从叉从癸，說文所无，地名。」（甲骨文编一三四頁）

陳夢家　「殼為田獵區，與盂同片，可知近於沁陽。沁水注『又東南出山逕鄭城西，城在山際。……京相璠曰河内山陽西北六十里有鄭城。竹書紀年梁惠成王元年趙成侯偃，韓懿侯吞伐我葵，即此城也』。據此，可知鄭在山麓，故又名鄭麓。地在今修武西北」。（綜述二六〇葉至二六一葉）

李孝定　「許書手部諸文古籀从攴者多見。契文殼字陳氏釋揆可从。字在卜辭為地名，或即終葵之國與」。（集释三五七一葉）

李孝定　「从攴从癸，說文所無。疑揆之古文」（集釋一〇八七葉）

考古所　「殼方：殼，在过去的著录中，如佔上十三·一〇，前二·二一·一，摭續二六六等片，都為地名。作为方國名，此次仅见。陳夢家认为殼地在今修武附近（綜述二六一頁）」。（小屯南地甲骨一〇三四頁）

姚孝遂　肖丁　「2651

（1）「……戊執盂殼方，不往」

（2）「……往」

過去所見資料，「殼」乃田獵地。粹972：「戊辰……貞，王……田殼，亡……」；「辛未卜貞，王其田盂，亡戈」；「……貞……𩰲……」。是「殼」与「盂」相距不过三日路程。此片之「殼方」為前所未見。殷人不断併吞鄰近之方国，以其地為田獵之所，此种現象，卜辞累見不鮮。」（小屯南地甲骨考释一〇六頁）

按：字隸定作「殼」，為地名及方國名。釋「揆」不可據。陳夢家以為即「鄭城」，待考。

0951 𣪊

孫海波「𣪊，河一一〇。从叏从卯，說文所无。地名，在𣪊卜。」（甲骨文編一三四頁）

按：卜辭多見「在𣪊」，乃軍旅所在之地。

0952 𠂇 𠂇

丁山「𠂇似乡而非子，疑即叉之初文。說文蚰部『蚤，齧人跳蟲也。从蚰叉声。叉古爪字。』又曰『𠬪手足甲也，从又象叉形。』爪、叉古本一字，則𠂇上之『○』殆象指端厚甲形，其字或省为𠂇（前四、四二、五），象剪指甲为祭品也。」（甲骨文所見氏族及制度一三二頁）

按：「𠂇」與「𠂇」不同字，釋「叉」非是。

0953 𠃧

王襄「古寸字。」（類纂正編卷三第十四葉上）

李孝定「說文『肘，臂節也。从肉从寸，寸手寸口也。』小篆从寸，許既云寸為寸口，按寸為指事字，从「一」指手腕上一寸處，即醫家所云寸口也。引申為尺寸字。則肘字从之義又不可以為寸聲。蓋𠃧字本為肘之古象形字，徒以假為數字之九，假借之義專行而本義湮，故更於本字加乚以示肘之所在，於是本為象形者轉為指事矣。至小篆更加肉字偏旁，於形益複，許君復不曉𠃧乃肘之指事字，遂以寸字解之，从肉从寸以說肘字，於六書不知居於何等。𠃧形與𠂇易混也。辭云『☐爭貞☐乎竹从☐戠前前肘』，其義未詳。」（集釋一五〇七葉）

按：此與「[glyph]」或「[glyph]」形義皆有別，不得釋「肘」。

0954

[glyph]

按：合集三三四○七辭云：「丙午貞，丁未其[glyph]」蓋用為動詞。

0955

[glyph] [glyph]

葉玉森「按辭云『[glyph]C』，[glyph]下一字或二字，依辭例為國名。他辭云『辛丑卜，戈貞曰苦方[glyph]于土口，[glyph]，允其[glyph]。三月。』（徵文地望五十九版）亦曰『[glyph]』。可证王氏释瑗，仍待商榷。」（殷虛書契前編集釋六卷十頁下）

饒宗頤「[glyph]字，商氏釋爰。（見《殷虛文字類編》）竊謂○即環，此益爪旁，仍讀為環。甘肅有環河，源出環縣，南注涇水，或其舊地。此言于土（方）敦伐環，環與杜地正相邇。」（《通考》三九七頁）

余永梁「王先生（國維）云『此乃瑗之本字。說文『瑗，大孔璧，人君除陛以相引』此从爪玉象相引也。○，象形，下缺其一，蓋古制如此。左氏傳『宣子有環在鄭商蔣子，連環可解也。』」知古環之非一玉，上虞羅氏藏一環，其制正非一玉所成也。」（殷虛文字續考）

按：卜辭每見「敦[glyph]」，乃方國名。釋「瑗」可備一說。

0956

爪 [glyph]

按：卜辭偏旁「爪」字均作此形，唯獨體此所僅見。辭殘，其義不詳。

0957

按：字不可識，其義不詳。

0958

按：佚四四〇〇辭云：「乙卯其[illegible]目雨」疑為「[illegible]」之異構。

0959

按：字為人名。

0960

鏊

按：卜辭為人名。

0961

敀

按：合集八四六一有殘辭作「周敀」，其義不詳。此當併入0666「敀」字下。

0962

敀

0963

按：字从「叵」从「又」，隸可作「叵又」，辭残，其義不詳。

0964

按：字不可識，其義不詳。

按：字不可識，其義不詳。

0965

張秉权「𬉼，当是扞字，說文十二上，手部：『扞，忮也，从手干声』。段玉裁注曰：『忮，訓很，非其義。周南：「干城」，傳曰：「干，扞也」。左傳亦以「扞城其民」釋「干城」，孫炎以句㪔扞釋爾雅扞字，許盾下云「」，所以扞身蔽目」，然則扞字之訓，可定矣。廣韵扞下云：「以手扞，又衛也」。玉篇亦曰：「扞，衛也」。字亦作捍，祭法：『能禦大災，能捍大患，則祀之』。魯語作扞』。扞字在這一辭上是地名，疑即詩邶風泉水的『出宿于干，飲餞于言』的干，王应麟詩地理考說：『毛氏曰：所適國郊也。地理志東郡有发干县（曹氏曰：即所謂干）郡国志東郡衛國有干城（故发干县今開德府观城）』。汉代的发干县在今山東当邑县西南二十三里。又鐵雲藏龜之餘十四葉第二片：

辛亥卜，殻貞：𬉼乎？

𬉼，疑亦扞字，是人名。（殷虚文字丙编考释第四七。——四七一页）

0966

按：卜辭「捍」字作「戋」，此不當釋「扞」。在卜辭為地名。

0967

按：字不可識，其義不詳。

0968

⿰石又

按：字不可識，其義不詳。

0969

按：字从「又」从「平」，辭殘，其義不詳。

0970

按：字不可識，其義不詳。

0971

按：字不可識，其義不詳。

0972

按：字不可識，其義不詳。

0973

按：字不可識，其義不詳。

0974

按：甲骨文「西」或作「□」，亦作「□」，然則此與0975之「□」當同字。

0975

按：字从「西」从「又」，當與0974之「□」同字。此用為動詞。

0976

按：字不可識，其義不詳。

0977

按：此字旁有泐痕，形體當有誤。

0978

按：字不可識，其義不詳。

0979

奴

金祥恆續文編十二卷九葉上收此作奴，無說。

李孝定「說文：『奴奴婢皆古之辠人也。周禮曰：「其奴男子入于辠隸，女子入于舂藁。」从女从又。𠊊古文奴从人。』此正从女从又，金說可从。金文作，與此略同。本辭云：『辛亥王卜貞帚奴子口乙巳卜貞帚奴子亡𡆥。』奴為女字。」（集釋三六三三葉）

按：釋「奴」可備一說，卜辭為女字，非奴婢之義。

0980

按：字不可識，其義不詳。

0981

按：字从「畐」从「又」，合集二二三六九辭云：「丁卯六豕小宰」當為「畐」之異構。

0982

⿰木又

按：字不可識，其義不詳。

0983

按：字不可識，其義不詳。

0984

許進雄「S 0840 第一期 左前甲（背）笅入☐（怀特氏等收藏甲骨文集第四十一頁）笅不見著录，为人名。」

按：卜辭為人名。

0985

按：字不可識，其義不詳。

0986

按：字不可識，其義不詳。

0987

按：合集二七六二八辭云：「其[illegible]兄辛叀有車用有正」乃祭名。

0988

按：字不可識，其義不詳。

0989

按：此用為動詞，或當是祭名。

0990

按：卜辭用為人名。

0991

按：字不可識，其義不詳。

0992 攴

孙海波「𠂆，摭續一九〇。說文，攴，小击也。从又卜声。此似从又从丂，卜辞牧字般字並从此。今定为攴字。」（甲骨文編一三七頁）

按：合集二二五三六辭云：「丙辰攴木」，說文訓「攴」為「小擊」。「攴禾」，當指穀物之脫粒言之。今日農村脫粒猶有以「攴」擊之者。

0993

李孝定「說文『殳以投殊人也禮殳以積竹八觚長丈二尺建於兵車旅賁以先驅从又几聲』按諸契文字形似為有殳兵刺，與許說不合。而契文从殳諸文，如般毀均作攴，與此相近，金說應可从。金文从殳之字作□亦作□，與文同與契文異。契文殳字似為人名，其義不明。辭云『壬辰卜爭殳弗囚』乙、一一五三爭為卜人名，習見。『殳其有』乙、一六五五『殳有』乙、一八七一。」（集釋〇九九九葉）

金祥恒續甲骨文編三卷二五葉上收此作殳，無說。

按：卜辭「殳」為人名。

0994

按：合集二一六二三辭云：「辛巳卜貞，夢亞雀旼余刀若」用為動詞。

0995

按：合集一〇九八九辭云：「貞，在□田武其來告」為地名。

0996

按：字不可識，其義不詳。

0997 [illegible]

[illegible]

按：字从「殳」从「米」，隸可作「[illegible]」，疑為「敉」字。卜辭似為人名。

0998 枚

[illegible]

按：字可隸作「枚」，其義不詳。

0999

[illegible]

按：字不可識，其義不詳。

1000

[illegible]

按：屯三六四一辭云：「丁卯卜，有[illegible]……」此當是「[illegible]」或「[illegible]」字之異體。

1001

[illegible]

按：合集二一九八二辭云：「……以[illegible]告……」此亦當是「𣪘」字。參見1732「𣪘」字條。

1002 ⿰女攵

按：卜辭為人名。

1003 ⿰克攵

陈汉平「甲骨文有[glyph]字，旧不释。卜辞曰：丙辰卜隹岳害，在[glyph]。（南明四九二）此字从[glyph]从攴，象攴击兽皮之状，当隶定为鼔，疑为披字。字在卜辞中为地名。」（古文字释丛·出土文献研究二二五页）

按：字从「克」从「攴」，隸可作「⿰克攵」，在卜辭為地名，釋「披」非是。

1004

按：字不可識，其義不詳。

1005 敎

按：卜辭為地名。

1006 ⿰⿱罒牛攵

考古所「⿰⿱罒牛攵：与剌殆一字。」（小屯南地甲骨九八〇页）

按：佚二一〇〇辭云：「壬寅貞，王步自戣于□」為地名。

1007 □

按：合集二七七五二辭云：「……貞，乎比□」乃人名。

1008 □

按：字不可識，其義不詳。

1009 □

按：懷一八八六辭云：「在□師」乃地名。

1010 □

按：合集二七七四〇辭云：「癸卯卜，叀□□監凡」乃人名。

1011 效

按：字當隸作「效」，辭残，其義不詳。

1012 [illegible]

按：字當隸作「[illegible]」，辭残，其義不詳。

張亞初說參楠字条下。

1013 [宁攵]

按：沌二三四一辭云：「王其田于[宁攵]」乃地名。

1014

按：字不可識，其義不詳。

1015

按：字不可識，其義不詳。

1016

祋

按：字可隸作「祋」，辭殘，其義不詳。

1017

按：字不可識，其義不詳。

1018

按：字不可識，其義不詳。

1019

按：字不可識，其義不詳。

1020

⿲羊由攵

按：字从「羊」从「由」从「攴」，隸可作「⿲羊由攵」。辭殘，其義不詳。

1021

按：此見於合集一五一九三骨臼刻辭，當為人名。

1022 収共

孫詒讓「說文又部『尹，治也，从又丿，握事者也。古文作𠩺。』金文魯侯壺尹作冃，與此相近，皆古文之省。」（舉例上三十一葉上）

羅振玉釋収無說。見殷釋中六十二葉上。

王襄「古廾字」。（簠室殷契類纂第十一葉）

葉玉森「按孫氏誤認藏龜二百五十九版之『廾人』為『廾父』，故疑為『尹父』，且援春秋繁露『殷湯受命名相官曰尹』之文，謂『尹父』亦即『相官』。羅氏釋廾是也。說文『廾，竦手也。』段注謂『竦其兩手以有所奉也，故下云「奉承也」』手部云「承，奉也，受也」。本辭曰『廾羊』，當即奉羊之誼，他辭有云『廾牛』者亦即奉牛，卜辭又屢言『廾人伐某方』『廾人幾千』之文，曰『廾人』殆即糾衆舉兵之誼。」（前釋一卷六十六葉背）

吳其昌「……蓋『廾』之言執也；引而申之，則為合也，集也，聚也。爾雅釋詁云：『拱，執也。』詩抑：『……克共明刑』，韓奕：『虔共爾位』，毛傳並云：『共，執也。』蓋由『廾』而『共』而『拱』，乃後起遞漸增附字，推源其本，『廾』正象左右兩手相合之形。兩手相合，故可以執也。本辭（前一、一二、四）云：『彡，乎，廾牛』者，謂執牛以彡祭，而呼告矣。推之而『廾羊』『廾馬』之文，亦即謂執羊，執馬矣。廾為合手，不特卜辭形體顯然，即在經傳，義據亦明：趙岐注孟子『拱把之桐梓』云：『拱，合兩手也。』（告子下）杜預注左傳：『尔墓之木拱矣』云：『合手曰拱。』（僖公三十二年）故引申之，廾之第一孳義為合。合，猶聚也，集也；此又可以卜辭之原文證實之。考卜辭又有『廾人』之文，如云：『廾人于皿。』（燕九〇）『……先廾人于龍。』（前五、十二、三）『先廾人于客。』（前七、三〇、四）『……命在北𠂤廾人。』（續五、二六、九）謂于皿地，于龍地，于客地，于北𠂤地，合聚衆人也。故卜辭即有『廾衆人』之語矣。其言曰：『……廾衆人，大事于口……』（林二、一一、一六）可驗。其集合衆人之故，或以之伐土方，辭曰：『貞，我廾人伐土方。』（鐵二五九、二）『貞彡廾人伐土囗。』（續三、一一、七）可驗。或以之伐呂方，辭曰：『廾人，乎伐呂方。』（後一、一七、一）可驗。或以征蜀，（不必為後之四川）辭云：『……王廾人，正𦉪。』（後二、二七、七　又二、三〇、一〇）可驗。或聞敵衣集合衆人，而出師討之，辭云：『乙巳，王貞，啟乎𠬝曰：盂方収人，其出伐……』（淋二、二五、六）可驗。其所以合聚集之人數，如伐土方之役，為五千人，辭云：『丁酉卜，㱿貞：今春，王𠬞人五千，正（征）土方，受出右。（祐）』（後一、三一、六）可驗。此卜辭中『𠬞』之一字，其涵義之源流委脈也。」（殷虛書契解詁第一七六——一七七葉）

楊樹達　「後編上卷三一葉之六云：『丁酉卜，㱿貞，今春王収人五千正土方，受出又。』同卷十七葉之一云：『癸子，卜，㱿貞，収人乎伐𢀛方，受……』龜甲二卷十一葉之十六云：『辛亥，卜，𠦪貞，収衆人大大（嫌文）事于西奠。』同卷二五葉之六云：『乙子，王貞，啟乎兄曰：盂方収人，其出伐㠯高，其令東給（會）于高，弗每，不曾戈？王卟曰：……』樹達按以上四辭，皆假収為登，仍徵字之義也。簠室人名七十七片云：『貞乎収㠯。』樹達按収㠯即徵師也。按卜辭恒云登人，假登為徵，詳見後登部。登字从収，故又省登作収，其義仍為徵。此事由今日觀之，至為無理，然事實確如此也。」（求義二十四葉下）

又云：「殷契粹編一二一七片云：『口丑，卜，㱿貞，令在北工収人。』樹達按：北工，地名，卜辭登字多省作収，収人即登人，登假為徵，即徵人也。」（積記第三十一條，載積甲文說七十葉）

楊树达　「殷契粹编一二一七片云：『△丑，㱿贞，令在北工収人。』树达按：北工，地名，卜辞登字多省作収，収人即登人，登假为徵，即徵人也。」（卜辞琐记一三页）

孫海波　「𠬞，甲一二八七。說文𠬞，竦手也。卜辭収字有登進徵取之意。収人。」（甲骨文編一〇〇頁）

屈萬里　「羅振玉釋廾；兹从之。楊樹達謂假為登，乃徵字之義；說固可通。然廾字唐韻音拱；廣韻、集韻並音恭。而卜辭習見廾人之語；則廾當讀為共，即供給之供也。本辭蓋亦卜供人之事者。」（甲釋一八二葉一二八七片釋文）

屈萬里　「𠬞，羅振玉釋廾（殷釋中六二葉）；兹从之。楊樹達謂假為登，乃徵字之義（卜辭求義二四葉）；說固可通。然廾字唐韻音拱；廣韻、集韻並音恭。而卜辭習見廾人之語；則廾當讀為共，即供給之供也。」（甲釋第一八二葉）

李孝定

「說文『𠬞，竦手也，从𠂇从又。𢪒，揚雄說廾从兩手。』徐灝段注箋云『𠬞共古今字，共拱亦古今字。』王筠說文釋例云『部首𠬞蓋即手部拱之古文也。𠬞下云「竦手也」，一切經音義卷二引作「拱手也」，即以重文爲說解，後人不知而改之。』按二氏之說是也。共部共之篆文作𦱴，从𠬞，其古文作𦱴，祇是𠬞之繁文耳。卜辭多云『𠬞人』，楊謂爲登之省文，段又謂𠬞爲登，似有可商。蓋卜辭亦有作登人者，惟較少見，作𠬞人者則多見，何以少數作本字而多數反作省文。至於叚借，必取音近，𠬞登音固不近也。屈氏謂𠬞讀爲共供也，其說可从。惟據徐王二氏之說則𠬞直是共，非讀爲共。至共訓爲供，經傳中多有之，不煩具舉也。金文作𠬞 叔向簋 𠬞 諫簋 𠬞 師晨鼎 與契文同，从二𠂇，非从二又，但取筆勢茂美耳。」（集釋〇七八一葉）

張秉权

「𠬞人或作登人，在卜辭中『𠬞』和『登』的用法，似乎没有什么区别；而且在時代上，也看不出有什么早晚的区別。」（殷虛文字丙編考释第七一頁）

白玉峥

「𠬞人：蓋糾合众人之意也。为卜辭中习见之常語；且各期皆有。」（契文舉例校读中国文字第八卷第三十四册三八五四页）

温少峰 袁庭棟

「收取牲畜以供国用，卜辞中又称为『𠬞』，读为『供』，說文：『供，设也，一曰供給。』卜辞云：

(43)貞：乎（呼）𠬞（供）牛？（乙七九五五）

(44)……殻貞：[illegible]克𠬞（供）百豕、羊？（佚一五八）

(45)……貞：弓（勿）乎（呼）𠬞（供）羊？（續一，三五，三）

(46)甲午卜，亘貞：𠬞（供）马，乎（呼）戳？（佚三七八）

以上为关于供牛、供羊、供豕、供马之辞。」（殷墟卜辞研究——科学技术篇二三五頁）

陈炜湛

「說文：『𠬞，竦手也。从𠂇从又。』段注：『按此字谓竦其两手以有所奉也。』甲骨文作𠬞 𠬞，与小篆同，其辞例至多，称𠬞人、𠬞众人、𠬞牛、𠬞羊、𠬞马等，𠬞皆为动词，有徵集、徵取、登进之意。⿰食𠬞，作[illegible] [illegible] [illegible]，从𠬞、皀，象双手奉食器之状，与說文所載籀文饎之作[illegible]者相近，可能就是饎的本字。但此字从食从𠬞，以声度之，似当与說文之饔相近，疑說文有误，[illegible]当为饔之重文。案之卜辞，或称⿰食𠬞人、或称⿰食𠬞牛，其义与𠬞实同，孙海波谓『卜辞诸⿰食𠬞字则读皆如𠬞，盖供给之义』是也。特别是在征伐卜辞里，𠬞人与登人都是常见的辞例，如：

1023

丁酉卜，殼貞：今𣆪王収人五千征土方，受㞢又？（后上三一·六）
囗𢼸人三千乎伐土方囗（殼存七四）
貞：我収人伐巴方？（鐵二五九·二）
甲申卜，殼貞：乎婦好先収人于龐？（前五·一二·三）
貞：𢼸人三千乎伐𢀛方，受㞢又？（續一·一〇·三）
貞：王𢼸三千人？（金四九八）
貞：王勿収人？王収人？十月。（甲二七九八）
貞：勿𢼸人？貞：𢼸人？（明后一七二四）

后上三一·六，殼存七四，鐵二五九·一，續一·一〇·三諸例说明，収人或𢼸人的目的都是征伐某方国，収、𢼸同义甚明。甲二七九八，明后一七二四仅言収人、勿収人，𢼸人、勿𢼸人，略去収、𢼸的人数与征伐的对象，只是贞卜要否徵集人众。除人外，牛羊也是収与𢼸的共同对象：

貞：収牛于奠？（乙六五八三）
貞：乎𡗜収牛？（鐵二六·二）
貞：其𢼸牛隹左于唐？（乙六七二三）
貞：𢼸牛五囗（粹七四九）
貞：勿乎収羊？（續一·三五·三）
𢼸羊三百。（天五一）

収与𢼸也有微细的差别：在祭祀卜辞中称𢼸羌，不见収羌；称収伐，不见𢼸伐（羌与伐皆为俘虏）。此外，众人、马、王臣、多箙等皆称『収』，不见称『𢼸』。这应是当时用词习惯的差异。」（甲骨文同义词研究古文字学论集初编一四七——一四八页）

楊树达　参登字条

按：卜辭恒見「収人」、「収衆」以事征伐，亦稱「収牛」、「収羊」、「収馬」（佚三七八，合集七三五〇正），皆為聚集之義。惟續一·二八·八（合集一九九三三）有辭云：「戊申卜，王知収父乙，庚戌卜収，八月」。此収字似為供奉之義。

按：見於英二六七四家譜刻辭，為人名。

1024

友 𠬪 𦐂

羅振玉 「說文解字友，古文作習，从羽乃从𠬪傳寫之譌。从𦣻又為日之譌也。師遽方尊友作習。卜辭有作𦐂者亦友字。卜辭中又亦作𠬪，斯𠬪亦作𦐂矣。其从二與𦐂同意。」（殷釋中二十一葉下）

王襄 「古友字。」（簠室殷契類纂第十三葉）

王國維 「鄂侯馭方鼎之『馭方習王……』，習即宥侑二字。……馭方習王者，謂馭方酢王也。周禮大行人『侯伯之禮，王禮壹祼而酢。』即此事也，故侑之義與酢同。毛詩彤弓傳曰：『右，勸也。』楚茨傳曰：『侑，勸也。』右、侑同字。……此不云酢而云侑者，以諸侯之于天子，不敢居主賓獻酢之名，故雖酢天子，而其辭君曰侑之云爾。」（觀堂別集補遺釋宥）

葉玉森 「按卜辭之𠬪疑仍又之繁文，誼仍為侑至。羅氏所舉𦐂字見卷七第一葉四版，辭云『貞翼令美（昊）早（倅）方𦐂出事』，𦐂之意誼似非友，亦非侑，或別為一字。」（前釋卷四、第三十八葉上）

饒宗頤 「『自㞢叉唐』（前編七、八、二）又前四、二九、五殘辭云：『四日丙午……叉唐告……入于兄。』則『叉』字乃動詞，宜讀為佑助之右。」（通考五九四葉）

李孝定 「說文『友，同志為友，从二又相交友也。𦐂古文友。習亦古文友』。契文與小篆同，其義則不明。辭云『□𠬪其𢆶取龔友朿』前四·二九·三。『□𠬪□龔』前四·二九·四。『□貞𢆶行取龔友于𠂤砒𠂤』前四·三十一·一。『貞翌令共子方𦐂古事』『丁未卜爭貞令𦘔𠂤有族尹𠂤有友五月』前七·一·四。『□自昃友唐』前七·八·二。王氏以為侑字，或是。作𦐂者，與說文古文同。金文作𦐂君夫簋𦐂杜伯盨𦐂史頌簋𦐂𦐂大鼎𠬪王孫鐘𦐂弔友父簋𦐂習毛公旅鼎習師遽尊𦐂大史友甗」（集釋〇九四四）

按：卜辭每「㞢友」連言，可能用如「侑」。或為人名，無義。合集二二一四辭云：「其禽妣庚㞢友𦍩」；合集一一二二五辭云：「……毓㞢友……叀白兕」；合集二九四六五辭云：「㞢友……叀牛」，「友」後均為姓名，是「友」之義當為「對」、為「雙」。

1025 友 ⿻㕛二

张亚初 「⿻㕛二（综类九五页）……旧释为友，不确（甲骨文字集释九四三页）。……我们认为，⿻㕛二是并的异体字。此字从二又（手），下面两横表示相并连之意。……传世铜器之⿻㕛二觚、⿻㕛二尊，过去释为友觚、友尊也是欠妥的（美集录R二一八）。」（古文字分类考释论稿古文字研究第十七辑二五五页）

按：「⿻㕛二」仍當以釋「友」較妥。卜辭「并」字从「二人」，此从「二又」，形體迥殊，且與《說文》古文「友」合。此用為人名或地名。

1026 ⿳𦥑目又

葉玉森 「按說文『掔，固也。从手臤聲。』史記楚世家『肉袒掔羊』，掔與牽同。卜辭从臣。臣，俘虜也。从二又，象兩手引臣，即牽之本誼。掔牽為古今文。（說契）本辭曰『掔田』，不詳其誼。」（前釋二卷五十一葉背）

郭沫若 「金文曼龏父盨作⿳𦥑目又，若⿳冃目又，从此冃聲；則⿳𦥑目又蓋曼之初文也，象以兩手張目，楚辭哀郢『曼余目以流觀』，即其義。引申為引為長，為美。」（卜通一五四葉背七二六片釋文）

丁山 「按，郭釋甚碻。但象兩手擱目形，即迷漫本字，近世言卜辭者猶株守羅氏舊釋讀為掔，真不知所云矣。」（方國志一四五葉）

孙海波　「『说契：□，□、□，说文：擘，固也，从手臤声。森按史记楚世家：肉袒擘羊，是擘与牵同。契文从臣，臣俘虏也，从两手，两手引臣，即牵之本意。』按叶释□为擘，说颇精塙，云两手引臣，仍有未明。此字当从目从受，以手引首，是为俘虏之人。」（卜辞文字小记，考古学社社刊第三期五十八頁）

孫海波　「說文『擘，固也，从手臤聲。』按史記楚世家『肉袒擘羊』，是擘與牽同。契文从目从兩手，知許訓臤聲殆為後起字，然云兩手引目與牽義亦未安，竊考古臣目本一字，皆示頁首之意，臣，俘虜也，俘虜之人蘩其面部以識別之，故以臣訓臣，人之頁首惟目為最顯，故古人頁首等字皆繪目以象其形，此兩手所引者，蓋人之面部，殆俘虜以手牽之，使行之象也。」（汝録九葉）

孫海波　「按春秋定十四年經公會齊侯衛侯于牽，杜注魏郡黎陽縣東北有牽城，水經注淇水東北逕枉人山東牽城西，定十四年會于牽者是也。彙纂路史內黃西南三十里有故牽城，今故牽城在內黃之西南，濬縣之北，二縣屬直隸大名府，濬縣為漢黎陽與內黃縣接壤，又一統志牽城在衛輝府濬縣北十八里，卜辭之𠂤擘殆春秋之牽城歟。」（文録十七葉）

孫海波　「□，拾八．五。象兩手引目之形。
□，河二二五．地名。𠂤擘。
□，寧滬三．一五二。从受省。地名。在擘。」（甲骨文編四六八頁）

孙海波　「□，京津一九九〇。疑曼字。」（甲骨文編七三三頁）

饒宗頤　「按擘即牽。春秋定十四年：『公會齊侯、衛侯于牽。』杜注：『魏郡黎陽縣東北有牽城。』公羊作『堅』。釋文本又作『擘』，音牽。眾經音義引三蒼云：『擘亦牽字。』在今河南濬縣東北。」（通考三一〇葉）

李孝定　「說文『曼引也从又冒聲』契文上出諸形均从目，不从臣。孫云目臣同意，然契文目臣各有專字，固非無別。葉釋擘，非是。郭釋曼，引金文曼龏父盨曼字从□為證，其說可从。按古籀補補引𠂤龏曼字作□，古鉢文作□，上从用若曰，疑亦目若ㄖ文字之形譌，許書遂以為從冒聲矣。譌為曰即冒字曼亦可以同為聲 齊陳曼簠作□，上從宰，不明其意。曼龏父邍作□、□，其下均與契文同。卜辭曼為人名，辭云『曼入二』（治八、五）『丙戌卜爭貞曼不作嬰古□事』（前六、十八、一）『己酉卜爭貞収衆人乎从曼古王事五月』（前七、三、二）『癸亥卜今日勿□祥令曼』（前七、二六、一）『乙丑卜王于曼告』（後上、九、三）『□曰有祟其有來嬉艱乞至六□在曼宗』（沖一、二一、一）『貞王夢隹曼』（乙七三五七）古王事為卜辭習見之成語，說見前二卷古字下。言乎衆人从曼以勤勞王事也。言曼宗，蓋曼之廟也。」（集釋〇九〇五葉）

考古所

「⿳爫目又：在卜辞中多用为人名和地名。」（小屯南地甲骨九七四页）

朱德熙

「甲骨文有一个从𠬪从目的字，摘举数例如下：

□前五·二七·二　□佔一·九·三　□林一·二二·九　□前六·一八一

此字旧释竪。按甲骨横目形是目字、竪目形是臣字。不仅独体如此，就是作为偏旁，界限也是清楚的。此字从横目形，是目而非臣。释竪不可从。郭沫若先生说：

金文曼龏父盨作□若□，从⿳爫目又冃声，则⿳爫目又盖曼之初文也，象以两手張目。楚辞哀郢：曼余目以流观，即其义，引申为長为美。

郭沫若先生指出曼字从⿳爫目又，是很对的。但⿳爫目又与曼并非一字。案⿳爫目又字隶定当作⿳爫目又或寽。颜氏家训书证：

礼王制云臝股肱。郑注云：谓捋衣出其臂胫。今书皆作擐甲之擐。国子博士萧该云，擐当作捋，音宣。擐是穿著之名，非出臂之义。案字林，萧读是，徐爰音患，非也。

郑注下释文云：

擐旧音患，今读宜音宣。依字作擐。字林云：捋，捋臂也。先全反。

仪礼士虞礼注『钩袒如今捋衣』，释文『手发衣曰捋』。广雅释诂四：『寽，循也。』又释诂二：『捋，贪也。』汗简頁部引碧落碑宣字作□。此字所从的⿳爫目又和捋字所从的寽正是甲骨的⿳爫目又字。寽和⿳爫目又只是隶定的不同。上引汗简□字，广韵仙韵须缘切下作□，从寽，注云：『头圆也』。此字又见龙龛手鑑，讹为□，注云：『面圆也』。

寽字在卜辞中用作人名或地名，无义可寻。」（释寽古文字考释四篇古文字研究第八辑十五至十六页）

按：字當隸作「⿳爫目又」，釋「竪」非是。朱德熙已詳論之，其說是正確的。「⿳爫目又」亦非「曼」字。在卜辭為人名或地名。

鬳 薦

羅振玉

「象兩手薦牲首於且上。案周禮夏官小子職『掌珥於社稷』。鄭司農曰：『珥，社稷以牲頭祭也』。又羊人：『祭祀割羊牲登其首』。觀此字知升首之祭，殷已然矣。」（殷虛書契考釋六十八葉上）

于省吾

「按羅說是也。惟識其義，尚未識其字。鬳即盧之初文。以六書之義求之，从丙，丙象几案。从収从𠙹，鬳省聲。此所謂省聲者，猶有省體存焉，非如說文羔从照省聲、茸从聰省聲、梟从𣘆省聲、𧃍从好省聲之比也。⋯⋯古文合體字偏旁中之省體，時有所見，如契文䴢爲麋器，从䴢省者，盂鼎二，鬼方之鬼作䰟，从由爲鬼省者。𣌭婦爵，𣌭字下从禾爲禾省者，均不與他形相混，故可謂之省體也。又說文𩫖之籀文作𩫖，从𩫖省。此貴合於古文省體之例。𠨬字从𠙹，爲鬳之省，故可云鬳省聲。後下三三、四，鬳字作𩰥。克鼎，瀘字从鬳作𩰥。陳侯因資錞，鬳作𦉢。邵王殷：『邵王之諻之盧廏（殷）』。盧作𥂝。鄭𦴽伯鬲：『鄭𦴽伯作叔𦴽䵼鬲』。盧䵼同薦，盧殷䵼鬲均祭器，所以薦食於鬼神也。盧从鬳从皿，鬳字从丙與从皿義同。契文鬳作鬳者，爲薦牲首之祭之專名。前一、一四、二：『王宓南庚，鬳，□（亡）尤』。一、四二、三：『王□（宓）羗甲，鬳，□亡尤』。後下三三、二：『王宓且甲，鬳，亡尤』。續一、二一、一：『王宓且丁，鬳，亡尤』。林一、三、一一：『王宓鬳，亡尤』。一、一六、六：『王宓且庚，鬳，□（亡）□（尤）』。佚九二五：『畐鬳，王弗宓』。凡此均可證鬳爲祭名。周禮羊人：『祭祀割羊牲登其首』。注：『登，升也。升首報陽也。升首于室』。賈疏：『報陽者，首爲陽，對足爲陰。祭祀之時，三牲之首俱升，此特言羊者，以其羊人不升餘牲』。禮記郊特牲：『用牲於庭，升首於室』。注：『升牲首於北牖下，尊首尚氣也』。此周制與殷禮可互證者。要之，鬳字象形，爲獻名。薦同薦，薦字从艸爲荁藉，盧字从皿爲進獻，鬳字象共牲首於几上，爲祭登牲首之專名。自以荁藉之薦爲薦進，而盧廢矣。周代登牲首之禮雖存，而鬳祭爲牲首之專名亦廢矣。」（駢三第十四葉下釋鬳）

吳其昌

「『鬳』者，以文法上之地位推之，則亦決定可知其爲祭名之一。卜辭中見此祭名者，並不甚多，數千片中，計惟前編五見一、三八、又一、七、四、又一、一四、二、又一、四二、三、又六、一〇、四、續編一見，二、一一、一、林氏二見，一、三、一一、又一、二六、一一明氏二見二一〇二、又二一二二、燕京一見七九九、佚存一見⋯⋯等十又三片而已，然此寥寥之十余片中，其『鬳』字之應用，恒划然廁于先王名下祭名之地位而未嘗有一例外，則此字之賦义，为一种祀祭之專名，更明确矣。罗振玉曰：『𦣻』亦祭名，誼不可知。以字形考之，為薦牲首之祭矣。』（诸辭下·卜辞六·）按罗說是也。卜辭中『麋』『鹿』……諸字，其所象之首作𠂤𠂤𠂤……之狀，摸绘其首上有叉丫之角，其齿愈高者，其角愈壯茂；愈稚弱者，角愈蕨䔲，乃至于無角。此字从収从甾，象双手捧牲首之形；而其牲首又作甾狀，殆象童年之鹿，未嘗壯茁，故其角無歧。其下所从之冂者，又或作冈，而洪存九二五·載此文繁体作𢍉，其下体作罒，諦審其狀，蓋乃象所以承牲首之具也。」（殷虛书契解詁第七。——七一頁）

陳直　「卜辭中有𦣻字，象兩手薦牲首於且上形，蓋祭名也。案禮記明堂位云：『有虞氏祭首，夏后氏祭心，殷祭肝，周祭肺。』以卜辭證之，蓋未必然。以周禮證周禮，其言亦不同。周禮夏官羊人云：『祭祀割羊牲，登其首。』則殷周二代，皆襲有虞氏之禮也。又案郊特牲云：『凡祭用牲於庭，升首於室。』鄭注云：『升首於北牖下，尊首尚氣。』是又三代皆以牲首祭之證也。」（讀義三葉）

孙海波　「𦣻，前一·三·八。于省吾释𢍉，谓即盧之初文。」（甲骨文编六九〇頁）

屈萬里　「與薦首祭之𦣻，似非一字；音義俱未詳。」（甲编考释一一一葉）

李孝定　「諸家說此為薦牲首之祭，其義是也。惟後世已無此專字，其音讀形製均莫可塙指，但當依其偏旁隸定以為說文所無字耳。字从甾，于氏隸定作廚固無不可，惟亦有从𠕁作者，僅就𠕁形言則與古文眉字相類，而字决非眉，姑就其形似隸定作首，非謂从許訓目不正之首也。全文隸定作𦤎，暫附首部之末。」（集释一三一四葉）

按：此當薦進之薦之初形，卜辭以為祭登牲首之專名，于先生已詳言之。字从甾或𠕁，象牲首帶角形，與眉字作𠕁者判然有別。參見廌字條下。

[illegible]

孙海波　「𢓊，續一·二八·三。𢓊人。疑即奴之異体。」（甲骨文编九五一頁）

按：此疑「□」之省。辭残，難以為證。

1029

孙海波　「□，续五、五、三。卜辭共字从口，与金文同。」（甲骨文编一〇四頁）

王襄　「古共字。」（簠室殷契類纂第十一葉）

朱芳圃　「說文共部：『共，同也。从廿，廾。』按共，象兩手奉羌形。書甘誓：『今予惟共行天之罰，』孔傳：『共，奉也；』詩小雅小明：『靜共尔位，』鄭箋：『共，具；』周禮夏官羊人：『共其羊牲，』鄭注：『共，猶給也，』凡此皆共之本義。孳乳為龔，說文共部：『龔，給也。从共，龍聲。』玉篇共部：『龔，奉也。』又按共與供音義並同，經傳通用無別，禮記曲禮：『共給鬼神，』釋天『共，本或作供；』左傳隱公九年『不共王職，』釋文『共，本亦作供，』是其例也。」（殷周文字釋叢，卷中，第九十六葉。）

方述鑫　「弁，甲骨文作□（续五五三）、金文作□（亚祖乙父己卣）□（父簋簋）、小篆作□，是一个会意字。所从口形为冠弁，廾为两手合拊形。□，甲骨文编释为共，徐中舒老师在对金文编的几点意见一文中指出释共是不对的，□与□、□（共）字形不同，当释为弁（考古一九五九·七）。说文：『覍，冕也。周曰覍、殷曰吁、夏曰收，从皃象形。□，籀文覍从廾，上象形。弁或覍字。』」（甲骨文口形偏旁释例，古文字研究论文集，四川大学学报丛刊第十辑二九二页）

按：釋「共」可從，與「弁」字無涉。卜辭「婦共」為人名。

1030

唐蘭　「𣪘字自王襄氏誤與弄字混，商承祚襲之，學者遂漫於無別，不知此實從皀，與从豆迴異也。卜辭恆云『㲉人口千』與『奴人口千』同，而學者尚讀㲉為登，可見積習之難返矣。㲉字象兩手奉皀，皀作㿝若𣅀，即㿝字，進食物之形也。以卜辭或用奴字推之，當以奴聲。考說文饔餎二篆相次，『饔，熟食也，从食雝聲』。『餎，未糵煎也，从食台聲。⿱食廾籀文餎，从奴異省』。原本玉篇則於饔下有籀文⿱食廾，而於餎下有重文餱，並引說文。慧琳音義九二饔注，亦引說文籀文从共作⿱食廾，新撰字鏡食部餱餎二同，饔⿱食廾二同。是唐人所見說文皆然。今本說文蓋經妄人誤改，以⿱食廾字所從與說文異之下半相似，誤謂⿱食廾即餱省，遂刪去餱篆，而移⿱食廾於餎下耳。今以唐本考之，則⿱食廾自饔之重文，當即此登字所衍成，㲉象兩手進食物，而饔訓熟食，登從奴聲，亦正與饔聲相近，則㲉即饔之本字無疑。卜辭多作𢍰，然亦有作𣪘者。㡬下、八、三、金文滿𣪘『歸吳姬⿱食廾讛』，⿱食廾一作⿱食廾，其作⿱食廾形，即說文籀文作⿱食廾所从出，然亦可推見其本从食从廾，誤作⿱食廾形也。彼銘正當讀為饔讛，舊以為餎讛者誤。至卜辭諸登字則皆讀乃奴，蓋供給之義。」

（天壤文釋四十七葉）

楊樹達　「當釋登讀為徵，登人猶徵人也。」楊說似見卜字求義以所摘卡片遺失記其大意如此

李孝定　「說文『饔孰食也从食雝聲』。契文从皀从奴亦聲。唐氏釋饔讀為供極塙。卜辭習見『登人口數目字千伐某方』，从唐說讀之無不允當。它辭或作『奴人口千伐某方』，足證登段為奴也，奴即共供之本字。此字舊與𣪘混，或釋𦥑，或釋豐，非是，今正。請參看𦥑字注。金文饔字除唐氏所舉一文外，或亦从食雍聲作⿰食雍，饔遣文鼎與說文篆體同。卜辭除『登人口千』之外又云『貞登牛五　貞今日其雨』𢿥、七四九、『貞登王亥羌』續、一、二、一、『甲辰卜賓貞帝于口　貞登王亥羌口』𢿥、上、二六、五、讀為供亦無不通。」（集釋一七六四——一七六五葉）

林海波　「𢍰，乙一二一六反。唐兰释㲉，以为即饔之本字。說文饔之重文⿱食廾当即此登字所衍成。卜辞诸登字则读皆如奴，盖供给之义。」（甲骨文编二三七——二三八頁）

考古所　「𣪘：当為𣪘之异，即𢍰字。」（小屯南地甲骨一〇四八頁）

張亚初　「𢍰（綜类一頁、九五頁）此字从収从皀（毁），习隶定为㲉。一期卜辞㲉人伐某方之词习见。有时㲉人也作『皀人』（乙六五八一），习认这是从収从毁以毁为基

本声符之字。旧释雝、释登，均不确。这是勼字初文。说文：「勼，聚也，从勹九声，读若鸠。」勼字文献假为鸠。皀（𣪘）字或作杋、匭和軌，与勼，鸠都以九为声符，故可相通。卜辞𢍰人即召集、斂聚人，于文意正相合。」（古文字分类考释论稿，古文字研究第十七辑二五四页）

姚孝遂 肖丁 「149「……子貞，遊告枚……徠王𢍰眾，受……」。卜辞「𢍰」读为「徵」，乃招致之意。或释「登」，不可据。卜辞「登」字作𤼷，与「𢍰」之形体及用法迥然有别，不得混同。

卜辞于征伐时，徵召徒眾，均谓之「𢍰」。

續1.10.3：「貞，𢍰人三千乎伐𢀛方，受㞢又」。

掇74：「𢍰人三千乎伐土方」。

庫310：「辛巳卜貞，𢍰妇好三千、𢍰旅萬，乎伐……」

「王𢍰眾」則屬初見。……

1010 参加征伐，乃「眾」的主要活动之一。……

111「乙亥卜，王其奴眾人，亡𢦔」

「奴」即「共」，亦招致之意。过去所見「奴眾人」皆缺主语，「王奴眾人」亦屬初見。」

（小屯南地甲骨一一一七頁）

陈炜湛说参𠬞字条下。

张政烺说参皀字条下。

按：「𢍰」字从「収」从「皀」，「皀」即「𣪘」字之初形。與「㲃」字形體迥異，用法亦明顯有所區別，不得相混。「𢍰」之對象為「人」、「牛」、「羊」、「羌」等。例如：

「𢍰婦好三千，𢍰旅萬，呼伐……」 庫三一〇 英一五〇正

「貞𢍰人呼伐𢀛方，弗其受㞢又」 續一·一〇·三 合集六一七八

「𢍰人呼伐羌」 乙四五九八 合集六六一九

「𢍰射三百」 乙七五一 合集六九八正

此類「𢍰」字，楊樹達讀作「徵」，其說可從。卜辭之内容均屬徵召人眾，從事征討之占。

至於下列辭例、則與祭祀有關：

「其㱿牛，惟又于唐」

「方以牛其㱿于大甲、甲辰」

「其㱿于兄庚叀羊」

「㱿豚」

「㱿王亥羌」

「㱿父乙十羌」

此類卜辭與「𡵂」字之用法大體相同，其區分在于：「𡵂」之所進者為禾、米、黍、鬯，而「㱿」所進者則為牛、羊、豚、羌等。

卜通別一二・一合集一三三九〇正

南明四九九

粹三二四

前五・二・二合集一五八五七

後一・二六・五合集四七五

乙六四〇一

1031

按：此亦「㱿」字之異構。當與1030合併。

1032

孫詒讓「𤼷即登之省。說文癶部登，从癶豆，象登車形。籀文作𤼿，从奴。此𡰱即豆。……𡵂之省。又豆部𡵂，禮器也。从奴持肉在豆上，讀若鐙同。下半亦从豆从奴。此即𤼷字亦𤼷之变體。」（舉例下廿一葉）

葉玉森「予謂孫釋近是，（定按葉氏乃指羅振玉釋𡵂為登，釋𡵂為𡵂，孫詒讓釋𡵂𤼷並為登而言）𡵂人之𡵂固登進誼，非烝祀誼，𤼷乃𡵂之緐文。卜辭亦用𡵂為烝祀字。」（前釋五卷二葉上）

羅振玉「說文解字：『烝，火氣上行也。』段先生曰：『此烝之本誼。』今卜辭从禾从米在豆中廾以進之，孟鼎與此同而省禾。春秋繁露：『四祭，冬曰烝。烝者，以十月進初稻也。』此為烝之初誼。引申之而為進。許君訓火氣上行，亦引申之誼，段君以為本誼，殆失之矣。」（殷釋中十五葉下）

羅振玉　「說文解字：『异，禮器也。从廾，持肉于豆上。讀若鐙同』。此殆即爾雅『瓦豆謂之登』之登字。卜辭从兩手奉豆形，不从肉。由其文觀之，乃用為烝祀字」。（殷釋中三十九葉上）

羅振玉　「右言烝者四，定按指觕、四、二十、數辭皆不言王賓之名。意凡卜辭中不舉王賓之名者皆合祭也，烝為時祭，固非專祭一祖者矣」。（殷考七十九葉四行）

王襄　「古𢍚字。許說禮器也，从廾持肉在豆上，此从豆省肉，通作登」。（類纂正編第五第二十三葉下）

王襄　「古烝字。盂鼎烝作□，與此文相似」。（類纂正編第十第四十六葉下）

葉玉森　「陳氏异聲之說至塙」。（前釋四卷廿七葉上）

商承祚　「作禍亦𢍚字，从亍象奉豆于神前」。（類編五卷七葉）

于省吾　隸定作𩱧，釋作蒸，無說。（駢三第二十二葉上六行）

陳邦懷　「此字从禾，从米，从异。（讀若登孟爵异白金文家釋為鄧伯，借异為鄧也。）羅參事云：『从禾，从米，在豆中，廾以進之』。僅解字形，而未知古烝字从异得聲也。盂鼎：烝祀之烝作□，从米，从异，亦從异得聲。吳中丞大澂以為从米在豆，兩手持之以獻也。亦僅說字形而已。考陳侯因資敦烝嘗之烝作□，即說文福文𢍚，吳中丞釋為從登從廾，偶未照耳。敦文段𢍚為烝，蓋以音近，亦可證古烝字从异得聲。卜辭又有𢍚字，參事謂『即爾雅「瓦豆謂之登」之登字』，極是。（孟爵异字可互證）又謂：『由其文觀之，乃用為烝祀字』。卜辭段异為烝，可證□字塙从异得聲也。而參事乃於說烝字，失之」。（小箋九葉下至十葉上）

陳邦福　「𢍚亦通升，音之轉也。說文斗部云：『升，十合也。』段注：『古經傳登多假作升，經有言升不言登者，周易是也。有言登不言升者，左傳是也』」。（辨疑五葉）

王襄釋𢍚□並為登，𢍚字釋登。遺考沛系十三葉上八十七片之一。釋文無說。□字亦釋登。說曰：「登人，疑即周禮大司馬比軍之事，將有征伐，故先聚眾。」按此殷世固行民兵之法矣。

亦曰類後世之獻俘，存以待考。」（盧考征伐二葉上）

吳其昌　「蒸者，冬祭之名，進新禾之祭也。卜辭中変形亦夥（？夥——摘録者），作□（鐵二三〇·一）□（前二·一六·四）□（佚五六八）亦有增从「禾」作□（前四·二〇·二）□（林一·八·二）□（前四·二〇·四）□（前四·二〇·八）□（前四·二〇·三）□（前四·二〇·七）□（前四·二〇·五）□（前一·一五·六）諸形。象豆中實米，雙手捧豆之形。其注「禾」字於其下，或其上者，明此細粒之⺌，乃禾實非菽麥稷秫耳。米實于豆，是登也。升也。故「烝」之義為升。（書多方「不蠲烝」，馬注「烝，升也。」宣十六年左傳「殽烝」，杜注等並同。）雙手捧豆，是進也。故「烝」之義又為進。（詩甫田「烝我髦士」，毛傳：「烝，進也。」豐年「烝畀烈祖」，鄭箋等並同。）豆中豐實禾粒，而雙手捧之以進，是祭嘗之狀也。故「烝」之義又為祭、為嘗。信南山之詩云：「是烝是嘗」，而介疋釋詁云：「烝，祭也。」故「烝」之義又為冬祭。是薦新禾之祭也。新禾於秋末而畢收，則其薦新之祭，其實宜已在冬矣，故「烝」之義又為禾稻，是故禮記祭統、爾疋釋天、說苑修文，……等並曰「冬祭曰烝」。春秋桓公八年公羊傳、禮記王制、春秋繁露四祭又深察名號、白虎通宗廟……等並曰：「冬曰烝。」其餘訓烝為冬季者，故書綦不勝舉，且別無異說。董氏繁露之說，云「畢熟故烝。」……（祭義）云：「……烝者，以十月進初稻也。」（四祭）尤為精碻扼要。

今更以春秋以前之史實證之：在殷代者，如卜辭云：「……貞，眔般庚……在十月。」（佚五六八）是冬祭也。在殷周之際者，如洛誥云：「王在新邑，烝，祭歲。佳十又二月。……佳七年。」亦冬祭也。在宗周者，如康王時之畢𣪘云：「佳王十又三祀，十又一月，丁卯，王鼒畢烝。」……（蔥齋一一、一九）亦冬季也。是知春秋以前，初未嘗有違例之烝祭。至春秋以後而烝祭之時始亂，（如桓公八年「春正月己卯烝」，「夏正月丁丑烝」。……）然亦仍有碻守冬祭之例者，（昭公元年「十二月晉既烝」，「甲辰朔，烝于溫」。據正義：甲辰，十二月朔。前十二月實十一月。）此「烝」祭之史，自殷代發生之始，迄東周逐漸消滅之源委本末也。」（殷虛書契解詁第一九八——一九九葉）

郭沫若　「禨殆登之繁文。」（《粹考》七九頁）

容庚　「从米从豆，象載米于豆，从廾進之誼，當訓為登為進。孟鼎「有□蒸祀」，經典以烝為之，說文誤米為禾。」（金文編五卷十四葉下）

陳夢家　「卜辭所記登嘗之禮也，當然就是當時王室所享用的糧食，因為登嘗就是以新獲的穀物先薦於寢廟讓祖先嘗新。卜辭所記所登的穀品有以下四類：1.來：『庸上甲來』。（甲二八〇五）『登來乙且』。（粹九〇八）『登來于二示』。（庫一〇六一）2.秝：『彰秝登』。（十二月，一月）（甲三〇四九、三〇八九合）『其祉登秝』。（甲二七七九）『其登秝于羌甲』。（鄴三四二、七）『其登秝于宗』。（綴一四三八、佚五六三、粹一五七四）『其登秝于圁』。（寧滬二、一〇六、明續六九六）『爯秝其禘兄辛』。（江七、一〇）『其登秝祉于南庚』。（粹二六九）『登秝于高且乙』。（粹一六六）『登秝』。（甲三五三、六四二、明七一六、B、、寧滬一、一二八）3.米：『王其登米』。（作二九、十五）『王其登南明米』。（甲九〇三、作二三、八）『王米于明以且乙』。（粹二二七）『王明其登于』。（續二、五、七）4.鬯：『其登鬯于且乙』。（甲二四〇七）『其登鬯自小乙』。（甲六五七）『登鬯』。（明續七〇〇）『禘新鬯』。（續一、四〇、五、粹九一〇、九一二、九一三）以上的登卜辭作𢍁，或增示。鬳是甗的象形，假作獻，獻來猶登來。……來是說文『齊謂麥秫也』之秋，是小麥。廣雅釋草『大麥麰也，小麥來也』。作一、五云：『月一正曰食麥』。可見殷王室正月食麥。月令孟仲季三春『天子食麥與羊』，其禮與殷相近。」（綜述五二九至五三〇葉）

楊樹達　隸定僜為𥜽，謂「當讀為烝」。（積甲文說三十二葉二行）

孫海波　「𤼷，鐵二三〇．一。說文𤼷，豆屬。从豆𦍒声。卜辭及金文𤼷字皆从米，知小篆从米乃米形之訛。𤼷、蒸声近。卜辭用此為蒸。春秋繁露曰，烝者以十月進初稻也。此作以豆盛米，兩手奉而進之之形。說文釋為豆屬，非其朔矣。𥸨，前四．二〇．二．或从禾．」（甲骨文編二二一頁）

孫海波　「說文：『𤼷，豆屬，从豆𦍒聲』。卜辭及金文皆从米，小篆从釆，乃米之譌，此即蒸之本字。春秋繁露曰：『烝者，以十月初進稻也』。故此作以豆盛米，實廾進之，為烝之初誼，引申之為進，或从禾者，進初稻也。許君析𤼷烝為二字，訓烝為火氣上行，訓𤼷為豆屬，非」。（文編五卷七葉）

孫海波　「𥜽，戩二五．一〇。从示从𢍁。說文所无。疑𢍁之或体。」（甲骨文編一二頁）

孫海波　「𤼷，鐵三八．四。說文𢍁，礼器也。从廾持肉於豆上。卜辭不从肉，用為蒸

進之蒸。」（甲骨文編二二二頁）

金祥恆 續文編收作豋字不从禾形者數文作饍，其說未聞。見續文編五卷二十葉下。

屈萬里 「豋，當是登字之繁體。『亡其登』，義蓋猶乙編八一五七之『勿登』也。」（甲釋一五三葉）

屈萬里 「𢍁，見甲編二四〇七當是登字之異體。」（甲編考釋三〇三葉）

屈萬里 「卜辭：『癸巳卜，何貞：翌甲午，异于父甲鄉？』甲編二七九九此异字義當為烝嘗之烝，已為祭祀之專名矣。」（甲編考釋三五八葉）

屈萬里 「登，猶獻也。登鬯，蓋謂獻新釀之黑黍酒也。」（甲編考釋一〇四葉）

饒宗頤 「按登即登嘗之禮，周人謂之『蒸祀』（大盂鼎）月令，仲夏『農乃登黍』，孟秋『農乃登穀』。『登』字後借為『烝』。爾雅釋天：『冬祭曰烝』。」（通考六九八葉）

饒宗頤 「按登者，書盤庚『乃登進厥民』。周禮小司徒：『使各登其鄉之衆寡六畜車輦』。登為登進。說文：『進，登也』。登人與盤庚之『登民』相類，并殷時習語。他辭亦作收人，卜辭收字皆用為供。如收馬收牛，即供馬供牛。廣雅釋詁：『供，進也』。故供人與登人義無二致。楊遇夫讀登為徵，謂收為登字省寫，義亦可通。」（通考一六八葉）

李孝定 「仍當釋登，但省木耳。字亦有省米从禾者，繁簡偶異，仍是一字也。」（集釋一六七一葉）

李孝定 「說文『𢍁禮器也从廾持肉在豆上讀若鐙同』。絜文作上出諸形，羅氏釋𢍁，其說是也。孫詒讓於𢍁䔲並釋豐，葉王諸氏从之，說並非。絜文豐作豐，說詳二卷登下。至䔲字當從唐蘭說釋𧯠，說詳本卷下𧯠字條下。陳氏說𢍁字之義是也，惟隸定作登則誤。登為豐之隸體，𢍁當隸定作𢍁，依篆體當寫作𢍁，今隸當作登，與登字迥別，不容混淆也。登𢍁於卜辭為薦新之禮，除陳氏所舉諸例明標品物者外，亦有但言𢍁于祖某𢍁于父某𢍁于兄某之辭，是則𢍁之字義蓋已為薦新之祭之專名，後世假烝為之。楊氏謂𡕢禳當讀為烝，其說實猶有未諦也。辭云「喜貞其𡕢祖辛于☐卯一牛」（鐵四八．四）、「戊午卜貞𡕢自上甲大示，叀牛；小示，叀☐」（前五．二．四）、「☐貞☐又甲𡕢口亡尤」（後上五．三）、「☐𦎫聲口其𡕢兄辛」（後上七．十）、「貞叀子漁𡕢于大丁下不完當為示字」（後上二八．十一）、「☐小𡕢于祖乙」（卯一．二六．十七）。凡此𡕢皆為祭名，即烝嘗之烝。烝字當以火气上行為本義，用為烝嘗字者皆當讀為𡕢也。𡕢烝古音同在六部」（集釋一六七六葉）

李孝定「說文：『𧯷，豆屬。从豆𡕢聲。』段玉裁王筠朱駿聲均以為即本艸經之『大豆黃卷』，說非。桂馥云：『豆屬者，𧯷定按𧯷之隸體𢍁作棬。玉篇「棬，屋木盂也」。廣韻「棬，器似升，屋木為之」。』見儀禮登下。錢桂森段注訂云：『許書凡一字兩義者必分別說之。此豆部首但說為古食肉器，乃忽廁以𧯷登二字，指為尒豆之豆，末又列以禮器之弄，恐許書未必如此雜亂也。森案，方言「盂或謂之𧯷」。廣雅亦云「𧯷，椀盂也」。玉篇作𧯷。說文皿部無𧯷字，此𧯷下云「豆屬」，或即𧯷器，許所見从豆，未可知也』。按桂錢二氏之說是也。許所云豆屬乃器用之豆，非尒豆之豆。方言廣雅作𧯷，說文玉篇作𧯷，均从皿，與卜辭字或从皿者（前四．二十．二及四片）合。惟卜辭𧯷多从豆，仍當以說文為正也。蓋豆為專名，皿為通偁，間亦通用也。字象實米於豆奴以進之，其意與春秋繁露訓烝之義合。然𧯷之與烝形體懸遠，羅氏說此字之意是也，然逕釋為烝則誤。孫氏之說已進一境，然仍囿於羅說，謂許君析𧯷烝二字為非，甚矣其蔽也。蓋𧯷自是𧯷，烝自是烝，截然二字。烝字从火丞聲，許訓本不誤。以火气上行，故引申有進義，春秋繁露之解乃由烝之引申義得之也。𧯷字象實米於豆奴以進奉神明。卜辭用之為祭名，辭云「甲辰卜貞王宾𧯷口亡尤」（前四．二十．四）、「癸卯卜貞王宾𧯷☐」（前四．二十．五）、「癸卯卜貞王宾二必𧯷按此即于省吾氏隸定為𧯷釋為蒸者亡尤」（前四．二十．六）、「辛酉卜貞王宾𧯷亡尤」（前四．二十．七）、是也。又為地名，辭云「甲午卜在灉餗貞今日王步于𧯷亡災」（前．二十．十六．四）、是也。金文作𧯷孟鼎「有柴𧯷祀」、𧯷孟鼎「𧯷四方」、𧯷大師虘作𧯷尊豆、𧯷段簋「王自畢𧯷」。」（集釋一六六九葉）

白玉峥「峥按：当即𧯷字之初文；从米𡕢（读与登同）声，应为殷时之形声字。其在卜辞中之为用，均为祭义，释为尝新之祭，是也。而此尝新之祭，综诸卜辞观之，则又新派前期之事；至其后期，未见於卜辞也。然未必无此礼也；盖以人文大进之后，废除此类之卜问也。」（契文举例校读十九中國文字第五十二册五九四五页）

考古所「禩：当为异之異构。」（小屯南地甲骨八八一页）

考古所　「⿱豆廾，从収从豆，像双手奉豆，有进献之义。」（小屯南地甲骨八三九页）

陈炜湛　「甲骨文还有⿱豆廾豋二字，义与収、㪉相近。⿱豆廾作□□□等形，从収从豆，与㪉之从収从皀作□者形似而有别，不相混淆。或又从示作□□，为异体。⿱豆廾亦即说文之⿱豆廾，许氏谓『从収持肉在豆上，读与鐙同』。豋作□□□等形，从米从⿱豆廾，或从禾作□□□等形。孙海波曰：『卜辞及金文豋字皆从米，知小篆从釆乃米形之讹。豋蒸声近，卜辞用此为蒸。春秋繁露曰：烝者以十月进初稻也。此作以豆盛米、两手奉而进之之形。说文说为豆属，非其朔矣。』其说至确。验以卜辞，知⿱豆廾豋之义确均为蒸进之蒸，为当时荐新之礼。不过，『⿱豆廾』后多记所登进的谷物如米、禾（來）黍及鬯，而『豋』后则不记具体的物品，是为二者的区别，例如：

☐其⿱豆廾黍。（京津三九一〇）

癸卯卜，⿱豆廾禾乙祖？（粹九〇八）

辛未卜，酒禾⿱豆廾祖乙？（甲八九九）

其⿱豆廾新鬯。（粹九一〇）

□□卜，彭贞：其征⿱豆廾黍？（甲二七七九）

癸未卜，⿱豆廾禾于二示？（库一〇六一）

癸未贞：乙〔酉〕王其⿱豆廾米？（后下二九·一五）

贞：于日豋，王受又？（甲一九九〇）

丁丑卜，其豋☐（遗珠六四六）

甲申卜，贞：王宾豋祖甲，亡尤？（续一·二六·三）

辛酉卜，贞：王宾豋，亡尤？（前四·二〇·七）

须要附带说明的是，甲骨文另有登字，作□□，从癶、豆，或增収，与说文所载篆文及籀文同。许氏谓『上車也』，段氏谓『引申之凡上陞曰登』，所言或是。但在卜辞中，登字多为人名，如续二·二七·四，四·三四·二，库一三三四，前五·二·一，皆曰『犬登』，登为犬官之名；未见有用为上陞之义者。杨树达氏合□□于□□□，皆释为登，遂一并读为徵，且说収为登之省，盖有失察。因为从皀与从豆有别，収与㪉为同义而非省略。」（甲骨文同义词研究古文字学论集初编一四八——一五〇页）

周国正　「乎酒登。」（丙一六六（五））

A：我们应该呼召（某々）去举行酒祭和登礼。

B：我们应该呼召（某々）去举行酒祭来（助成）登礼。

就『乎酒登』这条卜辞我们提出了A、B两种分析。在A中，我们将『酒』和『登』看做两个并列的动词，这种分析是最简单直截的，而且语法上也不会有问题。不过我们还要提出B这个分析，在B之中『酒登』构成一个『连动式』，『酒』的举行是为了助成『登』礼的进行。现代汉语中有『拿笔写字』（拿笔和写字是两个动作，但前者是为后者而做的），『上街买菜』等连动式的结构，和『酒登』可以作比较。我们认为B的分析更能够表明『酒』和『登』之间的潜在关系……

乙亥卜，登鬯三祖丁牢，王受又。（掇一·四五七）

……将『登鬯三祖丁牢』和礼记中『以雒尝黍』（注：「不以牲，主穀也。」）作一比较，我们可以这样推论：在『登』礼之中，穀物和有关产品（鬯）在商人眼中不是在某种个别事件中求取神灵助佑的『工具』，登穀是一种对祖灵道德上的责任，本身就已经是一种目的。……而登黍／米／来／鬯时也要其他祭牲的伴同，这些祭牲就带有工具的意味。祭牲是为了举行登『黍／米／来／鬯』而做的。……『登鬯三祖丁牢』应该解释为『如果在向三祖丁登献鬯酒的时候用牢（去助成）的话……』。

下面的两条卜辞也可以同样解释：

其登新鬯，叀二牛用。（粹九一〇）

要登献新的鬯酒的话，我们要用两只牛（去助成这次登献）。（同版中有「叀牢用」一辞，可知重心在于登献鬯酒时的伴同物是什么。）

登黍，……岁（劌）牢。（存一·一七六九）

在登献黍的时候……我们要岁祭牢。

这些卜辞和礼记『以雒尝黍』都反映了近似的祭祀情况。证明了『登』礼的举行是需要其他祭祀仪式的助成之后，把『乎酒登』解释为『我们应该呼召（某々）去举行酒祭来助成登礼（的进行）』已经具有理论上的可能性了。为了进一步证明这个可能性，我们找出了以下的例子：

戊辰贞：求禾自上甲，其贲。（人二三六三）

在向上甲祈求禾（的丰收）的时候，我们大概应该举行贲祭。

丁未卜，其求年于河，叀辛亥酒。（甲一八八五）

如果要向河祈求好年成的话，我们应该在辛亥日举行酻祭。

辛未贞：求禾高祖河，于辛巳酻贲。（摭续二）

在向高祖河祈求禾（的丰收）的时候，我们应该在辛巳日举行酻祭和贲祭。

这三條卜辞都显示出乙类「酌」（和「賁」）是用于助成甲类仪式的进行的，与这几条卜辞平行的是：

登鬯父己，由今日己亥酌。（人一八一〇）

在向父己登献鬯酒的时候，我们应该在今日举行酌祭。

「酌」之用以助成「登」的进行这事实至此已经明白不过的了。因此上文为「乎酒登」一辞而作出的B项分析也得到了坚强的根据。在丙五七中也有两条卜辞和「酒」及「登」有关的：

……丑卜，宾贞：羽乙……酒，黍登于祖乙，王固曰：有希，其雨，今日……午夕月有食，乙未酒，多工率条遣。（丙五七（一））

己……卜……贞勿酌登。（丙五七（二））

我们也可以援用上文的分析而把这两条命辞解作连动式。」（卜辞两种祭祀动词的语法特征及有关句子的语法分析古文字学论集初编二六三——二七〇页）

姚孝遂　肖丁　「「𢍶」字的形体变化较为复杂，或作[illegible]、或作[illegible]、或作[illegible]，稍晚则增「米」作[illegible]，其後复增「禾」作[illegible]。诸家对于这些形体考释不一。实际上这些都是从一个基本形体所演化，其由甲骨文而金文、而小篆的形体变化过程是很清楚的：

[illegible] → [illegible] → [illegible] → [illegible] → [illegible] → [illegible]

[illegible]　[illegible]　[illegible] → [illegible]

甲骨文　金文　小篆

小篆孳化为烝、蒸、[illegible]、𢍶四个不同形体。说文训「烝」为「火气上行」；训「蒸」为「折麻中榦」；训「𢍶」为「礼器」；训「[illegible]」为「豆属」，形体皆有所衍变。卜辞「𢍶」为祭名，典籍则作「烝」或「蒸」。古代冬祭曰「蒸」，亦作「烝」。春秋繁露四祭：「冬曰蒸，蒸者，以十月进初稻也」。尔雅释天孙炎注：「烝，进也。进品物也」。

卜辞「𢍶」祭，所进者主要为各类：

「王其𢍶米」

「來𢍏于祖乙」
「𢍏來于二示」
「其𢍏秫于宗」
「其𢍏鬯于且乙」

是所「𢍏」之谷类有「米」、有「黍」、有「秫」、有「來」，亦有「鬯」，並不限于「稻」。卜辞「𢍏」祭，所进者亦不仅限于谷类，尚有牛、羊、豚以及人牲等。例如：

「其𢍏牛，佳又于唐」乙6723
「方以牛，其𢍏于來甲辰」卜通别12.1
「其𢍏于兄庚叀羊」粹324
「𢍏豚」前5.2.2
「𢍏王亥羌」後上26.5
「𢍏父乙十羌」乙6401

卜辞于「𢍏」祭，多记载其所进之品物名称，然亦信言「𢍏」，而不言所进品物之名者。例如：

「甲午卜，大貞，翌乙未其𢍏，其在且乙」珠719
「𢍏于且乙，于毓且乙」摭1224

屯南51之「佳」字似不当为所「𢍏」之品物名，应属下读。」（小屯南地甲骨考释五九—六〇页）

赵诚　「辛巳卜貞，𢍏帚好三千，𢍏旅萬，乎（呼）伐……。（庫三一〇）这种用法的𢍏有征集、召致之义。……所谓「𢍏帚好三千」，实是𢍏三千与帚好，是说征召三千人众给帚好。……「𢍏旅萬」是把一萬人征集来交付给军队，……。」（甲骨文行为动词探索（一）古文字研究第十七辑三二六页）

赵诚　「𡚬，𢍏。象双手捧豆（盛物之器）进祭之形。或写作𡚬、𡚬、𡚬、𡚬，象豆内盛各种物品之形，與𢍏字构形之意同。𡚬，甲骨文亦写作䄎、䄎、䄎，隶定作䄎。与祭字作[illegible]亦从示作[illegible]同。典籍均写作烝，间或写作蒸。周代冬祭曰烝，举行于十月。甲骨文的𢍏字则有所不同，祭时不一定在十月，如「[illegible]」……（合六四），「[illegible]」……（庫一二八〇），「[illegible]」……（佚五六八）；𢍏祭可进谷物、鬯及牲、如「𢍜米」……（粹二六九），「𠭯𢍜于般庚宗」……（粹三二四）。」（粹九〇六），「𠭯𢍜秫𩰫」……（粹九一〇），「乙未𠭯𢍜米」……（甲骨文简明词典二四七至二四八页）

楊树达　参登字条

白玉峥　参卺字条

赵诚　参𢍜字条

按：甲骨文𢍜、𧯞諸字，或主張分為𢍜、𢍶、𧯞三字，非是。在甲骨文的考釋中，有兩種不良的傾向必須加以防止。一是局囿於小篆的形體，未考慮到古文字發展衍化的關係，強加比傅；一是脫離卜辭本身的實際，不考慮文字在辭句中的地位和運用，孤立地就形體本身進行冥思玄想。

甲骨文字中，形體迥異而實為一字，形體極為近似而微殊者實為數字，此類情況比比皆是，𢍜字即是其中之一。

其基本形體為从収从豆會意，象持豆以祭之形。豆字作豆，或作豆。「𢍜」字的異體則或从「皿」，或从「卺」。

𧯞字形體之進一步演化，則增米作𧯞，象盛米粱於豆進祭之形，或增示作𥛱，表祭祀之意。這幾種形體在卜辭中是通用無別的。

其一種涵義為祭名，相當於典籍中之「冬祭曰烝」之烝。春秋繁露：「蒸者以十月進初稻也」。甲骨文作𢍜，象雙手捧豆進祭之形。其所進者為「米」、為「𪎭」、為「來」、為「黍」、為「卺」，不限於稻。

「王其𢍜南囧米叀乙亥」　甲九〇三合集三二〇二四

「王其𢍜米」　粹九〇九合集三四五九一

「黍𢍜于且乙」　合二三〇合集一一四八四正

「禾𢍜且乙」　甲八九九

「其𢍜𪎭于宗」　掇一·四三八合集三〇三〇六

「𢍜來于二示」　庫一〇六一合集三四一〇七

「其𢍜卺于且乙」　甲二四〇七合集二七二二〇

「𥛱卺三且丁牢王受又」　掇一·四五七合集二七一八〇

其从米作𥂴者：

「……貞于四𥂴……王受又」（甲一九九〇）

「丁丑卜其𥂴……」（珠六四六 合集三〇九八八）

文辭適殘，但其與𥁰之同作「烝祭」之「烝」，則毫無疑義。金文作𥂴（盂鼎）、𥂴（大師虘豆），與甲骨文此一形體結構同。或有收作𥂴（盂鼎）、豋（段簋）。小篆譌从米為从𠬞，許慎解為「豆屬」，顯然錯誤。段玉裁甚至以「大豆黄卷」釋之，更屬臆測。說文又別出从肉之𢍏字，訓為「禮器」，此乃𢍏字之演繹分化。

要之，「𢍏」為小篆𢍏、𢍏、烝、蒸諸字之初形，𢍏為形譌，𢍏為衍化，烝則為別出之新字，又進而孳生出「蒸」字。與籀復趨於統一作「烝」，間或作「蒸」。其發展變化過程如下：

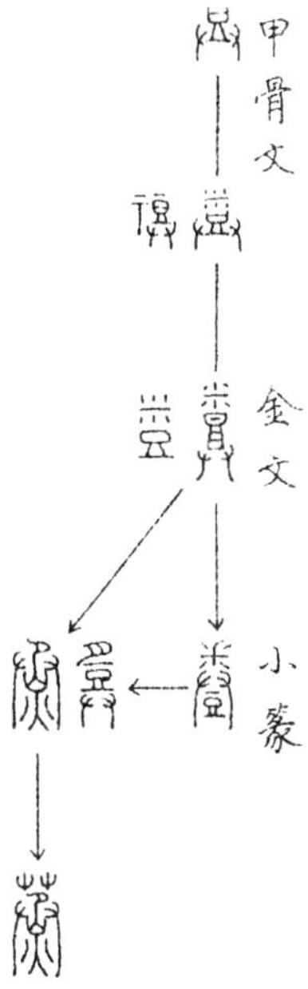

甲骨文　金文　小篆

今字則𢍏、𢍏諸體均已絕滅，通行者惟余烝、蒸二形而已。此字隸定作「𢍏」，或體作「𥞊」、「𢍏」、「𥞊」，可逕讀為「烝」。

其增「禾」作「𥞊」者，則為乙辛卜辭「𢍏禾」之合文。至於从「皀」之「𩚀」，卜辭用法與「𢍏」有明顯之區分，从不相混，不能視為同字。

余在小屯南地甲骨考釋曾將「𢍏」、「𩚀」二形相混，今附正於此。

爰

羅振玉

「說文解字：『瑗，大孔璧，人君上除陛以相引。』段注未聞。桂氏曰：『大孔璧者，孔大能容手。』又曰：『漢書五行志「宮門銅鍰」亦取孔大能容手，以便開門。』而於人君上除陛以瑗相引之說，亦無徵證。蓋古義之僅存於許書中者也。瑗為大孔璧，可容兩人手。人君上除陛，防傾跌失容，故君持瑗，臣亦執瑗在前以牽引之。必以瑗者，臣賤不敢以手親君也。於文，从𠬪象臣手在前，𠂇象君手在後。丨者，象瑗之形。瑗形圜，今作丨者，正視之為○，側視之則成丨矣。瑗以引君上除陛，故許君爰援均訓引。荀子性惡篇注訓援為牽引，禮記中庸注訓援為牽持之，並與許書瑗注義同，知古瑗援爰為一字，後人加玉加手以示別，其於初形初義反晦矣。罰鍰之鍰，古亦作爰，朶尚幣作𡬠作𡬠，毛公鼎作𢆶，叐丨為丿，形又失矣。吳縣潘氏滂喜齋藏一卣，其文曰𢆶，與卜辭正同，蓋亦瑗字。」（殷釋中四十一葉）

王襄　「古爰字。」（簠室殷契類纂第二十葉）

王襄　「古爭字，許說引也，从爰厂。」（簠室殷契類纂第二十葉）

唐兰　「爰字本作𢆶，像两手交付銅餅的形狀，两手代表两个人，象徵两个人在做交易，所以爰字有交换的意义。爰是鍰的原始圖画字，后来圆形变为小的横画，因而和寽字相乱。又或变从币，章字变为𢀓，其中的圆形变成币一样，𢆶字也变為𤔲，《說文》就误认为是从受从于了。正由於爰字中本从圆形，所以如環的玉瑗，从爰声，又引申為门环的铜環。……爰本作𢆶，寽本作𢆶，罗振玉把它都释成爰是错的。」（论周昭王时代的青铜器铭刻　古文字研究第二辑四二頁四四頁）

孫海波　「𢆶疑即爰字，說文『爰，引也』。古者人君上除陛以相引，相引者人君上除陛，防傾跌失容，故君持瑗，臣以持瑗在前以牽引之，必以瑗者，臣賤不敢以手親君也。于文从𠬪，象臣手在前，君手在後，瑗形圓，故作()形，金文作𡬠，从丶，與此同意，卜辭爰或作𢆶者正視之為○，側視之則為丨矣。」（文錄三八葉）

孙海波　「𢆶，甲二七五四。人名」（甲骨文编一九五頁）

饒宗頤　「按『𢆶』字，亦作『𢆶』。後編上十五．八：『……王其𢆶舟于滴』。前編二．二六．二作『𢆶舟』，知為一字。葉玉森釋𢆶為援。李亞農證成其說，讀為語詞『爰居爰處』『爰伐琴瑟』之『爰』是也。（揅續四七）此云𢆶朿，宜讀『爰奔』。虢季子白盤『爰饗』語例正同。」（通考一五一葉）

饒宗頤　「『戊戌卜，穷貞：其爰東室。貞：弗其爰東室。』（佚存四六九九）按爰，于也。詩卷阿：『亦集爰止』。箋：爰，于也。又廣韻：『爰，行也，為也』。右辭之爰，訓于與

為均可通。」（通考二六九葉）

饒宗頤　「𢆶即㝉，汪公鼎作𢆶，形同。㝉讀為酹，說文：『酹，餟祭也。』廣韻云：『以酒沃地。』此辭意殆謂酹于南壇之上。」（通考四二九葉）

李孝定　「說文『爰引也从𠬪从于籀文以為車轅字』。絜文正象相爰援引之形。羅氏引許書瑗下說解『人君上除陛以相引』以證絜文從字謂即君臣相引之象，說殊迂曲。蓋許君瑗下所說即古禮有之，亦後世彌文之制，非所以語於造字之本。先哲豈必以君臣相引而始造爰字乎。字祇象二人相引之形。自爰假為語詞，乃復製从手之援以代爰字。援瑗鍰並為形聲兼會意字。至爰之作援，則於形已複矣。金文作𤔡（虢季子白盤）𤔡（散盤）『余有爽䜌爰千罰千』已與小篆形近。」（集釋一四四〇葉）

按：甲骨文爰字即象相援引之形。王筠謂爰字「與手部援說文皆曰引也，蓋一字也。惟爪又皆手，旁又加手，則繁複，恐古止爰字，迨為爰粵于也之借義所專，乃復作援以別之」（見說文繫傳校錄）。朱駿聲、徐灝亦以爰援為古今字是也。

南明二二四（合集三四一三三）有辭云：

「王族爰多子族立于召」

此當係用其本義，謂王族援助多子族涖于召地。國語魯語「夫為四鄰之援」，注：「所攀援以為助也」。

卜辭累見「乎爰」；「勿乎爰」，均當為援助之義。

爰字之另一用法為：

「其爰東室；

弗其爰東室」　乙四六九九（合集一三五五五正）。

小爾雅廣詁：「爰，易也」，爰有變易之義，猶今言「換」。書盤庚「我王來既爰宅於茲」，朱駿聲讀爰為換，卜辭之「爰東室」，猶盤庚「爰宅」之義。

1034

于省吾釋帥，參𠂤字條下。

按：此當與1036「尋」字合併。

1035

𠬝 [illegible]

于省吾释師，参[illegible]字条下。

按：此當與1036合併。

1036

尋 [illegible] [illegible] [illegible] [illegible]

于省吾「甲骨文𠬝字作[illegible]、[illegible]、[illegible]、[illegible]、[illegible]、[illegible]、[illegible]等形，也作[illegible]、[illegible]或[illegible]、[illegible]。……甲骨文[illegible]字象两手执席形。其席纹从二层以至五层，多少无定，这是从正面看，如从侧面看，则作丨形。金文師字习见，左旁都从[illegible]或𠂤。𠬝是師字的初文，其演化规律是由[illegible]变作[illegible]，再变则作[illegible]或[illegible]，周代金文加上形符的巾旁，才变成形声字之師。汉隶的師字从𠂤与从𠂤互见。六朝以后師字行而師字废。又甲骨文和早期金文的師字都作𠂤，较晚则加帀旁作師。足征古文字的𠂤和𠂤迴然有别。今将甲骨文𠬝字的用法分别加以阐述。

一，𠬝为祭名。史记周本纪的「其罚百率」，集解引徐广曰，「率即鍰也」。戴震谓「鍰当为锊」（考工记图）。按金文锊字均作寽，从金作锊乃后起字。说文谓「寽读若律」。广雅释言谓「律，率也」。玉篇谓「鋢同锊」。寽率双声，故通用。甲骨文用作祭名之𠬝应读作酹，酹从寽声，与𠬝音近相假。字林谓「以酒沃地曰酹」。按沃地谓以酒灌地。甲骨文的𠬝祭习见，今择录数条于下：

一、辛丑卜，贞，𠂤氏（致）羌，王于门[illegible]（后下九·四）。

二、丁卯，王其𠬝牢僕，其宿（粹一一九九）。

三、癸丑贞，𠬝𠦪禾于河（南北明四五三）。

四、壬□晋□贞，其𠬝，告龜于□甲（南北明四六七）。

五、辛丑贞，𠬝求于[illegible]，雨（粹三〇）。

六、☒其𠬝，𠦪年于□（粹八五三）。

七、贞，其𠬝，叀翌日丁（佚一二六八）。

以上七条的𠬝或𡋐字均应读为酹，酹祭指灌酒于地以降神言之。

二，𠬝舟。甲骨文𠬝舟之𠬝也作𣪘。𠬝或𣪘与帥率古字通。𠬝舟之𠬝应读作率。《诗·绵》的"率西水浒"，毛传谓"率，循也"。《说文》谓"循，顺行也"。率舟是说舟在水中顺流而行。今录甲骨文有关𠬝舟之例于下：

一、乙亥卜，行贞，王其𠬝舟于河，亡𡿧（灾）（《前二·二六·二》）

二、□丑卜，行贞，王其𣪘舟于滴（漳），亡𡿧。才八月（《后上一五·八》）。

以上两条的𠬝舟，是指商王顺水而行舟言之。"（《释𠬝》《甲骨文字释林》二八一——二八三页）

严一萍："按诸家考释于字形之剖析，均未达一间。其实㠯席也，𠬞乃舒张两臂也。仪礼燕礼有言：'公揖卿大夫乃升，就席。'郑注曰：'揖之入之也。'乃恍然悟此字之形，实象有客临门，主人出迎，躬身舒张两臂邀客入席，盖即揖字之形初也。今字作揖者，自㠯演变而来，从耳者，㠯之讹变耳。揖，说文训攘也。攘，训放也。以释卜辞，则全部涣然通顺矣。如曰：'𣪘舟'者放舟也。

丁丑卜，行貞：王其𣪘舟于滴，亡巛。（后上一五、八）

乙亥卜，行貞：王其𠬝舟于河，亡巛。（上二、二六、二）

于渚先祖神祇之祭祀曰揖，如：

壬寅卜，揖又且辛，伐一卯一牢。（燕续八二）

☐揖，出于匕己。（库五一七）

貞：揖知于匕庚卌五豕。（洽七七二四）

戊午卜殻貞；勿揖知于匕庚。（乙八二九二）

壬戌卜宾貞：揖尞于岳。（天四二）

辛丑貞：揖尞于岳，雨。（粹三〇）

貞：揖酒河，尞三牛，沈三牛，卯☐。（乙二四八九）

貞：庚申揖，求禾于夒。（屯南七〇五）

弜揖方，又雨。

其揖方，又雨。（明藏六八六）

□揖☐雨。

于宾客亦曰揖。如：

壬戌卜，王其揖二方白。（序一、四四二）

弜揖。

于南门揖。

王其揖二方白于B辟。

王于（南）门揖。

于B辟揖。

于宨𡩜揖。

（甲）午卜，翌日乙，王其揖盧白㳄。

貞：王其揖𢦏方白𢀛于止若。

揖又相当于卜辞之逆字，如：

于南门揖。

于宗门揖王羌。

辛丑卜，皁氏羌，王于门揖。

诸揖字，即他辞之逆字。如：

王于南门逆羌、

辛（丑卜）貞：王其逆。

王于宗门逆羌。

王戍貞：王逆皁氏羌。

于滴，王逆氏羌。

两者当为同一事，而一用揖，一用逆，是揖与逆义相同也。揖又为地名如：

癸未卜貞：王其步自揖，亡𡿧。

辛未卜穷貞：王往揖，不口亡𡿧。

丁酉卜穷貞：㞢来告，方围于揖，福告于丁。

其他残辞断句尚多，苟足之，当不出上述诸例也。其从言作者，谢字也，不能相混。」（释揖中国文字新十期一二一——一一三頁）

掇一、三九七

怀一三九一

沪三六五二

沪一九七八

屈萬里　「㓝，羅振玉釋謝（殷釋中五八葉），葉玉森釋彔（鉤沈），郭某釋汎（粹釋七四六），唐蘭釋尋（天釋四三葉），皆未的。按其字象平伸雙手度物之狀，疑是度字之初文。卜辭中或假為渡，前編二第二六葉二片辭云：『王其㓝舟于河』，是也。本辭（『王其㓝各僼呂口』）㓝字，疑亦當讀為渡。」（甲釋一〇一葉）

屈萬里 「□，从口，度聲。隸定之當作喥。玉篇喥字云：『本作吒，同咤。』書顧命：『三祭三咤。』釋文：『咤，音妒。』故書中度宅二字常通假，是以喥咤為同字也。本辭喥字，疑當讀為宅；居也。」（甲編考釋二四八葉）

曹定云 「……就在康丁之世，『卢方』的首领被殷王朝所杀，作了祭祀中的『人牲』。请看下面卜辞：

（甲）午卜：日叀翊乙，王其□卢伯□，不雨？叀父甲彡日，□，又正？大吉。

甲三六五二

该片是康丁卜辞。□字，过去诸家考释甚多，均不得要领；唯唐兰先生释『寻』，从形、声、义三个方面作出了合理的解释，颇令人信服。今从之。

『寻』之本义为度广，但又引伸为『用』义。朱骏声说文通训定声：『寻所以度物，故揣度以求物谓之寻。』小尔雅广诂：寻，用也。左传庄二十八年传，今令尹不寻诸仇雠。』『寻』在卜辞中是祭名，□是『卢伯』的私名，他是此次祭祀中的『牺牲』。殷王祭祀中的『人牲』通常是俘虏或奴隶，但用方伯亦不乏其例，如『王其寻下方伯于吕辟』（掇一、三九七），『翊日乙，王其寻孟』（甲一九六七）。众所周知的『人方伯』人头骨刻辞，很可能就是这种寻祭的实物见证。这种情况，到春秋时候还存在，如左传昭公十一年载：『楚子灭蔡，用隐太子于冈山』与僖公十九年载：『宋公使邾文公用鄫子于次睢之社。』」（殷代的「卢方」社会科学战线一九八二年二期一二三页）

考古所 「□：可能是□之异构。」（小屯南地甲骨一一一三頁）

考古所 「字在卜辞中为祭名，粹一·四四二：『王其□二方伯』，甲三六五二：『王其□盧伯』，可能是將战争中俘虏的二方伯、盧伯杀之以祭。尋有用义，在卜辞中可能与杀之以祭的『用』用法相近。」（小屯南地甲骨八四○頁）

何琳儀 「『尋』，甲骨文作『□』形，象『伸兩臂與杖齊長』之形。在古文字偏旁之中，手形『□』和『□』往往可以省作『□』和『□』。例如：

攻 □ 古璽文編三·一五 □ 同上

史 □ 金文編○四七一 □ 同上

殷 □ 金文編附上四九五 □ 同上

段 □ 金文编〇四六五　段 同上

瞏 □ 金文编〇四二四　□ 同上

婁 □ 金文编〇四二二　□ 二十八星宿漆书

由此类推，剑铭此字右旁『□』本应作『□』形。值得注意的是，剑铭此字两臂相接之处有明显的隆起，這也是释『尋』的重要根据。

『尋』作『□』，在小屯南地甲骨七八（H2：87）有更直接的来源：

辛巳卜，□乇于□。

释文谓第四字『殆□之异构』。以庫方一七一七『其□告（乇）』与屯南相互比勘，二者辞例吻合，可証『□』確為『□』之『异构』，『□』与『□』反正无别，均应释『尋』。

戈铭此字从『戈』从『尋』，自应隶定为『⿰尋戈』……』（皖出二兵跋，文物研究第三期一一九——一二〇頁）

1037

將 □ □ □ □ □

郜笛说参□字条下。

考古所　「□：殆□之异构，祭名。」（小屯南地甲骨八四二頁）

按：字當釋「尋」。在卜辭為祭名，亦當為用牲之法。

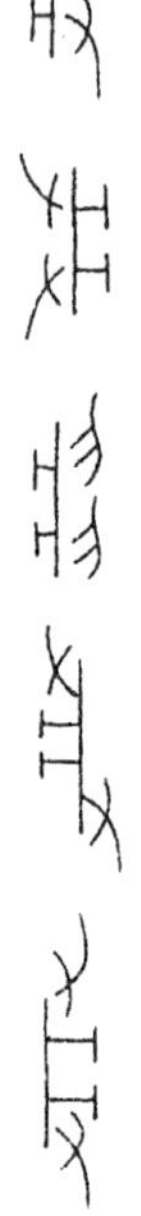

葉玉森　「按他辭言『貞⿰爿攴戈人』，（前、六、卅一、一）戈人乃戈國之人。又云『己丑卜賓貞翼庚寅令入戈』，（前、七、卅四）此辭三行共十一字，末字為戈，其下契一天斜之界線，下似有一乂字淺痕。諦察之，仍綫痕微蝕者为卜，非人字也。郭氏誤釋為令入戈人，遂疑戈人為國名，乃讀⿰爿攴戈人為版戈人。謂猶諸秋言『城中丘』（隱七年）『築郿』（莊廿八年）也。考經訓版之一字，並不含築意，釋版似不可通。陳氏釋將近矣，但卜辭⿰爿攴字似與他辭言戕戔相類，其誼為殺傷。循爿聲求之，或古戕字，或段將為戕。說文『戕傷也』，卜辭曰『勿戕茲邑』，即言勿屠此邑也。曰『戕戈人』，即言戕殺戈國之人也。他辭云『癸卯卜賓貞□（墉）于京』（前、五、八、四）□乃風字，後編卷下第三十六葉之『大□』，可證郭氏釋雇非是。墉為國名，或一名風墉，殆風姓之後。曰『戕風墉于京』者，即言戕殺風墉之人於京地也。他辭又云『丁酉卜口貞□于

豸』，（豸前、五、十三、一）此辭句法與上辭同。曰『戕𠂤于豸』，即戕殺𠂤之人于豸地也。𠂤亦國名。郭氏釋𠂤為堞，亦未能信」。（前釋卷四第五葉——六葉上）

唐蘭　「[爿攴]疑即將字，其義未詳」。（天壤文釋三十二葉）

郭沫若　「卜辭有[爿攴]字或作[爿攴]，余以為版字，从爿𣥂聲，與版之从片反聲同。按諸原辭亦多係版築之意，今舉其例之完整者如下：『甲戌卜㱿貞我勿[爿攴]茲邑㱿己𡚤』（前、四、四、三）、『癸卯卜賓貞[爿攴]雇𩫖于𢀛』（前、五、八、四）。雇疑亦雇字。𩫖即小篆之𩫏字，許書𩫏為郭，又𩫏為墉之古文。王國維謂𩫏讀墉為是。毛公鼎『余非𩫖又昏』，假為昏庸之庸。孫詒讓讀召伯虎敲之『僕𩫖土田』為魯頌之『土田附庸』。余疑此雇𩫖亦僕𩫖附庸之意。卜辭『𩫖』字亦或作𩫖若𩫖，許書以為象城郭之重，兩亭相對，實屬妙悟。……此與上例『茲邑』字同例，自是墉垣之墉。『丁酉卜口貞[爿攴]𠂤于豸』（前、四、五三、一）。𠂤與前二例邑𩫖同例，疑即堞之初字，亦城上有俾倪之形。……此云豸即豸字，地名。『癸巳卜貞[爿攴]于壴』（林、一、二六、十八）。壴羅釋侸，案當為鼓之初字，象形。……此云『版于壴』則壴乃地名。他辭云『癸酉卜在𠂤貞王步于㱿亡巛』（前、二、十二、四）、『貞[爿攴]戈人』（前、六、三一、五）。戈人亦地名。它辭言『己丑卜賓貞翌庚令入戈人』（前、七、卅四、二）、『版戈人』，猶春秋言『城中丘』（隱十年）、『築郿』（莊廿八年）之類也。『登人三千乎伐（缺）袞𩫖土[爿攴]』（前、六、卅四、二）。袞當係人名。之辭言『己亥卜𠬝貞勿乎袞𩫖口𩫖』（前、七、二、三）與此同例。𩫖即不㜷敦『汝及戎大𩫖𢧐』，宗周鐘『王𩫖伐其至』，寡子卣『以𩫖不淑』之𩫖。王國維云『𩫖者敦之異文』。詩魯頌『敦商之旅』，常武『鋪敦淮濆』，鋪敦即𩫖𢧐之倒文」。『土即土方』。『袞𩫖土版』，猶大雅皇矣『以伐崇墉』，亦猶它例之『袞𩫖口𩫖』，此版用作名辭，彼𩫖上所缺一字當係國號，此例雖用法稍異，然於釋版亦無礙」。（甲研上冊釋文）

陳邦福　「簠室殷契徵文地望篇第五葉云：『貞于南方[爿攴]斤宗十月』，又殷契類纂云：『貞[爿攴]壬人』。邦福案：[爿攴][爿攴]當釋將，卜辭明與爿𣥂有別也。說文手部云：『將，扶也』，段注：『古詩「好事相扶將」，當作扶將字之段借』。又卜辭作[爿攴]作[爿攴]，正象兩手扶將之誼，許从一手文猶誼不媘。考癸亥父己鼎云：『癸亥王伇弜作冊[爿殳]新宗』，妝即將，妝新宗者，亦扶新宗也。蓋古文手與又為一字，（婁見卜辭）可證。从一手之將字始于晚周，即許君之所本也」。（辨疑十三葉下）

陈邦福　「簠室殷契徵文地望篇第五页云『贞于南方[爿攴]斤宗十月又』。殷契类纂云：『

貞𢻊戈人』。邦福案：𢻊𢻊皆當釋𢪊，明與爿𢻊有別。說文手部云：『𢪊，扶也。』段注：『古詩好事相扶將』當作扶𢪊字之假借，且卜辭𢻊𢻊正象兩手扶𢪊之形。許从一手，文婿誼不婿。考癸亥父己鼎云：『癸亥王役𢀛作冊𢻊新宗』，𢻊即𢪊，𢻊新宗者，亦扶新宗也。卜辭𢻊介宗，正鼎𢻊新宗之假借，新宗豈禮記所謂新廟與？」（殷契說存第十頁）

陳邦懷　「𢻊，說文𢪊字，篆文但省兩手為一，从𡕒或从𡕒，象扶𢪊之形，爿聲也，與𢻊从爻舟聲正同一例。」（殷契拾遺八葉）

屈萬里　「𢻊，葉玉森釋戕（前釋四卷五葉）；陳邦福釋𢪊（殷契拾遺）；郭某釋版（甲研，釋版）；唐蘭隸定作𢻊，謂：『當即𢪊字。』（天壤三〇片）。按：陳、唐二氏說較長。𢪊，即扶將之將也。」（甲編考釋九葉）

屈萬里　「𢪊，即扶將之將也。」（甲釋四六片釋文）

𢻊一辭　『殷契有𢻊字，就傳世拓本所見无慮敢十。汇辑之，則為用不一文各有殊，如：

一、乙酉卜㝊貞：羽丁亥𢻊帚妊　京都〇〇五三

二、貞：于南方𢻊阿六示。十月。　續一、三八、三（徵二、三九同）

三、辛酉卜，𢻊兄丁于父宗。　摭續二二三

四、丙子貞：𢻊兄丁于𠂤乙。　粹三七三

五、丙子卜𢻊兄丁于父乙日。　后上七、五

六、丁巳貞：于來丁丑𢀛兄丁若。　掇四二三

七、丁巳貞：弜𢀛𠂤兄丁若。　鄴三下四四六

八、甲戌卜，殻貞：我勿𢻊自茲邑，殻㝊巳乍。　續六、九五

九、甲戌卜，殻貞：我勿𢻊（自）茲邑殻（㝊）巳乍。　前四、四、三

十、（甲戌）卜，殻貞：我勿𢻊（自）茲邑（殻㝊巳乍）。　粹一一一八

十一、甲戌卜，𢀛貞：我勿𢻊自茲邑，殻㝊巳乍，若。　粹一一一七

十二、（甲戌卜）𢀛（貞我）勿𢻊（自茲）邑殻㝊巳乍若。　粹一一一六

十三、貞：我𢀛自茲邑若。

（貞）我勿（𢀛）自茲邑。　戩三七、十三（續四、三四、一同）

十四、貞我（𢻊）自茲（邑）若。　粹一一一九

十五 貞㞢𡆥．
貞：勿戕𡆥　乙二五九四
十六 其㞢𩒨口又月（口疑𠂤之残文，亦「又足」二字。此「又月」据原释）
弜㞢𩒨𠂤．
其㞢𩒨于汏口
☒𩒨☒　粹一一九四
十七 貞：戕戊人．　前六、三一、五
十八 甲辰卜㱿貞：今日命入戊人勿足．
癸亥卜㱿貞勿戕戊人出足畯．　珠四五六
十九 癸卯卜㱿貞：㞢㒸𠂤于京　前五八、四
廿 ☒土㞢𠂤☒　珠二八四
廿一 丁未卜，㱿貞：戕㯥于𡆥，每畋、二月．
☒于𦘒田，每（畋）戕㯥二月．　甲二六九二九二五、二〇二九合
廿二 辛酉卜𠂤弜戕在又立．　甲六二四
廿三 丁酉卜亘貞㞢𠬝于豕　前四、五三、二（续存一三〇六即本片，而已残佚上半）
廿四 癸巳卜貞：戕毋壴　徵一、二六、一八
廿五 ☒其戕𢀛．　四百粹五五
廿六 貞戕毋壴．　粹五三三
（本片粹编考释毋误作「于」字待考）
廿七 貞其出戕若．　外一八五
廿八 貞☒戕☒．　後下十三、七
廿九 貞勿㞢　沃三〇
卅 貞勿戕十月．　前六、三一、六
卅一 貞勿㞢　摭一〇六
卅二 庚午卜沈貞其㞢☒　甲二五九三
卅三 口卯卜，其戕☒　甲五九七
卅四 貞☒戕☒　甲四六
卅五 勿戕　掇三〇六（续存1370全）
卅六 ☒䇂戕☒　拾一三一
卅七 ☒䇂戕☒　佚六〇〇

卅八☐令☐𢦏☐冀☐寇　佚一六三

卅九貞其𢦏☐𠂤于☐☐☐　甲一五三七

四十☐羽☐巳☐𢦏☐七☐　簠六、三一七

……

……

案說文手部：「捋，扶也。从手爿声。」寸部：「將，帥也。从寸𤖨省声。」玉篇曰：「捋今作將。」集韵曰：「捋，通作將。」据說文則兩字之形义大殊，惟经典多以將為捋之叚借。

張文虎舒艺室隨笔曰：

寸部：將，帥也，从寸𤖨省声。案手部有捋字，从手片声，训扶也。此变手从寸即肘字，肘即手也，將字宜為捋之重文，至𤖨字当為从酉从將省声，今云將字从𤖨省，未敢信从。此论实具卓見。將之「从寸」实由𦥑旁之「𠬪」所伪变。張氏謂「將為捋之重文」不若謂「捋為將之隶省。」又謂「从寸即肘字」則臆說也。吳善述說文广义校订曰：

按许书捋训扶也。从手爿声。將训帥也，从寸𤖨省声，然寸字在偏旁，或取度义，或取守义，或与又同用，又即手也。將之从手，与將之从寸同意。五篇以捋為將之古文甚是。故经传扶將字並作將。引申為持也，致也，傳也，奉也养也，助也，顺也，从也，行也，道也，欲也，且也，大也，长也，壮也，美也。无非平声通為率领主持之义。謂领军曰將军。史記：「將军去𧾷。」正义云：「將犹领也。」因之即以將军為之称。孟子：「魯欲使慎子為將军。」亦莫非平声，至備將军為將，作去声读，前古所无，春秋时始有之（周礼有军將字，出自汉人之手）亦以义之动静，而别其音，其训息训清及將將𠁁字，别作七羊切，音鏘省，亦音隨义别，许书將训帥也，乃以后义為解。」

两君皆主捋將為一字，证以卜辞之𢦏其說至当。盖字象双手扶爿（几），故引申之有扶、进，助，奉，持，致诸义。由此可知𢦏兄丁若帚姪者，未可以祭名為解，𢦏伐人，𢦏𣪊等以方族人名為賓語者皆為率领而非戕戮之义。向所蹇澀难通者又涣然冰释矣。」（中国文字第二卷第八册八五三—八六〇）

饒宗頤　「卜辭：

『甲戌卜，㱿貞：我勿𢦏（將），自茲邑。㱿穷巳（祀）乍……』（續編六、九、五）

按『將』義為進酒。此讀為詩文王：『祼將于京』『厥作祼將』之『將』。」（通考一一八葉）

李孝定　「說文『捋扶也从手爿聲』契文从二手，二又與二手同爿聲，陳氏釋捋是也。郭氏釋版，葉氏已辯其非。卜辭言『捋口宗』盧徵、地望、卅九。捋當讀为字，扶也，與𡟨亥父𣏟銘

同。他辭則當讀為𢦔，葉說可从。」（集釋三五六一葉）

徐錫台　「𤕦（前六·三一·五），此字左从疒，右从𠬪，当即疫字。𠬪字，如玉篇：『平表切瓢上声』；說文：『物落上下相附也，从爪从又』；玉篇：『今作摽莩』；集韵：『又作芆，婢小切与通落也』。故『疫』通㾈字，集韵：『房尤切音浮火瘍』。」（殷墟出土疾病卜辞的考释中国语文研究第七期一七页）

考古所　「壴，𢪊：皆祭名。」（小屯南地甲骨八六九頁）

按：說文：「𢪊，扶也」，典籍皆作「將」，無作「𢪊」者。說者皆以假借為言，乃惑於說文「𢪊」、「將」二字分列之成見。實則古本同字。張文虎舒藝室隨筆謂「將字宜為𢪊之重文」是對的。玉篇：「𢪊今作將」，是以為古今字。廣韻引字林「𢪊」作「𢱭」，𢱭乃將之纍增。契文𤕦、𤕦、𤕦諸形，篆文譌作「將」，說文以為「从寸，𤕦省聲」，而「𤕦」、「𤕦」又以為「將」省聲。王筠釋例、徐灝段注箋均已致疑。卜辭云：

「于南方將河宗」　續一·三八·三

「將兄丁于父乙宗」　後上七·五

當用如詩「我將我享」之「將」，乃奉享之意。前六·三一·五「將戈人」，珠四五八「𢍰將戈人」，「我將自兹邑，若」，續六·九·五「我𢍰將自兹邑」，葉玉森謂為「𢦔」可從。至於續四·三四·一「我將自兹邑」，葉玉森亦讀作「𢦔」則非是。此類「將」字用義不詳。

1038　甾

孫詒讓　「此字上从八，下似从由，不知何字。金文父乙卣有甾字，子立敦有𡿧字，似並即此字。」（舉例下四七葉下）

王襄　「甾，古关字，或作𡿧，許書無之，关作父乙卣作甾，子立敦作𡿧，是古文有关字。段氏云：『𢍰，許書無此字，而送𠋫朕皆用為聲，此亦許書奪漏之一也。』」（簠室地望七葉上）

「疑关字。」(《类纂存疑》第二第三頁上)

葉玉森　「按予舊釋臾與奄，乃國名。(殷契鉤沈)似均未妥」。(前釋一卷一二七葉下)

楊树达　「：古本竹书纪年(御览卷八十三引)云：『祖乙滕继位，是为中宗，居庇』。则殷先王之祖乙名滕，不名䑞。考说文十一篇上水部滕字从水朕声，而八篇下舟部朕字下不说其形，说文亦无䑞字。甲文朕字屢见，字作𦨶(见甲骨文编八之拾叁)。左从舟，与小篆同，右从䑞与说文朕字右旁从火作𤍽者异，而其字与䑞宗之䑞同，然则䑞殆即祖乙之名，与纪年记名滕者文異而实同也。

铁云藏龟(一壹柒肆叶贰版)云：『贞，祖乙朕弗衍』，朕与䑞同，亦即纪年之滕也。」(释䑞宗，积微居甲文说卷下五二頁)

郭沫若　「𡆥與伐同例，字於卜辭屢見。他辭云『王𡆥林方亡𢦔』(前、二、十六、三)，亦有用作人名或地名者，於古金中亦屢見，前人多釋為『八申』二字。𡆥非申字，羅氏已辨之。羅氏於申下注云『吳中丞書乃吳式芬因篆文作𡆥，遂謂子𡆥且乙角之𡆥，孟𡆥鼎之𡆥均即申字。今案𡆥象兩手持杵形，雖不能知其為何字，其義與舂字所从之𡆥同。𡆥字亦然。均非申字也』。余案舂亦可省作𡆥，以毛公鼎二舂字均作𡆥，則𡆥固舂字之初字也。𡆥與𡆥之別互倒提杵，未有作勢前進之意，疑即撞之初字。說文云『撞，丮擣也』。此正象丮擣之形，从八作者當是一字，八亦分破之意。亦有从行作𧗳者，殆即是衝，(前、四、二、一)。撞衝古當為一字。左氏文十一年『富父終甥舂其喉』，杜注『舂猶衝也』。按舂即是撞。」(甲研釋挈一葉)

魯實先　「𡆥於卜辭作𡆥𡆥𡆥𢦏，葉玉森疑為奄，(殷契鉤沈甲卷)郭沫若疑為撞之初文，又謂从行之𧗳殆是衝字。(見甲骨文字研究釋挈)金文之𢦏與𡆥同體，張廷濟疑為曾，(見小校經閣金文拓本卷二第三二葉)朱建卿釋為𡆥，(見小校經閣卷四第三五葉)吳大澂釋為八申二字，(見愙齋集古錄十冊十葉)羅振玉謂舂所从之𡆥，(見貞松堂集古遺文卷九第二葉)林義光釋為臾，因疑為饋之古文，(見文源卷六)說並非是。唯王襄疑為𠊱朕所从之𢍏，(見徵文考釋地望第七葉)其說得之。徒以說文無𢍏字，故亦未悉其音義也。中略以愚考之，凡金文朕賸二字所从之𢍏則作𢍏𢍏𢍏𢍏𢍏𢍏𢍏𢍏𢍏𢍏𢍏𢍏，無一从火作𢍏者。其作𢍏則與𠬞之籀文作𢍏者相近，其作𢍏者，則與𠬞之或體作𢍏者相同。篆文於𠊱朕二字乃从𢍏者，即卜辭之𡆥𢦏與金文之𢍏𢍏所娩變。據此則朕之為字乃从舟从𠬞以會意，舟以象其履，𠬞以示其冠，冠履者一人之服，故於旬稱鯀為小名。中略夫鯀之從履省，從弁，弁亦聲，固已形聲脗合，義指通明，則卜辭之𠂤𠬝與金文之𠬝𠬝同體，其為弁之古文斷然可識。弁於卜辭有二義，其一讀為漢書甘延壽傳「試弁為期門」之弁，義為搏擊，即折之初文，如云「庚寅卜在鬻餗貞王𠂤林方亡𢦔」（前二·六·三，中略）是也。其云「口丑卜伐𠬝羌方」（鄴羽三集下四十葉一片）者，弁薄為同紐雙聲，所謂「伐弁」者，義猶小雅出車及六月之「薄伐」，亦猶虢季子白盤之「搏伐」，與兮白吉父盤之「廣伐」。弁音轉為盟，攝與𦎫為同部疊韻，則所謂伐弁者，亦猶宗周鐘之「𦎫伐」，與不㝹簋之「𦎫戟」，皆為同義疊語。中略弁之第二義為方名，如云「癸巳卜王其令五族戍𠂤」（粹一四九，中略）是也。（中略）案說文弁之本字作覍，考之金文則有父乙覍鼎（三代二卷十九葉）父乙覍觶（三代十四卷四二葉）父辛覍冊鼎（三代二卷四八葉）作父癸覍彝（三代六卷二二葉）覍父乙彝 父乙覍彝（三代六卷十一葉一中略）凡此，俱象弁冕之形，與皇之作𡈼𡈼者同體（中略）是皆覍之初文，亦弁方或弁氏所作之器也。下略」（新詮之二載東海學報三卷一期三九至七二葉）

朴海波　「𠬝，庫一三九七。說文无关字，而有从关得声之字，盖传写夺佚。」（甲骨文編一〇二頁）

張秉权　「𠂤化正亦称𠂤正化，圖版陸叁，六七及圖壹叁叁，一三九等，即称：『𠂤正化戈𢦏』。我曾經寫过一篇卜辭𠂤正化說（注一），归納若干材料，考得它与許多部落或方國，曾经发生过关系，例如：

方　吕方　魌　夾　相　示　易　𠂤　𦎫　伲　羌　戍　㠯　龍　並　㠯方　𡰥　萈　X　叡　隹

這些方國都曾经直接或间接地与𠂤正化（或称𠂤化正，或简称𠂤或正或化）有过接觸，然后再从這一群方國之中的一些可知的地望，去推测𠂤方的所在，它似乎应该在虞鄉、平陸和陝县附近的一些地區之內」（殷虛文字丙編考釋第一九九頁）

（注一）見集刊二十九本庆祝趙元任先生论文集下冊〇〇·七七五——七九二。

張秉權　「𠂤字的形體在卜辭中作𠂤及𠬝二形。又有作𦥑形者，恐怕也是這個字的一種形变。在金文中其形體变化比較複雜，但大致亦可分為作𠬝（𠬝父丁卣）與作𠂤（𠂤𠂤）二類。又有作𠂤形者，孟𠂤似乎也是這個字的形变。此字的结構象兩手捧一錐狀物體或矢頭向上鑽鑿，其端兩旁的兩撇是象分開之意，至其確實的意義，迄無定論。葉玉森集後来諸家的解釋說，（葉玉森集釋所引各家說見上从略）葉沒有肯定那一家的說法是對的，並且連他自己曾经說過的也否定了。我想此字象兩手捧鍤插剌之狀，當是臿字。大徐本七上臼部「臿舂去麥皮也从臼干所以臿之楚洽切」，小徐本作「从臼干聲」，段氏等參用二家之說謂「从臼干聲一曰干所以臿之」。許氏誤把臼認作臼形，遂將此字列於臼部，並且以舂麥為其本義，其實這個字當以分剌為本。釋名釋用器「鍤插也插地起土也」。漢書王莽傳「負籠荷鍤」，注「鍤鍪也」。王先謙補注「鍤或作臿」。史記司馬相如傳「赤瑕駁犖雜臿其間」，則臿又通插。說文十二上手部「插剌肉也从手从臿」。廣韻「插剌也」。說文十四金部「鍤郭衣鍼也」，集韻「鍤綴衣鍼」，則臿又有綴衣鍼的意義。定按郭衣鍼所以固定衣形者，鍤當以郭衣鍼為本義，郭衣鍼無目非所以綴衣者也，與金文的形義尤為相近。史記史皇紀「身自持築臿」，正義「臿鍬也」。漢書溝洫志「舉臿為雲」，注「鍬也，所以開渠者也」。又說文於木部之相說是「臿也」。於金文之銛鈂鏟說是臿屬。可見臿是鍬種田器的總名。說文七上臼部「臼舂也古者掘地為臼，其後穿木石象形中米也」。然則古時舂穀掘地為臼，是舂穀與插地起土的姿勢相似。而古人穴居，須在地下穿室，所以插地起土並不完全向下。臿字象兩手捧鍤石旁側視形亦為此向上或向前剌插形，既象鍼狀，又極似插剌。許氏誤臼為臼，於是舂去麥皮的意義獨顯，而其本義遂晦。但是在其他的地方還保存着這個意義呢。臿字在卜辭中的用法大部分都是用作名詞的，祇有極少數的例子似乎並不用作名詞。譬如「庚寅王卜在鸞貞臿林方亡巛」（簠一六二七「庚寅卜在鸞貞王臿林方亡巛」通五八六、在前辭中，我們還可以把臿和林方都解釋為地名，但是在後辭中的「王臿林方」之臿字就不能那樣講了，它似乎是一個動詞。郭氏以為「與征伐字同意」。雖無確證，但也聊備一說」。（卜辭臿正化說載集刊二十九本七七七至七七九葉）

張秉权

「臿正化，是武丁時的一个重要的方國領袖，在卜辭中，常常可以看到他有「戔𢦏」的記錄。或单称臿，是人名：

貞：臿亡疾？（潼六五）

貞：臿亡疾？（珠七〇五）

在甲桥刻辞中，也有記載臿的入貢：

臿入三。（汇编七一九五）

或单称臿，而是地名：

戊寅貞：多射往臿亡田？（戬四三、二）

乙巳卜，宕貞：臿乎告舌方其出允☐？

貞：史于臿？（珠一七九）

或称臿方：

☐貞：王令☐（伐）臿（方）☐？（潼五〇一）

其它或同臿疋化的『受又』与『弗其受又』（圖版陸玖，七六；柒壹，七八），『亡禍』与『屮禍』（圖版柒壹，七八），『古王事』（乙编八四五九）等，在卜辭中更是常見之事。」（殷虛文字丙編考釋第一〇二頁）

饒宗頤　「按臿為射官，故稱『射臿』，此冠官名于人名前之例。」（通考五九一葉）

李孝定　「說文『臿舂去麥皮也从臼干所以臿之』。契文作上出諸形。郭氏釋撻，於字形無據。釋臾釋奄，葉氏已自承未安。王氏據金文朕之偏旁釋此為关，於字形雖有可說，而音義無攷。魯氏據以論定此為弁之古文，陳義甚富。惟弁之本義為冕，此字之形似與冕義無涉。至魯氏所舉諸岂字，則確為覍弁字，象人着冠冕之形。且岂字所見諸器，多以日干為名，猶存殷習，大抵當為殷末周初所作，則岂字殷時當已有之。以校臿字，實無絲毫相似，二者似不能認為一字，魯氏之說似有未安也。此字余曩亦疑當釋臿，惟未深考，繼覩張氏此作，與余意冥合，引證甚備，說當可從。字在卜辭為方名，亦有用為動詞者，當與征伐同意，郭說是也。蓋字之本義為穿刺，與征伐之義亦不相遠也。金文諸臿字與契文同，已見諸氏所引，不贅。」（集釋二四一四葉）

李孝定　「卜辭別有舂字，見前，此仍以釋臿於字形較合」。（集釋二四一五葉）

温少峰　袁庭栋　「卜辞有『𢦔』、『𢦏』字，甲骨文字集释释为『臿』，误。此字即『𢦏』加『八』符，朱芳圃先生谓甲金文字加『八』或『𠂢』，乃表示词性变化（见殷周文字释丛），其说甚允。故知『𢦔』即『𢦏』，其本义为双手持有结之绳，即送、朕所从之『关』，本为传递信息之意。

『𢦔』在卜辞中或用作人名与地名，但在下列卜辞中当读为腾，说文：『腾，传也。从马，朕声。』一切经音义卷十二引作『腾，传也。传音知恋反，谓传递邮驿也。』淮南子缪称训：『子产腾词』，高注：『腾，传也，有人传言洁之。』汉书礼乐志：『腾雨师，洒路陂』，谓传言于雨师使洒路陂也。后汉书隗嚣传：『因故腾书陇蜀』，谓传书陇蜀也。卜辞云：

(166) 戊辰〔卜〕，𡆥贞：羽（翌）辛……亚乞（迄）氏（氐）众人𢦔（腾）丁录，乎（呼）保我。（前七·三·一）

此辞大意为：殷王呼召亚（官名）率同众人乘传来到丁录（可读为麓），以保卫殷王。

(167)貞：奠（郑）㠯（騰）氏（氐）刍于可（河）？（人四二四）

此辞卜问：是否由郑地以騰传致刍（牲畜）于河？

(168)貞：令介（？）㠯（騰）𠂤（师）般？十二月。（卜二九〇）

此辞卜问：是否令介（人名）传告师般呢？

(169)叀（惟）㠯（騰）令周？（掇二八二）

此辞卜问：是否传令于周？

(170)逆（驲）㠯（騰）䮦（令）。（粹一一五一）

此辞不全。「逆」即驲，「䮦」疑是令之繁文。此辞「驲騰」连文，当谓以驿传递命令也」

（殷墟卜辞研究—科学技术篇二九六—二九七頁）

姚孝遂 肖丁 「「𠂤」用作动词时，乃指某种具体的军事行动而言。卜辞常见「逆伐」。佚508：「吕方其来，王逆伐」，逆伐谓迎击。「𠂤伐」疑为追击之义。「𠂤」字王襄类纂释「关」，盖是。倂，𦨶、遊字均从此作。小篆𦩢乃𠂤形体之讹变。」

（小屯南地甲骨考释一二一頁）

考古所 「𠂤：从字形与文例看，此字可能是㠯字之异体。」（小屯南地甲骨九八二頁）

姚孝遂 肖丁 「……「𠂤」字之用法则较为复杂，形体亦变化多端。其用法为人名、地名者，如：

「吕方其至于𠂤」续1.4.6

「使人于𠂤」佚41

卜辞地名与人名往往是一致的。「𠂤」在卜辞亦有用为动词，与征伐之事有关，如：

「乎𠂤吕方」京都895

「𡆥以众𠂤伐召方，受又」粹1124

「王令𡆥以众𠂤，受又」守沪1.348

「𠂤」字诸家或释关即倂；或释臾即蕢；或释𠂤。根据各方面材料，似释关较为近是。此处「𠂤」「甫」为名氏，「射」则为职官名。故卜辞或但称「𠂤」，而不称「射𠂤」。正如「𡆥」或称「正𡆥」是一致的。

续1.25.7：「丙辰貞，射𠂤以羌，汎用自匣」，与第9片之第(2)辞及632片之第(1)、(2)辞内容略

同。意为用䖵所进致之先人，杀取其血以致祭于先祖。」（小屯南地甲骨考释二四頁）

考古所　「䖵：在此片卜辞中为动詞，从文例看，与征、伐义相近。」（小屯南地甲骨八三五頁）

劉釗　「卜辞关字作『䖵』、『𢦏』、『𢦏』、『𢦏』诸形，金文作『䖵』、『鋑』、『媵』、『賸』、『賸』、『倂』、『賸』等字所从。金文作『䖵』、『关』、『送』等形，为『关』、『送』于音可通。『送伐』与『逆伐』相对，义為追击、追伐。」（卜辞所见殷代的軍事活动，古文字研究十六輯一二二頁）

按：王襄釋「关」是對的。字在卜辭為人名、國族名。亦用為動詞，每與「伐」字連言。其用為國族名者，亦習見於金文，疑為「滕」之初文。

1039 [illegible] [illegible]

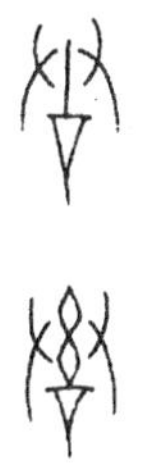

葉玉森　「[illegible]象束圭，▽象发号，与說文君下所出古文作[illegible]者同。」（殷契鈎沈十三頁）

孙海波　「[illegible]，𤕌貞三〇。殻[illegible]共貞。」（甲骨文编六八五頁）

李孝定　「[illegible]，字象两手持杵端有鋒銳之形，当与舂𦥑同意。叶说可商。卜辞但有君字也。」（甲骨文字集释存疑四四六三頁）

按：字在卜辭多用為動詞，與祭祀有關。其義不詳。

1040 [illegible] [illegible]

严一萍　「此[illegible]字中间之8，与干支之午相同，或亦填实作[illegible]。古鉥吳貴之貴作[illegible]，其上半犹承甲骨之遺，故知[illegible]即說文蕢之古文臾。」

說文曰：『蕢，艸器也。从艸貴声。臾，古文蕢。象形，論語曰有荷蕢而過孔氏之門。』貴字曰：『物不賤也，从貝貴声。臾古文蕢。』（鍇本无此四字）『臾古文蕢』自來異說紛歧，学者多疑之，蓋皆不知臾之初形為𦥑。說文訓蕢為艸器，字虽后起，頗存朔誼。論語憲問皇疏曰：『織艸為器，可以貯物。』據此知蕢乃貯物之艸器，又可以肩荷者。字亦作簣从竹。廣雅釋器：『簣，籠也。』論語子罕：『未成一簣。』集解引包曰：『簣，土籠也。』鄭注：『盛土籠也。』焦循曰：『簣與蕢通，艸器蓋即盛土之籠，於臾之象，可知其狀矣。』……余以為契文所象者乃一長囊，貯物兩端，可以置諸肩头，前后下垂，負荷行远者。今西北之人，出门远行，枕擔此物，行者荷之騎者懸掛騾馬之背。甲骨文作8或𠂢形，誠写实也。旁加两手以奉之，有持贈之义。因所貯之物為財货，故加貝字以增意，如古鉥之𦥑。……其初誼当是貯物之艸器，可以奉之以饋人，故賸送从火，而饋遺从貴，皆有贈与之义也。說文女部於妻字古文曰：『𡜊古文妻，从肖女，肖，古文貴字。』汗簡引作肖。……今按肖肖確為貴所訛变。馬氏六書疏證曰：『詛楚文数字作𢿱，其妻字偏旁上臾与貴字所从之臾同。臼与此𦥑所从肖之下部相同，然則妻蓋从女𦥑声，𦥑即貴之異文。蓋本作䝿，誤為𦥑，又誤為肖耳。』」（釋𦥑 中國文字第五卷二○○一頁至二○○三頁）

1041

秦

饒宗頤　參8字條

按：釋「蕢」不可據。卜辭皆用為動詞，常見「𦥑牛」連言，其義不詳。

王襄　「古秦字。」（類纂正編第七第三十四葉上）

商承祚　「午，卜辭作8，故知此為秦字。說文解字秦籀文作𥝩，𨛜子妝簠亦从秝，皆與此同。」（類編七卷十葉）

徐中舒　「秦象抱杵舂禾之形。」（耒耜考四六葉載刊二本一分）

郭沫若　「𥝩殆秦之異，它辭作𥝩。（後.下.三七.八）疑秦以束禾為其本義，字不从舂省者

也」（粹考二一〇葉下）

孙海波　「□，甲五七一。从秝，与籀文同。」（甲骨文编三一〇頁）

饒宗頤　「考籀文秦字作『□』，與契文同。知此為秦字。『秦』當讀爲臻。爾雅釋詁：『薦，摯，臻也。』郭注：『薦，進也。』湯攷：『水洊至』，釋文引京房洊作臻。說文洊亦作瀳。故知『秦』即『薦』，猶言『薦饗』，『名秦宗』猶言『薦宗』，所云『秦示』者，即薦于宗廟之義。」（通考二九四葉）

屈萬里　「□，隸定之當作□，即秦字。」（甲編考釋八九葉）

屈萬里　「□，當是秦字。」（甲編考釋一二五葉）

按：許慎於「秦」字之說解實有三：一、地名；二、禾名；三、以舂禾會意（朱駿聲通訓定聲即以秦為會意字）。王紹蘭段注訂補云：「韻會引舂省下有聲字，是許謂秦之字為形聲兼會意，非謂因地宜禾，說字形所以从禾从舂也……段謂不以舂禾會意，又謂以地名為本義，為道人所傳，皆非許義」。王國維意亦以秦字為舂禾會意，徐中舒說之更為明確。郭沫若以□為秦字之異構，疑从朿禾為秦字之本義，其說非是。□與秦字無涉，字不可識。

1042　□　□

屈萬里　「疑是舂字」（甲編考釋三八八葉）

按：字當釋「舂」，在卜辭均為地名。

1043　□　□　□　□　□　□　□

許進雄　「甲骨卜辭有一田措地作□，学者对于其造字的含义尚无令人满意的解释。筆者认為它就是說文解字裘的古文字形的来源，如图三所示。說文解字对裘字的解释是：

汉令解衣而耕谓之裘，从衣，毁声。[illegible]，古文裘。

……甲骨文字形的[illegible]与古文的[illegible]同為表示向下的两隻手。两隻手所把持的東西，甲骨文作[illegible]，古文作古，基本形狀一致，变楷圆為三角，V為横畫，应是不同的犁头形狀，下尖的楷圆或下鋭三角形而其上有把柄。甲骨文字形更有犁头插入土中的，翻土的情景更形明显。甲骨文的两小点仍然保存在古文的字形，表示鋤地所激揚的細泥或灰塵。至於犁前的東西，甲骨文是个側視的动物輪廓，古文虽讹变甚多，两相比較，仍可看出入是动物的头部，中是軀体，脚則相連以致身軀成片，其演变的痕跡並不是不可理解。……

至于曳犁的家畜，其側視形虽如豕字，其实应是牛。……甲骨文的裘和𥟥应都是表示与牛耕有关的字形。裘的甲骨文字形有时作双手扶两犁於两畜之前，与𥟥的結构相类，又都是田猎地名，可能就是一字的先后字形。」（甲骨文所表現的牛耕　古文字研究九輯五八頁至六〇頁）

考古所　「[illegible]：当即𢦏之异构，在此為地名。」（小屯南地甲骨一〇三八頁）

按：說見1589「𢦏」字條下。

1044　彝　[illegible]

羅振玉　「說文解字彝，宗廟常器也。從糸，糸，綦也。廾持米，器中實也。彑聲。古文作[illegible]二形。卜辭中彝字，象两手持雞，與古金文同，其誼則不可知矣。」（殷釋中三十六葉上）

王襄　「古彝字。」（類纂正編第十三第五十八葉上）

郭沫若　「雞在六畜中應是最先為人所畜用之物，故祭器通用的彝字竟為雞所專用也。就是最初用的犧牲是雞的表現。」（引集釋三八八九葉）

徐中舒　「彝見於卜辭及金文有象雙手捧雞或鳥形。其鳥或雞有冠喙翼尾足距。金文彝尾旁綴糸仍是尾形之譌。其譌变之次第如[illegible][illegible][illegible]吳大澂說文古籀補彝下載楊沂孫說云『古彝字從雞從廾𢆶，象冠翼尾距形。手執雞者，守時而動有常道也，故宗廟常器謂之彝。禮『夏后氏有雞彝』鄭司農說「宗伯主雞」。』此說彝從雞從廾象手執雞，指示彝所從之形體極爲明確可信。惟其說解謂雞守時而動，爲有常道，以釋彝之訓常，則未免迂曲。按彝之所以象雙手捧雞或鳥形之物，現存銅器中有全體作雞或鳥形者，日本住友氏及英國猷氏各藏有數器。（見泉屋清賞及猷氏銅器錄）本所在殷代陵墓中發掘所得亦有一鳥形之器具，紋樣極似住猷兩氏所藏者，惟失蓋。以此論之，此類器大部分皆當爲殷代之物，即玉遲亦當爲周初所作。據上所述銅器本爲木製或陶製之仿造品，則此類形製之器當更悠遠之歷史。以最近出土殷代遺物言，其雕鏤之精美，任何時代所能企及。彼時既具有以此雕鏤之技能，而現存銅器中具有雞鳥形之器又大部分皆爲此器之物，則彼時木製陶製此類之器必當更爲普遍。蓋必有此更爲普遍之器而後始可構成此彝字之形與義。彝之象手捧雞或鳥，彝之訓常，必與此爲不可分之事實。……總之，此諸彝以文字言，彝象手捧雞或鳥之形。以記載言，周禮六彝有雞鳥虎蜼諸名。以遺物言，銅器中有雞鳥虎蜼諸形之器。此三方面既如是相一致，此即雞鳥虎蜼諸彝象此諸物之形之最可依據之佐證。」（說尊彝載集刊七本一分七十五——七十八葉）

孫海波

「彝，前五・一・三。象兩手捧鷄之形，非从糸、米。」（甲骨文編五〇六頁）

饒宗頤

「京都大學一八六三：『……卜，王其彝』，他辭云：『王彝……』（後編下七、四）爾雅釋詁：『彝，常也。』彝通夷，書洪範『是彝是訓』，宋世家作『是夷是訓』。王『彝卜』猶言『常卜』，有如大誥之『吉卜』，金縢之『穆卜』。」（通考八三九葉）

李孝定

「說文『彝，宗廟常器也。從糸；糸，綦也。廾持米，器中寶也。彑聲。此與爵相似。周禮六彝：雞彝、鳥彝、黃彝、虎彝、蜼彝、斝彝，以待祼將之禮。𢑱𢑲皆古文彝。』契文作上出諸形，與金文（見下引）同，均象兩手捧雞或鳥之形。楊沂孫謂捧雞者守時而動有常道也，其說固屬迂曲。徐氏謂銅器中有象雞鳥形之寶物，故彝之爲文即於此寶物取象，其說亦略有可商。蓋宗廟常器之所以有此象雞鳥形之寶物者亦必有故，蓋古者宗廟祭祀以雞鳥爲犧乃習見之事實，郭氏之說是也。於是於製爲彝器時遂有於雞鳥取象者矣。非然者，飛潛動植品類繁多，古人製器何獨有愛於雞鳥乎。且金文彝字皆從𢆶若糸，徐氏謂爲尾形之譌，且謂其初形當爲𠃌，其說亦有可商。金文彝字無慮百數十見，固無一從𠃌形者，已可證徐說之爲句辭。蓋金文彝字之從𢆶若8若糸形者實象雞鳥之縛其兩翼以防奔逸者，此必於雞鳥取象殆無可疑，雖曰彝字乃象雞鳥形之器，然此雞形鳥形之器固又自雞鳥之犧體取象，故製字象之也，此所以從糸即篆體從糸之所本。許君以綦解者誤也。又金文彝字多於雞鳥形喙端之下着二三小點者乃象鬱鬯之形，蓋六彝之屬皆為祼器，所以實鬱鬯以祼神者。雞鳥之喙即為器物之流，故於其下着二三小點以象之也。彖譌為米，許君乃謂米為器實，不知祼器之實當為鬱鬯而非米也。及後彝之字義衍為凡宗廟常器之通偁則或有以米為器實者，其初誼必不如此也。篆文從糸乃雞鳥之首及喙之形譌，許君以糸聲說之亦非。至彝之訓常者乃宗廟常器一義所引申，非如楊氏之言兩手執雞守時而動也。卜辭云「……在雇彝」撫二六、六……在𨟭彝」後上十、十六似均為地名。又「王彝」之辭兩見，撫五、一、三，又後下七、四，兩辭均為殘文，未知是否用其本義也。金文彝字極多見，略舉數形於下以見一斑。

魚鼎 自簋 綸伯卣 雝卯卯觚 宇豕簋 小臣遽簋 夾壺 高觶 董鬶鼎 甶卣 季咊父簋 朋卣 免卣 賢觥 辛巳簋 匽尊 大壺 妍簋 同卣 庚嬴卣 父乙鼎 兄癸斝 伯景卣 史頌簋 登尊 史頌鼎 為伯 封仲簋 叡尊 趞小子簋 秦公簋 為許書古文彝所自昉 曾姬無卹壺與許書古文一體形近

金文彝為宗廟彝器之總名。」（集释三八九二葉）

于省吾　「西方曰彝，雚曰朿」……甲骨文的彝字应讀作夷。國語周語的「是以人夷其宗庙」，賈注訓夷為毀，易明夷虞注訓夷為傷，左传隐六年的「芟夷薀崇之」，杜注訓夷為殺。夷訓為毀為傷為殺，意义相因，系典籍的常詁。白虎通五行謂「西方殺傷成物」。然則西方殺傷万物，是指万物收缩之时言之。這就是甲骨文称西方曰夷的本来意义。」（甲骨文字释林释四方和四方雚的两个问题一二四頁至一二五頁）

詹鄞鑫　「甲骨卜辞中的「彝」字，其意义用法不仅跟典籍中的用法不同，而且跟周代铭文中的用法也不同。通过对殷虛卜辞中「彝」字的探索，我们不仅可以在训诂学上理清一些字义的演变源流，而且似乎从中看到了殷代社会血腥的吃人场面。

「彝」字的构形及其本义，过去一直没搞清楚。说文以为「彝」的本义是「宗庙常器」，字形结构是「从糸，糸，綦也；廾持米，器中实也；彑声」。近世诸家根据甲骨文和金文，一般都认为「彝」字象双手持鸡形，但具体说法仍多分歧，有的认为「彝本鸡尊之名，象形」，其下加两手者，「谓可持而饮也」；有的认为「象手持鸡与米而祭，后被以祭器之名」；另外，又有的认为「彝」是形声字，金文借它作「器」字；或认为「彝」本是各族图腾的实物标志；等々。由于诸说都没有弄清楚字形，所以对它的本义也就不可能得出正确的结论来。

殷虛卜辞中彝字屡見，如：

1. ☒在郭龚。（后上一〇·一二）
2. ☒一月在郭彝。（后上一〇·一六）
3. 囗囗卜，王其彝。（人一八四一）
4. ☒王彝☒。（后下七·四）
5. 癸丑卜，彝在庭。（甲三五八八）
6. ☒彝在仲丁宗，在三月。（续一·一二·六）
7. 癸丑☒来乙王☒彝于祖乙〔宗〕。（佚七一四）
8. ☒彝在祖辛〔宗〕。（甲三九三二）
9. 囗囗贞，王〔令吴〕以子方奠于并，在父丁宗彝。（屯南三七二三）
10. 辛丑贞，王〔令吴〕以子方奠并，在父丁宗彝。（屯南四三六六）

诸辞中的「郭」、「并」是商王经常游猎的地名。例9和例10的「奠」应读为「田」，又为「田猎」，其它卜辞有「田于并」（佚九五、亿三四二九等）、「田并亡災」（甲七七四）以表语，可证。「庭」是商王的祭祀场所。「王」指商王。「吴」和「子方」都是人名。「以」表示率领。「仲丁宗」、「祖乙宗」、「祖辛宗」、「父丁宗」都是先王宗庙。由这些卜辞内容看，「彝」显然是由商王举行的某种祭祀活动，其地点多数在先王宗庙，有的则在田猎地区。从1、2、9、10等例看，「彝」祭与田猎有密切关系。一九七七年在陕西周原出土的一批甲骨文，有一片刻辞是：

11. 癸巳彝文武帝乙宗。
贞，王其邵祐成唐（汤）鼒，禦艮二女。
其彝，盟牡（牡羊）三、豚三，囟又（有）足。

这组卜辞，由于有个别字还没有确释，某些地方的意思还不很明白。但两个「彝」字作祭名用，其地点在「文武帝乙宗」，却是很显然的。

从卜辞用例，我们已可以断定，所谓宗庙常器、鸡形彝、鸡尊等々，都不是「彝」的本义，而图腾之说，更是毫无踪影。那么，「彝」到底是一种什么祭祀活动呢？下面我们从几个方面来讨论这个问题。

一、字形分析

「彝」字甲骨文和金文的写法大同小异，如下所示：

周原一 　　同卣

屯南三七二三 　　子阵簋

后上一〇·一六　甲三九三二　京五二〇　佚七二四

父乙鼎　谕伯卣　戏簋　旅鼎

如果把它的结构进行分解，就可以分析成如下几个部位：

	上部	主体	下部	
甲骨文	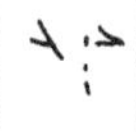			
金文	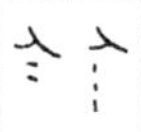			

通过分解，我们可以看出，甲骨文彝字的主体很象人形，但与「女」字的写法有区别，后者的两手敛于身前，而前者的两手反交于背，所以不是「女」字。金文写法比甲骨文刻画得更细致，主体部分不仅象人双手反缚于背，而且缚手处有绳索札住。这个绳索符号，后来演变为「糸」旁。在甲骨文中，凡有反缚人形的字，词义都与俘虏或奴隶有关，如：

等々。这些字的主体部分，都象人被反绑双手，头上系着绳索，有的还用手牵引拉拽，或用斧钺杀伐。前三形可释为「奚」，是奴隶的意思。后三形过去有人释为「伐」的异体，虽然在字形上还无确证，但意思是大致不错的。卜辞云：「貞，王伐多屯，若于下乙」（佚四一九）、「貞，兄执叟，伐」（揃六·二九·五），都可以证明。金文中又有「讯」字，象审讯反缚双手的战俘，其反缚双手的写法，跟「彝」字主体部份的写法，也是很接近的。以上诸形互相比较，便可以看出，「彝」字主体部分实即反缚双手的人形。

值得注意的是，「彝」字上部象是某种刑具，金文字形看得尤为清楚。金文「彝」字的主体人形，人颈上似乎都没有人头，却加上一把象有勾刃的刑具，旁边淋漓的数点，无疑是溅出的鲜血。

「彝」字的下部是双手，表示进献的意思，与尊、烝、登、典等々取意相同。

这样看来，「彝」字本象双手进献被砍掉头颅的反缚两手的俘馘之形，它的本义很可能就是屠杀俘虏作为牺牲而献祭祖宗。这种祭礼很象古书中所说的献俘或献馘。在古代，常有在宗庙或社坛杀俘祭祀的记载。如左传成三年记载楚国释放俘虏知罃时，知罃说：「臣不才，不胜其任，以为俘馘，执事不以衅鼓，君之惠也。」所谓「衅鼓」，指的是在宗或社杀死俘虏而用血涂鼓以祭。他又说：「首其请于寡君而以戮于宗」。「戮于宗」就是在宗庙杀人以祭祖。左传僖十九年载，「宋公使邾文公用鄫子于次睢之社」，谷梁传解释说：「用之者，叩其鼻以衈社也」。昭十五年也有「献俘，始用人于亳社」的说法。「彝」祭所反映的，概就这类祭礼。「彝」字字形上的点滴形，很可能是用血衅器的形象。

在商代，屠杀战俘或奴隶以祭祀，是很普通的现象，卜辞中的有关记载不胜枚举。下面举几条较典型的例子：

12. 甲午卜貞，翌乙未又（醢）于祖乙羌十又五，卯（戮）牢（羊牢），又（醢）一牛。五月。（佚一五四）

13. 又于妣庚十俘、牢。（諴一六三）

14. 戊寅卜貞，三卜：用血，二牢（羊牢）；卌：伐廿、鬯卅、牢廿、俘二囗，于妣庚。

三（月）。（前八·一二·六）

15. 登父乙十羌。（丙三〇）

16. 戊子卜，宾貞，叀（唯）今夕用三百羌于丁，用，十二月。（扑二四五）

17. ☐出貞，又（醢）于唐（汤）卅羌，卯（戮）卅牛。（存一·二四〇）

18. 癸丑卜，㱿貞，五百叟用。旬壬戌又用叟百。三月。（京一二五五）

19. 丁亥卜，㱿貞，昔乙酉副，禦（于）大丁、大甲、祖乙，百鬯、百羌，卯（戮）三百（宰）。（后上二八·三）

20. 癸酉卜貞，多妣，献小臣卅、小母卅于妇。（续补七八四六）

以上诸例中，作祭名的「又」旧读为侑，但它既然是用牲法，似应读为醢，说另详。例13、14的「俘」，本是「服」字边旁，今释为俘。例18的「叟」旧释为宰、隶、仆等，不可信。这字象人持炬在屋内搜索之形，字或写作从「又」。这字与出土的叟国印章的「叟」字写法完全相同，所以它应是叟族的「叟」字。在卜辞中，「叟」表示战俘或奴隶，性质与「羌」是相同的。例19的「禦」是御除灾祸的祭名。「副」义为「判」，表示判牲肉为两半，右半用于祭祀。

由这些卜辞看，商代贵族的祭礼，常常用大量人牲来祭祀，杀祭的人牲主要是俘虏，如「羌」、「叟」、「伐」、「俘」等，其次是奴隶，如「小臣」、「小母」。每次用人数少者三五人，多者至几十人，百人，乃至三百人。

解放前在安阳侯家庄西北岗和武官村发掘的殷王陵，发现有大规模的人祭和人殉的现象。骸骨多数没有脑袋。这说明人牲被杀祭时，要砍下头颅。这种情况，与「彝」字无头人牲的形象也可以互相印证。

在卜辞中，杀人的刑法和用牲的祭法往往是二位一体的。「彝」字既象献俘杀祭，那么它的词义就应该有杀戮之义。经传中的「彝」字不载有这种意义，不过我们仍然可以从大量的语言现象中寻出其发展源流，下面分别论述。

二、从假借字找本义

在典籍里，「彝」与「夷」常常通用（详下文），这就造成「彝」的字义由「夷」来承担了。这本是字义发展的常例。

我们之所以肯定夷杀义来源于「彝」字而不是别的什么字，还有一个有趣而且很有力的依据，不能不多费一点笔墨。

殷虚骨甲中有一块大龟，刻辞提到四方神名和四方风名。其中关于四方有这样一句：

西方曰彝，风曰韦。

另外又有一块记事大胛骨，记有同样的内容。胡厚宣先生经过考察，又从典籍中找出了类似的记载。其中东南北三方与本文无关，此不赘录，仅录西方如下。山海经大荒西经：

有人名曰石夷，来风曰韦。

书尧典：

分命和仲，宅西土，曰昧谷，……其民夷。

胡氏指出，大荒西经的「有人名曰夷」和尧典的「其民夷」，就是甲骨文里的「西方曰彝」。这一重要发现，不仅证明了山海经等古籍中保存了远古传说的宝贵资料，同时也证明了，甲骨文中的「彝」字，到典籍中换成了「夷」字。

问题还不止于此。关于四方神名的意义，杨树达先生认为，四方神名与春夏秋冬四时相配，都与草木物候有关。但杨氏由于不明白「彝」字的字义，无法对西门神名加以解释，所以只好据牛胛骨刻辞为正，认为「彝」是西方风名，「韦」才是西方神名。胡氏不同意以牛胛骨刻辞为正，但基本上同意了杨氏对四方神名的含义的解释。他说：

东方曰析，析谓草木之甲坼。说文析训破木，坼训裂也，破裂之义亦为「解」，易解彖传「天地解而雷雨作，雷雨作而百果草木皆甲坼，解之时大矣哉」。这和春天的现象合。南方曰夹，夹读为荚。说文「荚，艸实也。」夏为草木著荚之时。北方曰勹，勹即宛。说文「宛，屈草自覆也。」冬季万物潜伏，草木有覆蔽之象。惟西方曰彝，与草木秋季之义不合。

胡氏也无法解释西方神名彝之义。

其实，西方曰彝，与草木秋季之义正合。古人对秋季最直接的感受，就是秋风肃杀，草木零落。古人认为这是西方之杀气。典籍中这类记载极多，如月令「孟秋之月，律中夷则」，史记律书释「夷则」云：「夷则，言阴气之贼万物也。」又周礼以主刑杀之司寇属「秋官」，贾公彦疏引郑云：「象秋所立之官。寇，害也。秋者遒也，如秋义，杀害收聚敛藏于万物也。」又史记天官书：「曰西方，秋，曰庚辛，主杀。」又汉书五行志：「金，西方，万物既成，杀气之始也。」宋代大文学家欧阳修的秋声赋有一个概括：

盖秋之为状也，……草拂之而色变，木遭之而叶脱。……夫秋，刑官也，于是为阴。又兵象也，于五行为金。谓天地之义气，常以肃杀而为心。商主西方之音，夷则为七月之律。……夷，戮也，物过盛而当杀。

商代大概还没有阴阳五行相配套的观念，但为了农业生产的需要，既使没有明确的四时分年法，恐怕也已经有了四时的观念。殷人以主杀草木之职，用以名西方之神。「彝」本义为杀，故名之曰「彝」。

西方神名的「彝」，由杀人引申为杀草木，这种引申义同样保存在「夷」的字义中。如左传隐元年「如农夫务去草焉，芟夷蕴崇之，绝其本根。」又周礼秋官薙氏「掌杀草，夏日至而夷之。」

「薙氏」属秋官而掌杀草，很可能即脱胎于西方之神彝。薙氏郑注云：「书薙或作夷……此皆翦草也。」可知周礼故书「薙」本作「夷」，都是翦草的意思。其实两者都是「彝」的借字。「薙氏」虽是职官名，但它既称「氏」，自然是一种来源很古老的职守。「薙氏」属秋官掌杀草，与西方之神彝属秋季而掌杀草木相吻合，恐怕不是偶然的巧合。这样，我们不仅明白了西方之神彝的来龙去脉，而且也充分证明了「夷」或「薙」之所以训杀训灭训杀草木，其源出于彝字。此后，薙字又由杀草木引申为翦发，字又变作鬄，俗作剃，这些都是「彝」的间接引申义了。

三　从引申义溯本义

我们再看々彝字的两种引申义是怎样来的，可以进一步认清它的本义。

说文：「彝，宗庙常器也。」周礼六彝：鸡彝、鸟彝、黄彝、虎彝、虫彝、斝彝。」所谓「宗庙常器」，是彝的主要引申义。起初，彝字由杀祭引申为泛指祭祀。古人在祭祀铭文中，好以「尊彝」二字连用，也有单称「尊」或单称「彝」者。这两个字原来都是祭名，久而久之，就演变为凡宗庙祭器的总名。但彝器并没有固定的形制，说文所引周礼六彝之说，却是不合适的。周礼春官司尊彝「掌六尊六彝之位」，其中有鸡彝、鸟彝、斝彝、黄彝、虎彝、蜼彝。旧注「斝」读为「稼」、「黄」为黄金，鸡、鸟、稼、黄、虎、蜼都是彝器的纹饰。玩其文意，似以彝为同形制，仅纹饰不同而已。礼记明堂位说：「灌尊，夏后氏以鸡夷（郑注「夷」读为「彝」），殷以斝，周以黄目」。周礼和礼记二说显然不同。可见彝的制度秦汉人已经不大明白。看来明堂位的记载较可信，但注家误解了原意。明堂位云：「爵，夏后氏以琖，殷以斝，周以爵。」这段话并不难懂，琖就是盏，盏斝爵都是酒器名称，原意谓三代之爵名称各异（形制也有小异），但旧注以琖为玉，斝读为稼，爵读为雀，以为三者都是爵的纹饰。这显然是不对的。而周礼「六彝」之说也出于同样的误解。试看传世和出土的古器，凡称为「彝」者，皆无定制。王国维说：「彝则为共名而非专名，吕与叔考古图虽列彝目，其中诸器，有无足方鼎，有甗，有尊、有卣，有博古图以降所谓彝，则吕氏亦未尝以彝为一专名也。」既然如此，则说文所引六彝之说仅以纹饰为别是不可信的了。再从字形看，古礼器名都是器物的象形字或形声字，各有一定的形制，唯「彝」与「尊」既无定制而同为礼器的总名。由此可知，「彝」与「尊」一样，不是以宗庙器为本义，而是由祭祀名称引申而来的。

在经典中，彝字还常々训为法或常，这也是由杀戮义引申而来的。在尚书里，可以找出这种演变的痕迹。

康诰说：「王曰，『外事，汝陈时臬，司师兹殷罚有伦』：：王曰，「汝陈时臬，事罚，蔽殷彝，用其义刑义杀，勿庸以次汝封：：』。」这段诰的意思是：周公代成王告诫康叔封说，「对外土诸侯，你要宣陈这条准则：「治理民众，是依照殷商刑罚中的合理部分作为法度的」又说，「你宣陈了这条准则，在实施刑罚时，就必须以殷商刑法为决断。凡依照刑法必须处刑和诛杀的，才可以处刑诛杀，而不能只凭依封（康叔名封）个人的意志随便行事。：：」值得注意的是，其中「殷彝」与「殷罚」前后照应，句法相似，意义相近。孔颖达疏也认为「事罚蔽殷彝即上『殷罚有伦』。」显然，彝字作为「刑法」的意义是由具体的「刑罚」引申来的。

康诰又说：「：：惟吊兹，不于我政人得罪，天惟与我民彝大泯乱。曰，乃其速由文王作罚，刑兹无赦」。意思是说，「（这些犯罪的人）到了这样的地步，如果我们执政官不给予治罪，那么，上天给予我们治理民众的刑法就会受到很大的破坏和混乱。所以说，你应当根据文王所制定刑罚条例，对他们加以惩处，不得宽宥。」这段诰里的「民彝」，意为治民之法律，旧注以为指人伦五常，看来是不对的。这个「彝」字与上文「殷彝」的「彝」意思是一致的。

尚书各篇中，多次出现「民彝」、「非彝」这些词，如康诰的「勿用非谋非彝」，汤诰的「凡我造帮，无从匪彝」，召诰的「延惟厥纵淫佚于非彝」，洛诰的「听朕教汝于棐（辅也，不渎为「非」）民彝」，吕刑的「故乃明于刑之中，率乂于民棐彝」等々。旧注及近世一些注家对以上各「彝」字的解释，或者含混模糊，或者误解，都有出入。其实，「民彝」就是治民之法，「非彝」就是违背国法。这样解释不但无所不通，而且联系上下文看，似乎更能反映原文的思想。因为它们的上下文，多涉及刑法问题。限于篇幅，这里不能逐句分析。

从尚书用例，我们可以看出，「彝」字训常训法，是由刑法之义引申而来的。彝字由杀戮之义，引申为刑法，又引申为常理法则，这种情形与「辟」、「刑」等字的意义引申线索十分相似。辟，甲骨文从辛从尸。「尸」就是「夷」，表示蛮夷战俘。「辛」是鐫字初文，即凿子，古人用作黥刑的刑具。所以，「辟」的本义很可能是用凿具对战俘施以刑法，引申则有法义。刑，本义是到（以刀割颈），引申为泛指刑法，又引申为法，又引申为常。这样看来，「彝」字由杀戮义引申为法为常，是一种很自然的词义演变途径。

综上所述，我们可以确定，「彝」的本义是一种类似于献俘的祭祀活动。其字义发展分化的线索大致如下所示：

杀祭
- ↓祭名↓祭器总名
- ↓杀刑↓刑法↓法↓常
- ↓戮灭（经典写作「夷」）
- ↓杀草木↓杀草（经典借「夷」或「雉」表示，又孳乳为「荑」或「薙」）↓剪发（孳乳为髡剔或剃）

明白了「彝」的本义，甲骨卜辞中作祭名的「彝」和作四方神名的「彝」，它们的真实含义，我们就可以明白了。

卜辞里有关人祭的记载很多，据胡厚宣先生从他所见甲骨的统计，共有一三五〇片，一九九二条之多，其中还不包括彝祭在内。有关彝祭的卜辞，我们已见到的，大约有二十余条。人们必然要问，彝祭跟其他的人祭有什么不同呢？

根据我们的初步归纳，卜辞中的人祭之法有十几种，如：

卯，王国维读为刘。其实「刘」就是「戮」的异文，也就是甘誓「不用命戮于社」的「戮」。

伐，用戈砍伐人头。也有从戍从奚的写法，应是「伐」的异体。

岁，唐兰谓读为劌，义为割。

施，剥剔人牲。现代方言中还保存这个词，意思跟途相当。广雅写作从刀犹声的字。

磔，张裂人牲。今民间用竹弓张磔兔鱼鸡鸭犹用此法。

钊，刺取取血，古书中一般写作「刲」。

判，把牲体劈成两半，这是解牲的常法。古人把其中一半用于祭祀，一半用于馈胙。

膱，即晒成干肉。

炙，即灼烙牲体。

俎，应读为菹，腌制成咸肉。

又，应读为醢，作成肉酱。

臽，活埋人牲。

沉，沉妥于河，相当于史记所述的为河伯娶妇之俗。

焚，焚烧人牲。

烹，烹煮人牲。

以上诸祭法多是具体的用牲之法，而与祭礼的名称有别。一般来说，作用牲法的动词，都可能有牲名作它的直接宾语（当然也可能在一些场合中省略直接宾语），而祭礼的名称则不具有牲名宾语。卜辞中作祭名的「彝」字，都是自动词而不带宾语，只说「在某彝」，「彝于某宗」，由此可知「彝」的性质不同于一般的用牲法，而是一种祭礼的名称。所以「彝」跟上举「伐」、「岁」等々不是同类的概念。「彝」的概念要复杂得多，它不仅包含了杀戮的意义，还包含了献神祭祀的意义。

通过对「彝」祭的探索，我们可以进一步认识到，殷商统治者的神庙，其实就是宰割被统治者的屠场；统治阶级的所谓「吉礼」，就是被统治阶级的「凶礼」。牧师和刽子手的职能，在三千年前竟是「合二为一」的！（释甲骨文彝字，北京大学学报一九八六年第二期一一五

頁）

按：卜辭彝字用為祭名：

「王彝……」（後下七·四）

「來乙王……彝于祖乙」（佚七一四）

「……彝在中丁宗，在三月」（續一·一二·六）

字多象捧牲之形，牲皆反縛。非為鳥形，亦不必為雞。蓋用為祭祀之犧牲。李孝定集釋疑「彝」為地名或人名，非是。

洽二六一：「帝于西方曰彝」，京津五二〇則以西方之風為彝，當以洽二六一為是。

「宗廟常器」乃「彝」字引伸義。其初形不得謂象彝器。說文據小篆以與周禮六彝相比傅，不可據。中山方壺彝字作□，去初形已遠，蓋說文古文□之所本。

詹鄞鑫以為所奉之犧牲為無頭之俘虜，其說極是。舊誤以為雞或鳥，乃以意為之。

1045

爭 □ □ □

劉鶚釋戠，謂「戠问」為初問。見鐵雲藏龜序三葉。

孫詒讓　「□即𢦏字。說文戈部𢦏，傷也。从戈，才聲。劉讀為戠，訓為初，近是。然惟𢦏見字如此作，其錯見文中者，如云『卜設貝古其□雀』（藏一·二）……與金文𢦏叔朕鼎作□相似，皆不作□。凡从戈字皆从十形，惟□字特異，不知其義例云何也。」（舉例上七葉上）

葉玉森　「按胡氏釋爭似碻。予曩釋殺，謂說文殺字下出古文□，从又象手形，□即戈。金文立戈形作□。卜辭之□疑即殺之初文。（殷契鉤沈）本編拓書作戈，用俟商定。」（前釋一卷三十三葉上）

唐蘭　「□為武丁時卜人之名，劉鶚釋戠，孫詒讓釋𢦏，胡光煒釋爭，葉玉森釋殺，均非。字當作□，見徹一五九片，象以手牽牛，當是牽之本字，作□者其變形也。」（天壤文釋三十五葉）

柯昌濟釋爰。見書契補釋七葉。

胡光煒　「金文敢字至多，常形作□，从□、从口、□从二屮，引𠂆，蓋爭之本字。說文受部：『爭，引也，从受𠂆。』青部靜从爭，毛公鼎靜作□。□與□形近。又毫鼎敢作□，从□，則正合□形，因疑卜辭中所最多之□字，从凵、𠂆，實爭之最古之形。故卜辭凡言：『卜□』者，其下多言征伐之事也。」（說文古文考卷上四十九葉）

于省吾　「契文第一期貞人名有□字，亦作□□形，余於駢枝釋□，未可據。胡光煒說文古文考設字下云……。按胡謂敢字从爭待考，釋□爲爭是也。惟但引毛公鼎靜字从爭作□爲證，於爭字演變之迹猶不相銜。因毛公鼎係西周中葉以後之器，其文字形體之孳衍，有時未能盡與商代相接。又胡君不知爭爲貞人名，亦其失也。金文無爭字，靜字所从之爭，如靜卣作□，靜𣪘作□，……三器時期均在毛公鼎以前，□之與□，惟其中間向左延之長畫略有變還耳。至古文字从𠂇从又一也。秦公𣪘靜字从爭作□，已與小篆相仿。要之，爭字之演變，由□而□而□而□，其遞衍之迹，至爲明焮。既可糾余前此釋□之誤，又可完成胡說，使信而有徵矣。」（駢三第二二葉釋爭）

孙海波　「□，鐵一五、四。貞人名。于省吾釋爭。」（甲骨文編七三六頁）

屈萬里　「□，當與□同，即爭字。」（甲編考釋三五二葉）

屈萬里　「□爲第一期卜辭中最常見之貞人。劉鶚釋哉（鐵序）；孫詒讓釋戋（契例上七葉）；胡光煒釋爭（說文古文考）；柯昌濟釋爰（書契補釋七葉）；葉玉森釋殺（鉤沈九葉）；唐蘭釋爭，謂即𠂢之本字（天釋三五）；于省吾初釋□（駢枝五四葉），後又從胡光煒說釋爭（駢三，二二葉）。按卜辭爭字作□，而□象□牛之狀。以諸說校之，則于氏前說爲勝。茲從之。」

張秉权　「□、□，胡師光煒釋爭（見說文古文考，卷上，四九），可信。爭是第一期武丁时代的貞人，而且是最常見的貞人之一，也是那時的史官。」（殷虛文字丙编（殷虛文字丙编考释第五頁））

于省吾　「爭字是掙扎之意，可參看金文靜字。」（引陈士煇怀念于省吾先生，古文字

研究十六輯一八頁）

李孝定 「爭之契文作□，此乃以隸定作𢓜為是。說文所無」。（集釋○六○二葉）

按：字當釋爭，為貞人名。

1046 □

按：當為貞人名。

1047 □ □ □

劉釗 「『□』為動詞，『口』即城字，『□口』似乎為攻城之義。卜辭有『壬子卜貞□以羌□于口，攸，六月』，『□于口』即此『□口』。」（卜辭所見殷代的軍事活動，古文字研究十六輯七五頁）

考古所 「□，象兩手拿一工具往下撞击，又殆与撞、击等字相当。」（小屯南地甲骨九七七頁）

按：字不可識，其義不詳。

1048 □

按：合集二六四辭云：「壬午卜貞，□以羌□于丁用」，□為祭名。「丁」不得讀作「城」，劉釗說非是。

1049 [glyph]

按：字不可識，其義不詳。

1050 [glyph]

按：字不可識，其義不詳。

1051 [glyph]

按：合集四五五三辭云：「辛亥卜，殻貞，叀[glyph]叶」乃人名。

1052 [glyph]

按：字均用為動詞，疑為「[glyph]」字之異構。

1053 [glyph]

裘錫圭　「甲骨文有『[glyph]』字：

☐白☐[glyph]☐田弗☐　　六、中一〇八

甲骨文编把它当作未识字收在附录里。

这个字所从的[glyph]应该是『殳』的异体。甲骨文多（殳）字所从的9也可以写作卩，例如[glyph]字有时就写作[glyph]。[glyph]和[glyph]，甲骨文编分列两处，其实也是一个字。从又和从収，在古文字里

更是常々不加区别。例如甲骨文叀（專）字也作叀，𠭯（鉛）字也作𢽟，毁字也作𣪘，豙字也作豙，金文斀（对）字也作𢷾，僕（仆）字也作僕，羞（羞）字也作羞。其例不胜枚举。甲骨文编把叙和𢽾，絜和𢽾，叔和祭，都分别为两字，其实它们都是一字的异体。图式族名金文里屡见𣪊字，就是甲骨文和族名金文里常见的𢼸字的异体。金文编把它析成羊、𣪊二字，也是由于忽略了古文字又、攴相通的特点。根据以上所述，可以肯定𣪊就是『殳』的异体。𣪊字象以殳除草，应该释作『芟』。说文艸部：『芟，刈艸也。』

上引有芟字的残辞里还有田字。这条卜辞大概是卜问芟除田中草莱之事的。」（古文字研究第一辑一五七—一五八页）

裘锡圭 「有一条第一期残辞里有𣪊字：

□白□𣪊□田弗□ 合一〇五七一

拙文甲骨文字考释（八篇）已将此字释为「芟」（古文字研究第四辑一五七—一五八页）。上引残辞中有「田」字，原辞当是卜问芟草除田之事的。说文训「芟」为刈草。但是从甲骨文的字形看，「芟」字并不象用刀镰一类工具刈草，而象用殳杖一类东西击草。在冬季草枯的时候是可以用击草的办法来除田的。国语齐语：「令夫农群萃而州处，察其四时，权节其用，耒耜、枷、芟，及寒击槁除田，以待时耕」，韦注：「枷，拂也，所以击草也。芟，大镰，所以芟草也。寒，谓冬季大寒之时也。槁，枯草也。」「芟」字所象的，显然是击草除田而不是刈草。上引韦注把「枷、芟」的「芟」解释为芟草用的大镰。如果「芟」的本义确是击草的话，作为除草工具名称的「芟」，最初很可能也是指击草用的殳杖一类东西而言的。需要击槁除田的土地，很可能是休耕地或撂荒地。」（甲骨文中所见的商代农业，全国商史学术讨论会论文集一九八—二四四页）

按：釋「芟」但可備一說，卜辭残缺，難以為徵。

1054

饒宗頤 「豙字从豕从聿，即『肆』字，彙肆同隸。集韻作『𧈧』。夏小正『貍子肇肆』，傳以肆為殺。詩禮皆謂祭牲體解為肆，與殺義近。……肆亦作『肆』，詩：『是伐是肆』。」（通考一七六葉）

1004

丁驌　「殷綴四五辭（甲二五七二加二六九一合）曰：

乙巳卜在兮叀丁未敢彔，

叀丙午敢彔。此辭小字似為五期者。其中『丁未』作口朱，『巳』作孑，『在』作中，『叀』作。

『敢』字作『』距离如二文之距。细究之实是『敢』字。

金文湙殷存上八六卣銘又与契文同。」（湙契卍敢字中国文字新十期七五頁）

劉釗　「卜辭『』字从豕从史，字不识，金文作『』、『』等形，豕字已失原状。卜辭『』字用作动詞，為一种擒获手段。」（卜辭所見殷代的軍事活动，古文字研究十六輯一二四頁）

劉釗　「卜辭『』字从豕从𠦝从又，字不识，其含义应同『』字接近。卜辭也用作一种擒获手段。」（卜辭所見殷代的軍事活动，古文字研究十六輯一二四頁）

陈梦家　参字条

王贵民　参史字条

方述鑫　参史字条

按：釋「肆」不可據。釋「敢」尤為無稽。字在卜辭為田獵方法之一，亦與征伐有關。

1055

按：字不可識，其義不詳。

1056

按：字不可識，其義不詳。

1057 

按：英二二七四辭云：「庚子卜，多母弟眔酉[glyph]」「酉」讀為「酒」，「酉[glyph]」為祭名。

1058 

按：合集二七九三九辭云：「庚申盟：：其[glyph]：：：」用為動詞，乃祭名。

1059 

按：合集二四二六一辭云：「辛卯卜，王在𠂤[glyph]卜」乃地名。

1060

按：字不可識，其義不詳。

1061

按：字不可識，其義不詳。

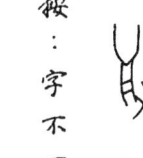

1062

按：字不可識，其義不詳。

1063

按：卜辭為地名

1064

按：卜辭為地名。

1065

按：字不可識，其義不詳。

1066

按：懷四六八辭云：「貞令□」乃人名

1067

按：字不可識，其義不詳。

1068

按：字不可識，其義不詳。

1069

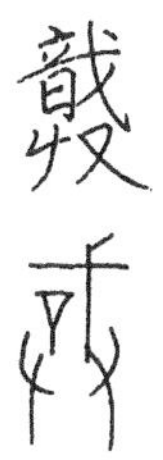

許進雄「S 1312 第三期 右前甲

癸丑卜，員貞：戍其史尋用之戠？

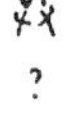

戠或是戒字异构。」（怀特氏等藏甲骨文集第六九页）

按：字从「戠」从「収」，不得釋「戒」。

1070

按：字从「魚」从「□」，似為方國名。

1071

按：字不可識，其義不詳。

1072

按：字不可識，其義不詳。

1073

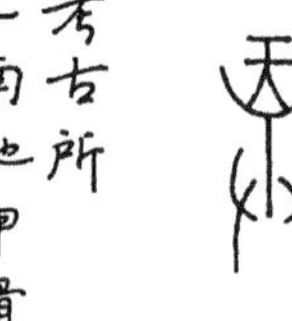

考古所「𢉖：字不识。『叀雈𢉖用』与『叀舊冊用』、『叀舊豐用』辞例相同。」（小屯南地甲骨一〇三一页）

1074

按：字不可識，其義不詳。

1075

按：字从「美」从「収」。合集三六四八二辭云：「甲午王卜貞，其于西宗[illegible]王，王𠁁曰弘吉」「[illegible]王」于卜辭為僅見，其義不詳。

1076

按：字不可識，其義不詳。

1077

按：佚三三二辭云：「[illegible]其入王家」似為人名。

1078

按：字在卜辭為人名。

1079

按：字不可識，其義不詳。

1080

按：字在卜辭為地名。

1081

按：字不可識，其義不詳。

1082

按：字不可識，其義不詳。

1083

按：字不可識，其義不詳。

1084 [glyph]

按：字不可識，其義不詳。

1085 [glyph]

按：字在卜辭為祭名。

1086 首

王襄　「古首字，象形」。（類纂正編第九第四十一葉上）

饒宗頤　「卜辭『王疾首』（見後編下七·一二）按詩小弁：『疢如疾首』。又伯兮：『甘心首疾』。孟子趙注：『疾首，頭痛也』。卜辭言『疾首』，又如『王疾首，中日雪』。（林二·一六·四）皆其例」。（通考八五九葉）

李孝定　「說文『首百同古文百也巛象髮謂之鬠，鬠即巛也』首百同字，說已見上百字條下。卜辭百字之義均為頭，而首字無用此義者。首在卜辭多為地名，辭云『甲戌卜㱿貞翌乙亥王途首亡禍』乙·三四〇一。『貞翌庚申我伐易日庚申明雇王來途首雨小』乙·六四一九『王途首』乙·七八二八是也。又云『首日』甬·六·七·一是辭殘泐僅餘二文，似與頭之義近，蓋『首』『次』之義也。又曰『辛亥[glyph]雨自東首西』乙·八五〇三為動詞。疑當讀為徂往也。詩小明『我征徂西』是也。金文首字多見，作[glyph]頌鼎[glyph]頌壺[glyph]頌簋[glyph]不𡢁簋[glyph][glyph]大簋[glyph]令鼎[glyph]克鼎[glyph]師奎父鼎[glyph]鼎[glyph]𡨦卣[glyph][glyph]無㠱簋[glyph]兮甲盤[glyph]師嫠簋[glyph]康鼎[glyph]大簋[glyph]沈子簋與此略同」。（集釋二八四九葉）

按：說文：「百、頭也，象形」；又：「首，百同，古文百也，巛象髮，謂之鬊，鬊即巛也」。首既為百之古文，則不得歧為二字，蓋篆文偏旁各有所從，此所謂削足適履。典籍皆作「首」，

「百」字久廢，今並釋作「首」。

卜辭屢見「疾[illegible]」，謂首有疾。首上無髮形。

卜辭又云：「甲戌卜殻貞，翌乙亥，王[illegible][illegible]，亡囚」（乙三四〇一）此象首上有髮形。

1087

按：字在卜辭為地名。

1088

按：字在卜辭為地名。

1089

⿱爫百

按：字从「又」持「首」，辭殘，其義不詳。

1090

按：字不可識，其義不詳。

1091

按：字不可識，其義不詳。

1092

頁

[字形]

孫海波甲骨文編九卷一葉金祥恆續文編九卷一葉并收此作頁。

李孝定 「古文頁百首當為一字，頁象頭及身，百但象頭，首象頭及其上髮小異耳，此並髮頭身三者皆象之。」（集釋二八三七葉）

按：說文：「頁，頭也。从百从儿」，[字形]正象人並突出其頭首之形。徐灝注箋云：「古今書傳未嘗有用頁字者，凡頭、顱、顛、項、顙、額之類俱从頁，頁之為首明甚。灝謂繫傳𢝊从頁聲，尤其明證。鼎臣為胡結之音所誤，故於心部𢝊下刪聲字耳。頁與首、百本一字，因各有所屬，分而為三」。頁音胡結切，王念孫、王筠、朱駿聲皆曾致疑，疑之是也。卜辭頁字用義不詳，與「首」字有別。唯「頁」字僅見於𠂤組卜辭，𠂤組卜辭字多異構，或當為「首」之異體。

1093

[字形] [字形]

考古所 「[字形]：存上·六六七有[字形]字，与此相似，当是一种刑法，因在此片中与刖相对。」（小屯南地甲骨九〇二）

按：卜辭均殘，其義不詳。

1094

猱

[字形] [字形] [字形]

王國維 「卜辭有[字形]字，其文曰：『貞尞于[字形]』（前六·十八）又曰：『尞于[字形]口牢』（同上）又曰：『尞于[字形]六牛』（前七·二十）又曰：『于[字形]尞牛六』又曰：『貞求年于[字形]九牛』（兩見以上皆羅氏拓本）又曰：『□又于[字形]』（後上十四）案[字形]、[字形]二形象人首手足之形，說文夊部：『夒，貪獸也，一曰母猴，似人从頁，已止夊其手足』，毛公鼎：『我弗作先王羞』之羞作

□，克鼎『柔遠能䢔』之柔作□，番生𣪘作□，而博古圖薛氏款識盄和鐘之『柔燮百邦』，晉姜鼎之『用康柔綏懷遠廷』，柔并作□，皆是字也。夒、羞、柔三字，古音同部，故互相通借，此稱高祖夒，案卜辭惟王亥稱高祖王亥，（後上廿二）或高祖亥，（戩一）大乙稱高祖乙，（後上三）則夒必為殷先祖之最顯赫者。以聲類求之，蓋即帝嚳也。帝嚳之名，……諸書作嚳或佶者，與夒字聲相近，其或作夋者，則又夒字之譌也。……祭法『殷人禘嚳』，魯語作『殷人禘舜』，舜亦當作夋，嚳為契父，為商人所自出之帝，故商人禘之。卜辭稱高祖夒，乃與王亥大乙同稱，疑非嚳不足以當之矣。」（卜辭中所見先公先王考）

王襄　「□，禼之異文。」（簠考帝系一葉下）

王襄　「古禼字。段茂堂先生云：殷玄王以為名，見漢書。俗改用偰契字。」（類纂正編第十四第六十二葉下）

葉玉森　「按商金文亞鼎之□，無□自、□作祖辛觶之□，似均此字。卜辭中人形之首多作□，非獸首也，究為何字，尚難塙定。」（前釋六卷二十葉背）

葉玉森　「□為猿猴形，神態畢肖，想見先哲體物之妙，惟古代讀猿讀猴殊難臆斷。按爰與援猿古今字。爰象兩手攀援一物，猿蓋援故名之。漢書李廣傳之『爰臂』即猿臂。又袁與爰通，篆文作㒓。許書謂从衣由省聲，似覺未安。余疑㒓下所从之□或由古象形猿字譌變，其身首足尾猶顯然可辨，加㞢乃造篆者增飾之。袁即古文猿，古音殆讀猿字。」（拾考十三葉下）

商承祚　「王徵君釋夋，說文解字：『夋行夋夋也，一曰倨也，从夊允聲。』此象獸形，長爪有耳尾，疑亦許書之狻，狻注：『狻麑如虦苗食虎豹』，徵之卜辭形相近，疑夋狻本一字也。」（類編五卷十八葉）

金祖同　「□為地名，即憂字。毛公鼎：『我弗作先王憂』作□，憂作父丁鼎作□。」（遺珠三葉）

郭沫若　「夒似假為憂，毛公鼎『余弗作先王夒』與此同例。」（卜通一五四葉上）

郭沫若　「當以釋夒為是，夒音與嚳音同部，故音变而為帝嚳若帝俈。夒之古文與夋字相近，故形而為夋若逡，更演化而為帝俊若帝舜。由此等文字上及傳說上之演变，帝俊與帝嚳固是一人，即帝舜與帝嚳亦同是一人也。魯語云『禘舜』，祭法云『禘嚳』，正舜嚳為一之證，韋昭云字誤者，非也。楚辭天問篇叙舜象事於夏後，於殷先公先王之前，亦表明帝舜之即帝嚳。篇中舜嚳同出者，蓋傳聞異辭，不則後人所改易也。王云『大荒經自有帝舜，不應前後互異』，實則大荒經中亦有帝嚳，大荒南經云『帝堯帝嚳帝舜葬於岳山』，與帝俊亦正前後互異。蓋山海經之輯錄者本諸異辭之傳聞，誤以帝俊帝嚳帝舜為三人也。」（卜通五六葉）

唐蘭　「右夒字，舊不識。按金文小臣艅尊作□，與此同，彼文，孫詒讓釋夒，（古籀餘論二六）至確。說文：『夒，神魖也。如龍，一足，从夂，象有角手人面之形。』按古文於人形之字，每多兼象其足，非从夂也。小篆每以手形誤為止，尾形誤為巳，故作夒。其實夒之為字，戴角曳尾，蓋似人之獸也。韋昭魯語注：『夒一足，越人謂之山繅，或作猱，富陽有之，人面猴身，能言。』近章太炎小學答問云：『夒既猴身，其字上象有角，下即夒字，夒亦母猴，則夒特母猴有角者爾。』其說最為明確。或曰『一足』，或曰『如龍』，或曰『如牛』，皆神話也。以字形核之，知必不然矣。」（文字記三十三葉下）

又曰：「卜辭夒為曹圍非帝嚳。卜辭每言上帝，則所指當為帝嚳。言太祖則契也。太祖在卜辭或段大圂為之，冥在卜辭則當作娟，即慶字，卜辭或以此與唐並列，與魯語『郊冥而宗湯』合，可知娟即冥也。」（考古六期三三三至三三四葉）

又曰：「夒非帝嚳，王靜安先生說誤也。夒為高祖，其世次當與王亥相近。」（佚存八十一葉）

孫海波　「說文：『夒，貪獸也，一曰母猴。』卜辭猴作□，夒形與猴形正相似，『一曰母猴』是也。」（文編五卷十九葉）

又曰：「夒非帝嚳，蓋與羔嶽及河並為殷人所祭之神，皆非其先公先王也。」（考古二期五十五葉）

魯實先　「卜辭之□王國維釋夋，王襄釋禹（類纂正編六二），饒宗頤釋頁而謂讀為禹即殷之先祖契（貞卜人物通考二七三葉），說並非是。惟國維繼釋為夒而以為殷人先祖帝嚳之名，古文新證信為塙詁。後之說契者乃一律視卜辭之夒為先祖之名，斯則陳義未審也。其作□者，羅振玉釋伐（增考中六八），吳其昌釋戣（燕京學報十四期），葉玉森始釋為頗（殷契鉤沈），繼疑為鉏（前釋六一九），郭沫若釋䫌，（粹考六），唐蘭釋頗（天壤考釋六六片），于省吾釋戛（駢枝），金祥恆釋夔（續文編八卷十三葉），饒宗頤釋機，（通考五二六葉）其作□者，羅振玉釋兔，（增考中三一）其作□者，金祖同釋憂，（遺珠十九片說）並非是。唯高田忠周釋□□為戲，疑為櫌之異文，（古籀篇卷二十六第三○葉及卷五十四第四○葉）雖無義證以明之，其說偉中矣。然高田並□□亦釋為櫌，則未為審諦，且有悖其辭義也。以愚考之，□□皆夒之異體，其从戊作□者乃夒之繁文，即櫌之古文，是猶「月品」之月，其字或从戊作□亦即捐之古文也。篆文之櫌捐字并从手而卜辭並从戊者，乃以兵器示征伐之義，其作□例猶从手之搏於（虢季子白盤）從干作博、於（不嬰簋）從戈作戟，亦以干戈示征伐之義也。其作□者乃象其髮形，亦夒櫌之異體也。夒於卜辭有二義，其一為櫌亂之櫌，如云「丙子卜古貞手□呂貞勿乎□呂方」（外四五五）、義同於（左傳成十三年）「撓亂我同盟」之撓，以櫌撓音義相同，故俱用為騷亂之義也。夒之第二義為方名，如云「貞往于□（出从雨）」（遺珠一九）、「貞□雨」（粹卜五三二）、「戊午卜來季于岳污□」（前七、五、二）、「辛酉卜穷貞來季于污」「貞來季于□」（洪八八六）、「□貞其來禾于□□二牛」「□□一牛」（後上、四、九）、是也。其在方名之夒而亦从戊作戲者，乃以戊示國族之義，此或之所以从戈、族之所以从矢也。其云「叀高祖夒祝用王受又」（粹一）者，攷之（爾雅釋親）高祖為最上之名，考之卜辭復有高祖污高祖亥高祖乙之稱，蓋以高義為遠，故卜辭統稱世系遙遠之夒亥大乙為高祖，非必謂曾祖王父之考也。高祖而名夒者，是乃以夒方立稱，其云「即夒宗」（粹四）、宗謂宗廟，宗廟而冠以先祖之名，猶它辭之岳宗（甲編七七九）、唐宗（後上、十八、五）、大乙宗（續存上、一七八七）之比也。夒與俈嚳古音同為幽攝，故經傳通假為嚳或俈。其作夋者，則又夒之形譌，解故者乃據聲假之字而謬為之說，是未知高辛氏之本稱為夒，亦未知古帝王因方立稱之義也。考之典記，夒方當即鄧之鄾地，見（左桓九年）為古鄾子之國，在今湖北襄城縣，載籍所以作鄾者，以憂从憂聲、憂與夒形近聲同，故譌夒為憂，亦猶从夒聲之櫌於經傳並譌為櫌也」。（新詮之四第十五至二十葉釋夒）

董作賓　「人猿為男性，头脑特大，目圓，耳有孔，口突出。身与脛皆作輪廓形，足如人趾。左手向上，右手垂向後。」（殷虛卜辭中之人猿圖　中國文字第一卷一八四頁）

董作賓　「人猿似為女性，作側面坐形。头有眉目，有耳口。身作乾廓，臀部有尾。左手向上，右手作搔癢式。足作爪形，不作人趾。」（殷虛卜辭中之人猿圖　中國文字第一卷一八四頁）

陳夢家　「夏王國維初釋為『夋』字，後人改釋為『夒』，謂即嚳也。但廣韻豪部『夒、奴刀切』，沃部『嚳、苦沃切』，兩者收聲相同而發音地位、方法都是不同的。関於此淺說，徐仲舒容庚唐蘭楊樹達都不相信，而徐容楊均以為是「禼」字，徐氏說：「以形觀之，與禼為近」。甲骨文字與殷商制度引。卜辭的「夏」字象人立而低首至手之形，一手是上舉在胸前的。字从頁从止从又，正確的應隸定為「夒」字。西周晚期金文毛公鼎「欲我弗作先王夒」，或讀作憂，字與此同：說文「頁，頭也，……古文䭫首如此」，「䭫，下首也」，廣雅釋詁「䭫，低也」。西周金文「拜手䭫首」即「拜手稽首」，而卿𣪘作「拜首頁手」，可證頁䭫顯稽之為一。古所謂「稽首」是低下其首至於上舉於胸前之手，並非如後世的卯首。西周金文大克鼎「柔遠」之柔作䪹，而番生𣪘作䪹，可證頁夏之為一。以上就形義上說明了頁夏顯䭫稽之同一關係。就此諸字的對音，它雖可能相當於少皞摯，但卜辭中的摯應該是四方神中的析」。（綜述三三八葉）

饒宗頤

「按夒字，王靜安初釋夋，謂即帝俊；繼改釋夒，而讀為嚳，實皆未安，故各家多不從其說。竊謂夒乃「頁」字。大克鼎：「柔遠寧邇」之柔作䪹，番生𣪘作䪹，附益夊旁。是頁夏為一字。說文：「頁，頭也；从百从儿。」蓋古文首字。（說文義證引王念孫謂：頁即首字。段氏誤以頁為䭫，徐灝等均正之。）吳大澂以[illegible]為頁字之最古者，象人體全部是也。（古籀補）頁與「百」「首」同文，卜辭之夏，乃借為禼。「首」「禼」一聲之轉。再以形論，禼古文作𥜼。與古文首之作𦣻，上从髮（即巛）正同。而禼字从鹵从㘯，鹵者猶克鼎䪹字偏旁之鹵（楊遇夫積微居金文說謂鹵即㘯字。㘯遠，謂為經傳之柔遠，古首字，正讀為㘯。）內篆文作蹂，故禼字古當从蹂為聲，斯并首、夏、柔、禼古通用之證。（毛公鼎：「欲我不作先王夒」。夒疑即說文訓面和之脜，讀若柔，字亦从夏。又頁字，後人讀胡結切者，疑與類之讀胡計切者相似。）故知卜辭之夏，原為頁字，而讀為禼。說文禼讀與偰同。是夏即殷祖之契矣。卜辭稱高祖者，有高祖亥、高祖乙、及高祖夏，王靜安以為帝嚳，實則非契不足以當之。魯語上：「商人禘舜而祖契」。禮記祭法：「殷人祖契而宗湯」。稱契為高祖正合。契為堯司徒，封于商，故曰「殷契」。（殷本紀）舜典作「契」，說文作「偰」，史記司馬相如傳及漢書古今人表借「禼」為「偰」，卜辭則以頁為契，此古今之異文也」。（通考二七二——二七三葉）

李孝定

「說文「夒貪獸也一曰母猴似人从頁巳止夊其手足」契文上出諸形與母猴與獼猴馬猴沐猴同意之形絕肖，王國維氏釋夒極塙。而各家猶有持他說者，請略辯之。一、商承祚疑猱字，此據王氏舊說釋夋為言，王氏於別集補遺四十葉先公先王考附注中已予訂正，商氏之說已失所本，可不具論。二、王襄釋[illegible]為禼，而以此為[illegible]之異文。按此二字形體絕遠，此不得為彼之異文。至[illegible]之非禼，當於十二卷[illegible]下論之。三、唐蘭引孫詒讓說釋夒，其說字形與王氏說近，惟于金文毛公鼎銘叚此為憂、大克鼎番生簋蓋二銘叚此為柔，音讀不合，且卜辭此字其上多僅象首形而無角，亦與許書有角之說不合，唐氏（考古六期一文亦寫此作夒）知非夒字也。四、金祖同釋憂，按毛公鼎以此爲憂乃假借字，金所舉一辭字爲地名，釋憂於字形不合。五、陳夢家隸定作夏，謂夏頁爲一聲轉爲擊，饒宗頤亦謂夏頁一字，段借爲禹，亦即後世文獻中之契之偰，二說論證之方法略同，其誤在運似偏旁中相通之字爲一字。古文中凡義類相近之字於用爲偏旁時每得相通，然不能遂謂爲一字也。如从殳从攴每得相通，然殳自爲殳，攴自爲攴。从人从大从女从卩之字每得相通，寧得謂人大女卩遂爲一字。从彳从辵从止之字每得相通，而彳辵止固音義各異也。頁首百夏數字義類相近，於用爲偏旁時固得互通，然頁夏固非一字也。且此字隸定作夏，以字形言遠不若釋爲夒之爲近似，其偏旁衍变之故唐蘭氏既言之矣。又饒氏謂禹从内聲，則與其所主段頁爲禹契之音讀不合而反與王氏釋夒之音讀相近矣。惟王氏釋夒，郭孫魯諸氏从之，其於字形密契無間。金文毛公鼎段作憂、大克鼎及番生簋蓋均段作柔，夒在古音三部豪韵，憂柔則在三部尤部，音同韻近故得通段，是此字釋夒於音讀方面又可得一確證矣。大克鼎及番生𣪘夒字均从卣爲偏旁，是增卣爲聲符也。字在卜辭或稱高祖，王氏讀爲嚳音亦相近，雖無確證然亦可備一說也。魯氏謂[glyph]亦夒之繁文似略有未安，惟釋爲擾讀爲撓則是，蓋字从戌作固當另是一字也。金文作[glyph]（無憂作父丁卣）[glyph]（番生簋「㜈遠能𤔲」）[glyph]（毛公鼎「我弗作先王夒」字段作憂）均與卜辭同。」（集釋一九一五葉）

姚孝遂 肖丁 「过去著录，唯見夒可以「𡆥禾」（《粹》11），或但称「𡆥」（《存》1.990），而未見「夒𡆥王」者。此片言「佳夒𡆥王」可补前此之阙文。」（小屯南地甲骨考释七頁）

姚孝遂 肖丁 「夒字各家考释不一，但均以为殷人之高祖，则毫无疑义。

王国维释「夒」以为即「帝嚳」，郭沫若认为「王说无可易」（《粹》1考释）。

陈梦家谓此字「象人而低首至手之形」，「字从頁从止从又，正确的隶定为夒字」。（《综述》338頁）

陈氏主张隶定作「夒」是有道理的。但他进一步推断「頁、夏、頡、稽之为一」则非是。

《说文》：「夒、貪兽也，一曰母猴，似人」。典籍则作「獶」、作「猱」。《诗·角弓》：「毋教猱升木」；《礼·乐记》：「獶雜子女」。「獶」、「猱」均为猕猴之属，或谓之沐猴，亦即《说文》所谓的「母猴」。「夒」与「獶」、「猱」，就其原始而言，实为古今字。不仅如此，甚至「憂」、「優」、「獶」诸字，亦由「夒」字孳乳分化而来。

然而需要指出的是：卜辭先公名之「[illegible]」与猕猴名之「[illegible]」在形体上是有区别的。其主要区别的特征是：手掌向上，腿直立者为先公名；手掌向下，腿屈曲者为猕猴名。有极个别的例外，但从辞例上可以明显加以区分。

《甲骨文编》加以混同，未予区分是错误的。岛邦男《综类》分列二形于100页及211页是正确的。但于211页先公名之下，将兽名混入，如《拾》6.9；《甲》2336；《后》2319等均当为兽名。

可以肯定，卜辞此两种形体已发生分化，用各有当，不能混同。我们对此处理的方式是：先公名隶作「夒」，兽名隶作「猱」，或许能借以表示其同源而又已分化的关系。」（小屯南地甲骨考释五——六页）

姚孝遂說參[illegible]字條下。

按：卜辭用作沐猴之「猱」與用作先公名之「夒」形近，但有嚴格之區分。乃同源分化字，形異義殊，不能混同。此為獸名之「猱」。

白 伯 [illegible] [illegible] [illegible]

羅振玉

「說文解字白从入合二，古文作[illegible]。古金文與此同，亦作[illegible]（盂鼎），但多借為伯仲字」。（殷釋中二十五葉上）

王襄

「白疑帛之媘」。（簠考帝系七葉上）

郭沫若

「金文凡伯仲之伯均作白。說文云『白，西方色也，陰用事，物色白，从入合二，二陰數』。然金文白字除白侯父盤作[illegible]，稍呈異形之外，餘均作[illegible]，僅或長或短，或正或衺而已，均無所謂『从入合二』之痕跡。余謂此實拇指之象形。易咸之初六『咸其拇』，馬鄭薛虞皆云『拇，足大指也』。說文『拇，將指也』。左傳定十四年『闔廬傷其將指，取其一屨』，注云『其足大指見斬，遂失屨』。是將指乃大指之別名也。鄭玄持異說，其注大射禮『設決朱極三』云『三者食指、將指、無名指，小指短不用』，是以中指為將指，蓋不免出於千慮之一失。段玉裁牽許以就鄭，云『合三經而言之，手以中指為將指，足以大指為將指，為拇，此手足不同稱也』。此實不經，亦非洨長之意也。拇與白同屬唇音，古音之魚二部亦每通韻，是則拇白一音之轉也。拇又名巨擘，擘白亦一音之轉也。拇為將指，左手足俱居首位，故白引申為伯仲之伯，又引申為王伯之伯。其間為白色者乃段借也。白侯父盤之𠂤亦正拇指之象，於指端看指甲耳。要之，許書說白為『西方色』云云，實亦出於傅會。金文用白為白色義者罕見，作冊大鼎云『公賚（賞）作冊大白馬』，僅此而已」。（金文叢考·金文餘釋）

吳其昌　「按『白』之稱，雖已見於殷代，然而與孟子萬章、周禮大宗伯、禮記王制等所述五等爵公、侯、伯、子、男之『伯』，則絕不相蒙也。公、侯、伯、子、男五等，不特殷代無之，宗周一代亦絕無之；彝器及真周書，但有侯、甸、男、衛而已。殷代契文中之『白』蓋與周初大盂鼎銘之『……邦嗣三白。……戔嗣，王臣十又三白』之『白』語最相近；蓋其義但指一羣之長而已。金文『白』又作𠂤（攈二二·五二白侯父盤）乃像大指翹立之形。人類翹立大指，是長之表示矣。（詳金文氏族疏證）故『白』義為羣眾之最長，如斯而已」。（殷虛書契解詁第二九三葉）

瞿潤緡　「白當如字讀，卜辭言『十白豕』『獲白鹿』可證。羅振玉謂：『禮家皆謂，夏后氏牲用黑，殷用白，周用騂，以卜辭證之，殊不然』。（殷虛書契考釋）蓋彼由讀白為百而誤。白羊白牛，卜辭習見。殷用白之言，未嘗無徵也」。（絜二四五片考釋）

朱芳圃　「說文白部：『白，西方色也。陰用事，物色白。从入合二。二，陰數。𠂤，古文白』。朱駿聲曰：『按日未出地平時，先露其光恆白，今蘇俗語昧爽曰東方發白，是也。字當从日，丨指事，訓太陽之明也。皓皞的等字亦皆从日訓白。莊子人間世「虛室生白」，崔注「白者日光所照也」；知北遊「若白駒之過隙」，釋文「白駒，日也」，……皆可為从日之證』。（說文通訓定聲九五九）按朱說非也。此字初文作◎，中△象火𦦵，外○象光環，省作⊖。義當訓明，荀子儒效篇：『則貴名白而天下治也』，楊注：『白明顯之貌』；榮辱篇：『身死而名彌白』，楊注：『白、彰明也』，是其證也。引申為色素之色，釋名釋采帛：『白、啓也，如冰啓時色也』。經傳稱禹曰伯禹，益曰伯益，本字皆當作白，義與王亥王季之偁王相同。春秋元命苞：『伯之為言白也，明白于德也』。其潤飾以儒家之言，與王訓『盛德之王故曰王天下』相同」。（殷周文字釋叢卷上第十八葉）

屈萬里　「卜辭：『癸亥卜，□貞：白☐？』白，當讀為侯伯之伯；其下當為人名」。（甲編考釋一四九葉）

饒宗頤　「按禮記檀弓云：『殷人尚白，大事斂用日中，戎事乘翰，牲用白。』明堂位：『殷人白馬黑首。』又云：『殷白牡。』殷本紀亦言尚白，故此云『由白牡』。然湯誥云：『敢用玄牡』，則以初即位時，仍遵夏制。卜辭所見有白牛，（屯乙八六六六）白馬、（乙三四四九）白豕（乙二一一四）等，皆牲用白之證，故鄭志答趙商問巾車云：『白者，殷之正色。』」（通考九五四葉）

孙海波　「⊖，甲八一七·地名。于白東卒。⊖，戩四三·一·与百通用。叀白人即百人。⊖，后二·四·一一·白用为伯。兒伯。」（甲骨文编三三七页）

孙海波　「⊖，后二·四·一一。卜辞用白为伯·重见白下。」（甲骨文编三四〇页）

高笏之　「⊖，即貌之初文；象人面及束发之形。面字作⊡，意只谓囗中有目者是面，不连束发，故与⊖别。自⊖借为黑白之黑，伯仲之伯，乃於其下加人为意符作[字形]。战国秦人又加豹省声作貌。其作䫉者，应较晚出。至今人谓：白为朝日之有光形，故曰东方发白。又或以白为伯之初文，象大拇指上端，皆臆说也。」（中国字例二·九〇）

王献唐　「古代百、白一字，卜辞百作⊖（前六·四·三）、作⊖（后下四三），实即白。白即太玄覆瓿之瓿，音通而形象（古音百在魚部，瓿在之部，二部字通转者甚多。如部从音声，与瓿同部，而灵枢官鍼篇，埋在部府下，在苦之魚二部通韵可证）。先时器以陶制，每取竹籐编套护之，形状若[字形]，白因象而作⊖，……白作⊖，兼象山纹环纹，作⊖祇象山纹。若象环纹，即契金习见之⊖，今白字所从出也。初时白为瓿器，声音相通，假为百十之百，又假为伯仲黑白之白（古伯仲皆作白）。」（古文字中所见的火烛第一九八至一九九页）

陳世輝　「白字甲骨文作：⊖（后下二五·七）⊖（前五·一一·六）⊖（后下二四·九）；金文作：⊖（作册大鼎）⊖（盂鼎）⊖（伯侯父盘）。……

我们以为，白象人头，证据如下：

（1）甲骨文中有[字形]（乙上一七四七、明七二七）字，象人形，人（亻）上面的首形作⊖，⊖即白字，可见白象人头。[字形]字若隶定，应当写作皃，即说文的『皃，頌仪也，从人，白象人面』的皃字。说文『頌，皃也』，现在写作容，頌仪换成现在的话说，就是容皃。

我们根据说文也可知道，「白象人面」。金文里有[字形]（三代一三·四七·七）字，也是皃字。（2）说文：「兜，兜鍪也，从兆从皃省，皃象人头也。」按兜象人戴首鎧形，当是从皃，许说「从皃省」不确。这里更明白地告诉我们：「皃象人头」。其实，更确切一点说，应是白象人头。我们可举一例来证明这点。说文：「鬼，从人，象鬼头。」「由，鬼头也，象形。」鬼象鬼头的是由，皃象人头的自然是白。（3）甲骨文有[字形]（佚存五八一）字，象一个头上带有发的人形。[字形]与[字形]都象人形，只是一表正面，一表侧面。[字形]象头长有发，可证白（[字形]）象人头。

根据上面的一些证据，白字象人头形，已毫无可疑。这里我们就考察一下它在商周时的用法，这也可给我们的说法添些佐证。

考甲骨文中白字的用法，主要有二者：一是作侯伯的伯字用，一是作白色的白字用。到周代，我们在金文与古籍中所见白字的用法，比商时又多了一项，即：白字又作伯仲的伯字用。（按此即第一种用法的引申，下详）这里先把第一种用法举例说明一下：

乎从丹白；弜（勿）乎从丹白。　乙上三三八七

余其从多田（甸）于（与）多白征盂方白□　甲二四一六

惠二方白其用于祖丁父甲　京津四〇三四

方白用　京津五二八一，人头骨刻辞

郜白祀作膳鼎　郜伯祀鼎

单白内（入）右扬　扬𣪘

邢白大祝射　长由盉

郑伯克段于鄢　左传隐公元年

从上面的例子我们可以看出：侯伯的伯在当时只作白，左传写作伯，那是用的后起字。侯伯的白是什么意思呢？郭沫若先生说：「王公侯伯」「实古国君之通称。尔雅释诂「皇王后辟公侯，君也」，伯辟一音之转耳。」（金文从考金文所无考）白的意思为什么是「国君」呢？我们以为这是由白字原意引申而来的。因为白是人的头，人的首脑，引申起来，一个部落的首脑也就称作白了。我国云南的佧佤族把首领叫做「头人」，这和商周时把首领叫做「白」是一样的意思。我们从上面的列子知道：在商代，无论是商人的同盟部落或敌对部落的首领都可称做白；在周代，有许多国家的国君称做白。因为部落的首领，国家的国君称做白，所以白有長上之意。说文：「伯，長也。」尔雅释言也说：「伯，長也。」伯仲之伯，意思就是这样引申而来的。这里我们说明了侯伯的伯之源流，同时也成了我们所主张的「白象人头」的一项佐证。

……这里要说明的是：白字为什么作白色的白字。下面的例子告诉我们，白字在商周时也

作白色的白。

乙丑，其〔?〕岁于祖乙白牡三　粹二三五

甲辰贞，其大御，王自上甲盟，用白牡九　粹七九

公赏作册大白马　作册大鼎

白作白色的白字用，这应当是假借字，与原意没有什么联系。古人在日常生活中虽是常碰到白色，但是想创造一个文字来描述它，却做不到。为了需要，便借一个与白色的「白」同音的字来使用。表示颜色的字，多数是这样来的。如黄，本来是珩的象形文（详金文丛考释黄），后来又借作黄色的「黄」用了；朱本来指的是树干，后来却借作朱红的朱用了。

最后要附带说明的是：百字在甲骨文中虽与白字形近，但那是截然不同的两个字。百字在甲骨文中作□□或□，在金文中作□□又作□。在甲骨文与金文中侯伯的伯字绝没有作百的；同样的，数字之百也绝没有作白的。但是，倒有这样的例子：借百字作白色的白。如「丁未贞，其大御，王自上甲盟，用白牡九；甲辰贞，其大御，王自口（上甲）盟，用百牡九」（摭佚续编六四），这毫不足怪，因为白色的「白」，本无其字，所以可以假同音的白字为之，也可以假同音的百字为之。这和我们上面所说的，侯伯之伯与百个的百毫不相混并不矛盾。」（释白 历史教学与研究一九五九年六期二二——二三页）

姚孝遂

「「尞白人」　南诚一八

「尞白人」　铁四三·一

说文：「尞、柴祭天也」。卜辞「尞」多为求年祈雨之祭。此种祭祀多用牛羊，用人则比较少见。「白人」当指其肤色而言。或读为「百」，误。卜辞「白」与「百」区分极为严格。卜辞还有「白羌」（粹二四五及存二·一九五），这和卜辞的「白牛」、「白马」、「白羊」、「白豕」、「白兕」、「白鹿」、「白犬」当属同一性质。粹二四五考释瞿润缗谓「当如字读」，所论甚是。」（古文字研究第一辑三七八页）

林澐

「被「比」者称为某伯，根据卜辞中「盂方伯」、「人方伯」、「羌方伯」等辞例，可知「伯」是方国的首领。故可据之以推定联盟的方国。如：

贞：王叀而伯龟比，伐口方　（乙二九四八）

乎比井伯——勿乎比井伯　（善斋拓本）

井之为方国，卜辞中有「井方」（后上一八·五，燕六二四），可直接证明。」（甲骨文中的

（商代方国联盟古文字研究第六辑七五页）

姚孝遂　肖丁　「4404　(1)「甲午貞，其卸父丁百小宰」(2)「甲午貞，其卸卩于父丁百小宰」「百」字形体较为特殊，前所未見，当为「百」字之异体。卜辞「百」字通常作百，祖庚、祖甲卜辞祭祀用「百宰（一宰）」者時有所見。綷20：「卸于父丁其百小宰」，亦屬卸祭父丁（武丁）用「百宰」之例。」（小屯南地甲骨考释六二頁）

裘锡圭　「古籍中有「殷人尚白」（礼记檀弓上）之说。据说尚白马是殷人尚白的表現之一。礼记明堂位：「夏后氏骆马黑鬣，殷人白马黑首，周人黄马蕃鬣。」郑玄注：「順正色也。……殷黑首，为純白凶也。」同书檀弓上：「殷人尚白：……戎事称翰，牲用白。」郑玄注：「翰，白色也。易曰『白马翰如』。」对殷人尚白之说，現代学者往々致疑。如金祥恒先生在释赤与幽一文中，据殷墟卜辞卜问的用牲毛色有很多种类的現象疑「殷尚白」之说非事实（载中国文字第八期）；黄然伟先生且有殷人尚白说質疑的专文（载大陆杂志引卷1期，文未見）。殷人尚白之说究竟有没有真实性，是一个相当复杂的问题，目前恐怕很难得出公认的结论。但是殷人的重視白马，在殷墟卜辞里却是确有证据的。

殷人实际使用的马当然不会限于白马一种。在跟使用马匹有关的卜辞里，可以看到赤马、骏、騽、驽等多种表示不同毛色的马名（参看王宇信商代的马和养马业，中国史研究一九八〇年一期一〇〇｜一〇一頁）。但是殷人最重視的則是白马，这可以从一些卜辞里清楚地看出来。

殷人在占卜「取马」、「以马」、「来马」等事时，一般不指明马的毛色，例如：

(1) 己子（巳）卜：雀取马，以。

(2) 「□□卜」芇以马自肯。十二月。允以三丙。　乙四七一八，合集八九八四

(3) □辰卜古鼎（貞）：乎（呼）取马于皆，以。三月。　续五、四、五，合八七九七正。

(4) 甲申卜殻鼎：以马。　乙七六四七，合八九六一正乙。

(5) 不其以马。　乙七六七六，合八九六一正甲。

(6) 癸未卜亘鼎：𢦏来我马。　七T，合九一七二正

(7) 古来马。

(8) 不其來马。　乙五三〇五，合九四五正。

唯有「白马」却在这类卜辞里屡次出现，例如：

(9) 鼎(貞)[illegible]乎(呼)取白马，以。 乙五三○五，合九四五正。

(10) 甲辰卜㱿鼎：奚来白马。王固(繇)曰：吉。其来。

(11) 甲辰卜㱿鼎：奚不其来白马。五(月)。 丙一五七，合九一七七正。

(12) 鼎：戠不我其来白马。五(月)。 掇二一二四，合九一七六正。

(9)与上引(7)、(8)二辞同版。英三三六正(库四二六)有如下一条残辞：

(13) 鼎：𢓊弗☒白马☒。

大概也是关于「来马」或「以马」的卜辞。

在为马的「灾祸」、死亡等事占卜时，一般也不指明马的毛色，例如：

(14) 鼎(貞)：我马出(有)[illegible]，佳(唯)囚(忧)。

(15) 鼎：我马[illegible]，不佳[囚]。 合二○一，合一一○一八正。

(16) 甲午卜：王马寻駜，其御于父甲亚。 录三一二，合三○二九七

(17) 鼎：马不𢦏(殟)。 京津一六八六，合一一○二四。

(18) ☒马其𢦏。 零拾一四○，合一一○二三。

在这类卜辞里出现的指明毛色的马名，确凿无疑的也只有白马：

(19) 丙午卜鼎(貞)：佳(唯)子𠱾畫(害)白马。 北大藏于省吾先生旧藏甲骨墨本一·三二。

(20) 丙午卜争鼎：七白马𢦏(殟)，佳丁取。二月。 甲三五一二，合一○○六七(合三○二○十一一○四八为同文卜辞)。

上举二辞的卜日皆为丙午，字体也极相近，有可能为同时所卜。此外只有合一三七○五残辞「☒王☒爻马亡疾」中的「爻马」，也许可以读为「驳马」。

以上所说的情况可以清楚地看出，殷人对白马的确特别重视。更有意思的是，殷人还屡次为将要出生的马崽是不是白色的而占卜，例如：

(21) 甲申卜：马佳(唯)白子。

(22) 小𩡧子白。不白。 续五·二六·八，合三四一一。

(23) ☒王：小驯☒白。 林一·一四·一九。

(24) ☒骍子白。不。十一月。 菁一一·八，合三四一二。

(25) ☐☐卜☐骊子白。 屯南二六五○

(26) 丙辰卜☐鼎(貞)：𣍘☐马子白☒。 合五七二九。

(27) 𩦡𩧁(育)白。 乙一六五四，合一八二七一

(28)不其白。　乙一六九七，拾一四七五一正。

(22)的「驼」当是「牝马」之「牝」的专字，也可能就是「匕（牝）马」的合文。(23)的字体与(22)极相近，疑所卜是一事，「驲」即「驼」之残文。(24)的「骉」、(25)的「驷」都应该是一种马名。前一字也见于拾一一〇五一的一条残辞：「癸酉，王：骉☐」。其字体与(24)根相近，疑所卜亦为一事。(26)的「皆☐马」当指取自皆之马，参看上文所引的第（3）辞。(27)、(28)从字体、行款看似为对贞之辞，但拾一八二七一与一四七五一两片卜甲的断处不接。拾七八五〇（簠·杂94）有「不其白」一辞，疑亦与之马之生育有关。(27)的第一字，甲骨文编释为「骝」（三九八页），可从。但文编将此辞的「白骝」二字连读，则是不对的。尔雅释畜：「骊马黄脊，骝。」说文：「骝，马家骭也。」唐兰先生认为卜辞「骝」字的解释当从尔雅（同注②）。殷人希望骝马也生白子，其崇尚白马的心情跃然可见。至于殷人是否如明堂位所说，特别崇尚黑首的白马，已不可考。

最后，附带解释一条可以与上引占卜马崽是否白色之辞相比照的卜辞：

(29)　丁亥卜☐（王？）：子白羌毓（育），不☐（其）白。　京津二〇六四，拾三四一〇

卜辞或言「賁白人」，姚孝遂先生认为「『白人』当指其肤色而言」。上引卜辞里的「子白羌」疑指商王之子所「幸」的白皮肤的羌族女子。有一条卜旬之辞的验辞说「之日子羌女老」（拾二一〇二一），「子羌女」与卜辞的「子白羌」可能是一类人。上辞可能是在「子白羌」即将生育时卜问所生之子的肤色是否白色的卜辞。如果上面的解释大致不误的话，白羌究竟居于古代的哪一个种族，殷王室血统中是否可能含有少量白种的成分，就都是可以研究的问题了。」（从殷墟甲骨卜辞看殷人对白马的重视，殷墟博物苑苑刊（创刊号）七〇—七二页）

赵诚　「⊖　白。似象正面人头之形，引申之有尊长之义，故卜辞多用为伯长之伯。用为黑白之白，乃借音字。後来为了将两者区别，伯长之伯加一人旁为形符，这才变成了形声字。白（伯）在商代为商王朝四域之外的方国或地域的首领。尚书酒诰谓邦伯是诸侯之一。从卜辞来看，各方国的白（伯）其本上不属于商王朝，而侯则基本上属于商王朝，两者在性质上略有分别。」（甲骨文简明词典五八页）

于省吾释⊖見⊖字条下。

林澐说参　田　字条下。

者眾。按：說文：「白，西方色也，陰用事，物色白，从入合二，二，陰數」。形義俱誤，諸家疑之者眾。朱駿聲以為「入二」紆曲不憭」；徐灝以為「白从入二，義不可通。以古文證之，則非入二明矣」。然「白」字究屬何所取象，說者雖眾，均不得其解。徐灝段注箋謂白是「皀之上體，白正象米粒，即白字也。白者西方之色，故取象於穀之成熟」。朱駿聲通訓定聲以為「日未出地平時，先露其光恒白∴字當从日，丨指事」。張文虎舒藝室隨筆以為「白者日光也∴其字从丨者上下通也；从日者，凡光所照皆日也。日出東方而照於西，謂白為西方之色，義亦可通」。林義光文源以為「白實與霏同字，象物遇溼魄然虛起之形」。是皆未能超脫許慎之說解，仍據較晚之形義為言。郭沫若以白為拇指之象，設想甚奇，但亦無當於本形本義。

契文有[字形]字，即小篆之皃，或體作貌，籀文作貌。說文：「皃，頌儀也，从人白，象人面形」。段玉裁注云：「上非黑白字，乃象人面也」。實則白既象人面，亦假作黑白之白。說苑修文：「貌者，男子之所以恭敬，婦人之所以姣好也。行步中矩，折旋中規，立則磬折，拱則抱鼓……」國語晉語：「夫貌，情之華也」，儀容包括人身之全體言之，而突出表現於面容，故皃字从人作[字形]。

白、百、首實本同出一源，皆象人首形，白象其正面，首象其側面作[字形]或[字形]。由於用各有當，形體有別，音義亦殊。面字从百，皃、面、白皆雙聲，說文以百為首之古文，疑有未然。釋名：「頭，獨也，於體高而獨也」。「白」、「頭」、「首」引伸之皆有尊長之義。「伯」字說文訓為「長」，形為「白」所孳乳，義則為「白」所引伸。金甲文伯長之伯皆作白，是「白」為「伯」之初形。「伯」為「白」之孳乳字。「白」之本義為「首」，引伸為「伯長」，義均相因。

黑白之白，本無形可象，純屬音假，與日光無涉。

白與百初本同源。初民以一「白」為百，即以一人頭表「百」，猶一「人」為「千」，一「萬」為「萬」也。但卜辭「白」與「百」已判然有別。百作[字形]、[字形]，其作[字形]者，斷非「百」字。卜辭有白馬、白牛、白羊、白豕、白兕、白犯、白鹿等等。前二・二九・三有辭云：「壬申卜，王田書，往來亡災，隻白鹿一、犯三」，其為黑白之白，了無疑義。然則「㚔白人」（鐵四三・一、五三・四）；「用三白羌于丁」（契二四五）均為黑白之白，不得釋為「百」。瞿潤緡之說是也。

陳世輝以「白」象人首，說無可易。人頭骨刻辭皆書「白」字，可為明證。

帛

百

▢ ▢ ▢

王襄　「古帛字」。（類纂正編第七第三十六葉下）

孙海波　「帛，前二，一二，四。地名。」（甲骨文編三三六頁）

按：釋帛可從。字在卜辭為地名。

羅振玉　「卜辭中記數一百作百。其二百以上則加畫於百上而合書之，二百作（二百），三百作（三百），五百作（五百），六百作（六百），與古金文同」。（殷釋中二葉下）

王襄　「古者字。不从白。」（簠室殷契類纂第十七葉）

王襄　「▢為一百合文，▢為百之古文，古百字不从一也」。（簠考帝系六葉上）

郭沫若　「十之倍數古文多合書。……百與千之倍數亦合書，蓋百千之倍數均十之倍數也。二百、三百、四百、五百、六百、九百諸例卜辭均有之。（『（二百）』（前、二、三〇、四、）『（三百）』（前、四、四、二、）『（三百）』（前、二、三一、二、）『（五百）』（㓞、一五一七、）『（六百）』（前、七、九、二、）『（九百）』（後下、四三、九、））七百、八百之例未見。九百，㓞第八三二片有之，作（九百）。」（甲研釋五十第二至三葉）

戴家祥　「百从一白，蓋假白以定其聲，復以一為係數加一于白合而成百」。（釋百）

陈邦福　「卜辞▢▢▢，邦福按：象系貨贝形，入象贝幕板畀，或从一为一百合文，略言之即为百也。一百示百，与它辞一千表千，正为同例。」（殷契瑣言八页）

孙海波　「▢，京津三〇三二。疑百之异文。」（甲骨文编七二五頁）

于省吾　「說文：『百，十十也，从一白。數，十百為一貫，相章也。』按百字从一白，已与初文相背。戴侗六书故：「百也当以白为声。」林义光文源：「古作百，当为白之或体，八八皆象薄膜虚起形。」戴说较旧解为优，但误认为形声，与造字本义不符。林说殊误。甲骨文第一期早期的百字作百，稍后又孳乳作百，也省作百。此外，甲骨文还有借白为百者，如「三白羌」（燕二四五）即三百羌。百字的造字本义，系于白字中部附加一个折角形的曲划，作为指事字的标志，以别于白，而仍因白字以为声。」（甲骨文字释林释古文字中附划因声指事字的一例）

张秉权　「……甲骨文的「自」作自，「百」作百，是「一百」的合文，所以「百」字所从的「自（即楷写的白字）」当作自，也是鼻的象形字，许氏知道这二字的音义相同，而对于由来已久的形体上的差别，无法解说，只好把「百」字所从的「白（即自）」，认为「自」字的「省体」或「亦体」，而将它们分为二部。其实，古文字中，同样的一个字，有好几种不同的写法，也是常事。「百」字所从的「白（即自）」，既为鼻的象形字，那末「百」字的起源，当象以指指鼻之形。马薇庼说：「仲拇指为百」，恐未可信。甲骨文中，「百」的纪数，除了「七百」未见之外，其他的如「一百」至「六百」「八百」「九百」等都见记录。尤其是「百」字，有时作「百」形（乙编九六五；五四〇五；前六·四二·八）；「六百」作「百」（后下四三·九）；「八百」作「百」（粹一〇七九）；「九百」作「九百」（续八三二），都没有上面的一横，这可以证明「百」并不「从一」，它的原形当作「百」，是鼻的象形字，而作「百」的百，是「一百」的合文。」（甲骨文中所见的「数」，历史语言研究所集刊第四十六本第三分三五七至三五八页）

姚孝遂　「古文字「百」是由「白」孳化出来的，为了区别，于白字增一「∧」作百，即是「百」字。」（古文字的符号化问题古文字学论集初编九八页）

陈世辉说参白字条下。

王献唐　参白字条

按：许慎關於百字之說解殊誤，各家訂補，亦皆穿鑿傅會。唯朱駿聲說文通訓定聲以為許氏「因古文誤隸𦣻部耳，實當从一白聲」，最為近是。說文以百之古文作𦣻，从自，故隸於𦣻部。𦣻即自字之别體，與說文訓作「西方色」之白字有別。實則百不从白（自）而从白，白之初形象人首（說詳白字條下），卜辭記數字以當表萬，以人表千，以白即人首表百。由於用各有當，避免與白色之白、白（伯）長之白混淆，卜辭百字稍變異其形作百或百，二字已有嚴格之區分。其作白者，均不得讀作百，無一例外。鐵五三六四合集一〇三九及鐵四三·一合集一〇三九之「木白人」；存二·一九五合集二九六之「三白先」；乙八六六合集二〇三反之「五白牛」；後上二八·一合集一四七二四之「三白牛」等等，凡此類白字，均指白色言之。寧一·一一三及粹七八六合集三〇五五二之「白羊」與「黑羊」對言，斯為明證。前七·二九·二合集一一五二四及續一·一五·一合集一五〇六正之「出于且乙十白豕」，亦足以證明白指其毛色言之，不得讀為「百」。

1098

按：此當為「井伯」二字之合文。

1099 西

羅振玉

「說文解字西古文作卤，籀文作卤。且子鼎亦作⊗。卜辭中有⊗⊗，與許書籀文及古金文同。而卜辭上下斷缺，不能知果為西否。其作甶甶等形，王國維謂即西字。驗之諸文，其說甚確。許君謂日在西方而鳥棲，象鳥在巢上形。今諸文正象鳥巢狀。巢字篆文作巢，从𢆶乃甶傳寫之譌，亦正是巢形也。日既西落，鳥已入巢，故不復如篆文於巢上更作鳥形矣。」（殷釋中十三葉下）

王国维

「西字卜辞上作甶，或作甶，此作甶，说文西字注云：『日在西方而鸟栖，象鸟在巢上。』此甶甶甶三形，正象鸟巢。王复斋钟鼎款识有箕单卣，其文作甶鬯，象鸟在巢下而以畢掩取之。又箕单父丙爵有甶字，省鸟存巢手执干，鼎文甶字，则省巢存鸟，可知甶字实象鸟巢，若说文训缶之甾字，则古作甶，与甶字有别矣。」（戬寿堂殷墟文字考释第四十六页）

王國維　「卜辭屢見甶𠙹諸字，余謂此西字也。……甶𠙹二形正象鳥巢，王復齋鐘鼎款識有𠊱單卣，其文作[glyph]，象鳥在巢下而以畢掩取之。又𠊱單父丙爵有[glyph]字，則有鳥存巢，手執干桒之[glyph]字，則有巢存鳥，可知甶字實象鳥巢，即巢之古文。似當从甶在木上，而《則象鳥形，篆體失之。若說文訓缶之甶字，則古作甶，與甶字有別矣。」（集林卷六第十二葉下釋西）

丁山　「甶王氏以為西字，云象鳥巢，說文所謂『日在西方而鳥棲』者也。夫甶象巢形則鳥應棲其上，今鳥形退居其下，理不可解。乃云象鳥由巢中捕出之形，捕鳥者固不必于巢也。按藏龜一八三葉[glyph]上所从之网作甶，前編七卷一六葉[glyph]字所从之网作甶，皆與甶形相近，知甶亦网形。」（引朱芳圃文字編十二卷下西字條）

唐蘭　「卜辭假甾為西，不可逕釋為西也。又卜辭西方字每作⊗⊗，實即囟字。說文誤列西囟為二，實西囟聲近，原只一字。又說文囟字古文作𠙹，實即甾字異文，甾囟亦聲近也。」（考古社刊考古四期釋四方之名）

唐蘭　「卜辭段甾為西，應收卜辭之西為甾之本字」（考古四期釋冊方之名）

唐兰　「西字卜辞作甶𠙹𠙹⊗⊕⊕等形。其作甶𠙹𠙹等形者，孙诒让释甾，王国维释西，以为鸟巢之形，丁山又据[glyph]而以为網形。今按甶於卜辞用为西方之义，王说诚是，然迳释甶为西，则非也。以字形言之，当以孙诒让释甾为是，卜辞隅字从甶，犹字从甶，伷字从甶，皆其证，由即甾字也。三体石经古文迪从甶，王国维氏以篆作迪为正，不知卜辞固或作甶也。近世学人之通病，在以后世材料，决定古文，如[glyph]本弔字，古人用为伯弔，或不弔，后世音变改用叔字，或且谓说文弔字与从弔之字，均为叔字之误，不知金文固自有叔字也。又如子字，商及周时多用为辰子午未之稱，不知何时始改为辰巳午未，亦音变也；或者遂欲改卜辞之子及从子之字。尽以为巳，不知卜辞亦自有巳字也。如此之例甚多。卜辞以甾为西，亦犹此也。盖卜辞时代，本或称为东甾，即假甾字为之耳。后世巢字之形，上与甾字略相近，然不得附会甾为鸟巢也。

其作⊗⊕⊕等形者，⊗形与金文且子鼎散叔𣪘合。凡古文字中，ㄨ与十形多乱，⊗或为⊕犹𣎆或为𣎆也。由⊕而变为⊕，则即后来作⊗⊗𠙹形所从出。⊕变为⊗，⊗变为⊗，则又说文籀文卤古文卤，所从出也。由⊗形而变为⊗（见汉印西市），更变而为⊗（汉印西乡），遂为说文所载小篆之𠧪，许氏以为鸟在巢上，意谓乙为鸟形，实为缪篆所误。按卜辞之作⊗⊕⊕诸形者本即囟字，其后渐变作⊗⊗⊗⊗者，专为东西之称，說文遂误列为二字，不知囟西声近，原止一字耳。卜辞於一时期用甾字以代表西方，另一时期又用囟字以代表西方者，甾囟亦声近。說文甾字古文作𠙹，实即甾字异文，此一证也。薛氏钟鼎款识师酉簋，『酉其邁⊕年』，⊕字旧不得其解，今谓即囟字而读为斯，即『万斯年』也。囟斯声相近，斯从其声，甾与其，声义俱近，古每通用，是甾囟声近之又一证也。」（释四方之名，考古学社社刊第四期第二页）

于省吾

「囟字作⊗，即說文囟頭會匘蓋也之囟，卜辭以為東西之西。唐蘭謂卜辭以甶甶甶為西者，假甾為西；以⊗為西者，囟西聲近，原止一字。按唐說是也。」（駢續卅葉下）

于省吾謂凷甶由甶為一字，並釋為甾讀為載。說見駢續三九至四二葉

余永梁

「按此疑即由字。契文有⿰由寸字从由，⿰由犬字从犬由聲，可證。說文甾即由字。許云『東楚名缶曰甾』，甾乃由之形譌。詳見王國維觀堂集林卷六釋由，魏石經迪字篆文作䌷，亦其證。說文囟之古文作甶，余謂即由字古文，許君誤以由之古文為囟之古文，蓋形相近也。」（殷虛文字考）

杨树达

「太平御览八十三引古本纪年云：『冯辛先居殷。』今本纪年云：『冯辛名先。』按卜辞云：『贞其于西宗𥛱示？王卟曰：弘吉。』（前编叁之廿柒之陆与肆之拾捌之壹合）释者或释西为东西之西，余以羔宗、唐宗、关宗、新宗文例推之，知彼说非是。古音西与先同，西宗即先宗，谓廪辛之庙也。」（竹书纪年所见殷王名疏证，积微居甲文说卷下五九页）

李孝定

「說文『𠧧鳥在巢上象形日在西方而鳥棲故因以為東西之西𣔻西或从木妻卤古文西𠧧籀文西』。契文作上出諸形。羅王囿于許說謂字象鳥巢，不知字不从鳥不足以會『日在西方而鳥棲』之意。若謂此是假借，則巢或窠字之與西聲韻懸遠。丁氏謂字象网形，與西之音義亦渺不相涉。諸說並非也。惟唐氏釋甾假為西，其說塙不可易。契文異字象人首戴甾之形，其上所从正與此同，可證也。字或作⊗，唐于二氏均謂是許訓『頭會匘蓋』之囟，音假為西，則有可商。竊謂⊗仍是甾字，字與卣之作⑥者形近。甾為瓦缶，其形製蓋本有類此者，與甶之異特其口有侈斂之別耳。許書古文籀文均與⊗字形近，篆譌作𠧧，故許君以鳥在巢上說之。或體作棲，則鳥棲一義之後起形聲字也。金文作⊗宜子鼎 ⊗散盤 ⊗陳伯元匜 ⊗師酉簋 ⊗國差𦉜 ⊗秦公簋 ⊗楚王鐘 均由⊗之一形所演變，豈諸形亦象頭會匘蓋之囟乎。卜辭或言『西宗』，即立

西之宗廟，楊氏說非。契文自有先字，不煩假西為之也。」（集釋三五〇七葉）

李孝定「說文『甾東楚名缶曰甾象形甶古文』。契文亦象缶形，與許書篆文古文並同。其作甶若⊗者蓋象斂口之甾，非象許訓頭會𡿺蓋之囟也。（唐蘭于省吾並謂⊗即囟字見前西字條下引卜辭多段為方名之西，作甶者，辭言『田甾』（前二·三八·一，又三八·二）、地名。余氏永梁、王國維氏之說，謂甾即由字。許書無由篆而有从由之字，前人說此者甚多，此不具論。作甶⊗⊕諸形者，均段為西，唐說是也。金文西字亦段甾字為之，說詳前西字條下，請參看。于氏謂此與甾出為一字，說非。甶出當釋古，此當釋甾。說詳三卷古下。金文從甾名之甾字作甶，（仔陝行甾與假為方名之作⊗⊗⊗⊗⊗⊗微異，亦猶卜辭地名字與方名字形亦不同，蓋故為分別也。」（集釋三八四〇葉）

丁山「：：：卜，旅貞，今夕，囟言王。（文錄四十九）

甲午卜，𠬝貞，今夕，囟言王。（七集W、二十二）

戊申卜，旅貞，今夕，王囟言。（文錄五十一）

壬寅卜貞，今夕，囟言。（文錄二十二）

囟，孳乳為思，為細；此『囟言』乃讀為細言，正是一種『失言症』的現象。」（商周史料考證第七十三葉龍門聯合書局一九六〇年）

何金松「按甲文『西』字（甶、甶、⊗、⊗）是席子的象形，中间横画和直画交叉表示交纹。横画由多到少，是为了刻写方便省力。最后消成一横一直交叉，再不能简了。：：：西字象席形，试以从西之字证之。

卧，甲骨文作𠈈（后下一五·四），象人睡在席子上，左边是说文上的『西』字。异体作佃（林二·二五·三），也象人睡在席子上，右边是『西』字。

宿，甲骨文作𡨦（粹九七〇），象人睡在屋里席子上，异体作𡨦（甲三三一八），象人睡在屋里的席子上，下面右边的构件是『西』，少刻一直。陶文作𡨦（燕一〇九），下面左边的构件是『西』。

：：：洒。说文：『洒，涤也。从水，西声。』甲骨文作𣳾（燕一〇九）、𣳾（后一·一一·八），左从水，右为西。席子是坐卧用具，容易弄脏，必须洗沫。故从水、从西之『洒』义为涤。

：：：甲骨文中的𡆧，左边是『立』，表示人站起来，右边是西字，即席子（卧具）。人从席上起来了，表示第二天已经到来。作晭，左边是日，太阳出来了，右边是西，即席子，太阳照到屋里席子上，天亮了，第二天到来了。

……此字（[illegible]、[illegible]、[illegible]）实为『迁』的古文『拪』，象两手移席。席形或简写为一直，两手或去臂而保留两爪。后又省去一手，从西，为拪字。……此字甲文往往与『舟』连用，即『拪舟』，行舟。卜辞用『拪舟』。说苑善说所载越人歌，其词曰：『今日何日兮，搴舟中流；今夕何夕兮，得与王子同舟！』佩文韵府引作『搴舟』，即『拪舟』、『迁舟』。」（释西、翌、[illegible]，华中师范大学学报一九八七年三期一〇七至一一一页）

姚孝遂　「『⊕』即说文训为『鬼头』之『由』，『⊗』即说文训为『头会脑盖』之『囟』。实际上『⊗』、『⊕』均由『⊕』这一形体所衍生。『⊕』或增一划作『⊕』，或稍变换其形作『⊗』，以达到形体上区分的目的。

卜辞『⊕』用作敌方之『首领』义，亦借作『东西南北』之『西』。但是『⊗』和『⊕』只用作『西』，不得用作『由』。」（再论古汉字的性质古文字研究第十七辑三一五页）

按：說文：「西，鳥在巢上也，象形。日在西方而鳥西，故因以為東西之西。凡西之屬皆从西。棲，或从木妻。卥古文西，卤籀文西」。小篆形體已譌，許說不可據。羅振玉、王國維謂契文「西」象鳥巢形，亦非是。

西作甶形者，乃「甾」字。說文以「甾」為「東楚名缶曰甾，象形」。徐灝段注箋謂「當从玉篇作甶，戴氏侗曰：甶竹器也。畚、𢍰、䉛皆从甶，以是知為竹器也。灝按：甶正象編竹之形，仲達說是也。許云東楚名缶曰甶，疑有誤」。

王國維則釋「甶」，即象卣之形，其說非是。

⊕、⊗諸形，當與⊕有別。後下二三・四西作⊕，非其通例。

西字作⊕、⊗等形，亦作⊕、⊕、⊕，在偏旁中則可通用。懷一六五四：「令衆涉龍西北」，「西」字即作「⊕」，亦屬罕見。「西」訓「鬼頭」之「⊕」，與訓「頭會腦蓋」之「⊗」，本屬同源分化，故均可假作西。然則卜辭「西」字來源有二：一為「甾」，一為「囟」。所有方位字均無本字，皆假借為之。

1100　甶西⊕

屈萬里釋卜辭「羌方⊕其用，王受又？」（甲編五〇七）云：「⊕，當即說文『⊕，鬼頭也』之⊕，此蓋羌方酋長之名也。」（甲編考釋七七葉）

饒宗頤「⊗應為語詞，即「廼」之省，故「王⊗言」即「王廼言」，其云「⊗言王」則主詞「王」字後行，卜辭文法每倒置，或賓詞先行，或主詞後行，此即其一例也。」（通考九三〇葉）

屈萬里「㽞，當是廼字」。（甲編考釋八二葉）

考古所「甶：說文：『甶，头也。』第(3)辭甶当为第(1)辭羌甶之省者。沖五〇七：『羌方甶其用，王受又？』与此片内容相近。均是卜问用羌人之头祭祀祖先之事。」（小屯南地甲骨一〇二四頁）

姚孝遂　肖丁　「实际上卜辭之𢆶与𢇁虽有区分，但有时亦可通用。𢆶可用作𢇁，但𢇁却不得用作𢆶，这正如同⊕（甶）可用作⊕、⊗（西）而⊕、⊗却不得用作⊕；↑（矢）可用作↑（寅），黄（寅）可用作黄（黄），而黄却不得用作黄，↑不得用作↑的情形是一致的。即不得「逆推」。

试比较以下諸辭例：

後1.23.4：「己未卜，其刚羊十于⊕南」

明續677：「己巳卜其啓宻⊕户祝于匕辛」

珠437：「丁卯卜，貞，⊕其雨」

凡此諸⊕字均用作西。而⊕、⊕諸形，則但用作「西」，不似⊕字可用作「头𩑋」、「首級」之意。

佚673：「吕方出，王自𢇁」

河642：「吕方出，……自𢇁」

此应为「𢇁」可用作「𢇁」之明証。但「𢇁」絶无用作「𢇁」之例。

与此片之「𢇁王叀匕辛𢆶」之内容相同。上文已經指出：由于刻辞残泐，亦可能原来本作「𢇁」而不作「𢆶」。但无论如何，均应读作「饗」，乃占问祭饗妣辛之事。」（小屯南地甲骨考释七二頁）

姚孝遂　肖丁　「2538

(1)「其……祖丁册羌……其用𢆶」

(3)「至毋戊在妣辛必，其用甶」

此为以「羌」为牲祭于祖丁，以「甶」为牲祭于「毋戊」。

說文訓「⊕」為「鬼头」；訓「⊗」為「头會𡿺蓋」，实則古乃同字，本义为「頭𡿺」，引申為「首領」。

甲507：「羌方由其用，王受又」謂以俘獲之羌方首領為祭牲。

明續669：⋯⋯用危方由于妣庚」

此乃以「危方」之「由」為牲，祭于妣庚。」（小屯南地甲骨考释八七頁）

姚孝遂　肖丁　「2538(3)「至母戊在匕辛必其用由」⋯⋯

說文訓「⊕」為「鬼头」；訓「⊗」為「头会𡿺盖」，区分为「由」、「囟」二字。实則古為同字。

甲507：「羌方由其用，王受又」

明續669：「用危方由于匕庚」

与此片之「其用由」，都是用所俘獲的敌人之首領以致祭于祖妣。」（小屯南地甲骨考释六六頁）

按：篆文「鬼」从「由」，故許慎訓「由」為「鬼頭」。實則卜辭「由」為「頭顱」之義，非謂鬼頭。引申之則為「首腦」。屈萬里以「羌方由」為「羌方酋長之名」，不確。卜辭或以「由」為「西」，則為音假。

1101

囟　西　⊗　⊗

按：「⊗」即說文訓為「頭會𡿺蓋」之「囟」。「囟」實由「由」所衍化。卜辭以「囟」為「西」，乃音假。

1102

[illegible]

孫海波　「[illegible]，乙一〇四。从爪从由。說文所无。疑即畏字古文㕟」。（甲骨文編三八三頁）

严一萍　「最奇者為第四期，文武丁時代之□竟亦得字也。此字著录於小屯乙編一〇四及三六三凡兩見。字既不識，辞亦难通。迨余將一〇四加四五二綴合以后比較研讀，始知為得之異构。其辞曰：

丙寅卜，又涉，三羌其□（得），至自，良。

丙寅卜，又涉，三羌其得，良。

綴合之后，辞意貫通，始知奇詭之□，乃為得之訛变。於是乙三六三亦得其讀而知為同一背甲所折，其辞曰：

丙寅卜，（三）羌其得，涉河，良，不得。

案得字所从之又，放置於左右上角者，第一、二期時已有，綠七八五及珠四六五均是。武乙時又字置左上右下交錯並用，如甲八〇六三文，而作□者一唯文武丁時代之□□□詭变不一，為前所未見，設非綴合復原，此字終將不識。（釋得　中國文字第一卷三六頁至四〇頁）

黃錫全　「甲骨文中有一个旧所不识之字作□（乙一〇四）、□（乙三六三），甲骨文编列入正编甶部末，隶作甾，认为『从爪从甶，说文所无，疑即畀字古文□』。

按卜辞畀字作□（乙六六九）、□（鐵一四六三）等形；金文盂鼎作□，毛公鼎作□，王孙钟作□。说文古文□乃是由□（驹父盨盖）、□（诅楚文）、□（三体石经）讹变，与甲骨文的□、□不能混为一谈。甲骨文中的西字作□（续四、二四、五）、□（续四、三二、二），也作□（甲七四〇）、□（佚一、二三四）……。□、□即手……从手从西即㨄字。汗简西部所录古尚书的遷字作□，□即仿折字作□（齐侯壶）、□（中山王鼎）、□（说文籀文）为之，误以为手。右形即西……实即㨄字。甲骨文□、□应是汗简□□、说文□之古体，可隶作㨄，释读为遷。

遷即迁移、迁徙之义。礼曲礼：『先王书策，琴瑟在前，坐而迁之。』孔疏：『谓物或当已前，则跪而迁移之。』尚书盘庚：『盘庚作，惟涉河以民迁』，即盘庚带了人民渡河迁居。尔雅释诂：『迁，徙也。』

丙寅卜又（有）涉三羌其□至自□　（合三八〇）

口寅卜：羌其□涉河□不□

□即卬，象以手抑人而使跪跽之形。古卬、卬一字，卬训按、训屈、训枉、训止，这两条卜辞与上引盘庚辞例相似。大意是：丙寅那天贞卜，有三个羌人企图涉河而逃，该不该将他们迁至

軍队中加以制裁？該不該迁從（移）羌人，还是过河后制服他们？占卜结果是『不迁』。」一例

因此我们把□、□隶为插，即汗简、说文的迁字古文，於字形、文义是相符的。

用汗简考释古文字，古文字研究第十五辑一四四至一四五页）

按：嚴一萍釋「得」，僅可備一說，其讀「□」為「艮」則誤。「□」有可能讀作「俘」。

黃錫全釋「遷」不可據。「□」當讀作「抑」，「抑」在此為疑問連詞，乃卜辭之特殊省略對貞形式。李學勤、裘錫圭均已詳論之。

1103

□

余永梁「集韵盐同鹽。免盤『錫免⊗百鬙。』⊗，予谓即卤字，可証也。从口与皿同。書契后编上二十三页之□，殆亦卤字。食鹽为日常所用，固宜有此字也。」（殷虚文字續考）

按：卜辭亦假「□」作「西」，「廼」字或从「□」，或从「⊕」，或从「□」，可證其音相通。

1104

廼

□ □ □

孫詒讓「□□並當是卤字。……从⊕者，與西籀文略同，金文且子鼎西亦作⊗，可證。後一字从⊕與前『盟爯西』字同，从凵丿凵者並乃之省变。說文乃部卤，鷩聲也。从乃省卤聲。金文盂鼎卤作⊗，正與此相類。西中着點者繁縟文，與卤字不同也。□『庚戌卜口父禾于□』（藏二四〇、三）此字亦類卤字，然下作半圓形，內着四點在卤外，與卤字小異，以文義諦案之亦殊不合，今校交龏慶諸文，乃知从凵為火之变形。金文墓伯□敢罪鼎墓字，然虎敵然字下从火並作山……作山，火皆近半圓形，可證。但此圜形尤弧曲耳。此从卤从火，當為煙之省。其讀則為禋（禋）……二字同以卤為聲母，古多通用，書堯典『禋（禋）于六宗』，尚書大傳禋作煙，是其證。」（舉例下卅一葉下至卅二葉上）

王襄「□，古卣字。」（簠考文第三葉）

葉玉森　「𠧪疑廼字」。（前釋一卷一二七葉上）

商承祚　釋卣。（殷虛文字類編七卷七頁）

郭沫若釋𠧪𠧪為廼，無說。（卜通四五六片釋文粹考六八二片釋文）

容庚　「廼於是也，經典多段乃為之。金文絶不相混，尒疋『廼乃也』，足證其為漢人語。」（金文編五卷十葉廼下）

饒宗頤　「𠧪雨見文錄一三二云：『多雨，𠧪，自寅』，亦作『𠧪雨』（天壤一九一）𠧪王靜安釋『逌』，以石鼓文『君子逌樂』用法例之，逌蓋借為攸，如漢書敍傳『攸爾而笑』即『逌爾』；此辭攸讀為『悠』，長也，故𠧪雨即悠雨，與多雨意近。佚存八五二：『步于𠧪雨』，則用作地名。」（通考九六二葉）

金祖同　「廼，往也，後下二·四辭云：『于壬王廼省田』，它辭作：『王往省田』。」（遺珠一葉）

孫海波　「𠧪，明藏六三四。說文卣，驚声也。从乃省，卤声。卜辭卣从凵，其义与乃同。于父乙、父庚，既彡卣酌。」（甲骨文編二一一頁）

孫海波　「𠧪，前一·一一·三。疑卣字。」（甲骨文編六·六四頁）

李孝定　「說文『卣驚聲也从乃省西聲籀文卣不省或曰卣往也讀若仍𠧪古文卣』許讀此字為仍，而經籍用此字多讀奴亥切，與乃字同。沈濤古本考引一切經音義卷八云『汝廼改反，亦乃字也』。徐氏未詳說清許槤祥著引孔廣居曰『緜之篇「廼慰廼止，乃召司空」一詩而兼用廼乃。秦刻石「乃降專惠卣今皇帝」一碑而兼用乃卣，是乃與卣本一字也』。桂馥義證云『按西非聲，當云从丂省，從卤丂亦聲』。鈕樹玉說文校錄云『西聲不相近，當是从卤，乃亦聲，與讀若仍合。仍从乃聲也』。徐灝曰『廼即乃之異文，故經籍乃多作廼，不得分為二字義』。各說雖有出入，然可證乃卣之音讀必同。按語辭本無正字，謂乃卣廼為古今字即謂二者為一字者非也。金文乃作了蓋即乳房之象形字，今乳亦有奴亥切之一音，可證卣作𠧪、栔文作𠧪，並像一器卣甾之屬連座之形，其音讀當與乃同，故同叚爲助詞也。至二字之本義實邈不相涉，徒以同叚爲語辭，後世遂有仍爲一字者矣。許君雖知其非一字，然已失其朔義，僅知其爲語辭之用相同，遂收入一部而次之相屬，以爲卣从乃省，實則卣字篆體所从之乚爲古文象蔽座形之乚之所譌變，非乃省也。卜辭卣字用爲助辭，與乃字同，惟無用爲爾汝字者。辭云『貞曰氐（人）來迺往于辜』（前四、三五、一，金祖同謂卜辭迺當訓往此辭卣往連文足證金說之非」。（集釋一六一六葉）

趙誠　「迺，甲骨文写作𠙵，构形不明。卜辞用作副词和乃近似：王于壬迺田，湄日亡𢦔。（宁四五六二）——商王于壬日畋猎，终日无灾。」（甲骨文虚词探索，古文字研究第十五辑二八四）

饒宗頤　「『丙寅卜，𡧊貞：凡多卣。』（南北師二、一五七）考卣字有作卣者，（前編四、一二、六）則此乃从卣益口旁。他辭云：『……既，卣……尸王饋……其……』（文錄五二九）釋爲卣字尚合；或釋迺字，于上下文義未暢。」（通考五三四——五三五葉）

按：卜辭迺字均用爲語詞，容庚以「於是」釋之是對的。說文以爲从乃省，非是。李孝定集釋論諸家之說甚詳，可參閱。但謂「乃」字「蓋即乳房之象形字」，不可信。

1105
淄

羅振玉釋洒無說。（殷釋中六十八葉上）

李孝定　「說文『洒滌也从水西聲古文爲灑埽字』。契文从水从甾，卜辭叚甾爲西，羅氏釋洒可从。字在卜辭爲地名。」（集釋三三六一葉）

按：契文𠙵字，自羅振玉釋「洒」，諸家皆從之。實則甶乃古「甾」字，假作「西」，隸當作「淄」。且古地名無「洒」。說文有「甾」無「淄」。「濰」下說解引夏書曰：「濰淄其道」，是說文偶佚「淄」字耳。漢書地理志引禹貢作「維甾」。玉篇、廣韻俱以淄爲水名。卜辭云：「癸酉王卜，在淄貞，旬亡畎？王𠧞曰：……」（佚一〇九）「……于淄亡𢦔」（前二·一八·三）

均為地名。
前二．一八．三孫海波文編摹作⿰氵京，隸作涼，李孝定集釋從之。楊樹達求義釋「汲」，以為即「汻」。均誤。綜類二四九摹作洀，列入洀字是正確的。

1106

按：合集三六九三五辭云：「癸未卜，在⿰甾大貞，王旬亡畎」為地名。

1107

張東权「⿵冂由，或作⿵冂由，从冂，由声，疑即冑字。說文七下月部：『冑，兜鍪也，从月，由声。直又切』。此字所从的由，即說文十二下由部：『由，東楚名缶曰甾』的甾字，王國維即释甾為由（注一），后世从由的字，在金文中，往往作由，与甾字的形状一样，譬如：番生簋的甹字作甹，毛公鼎的甹字作甹，䳷爵的䳷字作䳷，它们所从的由字都作由形，与⿵冂由字所从的由，很相近，或竟完全一样，所以我们把由，楷定為由字，可无问题。至于冂，原与說文五下冂部的冂字形近，但冂字的古文作冋，坰，反而与此字所从之冂形不类，倒是从冂得声的冟字在金文中作：冟（毛公鼎），冟（彔伯簋），冟（䵼侯鼎），冟（师兑簋），冟（番生簋）等形，其所从的冂作冂，冃，冂諸形，与⿵冂由字所从的冂，很相近，或竟完全一样。但冂部无从由得声之字，而冑字在說文月部，那是因為冂，冃，月（說文此三部相連）形近易混的緣故。

冑字在卜辭中，不是常見的字，如：

☐丑卜，內，我弗其戈冑？（後下三六．五）

似乎与此版事类相同。在那裏，冑，也是一个地名（即國或族名），和它们文例相同的，有：

（1）乙酉卜，丙貞：子㗊戈基方？（前．五．一．三；通五二六）

（2）王固曰，吉，戈。之日允戈戈方。十三月。（乙編四〇六九）

（3）☐東啚：戈二邑。……（清．六）

（4）壬辰卜，殻貞：戉戈⿱屮冂方？（綴．三一）

（5）貞：我史弗其𢦏方？

貞：方弗𢦏我史？（本編圖版陸玖）

（6）丙辰卜，㱿貞：𡆥「𡆥」化𢦏𢍰？

貞：𡆥𡆥化弗其𢦏𢍰？（本編圖版陸玖）

（7）壬辰卜，㱿貞：隹𢦏祭？

壬辰卜，㱿貞：隹弗其𢦏祭？（乙編五三一七）

以及本版的第（13）（14）（15）（16）諸辭，其中动詞『𢦏』之后的那几个字，都是名詞或代名詞，是方國或人名。」（殷虛文字丙編考释第三——四頁）

（注一）見王國维觀堂集林卷六，释由。

饒宗頤 「按𠙹字从凵从由，依急就漢簡及唐寫本玉篇，𠙹為由字，古從凵與凵無別。金文古匋『守』或作凹，故知𠙹即𠙹字。𠙹為國名，疑即邮。說文謂左右馮翊高陵。玉篇高陵縣有邮亭，在今陕西西安高陵縣。」（通考四〇六葉）

按：字从「𠙹」，不从「由」，釋「冑」、釋「𠙹」均非是。字在卜辭為方國名。

1108

猷 畎 畎

王襄 「古猶字。」（類纂正編第十第四十五葉下）

商承祚 「其从由作猷，疑亦猶字之省。」（類編十卷七葉）

郭沫若亦謂與𤔲同字，並當釋猶。見甲研釋繇四至五葉已見九卷豕部豧下引

孫海波 「畎，後二、三六、五。从豕从由。說文所无。方國名。」（甲骨文編三九一頁）

孫氏甲骨文編以為「从豕从由」，隸作䌷。

李孝定

「契文从犬由聲。由今𠚑字。王國維謂𠚑即古由字，說文無由字而从由之字甚多，說見觀堂集林卷六釋由上下二篇，其說可從，茲不具引。商氏疑此為猶是也，惟謂與𤢎為一字，即其省形則非。郭沫若孫金諸氏並同此誤。羅振玉氏則釋𤢎為猶，為商說所本。其說之誤唐蘭已辨之，見九卷𤢎下，請參看。此从犬由聲，由聲與酉聲近，故得通作。馬敘倫本周易豫九四『由豫』作『猶豫』為由酉音近字通之證。金文猶與小篆同」（集釋三一一一葉）

裘錫圭說參𤞞字条下。

按：字从「𠚑」从「犬」，隸當作「𤞞」。在卜辭為方國名。

1109

按：字在卜辭均為方國名、無義。

1110

按：字可隸作「甹」，卜辭殘泐，其義不詳。

1111

按：字亦當从「丂」，不从「又」，當亦「甹」字。

1112

按：字不可識，其義不詳。

1113 □

按：合集一八六五四正辭云：「己酉卜，穷貞，有疾□出」為疾病之一種，不知其詳。

1114 □

按：字不可識，其義不詳。

1115 □

按：字不可識，其義不詳。

1116 上　二　□

沈之瑜、濮茅左說參□字条下。

晁福林說參丅字条下。

按：徐灝說文解字注箋謂：「上下無形可象，故於一畫作識。加於上為上，綴於下為下」。證之以金甲文字，此意最為顯明。其與「二」字的區別，則為下畫明顯地長於上畫。間或有個別的「上」字兩畫等長，則屬刻寫之誤。若一、二之二，則必然兩畫等長，從無例外。徐鍇繫傳帝字注云：古文上字「長下畫而短上畫，二貳字則上下兩畫齊等也。」「上」或作「□」，其與數字「二」在形體上區分更為顯明。

1117 下 二 ⌒

沈之瑜、濮茅左說參𩰤字条下。

晁福林說參亍字条下。

按：段玉裁解下字之形體為「有物在一之下也」，與古文字合。段氏關於上下二字的說解是完全正確的，但當時遭到許多人的非難。其後古文字資料的大量出土，始得到充分的證明。

1118 示 亍 丅 丅 ㅍ

羅振玉 「卜辭曰『大示』、曰『二示』、曰『三示』、曰『九示』，不知何神。又有『上示』、『西止』（並見卷七第三十二葉），皆不見于《周官》。《周官》言大神示，蓋謂天地。不知與卜辭同異何如矣。」（《殷釋》下二十五頁）

王國維 「卜辭曰：『辛巳卜大貞出自田元示三牛二示一牛』（《前》三．廿二）又曰：『乙未貞其求自田十又三示牛小示羊』（《後》上．二八）是自上甲以降均謂之示。……自上甲至示癸，皆卜辭所謂元示也。又卜辭稱自田有有三示，而《史記》諸書自上甲至主癸，歷六世而僅得六君，疑其間當有兄弟相及而史失其名者。……又商人於先王先公之未立者，祀之與已立者同，故多至十有三示也。」（《先公先王考．主壬、主癸》，《觀堂集林》卷九）又曰：「《戩壽堂所藏殷虛文字》中有一條，其文曰：『癸卯卜彭求貞乙巳自田廿示一牛二示羊土賁三示彘牢四示犬』。前考以示為先公之專稱，故因卜辭十有三示一語，疑商先公之數不止如《史記》所紀。今此條稱自田廿示，又與彼云十有三示不同。蓋示者，先公先王之通稱。卜辭云：『口亥卜貞三示御大乙大甲祖乙五宰』（見前）以大乙、大甲、祖乙為三示，是先王亦稱示矣。其有大示（亦云元示）、二示、三示、四示之別者，蓋商人祀其先，自有差等。上甲之祀與報乙以下不同，大乙、大甲、祖乙之祀，又與他先王不同。又諸臣亦稱示，卜辭云：『癸酉卜右伊五示』（羅氏拓本），伊謂伊尹，故有大示、二示、三示、四示之名。卜辭又有小示，蓋即謂二示以下，小者，對大示言之也。」（《先公先王續考》大示二示三示四示條，《觀

王国维 「自田廿示者，谓自上甲以下先公先王共二十人。他辞云：辛巳卜大贞之（疑为㞢）自田元示三牛二示一牛（前三·二二），又云乙未贞其米自田十有三示牛，小示羊（后上二八），与此正同。又云囗亥卜贞三示御大乙大甲祖乙五牢（见罗氏拓本），以大乙大甲祖乙为三示，是先王与先公皆称示。又云癸酉卜右伊五示（亦见罗氏拓本），伊谓伊尹，是先臣亦称示，故有元示二示三示四示小示之差等矣。」（戬寿堂所藏殷墟文字考释第四页）

丁山 「余謂丁即示之別體，示字本誼，《說文》云：『天垂象見吉凶，所以示人也。三垂，日月星也。觀乎天文以察時變，示神事也。』按从示之字，誠然多與神事有關，但在卜辭里，有的示字固从三垂，有的僅从一垂，可見垂象之說，決非造字時之本誼。我們知道宗教進化的程序，多數是由自然神進步到圖騰的崇拜，然後纔進步到象徵的上帝崇拜。在氏族社會，以圖騰為宗神，每個家族的閭里之口都立有圖騰柱（Totem pole），以保護他們的氏族。所謂圖騰柱，大抵雕刻為鳥獸怪物形。《清史稿·禮志》四說：『清初起自遼瀋，有設杆祭天禮。杆木以松，長三丈，圍徑五寸。若帝親祭，司俎挂淨紙於柱上，諸王護衛，依次挂之。』……根據圖騰祭的遺跡來說明示字的本誼，示字所从之二或一，是上帝的象徵，其所从｜，正象祭天杆，杆旁之八，蓋象所挂的彩帛，示字本誼就是設杆祭天的象徵。但由示聲孳乳的視字，其古文作眎，一作眡。……大體說氏、是、示三個字在古代是音同字通的。再從卜辭看：『姳𠂆。』（《後》下二、二一·六）、『壬申卜，𠂆甬正。』（《前》七·三九·二）這兩個氏字的寫法，與臼辭所習見的丁字，形體正復相似。因此，我认為丁雖是示字的簡筆，也正是氏字的初形，其分化之跡，約為：

丁—亍—示—示—示。

𠂆—𠂆—氏。

即從字形看，也可證明示氏本來即是一個字。隱公八年《左傳》說：『天子建德，因生以賜姓，胙之土而命之氏，諸侯以字為謚，因以為族。』論氏族的初誼，正是佔有大量土地的大地主，語所謂『食土之君』。食土之君，祭其氏族的宗神，在定公四年《左傳》謂之『帥其宗氏』。所以臼辭所嚴格的說，同一圖騰，即同一宗氏，氏族社會的組織，即以圖騰祭的神示為中心。見的丁字，應讀為氏族的氏，不作神示解。」（《甲骨文所見氏族及其制度》三至四頁）

饒宗頤 「戊寅卜，𠂤貞：㹣弗其氏，㞢示彝……」（《續編》五·一·四）

按：……『示彝』者，示讀為寘，與奠義同。彝說文重文作𢑚，禮经借彝為朁，郊特牲：『焫

蕭合羶薌。』祭義：『燔燎羶薌』，故示彝猶言寘馨，謂薦羶也。」（通考第六八〇葉）

饒宗頤　「所謂『示』者，應即骨臼習見『示𠂤』之示，乃寘字。」（《通考》一〇九〇頁）

饒宗頤　「按示壬乃示字。契文所見先公，有示乙（《屯乙》九〇三六）示壬（《京大》一七）示壬即示壬。」（《通考》一一四二頁）

李亞農　「『帚刋示三箋』，『帚笶示十五箋』的意思，在我們看來，示置古通，示三箋即擱置或安放三箋，示十五箋即擱置或安放十五箋于貯藏室的意思。（《釋𡆥》，《殷契雜釋》《中國考古學報》第五冊，第一、二分合刊，一九五一年十二月）

屈萬里　「卜辭『己亥卜：又，自大乙至中丁六示牛？』自大乙至中丁六示者，謂大乙、大丁、大甲、大庚、大戊、中丁六個直系之先王。示，神主也。」（《甲編考釋》二九頁）

朱芳圃　「《說文》示部：『示，天垂象，見吉凶，所以示人也。从二；三垂，日月星也。觀乎天文以察時變。示，神事也。𡿨，古文示。』按示从一，从丨，會意。一，古文上字。丨為梲之初文，武器也。先民用以象徵權威，意與古代埃及希臘mace代表權威相似，合之謂至上之權威。商人崇拜祖先，稱之為示，蓋取斯義。或增八，附加之形符也。《周禮．天官．大宰》：『祀大神示亦如之。』《釋文》：『示，本又作祇，音織。』又《春官》：『大宗伯之職，掌建邦之天神、人鬼、地示之禮。』《釋文》：『示，音祇。本或作祇。』按示為初文，祇為後起字。古讀定聲支韻。今音祇為巨支切，後世之變音也。《說文》示部：『祇，地祇，提出萬物者也。从示，氏聲。』按《周禮．春官．大宗伯》以社稷、五祀、五嶽、山林、川澤、四方百物為示，與許君地祇之說相合。卜辭稱先祖為示，與《周禮》異。蓋時代推移，稱謂有變遷也。」（《殷周文字釋叢》卷下，第一四四頁）

孫海波　「示寘字通，董作賓已言之。寘、置古同用，置、舍雙聲，二字互為音訓。《華嚴經．音義》上引《廣雅》『置，捨也。』捨、舍字同。《左》桓二年傳：『舍爵策勳焉。』《釋文》『舍，置也。』《左》昭四年傳：『使杜洩舍路。』注『舍，置也。』是置舍互為音訓之證。《散氏盤》矢舍散田、《金鼎》余其舍女臣卅家，舍均謂予也。」（《誠齋考釋》二

二頁）

孙海波「𢀛，乙八六七〇。疑亦示字。四示，卜辞有示丁，示辛，示壬，示癸。」（甲骨文编六六六頁）

严一萍「中央研究院第十三次发掘安阳所得牛胛骨中，有一版正背皆契「𢀛」奇字，现此骨拓本已著录于小屯乙编七六七〇与八六七一号，其辞为：

（面）丙戌卜，𡘥于四𢀛。

囗牢又𢀀于个。

（背）乙酉卜，𡘥于四𢀛。

乙酉卜，囗𦤎。

此𢀛字亦见于殷契遗珠六二八版，上冠数字「二」，与前片之「四」不同……

（戊）子卜，囗雪。二

丙申卜，又丁酉三匚二𢀛。三

甲辰卜，丁未雨，允。四

……余谓此「𢀛」字乃「且丁」合文，而「且」字为倒书……虽然据常情而论，「且」字倒书对先祖为大不敬，似不应见之卜辞，惟细审两版皆武乙时代之刻辞，正殷之衰世，纲纪失坠，颇表见于卜辞之风格；自康丁以来，史臣贞卜契刻，渐失前代典型，倒书之例，今亦可见。小屯甲编二七六四版「王宾」之王，即为倒书。此对威权在握之时王且如此，则先祖更无论矣。」（释四且丁，甲骨古文字研究二五三至二五四页）

劳榦「若为石室，则其石室之排列则当如左圖形式。

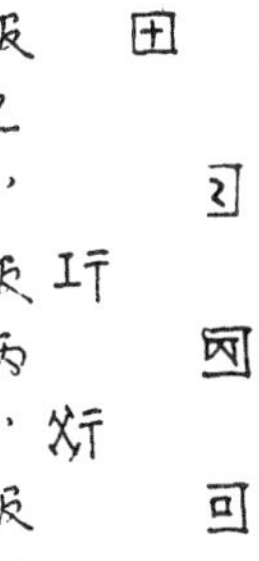

即上甲，报乙，报丙，报丁为同形式之石室，而主壬，主癸则为别一形式。以契文形式而论，上甲以至报丁之石室当为三面有墙上面有顶之石室，上甲之石室向前，而报乙、报丙，报丁之石室则同在上甲石室之左方，面向右方。其主壬及主癸则非石室而为石几形之巨石，亦即示字之形，上盖一石，下支一石或数石，其有点者则祭時酒醴也。其实石室及几形之石，皆属於多尔门之一种。但大小之規模相异耳。商人祀祖自有差等，本不足異。其制度沿襲而成为宗祠及

石主以及木主，甚至於演变成汉人之画像石室，亦相承有自。独惜丁氏仅就图腾文化立说，而未思及於自石文化，唐陈两氏过於注意音转，而未思及石室之排列与丛祭耳。」（古文字试释，历史语言研究所集刊第四十本第三十九页）

严一萍「周礼春官宗伯太卜：『眂高作龟』。郑注：视高，以龟骨高者可灼处，示宗伯也』。又曰：『作龟，谓凿龟令可爇也』。郑氏以『眂高作龟』分作两事解，衡以殷商甲骨之钻凿多寡不一，分布各别，恐未必是；我意当作一句解，即『眂高』以後继之『作龟』，即凿龟，『眂高』，等于相龟之何处可以钻凿。眂，古文视，视即示字，古字通用，……示字在甲桥刻辞、背甲刻辞和骨臼刻辞中都有出现。最足以證明『示』为『眂高』者，莫过于三种刻辞既书『入』『自』『来』多少以後，更写上『某示』多少。

一、丁亥，三自雫十屯。㝵示。率　征典三八　续五·二二·五同

二、丁亥，三自雫十屯。㝵示。　金五二二

三、甲辰，三自雫十屯。㝵示。　粹一五〇三

四、丁亥，三自雫十二屯。㝵示。　珠三二八

五、己丑，三自缶五屯。𣪘示三屯。岳　善斋藏一

以上为骨臼刻辞。

一、上自𡆥廿屯。小臣中示。兹　前七·七·二

以上为骨面刻辞

一、𪓐入三。帚示。　十三次（据胡厚宣引）

二、㪤入七。帚井示。　十三次（据胡厚宣引）

三、我入六，在口。丙寅㽙示四屯。　甲二九九五

四、（口入）十，在䇂。乙巳（帚口示）五（屯）。　甲三三二八

五、壬午三自𡧊十屯出一屯。伐示廿。　甲三四〇四反（按此版甲面拓本未发表，甲编考释，亦未载补释，此据胡厚宣武丁时五种记事刻辞考三二一所引）

以上为龟背甲背面之刻辞。

一、𦰩来廿。𡆥示。　乙二二四五

二、吴入五十。　乙七一二七

帚良示十。争。

三、良子𢀛入五。

（帚）好示五。穷。（丙二○六）

四、永入。帚冎示。穷。（丙三七八）

五、永入十。帚冎示。穷。（丙三七八）

六、做入。帚冎示十。殸。（乙七○四一）

七、癸未。𡆥入十。帚冎示。亘。（乙四六○五）

八、我氏千。帚冎示一百。殸。（乙二六八四）

九、我氏千。帚井示四十。（乙三四三二）

十、我氏千。帚井示卅。争。（乙一○五三）

十一、我氏千。帚井示一百。殸。（乙六六八六）

十二、我氏千。帚井示四十。穷。（乙六九六七）

十三、我氏千。帚井示一百。殸。（丙二六八）

十四、我来四十。帚井示三。穷。（乙六七四七）

以上为甲桥刻辞，每一条都是刻在左右两边，是表示两件事情。奠、吴、良子吕、永、我，都是贡龟的人。尤其第八条至十三条，记载我一次贡龟一千，而分作几次由帚冎帚井『示』之，现在所见的六次计共四百一十版，其他当然还没有发现。因为要『作龟』，所以『示』下有数字。这可以证明王襄叶玉森胡厚宣释祭名为不确，彦堂先生释置，郭氏释眎，唐立厂释为『地示』，也都不对，祇有解释作『眂高作龟』的『示』，才算合理，才可以讲通这现象。」（甲骨学六九三至六九六页）

姜亮夫 「考甲文中表示有宗教『靈感』一類的字，都是以示為偏旁，為人先精靈所寄，則「示」字當即原始神字。示音與神為雙聲，此字乃大石文化時期的大石紀念物（Menhir），與古代歐洲塞爾特民族（Celtic）之墓標（Dolmen），或古英格蘭人之（Cromlech）相同。現在四川、遼寧等省還有遺存。其製在地上立一块（或几块）大石，上面蓋一块大石，其基本式樣如 。甲文「示」字作丅（《前》一）或丅（同上）、亍 二丄 示，金文作示 示，正與之相同。大概是立這樣一块石（或樹木）為祖先靈魂托居之所，子孫各輸血其上（即兩側之點形），則祖先靈魂即依憑之矣。

按美洲達果他人（Dokotas）稱塗血之石為祖，撒摸耶特人（Samoyèdes）以塗血之石圍以紅布，名為祖先，皆其遺制。中土製字，當即依此種實物而為之。這就是《禮記》所謂「天子建國，左廟右社，以石為主」之主。《呂氏春秋》也說：殷人之社用石。（又或用木）《論語》所謂「夏后氏以松，殷人以柏，周人以栗」，《左氏傳》所謂「使祝史徙主祏于周廟」，亦指木主）不管是宗廟或社，都有「主」都即是這個「示」字（甲文之「主壬」「主癸」即《殷本紀》之「示壬」「示癸」，是字形亦相混矣）。當有事于祖先之時，則置祭品于其上，子孫向之拜祝。中國墓上之立石，廟中之所謂主，家堂中之所謂栗主（靈牌子），皆即此一事之衍化。（《漢字結構的基本精神》，《浙江學刊》一九六一年一期）

考古所 「第(2)段辞「卯于大」，应为「卯于大示」。陈梦家认为「上示」与「下示」相对，和「大示」与「小示」相对是相当的，「上示」指「大示」，「下示」指「小示」（综述四六七页）。在此段卜辞中，「大示」、「小示」並列，说明「下示」与「小示」不是一个概念，同样「上示」与「大示」也不是一个概念。从此辞看，「下示」低于「大示」而高于「小示」。」（小屯南地甲骨九二九页）

考古所 「十示又四：又见南明六五五。陈梦家认为是小示（综类四六四页），是对的但他又认为小示十四示是自祖乙至康丁十四王则是不对的。因为既然大示是直系先王，小示则应为旁系先王，而自祖乙至康丁十四王中直系、旁系都有，故不应为小示。」（小屯南地甲骨八八〇页）

裘锡圭 「上面讨论「毖、𠂤间组」卜辞与「𠂤组卜甲」的关系的时候，引用了两条提到「自圃廿示」的「毖、𠂤间组」卜辞（其中一条还有两条同文卜辞）。过去大家一直认为「廿示」指上甲到武乙这二十世的直系先王。因此这两条卜辞几乎被公认为绝无怀疑余地的文丁卜辞。现在看来，这种看法显然是不正确的。仅仅根据亭佣、伐归这两件事，一方面与「自圃廿示」同见于一辞或一版，一方面又並见于已从地层上证明属于武丁时代的「自组卜甲」第六片这个事实，就可以断定这两条提到「自圃廿示」的卜辞，也是武丁卜辞，「廿示」决不可能包括武丁以下诸王在内。……关于卜辞里的「示」，有很多问题还没有搞清楚。大示、小示究竟如何区分，就有很多不同说法。又如同样是「五示」，宾组卜辞说：「翌乙酉出伐于五示：圃、成、大丁、大甲、祖乙」（丙41），出组卜辞说：「己丑卜大贞：于五示告，丁、祖乙、祖丁、羌甲、祖辛」（佚536），所指先王就不一样。有一条「毖、自间组」卜辞说：「囗六示三、五示二、十示又囗」（佚882）。「六示」应该指「圃六示」。与「六示」並提的「五示」，其内容显然又与上引两条卜辞的「五示」不同。如果我们对卜辞里的「几示」、「十又几示」作带有推测性的解释，然后再据以定有关卜辞的时代，那是缺乏说服力的。」（论「毖组卜辞」的时代，古文字研究第六辑三〇二——三〇三页）

姚孝遂　肖丁

「卜辞于「示壬」、「示癸」虽统称「二示」，但于「示壬」之祀典远较「示癸」为隆重。此种情况于宾组卜辞表现最为突出。屯南的全部资料，亦是祭祷于「示壬」者多，于「示癸」者少。卜辞「桒年」于「示壬」，但目前尚未发现于「示癸」桒年之例。」（小屯南地甲骨考释三七页）

姚孝遂　肖丁

「275

(1)「甲寅卜，其桒于毓……」

(2)「甲寅卜，其桒于四示」

……

第(2)辞「于」字缺刻横划，不能读作「十四示」，其理由在于：据卜辞通常之文例，「桒示」「桒」下必有「于」字，同时，在一般情况下，均作「十又四」而不作「十四」。「桒于毓」与「桒于四示」相对，此可参考遗2.767：「庚午卜，四示牛，五示羊」，「四示」与「五示」相对。卜辞「五示」于屯南2342为祖辛、羌甲、祖丁、小乙、武丁，有可能这些先王可统称之曰「毓」。再据屯南647：「壬午卜，其剐毓父丁」，是「毓」与「父丁」（即「武丁」）连称，指祖辛以下至「武丁」共五世而言。然则「四示」只可能是「祖辛」以前之先王。我们认为，「四示」当指「圃、匚、画、匚」而言，即「元示」加上「三示」共四示。

2564「……貞，王……告……方于五示，在衣……」

3947 (1)「乙亥……在大乙……又夕……丁」

(2)「……亥卜，……伐五示……」

「大乙」二字合文，下有缺文，当为「在大乙宗」。

「伐」祭于「五示」，根据現有資料粹250明确记载！武丁、祖乙、祖丁、羌甲、祖辛。亦参見屯南2342

陈梦家先生据明续之459、507有「伊五示」或「伊尹五示」，认为也可能是「旧臣的五示」（綜述462），这种说法是难以成立的。陈先生同时还提出另一种可能，「伊尹五示即伊尹与先王的五示」（古文字研究第一辑释宆示）。这是正确的。张政烺先生也认为「又伊尹五示是祭祀伊尹和五个先王」，屯南2342就明确记载「王祝伊尹」的同时「伐告于父丁、小乙、且丁、羌甲、且辛」五示。

2129「己卯貞，来自田六示」

2295「庚戌貞，其乇于六大示告𣎵」

3046「……申貞，……自田六……」

3268「……来自田……六示」

此为祭祀自上甲以下六世先王。「六世」为上甲、匚乙、匚丙、匚丁、示壬、示癸，「自田六示」之内容，大家的見解是一致的。

2361 (1)「其又氐于𢦏卅羊」

(2)「甲午貞，大御六大示，求六小宰，卯卅牛」

(3)「……丑貞，甲𠬝」

(4)「……攸」

「𢦏」为殷人致祭之对象，据甲883：「其又𢦏眔伊尹」、「𢦏」与「伊尹」同祭，可能都是殷之旧臣。

「六大示」有兩种可能：一為自囗至示癸之六示先王，參見2129片考释；一為給325所記載：「乙亥卜，又自大乙至中丁六示牛」。此六示為：大乙、大丁、大甲、大庚、大戊、中丁。屯南2361言「大知六大示」，乃于甲午日祭，而同時又致祭于「蔑」，根據种々迹象，似乎「六大示」乃指自囗以至示癸的六示可能性要大一些。

陈梦家先生曾认为在上述之外，还有一种六示「乃以河為首的六示，当指上甲以前的先公河、土、岳、夒等人」（綜述463）。其所根據的續1.38.3、燕760文辞均残，其说难以成立。

994 「癸亥貞，王其伐盧羊，告自大乙，甲子自囗告十示又一牛，兹用，在果隹」

「自囗告十示又一」為前所未見。其可能的解释是：祭告于自大乙以下的十一世直系先王，並祭告于囗。十一世為：大乙、大丁、大甲、大庚、大戊、仲丁、祖乙、祖辛、祖丁、小辛、小乙。

1116 罢当隶作盧，為方国名，其下一字似為「羊」，但其上部形体不甚清晰，犹有可疑。

「庚寅卜貞，辛卯，又氐自大乙十示又……牛，小示汎羊」

1116 據屯南前言：「此骨出土时，十示下有又字，后在搬运过程中脱落，今引文根據发掘現场摹本補入」（35—36頁）。

1116之字体与994属同一时期，如為「自大乙十示又一」，则与994同。結合此两片加以观察，1116「自大乙十又一」只能是大示，不包括小示，只能是自「大乙」至「小乙」共十一世直系。

1015 同版有「父丁」，乃「武丁」，不应是「康丁」。

827 (1)「壬辰卜，乇十……祖乙十又二示氐……」

(2)「……又伐大示」

「祖乙十又二示」亦屬前所未見。自「祖乙十又二示」，只能是包括自「祖乙」以下全部直系和旁系的先王，历數十二示為：祖乙、祖辛、羌甲、祖丁、南庚、陽甲、般庚、小辛、小乙、武丁、祖庚、祖甲。如計算祖己在内，則為自祖乙至祖庚。

4331 「甲辰貞，今日桒禾自囗十示又三」

(1)「乙未貞，于大甲奉」

(2)「乙未貞，其奉自囗十示又三牛，小示羊」

(3)「乙未貞，于父丁奉」

4331与綴1.28.8同文，乃同日所卜。关于綴1.28.3的释读曾有争议。島邦男先生綜类151—1及151—2均释读为「十示又二」。今据此片，当为「十示又三」毫无疑义。「自囗十示又三」与「小示」相对，则只能是上甲至示癸六示，加上大乙至祖乙，是为十三示直系。

751 此片之「父丁」为「武丁」，「父」字已残，但就能辨识。

(1)「壬午卜，耏又伐父乙」

(2)「乙酉卜，十伐自囗次示」

(3)「甲午卜，又丩伐，乙未」

(4)「乙巳卜，叀沉伐」

(5)「己亥卜，又伐于大乙」

(6)「己亥卜，又十牢」

(7)「戊戌卜，又十牢」

(8)「乙酉卜，又伐自囗次示，叀乙巳」

(9)「己亥卜，先又大乙廿牢」

(10)「己亥卜，又十牢且乙」

(11)「己……先……且……十……」

(12)「己亥卜，先又大甲十牢」

(13)「乙酉卜，又伐乙巳」

(14)「戊戌卜，又十牢，伐五，大乙」

(15)「乙未卜，令長以𡈼人，鬳于槊」

(16)「乙酉卜，又伐自囗次示，叀乙未」

上列的次序，並非完全是原来占卜之次序。其中存在着一定的对貞形式。如(5)—(9)；(6)—(10)；(7)—(14)；(8)—(16)等均屬对貞。卜兆旁均注有「三」字，应屬成套刻辞中的第三套。我们相信，今後可能还会发現与此同文之第一套、第二套，甚至第四套，第五套刻辞。第(1)辞之「父乙」，我们认为当是武丁称小乙，而不是文丁之称武乙。

[illegible]字旧释次，于省吾先生正其误，释次（释林382—387）。

我们认为「次示」即「它示」或作「柁示」（京都2979），张政烺先生释它示，认为「皆指直系先王（大示）以外的先王，即过去甲骨学家所称旁系先王」（古文字研究第一辑66頁）。

「次示」过去所未见，「次」可读作延，训为施，实际上「施」从「也」声。「也」即由「它」字所分化，古乃同字。

摭续88之「叀七牛次用，王受又」，「次」当读作「[illegible]」，乃用牲之法。後2.42.6之「王叀：次令」，「次」应为人名。前6.35.6有「乎次」，「次」亦为人名。

于祭祀「次示」之外，还祭祀大乙、大甲、祖乙、父丁，这些均居直系先王，亦即「大示」，这也是「次示」当为「它示」亦即「小示」之旁证。」（小屯南地甲骨考释二八——三三頁）

姚孝遂　肖丁

「卜辞的「示」，指先王的庙主而言，与「宗」有区别，「宗」指藏主之所，即宗庙建筑。

陈梦家先生认为：「集合的庙主即某些先王相集合成为若干示。」这个意见是对的，但他又认为：「同一个先王可以居于小示这一集合的庙主群，可以同时也居于大示这一集合的庙主群，如大乙之例。（综述460頁）这个意见就使我们感到困惑了。

卜辞的直系先王居于「大示」，旁系的先王居于「小示」，大示与小示是相对的。某一个先王只能是或居于「大示」，或居于「小示」，而不可能「同时」，既居于「大示」，又居于「小示」。

仅仅有这种可能：某一时王，由于某种原因，将某一通常居于「小示」的先王，以之归居于「大示」之列。例如我们前面曾经提到过的屯南2342以「羌甲」与武丁、小乙、祖丁、祖辛并列，粹112、111「小甲」与匚乙、匚丙、匚丁、示壬、示癸、大乙、大丁、大甲、大庚并列。而据其它卜辞及典籍记载，「小甲」和「羌甲」是旁系而不是直系，只能居于「小示」而不能居于「大示」。当然，并没有卜辞的直接材料证明，「小甲」和「羌甲」是归居于「大示」。「大乙」在卜辞中一直居于「大示」，还没见到有任何材料将「大乙」归之于「小示」的例子。

陈梦家先生可能是由于混同了大宗、小宗与大示、小示之间的关系。他认为：「以大乙为首的小宗，可能包括了有旁系的小示或下示」（综述473頁）卜辞的「示」与「宗」是有区别的，陈先生明明知道，「大宗、小宗都是宗庙」，这个认识是正确的。至于他认为：「大宗的庙主自大甲起，小宗的庙主自大乙起」，这也是可能的。但他同时又说：「大乙当然是大宗中的大示」，这样一来，就只能证明陈先生还是把「示」与「宗」混同起来（参見綜述473）可能的情况是：自上甲至示癸六世居于大宗，自大乙以下各世均在小宗，既有大小示，也有大小宗。大宗、小宗与大示、小示的概念无关。完全不能由于在小宗祭祀大乙以下诸先王，就从而得出「同一个先王可以居于小示这一集合的廟主群，可以同时也居于大示这一集合的廟主群」这一错误的結论。

1115 (2)「己亥貞，卯于大其十牢，下示五牢，小示三牢」

(3)「庚子貞，伐卯于大示五牢，下示三牢：」

此两段刻辞节录自1115。其中第(1)辞「卯于大其十牢」，「大」下敚一「示」字。「大示」、「下示」、「小示」同見于一辞，为前所未見。此可以糾正过去之误解。过去一般均认为卜辞「大示」与「小示」相对；「上示」与「下示」相对。「大示」即「上示」，「小示」即「下示」（参見綜述407頁）。「大示」在此指自「上甲」至「示癸」的六大示。「下示」在此指「大乙」至「仲丁」六示。这些都是直系。「小示」则是指除此之外的诸旁系先王。下列卜辞可证明这一点：

綜1.1786：「庚寅貞，以伐自圉六示三羌三牛，六示二羌二牛，小示一羌一牛」

緣255：「大示三牢，六示二牢，小（一示）：牢」

上甲六示加上大乙六示，亦可稱之为「自圉十示又二」。」（小屯南地甲骨考释二五一二六頁）

何琳儀 「說文」「主，鐙中火主也；从□，象形；从丨、丨亦聲。」古文字以往未發現「主」字。自中山王器出土后，一些学者識出大鼎、方壺「□」和圓壺「□」都是「主」字。其根據是三体石經「主」字作「□」形。由此而推斷侯馬盟書「□」、楚簡「□」等形也是「主」字。這些字与「宗」字相似，而实有别，以中山王器「□」、侯馬盟書「□」等「宗」字与之比照即可知。上揭諸「主」字，其实就是說文「宔，宗廟宔祏」的「宔」字。「主」字初文应作「丅」形，其上加短横或圓点乃裝飾筆画，並非「丨」声。西周銅器幾父壺銘「丅」正是「主」字。而殷商金文戍䍙鼎銘「才闌□」，讀「在闌宔」也很吻合。如果再下联秦汉文字「主」作「□」（雲夢二三·一七）、「主」（帛書老子甲三五三）等形，其形体演变的关系就十分明晰：

丅 → 亍 → 丰 → 主

如果再参照甲骨文「示壬」、「示癸」，史記殷本紀作「主壬」、「主癸」，可見「主」、「示」实乃一字之分化（舌音双声）。以战國文字衡量，司馬遷的讀法並不錯。戰國文字「宔」

字的发现，使人们对『主』字的来源有了进一步的理解。」（战国文字通论二九一页）

朱凤瀚 「综上述，本文所论主要可以概括为以下几点：

(一)大示并非所有的直系先王。

(二)大示只包括六个直系先王，即『自上甲六大示』，上甲、大乙、大丁、大甲、大戊、大庚。

(三)中丁以后的直系先王属下示。小示是指旁系先王（或可能包括报乙至示癸五示）。「论殷墟卜辞中的大示及其相关问题」，古文字研究十六辑四五页）

晁福林 「『大示』多被视为『直系』先王的集合称谓，如陈梦家先生说：『大示自上甲起，终于父王，与直系同。』这种说法是有问题的。

首先，一般所理解的直系是有直接血统关系的亲属。按照这种理解，从帝辛上溯至大乙，共有直系先王十六人，上溯至上甲则有二十二人，然而，卜辞所载大示，最多者仅称『六大示』。从数量上看与直系先王甚悬殊，而不是『与直系同』。其实，殷代并没有直系与旁系的严格区别，陈梦家先生曾经提出三条判断是否直系的标准，但均难成立。他提出的第一条是『在帝乙帝辛的周祭卜辞中凡直系的配偶皆入祀典』。之所以限定『帝乙帝辛的周祭卜辞』，是因为祖甲时的周祭卜辞里有羌甲配偶进入祀典的记载（合集二三三二四），而按陈先生的标准，羌甲属旁系，而非直系。陈先生的这个限定首先就为判定标准是否有普遍意义添了疑问。卜辞材料表明，先王配偶若能进入祀典，并不因为该先王为『直系』，而在于此配偶有子为王。郑慧生同志说：『入祀配偶，均系登位儿王的生母。』这是很正确的说法。陈先生所指出的『直系』先王配偶有子为王者才入祀典，但并非『凡直系的配偶皆入祀典』。第二条标准是『在某些选祭卜辞中，一世一王，只有直系入选』。然而，有些先王，按照陈先生的划分并不属于直系，也可被合祭，如小甲（合集三二三八四）、羌甲（合集二二八六、二二九一一）、河亶甲（合集二二四二一）、南庚（合集二七二〇七）、盘庚和小辛（屯南七三八）等。陈先生虽然以『某些选祭卜辞』加以限制，但实际上模棱两可，所以是很难成立的。第三条是『在文献上（据殷本纪），凡某王之子继为王者，此王为直系』。按，依殷本纪，河亶甲子为祖乙，沃甲子为南庚，但按照陈说，河亶甲和沃甲却均属旁系。这也说明其判断标准并不可信。总而言之，在殷商史的研究中不应当把殷人所没有的『直系』『旁系』的概念强加给他们。更不必把这概念引入『示』和『宗』问题的探讨。

第二，『大示』在卜辞中和若干示并列的情况说明它不可能指从上甲到父王的所有『直系』

先王。卜辞中有这样一例：

大示三牢，六示二牢，小「示」……牢。（合集一四八九八）

这是一期卜辞，其中「大示」和「六示」、「小示」并列。如果「大示」指所有「直系」先王，那么，这条卜辞里的「六示」在「大示」和「小示」之间，按照旧的理解，则其归属将有不可逾越的障碍。另外，如果这条卜辞里的「大示」指所有先王，那么，「小示」的范围也将无法确定。过去以为卜辞中的若干示皆指直系先王，后来李学勤先生发现载有「二十示」（合集三四一二○——三四一二二）的卜辞与出于早期地层属合集一期卜辞附录的甲组的屯南四五一六片为同时同子所卜，所以，载有「二十示」的几片甲骨「肯定是武丁时代的东西」。由此看来，「二十示」就不会是上甲至武丁的「直系」先王，因为其数量不足二十，而应当是上甲之后以继位先后为序的二十位先王。总之，「大示」、「小示」和若干示一样，都不应当是从上甲开始的所有先王的世系排列，而只可能是部分先王的组合。

另外，「大示」曾和「多后」并列于一辞，谓「大示至于多后」（合集一四八五一）。关于「后」，文献和卜辞均不乏记载。尚书盘庚云「古我前后」、「我先神后」，诗经商颂云「商之先后」，卜辞云「后祖丁」、「后祖乙」。所以，「多后」即多位先王。若「大示」指所有直系先王，那么若谓「大示至于多后」则不词矣。在卜辞中除了「多后」之外，和「大示」并列于一辞的还有「父丁」（屯南一一○四）、「下乙」（乙编六二九一）等，分别指康丁和祖乙。康丁、祖乙皆陈梦家先生所断定的「直系」先王，他们与「大示」并列，可见「大示」不是「直系」先王的集合称谓。

分析卜辞中的相关材料，可以说「大示」只能是一部分先王的集合称谓。「大示」在卜辞中的特点是，其一，数量最多者只有「六大示」；其二，和其它集合称谓，如小示、若干示等，在卜辞中并列时，「大示」总排列在前，可见其时代应当是比较早的；其三，对于「大示」的祭品丰盛，远过于小示、若干示等。根据这些特点，我以为「大示」的范围一般包括大乙、大丁、大甲、大庚、大戊五位冠以「大」字的先王，若包括上甲在内，便称为「六大示」。请看以下三例：

庚午贞，今来……御自上甲至于大示。（屯南一一○四）

乙酉贞，禽以牛其「用」自上甲五牢……，大示五牢。（屯南九）

甲午贞，大御自上甲六大示，燎六小牢，卯九牛。（屯南一一三八）

这三例都是四期卜辞。所谓「自上甲至于大示」、「上甲五牢，大示五牢」，显然是将上甲与大示分述的；而云「自上甲六大示」，显然是将上甲包括在了大示之内。卜辞单称「大示」者，如「登于大示」（合集一四八三一）、「其祈于大示」（合集三四○九三）、「于大示告方」

（屯南六三）等，应指大乙至大戊五位冠以「大」字的先王而言。曹锦炎同志曾经精辟地指出，「大示」专指某一固定的庙主群，甚有创见。自上甲至示癸恰有六位先王，与习见的「六大示」数量相同，能否说「六大示」即指自上甲至示癸六位先王呢？这是值得探讨的问题。从卜辞里上甲和大示分述，以及报乙、报丙、报丁、示壬、示癸等的祭祀规格远较大乙至大戊等先王为低的情况看，很受殷人尊崇的「大示」似不当指上甲至示癸六位先王。……

卜辞里面与「大示」相同的称谓有「元示」，请看以下两例：

甲子卜争贞，来乙亥告禽其西于六元示。（合集一四八二九）

……于六元示。五月。（合集一四八三〇）

「元示」的最大数量是六，并且卜辞里有「自上甲元示」（合集二五〇二五）的记载，所以说元示和大示相同，很可能是大示的别称。

无独有偶，与大示相同的卜辞中的称谓还有「上示」，如谓「禽见百牛……，用自上示」（合集一〇二）、酒祭于「上示」（合集一四八六六）等。卜辞中的「上示」，过去多被误为「二示」。甲骨文「二」、「上」、「下」这三个字最易混淆，但若仔细审视，仍能将其区别。契刻者一般将「二」字刻得两笔长度一样；将「上」字刻得上一笔稍短；将「下」字刻得下一笔稍短。卜辞里面，上示从来不和大示、元示并列于一辞。从上引合集一〇二片可以看到，上示享用「百牛」之丰盛祭品，其数量之多只有大示与之相当。因此，上示也和元示一样是大示的别称。

为什么大示、元示、上示三者一致？为什么这同一群先王会有不同的称谓呢？我以为其主要原因在于甲骨文「大」、「元」、「上」三个字具有含义上的一致性。「大」字在早期卜辞里的写法是甲骨文的「上」字与习见的作正面人体形的「大」字的组合，或释为「天」字，其实是「大」字之异，后世才变为「天」字，所以卜辞中的「大乙」，史记殷本纪、世本等作「天乙」。甲骨文里的「元」字，是由作为侧面人形的「人」字与「上」字的组合而形成。从造字方法看，甲骨文里的「大」与「元」实出一途，其区别仅在于一为正面人形、一为侧面人形，然而它们都冠以甲骨文的「上」字，其用义盖指上古之人。

古代文献中，「元」和「大」意义相涵。诗经六月：「元戎十乘。」传：「元，大也。」易经坤：「黄裳元吉。」正义：「元，大也。」尚书酒诰：「肇我民，惟元祀。」疏引顾氏之说亦谓「元，大也」。其它如元龟指大龟、元德指大德等，文献习见，兹不备举。另外，「大」与「太」在古代文献中每混用无别，如表示始、极之义的「太」即多由「大」变成。古公亶父被周人尊为「大王」，诗经閟宫所云「后稷之孙，实维大王」即此。这里的「大王」，史记周本纪索隐引为「太王」。其它如太祖即大祖，太庙即大庙等，均其例。总之，古代文献中的「元」

与「大（太）」相通的情况跟卜辞的「元示」与「大示」相通的情况是一致的，这对于我们理解「元示」、「大示」的含义颇有启发。

《说文》训元为「始也」。《公羊传·隐公元年》谓「元年者何？君之始年也」。「元」、「大（太）」有初始之义，其根源当在于这两个字在甲骨文里都冠以的「上」。「上」字有初、始之义，如《商君书·开塞》：「上世亲亲而爱私，中世上贤而说仁，下世贵贵而尊官。」这里的上世、中世和下世均指时代早晚。除此之外，古代文献中的上古、中古、下古，上旬、中旬、下旬，上伏、中伏、下伏等亦当如是观。另外，每月上旬的丁日称为「上丁」（《礼记·月令》），上旬的辛日称为「上辛」（《谷梁传·哀公元年》），也都表明「上」有初、始之义。

既然元、大、上三个字的古义一致，那么，卜辞的元示、上示、大示的意义也应该是一致的。它们都表示最初的祖先神。卜辞中的上甲之所以冠以「上」，是因为他是第一位有确切世系可考的先王。卜辞中的「大乙」，又称「上乙」（《甲编》三五九八），是因为他是殷王朝的开国之君，上甲之所以能够和大乙等并列，纳于「六大示」之列，其原因也正在于「上」字和「元」「大」古义的一致性。卜辞里的大乙等五位冠以「大」字的先王，往往有冠以「中」若「小」的先王与之相对，如：

大丁——中丁——小丁

大乙——中宗祖乙——小乙

就是最典型的例证。殷王世系里，凡称「大」者均排列在前，称「中」者排在中间，称「小」者必定排列在后，其次序从不错乱。依此类推，我们可以说，卜辞里的大示、元示、上示即殷王世系里的初期之「示」。

「中示」是被研究者忽略了的一个称谓，原因在于甲骨文里一类比较少见的「中」字未被释出。为了弄清「中示」的相类问题，我们应该先来讨论一下这类比较少见的「中」字。

一般所说的甲骨文「中」字为上下有斿的旌旗之形。古代有竖立旗帜以召集民众之俗，卜辞中就有「立中」（《合集》三三〇四九）以召集军旅的记载。《周礼·大司徒》：「大军旅，大田役，以旗致万民。」郑注：「旗，画熊虎者也，征众，刻日树旗，期于旗下。」这类常见的「中」字从地域中央取义，是左、中、右之中，也是东、西、南、北、中之中。这类「中」字的音、形、义，叠经专家疏证，殆无可疑。我们所说的另一类「中」字与此不同，它不作旌旗形，也不表示中央之义。它由上下两长横划与中间的一短横划组成，颇类于一、二、三的三字。这个字过去被释为「气」，疑未是。甲骨文「气」字源于表示气体飘逸的偏旁，与「三」并无关系。甲骨文中「三」字的造字方法与作为指事字典型的「上」「下」相同。……上、下两字的初义是，短横划在长横划之上者为「上」，在其下者为「下」。甲骨文「三」的短横划在两长横之中，表示上下之间，指明此即中也，所以「三」应即上、中、下之中。卜辞表示正午时分的「日中」（合集二九七八九），又作「日三（中）」（合集一五四六四）；作为地名的「中录」（屯南二五二九），又作「三（中）」录」（屯南二一一六），均可证「三」为中字异构。这类比较少见的中字，由于和表示数字的三字极易混淆，所以在殷周之际逐渐被废弃。

卜辞里面「中示」的中均作「三」。它从上、中、下取义，表示时代的先后，而不是象甲骨文习见的中字那样表示中央地域。「中示」之称与殷人以元、大、上等置于示字之前的用意是一致的，不过是一指初期、一指中期而已。请看以下几例：

……卯贞，其大御王自上甲血，用白豭九，中示……牛。在祖乙宗卜。

……其大御王自上甲血，用白豭九，中示……牛。在大乙宗卜。（屯南二七〇七）

丁未贞，其大御王自上甲血，用白豭九，中示……牛。在父丁宗卜。（合集三二三三〇）

上引都是四期卜辞。例中的「三（中）示」多被误为下示。这是一个需要认真辨析的问题。我们可以用屯南所载示字的字形为例进行探讨。屯南共有示字七三例，作「亍」形（上横明显地短于下横）者三七例；作「丅」形者二〇例；作「亍」形（两横划相等或上横略短于下横）者一五例；作「亍」形者一例。没有一例示字作「丅」形（上横长于下横划）者。上引几例卜辞里的「三（中）示」若释为「下示」，那么，其示字的上横划要明显的长于下横，显然与示字的字形通例不合。因此，可以断定，这几例里是「三（中）示」，而不是下示。

在卜辞里，「中示」曾和「大示」、「小示」并列。如：

庚子贞，伐卯于大示五牢，中示三牢。

乙亥贞，卯于大「示」其十牢，中（？）示五牢，小示三牢。（屯南一一一五）

这也是四期卜辞。辞中的第二例「中」字，疑契刻者漏刻下横划，因其下部有较大空隙，也可能是土锈未剔净所致。「中示」排在「大示」之后，「小示」之前，可能是说明其时代较大示为晚，较小示为早，而处于大示、小示之间。

「中示」之称仅见于三、四期卜辞，说明它是殷代中期以后才产生的一个集合称谓。殷代前期仅有大示和小示，后来，世系逐渐增多，才在大、小示中间划分出中示。大示、元示、上示是殷人心目里时代较早的有重大影响的祖先神的集合称谓；中示则是时代居中的祖先神的集合称谓。自中丁起的几代殷王常与中字结缘，如中宗祖乙、中宗祖丁等，这和中示概念的出现若合符节，反映了殷代庙制的发展变化。

卜辞里的「小示」、「下示」常排列在其它集合称谓之后。请看以下三例：

庚寅贞，……伐自上甲六示三羌三牛，六示二羌二牛，小示一羌一牛。（合集三二〇

九九）

辛巳卜大贞，……自上甲元示三牛，下示二牛。十三月。（合集二五〇二五）

乙未贞，其祈自上甲十示又三牛，小示羊。（屯南四三三一）

上引中间一例是二期卜辞，其余两例是四期卜辞。中间一例的下示，旧多误为二示。该辞与合集一一五九片的内容、字体、文例均相一致，可能是成套卜辞。细审两片字体，特别是合集一一五九片的「下」字，其上横划确比下横为长，释其为「下」字应属可信。上引几例的排列情况表明，小示、下示是晚近时代先王的集合称谓。甲骨文「小」字有晚、近之义，犹「大」字之有始、初之义然。例如，卜辞表示时间的「大采」指早晨，「小采」则指傍晚。卜辞里的「小臣」并不是微贱之臣，而是指近侍之臣。同样，「下」字也有晚、近之义。诗经下武云：「下武维周，世有哲王。」传：「下犹后也。」卜辞以「小采」指傍晚，古文献则以「下昃」（春秋经定公十五年）、「下稷」（谷梁传定公十五年）为傍晚之称。由此可见，「下」与「小」在有些情况下其意义是一致的。卜辞里的「下示」、「小示」应当是晚近先王的集合称谓，它们和「大示」、「上示」等的区别不在于地位尊卑，而只在于时代早晚。

卜辞里还有「柂示」之称。甲骨文柂字，或释为椸，似不妥。甲骨文从㫃之字皆以旗帜之形为偏旁，而甲骨文柂却无此偏旁，所以，尽管柂字可以隶注为椸，但不如迳释为柂来得简捷妥当。柂示在卜辞里排列在若干示之后，现仅见如下的一例：

庚申卜，……自上甲一牛，至示癸一牛，自大乙九示一牢，柂示一牛。（合集二二一五九）

这是一条午组卜辞。说文：「柂，落也。」段注：「落点为篱落，缠络字。」柂本指篱落，和墙垣相比，篱落不仅低矮，而且须缠束系连，所以，柂当含有低、连之义。卜辞「柂示」可能指系连于大示、中示的晚、近之示。我们暂定它和小示、下示相同。……」（关于殷墟卜辞中的「示」和「宗」的探讨 社会科学战线一九八九年三期一五八——一六三页）

张亚初

「□」（综类四一八页）▼（金文编八五四页）　在商代卜辞中，示与主二字是经常通用的，例如宗字点作□（宔）（粹二一八九），示壬也作「□（主）壬」（续一·一二二），在文献记载中，示壬、示癸或称主壬、主癸。虽然通用，示与主这两个字还是应该加以区分的。但目前所见到的有关古文字的工具书，一般都把主字收入示字内。这就会给人一个错觉，好象在商代压根儿就没有主这个字。这对于我们弄清主字发展演变情况，无疑是不利的。

一般讲，示与主字的区别，在于主字下部多一横。但在卜辞中也保存了较早的肥笔型的示字。例如上面所举主壬之□就是如此。除了这种写法以外，主字还可写作□。甲骨文「又

三匚二□」、「□𠦪于四□」、「□三□𠦪雨」（综类四一八页），二示、三示、四示是卜辞中常见的对祖先的称呼，所以□应与示字同意。□也作□，旧释为示（甲骨文字集释三七——四八页）。这个字把双线的肥笔简化为单线笔划，就是工字，我们认为应该释为主字。释为示字是不确切的。了解卜辞主字的这种肥笔形字体，为解决金文之▼字的释读问题提供了条件。▼字无疑是示字的肥笔初文。亍、□之作主、▼之作示，就□、□之作工，都是由肥笔简化为单线的例子。铭文「盄、示己、且丁、父癸」之示己为对祖先的称谓。」（古文字分类考释论稿古文字研究第十七辑二五四页）

陈炜湛说参□字条下。

饶宗颐说参𡗜字条下。

按：許慎以為示字是「从上，三垂，日月星也」，乃據小篆形體立説，無一是處。葉玉森説亦甚荒唐。其基本形體作丅或亍，變形甚多。作□、□、□等，均屬特定時期特定貞人之特殊形體。在偏旁中，亍或丅多加小點作□、□、□、□、□，本象神主之形，其旁所加之小點，蓋象徵祭祀拜禱時灌酒之狀。郭沫若以為「其旁垂國毛形」，實誤。示與主初本同字，卜辭僅見示字，主蓋後世分化孳乳字。陳夢家以為卜辭中有的示字與「奠」、「鄙」的用法同，均指區域。其所徵引卜辭諸文，多不足據，這一説法難以成立。

1119 示 □

屈萬里　「卜辭：『戊辰卜：其示於匕巳，先畋匕巳示？』示，當是示之異體。示于匕巳，謂祀於匕巳也。示有祭祀義。」（《甲編考釋》一二五頁）

考古所　「示：祭名。」（小屯南地甲骨八八三頁）

按：此乃「示」之異體，惟其用法稍有區別，均為動詞，乃祭名。

1120

祐 [illegible]

王襄　「古祐字，从示从[illegible]，[illegible]古右字省口，反文。」（《簠室殷契類纂》第一頁）

饒宗頤　「『甲申卜，[illegible]貞：由[illegible]祐雨，九月。』（《京津》三二一五）按『祐雨』語亦見《粹編》八一四，或言『祐中母豕。祐妣庚豕。』（《屯乙》八八一四）知祐即祐字，與『侑』同。故『祐雨』即『㞢雨』也。他辭言『我我雨』（《簠·天》二六）亦佑助之義。」（《通考》五七七頁）

孙海波　「[illegible]，京津三一三〇。疑祐字。」（甲骨文编六·三九頁）

白玉峥释祡，参[illegible]字条下。

按：字从「示」、从「左」，釋「祐」非是。在卜辭為祭名。

1121

[illegible] [illegible] [illegible] [illegible]

丁驌　「帝辛辭有『上下[illegible]示』等字，[illegible]亦写作[illegible]。此殆亦『得』字也。严一萍『释得』未及此文。

　　甲二四一六辞中曰『自上下示得示余受有又，不蒙𢦏𡆥……』。一及武丁时『下上弗若不我其受又』而作『上下示』，盖云得自上下祖先保佑，不蒙災禍也。」（读契记得字中国文字新十期七六頁）

李孝定　「从又从貝示，說文所無。楊樹達曰『卜辭祭或从肉或从皿此从貝當亦是祭字。盡瀒中篇云「貝乃貝玉」蓋古人以玉事神亦以貝事神也』見求義十六葉下

　　按字象以貝事神楊說其意是也然謂即祭字則有未安楊氏嘗言『釋字終當據形』貝之與肉于形固相遠也」（集釋〇九四五）

按：乙辛卜辭每見「自上下[illegible]示余受又」，「[illegible]示」亦作「[illegible]示」，釋「得」、釋「祭」均非是。

只能存疑。

款　槃　柰　寀　款　祓

羅振玉　「从手持木於示前。古者卜用燋火，其木以荆。此字似有卜問之誼。許書有款字，注：『楚人謂卜問吉凶曰款，从又持祟。』祟非可持之物，殆木之譌。款即許書之款。然此字卜辭中皆為祭名，豈卜祭謂之款與。」（殷釋中十八葉下）

王國維　「款，从又持木于示前，亦祭之名。」（戩考十二葉下）

王襄　「說文解字：『款，楚人謂卜問吉凶曰款。从又持祟。』又示部祟下云：『神禍也。』神禍有事無物，安能持之。許书無款，罗叔言謂出乃木之譌。契文之款象持木于示前，為款之本字，木譌為出，了無可疑。柰、叔、权皆其简体，后世之杯玟或其遺制。樂父已作款，象持束木于示前之形，与契文同。尚书大禹謨：『枚卜功臣』，春秋昭公十二年左氏傳：『南蒯枚筮之。』又哀公十七年傳：『王与葉公枚卜』，书傳所用之枚皆款之省，即权字，写定今隶也。」（古文流变臆說四七——四八頁）

吳其昌　「『款』者，罗振玉曰：『从手持木於示前：古者卜用燋火，其木以荆，此字似有卜问之誼。許书有「款」字注「楚人謂卜问吉凶曰款，从又，持祟。」祟非可持之物，「出」殆「木」之譌？「款」即許書之「款」。然此字卜辭中皆為祭名，豈卜祭謂之「款」與？』（增釋，二·一八。）按罗說良是。先师王先生又為之証成其說曰：『說文又部「款」，……从又持祟，祟亦声。讀若贅。』按：古从「祟」之字，亦或从「柰」。如隸，篆文作「隸」，古文作「隸」。（魏石經考頁三四）其語尤允。今吏籍欵，或作「款」，或作「款」。知「款」、「款」亦一字也。』王羅之說而究其余緒，說文心部云：『懯，謹也。从心，款声；讀若毳。』此即『款』字而增『心』者；款為卜祭，卜祭，宜必以『謹』將事也。桂馥改謹為懂，非。又方言卷十云：『……貉，……占，……視也，或謂之占，或謂之貉，中夏語也。』此即『款』字而增『目』者。貉之訓視，同声差轉，並無他意。『款』為卜祭，宜其与『占』為同声同义字矣。」（殷虛书契解詁第一〇一——一〇二頁）

吳其昌　「柰者，柴衡束以祀也。从□省，柴衡束形。从示，記事也。（餘詳上第二〇二片疏。）但在卜辭中，則『祟口（祊）』亦爲一專詞；本片（《前》一．三六．三）以外，他辭又云：『丁亥卜，出貞，來丗，王其祟口（祊）……』（《續》二．九．八，又《續》三．三六．三重出）又云：『……出貞，來丗，王其祟祊……』（《燕二九》）可以證其爲習見之成文矣。」（《殷虚書契解詁》第三六五頁）

葉玉森　「羅氏考釋（中第十八葉）列此字于𣪊下，殆謂𣪊省文也。按此字有作𡴀（《藏龜之餘》十三．二）者，有更省作𠬝（《前》二．二五．六）者，有增繁作𣪍（《後》上．七．十二）𦉱（《甲》一．十．十）者，疑竝爲𣪊之变體。其从山者，即許書𡨄之所由孳歟？」（《前釋》一卷一一二葉）

陳邦懷　「𣪊即祟之古文，《説文解字》隸从隶、柰聲，篆文作𣪊，段注云：『此曰篆文，則上古文也。』段説極是，又欠部『𣪊意有所欲也，从欠、𡨄省。』或作款，許君曰：『款或从柰。』許君所謂或體款，蓋即古文款也。以此例之，知卜辭𣪊字實爲𣪊之古文，殆無可疑。羅參事疑出乃木之譌，偶未照耳。」（《小箋》十一葉）

董作賓　「祖甲帝乙帝辛時祭祀皆有『𣪊』之一種，而不見『𡍮』字。𡍮在一期作𣏟、𣓁，象燎木之形，𣪊，當即𡍮之新字，从又持木於神示前，仍爲𡍮祭之義。此𣪊祭必與他種祀典相伴舉行，如上節『𣪊』與『𠷎』並祭，即其一例。其與彡翌相伴者，例如：『丙午卜團貞：王賓匚丙，彡。亡尤？在正月。』『丙午卜，行貞：王賓𣪊，亡尤？』（《卜》一五八）『癸酉卜，行貞：王賓中丁爽妣癸，翌日，亡尤？在三月。』『癸酉卜，行貞：王賓𣪊，亡尤？在三月。』（《後》六）由此知『𣪊』祭每與五種祀典相伴，且祖妣皆有此祭也。」（《殷曆譜》上編卷三《祀與年》十三葉上）

于省吾　「《説文》：『𣪊，楚人謂卜问吉凶曰𣪊，从又持祟。祟亦聲，讀若贅。』卜辭𣪊字習見。……金文《我鼎》作𣪍，从東與从木同。《説文》从出乃木之譌。承培元《廣説文答问疏證》云：『𣪊即冬賽報祠之賽。冬𣪊報祠謂祈豐穰问水旱也。《周禮·都宗人》注，《漢書·郊祀志》，《急就篇》，皆借塞爲之。』按承説是也。《説文》：『𡨄，塞也，从𡨄聲。』讀若《虞書》曰『𡨄三苗』之𡨄。𡨄塞雙聲。𡨄从𣪊聲，故𣪊亦通塞。《史記·封禪書》：『冬賽禱祠。』《索隱》：『賽，謂報神福也。』是然則卜辭言𣪊，猶經傳言賽或塞。惟祭之時不限於冬季耳。」（《駢枝》四三葉上《釋𣪊》）

于省吾　「《前》八．五．六：『己卯卜，我貞，𣏟于月又史。』八．六．三：『癸子卜于[illegible]月又𡧊。」按[illegible]字从𡚒从示，舊不识。𡚒古拔字，象兩手拔木之形。《古文四聲韻》入聲十五黠引古《老子》拔字作[illegible]，是其證。𥛱當即祓之初文。祓、拔並諧犮聲。祓从示犮聲，與𥛱从示𡚒聲一也。《說文》「祓，除惡祭也」，《繫傳》「祓之為言拂也」。《周禮》女巫「掌歲時祓除釁浴」，鄭注：「歲時祓除，如今三月上巳如水上之類。」⋯⋯然則契文稱「𥛱月有史」，謂祓祭之月有事，猶他辭言「今東（臘）月又史」矣。其言于「𥛱月又𡧊」，𡧊乃敗之古文，言于祓月有災敗也。夏正三月，當於殷之四月。《佚》二七七．三○一，有[illegible]字，《粹》一五六一有[illegible]字，均从𡚒作，未能輒識。契文奏字作[illegible]，亦作[illegible][illegible]。叡字作[illegible]，《後》上七．十二有「[illegible]兄癸」之辭，[illegible]當亦叡之異構。如讀為祓，於祭義不符。金文《我鼎》叡作[illegible]可證。蓋契文偏旁之从又，每有前後上下無別者，然亦有迥不相混者，如[illegible]與𤕭異，攸字作[illegible]，伊字作[illegible]，敏字作[illegible]，寠字从妻作[illegible]，此亦研究古文字不可不辨。要之，𥛱為祓之初文，从示𡚒聲，與从示犮聲一也。商人名四月為𥛱月，亦猶歲終有臘祭，因而名十二月為東月矣。因其稱𥛱月，而知後世祓除之祭，殷代固已行之矣。」（《駢續》十四至十五頁《釋𥛱》）

孫海波《文編》五卷六葉下，金祥恆《續文編》五卷十葉上並收此作𡕒。

孙海波　「[illegible]，甲六六。𣪘，卜辭从柰。」（《甲骨文編》一二一頁）

饒宗頤　「「己卯卜，我貞：[illegible]月又事。」（《前編》八．五．六）按《前編》八．六．三：「癸巳卜：丙[illegible]月，又𡧊。」亦有[illegible]字。于氏釋[illegible]月為祓月。《周禮》：女巫掌歲時祓除釁浴。鄭注：「歲時祓除，如今三月上巳如水上之類。」詳《續漢書禮儀志》。𥛱月謂祓除之月。或釋「𥛱月」為「來七月」三字，非是。」（《通考》七○九頁）

饒宗頤　「按叡為祓字，言祓除求福也。卜辭慣例，每系于祭名之下，或分言或合言。其他以「叡」配「歲」書，如《綴合編》二七丁卯賓祖丁辭；以「叡」配「𢦏」者，如《續存》上一四九七乙卯賓祖乙辭。」（《通考》一○五○頁）

白玉峥　「[illegible]：⋯⋯峥按：此字自罗振玉、王国维二氏释𣪘以来，诸家之释此字者，率皆从之而无他说；释𣪘之说，似成定论，殆勿庸置疑者也。⋯⋯至彦堂先生作《殷历谱》，始破其懞，而释之曰：「祖甲、帝乙、帝辛时，祭祀皆有「叡」之一种，而不见「责」字；责字，在一期作[字形]，四期作[字形]、[字形]，象燎木之形。敹，当即𤈦之新字：从右持木于示前，仍为𤈦祭之意。」（《殷历谱》上三·十三）至夫子（严一萍）作[字形]字之考释时，始肯定其为后世之柴或祡字，而释之曰：「[字形]、[字形]，以字形考之，殆即柴与祡之初文。契文[字形]形加〇者，正象散材之需要束缚。然则，繫束散材小木，置于示前而燔烧之，正[字形]字所取象；其为柴与祡之初文，可无疑也。其后加此声，省示作柴，省木作祡，遂衍分为二。然则，柴与祡无所别也。」（《释[字形]》原刊《中国文字》十二册）就分期分派之研究言：𤈦祭，盖为旧派之祀典；[字形]或[字形]祭，实乃新派之祀典也。[字形]与[字形]之释柴或祡，乃无可移易之说也。《说文解字》：「祡，烧柴𤈦祭天也；从示此声」（从段氏注），段氏注曰：「火部曰：𤈦，柴祭天也，此曰：祡，𤈦祭天也，是为转注最较然者。柴与祡同声，故烧柴祭曰祡。」段氏谓祡、𤈦为转注字，非是。祡、𤈦实为一字一可，后世因其字形歧异，遂误衍为二。然而段氏未治古文大篆之学，故有转注之说也。又祡与𤈦之祭，见于卜辞者，固不仅为天地山川之祭；而先祖之祀，亦有祡、𤈦之礼也。于此，吴其昌氏于其《书契解诂》中，已言之矣。

考卜辞中，[字形]字之书法，最为繁複，且散见于新派各期之卜辞，整理排比，颇为不易；其字之书法，亦之时间因素，兹分列于后：

1. 见于第二期祖甲之世者，有如下之七形：

[字形]：《铁》三五·二　　[字形]：《甲》四八　　[字形]：《后》下二一·一三

[字形]：《佚》六六六　　[字形]：《外》二五四　　[字形]：《林》一·一八·一五

[字形]：《甲》二四〇。按：《甲编考释》谓：为「左示」之合文（《甲考》十八）；非是，当为柴字之异构。

2. 见于第三期者，有如下之七形：

[字形]：《乙》五二六八　　[字形]：《乙》八八〇一　　[字形]：《乙》八八一五

[字形]：《乙》八八六〇　　[字形]：《乙》八七七六　　[字形]：《佚》一四〇。于省吾氏释敹（《骈》一·四六页）。非是，当为柴字之异构。

[字形]：《粹》二三七。按：[字形]与[字形]二文，因其称谓，可以肯定为廪辛时之书法。

3. 见于第四期武乙之世者，有如下之四形：

[字形]：《甲》五五三。按：此及下二文，商承祚氏释示（《佚释》十四），王襄氏释祐（《簠释》帝二三五），王国维氏释祋（《戬释》一三·九），或释祭（《粹释》三八一版），均非。《甲考》释为「祭名」（六十六页），是也；然字当为柴或祡之异构。

[字形]：《甲》五〇九　　[字形]：《甲》四二六　　[字形]：《遗珠》四四。按：字从朩从示从又，柴之异构。

4.见于第五期者，有如下之四形：

□：前一·一八·三　□：前一·五·八　□：前一·八·二

□：前一·八·一

右录诸柴字或祡字，其结体之繁，变化之撩乱，可谓穷其能事矣；然就四者观之：第五期之书法，最为简明整一；其余诸期，颇为零杂，且近似任意之者。□类字之结体，虽亦繁杂，然其时间因素，却较□类字为明显。兹分列于左：

5.见于第二期祖甲时者，约有如下之六形：

□：林一·一八·五　□：后四七二　□：前一·三六·三。罗振玉氏释叡，非是。

□：前一·三六·三　□：续二·九·八

□：前二·三五·六

6.见于第三期廪辛时者，约有如下二形：

□：京四〇六三　□：存二·六六一

7.见于第三期康丁时者，约有如下之四形：

□：前八·六·三。按：于省吾氏释拔，谓为「祭名」（骈二·十四页）。谓为祭名，则是；释拔，则非。当为柴、或祡字之异构。

□：甲二七七四　□：南明六五〇　□：乙二〇〇一

8.见于第四期武乙时之书法，约有如下之七形；其特点虽比较明显，然综观其结体，要皆渊於祖甲时之□字也。

□：遗四〇二。按：商承祚氏释束（类纂），非是。甲编考释谓为「祭名」，是也；谓为「薦束脩之祭」，则非也。盖当为柴之异构；而其渊，则自祖甲时之□字也。

□：南明四二八　□：续一·二一·二　□：掇一·三三四

又或释束，谓为「祭名，字又作□及□，当隶定为敕及𢿱，殆与□为一字。」（甲考七二四页）非是，惟谓为祭名则是也。　□：佚八七九。按：字或释漱，谓为「祭名」（粹释）。当为柴或祡之异构。

□：后上七·一二。按：商承祚氏释叡（类纂），于省吾氏释为叡之异构（见骈二·十四），均非；当为柴或祡之异构。　□：林一·一〇·九

右共录文四十一，为祖甲、廪辛、康丁、武乙、帝乙、帝辛六王之世，柴或祡字之结体，诚可谓「洋洋大观」矣。」（契文举例校读中国文字第八卷第三十四册三七八三——三七八八页）

严一萍　「卜辞有𣎆𣎆字，何未论定，以字形考之，殆即柴与祡之初文。说文示部「祡，烧柴焚燎以祭天神。从示此声。虞书曰：至于岱宗祡。」今书作柴。说文木部柴训「小木散材。」契文ㄨ（木）形加○者正象散材之需要束缚。然则𣎆，束小木散柴置于示前而燔烧之，正𣎆字之所取象其为柴与祡之初文可无疑也。其后加此声，省示作柴，省木作祡，遂衍分为二。」（中国文字第三卷第十二册一三四五页）

于省吾　「甲骨文称：「乙卯卜，我贞，𣎆月又史。」（前八·五·六）「癸子卜，于𣎆月又𡆥。」（前八·六·三）「王其宐𣎆。」（甲二七七四）𣎆字本作𣎆𣎆，旧不识。按𣎆字应隶定作𣎆，从示𣎆声。𣎆即古拔字，象两手拔木之形。古文四声韵入黠引古老子拔字作𣎆，是其证。𣎆即祓之初文，祓与拔并谐犮声，祓从示，从犮声与从𣎆声一也。说文：「祓，除恶祭也，从示犮声。」系传：「祓之为言拂也。」周礼女巫：「掌岁时祓除衅浴。」郑注：「岁时祓除，如今三月上巳如水上之类。」御览八百八十六引韩诗：「郑国之俗，三月上巳之日，於两水上，招魂续魄，拂除不祥。」要之，甲骨文以𣎆为祭名，𣎆月有事，谓祓祭之月有事，犹他辞言「今东月有事」矣。此乃后世三月上巳祓祭之起源。」（释𣎆，甲骨文字释林二六页）

于省吾　「甲骨文𣪘字习见，作𢍏、𢍏、𣪘、𣪘（商器我鼎作𣪘）、𣪘、𣪘等形。罗振玉谓：「许书有𣪘字，注楚人卜问吉凶曰𣪘，从又持祟，祟非可持之物，此殆木之讹，𣪘即许书之𣪘。」然此字卜辞中皆为地名，岂卜祭谓之𣪘与？」（增考中一八）按罗氏释形是也，但不得其义而作疑词。承培元广说文解字答问疏证：「𣪘即冬赛报祠之赛。冬𣪘报祠谓祈丰穰问水旱也。周礼都宗人注、汉书郊祀志、急就篇皆借塞为之。」按承说是也。但谓借塞为赛，不知赛为后起字，失之。说文：「𡫳，塞也。从宀𣪘声。」是𡫳与塞以声为训，𡫳从𣪘声，故知𣪘亦通塞。汉书郊祀志：「冬塞祷祠。」颜注：「赛谓报其所祈也。」说文新附：「赛，报也。」徐灏说文段注笺：「塞，实也。戴氏侗曰，引伸之则谓许而实其言曰塞，是也。盖有所祈祷，许以牲体为报，自实其言，故谓之塞也。」甲骨文言「王宐𣪘，亡囚」、「王宐𣪘，亡尤」、「王宐祭，𣪘亡尤」、「王宐戠，𣪘亡尤」，以及王宐上甲、王宐先祖、先妣、父某、母某、兄某而言𣪘者，习见迭出。𣪘字均应读为塞，指报塞鬼神之赐福言之。甲骨文塞祭而用牢、窜、牛者习见，即「许以牲礼为报」之义。其不言用牲者，文之省也。」（释𣪘，甲骨文字释林二五至二七页）

李孝定　「陳說字形，于說字義，均熇不可易。董先生謂叡即熏之後起新字，按熏為燔柴之祭，其字作米或米，从小點象火焰上炎之形。叡字卜辭多見，無一从小點作者，此說似有未安。葉謂叡之異體有作㝃者，攷𢁽一、十、十、辭云『庚辰囗貞翌囗日彭㝃卅口卯四牢』，㝃在此為用牲之法，與卜辭叡字習見之辭例不同，恐非一字。謂即許書叡之所由孳則是也。王鳴盛尚書後案云『說文「叡塞也从宀𣪊聲讀若虞書曰『叡三苗』之叡」麤最切「竄匿也从鼠在穴中」七亂切凡自匿四竄納之穴中閉塞之曰叡，二字音義全別。此經本作叡今作竄者，衛包改也。此條大誤，古文尚書當作𥻦，𥻦正字也。今文尚書或作竄，竄假借字也。說文之例，凡音同而字異者則言讀若，此經本作「竄三苗」，故言叡讀若竄也。若使本作叡，則但引書以為證而已，安得稱讀若乎。今說文改竄為叡自二徐本已然，此由淺人疑竄音七亂反與叡音麤最反不同，故妄改之，但以本字為音，說文從無此例。竄字古音七外反，見周易訟象傳、宋玉高唐賦、班固兩都賦、魏大饗碑辭、張協七命、潘岳西征賦、謝靈運撰征賦。古音叡與竄同也，孟子作「殺三苗」，此非殺戮之殺，亦即竄之假借字也。竄讀若𨪏，昭元年傳曰「周公殺管叔而蔡蔡叔」，釋文云「蔡說文作𥻦」。經典竄蔡殺𥻦四字同音通用，皆謂放流之也。』按王氏說叡竄竄殺同音通假之故，其說極是。然則卜辭之㝃當釋為叡，讀為殺，謂殺三十牛或羊也。下文卯與叡對文，王國維謂古音卯劉同部而爾雅釋詁『劉殺也』卯疑即劉之段借字其說可从可證。金文𣪊作𥻦父己鼎與卜辭或體同。」（集釋〇九三二）

李孝定　「說文『叡塞也从宀𣪊聲讀若虞書曰「叡三苗」之叡』。葉氏疑此為叡之初文是也。孫金兩氏並非。」說詳三卷叡下。」（集釋二四七一葉）

溫少峰　袁庭棟　「卜辭又有月之专名曰『𣏟月』，𣏟字当即甲文𣏟字之异体，即『𣪊』字初文，卜辭云：

(120)癸巳卜：于𣏟月又（侑）㞢？（前八·六·三）

(121)己卯卜，我貞：𣏟月又史？（前八·五·六）

說文：『楚人謂卜問吉凶曰𣪊』。是『𣪊月』乃以𣪊祭為名之月。𣪊字之初文象双手奉木于示前，当即古之『枚卜』，有如今之『抽签』于神前以卜吉凶。」（殷墟卜辞研究—科学技术篇八九頁）

按：上出諸形，均當釋「𣪊」，小篆从「祟」，乃「柰」之譌變。晚期卜辭始統一作「叡」。「叡」與「𣪊」形義俱乖，祭祀之對象亦有別，不得混同。

福 禣 酉 奠 [illegible] [illegible] [illegible] [illegible] [illegible] [illegible] [illegible]

羅振玉　「从兩手奉尊于示前。或省廾，或並省示，即後世之福字。在商則為祭名，祭象持肉，福象奉尊。《周禮·膳夫》『凡祭祀之致福者』，注：『福，謂諸臣祭祀，進其餘肉，歸胙于王。』《晉語》『必速祠而歸福』，注：『福，胙肉也。』今以字形觀之，福為奉尊之祭，致福乃致福酒，歸胙則致祭肉，故福字从酉，胙字从肉矣（胙亦作祚，《詩·既醉》《釋文》：『胙，一本作祚。』許君謂福畐聲，非也。古金文中《父辛爵》福作畐，《弭仲簠》福字亦从畐，均象尊形。」（《殷釋》中十七頁）

王襄　「契文之福，象兩手奉尊于示前，或从点滴，為灌酒之形，或省廾，祇作尊形，皆福字省变之異，且為祭名，与許书『福備也』之說不合。所从之尊，有种种別構，与小篆亦异，髮鐘作福、畐、畐、首，其偏旁畐、畐、首，可為契文之尊形漸变為从畐之證。是為会意字，而許氏从示畐声之說，于契文福是有未諦。福之变体，㝬鼎作[illegible]，周乎卣作[illegible]，从宀有在屋下祭而受福之誼，从玉，玉亦祭時薦神之品，《周禮·大宗伯》：『以玉作六瑞，以禮天地四方』，洪瑞：『圭璧以祀日月星辰。』或从二人相背，乃受福后人去之誼，与既作[illegible]或[illegible]為食既，象人掉头欲去之形相同，亦福字漸衍為繁縟之体。」（《古文流变臆測》三六——三七頁）

王襄　「疑福字。」（《類纂》存疑第一第一頁）

王襄　「古福字。」（《簠室殷契類纂》第一頁）

王襄　「疑福之異文。」（《簠·天》第十二頁）

葉玉森　「《說文》『槱，積火燎之也，古文作禉。』卜辭从示从酉，疑即是禉字。禉為繁文。」（《鉤沉》又見《前釋》四卷三頁）

商承祚　「[illegible]當是福字，如鼓之增宀作[illegible]也。」（《佚存》七九頁）

吳其昌　「『[illegible]』者，古礼器中有流之尊壺之形也。以吾華夏民族古語系名詞轉為动詞之習慣律，如衣、食，之例例之，則此𠙵字，亦早由礼器之名，转而为用此礼器之祭名矣。所以知為象尊壺之屬之有流者，按殷周礼服御器中，頗多有流。匜、爵、角、兕觥，之必有流，最无論矣。鼎亦有流，如箙戚句父鼒，北平孙壯读雪斋藏器郜伯鼎，述古類徵第二集楚王酓肯鼎近寿县出土，安徽图书藏……等是也。盉亦有流，如十三鱼盘武英·一·八·五……等是也。彝亦有流，如王由父卣彝西清续鉴甲·一四·三四……等是也。尊壺之有流者，則如𠔉作兄日壬壺是也。其形著在两罍轩彝器图释卷七頁一，如图甲。若去其壶盖則其狀如图乙。而此𠙵字者，其狀如图丙。聚此甲乙丙三狀于一隅而比勘焉，則此𠙵字所象之形，所賦之义，可以不煩一語而曲喻矣。𠔉壺，既云『𠔉作兄日壬宝尊彝□』，由『兄日壬』之文，知其器之碻為殷物矣。且

甲

乙

丙

丁

本片

此𠙵字在卜辞中，不第一見，此片而為，又有一片云『……𠙵……且』燕·七七三，图丁或小变其狀，如云『己卯卜，𠙵三，匚衫☐，至上甲，十示。……』衡續·一九五，背戊『己丑卜乙未，六𠙵，求啟。啟』衡續·三六四，图乙。云『𠙵三』，云『六𠙵』，度殷时此类有流之尊壺必甚多，今傳者惟見𠔉壺尒。

戊

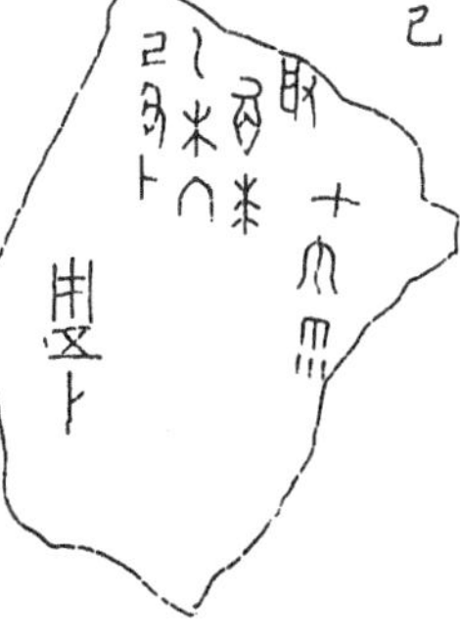

己

所以知其由礼器之名，一轉而遂為用此礼器以祭之祭名者，按卜辞又一片云：『己巳卜，兄貞𢦏告血室，其𢆶。』衡·四·三三·二，『𢦏告』連文，正犹他辞之『酒告』滴·四九一……等『今告』佸·一·二九·一……等『氐告』后·一·二〇·四……等矣。不以祭名訓之不許也。正以𠙵字之得轉而為祭名也，故亦得增从『示』旁作『禞』衡·四·二三·二。他辞又云：『丙

申卜，㱿貞。王䙵于乙……」掇．四．二．八．又云：「自且乙，禕若。」「若」即「𠰻若」，詳拙作〈卜辭所見殷先公先王三續考〉．燕京學報十四期此數䙵字，亦皆為祭名，而畐字之形與前畐壺之狀為尤肖也。畐增为䙵，故「䙵告」亦得例增为「䙵告」。如云：「貞䙵告于☐☐」徙．一．三四．四．「所告于父乙。」續．一．二八．六「……今日貞䙵告……」續．一．四四．六……等是也。更后則又增収以奉之，於是其字更繁而作𥛱。銅器銘中，如我方鼎（邁甗冊三頁三九）之𥛱，沿且丁尊（頌續．一．三四．）之禮，皆此字之变态，而在卜辭中更多不胜举矣。跡詳下。此畐字一形之窮源竟委之义也。」（殷虛书契解詁第七九——八二頁）

郭沫若　「福字作𥛱，當是福之初字。卜辭中多有之。《我鼎》云「遣福二」作𥛱，《𣪕祖丁卣》云「王在廙降令日歸福于我多高□」作禫。福者胙也，祭祀之酒肉也。古者祭後分送其酒肉曰「致福」或「歸（饋）福」。《周禮．天官．膳夫》：「凡祭祀之致福者。」《國語．晉語》：「必速祠而歸福。」肉易腐化，酒較能保持，故福字金文或作褔，从示从酉，酉者酒器也；想見古人「致福」或「歸福」乃以酒爲主。肉經醃製亦可保存，然遠處恐不易立致。」（《由周初四德器的考釋談到殷代已在進行文字簡化》，《文物》一九五九年，七期）

饒宗頤　「卜辭：庚申卜：㱿貞：王禫于妣庚。……冊……（《前》四．二．八）按「禫」字，卜辭除用作「福」外，有時作動詞。可讀為「褔」，《說文》褔為「槱」之或體。《周禮．春官》：「以槱燎祀司中、司命、飌師、雨師。」《詩》「薪之槱之」，《風俗通．祀典》：「槱者，積薪燔柴也。」則薪及槱，義與燎同。」（《通考》一四五頁）

饒宗頤　「卜辭云：癸巳卜，㱿貞：子漁疒目，褔告于父乙。癸巳卜㱿貞：子漁疒目，褔……（《佚存》五二四十、《庫方》一六八〇）禫告即告福，《周禮．膳夫》凡祭祀之致福者，鄭注：「致福謂諸臣祭祀，進其餘肉歸胙於王。」其云：「卩（卬省，即禦字。）于父䙵」者，父為上文父乙之省稱，謂於父乙請禱致福也。」（《通考》一四〇頁）

饒宗頤　「按王宓禫一類辭，多至不可勝數，大抵或但言「王宓禫，」或言「王宓，夕禫，」或言「王宓，𠬝禫，」考禫字，舊釋福，然契文每用作動詞，如：「丙……𡗞貞，禫于……」（《庫方》一二四八）「□亥卜，喜貞：鬯其禕。」（《庫方》一二五三）知禕即奠也。《郊特牲》鄭注：「奠，謂薦熟時也。」禮有朝夕奠，其言「夕禕」即夕奠，其言宔禕者，謂賓于禰而致奠。間或省之，但言宔禕，如右所列諸辭是也。」（《通考》一〇一六頁）

饒宗頤 「「乙亥卜，喜貞：鬯，其禕。」（《庫方》一二五三）按此辭禕為動詞，蓋用為奠字。《禮．郊特牲》：「周人尚臭，灌用鬯，臭鬱合鬯，臭陰達于淵泉。……蕭合黍稷，臭陽達于牆屋。故既奠，然後焫蕭合羶薌。」鄭注：「灌謂以圭瓚酌鬯，始獻神也。已乃迎牲于庭殺之，天子諸侯之禮也，奠謂薦熟時也。」右辭言「鬯其禕，」即灌鬯之後乃薦熟以奠。」（《通考》一〇二五頁）

屈萬里 「畐字之异体甚多，常見者有畐、𥚤、福、福、福等形。罗振玉以为即后世之福字（殷释中一七頁）。叶玉森隶定作福、禑，谓即𥚤之古文。郭某释祼（萃释一九九、三二三等）。寻绎卜辞以释祼之说为長。此处为名词，盖祼酒之器。吴其昌所谓『古礼器中有流之尊壶。』（解诂三一）者是也。」（殷墟文字甲编考释四三頁二六八片）

李孝定 「按，福字卜辞作𥚤若畐，器形頎腹、長頸，无流。而此则有流。就字形言，二者应有别，惟有可疑者数事。(一)、畐释祼，音读苦无佐证。（篆文祼为形声字，此则为象意字。）(二)、此文与福字在卜辞辞例中亦无大别。(三)、卜辞福字亦多从两手，惟所捧器形无流，而此则有流，亦仅小异。古象形文筆畫之间增損任意，然则此字释祼，亦无确证，似以存疑为是。」（甲骨文字集释存疑四四五二頁）

孙海波 「𥚤，甲三〇七二。卜辭用畐为福。重见畐下。𥚤，甲三二三。或从廾。𥚤，戩一九．一。或不从示。」（甲骨文编六——七頁）

孙海波 「畐，甲三〇七〇。卜辭畐用为福。畐，存下七五七。地名。」（甲骨文編二五〇頁）

宋祥恆 「『夕福』『其福』与『其祼』『夕祼』例同。而其所从之『畐』『𡆧』，形虽異，殆為一字之繁簡而已。

……佚存八六九片之夕祼，殆由□之前者而來。如小屯甲編二三九一与二四〇九片：

貞：夕□，其畫雨？

……吴氏（其昌）以□□□為礼器中有流之尊壺，其說甚是，余疑或為无柱之斝爵之屬。如簠室殷契徵文第十二文字之六四片：

貞：夕□。

其□，腹下有款足二，犹甲骨文□（斝）、□（爵）……必為盛酒之器无疑。……因□之省偁或作□，或作□。……甲骨文『□□』之□，乃莫字。『□□』者『莫斝』也。詩大雅行葦『洗爵莫斝』。儀礼『莫爵』（特牲礼）『莫觶』（士虞礼、特牲礼）『莫豆』（既夕礼）等皆其证也。……第五期帝乙帝辛卜辭作祼或□，如：

戊戌王蒿田□文武丁祼，□王來征人方。 甲編三九四〇

丙午卜，貞：文武丁□，丁其牢。 前編一·一八·一

屈万里先生甲編考釋：『祼者与□同』。」（釋祼 中國文字第六卷二六二〇頁至二六二九頁）

白玉峥 「祼字之构形，至为繁复，且甚乏时间因素，惟第五期时，似将定於一尊。兹将各期构形差异，略举如左：

1. 第一期：

□（佚五二四）□（陈四七）□（乙三四六八）□（前四·二·八）□（乙八一六）□（乙六九二七）

2. 第二期：

□（金四六）□（前四·三三·二）□（后下二七·六）□（续一·五一·三）□（明三五七）□（后下二五·四）

3. 第三期：

□（佚三六九）□（甲一五六二）□（遗三六三）

4. 第四期

□（后下二二·一〇）□（掇二·一七二）□（佚六六六）□（南明五五六）□（拾三、一七）□（前四·二三·三）□（甲二六九一）□（甲一八五〇）□（通×六）

5. 第五期：

□（明三〇八） □（存二·九七一） （契文举例校读七中国文字第四十三册四七九三至四七九四页）

考古所　「𩛥与湏可能是一字之異，祭名。」（小屯南地甲骨九二七頁）

姚孝遂　肖丁　「672　(1)「……丑貞，父丁湏汎于……」
(2)「……十牛，其以自亘汎大……」

「湏」字常見之形体作湏，字不可识，在此似为祭名。但亦可以理解为「于父甲湏」

明續607：「其又氏于父甲湏牢」，与此用法同。卜辞祖丁、父丁、父甲、父庚、兄庚等皆有「湏」，其

明續696有「其𢍰𩰫于湏」的记载。」（小屯南地甲骨考释五六頁）

具体涵义待攷。

周国正　「下面的卜辞是可以作超过一种以上的解释的：

王祼，鼎出伐。（丙一二二（五））

（1）王已经举行了祼礼，他应该（继续）进行鼎礼（？）和出祭伐牲。

或（2）王在举行祼礼的时候，也应该进行鼎礼（？）和出祭伐牲。

王祼，勿出伐。（丙一二二（六））

（1）王已经举行了祼礼，他不应该（继续）进行出祭伐牲。

或（2）王在举行祼礼的时候，不应该出祭伐牲。

在注释1之中我们已经指出「祼」是不带牛、羊、伐等祭牲的，因此「出伐」不可能是用来助成祼礼的。而且上文又已经说明「出」和「祼」可以出现在平列（原文中未有写出）或对比的地位，因此这两条中的「祼」和「出」应该理解为在某一项祭祀活动（原文中未有写出）中的两项平行祭仪。如果我们採取诠释（1）的分析，那么贞问进行之时祼礼已经举行了，商人要去决定是否继续进行其他（鼎、出）的祭仪。禮记有一段记载显示出祼礼在某些宗教仪式中是先于献牲而举行的：

「君執圭瓚祼尸，大宗執璋瓚亚祼及迎牲。」　十三经注疏卷四九，页五

「玄酒以祭，薦其毛血。」　同上卷二一，页一六，

（同段注疏中对祭仪的先后有详细说明，可参看。）

如果我们採取诠释（2）的分析，那就应该假定商人已经决定了举行祼礼，贞问的目的在于决定还要举行什么其他祭仪。礼记：

「夫祭有三重焉，献之属莫重於祼。」　同上卷四九，页七

可知祼礼甚为重要，如果商代的祭祀与礼记所载是类似的话，那就很可能是商人已经决定了举

行祼礼，而再去贞测还要再举行什么其他祭仪。可惜由于甲骨文中时间语词极少，因此目前还难以决定两种分析孰是孰非。」（卜辞两种祭祀动词的语法特征及有关句子的语法分析古文字学论集初编二七八—二八〇页）

陈世辉　湯余惠　「屯南八六七

辛㞢

其告秋于甲，一牛？

壬午卜，其祼秋于甲，卯牛？

……祼字作□，象祼器形，有頸有流；卜辭或从示作，旧多以为福字，大误。祼，通灌，祭名……祼以郁鬯献神。礼记郊特牲：「灌用郁鬯」，疏：「灌，犹献也。」（古文字学概论一九一页）

周国正　说再参□字条下。

按：此字異體甚多，釋「福」不可據。郭沫若釋「祼」，其義近是，於形則難徵，只能存疑。

禨

葉玉森　「按此為祭名……予疑□為勺形，丨即柄。古之勺柄或別有飾，故前三形作□□，从卜者乃木製之識，兩手奉勺于示前，殆即古文礿字。」（《前釋》一卷四十一頁）

于省吾　「契文禨字習見，……葉玉森釋礿，不可據。禨字从□，即古升字。金文升字，《友毁》作□，《秦公毁》作□。金文斗字《釁朕鼎》作□，《秦公毁》作□。然升斗在偏旁中每相混。……然則禨字从升作□與作□無別也。□形下从○即•，因點之稍大者，不便契刻，故作虛匡。《友毁》升作□，易○為一，即易點為橫，乃古文孳演之慣例。禨字隸定應作禨。以六書之義求之，禨从示𢦏聲。𢦏从収升聲。𢦏即拼字，从収从手一也。《說文》：「拼，上舉也。」□字象形，本為量器之升。𢦏為上舉之升。禨字从示，為祭時進品物之升，猶之𢦏亦作禨，鬯之亦作禨矣（禨見《粹》五四四）。《友毁》「升于氒文且考」，以升斗之升為升進之升，經傳亦通，以升為升進之升，俗作昇、陞，禨字遂不見於后世之字書矣。《前》一·四·八：「王賓禨，亡尤。」《林》一·一九·十：「王賓禨，亡尤。」《前》一·五·一：「王賓大甲

禩，七尤」《前》一·一六·七：「王室小辛，禩，七尤。」《契》二六三：「王室𢆶甲，禩，七尤。」此外言「王賓禩」或「王賓某某禩」者習見，不備舉。」禩即𥜾，為進品物之祭。《儀禮·士冠禮》「若殺則特豚，載合升，」注：「煮於鑊曰亨，在鼎曰升，在俎曰載。」按此係就經文分別言之。《儀禮·覲禮》「祭天燔柴，祭山丘陵升，祭川沈。」是升為祭法之證。惟此亦係分別言之。通言之，進品物以享鬼神均可謂之升。經傳多訓升為進為獻，是𥜾祭之為獻品物，殆無可疑。要之，禩从示𢆶聲，即𥜾字。殷禮以𥜾為進品物之祭，與周制可互證。後世通以升為之，升行而𥜾廢矣。」（《駢枝》三第十三至十四頁《釋禩》）

吳其昌　「『禩』字之本義，蓋亦狀雙手奉有流之禮器，故其字或作禩（《燕》二六三）或作禩（《商》四三三）或作禩（《林》一·一九·六）或作禩（《續》一·一一·二）或作禩（《林》一·一九·一〇）會意之誼，顯然昭揭。其下所从，偶或作中作中作中，而作中者為最多。但其字本非「中」字。然古有盛筭具之器，厥名為「中」，又疑其器與此中形相似，特中有流耳。按《周禮·大史》：「凡射事，飾中，舍筭。」《儀禮·大射禮》「司射命設中。……小臣師執中。」《禮記·投壺》「司射奉中。」鄭司農《周禮》注云：「中，所以盛筭也。」《投壺》正義亦云：「中，謂受筭之器。」至其狀，則《鄉射記》云：「君，……虎中；大夫，兕中；士，鹿中。」又云：「鹿中髤；前足跪，鑿背，容八筭。……奉之，先首。」獨王先生曰：「周時中制，皆作獸形；……殊與中字不類。疑中作獸形者，乃周末彌文之制。」（《集林》六《釋史》）按先師所疑是也。最初盛筭之「中」或竟與盛酒醴之中相似，度當皆似尊罍之屬矣。（高頸之尊，正適于盛筭。其後「中」變為鹿中，兕中，正猶尊變為犧尊、兕尊矣。）此中狀禮器可資旁證之推勘也。」（《殷虛書契解詁》第八四至八五頁）

屈萬里　「禩，此疑𢆶之繁文，即升字。」（《甲編考釋》三〇〇頁）

孫海波　「𥜾，甲二三九一。从示从廾，說文所无。于省吾說，𢆶字象形，本为量器之升。廾为上举之升。祼字从示为祭時進品物之升，后世以升为之。升行而祼废。祼，係下七五五。或从拼。」（甲骨文編一一頁）

于省吾　「甲骨文禩字作禩、禩、禩、禩等形。叶玉森释礿（集释一·四一）不可据。禩字从𢆶或𢆶，即古升字。周代金文升字，友簋作𢆶，秦公簋作𢆶；周代金文斗字，𤔲朕鼎作斗，秦公簋作斗。但升斗二字在古文偏旁中往往互作无别。例如子禾子釜料字从斗作斗，司料盆料字从斗作斗，此乃禳字从斗与从升无别之证。禳字应隶定作禳。禳从示敄声，敄从攴升声。禳字从示，为祭时进献品物之徵，此与甲骨文㚖亦作禳，釁亦作禮同例。甲骨文称：「王宜禳甲，禳，亡尤。」（燕二六三）「王宜小辛，禳，亡尤。」（前一·一六·七）此例常见。至于甲骨文言「王宜禳」者习见，不备引。仪礼士冠礼：「若杀则特豚，载合升。」郑注：「煑於镬曰亨，在鼎曰升，在俎曰载。」按此乃分别言之，通言之，则进献品物以祭，均可谓之升。典籍多训升为进为献。要之，殷礼以禳为进献品物之祭，与周制可互证。周代以升代禳，升行而禳废矣。」（释禳，甲骨文字释林三七至三八页）

1080

吴郁芳　「筆者认为，『𢍏』原从手作『𢍏』意为奉物献祭，故而又从示作『禳』。登徒之登，原来也是从手作『𢍏』或『𢍏』，卜辞习见，如『𢍏黍』、『𢍏禾』，本义也是奉物献祭，故而字亦作『禳』。说文登字籀文作𤼷，从肉、从手。『登』即『𤼷』之夕、収，另加意谓『足剌癶』的部首『癶』，组合而成。……古者禳、禳之祭，旨在馨香上达，升登于天。故而𢍏又从『止』，即足趾之趾。登又从癶，亦谓足趾，以示举足升登之意。由是𢍏行而𢍏废，登行而𢍏废。」（𢍏徒考，江汉考古一九八五年一期六八页）

丁山　　参升字条

按：當從于先生説釋為禳，即説文之䄷字，亦相當於典籍中升祭之升。

1125

按：字不可識，其義不詳。

1126

按：字在卜辭當為祭名。

1127

孫海波「[glyph]」，誅九一。疑祝字异文。」（甲骨文編九五六頁）

按：合集一〇一四八辭云：「己巳卜，穷貞，叀年[glyph]用」

孫海波疑為「祝」字之異文，似亦可能為「冊祝」二字之合文。

1128

張亞初說參[glyph]字条下。

按：字不可識，其義不詳。

1129

按：合集一九八四七辭云：「甲子卜犬[glyph]馬至祖乙」為祭名。

1130

按：字不可識，其義不詳。

1131

考古所「禁，地名。」（小屯南地甲骨八九五頁）

按：屯七五一辭云：「乙未卜，令[字形]以望人藝于禁」為地名

1132 帝 禘 [字形] [字形] [字形] [字形]

孙诒让 「帝字皆作[字形]。說文二部：『帝，諦也，王天下之号。从二朿声，古文作[字形]与此彼略同。」（契文举例上十八頁下）

王襄 「古帝字，吳愙齋先生云：許書帝古文作[字形]，與鄂不之不同意，象華蒂之形。周愙鼎作[字形]，狄敦作[字形]，[字形]狄鐘作[字形]，皆▽之繁文，此作▽，象華蒂之形，為吳說增一左證。古與禘通。」（簠室殷契類纂第一葉）

孙海波 「[字形]，前四·一七·五。卜辭用帝为禘。重見帝下。」（甲骨文编九頁）

孙海波 「[字形]，摭續九一。疑帝字。癸巳卜，其[字形]于巫。」（甲骨文編八五八頁）

严一萍 「按帝[字形]与[字形][字形]柴[字形]為一系，柴為束薪焚於示前，[字形]為交互植薪而焚，帝者以架插薪而祭天也。三者不同处，仅在積薪之方式与範围。故辭言『帝一犬』，犹他辭之言『[字形]一牛』也。」（美國納尔森艺术館藏甲骨卜辭考释 中國文字第六卷二五八四頁）

王辉 「在卜辭中，帝字的字形极其复杂，下面列其主要者：

a_1 [字形]（合一一五） a_2 [字形]（丙八六） a_3 [字形]（后上二六·一五） a_4 [字形]（宁一·五一五）

a_5 [字形]（粹八一一） a_6 [字形]（粹一二）

b_1 [字形]（京四三四九） b_2 [字形]（京四三四九） b_3 [字形]（乙一六九）

c_1 [字形]（合二一一） c_2 [字形]（掇二·一二六） c_3 [字形]（京三三〇） c_4 [字形]（前四·一七·七）

c_5 [字形]（京二二八七） c_6 [字形]（外二一四）

d 𣐺（粹一三一一）

禘的十六种主要字形，我们分为a b c d四类。a类由头上的一与中间的H和木三部分组成。a_4 a_5之二乃一之繁化，正如甲文天之或体作𠀘，丅之或体作亍，金文正之或体作𤴓一样。卜辞乘字作𠕋或𠕋，王国维曰「按此字象人乘木之形」（戬考二六页），乘字从大（大人形）从木，其所从之木正作木形或米形。又如卜辞樂字作𣎵（潸十·三），然从𣎵之字中画多不出头，如𣶒（前四·一三·七）、𣡗（前二·八·一）、𣡗（存二·七二五）皆如此，足证帝字所从之木为米之讹变。b类上从一，中b_1从木、b_2 b_3从木从一（米）。c类上从一，下从束即束字，c_2之0、c_3之0，c_5之⋈并口之讹变，c_4从之二乃口漏刻竖画，a_6果乃a_5帚之讹变。至于d，我们认为乃一特殊情形，粹一三一一辞云「𣐺東吁」，帝、亚二字皆有一0形，此或笔误所致。且全部卜辞中只此极个别的例子，说明不了什么问题。有人说0象花蕊，这全是因为先有帝为花蕊的成见，因而才不管其余的全部卜辞帝字无0的事实，作出了错误的判断。

归纳以上四类，可见帝字主要由上面的一，中间的口（H一）及木三部分组成。我们认为中间的H一都是口的訛变。在古文字中，口每可写作一……而H与一口亦可通用……所以再简单一点，我们可以把帝字看作是由头上的一和下部的木（或束）二部分所组成。……木祭是柴祭，束乃是束祭，也是柴祭的一种，所以从字形上看，禘必然是火祭的一种。

问题是帝字上部的一究竟代表什么？

一在甲文中可以代表各种意义，但在帝字顶部，我们认为它是一种指示符号，代表天空。……帝字从一从木（或束），木或束表示柴祭，一指明祭祀的对象为居於天空的自然神。」

（殷人火祭说，古文字研究论文集，四川大学学报丛刊第十辑二六九至二七六页）

鍾柏生

「『帝』在卜辞中，至少有下列三种用法及意义：

一、为『名词』，乃指『上帝』而言。卜辞云：

自今庚子[至]于甲辰，帝令雨？

至甲辰帝不其令雨？（丙三八一）（乙六九五一）

……叀五鼓，上帝若？王……又＝？（甲一一六四）

二、为『名词』，乃指先王而言，卜辞云：

囗子卜，贞：王其又彳于文武帝祊其⿱夊日卩　又𦯞于来囗丑令酒，王弗每？（续二·七·一）

三、为『名词』或『动词』，乃祭祀的一种。卜辞云：

于湄帝，乎御羌方于止，𢦏？（人二一四二）

癸丑卜：帝南？（京四三四九）

癸丑卜：帝东？（南明五二○）

乙酉卜：帝伐自报甲？（明续二四七三）

乙酉卜：帝于方，用一羊？（巴九）」（《说「異」兼释与「異」並见诸词》，《中央研究院历史语言研究所集刊》第五十六本第三分五四五——五四六页）

张桂光

「帝字在甲骨文中之字形，主要有象花蒂之形，象女性生殖器之形，象燎柴祭天之形，象草制偶象之形等几种解释。这几种解释，实际上牵涉到一个殷人尊帝是出於生殖崇拜（如第一、二说），抑或天神崇拜（第三说），或者偶象崇拜（第四说）的问题。如按偶象说，则备受殷人崇拜的帝而用「上装人头形的假头，下又扎结草把以代人身的偶象」来表示，就有些大不敬了；如按燎天说，则不仅殷人的天字未有苍天或至上神的观念，而且燎祭或禘祭的卜辞屡见，却无一是以帝为对象的，更谈不上为帝所专有了。因此，「束柴燎于上者帝也」的理由显然也欠充分；而生殖崇拜说则与甲骨文中殷人对祖（甲骨文象男性生殖器之形）、妣（甲骨文象女性生殖器之形）、后（甲骨文象妇女生小孩之形）的崇拜相一致。再联系到甲骨文中杀牲祭祀先祖神灵的卜辞不计其数，却没有一条是祭祀那权威比祖、妣、后更大的帝的，这些都完全可以和《易》《睽》注的「帝者，生物之主，兴益之宗」、《礼记郊特牲疏》的「因其生育之功谓之帝」、以及《公羊传》《宣公三年》的「帝牲不吉」等记载相印证，证明殷人所尊的帝的初意即为宇宙万物的始祖，是宇宙万物的生殖之神。」（《殷周「帝」、「天」观念考索》，《华南师范大学学报》（社会科学版）一九八四年第二期一○五至一○八页）

裘锡圭

「跟父子相继之制和直系旁系之分相应，在商人的语言里已经出现了跟「嫡」、「庶」二字意义相似的词语。

日本学者岛邦男从卜辞里发现，商王有时「附帝号于父名而称之」，如第一期称父小乙为「父乙帝」，第二期称父武丁为「帝丁」，第三期称父祖甲为「帝甲」，第四期称父康丁为「帝丁」，第五期称父武丁为「帝丁」，他认为这跟西周金文称「帝考」（仲师父鼎、㝬鼎）、「啻考」（買簋）同性质，「帝」是对父的尊称（《研究》一八三——一八四页）。岛氏的发现很重要，但是他对称父为「帝」这一现象的意义并没有充分理解。嫡庶的「嫡」，经典多作「適」。不论是「嫡」或「適」，都是从「啻」声的，「啻」又是从「帝」声的。称父为「帝」跟区分嫡庶的观念显然是有联系的。

《大戴礼记》《诰志》：「天子……卒葬曰帝。」《礼记》《曲礼下》：「君天下曰天子……措之庙立之主曰帝。」按照这样说法，凡是天子，死后都可称帝。所以史记的夏、殷二本纪，在每个王名上都加「帝」字。但是从卜辞看，商王只把死去的父王称为帝，旁系先王从不称为帝。例如第三期卜辞里屡见「帝甲」之称，但是称祖庚为「帝庚」之例却从未见过。所以诰志和曲礼下的说法并不完全可信。史记不管直系、旁系，在每个王名前都加「帝」字，是不正确的。商代最后二王是帝乙、帝辛。这两个称号不见於卜辞，但是屡见於古籍，帝乙还见於商末铜器邲其卣。他们所以称帝，也都是由于具有直系先王的身分（帝辛是武庚之父）。

卜辞屡见「王帝」之称：

(1) □□王卜曰：兹下□若兹楽于王帝。　後上一五九四

(2) ☐爯王帝今日☐　存一·五一五

(3) 贞：唯王帝人（？）不若。　续四·三四·七

「王帝」大概就指时王之考。有一块三、四期的肋骨，刻有卜问帝的日名的卜辞：

(4) 乙巳卜：帝日惠（音义与「惟」相近）丁。　库九八五加一一〇六

李学勤同志认为「是武乙为康丁选择日名」，「帝」是武乙对其父康丁的称呼。同骨还有卜问是否「示帝」的卜辞：

(5) 乙巳卜：其示帝。

「示」的本义是神主，「示帝」可能是给康丁立神主的意思。

商人所谓上帝（卜辞多称「帝」），既是至上神，也是宗祖神。按照上古的宗教、政治理论，王正是由於他是上帝的嫡系后代，所以才有统治天下的权力。尚书召诰说「皇天上帝改厥元子兹大国殷之命」，可见商王本来是被大家承认为上帝的嫡系后代的。周王称天子，也就是天之元子的意思。上帝的「帝」跟用来称嫡考的「帝」，显然是由一语分化的。

从以上所说的来看，商王用来称呼死去的父王的「帝」这个词，跟见于金文的「帝（啻）考」的「帝」（啻）和见于典籍的「嫡庶」的「嫡」，显然是关系极为密切的亲属词。也可以说，这种「帝」字就是「嫡」字的前身。」（关于商代的宗族组织与贵族和平民两个阶级的初步研究、文史第十七辑二至三页）

高明

「商人最初把帝仅視为自然界的神灵，同人無任何親戚关係，這一信仰起碼在武丁時代仍継续保持。从武丁時代的卜辞观察，仍然看出商王和上帝是屬於兩個不同世界的人和神，只有通過占卜或巫術等方式才能遣通二者的意识，彼此之间则无共同之处。商王对待這位主宰宇宙的神灵，只能敬僅听命，用自己的虔诚信仰和隆重享祭换取帝的保祐。但自武丁以后，情况发生了变化，其中最突出的特点是开始把帝同商王的先祖連在一起，在死去的直系亡

父廟號之前加上一个帝字的头銜，从而打破过去人神不相親的框框，商王可把自己的亡父称为帝某。這一变化，从历史的意义来看，却是耐人寻味的。諸如

二期卜辞

「乙卯卜，其又歲于帝丁一牢。」（南北·輔仁六二）

「甲戌卜，王曰貞，勿告于帝丁不系。

「甲戌卜，王曰貞……父丁……又……」（粹三七六）

三期卜辞

「癸酉卜，暊貞，帝甲祐其牢。」（戩五·一三）

「乙卯卜，暊貞，帝甲𫇛……其眔祖丁……至……」（后上四·一六）

「貞其自帝甲又征。」（粹二五九）

「貞其先帝甲告其引二牛。」（濘一七七二）

五期卜辞

「乙丑卜，貞王其又彳文武帝升，其以羌五人足王受祐。」（續二·七·一）

「癸未卜，貞昔丁丑文武帝……」（前四·二七·三）

「……卜，貞丁卯……文武帝……尊司母」（明三〇八）

「乙巳王曰：䵼文武帝乙俎在台大廳，遣乙翌日。」（四祀邲其卣）

從上列卜辞可以看到，自祖庚开始，把直系父輩先王称作帝，如二期卜辞（殷契粹編第三七六片），「帝丁」与「父丁」同時共称，显然這是祖庚或祖甲对其亡父武丁的称谓。三期四片卜辞均称「帝甲」，這又明显說明它们都是廩辛和康丁对亡父祖甲的称谓。五期三片称父武帝的卜辞，前文已經談到，都是帝乙對亡父文丁的称谓。商彝四祀邲其卣銘云：「文武帝乙」，這是商紂對其亡父帝乙的称谓。這一套对直系先王称帝的制度，在武丁時代的卜辞中絶对不見。這很明显這是在当時意识形态方面的一次較大的变化。」（从甲骨文中所見王与帝的实质看商代社会，古文字研究十六輯二六——二七頁）

按：許慎關於帝字形義的說解均誤。帝字初文既不从上，更非从朿聲。論者多以為象花蒂形，郭沫若引吳大澂、王國維之說而加以補正，至為詳悉。但帝字究竟何所取象，仍然待考。卜辭帝指天帝，並非王天下之號。至於帝乙、帝甲、文武帝之帝，乃人王死後之尊稱，所謂德配彼天。直至乙、辛卜辭，殷統治者均自稱王，毫無例外。人王而生稱帝，當自晚周時始。

又按：帝象花蒂之說，鄭樵六書略已言之，非吳大澂之創見。

⿰矢帝 □

杨树达 「甲文有⿰矢帝字，旧无释，余疑为鏑字。说文云：『鏑，矢鏠也，从金，啇声。』啇字从帝声，甲文从帝，与篆文从啇同。字义为矢鏠，故甲文字从矢，篆文变为从金，又泛而不切矣。」（释[illegible]，积微居甲文说卷上十四页）

丁山 「战国燕策二云，『宋王射天笞地』。吕氏春秋过理、壅塞两言『宋王筑为蘖帝』事，因此，近人或以射天事专属之宋王偃，而否认武乙射天事。据我看，宋王偃的射天笞地，正是绍继他的祖德。甲骨文有之：

……□出于……（後下三〇·六）

□虽祭名，字从矢帝，帝亦释为上帝，⿰矢帝，正是『射天』的象征。然而帝字见于甲骨文，却不作上帝解，风云、巫、[illegible]之神，总谓之帝。宋王偃所筑的『蘖帝』，当是恶神，非上帝也。后羿缴封狐，射河伯，楚辞天问称其『革孽夏民』，这样来看⿰矢帝字，当是射杀灾孽之神，武乙射天故事，当由射杀孽神的风俗，一再传说而误。」（商周史料考证一五三页）

李孝定 「从矢从帝，說文所無。」（集釋一八一五葉）

楊樹達 「余疑為鏑字。……啇字从帝聲，甲文从帝，與篆文从啇同。字義為矢鏠，故甲文字从矢。」（積甲文說六葉釋[illegible]）

李孝定 「帝聲啇聲固同，而此字是否以帝為聲已不可考。辭云『⿰矢帝出于』，其義亦不可知。且从矢从金亦殊，仍以收為說文所無字為是也。」（集釋一八一五葉）

陈汉平 「甲骨文有字作□、□、□，旧不识。甲骨文编将前一字收入正编帝字下，后二字收入附录。按此三字为同字异体，字从矢帝声，当自帝声字中求之。而古代汉字帝声字中与矢有关者仅一鏑字，卜辞中又有此字与矢字连文者，故此字当释为鏑。说文：『鏑，矢鏠也。』从金啻声。』『鏠，兵耑也。』释名释兵：『矢又谓之鏑。』文选射雉赋：『馥焉中鏑。』徐注：『鏑，矢鏃也。』史记匈奴传：『作为鸣鏑。』集解引汉书音义：『鏑，箭也。』唐六典十六注引通俗文：『铁鏃曰鏑。』鏑字又作鍉，文选过秦论引邓展：『鍉是杆头铁也。』是鏑字狭义言之为矢镞之锋端，广义言之则为矢镞箭头。卜辞曰：

□矢　　京津二五六六

……□于……　　后编下三〇六

弗□王　　乙编七八四二

前一辞即「镝矢」二字，后二辞未知何义。」（古文字释丛，考古与文物一九八五年一期一〇四页）

张亚初　「在甲骨文中有□字（綜类一五九页），从矢从啻，可隶定为𢏾字。商代有帝无啻。啻从帝声。啻是从帝分化出来的。啻、帝音同字通。西周大𣪕铭文「用啻于乃考」（三代八·四四·三），即以啻为帝（禘）。古玺文字的马適合文適作啇（古玺文编三六二页）。所以，从矢从啻的𢏾可以看作𥏮（𢏾）字。𥏮字以矢为意符应与矢有关。𥏮应即说文训为矢锋的镝字的初文。说文「镝，矢鏠（锋）也，从金啻声。」原来的意符矢，换成了表示制矢所用物质金字作偏旁。十分可贵的是，汗简金部镝字作□，从金从啻，与卜辞之𢏾相比，只是把意符矢换为金，保存了很古的形体。这是我们释𢏾为镝的有力佐证。

卜辞的□字是矢与帝合书的一种写法，也是𢏾（𥏮）。」（古文字分类考释论稿古文字研究第十七辑二三五页）

按：字隶當作「𢏾」，釋「镝」不可據。卜辭為祭名。

1088

1134

⿱帝攴　□

商承祚　「詩鄘風『象之揥也』。集韵有而鄙书遗之。」（殷墟文字类编十二卷二页）

张亚初　「□字从収从帝，帝即啻，収与挑手可通，所以这应即擿字。釋名「擿，揥也」，揥、擿音义並通，或係繁简字。□字据廾与支之可通的情况看，应即擿字，汗简以为擲（以上均见綜类一五九页）。」（古文字分类考释论稿古文字研究第十七辑二三五页）

按：字隶可作「⿱帝攴」，辭残，其義不詳。

1135

𣟭 [甲骨字形]

按：字隸可作「𣟭」。佚二一八辭云：「辛……卜，叀興𣟭」其義不詳。

1136

日 ⊖ ⊟ ⊕

羅振玉 「說文日，古文作㔶。案日體正圓，卜辭中諸形或為多角形，或正方者，非日象如此，由刀筆能為方不能為圓故也。」（殷釋中五葉上）

葉玉森 「按栔文○（丁）⊙⊕（囧）等字並為圓形，刀筆固優為之。予疑先哲因□○（並栔文丁字，初文或以為方圓，栔文亦假□為日，但辭中罕見。）制造在前，恐日作圓形與○相混，故改作正方長方形，又於形內注一小橫直之符號者，乃求別於□。厥後譌变為◊○0形，亦遂注此分別符號。至从日之字或变作ㅂㅂㅂ，如[glyph]（春）[glyph]（冬）又省变作∪，如幽（㬰）是也。」（說栔一葉上）

王襄 「日寅父癸敦作☼，日父乙爵作☼，皆象日形兼象其光之輻射。○与・為光之聚点；一与丨，其变形，許书古文，日作㔶，乙亦一之变、為日中有鳥之說所从出。汉孝山堂壁画刻有日月之形，日中有鳥，即烏。高句驪汉塚犀有名角抵塚者，主室壁画有日形，中有三足烏，高冠脩尾，状甚奇詭，此皆為日中有烏之证。古鈢作⊖，石鼓作⊙与契文之⊖田同，殷契日之初文，象日之圓形，而無輻射之光，因契文用刀筆书，因画匪易，漸变為有角之形，更变為四方之形，不規則之圓形，橢圓形。殷契多象形字，刀筆書尤难，避难趋易，為流变原因之一，斯二者，乃文字流变之通例，而契文尤為显著，发端于此，后方不复贅言。（古文流变臆說第一七——一八頁）

屈萬里 「日雨之辭，又見粹編六九一片。他辭又有夕雨之辭（佚編六三片，粹編六六八片，續編一·第六葉十七片）。以此覘之，則日謂晝間也。」（甲釋五九四片）

李孝定　「說文『日，實也。太陽之精不虧。从口一，象形。㘥，古文象形』。契文日字方圓多用不一其形，而以方者為多。羅謂刀筆不便為圓，其說是也。中有點畫，所以別於口丁也。徐灝說文段注箋曰『泰西戴進賢七政圖日中有小黑點數十，橫亙為帶，以遠鏡目驗實然。日字中畫象之，古人造字之精如此』。先哲既無遠鏡，焉知日中有此黑子，徐說未免附會也。金文作☉旂鼎☉史頌簋☉索諆角☉□妃簋⊖仲辛父簋☉善夫克鼎⊖邾王義楚耑⊖且日句兵或謂此乃贋器⊖⊖楚王酓志鼎□●剌作兄日辛卣□戈盾作兄日辛簋」（集釋二一七五葉）

饒宗頤　「書堯典：『寅賓出日』，『寅餞納日』。史記五帝作『敬道日出』『敬道日入』。詩常棣：『儐爾籩豆』。傳：『儐，陳也』。卜辭作出入日，與史記合。說文及廣雅釋詁云：『儐，道也』。禮運：『山川所以儐鬼神也』。卜辭盤罕於出日入日，蓋陳牲以祭。鄭玄謂：『出日為春分朝日，入日為秋分夕月』。然觀卜辭同在戊戌日卜，是殷時所謂出入日乃指朝暮。儀禮覲禮『天子乘龍載大旆，象日月，升龍降龍，出拜日于東门之外』。周語內史過曰：『古者先王有朝日夕月，以教民事君』。即此典禮。墨子節用：『東西至日所出入』，知『出入日』一語，春秋時猶慣用之」。（通考四九四——四九五葉）

白玉峥　「峥按：日字于卜辞中，亦为地名，如：

入二。在日。　乙二六二七

癸……贞……亡……在日。　京一七八五

辛酉卜，㱿贞：王其往于日，亡𡿧？在八月，王田于日。　七W四六

又日字之结体，虽属至简，然覆之于卜辞，以分期分派之方法观其全体，亦有新、旧两派之书法不同之别。约言之：旧派均作⊡，而新派则变化繁多，若◇、◇、田等，皆为新派之书法。至第五期时，则又以田形定为一尊矣。」（契文举例校读中国文字第八卷第三十四册三七六九页）

姚孝遂　肖丁　「1116　(11)『甲午卜貞，又出入日』　(12)『弜又出入日』

古代以日、月为神灵，加以祭祷，是最为原始，而又延续时期最長的宗教信仰之一。

粹17：『……出入日戠三牛』

郭沫若先生考释谓：殷人于日之出入均有祭。殷契佚存407有辞云：『丁巳卜，又出日。丁

已卜，又入日。」此之「出入日歲三牛」爲事正同。唯此出入日之祭同卜于一辞，彼出入日之侑同卜于一日，足見殷人于日蓋朝夕礼拜之。书·尧典「寅賓出日」，又「寅餞入日」，分属于春秋。礼家有「春分朝日，秋分夕月」之说，均是后起。

2232 给178：「戊戌卜内，乎雀𣪊于出日于入日宰」

同卜于一辞，而「出日」「入日」分书，足征于一日之内；于「出日」、「入日」皆有祭。

(2)「王其雚日出，其雚于日，劉」

「雚」用作「觀」，「雚」、「劉」皆为祭名，此亦有关祭于日之占卜。」（小屯南地甲骨考释七七页）

宋镇豪

「殷墟甲骨文中有「出日」、「入日」的材料，诸家多有其说。一九三六年陈梦家先生认为是「祭日之辞」，一九五六年又补证以尚书·尧典「寅宾出日」、「寅饯纳日」。一九三七年郭沫若先生说为「殷人于日盖朝夕礼拜之」。一九四四年胡厚宣先生认为，「殷人有祭日之礼，且于日之出入朝夕祭之」。一九五一年董作宾先生也说，殷代「有日神，于日出日入时祭祀」。一九五八年日本岛邦男氏主张出日入日是时间之辞。一九六七年金祥恒氏又认为，「出日、入日本为日出日落之意」。综观诸家意见，主要有时间说和祭日之礼说两种。

关于时间说，是根据殷契佚存第四○七片的同版卜辞，该片记有祭祀「出日」、「入日」的材料，同时还有祭祀伊尹的材料，因此有把「出日」、「入日」说成是祭祀伊尹的时间。但是查原片，是武乙时的牛胛骨残片，可与殷契萃编第六八片拼合，即甲骨文合集三四一六三+三四二七四，这样，自下而上共有六辞，如下：

一、丁巳贞，庚申尞于兕，二小宰，宜大牢。
二、丁巳贞，酒乍岁于伊……。
三、丁巳卜，又出日。
四、丁巳卜，又入日。
五、己未贞，庚申酒尞于……宰，宜大牢。雨。
六、……酒……。

据六辞的内容以及排列形式看，可以分成一、五，二、六，三、四组，两两为对。前两组属于常见的相间刻辞，其中一、五组是异日同事，二、六组有残缺，但同卜酒祭之事。而三、四组特以细线框起，排列整齐，叙辞用「干支卜」，异于别组的「干支贞」，所以它自成一系。该版的情况说明，在丁巳那一天，至少占卜了三件不同的事情，又（侑）祭「出日」、「入日」

是其中的一件，这就是所谓「同版异字」。因此把「出日」、「入日」说成祭祀伊尹的时间，显然是不妥的。

……甲骨文中的「出日」「入日」的材料，目前共找到一二片，记有二一条卜辞，一期武丁时有二片四条，兹录如下：

戊戌卜，内，乎雀戟于出日于入日。一二

戊戌卜，内，乎雀戟一牛。一二

戊戌卜，内，戟三牛。一二 丙编一七一，即殷缀一七八，即合集六五七二

……其入日用……。 明后一五五八b，即合集一三三二八

三期廪辛康丁时一片一条：

乙酉卜，又出日入日。 怀特B一五六九

四期武乙文丁时九片一六条，除前面举过的二条，其余如下：

辛未卜，又于出日。三 粹五九七十五九八，即甲缀三六五，即合集三三〇〇六

辛未又于出日，兹不用。三

癸酉又出「日」。 续存上一八二九

癸酉……入日……其……。 粹七三二，即合集三四一六四

……日出日祼。 南明一二四，即明后二一七五

□□□，「酒」出「入」「日」，岁三牛。兹用。二

癸□□，其卯入日，岁上甲二牛。二

出入日，岁卯多牛。□□。二 屯南二六一五

癸未贞，甲申酒出入日，岁三牛。兹用。三

癸未贞，其卯出入日，岁三牛。兹用。三

出入日，岁卯「多」「牛」。不用。三 屯南八九〇

……出入日，岁三牛。 粹一七

甲午卜，贞，又出入日。

弜又出入日。 考古一九七五年一期图版十二之三，即屯南一一一六，即屯南附册二五一

二期祖庚祖甲时和五期帝乙帝辛时未见「出日」「入日」的材料。另外金祥恒氏曾经举过二期的一例：

……出日……卯鱼……。 明一九九六

此片系加拿大明义士早期的摹本，「出（出）日」或是「之（之）日」，因出、之两字形

近而误。二期恒见「之日允雨」等辞：

丙寅卜，出贞，翌丁卯雨益雷。六月。

贞，翌丁未不其雨。之日允。（北美二）

□丑卜，□□，……之日雨……。

……雨益雷。之日允雨。（前六·一四·四）

金氏所举的一例，可据同文例补上残辞，全辞为：

□□［卜］，□「贞」，「翌丁」卯雨「益」「雷」。之日「允」「雨」。（京人S六〇五）

显然这片不是「出日」「入日」的材料，应排除。那么甲骨文中只有一、三、四期有这方面的材料，而以四期为多。

从二一条刻辞看，殷人祭「出日」「入日」，通常采用牛牲，或一牛二牛三牛以至多牛，有时用牢。祭仪有戠、用、又、祼、岁、酒、卯，早期多戠祭，晚期以又（侑）祭为多。这些祭仪常见于殷代，也用以祭祖神或自然神等其他场合，可知殷代的日神信仰，是多神信仰之一。

日神是殷人心目中的一位天神，据上举四期刻辞有「癸□□，其卯入日，岁上甲二牛」，记癸日卯（剖牲祭）祭入日而兼及上甲，别割二牛。似乎当时日神的地位不算太高，至多与先王始祖上甲相当。殷代的礼制，祭祖的十干日与祖的十干名是一致的，如：

来甲午出于上甲。

甲申卜，王，又伐自上甲。（南明七二）

上甲的祭日是甲日。殷人在癸日卯祭入日，却同时想到了上甲的祭祀，这似乎已经与后世的「将用师，乃告于皇天上帝日月星辰」的礼俗相接近了。（遗宝图版八之一一）……由于甲骨文有这种祭祀日神而兼及先王始祖上甲的例子，所以后世「尊始祖以配天神」是可以追溯到殷代晚期的。

甲骨文中的「出日」「入日」，早期分言，可称「出日」于（与）「入日」，中、晚期可称「出日入日」，也可称「出入日」，已有专名化的趋向，尤其是「出入日」，更具有抽象术语的意义。过去把「出日」「入日」简单地解释为日出日落或朝夕的意思，却不能符合「出入日」一辞。「出入日」的自然现象是不存在的，是个抽象的专名，在殷代的祭日礼制中，「出日」「入日」是一个受祭称。显然，「出日」「入日」反映了殷代礼制中某些特殊的宗教性内容，决非「日出日落」那种单纯的字面含义。况且殷代言日出日落另有专词，如三期甲骨刻辞有：

王其观日出，其戠于日，刚。

弜刚。

刚，其五牢。

其十牢。吉。（屯南二二三二）

𢦏从戈从隹，即截字，今通作截，用为祭仪。卜辞记殷王观日出，截祭日神，[illegible]杀牢牲。这个“日出”指的就是太阳初出的自然现象。可见殷人言日出并不用“出日”之辞。另外言日落则称有“日西”，而不是“入日”，如三、四期刻辞有：

叀日𣪕。

于入自日西𣪕　《合集》二九七一三

西𣪕同卜，辞中的“入”是指𣪕祭时的行为。“日”与“日西”对文，日是白天，日西是以方位记时，指太阳西入时，这当然是以太阳西落的周日视运动为依据。

甲骨文的“出日”、“入日”、“出入日”是受祭格，不具有上辞“日出”、“日西”在全辞中那层明显的“日出日落”的意义，它们更多的表现出抽象化专名化的意义。当然，“出日”“入日”、“出入日”寓意于太阳的视运动，而基点在日出和日落，是建立在观测的基础上的。这种重视太阳视运动的祭礼，与后世礼拜出日入日有内在的联系。……

甲骨文中祭祀“出日”“入日”的材料，分别属于殷武丁至于文武丁时代，可见这类祭礼在殷代是有传统性的。同时由于“出日”、“入日”、“出入日”作为受祭格而具有抽象专名的性质，因此祭祀“出日”、“入日”、“出入日”的意义就不单单在于日出、日落时举行，恐怕还有一个比较固定的行事日期。从十多万片甲骨文中只发现数十条这类祭祀的材料看，大概当时一年中举行的次数是不多的。由于它是殷代的传统礼俗，又由于殷人不频繁举行这种祭礼，因此后世在春秋或春分、秋分礼拜出日、入日，恐怕是殷代礼俗的演化，两者之间是一脉相承的。殷人祭“出日”“入日”“出入日”，是基于太阳的视运动，后世在春秋或春分、秋分礼拜出日、入日，恐怕是在殷人认识的基础上有所继承，有所发展。……

……殷代“出日”“入日”的祭礼确曾行于与春季相关的月份，“出日”“入日”正可揭示出殷人对于春秋的认识，《尧典》的“寅宾出日”“寅饯纳日”，不论从其宗教意义，还是从其天文历法学的意义上看，都是与殷代的祭“出日”“入日”相一致。至于后世的“春朝朝日，秋暮夕月”、“春分朝日，秋分夕月”，溯其源，正是循殷代“出日”“入日”的祭礼有所继承、有所发展。

综上所述，甲骨文中“出日”“入日”的祭礼是殷代的太阳祭礼，它是中国古代社会所特有的产物，这一宗教祭礼反映出殷人辨识太阳运行规律和理解自然现象的努力。“出日”“入日”的祭礼通常行于春秋际，似有天象的标准；“出日”“入日”在殷代已有抽象专名的性质，由此可见殷人对于四时已有正确的认识。」（《甲骨文“出日”、“入日”考》，《出土文献研究》三三——四〇页）

按：說文：「日，實也，太陽之精不虧。从口一，象形。」王筠說文句讀謂：「从口一三字衍文。日字全體象形，若从口一，則會意也。又言象形，是騎牆也。且口一亦不成意，豈可以小篆楺圜爲方，拗曲爲直而遷就其說乎？」王筠辨之是對的。徐鍇繫傳祛妄引李陽冰云：「古人正圜象日形，其中一點象烏，非口一，蓋篆籀方其外，引其點爾」，日中有烏之說，始見於淮南子、抱朴子及諸緯書，初文日中之點或橫不得象「烏」。朱駿聲說文通訓定聲、徐灝說文解字注箋以爲象日中之黑點，當亦無此種可能，不得以近世之科學知識以推考古人造字之源。

卜辭「日」字之用法大體有三：

一、日月相對爲言：

「癸酉貞，日月又食隹若；

癸酉貞，日月又食非若」　佚三七四

二、日夕相對爲言：

「乙丑卜亘貞，日其雨」　珠一四二

「自今日至甲申日其雨」　乙八四九九

「今日雨，夕雨」　摭續二〇五

三、一晝夜爲一日

「乙卯卜㱿貞，來乙亥彡下乙，十伐出五，卯十𡨦，二旬出一日乙亥彡雨」　合一七三

「自今五日雨」　乙八五一〇

「甲申卜㱿貞，帚好冥不其妫，三旬出一日甲寅冥，允不妫」　乙七七三一

1137 暈 回

羅振玉　「象日光輝四射之狀。後世篆文將此字所從之回，引長之而作囗，上又增聿，形義全晦。於是許君遂以隸畫部而爲與夜爲界之說矣。」（殷釋中五葉下）

葉玉森　「周禮眡祲『掌十煇』之煇，乃暈之古文，日光炁也。回回並象日旁雲氣四面旋捲，若軍營圍守者然，似當釋煇，（鈎沈甲）本辭煇下有日字，即風。殆占煇而驗風歟？」（前釋四卷十三葉下）

楊树达

「殷虛书契前编肆卷捌叶伍版云：「辛未，△犬令△亘凡△。」亘字罗振玉谓字象日光輝四射之状，释为昼（考释中伍一）。叶玉森释煇，其说云：「亘之异体作亘，周礼眡祲掌十煇之法，煇乃暈之古文，日光炁也（炁同氣）。亘亘並象日旁云氣，四面旋卷，若军营圍守者然。似当释煇。本辞煇下有月字，即風，殆古煇風歟。……」（集释肆之拾叁）树达按：叶释是也。本辞云煇風者，古人云月暈知风，础润知雨。開元占经日占篇引石氏云：「有氣青赤，立在日上，名为冠。日兩旁有氣短小，中赤外青，名为珥。」月占篇引黄帝占云：「月珥而冠者，天子大喜，或大风。」唐孟浩然诗云：「太虛生月暈，舟子知天风。」蓋月暈为大风之兆，故卜辞言煇风，此可反证字之必当释煇矣。」（卜辞琐记一四頁）

于省吾

「卜辭亘字亦作亘亘亘等形。……羅葉二說，但憑臆測，於字形嬗変之迹，殊有未符。亘當即後世𡭴字。說文：「𡭴，際見之白也。从白，上下小見。」徐灝段注箋云：「𡭴隙古今字。際見之白，孔隙漏光也。明吳元滿六書總要曰：「从日，上下指光芒之狀。」是也。」按徐引吳說，最為精塙。以金文皇字，矢作丁公毀作皇，沖子父毀作皇，豐兮毀作皇，彔伯毀作皇，上畫繁消無定，均象日光外射形。說文古籀補七、十二引古鉨文，𡭴作𡭴。金文虩字所从之𡭴，毛公鼎作𡭴，秦公毀作𡭴，弓鎛作𡭴，均不从白。凡古文字所从之點，其橫點與竪點同，其點之部位，变化靡定。以後上七、十三有𡭴字，前四、十三、三作𡭴。契文習見之字，如彭作彭亦作彭，派作派亦作派，賁作賁亦作賁（簠室類纂存疑五五）。又以爽字作爽，亦作爽，兀字作兀亦作兀，彔字作彔亦作彔。然則點之形勢，縱橫之，上下之，左右之，周圍之，变動不居，惟施所宜。由亘形之变為𡭴，在偏旁中，或以限於地位，在獨體中，或以書寫之順便，在分期中，或以時間之較晚。如前六、五五、四：「𨠫祖乙」。𨠫字从𡭴作𡭴。前二、十八、三：「涼亡巛」。為第五期卜辭。涼字从𡭴作𡭴，中从日，乃日形之稍变，非白字。蓋𡭴字古文从日，小篆譌為白，若謂契文从白，金文譌為日，小篆又由日譌為白，殊不爾也。亦有在偏旁中而其點仍有在日之周圍者，如粹四九九：「叀𤊬彭」。𤊬字从京作𡭴，又四九七及四九八均有𤊬字，上半稍殘，下从𡭴作𡭴𡭴形。金文𡭴黃毀，𡭴字舊不識，當亦𡭴字。中从日作○。剌作兄日年卣，日作口。昶伯匜，昶字从日作○，是其證。然則𡭴字之演变，由亘亘而𡭴而𡭴而𡭴，其為𡭴字，殆無可疑。𡭴之本形，象日光四射，後世假灼焯爍為之。容光必照，故𡭴之引申義為隙孔為空間。卜辭𡭴及隙字，上下文多已殘闕，前四、八、六：「𣏟𡭴」。未識何義。前二、十八、三：「涼亡巛」。四、八、五：「𡭴凡」。佚存七五〇：「☐酉𡭴，止雨☐」。柏根氏舊藏甲骨文字二：「甲午京」。涼京並應讀作遡遊之遡，从𡭴从朔之字音近相借。說文：「虩，易履虎尾虩虩。从虎𡭴聲」。今易履九四虩虩作愬愬。又易震：「震來虩虩」。釋文：「荀作愬愬」。愬遡古通用。」（駢續卅三葉釋𡭴）

「……卜辞中有关亘即暈的记录，当是世界上最早的观察日暈的记录，是十分宝贵的资料。」卜辞云：

温少峰 袁庭栋

(92)……暈沓……（京二五一三）

(93)……大……暈，四月。（粹八二二）

(94)……出，丁卯暈。（乙三二三四）

(95)……乙酉暈，旬癸巳㞢，甲午雨。（乙五三二三）

(96)辛未卜，（殻貞）：羽（翌）壬（申）帝不（令）雨？壬（申）暈。（合一一五）

以上四辞均为验辞，记录着出現日暈的具体日期。

(97)癸巳卜，貞：今其出（有）因（咎）？甲午暈。（柏二）

此辞于癸巳日卜，问是否有祸咎发生，次日甲午，出現日暈，特地为之记录。此当殷人視日暈为不洋之兆的证据，即《周礼》之「观妖祥，辨吉凶」之事也。

(98)……王占……其暈？……𥁕……（后下二·一）

此辞为殷王視卜兆而预占是否可能发生日暈之辞，由是知殷人已可能对日暈的发生有着某些预测。

(99)……𣂔暈。（前四·八·五）

𣂔即折字，「折暈」者，可能是描写日暈之形状，谓日暈有中断之状或有曲折之状。日暈或月暈的绝大多数是绕日、月的光环，但也有少数时候是通过日、月的白色光带。此辞极有可能就是记录了这种天象，故此辞至可宝贵。

卜辞中还记录了日暈的出現与风、雨的关系。如：

(100)……西暈，之（？）雨。（佚七五〇）

(101)……旬……各（落）云……雨（？），暈。（甲二五六）

(102)……暈，既（暨），𢻱（施）牛……（存二·九六）

(103)辛未……𡆥令……暈，凡……（前四·八·五）

所谓「暈，之雨」者，暈后而雨也。「雨，暈」者，雨后而暈出也。「暈，既」者，既渎暨，即「雨止日出」而出暈也。「暈，凡」者，凡渎为风，谓暈出而风生也。

卜辞中，还有一条记录观察日暈的材料，其辞云：

(104)癸巳卜，争貞：日若丝（兹）𢧈，佳年因（咎）？三月。（前五·一七·三）

𢧈，郭老释敏，谓「敏当渎为晦，言日如此其晦，年其有忧也」（转引自《殷虚书契前编集释》）。郭说误，因为𢧈字应释为「妻」，卜辞中另有「𢧈𢧈」（菁六）、「祖乙𢧈」（缀一一八四）等语，皆可证𢧈字应释为「妻」，而不应释为「敏」（見《甲骨文字集释》）。那么，「日若兹妻，隹年囚？」是何意思呢？我们认为，「妻」与「齐」古同音，「霋」之异文即作「霁」。此辞之「妻」当读为周礼春官眂祲中「十辉（晕）之「隮」。郑众注：「隮者，升气也。」郑玄注：「隮，虹也」。诗卫风蝃蝀（104）：「朝隮于西」，笺云：「隮，升气也」。古微书引春秋感精符宋均注：「隮，谓晕气也」。「日若兹妻（隮），隹（惟）年囚（咎）」者，乃谓太阳的晕气象这样子，恐怕是年成的灾殃吧？所以，此辞宜視为古人观察日之晕气（或成虹之象）以预卜年成灾祸的记录，而且是現知的最古的记录。」（殷墟卜辞研究—科学技术篇一三三—一三五頁）

陳夢家　「亘，『羽壬帝其雨——羽壬帝其雨，壬亘』。乙一〇七〇。『今其㞢禍，甲午亘』。湘三一都是武丁卜辭，可能指日光出現或日暈之象」（綜述二四六葉）

孫海波　「亘，沖二五六。葉玉森以为即周礼眂祲掌十煇之煇，乃暈之古文，日光氣也。象日旁雲氣四角旋捲。其說近似。　各雲雨暈。」（甲骨文編二八七頁）

按：于先生釋崇。合一一五整版為卜雨之辭，其一云：「辛未卜：……，翌壬（申）帝不（令）雨？壬（申）亘」乙五三二三辭云：「乙酉亘，旬癸巳㞢，甲午雨」乙酉至癸巳凡九日，稱旬指本旬之內而言。亘與㞢、雨並列，皆指天象而言，應無疑義。「帝不令雨」之驗辭為「亘」，當指某種天象言之，似以釋「暈」為是。

1098

1138

崇　㞢

按：此與「暈」字有別。合集三三八七一辭云：「乙亥卜，今日其至不崇雨」用為副詞。說文訓為「際見」，「崇雨」猶今言「陣雨」。

1139

昜　旦

葉玉森　「『㫚（昜）白（伯）𤔲』从森按此四字不可解」（前釋四卷四葉上）

王襄　「古昜字。三家𣪕昜作㫚，與此相似」（類纂正編第九第四十二葉下）

商承祚　「按貉子卣作㫚，與此同」（朱芳圃文字編九卷五葉下引佚考七十葉上但隸定此字作昜無說）

朱芳圃　「字象日㫃丁上，結構與𠂆相同。日，鐙缸也，傳世西京宮鐙，即其遺制。金文孳增彡，象鐙光之下射也。本義當訓光明。孳乳為陽，說文𨸏部：『陽，高明也。从𨸏，昜聲。』為暘，日部：『暘，日出也。从日，昜聲。』為瑒，玉部：『瑒，金之美者，與玉同色。从玉，昜聲。』為鍚，金部：『鍚，馬頭飾也。从金，陽聲。』為碭，石部：『碭，文石也。从石，昜聲。』光與熱相因，故又孳乳為煬，火部：『煬，炙燥也。从火，昜聲。』為湯，水部：『湯，熱水也。从水，昜聲。』」（殷周文字釋叢卷上第五十葉）

饒宗頤　「『甲戌卜，㱿貞：在昜牧，隻（獲）羌』（遺珠七五八）按昜牧謂昜之牧野，如周語之稱『商牧』矣。卜辭方伯有『昜伯𤔲』，昜殆其封地。周有陽樊，見隱十一年傳，僖二十五年傳。杜注：『野王縣西南有陽城』。晉地亦有陽，見左昭四年傳，即漢志郳川郡之陽城。殷時之昜，與羌為鄰，以晉地當之，較合」（通考三〇三葉）

饒宗頤　「卜辭：

己酉卜，㱿貞：鬼方昜（禓）亡囚。五月。（屯乙六六八四）

『鬼方昜』者，昜疑讀為禓。說文：『禓，道上祭』。玉篇：『禓，強鬼也，道上祭也。』禮記郊特牲：『鄉人禓』。鄭注：『禓，強鬼也。謂時儺索室毆疫逐鬼也』。此即論語鄉黨之『鄉人儺』。周禮春官占夢：『始難』。鄭注：『難，謂執兵以有難卻也。』故書難或為儺。淮南時則訓『天子乃儺』。高注：『儺，猶除也』。難、儺、禓俱通。故知鬼方禓猶言『難卻鬼方』也。御覽禮儀部引世本云『微作儺』。微即上甲微，是時儺逐鬼驅疫之俗，殷時已盛行之」（通考三〇一——三〇二葉）

李孝定　「說文『昜，開也，从日一勿。一曰飛揚，一曰長也，一曰彊者眾皃』眾說並陳，許君蓋亦不知其本義也。段氏以為『陰陽正字』。契文从日在丁，此疑可之異體。可古柯字，上象日初昇之形，段說近之。卜辭為方國之名，𤔲則昜伯之私名也。从謂昜伯从時王若他人同行也。金文作㫚昜弔遣[字形]宅簋[字形]嘉子昜伯簋[字形]旗弔鼎[字形]沇兒鐘[字形]昜兒鐘與篆文近。或亦作[字形]昜鼎[字形]同簋[字形]貉子卣孳乳為揚[字形]敔簋[字形]趞弔簋與契文同」。（集釋二九七三葉）

于省吾「甲骨文昜字习見，有的言『才昜牧』，以昜为地名。有的言『昜伯㚔』是說昜方的酋长名㚔。此外，称『兕方昜』者两見，今录之于下：

一、己酉卜，穷貞，兕方昜，亡囚（一答）。五月（亿六六八四）。

二、己酉卜，内囗貞，兕方昜，囗亡囚。五月（押三三四三）。

以上两条都居于第一期，語例相同。『兕方昜』为旧所不解。按昜与揚為古今字。周代金文的揚字通常作䫍，从丮与从手古每通用。說文：『揚，飞举也，从手昜声。』詩沔水称『載飞載揚』。飞举与飞揚义相仿。揚也通作䫉，佛盌僂的『优賢揚历』，汉碑揚作䫉。列子黄帝的『揚于地』，張湛注謂『犹䫉物從風也』。兕方昜的昜字作动词用，是說兕方飞揚而去，言其逃亡之速，故下句以无咎为言。」（甲骨文字释林释「兕方昜」）

按：許慎說解昜字形義，皆不可據。卜辭「昜伯㚔」屢見，昜為方國名，㚔為昜伯之私名。又珠七五八「在昜牧隻羌」，昜為地名。在殷代，牧放牲畜經常與其它部族發生衝突、互相虜掠，卜辭中多有記載。昜孳乳為暘、揚、敭、陽等，段玉裁、朱駿聲以昜為暘、陽之本字是也。唯說其形體則不可據。

1140 旦 [字形] [字形]

于省吾「契文昌字作[字形][字形][字形][字形]等形，郭沫若釋昌。按昌即旦之初文。旦昌同原，後歧為二。金文旦字，𨺅毀作[字形]，克鼎作[字形]，頌壺作[字形]，伊毀作[字形]，休盤作[字形]，古文虛匡與填實同。契文下不填實者，契刻之便也。其上从日，或無點者，文之省也。惟契文二體分離，金文多上下相連，祇休盤[字形]字與契文相仿，形雖遞衍，跡猶可尋。說文：『旦，明也，从日見一上。一，地也。』按古文無从一者，許說失之。契文旦字當係从日丁聲。丁旦雙聲，並端母字。契文丁字作口◇，與旦字下从之虛匡形同。契文旦亦作[字形]，下从日，中有小横，乃变體也。金文丁字作•■，與旦字下从之填實形同，此旦字演变之證驗也。說文：『昌，美言也。从日，从曰。一曰日光，下。[字形]籀文昌』。按古鉨昌字作[字形]，下从曰，與小篆相近。而說文所引籀文昌字下从∇，是籀文時期猶在鉨文之前。∇即古丁字。金文晚期丁字，王孫鐘作▼，者減鐘作ロ，古璽文字徵十四、四，丁作▽。又古璽文字徵七、一，旦作𣅈，即𣅈字。昌，穿紐三等字，古讀穿紐，亦爲舌頭音。書皋陶謨「禹拜昌言」，孟子公孫丑注引作「禹拜讜言」。讜亦通黨。逸周書祭公：「王拜手稽首黨言」。昌與讜黨聲近字通。爾雅釋詁：「昌，丁，當也」。書皋陶謨僞傳亦訓昌爲當。詩雲漢「寧丁我躬」，傳：「丁，當也」。昌本从丁聲。昌丁並釋爲當，以聲爲訓。廣雅釋言：「昌，光也」。與說文日光之訓符。說文訓旦爲明。明光義相因，此旦昌同名之證驗也。契文昌字均作旦字用。佚四六八：「于南門昌」。當謂旦時于南門有事也。後下三九、十四：「于昌亡𢦏」。粹九八四：「于昌王迺田，亡𢦏」。一零二九：「于昌亡𢦏」。均係占狩獵之時。鄴三下四四、五：「癸于昌迺伐𢦏，不雉人」。係占征伐之時。粹七〇〇：「昌不雨，食不雨」。旦與食對文，食謂食時也。鄴初下三三、三：「昌涵至昏不雨」。由旦至昏，義尤明顯。佚一六六：「兄（祝），叀今昌酌正」。渐二二六：「昌其濫鼎」。謂旦時祭也。佚八八二：「其复曰」。曰下殘，應作昌。契文复复亙作，即复即復。余所藏明義士墨本有辭云：「戊辰复昌」。又有辭云：「弜复昌，其征」。書大傳虞夏傳：「旦復旦兮」。管子牧民「不行不可復者」注：「復，重也」。契文言旦謂即日之旦，言復旦謂翌日之旦也。要之，契文昌字从日丁聲，即今旦字，說文誤作从一。金文旦形與丁形相連，而亦有不相連者，可資參證。旦與昌初本同名，後以用各有當，因而歧化。然說文籀文昌下从丁，猶可溯其形。昌當爲聲訓，昌又通讜黨，猶可溯其音。昌訓光，猶可溯其義。小篆昌字下从曰，譌形聲爲會意，而昌之義訓，遂不可解結矣」。（駢三第四葉釋昌）

郭沫若釋昌，無說。見粹考九六葉下又一三四葉上。

孫海波「后编卷下第三十九页十四版「于昌亡𢦏，」佚存四六八版「于南门昌，」明义士先生藏契一版文云：「弜复昌其延」又云：「丁卯卜戊辰復昌，」诸昌字，或从日口，或从二日，疑即许书之昌。说文「昌，美言也，从日从曰，一曰日光也，诗曰东方昌矣，籀文作昌。」林义光先生曰：「美言不当从曰，日光又不当从曰。汉洗富贵昌皆作昌，疑本从二日。广雅「昌，光也，」释言春秋元命苞「代殷为姬昌，」注云「两日重见言明象。」裴松之引易运期许云「两日并光日居午，」皆以两日为昌字。」文源其说甚辩。按许君引诗「东方昌矣，」以解昌为日光，则从日於义无居。意者昌字初文，本从二日，取日光之义。籀文作昌，从口，殆日之省，与卜辞相合。从曰者，或日之讹字。」（考古学社社刊第四期十九页）

孫海波「昌，甲一八五。于省吾释旦。亡旦父辛。」（甲骨文编二八八页）

陳夢家 「『其之旦』，疑假作壇。『宿旦』是地名。」（綜述四七二葉）

李孝定 「契文[glyph]郭氏釋昌是也。下从口與許書籀文合。小篆从口之字古籀文多作▽，如君之古文作[glyph]，意之籀文作[glyph]，从言，言所从口作▽，堂之籀文作[glyph]，从高省，偏旁兩口字作▽、叒之籀文作[glyph]，从口作▽，均其例也。于氏謂字乃旦字，下从丁聲，金契古籀丁字未見有作▽形者，蓋此字實从口也。小篆从日與从口同意，許訓昌為美言乃其本義。以字从日，故又有日光也一解。段氏注云：『裴松之引易運期讖曰「兩日並光日居午兩日昌字」，圖讖說字多不合本義。裴引孝經中黃讖『曹為日載東』，曹字亦本从曰非从日，蓋昌之本義訓美言，引申之為凡光盛之稱，則亦有訓為日光者，日光祇為餘義，例所不載，「一曰日光也」五字恐魏時因許昌之說而妄增之』。段說是也。惟謂日光一訓為妄增則未必然。徐灝段注箋云『此字以美言為本義，自當入曰部，誤載於此，全書此類多有』。其說甚是・王筠說文釋例亦謂此字當以虞書昌言為正義，其說與徐氏段注箋之義略同，當即為徐說所本。據此數家所說，昌字古从口篆从日殆無可疑。于氏釋此為旦，謂許書以會意說旦字為非，旦乃从日丁聲，實形聲字也。按金文諸旦字其下所从實，筆除休盤一文外，均與上日字相連，實當以此形為正，休盤作旦，其變體也。凡一字兩體相連，例為指事、間亦為會意，甚少為形聲字者・又契文[glyph]字兩體分離，無一相連者，以較金文旦字其別甚顯。于氏又引書皋陶謨『禹拜昌言』，趙氏注孟子引作『讜言』，以證昌讜黨聲近字通。按昔引書每憑記憶，未必覈對原文，趙注孟子引書昌言作讜言者，以二者義同故耳。玉篇『讜，直言也。善言也』。字林讜訓美言，後漢書班固傳注及文選東都賦引紐氏說文新附考說均與許書昌之說解相同，未必以其音近也・一切經音義四引說文號字而說均不同可證昔人引書或不甚經意治校刊者每執此法以校訂古本盡可信也且昌黨二字音韵固不相遠，而昌旦二字則一在十部陽韵，一在十四部耕韵，音韵並不甚近也。于氏又引卜辭昌字所見諸辭以證昌當釋旦，其尤要者為粹七〇〇『昌不雨食不雨』及鄴初下三三、三『昌涵至昏不雨』二辭，蓋謂一為旦食對文，一為旦昏對文也。按前辭食字有用為地名者，如粹一四六二云『癸卯貞旬亡禍在[glyph]旬癸丑貞旬亡禍在重癸亥貞旬亡禍在東旬□癸酉□貞旬亡禍□在食旬』是也。然則食不雨昌不雨者，食、昌昌蓋均地名，非紀時字也。後辭昌涵湄連文，卜辭未見以此二字連文紀時者。卜辭恆言湄日亡戈，屈翼鵬氏讀湄為䌁是也。猶言終日也。此辭湄字義訓當同，蓋謂昌地終日至昏亦不雨也。于氏所舉它辭昌釋為昌、解為地名，亦多可通，惟用為祭名者則不知當於後世何禮耳。又言『復昌』則當訓為昌盛，于氏訓為望日之旦，殊覺牽強也。」（集釋二一九八葉）

于省吾 「甲骨文昌字作[glyph]、[glyph]、[glyph]、[glyph]等形。商承祚同志释为『曰丁』二字（佚考一六六），郭沫若同志释昌（旧李粹考一〇二九），均不可据。按昌即旦之初文。金文旦字，墅段作旦、克鼎作旦，颂壶作旦，伊段作旦，休盘作旦。古文虚框与填实同，甲骨文旦字下不填实者，锲刻之便也；其上从日或无点者，文之省也。甲骨文二体分离，金文多上下相连，只休盘与甲骨文相仿。形是递演，迹犹可寻。说文：「旦，明也，从日见一上，一，地也。」按古文无从一者，许说失之。甲骨文旦字之用法，例如：「丁丑王迺田，亡戈。」（粹九八四）「于旦无戈。」（粹一〇二九）均系占卜将猎之事。「癸，于旦迺伐戈，不雉人。」（邺三下四四·五）系占卜征伐之事。「旦不雨〇食不雨。」（粹七七〇）旦与食对文，食谓大食时。「旦湎（昧）至昏不雨。」（邺初下三三·三一）旦昧指天将明时言之。由旦昧至昏，犹今言早晚，义尤明显。「兄（祝）叀今旦酌亡。」（佚一六六）「旦其潎鼎。」（甲四〇四）均谓旦时祭也。甲骨文称：「于南门〇于旦。」（甲八四〇）又：「于南门旦。」（佚四六八）陈梦家谓旦「疑假作坛」（综述四七二），可备一说。甲骨文复字作复，亦作复。甲骨文称：「其复〇。」（佚八八二）「〇乃旦之残文，应作旦。又：「丁卯卜，戊辰复旦〇弜复旦，其征。」（南北明四四七）书大传虞夏传：「旦复旦兮」。甲骨文言旦谓即日之旦，言复旦谓翌日之旦。前引「戊辰复旦」，戊辰即丁卯之翌日也。」（释旦，甲骨文字释林一四至一五页）

考古所　「旦：是宗廟建築之一部份，陳夢家疑假作壇（綜述四七二頁），但也可能是廛或亶。」（小屯南地甲骨八四〇頁）

按：字當从于先生說釋「旦」。卜辭或作吕、㗊；或徑作吕（粹九八四、京津四五四六同片），與宮之初形作吕者易混。其區别在於：宮字初形吕，兩口形較齊一，而旦字則上下兩口形參差不齊。且卜辭「旦」皆用為旦明之義，而宮則為地名。摭續一九七「于吕王迺田……」，與粹九八四、京津四五四六之辭例同，仍當釋旦，非宮字。島邦男卜辭綜類既將粹九八四列入「昌」字條（一一六一），復列入「宮」字條（二八八）；又不知京津與之同片，而分列為二條（一一六一），未先疏失。卜辭云：

「……旦至于昏不雨」　京津四四五〇

「戊旦湄至昏不雨」　鄴一·三三·三

「旦其𤕬彝，迺各日又正」　甲四〇四

「旦」及「昏」與「落日」相對為言。公羊傳哀十三年「見於旦也」，何休解詁：「日方出」。爾雅釋詁：「旦，早也」。卜辭均用其本義。李孝定集釋以「旦」、「昏」皆為地名，非是。

昔

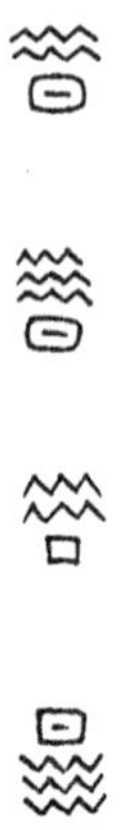

王襄　「古昔字。許說乾肉也，从殘肉，日以晞之。」（類纂類編第七第三十二葉下）

葉玉森　「說文『昔，乾肉也。从殘肉，日以晞之，與俎同意，籀文作𦣻』。按籀文乃腊字。古必先有昔，乃孳乳腊。契文昔作㫺㫺，从≈，≋乃象洪水，即古巛字。从日，古人殆不忘洪水之巛，故制昔字取誼於洪水之日。曾鼎作㫺，上亦从巛。龔度青曰：「昔从巛日之說至精。」楊子法言所云『洪荒之世』，即古昔誼。」」（說契二葉）

饒宗頤　「卜辭：

庚申卜，㱿貞：昔（醋）且丁。不黍隹青（觳）。（屯乙一九六八）

按昔，祭名。讀為「醋」，通作酢。特牲饋食禮：「祝酌授尸，尸以醋主人。」鄭注：「古文醋作酢。」書顧命：「盥以異同，秉璋以酢。」孔傳：「報祭曰酢。」詩楚茨：「萬壽攸酢。」傳：「酢，報也。」士虞禮及饋食禮鄭注皆云：「醋，報也。」義同報祭之報。字亦作「䄍」。玉篇：「䄍，報祭也。」此謂不以黍（稷）而以青報祭。青讀為觳。」（通考一三六葉）

張秉权　「這一塊腹甲的再度拼合，極為重要，它對於這几塊碎片上的卜辭的解說，有着很大的貢献，例如第（一）（二）兩辭，按照字面去看，每一个字都可以認識，但是全辭涵义，却又非常晦澀，尤其困难的是怎样去解释『昔（或災）祖丁不黍』，如果把它說成：『昔不黍祖丁』意即昔不用黍以祭祖丁，那末它与『惟南庚巷』又有什么关系？却要放在一条卜辭之中。总之，在這版龟甲没有复合以前，這二条卜辭的特殊句法，无疑发現，它们的真实意义，也无从瞭解，現在经过拼合以后，才知道解释這二条卜辭的主要关鍵，不在卜辭本身，而在它的占辭，那反面（下一图版）第（二）辭：『王固曰：（惟）南庚巷，祖丁巷，大示祖乙，祖辛，羌甲巷！』占辭的意义非常明显，那是國王看了卜兆以后說道：不但南庚在作祟，祖丁在作祟，而且大示之中的祖乙，祖辛，羌甲都在作祟，从占辭以推卜辭，這个难題也就迎刃而解了，原来它们是在问：『昔（或災）不黍，（不）隹南庚祖丁巷？』『昔』是往日的意思，在卜辭中凡是『今日』以前都可称昔，例如：

癸未卜，貞：昔丁丑☐？　衛四・二七・三

丁亥卜，殻貞：昔乙酉箙旋知□□大甲祖乙百鬯百羌卯三百☐？绪上二八·三
它的用法，与『翌』相似，而不像『翌』字那样地普遍应用。在這里，自然也可以把它当成『災』字講，因為它的对貞卜辭，即第（二）辭，便是作『災』的，究竟是第一辭的『昔』应作『災』，或昔第（二）辭的『災』字，係『昔』字的筆誤，而少刻了一个日旁，那就很难断定了，因為昔与災的意义原可相通，所以无法断定其誰是誰非了，好在无论作昔或作災讲，都可以把這二条卜辭解說得通。『不黍』的意思，大概是指黍不熟，收成不好。因為黍的歉收，而问是否南庚和祖丁在作祟，這一对貞卜辭的意义，就很明显了。不过像這樣地把『祖丁』一詞移置在『不黍』之前的句法，卜辭中，也是很特殊的，在整版刻辭中看来，也許还不难懂，可是一經断碎，卜辭和占辭分了家，那就叫人百思不得其解了。」（殷虚文字丙編考释第四五八—四五九頁）

李孝定

「說文『昔，乾肉也。从殘肉，日以晞之，與俎同意。[字形]籀文从肉』。段注云『昨之殘肉，今日晞之，故从日。鄭注腊人云「腊之言夕也」。此可證周禮故作昔字，後人改之。』昔者古文，籀文增肉作𦠆，於義為短，昔肉必經一夕，故古叚昔為夕。穀梁經「辛卯昔恆星不見」，左傳「為一昔之期」，列子「昔昔夢為君」皆是。又引伸之則叚昔為昨，又引伸之則以今昔為今古矣。今古之義盛行而其本義遂廢』。此謂乾肉為昔之本義，今古之義為引伸。昔𦠆為古籀之別，實則昔為今古義之本字，乃从日从巛會意。葉說是也。乾肉之腊乃从肉从昔，昔亦聲，二者實非一字，玉篇二字分收二部不誤。玉篇日部『昔，思亦切，往也，久也，昨也』。肉部『腊，思亦切，乾肉也』。周禮「腊人掌乾肉」。而王筠說文釋例乃云『昔之籀文腊，玉篇在肉部，注解判然，時代漸降古義漸微，顧氏即知之亦或从俗，後生愈不知矣』。以不誤為誤，未見真古文之故也。字上从巛，非『與俎同意』也。俎許云『从半肉』，顧氏去古未遠，其分別部居必有所本，非从俗也。許君以乾肉訓昔不類，後人誤混，亦智者千慮之一失也。魏三體石經昔之古文稍有殘泐，然其上猶隱約可辨為从巛不誤，非从巛石經篆文已从巛也。卜辭昔均為今昔義，辭云『丁亥卜殻貞昔乙酉葡[字形]（旋）御☐大甲且乙百鬯百羌卯三百☐』（後上二八、三）『☐之齒今☐昔我觀☐』（下五三、三）『四日庚申亦有來嬉自北子[字形]告曰昔甲辰方征于蚁俘人十又五人五日戊申方亦征俘人十又六人六月在☐』（菁、五、一）是也。金文作[字形]克鼎[字形]卯簋[字形]師楚簋[字形]善鼎[字形]舀鼎[字形]史昔鼎，容庚金文編七卷二葉上昔字條下亦收从肉作者一文，見鄉徐王鼎字作[字形]，其銘曰『徐王擇用其良金鑄其𩱅鼎用鬻[字形]𦠆用雝賓客子子孫孫世世是若』（貞松三、廿一，又金叢二、六〇）。鬻字雖不識，然以文義揆之當為烹飪義。其下一字與𦠆字同為所鬻之品物，謂鬻之以雝賓客也。𦠆當為乾肉之義，而金文不从肉作之諸昔字均與今為相對義，分別較然。栔文昔字其義亦與金文同，栔文無腊字足證玉篇不誤也。」（集釋

二二〇九葉）

何金松　「甲金文中，『昔』字有多种形体，如作：□（甲二九一三）、□（鄴初下四五．五）、□（佚六．一）……波浪条或二或三，或连或断；日在上或下，日中有一笔或无。部件的位置不定，或增笔，或省笔，……是甲金文字中的通例。……先从『耤』字说起。金文作□（令鼎），象人用手操耒耕土之形，下面是『昔』字。众所周知，田地是需要耕的，目的是松土。今用耒（耜、犁）耕时，土块掀起，翻倒，连成线条状，是曲折的，呈〰或〰形。一块田地耕完土坺的行数很多，作为文字符号，画两三条就够了，写成□或□，或作□，亦可分别写成反向形：……昔字的字形表示太阳晒土坺。本义是『晒干』，与『晞』同义。『昔』为象形，『晞』为形声。

翻起的土坺比较湿润，晒两三天就可以整细了。所以殷人称几天前为『昔』。这个引申义的产生是很自然的。卜辞中，『昔』为往昔，用的是引申义，或者用作人名。」（释「昔」「腊」，华中师院学报（哲学社会科学版）一九八四年一期一一九至一二一页）

按：葉玉森說「昔」字之形體是對的。許慎據小篆譌變之形體立說，故多舛誤。卜辭皆用為「今昔」字。「昔」字从「巛」从「日」會意，與「土坺」無涉。

1142 晶 星 □ □ □ □

葉玉森　「晶非品字，口即𠮛（予）字之所从，亦即厶字。今此字从厶，是厽字也。說文曰：『絫，坺土為牆壁，象形』。據此則設厽即累牆之意。」（鐵拾考釋三十九葉）

商承祚　「卜辭中从日之字間亦作口。」（類編卷三第一葉）

商承祚　「晶疑靁字，說文靁之古文作𩇓，从雨，乃後增。唐氏謂此乃星之本字。」（佚考六九葉）

楊樹达　「按星字甲文作□，或加声旁作□，其为天上星宿之象形字甚明。……星見之字后别构为姓，说文七篇下夕部云：「姓，雨而夜除星见也，从夕，生声。」姓即今之晴字。（释星，积微居甲文说卷上二○至二一页）

楊樹達　「卜辞星為象形字，而其用則同於許書之姓晴」。（甲文说十一葉釋星）

孙海波　「佚存五○六版「囗贞王囗先囗大晶囗好」，商先生曰「晶疑曐字，说文曐之古文作曐，从雨乃后增。」唐氏谓此乃星之本字。按唐说是也。说文「晶，精光也，从三日。」「曐，万物之精，上为列星，从晶生声。」「曑，商星也，从晶㐱声。」「曟，房星，为民田时者，从晶辰声。」星、参、晨皆从晶，是晶当是星的初文，象三星之连，许君分为二字，非是。王筠释例云：「晶当作品，且当为星之古文，许君误。然曐下云，古○复注中，故与日同，亦足徵也。」徐灏说文解字注笺云：「晶即星之象形文，故曑、曟字从之，古文作品品二形，因其形略，故又从生声，小篆变体，有似于三日，而非从日也。古书传於晶字别无他义。精光之训，即星之引申，因声转为子盈切，遂歧而二之耳。」二氏之言皆能得其环中，今验之卜辞益信。」（考古学社社刊第四期十八页）

孙海波　「晶，佚五○六。説文晶，精光也。从三日。卜辞用为星字。大星。」（甲文编二九二页）

孙海波　「品，后二·九·一。卜辞用晶为星。重見晶下。」（甲骨文编二九三頁）

孙海波　「品，前六·五五·二。口非口字。旧释品，非是。」（甲骨文编六八二頁）

董作賓　「品，品，並星之象形字。與品之作皆異。亦有从生作者如𣇋、𣇋，生即契文生字，形聲字也。說文古文曐，與此同」。（殷曆譜下編卷三交食譜二葉）

屈萬里　「品與品異。品乃品字。品則星字也。卜辭星字作𣇋（甲七·二六四）𣇋（乙一八七七）𣇋（乙六六七二）等狀，以嘂等示形，以生（生）示音，為形聲字；治卜辭者既識之矣。而但象形，不著聲符之品字，諸家率誤釋為品，則不知其為星字也。通纂四三二片辭云：「七日乙巳，夕𣇋，囗出新大品，竝大囗」。郭氏釋品為品，而未識新字。按：新乃新字，品乃星字。新大星者，新發現之大星也。火，亦星名，即詩豳風「七月流火」之火。「新大星並火」者，言此新大星與火星並行也。以是知品確為星字。本辭之品，亦即星字；惜辭殘未詳所卜者為何事。（勞貞一先生云：『新星，當即客星；言火星旁有客星也。此蓋記安星最早之資料；於天文史中，可謂寶貴矣。』）」（甲釋六七五片）

張秉权　『品』，是品字，是殷代的一种祭祀名称，正面（图版柒玖）第（一五）辞以犬、羊、人三样为品祭的牺牲。本版第（一一）辞则仅以『一牛』為品祭的牺牲了。」（殷虚文字丙编考释第一二〇页）

李孝定　「說文『㗊眾口也从四口讀若戢又讀若呶』商氏收上出第一形作㗊，其說可从。辭云『㗊勿圍』前六、五五、二『今蘁秋㗊黍年』粹八七八其義不明。」（集釋〇六七三葉）

李孝定　「說文『晶精光也从三日』天無二日而字从三日，段氏注之云『凡言物之盛皆三其文，日可三者所謂絫日也』。是以此為會意。徐灝段注箋云『晶即星之象形文，故曑農字从之。古文作品品二形，因其形略，故又从生聲。小篆變體有似於三日而非从日也。古書傳於星字別無他義，精光之訓即星之引申，因聲轉為子盈切遂歧而二之耳』。王筠說文釋例亦謂晶為星之古文。按兩氏之說極碻。卜辭星字作品品亦作曐，可證也。品品晶象衆星羅列形，曐則形聲字。辭云『口未有□新品』前七、十四、一『七日己巳夕𡆥有新大品並火』後下九、一此言有新大星與火星並行。同片它辭云『囗帚其有來嬉囗不吉』蓋謂此種天象為不吉之徵也。『囗貞王囗曰先囗火晶囗好囗』洪五〇六『囗采烙云自北西單□囗□曐三月』前七、二六、四□疑為采之殘字，言有采烙雲自北來西單當為地名，□為天象字，諸家說者不一，當另詳之。星上一字不可識，乃星名。左从鳥右从商而小異『丙申卜㱿貞來乙巳酒下乙王固曰酒隹有祟其有□乙巳酒明雨伐既雨咸伐亦雨𢾊卯鳥星』乙六六六四、六六七二文略同此均品曐通用之證也。金文星字作曐麓伯星父簋與篆文同。本書仍从許例分收品曐為晶星二字其實一字也。」（集釋二二四六葉）

連劭名　「『大晶』当读『大晴』，指庚午夜晚的天象，与後下九、一相同的祀典还有：

『……未，㞢設新，晶。』前七、一四、一

『戊申……㞢設新，晶。』乙八三五七

（甲骨刻辞中的血祭，古文字研究十六辑六三页）

李棪　「㞢，由犬，㞢羊，㞢一人。品。」（丙编七九）

……甲骨文◇◇◇形之字，旧释以为是品字之异体，我以为是星字。李旦丘谓字从三△，实厽字也（零拾，页三九）。我记得胡厚宣尝说过此◇◇◇形可释为厽若壘；按李胡之说近是。卜辞◇◇◇字，除丙编七九片之外，乙编二四有残甲片，只并列「◇◇◇贞」二字。甲骨文「𠁣」、「𠁣」通用，如「己未卜，贞：王室，品，亡尤。」（菁编五·三五·二）；「辛酉卜，贞：王室，𠁣，亡尤。」（菁编五·三五·四）；此两条乃在三天内所卜，而所刻之字形不同。因此，我意丙编乙编之◇◇◇可通作厽，而释为厽，引申之作纍，像纍积或增益状。侯家庄的方坑墓，所放髑髅十具，分三行，若远望或下望之，頗成纍积之状。」（殷墟所头坑髑髅与人头骨刻辞 中国语文研究第八期三六——三七页）

裘锡圭　参「字条

按：古「晶」、「壘」同字。「晶」本象羣星之形，復增「生」為聲符。甲骨文「口」與「日」區別極嚴，從不混同，釋「品」非是。李亞農釋卜辭之「新大星並火」為依山築牆，既誤「火」為「山」，又誤「星」為「壘」，實本於葉玉森、臆說不可據。此與1382當合併。參見該字條下。

1143

督

于省吾　「說文督「从目叔声」。按契文作[字形]，从[字形]；汉印、汉碑督字均作督，从日。不从目，虽有数点，犹不背于初文。」（论俗书每合於古文 中国语文研究第五期一四页）

按：于先生釋「督」，在卜辭為祭名。

1144

晝

考古所　「書：也可能是聿日，与今日相对。」（小屯南地甲骨一〇一一）

按：說文：「晝，日之出入，與夜為界。从晝省，从日」。此从「聿」，从「日」。合集二二二九四二辭云：「……卜大……吉于父丁……今晝……」，當用為「晝夜」之「晝」。

1145

按：卜辭用為人名。

1146

按：字不可識，其義不詳。

1147

按：合集一九九二四辭云：「……戌王貞：……亡咎父辛」乃祭名，此从「口」，與「旦」有別。

1148

按：合集三二八一五辭云：「己亥歷貞，三族王其令追召方及于[illegible]」乃地名。

1149

按：此與「昜」字當有別，其義不詳。

1150 [glyph]

按：字不可識，其義不詳。

1151 [glyph]

按：字不可識，其義不詳。

1152 月 D D

葉玉森 「月之初文必為(（，象新月。因日作正方長方或多角形，乃亦变作（<。後又沿日注小直之譌，变為D(D D<(D等形。篆文作[glyph]，更由D D D蛻化者也。」（說契一葉上）

王國維 「月亦祭名」（戩考十四葉下）

羅振玉 「𡆥，以歲字例之，當為歲月之月本字。作月者，日月之本字。然卜辭中凡某月已借用日月之月，而罕用本字之𡆥矣。」（殷釋中六葉下歲字條）又曰：「作D者亦見子璋鐘。」（殷釋中五葉上）

王襄 「說文解字：『月，闕也。象形。』釋名云：『滿則缺也。』契文之月，象半月之形，蓋一月中人見圓月時短，故作半月之形，后加中画像月之晴处。殷契一二期，月作D，夕作D，至五期，月作D，夕作D。金文之月，啟敦作D，师遽敦作D，古鉢作[glyph]，曆鼎用夙夕彝享，夕作D。月，夕形近不分，要皆象半月之形。許书：『夕，莫也。从月半見。』『莫，日且冥也。』日且冥之時，則月將見，故夕从月半見。半見，犹云非全見。月初生，在天末，有能見有不能見，故曰半見，為会意字，与月之作半月形者誼有別。」（古文流变臆說一九頁）

董作賓　「契文前後期月夕二字互易其形，前期月作D夕作D，後期月作D夕作D也」。（卜釋六十二葉亦見斷代研究例集刊外編四一五葉）

陳邦福　「殷壽堂殷墟文字第六葉云『丙子卜貞其月于父丁』。殷虛書契前編卷一第三十葉云：『貞月出于妣甲』。案月疑禮記祭法『考廟，王考廟，皇考廟，皆月祭之』之略，惜卜辭文簡，不言何帝貞父，何帝貞妣，惟以辭例求之，殆祭義考廟月祭之說矣」。（瑣言二葉上）

唐蘭　「甲骨文D為月之專字，後亦為D，與D異，D則夕之專字，其間有作D者，則因字小而省，且月夕本可通也」。（佚考四八葉）

郭沫若　「古月夕字每混用，然大抵以有點者為月，無點者為夕」。（集釋二二五四）

郭沫若　「『亘弗月雀』之月字，當是動詞，蓋假為抈。說文『抈，折也』。國語晉語『其為本也固矣，故不可抈也』。韋注『抈，動也』。與扤殆是一字，說文『扤，動也』。詩正月『天之扤我，如不我克』，此扤字則以訓折為長，蓋字有二義耳」。（殷契粹編考釋第二〇八葉）

孫海波　「卜辭月夕其形不別，惟由文義以識之，蓋月夕二字之義同取於月初見，故其形每相混也。董作賓以為前期月作D，夕作D，後期月作D，夕作D，此說最為謬誤。蓋卜辭固有月夕同見一片而同作D，為月夕不別之證，董氏立說恐未皇詳驗卜辭矣」。（文錄八葉）

唐蘭　「卜辭月夕二字通用」。（卜釋二三葉）

李孝定　「契文象新月之形，葉氏說字形演变之迹是也。有主卜辭月夕二字先後易形或主月夕各有專字者，蓋可謂得其大凢。然亦時有例外者，如滴二、三、五、片凢三『月』字均作D，是D非夕之專字也。惟孫氏之說最為得之，卜辭月夕二字惟當以文義別之耳。月有圓時，然虧闕之時為多，故取象半月兼以別於日字也。夕之初義同於夜，故即假月字以見義，許君以莫訓夕誼屬後起。月夕固為同字也，後以其用有別遂歧為二字而音義亦各殊矣。金文作D旂鼎D頌鼎D頌壺D盂鼎D善夫克鼎D散盤D不𡢁簋D虘鐘D盉簋D邾公華鐘D邾大宰簠D賢簋D陳庚鼎D東周左師壺文尚多見不能具舉。形变雖繁，然率皆作D無作D者，文字演变趨於定型亦自然之理也。又陳邦福氏舉識六、一辭之『月』謂是月祭，王國維氏亦以月為祭名。按此辭直行右行，其辭曰「丙子卜行，卜下疑有闕文乃貞人名以同先它辭卜下有貞人即也貞其☽行，月或夕不能遽定其下疑亦有闕文如夕福夕酒遣文之類于父丁」卜☽二文之下即無闕文則月字亦但當如王氏解為祭名，未必即當於後世之月祭也。蓋月祭之説祭為通名，謂每月祭祀一次而已，然則月祭之文斷無省為「月」字之理，陳説未免失之附會矣」。（集釋二二五六葉）

常正光

「岁首的推定，传统看法都认为殷正建丑，殷历谱更明确地指出「全殷代皆以近丑之月为正月」，「小寒为丑月之节气。殷之正月」。月建本是在划分太阳年的基础上，以十二支表示节气之所在。这是在确立二十八宿，认识黄道，判知月朔之后才可能出现的表示方法，在殷代还不可能做出划分月建与规定节气的。至于定建丑之月为岁首正月，这更是后人的附会，在当时根本不可能产生这样规定的。也正因某些学者仍然因袭殷正建丑的传统观念，所以在处理卜辞中有关气象与农作物种植日期等方面材料时，仍按建丑的框框去比附，当然也就难免对于殷代气温高低问题发生争论。

根据卜辞材料，可以看出一个奇怪的现象：即是如以殷正为建丑，则在冬春之际是多雨的。对待这材料，董作宾先生认为：这只能说明正因为这时期是少雨的，所以才要卜雨，卜雨是反映了「殷人在一月盼雨的迫切，常常希望下，常常希望多下」，从而否定了卜辞中在一、二、三月卜大雨或多雨的材料。然如果追问一下，殷人为什么在这期间那样迫切地盼雨呢？如果不存在多雨的可能性，殷人能够缘木求鱼妄行卜雨吗？这能够不反映客观实际的需要，即生产生活的实际需要吗？也正因为双方都没有进一步探讨这方面的问题，所以各据冬春多雨材料在争辩当时气温之高或低时都难以说服对方，而根本问题却被丢在一边不得深入下去。

不仅是为什么会出现冬春多雨问题过去没有得到解决，而且对于后世认为反常的气象问题也同样未能引起注意。例如雷与虹都是在冬季不可能出现的气象。后世文献资料说明：在夏历孟冬之月「水始冰，地始冻，雉入大水为蜃，虹藏不见」。在周书时训中明确指出是「小雪之日，虹藏不见」。冬季无虹是要持续到季春之月才会有「虹始见」。至于雷，乃是在沉默一整个冬季之后，到三月才伴随「阳气动」而有「雷电振」，或者说是到了春分时，即「日夜分，雷乃发声，始电」。冬季本来是不见彩虹，不闻雷振，然而在卜辞中却是「有出虹自北饮于河，在十二月」（前七・四三・二）「贞：帝其及今十三月令雷」，「帝其于生一月令雷」（乙三二八二）这样的怪现象并不是偶尔的反常，因为殷代种黍等农事活动也同这些现象相一致配合的。陈梦家先生根据卜辞材料说明「卜辞之黍或主黍乃是种黍，种黍则在正、二月间」。一二三月属于建丑之殷历的冬季。这些材料岂不是说殷代还有冬种之奇迹吗？这一系列的怪现象究竟是怎样产生的呢？

以种黍来说，这本是在夏历四月才种植的农作物，「四月蠶入簇，时雨降，可种黍禾」。是可以参证殷代在一月所种的黍，正是属于夏历四月的农事活动。再据卜辞「月一正食麦」（后下一·五）来看，如果说是在一月就收割冬麦而尝新食麦，这也是后世难以理解的怪事。然而如果根据北魏时的农书齐民要术种谷篇来看，指出：「四月、五月种者为穉禾」，所以称之为穉，是因为「刈麦以后所种者为穉」。可知麦收也是夏历四月之事。卜辞的一月食麦相当于夏历四月刈麦后出现的活动，也可以给我们一些启发的。

其实，如果跳出殷正建丑的框框，考虑到殷人自远古有了农业生产以来，即以大辰星的昏见而开始农耕的话，就可以发现：原来在大辰星昏见以后的夏四月，乃是殷历的一月。如果这样来认识殷历的岁首，并据以排列月份顺序，则上述一切怪现象，也就可以说明并不足为怪，情况与今日大致相似，只是其正月不在「三正」之列而在夏历四月罢了。根据这项认识，为了便于理解，特列对照表。

月建	子	丑	寅	卯	辰	巳	午	未	申	酉	戌	亥
周历	正月	二月	三月	四月	五月	六月	七月	八月	九月	十月	十一月	十二月
殷历（传统的）	十二月	正月	二月	三月	四月	五月	六月	七月	八月	九月	十月	十一月
夏历	十一月	十二月	正月	二月	三月	四月	五月	六月	七月	八月	九月	十月
殷历（本文推定的）	八月	九月	十月	十一月	十二月	正月	二月	三月	四月	五月	六月	七月

以大辰（大火）星昏见的夏四月为岁首，庞朴同志在火历初探一文中曾进行过探讨，也有创获，……」（殷历考辨古文字研究第六辑一一七——一二〇页）

于省吾

「说文月字作𡆪，并谓：「月，阙也，太阴之精，象形。」说文夕字作夕，并谓：「夕，莫也，从月半見。」段注：「旦者日全見地上，莫者日在茻中，夕者月半見，皆会意象形也。」王筠说文句读：「黄昏之时，日光尚在，则月不大明，故曰半見。」林义光文源：

「夕月初本同字，暮时見月，因谓暮为月，犹晝谓之日，夜晴谓之星也。后分为二音，始中加一划为别，而加划者乃用为本义之月，象月形者反用为引伸义之夕。」以上所引各说，林说有一定的道理，其余都系望文生义，无一可取。月与夕之别虽然只争一划之有無，但也是文字学上的千古疑案。林氏已经看出这一疑案的是非，而不知其根本原因。甲骨文第一期到第四期，月字作D或(。虽然前后期的月与夕也偶然有时相混，但毕竟是个别現象。至于西周金文的月字均作D，夕字均作D，两者互作是极为个别的，而在偏旁中则互見较多。西周金文月夕二字之所以颠倒，是由于沿袭了甲骨文的晚期作風，一直到小篆仍然如此。话又说回来，为什么甲骨文前四期的夕字在月字中间加一竖划？夕字在六书中属于哪个范畴？我认为，月本有形可象，夕则无形可象，故夕字的造字本义，乃于月字的中间附加一个竖划，作为指事字的标志，以别于月，而仍因月字以为声。」（甲骨文字释林释古文字中附划因声指事字的一例四四九葉）

陈炜湛　「总的说来，卜辞月夕二字都有两种写法：月作D，亦可作Ð；夕可作Ð，亦可作D，无论是D还是Ð，都是月夕二字同形。但在使用过程中，真正混淆不别，即月夕二字均作D的时间并不長。而早期大多以D为月，以Ð为夕；以Ð为月，以D为夕者为例外。晚期则基本上以Ð为月，以D为夕；以D为月，以Ð为夕者为例外。这通例与例外的互易，是经历了二百余年的演变、『互用』而逐渐完成的，乃是长期积累的结果。」（甲骨文异字同形例古文字研究第六辑二四七——二四八页）

姚孝遂　「卜辞『月』与『夕』是有严格区分的，但由于时代的不同，或书写者的习惯不同，有时候把月写成D，有时候把月写成Ð，『夕』的情况也一样。但有一点可以肯定，在时代相同、或书写者相同的情况下，当月作D时，则夕作Ð；反之，当月作Ð时，则夕作D，这两个形体是相对的。」（古文字的符号化问题古文字学论集初编一〇九页）

常玉芝　「由周祭的祭祀周期可看到，商人已经有了一定的历法知识。他们不但懂得设置大小月，而且已注意到调节太阳月与太阳年的不符了，到商代末期，很可能已發生了十九年七闰的置闰法数了。」（商代周祭制度三〇七页）

周国正说参[illegible]字条下。

胡厚宣说参[illegible]字条下。

于省吾释D見Ð字条下。

按：卜辭月字象月闕之形，與夕字大體有所區分，但有時則易混。惟於上下文義以別之。說詳「夕」字條下。羅振玉以「肘」為「歲月之月本字」，非是。

論者多以為卜辭「月」、「夕」無別，實則未然。「月」與「夕」在書寫時是相對加以區分的。凡以「D」為「月」者，則「夕」字必作「Ð」。反之，凡以「Ð」為「月」者，其「夕」字必作「D」，此其大別。「月」與「夕」古本同源，惟卜辭已嚴格分化，不得視為同字。合集一一四八三正：「之夕月有食」，又合集二四二七六「夕」、「月」多見於同辭，均區分顯然，均其證。

1153

夕 Ð D

王襄

「說文解字：『夕，莫也，从半月見。』段注：『莫者，日且冥也，日且冥而月且生矣，故字从半月見。』朱氏說文通訓定聲夕下引洪範五行傳注：『晡時至黃昏為日之夕。』考說文解字無晡而有餔，餔許說：『申時食也。』依段氏改本，段注云：『餔一作晡。』按史記呂后本紀：『日餔時』作晡」。（簠考天象一葉上）

又曰：「殷契月夕通用不別」。（同上一葉下）

楊樹達

「夕在卜辭或為祭名，王國維葉玉森皆釋月令。按是夕字，即彡夕之省，彡夕例用王名先一日卜」。（求義八葉上）

陳夢家

「殷曆譜以為殷人所謂夕指某日（如壬申日）的整夜，即壬申日日落以後到次日『晨初』以前。但卜辭所記月食，或作『甲午夕月出食』『旬壬申夕，月出食』，或作『庚申月出食』，後者為何不作『庚申夕』？就武丁三次月食，可以試為推測如下：1.『壬申夕月出食』，紀元前一一八三年一月二十八日癸酉晨前四時初虧。2.『甲午夕月出食』，紀元前一二二九年十二月十七日乙未晨前零點四時初虧。3.『庚申月出食』，紀元前一二一八年十一月十五日庚申夜半二十三點零一時初虧。據此似乎稱為夕者指本干支日的夜半以後，不稱夕者指本干支日的午夜以前。尚書大傳（據陳壽祺輯校本）說殷『以鷄鳴為朔』、周『以夜半為朔』，是說殷制以鷄鳴為一日之開始，周制以夜半為一日之開始。尚書大傳鄭注又云『將晨為夕，或曰將晨為朝，初昏為夕也』。用前說，夕指夜半至晨前」。（綜述二三九葉）

吴其昌 「D者，即后世之「月」字，而殷代在文丁以前，則以之為「夕」字也。董作賓曰：「由武丁至文丁為前期，此期以D為月，以D為夕。由帝乙至帝辛為后期。此期以D為月，以D為夕・其証：「癸卯卜，戈貞，旬亡田。甲辰，大雷風・之D夕亜。乙巳……五D月」。菁三・戈為武丁時史官・「戊辰卜，行貞，今D夕亡田。在六D月」。溯・一。此前期証・行為祖甲時貞人。「丁亥卜，貞，王今D夕亡猷。」「癸卯卜，貞，旬亡猷。九D月」。溯・六六、以「王」「亡猷」等字，証為五期物。……」斷代研究四一六、按董說是也。此片字体，与第五期迥异，一望可瞭：故无論如何，此片決在文丁以前，而D字当釋為「夕」字矣。此片云「其夕于父丁」者，諦审其义，則「夕」自亦当為祭名之一种，不第本片偶見，可為孤証也。他辭又云：「貞：王宦戌亡尤。」「貞：王宦叔亡尤。」……品D夕亡尤。」五期・後・五・三五・三・「癸酉卜，貞，D夕亡田。」佚・二・二四・八・此「夕」或与「戌」「叔」平列，或竟以「夕」代「叔」，可証「夕」与「戌」「叔」，実並為祭义而已。他辭又云：「甲辰卜，行貞，王宦D夕禱，亡田。」續、二・一一・二・「D夕・酒・圍祖」。後・一・三九、二、則又知所謂「夕」祭者，実有酒有俎，故得与「禱」為比馬。他辭又云：「癸酉卜，戈貞，翌甲戌D夕十羊。乙亥，酒十口，口十牛二。……用……」佚・四〇四・「求年于邑，D夕羊，來小牢，卯一牛。」續・一・四・一・六則更知所謂「夕」祭者，実又嘗婁婁用羊；且知其祭亦可有時下及殷臣，如名「邑」者矣。又云：「貞D夕出于妣甲。」後・一・二四・七・是夕祭之于妣甲也。又云：「乙卯・卜・曰貞，今日王至于辜。D夕酒子央：出于父乙。」微・一九六、一、是夕祭之于子央，而及于武乙也。子央当于丙日生。則「夕」為祭名，益彰彰明矣。「夕」為祭名，蓋当夕而祭，則与「彤夕」之义，必不甚远。考卜辭「彡夕」之祭，无一不举行于所祭先公先王生日之前夕，詳第八・第三三・二片疏・「夕」祭蓋亦与之同。故如本片云：「丙寅卜貞，其D夕于父丁。」他辭又云：「丙子卜貞，其D夕于父丁。」續・一・三一・八・又云：「丙戌卜，行貞，王宦父丁，D夕，戌，叔，亡尤。」拾・一・一九・九、又云：「丙午卜，父丁，禱，D夕、戌一牢。」續・一・三一、一・又云：「丙午卜貞，口口御，D夕，酒，𠂤祊于丁。十二月。」林・二・一一・一・所祭之先人称「父丁」者，則「夕」祭之夕為：丙寅・丙子・丙戌，丙午；所祭之先人称「丁」者，則「夕」祭之夕為丙申。又云：「癸亥卜，父甲，D夕，戌二牢。」五期・佚・一六六・所祭之先人称「父甲」者，則「夕」祭之夕為癸亥。皆前一夕也。此其証可謂明碻而詳富矣。」(殷虛書契解詁第二九〇——二九一頁)

于省吾 「契文朝夕之夕，人皆知之。惟祭法有言夕者，舊所不解。佚一五三：「桒年于邑，夕羊，來小牢，卯一牛。」四〇四：「癸酉卜争貞，翌甲戌，夕十羊。乙亥，彫十口牛，用』。按夕與來卯並列，均作動字用，是夕亦為祭法之一。夕應讀為昔，字亦作腊焟。說文：『昔，乾肉也。从殘肉，日以晞之，與俎同意。籀文作𦠆』。段玉裁云：『昨之殘肉，今日晞之，故从日。鄭注腊人云：「腊之言夕也」。此可澄周禮故作昔字，淺人改之。昔者古文，籀文增肉作𦠆，於義為短。昔肉必經一夕，故古段昔為夕。穀梁經：「辛卯昔，恆星不見」。左傳：「為一昔之期」。列子：「昔昔夢為君」。皆是』。按金文鄁嬰盤，鄁字从昔作𦣻，與說文籀文同。湯噬嗑六三：『噬腊肉』。按周禮『腊人掌乾肉，凡田獸之脯腊膴胖之事』。注：『大物解肆乾之謂之乾肉，若今涼州烏翅矣。腊小物全乾』。段玉裁說文注云：『鄭意大曰乾肉，小曰腊。然官名腊人，則大物亦稱腊也，故許渾言之』。按段說是也。腊亦作焟。廣雅釋詁：『焟乾也』。釋器：『腊脯也』。儀禮有司徹『無腊與膚』注：『腊為庶羞』。要之，夕昔腊古字通，契文言夕，經傳言昔腊，其義一也。契文言『夕羊』『夕十羊』，夕作動字用，謂殺羊而乾其肉，以腊脯為祭品也』。（駢三第三十五葉下釋夕）

董作賓『夕福』為『祭』前夕之祀。與『彡』前夕之祀稱『彡夕』畧同。（殷曆譜下編卷二祀譜一二十八葉上）

乎一洋「武乙時書風每喜作長体，涼都B二五一、八，亦武乙时卜辞曰：『乙卯卜，兩步。』『其步』字即佔兩字地位。以此例之，則先沱作『米(』或『米(』与『林)』，皆為一字，而象月在林中，与『莫』字之作替（甲二五九五）替（新四一一六）替（續六．二一．七）象落日在林中者，取义相同，落日与新月見於林中，皆在薄莫之時，故此『米(』『米(』与『𦱤』，余謂即『莫』字之別体。以此释上列諸辞，並皆通順可讀，蓋『莫』為时间之詞也。

(一)、己卯卜，乎侯于米(至。　粹一二七三

(二)、己丑卜，米(雨。　涼都B二三九一

(三)、己酉卜，旨方来，告于父丁。　涼都B二五二〇

于米(告。

(四)、己丑貞：于林)酌。　涼都B二三〇八

『莫雨』『莫酌』並見于三期卜辞中。粹六九五四：

王其田

其冓雨？

其莫不冓雨。

此第三期卜辞已有『莫雨』之貞。又粹三一七版与戩后京津新获甲骨集四〇六一版乃同文异版，

亦第三期牛胛骨卜辭。粹三一七版曰：

馭釐

其又父己，叀昔彡，王受又。

☐庚☐（王受）又：

新四〇六一版曰：

馭（釐）

其又父己，叀莫彡，王受又。

☐自丁彡（王受）又。

粹編考釋於昔字不敢認，故隶定為昔。証以新四〇六一之『昔彡』則為莫字無疑。兩版皆三期卜辭。是『莫彡』與『昔彡』皆『昔彡』之別写，乃於薄莫時行彡祭先祖之祀典。特武乙时书『莫』字，以新月易落日為異耳。」（粹考）（中國文字第一卷二二〇頁至二二四頁）

于省吾「甲骨文称：『桒年于四夕羊，求小宰，卯一牛。』（佚一五三）『翌甲戌，夕十羊。』（佚四〇四）『其夕父丁三宰。』（珠七二五）『夕二羊二豕，俎〇夕一羊一豕，☐俎。』（乙三〇九四）甲骨文之『其夕于父丁』（戬六、一一），王國維误释夕为月，并误释为祭名。按夕与求、卯并列，均作动词用，是夕亦为祭法之一。夕字典籍亦作昔、腊，或熇。今说文：『昔，乾肉也。从残肉，日以晞之，与俎同意。𦠆，籀文从肉。』段注：『昨之残肉，今日晞之，故从日。郑注腊人云，腊之言夕也。此可证周礼故作昔字，后人改之。昔者古文，籀文增肉作𦠆，於义为短。昔肉必经一夕，故古假昔为夕。谷梁经辛卯昔，恒星不见，左传为一昔之期，列子昔者梦为君，皆是。』按金文鄁𣪘盘鄁字从𦠆作𨚔，与说文籀文同。段注误以借字昔为腊之本字。易噬嗑六三『噬腊肉』，虞本腊作昔。释文引马云：『晞于阳而炀于火曰腊肉。』按周礼腊人『掌乾肉，凡田兽之脯腊膴胖之事』，郑注：『大物解肆乾之谓之乾肉，若今凉州乌翅矣。腊，小物全乾者。』说文段注：『郑意大曰乾肉，小曰腊。然官名腊人，则大物亦称腊也。故许浑言之。』按段说是也。腊亦作熇，广雅释诂：『熇，乾也。』又释器：『腊，脯也。』近年来马王堆一号汉墓出土之竹简，有『昔肉一笥』和『羊昔一笥』之记载。昔均应读腊，指兔与羊之乾肉言之。」（释夕，甲骨文字释林三四至三五页）

姚孝遂说参『☽』字条下。

胡厚宣说参『[illegible]』字条下。

按：卜辭「月」「夕」二字易混，惟以文義別之。說文謂夕字「从月半見」，諸家說解各異。林義光文源云：「月半見非夕義，古外字霸字或从夕，或从月，夕月初本同字。暮時見月，因謂暮為月……後分為二音，始於中加一畫為別，而加畫者乃用為本義之月、象月形者反用為引伸義之夕」。卜辭凡月夕見於同版者，從不相混，如：

「旬壬申◐☾㞢食」 簠天二

「六日（甲）午◐☾㞢食」 乙三三一七

凡同一貞人，月與夕亦判然有別。是月夕之分，殷代已然。惟在偏旁中，則月夕混用。

莊八年穀梁傳以為自日入至於星出謂之夕；書洪範五行傳注以「初昏為夕」或「將晨為夕」。莊子天運「通昔不寐」，「通昔」即「通夕」，是夕即夜，不限於初昏。陳夢家以為殷人之夕「指夜半至晨前」（綜述二三九頁），此說乃據卜辭所記月食或稱夕或不稱夕加以推測，牽涉殷曆之確定，有待詳考。但卜辭習見「夕」與「日」對言，是泛言之，「夕」猶「夜」，「日」猶「晝」，則確切無疑。

明

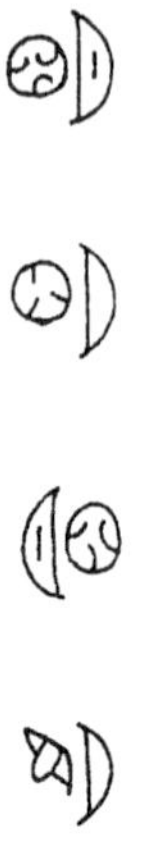

羅振玉　「說文解字朙，古文作明。證以卜辭，則朙明皆古文。」（殷釋中六葉下）

王襄　「說文解字：『朙，照也。从月囧，古文作明，从日。』又囧，窗牖麗廔闓明也。象形，讀若獷。』賈侍中說：『讀與朙同。』段玉裁云：『古文作明，蓋籀文作朙，篆文今隶从之，明，今隶之或体，明，其別构。』契文之朙从⊙或日，皆象日形，与古文同，或从囧，与籀文同，許书所載之古文，籀文間有合于契文者矣。按朙之从囧，有窗牖麗廔闓明之誼，囧、朙同声，為会意兼形声字，从日。段氏云，月以日為光也，亦会意字，段說与近世地理学家說同。蓋天象最明者在日与月，故朙之初文作明、明，从日从月，取最明之誼，后見窗牖之麗廔闓明，孳乳製从囧之朙。秦公敦作朙，虢叔鐘作朙，皆从囧，可証周西京之際每用籀文，于敦、鐘見其概，屬羌鐘作明，古鉢作明、明、明。鐘鉢皆屬晚周，其明从日，及用初文，亦可証許氏所收之古文雖取之壁經，然其源固出于倉史。鉢文或作朙，从⊠，象架木之枝格，亦有麗廔闓明之誼，為囧之譌，其偏旁月或正或倒，无變异。」（古文流变臆說第二三——二四頁）

董作賓　「明字，在武丁時作朙，或朙。右為囧，即窗之象形字，左為月，取義於夜間室內黑暗，惟有窗前月光射入，以會明意。引申之以天明之時為明也。窗形譌而為日，文武丁

時已変為从日月作之明（(日）矣。卜辭……所謂『明』者，皆指天明之時也」。（殷曆譜上編卷一第四葉下）

孫海波 「(日，甲三〇七九。从日，与說文古文明字同。」（甲骨文編二九五頁）

張秉权 「明，是殷人紀時的一个常用术語，是指一日开始的时候，董彥堂师认为约当於卯時（即早晨六時），那是有卜辭本身的証据的，是可信的」。（殷虛文字丙編考釋第八一八二頁）

郭沫若 「(田與昃為對文，乃朙字。說文『朙，照也，从月囧』。又『囧，窗牖麗廔闓明，象形，讀若獷。賈侍中說讀與明同』。此从月从田，亦象窗牖玲瓏形，特⊗象圓窗，此象方窗為異，決為明字無疑。明者晨也。小盂鼎『昧爽，三左三右多君入服酉（槱）明，王各于周廟』，明與昧爽同例而在其後，其時刻可知矣」。（卜通八九葉上）

李孝定 「說文『朙照也从月从囧 ◎古文朙从日』。契文作朙明明三形。諸家之說並是。惟董先生謂朙从囧譌而為日似有可商。从日亦為會意，日月麗天，明之至也，非囧譌為日，取象有別耳。辭云『戊☒又王固☒隹丁吉其☒未允☒允有𢼸明雨有各云☒昃亦有𢼸有出虹自☒于河在十二月』甲一·十·十二，明昃對文，郭說是也。金文作◎虢叔鐘 ◎王命明公簋 ◎仲名父簋 ◎盂鼎 ◎明 ◎秦公簋 ◎矢簋 ◎服尊 ◎䣄白 ◎矢尊 ◎屭羌鐘 ◎戎鬲 ◎毛公鼎 ◎弔向簋 ◎沇兒鐘 ◎明我鼎 ◎明我壺 惟屭羌鐘一器从日，餘均从囧，或其異體，沇兒鐘朙我壺二文月字在上，照臨之誼尤顯」。（集釋二二六八葉）

曹錦炎說參䀇字条下。

按：段玉裁謂「从囧取窗牖麗廔闓明之意也，囧亦聲」。至於从「日」者，徐鍇繫傳通論謂「在天者莫明於日月，故於文日月為明」。卜辭惟有从囧之「朙」乃今「明」字。其辭為：

「戊戌卜貞，丁，目不喪明，六月」。合集二一〇三七

至於卜辭「明」、「朙」諸形，與「朙」字之用法迥然有別，舊均釋為「明」。實則「明」與「朙」當釋「朝」。參見「朝」字條。

1155 名 □ □

羅振玉释名，謂从夕从口而無說。（殷釋中五十七葉）

王襄 「古名字」（簠室殷契類纂第五葉）

□前六·一·四 □甲編三四八八

孙海波 「□，乙三二九〇，地名。」（甲骨文编三九頁）

馬叙倫 「名是月向窗子裏進來了。名和明是一個字」（中國文字之原流與研究方法之新傾向馬氏論文集五十四葉）

李孝定 「說文『名自命也从口从夕者冥也冥不相見故以口自名』契文从夕、从口，馬氏謂與明同，說非。契文从「口」者，或為口，或為署盧之象，（唐蘭說可从）不能解為窗形。契文明字作□□，與此有別。許君說从夕之故謂冥不相見，故以口自名。說者或疑其迂曲，謂从夕蓋从尸之誤。尸者，信也。名者，人之所以為信也。（張文虎舒藝室隨筆、李慈銘越縵堂日記均有此說）契文、金文名字均分明从夕，非从尸也。名、命古多通用，故許君引以為解。夕不相見，故以口自命，當是名之本義。戴侗曰「周官中夏教茇舍辨號名之用以辨軍之夜事』冥夜則旌旗徽識不可辨，故必謹其號名以相壹，名之文所以从夕也」按此即今軍中冥夜所用之口令，戴氏引此以說从夕之義，可與許說相發明。前六、一、四辭云「叀其名」，義不詳。乙三二九〇辭云「在名受㞢年」為地名。另二辭殘泐，均無由求其朔誼。金文作□召伯簋□吉日壬午劍」（集釋〇三五一葉）

丁驌釋盟，參□字条下。

按：名字从夕从口，與說文同。在卜辭用作地名或人名。

1156 □ □

1157

□

按：字不可識，其義不詳。

1158

□

按：此與𡆥字有別。合集二一九〇正辭云：「貞，來乙亥𡆥□于父乙用」用為祭名，當與𡆥分列。

1159

□

饒宗頤「按□字从夕从凡，疑即夙之別構，如州亦作𢦏也。夙說文作𡖋，『早敬也，从丮持事，雖夕不休』。古文夙从人作𠈖。契文原有𡖋，即夙字；別作□者，乃同字異體。今書作夙，徐鉉以為俗譌，疑即由契文□字演變而來」。（通考六八五葉）又曰「夙之義為晨起持事，舜典：『夙夜惟寅』。詩有駜：『夙夜在公』。左傳言『子我夕』（哀十四年）『右尹子革夕』（昭十二年）杜注：『夕視事』。『夕』作動詞用，為入侍宿衛之意。故知『虎不其夙』，猶言『虎不其夕』，即卜某時虎入侍之宜否」。（通考六八五葉）

按：字不从「凡」，釋「夙」不可據。在卜辭為動詞，與師旅之事有關。卜辭累見「虎□」、「虎不其□」，「虎」它辭稱「𠂤虎」。凡「□」均在夕，故字从「夕」。合集二一三九三同辭「十月」合文作「)|」，「夕」字作「D」，故知字从「夕」。

1160

□

按：合集二二〇八六「亞□」為人名。

按：合集二一一三〇「自弋」為人名。

1161 多

孙海波「[字形]，乙三二。从二夕，与多字同。其夕允雨。」（甲骨文編二九七頁）

按：合集二〇九五七辭云：「己亥卜，庚有雨，其多。允雨……」此乃「多」字之異構。

1162 霸

按：字可釋「霸」，僅見於佚八七三，其義不詳。

1163

按：字不可識，其義不詳。

1164

按：字不可識，其義不詳。

1165 辰

孙诒让「辰或作[字形]，或作[字形]，或作[字形]……攷說文辰部辰，从乙匕匕象芒達，厂声也。」

从二，二，古文上。古文作𠨑，与此略同。金文散氏盘作𠨑，白晨鼎作𠨑，与此相近。」（契文举例上一页下）

葉玉森　「按予舊說謂内𠂆从𠂆𠃌，即厂。許君訓山石之厓巖。𠃌𠂇乃手形，手摅厓石，會意爲振動，即古振字。震賑娠振脣从辰，並取振動之意。卜辭亦變作内内，象一人兩手摅厓石形，振誼仍顯。又變作𠨑𠨑𠨑𠨑𠨑等形，則古意愈晦矣。」（前釋一卷四十三葉上）

胡光煒　「卜辭辰之變形甚多，簡者作内，象人推𠃌，𠃌者耒也。說文『耒，耕曲木』。此正象之。案服牛乘馬爲殷之先人所發明，自殷迄周，牛馬但以服箱，耕耨之事，則專以人力爲之。内本象人耕之形，故農从之，失農者恥故辱从之，耕者有候，故辰星以此名。」（說文古文考）

林義光　「說文云『辰，震也。三月易氣動，靁電振，民農時也。物皆生，从乙匕，厂聲。辰，房星，天時也。从二，二古文上字。𠨑古文辰』。按古作𠨑（大敦振之偏旁賨脣之古文），象上下脣及齒形。」（文源）

吳紹瑄　「按顧鐵僧教授謂辰即蜃之本字，依金文作𠨑𠨑甲文作内内等形推知之，『蓋象蜃殼，』蓋蜃肉伸出殼外作運動之狀者，顧說甚精。人類最初食辰爲今日治進化學說者所公認，故中國已進農業國而農晨字猶俱从辰，則吾族之原始社會生活不難想見也。推之辰甲形傾削，故轉以名山邊水涯，辰甲兩合，人口似之，故脣从辰得聲誼。䢅爲合宿，宸爲交宇，故亦俱从辰。辰能運動，則振震字从之辰又能伏而不動，則晨辱字从之。辰肉藏甲中，故人有孕則娠字从之。辰爲貝類，賑富字从之。是凡从辰得形聲之字輾轉推求而愈可明，辰即蜃之古文也。」（見釋辰此據說文詁林辰字條下所引遺錄）

郭沫若　「說文『辰，震也，三月，易气動，靁電振民，農時也。物皆生，从乙匕，匕象芒達，厂聲。辰，房星，天時也，从二。二古文上字。𠨑，古文辰』。又於辱字下注云『恥也，从寸在辰下，失耕時於封疆上戮之也。辰者農之時也，故房星爲辰，田候也』。許氏此釋故甚支離滅裂，然辰之含義自古分歧，實有難於把捉之處。而農事之字每多从辰，如農，如蓐，皆是，許氏注意及此，故側重農事以釋辰，此其卓識。字於骨文變形頗多，然其習見者大抵可以分爲二類：其一、上呈貝殼形作𠨑若𠨑；又其一呈磬折形作内若内。金文亦約略可分爲此二種，如盂鼎之『𠨑有大服』，屬於前者，散盤之『𠨑在乙卯』，屬於後者也。其變例則於骨文有作𠨑者，原此為支干表，曰「丁卯、戊辰、己巳」（林一·十五·四）確為辰字無疑。或則附加手形，如伯仲父敦之「辰在壬寅」作□，卜辭有□字，（前四·四八·二）徵盤有□字，羅氏均釋為農，下从辰字亦皆有手形。又有於字下从止（足形）作者，如遊𣪘之「辰在乙卯」作□。別有敔文作□（見金文編附錄）者，容庚疑辰字。卜辭亦有此字，如曰「貞丝邑其出（有）□」（後四·九）此當讀為辰，即「我辰安在」之辰。又如曰「今月師不□」，（前二·十三·五）或「今月師其□」（同上）則當讀為辱。此外如農卣三農字均作□，師晨鼎晨字亦作□，皆从止作者也。準此三文，以覈核二者，余以為辰實古之耕器。其作貝殼形者，蓋蜃器也，淮南氾論訓曰「古者剡耜而耕，摩蜃而耨」。其作磬折形者，則為石器。本草綱目言「南方藤州墾田，以石為刀」。此事古人習用之，世界各民族之古代均如是，近年於河北之部亦已有石鋤出土矣。於貝殼石器下附以提手，字蓋象形。其更加以手形若足形者則示操作之意。足形而附有點滴者，蓋象耕脚之拖泥帶水也。故辱字在古實辰之別構，惟字有兩讀。其為耕作之器者則為辰，後變而為耨，字變音亦與之俱變。其為耕作之事則為辱，辱者、蓐與農之初字也。蓐乃象形字，與卜辭農之作□者全同。由音而言，則辱蓐與農乃侯東陰陽對轉，故辱蓐農古為一字。許釋蓐為「陳艸復生」者，非其朔矣。要之，辰本耕器，故農、辱、蓐、耨諸字均从辰。星之名辰者，蓋星象於農事大有攸關，古人多以耕器表彰之。（西方亦稱北斗為「犂星」）故「大火為大辰」，「北極亦為大辰」。（公羊昭十七年）更進則舉凡星象皆稱為辰。辰又轉為時日之通稱，於是而耕器之本義全晦。

又辰與蜃在古當係一字，蜃字从虫例當後起。蓋制器在造字之前，辰既以蜃為之，故蜃亦即以辰為字。說文「祳，社肉，盛之以蜃，故謂之祳」，字於經典通作脤，是雖辰聲之字，實亦从辰（即蜃字）會意也。祳亦逕或作蜃。如周禮地官掌蜃「祭祀共蜃器之蜃」，注「春秋定十四年秋，天王使石尚來歸蜃」，（今作脤，許書引作祳）又大雅緜箋「春秋傳曰蜃宜社之肉」。故辰之義，其次於耕器者則當為蜃。十二辰第五位之辰字，應於第二義中求之。辰有釋為龍者。案辰之屬龍，事在十二肖獸輸入以後，此說蓋不足辯」。（甲研釋干支二四葉下——二六葉）

陳夢家　「辰於古文字象蜃之形。郭沫若釋干支以為辰象蜃形，「實古之耕器……故農、辱、耨諸字，均從辰」。這是對的。後世鐵製的耨，如農政全書所畫的，並同書的剗（即鏟）和耰鋤，其形近乎蛤殼與半月。起初當是用天然蚌殼磨利其弧形而凸出的長緣，手握背而耨之；耨草其後則取蚌之任何一部分磨其一端成鍬頭式的，如城子崖圖版四九·三，它的刃是凸出的。耨草須入根除草，所以要凸刃。後來的鐵耨則仿造了蚌殼，先是短柄，後來加長以後可以立而耨之。說文曰「鋤，立薅也」。蜃是介殼類的蛤蚌，也出於淡水。爾雅釋魚「蜃小者珧」，郭注「珧，玉珧，即小蚌」。月令注「大蛤曰蜃」，周禮掌蜃注「蜄蛤之類」，國語晉語韋注「小曰蛤，大曰蜃」。它的用途很多：一、可以防腐，掌蜃「以其闉壙之蜃」，左傳成二宋文公卒「用蜃炭」；二、可以藏物，掌蜃「祭祀，共蜃器之蜃」，即周禮鬯人「凡四方山川用蜃」；又祭社以蜃盛肉，春秋定十四「天王使石尚來歸脤」，杜注云「祭社之肉，盛以脤器」，說文作祳，應作蜃；西周墓出土有兩蛤相合而各穿孔的一（考古一：一九四）三、可以堊牆，掌蜃「共白盛之蜃」，注云「謂飾牆使白之蜃也」；又見考工記匠人；四、可以飾物，說文「珧，蜃甲也，所以飾物也，從玉兆聲，禮云佩刀天子玉琫而珧珌」；五、可以除蟲，見周禮赤犮氏；六可以漚帛，見周禮㡛氏；七、可以為食，韓非子五蠹篇「上古之世，……民食果蓏蜯蛤」，譙周古史考「太古之初，……近水則食魚鼈螺蛤。」（綜述五四三——五四四葉）

李孝定　「說文「辰，震也。三月陽气動，靁電振民農時也。物皆生，从乙、匕，象芒達，厂聲也。辰，房星，天時也。从二，二古文上字。𠨑古文辰」。是就篆文𠨑字分為乙匕二上厂四偏旁而強求其會意形聲之故，其說誠為支離滅裂。栔文作上出諸形，吳紹瑄氏謂象蜃形，其說可从。古者磨蜃而耨，故農辱蓐薅諸字从之，郭說是也。惟謂作□者象蜃形，作□者象石器則有可商。蓋作□者為原始象形字，其形較肖，作□者則文字化之程度已深，結體已趨方整耳，字非从石也。葉氏謂象一人兩手搣厓石之形，意取振動。夫山豈可搣，古人制振動字必不於搣山取意也。小石師謂象推耒形亦有未安，契文耤字象人推耒形作□，此从□非耒形也。郭氏謂厂□下所从之□若□乃象提手亦非，此實象蜃之肉足也。蓐字下从□正象摩蜃而耨之形，字作□象以手執辰除艸，所執者為蜃殼，而字从辰者，以辰殼不復成字也，辰為所執之物，正足以證辰為手搣石器或手推耒之說之誤說詳一卷蓐字及三卷農字條下。又拙著說蓐薅與農說此三字之關係綦詳，載本所集刊第三十五本讀栔識小錄請參看。卜辭辰均用為支名。楊氏所舉一辭謂讀為晨，其說當是。金文作□矢簋□矢尊□父乙臣辰卣□臣辰父癸卣□臣辰父乙卣□□臣辰彝□辰父乙彝□呂鼎□辰父乙壺□𣪘簋□孟林□散盤□彔伯簋□解文生按容氏金文編辰字條下收此文疑是脤字未見原銘文當存以俟考□伯中父簋走按此下从又疑辱字□臣尊與契文略同」。（集釋四三五六葉）

考古所　「辰：地名。」（小屯南地甲骨一〇九四頁）

常正光　「辰即古代的蜃是蚌蛤，在殷族发祥的龙山文化地区，这类资源颇为丰富，『民食果蓏蜯（蚌）蛤』就是反映这一地区原始采集经济生活的一项内容。后来随着原始农业的发展，利用蚌殼制作农具，就是甲骨文的『辰』构形依据，这是以绳索套住手指上的蚌镰为形的。『摩它开创了后世农具的发展，如銚、鎒、銍、鐮等农具，追溯其渊源，都与辰农具密切相关。『摩

蜃而耨」更是使用辰為农具的直接说明。（详见拙作：「辰為商星」解一文）

在以辰为农具的殷代早期农业发展过程中，也逐渐掌握了根据天象判定季节的知识。这就是以天蝎座α星的昏見为农业季节的开始。对于天蝎座α星殷人称之为「大辰」，殷代的「大辰」与「天」字是混用的，大辰实际就是「天辰」，意为天上的辰。这也可能就是把辰农具的圆弧形刃部，比拟于天蝎座α及其相鄰的两颗星所联成的弧形。

殷人也掌握了大辰星的晨中规律，甲骨文里的「䢅、莀」就是以证明。这两个字过去都释为「農」字，不确，而应释为「晨」字。根据许多甲骨文例，「䢅酌」是同「朝酌、暮酌」一样都是表示一定时间的祭祀。这几个字的构造方式也相同，都是用草木丛中的天象表示时间，「暮」字以日没草木丛中会意，「朝」字以草木丛中日已升而下弦月还未落来表示，而「䢅、莀」则用大辰星出现在草木丛中，表漫漫冬夜已进入清晨。认识大辰星的昏见与晨中说明殷人已掌握了大辰星的全年运行规律了。在天象观测中大辰星的地位是与日、月相并重的。把辰与日月並列，同尊为「日月星辰」之神始于何时虽不可考，但也可以推知从殷代就已奠定了这样的认识基础了。

殷人把大辰星当作神来崇拜，是把它同自己的民族联系起来的。认为商族的祖先就是主祀大辰星的，辰星代表商族的星象，于是「辰为商星」的神话传说就流传下来了。」（殷历考辨古文字研究第六辑一〇七——一〇八页）

常正光

「徐中舒老师指出：「辰」字所从的「[illegible]」，本是收割禾穗的蚌鐮或石鐮，作⌓形，书写时为求行款整齐而改作[illegible]形，而其圆弧形的刃部也在長期契刻过程中演变为磬折形而作[illegible]。鐮本是套在手指上用来掐断禾穗的，穿过其背部的双孔附有绳索以便紧套住手指，於是使用「[illegible]」形来表现，这样再与手连结起来就构成完整的「[illegible]」形了。因此应该说「辰」字是象套在手指上的鐮。

「辰」是鐮，更确切地说原始的「辰」应该是蚌鐮。因为辰的得名是由蜃而来的，二字古音相同，郭沫若指出：「辰与蜃在古当系一字」。蜃是大蛤，辰即是蚌蛤，又是代表用蚌殼做的农具。原始的蚌制农具也是构成商族文化的一种特点。

……銚、鎒、銍、鐮都是由辰演进而来的重要工具，是从翻土、除草到收割等项作业环节中必备的农具。……根据上述农具的发展情况，可知辰在原始农业发展中确实起过重要作用；农业生产离不开辰，以及由辰演进創造出来的农具，有了辰也标志有了农业。郭沫若指出「农业之字每多从辰，如農、如辱、如蓐皆是」，其中的辱与蓐应当是一個字，都表示手持辰进行农业劳动，因此说「辱者蓐与農之初字也」。尽管後世蓐与農字代替了辱字的功用，使辱字的含义发生转化，但是从这几个字都是以辰为字根而构成来说，也反映了以辰为农具曾是商族农业发展的一项因素。」（辰为商星解，古文字研究论文集，四川大学学报丛刊第十辑一三九至一四一页）

唐兰　参子字条

裘锡圭说参寸字条下。

按：郭沫若謂辰「實古之耕器」是對的。其制或石或蜃，殷墟多有出土。武丁卜辭作，其作、者，均較晚出。李孝定顛倒其先後，其說非是。蜃字乃辰字之孳乳，蓋由耕耨之器或以蜃為之。卜辭「今夕亡㞕」習見，字當釋「踬」，不得讀為「辱」。粹一二〇一郭沫若讀為「震」是對的。

卜辭「辰」多借為干支字。

又前七．三〇．一「庚辰卜，大貞，雨不足辰，不隹年」

珠四五四「貞，雨不足辰，亡匄」

均當讀作詩桑柔「我生不辰」之「辰」，爾雅釋訓「不辰，不時也」。「雨不足辰」，謂「雨不足時」。葉玉森集釋讀「不隹年」為「不獲年」，誤。

1166

㞕　震

王襄　「，古辱字，不从寸」。（簠考征伐七葉上）

葉玉森　「案从止从辰或古踬字，說文解字足部『踬，動也。从足辰聲』。曰『師不踬』：即師不動。曰『其踬』，即言其動。𣥂外之小點象塵土形，足動則塵揚也。金文𣦼鼎之辰作，下似从止辰，即古文振字。故段㞕為辰，又敦文亦有字，與卜辭同」。（前釋二卷二十七葉上）

朱芳圃甲骨學文字編十四卷二十葉收此作辱。

唐蘭 「昼讀若震」。（卜釋第十九葉）

余永梁 「从止與从又同。卜辭農字从又，農卣字从止。說文『辱恥也从寸在辰下失耕時于封疆上戮之也』篆文从寸之字，卜辭金文均从又。說文媷字籀文作蓐，古金文辰字或从止」（殷虛文字考）

郭沫若 「則當讀為辱……余以為辰實古之耕器，其作貝殼形者，蓋蜃器也，淮南氾論訓曰：『古者剡耜而耕，摩蜃而耨』……其更加以手形若足形者，則示操作之意，足形而附有點滴者，蓋象耕腳之拖泥帶水也。故辱字在古實辰之別構，惟字有兩讀。其為耕作之器則為辰，……其為耕作之事則為辱。辱者，辱與蓐之初字也」（甲研釋干支辰字條二十五葉背）

郭沫若 「昼乃古辰字，旂鼎『辰在乙卯』作𠃊，與此同。又从辰之字如農卣三農字均作昼，師晨鼎四晨字均作昼，均从此作。此讀為震。商頌長發『何（荷）天之龍（寵），敷奏其勇，不震不動，不戁不竦』」（卜通一三三葉六〇三片釋文）

屈万里 「卜辞习见『自亡𨅬』、『自亡𨅬』或『丝邑亡𨅬』等语，白虎通德论（五行篇）及说文（辰部）并云：辰，震也。此虽以训十二辰之辰，然实亦自亡𨅬之𨅬之本义。甲骨文未见震字，𨅬震同声，义固相通，震有警也、驚也、亦骚动也。然则『今夕自亡𨅬』或『今夕自不𨅬』者，乃卜王及其臣众（包括軍旅）於今夕是否有警也。『丝邑亡𨅬』或『又邑今夕弗𨅬』，卜其邑之是否有警也」（屈万里自不𨅬解书傭论学集）

屈翼鵬 「按此字釋辱非是，隸定作昼乃沿後世譌变之體而未合契文之本形，釋作𨅬者是矣。而就原始字形言之，其不合與隸作𨅬者同（說詳下）。以為古辰字，可謂偶合而實不如郭氏所說。至訓其義為竹動之動，則與卜辭語意不協。謂讀作震者，甚是，惜乎諸家又未暢其說也。按十二辰之辰字，在第一期卜辭中通作内（中略）𠂆為石字，ㄐ象兩手前推，合為雙手推石之義，又作𠬝，厥誼尤顯，此當是最早之耨字而借為干支字也。其字隸定之應作内形，實即辰字。上半之丘出止同，而出又隸定作止，以丘加止應為庢形，稍变則成辰形，漢碑辰字通作庢，辛李君橋碑作庢以止始即止之变，又变遂成辰形。是昼實即辰字，在初原非十二丘之丘。游鼎之昼字假辰為丘，非十二丘之正字也（中略）。卜辭以出為足，則以出為足字亦無不可。獨是書作昼若𨅬，則猶然之作燃，奉之作捧，皆後世昧其初誼，遂致畫蛇添足耳。惟後世既以辰為丘，則書□作⿱辰止若䟢，勉以流俗，俾不致為世人所駭怪，亦無不可（中略）。白虎通德論五行篇及說文並云『辰震也』，此雖以訓十二丘之丘，然實亦『𠂤亡䟢』之本誼。甲骨文未見震字，䟢震同聲，義固相通。震者，驚也，警也，亦驚動也。詩大雅常武『震驚徐方，如雷如霆，徐方震驚』，謂徐方因周軍至而驚懼也。魯頌閟宮『保彼東方，魯方是常，不虧不崩，不震不騰』，箋云『震騰皆謂僭踰相侵犯』，詩意謂魯邦安燕而無警也。易未濟九四爻辭『震用伐鬼方』，言因有鬼方之警而往伐之也。凡此皆驚懼警動之義。尚書盤庚『爾謂朕曷震動萬民以遷』，逸周書作雒篇『又作師旅臨衛政（征）殷，殷之大震潰降』，春秋昭十八年左傳『鄭之未災也，里析告子產曰「將有大祥，民震動，國幾亡」』，凡此皆騷動之義。而騷動之與驚懼警動義實相因，蓋驚懼者率致騷動也。甲骨文『𠂤不䟢』之䟢，當為警動之義。或讀為振，釋作振旅，亦非是（中略）。然則『今夕𠂤亡䟢』或『今夕𠂤不䟢』者，乃卜王及其臣眾包括軍旅於茲夕是否有警也。『茲邑亡䟢』或『又邑今夕弗䟢』者，卜其邑之是否有警也。」（見𠂤不䟢解載集刊十三本二〇九至二一一葉）

饒宗頤

「按⿱辰止即震字。詩常武：『徐方震驚』。逸周書作雒解：『殷大震，潰降』。周語：『玩者無震』。韋注：『震，懼也』。」（通考三七三葉）

孫海波

「□，乙三〇九三反，从止从辰，說文所无。郭沫若讀為震動之震。『邑人⿱辰止』。□，前二·一二·五，今夕𠂤不⿱辰止，犹言今夕师不震，動也。□，續三·四六·六，人名。」（甲骨文编七三頁）

陈炜湛

「裘氏谓□与□『当指一地无疑』，所言或是；至谓『辰和⿱辰止当是同一人名的不同写法』，则实未必。目前确知为武丁时期的人名同时具有两种不同结构、繁简并存者至为罕见。若云⿱辰止与辰为一字，试问□（麈）与豕（鹿）为一字否？⿱𠂤止与𠂤、⿱隹止与隹、⿱内止与内、⿱余止与余……等等亦可证明为一字否？」（裘锡圭论『历组卜辞』的时代一文中二十组文例的商榷，出土文献研究一八页）

李孝定

「說文『䟢，動也，从足辰聲』。契文作上出諸形，郭初釋辱，嗣又釋為辰，讀為震，卜通之寫成後于粹編，粹釋䟢，是也。屈氏證成其說，又詳丘辰之辨，允為審諦，又引經傳說䟢為警動驚懼，說無可易。□即辰字，復增之足而為䟢，亦文字孳衍通例，从止與从足得通。許書䟢之或體作□，可證也。」（集釋〇六三七葉）

劉釗 「『歷』当讀作『震』，与『歷旅』之『歷』用法不同。与『□』為安寧义相对，是指因外部侵扰而引起的騷动，惊警而言。卜辞还見有『邑歷』，乃卜问城邑有無因侵扰而引起騷动，『歷』字同『𠂤歷』之『歷』用法相同。」（卜辞所見殷代的軍事活动，古文字研究七一頁）

裘锡圭說參□字条下。

按：甲骨文□字或作□，繁體作□，隸定作歷、還，即踬、震、振之初形，後以用各有當，遂致分化。

卜辭習見「𠂤不歷」或「今夕𠂤不歷」，乃占問師旅是否有警，或稱「丝邑亡□」（續三·一·三合集一七三六〇正）、「丝邑其出□」（拾四·九合集一七三六一）、「邑人□」（乙三〇九三）乃占問其邑或邑人是否有警。猶書舜典言「震驚朕師」，史記「震」作「振」。□形僅一見，粹五一、續三·二三·七、佚九七一、合集三六四二六係同片，辭云：「其還旅」，郭沫若讀為「振旅」是正確的。晚期卜辭，每增形符為繁體，由象形或會意轉為形聲，此古文字發展之必然規律，猶坐之或增彳作徃。粹一二〇七「我多臣不辰」，郭沫若讀辰為震。原拓本漫漶不清。辰下猶存殘畫，似當从止。

要之，字形之發展過程為□→□→□，卜辭或讀為震，或讀為振，而踬、震、振諸字均由此孳乳分化而來。屈萬里釋「𠂤不踬」之義甚當，但謂踬假作震，則未免迂曲。某些科技文獻以此為商代有關地震之記載，不可信。

1132

1167

還 振 □

[29]劉釗 「卜辭有『徲旅』一詞：

丁丑王卜，貞，其徲旅，征從□盂，生来亡戈，王固曰，吉，才九□。

卜辭『徲旅』之『徲』当讀作『振』，『徲旅』即『振旅』。西周中方鼎之二有王大省公族於庚，『𢍰旅』。『𢍰旅』即卜辭之『歷旅』。周禮夏官大司馬曰『中春教振旅，司馬以旗致民』，『中秋教治兵，如振旅之陳』。春秋公羊傳莊公八年曰『出曰祠兵，入曰振旅，其礼一也，皆习战也。』左傳隱公五年曰『三年而治兵，入而振旅』。杜注云『振，整也』，『旅，衆也』。典籍习武謂之振旅，作战凱旋亦謂之振旅。卜辭所載当指习武而言。殷代练兵每々借

田猎为之，既可训練軍隊，又可禽获禽兽。」（卜辭所見殷代的軍事活動，古文字研究十六輯七三——七四頁）

按：「還」即「蟸」之繁構，卜辭「還旅」即「振旅」。說詳1166「蟸」字條下。

1168

䢉 晨 𣘗

羅振玉　『說文解字：『䢉，耕田也。从晨囟聲。籀文从林作䢉。』此从林从辰，或加又象執事于田間，不从囟。諆田鼎作[illegible]，予所藏史農觶作[illegible]，並从田。散盤作[illegible]，亦从屮，與卜辭同，从田與諆田鼎史農觶同，知許書从囟者，乃从田之譌矣。』（殷釋中七十一葉上）

王襄　「古農字。」（簠室殷契類纂第十一葉）

（補通考一四二葉）饒宗頤　「農宗亦即農星。逸周書作雒解：『農星先王皆與食』是也。」（通考一二九八葉）

王　襄　「説文解字：『農，耕人也（依段氏本），从䢉，囟声。古文作[illegible]、[illegible]，籀文作[illegible]』。契文之農，从屮从[illegible]，异体从林，从秝，从森，皆由屮所衍生，[illegible]或作[illegible]。卜辞辰作[illegible]、[illegible]、[illegible]与農所从之[illegible]、[illegible]同。契文之農，从屮、从林、从秝、从森，从辰。有向明而作从事种植之谊，为会意字，非从囟得声。金文之農，令鼎作[illegible]，農卣作[illegible]，農敦作[illegible]，皆从田，所以力田也。許书古文[illegible]，籀文[illegible]，篆文[illegible]，所从之⊗，殆由田而訛，農敦之[illegible]，从田从𦽄从辰，为農之繁文，𦽄即茻，与屮、林均通，辰从又，又、手也，有力作之谊，与[illegible]、[illegible]均同，農卣之[illegible]从止，止则又之訛变。」（古文流变肊说五一至五二页）

葉玉森　「卜辭農作[illegible][illegible][illegible]。从森或从林，从禾从屮。指農人所處之地為森林之下或禾间草際也。从辰取象振動，乃表力田。』（鉤沈十五葉四行）

楊樹達　「甲文農字从辰从林者，初民之世森林徧布，營耕者於播種之先必先斬伐其樹木也。辰者，蜃也，淮南所謂摩蜃而耨也。金文从田，或又增从臼。」（甲文說二八葉）

楊树达　「說文三篇上晨部云：『農，耕也，从晨，囟声。』籀文作𨑖，古文作𦦓，又作䢉。今按甲文作辳，从辰从林，与许记古文第二形同。而殷虚书契前编伍卷（肆捌叶贰版）又作辳，於从辰从林之外又加从又，一尤完备。字从林者，西方史家谓初民之世，森林徧布，营耕者於播种之先，必先斩伐其树木，故字从林也。从辰者，甲文字作𠂆或𠂆，象辰蛤之形。淮南子氾论篇云：『古者剡耜而耕，摩蜃而耨。』知古初民耕具用蜃为之。辳字从辰，谓以蜃斩木也。甲文或从又者，谓以手持蜃也。說文一篇上示部云：『祳，社肉，盛之以蜃，故谓之祳，从示，辰声。』辰之为蜃，许君故明言之矣。」（释农，积微居甲文说卷上四四至四五页）

饒宗頤　「按『歲叀農』為卜辭成語，其義向未明。考管子五行篇：『歲農，豐年大茂。』从農之字皆有盛義，故歲叀農，即祝歲豐穰之意，管子蓋沿殷人習語。」（通考八二一葉）

孙海波　「辳，甲九六。卜辭農字从林与說文古文同。辳，乙二八二。或从艸。」（甲骨文编一〇七——一〇八頁）

李孝定　「說文『農耕也（段王兩家據元應書引耕下補「人」字）从晨囟聲。𨑖籀文農从林。𦦓古文農。䢉亦古文農。』契文从林（或从森，同）从辰，與許書古文一體合。又有辳字，諸家釋為農。郭某云：『辱字在古實辰之別構，惟字有兩讀。其為耕作之器者則為辰，後变而為耨，字变音亦與之俱变。其為耕作之事則為辱，辱者，辱與農之初字也。辱乃象形字，與卜辭農字作辳者全同。由音而言，則辱蓐與農乃侯東陰陽對轉，故辱蓐農古為一字。許釋蓐為「陳艸復生」者，非其朔矣。』（見甲研釋支干二五葉下二六葉上）文編、續文編、朱氏文字編亦並收為農字，惟按諸辭例，辳辳二者實當有別。不从又者為農字，从又者則當釋蓐。（亦即蓐字說見一卷蓐下）其作辳者，辭云『己酉卜貞告于妣辛叀惟農』（前、五、四七、五、）『癸亥卜貞乙歲叀今農酒』（前、五、四七、六、）『己酉卜即貞告于母辛叀農十月』（前、五、四八、一、）『壬申卜即貞兄壬歲叀農』（後上、七、十一、）『丙□貞□□且辛戊叀農』（後下、三九、十七、）『□農□气𢦏于岳十月』（佚、八五五、）『丙午卜即貞翌丁未丁農歲其又伐』（佚、九二四、）『庚申□其□歲叀農酒』（續、二、二、一、）『□卜□貞□歲叀農』（甲編九六、）『農八月』乙、五三二九、）『甲寅卜王叀農示帝五月』（乙、二八二、）農在諸辭為酒歲帝諸種祭祀之對象。乙、二八二二辭言『農示』，蓋即農神，與後世祀社相類。（另有後下、十三、三、及甲編二七四兩農字均為單文）至作辳者，辭云『□田媷□豆』（前、五、四八、二、）此辭最後一字上半殘泐，葉玉森前編集釋疑為登字是也。登者，年穀熟也，與上文言媷田之農功相應。『辛未貞今日媷田』（甲編一九七八）媷田連文，義尤顯豁。『丁未媷学』（乙、二八二二、）文義雖不甚明，然辭上言『農示』，下言『媷』，辭例不同，明非一字。蓋上言帝農亦而下言農事，『𦔮手』當即許衆𦔮田之意也。『乙丑王𡉚𦔮□』（乙、八五〇二、此辭最後一字不識，然字从艸，當為艸類，與𦔮連文，其義亦顯。凡此數例均可證𦳊為動詞，如釋為農，均不可通，釋𦔮則文从字順，明𦳊𦳊之非一字也。金文農作□令鼎□史農觶□散盤□農簋从田，許書籀文从囟所自譌，羅說是也。」（集釋〇八四〇葉）

常正光「在說文的『農』字条下，收录農字的古文，其中有一个作『𦳊』，在小徐本里改作『莀』，因此直到今天研究甲骨文字的人都遵循之而释为『農』字。其实『農』字应如上文所指的『辱、蓐』等字，是由从手，从辰或再加上从艸、木会意而成，不从手的『𦳊、莀』并不具有『農』的含义。试读下面列举的卜辞：

1 丙□□貞：翌丁卯且辛歲，叀𦳊？（粹二五一）
2 □□旅貞：后且乙歲，今𦳊酌？（鄴二・四〇・一）
3 癸亥卜□貞乙歲，叀今𦳊酌？（前五・四七・六）
4 壬申卜即貞：兄壬歲，叀𦳊？（后上七・一一）
5 貞：中丁歲，叀𦳊。（明六七八）
6 丙午卜即貞：翌丁未𦳊歲？其又伐？（佚九二四）
7 乙酉卜即貞：告于母辛叀𦳊？（前五・四八・一）

这七条卜辞无论是据说文释为『農』，或依通假释为『醲』，都是讲不通的。如果再与下列卜辞对照一番：

1 其又父己叀昔（暮）酌，王受有又？（粹三一七）
2 其又父己叀昔酌，王受□？（鄴一・四〇・九）
3 己歲叀昔酌？（后上五・一二）
4 □□卜且丁昔歲三牢，王受□？（粹二六三）
5 貞：叀昔酌？（佚二七九）
6 其又昔歲？（遺六二七）
7 貞：𦲷（暮）酌？（庫一〇二五）
8 癸丑卜行貞：翌甲寅后且乙歲？朝酌？兹用。（庫一〇二五）

可以清楚地看出这里的『暮酌』、『暮歲』、『朝酌』是与前举的『𦳊酌』、『𦳊歲』、『今𦳊酌』属於同一类型。『朝、暮』都是殷代纪时所用的字，只有释『𦳊』为『晨』，才能符合殷代在朝暮举行祭祀的实际情况。此外还可以从字形结构来分析这三个字，发掘它们之间的共同联系。

甲骨文的“暮”字作“①□（粹一九五）、②□（粹三七〇）、③□（南坊五六〇）、④□（后二七八）、⑤□（鄴一·四〇九）、⑥□（粹三七一）、⑦□（甲二五九八）、⑧□（库一〇二五）。朝字作①□（后下三八）、②□（库一〇二五）、③□（佚二九三）。说文对“暮”字的解释是“日且冥也，从日在茻中”，甲骨文从“茻”或从“艸”是相通的，其偏旁的繁简增省也是互通的。因此前八个字都应释为“暮”。后三个字有人释为“萌”，不确。唐兰和董作宾都释为“朝”。董作宾认为“朝暮字均以草木丛中为日出、日落时之背景……朝字又当取象于下弦以後之早晨，其时一轮红日已腾辉于林木之中，而明月如弓犹复高悬碧落”。既然朝暮二字是通过草木的背景与日月等天象的会意而成，那末□、晨二字用大辰星在草木丛中，以表示天色将晓的天象也就可以理解了。因此把□晨释为“晨”，从字形结构的分析来说也是有根据的。”（辰为商星解，古文字研究论文集，四川大学学报丛刊第十辑一四一至一四六页）

裘锡圭

“从甲骨文看，辰是农业上用于清除草木的一种工具。

甲骨文里有一个从“林”从“辰”的字：

□ 甲骨文编一〇七页

又有一个从“艸”或“林”从“辰”从“又”的字：

□、□ 同上二三—二四页

说文“农”字下所收古文或作“□”，散氏盘“农”字所从的“辰”下有“又”，所以罗振玉等人把上举二字都释作“农”（罗说见增订本殷虚文字考释中七一页上）。甲骨文编、甲骨文字集释则都把前一字释作“农”，后一字释作“蓐”。近年，常正光同志指出甲骨文“农”字一般都作晨昏之“晨”用，并非“农”字（“辰为商星解”，载四川大学学报丛刊第十辑古文字研究论文集），其说可从。上举后一字，本象以手持辰除去草木之形，虽然可以隶定为“蓐”，但是跟后世“艸”、“辱”声的“蓐”字却不一定有关系。罗振玉把这个字释作“农”是不错的。金文“农”字跟甲骨文“农”字不同的是加个“田”字。薛季宣书古文训的“农”字，盘庚篇作农，酒诰、洛诰作农，都从“艸”从“辰”从“又”，与甲骨文合，当有所据。“农”字为什么象清除草木之形呢？杨树达解释说：“……初民之世，森林遍布，营耕者于播种之先必先斩伐树木，故字从林也。”（积微居甲文说释农二八页）。这种说法是有道理的。不过古代耕播荒地，也要先清除草木，杨氏说得还不够全面。

「深耕易耨」的「耨」，古音与「农」阴阳对转。「農」的字形所表示的意义也跟「耨」相合。「耨」跟「农」应该是由一字分化的（参看郭沫若甲骨文字研究释干支，人民出版社一九五二年线装本一〇一页上）。所以甲骨文的「農」也未尝不可以释为「耨」。

根据以上所述可以肯定辰是用来清除草木的一种农具。有人认为「辰」象犁（陆懋德中国发現之上古銅犁考，燕京学报三七期），有人认为「辰」象收割禾穗的蚌刀或石刀（上引辰为商星解一三八页），显然都是不可信的。

按照辰的功用来看，它应该就是古书中常见的耨等一类农具，大致相当于现在的短柄锄。锄跟斤的装柄方法是相类的。不同之处在于「辰」的锋刃部分比较宽阔，锄比较短。这正合于耨的特点。这种「辰」字象刃的部分跟甲骨文「石」字同形。这恐怕不是偶然的巧合，有可能是辰这种农具多为石器的反映。但是「辰」字也可以写作「[illegible]」形，这种字形不大好解释。淮南子氾论有「古者剡耜而耕，摩蜃而耨」之语。因此郭沫若认为这种「辰」字象「贝壳形」，代表「蜃器」（上引释干支一〇〇页下），杨树达也认为它「象蜃蛤之形」（积微居甲文说二八页）。这种解释跟字形似乎也并不切合。也许这种字形里为「[illegible]」形所没有的那些短画，本象把石质的耨头捆在柄上的绳索一类东西。考古发掘中屡见的作凸形的「有肩石铲」应该就是耨头。唐兰先生认为故宫博物院所藏的西周初期的「康侯斤」，「实际上是小锄头」（中国古代社会使用青铜农具问题的初步研究，故宫博物院院刊总二期一一一页）。康侯斤的外形跟「有肩石铲」很相似，应该就是一种小型的耨。当然，按较晚的习惯称之为锄也未尝不可。商代遗址里出土的某些形状较小的石铲，以及骨、蚌、铜铲，可能也是用作耨头的，或者是既可用作铲头也可用作耨头的。

辰这种耨器大概主要是用来清除草和小灌木之类的东西的。要清除较大的树木，还得靠斧、斤一类工具。甲骨文中「折」字、「析」字，象以斤折木，析木之形。甲骨文「折」字，金文「析」字则象以斧折木、析木之形。从斧形的「折」字和「析」字为于省吾先生所释（甲骨文字释林三四一页），今从之。但是于先生认为斧形是「斤」的初文，并由此得出了商代的斤的装柄方法与斧相同的结论，这恐怕是不妥当的。砍树等工作既可用斤也可用斧，「折」字、「析」字有从斤形和从斧形两种写法，正是这一事实的反映。此外，清除地里的树根，也需要用斤一类工具。

商代墓葬出了不少青铜斧斤，一般认为是手工业工具。也有人认为当时在农业上也已经使用了青铜斧斤，并把较大的斤称为钁。」（甲骨文中所见的商代农业，全国商史学术讨论会论文集一九八—二四四页）

孙淼 「甲骨文有蓐字，字形如下：

⿱林冂（前五·四八·二）

⿱林冂（乙二八二）

⿱林冂（乙八五〇二）

⿱林冂（甲二七四）

此字所从之冂、冈即辰字。郭沫若说：辰实古之耕器，其作貝壳形者，盖蜃器也。又说：辰本耕器，故农、辱、蓐、耨诸字均从辰。这个见解是十分深刻的。「辰」为农具，可能即古之蚌铲、蚌镰、蚌刀一类工具。上述蓐字，正象手持蚌铲进行锄草之形。……甲骨文还有以下辞例：……有仆在爰，宰在口，其口蒦……。仆和宰都是奴隶的名称，爰是地名，「宰在」後面所缺的字，也是地名，蒦即蓐字。蒦的前面所缺的字应为动词，从文义推测，这个字的含义应与诗周颂良耜中「以薅荼蓼」的薅字相当。

说文云：「薅，披田草也。」段玉裁注：「披者，迫地削去之也。」薅（蒦）即除草。奴隶们在田间除田草，当然是为了便于农作物的生长。从文意来看，这种锄草劳动，不是为了开荒拓土，而是属于耘田时的清除杂草。据此可知，在商代的农业生产中，除草已经是很普通的劳动了。」（夏商史稿四二七至四二九页）

赵诚 「⿱林冂 蓐（即後世农字）。或从⿱林林作⿱林林冂，或从艸作⿱艸冂。甲骨文从林从⿱林林常常无别，从林从艸也常常通用。蓐字从林从辰，象手持工具耕作於山林草地，为会意字。卜辞用为某一神或祖之名则为借音字。」（甲骨文简明词典一八页）

李孝定 参蓐字条

按：字当释「晨」，常正光说是对的。卜辭「晨」與「暮」對言，猶「朝」與「夕」對言。其形偶與說文之古文「農」相合，但不得據此即釋為「農」。

1169 蓐

温少峰 袁庭栋「甲文又有[glyph]字，象以手持辰耨草之形，即『蓐』字，亦即『媷』之初文。說文：『媷，拔去田草也』，亦即『中耕除草』之意。卜辭云：

(171) 辛未貞：今日蓐田：（甲一九七八）

(172) ……田蓐……（前五·四八·二）

媷田即中耕除草，是田间管理的重要环节。齐民要术种谷：『苗出垄则深锄，锄不厌数，周而复始，勿以无草而暂停。春锄起地，夏为锄草。』最初为手执蜃壳除草碎土，其后在蜃壳上加一短柄，就叫『耨』。说文：『耨，媷器也。』吕氏春秋任地篇：『耨柄尺，……其耨六寸』。再后来短柄改为长柄，人们就可以站着除草，这就叫『锄』，说文：『锄，立媷也』。（殷墟卜辞研究——科学技术篇二一五頁）

李孝定 参[阝蓐]字条

按：字當隸定作蓐，說文有蓐、薅、耨諸字，當屬後世所孳乳分化。徐灝說文解字注箋云：「陳艸復生曰蓐，因之除艸曰媷，除艸之器曰耨，義相因，聲相轉也。古祇作蓐。」徐氏未見古文字，而說與古文字合。甲骨文蓐字即从又持辰从艸，象除艸形。

1170 [木辰木]

按：字當隸作「[木辰木]」，與「[艸辰衣]」或「莀」有別，卜辭均用作地名。

1171 莀

常正光释晨，参[glyph]字条下。

按：「莀」與「[艸辰衣]」形義均有別，是否同字，仍待考。

1172 晨

王襄 「古晨字。」（簠室殷契類纂第十一葉）

朱秀圃 「又按晨即槈之初文。說文木部：「槈，薅器也。从木，辱聲。鎒，或作从金。」考槈經傳通作耨，呂氏春秋任地篇：「耨柄尺，此其度也，其耨六寸，所以間稼也。」高注：「耨，所以耘苗也。刃廣六寸，所以入苗間也。」蓋上古之世，制作未興，先民利用摩鋭之蜃殼以除田穢，及文物改進，乃斷木為柄，削木為刃，自金屬發明後，則柄用木而刃用金，故其字有从木从金之分。據任地篇言「柄長一尺，刃廣六寸，」可證其仍為坐而採作，與持辰無異。易繫辭下：「耒耨之利。」釋文：「耨，奴豆反。馬云，鉏也。」莊子胠篋篇：「耒耨之所刺」。釋文：「耨，乃豆反。李云，鋤也。」鋤即鉏之後其字，說文金部：「鉏，立薅所也。从金，且聲。」考槈與鉏，實一器之演進，名異而用同。蓋坐而薅草，其器曰耨，其柄短；立而薅草，其器曰鉏，其柄長。耨之用淺，鉏之用深。觀於晨、槈、鎒三字之演變，與鉏之後起，可以明瞭古代農業技術發展之程序矣。從音理言之，晨讀定聲真韻，槈讀泥聲幽韻，旁紐雙聲，陰陽對轉。」（殷周文字釋叢，卷下，第一三三葉）

孫海波 甲骨文編收作晨，無說。

李孝定 「說文「晨早昧爽也。从臼、从辰，辰時也，辰亦聲。丮夕為夙，臼辰為晨，皆同意。」契文正从臼从辰。辭云「☐卜☐令多晨𢦏𢦏」多晨似為職官之偁。金文作[illegible]𩠐侯鼎[illegible]都公鋪與契文小篆並同。又作[illegible][illegible]師晨鼎增从止作第二形，復譌臼為貝。」（集釋〇八三七葉）

按：字可隸作「晨」，但與卜辭「晨」之作「⿱林辰」似有別。合集九四七七辭云：「……卜穷……令多晨……𢦏……𢦏」「多晨」當為職官名。

1173 ⿱辰冋

饒宗頤　「卜辭：

　丙辰卜，㱿貞：呂方氏，鬳方𦎫（敦？）曰：允。（京津一二三〇）

鬳治即郿。路史國名紀：『宛丘西南四十里有郿亭。』（今河南淮寧縣。）」（通考一七一頁）

孙海波　「鬳，河六二四。从鬲从辰。說文所无。方国名　鬳方。」（甲骨文編一〇八頁）

孫海波　「鬳，佚二七六二。卜辭鑊从鼎从穫得声。」（甲骨文編五二七頁）

李孝定　「从鬲从辰，說文所無。許敬參曰『字从鬲从辰即玉篇與廣雅所收之鬻字亦即許書䢅之初文蓋鬻鬳䢅脤脈䢅形本為一字也』見衍漠七八葉按許以為即鬻字是也。而許書無此字，故仍从許書之例，收此入鬲部，以為說文所無字。」（集釋〇八五四葉）

施谢捷　「甲骨文中有辭称：

　丙辰卜，㱿贞：曰吾方氏鬳方𦎫呂，允……？（京津一二三〇）

　……鬳方……（佚六八二）

辞中『鬳』字，旧不识。甲骨文编隶定为『鬳』，以为『从鬲从辰，说文所元。』

　我们认为将此字隶定为『鬳』是很正确的。说文䰜部：『䰜，䰞也。古文亦鬲字，象孰饪五味气上出也。』䰜、鬲本一字之異构，在偏旁中可通用。说文鬲部：『鬵字籀文作鬻，从䰜；䰜部：鬻或省作𩱤，从鬲；鬻或省作𩱧，从鬲；玉篇䰜部：鬻亦作鬻，从鬲，并是其例。据此『鬳』当即『鬻』字初文，说文未收，广雅释器：『鬻，鼎也。』玉篇䰜部作鬻，曰：『如烛切。大鼎也。』变从辰为从辱，犹说文蓐部『媷』或作『㜸』，例同。金文作𩱹，与玉篇所收形同，也从辱；字也作鬴，从鬲从辰，与广雅所收及甲骨文相类同，也可证我们所释是有根据的。

　卜辞言『鬳方』，为方国名。『呂』亦方国名，有人认为即书呂刑之呂，在今河南南阳西，可从。『鬳方』之地，或即说文邑部『鄏』，『河南县直城门官陌地也。从邑，辱声。春秋传曰：成王定鼎于郏鄏。』地在今河南洛阳附近，与呂相距不远，当是殷商的附近方国。」（甲骨文字考释十篇，考古与文物一九八九年六期七一至七二页）

按：字當釋「鬻」，隸可作「𩱙」，在卜辭為方國名。

1174 勵

按：字从「辰」从「力」，可隸作「勵」。合集二一四七九辭云：

「丁酉卜，呼多方勵丙」

用為動詞，其義不詳。

1175 云

唐蘭　「云字商釋旬，非誤。卜辭或作云或作云者，字形演變，時代有先後也。前編云：『茲云其口』。本書云『茲云雨』者，並謂茲旬也。龜甲獸骨文字云：『貞尞于三云』。後編云：『卜尞于六旬』者，謂三旬及六旬也。蓋商人以旬記日，卜辭多卜旬之事，而今所傳骨版上常有六旬表及三旬表，即昔人所謂干支表也。商人尚鬼，則其於三旬六旬必有神主之故實矣，以字形言之，則云當即云，在說文為雲之古文，而旬字卜辭多作𠣬，當即勻字，旬从勻聲，說文以為从勹者誤也。云勻聲類相近，蓋本一字，而後世誤歧之也」。（卜釋四葉）

商承祚收此作旬。（類編九卷三葉）

于省吾　「契文云作云、云、云等形。……云為雲之初文，加雨為形符，乃後起字。前七、二六、三：『囗采，各云自北西單雷』。六、四三、四：『今茲云雨』。遺五五三：『茲云雨』。是均以云為雲之證。前七、四三、二：『允㞢設，明㞢各云』。菁四：『王固曰，㞢希，八日庚戌，㞢各云自東圖母』。各即格，謂來至也。其言㞢設㞢希，謂云有吉凶之兆也。後上二二、三：『又來于六云五豕，卯五羊』。庫九七二：『來豕四云』。林一、一四、一八：『來于三云』。粹四五一：『來于云』。續二、四、一一：『來于帝云』。六云四云三云謂雲之色也。帝云謂天上之雲也。國語周語：『克厭帝心』。注：『帝，天也』。遺二：『酌三嗇云』。嗇即嗇，應讀為色。嗇與色為雙聲疊韻字。三嗇云謂三色之雲也。於云言來言酌，乃祀云之典禮。周禮保章氏：『以五雲之物，辨吉凶水旱降豐荒之祲象』。注：『物色也，視日旁雲氣之色。降下也，知水旱所下之國。鄭司農云：「以二至二分觀雲色，青為蟲，白為喪，赤為兵荒，黑為水，黃為豐」。』孫詒讓云：『御覽咎徵部引三輔舊事云：「漢作靈臺，以四孟之月登臺而觀，黃氣為疾病，赤氣為兵，黑氣為水也」。其赤黑之占，與先鄭說同。惟云黃為疾病則異。又無青白二占。疑御覽所引文有挩誤也。又易緯通卦驗說冬至候雲術云：「其雲青者饑，赤者旱，黑者水，白者為兵，黃者有土功」。亦與先鄭異。』按御覽引三輔舊事，列黃赤黑三氣，非有挩誤。此謂三雲之色也。御覽天部八引洞冥記曰：『吉雲之國俗，常以雲占吉凶』。又引漢書曰：『宣帝祠甘泉，有頃，紫雲自西北來，散於殿前』。是於五雲三雲之外，又有紫雲。雲之色不限於五。保章氏言五雲，就五色之成數言之耳。雲之見也，或一色，或數色並見，所謂采雲也。然則契文言三云三嗇云四云六云，謂三色之雲與四色六色之雲也。於雲有祀典，則雲氣之占，由來尚矣。」（駢三弟一——三葉釋雲）

瞿潤緡

「亐商承祚殷虛文字類編九著於旬下，非是。卜辭旬字皆作勹，此作ㄋ，非旬字。前編卷一弟三十八葉『貞丝亐其□』。本書五五三版『丝亐雨』。菁華弟四版『王固曰：出杀八日庚戌，出各亐自東冒母，昃日亦出出虹自北，飲于河』。龜甲獸骨文字卷一弟十四葉『貞尞鈇于三亐』。後編卷上弟二十二葉『癸酉卜，尞于六ㄋ，六犬，卯羊六』。又云『癸酉卜，又尞于六ㄋ，六犬，卯五羊』。可證。」（卜釋二葉）

郭沫若

「『六云』殆人名。云字作ㄋ即說文雲字下『亐古文省雨』之云，卜辭多用為雲雨字。（粹下）羅振玉釋為旬字，非是。」（卜通五五葉上）

孫海波

「卜辭雲从上勹，與說文雲之古文同。」（文編十一卷十三葉）

饒宗頤

「云貢者，陳氏讀云為妘，祝融之妘姓。（綜述葉三〇八）竊謂云應為䢵字，衛與鄖通（左傳宣四年，若敖娶于䢵。釋文本亦作鄖。）春秋衛地名有鄖，左哀十二年傳：『衛侯會吳子於鄖』，以之當『云』地較合。」（通考六一五葉）

饒宗頤

「按ㄋ即『云』。釋名：『雲猶云云，衆盛也』。云即雲字。他辭所見有言：『來于帝云』（續編二、四、一一）或『來于三云』（林一、一四、八）『來豕四云』（庫方九七二）『來于六云五豕卯五羊』（後上二二、三）殷人于雲有祀典，為雲氣之占。周禮保章氏：『以五雲之物，辨吉凶水旱降豐荒之祲象』。鄭司農注：『以二至二分，觀雲色。』故春秋傳曰：『凡分至啟閉，必書雲物，為備故也』。（參駢枝三編）史記天官書：『凡望雲氣，有獸居上者勝』。正義引兵書：『雲或如雄雞臨城，有城必降』。右辭言：『雲見兕（麋）』，殆謂有雲氣如麋，猶古書言「有雲如赤鳥」之例，此記異徵也。古候歲美惡，亦以雲氣為占。天官書：「各以其時用雲色占，種其所宜。」如言：「有日無雲不風，當其時者，稼有敗。如食頃，小敗。熟五斗米頃，大敗。則風復起有雲，其稼復起。」辭言有雲不雨，以占其豐歉，即觀祲象之事也。敦煌鈔本有占雲氣殘卷，可參證。」（通考三五三葉）

孫海波　「ㄎ，甲二五六。卜辭雲从上、ㄅ，与說文雲之古文同。ㄅ，庫九七二。与旬通用。四云，犹言四旬。」（甲骨文編四五六頁）

朴海波　「丁、佇滬一·六八〇。疑ㄅ字。」（甲骨文編八一九頁）

孫海波　「ㄎ，商師殷虛文字類編九釋旬，余初疑此與旬字不類，故于甲骨文編入附錄。注云：『疑云字。』今就卜辭文義考之，知此字當即云而假為旬字。前編一、三八、六云：『自茲云其口』。後編上二三、三云：『卜尞于六云』。龜甲獸骨文字一、一四、一八云：『貞尞于三云』。殷契卜辭五五三云：『茲云雨』。以上諸辭，皆當為旬字，蓋云本象雲氣回環之形，旬之本字，當从云作，說文旬从ㄅ，ㄅ疑雲字之譌，云旬聲相近故可通也。」（誠齋考釋三葉）

李孝定　「說文『雲山川之氣也从雨云象雲回轉形ㄎ古文省雨ㄅ亦古文雲』契文與許書古文一體作ㄎ者同，从二象雲氣稠疊形，从ㄅ象雲氣之下垂也。孫于二氏釋云是也。卜辭言三云四云六云，于氏以三色云四色云六色云解之，說雖可通然未免有增字解經之嫌，存之以備一說可也。」（集釋三四六三葉）

于省吾　「甲骨文云字作ㄎ、ㄅ、ㄈ、ㄎ、ㄎ等形。……云为雲之初文，加雨为形符，是乃后起字。甲骨文称：『今茲云雨。』（前六·四三·四）『茲云其雨。』（乙四六〇〇）是均以云为雲之证。甲骨文又称：『允出设，明（明）出各云。』（前七·四三·二）设谓自然界所设之徵兆（详释设）。又：『王固曰，出希，八日庚戌，出各云自东圃母。』（菁四）出希即有祟。圃母当为地名。又：『又来于六云五豕，卯五羊。』（佚上二二·三）『求豕四云。』（庫九七二）『求于三云』（林一·一四·一八）『求于云』（珠四五一）『求于帝云（续二·四·一一）六云、四云、三云谓云之色也，帝云谓上帝之云也。又：『酌三嗇云』（燕二），嗇即啬，应读为色。公羊哀六年传：『诸大夫见之，皆色然而骇』，王引之经义述闻：『色者歆之借字也。』又谓通俗文引公羊传作『歆然而骇』，是从啬之字与色字通之证。三晋云谓三色之云也。于云言来言敃，乃祀云之典礼。周礼保章氏：「以五云之物，辨吉凶水旱降丰荒之祲象。」郑注：「物，色也，视日旁云气之色。降，下也，知水旱所下之国。郑司农云：以二至二分观云色，青为虫，白为丧，赤为兵荒，黑为水，黄为丰。」孙诒让周礼正义：「御鉴咎徵部引三辅旧事云，汉作灵台，以四孟之月登台而观，黄气为疾病，赤气为兵，黑气为水也。其赤黑之占，与先郑说同，唯云黄为疾病则异，又无青白二占，疑御览所引文有挩误也。」按御览引三辅旧事，列黄赤黑三气，非有挩误，此谓三云之色也。御览天部八引洞冥记曰：「吉云之国俗，常以云占吉凶。」又引汉书曰：「宣帝祠甘泉，有顷，紫云从西北来，散於殿前。」是于五云三云之外，又有紫云。云之色不限于五，云之见也，或只一色，其数色並见者，所谓彩云也。按近年来出土之商代调色器，其四桶者贮红黄黑白四色。殷虚墓葬之所发现布质画幔，亦用以上四色。或谓商代又有赭绿二色。商人已能使用多种颜料当有相当发达之辨色能力。故于云之色或称三色云，或省语作三云、四云、六云。商代于云有祀典，则云气之占，由来尚矣。」（释云，甲骨文字释林七至九页）

温少峰　袁庭栋

「诗小雅大田：『有渰萋萋，兴云祁祁。雨我公田，遂及我私。』这是西周人对于尖云致雨的关系的认识。从卜辞看来，殷人也已有类似认识。如：

(105) 庚寅卜，贞：丝（兹）云，其雨？（游一·一〇七）

(106) 贞：丝（兹）云，其雨？（库一三三一）

(107) 癸卯［卜］，㞢贞：丝（兹）云，其雨？（汇四六〇〇）

以上三辞之「兹云」，就是「这块云」。三辞均为卜问：有了这样的一块云，会下雨吧？

(108) 贞：丝（兹）云其㞢（有）降，其雨？（汇三二九四）

(109) 云，其雨？不雨？（汇一〇八）

(108)辞明确表示：降云可能致雨。(109)辞则卜问是否可能下雨。

由以上讨论可知，殷人对于云和雨的关系，是有较深的认识的。

2. 云之种类与方向

(110) 各云，不其雨？亦雨？（拾八一一）

(111) ☐采，各云：……征，大风（风）自西：……（粹八三八）

「各云」即「落云」，当是黑云压城式的接地乌云，有此云，则可能有雨有风，故有上述这种卜问。

(112) 贞：丝（兹）朱云，其雨？

贞：丝（兹）朱云，不其雨？（汇六七二三）

米即米字，说文谓乃「困」之古文。「困云」，当即停滞不动之云。

(113) 「囚辰卜，兄（貞）：今日征（延）云，丝（兹）冓大雨？（乙一四六二）

征云」，即綿延不絶之云。阴云四布，是为征云，故卜问是否会遭遇大雨？

(114) 「……大云……北，西……亿佳……风（风）。（凉土九一〇）

大云」者，广大之云也。

(115) 幺云，其雨？（亿四六〇〇）

幺，甲文作8，乃玄之初文。「玄云」即「黑云」，今曰「乌云」。此辞卜问：天有乌云，是否会下雨？

(116) 貞：隹……𡿪云？（乙三〇五四）

𡿪，甲文作𢀜，象足下踏蛇，被蛇咬足之形。李亚农先生谓：「𡿪表示足趾践踏着蛇的意思，实即跎字，有倒楣的意思」（殷代社会生活，見欣然斋史论集五五四頁）。其说是。卜辞中用「𡿪」为灾祸之义。「𡿪云」，当系形状或色彩怪异之云，殷人以为预兆有灾祸降临，故称之为「𡿪云」，即降祸之云。

(117) 庚子酌，三𥹒云……（卜二）

𥹒，即啬。此辞之啬，于省吾先生读为色，谓「三啬云」即「三色云」（甲骨文字释林释沄）。陈梦家先生读为墙，假为祥，谓即祥云（殷虚卜辞综述五七五頁）。我们认为二说均未确。说文：「啬，爱濇也。从来从㐭，来者㐭而藏之，故田夫谓之啬夫。」是啬之本义为收藏谷物之禾堆，即所谓㐭、稟。「三啬云」者，三团其状如禾㐭之云也，当即后世之「囷云」。史记天官书：「蜀云如囷仓」。隋书天文志：「蜀云为囷」。此辞之「三啬云」，正与之相当。

卜辞中又有记云来自何方之辞：

(118) ……东，云自南，雨。（𢦏一七二・三）

(119) 八日庚戌，出（有）各云自东……（菁四）

(120) 大采，各云自北……（拾七八）

由以上三辞可知，殷已注意到云在空中移动之方向，并加以记录。

3、云之祭祀

古人视云为神物加以祭祀，文献有载。楚辞九歌之「云中君」，朱熹注：「谓云神也」。汉书郊祀志：高祖六年，「置祠祀官，女巫，晋巫、云中君，以岁时祀宫中，」颜注：「云中君谓云神也。」在楚辞九章思美人又称云神为「丰隆」。其实，视云为神而祭祀之，在殷代就已存在，而且多用尞祭。卜辞云：

(121) 貞：尞于帝云？（续二・四・一一）

「帝云」者，上帝派來之云，与古代所謂「风伯」「雨师」类相似。

(122) 尞云，不雨？（人三〇八一）

此辞可見，殷人祭云，与求雨有关，盖由云能致雨故也。

(123) ……尞于云、犬？（乙五三一七）

(124) 貞：尞于二云？（林一·一四·一八）

(125) 己卯卜：尞豕，四云？（庫九七二）

(126) 癸酉卜：又（有）尞于六云，五豕，卯五羊？

癸酉卜：又（有）尞于六云，六豕，卯六羊？（绍上二二·三）

以上諸辞之「二云」、「四云」、「六云」，皆祭祀对象，用犬、羊、豕等為牺牲进行尞祭。于省吾先生謂「六云、四云、三云，謂云色也」（甲骨文字释林释云）。或謂「四云」即「四方之云」，犹墨子所載之「逢々白云，一南一北，一西一东」。淮南子所載之：「四海之云」。「二云」即层云之分上下层者」。「六云」就是四方上下之云，犹言「六合之云」。二说皆可供参考。」（殷墟卜辞研究—科学技术篇一三六—一三八页）

考古所「五云：于省吾认为卜辞中之「六云、四云、三云謂雲之色也」（释林八頁）。如此則五云当為五色云。酌云「乃祀云之典禮」。」（小屯南地甲骨八八五頁）

姚孝遂　肖丁　「殷人既以「云」為一种自然現象，复以「云」為神灵，為天帝之臣屬而加以祭祷。

在殷代，人們已注意到，云和雨之间有着密不可分的聯系。乙3294：「丝云其出降，其雨」；拾81：「云其不雨」。

續2.4.1有「求于帝云」，是以「云」為「帝」之臣屬。

卜辞祭祷于「云」，均為祈雨，祭多以「求」。过去著录所見有「二雲」、「四云」、「六云」：林1.14.18：「貞，求于二云」；庫972：「己卯卜，求豕四云」；後1.22.3：「癸酉卜，又求于六云六豕，卯羊六」。屯南复有「五云」可补前此之缺：

651

(1) 「叀三羊用，又雨」「大吉」

(2) 「叀小宰又雨」「吉」

(3) 「叀岳先酌，廼酌五云，又雨」「大吉」

(4) 「五云酌」

770 (1)「不雨」

1062 (2)「求于云雨」

1062 (7)「癸酉貞，又燎于六云五豖」之内容与後1.22.3同。只是一为用五豖，一为用六豖。」（小屯南地甲骨考释七七—七八頁）

姚孝遂 肖丁 「『云』字作『𠄏』，或释『旬』，非是。『旬』字作『𠃌』，其上部必須出头，『云』字之上部不得出头，两者的区分是很明显的。

先祖「卷云」，此为初次見到。

讫3054：「貞隹……卷云」，讫3095亦有「卷云」之辞，均残，不知「卷」者谁居。今有此片，可以得知先祖不仅可以「卷禾」「卷雨」，而且还可「卷云」。

殷人认为风云雷雨之间是密切相关的。每見「兹云其雨」；「各云不其雨」（綜81）；「络云自北西單雷」（前7.26.3）等記載。同时风云雷雨又和年成的丰欠亦有密切之关系，常見有燎祭于云的记载。是故「云」在卜辞中既是一种自然現象，也是諸神祇之一。

诸先祖既然能够「卷云」「卷雨」，则在殷人的心目中，先祖具有控制一切自然現象之权威，能左右人间之祸福，这样就促进了当时天帝观念之逐渐形成。」（小屯南地甲骨考释二一一二二頁）

按：契文亏與說文雲之古文同。或作𠄏，與旬之作𠃌者判然有別。但很可能為同一形體所分化。

篆文作「雲」，从「雨」。王筠句讀謂：「此小篆之失也。雲雨同類而不同物。卿雲、矞雲，此不雨之雲也。且先雲而後雨，雨不當為雲所从。此云為借義所專，加雨以為別耳」。

卜辭皆用為「雲雨」字，均為本義。

古代占候，多望雲氣。軍旅之勝負，年歲之豐歉，皆可兆於氣象，漢書天文志所謂「……怪雲變氣，此皆陰陽之精，其本在地，而上發於天者也。政失於此，則變見於彼，猶景之象形，鄉之應聲」。說固不經，初民則信而不疑。

周禮「五雲」，即指五色之雲，然則卜辭「二雲」、「三雲」、「四雲」、「六雲」，當指雲色言之，于先生已詳論之。據此，則「三嗇雲」當以讀作「三色雲」為是。陳夢家綜述五七五讀「嗇」為穡，假為祥」，不可據。

卜辭「云」從無假作「旬」之例。唐蘭、孫海波讀「云」為「旬」，均由誤解卜辭所致。

1176 吾 □

按：字从「云」、从「口」，隸可作「吾」。合集一三五一四辭云：「辛卯卜，殼貞，基方……作[illegible]不[illegible]弗吾」用為動詞，其義不詳。

1177 爰 □

孫海波 「□，存下九五。疑爰字。」（甲骨文編七三三頁）

施謝捷 「甲骨文中有一字作『□』形，旧不识。……『爰』形象以双手抓云之形，可释为从手从云之『抎』字……辞曰：……大抎……（存下九五）仅残存二字，其用难晓，后又有见，辞曰：……云大抎，攸（咎）。（甲骨文合集一三四〇四）……说文：『抎，有所失也。春秋传曰：抎子辱矣。从手，云声。』知抎字含有亡失、失去之义。」（释甲骨文中的「抎」字，殷都学刊一九八九年第四期一九至二〇页，又一六页）

按：孫海波文編隸此作「爰」，施謝捷釋「抎」。卜辭殘缺，其義難曉，應與天象有關。

1178 旬 □ □ □ □

劉鶚 「□字疑其象虺形，以與鼎彝虺文相近也。」（藏龜序四葉下）

孫詒讓 「案劉蓋以□為虫。說文虫部云：虫，一名蝮，博三寸，首大如擘指，象其臥形。即爾雅釋魚之蝮虺。（說文別有虺字，與虫異）劉說自可通，然今攷定實當為它之象形。說文它部云：它，虫也。从虫而長，象冤曲𠂹尾形。（蛇為或體）此文作𠃧，與冤曲𠂹尾形尤切。」（舉例上廿五葉上）

王國維　「卜辭有𠣏𠃧諸字，亦不下數百見。按使夷敦云：『金十⿹勹金』，屖敖敦蓋云：『金十⿹勹金』。（藏龜六葉）亦可證。考說文鈞之古文作⿱旬金，是⿹勹金⿹勹金即鋆字，𠣏即旬字矣。卜辭又有『𠃧出二百』語，𠃧𠣏即旬字。余徧搜卜辭，凡云『貞旬亡囚』者，亦不下數百見，皆以癸日卜，殷人蓋以自甲至癸為一旬，而於此旬之末卜下旬之吉凶。云『旬亡囚』者，猶易言『旬无咎』矣。日自甲至癸而一徧，故旬之義，引申為徧。釋詁云：『宣、旬、徧也』。說文訓裹之勹，實即此字，後世不識，乃讀若包，殊不知勹乃旬之初字。軍字从勹，从車，亦會意兼形聲也……」（集林六卷釋旬亦見戩考四九葉上）

王襄　「說文解字：『旬，徧也，十日為旬，从勹日。』契文作𠣏，不从日，卜辭之卜旬均于癸日始，卜下旬王之亡囚。自癸酉至壬午為一旬，癸未至壬辰為一旬，遞而推之，以至癸亥壬申，共為六旬。周一旬，亦有徧誼。契文之旬，異文甚多，录其特異者以見衍進程序，王孫鐘作昀，古鉥作昀，从勻从日，為旬之孳文，与許书古文之⿴囗旬近。𠃧，或云是二旬合文。」（古文流變臆說第二五——二六頁）

王襄　「𠃧，古旬字。說文解字：『勹，裹也，布交切』。按洵彝句作⿹勹彐，小臣守敦金十鈞，鈞作⿹勹金，是勻⿹勹金皆从勹作，勹即旬之最初字，後人始加日耳。」（簠考天象一葉下）

商承祚　「王靜安釋𠃧為旬，甚確。十日為一旬，故从丨（十），其初體疑當作⿹勹丨，由十至十也，後寫為𠣏𠃧，遂無義可說。」（佚考七葉下）

吳其昌　「『旬』者，殷代記日法自甲至癸，十日之名也。王国維說旬曰：『卜辞有𠣏𠃧諸字，不下数百見。按使夷毀云『金十⿹勹金』。屖敖毀云：『金十⿹勹金』。考說文：『鈞』之古文作『⿱旬金』，是⿹勹金⿹勹金即鋆字，𠣏即旬字矣。卜辞又有『𠣏之二日』語，（鐵六·）亦可證𠃧𠣏即旬字矣。日自甲至癸而一徧，故旬之义引申為徧；尒疋释詁：『宣，旬，徧也。』說文訓裹之勹，实即此字；后世不识，乃讀為包。殊不知勹乃旬之初文。軍字从車从勹，亦会意兼形声也。』（觀六一三·戩释·四九·）按先师之說是也。虽使夷毀，屖敖毀『⿹勹金十鈞』之⿹勹金字，乃实係『九』『金』二字之合体，然說文既載「鈞」之古文有作「㫶」者，可証古人亦有勹旬二字偶溷為一，而勹字在古時碻為旬，則事实固甚明也。」（殷虛书契解詁第四二頁）

朱芳圃 「字象人身回旋之形，故引伸有旋轉圍繞之義，匍軍諸字皆从此作，是其證矣。殷人以日自甲至癸為一勹，蓋假為旬。說文勹部：『旬，徧也。十日為旬。从勹、日。㫶，古文。』十日為旬，周而復始，與人身之回旋相同，故借用之。」（殷周文字釋叢卷中第一〇七葉）

唐蘭 「勹卜辭習見，或作□□□□等形，又或作□□□等，則其繁形也。自羅氏誤釋為龍，學者咸承之。不知龍自作□□等形，卅曲而尾向外，此蟠結而尾向內，其形迥異。余謂此簡體作□，明即□字，而前人莫悟，何也？□字王國維釋旬甚是，然謂訓裹之勹即此字則誤。說文勹部之字如匍、匐、復等，均可證為從勹，□乃賓匀之古文，旬當从日匀聲，許君僅誤併勹勹為一耳。董作賓謂『旬亘皆象周匝循環之形』。商承祚謂『其初體疑當作□，由十至十也。後寫為□，遂無義可說』（佚存考釋七），均無根據。劉鶚謂『□象虺形』，以與鼎彝虺形相近（鐵雲藏龜序）孫詒讓釋為它。（舉例上二五）雖不如王氏讀旬之精確，然由字形言之，解為蛇虺固猶近之也。余考彝器之稱盤虺文者，象兩虺糾結之狀，節取其上半，乃作□形，其全形當作□（原文有附圖）从器與□形無闕。余所見有父戊旱盤，亞□盤，舟盤，腹內均有一爬蟲之圖，若如□，當即□形，雖彼為正面，故有兩肉角，□為側面，故祇一角耳。然則□或□象龍虺之類，而非龍或虺。字又変作□，更変而為□，則為云字，雲之本字也。似古人以此為能興雲，則□當是龍類也。余謂螾即□之假借字。史記封禪書『黃帝得土德，黃龍地螾見』，集解以螾為蚯蚓，殊誤。蚯蚓豈足為符瑞哉？呂覽應同云：『黃帝之時，天先見大螻大螾』。說文：『螭若龍而黃，北方謂之地螻』。地螻當是地螾之誤。然則黃龍地螾即螭，而□實象螭形也。卜辭中同一文字，往往因用法不同，書法亦有殊異。作□者多用為旬，作□者多用為雲，此作□或□者，其用法又異。此辭云：『貞㞢□』，別一辭云：『□□□子于□巳己，允㞢□』，鐵七十六，疑讀為惸或慇。詩正月：『憂心惸惸』。說文：『慇，憂也』。」（天壤文釋四十葉下——四十一葉下）

楊树达 「余按鉄云藏龟壹伍壹叶貳版云：『戊子，卜，庚于多父旬。』依古人名字兼称先字后名之例，知多父为字而旬为名。纪年记盘庚为旬，知多介父即盘庚。」

陳夢家 「祖甲卜辭『旬』『夕』兩字的寫法，旬字出頭（此點是馬漢麟指出），夕字

中间有一點。這兩個寫法到了何組有很大的变化，旬字不出頭，夕字和月字都一律沒有一點」。（綜述二〇〇葉）

孫海波　「勹，沺一〇五五。卜辭用勹為旬。董見勹下。」（甲骨文編三八一頁）

孫海波　「勹，沺一〇五五。卜辭勹用為旬。」（甲骨文編三七九頁）

董作賓　「按旬亘字皆象周匝循環之形，故以十干一周為一旬。商人每旬必卜，卜必於旬日之末日」。（卜辭中所見之殷曆安陽發掘報告四九三葉）

饒宗頤　「按昺字从日从旬，疑旬之繁形，他辭云：『貞：昺，大不氐嬉。勞』。（遺乙二二八五）昺指旬日之間，為時間副詞」。（通考六五九葉）

饒宗頤　「卜辭『旬自上甲衣，至于多毓，亡壱』。（見林一、二一、七）按『旬自』之旬，以他辭『劦自』、『㕚自』例之，旬亦動詞，爾雅釋言：『宣，徇，徧也』，說文：『旬，徧也，十日為旬』。堯典：『徧于羣神』，旬與徧義同，言自上甲而下多后皆徧祭之。旬作動詞用，又見粹編一四二六：『……祭亥貞：旬亡囚，在𣏟旬。（祭□酉（貞□旬亡囚，（在□食旬』。『在』字下當是地名。其云『在某地旬』，旬當讀為詩江漢『來旬來宣』之『旬』，傳：『旬，徧也。』故知卜辭所見『旬』字通作徇，廣雅：『徇，巡也。』白虎通：『巡者，徇也。』辭意即謂『在某地巡』，除旬日之義外，又有徧祭及巡視兩義，均宜以假借說之」。（通考九七八——九七九葉）

李孝定　「契文此字王釋為旬極塙，然旬字何以作此形則殊難塙指。段注於許書旬之古文下注云『按从日勻會意』。王襄氏又引勻篆勻作𠣏，則此作𠣏者殆勻之初文，後始增『二』作𠣏耳。勻旬音近，古即假勻為旬，後始增日以為十日專字。許書隸之勹包部偶誤。商氏謂『从十，其殆殆作𠣏，乃由十至十』。由十至十說殊不辭。劉孫兩氏以為象虺象蛇，說殊無據，且虫它契文各有專字，與此殊異。又虫它與旬音義俱遠，何以得有旬義，均無可說。唐氏之說贅師二氏之意，惟嫃贅為何物，確作何狀，迄無確解。唐氏遽就字形以與銅器花紋相比傅，謂字殆象龍蛇之類可以興雲雨，故古文為字象之。天雲之作以為究象象，興雲作雨之神物乎，抑象雲之本象乎。神龍興雲自屬傳說，先哲造雲字時豈真得見神龍於以取象，而天際雲欲舉首得見，是則雲字之作當於何者取象，不言可知矣。唐氏又謂嫃即㛓文之譌，地嘍當即地嫃之誤，亦僅憑想象。得覽大嘍大嫃並舉正足證二者之非一物。唐氏謂『疑亦校者據誤本旁注而闌入正文者』。又豈有若何根據耶。唐氏又云『卜辭中同一文字往往因用法不同書法亦有殊異』。此與文字衍變之慣例不合，所據三字形體各殊，字義各別，正足證三者之非一字，此誠所謂詖辭，知其所窮耳。卜辭旬字，其義均為十日。卜旬之辭均以癸日，蓋以旬之末日卜下旬之吉凶，董先生之說是也。許訓徧為十日一義所引申，蓋數字以十進位觀念下之產物也」。（集釋二八九七葉）

常正光說參㞢字条下。

按：王國維釋旬是對的，但謂「說文訓裹之勹實即此字」則誤。唐蘭已辨之。唯唐蘭以旬混同於巳、勹諸形，謂象龍蛇，亦誤。李孝定已辨其誤。殷人以十日為旬，與後世同。「旬」之形體乃由「云」字演化而來。借助某些基本形體稍加變化以孳生新的文字形體，此為古代文字演化途徑主要手段之一。

1179

按：字不可識，其義不詳。

1180 雨

孫詒讓「龜文云雨者亦多其字，皆作𠕒，最為奇古。」（契文舉例上十二頁上）

羅振玉「說文解字雨古文作𠕒。」（殷釋中五葉上）

楊樹達「卜辭雨或假為稱。」（甲文說六十一葉）

葉玉森「說文『雨，水从雲下也。一象天，冂象雲，水霝其間也』。按契文雨字，別構孔繁。疑𠘧為初文，𠕒為準初文，增从一象天，丨狀之小直線，或平列或參差上下兩層或三層，當同狀一物。厥後上半漸變為冂冂，又變為冂冂冂，復譌變而為冂，與篆文近。郭君乃認上一畫為天，而以冂為雲，誤矣」。（說契一葉上）

孫海波　「𠕲，存下五九二。疑雨字。」（甲骨文編八五七頁）

李孝定　「契文象形。葉氏說字形衍變之故至確，惟許云上『一』象天亦不誤也。金文子雨己鼎作雨同。」（集釋三四二四葉）

于省吾　「說文雨字作雨，并謂：『雨，水从云下也，一象天，冂象云，水霝其间也。』一般說来，雨字甲骨文前期作𠕲，后期作𠕲、𠕲。說文谓商代金文从雨的字多作雨。石鼓文作雨。由此看出，雨字上端的一横，乃后起的羡划，說文谓一象天，已失去了根据。說文又谓冂象云，則水霝其间系指非形言之。可是，甲骨文的云字本作𠄞，則冂无由象云形。甲骨文的水字作𣱱，中间无作直划者，則非形无由說成水霝其间。本諸以上的分析，可以看出，說文对雨字的解释，支离破碎，无一是处。但是，甲骨文的雨字為什么上部作冂？我们只要注意到第一期初期自组大字卜辞，常見的雨字均作𠕲，就可以一目了然。一象天，𠕲象雨滴纷纷下降形，宛然如绘。后来𠕲字的上列三点演变為与横划相連接，遂成冂形。冂形已与初文不符，故說文遂妄生臆說，以致无由令人理解。（甲骨文字释林释雨一一八頁至一一九頁）

徐锡台　「雨病，见殷墟卜辞云：『貞：今夕其雨病』（佚五六五）。按『雨病』，即六淫症也。所谓六淫，即風、寒、暑、濕、燥、火等六气反常，侵入人体，谓之六淫疾病。」（殷墟出土疾病卜辞的考释中国语文研究第七期二〇頁）

常正光說參𢀛字条下。

按：葉玉森釋「雨」之形體是對的。殷人以為「雨」為「帝」所執掌，故多稱「帝令雨」。此外唯見「河令雨」（乙三一二一）。至於祈雨之對象，則神祖均有之。𢦏一七、四之「高妣桒𡘥羊，又大雨」，祈雨於先妣，較為特異。

然殷人亦已知風雷雲雨之相互關係：

「貞，茲云征雨」　掇二・四四五

「癸巳卜古貞，雨雷，十月」　後下一・一二

「戊戌卜，隹𤇾雈雨」　甲六三七

雹 霝

「……雷其雨」　乙三二八三

王襄　「霝，古霽字，从雨从〇〇〇，〇〇〇古齊字。殷契作品，齊刀化作亝，均可證。或以為象雨點形，仍釋雨，箸之以備一說。」（簠考天象十三葉下）

王襄　「古霽字」。（類纂正編第十一第五十一葉下）

陳夢家　「卜辭霽从雨从品，即齊。說文『霽雨止也』，『霎，霽謂之霎』。爾雅釋天『濟謂之霽』，鄭玄注作濟，郭注『今南陽人呼雨止為霽，音薺』。霽是雨止住了，而雲猶未散，所以洪範『曰霽』，鄭玄注作濟，云『濟者如雨止之雲氣在上者也』。（宋世家集解）未雨之先雲未是隮，雨止而雲未去是霽或濟，其實是一樣的。武丁卜辭云：『生十月雨其隹霽，——生十月不其隹霽雨』。京津一、『羽丁亥易日，丙戌霽』。續四·四·五、『壬子夕，霽』。津四一〇。霽為動詞，義為雨止」。（綜述二四五葉）

饒宗頤釋霝為霽。（貞卜人物通考卷五第二四七葉）

饒宗頤　「霽字作霝，从雨从齊。說文：『霽，雨止也』。爾雅釋天：『濟謂之霽』。書洪範：『曰霽』。鄭注作『濟』，云：『濟者，如雨止之雲氣在上也』。文云茲霽，不降禍，乃有雩方之事。雩口者，言雩于四方也。禮記祭法：『雩宗，祭水旱也』。春秋桓五年：『大雩』。服虔注：『雩，遠也。遠為百穀求膏雨也』。」（通考二四七葉）

于省吾　「甲骨文早期霽字作霝。說文：『霽，雨止也，从雨齊声。』又：『霎，霽謂之霎，从雨妻声。』朱駿声說文通训定声謂霎『当為霽之或体』，这是对的。今将有关霎字的甲骨文分条择录于下：

一、甲申☐雨大☐霎☐寅大攺口卯大雚自北（鄴初·二四·五）。第一期

二、☐子卜，貞，今日霎（前六·一·三）。

三、妹其霎（粹八一八）。

四、辛丑卜，貞，今夕霋（續四·二〇·一二）。
五、辛卯卜，貞，今日征霋〇妹征霋〇壬辰卜，貞，今日不雨（前三·一九·五）。
六、其雨〇戊覓卜，貞，今日霋〇☐霋（緷一六六五）。

以上所引第一条已残缺。其中霋謂雨止，大啟謂天气大晴。第五条上半已残，妹应讀作昧，指昧爽時言之。征即古延字。這一条第一段是說，辛辰日不雨。这一条虽然上半已残，但它是以霋和雨互貞，与雹无涉。至于第一条和第六条也都是以霋和雨為言，可以互証。」（甲骨文釋林釋霋一一六頁至一一七頁）

沈建华

「甲骨文[字形]字或作[字形]、[字形]等形，……[字形]乃雹字古文，从冂从[字形]象下雹子之形。……[字形]字从[字形]乃象所下雹子之形。下雹子总伴随着雨，所以从冂。卜辞雹字用本义，最能说明问题的是殷虚文字丙编六十一即两条对贞的卜辞：『癸未卜宾贞，兹[字形]（雹）佳降囚？癸未卜宾贞，兹[字形]（雹）不佳降囚？』与灾咎联系的，当然绝不会是雨止的霁。

甲骨文雹字作[字形]，从雨从[字形]，乃会意字。说文雹字古文作[字形]，形体虽略有改易，但尚基本保留构形原意。上古形意字增加声符逐步演化为形声字，是古文字发展的一条通例，[字形]字也不例外。到了后来，如长沙子弹库帛书摹本伏牺之伏作[字形]（文物六四年第九期），即演化中的过渡形态。[字形]字所从之[字形]即由[字形]到[字形]进一步发展的变易形体。所加的勹，即声符包之所从。上古轻重唇不分，包与伏同声。由[字形]再进一步演变成了说文从雨包声之雹。从[字形]至雹的发展线索十分清楚，卜辞[字形]即说文之雹自无问题。」（甲骨文释文二则古文字研究第六辑二〇八——二〇九页）

徐中舒

「象形字在甲骨文中虽以简笔钩勒，有时还是维妙维肖。如霝，甲骨文作[字形]，象雨下有三个倾斜的大雨点形。后人临摹不好，只能以形近的口形改写为霝，霝之本义只能是大雨点。其时或值久旱，巫师祈雨，得此甘霖，故霝得引申为靈为善。」（怎样考释古文字古文字学论集初编一七页）

按：契文[字形]、[字形]迴殊，或加以溷同，非是。[字形]當釋「雹」。說文：「雹，雨冰也，从雨包聲。[字形]古文雹」（大徐本）。[字形]乃[字形]形所演化，形體猶相近。篆文則从「包」聲，變象形為形聲。春秋僖二十九年：「大雨雹」，斯為典籍最早有關雹之記載。卜辭云：

「癸未卜，宾貞，兹[字形]佳降囚？
癸未卜，宾貞，兹[字形]不佳降囚？」

丙六一

「丙午卜，韋貞，生十月雨其佳𠕁？　掇二・一

丙午卜，韋貞，生十月不其佳𠕁雨？」

「……亘貞，翌丁亥易日，丙戌𠕁……亥，俎于䇖」　續四・四・五

𠕁象雨雹之形，均當釋雹，乃用其本義。左傳昭四年：「藏冰出氷不以時，則雷風為害而雨雹」。西京雜記載董仲舒之言曰：「……雹，霰之流也，陰氣暴上，雨則凝結成雹焉」，是早在漢代，已於雹之成因有一較為正確之認識。而卜辭則屬迄今所見最早有關雨雹之記載。「雹」屬災咎，故言「茲雹隹降囚」。釋「需」、釋「霽」，於形於義皆不可通。

需　𠕁

羅振玉釋需無說。（殷釋中五葉下）

王襄　「古需字」。（類纂正編第十一第五十一葉下）

孫海波　「此字羅振玉釋需，陳邦懷釋雷，按古金文中雷需互用。說文雷字古文作𩆀，與需亦近，似蓋二字音近，固可通段也。」（文編舊版十一卷十三葉）

孫海波　「𠕁，甲八〇六。今需，人名。」（甲骨文編四五四頁）

陳邦懷　「說文解字雷字古文作𩆀，（大徐本段注本皆如此小徐本作𩇓）卜辭諸文皆古文雷字，羅參事釋為需，誤已。」（小箋三葉下）

屈萬里　「說文需字云：『雨零也』。陳邦懷殷虛書契考釋小箋以說文古文雷字作𩆀，證知卜辭之需實乃雷字。其說蓋可信。」（甲釋第一九八葉）

李孝定　「說文『需，雨零（各本作零茲从段注本）也，从雨，㗊象零形。詩曰：「需雨其濛」』。契文當以𠕁為初形，从000者正象零形，象雨滴形从㗊㗊者其譌変，亦猶雷从0亦或从㗊㗊㗊也。金氏或釋霽，謂乃从雨从齊。按齊甲文作𠫓𠫓𠫓，金文作𠫓𠫓並同，辭前七卷齊下無作000者。金氏續文編七卷十一葉上齊字條下收珠・一一八二、一文作𠫓（與前・七・十四・一重出）按乃星字，辭云『口未

有𠂤新𢆶」可證。齊象禾麥吐穗形，古文字形與此所从𠃊𠃊𠃊迥別，知此非从齊也。且作霝諸辭，如云「生十月不其佳霝雨」京津一、如釋為齊則下雨字當為衍文，「癸未卜賓貞丝霝不佳降禍　癸未卜賓貞丝霝佳降禍」乙九七一、九九＝綴合如釋為霽則與下文降禍之辭不相應。「丁丑卜爭貞不霝帝佳其⊠　丁丑卜爭貞不霝帝不⊠」乙二四三八、此與前辭「義相類，其下缺文當為「降禍」或相近之辭意，字當釋霝讀為霖。霖許訓「雨三日以佳」卜辭云云者，蓋恐久雨為災也。其从𠱠若𠮛作者均與妃字連文，為人名，無用為天象字者，疑別是一字。以其形近且从○、从日、从口固有通用之例，故仍收為一字。金文作霝鼎文霝沈子簋霝追簋霝𩃬霝德𩇯均从口，與契文一體同」（集釋三四四二葉）

溫少峰　袁庭棟　「卜辭又有「霝雨」，或省作「霝」：

(164) 丙午卜，韋貞：生十月，不其佳霝雨？
丙午卜，韋貞：生十月，雨，其佳霝（綴二）

(165) 癸未卜，賓貞：丝（茲）霝，佳降𡆥（咎）？
癸未卜，賓貞：丝（茲）霝，不佳降𡆥（咎）？（丙五七）

(166) ……壬子，月（夕）霝。（滓四一〇）

說文：「霝，雨零也。」「零，余雨也。」所謂「霝雨」，应即雨势已止之「余雨」，其义与「蕤雨」相近。」（殷墟卜辞研究－科学技术篇一四二頁）

按：霝當釋「霝」，與金文同。吳大澂說文古籀補：「頌鼎『霝終』猶言『令終』，古吉語也」。卜辭「霝」皆為人名。鉀八〇六「令霝」，拾三、七「霝𡛟」皆其例。契文霝、霝形義迥殊，李孝定集釋三四四一加以混同，非是。

1183 [雨/口]

1184 [雨/日]

按：此當是「霝」字之省體，「霝」字或从三「日」，或从二「日」，此从一「日」。唯辭残，故暂分列。

按：字不可識，其義不詳。

1185 𠕁

按：字在卜辭為人名或方國名。

1186 霸 雪 䨮

王襄 「古雪字」（類纂正編第十一第五十一葉下）

葉玉森 「从羽作𩁋𩂣䨮䨮之初文，疑為作羽作（諸家釋羽非是）象雪片凝華形，変作𩂣，从雨為繁文。復変作𩃬，从二又，即羽之譌。羅雪堂謂象系可掇取，似非朔誼。再変作䨮，古意益晦。（許書霜字訓水音，疑即誤認雪之古文以制篆者。）」（說契一葉）

唐蘭 「卜辭以𩁋為䨮，說文䨮從彗聲，則羽固彗之本字也。卜辭習字從羽，而說文彗字或作篲，古文作簪，從竹習，正合展轉相從之例，則羽即彗字，更可無疑矣。（展轉相從例見王筠說文釋例九。如奴、共、拱之類。與羽、習、簪正同，皆古今字也。）說文：『彗，埽竹也，从又持甡。篲，彗或从竹。簪，古文彗，从竹从習。』按彗為埽帚，古之通詁，然從又持甡，無緣取象。別本作甡，亦乖帚形。獨卜辭作羽，與𠂽形相近。然則𠂽是王帚，本象草形，羽為埽帚，乃狀其跡。及羽変為彗，其本義遂不可尋矣。卜辭羽字，多為人名，或段為䨮，䨮者彗之孳乳字也。」（文字記十五葉下）

李孝定 「說文『䨮凝雨說物者从雨彗聲』契文上出諸形，為雪之段字或本字。作羽者或為人名或為雪之段字當以辭意定之作羽者，孫釋友、羅釋䎀，並誤。當从唐說釋彗，象帚形。說詳三卷彗下。其段作䨮者，䨮字从彗為聲也。作𩁋若䨮者，从雨彗聲，為䨮之本字。作𩃬若𩄤者，変體也。作羽者羅釋濯。按濯从翟聲，而羽固非翟字。羅謂羽象帚所以滌，果如其言以从水从羽為會意，又安知非滌字乎。蓋翟字所从乃鳥羽之䎀非象帚之羽（彗）固不得謂㳿為滌濯之本字而濯為其後起字也陳氏以為雨字亦非，辭云『甲辰卜丙午雨 庚子𩁋雪』後、下、一、十三、

『辛卯卜貞今日𩅰雪　妹昧延𩅰雪　壬辰卜貞今日不𩅰』甬三、十九、五，均雨雪並見一版，知其非一字也。羽為彗之本字，此收作䨮者，乃同音相叚，彗之重文也」。（集釋三四三八葉）

按：𩅰字从雨从彗，當釋雪。卜辭以「雪」與雨對稱（見後上一·一三及珠六二八），乃用雪之本義。又為祭祀之對象，如：

「其賁于雪，又大雨」　涂一八九

「从木于雪以黃爽」　律一五三三

陳夢家以為雪即雪神，乃「祭于雪神以求雨」（綜述五七七）。卜辭又有與雪形體近似之「𩆜」字，諸家多混入雪字；或以為卜辭假彗為雪，均屬誤解。又說文有䨮字，訓為「水音」，典籍無徵。葉玉森疑為許慎「誤認雪之古文以製篆者」，其說可信。

𩆜

葉玉森　「卜辭未見霜字。甲骨文字卷一第二葉之𩆜从雨从𣎵，象木受霜剝落形，或即古文霜」。（鉤沈一葉背）

葉玉森　「此雪之初文，異體作𠦃、𠦃、羽象二雪片凝華形。从雨作𩅰，乃其繁文。復變作𩆜，从二又即羽之譌。羅氏謂雪為凝雨，得以手取，（殷訂考釋中第五葉）似非塙誼。（說契）」。（甬釋二卷三十九葉）

葉玉森　「卜辭有𩆜字，从雨从𣎵，象木受霜剝落形。或即古霜字」。（說契）

陳夢家　「『甲申口口雨，大口口𩆜，𡆥寅大攸，辛卯大風自北』。佚三八八『今日征𩆜——妹征𩆜』。甬三、一九、五『今日𩆜』。續四、二〇、一〇『今日𩆜——妹𩆜』。涂六六七『妹其𩆜』。粹八一八『妹𩆜』。續四、二四、一四『𩆜——其𩆜』。續四、一四、八『今夕……翊日……𩆜……雨』。珠四四二『今日𩆜——其雨』。律一六六五　此字自羅振玉（考釋中五）以來，誤與雪字相混。除第一例外，皆屬乙辛卜辭，字小而草率，細辨之當是從每（或母、女）從又，應隸作敏。爾雅釋詁『敏、拇也』，音當近拇，和說文的霚（即霧）和霧相當。妹或是昧爽（天將明之前）。霚之形成多在

晨前，而卜辭云妹霚」。（綜述二四七葉）

孙海波 「霚，前三、一九、五。旧释霎。」（甲骨文编八五三頁）

李孝定 「字亦作霚，前、三、十九、五。似仍為霏之草率急就者。释霜於形音俱無徵，又非雪字，亦當存疑，兹仍坿之於此。」（集釋三四三九葉）

温少峰 袁庭栋 「甲文之霎作霚，或作霚，雺（甲骨文字集释误释为雪）。説文：『雺謂之霎』，又『雺，雨止也』。説文通训定声谓：『霎当为雺之或体』。

(183) ……甲申……乙雨，大……霎……寅大攸（啟）……卯大凤（风）……自北……（佚三八八）

(184) 乙丑卜，貞：今日霎？一妹霎？（金六六七）

(185) 妹，其霎？（掇八一八）

(186) 辛丑卜，貞：今月（一夕）霎？（續四·二〇·一二）

(187) 戊子卜，貞：今日霎？其雨？▨霎。（庫一六六五）

(188) 辛卯卜，貞：今日祉霎？一妹祉霎？

壬辰卜，今日不雨？（前三·一九·五）

由以上各辞可知，『霎』与『雨』与『啟』即晴，与『风』有关。『妹霎』者，谓昧爽之时而止也。『夕霎』者，问晚上是否止雨也。『祉霎』者，雨止天晴的天气继续延长之谓也。」（殷墟卜辞研究——科学技术篇一四四——一四五頁）

按：甲骨文霚字从雨从又从女，孫海波甲骨文編錄其一文於霎字，其餘又收入附錄。唐蘭、李孝定混入雪字。陳夢家謂「當是从每（或母、女）从又，應隸作敏。爾雅釋訓敏、拇也，音當近拇，和說文的霚（即霧）和霿相當。妹或是昧爽（天將明之前）。霧之形成多在晨前，而卜辭云妹霚」。此字形體草率，諸家摹寫各異，唯續四·二〇·一二較清晰，確為从女从又，與雪字迥殊，陳夢家釋為霚可信。卜辭均用為本義。說文「霚，地气發天不應也。从雨敄聲。雺，籀文省」。今字作霧。說文霚及籀文雺皆霚之形譌。

卜辭早期最為常見之「霚」作「霍」，而「霚」字則較晚出，亦較罕見。「霍」乃音假，「霚」乃專用字。

刻辭類纂誤釋為「宴」，今正。

雩 □

羅振玉　「說文解字：『粵，亏也，審慎之詞者。从亏从寀。』金文皆从于从雨作雩（盂鼎）作雩（靜敨）作雩（毛公鼎。吳中丞曰：『从雨从𤰈者。』）卜辭中或从雨省从𤰈，或从雨从于，與古金文同。」（殷釋中七十七葉下）

葉玉森　「按𤰈之異體作□□，乃古文雩字。卜辭屢言『雩示』，即祈雨之祭也。金文叚雩為粵。（說契）」（前釋卷五第四十四葉上）

王國維　「雩，古文粵字，雩之譌為粵，猶霸之譌為䨣矣。說文分雩粵為二字，失之。」（引集釋三四五一）

王襄　「春秋桓公五年左氏傳：『龍見而雩。』禮記月令『大雩帝』。注：『雩，吁嗟求雨之祭也』。卜文曰：『雩祀』，即求雨之祭矣。」（簠考典禮五葉）

王襄　「古雩字。許說夏祭樂于赤帝，以祈甘雨也，从雨于聲。」（類纂正編第十一第五十二葉上）

李孝定　「說文『粵亏也審慎之詞也从段注改从亏从寀周書曰粵三日丁亥』。契文从雨从于或从𤰈，與金文同，羅氏釋粵是也。小篆从寀乃从雨之譌。文編五卷六葉下、續文編五卷十葉上並收甲二、十、十之□作粵，非是，字當釋霰，說見三卷叡下。卜辭粵字辭義不明。辭云『貞其乂森庚𠂇粵口卯一牢』甬、五、三九、六。『口气自粵口帰』後、下、八、十六。『戊戌粵示九屯』後、下、十三、九、二三兩辭為骨臼刻辭，三辭粵為語辭與爰同義。釋詁『粵于爰曰也爰粵于那都繇於也』可證。另二辭殘泐，其義不詳。金文粵字已見羅氏引。」（集釋一六四一葉）

郭沫若　「以上四片（粹八四五至八四八片）及下第一五四七片均有靈字，靈字乃動詞，且均為求雨之事，則靈當是雩之異，从雨無聲，無亦會意，無古文舞。說文『雩，夏祭樂于赤帝以祈甘雨也。翌，雩或从羽，雩舞羽也』。周禮鼓師『教皇舞，帥而舞旱暵之事』。月令『仲夏

之月，大雩帝，縣盛樂。乃命百官雩祀百辟卿士有益于民者，以祈穀實」。鄭注云「雩，吁嗟求
雨之祭也。雩帝，謂爲壇南郊之旁，雩五精之帝，配以先帝也。自鞀鞞至柷敔皆作，曰盛樂。
凡他雩，用歌舞而已」。此足見䨞字从舞之意，亦足見雩之用舞乃殷代以來。卜辭別有从于之雩
字，亦作雩。于乃竽之初文，象形。「二」象竽管，「丨」其吹也。其从弓作者，乃管外之飾
从于亦形聲而兼會意，取其用樂也」。（粹考一一二葉下——一一三葉上）

陳夢家

「卜辭舞作𠎤或作𠍞，象人兩袖舞形，即「無」字。巫祝之巫乃「無」字所衍
爰。……巫之名事乃舞號以降神求雨，名其舞者曰巫，名其動作曰舞，名其求雨之祭祀行爲曰
雩。說文「雩，夏祭樂於赤帝以祈甘雨也」；月令「大雩帝，用盛樂」，鄭注云「雩，吁嗟求雨
之祭也」；爾雅釋訓「舞，號雩也」，鄭注云「雩之祭，舞者吁嗟而請雨」，釋文引孫炎云「雩之祭
有舞有號」；周禮司巫「若國大旱則帥巫而舞雩」，注云「雩，旱祭也」。凡此所說祈甘雨、求雨、
請雨、旱祭等，皆是雩的行爲，而吁嗟與號則舞時之歌。巫、舞、雩、吁都是同音的，都是从
求雨之祭而分衍出來的。（燕報二十、五三六——五四三）武丁卜辭的「無」（即舞），到了廩康卜
辭加「雨」的形符而成「䨞」，它是說文「雩」之所從來。郭沫若釋「䨞」爲「雩」，是對的，但
說文「雩」已是形聲字，卜辭作「無」作「䨞」乃是「舞」之象形」。（綜述六〇〇——六〇一葉）

李孝定

「說文「雩，夏祭樂于赤帝以祈甘雨也。从雨于聲。𩂣或从羽。雩，羽舞也」。契文一體作
𩂣若𩃃，从雨从于，與小篆同，當爲雩字無疑。惟作雩者多見於骨臼刻辭，計淺·下·八·十六、又十三、
九、佚·一六一、續·五·二二·五、又五·二三·九、珠·三二八、珠·四五八、凡七見。其字均與「示」字連文作「雩示」若
干數字乇」。或言「气自雩」，據郭沫若之考證，凡此皆爲人名，見古代銘刻彙考續編八葉骨臼刻辭
之一考察。文長不具錄。自與求雨之祭無關。惟有二辭云「貞其乂舞庚乃雩口卯二牛」。前·五·三九·六、
「貞雩祊其有貝」 甲申卜賓貞雩祊亡貝」。乙·九七一、及九九二綴合在此雩爲祭名，似與淺世通詁
相契合。惟乙·九七一片它辭云「癸未卜賓貞茲霝隹降禍 癸未卜賓貞茲霝不隹降禍」。癸未甲申
二日相連又爲同版貞文，則二辭當有關連，先一日貞霝之降禍，霝爲久雨，說文雨三日以往爲
霝」。似又與同版他辭之「雩」不能相應，此則疑未能明也。一體作䨞，从雨从無，無亦聲。郭謂
即許書之雩，其說可从。「無」「于」音韻均同也。卜辭䨞字均爲求雨之祭，辭云「翌日庚其
東乃䨞卯至來庚又大雨 翊日庚其東乃䨞卯至來庚亡大雨 來庚剿東乃䨞亡大雨」。粹·八四五、
「于翌日丙䨞有大雨」。粹·八四八、「至其乎戊䨞盂又雨 叀亥䨞盂田又雨」。㪤·一·三八五、「弜乎䨞
亡大雨」。粹·八四六、是其例也。金文作雩盂鼎雩毛公鼎雩善鼎均用爲語辭，即經典之粵，王國維
氏之說是也」。（集釋三四五四葉）

按：卜辭之雩字，與說文雨部訓為「夏祭樂于赤帝以祈甘雨」之「雩」毫無關繫。為了易於區別，今隸定卜辭之𠀠作雩，𩂣、𩃎作霝或雩。李孝定集釋加以混同，非是。參見霝字條下。卜辭「雩」均用為人名，金文則用為語詞，當由「于」或「𢍏」演化而來。小篆則譌變成「粤」。至於卜辭之雩字，當是「雩」字之繁體。

1189 雩 𩁹

按：甲骨文「𩁹」即「于」之繁體，此當是「雩」之異構，惟其用法似有別，故分列。

1190 霾 𩅳

葉玉森 「按此疑从雨从貍象形，或古文霾字」。（前釋六卷四十五葉上）

孫海波 「𩅳，前六·四九。从貍省声。隹霾。」（甲骨文編四五四頁）

余永梁 「此霓字，从雨兒聲」。（殷虛文字考）

孫海波 「說文『霾，風雨土也，从雨貍聲』。此即古文霾字，从豸即貍之省」。（文編舊版十一卷十三葉）

饒宗頤 「卜辭云：……卜，殸貞：𦎫……克（商釋兄，非。）𢽾（供）百……貍（薶）羊……。（佚存一五八據商釋）

按『貍』讀為『薶』。爾雅釋天：『祭地曰瘞薶』。禮祭法：『瘞埋于泰折』。說文『薶』『瘞』二字互訓。契文亦借貍為埋」。（通考一五九葉）

李孝定 「說文『霾風雨土也从雨貍聲詩曰「終風且霾」』。契文此字从雨，下象獸形當即貍之象形。字在卜辭為天象字，辭曰『囗有乍囗佳霾』前·六·四九·二、『癸卯卜囗王固曰其霾甲辰

□』簠、七、十一、三、『貞茲雨不隹霾』甲編、二八四〇、可證。諸家釋霾可从。余氏釋霓誤，下非从兒也。乞辭云『□霾來□』甲編、三七五四、此甲橋記事之辭，霾當為人名。」（集釋三四四九葉）

郭沫若　「[古文字]字於雨下作一獸形如貓，決為霾字無疑。詩邶風『終風且霾』，爾雅釋天『風而雨土曰霾』。」（卜通八五葉下）

按：姑隸作霾，然不能無疑。爾雅釋天：「風而雨土為霾」，孫炎注：「大風揚塵土從上下也」。「雨土為霾」，雨為動詞。霾由風起，既已有雨則不得復有霾。甲二八四〇「貞茲雨隹霾」；貞茲雨不隹霾」。明言有雨，何得有霾？明七五八陳夢家綜述二四一讀作「風隹出霾」，以為「卜霾與風雨連及」。其形體與「風」字不類，卜辭未見風霾連及之例。

䨮 [古文字] [古文字]

赵诚　「[古文字]，从雨龟声。某一种龟的名称，如『[古文字][古文字]八』（氏龟鼋八）（存二·五七），参龟字条。」（甲骨文简明辞典二〇四页）

王献唐　参𢿘字条

孫海波　「[古文字]，乙八三五二。从雨从龟。说文所无。梭，褚少孙补龟策列傳称，大龟为玉灵，此疑即玉灵之本字。」（甲骨文编四五六页）

饒宗頤　「集韻云：『黃䨮，龜名。』陳倸之藏甲，有文云：『甲戌，王卜貞：A（今）䨮，方至盂方，西戎典西田，勿妥，余一人从多田（甸）由正……』」（通考一二九四——一二九五葉）

饒宗頤　「此字粹編分書作雨龜，雨與靁形近，雨龜後人遂作靁龜與靈龜。易頤卦『舍爾靈龜』。爾雅釋魚十龜，二曰靈龜，敦煌老子瑞應圖亦繪靈龜。（伯希和目二六八三，余於巴黎親見之。）曰『雨龜』者，疑謂龜作俯狀，如雨之下降。」（通考一一一葉）

按：字乃从雨从龜，當為龜名。辭云：「貞……來，王……隹來五……允至，以龜⿱雨龜八，[⿱屮龜]五百十，四月」「……帚井乞[⿱雨𦍒]自……」「……卜，習[⿱雨𦍒]一卜，五……」𠕋七一五有「習龜卜」，是⿱雨龜亦龜屬，蓋靈龜之類。「貞，今夕囬其⿱雨龜」「乙巳卜方貞，今夕囬不⿱雨龜」用為動詞，其義不詳。

綜圖二一·一
續四·二六·五
粹一五五〇
乙八三五二
乙八四一四

1166

1192

⿱雨巫

陳夢家　「（周禮）求雨之祭有雩、皇兩名。樂師注『古書皇作翌』，舞師注『鄭司農云皇舞、蒙羽舞，書或為翌或為義』，說文『翌樂舞羽翻自翳其首以祀星辰也』，王制『有虞氏皇而祭』，釋文亦作翌。雩與皇之分別，當在其舞具之不同。卜辭舞字象兩手持牛尾：呂氏春秋古樂『昔葛天氏之樂，三人操牛尾投足以歌八闋』，周禮旄人『掌教舞散樂夷樂』，序官注云『旄，旄牛尾，舞者所持以麾』，說文『氂，犛牛尾也』。皇舞乃鄭衆許愼所注，乃蒙羽於首以舞，說文『鷸，知天將雨鳥，故舞旱暵則冠之以禱焉』。卜辭的霻字从雨从𡿧，此字近於西周初（或殷）一尊文之『皇』，銘曰『口作厥皇考寶隫彝』（三代二·二八·一）。卜辭的皇从雨，仍是求雨之舞，而且是用於四方之祭祀者，略近於舞師之羽舞。後世求雨之舞常用羽毛為舞具，所以說文雩的或體作𩁹，猶卜辭之霻字，文獻作皇而說文作翌」。（綜述六〇一頁）

李孝定　「从雨从𡿧，陳氏謂是从𡿧，二者均與皇字迥異。辭云『方𩃬求年又大雨』（甲八八五），與求雨之事有関，然不可遽定為周禮舞師之皇或說文之翌，但當就其篆形隸定作𩃬。从雨从天，說文所無」。（集釋三四五八葉）

按：陳夢家釋霻，讀作翌，不可據。南師二·一九五亦見外一一九，嚴一萍隸作霊，亦誤。字不从皿。甲八五五「……于𡿧奉年又雨」，為祈雨之對象。

1193 ⿱雨土

按：此當與1192同字。合集三〇〇六五辭云：「其⿱皿毌年……雨在盂⿱雨土亡大雨」用為祭名。

1194 ⿱雨各

孫海波 文編十一·二釋「⿱雨各」，謂為地名。

張亞初 「甲骨文和金文有⿱雨各字（綜類一七一頁）。有时省口作雯（金文编五八九頁雯人字高）。此字后来分化为零和露。声符各变成了路。雯人字高係山西出土器。所以雯就是露，就是文献上的潞。」（古文字分类考释论稿 古文字研究第十七辑二三八頁）

按：孫海波釋「⿱雨各」可從。說文：「⿱雨各，雨零也。从雨各聲」（大徐本）。契文與篆文同。段玉裁謂「此下雨本字。今則落行而⿱雨各廢矣」。錄六七七「在自⿱雨各卜」，為地名。

1195 霰

羅振玉 釋霖，無說。（殷釋中五葉上）

王襄 「古霖字」。（類纂正編第十一第五十一葉下）

李孝定 「說文『霖，雨三日以往，从雨林聲』，契文同。羅說可从。辭云『王逐霖⿱罒豕』甫.四.四七.一地名。霖雨字卜辭作霝。說見前霝象雨零形，久雨之義。當以霝為初字，後世作霖者，假借字也。」（集釋三四四七葉）

張亞初　「卜辭的[illegible]字（綜類一七一頁），从雨从林（㪔）。林（㪔）与散音近字通。这是从雨从林以林为声的霖字。后来声符林换成散作霰。中山王圆壶霖假为潸（中山王器文字编七三页）。广韵上声旱韵以散、㪔、散为同字。潸为从散省声，故霖字可假为潸。」（古文字分类考释论稿古文字研究第十七辑二三七——二三八页）

按：前四·九·八僅餘殘辭，當是「霰」字。用義不詳。前四·四七·二「……王逐……兕」，葉玉森前編集釋補作「霖」，不可據。孫海波文編一一·一二、李孝定集釋三四四七皆承其誤。據辭例或當是「禁」字之殘。

契文「霰」不从「林」，舊均釋「霖」，非是，劉釗有專文論及。張亞初釋「霰」是正確的。

1196 霰 [illegible]

按：字為說文所無，卜辭用為動詞。合集一三〇一一辭云：「貞不[illegible]」

1197 [illegible]

按：字不可識，其義不詳。

1198 [illegible]

陳夢家　释霊，謂即說文之䨓。（殷虛卜辭綜述六〇一頁）

按：合集七〇七五辭云：「庚戌卜，亘貞，王𠮦取我夾在𠂤啚若于[illegible]，王固曰：……若」，當為祭祀之對象，與「䨓」無涉。

1199 ⿱雨田

按：字不可識，其義不詳。

1200 ⿱雨大

按：佚二三五八辭云：「其雨，王不⿱雨大」；「其⿱雨大」，為祭名。

1201 ⿱雨木

按：字不可識，其義不詳。

1202 ⿱雨東

按：合集三七八四八辭云：「辛酉王田雞麓，獲大⿱雨東虎」。「大⿱雨東虎」當指某種特殊品種之虎。

1203 ⿱冖𠬝

按：佚一〇二四辭云：「辛未貞，其……敦叀⿱冖𠬝隹左」似為地名。

1204 □

按：字不可識，其義不詳。

1205 □

按：字不可識，其義不詳。

1206 □

按：合集二○七七○辭云：「……𤼽……自入至□門不往雀」為地名。

1207 申 □

孙诒让「申字多作𢆉，或作𠃑，或作8，或作凸。……申作凸，于字例頗难通。而龟文又有凸字，如云：『壬辰卜立貝令侯氏马凸步。』（藏六二·一）疑申本作凸。名曰作凸者凸之省耳。（凸与宁字形亦相近）」（契文举例上一页下至二页下）

孫詒讓「說文申部申，古文作𢆉，籀文作㫻。金文宰椃角作𢆉，王子申盏作𢆉，與此𢆉𠃑兩形略同。」（舉例下一葉下）

羅振玉「說文申古文作𢆉，籀文作㫻。吳中丞大澂因篆文作申，遂謂子□且乙角之□盂□鼎之□均即申字。今案□象兩手持杵形，雖不能知其為何字，其義與舂字所从之𦥑同，□字亦然，均非申字也。附正之於此。」（殷釋中四葉）

葉玉森　「按𢆉之異體作𢆉……等形，象電燿屈折。說文虹下出古文蚺，許君曰『申，電也』。與訓『申，神也』異。余謂象電形爲朔誼，神乃引申誼。卜辭電字作𩆗，金文靁𩆲之𩆳並从申，電與靁均緣電生也。（說契）」（前釋一卷十七葉下）

郭沫若　「說文『申，神也，七月，侌气成體自申束，从臼，自持也。吏以餔時聽事，申旦政也。……𢆉古文申，𦥔籀文申。』此字小篆變形，亦甚劇烈，骨文作𢆉若𢆉，金文大抵如是，惟反書者甚少。不嬰敦之𢆉，實爲僅見。其特異者如楚子簠之『庚申』作𦥔，寡兒鼎之『壬申』作𢆉。許書古籀形雖變猶略存其彷彿。古文有作8者，則形變至烈。小篆之从臼自持形，於古文中从未有見。古金文中有類似字，前人不免有因而誤釋者，羅氏已辨之，說文古籀補又以𦥔㠯之𦥔爲申，亦非是。此字骨文中有之，雖釋爲爰。古文既無从臼之申，則小篆之形自是後起。此殆漢人依肖象說所改，蓋『申猴也』，論衡物勢『从臼从丨』，即肖其善攀援之形耳。籀文之从𦥔亦當爲漢人所改。形既後起，許氏之釋自非其朔，以餔時釋申乃據漢制。惟申字在古有直用爲神者，如克鼎之『顯孝于申』，杜伯盨之『亯孝于皇申且考』，均係神字，殆假借也。又申有重義，（爾雅釋詁）有束義，（淮南原道訓『約車申轅』注）有伸義，（廣雅釋詁）此於古文字形均未有說。重義尤古，詩書中多用之。皋陶謨之『天其申命用休』，史記夏本紀逕作『重命用休』。此即非申之本義，相去必不甚遠。要之古十二辰第九位之申字乃象以一線聯結二物之形，而古有重義。」（甲研釋干支三十葉）

李孝定　「說文：『申，神也。七月陰气成，體自申束。从臼，自持也。吏以餔時聽事，申旦政也。𢆉古文申。定按各本古文作8，與甲金文異，疑許君本以此爲古文午字，轉寫竄入。此从段注。𦥔籀文申。』古文籀文與契文形近，古文尤然。後上十四、五申作𢆉與籀文近，當即籀文所自衍變，篆作𦥔又自籀文變出，特直其中畫，又將錯置上下之𢆉加以併列，此文字衍變漸趨方整之自然結果。郭氏謂此漢人就申猴也一義所改寫以肖其善攀援之形者，實大謬不然，蓋許君既明謂籀文作𦥔，必當時所見如此。史籀篇漢時猶殘存數卷，非可任意爲之也。許書虹下出古文蚺，解云『申，電也』，實即此字初誼。契文雷作𩆗若𩇓，金文雷作𩆳，其中所从並即此字，象電燿屈折激射之形，葉說是也。小篆電字从雨从申，乃偏旁累增字。蓋雨申電字古本每相將，且申又假爲支名之日久，遂爲借義所專，不得不另造从雨之電以爲本字耳。許君以『神也』訓申乃其引申誼，蓋古人心目中自然界之一切現象均有神主之，且申神音近，故許君援以爲說耳。清儒治說文者不知申爲電之本字，故於許君『神也』之解所說乃無一當，惟徐灝段注箋謂『虹籀文作𧈧，云「从申，申，電也」，古音電與申近，猶陳之古音讀若田，用申爲聲』，較爲近之。然猶不知本是一字，故徒以聲近說之。郭氏謂申象一綫聯結二物之形殊謬。要之，申乃電之本字，當移許書電下說解於申義下而以象形說之，後以段為支名日久遂湮，乃別造電字以當之耳。金文作□矢簋□矢尊□丙申角□宰椃角□不嬰簋□戈弔鼎□□杜伯盨□衛簋□趩簋□申鼎□克鼎□楚子簠□黃韋俞父盤□毛畀簋，除一二異形外，與契文同。」（集釋四三八八葉）

姚孝遂 「『神』的原始形体作『□』，象闪电之形，是『電』的本字。由于古代的人们对于『電』这种自然现象感到神秘，认为这是由『神』所主宰，或者是『神』的化身。因此，『□』又用作『神』，可以认为是引申义。至于干支的『申』，则纯粹是『依声托事』，与本形、本义均无关，是假借义。随着人类社会的发展，有必要对某些概念作进一步明确的区分，文字逐渐孳乳分化，『申』久假不归，专用作干支字，另加上『示』作『神』，加上『雨』作『電』，以作区分的标志，这是附加偏旁的主导作用。」（再论古汉字的性质古文字研究第十七辑三一七页）

唐兰 参子字条

按：說文申字說解，支離牽傅。但於「虹」字下，謂「籀文虹从申，申，電也」，則猶存古義。王筠句讀云：「□象電光閃爍屈曲之狀，然則電字小篆加雨耳，分別文也」；徐灝段注箋云：「申，古鐘鼎文多作□，蓋象電光之形，隸變為旵，又作电」。其說並是。李孝定但見「申」下徐灝之說解，而未見「虹」、「電」下徐灝之說解，未免疏失。清儒實已知申為電之古文。卜辭「申」均借為干支字。

1208

雷 □ □ □

王襄 「古雷字。」（類纂正編第十一第五十一葉下）

羅振玉 「說文解字雷，古文作𩂩。此从□，象電形，○○象雨點，雨與電相將也。卜辭中又有作□者，疑亦雷字。」（殷釋中五葉下）

葉玉森 「按□之異體作□□□□□□等形，稽之本辭，如曰『壬申雷』，則雷何用卜，已不可解。後編卷第一葉云「癸巳卜旹貞雨□十月在□」，雨電二字聯綴成文，尤所未安也。羅氏謂「⺌象雨點」，然「□」「□」不可亦象雨點。卜辭雨字百數十見，均以丨之直點取象。予曩定為雹。說文「雹，雨冰也。」古文从雨，品象形。近世天文學謂電衝激雲氣入高空，冰雪綫界凝為冰點，復旋轉團結為塊，乃成雹。是雹緣電气發生。說文「電，侌昜激燿也。」古人制雹字从□即申，象電燿。屈折形乃初文電字。許書虹下出籀文蚺，謂「申，電也。」可證。□象冰點。□象冰塊。釋雹似可無疑。靁甗靁作□，卜辭亦作□。（容庚氏藏拓有「癸未卜行貞今月亡囚在正月在□」「壬午卜行貞今月亡囚在□在正□」。兩辭正靁為地名。）所从之□□亦古雹字，雷亦緣電生也。孫詒讓氏謂象雲气，吳大澂氏謂象虺形，並不㩧。（鉤沈）」（前釋卷三第十九葉下——二十葉上）

郭沫若

「雨下一文（□）羅振玉釋電，葉玉森釋雹。案乃虹字，說文「𧈝，籀文虹，从申，申電也。」此字正从申，於申旁附以小圓或細點者，示虹之周遭有雨滴。申乃紳之初文，象形，象帶之連蜷而兩端有鉤，許謂「申電也」者，非也。虹之从申者即以其似帶形，又名蝃蝀者，亦謂如帶之虹也。」（卜通八六葉四二一片釋文）

董作賓

「舊釋雹，余以為即霰字。此字从⺌或°，為霰之形，从□，即申，乃其聲，申象電之閃光，俗所謂閃也。申散音近，霰蓋復起之形聲字矣。」（殷曆譜下編卷九第四十七葉下）

于省吾

「契文□字亦作□□□□□□□□等形。……羅葉郭三氏說並非，□□乃靁之初文，一變而為□□，从賓點與从靈廓一也。如虎作□亦作□，黍作□亦作□，是其證。再變而為□□，从〇。與从日一也。如成作□亦作□，靁作□亦作□是其證。三變而為□。（粹一五七零：「才□」。）□為地名。郭沫若誤釋為疇。余所藏明義士殷虛卜辭墨本有「才丘□」之辭，丘靁亦為地名。綜之，从口。與从田一也。田形中間之橫豎畫乃文飾，無意義之可言。說文靁之古文作□。戴侗謂說文厽即畾之省。按戴說是也。如蠡之作□，垒之作壘，是其證。金文疆字，番君鬲作□。曆字屯鼎作□，封殷作□。亭字毛公鼎作□，亭鼎作□，是均从口與从田在偏旁中無別之證。又按金文靁字，靁甗作□，中从申，與契文符。父乙罍作□，師旅鼎作□，洹罍作□，古文四聲韻十六灰引王存乂切韻古文靁作□，中从ㄅ乙乂，即□形之譌變。說文靁之古文作□，又由金文而譌變者也。說文櫑之籀文作□，函皇父殷作□，或从缶或从金，中从㔾，即乙形之譌變。說文：「靁，陰陽薄動，靁雨生物者也。从雨，畾象回轉形。」按衛會，當引作「从雨畾聲」，王氏句讀云：「靁从畾聲，亦猶裘从求聲之比。畾者靁之省也，象回轉形，在[字形]下」。按通三、十九、三：「七日壬申[字形]，辛子雨，壬午亦雨」。三、二二、一：「□□卜貞，今己亥[字形]，不□」。四、十一、七：「□[字形]其□」。七、二六、三：「☒采，格云，自北西單[字形]」。後下一、一二：「癸子卜，古貞，雨[字形]，十月」。佚三六七：「[字形]不隹囚」。八三八：「[字形]祉于[字形]」。珠八四零：「告[字形]于河」。或單言靁，或雨靁並稱。要之，契文靁字从申者，申即電之初文。電者靁之形。其从[字形]者，象雨滴形。靁之聲無可象，加[字形]以別於申。本為會意字。其从○者與从[字形]義同，其从口者乃变體，其从畾者金文孳乳為[字形]，因而譌為从申畾聲之形聲字。蓋靁字之演变，由[字形][字形]而[字形][字形]而[字形][字形]而[字形][字形]而[字形]而[字形]。至小篆又增雨為形符，而省畾為畾，遂作靁矣。考其始終遞嬗之迹，至為明塙。於以知研契諸家之釋電釋雹釋虹，均無當矣。」（駢三第二葉釋靁）

陳夢家

「卜辭有『帝令⿰申齊』，其字从申从齊。作[字形]等形。羅振玉釋電，葉玉森釋雹，郭沫若釋虹，于省吾釋雷。武丁卜辭云：『⿰申齊不隹禍』。佚三六七。『今己亥⿰申齊，不隹□禍』。通三、二二、一。『乙亥卜賓貞⿰申齊不雨』。羅福頤殷契四編、乙、七三一三。『壬戌⿰申齊不雨』。『⿰申齊雨？⿰申齊？十月』。仆、一、一二。『乙丑卜圓生一月其雨』。卜辭稱生一月當作於十二月或十三月。『七日壬申⿰申齊，辛巳雨，壬午亦雨』。（驗辭）通三、一九、三。『大采，格云自北，西單⿰申齊……三月』。通七、二六、三。『一月，昃雨自東；九日辛未大采，各云自北⿰申齊』。仆、一、二。『及今二月⿰申齊』。仆五二九。『⿰申齊』與『各云』、『雨』常常聯及，它們之間當有關係。⿰申齊當是隮：曹詩候人『薈兮蔚兮，南山朝隮』，傳云『隮，升雲也』；衛詩蝃蝀『朝隮於西，崇朝其雨』，箋云：『朝有升气於西方』，周禮眡祲鄭眾注云『隮，升氣也』，鄭玄注云『隮，虹也』。孟子梁惠王下『如大旱之望雲霓』，離騷『詶雲霓而來御』，都是雲、霓並言。曹衛詩中的朝隮，即宋玉高唐賦中的朝雲，亦即楚辭遠遊和曹植洛神賦中的朝霞。……卜辭的大采即朝時，卜辭有三次說『大采，各云自北⿰申齊』，是朝時雲氣成隮（霞）。朝隮為下雨的徵兆，所以詩說『崇朝其雨』。卜辭有『⿰申齊不雨』、『壬申隮，辛巳雨』。但卜辭的⿰申齊乃是動詞，所以仆、一、十二所卜為『雨？隮？』隮因各云自北而升起，『各云』一義應加探索。尚書西伯戡黎『格人元龜』，史記殷本紀引作假；堯典『格于上下』，說文引作假。『各』『假』古音同，惟『各』收入聲。方言一『格，登也』，爾雅釋詁『假，陞也』；方言一『假，格，至也』，說文『假，至也』。凡此可證格、假假同訓。格假訓登訓陞，而說文『隮，登也』，爾雅釋詁『躋，陞也』。凡此可證躋、隮與格、假同義。卜辭的『各云』應讀『霞雲』。霞雲自北猶鄭箋『朝有升氣於西方』。霞與隮出現於朝時，霞指雲的本身，隮指霞的升騰。霞當是一種與雨朕兆的雲氣，……以此說來，隮是虹之一種，出現於早上，為夕雨之兆。」（綜述二四三——二四四葉）

孫海波

「[字形]，粹一五七〇。地名。」

□，乙五二九。或变田形为口。貞及今二月雷。

孫海波 七二七。或变口形为○。□，乙一二。或变○形为点。（甲骨文編四五三頁）

李孝定 「說文『靁陰陽薄動靁雨生物者也从雨畾象回轉形𩇓古文靁□古文靁□籀文靁間有回回靁聲也』契文□□□諸家說者紛紜，釋電釋𩃬於字形均遠。陳氏隸定作□於作□一文字形差近，惟宂大但从二○、或殺小玆、或二田，而古文齊字無从二○，更未見作□者。陳說之誤可見。于氏釋靁於契文、金文、小篆形體衍变之迹的然明白，以讀諸辭亦怡然理順。許書古文有作□者，下从00猶存契文遺意，于氏說不可易也。陳釋□讀為隮，解為雲氣升騰，於卜辭辭義亦不盡諳適，如云『□不惟禍』佚．三六七、如解為升騰之氣不惟禍似於常理有悖也。郭氏釋虹於字形亦遠，且契文自有虹字作□，辭云『王固曰有祟八日庚戌有各云自東宦母昃亦有出虹自北飲于河』菁．四．一、此正虹之象形字。字郭釋蜺，按蜺許訓寒蜩，乃虫名，虹許訓螮蝀，ㄟㄟ即虹之別名乃天象字，釋虹為是，吾國民間猶多虹能飲水之傳說，蓋古意之遺也。金文雷字已見于氏所引，不贅。其字形與契文多相類」。（集釋三四三二葉）

饒宗頤 「『癸巳卜，出貞：……雨。□（雷）十月，在……』（後編下一·二）按漢書王莽傳中：『冬靁』。此書十月有雷，語略同。京房易妖占曰：『天冬雷，地必震；教令撓，則冬雷，民饑。』（御覽八七六引）蓋古以冬雷為咎徵」。（通考五〇八葉）

張秉权 「□，是靁字，从董彥堂师释（注一）」。（殷虛文字丙編考释第五六頁）

（注一）見殷曆譜下編卷九文武丁日譜第四七頁反面。

于省吾 「甲骨文□字亦作□、□、□、□、□、□等形。……□或□乃靁之初文。或省作□，实点与从雷廓一也。靁字亦作□或□。甲骨文之『才□』（粹一五七〇），以□为地名，郭沫若同志误释为畴。甲骨文之『才□』，丘靁亦为地名。综之，从◇与从田一也，田形中间之横竖画乃文饰，无义可言。靁字，周器盠驹尊作□，说文古文作□。戴侗六书故谓『说文品即畾之省』，是也。商器靁甗靁字作□，父乙罍作□，周器师旂鼎作□，洛罍作□，中从𠂇、乙、X，即□形之讹变。说文靁之古文作□，又由金文而讹变者也。说文：『靁，阴阳薄动，靁雨生物者也。从雨、畾，象回转形。』按韵会引作『从雨畾声』，是也。甲骨文称：『七日壬申□，辛子雨，壬午亦雨。』（前三·一九·三）『兹□其雨。』（乙三四三四）「𠂤不雨。」（乙七三一三）「帝其令雷。」（南北辅一五）「帝其弘令雷。」（乙六八〇九）按弘训大，此言帝其大令雷也。雷之，甲骨文雷字从申，申即電之初文。電者雷之形，雷者電之声。雷字之演变，其作[glyph]，乃[glyph]或[glyph]形之省变，再变而作[glyph]、[glyph]，三变而作[glyph]、[glyph]、[glyph]，四变而作靁，其增雨作形符，为说文作靁所本。揆其源流遞嬗之迹，灼然明矣。然则研契诸家之释雷释雹释虹，均无当矣。」（释靁，甲骨文字释林九至十一页）

常正光说参𠂤字条下。

按：于先生釋雷，說無可易。其餘諸說之誤，李孝定集釋已詳辨之。殷人已知雷與電之關係。其形為電，其聲則為雷。篆文演而為从雨从畾聲。契文雷从申，申即電。契文不从雨。

「壬申卜，古貞，帝令雷？」　丙六五

「貞，及今二月雷？」

「貞，弗其令二月雷？」

王固曰，吉，其雷。

王固曰，帝隹今二月令雷，其隹丙不吉……」　丙六六

丙六六為丙六五之反，「帝令雷」，「雷」字適残，其驗辭可證。張秉權考釋以為「雨」字，非是。

卜辭「雷」多用其本義。亦用作人名：

「戊寅卜，殻貞，雷其來？

貞，雷不其來？」　丙二八

「貞，乎雷耤于明……」　乙七〇三〇

1209

𠷎 [glyph] [glyph]

羅振玉　「說文解字𤰕，从田象耕屈之形。或省作𠷎。此與許書或體同，知許書之或體中每有古文矣。」（殷釋中八葉上）

王襄　「古疇字，省田，亦即古壽字。」（類纂正編第十三第六十葉上）

郭沫若　「圖當即疇字，𠷎屯乃地名。」（粹二五〇七片釋文）

孫海波　「𠷎，甲二一二四。与疇字或体同。」（甲骨文编五二二頁）

李孝定　「說文：『疇，耕治之田也。从田，象耕屈之形。𠷎，疇或省』。契文與許書或體近，羅說可从。字在卜辭或爲祭名或爲地名」。（集釋四〇二七葉）

饒宗頤　「『己丑卜，出貞：𠷎日，其……□（祊）牢……』（續編六、二一、五）按『𠷎日』即禱日，與他辭之言：『羽日』『彡日』『先日』『戠日』同例」。（通考八六六——八六七葉）

屈萬里　「𠷎羅振玉釋𠷎，即疇字，於此爲祭名，或假爲祝禱之祝也」。（甲釋二七〇葉）

屈萬里　「𠷎，讀爲禱」。（甲編考釋三三五葉）

方述鑫　「𠷎是冶铸铜器的陶範，S则是金属熔液注入陶範时通過的孔道。𠷎应是一个指事字，表示人类造成的事物之形。周代金文增加了𦥑、𠬞、金、皿等形，则是表示用两手持熔化青铜的钳锅，往铸铜器的陶範里倾注铜液，铸作合金的器皿，是一个会意字，在人为之事上加了人类的动作。說文：『铸，销金也，从金寿声』。𠷎是销金冶铸铜器的形象，应当是铸的本字，从金是以后加的形符。」（甲骨文口形偏旁释例，古文字研究論文集二八三頁）

湯余惠　「商代甲骨文有写作𠷎、𠷎、𠷎、𠷎等形的一个字，孙海波甲骨文编、島邦男综类均收雷字条下。按甲骨文雷字作𠷎、𠷎、𠷎等形，并不在申旁两侧加二口形，可见不大可能是一个字。从字形看，这个字有些象『田畴』的『畴』字古写，但甲骨文、金文均作𠷎、𠷎，在S形两侧从来不加歧出的两画，这个字我们曾经指出是『申』的繁构，亦即『電』之初文。现在再增加两条字形方面的证据：甲骨文雷字作𠷎者习见，但也可省作𠷎（合集一三四一三）；金文作靁（盠驹尊），有时也省作𠷎（亚皇父簋鐳字所从）。所以西周、春秋以至战国时代写成𠷎、𠷎等形的申字，应该就是来自甲骨文的𠷎，由𠷎而S和由𠷎而𠷎，显然是平行的简化现象。

商代的统治者笃信鬼神，风雨晦明几乎无所不卜。可是在数以万计的甲骨片子中，过去似乎一直没有发现占卜闪电的记录，作为一种十分显豁的自然现象，古人们不会熟视无睹，因此不占卜闪电是不可思议的。雷与電是相伴发生的现象，会不会卜雷而赅电呢？似乎不大可能。

乙

因为这毕竟是两种截然不同的自然现象，古人恐怕不会那样混沌。尚书金縢云：「秋大熟，未获，天大雷電以风。」雷、電、风三者是并提的，想来商代亦该如此。疑心卜辞申字有繁简两式，简式的[字形]用为干支的「申」，繁式的[字形]，用为闪电的「电」，西周以后两式均用为「申」，而增雨旁的为「電」，申電始分为二。

这样看来，下引卜辞：

1 贞：盗[字形]？

不其[字形]？ （乙三八六四）

2 [字形]？

[字形]？ （合集一三四一四）

3 贞：及今二月[字形]？ （乙五六三反）

4 今[字形]？ （乙五二九）

可能就是殷人占卜闪电的记录，跟甲骨文卜风、卜雨、卜云、卜雷属于同类性质卜辞。」（[illegible]论战国文字形体研究中的几个问题，古文字研究第十五辑六〇至六一页）

柯昌濟 「按㠯字当为即古文禱字，此文当記祭禱之事，㠯字為其假借之字。」（殷墟卜辭綜類例証考釋，古文字研究十六輯一五〇頁）

按：契文㠯與說文⿱日㠯之或體同。王筠釋例謂「㠯篆下云⿱日㠯或省，非也。當云古文㠯字象形，小篆加田以表之耳」。嚴章福說文校議議謂「㠯為古文，⿱日㠯以為籀」，其說並是。

卜辭用為祭名，亦用為人名，如：

「㠯耤在名受㞢年？」 乙三二九〇

又或用為地名，如：

「㠯弗其受㞢年？」

「于雷𡉚？」

「于㠯𡉚？」 存一·一八三一

「㠯」與「雷」形體區分甚嚴，不得混同。

唐蘭

「乙作乙，氏、三、則玄鳥之乞所从出也。」（天壤文釋二葉下）

陳邦福

「案白虎通五行篇：『乙者，物蕃屈有節欲出也。』史記律書云：『乙者言萬物生軋軋也。』又案殷契文幹枝人名乙字作乚乚乙諸形，惟報乙字始匚作匚乙，匚為地象，蓋喻報乙德配以地者也。周金文幹枝人名乙字，以父乙鼎作乙，亞若癸敦作乙，父乙觚或作乙，則為雷象，許引大一經謂乙象人頸，與殷周古籀文亦不相合也。又案爾雅釋魚云：『魚腸謂之乙。』郭注引禮記云：『魚去乙。』邢疏引內則鄭注：『乙，魚體中害人者名也。今東海鰫魚有骨名乙，在目旁，狀如篆乙，食之鯁人，不可出。』是大一經乙為人頸之說，疑从雅訓參以陰陽五行，遂引伸為人象也。」（十幹形誼箋）

李孝定

「陳氏於乙字之形無新說。許君謂象艸木之出乙乙然，又謂象人頸，二說並陳，足證並無的解。且二說於字形並不相類，其誤至顯。」（集釋四二二五葉）

吳其昌

「乙字且乙卣作乙、冊乙觶作乙、且乙尊作乙、酉乙斝作乙、高三句兵作乙、作乙，皆象刀形。禮記月令『其日甲乙』，鄭注『乙之言軋也』，又廣雅釋言『乙，軋也』，後漢書公孫述傳章懷注同，釋名釋天亦云『乙，軋也』。既知乙訓為軋，然則軋字究當作何解邪？史記匈奴傳、漢書匈奴傳注記匈奴之刑典，並云『其法有罪，小者軋，大者死』，顏籀注引服虔曰『軋，刀刻其面也』，案服說是也。刀刻其面為軋，而軋又即為乙。以衣衣食食，古代以名詞為動詞之公例律之，則乙之為刀至為顯白。惟乙義為刀，故乙即軋，又為以刀刻面之稱也。」（金文名象疏證）

李孝定

「說文『乙象春艸木冤曲而出，陰气尚彊，其出乙乙。乙與丨同意。乙承甲，象人頸』。說文所收篆體與乙字疑似者有十二卷之乚，解云：『玄鳥也，象形。烏軋切』，同卷乚，解云：『流也，从反厂讀若移，妖支』，又乁，解云：『抴也，明也，象抴引之形，虒字从此，余制切』，十一卷𡿨『水小流也，姑泫切』甽古文𡿨，畎篆文』。吳氏說乙為刀乃自乙字訓軋立意。按軋讀烏轄切，乃从燕乙字得聲，乙字亦讀烏軋切，可證非从甲乙字。段氏注謂『此从甲乙為聲，非燕乙也』說非。軋既不从甲乙字，則吳說當為可商。郭引尒疋釋魚之說謂乙象魚腸。按此說除尒疋外別無他證，且乙之字形可象者甚多，不可必為魚腸，以備一說可也。竊謂乙之朔誼當於許書形體與乙疑似諸篆求之，或可得其端倪。按乚訓玄鳥，段氏謂字當橫看，象燕飛時自後視之之形，其說是也。然則字當作乚，與乁迥別。且字讀烏乳切，與乙音余筆切亦異。又乁訓抴，讀余制切，與甲乙字形近音似。然他經籍中未見此字，卜辭中亦未見為訓抴之乁字，是不能謂乙乁抴也一字也。此外則有十一卷之𡿨及十二卷之乙，前者訓水小流，後者訓流，形誼並同。惟音讀各別，其始當爲一字，訓水小流者專爲畎澮一義，遂別爲音讀耳。其訓流者形體既與甲乙字全同，讀弋支切亦與乙音略近，且契文从水諸字類多从乚若乙，亦與甲乙字全同，因疑甲乙字與許書訓流之乙實爲一字。以乙假爲干名遂歧爲二字，而別隸之乚部耳。余之此說亦無確證，姑錄存之以俟高明。金文與契文同。吳氏所引特作肥筆，非象刀形。或作乙（𢦏乙簋）乙（乙觚）」（集釋四二二二葉）

姚孝遂　肖丁　「777『乙丑，在八月，酌大乙牛三，且乙牛三，小乙牛三，父丁牛三』此爲于乙日酌祭大乙、祖乙，小乙、武丁均用三牛。可參見明續477：『甲午貞，乙未酌高祖亥：大乙羌五牛三，且乙羌：小乙羌三牛二，父丁羌五牛三，亡𡆥』很明显，此爲时王祭祀其『乙』系之先祖兼及其父王，此屬选祭之类。何以如此，我们在以后还要详加论及。」（小屯南地甲骨考释五六頁）

按：說文以「乙」爲「象春艸木冤曲而出」，又以爲「象人頸」，爾雅謂象魚腸，皆難以爲據。章炳麟文始且謂「乙當爲履之初文。湯自稱予小子履，世本言湯名天乙，乙、履一也」，此混音假與初形爲一，尤爲支離。吳其昌謂「乙象刀形」，更屬傅會。朱駿聲通訓定聲既謂「乙」與燕乞之字音義皆別」，又「疑借以紀干日者，本爲燕乞之乞。天命玄鳥，降而生商，故湯以爲號，後世因之也」。玄鳥爲燕，「乙」不得以之取象。李孝定「疑甲乙字與許書訓流之乚實爲一字」，訓枻之乙與訓流之乚，亦實爲一字。音讀各殊，乃後世區別之文。凡此均徒滋紛亂，不足以解釋「乙」之初形。只能存疑待考。

1211

土

孫詒讓　釋且，謂「且方者，且當爲祖之段字。謂往至彼方」。（舉例上卅三葉上）

羅振玉　「古金文土作⊥。此作Ω者，契刻不能作粗筆，故爲匡廓也」。（殷釋中八葉下）

王國維　「卜辭所紀祭事，大都內祭也。其可確知爲外祭者，有祭社二事。其一曰：『貞𤉲于Ω三小宰卯二牛沈十牛』（卷七第二十五葉）其二曰『貞勿求年于𡿧Ω』（卷四第十七葉）

按Ω即𡈼，今隸土字，卜辭段為社字。詩大雅：『乃立冢土』，傳云：『冢土，大社也』。商頌：『宅殷土茫茫』，史記三代世表引作『殷社茫茫』。公羊僖二十一年傳『諸侯祭土』，何注：『土謂社也』。是古國以土為社矣。說文解字邦古文作𡉚，其字從㞢，不合六書之指，乃為𡉚之譌。𡉚當從田丰聲，與邦之從邑丰聲，社之從土丰聲同。（古封邦一字說見史籀篇疏證）邦社即祭法之國社，漢人諱邦改為國社，古當稱邦社也。周禮大宗伯：『以血祭祭社稷五祀』，而商人用尞用卯用沈，（書召誥『乃社于新邑，牛一羊一豕一』。禮記郊特牲亦云：『天子社稷太牢』。）而商則尞三小宰，（即少牢）卯二牛，沈十牛，其用牲不同如此。然則商周禮制之差異，不獨內祭然矣。」（殷禮徵文外祭條載遺書二四冊）

又曰：「殷墟卜辭有Ω字，其文曰：『貞尞于Ω三小宰卯一牛』（前一、二四）又曰：『貞求年于Ω九牛』（藏二一六）又曰：『貞□尞于Ω』（藏二二八）又曰：『貞于Ω求』。（前五、一）Ω即土字，孟鼎：『受民受疆土』之土作𡈼，卜辭用刀契，不能作肥筆，故空其中作Ω，猶大之作大，■之作口矣。土疑即相土，史記殷本紀：『契卒，子昭明立，昭明卒，子相土立』，相土之字，詩商頌春秋左氏傳世本帝繫篇皆作土，而周禮校人注引世本作篇，『相士作乘馬』，作『士』，（楊倞荀子注引世本此條作『土』）而荀子解蔽篇曰：『乘杜作乘馬』，呂覽勿躬篇曰：『乘雅作駕』，注：『雅一作持』，持杜聲相近，則土是士非。楊倞注荀子曰：『以其作乘馬故謂之乘杜』，是乘本非名，相土或單名土，又假用杜也。然則卜辭之Ω，當即相土，曩以卜辭有𡉚Ω（前四、十七）字即邦社，假土為社，疑諸土字皆社之假借字，今觀卜辭中殷之先公有季，有王亥，有王恆，又自上甲至於主癸，無一不見於卜辭，則此土亦當為相土，而非社矣」。（先公先王考三葉集林卷九第三葉）

王国维

「土，殷先公相土也。卜辞记祀土者，或曰：『贞尞于土三小宰卯一牛』（前一、二四），又曰：『贞于土米』（前五·一），又曰：『贞米年于土九牛』（铁二一六页），又曰：『贞□尞于土』（铁二二八页），并此书二事共六。土字作Ω者，下一象地，上○象土块也。盂鼎『受民受疆土』作𡈼，此作Ω者，卜辞用刀契不能作肥笔，故空其中作Ω，犹大、■之作口矣。知土为相土者，诗商颂、春秋左氏传、世本、史记诸书皆迳言相土，而荀子解蔽篇云：『相杜作乘马』，杨倞注曰：『世本云相土作乘马，杜与土同，以其作乘马之法，故谓之乘杜』，是乘本非名，相土可单称土，又假用杜也。然则卜辞之土当即相土。曩以卜辞有𡉚Ω（前四·十七）字即邦社，假土为社，疑诸土字皆社之假借，后观卜辞中殷之先公有季有王亥，有王恒，又自上甲了于祖癸无一不见于卜辞，则此土当为相土，而非社矣。」（戬寿堂所藏殷墟文字考释第一页）

王襄　「土，盂鼎作土，散盤作土，契文作Ω，○即丨之匡廓，許說：『物出形也』（依段氏本），疑象土塊形，一為地，加⺌、⺌諸形，象塵土之飛揚，土之后起繁文，小篆之二，許說象地之上，地之中，意土之上橫畫乃由丨之中点所衍成。許氏地之上之說，未合于土Ω諸字形。末一字之丄，疑是古文社，卜辭云：『北土受年吉，西土受年吉，南土受年吉，東土受年吉。』北西南東土，殆即北西南東社，或讀如字，春秋昭公九年左氏傳亦有西土東土南土北土之文。」（古文流變臆說二六頁）

王襄　「詩商頌長發：『相土烈烈』，春秋定公九年左氏傳：『取于相土之東都』，史記殷本紀：『昭明卒，子相土立。』近人多以土為相土之略稱，從之。」（簠考帝系二葉上）

葉玉森　「按卜辭言『賁于邦土』者一，言『賁于土』或『勿賁于土』者數見。又卜辭云『辛口御水于土宰』，（藏十四、三）御水之禮惟于土行之，則土或仍邦社也。」（前釋一卷十七葉下）

葉玉森　「：○：亦即土字。」（鉤沈五葉下）

郭沫若　「土、且、士實為牡器之象形，……士字卜辭未見，从士之字如吉，於作吉形（《後》上一九．四）之外，多作□、□、□、□諸形，此由形而言與土、且實無二致。……是故士女對言實同牡牝、祖妣。」（甲研．釋祖妣十一頁）又曰：「余謂士、且、王、土同係牡器之象形，在初意本尊嚴並無絲毫猥褻之義，入後文物漸進，則字涉於嫌，遂多方變形以為文飾。故士上變為一橫筆，而王更多加橫筆以掩其形。」（同上十七頁）又曰：「以上五片（粹九〇三至九〇七片）均有卜於四望受年之事，其曰東土南土之土，蓋假為社。」（粹考一一九葉上）

孫海波　「土

貞于土賁三小宰卯一牛沈十牛　前一．二四．三

貞于土賁　前五．一．六

貞來年于土九牛　藏二一六．一

癸亥卜侑土賁羊一小宰圂　戩一．一

其賣下土　　戬一·二

贞勿求年于邦土　　前四·一七·三

其侑賣亳土有雨　　佚九二八

今日勿賣于土　　殷二三二

王先生曰：「凵即土字，盂鼎『受民受疆土』之土作▲，卜辞用刀鍥，不能作肥笔，故空其中作凵，犹天之作𡗗，■之作口矣。土，疑即相土，……」傅斯年先生新获卜辞後跋，深疑王氏之说，而以「相土之土，亦为邦社之社。邦社相土，实即一事。……」今按：傅说是也。相土作乘马，本属傅说。荀子作乘杜，吕览作乘雅，注：雅一作持，持、杜、土声虽近，不必即是一人。且卜辞诸土字，无一相土连文者，则土不必即相土。土与邦土、亳土意同。如以土配相土，邦土、亳土之辞无以解。况卜辞称先公自高祖亥以降，自为一系，余于上文已明之，是相土不必即殷之先公，然则以社释土于义为长矣。

说文：「社，地主也。」礼运：「命降于社，谓之殽也。」注云：「社，土地之主也。」艺文类聚引孝经纬云：「社，土地之主也，土地阔不可尽祭，故封土为社，以报功也。」周官大司徒，设其社稷之壝而树之田主，各以其野之所宜木。遂以名其社与其野，故社之古文从木。许君云：「周礼二十五家为社，各树其野所宜木。」以形义言之，社与古文封相近，故广雅释言：「社，封也。」又淮南缪称训：「其社用土。」注：「封土为社。」封，卜辞作丰，金文康侯封鼎作丰，象土上树植之形。周礼地官：「序官封人」注：「聚土曰封。」礼记乐记：「封比干之墓」，注：「积土曰封。」周官大司徒：「制其封疆而沟封之」注：「沟穿地为阻固也。封，起土界也。」大上之世，民食水草而无畛域，画地相处，起土以为界，丰其初文，再变作𡉚，散盘从艸，象意。刻婿作⿰丰又（名伯段），形声。说文训豐之丰，其形则封之初体，其字则丰之误字。凡许书从丰得声之字，当云从封声。封古与邦同……书序云：「邦康叔，邦诸侯；」论语：「在邦域之中，」皆用以为封字。疆竟之内，曰邦曰封；国郭所在，曰国曰邑，邦之为言封。水土百谷，土神主之；封土以祀，故土曰社神。

古者社祠甚多，祭法：「诸封为百姓立社曰国社，自立为社曰侯社，大夫以下，成群立社曰置社。」又独断：「天子之宗社曰泰社，天子所为群立社也。天子之社曰王社，一曰帝社。」周礼及左传贾注并云：「二十五家为社。」尚书大传有五方社云：「大社惟松，东社为柏，南社为梓，西社为栗，北社为槐。」盖先民都鄙之中，皆主社以主祭。卜辞云邦社，犹後世之国社。云亳社，即亳邑之社。亳为殷都，故有社祠，言亳社所以别于国社。云社者，泛指诸社而言，非其先公相土也。」（读王静安先生古史新证书後、考古学社社刊第二期五五至五八页）

孫海波　「王氏以土為相土説非」。（考古二期考古社刊五十七葉）

又曰：「Ω又作Ω，其加點者，象揚塵之形」。（文編十三卷五葉上）

孫海波　「Ω，粹一七。象築土成阜，社之初文。侑伐于土羌一。

丄，粹九○七。卜辭后期土作丄，与金文同。東土受年吉。南土受年吉。西土受年

吉。北土受年吉。」（甲骨文編五一八——五一九頁）

孙海波　「丄，燕八二七。疑士字。牡字从此作。」（甲骨文編六·三七頁）

楊树达　「殷契粹编玖○柒片云：『已巳，王卜，貞，△岁商受△？王𠚤曰：吉。东土

受年？南土受年？吉。西土受年？吉。北土受年？吉。』原释读土为社——谓是动词。树达按：

東土南土与通之東方南方等同。书大诰云：『有大艰于西土，西土人亦不靖』，知東土、西土

等词为殷周间恒语。此辞以商为中心，并貞商之四方，东土、南土、西土、北土与商为对文也。

」（卜辭瑣记一二页）

吳其昌　「『土』者，即殷世先公之『相土』也。王先生曰：『……Ω，即「土」字。

大盂鼎「受命受疆土」之土作⊥，卜辭用刀鍥，不能用肥筆，故空其中作Ω，猶⊥之作Ω，■

之作口矣。土，疑即相土。史記殷本紀：「契卒，子昭明立。昭明卒，子相土立」。此字，詩商

頌、春秋左氏传世本帝系篇，皆作「相土」；而周礼校人注引世本作篇「相土作乘馬」，作「相土」。

杨倞荀子注引世本此条作「相土」。攷荀子解蔽篇曰：「乘杜作乘馬」。吕览勿躬篇曰：「乘雅作

駕」。注：「雅，一作持」。持杜声相近，其昌按：持杜形譌。杜土一声。则「土」是「士」非。

楊倞注荀子曰：「以其作乘馬，故謂之乘杜」。是「乘」本非名，相土或单名「土」，又假用「杜」

也。然則卜辭之Ω，当即相土』。观林、九、三、其昌按：先師之説致碻，今可引申以証明者：

下列一片，續、二、二三、四、即鐵、一、一、上節文云：『癸亥卜，又侑土；燎𢆶二宰，俎』。

下節之文当為：『乙酉卜，又侑唐；燎𢆶三宰』。其余文虽或不尽如所补，然『唐』字則尚存

大半，显然甚明。『土』為殷人震仰之先公与創业之先王『成唐』同，是必当為『相土』矣。

又，有一片云：「貞尞于土，一牛，俎宰。貞出于大甲」（續一、三、五）其意义与上片同，此可以补证者一。卜辭又云「貞今𠂤土……」（前五、四四、二）此其語与他辭所云「𠂤上甲至于多后，衣」者，意同。可見「土」与「上甲」同為殷代世序甚早，威德甚震之先公，則亦知其必為相土矣。此可以补证者二。卜辭又云：「貞，求年于土」（續一、六二、三）又云「貞今求年于畄土」（前四、一七、三）知「土」与「畄土」，即為一人矣。「畄土」之与「𡳿土」形既易誤；而「𡳿土方」又為卜辭中屢見之成語。（𡳿即者，即相。）故形与声皆極易傳誤為「相土」而不易察覺。此即經典「相土」之名所由来矣。（参燕京学报杨树达作殷先公先王三续考。）（殷虛书契解詁第二七四——二七六頁）

陳夢家

「卜辭云「五日丁酉允出來嬉自西，沚馘告曰：土方征于我東鄙，𢦏二邑，邛方亦侵我西鄙田」。（菁二）「九日辛卯允有來嬉自北，𢦔妻妌告曰土方侵我田十人」。（菁六）𢦔在沁陽之北，土方在沚之東，當在𢦔之西。方既侵𢦔，又侵沚，則方似在土方之上。土方疑即杜，左傳襄二四士匄所說「在商為豕韋氏，在周為唐杜氏」，杜注云「唐杜二國名」。左傳文六有杜祁，是杜為祁姓，亦見西周金文杜伯鬲（兩周考釋一五三）；杜伯見周語上「杜伯射王於鄗」，韋注云「杜國，伯爵，陶唐氏之後也」。周春秋曰宣王殺杜伯而不辜，亦見墨子明鬼篇。若土方是唐杜之杜而杜為豕韋氏之後，則武丁實滅之。夏本紀集解引賈逵曰「祝融之後封於豕韋，殷武丁滅之以劉累之後代之」。」（綜述二七二——二七三葉）

諸例：

陳夢家

「卜辭祭社，可分兩類：一類是先公土，一類是某地之社。關於後者，有以下

貞勿𡧊年於畄土　前四、一七、三

貞又寮亳土　佚九二八

于亳土邦　鄴二〇

亳土虫小宰　鄴二一

祭土即祭社，文獻中記載極多：大雅緜「乃立冢土」，傳云「冢土，大社也」；魯語上「土發為社，助時也」；公羊傳卅一「諸侯祭土」何休注云「土謂社也」；禮記郊特牲「社祭土而主陰氣也，……社所以神地之道也」；禮運「祀帝於郊，所以定天位；社於國，所以列地利」；白虎通社稷篇「王者所以有社稷者何，為天下求福報功；人非土不立，故封土為社」；說文「社，地主也」。魯語上和祭法以為后土能平九土，左傳昭廿九「土正曰后土」，「后土為社」。其實土即是社，后土猶封禪書秦制「於社亳有三社主之祠」，漢制「秦巫祠社主」之社主。

後世則稱社公。

武丁卜辭「土」作Ω或Ω，象土塊之形。後世之社於地上立圜丘象之：封禪書齊制「二曰地主，祀泰山梁父，……地貴陽，祭之必於澤中圜丘之」；又述漢武帝時寬舒議「后土宜於澤中圜丘為五壇」。祭地之禮即所謂禪。祭社所以求地利，報地功，與卜辭求年于社，其意義是相合的。周禮大司徒注云「社稷，后土及田正之神……田主、田神、后土、田正之所依也，詩人謂之田祖」。注義以為：

社——后土之神——田主、后土之所依

稷——田正之神——田神、田正之所依

社為后土，稷為田正，見左傳昭廿九；社為田主，見論語八佾篇釋文引鄭本論語，注云「主，田主，謂社也」。詩人謂之田祖者：詩甫田「以御田祖，以祈甘雨」，大田「田祖有神，秉畀炎火」。田祖似兼指社稷。

卜辭之祭土，有二事應加注意：一是社與方的關係，「方」指四方的土地而「社」指生產農作物的土地，兩者皆為地示，皆與農事相關，而稍稍不同；二是殷人祇有社而無稷，周人的「社、稷」包括培植農作之土和農作培植之穀物。……

卜辭所祭某土即某地之社。如亳土即亳地之社，亳在商丘之南。春秋哀四「亳社災」，左傳定六「盟國人於亳社」，哀七「以邾子益來，獻於亳社」。凡此均是魯國的亳社，義即殷之社，郊特牲「是故喪國之社屋之，不受天陽也，薄社北牖，使陰明也」，注云「薄社，殷之社，殷始都薄」；春秋哀四亳社注云「亳社，殷社」（燕報一九：一一八——一一九）。

粹二四〇五片「四土于夕宗」可能指四社與夕宗。

「殷社之見於典籍者有桑林之社：呂氏春秋慎大篇「立成湯之後於宋以奉桑林」，左傳昭廿一「宋城舊鄘及桑林之門而守之」，是桑林在宋。墨子明鬼篇下「燕之有祖，當齊之社稷，宋之桑林，楚之雲夢也」，路史餘論六「桑林者社也」。呂氏春秋順民篇「天大旱，五年不收，湯乃以身禱於桑林」，藝文類聚十二引帝王世紀、左傳襄十正義引尚書大傳均作「湯禱於桑林之社」，是禱雨於桑林即求雨於社。

除上述諸社外，卜辭地名有作某土者：

作大邑于唐土　金六一一

邛方至于彖土　佚二一

……

以「唐土」為例，可以是唐社，也可以是「唐土」。我們從前以為唐社即蕩社。秦本紀「寧公二年公徙居平陽，遣兵伐蕩社，三年與亳戰，亳王奔戎，遂滅蕩社」。集解引「徐廣曰蕩音湯，社一作杜』，於此則蕩社可能是唐杜氏，見左傳襄廿四。索隱云『西戎之君號曰亳王，蓋成湯之胤，其邑曰蕩社，徐廣云一作湯社，言湯邑在杜縣之界，故曰湯杜也』。正義引『括地志云雍州三原縣有湯陵，又有湯臺』。說文『亳，京兆杜陵亭也』，封禪書『於杜亳有三社主之祠』，漢書郊祀志作杜，地理志『杜陵有杜主祠四所』。凡此蕩社、湯社、湯杜、社亳與亳、亳王、湯都有一定的關係。」（綜述五八二——五八四葉）

李孝定

「說文『土，地之吐生物者也。二象地之下地之中物出形也。』契文作『◇』，象土塊形，『一』地也。郭氏以為象牡器說非。王氏謂土為相土，其言當Ω者則當讀為邦社，其說並是。王氏先公先王考蓋謂卜辭單言『土』者為相土偁『當Ω』者仍當讀為社於徵文之說但略加修正並未加以否定也。孫氏釋且非是，契文且字自作𠀠，與此迥異也。金文作土盂鼎土散盤土召自土盤司土自土亳𣪕土康侯𣪕土宗周鐘與此僅實筆與匡廓之異耳。」（集釋三九八七葉）

饒宗頤

「『戊申卜，㱿貞：方帝。來于土、𡿡，……上甲。』（佚乙五二七二）『土』與『𡿡』并祀，再及上甲，是土當為地祇，即社也。墨子明鬼下引古曰：『周代祝社方。』詩雲漢『方社不莫』。舊以為殷先公相土，非是。」（通考一二〇——一二一葉）

饒宗頤

「按土方即杜方。詩緜：『自土沮漆。』齊詩作『自杜』。周有杜伯，射王于鄗，見墨子明鬼及周語上。韋注：『杜國，陶唐氏之後。』左傳襄二十四年，士匄言：『在商為豕韋氏，在周為唐杜氏。』賈逵云：『祝融之後，封于豕韋，殷武丁滅之，以劉累之後代之。』土方果為唐杜氏，則武丁滅之，故伐土方之事，僅見于武丁卜辭。（參綜述二七三葉）漢書地理志：右扶風杜陽，杜水南入渭。水經注：『杜水出杜陽山。』方輿紀要：『杜水在今陝西麟游縣西南。』疑土方舊地即在此。（商頌：『禹敷下土方。』楚辭天問作『禹之力獻功，降省下土四方。』與此方國名之土方義異。）」（通考一七二——一七三葉）

屈萬里

「⊥當是𡈽、牡等字偏旁所從之⊥，而筆畫偶未連屬。按：⊥當是士字，亦即故書習見作男陰解之勢字。士人之士，初義殆為男性之人，義與𡈽、牡等實一致也。」（《甲釋》四四四頁三五〇七片釋文）

金祥恆

「今甲骨文𡊆，从土从小，△乃甲骨文土字……土或於◇旁加小點作𡊆者，孫海波甲骨文編云：『象揚塵之形。』而𡊆之小點移於一下，猶甲骨文之鳳[illegible]或作[illegible]，將冠狀之小点，移至耳旁。虽屬讹误，有違於理，然在文字演变中，若此讹误，屡見不尠，……『北赤』即『北土』，『北土』為甲骨文恒語。」（釋尗　中國文字第五卷一九三一頁至一九三二頁）

白玉峥　「按：Ω字，約有如左之三种书法：

1. Ω：見于第一期武丁、及第二期祖庚之时；為最常見之书法。或于其上增点作∴Ω（前七·三六·一），作⁝Ω⁝（后下三八·三）等。孙海波氏曰：『其加点者，象扬尘之形。』（文编十三·五）是也。

2. ⊥：見于第三期之卜辞（后下一八·八及粹九〇七等）。

3. △：見于第四期之卜辞（甲二九〇二及二九〇七等），又或于其下增点作△∴（粹三六六）。」（契文举例校读中国文字第八卷第三十四冊三八三六頁）

于省吾　「又以上所引第十五、十六两条，都是以土为社，社与方同時并祭。詩小雅甫田：『以我齊明，与我犧羊，以社以方。』毛传：『器实曰齊，在器曰盛。社，后土也。方，迎四方气於郊也。』郑箋：『以絜齊丰盛，与我纯色之羊，秋祭社与四方。』按甲骨文以社与方並祭，可以和詩甫田相印証。」（甲骨文字释林释方、土一八七頁至一八八頁）

彭裕商　「……卜辞作Ω∴Ω诸形者，则象以血衅社之形，∴即象血滴。于此益可见Ω当为祭祀土地的神主之象而并非一般的所谓土块。而前人有谓Ω上小点为尘粒者（如孙海波甲骨文编），据此，知其不确。社为土神，也代表土地，故古文献中社、土相通：

詩长发宅殷土茫茫，史记三代世表引作殷社茫茫。

公羊传僖公三十一年诸侯祭土，注，土谓社也。

礼记郊特牲社祭土而主阴气也。

汉书郊祀志社者，土也。

论衡顺鼓社，土也。

故古人以祀土地之神主为土地之象征，因以为土字。」（卜辞中的土、河、岳，古文字研究论文集，四川大学学报第十辑一九五至一九六頁）

姚孝遂　肖丁　「卜辞的『土』，一为先公名，一为社土。二者在文字形体上尚看不出有什么区分。事实上卜辞中有的先公如河、岳等均是由自然神发展为祖宗神，『土』亦当是如

此。目前一般的看法是：单称「土」者为先公名；土上冠以地名者为社土。」（小屯南地甲骨考释八〇页）

戴家祥

「说文：『土，地之吐生物者也，二象地之上，地之中，丨，物出形也。』（依段玉裁校）。西周早期金文大盂鼎『受民受疆土』。土作⊥，司土司簋土作⊥，卜辞作⊥，静安先生初见『⿱丰田⊥』一辞，开始断为邦社，段土为社。后来撰写殷卜辞中所见先公先王考，把有关燎于土的祭典，考定为殷人祭祀先公即史记殷本纪昭明之子相土，从而否定了自己过去段土为社的旧说，承认土字有它自己的独立地位。至于土字为什么写成⊥形，先生没有详细论列。杭县说⊥象地土有堆，实堆之初文。汉川孙海波说⊥为社之初文，最有说服力。卜辞『求年于⿱丰田⊥』，王先生释邦社，谓『即祭法之国社，汉人讳邦，改为国社，古当称邦社也。』然字形从田豐声，似当释封，说文小三篇籀文封作⿰土丰，从土豐声。尔雅释言：『土，田也。』从土与从田同。白虎通社稷、何休注公羊传、高诱注淮南子，都言封土为社。卜辞言『乍大邑于唐土』，乍读为作，『唐土』即『荡社』，史记秦本纪宁公二年，『遣兵伐荡社』，集解引徐广曰：『荡音汤』。古汤、唐同字。『作大邑于汤社』，与周书大诰：『乃社于新邑』义同。卜辞『东⊥受年吉，南⊥受年吉，西⊥受年吉，北⊥受年吉。』按刘昭注续汉书祭祀志引马融说：『大社之外，又有五社，东社八里，西社九里，南社七里，北社六里，是谓近郊四社。』白虎通社稷篇引尚书逸篇说略同。是卜辞所言『东⊥』『南⊥』『西⊥』『北⊥』，非读社不可。

社，读正齿禅纽，土，读舌腹透纽，在形声字的声系中，禅纽每每混入舌声，以舌腹透纽作为定点，前行则为舌端，后行则为舌面。例如：

是，玉篇一三七时纸切，唐韵承旨切。（禅）。缇，从糸是声。玉篇四二五他礼切。（透）。

睼，从目是声。玉篇四八土系、徒系二切。土，透纽，徒，定纽。

石，玉篇三五一时亦切，唐韵常隻切。（禅）。

拓，从手石声。玉篇六六他各切。（透）。

从以上两个例子看来，作为音原的独体字，『土』在古代当读正齿声，后来才分离出舌腹音，这是字原、音原发展的一般规律。

人类社会从狩猎经济发展到农牧经济，意识到土壤对于人类生存的命运，有着不可思议的主宰力量，因而产生了一种幼稚的可笑的敬畏心理，一系列的祈求活动，便接连而来，这在宗教学上叫做自然神崇拜。卜辞中『东社』『南社』『西社』『北社』受年的记载，周官肆师：『社之日，涖卜来岁之稼。』吕氏春秋仲春纪：『命人社』，高诱注：『社稷后土，所以为民祈谷也。』都可以作为卜辞旁证。

由于长期的生产实践，逐渐认识到土壤之神与土壤本身，不可一概而论，于是塑造了与本族有血缘关系的特殊人物，作为社神，把自然神人格化了，这是祖先崇拜发展的结果。这样下去，不得不把原来的土字，加上形义符号『示』，以区别于土壤之土，于是出现了从示土声的形声字，许氏所谓『孳乳而寖多』也。经过若干年代的自发使用，在社会上『约定俗成』，已不复知『社』的字原为『土』，两汉時代，经典遗文，偶然残存着一个两个原始字原，但是不得经师翻成俗语，没办法以晓学者，经、传、史记所以有遗文存在，诂训学家有所谓雅浅俗之别，原因就在于此。」（『社』、『杜』、『土』古本一字考，古文字研究第十五辑一八九至一九一页）

王慎行：「原始的土地崇拜发展为封土为社或筑土为社主，是经历了一个漫长的历史阶段。从上揭甲骨文土字的构形，可以窥见商代中期，盘庚迁殷以后，人们在祭地时，垒一个土堆作祭祀的对象；或者规定一个地方作为礼拜的场所。久而久之，这个土堆和礼拜场所，遂变成了土地神存在的象征或神依，社神就这样应运而生。故上引诗大雅緜将象征土地神（社神）的土堆称之为『冢土』；先民为什么要筑『冢土』（封土）以祀社呢？风俗通义祀典：『社者土地之主。土地广博，不可遍敬，故封土以为社而祀之，报功也。』太平御览卷五三二引孝经云：『社，土地之主也。地广不可尽敬，故封土为社以报功。』又引礼记外传：『五谷既登，又报功也。国以民为本，人以食为天，故建国，君先命民立社。地广谷多，不可遍祭，故于国城之内，立坛祭之。』这正是封土以为社神，象征性祭祀广袤土地的缘由了。」（殷周社祭考，中国史研究一九八八年第三期一四六页）

王树明：「象亶立于地面的石柱之形……应是摹画商代以石主为『社』的文字。」（陵阳河与大朱村出土的陶尊文字，山东史前文化论文集二六八页）

俞伟超：「提到四『土』的卜辞，其内容以如下的一条为最完整：

『己巳王卜贞，[今]岁商受[年]。王固曰：吉，东土受年。南土受年，吉。西土受年，吉。北土受年，吉。』（殷契粹编九〇七）

郭沫若释四『土』即四『社』。后，陈梦家以为卜辞中的四『土』，即史籍中所讲周代的『东土』、『南土』、『西土』等，皆泛指一个范围很大的土地区域。但甲骨文中的『土』字，在绝大部分场合，可断为『社』字；而且，当时方国并立，並多异族，商王怎么会替四方的异国、异族来祈求丰收呢？假如从语言发展的一般过程来考虑，愈是原始的人们，就愈是只对具体事物给以专门名称；表现一般概念的词汇，是后来才慢慢发展起来的。在殷墟卜辞中，许许多多名词便是专指具体事物而言。从这个角度看，所谓「东土」、「南土」、「西土」、「北土」，就应当是专指某个具体对象而言。陈梦家所举「南土」等辞（如小屯殷墟文字甲编二九○二），虽似泛指一大片区域，但这样的例子在卜辞中是很少的，而且很可能是到这时才刚刚发生的引申之义。

殷墟卜辞中与社祭同时进行的祭祀「四方」之例，可以进一步证明「四土」即「四社」。如：

「口午卜，方帝三豕出犬，卯于土宰，求雨。」（殷契佚存四○）

「求于土宰，方帝。」（殷墟文字缀合二一一，甲骨续存上五九五）

「戊申卜，設贞，方帝，求于土口。」（小屯殷墟文字乙编五二七二）

于省吾已详论这是「社」与「方」的同时并祭，也就是诗小雅甫田中的「以社以方」，毛传所云「社，后土也。方，迎四方气于郊也」，郑笺说的「秋祭社与四方」。「社」祭与「方」祭是在同一地点进行的，「方」祭既有「四方」之祭，「四土」不是「四社」，又能是什么呢？

「四土」可以肯定是「四社」之后，便能发现在卜辞中，几乎只对「四单」、「四土」、「四方」以及一种现在对其意义还说不太准确的「四戈」，使用「东」、「南」、「西」、「北」这四个方位名词，从而使「四单」、「四土」、「四方」都成为指某一具体事物而言的专门名词。

「社」是地母崇拜的场所。商周时期，甚至到汉代以后，每个聚落都有「社」，一般是每个村落只立一社。四「单」当然也是各立一「社」的。这样，「东」、「西」、「南」、「北」四社，岂不很可能就是「东」、「西」、「南」、「北」四个「单」之中的「社」吗？也就是说，卜辞中所说祭祀「四社」和「四方」的活动，岂不很像是在四「单」之中进行的吗？看来，所谓「四土受年」，也就是指四单「受年」而言。」（中国古代公社组织的考察——论先秦两汉的单—僤—弹三八——四○页）

胡厚宣说参[illegible]字条下。

按：契文「土」字之形體與用法均很複雜。其形體之來源，說者紛紜。郭沫若以為與「且」、「士」、「王」同象牡器，荒誕不可據。

卜辭「土」或為先公名，或為方國名，或為社土，或為邦土，不能一概而論。

1212 圣

余永梁釋圣。（殷虛文字考）

郭沫若「坙字从収从土，當即圣字。說文云『汝潁之間謂致力於地曰圣，从又土，讀若兔鹿窟』。从又與从収同意。」（粹考一五八葉上）

董作賓「坙之字，作⿱𦥑土，武丁時則作⿱𦥑土，余永梁氏殷虛文字考有云『⿱𦥑土說文「圣，汝潁之間，謂致力於地者曰圣，从又土」。此與篆文略同，从兩手致力于地。會意。篆文省又从臼與从収同。卜辭从臼之字，或作収也』。此字在第四期武乙時，正有从収作⿱𦥑土者，見於粹編，郭沫若氏亦說為圣。此字武丁時皆作⿱𦥑土，與田字相連成文，確是『致力於地』之義，蓋包括耕種墾殖之事。」（殷曆譜下編卷四日至譜六葉上）

董作賓「武丁時又有『璺』字，作⿱田⿱𦥑土，疑是⿱𦥑土之繁文，从田，當為農具，農具乃人所常用，故以為用字。此字从𦥑，从土，與⿱𦥑土同，中增農具，亦非耕殖之事莫屬。」（殷曆譜下編卷四日至譜二第六葉上）

楊樹達「圣說文讀若兔鹿窟之窟，實掘或搰之初文。圣田即掘礦，亦即今語之挖礦也。」（求義十葉上）

又曰：「郭沫若云『坙字从収从土，當即圣字。說文云「汝潁之間謂致力于地為圣从又土，讀若兔鹿窟」。从又與从収同意』。樹達按郭君此說極是。這個字他辭又作⿱𦥑土，字从臼从土，余永梁也釋作圣，坙望二字形體不同實在是一個字，余郭兩君先後都釋作圣字是不錯的。我看這個字是掘的初文。說文說『圣讀若兔窟』，繫傳作『兔鹿窟』，鹿字衍文。說文雖然沒有窟字，但是那個字从穴屈聲是很明顯的。掘字从屈得聲，與窟字同，圣讀若窟，而窟掘聲類同，可以知道圣與掘聲音是一樣的了。說文掘字訓搰，搰即今語的挖字，是致力於地之工作，那麽掘字與圣字的意義又是彼此一致的了。聲音無異，意義相同，原來本是一個字，殆無復疑義。不同的祇是圣是會意字掘是形聲字罷了。」（耐林廎甲文說六——七葉）

孫海波「刘氏藏契有一辭文云：

辛卯口
壬申口
己巳王
刚𡉚口

𡉚字从土从廾，字书所无，窃疑即许书之坌字。说文：『坌，埽除也，从土弁声。读若粪。』字又作拚，礼记少仪：『席前曰拚，』注云：『拚，除穢也，』管子弟子职『既拚盥漱，』谓埽席前也」，拚字以附手为本义，坌为掃除，从弁非义（弁皃之古文，无拊手之义）许说有误。今卜辞此字，从人两手弃土，正象扫除之形，殆坌之初字欤。」（卜辞文字小记续，考古学社社刊第五期五十二页）

孫海波 「𡉚，粹一二二一，郭沫若說。坙字从収从土，当即圣字。己巳，王刚坙田。」（甲骨文编五一九页）

胡厚宣 「𡉚字从兩手持用在土上有所作為。武丁時𡉚字又或省去用字作𡉚，到武乙文丁時則作𡉚，都不過是一個字的不同寫法而已。𡉚字束世澂先生釋墐，釋𡉚為圣，其實兩字本為一字，不過𡉚為𡉚的繁體而已。𡉚𡉚字余永梁氏郭沫若先生釋圣，楊樹達先生並讀為『掘』之初文」，徐中舒先生釋貴，讀為隤或蕢。丁山先生陳夢家先生則釋坌讀為糞田之糞。……徐中舒先生釋貴我們覺得是正確的。徐先生說『貴字篆作𧷸，其偏旁𦥑即說文蕢字古文。汗簡「遺」字下引古孝經作𨘹，其偏旁貴又作𡌪𡌪並與甲骨文𡉚為近』。見試論周代田制及其社會性質四川大學學報一九五五年二期其說甚是，惟貴字偏旁𦥑从臼从人，人義未詳，不好說解。今案𡉚字或作从兩手持用，从土作𡉚，用者鍾也，而鍾之義同鎛，鎛田器也。金文曶鼎遺字作𨘹，其偏旁貴作𦥑，古璽吳貴的貴作𧷸，貴字偏旁作𦥑𦥑，象兩手持一工具，無可疑者。貴田即隤田亦即耨田。𡉚字在卜辭或為祭名，粹三二三，疑讀為饋。又或用為田獵字，前四.四七.五與前二.五.七，則疑讀為遺，是一種用陷阱以獵獸的方法。」（即錄自說貴田載歷史研究一九五五年七期六三—六七葉）

陳夢家 「坙象壅土之形，疑即糞字。周禮草人『凡糞種』釋文作𡍂。說文『坌，埽除也……讀若糞』，坌是坙的譌形，即𡍂字。月令季夏『可以糞田疇』，正義云『糞，壅苗之根也』。坙从収即共，音與壅同」。（綜述五三八葉）

束世澂 「甲骨文中還有𡉚字就是受字，加上土應該釋作墐。這字常常是『墐田』連文，

應該是受田的專用字」。（歷史研究一九五六年第一期五十七葉）

丁山　「當是說文土部所謂『𡊁，掃除也。从土，弁聲，讀若糞』，𡊁字初文。……糞田者，除田之穢也。」（氏族及制度三八葉）

丁山　「𡋯，甲骨文作𡈼，象以手除土形，即糞田本字，語在甲骨文所见氏族及其制度中。糞分一声之转，糞方疑即汾胡。」（商周史料考证九〇頁）

李孝定　「說文：『圣，汝潁之間謂致力於地曰圣。从土、从又，讀若兔鹿窟』。契文从𠬞與从又同。余氏釋圣是也，…………他家釋𡊁、𡊁釋貴，均於字形不合。按糞，周禮釋文作𡊁，省廾增土，明是糞之異文，未可與圣相比附。至貴字均从貝，惟汗簡引古孝經遺字偏旁作𡉚與此略近，然猶多一『人』形偏旁，胡氏亦謂『人義未詳不好說解』，惟仍牽傅以說𡈼字不知其形之絕遠也。且卜辭自有𡊁若糞字以當隤田之義，而此字與許書圣字形義均合，不煩比傅說之也。楊氏讀為掘，說亦可通。掘蓋圣之後起形聲字，或因方言小異而別製一字耳。字在卜辭均與田若𤰕字連文，正許訓致力於地之義也。」（集釋四〇〇五葉）

李孝定　「从𠬞从臼同从用从土，說文所無。卜辭此字每與田字連文，辭例與『圣田』同。字之結構較圣字僅多一『用』字偏旁，象兩手持一工具以致力於地，其義當亦與圣字相類，然逕謂圣𡋯同字亦無確據。用本鐘類象形字，見前用字條此所持施當偏與『用』字形近，非即『用』字也。胡氏乃以鐘鎛同義而鎛有田器之義解之，殊嫌迂曲。董先生謂農具乃人所常用，故以為用字，其說亦有未安也。束氏謂字从受土，大誤。契文金文受字均从『凡』，槃後誤為从『舟』，未見有从『用』作者。」（集釋四〇〇八）

饒宗頤　「按𡋯即圣。說文云：『汝潁之间，謂致力於地曰圣。』从又與从𠬞同。『戊辰卜，𡧊貞：令泳𡋯田于𦍌。』（滬二・三七・六）泳受命治田。周書上：『古者太史順時𩑛土，』『太史告稷，』『王曰：史帥陽官以命我司事。』知太史之官亦參與𡋯田之事。」（通考二五七——二五八葉）

饒宗頤　「癸巳卜，𡧊貞：令眾人……入羊方𡋯田。……」（佚甲三五一〇）

按㽙字，从臼从用从土，疑讀為壅。說文：「秄，壅禾也。」左昭元年傳杜注：「壅苗為蓘。」此言㽙田，即壅田也。」（通考第二五八葉）

屈萬里「□字隸定之當作㽙，字未識，殆是墾田之意。」（甲編考釋四四五葉）

于省吾「甲骨文圣字作□□□□或□□□□等形。其从𠬞者多属第一期。从𠬞与从ㄨㄨ或ㄨㄨ同，从ㄨ与从𠂇也同。ㄨ字象手形，其倒正单双均无别。余永梁释𡍬为圣，并引说文「汝颍之间谓致力于地者曰圣」为证（殷虚文字考）。杨树达谓圣「是掘字的初文」，以为「甲骨文的坙田便是掘矿」（耐六）。丁山释坙为叁，以为粪田之粪（甲骨文所见氏族及其制度三八）。陈梦家谓「坙象壅土之形，疑即粪字」（综五三八）。徐中舒释坙为贵，以贵为隤（四川大学学报一九五五年第二期试论周代田制及其社会性质）。胡厚宣从徐中舒说，又谓「贵亦读作溃」、「贵田者，盖犹言耨田」（历史研究一九五七年第七期说贵田）。郭沫若院长释坙为圣，并谓「坙田当即筑场圃之事」（粹考一五八）。按以上诸家之说，只有释圣是对的，但也解决不了问题，其余均系臆测，无须一一加以辨驳。

说文谓「圣，汝颍之间谓致力于地曰圣，从又土，读若兔窟」。按许说必有所本，但也不免笼统，究竟致力于地是指着哪种具体事说的？令人无从索解。清代毛际盛的说文新附通谊，在墾字条引宗涑（按即王宗涑，字倬甫，嘉定人，精于小学）说，谓「墾（貇）正字当作圣」，今录其说于下：

宗涑谨案新附考（按指钮树玉说文新附考），「说文攴部𢼸训有所治也，读若貇，然则古通作貇，而貇又𢼸之通段矣」。宗涑谓墾正字当作圣，说文圣、汝颍之间谓致力于地曰圣，从土从又，读若兔窟，与玉篇墾训耕用力谊合。广韵圣训同说文，与兀、軏字并入没部，音苦骨切。考说文元从兀声，軏是或字，正文从元声作軏。是元、魂、痕三部古音与没部相转，故圣又有貇音。

王氏这一段考证，通圣墾两字之邮，实属创见，今再分别加以阐述：一，就构形来说，则圣即坙，又孳乳为㽙，至为明确。二，就音读来说，说文谓圣读若窟，窟之通墾，犹鬼之通是、魁之通梱，衣之通殷（详杨树达古音对转疏证）。然则圣之读墾，由于二字双声（并溪纽一等字），脂、淳对转。三，就义训来说，国语周语的「墾田若埶」，韦解谓「发田曰墾」；列子汤问的「扣石墾壤」，释文谓「墾，起土也」；方言十二的「墾，力也」，郭注谓「耕墾用力」。以上训墾为发田、为起土，均就开墾土地言之。发田、起土必须用力，故方言训墾为力。这和说文「汝颍之间致力于地曰圣」之义相符。总之，就圣、坙、㽙的形音义三方面论证的结果，则圣、坚与𤰔为会意字，乃壅字的初文，壅为后起的通假字，壅为常用的俗体字，这是没有疑问的。说文训貇为豕啮，不以为壅字。又说文训𢻻为治，读若貇。清代说文学家多谓𢻻即壅的本字。段玉裁说文貇字注，又『疑貇即今壅字』。按以𢻻或貇为壅，典籍无征，均不可信。

甲骨文圣田二字相连（见下文所引第八条）。圣字原作𡉚，从土从又，从土带有三点（甲骨文土和从土的字带有数点者屡见），象土粒形。这个字关系很重要，即说文圣字之所本，旧不识，甲骨文编入于附录，没有和坚字摆在一起。

甲骨文𤰔字中从用，说文谓用从卜中，殊误。用乃甬字的初文，今作桶。𤰔字上从臼下从土，因为壅田时需要剷高填低，故用桶以移土，详拙著释用。至于田、囲、𤰔等形，乃田字的异文，杨树达误释为𡇒，读作𥕻（附八）。

今将有关壅田的甲骨文，择要分别录之于下：

甲，坚田和行坚

一、戊辰卜，宾贞，令永𤰔田于盖（前二、三七、六）。

二、□令永𤰔田于盖（前四、十、三）。

三、令𢀛𤰔田（南北、明二〇〇）。

四、癸卯□卜宾贞，□令𢀛𤰔田于京（粹四一七）。

五、戊戌卜，宾贞，令犬祉族𤰔田于虎□（京都二八一）。

六、行𤰔五百、四旬七日，至丁卯从。在六月（乙一五）

七、坚数（乙三二一）

八、辛□□王囗圣田□林（甲三七七）。

以上第一期

九、贞，王令多羌坚田（粹一二二二）

十、甲戌贞，于下尸、刖坚囲（粹一二二三）。

十一、癸亥贞，于𡧊坚□𠚏，癸亥贞，王令多尹坚田于西，受禾；癸亥贞，多尹弜作，受禾；乙丑贞，王令坚田于京；于耳龙坚田（京都二三六三）。

以上第四期

乙、𤰔田

十二、甲戌卜，𠰻贞，令擊𤰔田于□□，𠂤王事；乙酉卜，争贞，収众人，乎从擊，𠂤王事。五月（前七、三、二）。

十三、癸□□卜□贞，令擊𤰔田于先侯。十二月（前六、十四、六）。

十四、今日𤰔田□于先侯。十二月（明六二〇）。

十五、癸子卜，宾貞，令众人□入绊方望田；貞，弓令众人。六月（甲三五一〇）。

以上第一期

十六、弜望，弗受又年（后下四一·一五）。

以上第四期

上列十六条需要分别加以说明：

一、第四条和第十一条的京，是商代领域内的地名」，第十三、十四两条的先侯，第十五条的绊方，都是已归降于商朝的其他方国。这是商王派人向别族扩张墾田的一种表现。

二、第五条的犬征，是甲骨文屡见的人名。这一条是说，令犬征率领他的族人墾田于某方。第一、二两条的永，第三、四两条的半和阜，第十二、十三两条的擎，都是甲骨文常見的统治阶级人物，自然也都是商王的爪牙。以第十二条的奴众人和第十五条的令众之沚之，则永、半、阜、众等人并不从事劳动，而是迫使擎入在远方或异域从事墾殖劳役的率领者和监督者。甲骨文称『气令擎田于先侯（前二·二八·二），田字作动词用。这是气令擎率领众人在先侯从事耕种，已经开墾的土地。在此附带说明一下：战国时代的陶文有『圣监』（古陶文舂录十三·三）二字，这当是墾殖的监工者——把头一类所用的陶器。

三、第十一条以王令多尹坚田于西和多尹弜（读弗）作对貞，下句的作字系指墾田为言。由此以推，甲骨文第一期的『令尹作大田』和『弜令尹作大田』（殷虚文字缀合编一三六）对貞，很显明，两个作字也是就墾田而言。

四、第六条的行望五百、四旬七日，即五百四十七日。因此可知，在某地实行墾殖的时间约有一年半之久。如果依造旧说，以坚田为粪田或耕耨，姑不论不合乎文字的构形，而且，这都不过是农作的短期劳动，为什么约达一年半之久呢？这无论如何是讲不通的。

五、甲骨文牧牛之牧作牧，牧羊之牧作敉，后世则牧行而敉废。第七条的坚敉即即墾牧，墾田和放牧有连带关系。开墾土地时，草木丛生，宜于放牧，故以墾牧为言。

六、第九条的王令多羌坚田，是一项根其重要的史料。甲骨文早期多用羌为人牲以祭，有时也令多羌从事狩猎。而此条是正式用多羌为从事农墾的奴隶，这就关系到商代社会制度的转变问题。

在上述之外，第五期甲骨文也于猎兽言望，例如：

一、丁卯卜，在去貞，㞢告曰，兕来羞，叀（惠，语词）今日望，亡灾，毕（擒）（前二·一一·一）。

二、戊午卜，在潢貞，王其望大兕，叀[illegible]眔[illegible]，亡灾，毕（殷虚文字缀合编二三八）

以上两条的望字应读作窒，圣和望之读若窒已详前文。凡说文的某字读若某，两个字往往通借。

窞作动词用，即用窞穴以陷兽。第一条的兕来羞，胡厚宣谓羞为地名。按尔雅释诂谓『羞、进也』，羞训进典籍习见。兕来羞，是说兕来向前进，故下句以惠今日窞陷和无灾，擒获为言。第二条的王其壆大兕，惠𩡩眔騽、亡灾，单，是说用𩡩和騽两种马驾车，以驱逐窞陷大兕，可以顺利无灾而擒获之。」（以甲骨文看商代的农田垦殖考古一九七二年第四期四十页）

于省吾「甲骨文圣字作□、□、□、□、□或□、□、□、□等形。又作□形（掇四四六，文残，只存「𡋺田才」三字），乃圣的繁体字。圣字从□与从□同，从又与从□也同。又象手形，其倒正单双均无别。……说文：『圣，汝颍之间谓致力於地曰圣，从又土，读若兔窟。』按许说必有所本，但也不免笼统，究竟致力於地指的是哪种具体事？今人无从索解。清人毛际盛的说文新附通谊，在墾字条引宗涑（按即王宗涑，字倬甫，嘉定人，精于小学）说，谓『墾（墾）正字当作圣』，今录其说于下：

宗涑谨案新坿考（按指钮树玉说文新坿考），说文攴部敳训有所治也，读若貇，然则古通作貇，而貇又敳之通段矣。宗涑谓墾正字当作圣，说文圣，汝颍之间谓致力於地曰圣，从土从又，读若兔窟，与玉篇墾训耕用力谊合。广韵圣训同说文，与兀軏字並入没部，正文从元声作軏。是元魂痕三部古音与没部相转，故圣又有貇音。

王氏这一段考证，通圣墾两字之邮，实属创见，但没有引起文字学家们的注意。今依据王说并结合甲骨文，分别加以阐述：一、就构形来说，则圣即坙，又孳乳为壆，至为明显。二、就音读来说，说文谓圣读若窟，窟之通墾，犹鬼之通昆，魁之通梱，衣之通殷（详杨树达古音对转疏证）。然则圣之读墾，由于二字双声（并溪纽一等字），脂谆对转。三、就义训来说，国语周语的『墾田若蓺』，韦解谓『發田曰墾』；列子汤问的『扣石墾壤』，释文谓『墾起土也』；方言十二的『墾，力也』，郭注谓『耕墾用力』。以上训墾为發田、为起土，均就开墾土地言之。發田起土必须用力，故方言训墾为力。这和说文『汝颍之间谓致力於地曰圣』之义相符。总之，就圣、坙、壆的形音义三方面论证的结果，则圣、坙、壆为会意字，貇为后起的通假字，墾为常用的俗字。说文训貇为豕齧。按云梦秦简释文的『貇田』，始以貇为墾（见一九七六年文物第七期第一页）。又说文训敳为治，读若貇。清代说文学家多谓敳即墾的本字。段玉裁说文艱字注，又『疑艱即今墾字』。按以敳或艱为墾，典籍无徵，均不可信。

甲骨文圣田二字相连（见下文所引第八条）。圣字原作□，从土从又，从土带有三点（甲骨文土和从土的字，带有数点者屡见），象土粒形。这个字形关系很重要，它即说文圣字之所本，旧不识，甲骨文编入于附录，续甲骨文编附录于又部，均没有和坙字摆在一起。

甲骨文𤲳字中从用，说文谓用从卜中，殊误。用乃甬字的初文，今作桶。本象桶形。云梦秦简以"斗用"为"斗桶"，犹存古文。……𤲳字上从𦥑、下从土，因为𤲳田时需要剷高填低，故用桶以移土。至于田、𤰔、𤰝等形，旧或释为田是对的，……

今将有关𤲳田的甲骨文，择要分别录之于下：

甲，坚田和行坚

一、戊辰卜，穷貞，令永𤲳田于盖（前二·三七·六）。

二、☐令永𤲳田于盖（前四·一〇·三）。

三、令𠂤𤲳田（南北明二〇〇）。

四、癸卯☐卜，穷貞，☐令𠂤𤲳田于京（燕四一七）。

五、戊𢦏卜，穷貞，令犬征族𤲳田于虎☐（京都二八一一）。

六、行𤲳五百四旬七日，至丁卯从。才六月（乙一五）。

七、坚𢼸（乙三二一一）。

八、辛☐☐王☐圣田☐𥝩（甲三七七）。　以上第一期

九、貞，王令多羌坚田（粹一二二二）。

十、甲𢦏貞，于下尸、刖坚田（粹一二二三）。

十一、癸亥貞，于𥄳坚☐田〇癸亥貞，王令多尹坚田于西，受禾〇癸亥貞，多尹弜作，受禾〇乙丑貞，王令坚田于京〇于耳龍坚田（京都二三六三）。　以上第四期

乙，𤲳田

十二、甲𢦏卜，𡆥貞，令堅𤲳田于☐☐，𠭯王事〇己酉卜，爭貞，收衆人，乎从堅，𠭯王事。五月（前七·三·二）。

十三、癸☐☐卜，☐貞，令堅𤲳田于先侯。十二月（前六·一四·六）。

十四、今日𤲳田☐于先侯。十二月（明六二〇）。

十五、癸子卜，穷貞，令衆人☐入絴方𤲳田〇貞，弜令衆人。六月（甲三五一〇）。　以上第四期

上列十六条需要分别加以说明：

一、第四条和第十一条的京，是商代领域内的地名。第十条的下尸（夷）、刖（刖当系下夷的地名），第十三、十四两条的先侯，第十五条的絴方，都是已归降于商朝的其他方国。这是商王派人向别族扩张𤲳田的一种表现。

二、第五条的犬征是甲骨文习见的人名，当是犬族的族长。这一条是说，令犬征率领他的族人𤲳田于某方。第一、二两条的永，第三、四两条的𠂤，第十二、十三两条的堅，都是甲骨

文常見的统治阶级的人物，自然也都是商王的爪牙。第十二条的收众人和第十五条的令众人可以证明，永、𠂤、擊等人并不从事劳动，而是迫使众人在远方或异域从事墾殖劳役的率领者和監督者。……

三、第十一条以王令多尹坚田于西和多尹弜（读弗）作对貞，下句的作字系指墾田為言。由此以推，第一期甲骨文「令尹作大田」和「弓令尹作大田」（缀合一三六）对貞，很明显，两个作字也是就墾田言之。

四、第六条的行望五百四旬七日，即五百四十七日。因此可知，在某地实行墾殖的时间约有一年半之久。如果依照旧说，以坚田为筑场圃、糞田或耕耨，姑不论不合于文字的构形，而且，这都不过是农作的短期劳动，为什么要达一年半之久呢？这无论如何是讲不通的。

五、甲骨文牧牛之牧作牧，牧羊之牧作㸿，后世则牧行而㸿废。第七条的坚㸿即墾牧，墾田和放牧有连带关系。土地始墾时草木丛生，宜于放牧，故以墾牧为言。

六、第九条的王令多羌坚田，是一项极其重要的史料。甲骨文早期多用羌为人牲以祭，有时也令多羌从事狩猎。而此条是王令多羌充当农墾的奴隶，这就关系到商代社会制度的转变问题。

在上述之外，第五期甲骨文也于猎兽言望，例如：

一、丁卯卜，在去貞，𢀛告曰，兕（兕）來羞，叀今日望，亡災，𢦔（擒）（前二・一一・一）。

二、戊午卜，在潢貞，王其望大兕，叀𩡧眔騽，亡災，𢦔（缀合编二三八）。

以上两条的望字即坚之繁构。说文坚之读若窟，已详前文。凡说文的某字读若某，两个字往往通用。窟作动词用，即利用窟穴以陷兕。兕为巨兽，故特掘窟穴以陷之。第一条的兕來羞，胡厚宣谓羞为地名。按尔雅释诂谓「羞，進也」，羞训進典籍习见。兕來羞，是说兕来向前，故下文以叀今日窟陷和亡災、擒获为言。第二条的其窟大兕，叀𩡧眔騽、亡災，𢦔，是说骑着𩡧騽两种马，以追逐大兕而使之陷入所设的窟穴，可以顺利亡災而擒获之。」（甲骨文字释林释坚二三二——二四一页）

考古所「𡉚：当為𡉚之异构。」（小屯南地甲骨九九四页）

赵诚「𡉚．望。象双手用桶取土之形。甲骨文用作猎兽的动词，是指在地上掘一窟穴以陷野兽。」（甲骨文简明词典三四一页）

常正光說參□字條下。

按：字當釋「坙」，讀若「墾」。于先生已詳論之。

1213 □

按：字不可識，其義不詳。

1214 垷 □

按：字从「土」从「兕」，在卜辭為地名。

1215 甫 □

于省吾說□參□字條下。

按：合集二三九六辭云：「丁卯……貞羊……甫伯……」為方國名。

1216 鑄 □

王襄「疑釁字」。（類纂存疑第三第十四葉上）

商承祚「祚㮏，罗师释爨，說文解字『爨，齊謂炊爨。𦥑象持甑，冂為竈口，廾推林內火。』籀文省作㸑。」此象執事竈下。又籀文之省矣。其𦥑者象竈下有火，与篆文略近。（立

即火字。說詳一卷王注。）」（殷虛文字類編三卷七頁下）

王國維　「此當即賣、鹽二字，古讀若門。盥（古文鑄）字从此。」（朱芳圃甲骨學文字編三卷五頁下引）

孫海波　疑𨻰。（考古四期廿一頁）

李孝定　「按，字从臼从凡，象倒皿从土，隸定之當作𨻰。孫說是也。當是鑄之古文。从土者範之意也。範皆土制，故从土象兩手捧皿傾金屬溶液於範中之形。金文作𨯂（芮公鼎）、𨯂（芮公壺）、𨯂（湯叔尊）、𨯂（鄦子簠）、𨯂（楚子簠），並由此字所孳衍。增从火者，象金屬溶液。从皿象範，与土同意。或又作𨯂（鑄子簠），為篆文所自昉。从金与从火同意，於形已複。从㠯則声符也。本辭云『貞其鑄河』，其义未詳。王氏謂盥字从此，未达一間。商氏釋鬻說非。本字釋鑄，於字形蓋无可疑，惟於卜辭辭意未能通讀。」（甲骨文字集釋存疑四五九六頁）

按：釋「鑄」可從。合集一四五三五辭云：「貞其鑄河……王室……隹王謂……八月」為祭名。

1217

按：字不可識，其義不詳。

1218 山

王襄　類纂以為古山字。

郭沫若　「『五山』辭云『囗囗卜，又（侑）于五山，在齊（？）……月卜。』此例僅見，

不知是否即五岳」。（粹七二片考释）

陳夢家 「凡祭山都與雨有関，祭山所以求雨、求年……卜辭祭山之法是尞、交、又、剛、求年、求雨。」（綜述五九六葉）

李孝定 「契文象三峯並立之形。惟契文山字火字形體無別，當於文義别之。」（集釋二九一三葉）

陈炜湛 「卜辞火字屡见，或作〼〼，象火焰上腾之形，或作〼〼，则与山字无别。盖〼既象山峦形，亦可象火焰之形。甲骨文编有「火」无「山」，仅收从山之岳作〼。其实，卜辞并非无山字，只因与火同形，甲骨文编把它归入了火字而已。一般而论，下平者为山，圆者为火，但也往往互作，基本上两字同形，只能根据句子的上下文来判断究竟是山还是火。

下列诸辞之〼或〼不宜释火，当释山：

丁酉卜，扶：贲〼羊□豕雨。 乙九一〇三

壬午卜，扶：奏〼日□青雨。 乙九〇六七

庚午卜，其求雨于〼？ 鄴三下三八·四

☒〼贲。 乙二四六三

贲山，即贲于山，奏山，即奏于山。贲（求）于山，义同贲（求）于岳，与贲（求）河相对。

□□卜，又于五〼在齐☒□月卜。 粹七二

丁丑卜，又于五〼在□隹，二月卜。 鄴三下四〇·一〇

辛☒贞☒贲于十〼？ 掇一·三七六

甲申卜〼十〼？（三辞同文） 掇二·一五九

……「五山」之外，又有「十山」一语，亦颇费解，或系泛指群山，「又于五山」，「贲于十山」意即祭（侑、贲）于群山。这五山、十山具体何指虽尚有疑问，但其不当读为五火、十火，却是十分明显的。

庚午卜，王。在〼〼卜。 粹一三二六

癸巳贞：其贲〼玉〼雨？ 甲三六四二

〼山，玉山，当是山名。

己酉贞：〼古王事？ 掇一·四三一

己口贞：□古王事？宁沪一·四九六

贞：隹自□令？允隹自□令。佚六七

此数辞之山似为人名，其古王事为武丁卜辞所习见；隹自山令即唯令自山，依文例，自山当是人名，是受“令”者。

当然，象下列各辞中的□或□就不是山字，而是火字了。

癸酉贞：旬亡□？粹一四二八

旬亡田（祸）为卜辞恒语，此版有四条贞旬卜辞，三辞称旬亡田，田分别作□□，独此称旬亡火，殆因火祸音近而通假，且“火”亦灾祸之一也。

癸酉卜，扶：又□？殷掇三九一

乙亥□。前四·一九·七

□。一月。续二·二一·三

贞：旬亡因？□，妇妊子因。前六·四九·三

七日己巳夕□出新大星並□。后下九·一

此五例之火，殆焚火、起火之意。后下九·一谓“新大星並火”所言乃天象，指两星相碰而生火，其余四例所言则为人事，占卜是否有火灾。……前六·四九·三贞一旬之内是否有祸，而验辞则谓“火，妇妊子因”，以此二者为灾异不吉（若释因（囚）为死，则妇妊子因火灾而致死，尤为大灾难）。由这几条卜辞来看，“火”在商代是不吉利的象征，确属灾害之一。

山、火异字同形还反映在以山、火为偏旁的文字中，如烖作□（乙九五九）□（缀二），宀下从火，象室内起火，与说文烖之或体同，是为灾害。同样，赤、焚、熹、烄、光等从火之字，其所从之火亦多有作□□□等形者（见甲骨文编卷十），与山无别。而孙诒让所释之岳（嶽），其下部所从除作□□□等形外，也有作□□□诸形的（此字甲骨文编从罗振玉说释羔）。验之辞例，从□之□与从□之□□确系一字，并宜认作从山，释岳，其例如：

贞：𠦪年于□？前一·五〇·一 佚三七五

戊午卜，亘贞：𠦪年于□？续二·二八·一

丁未卜，又于□𠦪禾？契三三

庚戌卜，又于□𠦪禾？宁沪一·七六

取□雨？京都一六一

癸酉卜，其取□雨？粹二八

其中宁沪一·七六尤为突出，□□共见一版，且辞例全同，亦可证明甲骨文中从山从火可

相通。

既然甲骨文山火同形，且点及映于偏旁中，那么甲骨文编卷十自烽字以下二十八字所谓「说文所无」者，是否统统从火，也就不能无疑，而需作进一步的研究了。」（甲骨文异字同形例 古文字研究第六辑二三四——二三七页）

陈炜湛 唐钰明 「甲骨文编有「火」无「山」，仅收有从山之岳字。其实卜辞并非无山字，只因与火字同形，甲骨文编把它统统归入火字而已。一般地说，下半平者为山□，圆者为火□，但常常同形无别，应从句子上下文予以判别。如乙九一〇三片：「丁酉卜，扶：尞□，羊口豕，雨？」粹七二片：「侑于五□，在齐」，以上的□当释山。粹一四二八片：「癸酉贞：旬亡□？」此版四条贞旬卜辞，三辞称「旬亡祸」，可证这里的□是「火」而不是「山」（火假借为祸）。前四·一九·七片：「乙亥□？」点当释火，因火点灾异之一，故贞问是否发生火灾。」（古文字学纲要六〇——六一页）

姚孝遂 「「山」与「火」的形体基本上是有区分的。山字作□，其底部平直；火字作□，其底部圆屈。商代稍晚的时候加点作□。带点与否，为火与山的绝对区别。我以为所加之点为火焰上腾状。我们则认为这也是属于区别符号之类。

有的时候，山与火在形体上根本无法加以区分，我们除了根据辞例之外，别无其它办法。」（古文字的符号化问题 古文字学论集初编一〇九——一一〇页）

田倩君 参丘字条

按：山火二形易混。大體而言，山字其下部平直，火字則其下部彎曲。廩、康以後，「火」字增小點，區别益顯。卜辭有「五山」、亦有「十山」（掇二·一五九），不能確指。

1219 火 □ □

羅振玉 「象火形。古金文从火之字皆如此作。」（殷釋中五十葉上）

李旦丘 「「□帚（歸）鮭子囚」（簠·六·四九·三）……「七日己巳月蝕有設大么㕛□帚

其有來嬉』（淺·下·九·一）按此山字決為山字無疑。……『丙𤇾嶽矢山』（𢦏·二一·八）『其㞢山』（𢦏·三九·八）㞢，王隸定為𥃩。字雖不可識，然其字从𥃩，必有以𥃩降神之意。而下一字必為其所降之神。考古代既無拜火之紀録，而今世又無拜火之習俗，殷人雖常以火祭神，然火為祭神之工具而非祭祀之目標，故知山非火字，而為山字」。（零拾三十九葉下——四十葉上）

朴海波

「山，粹一四二八。癸酉貞，旬亡火。疑亡囚之刻訛。」（甲骨文編四一〇頁）

李孝定

「說文『火燬也南方之行炎而上象形』契文正象炎上之形。金文从火之字作山光字偏旁火燓觶燓字偏旁與此略同。古文火山二字形近易淆，當於文義求之，說詳九卷山嶽二字條下。李旦丘氏所舉諸辭，凡所認為必當釋山者實當釋火，『貞旬亡𡆥禍旬囗火婦娃子死』（前·六·四九·三）火讀為禍，蓋言旬有禍，下言婦娃子死，記其驗也。『七日己巳夕㬻囗有新大星並火』（淺·下·九·一）此記天象之辭也。『新大星』蓋新發現之大星。『火』亦星名，言二星連行相並也。『丙𤇾嶽矢山』（𢦏·二一·八）當亦星名也」。（集釋三一四〇葉）

饒宗頤

「『癸丑貞：旬亡囚。癸酉貞：旬亡火。癸卯貞：旬亡囚。癸酉貞：旬亡囚』。（粹編一四二八）火亦指災害，故『亡禍』可變文作『亡火』，知此處『旬』字，自指旬日言之」。（通考九七六葉）

屈萬里

「卜辭：『丙寅卜，𣪊貞：其出火？』（甲編三〇八三）卜辭火、山兩字，常不易分。本辭山字，於火形為肖。且卜辭祭山，皆舉山之專名，無泛言祭山者。則此當是火字無疑。此乃詩『七月流火』之火，星名」。（甲編考釋三九九葉）

常正光

「甲骨卜辞中已有关于大火星的记述，如武丁时期卜辞『七日己巳夕㬻㞢新大星並火』，其中的『火』字就是指大火星。此外，在甲骨文里还有与一般地面上的火字相区别，专门表示大火星的火字作『𤆍』、『𤆎』形，隶定为『灾』，丁山解释为『从火上；火上者，上天火神也』。又说『心为大火，正是𤆍字的本谊』。他把『灾』字考释为大火星，这是发前人所未发之创识，然而如果说是上天的火神，还不如解释为：从火上；上，天也。上火即天火，天火如大辰为天上的辰一样，也就是天上的大火星。对于灾（即大火星）的祭礼，是同地面上祭祀河、土、岳等一样看待，如：

『其膚、𦐂灾，又大雨』？（后下二·三·一〇）

『灾果□，叀小牢，又大雨』？（前四·四二·六）

『其𠦪年灾□于炎，肖豚』（后下三·九·九）

说明对大火星要用『翌』祭的，祭祀时甚至要以比较隆重的『小牢』之礼，因为祭祀大火星的目的是为了祈年。……

春秋昭公十七年『冬，有星孛於大辰』，是把孛（彗星）与大火星的运行关係，作为判断一些国家将有火灾的根据。说明人们到春秋时期，还是对于大火星周围星空出现相关星象十分注意，因而能够迅速识别和作出判断。如果再联系前面引用的前四·四二·六与后下三·九·九两条卜辞材料，是把『灾』（即大火星）与『炎』（据丁山考释为孛）一同祭祀。可见春秋把这条天象记录下来，也是有传统依据的。与这种情况相类似的是卜辞『出（有）新大星並火』，『並』字说文释为『並也』。段注『古书亦多用为傍，附也』。因此，这条卜辞应该解释为：发现新大星依附在大火星的近旁。无论是文献或卜辞记载，都在新星或彗星出现于大火星附近时，便会引起人们的注意，而且郑重地记录在案。这既可说明大火星在天象观测中占有重要地位，构成观测天象的基点，同时也反映了人们对于与大火星相关的一些星象也开始注意观测，从而掌握其规律。」（殷历考辨古文字研究第六辑一一〇——一一三页）

王辉「殷人的祭祀活动，也多同火有关。佚三三八九：『火歳酌，二月。』歳酌皆祭名，火与之并列，亦是祭名。后下三五·七：『乙亥卜穷贞，勿㞢用火羌。』『火羌』就是焚羌以祭。下面几条卜辞，其中的『火』也明显的用为祭祀名：

己酉卜，夬𠦪火日南雨（乙九〇六七）

火，今一月其雨（合二〇九）

贞，隹火，五月。（后下三七·四）

……其告火自后祖丁（南明五九九）

乙九〇七六、合二〇九都是明言行火祭以祈雨。南明五九九行告、火两种祭祀於后祖丁，大概是求先祖向上帝祈雨。后下三七·四未明言，只是将祭祀的目的省略了。因为这一祭祀目的很明白，无须赘言。」（殷人火祭说，古文字研究论文集，四川大学学报丛刊第十辑二五五頁）

姚孝遂说参□字条下。

陈炜湛说参□字条下。

按：契文「火」、「山」二形易混，大體山字下較平直，火字則下體稍曲。「山」之豎畫可直底部；「火」字則不能。稍晚「火」字增小點。李旦丘釋後下九·一「有設大𡴀並山」，實為「有新大星並火」之誤。而李氏解此段卜辭為依山築牆，謬誤已甚。李孝定已辨其誤。唯讀「火」為「禍」亦不可據。

1220

丘 𠀉

王襄　「古丘字。」（類纂正編第八第三十八葉下）

商承祚　「說文：『丘，土之高也，非人所為也。从北，从一。一，地也。人凥在丘南，故从北。中邦之凥在昆侖東南。一曰四方高，中央下為丘。象形。㘳，古文从土。』案魏三字石經之篆文作𠀉，古文作𡊅，與說文近似。丘為高阜，似山而低，故甲骨文作兩峯以象意。金文子禾子釜作𠀉，將形寫失，商丘叔簠再誤為𠀉，說文遂有从北之訓矣。」（佚考八六葉上）

孫海波　「𠀉，乙四五一八。勿于丘商。丘商即商丘。」（甲骨文編三五二頁）

李孝定　「契文不从北，其字但較山字少一峯耳。丘之於山，𠂤之於𠂤並為減體會意，𠂤𠂤二字之古文特丘山二字之直書者耳，不謂山為丘之增體會意者。蓋不論語言文字中山均較丘為習見，山字必當早出也。」（集釋二七〇一葉）

張秉权　「丘商，即大邑商，中商，或單稱商。乃殷之故都。杜預春秋釋地以為：『宋、商、商邱三地一名。』卜辭丘商，后世称為商邱，在今河南商邱县，又卜辞另有宋地，亦有子宋，与商（亦有子商）似非一地，或者宋与商相去不远，殷亡國后，商与宋合併而称為宋，又因她是殷商之后，所以宋亦称商。」（殷虛文字丙編考釋第二四八——二四九頁）

白玉峥　「乙巳卜，㱿貞：丘出鼎？」（鐵二〇二·四）

……峥按：丘字，于甲骨文字中甚少，數十字中，太半為人名或地名，如：

小丘臣。（續五七（佚五三三及外三五六重））

丙戌卜，貞：令般衣丘？（粹九九三）

戊戌……在丘……？（文六四〇）

「丘出鼎」之辞，在传世之甲骨片中，除本片外，他片未之见；世之治斯学者，亦多未讃一字，而轻置一旁。有之，惟夫子（严一萍）于整理殷虚文字甲编、及乙编二书时，得契有「肖鼎」之辞三版（夏商周文化异同考三九〇页），而予考证之；曰：「三版皆文武丁时所卜，一、二两辞之出，可作有无之有解，亦可段作肖祭之肖，惟以第三辞，言「（出）于鼎」之谓之，当卜肖祭于鼎。祭鼎而与王亥同贞，其为重器，若传国之瓌宝可知。此文武丁时有祭鼎之祀，以证后世所传殷受九鼎之说，殆为信史已。」考本版为武丁时物，而以之卜鼎之出否，九鼎之说，又有一证也。然此鼎究出于何丘？按甲文中以丘为地名者，有：

丘商（乙四五一八　乙五二六五）

丘太（明二三二五）

凡丘（乙七七九三）

丘剁（乙七一一九）

丘畴（南明三九五）

或单名曰「丘」（粹九一八）。综此诸丘，据例逆之，非「丘商」，亦必为「丘太」。盖墨子耕柱篇曰：「九鼎既成，迁于三国，夏后失之，殷人受之」；殷人受此九鼎，必以之置于京师，宝时予以「肖祭」。载籍所记，殷曾八迁，然见于契文者有「大邑商」，有「丘商」等；王国维氏作殷都考，曾有「商邱」之都，此丘商，莫非商邱欤？是此「丘出鼎」之丘，乃即「商邱」也。又史记封禅书云：「宋太丘社亡，而鼎没于泗水彭城下」，宋为殷后，而此之「太丘」，殆亦契文之「丘太」矣。然则，九鼎之说，殆可征信矣。」（契文举例校读中国文字第八卷第三十四册三七四四——三七四六页）

田倩君「先聖造山字之意念，以三峰（ᗰ）表而出之，三者有众多之意，有重叠之意，且为算高之意，所谓『云山千重』、『连峰际天』，此皆形容山之重叠，山之高峻也。至於丘则不同，丘为二峰，二为有限之数，如此之形状ᗯ，显然与山有别也……丘与山不同，丘为圆顶形，然殷代之丘字，以契刻刀痕所致，因现锐锋。周金文丘字则无峦无锋，象两禽独足立地上状，诚大不类丘之形状也。至小篆，如两人相背而立；迨至隶楷，益失其形状。惟古文之丘如ᗯ颇象土丘之形，土丘不应作尖峰，因土不坚固，日夕被風雨剝蝕，常无锐峰与棱角之存在也。」（释丘中国文字第四十册四四四三至四四四七页）

方述鑫「丘，甲骨文作ᗯ（金七二一）ᗯ（甲四二七）或ᗯ（乙四五一八）……我们认为，[字形]和[字形]也应是丘的本字，下面的口形象人穴居之屋，上面的'八'或00形象两侧出入之孔。徐中舒老师在黄河流域穴居遗俗考（中国文化研究汇刊第九卷）中说：「丘篆作[字形]正象穴居两侧出入之形」。[字形][字形]与[字形][字形]形相似，因甲骨文契刻的关系，口形可以刻作一形，如[字形]（珠四〇三）可以刻作[字形]（前四·二·四）[字形]（佣二二八八）可以刻作[字形]（金六九〇），因此可以认为，[字形][字形]和[字形]是丘的异体字。」（甲骨文口形偏旁释例，古文字研究论文集，四川大学学报丛刊第十辑二八六页）

徐中舒　「丘字，甲骨文作[字形]，篆文作[字形]，象半穴居地上有两个门洞出入之形。丘与复同是半穴居，前者只描绘其地上之形，后者只描绘地下之形，我们只了解其一面，要探寻文字全面的字源和语源还是不够的。」（怎样考释古文字古文字学论集初编一〇页）

于省吾说参[字形]字条下。

按：徐灝說文解字注箋云：「此字說解未確，蓋因字之上體與北同，遂誤認从北从一；又因山海經言崑崙虛在西北，遂以為中邦之居在崑崙東南，取義迂遠，非其指也。爾雅釋丘曰：絕高為之京，非人為之丘，乃指墟墓言，非丘字本義。許君蓋亦知其未確，故又載一說以為象形。然四方高，中央下，為形亦猶未合丘之形。或有四方高中央下者，而非凡丘皆然也。今按戴氏侗曰：『[字形]小山，故其文眂山而殺』是也。嶽古文作[字形]，其上即丘字，漢隸岳字正从丘，岳形高峻，故以小山加於大山也。爾雅釋山釋丘各自為篇，正以丘為小山之通名，故別著之」。徐說是對的。

卜辭丘為地名，或稱「丘商」，似亦用其本義。

1221

岳　[字形]

孫詒讓　「說文山部嶽古文作[字形]，云『象高形』。甲文岳字屢見作[字形]又作[字形]作[字形]，下即从古文山，而上則象其高峻，隋與[字形]形相邇，蓋於山上更為[字形]山再成重象之形，正以形容其高。許書古文亦即此字，而突[字形]為[字形]有類橫弓，則失其本形矣」。（名原上卷二十葉上）

又曰：「岳字作[字形]，（藏二十三·一）或作[字形]，（藏一四一·一）或作[字形]，（藏四五·二）或作[字形]。（藏二二四·二）攷說文山部嶽，古文作[字形]，象高形。此上从[字形][字形][字形]，即象高形。下从[字形]，即象

1210

形山字也。殷都朝歌，中岳嵩高，正在畿內。此岳殆即指嵩高與」。（舉例上廿葉上）

羅振玉

「从羊从火，殆即羔字。卜辭又有作□者，殆亦羔字」。（殷釋中二十八葉上）

商承祚

「作□亦羔字，∧象露頂」。（類編四卷八葉上）

葉玉森

「孫氏釋岳較塙。予曩謂上从□□，疑古文𦍌字象羊角形，㚇从羊，仍取象其角，又㚇从□，似古文𦍌字，象𦍌嶽並出。下从之□□□□□並山字非火。篆文从丠，子禾子釜丠作□，其上亦肖𦍌形。蓋造字之始，以大山角峙謂之岳也。（殷契鉤沈）又按羅氏考釋無山字，亦無一从山之字。商氏類編僅錄一□字，殆謂从山。卜辭中水字屢見，从水之字更不一見，何以獨無山字及从山之字？蓋羅氏謂山形之字並為火，學者亦靡然从之也。予攷卜辭火字未能指定，从火之字如炎作炎，閔作火山，尞作□山，柴作□□，□作□□，與山形固有別也。變作□□與山形溷。其始猶別作小點，以象火燄，求別于山。如𡘋姣熹等字可證。久且習而忘之，乃省去小點，並逕作山形。惟卜辭中固自有山字，固自有从山之字，如□（甲二、一、三）□（前五、十四、八）似為山之象形文，非火也。又卜辭地名如□（前二、卅四、四）為羊山合文。□（後上、十五、六）為虎山合文。□（前二、十六、一）為田游之地，乃虤山合文。□（後下、二九、八）為求雨之地，乃鼠山合文。推之□（藏五五、二）為箙山合文。□（殷虛卜辭一三六〇）為鼎山合文。□與□疑並象山形也。……以上所揭之山字及地名合文與从山之字似非鑿空之談，則□之从山更無疑義。卜辭中此字凡數十見，無一飾火燄形之小點者。且上半□□□□□□等形亦無認為从羊之理。商氏類編復附□字于□字下，更失之矣」。（前釋一卷一三五葉上——一三六葉下）

郭沫若

「□字習見，孫詒讓釋岳，羅振玉釋羔。今按此片中左辭作□，……則□與□縱非一字，必係同音，釋岳釋羔均非也。□字羅釋為𠦬。說文「𠦬，兩刃臿也，从木，𠂇象形。宋魏曰𠦬也。鋘或从金亏」。段玉裁云「方言曰『臿，宋魏之間謂之鏵』，𠦬鏵古今字也」。……𠦬字亦作鋘。吳越春秋「夫差夢兩鋘殖吾宮墻。大宰嚭占之曰：農夫就成，田夫耕也。公孫聖占之曰：越軍入吳國，伐宗廟，掘社稷也」。玄應曰「𠦬，古文奇字作鋘」。是則□乃从山𠦬省聲之字矣。以聲求之，當即崋字之異。惟在卜辭乃人名，非必即是華山也」。（卜通九三葉下——九四葉上）

郭沫若　「茾字多見，屢與河亮等同列於祀典。孫詒讓釋岳，羅振玉釋羔。余釋為㠩，因茾字有與茉字通用之例，故認為从山茉聲，以㠩字當之。唯茾在㠩山偏左陝西，離殷京過遠，亦有未安。今案从山茉聲，或茉省聲，釋為岳字亦可通。蓋以雙聲為聲也。字在此是動詞，蓋假為雩，𡍮殆㞕字之異，疑即楚丘。三門當即砥柱。南單當即鹿臺。」（粹考十五葉下七三片釋文）

金祖同　「此昭明二字合文，从羊，是假揚的音，陽揚古通，而昭同揚，都有一種發煌廣大的意思，下面从火明也，昭明同，陽火意思同，二字是从□一字演變來的。」（殷虛卜辭講話十一葉上）

唐蘭　「古文字裏的山字作□，或作□，火字作□，本已相近。□字後變做□，□字後變做□和□，愈易殽亂。所以光字本作□，或體作□，从丘可證，集古遺文所錄𪡏氏製器甚多，𪡏字或从□□□，或从□。卜辭習見□字，或作□，舊不識，由此知亦光字。卻變成從火的羙，而羔字本作□，象炮羊火上，變成□形，就誤為□岳字了。卜辭裏所祀的『羔』，即後世的『岳』。」（導論下五十七葉下）

丁山　「□字孫詒讓釋岳，羅振玉則疑為羔字。而□之變也有作□者，有作□者，以牢本从牛卜辭或易以羊例，則□與□形既相近，亦可讀為告。告羔一聲之轉，告岳古音同部，以聲音論之，岳羔固皆可轉為告，則□可讀告，謂卜辭𡴀於告奉年於告，告即帝佶，亦即帝嚳，可無疑也。按卜辭□有三義『貞使人於□』□讀為岳山名此一義也『丁丑彷亦一矛□此當為刻辭人名此二義也餘如『奉年于□』『貞𡴀于□』當如郮說釋為告」（由陳侯因資錞銘黃帝論五帝載集刊三本四分五三三葉）

于省吾　「羙字作□□□□□□□等形。孫詒讓釋岳。羅振玉釋羔。葉玉森云，……仍當讀岳。郭沫若謂□乃从山，□省聲，當即㠩字之異。按釋岳釋羔釋㠩均未確。葉謂□字上不从羊，又謂又伐二字下之□為人名，頗具卓識。惟謂□字下不从火，亦有可議。古文火與山形近每無別，如光字作□，上从火，亦無火燄之小點，不得謂羙下之必从山也。羙字上从□，而契文羊字往無作□者，以是明之。續三五八：『戊戌卜，又伐□。口未卜，又伐□』。董作賓釋□為□，□為省體，□亦為省體，而其字決非从羊。从□可省作□□，而契為正體，□□□為繁畫，□為省體，□亦為省體，而其字決非从羊。从□可省作□□，而契文羊字往無作□者，以是明之。□為𦍌是也。惟謂𦍌為國名誤矣。契文言伐某國無言又伐者。□當為羙之省文，又伐𦍌即又伐于𦍌，中間省去介詞，又讀侑。伐謂殺牲。……說文：『𦍌，羊鳴也。从羊，象聲气上出。與弁同意」。按芈字即𦍌𦍌形之所孳變。契文粦字，後世字書所無。雖與岳羔形近，究有不同。以六書之義」。揆之，當為从火芈聲之字。且粦字有作芈者，尤可為非岳之證。三、以契文所比列之先公次叙考之，汚當為曹圉，粦當為冥。契文汚與粦，或單辭，或連文，或與數世先公並祭。其甲骨一版分為數段，每段衹列一世先公者，以上下左右之參互，其次叙每難於尋繹。其數世先公同列於一版一段，雖有省略一二世或數世者，而其次叙井然，從不錯淆。粹二三：「己亥卜，田浴，來土犬、𢀡犬、汚犬、粦口（犬）」。土即相土，容庚謂𢀡即昌若。若作[illegible]，與𢀡形近而譌。按汚即曹圉，粦即冥，殷之世系，在王亥之前，由冥以上溯相土，衹有此四世，契文所列，適相符合。粹二十：「于𢀡卸，于亳土卸」。郭沫若云：「亳土自為亳社。凡卜辭所祀之土，王國維均說為相土，以此例之，殊未見其然」」。按此版係分段而卜，雖不能謂亳土之必為相土，而亦不能謂凡稱土者之均為亳土也。且土𢀡汚粦同列於一段之中，則土之為相土較然明矣。余所藏殷契拓存有𢀡汚粦三字連文。粹五六：「癸子，巫罕土汚粦」。土下不列𢀡，則省去昌若一世。湔七、五、二：「戊午卜，方貞，酌奉年于粦汚頊，此為由後世以上溯先世之例。粦為冥，汚為曹圉，王國維釋頊為夒，以當帝嚳，是中間省略昌若相土昭明契四世也。契文在一段之中汚與粦連文者，多先言汚後言粦。鐵七、十一：「汚以粦」。粹三三：「既來于汚于粦」。粹五一：「汚眔粦」。粹七九一：「來𡧊（汚）粦」。亦有先言粦後言汚者。後上二十、十：「粦眔汚酌」。由後以溯前也。四、汚與曹圉並根國在聲韻上之關涉。……五、粦从芈聲。芈冥音近字通。按契文粦有省作芈者，可見粦之當从芈聲。說文：「芈，羊鳴也」。廣韻上聲四紙：「芈，綿婢切」。按經傳以芈為楚姓。畢沅說文舊音補注：「芈音彌」。周禮職方氏「七閩」注：「國語曰：『閩芈蠻矣』」。釋文：「芈劉音如羊鳴近来」。金文楚姓之芈作嬭，與彌並諧爾聲。章炳麟文始云：「凡鳴為鳥聲，名為自命，其聲義皆受諸芈，對轉入清，春秋繁露曰：「鳴而施命謂之名」。轉真則為命矣」。按章說是也。鳴之聲義既受諸芈，鳴與冥古亦通用。易豫上六「冥豫」釋文：「冥，鄭讀為鳴」。又豫初六「鳴豫」，應讀作冥夜，詳易經新證。芈冥雙聲，並明母四等字。太玄少上九：「密雨溟沐」。按溟沐即說文霢霂，小雨也之霢霂。霢之通溟，猶芈之通冥矣。然則契文粦之即冥，殆無可疑。國語魯語「冥勤其官而水死」注：「冥，契後六世孫，根圉之子也，為夏水官，勤於其職而死於水也」。禮記祭法「冥勤其官而水死」注：「冥，契六世之孫也，其官玄冥，水官也」。史記殷本紀「曹圉卒，子冥立」，集解引宋忠曰：「冥為司空，勤其官事，死於水中，殷人郊之」。是冥之功績，可徵諸載籍者也。綜上所述，考於汚粦二字之形體，徵於卜辭之世次，驗於聲韻之通借，汚之當為根國，粦之當為冥，昭然可覩矣。王國維以夒為帝嚳，以當土及土為相土，容庚謂𢀡為若字之形譌，以當昌若，余撰駢枝校補以夏當契，今又以汚當根國，以粦當冥，是殷之遠祖，由帝嚳至冥之直系七世，惟昭明無徵，餘皆條貫可尋。雖其考證猶有待於將來之訂補，

然已不似前此之混沌漫無端緒也」。（駢三弟七——十一葉釋沔羙）

李旦丘　「⿱𦍌山，孫釋岳。……今按孫說可信。山墉為山字，決非火字。羅振玉釋⿱𦍌山為羔，大謬」。（零拾廿九葉下）

又曰：「山既墉為山字，則从𦍌从山之⿱𦍌山字決不得釋為羔，應從孫釋岳」。（同上四十葉下）

楊樹達　「羔即殷之始祖帝嚳。古音羔在豪部，告在覺部，二部音相近，又二字同屬見母，羔與告實一聲之轉」。（甲文說卅二——卅三葉釋羔）

楊树达　「按甲文羔字，从来未得其主名，而帝嚳一代，在甲文中却盡悬无著，王氏虽有假设，未能尽餍人心。今以羔借一声之转及与河夒土连文证之，羔殆非帝嚳莫属矣。」（释羔，积微居甲文说卷下五〇页）

孫海波　「从羊在火上，炰羔之義。說文从羊照省聲，非」。（文編四卷十四葉下）

陳夢家　「此字孫詒讓釋岳，羅振玉釋羔，郭沫若初釋羊，後來又以為釋岳字亦可通，唐蘭以為當釋羔，後誤為岳，信從釋羔的，更有許多的發揮，如胡光煒、朱芳圃以羔為昌若的緩讀，（集刊廿、一九一至一九三引丁山）楊樹達讀羔為嚳，（集刊三、四、五九二，甲文說聞一）多說羔从昭省聲，羔即昭明。（金集Ⅱ、五六三）同釋為羔字，而可以解釋為岳、嚳、昌若、昭明等；不同的結果，正表示對音法的不足信靠。此字分上下兩部，上部作𦍌，𦍌是半而不是羊，下部是山。卜辭的『山』和『火』不容易分別，混淆得很。大致說來，『山』應該是平底的，如筆架形，而一定不能有火焰之點；『火』應該是圜底的，如尢寶形，應該有火焰之點。然、六七有兩條對貞的卜辭：『貞隹⿱𦍌山令　貞允隹⿱𦍌山令』可證『山』字之底畫可以如此，可以如彼，本不嚴格的。因此之故，我們只能把一切無火焰之點的認作『山』字，而不以為『火』字。㞢字可以省去其下部，如『又伐半』（甲二六二、參２Ｌ二一、十三『又伐上甲』，『奴兇，目、半、羔』甲、七八八　懈二、一五九）後者所祭是兇、昌、㞢、羔。卜辭專名有省去其形符山、水、女等的，如帚妌一作帚井。因此我們以為㞢應讀為半，即楚姓之羋，廣韻紙部作綿婢切，與敉、弭、瀰等字同音。（清華十三、一四一）卜辭云：『己亥卜田率賨土犬、兇犬、河犬、㞢犬』。（擀二三、容庚卜辭研究采土為相土之說，並依殷本紀順序定兇為昌若河為曹圉，㞢為冥。于省吾據此以河為根國的合音，以㞢从大半聲『與冥音近，故以㞢為冥』。（駢枝Ⅲ、九）這樣的排定，完全肯定了殷本紀的順序，並以此一條而肯定。但是不按照這順序的卜辭還是有的，而殷本紀的昌若、曹圉之類在卜辭中並未出現。我們認為這個對照太巧合太孤單一點，還需要其他的證據。但是認𡴂為冥，是很可能的。一則𡴂、冥音近，二則它常與河見於一辭而魯語上說「冥勤其官而水死」。左傳昭廿九「水正曰玄冥」，昭十八年「禳火於玄冥回祿」注云「玄冥、水神，回祿火神」。由人名之冥，變為官名之玄冥，變為水神之玄冥。這和后土是一樣的。左傳昭廿九「共工氏有子曰句龍為后土」，土正曰后土」，而魯語上說共工之子「后土能平九土」，左傳昭廿九「后土為社」。是土、社（神）后土（土正）后土（句龍）與玄冥（神）玄冥（水正）冥（人名）是平行的。由此可見傳說中之人王與神帝的互相轉化關係」（綜述三四二——三四三葉）

又曰：「先公中的𡴂與羊應有所區分，前者从[字形][字形]，後者从羊。（甲七八八、澂二、一五九𡴂、羊並舉，甲三六一〇𡴂、羊並舉，可知其分別。」（綜述三五八葉）

屈萬里

「在甲骨文裡岳字是很常見的，它的字形變化很多，而最常見的則是[字形][字形]兩個形狀。最早解釋這個字的是孫詒讓，他把它釋作岳，並且疑心它就是嵩高。後來研究甲骨文的人異說紛紜，大別之可分為以下數派。一、贊成孫詒讓之說，認為是岳字的有葉玉森、李旦丘和董彥堂先生。而董彥堂先生以為岳就是山，古人認為山岳是有神靈的，所以祭它。二、釋作羔字的有羅振玉、王國維、商承祚、楊樹達、容庚、王襄、胡光煒、朱芳圃、孫海波、丁山諸人，其中王國維以為是人名，胡光煒、朱芳圃都以為是昌若，楊樹達、丁山都以為是帝嚳。三、唐蘭釋作羔，認為「卜辭裡所祀的羔即後世的岳。四、吳其昌釋作羹，楊樹達認為是殷的先王。五、郭某釋作華，以為是人名。又說釋岳字亦可通。六、于省吾寫作[字形]，認為就是殷人的先公冥。七、陳夢家釋作岳，以為是山名。又說也很可能是冥。日本島邦男的殷墟卜辭研究關於上述的種種說法曾經列了一個簡表節引了各家之說，並且注明出處。見二二四至二二六葉島邦男在引述了各家的論證之後，曾加以判斷。他認為董彥堂先生的岳神之說最為妥當。按此字的上半絕大多數是从[字形]，其次是从[字形]、从[字形]、从[字形]。[字形]、[字形]、[字形]固然不是羊字，即[字形]形也不能釋作羊。誠然它的上半也有作[字形]形的，誠然[字形]字可以釋作羊，但現在已出版的甲骨文書籍中估計岳字之出現約在二百次左右，在二百個左右的岳字裡，它的上半从[字形]的只見過四次，可知从[字形][字形]等形是體之常，从[字形]是[字形]之變，从[字形]是[字形]之省，从[字形]是[字形]之省，而[字形][字形]等形之象山峯疊出的樣子是一望而知的。[字形]字不是羔字，單就它的上半來說已經可以確定。其次再看它的下邊的偏旁，甲骨文裏的山字和火字很難分別，從形狀上看，作[字形]形的像山，作[字形]形的像火，從甲骨文字中从山和从火的字看來，从山的字山字多半作[字形]，也有少數的字作[字形]，从火的字火字多半作[字形]，但也有少數的字作[字形]。在甲骨文時代，人們似乎也感於山火二字不易分辨，於是从火的字有時加上幾個小點表示火星之標散，像烄字作[字形]，熹字作[字形]，便是顯

明的例子。岳字下邊的山字固然也有時作山，但从山的畢竟佔絕大多數，从山的則佔少數，而
且絕沒有一個有小點的，可知岳字下邊所从的是山而不是火。把兩個偏旁合成一個岳字，它正
像層峯疊嶂山上復有山的樣子，作岳形的又像山上有樹樹外又有高峯的樣子。它是一座高山已
從字形上表示出來。少數的省體和变體雖然不能都表現出這種意思來但它們省变的痕迹都是可以
推尋的再從說文所引的岳字的古文作㞢，看來孫詒讓把岳釋作岳字應該是不成問題的。其次我
們再看岳字在甲骨文中的意義，武丁時有一個貞人的名字叫做岳，在骨臼的紀事刻辭裏常見
到他的簽名，例多不勝枚舉，可是他擔任貞卜的記載只有殷虛文字丙編九四版中的一辭「癸酉
卜岳貞出來自西八月」在武丁時的骨臼刻辭中簽名的人都是貞人，從而知道擔任貞卜的岳以外
的岳是什麼。(一)它是求年求禾的對象。據綜述三四九葉的統計，向岳求禾求年的卜辭在可見的
資料中共有二十三次。也許不很正確可能有遺漏的殷人求年求禾的對象很多，岳河土社之外還有
許多祖先。但甲骨文中關於求年求禾的對象見得最多的是河，三十次岳則佔第二位。(二)它是求雨
的對象。求雨的對象也有很多，但向岳求雨的紀錄粗略的估計一下在全部甲骨文書籍中約有十
六七條左右，重見的未計入和其他求雨的對象比起來，它這數字佔最高的紀錄。另外還有在本辭
中只說祭岳沒說明為什麼祭它，但由於同版中他辭的互證，也可以知道很可能是為了求雨的。
如「貞今丙辰其雨　貞隹般乎取　貞出于岳」以上三辭同見於殷契遺珠一四四版，三辭同版而
且相連，由於第一辭問丙辰是否下雨推知般之「乎取」岳之「出」很可能是為了求雨。又有在
字面上看來雖然是說求年，但和同版中的他辭互證之後知道求年實際上就是求雨的如「貞帝令
雨弗其足年　貞求年于岳　帝令雨足年」三辭同見于續一、五十一、又卜通三六三三辭相連。由於
上下兩辭的互證可知中間的「求年于岳」實際上也是求雨，從甲骨文的材料看下雨雖由帝主使但
並不由帝執行其執行者則為岳河等所以只說帝令雨不令雨而不向帝求雨而且在此方荒年的成因
多半是為了旱的緣故，這種事實也可以替甲骨文作注腳。即使這些可能是求雨的材料不算單憑
那十六七條的紀錄也就可以證明岳是求雨的最重要的對象了。(三)它可以作祟。如「隹岳壱雨」
鄴七九二「壬申卜貞岳壱年」河南安陽遺寶圖版三第一片「隹岳壱禾」續一、四九、三「丙申卜岳
隹又壱」鄴、六一「庚戌卜㱿貞岳壱我」佚、五二七「庚戌卜㱿貞岳不壱我」同上在上舉的這些被
壱的事物中壱雨是比較常見的。至于「又壱」和「壱我」等語，我們雖然不知道是什麼災害但
也有壱雨壱年壱禾的可能。(四)它還可以寧雨這類的材料雖然不多，但這一意義是很可以證明的。
如「癸酉卜貞寧雨于岳亩囚」摭、五、十八、三。這是很自然的，因為岳是求雨的最重要的對象，它掌
握着雨權自然也就可以寧雨（息）雨了。岳有上述的許多威力，所以它所受的祭祀是隆重的。
照祭祀的種類說，它受到出燎酒取帝等祭典，它受燎祭的機會比任何神祇祖先都多。祭岳時所用
的牲至少是「燎……三小宰卯三宰」摭、七、二六、一多則到「□豕三羊卯九牛」，庫方二四四、或「燎

五宰五牛」，粹、三三、由此我們可以意識到岳決不是一個平凡的物事。那麼它到底是什麼東西呢。(一)它不是活人，也不是虛無縹渺的神靈或鬼怪，它是地名或山川。因為在甲骨文裏常有往岳或使人于岳的記載。「庚子卜貞往燎岳」藏、一七四、四、「□□卜其往于岳，叀三大牢」（沐園藏骨綜述葉三五九引）「貞勿使人于岳」藏、二三、一「貞使人于岳」簠、一、五十、六「貞勿使人于岳」（同上）（綜述三五八說「卜辭有往于某使人于某之例，某常為地名」。又說「由粹三六『使人于河』，下系以沈羊之事，佚、四十略同知使人于某指往某處致祭」。葉三五九）而往于岳也是到岳那地方致祭，從上面所舉的兩個例子看來是很明顯的。(二)它常和河黃河土社㞢等同時被祭，而尤以和河並祭或對舉的次數為多。如「岳眔河酒王受又」後、上、廿、十「癸巳卜既燎于河于岳」粹、三三、「戊申卜先酒岳燎雨惢用甫河先酒」（甲編、五二七、）「☒其求禾于岳☒十□于河」（甲編、七九一、）「□河取岳取岳」簠、五、四三四、「戊午卜賓貞求年于岳河夔」簠、七、五、二、「己亥卜田惢燎土犬㞢犬河犬岳□」粹、二三、岳河同是求年求雨的重要對象，他兩個真是門當戶對，所以就經常地做搭檔了。(三)它是有石頭的東西。「丁亥卜☒岳石出从雨」簠、四、五三、四、「貞☒岳石出从雨戊戊雨」同上「□午卜□貞取岳石」藏、一四一、一從上述(一)(二)(三)三點看來，它是一座山，而且不是一座平凡的山似乎是沒有疑義的。現在要問山究竟是不是求雨的對象，而且它會不會作祟呢，我們試看下列的文獻，「齊大旱，逾時，景公召羣臣問曰「天不雨久矣，民且有饑色，吾使人卜云祟在高山廣水，寡人欲少賦斂以祠靈山，可乎」。……公曰「不然，吾欲祠河伯，可乎」」（晏子春秋內諫篇上）這說明了山可以乞雨，也是求雨的對象，而且在此文獻中是山河並舉，也正和甲骨文的材料所表現的一樣。那麼岳到底是什麼山呢，我們由上文知道，春秋末葉以前沒有五岳之說，（國語和左傳）裡雖然有四岳之名，但不是後人心目中的四岳，可知甲骨文中的岳不是五岳，也不是後人心目中的四岳。單一個岳字在古代是兩座山的專名，一是岍山，一是太岳，而太岳之叫做岳遠在岍山叫做岳之前。再從形勢上看，岍山既不高又遠在今甘陝之交，距殷的都城絕遠。而太岳的高度在兩千五百公尺以上，大河南北沒有更高過它的山，而且在殷人「景員維河」（商頌玄鳥語）的疆域之內，可知甲骨文中之岳就是太岳山」。（岳義稽古清華學報二卷一期六二——六七葉）

屈萬里　「卜辭：「叀𦍌先☒」？（甲編六八六）𦍌，疑是岳字之省，或筆畫未刻全。本編（甲編）二六二㐱岳字作𦉪，七七九㐱作𦉪，皆省減之例」。（甲編考釋一〇九葉）

屈萬里　「卜辭：「于岳宗酒，又雨」？卜辭有「河即宗」之語，知河有宗。此言岳宗，知岳亦有宗也。岳宗，蓋猶後世之山神廟矣」。（甲編考釋一二三葉）

李孝定

「說文『嶽，東岱、南霍、西華、北恆、中泰室，王者之所以巡狩所至。从山，獄聲。𡶳古文，象高形』。篆文為後起形聲字，古文則象形字也。契文諸體與許書古文略同，並象層巒疊嶂山外有山之形。孫氏釋岳本極允當，而諸家各逞臆說以相比傅，終至異說紛起莫可究詰。至屈氏之文出於岳之字形，辭例論列明白，了無可疑義。惟屈氏謂𦍌下兩斜畫乃象山上有樹則似有可商蓋樹之於山不過滄海一粟大字既非圖畫不宜拘此象之古文衍变一二點畫之增損不盡有義可尋也紛紜眾說皆可以無辨矣。卜辭河岳為實有之山川，在古人心目中名山大川各有神祇主之，此於各種宗教思想中不乏其例，殷人於以求年祈雨卜凶问吉固亦無足怪也。或者以殷之先公說之以求比傅於殷本紀，形疑音似，多見其紛紜自擾耳。至卜辭之岳是否太岳，雖無確據，然終無礙於此字之釋岳也。」（集釋二九四〇葉）

朱芳圃

「說文羊部：『羔，羊子也。从羊，照省聲。』余謂羔古讀複音 kau tau，故其所从得聲之字分為二系：一讀 kau，說文禾部：『䅵，禾皮也。从禾，羔聲。』是也。一讀 tau，說文穴部：『窯，燒瓦竈也。从穴，羔聲。』是也。羔有 tau 音，是即照省聲之確證矣。孳乳為䍦，說文羊部：『䍦，羊未卒歲也。从羊，兆聲。』轉魚為羜，羊部：『羜，五月生羔也。从羊，宁聲。』轉月為羍，羊部：『羍，小羊也。从羊，大聲。讀若達。羍、羍或省。』又按羔上所从之羊，或作𦍌𦍌諸形，其義未詳。」（殷周文字釋叢卷上十三葉）

聞一多

「古一字舊釋羔，或釋岳或釋𡵀。案審形，釋羔為是。說文羔從照省聲，照從昭聲，是羔古音當讀如昭。羔即昭明也。其字從火，與昭明之義合。書傳言昭明者，或為星名，史記封禪書『昭明星，大而白，無角，乍上乍下，所出國起兵多變。』索隱引春秋合誠圖『赤帝之精，象如太白，七芒。』

或為殷之先祖，荀子成相篇『契玄王，生昭明，居於砥石，遷於商。』史記殷本紀『契子昭明。』

或為古天子。史記封禪書『豐鎬有昭明天子辟池，』索隱引樂彥引河圖『熒惑星散為昭明。』（案昭明天子似即始皇本紀之鎬池君。羔鎬聲近，羔一曰昭明，蓋猶鎬池君一曰昭明天子邪？）

案卜辭祀羔十九用尞祭，用禘者纔一見。

丙尞羔矢[glyph]……（戩二一．八）

辛亥卜，又尞于羔。（戩九．七）

癸巳貞：既尞于河，于羔？（佚一四六）

癸酉卜貞：尞于羔三小宰？卯三宰？（前七·二六·一）

……羔，尞五宰，圈五牛（佚一四六）

尞于羔？（佚八五四；又八四一；前一·五一·一略同）

尞于羔從才雨。（後上二二·二）

庚午尞于羔，又從才雨？（後上二二·三）

丙辰卜㞢貞：帝于羔？（纂别二田中之二）

而尞祭例皆用于天帝及自然勢力之神，是卜辭之羔當係星名。羔昭一字，本訓光明，此星『大而白』，故曰羔，又曰昭明，傳說中殷人所祭之自然神多变為殷之先祖，故昭明又為契子。既為殷之先祖，其人之身分必為帝王，故昭明又為古天子。雖然河圖猶稱昭明為熒惑所化，可見既經人格化後，其自然勢力之本然身分，猶未可泯也。

或问羔從羊。何所取義？曰：字本不從羊，□當分為二，上从與凵同意，象火燄刻上之形，下屮即草。全字隸定之可作炎若㷡。燒草之光不能大，故昭之為明本訓小明，而假為星名，允為切合。□之結體既易誤認為羊，昭之音讀復與羔同，故字遂譌為羔，而義則訓為小羊也。」（釋羔見古史新義下五六三——五六四葉）

張秉权 「羔是第一期武丁時的貞人，在卜辭中，仅此一見，在骨臼上，則常有羔的签名，而且，羔也是一个地名：

貞：史人于羔

貞：勿史人于羔？（前一·五〇·六）

羽癸丑勿乎帚往于羔？（六束四八）

這个史官兼貞人的羔，可能是羔地的諸侯在王室服务者，同時，羔又是一个先公的名字（注二）。這，和唐的情形一樣，在同一时期的卜辞中，是地名，也是先王大乙的别名。」（殷虛文字丙編考释第一二七頁）

（注一）詳見拙著甲骨文字类比研究例集刊二十本下册。

彭裕商 「岳，卜辞作□，又作□（戩四七·一）□（前一·五〇·二）等形……此字我们认为当从孙诒让释岳，即说文嶽之古文。理由如下：

①从字形看，此字卜辞作□、□等形，说文嶽之古文作□，当即卜辞岳字之讹变，而与□形猶近。

②说文嶽下云：『□，古文，象高形。』知古人以高为岳之特征，山高而峻，不同于一般

小山，故尊之为嶽。说文所谓象高形之古文盖象山有重峦之形，而卜辞岳字也正象重峦高峻之形，其作𡶒者则重巒之象最为显著。高峻为岳，文献可徵：

大雅崧高：崧高为嶽，峻极于天。

周颂时迈：及河乔嶽。传：乔，高也。

文选思玄赋：二女感于崇岳。注：崇，高也。

故卜辞上所从之丫实象重峦之形而非羊字，其两旁当为无意义之羡划，古文字中并不是一点一划都有意义可寻的，故𡶒当为说文𡵧之所从出，也即今之岳字。

卜辞中又有𡶒字……上所从之丫非羊字，而当是丫形之省……骨臼记事刻辞中有卜官名岳，常为签署者，而此人之名也作𡶒𡶒两形……故岳、羔当为一字无疑。

卜辞中的岳究指何山，不能完全肯定……我们认为卜辞中的岳应当就是指嵩高山。」（卜辞中的土、河、岳，古文字研究论文集，四川大学学报丛刊第十辑一九七至一九八页）

姚孝遂　肖丁

「此『𡵧』字上从『羊』，与一般的形体有别。过去关于此字是从『丫』『丫（即羊）均有争论。据此则字或从羊，或从羊似无区分。」（小屯南地甲骨考释一一页）

姚孝遂　肖丁

「过去著录之甲骨刻辞，未见有以『伐』祭于夒、河、羔之例。此处之『又伐羔』及上文2906之『叀羔方』可证羔亦可用伐祭。」（小屯南地甲骨考释一二页）

姚孝遂　肖丁

「卜辞的先祖『𡵧』，诸家考释一直分歧很大。最早是孙诒让释为『岳』以为即说文『嶽』之古文。郭沫若先生亦以为字乃从『山』但以为『華』之异文。罗振玉则以为字从『火』释『羔』。

『𡵧』字究竟是从『山』或是从『火』，是历来争论的焦点。陈梦家先生以为卜辞的『山』与『火』不容易分别。大致说来，山应该是平底的，如笔架形，而一定不能有火焰之点；火应该是圜底的，如元宝形，应该有火焰之点。』『我们只能把一切无火焰之点的认作山字，而不以为火字』。

这一意见大体是正确的，但容易造成误解。

卜辞『火』字有时带『火焰之点』，而大多数的『火』字并不带有火焰之点；尤其早期是如此。陈先生的说法很容易使人误解为任何不带『火焰之点』的都只能是『山』字。实际上陈先生把下9.1的『有新大星並火』，也是释『火』，字作『凶』，也不带『火焰之点』。

可以肯定的是：『𡵧』字下部所从，有很多是作『凶』形，明显是『山』，而从来没有带火焰之点之形作「□」者。因此，「□」字是从「山」，而不是从「火」。至于或以「□」为「昌若」或以为「冥」或以为「嚳」，都缺乏必要的佐证。」（小屯南地甲骨考释二〇——二一頁）

柯昌濟　「至於閼伯之名，不見於卜辭，疑即卜辭之羔。羔与沈皆为受特祭之神，故疑羔即閼伯。」（殷墟卜辭综类例证考释，古文字研究一四二頁）

施謝捷　「甲骨文有辞称：

勿舞□（佚八三）

辞中末一字，商錫永先生殷契佚存考释未释，甲骨文编以为不识字入于附录。我们认为此字即甲骨文中习见的□字异构，上从𠆢或即□形之误刻，字或作□、□、□等形，旧释为「羔」字，当可从。现多释此字为「岳」，于字形结构不符，应误。甲骨文中有一字作□形，当即羊字之全体象形，可作释「羔」之证。

又甲骨文中习见「舞羔」、「勿舞羔」之辞例，与前引之辞完全相同。舞，祭名。羔，或为殷之先祖或殷人崇尚的神人帝嚳。」（甲骨文考释十篇，考古与文物一九八九年六期七〇页）

陈炜湛说参□字条下。

按：□字諸説紛歧，莫衷一是。李孝定集釋從屈萬里之說，以為「至屈氏之文出，於岳之字形辭例，論列明白，了無疑義。紛紜衆說，皆可以無辨矣」。釋「岳」是對的。但屈氏以為岳「是有石頭的東西」，實屬誤讀卜辭所致。

「丁亥卜：……岳石有从雨？」
「……貞：……□石有从雨？戊戌雨。」　前四·五三·四
「……寅卜爭：……取岳石」　鐵一四一·一

石均為祏之假借；「取」為「棷」之假借。參見石字條下。

岳與河嚳均為商之先祖，皆有其「宗」。與「河」並列之商代先祖甚衆。與河並列，亦不能成為釋「岳」之必然依據。屈氏之結論「岳為太岳山」，尤為武斷，不可信。

「岳」究屬傳說中商先祖之何人，尚有待於進一步之追索。

陳夢家以為「河」與「岳」是商代由自然崇拜嚮祖宗崇拜之進一步發展，「河」、「岳」由自然神而為祖宗神，其認識是正確的。

焚 □ □ □

王襄 「古焚字。說文樊字訓燒田，从火棥，棥亦聲。段茂堂先生改本作焚，从火从林，與殷契焚字同。或从艸作。」（類纂正編第十第四十六葉下）

王襄 「疑焚字。」（類纂存疑第十第五十葉上）

羅振玉 「說文解字：『樊，燒田也。从火棥，棥亦聲。』段先生改篆文樊為焚，改注『从棥，棥亦聲』為『从火林』，謂『玉篇廣韻有焚無樊。焚，符分切。至集韻類篇乃合焚樊為一字。而集韻廿二元固單出樊字，符袁切。竊謂棥聲在十四部，焚聲在十三部。份，古文作彬，解曰焚省聲。是許書當有焚字。況經傳焚字不可枚舉，而未見有樊。知火部之樊，即焚之譌。元應書引說文「焚，燒田也，字从火，燒林意也。」凡四見。然則唐初本有焚無樊，不獨篇韻可證也。』云云。今證之卜辭，亦从林不从棥，可為段說左證。或又从草，於燒田之誼更明。」（殷釋中五十葉下）

郭沫若 「□蓋焚之繁，爕字从此作。」（粹一二四八片考釋）

魯實先 「焚於卜辭作□□，說者俱無異詮。其作□者，或疑為爕，孫海波文編附錄六二。或疑為棋，李亞農殷契摭佚續編六六。其作□□者，或釋為苣，見金祥恆續甲骨文編第一第一三葉。說並非是。以愚考之，皆焚之異體。其作□者，乃从焚尹聲。其作□者，蓋从尹之繁文或為从君之省體。其作□者，所从之□乃串之繁文。說文無串字，即患所从之串，為毌之或體，亦即貫之初文。串貫與昆古同聲通用，是則□之从串與从昆相同，猶琨之作瑻也。尹君昆焚於古音同為盈攝，串貫於古音同為安攝，與盈攝旁轉相通，故以尹君或串為焚之聲符。夫焚為會意，□□與□□並為形聲。案說文云『焚，燒田也』。所謂燒田者，謂燒其叢林艸萊以事田獵也。凡卜辭之焚並同此義，蓋以上世榛莽叢生，禽獸繁衍，故卜辭屢見焚田之文。管子國准篇云『夏后之王燒增藪，焚沛澤，禽獸衆也』。周禮夏官大司馬云『中春蒐田火弊』。牧師云『凡田事贊焚萊』。是焚田之事肇於先世，而承襲于姬周，下迨春秋，則魯桓公焚於咸丘，魏獻子焚於大陸，並見史傳，是徵雖踵舊制，已非恒典。蓋以山林多闢為田疇都邑，禽獸非如昔日之孳生，制因時異，此禮記王制所以有昆蟲未蟄不以火田之說也。秦漢以來則焚田之事截然未見矣。」（新詮之三第十二——

十六葉）

吴其昌　「焚者，羅振玉曰：『説文解字：「燓，燒田也。从火楙，楙亦聲」。段先生改篆文「燓」爲「焚」，改注「从楙，楙亦聲」爲「从火林」。謂『玉篇、廣韻有「焚」無「燓」。……玉集韵類篇、乃合「焚」「燓」爲一字。……竊謂楙聲在十四部，「焚聲在十三部。份，古文作彬，解曰，焚省聲」，是許書當有焚字。况經傳焚字不可枚舉，而未見有燓；知……「燓」即「焚」之譌。玄應書引説文「焚，燒田也……」凡四見，然則唐初本有「焚」無「燓」，可證也』。云云，今證之卜辭，亦从「林」不从「燓」，可爲段説左證。或又从「艸」，不獨徧，均，可明』。（考釋二五〇）其昌按：羅以卜辭佐成段玉裁之特識，甚是。然説文『燒田也』之訓，意不爲野燒于田中，若後世所謂「火耕水耨」者之比，「田」乃「畋獵」之本字，「燒田」之義，蓋謂烈山澤而焚之，以駭百獸，乃從而驅獲之也。或从「艸」者，長林豐草，同叢茂于深山大澤，故遂等視之而不別，匪可據爲燒于田中之證也」。（殷虛書契解詁第三五〇——三五一葉）

孫海波　「[古文字]疑是爕字」。（文編舊版附錄六十二葉）

孙海波　「[古文字]，鐵八七·一。卜辞焚不从楙，象以火烧林[古文字]，后二·四·五。或从木。[古文字]，摭续一二一。或从収，象两手举火焚林之形。王其焚淺，亡灾。王于東立逐𢦏。[古文字]，记五五〇〇。或从艸。[古文字]，明藏七〇一。或从中。」（甲骨文编四一二——四一三頁）

陳夢家　「焚，即火田，爾雅釋天『火田曰狩』，春秋桓七杜注云『焚，火田也』。胡厚宣殷代焚田説始發其義（參歷史研究一九五五、一、九八——九九）」。（綜述五五四葉）

屈萬里　「[古文字]，箄釋（一二四八）謂是焚字之繁體。是也。𪉊，疑是山名。𪉊，殆假爲麓。……焚山麓，爲田獵也。詩鄭風大叔于田言：『火烈具舉』；孟子滕文公言：『益烈山澤而焚之，禽獸逃匿』。皆其證也」。（甲釋五九八片釋文）

李孝定　「説文『焚燒田也从火楙，楙亦聲』。契文从火林，或从火艸，乃會意非形聲。段氏注據說文桝古文從說解及後世字書不引改樊篆作焚極具卓見。契文異體作𦸗𦸗若𦸗，仍祇是形體之繁衍，蓋下象一手或二手秉苣之形。許書苣訓束葦燒，𦸗正象束葦之屬，丨則其省體耳。魯氏謂是从尹君若聿毌之異體讀與昆同為聲符，似有未安也，知𦸗若𦸗為焚之異體者。甲編五九八辭云「口寅卜王叀辛𦸗彔亡戈衍王」屈氏釋為焚𦸗麓以事田狩，是也。金祥恆氏續文編收作𦸗𦸗諸形者作苣，蓋未察其辭例，且其字形於苣亦相遠也。卜辭言焚皆田獵之事，魯氏不說甚是。胡厚宣氏商史論叢亦有此說辭云「其焚禽癸卯允焚獲兕十一豕十五兔廿」乙二五〇七可證。它辭焚字亦有但當訓燒者，辭云「囗征我奠甸戈四囗邑亦焚亩三」佚九八三此蓋紀某方入侵於我四邑外復焚其倉廩三處也」。（集釋三一七四葉）

饒宗頤

「按管子揆度篇：『燒山林，破增藪，焚沛澤，逐禽獸，實以益人。』孟子：『益烈山澤而焚之。』周禮大司馬：『春蒐火弊、獻禽以祭社。』禮記郊特牲：『季春出火，為焚也。』焚即焚田。爾雅釋天：『火田為狩。』郭注：『放火燒草獵亦以為狩。』」（通考二六一葉）

白玉峥

「峥按：释焚，是也。除罗氏所举二形见於第一期外，或有从木作𣎴（后下四·五版）者，亦见於第一期。或有从一丫一（南明七〇一版）者，见於第四期。或有作𦸗（综图二一·二）者，见於第五期。又其下所从之火，虽见於同期，其构形亦有作山，作山之差异；而至第五期时则简作山，而为今楷火之所本矣。」（契文举例校读二十 中国文字第五十二册五九六〇页）

陈世辉 湯余惠

「丙编二八四：翼戊午𦸗，学？

𦸗，焚字的異体。古文字从艸与从林往往无别。学，同擒。焚学，古时狩猎方法之一种，应即礼记王制『昆虫未蛰，不以火田』之火田。左传定公元年：『魏献子属役于韩简子，及原寿过而田于大陆，焚焉。』大概是一种纵火烧林，乘禽兽惊恐逃窜之机，布设网罗擒兽的方法。」（古文字学概要一七九页）

姚孝遂說參𦸗字条下。

按：唯𦸗、𦸗、𦸗乃焚字，其余諸形皆非是。其作𦸗、𦸗、𦸗者，乃「爇」字。魯實先以為焚之異體，从焚尹聲，其作𦸗者「蓋从尹之繁文，或為从君之省」。[字形]或[字形]乃完整之形體，不得加以割裂。且尹作[字形]，手在下則成[字形]，乃文字，與尹無涉。文字考釋，必先定其形。古文字形體近似者多有，支離其形體，然後以意傅會之，此乃考釋文字之大忌，須嚴格以求。

「焚」與「爇」義俱相近，卜辭記狩獵燒山林以驅野獸，或稱「焚」，或稱「爇」。但「爇」可用為祭名，而「焚」則不得用作祭名。「爇」省屮或林則為[字形]，是即「埶」字，與「焚」相去甚遠，其形音義均有別。

孫海波釋[字形]為爨，李亞農則釋樵，然後上一四·一一拓本漫漶不清，字實不从林，綜類四七三摹作[字形]較為近是。孫海波增訂版已刪去舊說，蓋已知其誤釋。契文索字作[字形]，或增又作[字形]、[字形]，或[字形]、[字形]，其从火作[字形]及[字形]者，亦當為索字之異體。佚八〇[字形]所从之小點實亦象火形。魯實先以為从焚貫聲，乃焚之形聲字，其說非是。「焚」與「爇」就田獵之方式而言，「焚」為燃燒山林以驅野獸；「爇」則為獵者執火炬以驅野獸。

張秉权「𤆍京，地名，或單稱𤆍，例如：

貞：乎奴在𤆍

貞：乎奴在𤆍人？（續五·二四·一；遺人名七六）𤆍亦作朱（注一），如本版第（六）辭即作朱京，朱在東南田猎区内，与攸之鄙永相近：

辛丑王卜，在瀠餗貞：今日步于𤆍亡𡿧？（前二·一七·三）

壬寅王卜，在𤆍貞：今日步于永亡𡿧？（金五四四十前二·一七·三）（注二）

朱亦与良相近，如卜辭云：

丙辰（卜），〔行〕貞：王其步〔自〕□于良亡𡿧？

丁巳卜，行貞：王其田亡𡿧？在良。

□□（卜），行〔貞〕：〔王〕其步〔自〕良于朱？（前二·二一·三；通七〇八）

郭氏通纂考释曰：

左傳昭十六年『晉侯会吳子于良』或即此良地，汉為良成，属東海郡，在今江苏徐海道，邳县北六十里。（P、一五一）

春秋有邾國，古今人表下中，路史后記八，國名紀三並作朱。顧表以為是顓頊苗裔，在今山東邹县境。但史記陳杞世家正义，項羽本紀正义引括地志，太平寰宇記，元和郡县志，路史國名紀等均認為邾在今湖北黄崗县境，不過史記正义以為邾从黄州一徙於蕲（徐州），再遷於滕縣，又遷於邹。路史則以為遷於今山东济宁县。而郦道元，王隐，刘昭等則以為楚宣王灭邾而遷其君於湖北黄岡（註二）。从這些旧說来看，邾在历史上的活动范围，从湖北的黄岡一直到山東的邹县或济宁，都可能有她的踪跡，而攸鄙的永（在今安徽永城，一說桐城）和良（在今江苏邳县）都在這一条路線之上，所以卜辞之朱或类，很可能是春秋之邾所从来，而卜辞时代（即殷代）的朱（或类）相当於后世的什么地方？如果要求其能与卜辞中的材料相合，而又不背於旧說的，似乎以正义所說的蕲县為最合適，張守節說：『蕲，徐州县也』。元和郡县志徐州蕲县，而在宿州下說：

宿州，本徐州苻离县也，元和四年……又以蕲县北属徐州，疆界阔远，有詔割苻離，蕲县及泗州之虹县置宿州，取古宿國為名也。

又太平寰宇記河南道，宿州有蕲县，並謂：

蕲县本汉旧县，属沛郡，后汉属沛國，有大泽鄉，陳涉起兵於此，宋於此置譙郡，齐以為北譙郡，后魏改蕲县為蘄城县，隋开皇三年 城属仁州，即今宿州蕲县是也，大业二年属徐州，八年属譙，唐貞觀十七年复还徐州，元和中，又於埇桥置立宿州，缘此邑北去徐州稍远，因隶宿州，州废复属徐州，至太和又立宿州，因又来属。

宿州蕲县故治在今安徽宿县，正在永城与邳县之间，与卜辞相合，至於說：『邾侠居邾，至隱公徙蕲』。在時代上恐怕未必正確」。（殷虚文字丙編考释第二三八頁——二三九頁）

（註一）朱，从陳邦怀释。陳邦福謂朱為株之省，即詩株林：『胡為乎株林』之株林，毛傳：『株林，夏氏邑也』。后汉郡國志陳县注下云：『陳有株邑，盖株褁之地』。（見殷契説存P.七）。商承祚释為主（見类編五）。

（註二）此係由董彥堂师所合，見殷曆譜下編卷九日譜三P.五七。

（註三）参閲陳槃庵先生春秋大事表列國爵姓存滅表譔異（中）集刊二十七本pp.三四一——三四二。

按：張秉權隸此作「类」，以為即古「邾國」，不可據。卜辭每稱「□京」，或單稱「□」，均為地名。

1226

按：此為卜辭奠祭祈雨之對象，可能為山名。

1225 兮山

按：此當為「兮山」之合文，在卜辭為地名。

1226 赤

羅振玉　「从大火，與許書同」。（殷釋中二十五葉上）

王襄　「古赤字。許說南方色也，从大从火。曶鼎赤亦作□相同」。（類纂正編第十第四十七葉上）

孫海波　「說文：『赤，南方色也，从大从火。』卜辞屢見赤字作□，从大从火，与說文同。然亦有从天作者，庐江刘晦之藏契有一版文云：『其用□牛』（見余与商锡永先生合编之续殷契佚存）字正从天从火，以文义揆之，确是赤字无疑。盖古文天大同用，史记大戊卜辞作天戊，大邑商卜辞作天邑商，湯名天乙，卜辞作大乙，此皆天大互用之証。说文训『天大地大人亦大，』故天大同取象于人之形，乃可通用，是知赤字亦可从天作□也。」（卜辞文字小记续，考古学社社刊第五期四十七頁）

李孝定　「說文『赤南方色也从大从火□古文从炎土』契文亦从大从火，古文作□者，蓋形之譌。契文有作□者，增之二點則作□，其上似篆文之炎，下从□與古文土作□者形近，或則為後起會意字，从炎从土不可確知矣。金文邾公華鐘作□已似从炎，它器則與契文小篆並同，又□舀鼎□趩尊□麥鼎□頌鼎□頌簋□麥尊□師兌簋是。卜辭赤為顏色之名，辭云『癸丑卜眖貞左赤馬其利不口』藏十二．二『乙未卜眖貞自賡入赤馬其利不束吉』後下十八．八，均言牲色，是也」。（集釋三一九七葉）

王輝　參焱字條

1227

按：从大火與赤色之義無涉，純屬音假。「朱」、「戠」、「熾」皆有赤色之義，亦屬音假。段玉裁謂「火者南方之行，故赤為南方之色。从大者，言大明也」，曲為之解，不可據。說文赤之古文作「烾」，从炎土，乃形之譌。苗夔說文聲訂以為从土聲，亦屬牽強。

1228

1227 □

按：合集二八一八九辭云：「辛亥卜，□王受又」疑是「灸」之異構。

1228 烄 □ □

羅振玉　「說文解字：『烄，交木然也。』玉篇：『交木然之，以尞柴天也。』此字从交下火，當即許書之烄字。」（殷釋中五十葉下）

王襄　「古烄字。」（類纂正編第十第四十六葉下）

王襄　「烄，疑郊天之本字，从火，與尞之从火同誼。說文解字：『烄，交木然也。』段注引玉篇曰：『交木然之，以尞柴天也。』之說可證，後世因祭于郊，段用郊而烄廢。」（簠考天象六葉下）

王襄　「古炆字。」（類纂存疑第十第四十九葉下）

葉玉森　「按尸子曰『湯之救旱也，素車白馬布衣，身嬰白茅，以身為牲』，是殷初祈雨以人犧之證。後世乏而加厲，乃投罪人于火，示驅魃意。本辭云『烄奴之从』，□象投交脛人于火上，⺌象火燄。（揅契枝譚）」（前釋五卷三十五葉下）

又曰：「□按象一交脛人索繫其頸，投之火上形，疑□（烄）之繁文。」（前釋六卷二十四葉上）

郭沫若　「烄殆假為郊祀之郊」。（粹考四葉下）

又曰：「以上六片均有烄字，與烄自是一字。說文云：『烄，交木然也』。玉篇以為『交木然之以尞柴天也』。余意以為當即郊祀之郊之本字，但在卜辭乃是求雨之祭」。（同上九一葉上）

陳夢家　「烄作□或□，象人立于火上之形，□與雨顯然有直接的関係，所以卜辭之□所以求雨，是沒有问題的。由於它是以人立于火上以求雨，與文獻所記暴巫、焚巫之事相同」。（綜述六〇二葉）

李孝定　「說文『烄交木然也从火交聲』交下云『交脛也从大象交形』大下云『籀文大改古文亦象人形』是交象交脛人之形也，字从火从交會意。葉說是也。卜辭烄多與雨並見，當為祈雨之祭。葉謂以人為牲說當可从。辭云『貞烄有从雨　貞勿烄亡其从雨』前五、三三、二。『口財□有从雨』前五、三三、三。『口申卜殻貞□亡其雨』前六、二十、二。『乙卯卜今日烄从雨』戩四七、三、是也。前六、二一、五、有□字，隸定之當作□，葉氏謂是烄之繁文可从」。（集釋三一五八葉）

饒宗頤　「烄即求雨燒柴禱于天也。說文『烄，交木然（燃）也』。玉篇『烄，交木然以燎柴天』。管子幼官篇言『燒交疆郊』。交借為烄」。（通考八〇葉）

张秉权　「至于甲骨文中的烄字，作□、□等形，正象一个人交股被火焚烧的形状。说文：『烄，交木然也』。玉篇：『交木然之，以燎柴天也』。说文与玉篇等的说法，也许是较晚的习俗。在甲骨文时代，烄是专门用来求雨的一种风俗。这种风俗，在春秋时代，似乎还未绝跡。譬如：春秋僖公二十一年左氏传：『夏大旱，公欲焚巫尪』，便是焚人求雨的例子」。（殷代的农业与气象，历史语言研究所集刊第四十二本第二分三一七页）

王辉　「卜辞又有□字，孙海波甲骨文编隶定作烄。我们以为□是□的讹变。（人三〇八一：『甲辰□□□□』，□□同版对贞，足见为一字。又前六·二一·五有□字，虽为残辞，然从字形分析，□殆交胫人，象索係其颈，投之火上之形，其义与□通；□当是□之繁变。礼记王制：『东方曰夷，被发文身，有不火食者矣。』『方圃曰：『文即文身之文，象人立正之形，胸前之ㄧ×·ㄩㄖㄩ即刻画之纹饰也。』（殷周文字释丛六七至六八页），文既为人之象形字，□乃文之繁文（一疑烄之本义与烄通。又甲文赤字作□，从大从火。古人以大人形为大，以□为子，□头部特大，仅露双手，象婴儿在襁褓之中，故赤之本义亦为焚人而祭）我们以为上古烄、炆、赤本为一字，后来烄赤保存下来，但意义有了分化，赤逐渐用为赤橙黄绿之赤，丧失了原来焚人以祭的意义，炆不见于说文，成为孔字，这是古文字分化孳乳的一个例子。」（殷人火祭说，古文字研究论文集，四川大学学报丛刊第十辑二六七页）

裘锡圭 「我们認為此字所从的[illegible]並非『交』字，而是『黄』字的異体。乙三三四九（丙一五七）：

鼎（貞）：丙戌[illegible]妌，出（有）从雨。

[illegible]字所从的[illegible]写作[illegible]，与某些『黄』字的写法几乎毫无区别。一期卜辞曾提到一种叫『黄尹丁人』的人：

鼎（貞）：于乙亥入陟（『黄尹』合文）丁人。

此处『丁』字可能应释作『方』或『祊』，写作『丁』是权宜的办法。有的卜辞在提到这种人的时候，把『黄』字写作[illegible]：

丙戌卜争鼎（貞）：取[illegible]（黄尹）丁人嬉。 绝一·二一·一二（合集三〇九七）

丙午卜争鼎（貞）：[illegible]（黄尹）丁人嬉不丼，才（在）丁家，出（有）子。 遮三八七（合集三〇九六）

⊠入[illegible]（黄尹）丁人。 合集三〇九八

這是[illegible]为『黄』字异体的确証。可見上引乙三四四九片把[illegible]字所从的[illegible]写作[illegible]，决不是偶然的。以上几条提到『黄尹丁人』的卜辞，甲骨文合集把它们都附在关於『子效』的卜辞之后，大概是把『黄尹』合文看作『效』字了。合集三〇九九的[illegible]显然是『黄』字而不是『交』字，各辞中『尹』字所从的『又』都加於竖划的上端，也与『[illegible]』旁显然有别，可見它们与『效』字毫无关系。

……五期卜辞地名[illegible]、[illegible]（前二·三二·三，二·三二·四）与同期地名『潢』（文编四三七頁），似乎也是一个字。這些都是[illegible]为『黄』字异体的旁証。甲骨文里过去被認为作『交』的字（文编四二三頁），可能多数是『黄』字。被释作『校』的[illegible]（文编三五六頁）、释作『醫』的[illegible]（文编五〇〇頁），也都可能是从『黄』的。

甲骨文『黄』字有作[illegible]的（文编五二三頁），可知『黄』字字形的演变过程当为：

[illegible]—[illegible]—[illegible]—[illegible]

郭老曾認為，『黃』字像佩玉。既知『黃』本作▢，這个說法当然就不能成立了。唐兰先生認為『黃字古文，像人仰面向天（引者按：指『黃』字繁体黃上部的日而言），腹部膨大，是《禮記·檀弓下》，吾欲暴尪而奚若的尪字的本字（《毛公鼎朱敦苗衡玉環玉瑹新解》，《光明日報》一九六一年五月九日）。這是很精辟的見解。『黃』、『尪』音近。《呂氏春秋·明理》高誘注：『尪，短仰者也。』同书《盡數》注：『尪，突胸卬（仰）伺疾也。』尪人突胸凸肚，身子显得特別粗短，▢字表示的正是這种残废人的形像。《前六·二一·五》有▢字，当是『黃』的異体。▢当是『尪』的像形字的另一种写法，特別強調尪者『突胸』的特徵。胸前的8像捆縛他的绳索，跟甲骨文里有些『羌』字上所加的绳索形同意。『▢』或作▢，文是由▢簡化而成的。

『▢』字像『尪』在『火』上，应該是专用于『焚巫尪』的『焚』字異体，就像『▢』是專用于『▢』（登）豋』的『▢』字異体，『宰』是專用于『小宰』的『宰』字異体一样。卜辭『▢』字有作▢（《安明》一八三〇）、▢（《安明》一八三一，《文編》四一一頁）等形的。所从的▢就是『焚』的省写。《南明》七〇一（《明后》二六〇六）著录的一片卜骨有下列各辭：

丙申卜：来丁□又（有）「雨」。

辛亥卜：▢。

庚戌卜：▢。

庚戌卜：□壬子□。

壬子卜：▢。

从文例看，壬子一辭的▢与庚戌、辛亥二辭的▢应該是一个字。甲骨文从『木』从『屮』相通，《文編》释▢為『焚』（四一三頁），可以。由此可証『▢』字确应讀為『焚』。一部分『▢』字所从文，虽然可以看作▢的簡化，但与『文』字实已混而无别。……『文』、『焚』都是文部合口字，『▢』写作▢，很可能有兼取『文』字之声的意思。

卜辭里又有像『羌』在『火』上的一个字：

辛亥卜鼎（貞）：其兄一羌，王受又（祐）。

乙卯卜狄鼎：▢（獻）羌，其用匕（妣）辛▢（？）

鼎：叀（用法与『唯』相近）▢。《甲》二〇八〇

此字构造与『▢』相类，应為專用于『焚羌』的『焚』字異体。

……『▢』字起初代表『焚尪』二詞，后来才成為專用来指焚巫尪的『焚』字异体。卜辭里有些没有带直接宾語的『▢』字，很可能在当时仍可念做『焚黃（尪）』，所以就没有必要再在后面加上『黃』（尪）字了。至于像焚尪的『▢』字所以也可以用来指焚巫，這就跟像埋牛的『▢』字也可以用来指埋羊，像埋犬的『▢』字也可以用来指埋豕一样，是由于焚巫、焚

尪這兩件事性質相近的緣故。

卜辭或言『求𡧊（黃）』、『以𡧊（黃）』：

乙卯鼎（貞）：叀（用法与『唯』相近）奚令布（求）黃（尪）。

乙丑鼎☐布黃。（戩四九·三（續五·二七·七））

「庚」午鼎：令步𠂤𠂤布黃，㝵（得）。

庚午鼎：令盂𠂤才宅布黃，㝵。

甲戌鼎：令鸡（？）布黃，㝵。

乙子（巳）卜：黃不其以。（鐵二七二·一（前六·二一·四，續六·一一·二））

☐王貯以黃。一月。（鐵一八七·三（南坊三·九一））

☐王貯☐以黃。（京二四二一（外九六））（甲八〇六）

這些卜辭所說的『黃』（尪），大概就是準备用作求雨的牺牲的。」（說卜辭的焚巫尪与作土龙，甲骨文与殷商史二三頁至三二頁）

單周尧

「卜辭中有关烄祭求雨之記載甚夥，烄字字形如下：

烄 拾八·二　烄 烄 前五·三三·二　烄 前六·二七·一　烄 后二·一五·二　烄 戩四七·三

烄 甲四二四　烄 甲八九五　烄 甲三五八九　烄 粹六五三　烄 粹六五四　烄 粹六五五

烄 佚一·二一六　烄 佚九三二　烄 佚九三六　烄 鄴三下四五·一三　烄 鄴三下四八·三

烄 京津四三二　烄 京津三八七〇

罗振玉曰：說文解字：「烄，交木然也。」玉篇：「交木然之以尞天也。」此字从交下火，当即许书之烄字。

王襄曰：「烄疑郊天之本字，从火，与尞之从火同誼。……后世因祭于郊，段用郊而烄废。」

郭沫若說略同。叶玉森曰：「尸子曰：『汤之救旱也，素车白马布衣，身婴白茅，以身为牲。』是殷初祈雨，以人代牲之证。后世或变而加厉，乃投罪人于火，亦驱魃意，如卜辞云：貞烄奻之从雨』。（前編卷五第三三頁）奻，罪人也。烄象投交胫人于火上，八象火焰，即许书之烄奻，当即投火之罪人。」

陈梦家说烄象人立于火上之形，又谓說文「烄」字因此是否一字，尚不可必。裘锡圭先生在說卜辞的焚巫尪与作土龙一文中，则认为此字所从的交并非「交」字，而是「黄」字的异体，所以理由是亿三四四九（丙一五七）云：「鼎（貞）：丙戌烄妌，出（有）从雨。」字作烄，所从之□，与某些「黄」字的写法几乎毫无区别。此外，「黄尹丁人」中「黄尹」合文有写作□（合集三〇九七）、□（合集三〇九六）、□（合集三〇九八）的，他认为这是□为「黄」字异体的确证，并推论「黄」字字形的演变过程当为：

□—□—□—□
　　＼□

裘氏认为「黄」字的本字，当如唐兰所说「像人仰面向天，腹部膨大」，是礼记檀弓下「吾欲暴尪而奚若」的「尪」字的本字，并引吕氏春秋明理高诱注「尪，短仰者也」及同书尽数注「尪，突胸印（仰）向疾也」，说尪人突胸凸肚，身子显得特别粗短，□字表示的正是这种残废人的形象。裘氏又说：前六、二一、五有□字，当是「黄」的异体。□当是「尪」的象形字的另一种写法，特别强调尪者「突胸」的特征。胸前的□像捆缚他的绳索……「黄」或作□，□是由□简化而成的。

裘氏认为「黄」字像「尪」在「火」上，应该是专用于「焚巫尪」的「焚」字异体。案：有关「焚巫尪」的记载，见于左传僖公二十一年：「夏，大旱。公欲焚巫尪。臧文仲曰：『非旱备也。脩城郭、贬食、省用、务穑、劝分，此其务也。巫尪何为？天欲杀之，则如勿生；若能为旱，焚之滋甚。』公从之。是岁也，饥而不害。」杜注解释「巫尪」说：巫尪，女巫也，主祈祷请雨者。或以为尪非巫也，瘠病之人，其面上向，俗谓天哀其病，恐雨入其鼻，故为之旱，是以公欲焚之。

礼记檀弓下：「岁旱，穆公召县子而问然，曰：『天久不雨，吾欲暴尪而奚若？』曰：『天久不雨，而暴人之疾子，虐，毋乃不可与！』『然则吾欲暴巫而奚若？』曰：『天则不雨，而望之愚妇人，于以求之，毋乃已疏乎！』」

由于礼记既言暴尪，又言暴巫，可见巫尪非一物，因此左传僖公二十一年孔疏肯定了杜注的后一说。又春秋繁露求雨云：「春旱求雨……暴巫聚尪」，也是巫、尪分言。

尪是什么呢？主要有两说：

(一)荀子正论篇：「今世俗之为说者，以桀纣为有天下而臣汤武，岂不过甚矣哉！譬之是犹伛巫跛匡大自以为有知也。」杨注：「匡，读为尪，废疾之人。」说文：「尣，𡯁，曲胫也。从大，象偏曲之形。……𡯂，古文从㞷。」尪乃古文𡯂之省。高本汉（Bernhard Karlgren）认为「尪」是指一个不良于行的瘸子。

(三)郑玄注礼记檀弓「吾欲暴尪」句说：「尪者，面乡天。」高诱注吕氏春秋尽数篇「多尪与伛人」说：「尪，突胸仰向疾也」，又注明数篇「盲秃伛尪」说：「尪，短仰者。」玄应一切经音义卷四引通俗文："短小曰尪也。"都认为尪的特点是突胸仰向，身子短小。杜预说或以为尪是"瘠病之人，其面向上"，所根据的大底是檀弓"而暴人之疾子"和郑注"尪者，面向天"。"尪"本曲胫之称，为什么会有突胸仰向之义呢？段玉裁认为是引申得来的，他说："尢本曲胫之称，引申之为曲脊之偁。"此外，说文云："亞，醜也，象人局背之形。"王筠说文释例："非惟驼背，抑且鸡胸。"饶炯说文解字部首汀："龟背鸡胸之人，无不仰面蹙项醜恶毕出者。"近人据甲文、金文"亞"字字形，不依许说，另出新解，或为"亞"为宫室之象形，惟高田忠周古籀篇曰"室亞之亞，与醜亞之亞，元自别字，而两字形音相近，故古来通用为恒例。"这不是没有可能的。"亞"字影纽魚部，"尪"字影纽阳部，二字影纽双声，魚阳对转，因此，"尪"也可能有驼背鸡胸的意思，郑玄和高诱之说，可能是有所根据的。

既使我们肯定"尪"可能有突胸仰向之义，但"黄"是不是"尪"的本字呢？□、□又是不是焚尪之象呢？我认为都还有待研究。兹列甲骨文"黄"字字形如下：

□ 甲一六四七黄吕　□ 乙四五三四黄奭　□ 乙四五四九黄帝　□ 乙四六二九及黄父

□ 铁一〇·三　□ 前一·五一·六　□ 前一·五二·二黄尹　□ 粹五四七叀黄犬王受祐

□ 前七·三二·三　□ 林一·五·一三　□ 林一·九·五　□ 林二·二五·一六　□ 京津六三〇

□ 京津六三七　□ 珠四　□ 明藏五七　□ 掇二·六〇　□ 粹一九八　□ 甲三三五五贞人名

□ 戬九·九黄尹见合文12

甲骨文"黄"字多无突胸之象，身子也多非短小，只有一部分字能够说成是像大腹之形（要加上想象力，但京津六三〇、粹一九八之字则加上想象力也不像），因此"黄"是不是"尪"的本字，不能使人无疑。再看□字字形，也只能说成像大腹，而不能说成像突胸。又"寅"字甲骨文有作□、□者，似乎没有人说它们和突胸的"尪"有关连，兹附"寅"字甲骨文字形如下：

□ 菁五·一　□ 后一·三一·一〇　□ 拾一三·一七　□ 戬三六·一五　□ 佚一五九　□ 燕一三五

□ 燕四七八倒刻　□ 鄴二下三六·二　□ 铁一二七·二　□ 乙六三〇〇　□ 粹一六五

□ 粹一八五　□ 珠八　□ 甲七〇九　□ 甲二三二八　□ 甲二四六四　□ 甲二四六七　□ 戬四九·三

□ 林一·一·二　□ 林一·一六·八　□ 存二七一四　□ 乙二一　□ 林一·一五·三　□ 林一·一五·六

甲二三九四　前三、九、一　燕二四　前一、一六、三　前二、八、二　前二、一一、二

前三、四、一　林一、二、一七　前三、四、一　前三、五、二　前三、五、三

至于说文中的烄和「尪」有关，证据便更少了。试看下列甲骨文和金文：

前五、二四、二像人举首凝思之形贞人名　前六、二一、二　后二、一三、二　后二、二五、五

戬二七、一　戬二七、二　戬三三、四　戬三三、五　戬四五、八　续初下三九、三

续初下三九、四　京津三四五三　河八〇　宁沪三、二一三　　续一五〇七　明藏三四〇

明藏三五六　粹一三七六　京都二五四〇　前七、一九、一或从彳

逘说文所无　康侯簋　　濬伯逘尊　　逘盘　　逘盉　　　逘鼎

鼎文　盘文　斝文　尊文　觚文　簋文　斝文

鼎文　进角　爵文　作父乙爵　斝　卣　其侯父乙簋

其侯父乙簋　其侯父戊簋　其烄父乙簋　母辛卣　子觚　亚盉

烄、烄、烄混用不别。

而且，古籍中颇有记载焚人祭天求雨之事，例如文选思玄赋李善注引淮南子：「汤时，大旱七年，卜用人祀天。汤曰：『我本卜祭为民，乎自当之。』乃使人积薪，发及爪，自洁，居柴上，将自焚以祭天，火将然，即降大雨。」

又太平御览卷十引庄子：「宋景公时，大旱三年，卜云：『以人祀，乃雨。』公下堂，顿首曰：『吾所求雨者，为人，今杀人，不可。』将自当之，言未卒，天大雨方千里。」

又后汉书戴封传：「……其年大旱，封祷请无获，乃积薪坐其上以自焚。火起而大雨暴至，于是远近叹服。」

又谅辅传：「时夏大旱，太守自出祈祷山川，连日而无所降。辅乃自暴庭中，慷慨咒曰：『辅为股肱，不能进谏纳忠，荐贤退恶，和调阴阳，承顺天意，至令天地否隔，万物焦枯，百姓喁喁，无所诉苦，咎尽在辅。今郡太守改服责己，为民祈福，精诚恳到，未有感彻。辅今敢自祈请，若至日中不雨，乞以身塞无状。』于是积薪柴聚茭茅以自环，构火其傍，将自焚焉。未至日中时，而天云晦合，须臾澍雨，一郡沾雨。

求雨所焚者未必是尪，那么，烄、烄中所焚者是否一定是尪呢？似乎还可再加以研究。」
（說烄烄，殷墟博物苑苑刊（创刊号）一六五——一六八頁）

1229 [illegible]

按：烄象以火焚人之形，乃祈雨之祭。說文以為「交木然」，非其本義。文獻所記之「暴巫」，猶烄之遺風。其作烄，實本同字。上亦象「人」形，非「文」字。據京都三〇八一烄、烄通用無別，陳夢家以為同字是對的。其繁體作烄者，人形益顯，與「黃」字無涉。

裘錫圭說參[illegible]字條下。

按：卜辭均残缺，其義不詳。

1230 二山 [illegible]

常正光「殷人过去以大辰星昏見为农耕的开始，当进入父系氏族社会，由始祖契开创刀耕火种之后，便以菑田的烈焰欢迎大辰星的昏見。周礼夏官司马的「季春出火」与「季秋内火」，实际上就是反映这项内容。火，本是原始社会极受崇拜的自然威力，而现在又是遍野里的熊熊烈火烧出了殷人农业生产的发展与文化进步。在大辰星的照耀下，出现大地的火光，人们对于火的崇拜，也必然要连及大辰星的，於是大辰星也就被尊为「大火」星了。而商族的先祖閼伯也是主祀大火星而任「火正」之职了。」

甲骨卜辞中已有关于大火星的记述，如武丁时期卜辞「七日己巳夕㞢出新大星並火」，其中的「火」字就是指大火星。此外，在甲骨文里还有与一般地面上的火字相区别，专门表示大火星的火字作「[illegible]」、「[illegible]」形，隶定为「灭」，丁山解释为「从火上；火上者，上天火神也。」又说「心为大火，正是灭字的本义」。他把「灭」字考释为大火星，这是发前人所未发的创识；然而如果说是上天的火神，还不如解释为：从火上；上，天也。上火，即天火，天火如大辰、为天上的辰一样，也就是天上的大火星。对于灭（即大火星）的祭礼，是同地面上祭祀河、土、岳等一样看待，如：

…………其叙灾，又大雨？（京三八六六）

灾眔焚，叀小卑，又大雨？（前四·四二·六）

其桒年灾焚于炎，肖豚？（后下三九·九）

说明对大火星要用『叙』祭的，祭祀时甚至要用比较隆重的『小牢』之礼，因为祭祀大火星的目的是为了祈年。」（殷历考辨，古文字研究论文集，四川大学学报丛刊第十辑一六四至一六五页）

常正光说参字条下。

按：此乃「二山」二字合文。合集三〇四五三「二山」分書可證。

1231

小山

按：此乃「小山」合文。合集三〇三九三「小山」分書可證。

1232

郭沫若　「焚亦殷人所祀之神名，它辭有言『灭杲焚叀小宰，又大雨』（通四·四二、六字既不識，性質亦無可考」（粹考二〇六葉上一五三九片釋文）

楊树达　「今本纪年云：『外壬名發。』按书契前编肆卷肆拾貳頁陆版云：『灭眔癸，叀小宰，又（有）大雨？』粹编壹伍叁玖片云：『豸（弗）敉，其叙癸？』按甲文未見發字，而癸字屡见，不得其主名，發与癸同从癶声，音相近，疑甲文之癸即纪年外壬名之發矣。」（竹书纪年所见殷王名疏证，積微居甲文说卷下五五頁）

李孝定　「从火从䒑，説文所無。它辭又言『其求年灭焚于小火㒸豚』辭一五四〇。是焚字與祈雨求年之事當有關聯。字象兩足蹈火之形，或為巫術之一種」。（集釋三一八七葉）

1237

常正光说参山字条下。

1233 ⿱保山

按：字不可識，在卜辭為祈年、乞雨之祭祀對象。

1234 ⿱妝山

按：此當為「保山」二字之合文。

1235

按：字可隸作「⿱妝山」，辭殘，其義不詳。

1236 ⿱杈山

按：字不可識，在卜辭為地名。

1237

按：此乃「杈山」二字之合文，在卜辭為地名。

按：疑為「色山」之合文，為祭祀祈雨之對象。

1238 [glyph]

于省吾 「甲骨文称：『来𤆍〇来炃』（佚七〇八）炃字作[glyph]，旧不识。按典籍炃作炘，即焮字的古文。汉书扬雄传：『扬光曜之燎烛兮，乘景炎之炘炘。』颜注：『炘炘光盛貌』。文选甘泉赋李注：『广雅曰，炘，热也，音欣。』玉篇火部炘同焮：『许勤、许靳二切，炙也』。左传昭十八年的『行火所焮』，杜注也训焮为炙。但甲骨文以来𤆍与来炃对贞，则炃当为先公之名。」（甲骨文字释林释炃二一〇页）

按：于先生釋「炘」，字似从「山」，不从「火」，疑為「斤山」之合文，乃祭祀祈雨之對象。殷人於山川多有祭，不必為先公。

1239 [glyph]

孫海波 「[glyph]，乙九五九。从宀火，与說文烖字或体同。」（甲骨文编四一三頁）

陈炜湛说参[glyph]字条下。

按：字从「宀」、从「山」，釋「灾」不可據。

1240 [glyph]

裘锡圭释[glyph]参[glyph]字条下

按：此字从「屮」、从「山」，不从「火」，不得釋「焚」。

1241 □ □

按：纥二二八七辭云：「甲子卜：…乙丑□燎土」謂於「□」地燎祭於「土」。

1242 焗 □ □

黄锡全

「甲骨文有□、□、□等字，甲骨文编将它们一并列入正编火部，隶作灼，并谓『从火从勹，说文所无』。郭老曾将□释为峋，而李孝定隶定作焗，并指出『郭沫若粹考一三六叶下隶定作峋，未知孰是。』李又将□字列入待考字内，可见对这几个字不但隶定有分歧，而且也不知如何释读。

按甲骨文中火、山形近易混，有时难以区分，但一般情况下还是可以分辨的。如岛邦男的综类以□为山，以□、□为火是有道理的。那么上揭诸字应该从火。□与□在甲骨文中虽有互用之例，如『六□』即六旬（存下九五六）、『四□』即四旬（库九七二）等，但就字形结构而言，则是有别的。□是旬而□是云。上揭□字是熉，而不是焗或旬。

检汗简补遗运字作□，以古文四声韵微韵录云台碑煇（一煇）作□例此，汗简□字所从之□与云台□同字，从火从勹。勹或勹实为匀之形讹。如旬字，禹鼎作□，小篆作□；甲骨文旬字作□，王来奠新邑鼎作□，王孙钟作□，说文古文作□；匀毁匀作□，古玺作□（汇编一五六五），小篆作□。因此，甲骨文的□、□应该隶作□或灼、焗，为从火，匀（旬）声的形声字，与汗简□字所从之□、云台碑□同字。

字书不见□或灼、焗，唯尚书周官『统百官均四海』之『均』，日本古写本尚书岸崎本作灼。军字古作□（郾右军矛）、□（庚壶）、□（中山王鼎），从□或匀声，说文误以为『从包省』。军□并从匀声，二字音近可通。如方足布『土匀』以及土匀鉼之『土匀』，即『土均』，亦即典籍之土军。因此，灼当是煇字古体。

说文：『煇，光也，从火军声。』易大畜：『刚健笃实煇光』，周礼春官眂祲：『掌十煇之法』，郑注：『煇谓日光也』。释文『煇，音运。』云台碑是假□为运，汗简又增从辵。

有灼的卜辞文例残缺，文义不清，但□、□应该隶作□或灼，是可以肯定的，依汗简、古文四聲韵，以及勾、罕可通之证，灼应是焊字古体，因音近假为逗戟罕。」（利用汗简考释古文字，古文字研究第十五辑一四三至一四四页）

1243

炏 [古文字形]

按：字从「火」、从「旬」，隸可作「焰」。卜辭均殘，其義不詳。

1244

李孝定「从火从山，說文所無。辭云『□寅□貞亘炏𠦪』其意不詳。契文火山二字每無別，而此字以此二字為偏旁，其形體之別則至顯。又字或从火山二字會意為火山之專字，謂山下有火也，存以俟考。」（集釋三一八六葉）

按：字上从「山」、下从「火」，隸可作「炏」，其義不詳。

1245

冉山 [古文字形]

按：字从「山」、从「冉」，隸可作「冉山」，其義不詳。

1246

[古文字形]

唐蘭「右岀字，即說文之岀，舊不識。說文入部：『岀，入山之深也。從山，從入，闕。』按此字經傳所不見，故王筠說文句讀曰：『會意字未有似此粗淺者，且造此字將何所用哉。在入部而先言從山，索其主從，而又云闕，是無音也。疑非許君所收。』王氏雖頗精細，然不知字本作[古文字形]，小篆譌而為[古文字形]，因而誤收入部，且肌解為『入山之深』耳。用知理繹力雖強，終有待於可信材料之發現也。卜辭从岀之字，有巖及嵒，其偏旁作[古文字形]等形，舊或以為火在屋上之形，非也。其字蓋本象高山之形，衆峯矗峙其上。其衍變殆如次：（有?者，為假設之過程。）」

則𡵂與屵當是一字也。說文：『𡵂岸高也，从山、厂，厂亦聲。』按說文序字，金文作𡵂，是𡵂可爲屵，∩厂古通，則𡵂即屵也。廣韻以屵爲『高山狀』，正與𡵂形吻合。說文從屵之字甚多，其義皆由高山引申，正猶卜辭之從𡵂。然則𡵂屵本一字，後人不能知，既誤以𡵂爲从入而寘入部，（漏、囐讀如夲，乃因字形近夲而亂之）又以屵字爲厂聲，𡵂字湮晦，而屵之本義，亦不能明矣。」（文字記三十六葉）

陳夢家　「𡵂可能是最早的山，字形有誤，應出，故可删。」（卜辭綜述四八〇葉）

李孝定　「說文『𡵂入山之深也从山从入闕』契文𡵂唐釋𡵂可从。辭云『癸巳卜爭貞旬亡禍甲午盟乙未蔔韋𡵂在瀧十月』（藏、地、四）『貞𡵂不佳辭』（乙、五三五〇）似爲人名。」（集釋一八〇〇葉）

按：字上从「火」，不从「山」，釋「𡵂」不可據。

焱

孫海波　甲骨文編十卷十一葉及金祥恆續文編十卷十五葉下收此作焱。

李孝定　「說文『焱火華也从三火』金書收此作焱，可从。辭云『叀焱用羌』（乙、八六九一、八八八〇）『乙庚用焱羌』（乙、八八五二）其義不詳。」（集釋三一九五葉）

王輝　「另卜辭焱（【字形】）、赤（【字形】）二字也是火祭。焱从三火，集韵：『焱……亦同煬』，煬是烧的意思。乙八八五二：『妣……叀焱用羌』，同前举佚下三七、五的句例正同。赤字从大从火，大在甲骨文中象大人形，故赤的本义为焚人。摭续二九一：『贞，勿赤』赤用为动词，可能是焚人以祭……」（殷人火祭说，古文字研究论文集，四川大学学报丛刊第十辑二五六页）

按：卜辭焱似爲地名。殷王之部屬常貢致所俘獲之羌人，或言於某地俘獲若干羌人。殺戮羌人以祭神祖，每言用某人所貢納之羌，如佚八七五「用𦣞來以羌自上甲」，謂殺戮「𦣞來」所貢納之羌祭於上甲；丙四二「興方以羌用自上甲至下乙」，謂殺戮興方貢納之羌人祭於上甲至下乙歷代先祖。存二·二六六「其用竹𦎫羌，叀酚彡用」，與乙八八五二「用茲羌」同例。

1247 ⿱山火

按：此當併入1243「⿱山火」字條下。

1248 入山

饒宗頤

「按⿱山火字又作⿱山火，字从山从火。他辭云：『……𢦏𠯑眔⿱山火𢍰……用。……于河，于岳。』（拾掇一、四一〇）說文火部：𢦏或从山火作⿱山火，即此字。『出⿱山火』即有𢦏也。」（通考八四〇葉）

按：此當為「入山」二字。

1249 ⿱斲山

裘錫圭

「辛未卜貞：令𡰥以口射于⿱斲山，𢍰方我。 續3.46.6

辛未貞：王令𠯑𢦏于𩰫。

辛未貞：冓𠯑𢦏射于斲。 明后2629（明續498）

乙亥貞：令𢦏于龜。

乙亥貞：令辰𠯑𢦏射于斲。 安明2710

……甲骨文常在地名字上加『山』、『水』等偏旁。上引賓組卜辭的『⿱斲山』与歷組卜辭的『斲』当指一地无疑。賓組卜辭所说的『令𡰥以口射于⿱斲山』，与歷組卜辭所说的『令辰𠯑𢦏射于斲』应为一事。『辰』和『𡰥』当是同一人名的不同写法。」（論「歷組卜辭」的時代古文字研究第六辑二八七——二八八页）

按：字當隸作「⿱斲山」，乃地名之專用字，裘錫圭已詳論之，但亦有可能為「斲山」二字之合文。

1250

按：此當為山名。卜辭為祭禱之對象，或祭禱之所。

1251

郭沫若　「羙疑鴦之異，从大妟聲，妟即先（簪）字。」（粹四一七片考釋）

按：卜辭以為地名，字从「山」，不从「火」。參見1250。

1252

按：字不可識，其義不詳。

1253

按：字不可識，其義不詳。

1254 燮

羅振玉　「說文解字：『燮，大熟也。从又，持炎辛。辛者，物熟味也。』此字从又持炬从三火，象炎炎之形，殆即許書之燮字。許从辛，殆炬形之譌。（此字又疑為許書訓大華之焱字，附此俟考。）」（殷釋中五十二葉上）

葉玉森　「按卜辭月□為祭名，如月亟（禋）月臣例。……羅氏釋燮釋焱，並難決定。」

（前釋卷五第三十六葉下）

于省吾「契文燮字作□□□等形。金文燮卣作□，燮段作□，曾伯簠作□。說文：『燮，大熟也。从又持炎辛。辛者物熟味也。』又『燮和也。从言從又炎。籀文燮从羊，讀若溼。』按清儒多以『籀文燮从羊讀若溼』移於燮下。羅謂从又持炬，可備一說。戴侗謂燮燮燮實一字，羊之譌為辛，辛之譌為言，是也。前五·三三·四：『癸亥卜，兄貞，旬亡口（旧），夕燮，大再囚』。薑、雛一一六：『癸亥卜，吏貞，旬亡囚，一日象，甲覓夕燮，大再至于相』。明一五五二：『夕燮』。以文義揆之，契文言某日象者，均為不吉之兆。其言夕燮或夕盟者，亦均為不吉之義。燮應讀為溼，字亦作濕。說文燮讀若溼。錢大昭謂說文異讀即用本字，是也。左襄八年傳：『獲蔡司馬公子燮』。穀梁作『獲蔡公子濕』。方言一：『溼憂也。陳楚或曰溼。自關而西秦晉之間，或曰惄，或曰溼。自關而西，秦晉之間，凡志而不得，欲而不獲，高而有墜，得而中亡，謂之溼，或謂之惄』。注：『溼者失意潛沮之名』。錢繹箋疏云：『溼訓為幽溼，故聲之卑小者謂之溼；情性之鄙陋者謂之溼；行道之污下者，意念之潛沮者，皆謂之溼，其義一也』。按錢釋溼憂之義，至為明塙。廣雅釋詁：『溼憂也』。王念孫疏證云：『荀子不苟篇：「小人通則驕而偏，窮則棄而儑」。楊倞注云：「儑當為濕」。引方言「濕憂也」。濕與溼通』。按王說是也。契文言夕燮即夕溼，謂夕有憂患也。其言大再至于相者，相地名，意謂某方來侵大舉至于相也」。

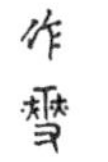

（駢三第二十三葉下釋燮）

饒宗頤「燮者，燮之籀文。說文云：『燮，和也』（又部）又『燮，大孰也』（炎部）汪篇云：『燮，火熟也』。故燮疑指祭時薦熟，為合烹燅俎之事」。（通考五七七葉）

李孝定「說文『威滅也从火戌火死於戌陽氣至戌而盡詩曰「赫赫宗周褒似威之」』許氏云云實為五行之說既行以後之肊解，必非造字之本誼。威之本誼為火之滅，引申以為凡滅之偁。戌之古文為兵器之象形，於火滅之義無與。然則許君謂為『从火戌』以會意解之者實為無據，謂為形聲又不以戌聲為近。今契文正有从火戌聲之字，于氏謂是威之古文者是也。字在卜辭為人名」。（集釋三一八二葉）

于省吾「甲骨文燮字作□、□、□等形。商器燮卣作□，周器燮毁作□，曾伯簠作燮。說文：『燮，和也，从言从又，炎声。籀文燮从羊。读若溼。』又：『燮，大孰也。从又持炎辛，辛者物孰味也。』罗振玉云：此字从又持炬，从三火，象炎炎之形，殆即许书之燮字。

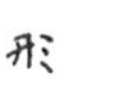

许从辛，殆炬形之讹。」（增考中五二）按罗说非是。戴侗六书故：「燮、燮、燮实一字，羊之讹为辛，辛之讹为言也。」按戴氏谓三者实一字是也，其余则非。燮字从Y，乃言字。甲骨文设字从言作Y，戠字从言作Y亦作𠱠者常见。然则燮字本从言。金文讹作I或T。秦公钟作燮，犹不背于初形。说文误分为二字。甲骨文称：「癸亥卜，兄贞，旬亡□囚。夕燮大爯□。」（前五·三三·四）「癸亥卜，吏贞，旬亡囚。一日象，甲𠭯夕燮大爯至于相。」（簠杂一一六）以文义揆之，甲骨文言某日象者，多为不吉之兆。其言夕燮者，亦均为不吉之义。燮应读为湿，字亦作濕。说文燮读若湿。左襄八年传「获蔡司马公子燮」，谷梁传作「获蔡公子濕」。方言：「溼，忧也。陈楚或曰溼，自关而西，秦晋之间或曰惄，或曰溼。自关而西，秦晋之间凡志而不得，欲而不获，高而有坠，得而中亡，谓之溼，或谓之惄。」郭注：「溼者，失意潜沮之名。」广雅释诂：「溼，忧也。」王念孙疏证：「荀子不苟篇，小人通则骄而偏，穷则弃而儑。杨倞注云，儑当为濕，则方言濕，忧也。濕与溼通。」按王说是也。甲骨文之夕燮应读为夕溼，谓夕有忧患也。其言大爯至于相者，相为商都附近地名，意谓某方来侵大举至于相也。」（释燮，甲骨文字释林八八至九〇页）

按：說文又部之「燮」與炎部之「燮」同字，「燮」之籀文作「燮」。戴侗謂「羊」譌為「辛」，「辛」又譌為「言」，其說是對的。

王國維史籀篇疏證謂「燮疑亦从辛，羊乃辛之譌……古金文曾伯霥簠作燮，晉邦盦作燮，皆从丅，非羊亦非辛也」。實則金文所从之「丅」乃契文「Y」之省變，王氏疑「羊乃辛之譌」，適本末顛倒。其演變之迹當為：

Y → 丅 → 羊 → 辛 → 言

1255（1）

于省吾

「後下十八·九：『貞，⿰火戌不毌。』⿰火戌係人名……，舊不識，甲骨文編入於附錄。按卜辭戌字作。⿰火戌字从火从戌，當即說文烕之初文。說文：『烕，滅也。从火戌。火死於戌，陽氣至戌而盡。詩曰：「赫赫宗周，褒似滅之。」』又『滅，盡也。从水烕聲。』王筠句讀謂烕蓋義兼聲字。徐灝段注箋亦謂戌聲。按詩正月：『褒姒烕之。』毛傳：『烕，滅也。』釋文：『烕本或作滅。』詛楚文：『伐烕我百姓。』滅作烕，滅為後起字。烕古韻在脂部，戌在真部，是烕諧戌聲，未可據也。契文烕字，从火戌聲。戌烕並脂部字。要之，烕字自東周以後，譌戌為戌，說文遂

有火死於戌之誤解。考之初文，方知其爲从火戌聲。如依舊說，以烕爲會意字既誤，以爲形聲字亦無當矣。」（駢續三十六葉下釋烕）

按：于先生釋「烕」。郭忠恕汗簡烕字古文从戊，不从戌，「戌」與「戊」形近易混，是亦「烕」不从「戌」之又一例證。

1255(2)

按：字不从殳，不得隸作炈，亦不得釋烕。字在卜辭爲人名

1256

按：字不可識，其義不詳。

1257

按：綴二三〇一辭云：「方不往自」為地名。

1258

按：合集二九三八四辭云：「……其田宿于」為地名。

1259

[glyph]

按：合集二四三七八辭云：「…卜行…在[glyph]」為地名。

1260

⿰日山　[glyph]

按：合集三二四八六辭云：「…酉貞，王步…[glyph]于[glyph]」，又合集三二四八七辭云：「丁步于[glyph]」，均為地名。

1261

⿱盧火

[glyph]

按：合集二八一二四辭云：「叀東彔先[glyph]」用為動詞。

1262

[glyph]

按：字不可識，其義不詳。

1263

[glyph]

按：字不可識，其義不詳。

1264 𤆎 ⿱中凵

余永梁 「按此𢦏（⿱中凵）字與說文古文同。說文『烖天火曰烖从火𢦏聲灾或从宀火災籀文从巛𤆎古文从才』殷虛古文才與在為一字，此是其證。汪璪鄭注『古文緇字或从糸旁才』又周禮媒氏注『古緇以才為聲』。然則緇字古文當是紂字，與此災古文才正同也。許於緇下遺古文紂字」。（殷虛文字考）

又曰：「依王氏指事之說巛當是指事字，巛象水形，一則指事也。巛演變為形聲時于水害曰巛，故又作𡿧，于兵害从戈曰𢦏，于火害从火曰⿱中凵，而火⿱中凵之字後變為災烖諸體，由象形而指事形聲，六書發展之次第于此得一有力之證矣」。（仝上）

商承祚 「甲骨文有巛𡿧⿱中凵，从水、从戈、从火。以其義言之，水災曰巛，兵災曰𢦏，火災曰𤆎，後孳乳為烖。說文曰：『天火曰烖』。灾，烖之或體，災，烖之籀文，𤆎，烖之古文，即由卜辭之變。菑，說文『不耕田也』，甾，菑之或體，𤇾，秦繹山刻石結構任意，體多誤合矣」。（福考二葉）

孫海波 「⿱中凵，后二·八·一八。从才、火，与說文烖字古文同。」（甲骨文編四一三頁）

李孝定 「說文『烖，天火曰烖从火，𢦏聲。灾，或从宀火。𤆎，古文从才。災，籀文从巛』。余商兩氏說烖字諸體衍變之故是也。契文亦有灾字，兩氏當時均未及見灾字，所見一辭雖僅餘殘文，然與許書作灾者正合，可無疑也」。（集釋三一七八葉）

按：說文烖之或體作灾，朱駿聲通訓定聲以灾為「丙」之古文，謂「說文以為烖之或體，則是有道誤」。并引炳或作炋，雯或作窉為證。此說雖不可信，但朱氏疑「灾」非「烖」之或體則是有道理的。「灾」字實較晚出，唯國語周語「所以禦灾也」用為烖字。卜辭「烖」作「𢦏」、「巛」諸體，烖害字無作「灾」者。金文亦然。⿴字釋烖，不能無疑。古文字與說文偶合者，間或有之，但不必同字。如毛公鼎庶字从𤆍，說文光之古文一體作炗，不得謂庶字从「光」。又契文𡿧字，與說文虎字同，諸家釋虎，實誤。後下八·一八乃中凵二字，余永梁、商承祚誤以為說文「烖」之古文𤆎、非是。

1265 □

按：字不可識，其義不詳。

1266 □

按：字不可識，其義不詳。

1267 □

按：渶八三四辭云：「庚寅卜貞于□」為地名。

1268 □

按：純二二八二辭云：「己卯卜，于□立岳雨」為地名。

1269 □

按：字不可識，其義不詳。

1270

按：合集二二一八七辭云：「乙亥．．．用妣乙不」似為祭牲名。

1271 炏

羅振玉 「卜辭中从火之字作，古金文亦然。然亦有从火者，故知炏即炎矣。」（殷釋中五十一葉下）

王襄 「古炎字。許說火光上也，从重火。」（類纂正編第十第四十六葉下）

郭沫若 粹一一九〇片隸作炎，無說。

孫海波 甲骨文編一〇．一一錄入炎字。

按：契文炎字从二火，與令簋炎字作同形。說文「炎，火光上也，从重火」。徐灝段注箋謂「炎餤古今字。左氏莊十四年傳：『其气餤以取之』，漢書五行、藝文志注並引作炎」，徐氏又謂「餤即燗．．．一切經音義七引字詁云：『焰古文餤、今作燗』是也」。王筠釋例亦謂「燗與餤蓋一字」。

卜辭「孟伯炎」、「炎」為孟伯之私名。甲骨文編誤以「粦」混入「炎」字，綜類區別粦、炎二形是正確的，但摹寫炎之形體作，下不从火，未免小誤。粹一一九〇、甲二四一六均从二火，甚清晰。

1272 呈

于省吾 「卜辭晚期地名有呈字，亦作呈。前二、十五、一：『才呈貞，王田衣，逐，亡巛』。二、十七、三：『王卜，才㴱餗貞，今日步于呈，亡巛』。二、三四、六：『田呈，往來亡巛』。三、二六、一：『王田呈，往來亡巛』。後上十一、七：『才呈口（貞）、口（王）田衣，口（往）口（來）亡巛』。甲二、二三、三：『田呈』。續三、二四、四：『田呈，往來亡巛』。明一九三○：『才呈』。呈字舊不識，甲骨文編入於附錄。按呈即後世呈字，吳季子之子劍逞字从呈作呈。又郢字，郢爰作𨛜，口郢鐸作𨛜，古璽文字徵六、四作郢。丁氏說文古籀補補二、四引古鉨呈志二見，呈一作呈，一作呈。又古璽文字徵十一、二，涅作浧，又作𣵀。是均作呈作呈同字之證。呈字之演變由呈而呈而呈而呈。說文：『呈，平也，从口壬聲』。按說文謂呈从壬聲，失其朔矣。惟以呈為程乎之程是也。漢樊安碑：『作呈作式』，冀州從事郭君碑：『先民有呈』，均以呈為程。詩常武：『王謂尹氏，命程伯休父』。續漢書郡國志：『雒陽有上程聚』。劉昭注：『古程國，史記曰：重黎之後，伯休甫之國也』。關中更有程地，帝王世紀曰：『文王居程，徙都豐』。故此加為上程。按卜辭言『才呈貞』、『步于呈』、『田呈』，呈去衣甚近，衣即殷。呈地當此雒陽之上程聚，未知所指，存以待考」。（駢續三葉釋呈）

孙海波 「呈，前二·一五·一。地名。于省吾釋呈。」（甲骨文編八四五頁）

李孝定 「說文『呈平也从口壬聲』此不从壬，于氏釋呈，可從。地名。」（集釋○三七六葉）

于省吾 「甲骨文呈字作呈、呈、呈、呈等形，旧不识，甲骨文编入于附录。按呈即呈之初文。春秋吴季子之子剑逞字从呈作呈，晚周郢铎与郢爰之郢从呈亦作呈。晚周古玺文『呈志』两见，呈字亦作呈。呈之作呈者乃后起之变体，为说文所本。说文：『呈，平也，从口壬声。』此乃由独体字讹化为形声字。其演变源流，灼然可见。

甲骨文以呈为地名，见于第四、五期。其言『叀呈田』、『王叀呈田』、『王田呈』者常见。呈字后世变为呈，又孳乳为程。汉樊安碑之『作呈作式』，冀州从事郭君碑之『先民有呈』，均已以呈为程。诗常武：『王谓尹氏，命程伯休父。』续汉书郡国志『洛阳有上程聚』，刘昭注：『古程国。史记曰，重黎之后，伯休甫之国也。』甲骨文称：『才呈贞，王田衣，逐，亡灾。』（前二·一五·一）因此可知，呈地接近于衣。」（释呈，甲骨文字释林一九至二○页）

考古所 「𢓊：摭续一二一有此字，为地名。在本辞中亦为地名。」（小屯南地甲骨一

。六九頁）

按：于先生釋「㞷」，釋林論之甚詳。

1273 阜 𠂤 𠂤 𠂤 𠂤 𠂤

商承祚 「𠂤與𠂤為一字，即古師字也，金文从𠂤之字亦作𠂤，筆畫增減古人任意為之。」（佚存十五葉）商氏類編十四卷四葉下又收情三、一之𠂤作𠂤，是謂𠂤𠂤不同字也。

葉玉森 「說文『𠂤，大陸也。山無石者，象形。』釋名『土山曰𠂤』。……按契文𠂤作𠂤，其斜隮險陸陵斜陎諸字之偏旁，作𠂤𠂤𠂤𠂤𠂤。从丨象土山高陗，从三三三三三三並象阪級。故階陵陟降諸字从之。」（說契二葉上）

李孝定 「說文『𠂤大陸山無石者象形。𨸏古文𠂤』。契文與篆文近。金文𠂤字偏旁作𠂤𠂤諸形，與契文同。葉謂象阪級是也。字之初誼𠂤𠂤殆並為山之象形字，與山丘誼同。及後孳乳為數字，乃以丘山象山之數峯並峙，𠂤𠂤象山之阪級峻陗陵嶒，觀陟降諸文均从𠂤字取義，可證也。本條請與𠂤字條參看。商謂𠂤𠂤一字說非。」（集釋四一二九葉）

徐中舒 「穴居时代没有木梯，人只能从土阶上下。在穴居外挖一个窖穴储藏食物，其大小约在一米宽，二至三米深。在一米宽的两边，用小刀挖成上下对称的脚窝，其形如𠂤，人就踏在这仅有一米宽的脚窝上下。说文还存在一个𠂤部，就是这种窖穴中脚窝的象形字。后来有了独木梯，其形如𠂤，还是仿脚窝形制成的。……金文中偏旁𠂤作𠂤、𠂤，楷书作阜，都是象独木梯形。说文偏旁从阜之字，多与从土旁之字通用，如阬、坑，这都应是脚窝形升降普遍存在时所造的形声字。独木梯盛行之后，说文中偏旁从阜之字，如陟、降，就明显地象其从独木梯上下陟降之形。其它从阜之字，如隮、墬、阽、隕等字都有升降隕墬阬危不安的意义。我们用这一系列的字解释一个阜字，就比较全面了。」（怎样考释古文字古文字学论集初编一二页）

按：王筠釋例謂「𠂤之古文作𠂤、𠂤，蓋如畫坡陀者然，層層相重累也……側山為𠂤之說陋」。其見解是對的。李孝定集釋四一一九既謂「𠂤𠂤字並當橫看作[glyph]，即立山之豎書」，說實本於戴侗六書故。又四一二九據葉玉森說謂𠂤象阪級，實先後矛盾。山象峯巒，𠂤象阪隴，不得謂為山之豎書。

佚六七[glyph]、[glyph]見於同版，商承祚以為一字是對的，但釋作「師」則誤。此並為「𠂤」字。契文𠂤作[glyph]，其體屈，𠂤或作[glyph]，其體直，二者判然有別。甲骨文編一四・四萃錄簠雜七一作[glyph]，實當作[glyph]，此與佚六七乃同版。

菁一「在宿𠂤」，錄七〇九「在罡𠂤卜」，此當用其本義。指高峻之處，與「在某麓」之辭例同。

陟

羅振玉　「說文解字陟，登也。从𨸏，从步。古文作𨺅。案从𨸏示山陵形。从止象二足由下而上。此字之意，但示二足上行，不復別左右足。散盤作陟，與古文同。」（殷釋中六十五葉下）

王襄　「古陟字。」（類纂正編第十四弟六十二葉上）

李孝定　「或从步或从止不拘，但象其上升之形。後下・十一・十五辭降陟連文，知其誼與許書同。金文作陟沈子簋陟陟陟散盤」（集釋四一三九葉）

饒宗頤　「『癸酉卜，穷貞：陟歲于唐。貞：勿陟歲。』（粹編一六七）按爾雅釋詁：『陟，陞也。』周禮太卜，三曰『咸陟。』鄭注：『陟之言得也。讀如「王德翟人」之德。』玉篇：『德，福也，升也。』陟歲與他辭言『升歲』義同。」（通考二七五葉）

饒宗頤　「『戊戌卜，喜貞：告自丁陟。貞：告自唐降。』（續編一、七、三）此陟與降對言，他辭云：『癸丑卜，穷貞：章兔降，比陟；』（前編五、三〇、六）亦同。詩：『文王陟降，在帝左右。』（文王）又『陟降庭止，』（閔予小子）『陟降厥家，』（訪落）并陟降合言。左昭七年：『叔父陟恪，在先王之左右。』陟恪即陟降也。」（通考一〇二三葉）

晁福林　「伊尹子伊陟（尚书咸有一德正义引纪年），卜辞称『尹陟』（后下四三·二），又称『戊陟』（殷图一三），即伊陟，伊尹的后人是作了巫史的。祖乙时『贤臣』巫贤亦当为巫史一类人物。推测贞人尹为伊尹部族的后人，当不为臆说。融合于商的诸部族首领的后人，入殷后多为贞人。」（试论殷代的王权与神权社会科学战线一九八四年四期九七页）

饶宗颐说参[甲骨字形]字条下。

徐中舒说参[甲骨字形]字条下。

按：卜辭「陟」與「降」相對，「陟降」相對為言，此乃用其本義。明七六六「帝其陟」，與寧一·五·七之「帝降」相對。詩閔予小子「陟降庭止」，即此義。

「陟」亦為祭名：

「其陟于大乙且乙」　南明五三七

「其𡕍虎，陟于且甲」　摭續三六

「陟帝用」　合三六〇

「陟」又為人名：

「出伐于陟，卯宰」　金四八一

「戊陟戊爻希」　殷古一三·一

陳夢家綜述三六五以為即殷本紀之「伊陟」，為「伊尹」子。但陳氏所引錄後下四三·二「串丂尹陟」，乃「⋯⋯中㞢尹徙⋯⋯」之誤。

天九八之「雀𢦏陟；雀弗其𢦏陟」，「陟」當為方國名。

1275 降 [甲骨字形] [甲骨字形] [甲骨字形] [甲骨字形]

吳大澂　「陟降二字相對，二止前行為陟，到行為降。後人但知止為足迹，不知[甲骨字形][甲骨字形]皆足迹也，自[甲骨字形]变為夊，夊变為牛，舛变為𠦜，古義亡而夊夂舛等字皆失其解矣。」（說文古籀補）

羅振玉　「說文解字：『降，下也。从𨸏，夅聲』。又：『夅，从夊牛，相承不敢並也。』

条从𨸏示山陵形，夅象兩足由上而下。此字之意，亦但示二足下行，故左右足，亦或別或否。𪓐叔鐘亦作降。」（殷釋中六十五葉下）

王襄「古降字。許說下也，从𨸏夅聲。此从夅，象二足跡向下，有下降之誼。篆文𡕒即夅之変體。」（類纂正編第十四第六十二葉上）

王襄「古夅字。許說服也，从夊牛相承，不敢竝也。疑與降為一字。」（類纂正編第五第二十七葉下）

李孝定「夅為步若𣥠之到文，象兩足下降形。字乃从𨸏夅會意，夅亦聲。及後夅為二足下行之誼湮，許君遂以純形聲解之耳。羅說是也。卜辭每言『帝降堇』，與許訓同。又云『降畫千』，前八.五.一。疑當解為降服。降訓下，降服則相下也，乃下之引申誼。許君以服詁夅，是以夅為夅服專字，降為下降專字，實則夅作夅亦但象下降形耳。金文作降大保簋 降𪓐且丁尊 降大豐簋 降散盤 降宗周鐘 降函皇父簋 降𪓐叔鐘並同」。（集釋四一四一葉）

徐錫台「降病，見殷墟卜辭云：『丁巳卜，貞：亡（无）降病』（林二.二一.一三）。按『降病』，即患肛腫病也，如爾雅釋詁：『降，落也』；爾雅釋言：『降，下也』。降通胮，集韻：『胮，肛腫也，或作胮痒』。」（殷墟出土疾病卜辭的考釋 中國語文研究第七期一九頁）

徐中舒說參𨸏字条下。

按：吳大澂、羅振玉釋「降」之形體是對的。段玉裁謂「以地言降，故从𨸏；以人言夅，故从夊干相承」。徐灝段注箋謂「降从𨸏者，自高而下之意耳。段分降人降地為二義，未免自生枝節」。卜辭多用為「降下」、「降臨」之義。吉凶禍福，皆神祖所降。神祖臨視人間亦謂之降。寧一.五一七「翌日辛，帝降，其入于𣎵大实，在宧」。謂上帝降臨。前八.五.一「千盡降」，與「降盡千」互作，「千」與「盡」均為人名。當即「盡戊」及「旨千」。陳夢家綜述三六六以「千」為「遲任」，可備一說。李孝定以「降服」為言，未免疏失。

1276

⿰阝企 □

郭沫若「⿰阝企象人由𠂤下降，與陵字相反。（卜辭陵作□，象人登阜之形。）陵之用為動詞者，為升為乘為上為躐為越，此與躐字違文，蓋是仄字之異。說文『仄，側傾也，从人在厂下。仄，籀文，从矢，矢亦聲』。从人在厂下，與此从企在𠂤下同意，企亦聲也。（企仄古同之部）」（卜通一五八葉上）

李孝定「从𠂤从企，說文所無。郭說待商。」（集釋四一五三葉）

按：郭沫若釋「仄」，不可據。卜辭皆用為動詞，與「陟」同義。

1277

⿰阝差 墬 □

王襄「疑郁字。」（類纂存疑第十四第六十七葉下）

葉玉森「說文『隊，从高隊也。从𠂤㒸聲』。按藏三之□，象人由𠂤顛下隊。前五·二十一之□象子由𠂤顛下隊，疑並隊之古文。」（說契四葉下）

郭沫若「□从𠂤从倒人，蓋古墮字。」（卜通一五八葉上）

董作賓釋隨，無說。（慶祝蔡元培先生六十五歲論文集三八一葉）

唐蘭「余謂卩即說文殘古文之□字，此作□，反書則為阤，當从阜匕聲讀若顛，蓋真亦从匕聲也」。（考古五期懷鉛隨錄一四八葉）

于省吾「菁三：『王㞢逐兕，小臣甾車馬，硪□王車，子央亦□』。□字葉玉森釋隊，董作賓釋隨，郭沫若云：『从𠂤从人，蓋古墮字』。唐蘭云：『……阤……讀若顛……』。按釋隊釋隨釋墮釋阤義均相仿，而以郭釋墮為允。然郭說亦肊測之詞，不知其何以為墮也。□字係反書，正書則應作阝𠂇。契文書法反正每無別，……此例孔夥，不勝繁舉。（續一一五：「日阝𠂇」。阝𠂇作阝，从阜从ナ，即阹，與阝為同字，惟書法有反正之別耳。阝之正書作阝，所从之𠂇，亦係左字。古文偏旁中「又」或省作「ㄋ」，「左」或省作「𠂇」，如股亦作𦙶，受亦作𠬪，𦥑亦作𦥑，是其例。阹即陸之初文。說文：「陸，敗城阜曰陸。从阜，差聲。𨼯，篆文。」按差為左之增繁字。說文隓从陸聲，隋从陸省聲。按隋應从阹聲，無庸言陸省聲。是隋之从阹聲，阹即陸字也。朱駿聲云：「籀文多繁字複體，故左作差，如館𢦔𢧜𢿱𢆶之比。」（𢦔非複體，乃古文車形之譌，王氏說文句讀已辨之）按朱說是也。要之，阝為阝𠂇之反書，即阹字，亦即說文陸字。契文言「子央亦阹」，謂子央亦隓墜也。」（駢三弟二十五葉下釋阹）

李孝定

「說文：『陸，敗城阜曰陸。从阜差聲。𨹟，篆文。』契文作阝若𠂤，象人若子自阜上隋隊之形，故人子均作到文。諸家所釋其意均同，惟以字形之則以郭說為是。于氏又从而證成其說，其說是也。惟于氏謂阝乃阝之反書，从𠂤乃𠂤之省文則說有未諦。蓋古文固反正無別，惟ナ又二文獨反正分明，除極少數例外說見ナ又二字條下使此字本當从ナ，則阝亦當作阝矣。蓋字本象一人自阜上顛隊之形，故从人从子不拘，及後阝誤而為阝，阝字傳世契文雖未見然衡以反正無別之例必當有此字無疑遂為陸字，重之則為陸，陸字獨行而阹阝形遂廢矣。許書又有阝字訓『落也。从阜多聲』，按阝與陸古當是一字，蓋𠂤字古文从阝，與夕之隸體形近易混，重之則為阝矣。陸之篆文作𨹟，今讀徒果切。又肉部隋下許云『从肉陸省聲』，亦讀徒果切，可證陸字古本有徒果切一讀，與阝之音讀全同。𠂤所从之阝與夕形近，重之則為多，正書作阝與𠂇形近，重之則為差。凡此均可證阝陸古祇是一字，及後衍變為二，陸遂專有敗城阜一訓，讀為許規切，阝專有墜落一訓，讀徒果切，判然若不相涉。而陸字篆文作𨹟者今讀徒果切，以為墮落字，實猶存古音古誼也。」（集釋四一四四葉）

饒宗頤

「『癸巳卜，㱿貞：旬亡𡆥。王固曰：乃兹亦㞢希若偁（稱）。甲午王往逐豕，小臣叶車馬硪，𩔥王車，子央亦阤。』（菁華3）按阤，唐蘭讀為說文𣧑，古文𡿨之反寫，象人自顛下墜。𣧑讀與顛同，楚辭離騷『厥首用夫顛隕』。」（通考一〇〇——一〇一葉）

按：字當釋「隓」，說文篆文作「𨼯」，「陸」當為籀文。說文訓「陸」為「敗城阜」，其後多用如「隊」，今字則作「墜」。卜辭用如「墜」。

1278

阪 𦀚

于省吾「第一期早期的𠂤組卜辞，有「阪征二人」（乙四〇七）之貞。阪字兩見，均作𦀚。《甲骨文編》謂「从𠂤从及，《説文》所无」。按阪乃級的本字。《説文》：「級，絲次弟也。从糸及声。」段注：「本謂絲之次弟，故其字从糸，引申為凡次弟之偁。階之次弟，曲礼云，拾級聚足，連步以上是也。」按段注謂階之次弟是由絲之次弟所引申，难以令人置信。《集韻》入緝：「阪，階等也，通作級。」这是训阪为階的等次，而以級为阪的通假字，頗有道理。但是，《集韻》是宋代学者所辑，如果不見于古文字，人們难免以阪为級的后起字。現在既然发現甲骨文有了阪字，則級之本作阪已經得到驗证。阪为階之等次，二字意义相因，故均从𠂤（阜，今楷偏旁在左作阝）。《説文》：「𠂤，大陸也，山无石者，象形。」段注：「《釋名》曰，土山曰阜。象形者，象土山高大而上平，可层絫而上，首象其高，下象其三成也。」甲骨文𠂤和从𠂤的字习見，作𠂤也作𠂤。其从三叠，正象𠂤之层次形。甲骨文陟降字作陟降，一象足趾历阪而上，一象足趾历阪而下。《一切經音义》卷二一引《声类》，謂「級，階次也」。階次是指台階的等次言之。階字古文字未見，始見于《詩·大雅》「維厲之階」。總起来说，甲骨文阜字作𠂤，象山阜之有层次形，台階之有等次与之相仿，故古人造字阪与階均从𠂤。由于古代典籍皆假級为阪，久假不归，于是級行而阪废。前引甲骨文的「阪征二人」，阪字用法虽然还須待考，但就阪字从𠂤及声来看，它为階次之阪是沒有疑问的。本文论证的結果，是闡明了我们現在所説的社会階級之級初文本作阪」。（《甲骨文字释林·释阪》）

1279

阶 阶

考古所　「阶：当為阴、阴之异构，即阪。」（《小屯南地甲骨》九四七頁）

按：于先生釋「阪」，以為「級」之本字。卜辭用義不詳。

考古所　「𣪊、阶、𣪘：皆为用牲法。」（《小屯南地甲骨》九九四頁）

按：《合集》五七八八辭云：

「…取陝射…」

又合集八八四四辭云：

「…卜，穷貞，乎□取陝」

似為地名或方國名。佚二一五四及佚二二五九辭殘，不足以證明為「用牲法」。

1280 阝卩 □

按：合集二七六五一辭云：

「其又于宍壬阝卩又于□，王受…」

當為祭名。

1281 □

按：字不可識，其義不詳。

1282 □

孫海波「□，徹五．二一．一。从㠯从去，象人由㠯下隊之形，隊之初文。□，漕三．一。或从倒人。」（甲骨文編五三五——五三六頁）

按：此與「□」形義均有別，釋「隊」不可據。

1283 陸 □

王襄「古陸字。父乙角陸作□，與此相似。」（類纂正編第十四第六十一葉下）

李孝定 「說文『陸，高平地，从𨸏从坴，坴亦聲。𨺵，籀文陸』。金文作𨺵陸父甲角𨺵陸冊父乙卣𨺵父伯盉𨺵陸冊父庚卣𨺵邾公釛鐘，與契文籀文並同，王說可从。辭云『王步于□陸』，□陸，地名。」（集釋四一三五葉）

按：字當釋陸。續三・三〇・七拓本較清晰，其下段乃殘文，與上段不能連讀。李孝定集釋讀作「王步于□陸」，殊誤。

1284 □

按：合集一三四一〇辭云：「貞雷祉于□」為地名。

1285 ⿰阝企 □

按：卜辭彙見「⿰阝企用」，似為祭名。

1286 ⿰阝尃 □

按：合集一二九一辭云：「癸丑卜，史貞，其⿰阝尃壴告于唐一牛」「⿰阝尃」為祭名。

1287 陵 ⿰阝夭 □ □ □ □

孫詒讓 「即陵字，說文𨸏部陵，大𨸏也。从𨸏夌聲。此从夌即夌之省」。（舉例下廿

六葉上）

王襄 「古郊字」。（類纂正編六第三十葉下）

商承祚作類編十四卷六葉收此作⿰阝交，謂疑是郊字。

葉玉森 「按⿰阝夷从阜从夷，國名。……⿰阝夷與第似非一字」。（前釋五卷十葉）

葉玉森 「⿰阝矢⿰阝矢⿰⿰⿰夷寸者」。（前釋四卷六十三葉）

孫海波 「⿰阝矢，鐵二四九．一。从𨸏从矢，說文所无。人名。⿰夷寸，佚六六。地名。令多馬亞㣉冓視青⿰阝矢畐。」（甲骨文編五三八頁）

李孝定 「从𨸏从矢从己，當隸定作⿰阝矢，說文所無。字不从夷，夷从大从弓亦非第字」。（集釋四一五二葉）

李孝定 「朱說是也。契文矢作𠂤、交作𠂤，形近易混，其別在『∧』『乂』二形相距之遠近。左矢字『∧』象鏃，『乂』象羽栝，故相距遠，其左交字『∧』象人之兩臂、『乂』象兩脛相交，故相距近。上出諸文類皆从矢，其或類交者乃作字之卟承急就者耳」。（集釋四一五二葉）

白玉峥 「⿰夷寸……字从夷蓋象矢系繳之形；其所以与夷字相淆者，乃緣后世之衍变也。曰之形义俱被流失，遂不得其解矣。当即⿰阝夷字；说文解字失录，廣韵脂部：『⿰阝夷，賊⿰阝夷，险阻』，玉篇阜部：『⿰阝夷，以之切，地名』。字於卜辭，或为人名，或为地名，均仅見於第一期武丁之时。」（契文举例校读十一中国文字第十三册四八九五页）

白玉峥 「⿰阝矢，籀廎先生释陵（見文字篇），商承祚氏隶定作⿰阝交，谓即郊字（类编十四）王襄氏作类纂，孙海波氏作文编等均从之，曰：『从阜从交，说文所无』。叶玉森氏谓为⿰夷寸字之省（前释四．三六）。朱芳圃氏释陕，曰：『从阜从矢，说文所无』（文字编十四．五）。李孝定氏从之（集释十四．四一五三頁）。金祥恒先生作续文编，以之列於阜部之末（十四．八）

。峥按：字从阜从寅，说文所无，以今隶书之，则当作隩。於甲文中仅见於第一期武丁时之卜辞，或为人名，或为地名；字於本辞，疑为地名。」（契文举例校读十一中国文字第四十三册四八九四页）

按：陕或作陝，乙三四六八「貞生五月陝至」，其反面驗辭云：「王固曰吉，陕至，其隹辛」。「陕」為人名。字不从「交」，釋「郊」、釋「陕」、釋「陵」、丙編九六、九八、九九隸作「隩」均非是。李孝定集釋四一五一、四一五二分列為二字，亦誤。

1288 陮

羅振玉　「說文解字：『䧅，䧅隗高也。从𨸏，隹聲。』」（殷釋中七十五葉下）

王襄　「古陮字。」（類纂正編弟十四弟六十二葉上）

饒宗頤　「卜辭云：

乙卯卜，穷貞：陮受年。　乙卯〔卜穷〕貞：䧅受年。（屯乙四六三一）

按陮疑讀為睢。春秋宋地有『睢上』『睢澨』，（左成十五年）在河南舊歸德府。又有『次睢之社』（僖十九年）睢即睢水，自河南杞縣流經睢縣北。殷睢地殆近宋之睢縣。」（通考二五六葉）

張秉权　「陮，地名，关于它的記載卜辭有：

乙卯卜，穷貞：陮受年？（乙編四六三一十八三八二：丙編待刊）

貞：䨻沚于陮？（佚八三八）

辛巳貞：王叀癸未步自果陮？（粹一〇三四）

丁丑卜，又于五火，在陮？二月卜。（鄴下三．四〇．一〇）

☐果陮☐（日）☐雨？（后下二二．一五）」（殷虛文字丙編考释第一九〇頁）

考古所　「米四陮：許進雄所编明藏之B二六七五中有三陮，其内容为：『癸亥貞：王叀令日戋，王夕步，自三陮，乙丑王𡧊𡆥行』？此二陮字都是地名。」（小屯南地甲骨九一四頁）

按：「陮隗」，段玉裁、朱駿聲、王筠並以為即「崔巍」。集韻以為「㶝阜高貌」；玉篇以為「不平也」。當以集韻為是。

卜辭云：

「丙辰卜，爭貞，𢆶（？）精于陮𡿺出年」

「乙卯卜，賓貞，陮𡿺年」

「丁丑卜，又于五山，在陮，二月卜」

「辛巳貞，王叀癸未步自果陮」

「陮」並當為地名。

合二二〇
乙四六三一
鄴三·四〇·一〇
粹一〇三四

⿰阝蓐 ⿰阝蓐 ⿰阝蓐 ⿰阝蓐

郭沫若：「此實農字，與蓐字形全同。蓐農幽冬對轉也。」（《卜辭通纂·別一》第九頁）

屈萬里：「疑即《詩·周頌·良耜》：『以薅荼蓼』之薅。《說文》云：『披（披字从段氏說）田艸也。』薅所从之女字，疑𠃌之訛變。《說文》所謂『从蓐，好省聲』者，恐不然也。」（《甲釋》二四九頁一九七八片釋文）

李孝定「契文有⿰阝蓐字（甲编一九七八）或作⿰阝蓐（卜通別一新一四）……⿰阝蓐字诸家无释屈万里殷虚甲编考释曰：疑即周颂良耜：『以薅荼蓼』之薅，说文云：『披（披字从段氏说），田艸也。』薅所从之女字，疑𠃌之讹变，说文所谓『从蓐、好省声』者，恐不然也。（见甲释二四九页一九七八片释文）

余按屈氏释⿰阝蓐为薅是也，在契文与⿰阝蓐当为一字，及後始孳乳为二：一作𡟰，说文云：『薅，披田艸也，从蓐，好省声。𦺇，籀文薅省，茠，薅或从休。诗曰：既茠荼蓼。』一作蓐，说文云：『蓐，陈艸复生也，从艸，辱声，一曰蔟也，𦵃，籀文蓐从茻。』蓐训陈陈复生，𡟰训披田艸，义亦相因，艸复生，故须披去之也。就字形言，小篆之别，在于有女无女，古文盖当有作⿰阝蓐者，古文偏旁，从人从女无别，人形偏旁，又往往与手形脱离而另置一侧（如𠬪之作㑁，𢦏之作𧿒是）。又往往省去人形但存手形，於是遂有蓐𡟰之别矣。辰为农器（郭沫若说，见甲研下册释干支二四至二六页）。以手执农器而除艸，媷之义也；至契文从𠂤，即𠂤字，许训小阜，乃象坺形，媷字全形，乃象以手执辰，披去坺上艸，此程瑶田通艺録所称：『耨坺艸，隤其土於甽以附根，则甽浸高，坺浸下，屡隤屡附，坺与甽平，故曰坺尽而根深也。』之事也。媷艸之事，主於辱（即媷字）艸，坺形之𠂤，可以省略，故篆变作蓐，或增之女形（实当云保留女形），则作媷，其始一也，後渐衍为二字，其始义本相因者，既衍为二字，遂亦各据一义，且各为音读矣。所谓『好省声』者，乃就蓐字晚出之音读而为之说，此字从女固非声也……至诸家於蓐、薅二字，并释为农，则有未谛。蓐即蓐字，其始当与媷为一字，已如上述；薅则农字之初文也，说文：『農，耕也。从晨，囟声。農，籀文農从林。𦦶，古文農。辳，亦古文農。』契文从林（或从森，同），从辰，与许书古文一体合，正当释农……」（读契识小録，历史语言研究所集刊第三十五本四一至四二页）

按：卜辭皆為田獵地名。釋「農」不可據。

1290 ⿰阝心

朱芳圃 「从𠂤从心，說文所無。」（文字編十四卷五葉下）

郭沫若隸作⿰阝心。（粹八五一）

李孝定 「从𠂤从貝，說文所無。」（集釋四一五四葉）

饒宗頤 「⿰阝貝京者，左莊八年傳：『田于貝丘』。京相璠曰：『博昌南近澠水，水側有地名貝丘』。地在山東，未必⿰阝貝京，茍記之以俟考。」（通考二六四葉）

姚孝遂 肖丁 「『⿰阝心』為地名，字从阜从心。𢖩為心字，与貝有别。屈万里隶作『⿰阝心』是对的。一般隶作『⿰阝貝』，则非是。于省吾先生释林有释心一文，论之甚详。」（小屯南地甲骨考释一六七頁）

按：朱芳圃、郭沫若隸作「⿰阝心」是對的。粹八五一「其桒年于⿰阝心」，為先公名。又卜辭「⿰阝心」

或「⿰阝心京」為地名。前二．四四．七「王田⿰阝心」，字亦从心，綜類一七九摹作[glyph]，以為从囟，誤。

1291 [glyph]

按：字在卜辭為地名。

1292 ⿰阝粤 ⿰阝粤 [glyph] [glyph]

孫海波「[glyph]，京都一四五九．疑⿰阝粤字．」（甲骨文編九七五頁）

按：字當隸作「⿰阝粤」，於卜辭為地名。

1293 隥 [glyph]

孫海波「[glyph]，摭續六五．从𠂤从⿱且廾．說文所无．疑为阻之异文。」（甲骨文編五三八頁）

按：合集二二五九八辭云：「庚申卜，王貞，翌辛酉其隥饗；庚申卜，王貞，翌辛酉十人其隥；庚申卜，王貞，卯其隥」為用牲之法。

1294 ⿰阝吕

按：字不可識，其義不詳。

1295 阦

按：字不可識，其義不詳。

1296 [illegible]

按：字从「𠂤」、从「[illegible]」，為方國名。

1297

按：字不可識，其義不詳。

1298 陽

按：字隸作「陽」，辭残，其義不詳。

1299 [illegible]

按：字不可識，其義不詳。

1300 [illegible]

按：字从「𠂤」、从「言」，在卜辭為地名。

1301

许进雄「B1391　第三期后

王于☐門☐

于B辟寻？

B可能为阝之异构，乃阶梯之象形。辟可能借为壁。乃於阶壁處举行寻祭。……」（怀特氏等藏甲骨文集第七四页）

按：字為「𠂤」之省體，偏旁中多有之。

1302

按：字不可識，其義不詳。

1303

按：字不可識，其義不詳。

1304

按：字不可識，其義不詳。

1305

水

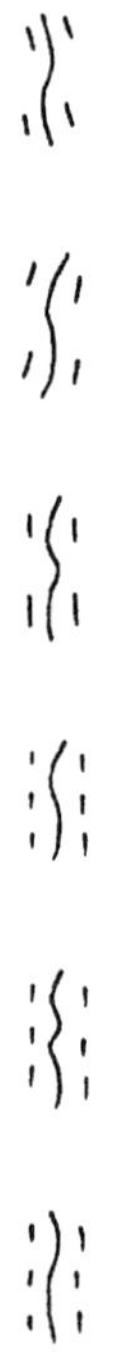

羅振玉釋水，無説。（殷釋中九葉上）

王襄「說文解字：『水，準也。象眾水並流，中有微陽之氣。』段注云：『水之文与☵略同意，水之中尽為流水之象，兩旁短畫為斷續之支流或其波瀾。』契文水之偏旁有作乚巜巛及⁚⁚諸形，為水之省变。許氏微陽之說，杂用五行家言，未足以說字。石鼓作氵，古鉨作氵，為水正书，其变体，𣲖衍敦𣲖字偏旁之水作巛，周公敦𣲖字偏旁涉所从之水作巛。穆，許訓『禾也。从禾㣎声。』然考之穆父鼎穆作𥞤从𥞤从水，𥞤殆古黍字，象黍垂实之形，从水与黍可為酒，禾入水之說合，可証师望鼎之𥞤，邢人钟之𥞤所从之三与二皆為水形。芳仲鼎但字所从之川作三，侃痕戈侃作但，川亦作二，知水可省作乚巛与三，亦可省作二，其誼可互證。」（古文流变臆說二七——二八頁）

金祖同「甲骨文从水的字，有氵⁚乚巜巛五形，依殷虛文字類編統計起來，从乚的字十五，从⁚的九，从氵的七，从巜的字三，从巛的字二，可見當時這五形是並用的。許君整理纔併進氵部。幸而甲骨文出，方纔發現這秘密。然而商承祚還沒有明白此意旨，一則曰是許君時乚為水者之誼，尚未失矣。再則曰：……則水之象也。他那裡知道這多是水字呢？」（殷虛卜辭講話五十九葉下）

李孝定「說文『水準也北方之行象眾水並流中有微陽之气也』契文同，但象水流之形。金氏謂从⁚乚巜巛者並象水形是也。惟謂皆是水字則有可商，蓋文字孳乳寖多，其始為一字者其後往往衍為數字，惟於偏旁中則凡由一字衍生者每通用不別，此古文孳衍之通例也。从水之字卜辭固或从乚⁚巜巛不別，惟以獨立之文字視之，則乚為今文之𡿨，⁚為今隸偏旁之氵，巜為今文之澮，巛為今文之川矣。今从許書之例水下但收作氵形者。金文作氵沈子簋氵同簋氵魚鼎匕」（集釋三二六〇葉）

饒宗頤「辛亥卜，出貞：今日太（王）其水寢（寢）五月。」（佚存九二一）按他辭言『宅寢』，『作寢』，『寑寢』，（前編六、一六、一，後下三、一三）而此辭言『水寢』，以水字為動詞。考周禮『匠人建國，水地以縣。』即以水平之法，懸繩度地。釋名：『水，準也；準，平物也。』所云『水寢』疑指建造寢宮，以水平度地。又夏官：『隸僕，掌五寢掃除糞洒之事。祭祀，修寢；王行，洗乘石，掌蹕宮中之事。』如以水寢解為灑滌寢廟，于義亦通。（通考八七〇葉）

按：契文「水」作氵⁚⁚諸形，在偏旁中則或省作乚，或作諸點形。卜辭云：

「辛巳卜，其告水入于𡆥，祝太乙一牛，王受又。」（粹一四八）

「貞，其有大水？」後下三．四

此皆用「水」之本義。粹一四八郭沫若考釋釋「祝」為「兄」，謂「當是介繫詞，義猶及與。以聲類求之，殆假為竝」，其說非是。契文祝或省「示」作「兄」，「兄」則作兄，區別甚嚴。

1306

水

羅振玉　「象有畔岸而水在中，疑是川字。」（殷釋中九葉上）

陳邦福　「當釋澮，假作檜，說文巜部云：『巜水流澮澮也。』卜辭川字正象兩岸間水流澮澮之形。」（辨疑十葉）

按：此並當為「水」之異體。小篆乃孳乳分化之形體，釋「澮」，讀為「檜」，不可據。

1307

沝

按：字从二「水」。英五四〇辭云：「甲戌……貞，奉自沝圍得」似為地名。

1308

川

王襄　「古川字。」（類纂正編第十一第五十一葉上）

孫海波　「𡿨，前四．一三．二。象畔岸而水在中流之形。」（甲骨文編四四七頁）

按：說文「く」、「巜」、「川」乃遞增其畫以別水之大小，契文於偏旁中通用無別。契文川、𡿨、巛諸形，釋「川」可從。其義則不詳。而下列諸辭，似與「水」之用法同：

「丙子貞，不巛？」

「其巛？」

「壬子卜，又巛？

壬子……其巛？」

「戊申卜，不巛？」

「水」字亦有此類之用法：

「不巛？」

「丙戌卜貞，𢍰自在𡆥不巛？」

「……丑卜爭……，翌乙卯……其巛？」

據此，契文獨體之「水」、「川」有可能同字。

寧一·四八二

寧一·四八三

甲一九八八

鐵四〇·一二

前二·四·三

前四·一二·七

1309 川 巛

柯昌濟

「癸酉卜在𠂤奠河邑　貞五旬亡悔隹來征尸方（綴七二八）

□丑卜□□□川邑（前四一三三）

此二文中之河邑、川邑當為一事之异名，河即黃河，為大川，卜辭它文有『在川人歸』之語，似皆指黃河而言。」（殷墟卜辭綜類例證考釋，古文字研究一四二頁）

按：此當與1908「川」字合併。

1310 川 巛

1311 州 巛

按：字亦當併入1308「川」字條。

羅振玉　「說文解字州古文作𡿧，與此同。散氏盤亦作𡿧。今許書作𡿧者，傳寫譌也。州為水中可居者，故此字旁象川流，中央象土地。」（殷釋中十葉上）

王襄　「古州字。」（類纂正編第十一第五十一葉上）

孫海波　「𡿧，前四、一三、四。与說文古文同。𡿧，輔仁二四。州臣，官名。」（甲骨文編四四九頁）

李孝定　「說文『州，水中可居曰州，周繞其旁，从重川。昔堯遭洪水，民居水中高土，或曰九州。詩曰「在河之州」。一曰「州，疇也。各疇其土而生之」。𡿧，古文州』。契文象水中高土之形，羅釋州可从。許書古文变𡿧為川，形體略誤矣。金文作𡿧散盤、𡿧周公簋、𡿧鬲比盨、𡿧、𡿧齊侯鎛，形體並同。小篆从三乚形已譌矣。」（集釋三四〇七葉）

饒宗頤　「卜辭：口酉卜，方貞：州臣出往，自寬旻。（粹編二六二）

按州可作二解。一為國名，春秋桓五年：『州公如曹』。世本：州國，姜姓。另一疑為州閭之州，他辭有『小丘臣』（佚存五三三）州臣殆其比。殷時地方官制，可於此徵之。禮記內則：『州史獻諸州伯，州伯命藏諸州府』。鄭注：『五黨為州；州二千五百家』。引周禮為說。殷有州臣，其姬周州閭之制，所自出乎？」（通考二六五葉）

按：契文州字與金文及說文古文同，篆文則小異。徐灝段注箋謂「古文中象高土形」。卜辭云：

「乙酉卜方貞，州臣出㚔自寬得？」粹二六二

「貞，州臣得？貞，州臣不……得？」南輔二四

其義不詳。

[illegible]

按：字不可識，其義不詳。

1313

淄

余永梁「王先生國維疑此字為油。廣雅釋訓『油油流也』。」（殷虛文字續考）

葉玉森「从𠂤，與石經午字同。或古人已知午為潮生之候，故制海字从巛象大川，从𠂤象午潮大來之意。」（鉤沈二葉上）

葉玉森「按王氏釋于辭未洽，予曩疑為海之初文，（鉤沈）亦覺未信。」（前釋四卷十八葉上）

于省吾「弓鎛淄澬之淄作𤰇，从水从二甾，一倒一正。前四、十三、五有𣶒字，疑即𤰇之初文。」（駢續.四十葉）

李孝定「說文『油水出武陵孱陵西東南入江从水由聲』此字王氏釋油於字形差近，姑从其說收之於此。葉氏初釋海，繼已自辨其非。然無論字不从午，即从午亦不足以證其為海字也。辭云『油其來水』似亦為水名。」（集釋三二八一葉）

按：釋「油」非是。當隸作淄。在卜辭為水名。

1314

按，字不可識，其義不詳。

1315

沖

王襄「古沖字，从林，許書流涉之古文籀文作𣴖𣵽，亦从林，與此同例。」（類纂正編十一第四十九葉下）

孫海波「沖金文作沖沖子鋁鼎與此略同，此云『令沖宗』，或假為中字與。」（考古四期十一葉小記）

孙海波「后编卷下第三十六叶六版『令沖宗』，王国维先生疑沖是也。说文『沖，涌摇也，从水中声。』卜辞从中在水中央，涌摇之义。引申之为衝：吕览重言『飞将沖天』，史記滑稽传『一飞沖天』，犹升也，至也。金文沖子鋁鼎作沖，与此略同。此云『令沖宗』，沖或中之假借字与。」（考古社刊第四期第十一页）

唐蘭「右𣲙即沖字。說文：『沖涌搖也，从水，中聲。讀若動。』」（文字記四十一葉下）

李孝定「辭云『令沖宗』即讀沖為中，中宗以上言令亦覺不辭。金文作沖沖子鼎。」（集釋三三〇九葉）

饒宗頤說參𡿧字條下。

按：釋「沖」可從。後下三六·六「……令沖……宗」，中有缺文，不得連讀，「沖」為人名，孫海波以為假作「中」，非是。

1316

災

王襄「殷契巛字異文甚夥，略如右方所录，巜巜巛為水之橫流，巛巛巛形川之雍塞。更由巛害之誼，假借而用𢦏字，有从中从山之不同。中為才之古文，与許书訓傷之𢦏形誼同。山為中之变体，亦由𢦏衍出。由是見流变之趋势。詳考武丁之世多用巜或巛与𢦏，祖庚、祖甲之世多用巛，廪辛、康丁之世多用巜巛，武乙、文丁之世多用巜巛𢦏，帝乙、帝辛之世多用巛，其大凡如此。𢦏与𢦏同，故卜辞于国名用𢦏或𢦏，如『允𢦏𢦏方』，『允既𢦏𢦏方』『貞射矢𢦏方』諸文是，又『口戊王其射𢦏狼湄亡𢦏』『畢亡𢦏』，又用𢦏，可証𢦏、𢦏与巛相通或相同也。」（古文流变臆說二九——三〇页）

孫海波　「洲字从巛从水，卜辭罕見。以字形言之，疑即淄或洑之古文。今淄洑字說文皆失收。又說文巛害也，从一雝川，卜辭巛字中多誤从才，此形似易譌也。」（誠齋考釋二三葉）

孫海波　「𣲴（𣲴）九四四。从水从才，說文所无，疑巛字。」（甲骨文編四四四頁）

張政烺　「『弜巴災』的𣲴字，从川，才声，原是水災，应写作汌，今无其字，写为通行的災字。此字卜辭常見，与𢦏、巛无别。」（殷契𦕈田解　甲骨文与殷商史一一頁）

陈炜湛说参≋字条下。

沈建华说参𡆧字条下。

按：契文早期作≋，稍後或作巛，晚期則作𣲴、𣲴。≋巛並象洪水横流，災害之義。𣲴則从「才」聲。說文「从一雝川」，乃形體之譌。𣲴九四四「亡𣲴」，亦𣲴之省，李孝定集釋隸作汌，以為說文所無，非是。卜辭≋𣲴通用無别。𢦏𢦏≋𣲴並有災害義。然「𢦏伐」僅用𢦏，方名但用𢦏，參見𢦏字條。

酒　𨠍

孫海波　文編十一、七：「从林从𣅀，說文所無，疑古潭字」。

郭沫若　「𨠍字，董云『从酉从州，疑是酬字』，近是」。（卜通别一第四葉第三二九辭釋文）

于省吾　「第一期甲骨文稱：『戊𠠯卜，穷贞，𠂤酒才疒，不从王古○贞，其从王古。』（續二一二一）𠂤为武丁时著名的贵族臣僚，他时常从事祭祀和征伐。上一段甲骨文的酒字作𨠍，从水酉声。第三期甲骨文酒字作𨠍（京都一九三二），从水与从巛同。例如，洹字作𣶃或𣶃，洀字作𣶃或𣶃，是其证。𠂤酒才疒，是说𠂤因为饮酒而处在疾病期间。不从王古之从是随从之义。古与故乃古今字。左传昭二十五年的『昭伯问家故』，杜注谓『故，事也』；荀子正名的『夫民易一以道而不可与共故』，杨注谓『故，事也』。故训事典籍习见。不从王古，即不从王事。这段甲骨文反正对贞，是贞问阜因为饮酒而患疾病，能否随王从事某项工作。」（释「阜酒才疒」甲骨文字释林三一八——三一九页）

赵诚

「㴳，酒。或写作㴳，从水酉声。甲骨文作为动词，为飲酒之义。……从卜辞内容来看，这个酒不象是指一般的飲酒，而是指醉于酒，即飲酒而醉之义，近似于现在所说的酗酒，至少相当于现在所说的醉，所以才至于病。」（甲骨文简明词典三六九页）

按：此為「酒」之異構，當併入1318「酒」字條下。

1318

酒

孙海波

「㴳，京都一九三二。地名。在酒盂受年。」（甲骨文编五六九頁）

按：合集二八二三一辭云：「在酒盂田受禾」為地名。卜辭「酒」祭之「酒」，多假「酉」為之。

1319

汉

孙海波

「卜辞又有手旁不分，故此三部形声之字，每易混殽。前编卷六第十六页二版『□卜□龤□受□』，龤字，罗振玉先生曰：『象人手牵龙。』陈邦怀先生以为龖字古文，其说甚辩。藏龟之余十五页四版『丁卯□汉其□』，类编以为汉字，窃疑字当释洧，地名。说文『洧水出颍川阳城山东南入颍。』汉书地理志『阳城山洧水所出，东南至長平入颍，过郡三，行五百里』，水经『洧水出河南密县西南马领山，东南至习城，西折入颍。』酈注：『习城西折入颍，即地理志至长平入颍者也。』然则卜辞之洧，殆即地理志之洧水与。」（考古社刊第四期第十三页）

孫海波　「說文『洧水出潁川陽城山東南，入潁，从水有聲』。此从又即古文有字。」（文編舊版十一卷一葉）

商承祚　隸作汊，謂「汊疑洧」。（佚二四二片考釋）

按：釋「洧」可從。卜辭云：

「貞洧不其……卷」　庫六四一

「……戈……在……洧」　佚二四二

當為地名或方國名。

洹

羅振玉　「齊侯壺洹字作𣳌。此从亘，與許書同，但省下一耳。殷代水名存於卜辭中今可確知其地者，僅此而已」。（殷釋中十一葉上）

王襄　「古洹字」。（類纂正編第十一第四十九葉上）

王襄　「春秋成十七年左氏傳：『聲伯夢涉洹』，杜注：『洹水出汲郡林慮縣』。史記項羽本紀：『項羽乃與期于洹水南』，集解：『應劭曰：「洹水在湯陰界」，瓚曰：「洹水在今安陽縣北，去朝歌殷都一百五十里」』。此殷契出土在安陽縣城西小屯村，為洹水之南，卜辭之洹，當即指此洹水言之」。（簠考地望七葉下）

陳夢家　「『洹其乍茲邑禍』。續四、二八、四　『洹其盗』。前六、三二、五　『寮团洹』前六、三〇、三　『其寮于洹泉三大牢，宜牢』。甲九〇三　洹泉與洹即洹水，又名安陽河。太平御覽八三引竹書紀年文丁『三年洹水一日三絕』。洹水在殷都之旁，對於農業收成有極大的關係，所以卜問其禍否並致祭之。……洹水漫岸，故為禍茲邑，茲邑指安陽之殷都」。（綜述二六五葉）

饒宗頤　「按洹或指洹水之神，作邑時，有禱于洹以求佑助也」。（通考三七二葉）

李孝定　「說文『洹水在齊魯間，从水亘聲』。段注云：『「齊」當依水經注所引說文字林作「晉」』。

嚴可均桃文田說文校議曰「水經引說文作晉是也。魯字當誤」。按三家之說是也。洹在殷都北，史記殷本紀「羽㴣與期洹水南殷虛上」地望不誤。洹近殷都，與殷人生活有密切關係，故卜辭於洹之記載獨詳。辭云「㱿貞洹其作茲邑禍　□洹弗作茲邑□禍」遺徵·地望·四七·續·四·二八·四·重出。茲邑即殷都，言洹或為患也。「丙寅卜洹其𣶒」前·六·三二·五，𣶒葉玉森釋盪，鈞沈或又釋盜，均不足據，在此當有泛濫之義。「戊子貞其尞于洹泉大三牢俎牢」甲編·九〇三。卜辭除祭河之辭屢見外，祭他水者就記憶所及似祇一辭，可見洹水在殷人心目中之地位。「辛卯卜大貞洹弘弗𦎫邑」珠·三九三。此與遺徵一辭意近，弘當釋弘讀為洪，言洹水大至也。卜辭𦎫有撻伐之義，此猶言巛此邑也。金文作[glyph]齊侯壺「洹子孟姜」左傳作桓子[glyph]洹秦簋从[glyph]盂求字體或異，與从亘同」。（集釋三二九六葉）

屈萬里「洹泉即洹水源於殷都之河流也」。（甲釋一四〇葉）

赵诚「㣇　洹。从水亘声，或作[glyph]、[glyph]、[glyph]。偶尔也简写作[glyph]，象水流迴环围绕之形。洹水即今安阳河，从西往东流，经过殷墟的北面折向南流，又经过殷墟的南面再折向东流。水流迴环曲折，与[glyph]字构形近似，当为会意字。㣇字甲骨文一般用作洹水之名，有时也作为祭祀对象，如「米于[glyph]」……（甲九〇一），则洹为水神之一。也有人认为「尞于洹泉」是在洹水旁边向河神（水神）进行尞祭，洹仍然是水名。」（甲骨文简明词典第二页）

濮茅左说参[glyph]字条下。

按：今洹水自西而東，流經殷虛之北境，復折而南，流經殷虛之東境，再折而東流。契文洹字即象其迴環之形。

卜辭云：

「洹其作兹邑囚？　續四·二八·四

洹弗作兹邑……」　續五·三〇·八

「弓隹洹隹出……巛」　前六·三二·五

「洹其盗」　存二·一五三

「洹不次」　粹一〇六一

「……東洹弗……」　庫一〇一九

「……西洹……」

陳夢家謂「洹泉與洹即洹水，又名安陽河」。並讀「盜」為「滔」，「漫也」，「洹水漫岸，故為禍茲邑」（綜述二六五）

1321 潢

王襄 「古潢字」。（類纂正編第十一第五十葉上）

饒宗頤説參[illegible]字条下。

按：説文：「潢，積水池也」（小徐本）。前二·五·七與二·六·一皆有「在潢貞」之辭，「潢」乃地名。

1322

按：卜辭均為地名。

1323

郭沫若 「[illegible]字屢見，或作[illegible]，旧未识。余谓此乃从水从[illegible]之字。[illegible]与金文[illegible]（朌，郐擸鼎。）[illegible]（烝，陳公子甗。）[illegible]（烝，叔夜鼎。）等字同例，乃从[illegible]心声。[illegible]、[illegible]之异。心乃心字。从声类求之，则[illegible]乃古灊字也。从水则为灊字也，从水则为灊矣，当即春秋时楚之潛邑，（見左昭廿七年）今安徽霍山縣東北三十里有灊城，即其地。」（卜辭通纂一二四頁下）

陳秉新 「灊即今潛字，与心为从心旁纽，侵部叠韵，故甲文灊以心为声符。殷末征人方未到霍山，潛又与沱河近，故可断定非霍山之灊。陳说较佳，潛当是水名，然亦不能实指所在。」（殷虛征人方卜辭地名汇释，文物研究第五辑七四頁）

按：釋「灩」，可備一說，在卜辭為地名。

1324 潦

按：契文[illegible]从水从尞，釋潦可從。說文「潦，雨水大皃，从水尞聲」。鐵六八〇「丙戌卜，王在潦」，為地名。

1325 灤

于省吾

「甲骨文称：『甲戌卜，翌日乙，王其𠬝廣白灤。』（甲三六五二）又：『☐廣白灤，其征乎卿。』（鄴三下三六·一〇）廣白（旧或误释为日）灤即盧伯灤。灤為盧伯之名，作𣲯，他辞也作𣲯（京津三七二二，文残），旧均不识。此字从水巢声，即古灤字。西周器班簋地名的巢字作巢（见一九七二年文物第九期发表的新拓本），和灤之从巢可以互証。說文：『巢，鳥在木上曰巢，在穴曰窠，从木，象形。巛則鳥形。』徐楷說文繫传：『臼，巢也，巛，三鳥也。』王筠說文釋例：『巢在木之上，故从木。巛則鳥形，臼則巢形。三鳥者，況其多耳。』按徐氏演化許說，以三鳥形和巢形為解，而王氏又加以阿附，未免荒誕。其实，依据古文，則灤字从巢作巢，只象木上有巢形。說文无灤字。郭璞江賦的『朱滙丹灤』，李注謂『灤湖在居巢』，是后世又以灤為湖名。前引两段甲骨文，是以盧伯灤為人牲以祭。甲骨文往々对俘获某方伯而言𠬝（酹）言用者，都是以人為牲。」（甲骨文字释林释灤）

按：于先生釋「灤」。「盧伯灤」、「灤」為「盧伯」之名。

1326

按：合集三六九五六辭云：「……辰卜，在[illegible]……步于……亡巛」為地名。

1327 洸

葉玉森 「當釋洋，按卜辭似叚為羊」。（前釋二卷三十八葉上）

陳邦福 「當釋洸，詩商頌殷武云：『自彼氐羌，莫敢不來王』。鄭箋：『氐羌，夷狄國在西方者也』。又路史國名紀載商侯國云：『羌侯今武功縣界有羌陽故城』。」（辨疑七葉）

李孝定 「从水从羌，說文所無。陳釋為洸是也。辭云『過于洸』，地名。又卜辭羌字習見，即氐羌之羌。此增水旁，亦即氐羌之羌，待考。葉釋契文羌字皆為羊故有此誤」。（集釋三三八四葉）

按：合集三七五三三辭云：「壬……卜，在……貞，王田洸衣亡巛」「洸」為田獵地，卜辭「羌」與「洸」有別，「洸」不得為「氐羌」之「羌」。

1328 河

孫詒讓 「人乙字皆作[glyph]」。（舉例下五十葉上）

羅振玉 釋[glyph]為妣乙。（殷釋上九葉下）

王國維 釋[glyph]（戩、九、七、）為妣乙。（戩考廿一葉上）

王國維 釋[glyph]（戩、下、四、）為汱。（戩考廿三葉上）

王襄 「[glyph]古汈字」。（類纂存疑五十三葉上）

又曰：「[glyph]，疑伏字」。（同上同葉下）

又曰：「[glyph]，古斤字」。（類纂正編第十四第六十一葉上）

葉玉森釋𠂢（前、一、三二、二、）爲妣乙。（前釋一卷一〇六葉下）

葉玉森　「王襄氏釋𠂢爲斤，按予舊釋𠂢爲从水从匕，即沘字。此（作沠）亦當釋沘。即『虎方其涉𠂢』（前、六、六三、六、）之沘水也」（前釋二卷四十八葉下）

李旦丘　「今按此字所从之彳亙與𠂢（後下九、一）𠂢（後下三、十二）所从之彳相同，𠂢均爲沒字。則此當爲沒字。沒，古水名。……其流域當在今河南北部，與中岳同在畿内，故殷人常用時並岳與沒也」（零拾二九葉下又三八葉上）

商承祚　「𠂢當讀汈，从水乃聲。水名，非人名，以涉字文義知之。前編卷二第二十六頁二版『乙亥卜，𢓊，貞王其𢓊舟于汈，亡巛』。後編上第九頁八版『貞勿于汈』。其字一作沠，郭氏通纂考釋畋遊第一六一頁釋河以爲从水丂聲，非也。卜辭乃字恆見，與此同」（佚考八四葉）

唐蘭釋汅。（導論下十四葉上）

朱芳圃文字編十一卷五葉上收沠沠作汈。

孫海波　「舊釋匕乙，或釋河，皆非也。其字則不可識，其人亦非殷之先祀，其祭則與夒、羔、岳同列，故系於先公先王之末」（文錄二六葉）

孫海波　「𠂢，𢿌六〇、二。卜辭河从丂，用法有三，一為商代高祖之名，二為大河之河，三為貞人名。」（甲骨文編四三一頁）

吳其昌　「𠂢者，字或作𠂢。在殷代卜文中，計有二解：其一義為土地名；其又一義為先公名。其為地名者，實乃沠字（後、一、九、八）之渻寫；乃從『水』從『彳』者，疑本為水名，因而遂以名其地。本為水名，故卜辭中屢記渡涉此水之史文。又云：『涉𠂢』（前、六、六三、六）是也。後既因水名而洪、八六八）『其涉𠂢』。（洪、六九九）『其涉𠂢東。……』（前、六、六三、六）是也。又（𢿌、六〇、二、又變為地名，故卜辭中又屢記往此地，或征此地之史文。又云：『往于𠂢』。（𢿌、七〇、三）『今日王其往𠂢』。（燕、四〇八）『正（征）𠂢；允正。（征）』（後、二、一六、二）是也。凡此明白之顯證，既無可掩諱，亦無徒曲解也。。其又一義為殷代先公之名，則左卜辭中多至百十餘見；僅舉其可資考證者，如云「求年于巜。求年于夋。」（鐵二一六、一，即佚八八六）「壬申，求年于巜。」「壬申，求禾于夋。賁于夒。賁于兕。氐于伊尹。」（後一、二二、三）「酒求年于夒巜，夋。」（前七、五、二）「貞：：：巜：：：三牢。庚辰卜㱿貞：：：土：：：」（續一、三五、八）「告巜。若。」（鐵六、二）「癸巳貞，賁于巜。于夒。」（佚一四六）「于巜求年。貞求年于夒。」（佚三七五）「㞢冊巜三牛。求雨于夒。」（河二、五）「貞𠬝巜。貞𠬝夒。」（續六、一八、九）「辛亥，又（伐）賁于巜。」又（伐）賁于夒。又（伐）賁于兕。」（續一、五〇、一）「于王亥。酒巜。」（鐵二〇六、二）「貞于巜求年。貞今㞢于王亥。」（後二、七、七）「戊辰卜，：：：酒田，眔巜。」（續一、三六、一）「辛巳卜王隽田，既、于巜。」（佚八八八）綜上諸辭以觀，可以知在此名巜之先公之前後左右者，乃為夋、土、若、夒、兕、王亥、田、（上甲）伊尹：：：諸人。此諸人者，「夋」，為殷民族之始祖；即帝夋，帝俊、帝嚳、帝嚳、帝俈也。「土」，殷之先公史記所謂「相土」也。「若」，史記所謂「昌若」也。「夒」，商頌所謂「嗟嗟烈祖：：：亦有龢夒」之先公夒也。「兕」即莊子屢見之「王倪」亦殷之先公也。「王亥」先公季之子，上甲微之父也。「田」即上甲微，中興殷民族之先公也。「伊尹」，佐成湯以得天下之先臣也。（均詳見王先生卜辭所見殷先公先王考，及續考，及其昌所作三續考燕京學報十四期）由是可見與巜並祭同貞者，類多為成湯以前之君臣，而尤以巜夒同見為最數，則巜之世代，雖未可碻考，而大畧可知其當在上甲之先、夒、兕、之次矣。又以多數卜辭考之，則知此名巜之先公，乃甚為後葉殷人所尊敬而懷思，故殷人之祭之也，亦其隆崇而頻數：歲屆秋收之時，則貞巜以求年、禾。（求年已見上）如云：「求禾于巜。」（後一、二三、六）「己亥貞求禾于巜，受禾。」（續四、一七、六）異族入寇之時，則告巜以匃穫禳。如云：「甲申于巜，告方來。」（後一、六、五）「于巜，告𢀛方：：：」（後一、一七、三）王師征討之時，則今巜以祈佑助。如云：「壬申卜，㱿貞，王：：：伐𢀛方：：：今于巜。」（續一、三六、五）皆可以為證也。」（殷虛書契解詁三四六——三四八葉）

郭沫若「巜字習見，舊多釋為乚乙。案乚形不類，疑是河之初文，从水丂聲也。（卜辭从水之字多與乙形相混）此言「𠦪年于汅」與「𠦪年于夒」為對貞，知汅亦必殷之先世，無可考。」（卜通五十六葉下）

郭沫若又曰：「洘（巜）即河字，舊或釋沈，非是。它辭言「𠦪泉洘酒，王受又＝」，（通、七七、後上、二〇、一〇、）𠦪河連文，正其確證。」（粹考一一一葉上）

于省吾

「案諸家所釋，至為紛歧，詳察之，均係污字一形之所孳变。污河古今字。作𣸧者與沈子形似，而非沈字。侯家莊大龜四、六一有辭云：『王其田于〓，劉于𣸧』。與後上十五·四：『王其田于〓，劉于卄』。祭法語例並相同。知𣸧即卄字也。古文形體之譌变，層出疊見，吾人欲識其字，必先定其正體，不為变體所惑。說文河从可聲。按可从丂聲，說文以可為从反丂之𠀀，失之。契文ㄏ字，右从了，即丂字。ㄏ字一变而為𠂤，右从了，與乃字相混。然乃字從無作了者。早期金文旂作父戊鼎，考字从丂作丁。穽鼎考字从丂作了，麻伯毀考字从丂作了。是古文丂與乃形近易譌之證。污字再变而為𠂤，右从方，象人荷戈形。三变為𣸧𣸧，右从𠂇，亦象人荷戈形，而與𠂹字相仿。第三期貞人有名𠂹者。𠂹作〓〓〓〓〓〓〓（見後下．二二、三）等形，均象人之荷戈形。郭沫若云：『當是何（荷）之古文，舊釋為先不確』。（粹編七九）按郭說是也。𠂹字作𠂹，與早期金文洞毀渮字从猗作〓者相仿，金文但增口耳。𠂹今作何，从充从人一也。𠂹字金文𠂹壺作〓，𠂹觶作〓，均與契文貞人名之𠂹字為同文。要之，契文污字从丂聲，以形近譌為从乃，又譌為从𠂹。𠂹古荷字。荷聲與丂聲音近相通。再以義求之。菁四：『昃亦㞢出虹，自北飲于污』。藏六十、二：『王其涉污』。前二、二六、二：『王其𦨶舟于污』。其言飲言涉言𦨶舟，自係就污言之，昭然若揭。郭沫若雖釋ㄏ為污，而未能深究从丂从乃从𠂹所以致譌之由，且釋𣸧為沈，尤昧於污字孳变之原委矣』。（駢三第七葉下——八葉上）

又曰：「以契文所比列之先公次叙考之，污當為曹圉，奚當為冥。契文污與奚，或單辭，或連文，或與數世先公並祭。其甲骨一版分為數段，每段祇列一世先公者，以上下左右之參互，其次叙每難於尋繹。其數世先公同列於一段，雖有省略一二世或數世者，而其次叙井然，從不錯淆。粹二三：『己亥卜，田〓，來土犬，〓犬，污犬，奚口（犬）』。土即相土。容庚謂〓即昌若，若作〓，與〓形近而譌。按污即曹圉，奚即冥，殷之世系，在王亥之前，由冥以上溯相土，祇有此四世，與契文所列，適相符合。……契文左一段之中污與奚連文者，多先言污後言奚。……亦有先言奚後言污者。……由後以溯前也。……史記殷本紀：『昌若卒，子曹圉立』。索隱：『系本作糧圉也』。禮記祭法正義引世本：『昌若生曹圉，曹圉生根國，根國生冥』。是世本於曹圉與冥之間多根國一世。國語魯語：『冥勤其官而水死』。韋注：『冥契後六世孫，根圉之子也』。周語：『玄王勤商，十有四世而興』。按曹圉與根國因形近而誤衍，由契至湯適為十四世，以曹圉根國並見，則於商之世數不符。……傳記曹圉亦作糧圉，亦作根國。曹糧形譌，音無可說。古韻圉字隸魚部，污字隸歌部，魚歌通諧．根國二字並屬見紐一等，國字古文作或，或與河並屬匣紐一等，古讀見匣並歸群紐。河與根國為雙聲，古字之通，與其言韻不如言聲。且曹圉二字，祇圉字與河音近，當以作根國者為是。曹圉與糧圉並根國之形譌也』。（駢三第九葉上——十一葉上）

楊樹達　「卜辭言高祖即山海經大荒東經引竹書所稱『是故殷王上甲微假師于河伯以伐有易』中所稱河伯之始祖。」（甲文說四十葉）

陳夢家　「汅……郭沫若釋作汅，……（卜通二五九）是正確的。我們曾就三事補成郭氏的說法……（燕報一九：一二四——一三〇）。由于當時未曾體會到人王與神帝、歷史人物與神話人物的轉化關係，因此對於卜辭的祭汅或是執着於自然崇拜，或是執着於與典籍先公的對照。這種看法是要糾正的。

摭續二是一完整的大牛胛骨，……三辭分卜𡠯禾於高且、凷、河，……兩辭分卜𡠯禾於高且及河所用之牲，一一辭）卜於何日酌𡠯於『高且、河』。明續四五三於癸丑貞『𡠯禾于高且』『𡠯禾于河』，明續四七一，京津三九一六分卜酌𡠯於『高且』與『河』，明續四五一於乙巳貞『𡠯禾于高且』『𡠯禾于凷』。凡辭諸例似乎高且與河、凷總是對立的，亦即是高祖不包括河、凷等。以此則卜辭的『高且河』應讀為『高且、河』。

『汅』是武丁和武文時代的寫法，廩康卜辭則作『洐』（乙二〇、一〇，甲三九一六），郭沫若釋作『沈』，……我們以為廩康的『洐』仍然是河字，補證如下：(1)乙二〇、一〇『凷眔洐』，而河與凷常是并及的；(2)乙一五、四和甲三九一六的卜辭內容全同，而一作何而一作洐，可證二者之為一。

……以上所述，似乎卜辭之汅為大河之河。但此與以河為其先世的想法，並無衝突。古音『丂』『告』是相同的，所以『河』可能轉化為帝嚳（帝俈）。帝嚳本來是天帝而轉化為人帝的，而帝與河都是令雨的主宰，則以河為其先祖，亦是可能的。」（綜述第三四三——三四四葉）

李學勤　「河與岳均為自然神。或以為殷之先公者，非也。」（考古學報一九五七年三期一二三葉評陳夢家卜辭綜述）

李孝定　「說文『河水出焞煌塞外昆侖山發原注海从水可聲』。契文上出諸形諸家釋沚、釋汅、釋妣乙、釋沭、釋沈均誤。于氏說字形演変極是。作丂者當為初形，从水可聲，與小篆同。丂為柯之初字，象枝柯之形，增口作可乃求字體整齊，實無意義。及後可假為語辭，始別製柯字。作洐者，从水何聲為繁體。何从人从可，為儋之初字，今字作荷者，假借字也。何亦从可聲，故河或作洐耳。作泤者又洐之繁変。金文同盨作[illegible]，亦从水何，何何同聲，與契文一體同。卜辭河字當从屈氏之說為黃河之專名。其或與殷世先公並列者，蓋河岳並當時大神，左殷人心目中於年穀豐歉、雨暘時若，河岳蓋實主之，故祀典與先公比隆，河岳非即先公也。諸家以先公說之，或據形懸擬，或據音牽傅，多見其紛紜自擾耳。」（集釋三二七二葉）

饒宗頤　「河字，从何益水旁，河當是河之別體，此言王償祀河也。」（通考六六二葉）

屈萬里　「宗，廟也。河宗，蓋猶後世之河神廟矣。穆天子傳屢見河宗之語；彼所謂河宗，似是河神廟之主祭者。其義蓋由河神廟之義而引申者也。……諸家以河為殷之先祖，因謂河宗乃先祖河之宗廟；蓋不然矣。」（甲編考釋一一四葉）

屈万里　「只有陳夢家以为它就是黃河；說見燕京学报第十九期「古文字中之商周祭祀」。陳氏的论証雖然简單，但他的見解是正確的。現在再申论如下：

河就是后世所称的黃河。試看下列的証据：

乙亥卜，行貞：王其𠂤舟于河，亡巛？　殷虛书契前編卷二，二十六葉。

王其涉河？　鉄云藏龟六十葉

涉河。　殷契佚存六九九及八六八兩見

𠂤字虽不识；但𠂤舟乃乘舟渡水之意，是可以知道的。涉字的本义，虽然是徒步涉水；但这称渡水，也叫做涉。如周易里常見的「利涉大川」，尚書微子篇的「若涉大水」，詩经匏有苦叶篇的「招招舟子，人涉卬否」等，都是渡水之义。那么，這河既可行舟，又可以涉渡，它是河流，應該是毫無疑义的。

其次，我们再看它是不是普通的河流？甲骨文中有「王涉滴」，「王涉㴬」（並見簠室殷契徵文第十编游田类）的記載，滴和㴬都是河流的专名，和「王其涉河」比照来看，河也应该是河流的专名：這是第一个証据。

卜辭中常見河东的字样，如：

兆莫即又弜于河東？　殷契佚存六四九。

□未卜，𢦏□：☐告曰：馬方☐河东。　殷虛书契前編卷四第四十六葉。

早☐河東？　殷契卜辭六七三。

這里所謂河東，当与后来的趙之河東相当。因为从盘庚迁殷后，殷都的東面，跟离黃河很近。河东，是指黃河以東的地带而言。況且后来的河東，河内、河南、河外等河字，都是指黃河而言。（詳下文）那麽，甲骨文的河東之河，也不应该例外：這是第二个証据。

而且，河是殷人祭祀的对象之一。如：

其求年于河，雨？ 殷虛文字甲編三六四。

求年于河？ 龜甲獸骨文字卷二第十九葉。

賁于河？ 殷契粹編第四十一。

甲子卜：賁河岳，从雨？ 殷契粹編七九一。

賁于河五年，沈十牛？ 殷虛書契前編卷二第九葉。

河賁五牢，沈五牛？ 殷契粹編四五。

岳眔河彫，王受又？ 殷虛書契后編卷上第二十葉。

壬寅卜，殻貞：河壱王？ 殷虛文字乙編五二六五〇。

河希我？ 同上五四〇六。

壬午卜，賓貞：河希年？ 殷虛書契續編卷一第三十五葉。

庚寅卜，佳河壱禾？ 殷契粹編一一〇。

庚申卜，㱿貞：河壱雨？ 殷虛文字乙編九二〇。

貞：河弗壱雨？ 同上。

河是求年的对象之一，它可以与云作雨，它可以作祟（壱王、壱禾、壱雨）。祭祀它的典礼有賁有彫有沈；用牲的數目有五牢五牛，乃至於十牛。具有這麽大的威力，享受這麽隆重的祭祀，這決不是普通的河流所能擔當得起的。我們再看后來的文獻：

晋人將有事於河，必先有事於惡池。禮記禮器。

三王之祭川也，皆先河而后海。禮記學記。

楚子（郯之战既胜之后）……祀于河，作先君宫告成事而还。宣十二年左傳。

王子朝用成周之宝珪于海。昭二十四年左傳。

這是祭祀黃河的文獻。

孰屯犁牛，既料以犧，決鼻而羁，生子而犅，尸祝齋戒以沈諸河。河伯豈羞其所從出辭而不享哉！淮南子說山篇

這是祭黃河用牲祭用沈的文獻。

秦伯伐晋，取羁馬。晋人禦之，……以从秦师於河曲。……秦伯以璧祈战于河。文十二年左傳。

這是向河有所祈求的文獻。

初，（楚）昭王有疾。卜曰：「河為祟」。王弗祭。大夫请祭諸郊。王曰：「三代命祀，祭不越望。江、漢、睢、章，楚之望也。禍福之至，不是過也。不穀雖不德，河非所獲罪也。」哀六年左傳。

齐大旱，逾時。景公召群臣问曰：『……吾使人卜，云「祟在高山广水」。……公曰：『……祠河伯可乎？』晏子曰：『不可。……』。（晏子春秋内諫篇上）。這是黄河为祟，和求雨祭河的文献。拿這些文献去证甲骨文的河字，它是黄河之河，应该是毫無疑义了吧？

那么，我们可以认定，甲骨文里的河字，就是黄河之河。」（河字意义的演变，历史语言研究所集刊第三十本一四四——一四六頁）

張秉权「卜辭中的河字，有四种不同的意义，不可一概而論，譬如：

辛未貞：于河桒禾？

辛未貞：桒禾高祖河于辛巳酒尞？

辛未貞：桒禾于河尞三牢沈三牛俎牢？

辛未貞：桒禾于高祖尞十五牛？（掇一·五五〇）

其称高祖河則与称高祖夒（粹一；二）高祖亥（續一·二·三；鄴三·三七·二）高祖王亥（后上二一·一三）高祖乙（粹一六三；一六五；一六六）高妣已（乙編二六二六）相同，此类卜辭中的河字，当為殷先公之名。又如：

癸酉卜，在𠫑奠河邑，泳貞：王旬亡畎？隹来征人方？（金七二八）

王其田啚劉于河？（金四七七；后上一五·一四）

壬戌卜，行貞：今夕亡囚？在河。（前二·四·八）

乎阜往于河？（鑑人名七三）

弜于河東洮奠即又？（鄴三·四五·二）

羽乙酉歓至于河？（外一）

往于河亡（其）从雨？（鐵七〇·三）

往「于」河「出」从「雨」？（鐵七〇·三）

貞：乎往于河不若？（丙編一四七）

則為地名之河。又如：

壬辰王其涉河☑易日？（佚一〇七）

王其涉河？（鐵六〇·二）

☑其☑涉河？（佚六九九）

□□卜，殻貞：☑涉河曰：我☑？（佚八六八）

虎方其涉河東洮其𠂤？（前六·六三·六）

丁未卜，争貞告曰：馬方⊠（涉）河東来⊠？（前四·四六·四）

乙酉卜，穷貞：史人于河沉三羊丗三牛？（粹三六）

則為水名之河。又如：

壬辰卜，何貞：王不冓雨？（粹七七。）（注一）

己卯卜，何貞：今夕亡囚？（粹一三八三）

壬申卜，何貞：今夕亡囚？四月。（粹一六八四）

則為貞人之名。這四类不同意义的何字，它们之间的关系大概是這样的：殷之远祖有名何者，他的子孙，有一支封在黄河边上的一个叫做河的地方，世為殷之諸侯，楊氏所举的河伯，即為河地之伯，其后世並且曾经在朝擔任貞人之职」（殷虚文字丙编考释第一八五——一八六頁）

（注一）按晚期卜辭「河」字或省水，而作丂形。粹七九一「河羔」之河，即作此形。然亦有不省水旁，如粹八三四片者。

考古所 「河字之性质也当与奠相似，即也是人，地或邦族之名。」（小屯南地甲骨一〇一三頁）

姚孝遂 肖丁 「种々迹象表明，岳与河同是殷之先祖，地位亦大致相当，然相对而言，河之地位较尊。此处于岳用五牢，于河用九牢，即其一例。」（小屯南地甲骨考释一八頁）

白玉峥 「夫子（严一萍）曰：『河、岳之祭的卜辭，河字的字形、书体，显然有别。现在就我发现的第一期、第三期、第四期，河字々形的不同，加以说明：

1. 武丁时，河作。
2. 第三期，河作、、。
3. 武乙时，河作、。』（断代新例五二六頁）

夫子所论各期之结体，皆可为甲骨残片断代之准据。玉峥拙顽，聆夫子之教诲，退而把玩甲骨碎片，得第二期祖庚，及第四期文武丁，有关河字之书法，续于夫子断代新例之后，並见旧派书法之概：

4. 见于祖庚时之河字：

 前二·二六·二，贞人即所书。朱芳圃氏释沥（文字篇十一·五），非是。

 文三六二，贞人出所书。

 后上二〇·四，贞人即所书。

5. 见于文武丁时者：

后下四三．一。 南明四五四

南明四五五。 南明四八四 」（契文举例校读中国文字第八卷第三十四册三八二四——三八二五页）

姚孝遂 肖丁 「732 『壬戌卜，求于河，三牢沈，三牛且』

卜辞『河』有两种含义：一为江河之河，一为先祖名。

陈梦家先生曾经在《古文字中之商周祭祀》一文中以为：『河于卜辞为大河、河水、黄河之河』，『大河而受祭祀者，盖以大河为水源之主宰，以年丰而足为河神所赐，而灾咎由河神为祟』，『河为水神，而农事收获首赖雨水与土地，故河又为求雨而求年之对象』（《燕京学报第十九期）。

其后于《综述》第十章中，复纠正了此一说法，谓『由于当时未曾体会到人王与神帝、历史人物与神话人物的转化关系，因此对于卜辞的祭河或是执着于自然崇拜，或是执着于与典籍先公的对照，这种看法是要纠正的』（343页）。

『河』在卜辞中与『高祖夔』、『高祖亥』，经常同时致祭，而且尚有『河其即宗』（《甲》717）以及『上甲即宗于河』（《屯南》2272）的记载。凡此种种，均可以证明『河』已由自然神转化为人格神。在殷人心目中，『河』已成为先祖，与自然界的山川风雨诸神，在卜辞中是有着明显区分的。

至于以『河』为『实沈』、为『帝嚳』，均属猜测之辞，缺乏必要的依据。

祭『河』多用『求（燎）』，而以『沈』为用牲之法，似乎是对于『河』的一种特殊待遇。于『河』之外，是极少以『沈』致祭的。」（小屯南地甲骨考释一六頁）

贾平 「我们认为，把卜辞的『河』一概解释为黄河，这种办法太绝对化。卜辞中有不少的字常有数义，河字也是如此。综观卜辞，河字的用法大致如下：

①地名。如：前二．一八：『壬戌卜，行貞：今夕亡囚？在河。』

②水名。如：佚一〇七：『壬辰王其涉河？』

③先公名。如：掇一．五五〇：『辛未貞：桒禾于高祖河，于辛巳酒尞？』『辛未貞：桒禾于河，尞三牢，沈三牛，俎牢？』『辛未貞：桒禾于高祖，尞五十牛？』（甲二六二二：『口戌卜，彭貞：其又桒于河眔上甲？在十月又二，小臣囗』

上述二例，把河称为高祖，其地位与高祖王亥、高祖夔相似，而且又与上甲並列，可见河

確是殷代之先祖。」（讀殷虛文字甲編考釋古文字研究第三輯二一〇頁）

按：于先生詳論河字形體之演化，其說是正確的。卜辭河有二義。一為先祖名，一為水名，指黃河。

陳夢家曾於古文字中之商周祭祀一文中論證河「決為大河之河」，「大河而受祭祀者，蓋認大河為水源之主宰，以年豐雨足為河神所賜，而災咎由河神為祟」（燕京學報一九期）。其後陳氏於其卜辭綜述一書中，已修正舊說，謂「由於當時未曾體會到人王與神帝，歷史人物與神話人物的轉化關係，因此對於卜辭的祭祀或是執着於自然崇拜，或是執着於與典籍先公的對照。這種看法是要糾正的」（三四三頁）。然而陳氏於「河」是否即殷人之「高祖」，猶在疑是之間，「不能決定」據續二之「高祖河」是否應連讀。

據前七·五·二「戊午卜，穷貞，彭桼年于岳、河、夒」；粹二三「桼土犬，岳犬，河犬，岳……」；佚八八八「辛巳貞，王褱囲即于河」；續一·三六·一「……囲眔河……」；粹四「夒即宗；河即宗」，凡此均足證「河」為殷之先祖。屈萬里因循陳夢家之舊說，執着於河為黃河，而否定其為殷之先祖。且於甲七一七「河其即宗于高」考釋謂「蓋猶後世之河神廟」，實屬臆測。

沌九一六「辛未卜，桼禾于高眔河」，「高」即「高祖」之省稱。據此，則續二之「高祖河」不應連讀，而「河」為殷之先祖，亦無疑義。

至於下列諸辭：

「令子𡿨先涉羌于河」　洽二七六

「令𠂤般涉于河東……」　洽二三

「……出虹自北飲于河」　菁四

「王其尋舟于河，亡巛」　前二·二六·二

此為大河之河，亦無疑義。

1329

河　𣲦

董作賓釋𣲦為沈。（侯家莊大龜四版考釋）

郭沫若釋沊（卜通七七七）爲沈。說曰：「此沈與尞並舉，知沈亦必與殷之先世有關，其高辛氏之子實沈耶？」（卜通一六七葉上）

姚孝遂　肖丁　「卜辭『河』字多从『丂』，可隶定作『汅』。此則从『何』，隶定作『浻』。兩者均是『河』字應无疑义。」（小屯南地甲骨考釋一九頁）

柯昌濟　「囗囗卜沈𦋡（㳄一一七七三）……沈当为实沈，左传昭公元年『高辛氏有二子，伯曰閼伯，季曰实沈，居於旷林，不相能也，日尋干戈以相征討，後帝不臧，遷閼伯於商丘，主辰，商人是因，故辰为商星，遷实沈於大夏，主參，唐人是因。』閼伯、实沈同出於高辛，与殷人为同一血統，故商人祭之。」（殷墟卜辭綜类例证考釋，古文字研究十六輯一四二頁）

白玉峥说參𣲙字条下。

按：字爲「河」之異構。

1330 災

羅振玉　「象水壅之形，川壅則爲巛也。其作巛巛等狀者，象橫流氾濫也。」（殷釋中十葉上）

王襄　「巛，古巛字，說文解字『巛，害也，从一雝川』。殷契多作巛，此象川橫流之形，爲巛之異文。」（簠考天象五葉上）

又曰：「巛，古巛字省。」（同上地望七葉下）

王襄　「古巛字。許說害也，从一雝川。」（類纂正編第十一第五十一葉上）

葉玉森　「說文『巛，害也。从一雝川』。按古代洪水爲巛，故契文巛象洪水。巛巛巛三形，尤顯浩浩滔天之勢。变作巛巛，从中屮（乃十省）並古文才，與在通。川仍象洪水，在洪水

中受巛之誼益著。篆文與川合，所从之十，即中之省變。許君謂一雝川，非也」。（說契三葉上）

李孝定　「說文『巛害也从一雝川春秋傳曰「川雝為澤凶」』契文此字異體頗多，作≋巛者，象洪水橫流之形，當是初文。繼應其與『水』無別，乃作川从一雝川為會意，許君說不誤。後復衍為𢀠，从川乃巛之變，从水才聲為形聲當屬晚出。契文作≋者多屬第一期卜辭，而五期多作𢀠，可證也。葉謂作𢀠之十為中之變，𢀠為在洪水中會意，其說並誤。卜辭恆言『亡巛』，與『亡禍』意同」。（集釋三四〇四葉）

孫海波　「象洪水橫流成災之形，晚期巛从才為形聲字，說文誤以為从一壅川」。（文編十一卷九——十葉）

孫海波　「≋，鐵五三·一。象洪水橫流成災之形。巛，游下五八五。用训为巛，重見训下。𢀠，前二·八·七。晚期卜辞巛从才为形声字。說文誤以为从一壅川。洪，佚一九七。或从水。」（甲骨文编四四八——四四九頁）

陈炜湛　「災它尤禍希蠱：这是一组表示災禍不吉的同义词。災字早期作≋巛，象洪水横溢、泛滥成災之状，中晚期作𢀠 □ □，象川流壅塞成災（或云从水、才声），或作□，从戈，才声。它字多作□ □，从止在虫上，虫即蛇也。尤作□，从又、一，象手上伸而礙于一（丁山说）。禍作□ □ □，象卜骨之形（或释咎）。希作□ □ □ □等形，与說文殺之古文近，卜辞皆借用为祟。蠱作□ □ □，以虫或蚰在皿中会意。除蠱字较少见外，其余都是卜辞中的常用词，治甲骨者无不熟悉，经前人考定，它们的意义均为災禍，大同小异。……表示有災禍的同义词词组是：有（卜辞作㞢或又）災、有它、有禍、有希、有尤、有蠱。除后二种外，都是屡见不鲜的，现各举二例，以见一斑：

貞：其㞢災？（續五·一九·一〇）

貞：众㞢災？九月，渔。（前五·四五·五）

甲寅卜，宾貞：王佳㞢它？六月。（甲二〇三二）

貞：妇好㞢疾，佳㞢它？（乙四〇九八）

貞：我其㞢禍？（乙三四七〇）

貞：𢦏往来其㞢禍？（丙三二）

癸酉卜，宾贞：旬㞢希？（甲一一二二）

王固曰：㞢希。壬其雨，不吉。（库一六〇九）

丁亥卜，贞：其㞢尤？十二月。（粹一二七〇）

贞：旬㞢不若，㞢尤？（续五·二六·六）

贞：毋丙允㞢蠱？贞：毋丙亡蠱？王固曰：毋丙㞢蠱于☐（丙二六七—二六八）

☐㞢蠱。（乙四二四一）

有的反面就是无，与有它、有祸、有灾等词组相对的，便是一组表示"没有灾祸"的同义词词组：亡（即无）灾、亡祸、亡它、亡尤，但未见"亡希"一语。亡灾，习见于田猎卜辞，称"往来亡灾"、"湄日亡灾"或"某亡灾"。亡祸，是贞旬卜辞的常用语，称"旬亡祸"，自武丁至帝辛皆然；也见于关于日、夕的占卜，称"今夕亡祸"、"某日干支亡祸"，见于祭祀卜辞，还见于关于王及亲属臣工安危的占卜以及王的占辞（如乙三四二七："王固曰：吉，亡祸"）。亡它，多用于王及亲属臣下的占卜，用于祭祀卜辞，也偶见于年成的占卜（例见下文）。亡尤，主要用于祭祀卜辞，也用于日夕的占卜，称"今日亡尤"、"今夕亡尤"，还用于个人安危的占卜，称"某亡尤"。这几个词组使用的习惯和范围不尽相同，但往往可通用。以占卜事类言，卜日卜夕时既可用亡祸，也可用亡尤；但卜旬时只用亡祸，不用亡尤；占卜时王及臣下吉凶时亡灾、亡它、亡祸皆可用，亡尤亦偶见；祭祀卜辞既用亡尤，也用亡它，但不用亡灾；田猎卜辞则习惯用亡灾（戋），不用其它三个词组。

有趣的是，上述关于有无灾祸的一些同义词组在卜辞里常交叉着搭配使用，显示出它、祸、希等词的微细差别，由此也可知殷人使用这些同义词是有所选择的。最明显的例证是贞旬卜辞，命辞曰"旬亡祸"，占辞曰"有希"，验辞记"希"的具体内容，如菁一——六（三块大胛骨的正反面），缀一三四等均其例。从菁可见，所谓有希似即有祸，而所谓希即祟，含义亦至广，程度可烈可微，大至边陲外患，小至气候变化，田猎时车子被撞，走路时不慎跌跤，都可算在内。但是，另一些卜辞又表明，有希未必就是祸。例如：

癸卯贞：旬又希，王亡祸？（京都二四七〇）

这是问，一旬之内如果有希（祟），不会直接使王遭殃吧。这条卜辞反映出时王的希望：即使这一旬之内有什么不吉利的事情发生，也不至于祸及自身。

丁丑贞：卜又希，非祸？（粹一二六二）

郭沫若谓"卜即卜子之卜，乃国族名"。这条卜辞是问，卜国有鬼神作祟，不是灾祸吧？本辞与京都二四七〇表明，"希"与"祸"是不能划上等号的。又如：

贞：乎臣逆？［王］固曰：亡它，有希。（乙六九四八）

王固曰：鱼洒隹有希，亡祸。（丙四八）

这两条占辞初看似有矛盾，但细细玩味，正可说明希（祟）与它、祸的区别。「亡它，有希」实即「有希，亡祸」。诚如张秉权氏所云：「把希与因（祸）用在一起，其意义是，虽有鬼神在作祟，但不至于祸害到人世。」在此可补充一句：希与它用在一起，其意若曰：虽有鬼神作祟，但无大害，不至于引起灾难。由上述诸例看来，「祸」、「它」在程度上似乎又要比「希」严重得多，对于殷王来说，也是直接得多。「希」的表现可多种多样，但不一定会成为「祸」、「它」。「有希」未必就「有祸」、「有它」，但若「有祸」、「有它」，那肯定是「有希」了。

它、希、祸等词既是名词，又是动词，其后可有宾语，亦可省去。当它们作动词用的时候，也是一组表示「使……有灾祸」或「伤害……」的同义词，文例亦极多，兹略举数例，以见一斑：

贞：父乙弗它王？（丙五〇）

祖丁它王？祖丁弗它王？（乙一九一二）

父庚希王？（乙七四三五）

己未卜，争贞：王亥希我？贞：王亥不我希？（丙三）

甲申卜，争贞：兹雨，佳我祸？贞，兹雨，不佳我祸？（乙四七四二）

丙申卜，争贞：王梦，佳祸？丙申卜，争贞：王梦，不佳祸？（丙八一）

」（甲骨文同义词研究，古文字学论集初编一五〇——一五五页）

白玉峥　「𡿧：籀庼先生释昔。罗振玉先生释巛，曰：「象水壅之形，川壅，则为巛也。其作𡿧、𡿧甘状，象横流汎滥也」（考释中十）。叶玉森氏曰：「古代洪水为巛，故契文巛象洪水。𡿧、𡿧、𡿧三形，尤显浩浩滔天之势」（见文字篇十一·六）。商承祚氏曰：「甲骨文有州、𢦏、𡿨，从水、从戈、从火；以其义言之：水灾曰巛，兵灾曰𢦏，火灾曰炗。其后，结构任意，体多误合矣」（福考二页）。孝堂先生曰：「卜辞中，先后用字不同，最常见者为巛字。如卜田之辞，在武丁祖庚之世用𡿧，祖甲之世，把𡿧字直书作巛；这字，一直用到廪辛、康丁之世，到了武乙时代，田游卜辞，一律改用𢦏字；同时，也用一个从川在声作𡿨的字。从此字又过渡到州字。第五期帝乙、帝辛之世，便完全改用州字了。这个系统很显明，列表如下：

武丁至康丁	武乙	帝乙以后
𡿧 →	𢦏	
巛 →	𡿨	州

巛，象横流汎溢，为水災之本字。𢦏，从戈在声，为兵災之本字」（見断代例四一〇頁）。而峥按：商氏以巛为水災字，𢦏为兵災字，非是。甲文中之水災本字，及兵災本字，已如上揭；而火災之本字，实当为灾（亿九五九及南诚二）。字盖从宀从火，示以火焚屋之义；准之六书，应为会意，当即火災之本字。以今隶书之，当作灾，为说文烖之或体。𤆎，则为从火才声之形声字，例当后起。且审之甲文，𤆎（后下八．二八）字之结构，上下之间距颇长（摹录如图：[illegible]），究否为一字，实有待慎考。殆此一災字之各用，亦可覘知，殷人于事物之析理，至为周密；绝非今世之粗率，不问何災，概以災字当之。然则，文字演进之踪迹，於此得其证例矣。」（契文举例校读十六中国文字第五十二册五八三六至五八三七页）

沈建华说参卜字条下。

1331 𡿧

按：卜辭災害字作巛、巜、川、𠕒諸形，即說文之「巛」字，而典籍則作「災」。「災」為說文「烖」之籀文。說文訓「烖」為天火。乃後世區別之文。「巛」、「災」為古今字。

按：字从「巛」从「口」，其義不詳。

1332 淲

按：字从「水」从「虎」。合集六一三一正辭云：「……㱿貞，王往次于淲」為地名。

1333 瀌

考古所「[illegible]、三朿、[illegible]均为地名。」（小屯南地甲骨九八一页）

1334 □

按：佚二一一六辭云：「王其涉東狄田三麓灉……」為地名。

1335 □

按：字不可識，其義不詳。

按：合集三六七五三辭云：「……酉卜，……貞，王迖于□，往來亡巛」為地名。

1336 ⿰氵皿 □

按：字从「水」、从「皿」，隸可作「⿰氵皿」。合集三一九九〇辭云：「……巳貞，□叀……食眾人于⿰氵皿」為地名。

1337 ⿰氵盖 □

按：字从「水」、从「盖」，隸可作「⿰氵盖」，當為地名。

1338 ⿰氵⿱聿皿 □

1339

澮

考古所「濜：地名。」(小屯南地甲骨一〇〇二頁)

按：字可隸作「濜」，卜辭為地名。

陳漢平「甲骨文有字作[古文字形](明藏四八四)，字在卜辭中為水名，旧不识。甲骨文编收入附录。按此字从水从[古文字形]作，[古文字形]即答字。尔雅释言：『俞、盒，然也。』释文：『盒，古答字。』字亦书作畣，见康熙字典。故甲骨文此字当隶定作澮，即潽字。玉篇：『潽，竹洽切，音劄，溼也。』山海经中山经：『陂水出于其阴，世传谓之百答水。』又水经注：『娄涿之山，波水出于其阴，谓之百答。』商代甲骨文中作为水名之澮字，疑即此百答水。」(古文字释丛出土文献研究二二八页)

金祥恒　参歙字条

按：字當隸作「澮」，釋「澮」不可據。卜辭為地名。

1340

洎

按：字从「水」、从「自」，說文訓「洎」為「灌釜」。卜辭残泐，其義不詳。

1341

洦

按：字在卜辭為地名。

1342 河

按：合集二八二五四辭云：「其𠦪年」，當為「河」之異構。

1343 潾

按：字从「水」、从「粦」，當釋為「潾」。

1344 沎

按：字从「水」、从「火」。合集二三六二三辭云：「乙巳卜，出貞，王疋隹沎」似與足疾有關。

1345 洱

按：字从「水」、从「耳」，當釋作「洱」。卜辭為地名。

1346

張秉权「，从水从，未詳，在這里是一个地名。」（殷虛文字丙編考释第三六頁）

按：字不可識，卜辭為地名。

1347

湡 □

按：契文有□、□字，从「禺」，不从「爲」，孫海波文編一一·四、李孝定集釋三三四一混入「潙」字，釋作「泳」，均誤。辭云：

「戊戌卜，在湡，今日不征雨」（前二·一一·五）

「……戊卜……其田湡，不遘雨」（前五·三一·四）

皆為地名。說文：「湡水出趙國襄國之西山，東北入𣿅」。朱駿聲通訓定聲云：「在今直隸順德府邢臺縣西山，一名百泉水，又名妃央水，又名胡盧河，至任縣合𣿅水，即灃水之上源也」。陳夢家以契文「□」字為「湡」，以為「古文字龜、禺、爲是一字」（綜述五九七）其說非是。

卜辭又有地名作「禺」，當與「湡」同地：

「壬寅卜，王其逐在□鹿隻？允隻五」（乙三二〇八）

「……逐鹿于□……」（餘一三·一）

說文以禺為「母猴屬，頭似鬼」，不可據。其誤與訓「爲」為「母猴」同。金文禺邗王壺作□，均與獼猴之形不類。

1348

淵 𣶒 □ □

王襄　「古淵字，或釋窗」。（類纂正編十一第四十九葉下）

商承祚　「說文解字淵，回水也，或省水作𣶒，古文作㘩。此與許書之古文同」。（類編十一卷三葉）

孫海波　「□，後一·一五·二。从口、水，与說文古文同。」（甲骨文編四三六頁）

李孝定　「說文：『淵，回水也，从水，象形。左右岸也，中象水皃。𣶒，淵或省水。㘩，古文从口、水』。此與古文同。辭云『戊戌卜行貞王其田于淵』地名。金文作□沈子簋其右旁所从與此略近」。（集釋三三一一葉）

考古所「囦：水名或地名。」（小屯南地甲骨八九二頁）

1349 囦

按：釋「淵」可備一說，卜辭為地名。

按：合集二九四〇一辭云：「……王其田在囦北，湄……」與佗七二二辭例同，而佗則作「囦」，此當為「囦」之異構。

1350 汒

按：字从「水」、从「亡」，卜辭皆用為祭名。

1351 滴

按：字當隸作「滴」，卜辭為地名。

1352 潰

余永梁「此字从水叀，殆是潰字。說文『叀古文蕢』，叀即貴之變。毛公鼎『毋潰于酒』亦即毋潰于酒潰亂也，與湛湎誼同。兔盉『錫兔鹵百𩰫』即說文䰞字，謂錫兔鹵百由也。由即由字，从又持由所以盛物，叀上口即所盛之物也。」（殷虛文字考）

葉玉森「按潰為國名或地名。疑从水从𠂹，乃古滜字。从叀與从甲同。卜辭辭旁作叀可證。不然即从水从澤，乃古澤字。」（前釋六卷三葉上）

陳邦懷

「此字从水从手持由，當是說文解字溲之古文。知由為由者，王徵君國維說也。徵君之言曰：『余讀燉煌所出漢人書急就殘簡，而知說文由字即由字也。漢簡由作由，其三直皆上出，與說文由字正同。說文由字注曰：「東楚名缶曰甾，象形」。原本玉篇引說文舊音「側字反」，大徐音「側詞切」，皆甾之音，則以甾甾為一字。自六朝以來然矣。然甾甾決非一字，甾為艸部菑字重文，从田巛聲，故讀側字反，或側詞反。若甾之與甾，於今隸形雖相似，其音義又何涉乎？考此字古文本作由，篆文亦或乃之，其變而為隸書也，乃屈曲其三直，遂成甾字，後人不知其為古文由字之變，以其形似甾，遂以甾之音讀之，實此音毫無根據也。』（見觀堂集林卷六釋由上下篇取證極博文繁不備引）邦懷又按：嚴氏可均跋說文偏旁字原云：『夢英書說文部首五百四十字，用李陽冰刊定本，與今所行徐鉉本不同。畢氏誤甾方九反謂「誤以由為缶字」，繫傳引陽冰言：「說文無由字，缶即由字」。（邦懷按之繫傳當作『由即缶字』）而陽冰篆碑偏旁由缶由為一字」，（見鐵橋金石跋卷四）嚴說足左證王說，而夢英本陽冰說甾音方九反，尤足為王說左證。然則溲字所从之由為由字，可無疑矣。詩大雅：『釋之叟叟』，毛傳：『釋，淅米也。叟叟，聲也』。釋文云：『字又作溲，濤米聲也』。段氏訂本徑釋文作溲溲，極是。卜辭溲字象由盛米，又持以就水，當即溲之古文。說文從変，恐小篆譌變耳」。（小箋六——七葉）

楊樹達

「前六、三、一云『口酉口貞溲獲羊』，溲字作濼，余謂其字从𢍰，𢍰即說文𢍰字。說文三篇上𠬞部云『𢍰，舉也，从𠬞由聲。春秋傳曰「晉人或以廣隊，楚人𢍰之」。黃顥說「廣車陷楚人為舉之」。杜林以為麒麟字』。尋甲文與篆文異者，篆文从𠬞，甲文止从又，从又與从𠬞一也。杜林以為麒麟之麒。許君引春秋傳見宣公十二年左傳，今字作惎，不作𢍰。說文十二篇上糸部綥或作綨，據此三證，溲殆即淇字也。說文云『淇水出河內共北山，東入河，或曰出隆慮西山，从水其聲』。甲文所見水大抵皆在今河南省境，淇水亦河南省境之水也」。（卜辭求義三十四葉上）

李孝定

「从水从曳或从㬰，說文所無。余氏釋潰，此所从貴與說文貴之古文作臾者有別，且許書古文類多六國古文譌體不盡可據。毛公鼎潰字，金文編以為湎字固不足信，余氏釋潰亦無據，且其字與契文此字亦有別也。鼎文右下从『ㄋ』不知何字似非ㄋ（卩）字則與从又者不得相通葉釋𣻘字形懸遠。陳氏釋溲於今隸作溲者似為形近，然変甲文作㝗，與此字旁从囼不同，即今隸溲字偏旁上亦不从由也。又陳氏引王氏國維說，謂甾不當讀側詞切，陳氏別引夢英方九反一讀謂可為王說左證，不知方九反乃『缶』字，音讀與『由』字無涉。又甾甲文作由，卜辭多假為方名之西，是則甾字讀側詞切蓋自殷時已然，非六朝以後之誤讀矣。楊氏說字形字音較諸說為長。契文亦有从𢍰之一體，謂即淇之古文實大有可能，然舍所取旁證外，別無直接

之證據。今謹就其偏旁隸定如此」（集釋三三七九葉）

按：浀六．三．一辭殘，義不可曉。諸家所釋，均有未當。李孝定集釋已詳論之，其說是對的。然粹九四五之洀字，形體與此有別。郭沫若考釋隸作「渫」，亦不可據。

1353 湋

按：字从「水」、从「事」，卜辭為地名。

1354 涑

按：字从「水」从「東」。合集一一一五六辭云：「希涑牛」其義不詳。

1355 涽

按：字當隸作「涽」，合集三七七一四辭云：「戊辰卜貞，今日王田書，涽日不遘雨」卜辭「昔日」習見，即「彌日」，猶言「終日」。此言「涽日」，義當相近。

1356 浧

按：字當為「洛」字之異構，所从之「各」倒書。為地名。

1357

⿰氵𢆉

按：英一八九一辭云：「丙子卜，⿰氵𢆉卯于二妣己于妣口、子丁」當爲人名。

1358

⿰氵⿱吅乂

按：合集三〇六一四辭云：「……其祝⿰氵⿱吅乂叀王今日侑」當爲祭祀河川之記載。

1359

泊

按：字从「水」、从「白」，爲地名。

1360

⿰氵賚

夏淥釋䞙，參凵字条下。

按：字可隸作「⿰氵賚」，辭殘，其義不詳。

1361

⿰氵⿱隹山

按：字當隸作「⿰氵⿱隹山」，爲地名。

1362 澑

按：字从「水」、从「雷」，可隸作「澑」。辭殘，其義不詳。

1363 [氵止心]

按：字可隸作「[氵止心]」，辭殘，其義不詳。

1364 [氵口]

考古所「昍、木：均为地名。」（小屯南地甲骨一○三一頁）

按：字从「水」从「口」，隸可作「[氵口]」。合集三二一○三「[氵口]方」當為方國名。

1365

按：合集二一一一四辭云：「庚午卜，王賁河合于[字]」為水名。

1366 洛

按：字不可識，其義不詳。

1367 洇 [oracle form]

按：字从「水」、从「网」，隸可作「洇」。合集二二〇四四辭云：「庚戌卜貞，多羌自洇」為地名。

1368 [oracle form]

按：字不可識，其義不詳。

1369 [oracle form]

按：合集一〇九八四辭云：「……田于洞」為地名。

1370 潯 [oracle form]

按：字从「水」、从「尋」。辭殘，其義不詳。

1371 [oracle form]

按：字不可識，在卜辭為地名。

1372 □

按：佚二〇五四辭云：「乙亥貞，河其□」用為動詞。

1373 汜 □

按：字从「水」从「巳」，為地名。

1374 □

按：佚二二六三辭云：「庚辰貞，王卜在□」為地名。

1375 □

按：合集八三五八辭云：「……于□尋」為水名。

1376 □

按：合集三六七八八辭云：

「在□貞」為地名。

1377 □

按：合集八三五一辭云：「……七巛，在□」為地名。

1378 □

按：字不可識，其義不詳。

1379 □

按：字不可識，其義不詳。

1380 屮

孫海波「屮，粹一九三。屮用为在。」（甲骨文編一八頁）

1381 生

按：合集二七二一八辭云：「新豊屮祖乙」；屯五九一辭云：「十人屮」，乃祭名，亦為用牲之法。卜辭無用「屮」為「在」之例。

王国维　「㞢，疑㞢月二字合文，卜辞屡云之月允不雨（前三·三一，前七·一四）。㞢月犹言是月矣。」（戬寿堂所藏殷墟文字考释第四页）

孙海波　「㞢，甲三八〇·生用为姓。叀多生飨，多生犹言多姓。㞢，甲三〇六六·庚寅卜，令生一月，方其亦出告。陈夢家說，生月指来月，令生一月即二月。」（甲骨文编二七四页）

郭沫若又曰：「生字作㞢，與作册大鼎『既生霸』字同。多生與多子對文，蓋猶言『百生』也」。（卜通別一第十葉下）

郭沫若　「生字作㞢，與金文作册大鼎『既生霸』之生字同。來生者當是求生育之事」。（粹考六二葉三九六片释文）

陳夢家　「『多子』與『多生』為對，生或讀作姓，或讀作甥」。（綜述四八五葉）

陳夢家　「卜辭『生月』之生作㞢，向来誤释為之，讀作之月，以為是本月、是月。下列各辭可以澄明『生月』是下月：1.『兹月至生月又大雨』（續九九八、2.『兹月又大月——于生月又大雨』（佚一八、一三、3.『丁丑卜賓貞𡉚往，六月。丙辰卜賓貞于生八月酢』（粹五〇八、4.『辛亥卜生月乙亥酢系，立中』（粹三九八、5.『乙亥卜生四月妹㞢史——今三月㞢史』（甲二〇九、6.『帝其及今十三月令雷——帝其于生一月令雷』（乙三二八二（參乙六八〇九）7.『庚寅卜貞于盟，十月。貞于生十一月令𡉚』（塗五六九、8.『丁亥卜王出，今五月——□亥卜王于生月出』（續九八三 9.『辛亥卜內貞今一月𠂤征乙其出至——其于生二月至』。乙七二八八王固曰今一月其出至，隹母其于生二月□』（乙七二八九（乙七二八八之反）由1、2知生月與兹月相對而生月在兹月之後。由3可知六月丁丑至丙辰為四十日，丙辰為七月，則生八月指丙辰卜時之下一個月。由4知辛亥至生月乙亥為二十五日，則生月應指下一個月而非下兩個月。由5『今三月』『生四月』之對貞，知所卜是今月或下月。由6因十三月之後為明年之一月，故『今十三月』之後『生一月』是明年的一月。7.之十月在銘末，義為今十月，『生十一月』指下月。8.於丁亥日卜王今五月出或下月出。由9.今一月與生二月對貞，可以確定生二月乃是正月後的一個月，即二月。」（綜述一一七至一一八葉）

李孝定　「孫氏所舉辭例字當释『生』，非『之』字，陳氏訓『生』為『來』，後世文獻中無用此義者，其說亦未足以饜人意也。而卜辭言『㞢幾月』者不一見，亦不能盡以形近而譌謂㞢譌為㞢也說之，疑終莫能明也。」（集釋二一〇二葉）

李孝定　「說文『生進也象艸木生出土上』。栔文作㞢，从屮从一，一地也，象艸木生出地上。小篆从土者，乃由㞢所衍化。古文垂直長畫多於中間加點，復由點演變為橫畫，此通例也。卜辭生字多與桒字連文，郭說是也。其求生之對象皆為先妣，如『辛巳貞其桒生于妣庚妣丙牡白豕牡　戊辰貞其桒生于妣庚妣丙在祖乙宗卜』（拾一．十葉，玉森釋『米㞢』為『燹之』，誤，見拾遺三葉下）『辛巳貞其桒生于妣庚妣丙牡羖白豕』（粹三九六，此與拾一．十疑為一片之折裂者）『□辰貞其桒生于且丁母妣己』（後上二六．六）是也。又卜辭用此亦多與『之』字相混，蓋緣『之』或作㞢（前五．卅一．一）與㞢形近而譌耳。辭云『又有大雨于㞢月』（後下十八．十三）『貞㞢七月王入』（佚七一）『貞王于㞢八月入于商』（拾九．三八）『丙辰卜旁貞于㞢八月酒』（前一．四六．五）凡此諸辭『㞢』字，以辭義求之皆當释『之』，而據字形則當释『生』，倘非誤刻則無以释之也。簠徵典禮一一一片辭云『癸酉卜亘貞㞢三月帝好』，此辭㞢字為㞢之艸率者，當释『之』，它辭誤㞢為㞢，由此辭『之』字覘之可以明其致誤之由矣。金文生作㞢（師害簋）㞢（單伯編鐘）㞢（大簋）㞢（頌鼎）㞢（鄭虢仲簋）㞢（面弔生甗）㞢（生簋）㞢（兮甲盤『諸侯百生』）㞢㞢（頌簋）㞢（臣辰卣）㞢（臣辰盉）㞢（王生女匜）後三文與栔文全同。它器生字或作㞢或作生，且有一器兩生字一作㞢一作生者（史頌簋）其衍變之迹昭然也。生或讀為姓，卜辭『多生』、金文『百生』可證，郭說亦是。」（集釋二一〇〇葉）

饒宗頤　「按多生即多姓，金文以生為姓。白虎通姓名篇：『姓，生也。』堯典：『平章百姓。』詩天保：『羣黎百姓，徧為爾德。』傳：『百姓，百官族姓也。』左昭三十年傳：『我蓋姑億吾鬼神，以寧吾族姓。』多姓即指百官族姓，非謂衆庶也。」（通考九八二葉）

饒宗頤　「按牲熟曰饔，生曰餼。論語：『告朔之餼羊。』鄭注：『牲生曰餼。』凡牲生曰餼，卜辭『生㸑』即進生牲也，應與『餼』同義。」（通考二九七葉）

金祥恒　「殷墟甲骨卜辭中常見㞢㞢与㞢之字，如後上三一．五：

丁酉卜，殻貞：今春王廾人五千，正土方，受㞢又。

菁华八：

貞：翌辛丑不其啟

王固曰：今夕其雨翌辛囚雨。㞢夕允雨辛丑啟。

粹編三九六：

辛巳貞：其求㞢于匕庚匕丙牡牡白豕。

囗囗貞：恩求㞢于囙庚匕丙牝豕。

先哲孙治让罗振玉王国維並释為之，后人亦多沿袭之。唯郭鼎堂於殷墟卜辞通纂与殷墟卜辞粹編二书中改释㞢为生，释出通又，今就卜辞中之㞢㞢㞢综合其意义考释如后：

说文解字：「㞢生进也，象草木生出土上所更切」又「㞢，出进也象艸木益滋上出達也尺律切」生与出許氏并训进，均象艸木出土而长之形，然马氏说文解字六书疏证於生下曰：「倫案说解象艸木出土上，非許文，字見急就篇」。又於出下曰：「吕忱或校者象艸木益滋上出达也。」今甲骨文出作㞢，或谓从足从凵，凵象初民穴居之巖洞，足外向，示出意。）罗振玉殷墟书契考释云：孙治让曰：「毛公鼎作㞢与此同。吴中丞曰：出字从止，止，足也。」，象納屦形，古礼入则解屦，出则納屦。与伯鼎「白矩乍宝彝用宜王出内事身」之出作㞢石鼓文田车石「囗出各亚」之出作㞢，頌鼎「受令册佩吕出」之出作㞢拍敦蓋「水棠母出」之出作㞢魏三体石経古文作㞢說文繫傳校录唐李陽冰作㞢所从之㞢㞢㞢皆足也，象形，由㞢㞢㞢省变而來，与許说不同。足征許氏所释之出，非商周文之本义，而马氏谓后人附增亦明矣。出或为茁之古文，詩経国风騶虞：「彼茁者葭」傳：「茁，出也。」孟子：「牛羊茁壮長而已矣。」說文「茁，艸初生，生出地皃，从艸出声鄒滑切」又「屮，艸木初生也」丨象出形，有枝茎也，古文或以為艸草，讀若徹。尹彤说丑列切」。其音义与出近，甲骨文之㞢从中从一，一地也。屮象艸木生出土上也，与说文之屮、生，形近义同。

甲骨文之㞢，一作生育之生，粹編三九六（見前）

辛巳貞：其求生于匕庚匕丙牡、羊、白豕。

囗囗貞：其求生于匕庚匕丙牝豕。

拾遺一、一〇

戊辰貞：其求生于匕庚匕丙，在祖乙宗卜

辛巳貞：其求生于匕庚匕丙牡羊、白豕。

前一、三三、三：

癸未貞：其求生于高匕丙。

后上二六、二

囗辰貞：其求生于祖丁母匕己

乙一七〇四
戊申卜，求生五匕，于乙于□
京都大学所藏甲骨文字B、二三〇〇
乙巳貞：丙酌求生于匕丙牡三，羊一百。
珠三〇
貞：求王生，宰于匕庚，于匕丙。
此乃為王求生，而以宰祭祀于匕庚匕丙也。外編四六：
癸未貞：求生于妻妣庚。
乙五四〇五：
戊戌卜，要求㞢生
求生者，求子也。如詩經小雅斯干：『下莞上簟，乃安斯寢。乃寢乃興，乃占我梦，吉梦為何？維熊維羆，維虺維蛇，大人占之，維熊維羆，男子之祥；維虺維蛇，女子之祥。乃生男子；載寝之牀，乃生女子，載寝之地。』鉄云藏龟四百种一一七（后下一一二）：
貞：王祝生。
祝生与求生义同。史記孔子世家『禱于尼丘得孔子。』求而有子曰受生。外編一四一战后南北所見甲骨录師友八〇：
丁酉卜，㱿貞：帚好㞢受生
外編一四四師友八二為外編一四一之反面：
王固曰：吉，其㞢受生？受
求而得子曰有身，佚存五八六，胡厚宣战后南北所見甲骨录，无想山房旧藏甲骨第二〇五：
乙亥卜，㱿貞：王曰㞢身，妫㱿曰，妫。
乙八五〇四：
□身。六月
有身者，有孕也。詩大雅大明：『乃及王季，維德之行大任有身，生此文王。』說文『孕，褱子也。』国語鄭語：『既笄而孕』。韦注：『任身也』。
遺珠五二四：
己卯卜設貞：企父乙帚好生保
此乃企望父乙保佑帚好生子也。
續一三九四
知帚鼠于匕己允㞢𡆥

□亥□不□而月

陈氏卜辞综述求生「卜辞有祀祓不子」之一例误释为

知帚鼠子于匕己允出（又）

□亥御帚鼠不子于匕己

盖此片卜辞原分上下二节，陈氏误读为一，断章取义不可从也。

二、作生死之生，生，活也。如粹编九五一

其隻（獲）生鹿

田獵所獲之獸多為死者，而此乃獲生鹿也。甲二四〇二：

丙午卜，穷貞：生𤔲于枋，一月

罗氏释𤔲为𩰫，说文「𩰫，設祭也。」於此則难通，为双手拱鳥而祭祀，鳥有生死之别，此乃以活鳥也。啸堂集古录一、一，鐘鼎彝器款识两周金文大系中𩰫一，二「归生凤于王」亦活凤也。国策齐策顏斶对齐宣王：「由是观之生王之头，曾不若死士之壟也。」京都大学所藏甲骨文字三一五五：

丁巳卜，王貞：乎弜奴生于東。

奴董师彦堂於殷历谱考释为征义，此生为生奴之生。汉昭帝紀：「斩虏獲生。」注「生，生口也。」京沪新獲甲骨集一三：

貞：今丁巳，其而。

壬子卜，貞：生从融□。

此生与生奴之生同，生，奴也。汉书李陵传：「捕得生口，言李陵教单于为兵，以备汉军」撕六、六〇、二：「生盄」此片残缺太甚且盄字尠見其义不详撕四七六四：

求生盤于□

盖为求生而盤祭于某祖也。

三、为姓字甲三八〇

叀多生鄉

叀多子

郭氏云：「多生与多子对文，盖犹言『百生』也。」（卜辞通纂别录一、十）金文姓作生，如善鼎（三代四、三六、一）「余其用各我宗子雩百生。」洋見傅孟真先生性命古训辨证。多生盖犹尧典「平章百姓」之百姓。谓公卿百官也。鄉即饗。甲编二七三四：

甲寅卜彭貞多子其鄉

郭氏於叀多子下朴一鄉字是其证也戰后南北所見甲骨录明一九四

☐貞：叀多生射

多生射之多生与多生鄉之多生同。射蓋礼記射义：「古者渚侯之射也，必先行燕礼；卿、大夫、士之射也，必先行鄉飲酒之礼。」又云：「是故古者天子以射选渚侯、卿、大夫、士。」「御于君所以燕以射。」仪礼鄉射礼：「宾主人大夫若皆与射。」静𣪘：「王令静司射学宫」其义亦同。殷虚南北所見甲骨录明三四七：

☐☐卜即圓☐：且辛歲多生

多生下缺，以文例而言，缺文为鄉或射

四、生为來也。如龟甲獸骨文字一、二〇、一一：

貞生十三月，帚好不其來。

此生十三月謂來十三月也即下月十三月也何以知之？如甲編二〇九：

乙亥卜，生四月妹㞢事。

弗及今三月㞢事。

今与生对文，今者茲也，生者來也。明义士殷虚卜辞九九八：

茲月至生月又大雨。

癸未卜圓：茲月又大雨，茲𢆶，夕雨。

卜，貞：生月又大雨。

茲，之也，此也，是也。侯家莊出土之甲骨第二六片：

甲戌卜又曰吉，余弗及之月出自卜。

☐☐☐☐余及茲月出，自卜

之即茲之𢓊。京津三九七四：

丁巳卜，叀今夕酻，宜。

丁巳卜，于來夕酻，宜。

粹編六九二：

今辛至于來辛又大雨

來辛者下一辛也，其义与生同。尚書召誥：「越若來三月，惟丙午朏」汉书律历志引逸武成：「粤若來二月」（袁用逸周书世俘）文例正同，凡卜辞之生月与生几月者，皆训來月也。

☐貞：生一月帝其彈令。　亿六八〇九

貞：生一月至。

不其至。

辛亥卜，内貞：今一月𢦏化其㞢至。

貞𢓊賓化其于生二月出至。 乙七二八八

王固曰，今一月，其出至，隻女，其于生二月 乙七二八九

貞：于生七月，勿出𢒉伐。 乙七七四二

貞：王于生八月入于商。 佚九三八 續三、一四、五

于生月乙巳求。 續六、二〇五

癸未卜王易生二月。 錄八八七

貞王于生七月。 續存八〇〇

辛亥貞：生月乙亥，𢒉，𢆶，立中。 粹三九八

癸卯貞：于生月𢒉。 粹四六一

丁酉卜，生十一月，王，佣又。 粹一一九一

甲辰卜，㱿貞：今生月曰貞不。 新一九四九

貞：王于生七月入。

其出來。

丁丑卜，㝃貞：往，六月。

丙辰卜，賓貞：于生八月𢒉。 粹五〇八 前一、四六、五

六月丁丑至丙辰中间四旬，丁丑在六月，丙辰則在七月，生八月者丙辰之下一月也。

庚寅卜，今生一月，方其亦出告 甲三〇六六

今生一月者，自今至來一月也。陈氏在卜辭綜述文法一一八頁詳论之。

甲骨文之生作㞢，商周金文亦有如甲骨文者，續殷文存不知名器七、四『王生母馭觥』摘周金文录遗九、四富鼎『既生霸』之生与小校經阁九、五四臣辰作父癸盉『豐百生豚』及三代吉金文存四、二〇、三大且丁鼎『隹三月既生霸』之生皆与甲骨文之生同。虽然前二器时代难考，必為商末周初之物无疑。而臣辰作父癸盉及大且丁鼎乃周成王以后之器物也。可知周初仍沿用殷商甲骨文之生字。

卜辭㞢，孙治让釋正云：『說文正部正是也。从一，一以止，古文作𤴓，从二，二古文上字。又作𤴔，从一足，足亦止也。此文亦以廿為止，而逸一著下，与一以止，义亦无啎也』（契文举例下二）罗振玉释之，云：『卜辭从止从一，人所之也。尔雅释诂之，往也，当為之之初谊。』（殷虚书契考释）王国維从之（戩寿堂所藏殷虚文字考释）孫海波释之通止（甲骨文編第六部）今案卜辭㞢从止一，止，足也，一，界划也。說文『止，下基也。象草木出有阯，故以止為足。』馬叙伦說文六书疏证謂『象草木出有址，故以止為足。』為校語，非許书文。沈涛說文古本考：『文選西征賦注引趾，基也，許书无趾字，趾即止字之别体。蓋古本无下字，基即在下，必更

言矣，小篆本作下，无基字，更误。」由此可知今本说文止下恐非许氏释解。盖止，正象人足至一而止也。故有止意，引申为此。说文「此，止也。」今以甲骨卜辞证之如后：

一、甲骨卜辞止作停止之义，如后下三六·一：

癸巳貞：夕。

甲午貞：夕。

乙丑卜，貞：夕。

丙寅卜，貞：夕。

丁卯卜，貞：夕、止雨。

己丑卜，貞夕。

庚寅大取风。

此片为卜夕卜辞，而「止雨」乃追记之辞，丁卯日雨止也。卜辞有「征雨」，如前三·一八、六：

己酉卜，

不多雨。

辛亥卜，貞：征雨。

征即说文延，方言「延，长也。」征雨谓雨连绵不止也。正与止雨义相反，卜辞通纂四一三：

风止。

此虽残文，疑亦止也，风止者风止也。后下一七·一

貞：曰止

因断简不明其意，佚存五二四：

貞：勿曰止。

貞：王陟值，曰止。

癸巳卜，殻貞：子渔疾目，福告于父乙。

丁亥卜，殻貞：翌宮于雚

二、止作此也。如侯家荘发掘得甲骨第二九片

甲戌卜，又曰吉。

余弗及止月出，自卜。

余及丝月出，自卜。

「余弗及止月出，自卜」与「余及丝月出，自卜」对文，一书丝，一书止。丝说文微也。

罗振玉曰「卜辞与金文皆用训此之丝，容庚曰，录伯𣪕：「子孙其帥刑受丝休」与易晋受兹介福同义。借丝为止。」粹编六九七：

莫，不，

王其𤔲，入，不冓雨。

王夕入，于止，不雨。

于止者于此也。诗雝「有来雝々，至止肅々。」孔疏「至止，于此也。」摭续一四一：

王于𢓊𡐯人于𫷷于止，及伐𡐯。王受又（祐）。

𢓊取𫷷𠨮史于止，及伐𡐯，王受又，𠈇出

王其从𡐯再册，光，及伐𡐯，王弗每又（有）𢦏。

京都大学B二一四二：

伐，其𢓊毋歸于止，若，𢦏，羌方。

伐，其歸，乎𣶃，王弗每。

其乎伐，御羌方于義且乙，𢦏羌方，不喪众。

于滜帝，乎御羌方于止，𢦏。

不其大出。

于滜帝，乎御羌方于止，𢦏，于止者，于此也，同上例「伐其𢓊毋歸于止，若，𢦏羌方」。过去将「于止若」为一辞，训「止若」为殷帝先祖昌若，即世本帝繫史记殷本紀皆以相土之后为昌若也。而吴其昌卜辞所見殷先公先王三續考（燕京学报第十四期）非之，云「若者土之子也，土，土之神也。又云：若，海之神也。不若者为川泽之神也。」郘书燕说，不可信也。若，罗振玉曰：「说文解字若择菜也。从艸，左右手也，又诺，膺也。从言若声。按卜辞诸若字，象人举手而跽足，乃象诺时巽顺之状，古诺与若为一字，故若字训为顺。古金文若字与此略同」叶玉森曰：「按契文若字並象一人跽而理发使順形，易有孚永若，荀注若順也，卜辞之若均含順意。」谬叶两氏所释是也。若順诺之闲，如后下二八、一七：

己亥卜，辛雨。

己亥卜，其𢍰，若。

不若。

若与不若对文，其意相及。若者如尚书酒诰「兹亦惟天若元德」之若，如左宣三年「铸鼎象物，百物而为之备，使民知神奸，故民入川泽山林，不逢不若。」杜注「若，顺也。」张衡西京赋「禁禦不若，以知神姦。」尚书酒诰「予不惟若兹多诰。」卜辞通纂别录三A

壬寅卜，穷贞：若兹不雨，帝隹丝邑𡆥，不若。

若茲不雨者，如今不雨也。帝隹茲邑㞢㝢，帝降希於之邑也，其反面「丙申，王固洸卜曰、不若，㞢希茲，」㞢希茲者正說明「帝隹茲邑㞢㝢」也。不若亦作亡若，如粹編一二四京都大学三〇一三：

乙巳子卜，貞：帚𡚸子，亡若。

辛亥子卜，貞帚𡚸子曰，𩀣若。

乙卯子卜，貞：其𡆥，若。

新四七六三

己未卜，亡若。

若。

粹編一二五五：

御于

二月貞：卜子，亾若。

二月卜，又若。

三月卜又若。

茲三卜亾若。

郭氏云：卜子為人名，余疑卜子為卜求子也。茲三卜亡若者，此三卜又不順也。若，順諾也，卜辭又作又（有）若如粹編六八六

不禽。

不雨，又若。

雨。

佚存七五：

戊辰貞：亾旧。

戊辰貞：其征壴，又若。

卜辭「于止若」者当读为「于止（此），若」粹編三三五：

不遘卌。

其求，王受又。

弜已求于止，若。

其求在父甲，王受又。

口且丁求，王受又。

正与京都大学B一八八五加一八二三同

弜巳（祀）兄（祝）于止，若。
其兄（祝）在匕辛，又正。
新三九七九：
貞：□大乙，弜□酌，于止，□又正。
戩二一、一三：
庚子子卜，貞：弜尞于止，若。
甲一九七八：
辛未貞：今日隣田。
貞：王其𡆥㳄方白𢦏于止，若。
前五.三○、一：
其大出，吉。
其徣至于攸，若，王固曰，大吉。
其𢼸于止，若。
甲一三四三：
貞：于乙日曰𣎆西，王受又。
貞：弜且乙冊用，于止，若。
新三九五七、四二九九：
丁亥卜，狀貞：叀歲用，于止，若。
酌、中兄，于止，若。
粹編一四二：
大乙史，王鄉于宿。
弜鄉于止，若。
粹編五四二：
弜□，又正。
三匚二示，卯，王叙于止，若。
弜叙于止，若，又正。
續存一五○七：
辛巳卜，吴貞：叀王祝，亾它。
辛巳卜，吴貞：多君弗言余其㞢祝，庚𠨘，九月。
壬午卜，吴貞：于枋裸，于止，若。

以上諸卜辞讀為「于止（此），若。」皆言卜辞順也。胡厚宣新获卜辞三九五六：

弜洛止，若。

其洛，又正。

洛即方言洛，罗振玉謂各即来格之格，宗周鐘「用昭各丕显祖。」无專鼎「王各于周廟」，頌鼎「王各大室」，石鼓文「大車出各」均作各。此洛从彳从各，与說文：假，至也，从彳从段，其音又同。洛止者，来此也。戩寿堂殷虚文字十二、二：

貞：王伐呂方，受出又。

前六、四六、五：

貞：王出（又）曰：于止（此）出（侑）。

戊申、千曲、彖車東西，自西，从于止（此）幸。

新四六〇〇：

甲戌卜，

弜止，丝用，窜。

前四、四九、一：

图丑卜，王貞：余作□、徝于止侵。

丁巳卜王壬□不羊（祥）雨二月。

甲骨文录六一〇：

貞出□，其从止出。

此虽残文，然「止出」上有于字，必為于此出也。鉄云藏龟一六八、三：

貞：亦，𠂤般在𢧁，乎𠂤，在止莫。

莫為地名，骨臼刻辞「莫示十色出一辰」（历史博物館藏）乙編二二四五「莫来廿在𡨥」三四二二「莫入二」林泰輔龟甲兽骨文字二、七、三「貞：勿曰侯莫。」莫，三体石經春秋經鄭古文作莫，在止者即于止也。

卜辞中常見「隹止」「不隹止」如乙編七二三一：

貞：帚曰。

貞：帚勿曰。

貞：隹止。

貞：不隹止。

乙七八一八：

辛丑卜，宕貞：祉戠攸。

王勿佳止，从。

乙六三九六：

王弗氏且丁眔父乙，不佳止。

王往于田，弗氏且丁眔父乙，佳止。

王弗氏且丁眔父乙，佳止。

乙七七九九：

貞：王出巳于蔑，佳止，出祭。

佳止者維此也。前編七·三三·二：

己卯卜，㱿貞：出𠙵于□。

己卯卜，争貞：今夕。

王固曰其雨，止夕。

止夕与今夕对文，止夕者之夕也，即言今夕也。

龜甲獸骨文字一、二七·一七：

王固曰，止夕允雨。

前編七·十四、三：

止夕允不雨。

龜甲獸骨文字二·二六·十与二·二六·十一：

乙巳卜，貞：今日益𦍌不雨。

己巳卜·貞：翌庚午魚益𦍌、止日。

前編五·二七·五：

庚子卜，争貞：王𠂤其冓。止日𠂤冓雨五月。

龜甲獸骨文字二·二二·一〇：

止日，王往于田，从東允獲豕。十月。

戊辰□王往囯田，若，十月。

止日犹止夕也，止日者之日，即此日

校齋所藏甲骨一：

止日，夕出鳴鳥。

甲戌卜，𣥠𣦼，不其禽，十一月，止夕风。

甲戌卜，𣥠𣦼，禽，隻六十八。甲三二三

甲午卜，爭貞：翌乙未用羌，用。止月雚。

甲午卜，爭翌乙未勿畓（羊），用羌。乙一九四一

囟丑卜爭貞：自今至于丁巳我𢦏留，王固曰，丁巳我毋其𢦏，于來甲子𢦏，旬出一日癸亥，車弗𢦏，止夕甲子允𢦏。乙七七九五

皆其例也乙編七一二二

貞：王曰止舌。

勿曰止。

叀幽牛出黃牛。

勿畓，日止舌，若。

丙編一二：

貞：出犬于父庚，卯羊。

貞：祝氏止疾齒，鼎慴。

止舌、止疾齒者，謂此舌，此疾齒也。

三止，至也。如後下三三·八：

己亥卜𡧊貞：出（有）衆止（至）十二月。

詩抑「淑慎尔止」傳云至也。

卜辭出，孫詒讓、羅振玉、王國維並釋之。孫詒讓曰：「凡云之者甚多，其义為適，尔雅釋詁：適，之，往也。有云貞夕（勿）之者，有云貞之者，有云夕之者，有惟云之者，並謂卜適其廟而祭，猶儀礼特牲饋食礼命筮曰孝孫某筮來日某，諏其事適其皇祖尚饗是也」（契文舉例上）吳其昌殷墟书契解詁补其不备云：「今綜合万余片甲骨，悉索其出字，駢臚而通觀之，其賦形有五，而其涵义有六。其賦形之五种：出又作㞢，又作𡳿、㞢𡳾又通，出𡳾又通，其涵义之六种：一曰出祭也，二曰出用也，三曰出有也，四曰出又也，五曰出此也，六曰出至也。」吳氏謂出𡳾又通，出𡳾又通，其实出𡳾𡳾各為一字，其义截然不同，其涵义有六者亦无用置辨矣。現就卜辭中之出歸納之其义有二：

一、出，祭也。如前一·四·三：

出于大甲，出于大丁，出于咸。

出于大庚至于中丁。後二·四〇·二

其出于血室，三大宰。鐵一七六·四

出于血室，五大牢。金璋四六六

言出祭于血室也。卜辭出与又通用，又即右也詩雝「既右烈考，亦右文母」右讀若祐，易繫辭：「可与祐神」說文：「姷或从人作侑」周礼宮正：「以乐侑食」尔雅释詁「酬、酢、侑、

報也。」㞢為報祭也。《佚》四一三：

㞢匚于祊，于南室彡。

《粹編》三九九：

庚子卜，㱿貞：㞢彐（一又）于高匕己，來。

「《說文》謂受物之器，讀若方，余疑為報恩之祭之報。《魯語上》：「上甲微能帥契者也，商人報焉。」《孔叢子·論書篇》：「書曰惟高宗報上甲微。」《卜辭通纂》二四八：

□寅卜，其又歲于高祖乙。

《粹編》一六三：

甲午卜其又歲于高祖乙。

《粹編》一六五：

甲寅卜，其又歲于高祖乙一牢。

歲亦祭名，高祖乙者大乙也。

二，有也，又也。《卜辭通纂》二二：

畢（禽）豕，允禽隻鹿八十八，彖一，豕卅又二。

卜二三：

壬申卜，㱿貞：甫禽麋，丙子𦓐，允禽二百㞢九。

㞢与又通，並同又，續一、四四、五：

□戊卜，出貞：自今十年又五，王豐。

□□□大貞：于來丁亥，㞢彐于祊。

今十年㞢五与《周書·泰誓》「惟十有三年春」《洪範》「惟十有三祀，王祊于箕子」《周宣王時器如虢季子白盤》「佳十又二年正月初吉丁亥」《克鐘》「佳十又六年九月初吉庚寅」之又同。

□申卜貞：𡆥囚㞢疾，旬㞢二日未、𡆥又囚。

□百曰㞢七旬㞢寅𡆥亦㞢疾，夕𠁁，丙申死。

《堯典》「帝曰、咨汝羲暨和朞三百有六旬有六日以閏月定四時成歲」《左傳·襄公三十年》：「臣生之歲，正月甲子朔，四百有四十五甲子矣」之有同。古又有通用。

王固㞢希，其㞢來𡃼，乞至九日辛卯，允㞢來𡃼自北𡃼妻姘告曰，土方牧我田十人。

㞢來𡃼者，有𡃼來也，《前》八、六、二：

癸未卜，貞：𤕫㞢疾，囚。

弗疾，囚。

癸未卜，𬎼今羌匕石，希，㞢艮友，

出疾者，有疾也，弗疾者，无疾也，粹編五九五：

其又（有）羌十人，王受又（祐）

十人又（有）五、王受又。

蓋又与出同义。粹編一四一七：

癸卯貞：旬亡囚（禍）。

癸卯貞：旬又（有）囚。

癸亥貞：旬又（有）囚。

丙寅卜，曰風，不囚。

不囚亦亡囚也。粹編一三九二：

甲子卜貞：今夕亡囚。

癸亥卜貞：今夕亡囚。

癸亥卜貞：今夕其出囚。

出与又同义出囚者有禍也。粹編一〇九四：

伐𢀛方，受出又，一月。

卜辞通纂四七：

癸酉卜貞翌日乙亥王其又（侑）彳于武乙，升正王受彐。

受彐者，王受出又也。郭氏云：「王受彐之成語当渎為王受有祐，又作重文，金文重文之例均如是作。」粹九四九：

貞：我逐豕，出又。

出又即有祐也。因出与又通用，故董师彦堂曰：在卜辞通作祐，亦作侑，侑盖祭祀时劝食之乐，如詩楚茨：「以妥以侑」传曰「侑，劝也。」（中国文字第二卷第五冊五四三—五六七、第六冊六二一—六五九）

張秉权

「屮，象草木出生之形，或释之，或释生，這二种解释，都可以适合一部分的甲骨辞例；所以這两种解释，究竟孰是孰非，很难遽下定論。即使用在粹編的考释中，对於這个字，也有两种不同的說法，譬如它在第三九六片中释「生」，而在三九八片中却释「之」，有一些人以為甲骨文中既已有了象足趾着地之形的止（之）字，那末這个屮字，就应释為「生」字，並且說「生」有「来」的意思，「生月」就是「下一个月」，這一說法，固然可以講通一部分的辞例，然而仍有若干地方，无法解释，譬如甲編三〇六六「庚寅卜，令屮一月，方其亦出告？」如释為「令之（兹）一月」，便与卜辞中的「令兹」一詞相合，如释為「令生一月」，那就难於解說了。而且在甲骨和金文中，有些从「之」的字，在偏旁中也有㞢㞢相通的例子，譬如甲骨文的「往」字，从之在土上，有作㞷（丙編三二）和㞷（珠四九三；簠游田四五）二形。「先」字从之从人，有作光（乙編七二六七丙編一）和光（甲編二八七四；前二，二八，二）等形。金文中的「先」字，也有作光（臣辰先文乙卣）光（作文乙簋）和光（毛公鼎）光（善鼎）等形。許慎在說文解字中以「象艸木出有址」和「以止為足」二义释「止（二上，止部）」。以「象艸過屮，枝莖益大而有所之」释「之（六下，之部）」。以「艸木妄生」释「往（六下，之部）」。以「象艸木益滋上出達」释「出（六下，出部）」，恐怕也不見得完全是望文生义的吧，所以我認為在這一条卜辭中，㞢仍以释為「之」。似乎比較妥当些。「稭之」意即「稭于此」。第（一四）辭「不其之」即「不其稭之」的省略。如果不是在对貞卜辭中，或者他的对貞卜辭因碎裂而分散了，他的意义就很獲得解答了。」（殷虛文字丙編考释第三九七——三九八頁）

屈萬里 「卜辭「叀多生鄉？」綜述以為「生」，或讀作姓，或讀作甥」（四八五葉）。按先秦早期金文姓字但作生。多生，蓋猶堯典「平章百姓」之百姓，謂眾官吏也。善鼎：「余其用各我宗子雩百生。」百生與本辭相類。」（甲編考释五九葉）

林政华 「庚辰貞：其求生于妣庚、妣丙，其且乙宗卜？」（拾一·一〇）

「□辰貞：其求生于且丁妻妣己？」（後上二六·六）

㞢，郭某释为生。說文：「生，進也，象草木生出土上。」引申为一切生育之事。卜辭求生即求生育也，可知以无后为慮，自古已然矣。此事尤以王朝为最，以其关系王位之継承也；故求生之祭，每勞殷王亲为之。其祭，以第三期为多，上引二例皆属之。此頗类似周代以来所谓「高禖」之祭。求生而占之俗，詩中亦有之，小雅斯干云：

下莞上蕈，乃安斯寢。乃寢乃兴，乃占我梦。吉梦维何？……维熊维羆，男子之祥，维虺维蛇，女子之祥。乃生男子，載寢之牀；乃生女子，載寢之地。」（甲骨文成语集释上，文物与考古研究第一辑六四頁）

于省吾說參㞢字条下。

按：說文謂「生」字「象艸木生出土上」。甲骨文从屮从一，一者地也，正象艸出於土之形。小篆雖經譌變，而許氏說解，時能得其本形本義，蓋有所師承。段玉裁注以為「下象土，上象出」，失之。

1382

星 㞢 曐

卜辭「𠦪生」，郭沫若謂為「求生育之事」；「多生」，猶言「百生」，其說皆是。卜辭「生」又與「死」相對而言：

「其隻生鹿」（粹九五一）

「乎取生鶅」（乙一〇五二）

至於卜辭之「生月」，陳夢家以為指下月而言，論證甚詳，其說可信。

郭沫若 「曐字高田忠周釋星。今按與雲坤等天象之文同見，其說殆無可易。㞢亦生字，作冊大鼎『既生霸』字，臣辰盉『生豚』字均如是作。曐象繁星之形，與許書星之作曐若曐者同意。金文𤁷伯星父毁作曐。」（卜通九十葉上）

李孝定 「說文：『曐，萬物之精，上為列星。从晶，生聲。一曰象形，从口，古口復注中，故與日同。曐古文星。星，曐或省。』許君既云『一曰象形，从口，古口復注中，故與日同』，是明知晶即品，亦即曐之象形字，乃復別晶曐為二字而訓晶為『精光也』，是於己見仍不能無疑。然『一曰』以下云云甚碻，且必因疑或非許語，或有挩誤，不然者，許君不宜若是之自為矛盾也。沈濤古本考云『案五行大義論七政引云：「星者萬物之精。或曰：日分為星，故其字日下生。」此釋重文星字之義本春秋說題辭，許君解字多用緯書說，今本為二條所妄刪。』沈氏於『一曰』以下一段未見論列，然其意則謂曐下說解非復許君之舊。王筠說文釋例云『「一曰星象形，從○（依小徐古○復注中故與日同）」案此當為部首晶下之說，挩誤在此也。晶蓋當作品而又有古文作品，云从○者，謂品也，云古○復注中者謂品於品中加點也，故曐之古文作曐，參之或體作曑也。亦當是古文，云故與日同者，乃牽合之誤。』（中略）又云：『然吾謂品品皆當為古文星字，迨加生為曐，而晶改為子盈切，訓曰精光，遂各為音義。以虛統實無是理也。』其說是也。餘況乎晶字不見於經，而說曰精光，又為虛字，部中字則實字也。詳前晶字條下。」（集釋二二四九葉）

饒宗頤 「卜辭云『王固曰：止[illegible]，勿雨。乙卯，允。明星，三……食，日大星。王固曰：……王臣固曰：……㚔首，若。』（屯乙六三八六）星蓋借為姓。說文『姓，雨而夜除星見也。』韓非說林：『雨十日，夜星。』詩『星言夙駕』，鄭箋『星，雨止星見。』此云大星，應讀大晴。說苑指武作『夜晴』，可證。」（通考八二——八三葉）

曹錦炎說參[亼豆]字條下。

按：古「晶」、「星」同字，其後始分化，加「生」為聲符，卜辭皆無別。參見「晶」字條下。

1383 橐

按：說文「橐」與「囊」互訓，古實本同字。或以為有底曰囊，無底曰橐；或以為有底曰橐，無底曰囊；或以為大者為橐，小者為囊；或以為小者為橐，大者為囊。此象無底形。姑據玄應一切經音義引蒼頡篇以橐為囊之無底者，隸作橐。卜辭每言「有石一橐」，乃其本義。

1384 丰 封

羅振玉釋丰，謂卜辭之二丰三丰為地名。（殷釋上二十三葉下又二十四葉上）

王襄 「古封字。康侯鼎封作，與此同」。（類纂正編第十三第五十九葉下）

孙海波 「，佚一·二一六·方国名。二丰方。
，佚四二六。人名。宰丰。」（甲骨文編二七五頁）

陳邦懷 「卜辭中有一封二封三封四封之文，稽其上下辭誼，與地名相若而非地名。徵祇盦亦有一封二封三封之文……皆某地之封疆。卜辭之二封三封四封亦猶是例，而羅參事似一封二封三封為地名，竊不謂然。」（小箋自序二葉下）

郭沫若 「說文解字曰『封，爵諸侯之土也。从之土，从寸。寸，守其制度也。公侯百里，伯七十里，子男五十里。𡉚，籀文封从丰土。𡊨，古文封省。』案此於字形已失，字義自非其朔。封不從之土，王國維已言之，其史籀篇疏證云『古封邦一字。說文邦之古文作𡆪，从之田，與封字从之从土均不合六書之指，之當丰之譌。殷虛卜辭云「貞勿求年于𡆪土」（前·四·七·一三）𡆪字从丰从田，即邦字。

邦土即邦社亦即祭法之「國社」，漢人諱邦乃云國社矣。籀文𡉚字从土丰聲，與𡊝之从田邦之从邑同意，本係一字」。王氏「封邦為一字之說古本有之，惟惜古器物中尚無其證，然封不从之，則固是論也。封乃古人之經界，周官大司徒之職「制其畿疆而溝封之」鄭注「溝穿地為阻固也，封起土界也」。比較許書「爵諸侯之土」為近古矣。然余謂起土築界猶是後起之事，地官「封人掌詔王之社壝為畿封而樹之，凡封國設其社稷之壝，封其四疆，造都邑之封域者亦如之」是則古之畿封實以樹為之也。此習於今猶存，然其事之起乃遠在太古。太古之民多利用自然林木以為族與族間之畛域，西方學者所稱為境界林者是也。封之初字即丰。周金有「康侯丰作寶鼎」即武王之弟之康叔封，亦即許書訓「艸盛丰丰」之丰，與「古文封省」之𡉚，如毛公鼎「嗣余小子弗及邦庸」與「辥我邦我家」二邦字作𡉚，「固我邦我家」字作𡉚，即丰𡉚為一之證。丰即以林木為界之象形。𡉚乃形聲字，从土丰聲，从土即起土界之意矣。以林木為界之事於散氏盤銘猶可徵，考其銘乃約劑之最大者，叙矢人因攘掠散氏之邑乃用土田為償，此間尚有散氏戰敗矢人之事原銘省略矣散兩造有司，即共定土田之經界。曰「自瀗涉以南至于大沽一封，以陟二封至於邊都復涉瀗陟雩歔，徂䢼陵以西封于𢿤𢦏楮木封于芻逨，封于芻衜內陟芻登于厂泉，封割楮析陵剛析封于𤰈道封于原道，封于周道，以東封于𩰫東疆右還封于眉道，以南封于𥇎逨道以西至于𪊨莫眉井邑田自根木道左至于井邑封道以東一封，還以西一封陟剛三封降以南封于同道陟州剛登柝降棫二封」凡此中十八封字，除井邑封道一字外均與近人之建立界碑無異，而封之字形均作𡉚，从丰从又即亦為畿封而樹之之形。樹有利用自然林木者，如曰「一封以陟二封至于邊柳」，曰「封于𢿤𢦏楮木」，此甚顯而易見。曰「自根木道左至于井邑封道以東一封」，曰「登柝降棫二封」，則乃因木而名之地。凡此等地望如今人田地契約中所云之某疆某界，其區域必不甚大，即散矢二國之所在地，於今猶屬模糊，而學者乃有欲於典籍中一一以求其比附者，余恐乃徒勞之舉也。……卜辭亦有封字，字作丰若𡉚，曰三丰方、曰二丰方，案乃國名，有从丰之字除上舉𡊝字外有地名曰𢓊作𢓊，僅此四五見而已」。（甲研上冊釋封）

商承祚　「說文解字封从之土从寸，籀文作𡉚，古文作𡉚，康侯封鼎作丰，與此同。」（類編十三卷六葉）

孫海波　參土字条

李孝定　「說文『封爵諸侯之土也从之从土从寸，寸守其制度也公侯百里伯七十里子男五十里。𡉚古文封省。𡉚籀文从丰』。契文从丰从土與許書古文籀文略同，均不从寸。封之本義當以郭說為是，許訓乃後起之義。字象植樹土上以明經界，爵諸侯必有封疆，乃其引申義。又字與對字構造法略同，其義亦相近。辭云「□子卜左□于什往來□□王正一封方□」（前、二、十六、四）且「乙亥妣己□于二封方」（後、上、二十六）「戊午卜弜克貝褱南封方」（甲編二九〇二）皆當釋為封疆之封，首辭之正謂正其疆理也。又云「𦎫封」（佚、八六八、佚、四二六、又五一八）人名。金文作丰康侯封鼎𢦏散氏盤封召伯簋弟一文與契文同。弟二三兩文从収从又，均與篆文从寸同意。」（集釋三九九七葉）

饒宗頤「古地名有封父，禮記明堂位：『封父龜。』左傳定四年：『武王分魯公以封父之繁弱。』封父國在今河南陽武縣東，漢置封丘縣，其地正在商之邊鄙，故卜辭稱為『封子商鄙』也。『封父』『封子』，并因封而名。姓苑謂：『封鉅為黃帝師，胙土命氏，而為封鉅。至夏時，封父列為諸侯，以地為氏。』在夏稱為『封父』，在卜辭稱為『封子』，實一地也。」（通考六一四——六一五葉）

屈萬里「卜辭：『辛未卜，賓貞：王从𡉚？』𡉚，地名；疑是丰，丰之繁文。丰字與康侯封鼎之封字同，類編釋封，是也。甲骨文本宜作肥筆，凡遇肥筆，每虛其中；故丰與𡉚同，亦即封字。𡉚字殆又丰之繁體也。甲骨文丰𡉚字皆地名，此𡉚字亦地名；亦𡉚為封之旁證。」（甲編考釋一六三葉）

屈萬里「丰，與康侯鼎丰字同；劉心源釋丰，謂即康叔封之封（奇觚室吉金文述卷一）。其說至確。本辭之丰，亦即封字。南封，即南境。南封方，即南境之國也。貝、褱兩地，蓋皆在殷之南境，故云。」（甲釋三七四葉二九〇第二辭）

考古所「封方：从郭沫若釋（甲研上釋封）。封在卜辭中有作人名者，也有作地名者。在此为方國名。」（小屯南地甲骨九九六頁）

考古所「丰：与𡉚为一字之异。四封，当指四封之人。此為以四封方之人為犧牲。」（小屯南地甲骨一〇二一頁）

姚孝遂　肖丁「2279

(1)『癸亥卜，王其𦎫丰，叀戊午，王受又＝𢦏』

（2）「叀癸亥王受又=」

「丰」即「邦」字之初形，西周金文始增「邑」作「𨛜」（班簋），至晚期则作𨛜（毛公鼎），春秋时期蔡侯鐘则作𨛜，是即小篆𨛜形之所由来。說文古文作㞷乃丰之形讹，不能据此以释甲文之㞷为邦。

卜辞「邦方」连言，或称「二邦方」（後1.21.6）；或称「三邦方」（後1.18.2）；或称「四邦方」（續3.13.1），「邦方」应是泛称，即粹1162之所谓「多方」。根据2279「臺邦」的辞例，则「邦」是个具体的方国名，这是前所未見的。凡卜辞言「臺某」，即征伐某方，在辞末一般均有「受又=」或「受又=」。」（小屯南地甲骨考释一〇〇頁）

屈萬里　「㞷字未識，或是封樹之封。」（甲釋第一九二葉）

于省吾　「說文封「从之从土从寸」。按封之初文本作丰，契文作丰，金文作丰。西周晚期之召白虎毁从又作𡉚。許从之、土乃形之譌。漢无极山碑封作𡉚，从丰，犹不背于古文。」（论俗书每合于古文中国语文研究第五期一五页）

赵超　「一九八〇年第五期考古杂志「辽宁省新金县後元台发现铜器」一文中介绍了一件「廿一年啟封戈」。该戈内面铸有铭文：「廿一年啓㞷𨛭（令）瘫，工币（师）金，冶者。」字体为战国时期三晋文字。内背刻有「啟封」二字，字体为秦隶书。根据铭文内容来看，这件兵器原属魏国，后被秦国缴获，归秦国驻啟封守军使用。对比内背、内面铭文可以断定内面铭文中的㞷字应释为封。金文封字的这种写法尚属初次发现。……

以往的甲骨释文中均将㞷字释作邦。……又說文解字六下邑部，邦字古文作㞷。与說文解字相形讹，但仍可以看出是由㞷变来。汗简下之二，田部收古文尚书邦字作㞷，与說文解字相同。现根据啟封戈铭文中的封字可知上述「邦」字均应改释为封字。……

实际上，无论从意义或形体上看，封都应先于邦，而且在古文字材料中，邦、封二字有着明显的区别，所以不能将邦、封看成一个字。尽管它们声音相同，意义相近，有时还互相假借，但它们的形符却始终不同。……

「封」有无形符及从土从寸三体，但均不从邑。「邦」则无论声旁㞷形体如何变化，形旁邑始终存在，決不省去。此即封、邦二字的区别。邦原与国同义，均指都邑。国语周语上「后非众无与守邦」。韦昭注：「邦，国也。」仪礼既夕礼「至於邦门」，郑玄注：「邦门，城门也。」贾公彦疏：「此邦门者，国城北门也。」史记魏世家集解云：「汲冢纪年曰：梁惠王九年四月甲寅，徙都大梁也。」孟子梁惠王上正义同。而水经渠水注则作「徙邦於大梁。」续古逸丛书所收永乐大典本水经注亦作邦。可见邦与都意义近同。邦字所从邑旁正为了说明这一点。两周、战国、秦汉形声字中常有减省形符的现象。但邦的形符从未简省，表明邦字的邑旁有其特殊意义。

邦、封二字在使用中也存在着一些区别。例如齐刀币节墨之法化有两种背文：一为安邦（厇鉎），一为开封（開鉎）。节（即）墨是齐国大邑名。刀背文则应为吉语。邦、封二字虽同时存在，使用时表达的内容却不同。安邦指安定国家，开封指开拓疆土。中山壶铭文中有「封闢封疆」「受赁（任）㒼（佐）邦」。中山王鼎铭文中有「辟啟封疆」「克備（敌）大邦」「哭（鄰）邦難新（亲）」等句子，与齐刀铭一样，在「邦」「封」二字的使用上有明显的区别。

而在甲骨文字中，没有封、邦的区别，或者说尚未明确产生「邦」这一概念。邦的意义包含在封字中，即只有封字没有邦字。

甲骨文中有丰、丰、丰等形体，现均释作封。如：

甲二九〇二：……幺卜佳其克贝雝吉封。

后上二·一六：宾乙且奭妣乙……于二封方。

后上一八·二：己酉，王卜贞余正三封方叀𩐈令邑弗每不亡……在大邑商王吓曰大吉在九月遘上甲……五牛。

掇二·三九九：……子卜……于大七封。

佚二七一：癸丑卜行贞今月亡禍在封卜癸丑卜行贞王其步自臬于封亡灾甲寅卜行贞王其田亡灾在二月在自封。

以上诸辞中，封或作封地之义，或为地名。陈梦家先生曾将以上诸辞中丰字释作邦，认为是邦伯之邦（见殷墟卜辞综述三二五页）。据康侯丰鼎封字作丰来对照，甲骨文字中丰、丰、丰点应释为封。从其形体上看，它可能是葑的本字，象形。诗经邶风谷风「采葑采菲，无以下体。」毛传曰：「葑，须也。菲，芴也。」郑笺云：「此二菜者，蔓菁与葍之类也，皆上下可食。」说文解字一下艸部：「葑，须从也。」从寸之封当为采葑之会意字。后假借为封疆之封。

甲骨文字中「[丰田]」字仍用作地名。如：

簠岁一七：丙子卜宾贞[丰田]年于[丰田]。

续一·四七·二：甲申卜亘贞[丰田]稿不于壴由八人[丰田]五人。

前四·一七·三：贞勿[丰田]年于[丰田]土。

前四·一七·三一辞中的[丰田]字，王国维曾释为邦，认为「邦土」即「邦社」。现从陈梦家先生釋文，以𡉚為地名（見殷墟卜辭綜述頁三四○）。上引用卜辭中多次提到封方。可知𡉚土即封方。𡉚為丰的異体，添加田符。表示在田地上植封，划分疆界。周礼地官封人『封人掌設王之社壝。為畿封而樹之。』注：『畿上有封，若今時界矣。』陸疏：『畿上皆為溝塹，其土在外而為封。又樹木以為阻固。』『凡封國設其社稷之壝，封其四疆。造都邑之封域者亦如之。』睡虎地秦墓竹簡一七八頁，法律答問：『何如為封？封即田阡陌。』𡉚字从田符當即此义。从古文字資料中看來，邦、封二字的分化產生于西周早期。當時，隨着分封制度的固定、新建城邑增多，都邑逐漸加強了它的重要性。仅有封土尚不足以表示邦國的完整意义。于是，表示田地所有的丰与表示都邑的邑共同組成了新字：『邦』。」（「邦、封」「命、令」辨 中國語文研究第六期一九——二二頁）

按：郭沫若詳論「封」字形體之源，其說是對的。「丰」、「封」實本同源。章炳麟文始云：「春秋傳曰：宿敢不封殖此樹；周官封人注：聚土曰封，蓋本以土培樹，故字从㞢土，从寸……封本丰之孳乳也。引申為封諸侯，乃孳乳為邦、國也……」。說文訓「封」為「爵諸侯之土」，乃晚起之義，本象樹其經界。周禮大司馬鄭注所謂「立封於疆為界」即其本訓。左傳文公三年：「封殽尸而還」，賈注：「封識之」。凡聚土而立標識，皆謂之封。禮記檀弓「縣棺而封」，封謂聚土為墳。古人埋葬，墳而樹之以為識，亦「封」之制。故「封」之義引申為「大」、為「厚」。小篆譌為从「之」。徐鍇繫傳以為「各之其土也」；段玉裁以為「之土言是土也」，其說並誤。契文「丰」（封）、「邦」有別，參見邦字條。

卜辭「丰方」前多有數字，如：

「于二丰方」 後上二・一六

「己酉王卜貞，余正三丰方」 後上一八・二

「告侯田冊𢦏方、羌方、敉方、蟲方，余其从侯田甾伐四丰方」 續三・一三・一

此均為乙辛卜辭。李學勤謂四封方即指𢦏方、羌方、敉方、蟲方。並據後上一八・二「叀𢦏令」「當係因𢦏方服屬于商」，故稱「三封方」。又據石鼓釋蟲為䜌，均是。見殷代地理簡論八一頁。李孝定解為「正其疆理」，殊誤。「二封方」、郭沫若以為即盂方、夷方（粹一二七五考釋）。

前二・一○・六殘泐，葉玉森前釋讀作「……往來……正一封……」；陳夢家綜述三二五讀作「王來正三邦方」；李學勤以為「二封方」（同上九四頁）；李孝定讀作「王正一封方」。諦審原拓，其間有界畫，不能連讀。

其作丰者，當亦「丰」字。庫四六八「……一丰……」。

1385 □

王襄「古采字，許說辨別也。」（簠室殷契類纂第四葉）

按：釋「采」不可據。卜辭為人名或方國名。

1386 □ □

张亚初「□、□」（综类一八五页、甲骨文编六四六页）、□、□（综类二三五页、甲骨文编七七一页）这两个字为旧所不识。□、□为栅柱之栅，象插数根树枝，以横木编成栅柱之形。此为□之省（综类一九〇页）。集篆古文韵海卷五麦韵栅作□，犹存古形。古文字偏旁，从册之字往往作□，为旧所不解。我们认为，这是偏旁字中册、栅可以通作的缘故。从栅从鸟的⿰栅鸟字，也就是⿰鸟册字。这个字也见于春秋时期的鲁宰驷父作姬⿰鸟册媵鬲（考古一九六五年一期五四一页），其铭文为：「鲁宰驷父作姬⿰鸟册媵鬲」，姬⿰鸟册为人名。卜辞之⿰鸟册为族氏人名。⿰鸟册字本义应是一种鸟名。卜辞之栅是与商敌对的方国名。」（古文字分类考释论稿古文字研究第十七辑二五三——二五四页）

1387 □

按：合集六六四七正辭云：「貞，□方勻射，不隹我囚」為方國名。又屯七六五辭云：「丁亥卜，澡其延□王叀弜」此則用為動詞。

□

按：字不可識，其義不詳。

1388 萻

陈汉平　「甲骨文有□字，旧不识。西周井侯毁铭亦此字，书作□。按此字从艸从害作，古文字从艸与从屮同，故此字当释萻。说文无萻字。方言三：『蘇，沅湘之间或谓之萻。』注：今長沙人呼蘇为萻。』广雅释草：『萻，荏蘇也。』卜辞曰：

丁巳卜貞王□生來亡巛王𠧟　京津五二八三

萻字于此辞为地名字。」（古文字释丛，考古与文物一九八五年一期一〇八頁）

于省吾　「第五期甲骨文地名的□字作□（京津五二八三），只一見。甲骨文編附录于艸部，並謂『说文所无』。按□字从口作凵，也如唐字作□（甲一一三二），又金文周字从口作∨者屢見，不备引。周器井侯簋的『□井侯服』，□字作□，与甲骨文形同。杨树达积微居金文说：『□字从茻害声，当读为匃。广雅释诂三云：匃，与也。……□井侯服者，服通训事，谓与井侯以职事也。』按楊说可从。□字典籍均作萻，古文字从茻与从艸无别。方言三：『苏，芥草也。江淮南楚之間曰苏，自关而西或曰草，或曰芥，……沅湘之间或謂之萻。』郭注：『今长沙呼野苏为□。』芥从介声，□从害声，古字通。说文：『芥，菜也，从艸介声。』大徐本说文，谓芥字大篆作□」。（甲骨文字释林释□）

按：字當釋「萻」。纯四四六二辭云：「于己……焚萻毕又兕」為地名。

1389 艿

裘锡圭　「上文讲「黍」字时引用过的摭续一〇六（拾三三二二五）有以下诸辞：

乙卯貞：在冏局来告艿王。

王弜（勿）黍。

壬辰貞：在冏局来告艿。

王其黍（此三字也可能应与上一条接读）。

王弜黍。

这些是因为在同地的咼这个人来「告艿」而贞问王是否在同地种黍的卜辞。同地有商王亲耕之田，上文已经提到过了。

说文：「艿，草也。」玉篇引说文作「旧草不芟新草又生曰艿」。广韵平声蒸韵：艿，草名，谓陈根草不芟，新草又生，相因艿（仍）也，所谓烧火艿者也。」列子黄帝：「赵襄子率徒十万狩于中山，藉芿燔林，扇赫百里。」此处「芿」字应该看作「艿」的异体。「藉扇燔林」与广韵「烧火芿」之说可相印证。

严一萍释艿指出「艿」是「有关农耕之字」，并解释上引卜辞说：「此卜王拟在咼地种黍而晏（严氏释「咼」为「晏」）之报告云该地旧草不除，新草又生，故王不能植黍。」（中国文字十六期）严氏指出「艿」与农耕有关很正确，但是对这几条卜辞的解释却有问题。

告艿应是报告撂荒地上已长满草菜，是主要的肥料来源。这种土地长满草菜后，经过芟夷，火烧等手续，等季节一到，就可以下种了。盐铁论通有所说的「燔菜而播粟」，指的就是这种情况。所以当时在接到「告艿」的报告后，要卜问王是否在同地种黍。殷人迷信，几乎事々都要卜问。并非一定要同地种黍。从同地准备给王亲耕的田地都还采用撂荒制来看，在商代，年々连续耕种的土地即使存在，为数也一定很少。

还有一条第五期卜辞说：

丁酉卜在□□艿弗每□　续三、二八、六

「艿」上一字似是「黍」字而左下角又旁注一「余」字。这条卜辞显然也是跟农业有关的，可惜残缺太甚，原意已不可知。

卜辞里还有一个从「草」或「林」、从「入」的字，多用为地名。我们在讲「柞」的时候，用过关于艿方的卜辞。这个字所从的「入」显然不是「乃」字，很多人把这个字跟「艿」字混为一谈是不对的。」（甲骨文中所见的商代农业，全国商史学术讨论会论文集一九八一—二四四頁）

按：字當釋「艿」，裘錫圭論卜辭「告艿」之義甚詳，其説是對的。

考古所　「𤕫：摭续一〇〇有𤕫字，与此相似，当为一字之异。」（小屯南地甲骨九〇九頁）

按：字不可識，其義不詳。

1391

[oracle-bone glyph]

按：字不可識，其義不詳。

1392 智

[oracle-bone glyph]

按：此當併入0604「智」字條下。

1393 莫 𦵏 暮

[oracle-bone glyphs]

孫海波　「莫，存一九三八，或从森。莫，存一九七三，或从屮。莫，甲一二八〇，或从艸。莫，甲一九六三，或从二木。」（甲骨文編二四—二五頁）

陳邦怀　「三、莫夕二三八三号　𪇰出夕入，囗冓雨。𪇰字从莫、从鳥。莫即暮之本字。从鳥者，許君所說：『日在西方而鳥栖』，是其义也。卜辞『𪇰出夕入』为对文。然成語『朝暮』为对文，『朝夕』亦为对文。综合观之，暮与夕在时间上是有區别的。今观卜辞先言暮出，后言夕入，其有先后之分，极为明显。說文解字艸部：『莫，日且冥也』。日且冥，谓日将冥为暮。又，夕部：『夕，莫也』。夕义为暮，谓日已冥为夕也。」（小屯南地甲骨中所发现的若干重要史料，历史研究一九八二年第一期一二七頁）

王襄　「說文解字：『莫，日且冥也。从日在艸中。』契文之莫与散盘之莫，小篆之莫均同，或从林，从森，从林。按艸、茻、林、森古皆相通。許书艸部芥字以下五十三名，小篆从艸，大篆从茻，契文萌作𦺈，苴作𦽯，䔢侯敦䔢作𦵖，师旅鼎芳作𦽔，亦皆从茻作，是艸与茻通。契文農或从林作𦶡，或从艸作𦮺，農敦之農作𦼮，从茻，是林与艸茻相通。契文棥作㭢或作𣛧，麓作𣜌，或作𣟂，作霖，是林与森与艸相通。契文稾作𥡦，「北征蒿葡」作𦼧，是森与茻相通。歷举各文，明其通例。攷金文無从森之字，許书亦无之，仅林部存森而已。若茻為茻之异体，森即林之繁文，為当時文字流变之特徵，日或作口，为日之省。」（古文流变臆说第二〇——二一頁）

饒宗頤

「按稾為香字，説已見上。郊特牲：「既奠，然後焫蕭合羶薌。」鄭注：「蕭薌，蒿也。染以脂，合黍稷燒之。」詩云：「取蕭祭脂，」故牛脂曰香。」（通考一〇〇九葉）

饒宗頤

「𠀠字向未識，當是「惠」字，説文惠，古文作𢝊，从卉，此字形上亦从卉，殆「叀」「㠯」之別構，在此蓋用為語助詞之「惠」，而借作「惟」。」（通考一〇〇九葉）

饒宗頤

「按稾字从日从二禾，以西嶽華山廟碑「香」字作「𥞌」證之，知為香字。後世字書，如字彙補有稽字，云：「音香，芳氣也。」即由契文演変。香謂馨香，詩生民：「其香始升，」鳧鷖：「爾殽既馨，」牛脂亦曰「香」；（周禮庖人鄭司農注）卜辭言「稾」即薦馨也。」（通考九四二葉）

屈萬里

「替，从林从日，隸定之當作替。五音篇海有替字，音曹。彼蓋後起之字。」（甲編考释二二八葉）

李孝定

「从秝从日，説文所無。」（集释二三八五葉）

李孝定

「古文偏旁从禾从木间有通用者，金説當可从。」（集释二三八五葉）

金祥恒

「甲骨文𥞌字如殷契粹编第三〇〇片：丙寅卜，行貞：羽丁卯父丁𥞌歲宰。在三月在雇卜。郭鼎堂仅隶定為稾，未加考释。殷契佚存第八七八片：己巳卜，行貞：羽庚午歲，其征于羌甲奭匕庚。貞于毓匕。

貞匕庚歲竝酚。

貞弜竝酚。

貞庚歲叀𥝤酚，先日。

商锡永考释将𥝤隶定为禾日利三字，亦未加考释，𥝤今尚见于其它甲骨卜辞如：

□□□旅貞：□□卯，其又𥝤歲于父丁，□二月。　掇三二七

□辰卜，□貞：羽丁巳父丁𥝤歲牛。　后上二五一四

乙丑卜，旅貞：羽丁未父丁𥝤歲其勿牛。

□□卜，旅貞：羽丁未父丁𥝤歲其牡在十一月。　金七六

貞□

在𠂤

□申卜，□貞：羽□□父丁𥝤□王室。　新三二八三

蓋𥝤从日从二禾，异常明显，无庸置喙。故郭氏隶定为𥝤，則是。而商氏虽析為禾日利則非。然郭氏所隶定者，不见于字书，亦不知为何义，今以甲骨文例推校之，乃为莫字无疑。甲骨卜辞中「莫歲」「莫酚」之辞，屡见不尠，莫酚如：

馭𩁹

其又父己，叀莫酚，王受□？

自丁酚……又。　新四〇六一

馭𩁹

其又父己，叀莫酚，王受又？

庚……冬　粹三一七

叀莫酚。

叀……日　新四二一四　續存一九三七

貞：叀莫酚？　佚二七九

莫歲如：

卜，且丁莫歲，二牢，王受又？　粹二六四

□卯卜，且丁莫歲，二牢？　粹二六五

二牢，王受又？

莫歲，三牢，王受又？

五牢，王受又？

□又莫歲。　珠六二七

莫歲，乙庚王受囚？ 粹三九四

莫歲，王受囚？ 新四三〇〇

貞于且丁，莫□唐。

既． 甲一二八〇

其莫字作𦱤或𦱤，从艸从日，象日落草莽之中。說文：「莫，日且冥也，从日在茻中。」此从艸，乃茻之省。如甲編二〇三四：

貞：王其每从田

貞：从呂罾其每。

貞：其莫，亡災？

盖莫从茻作莫。

王其．

其冓雨：

其莫，不冓雨？ 粹六九五

莫于日中廼生（往），不雨 粹六八二

郭氏考释云：「莫乃古暮字在此疑假为幕。」恐非。卜辞「莫于日中廼往」者「于日中至莫廼往」之倒句也。

莫：：不

王其執入，不冓雨。

王夕入于止（此）不雨。 粹六九七

莫作𦱤，正是莫之简省

叀今夕

于明日莫。 續六、二一七

莫作𦱤正是𦱤之省。然莫亦有从𣏟作𣟭者，如續存一九三八：

其𣟭．

盖象夕阳西下，日落林中，薄暮之时也。粹編一二七三：

癸丑卜易日

己卯卜，亞侯于𣏟（莫）至。

考释𣏟误释为來月。

己丑卜弜𣏟从（從）雨．

己酉卜，召方來告于父丁 京都大学所藏甲骨B二三九一于𣏟告。　B二五二。

貝塚茂树将𣏟，皆释为「木夕」

己丑貞：于梦彫？　B二三〇八

貝塚茂树将梦释为「林夕」。郭氏将𣏟释为来月貝塚茂树释为木夕並非。经严一萍先生订正为莫，详見中国文字第三册释𣏟，不再贅述。唯有一例可补征諸信也。粹三九七四

癸亥卜冓彫莫伐又大乙。

甲子卜，又大乙。

甲子，又彳自上甲。

丁巳卜，于𣏟彫莫。

丁巳卜，叀今夕彫，莫。

丁巳卜，于𣏟彫，莫。

丁巳卜，叀今夕彫，莫。

丁巳卜，叀莫，彫。

夕彫与莫彫对文。卜辞夕彫之例如：

于翊夕彫　粹四三五

叀翊日彫

叀今夕彫？

于翊夕彫：　粹四三七

乙酉卜貞：來乙未彫𩰫于且乙，十二月。

丙申卜，貞：告今丙申夕彫，𠂤（報）于口（祊）十二月。

乙卯卜，亘貞：今日王至于𦎫夕彫，子央出于父乙。絕一九六一　甲骨文字二、二、二

夕彫与莫彫之别，在乎时间之早晚，莫者桂馥说文义证云：「纂要日将落曰薄暮。」夕者夜也，诗经小雅雨无正：「三事大夫，莫有夙夜；邦君諸侯，莫有朝夕。」朝夕犹夙夜也。左传僖公三十三年，秦晋殽之战「居则具一日之积，行则备一夕之卫」一夕一夜也。甲文有卜夕之辞，董师彦堂云：「余疑其用于殷王游在外时，卜旬之外更益以卜夕，以示戒备警卫之严密，故曰今夕亡禍，或王今夕亡禍也。……夕于殷代为夜，今夕即今夜，卜夕即卜夜也。殷亡四百余年后，陈国犹有此卜夜之习，春秋庄公二十二年，左氏传载陈公子完奔齐之故事云：二十二年（鲁庄公西元前六七二）春，陈人杀其大子御寇，陈公子与颛孙奔齐（略）。齐侯使敬仲为卿。辞（中略）使为工正，饮桓公酒乐。公曰「以火继之！」辞曰：「臣卜其昼，未卜其夜不敢！」陈宋比隣殷商故都豈非卜夕之流风余韵，偶然有所遗存者乎。」（殷历谱夕谱）夕彫与莫彫犹卜辞莫

歲与夕歲也。夕歲如：

五牢，丝用。

丙午卜，父丁福，夕歲，一牢。

牢，丝用。 戬二三七

丙申卜，貞：王室夕歲，亡尤？ 明义士一四一三

郭氏甲骨文字考释释歲將夕歲释為ㄖ月歲ㄖ蓋误也。

其又夕歲，叀牛？ 续存一八七一

癸亥卜，父丁夕歲，二牢？

其三牢，王受又？

兄（祝）叀今丁日彡，足？ 珠六二五

□巳卜，且丁召，又夕歲，王受又？ 摭续九

莫歲或作沓歲，如：

□父沓歲，既且□。 甲三六二九

考释将沓释为木丁然以卜辞：

牛

癸酉卜，沓，叀羊？

叀丙皿用，

父甲一牢？

二牢？

三牢，丝用。

沓，牛。 粹七五一

郭氏考释将沓隶定为杏。

叀沓： 甲八五〇

丙子卜，福沓，一牢？

三牢，丝用。

弜秦宗于匕庚？ 甲五七一

弜又戠。

丁未卜，其又沓于父丁福一牢？

二牢，丝用。 珠六三七

一牢，

于福，丝用，
癸巳卜，福昔，牢。
牢又一牛？
囚，福，又牛、
□□卜，先于父乙，福昔？
于宗异禾？
□牛，丝用。佚五六三
丙午卜，福昔，一牢
二牢？
□牢，丝用。前四一六三
丙……取福……叀□
叀夫巳，丝用，
癸卯卜，□□昔……牢 戬四二、六 续二、二二、四
福昔，三牢？ 戬四四、三
己亥卜，昔，勿。
弜勿，
于宗，丝用。渐四三二
□卜……昔 渐四三一四
昔……父……
丝用。渐四三一三

观之昔当为从木从日，为莫。盖㫺之省，殆与梦或作梦同例。绅三六二九□父昔歲既且☒」之昔歲，与𣖵二六五「□卯卜，且丁莫歲，二牢」等同。绅五七一「丙子卜，福昔，一牢。」珠六三五「癸巳卜，福昔，牢」佚五六三「□□卜，先于父乙，福昔」前四、一六三「丙午卜，福昔，一牢」戬四四、一二「福昔，三牢」之「福昔」乃莫福之倒文。如泞沪一〇七「𦺀福」珠六三七丁未卜其又昔于父丁福，一牢。」也。释昔为杳，或木下並非。」莫歲之莫，一作𣊭或㫺，一作𣡦·𣡦从二禾者，象日在禾中，犹日在林中，与艸中同意。

续存一九三七：
叀𦵯彭

莫作𦵯，从日在艸中，甲骨文从二禾，与林相通者如楚字：
貞：𣡦：

叀今……丑……河　前一、三三、一

其埜彝。

弜埜彝。　后下一一四

金文亦然，唯莫作⿱杏木为第二期祖甲卜辞，而作𦫫者为第三期廪辛卜辞，莫酌之莫作⿰木月或⿰林月者为第四期武乙卜辞，其字则一，书法各期不同，由此可知文字在殷商甲骨文演变之跡耳。」（中国文字第三卷第十一册一二三七—一二四八）

白玉峥　「⿰木木字，孙海波氏甲骨文编作⿰月木形而入于附录（第十五页），列为难识之字。……玉峥尝以此意请益于夫子；曰：『本片重见于京都第八十一版，其片清晰可观，孙海波氏之摹不误。其字当从⿰木木，象二木。从☾（月），今隶作莫；与⿰林月字同』。又曰：『殷契粹编一二七三版有⿰木月字；考释作朿月，并云：「朿字当作朿，此作木，缺刻二笔，並非木字」。此字又见京都B二三九一版，字与粹编同；又见于京都B二五二〇版，字作⿰木木；贝塚茂树氏释文皆作「木夕」，未有说解。又京都B二三〇八版有⿰林月字，则释「林夕」，並谓：林为国名。』余谓：即莫字之别体；以此释诸版卜辞，並皆通顺可读。盖莫为时间之词也』。⿰月木字，从⿰木木从☾，象新月在林中之形，与作⿰木月、作⿰木木、或⿰林月者，取义相同；其所以作⿰木木者，揣其初谊，或取丛林灌木，横直成长之谊欤？然观之于林木实际之状，就其侧面观之，林木互为交叉形者，固亦有之。古人造字时之取象，固亦深刻如此也。新月见于林中，乃薄莫之时也；字当释莫，为莫字之异构。以之释藏龟四二·二版之卜辞，则辞通义顺；其辞曰：

癸卯卜，𣪊：于翌莫酌，衣？

又莫字之别构，有作⿱茻鸟者，见于南北辅八五版；又有作⿱茻鸟者，见于佚九〇一版；盖乃莫字之鸟书也。又或作⿱艸月者，见于乙编八五〇二版；或作⿱林日，见于佚七九版；盖皆莫字之别构也。」（契文举例校读中国文字第八卷第三十四册三六一四—三六一六页）

陈邦怀　「（屯南）二三八三号：

⿰莫鸟出夕入，□冓雨。

⿰莫鸟字从莫，从鸟。莫即暮之本字。从鸟者，许君所说：『日在西方而鸟栖』，是其义也。卜辞『⿰莫鸟出夕入』为对文。然成语『朝暮』为对文，『朝夕』亦为对文。综合观之，暮与夕在时间上是有区别的。今观卜辞先言暮出，后言夕入，其有先后之分，极为明显。说文解字茻部：『暮，日且冥也』。日且冥，谓日将冥为暮。又，夕部：『夕，莫也』。夕义为暮，谓日已冥

为夕也。」（小屯南地甲骨中所发现的若干重要史料，历史研究一九八二年第二期一二七页）

考古所　「莫：有時作𦱤𦱤等形，在卜辭中有時为祭名，如此片；有时是一个表示时间概念的字，如本书一四四三「𦱤彭」与「夕彭」相对，当為暮（莫）者。」（小屯南地甲骨八三六頁至八三七頁）

考古所　「暮：説文：『莫，日且冥也，从日在茻中』。此字从茻、从隹、从日，正是日没草丛，鳥归林下之象，当為莫，即暮。」（小屯南地甲骨八六四頁）

考古所　「𦱤：当為莫（暮），因第(2)段辭為「于夕彭」，故第(1)段辭為「叀莫彭」，莫多作𦱤或𦱤，𦱤為省形。」（小屯南地甲骨九四七頁）

考古所　「𦱤：与𦱤当为一字，本书一四四三中，𦱤与夕相对，本片中𦱤又与食日相对。第六辞为食日彭，第(7)辞为𦱤彭，进一步证明二者为表示時间概念的辞。此字即暮。（小屯南地甲骨一〇三五頁）

考古所　「𦱤：当為暮之省體，即暮。」（小屯南地甲骨一〇九二頁）

姚孝遂　肖丁　「3036　「叀暮」

「暮」乃「暮」字之异体。粹1025有辞云：「明甲寅，毓且乙𢦔，朝酉；兹用；貞，暮酉？」

陈梦家綜述230謂「朝莫相对，朝在天明以後，莫与昏相当」。卜辞「暮」字有如下諸形：

存1.1937　粹263　粹394　佚79　續6.21.7　粹697　存1.370　甲2034

「其暮亡𢦏」

「其暮亡𢦏」

「𦱤……不……」

「于明日暮」

「暮𢦔三牢王受又」

「𦱤𢦔乙庚王受……」

「且丁𦱤𢦔二牢王受……」

「叀暮彭」

「乙庚戌㞢𥹳彭先日」
「朙丁卯，父丁𥹳戌牢？在三月，在雇卜」 粹300 佚878

是甚、𦱤、苩、䒞、苩、苩、草、𥹳、𦸗、𦺓均用作「朝暮之暮」，其偏旁或从林、或从茻、或从艸、或从夊，均无别。其增「隹」形者，乃其繁构。第(5)辞「𦺓往每入」，「每」与「暮」相对，与第(4)辞「𦺓往夕入」同例。是「每」假作「晦」，乃指时间单位而言。此种用法，前所未見，极为特殊。诚143「弜田其每」，此种辞例，卜辞极为常見，「每」乃假作「悔」。孫海波之考释读作「晦」，非是。卜辞之「每」假作「晦」非「风雨如晦」之「晦」，而近似于左传昭元年「晦淫惑疾」之「晦」，杜注：「夜也」。据卜辞「暮往晦入」，则「晦」乃指晚于「暮」之某一时间单位，而与「夕」又有所区别。」（小屯南地甲骨考释一四四—一四五頁）

尤仁德　「𦺓字从莫从隹，除表现太阳西下落入草木之状而外，还以禽鸟莫时投林栖宿来表示昏夜即将降临之意。鸟入林，鸡进窝，夜晚将临，这是一种人们习见的自然景象，其例见于古诗、文献者甚多，如汉书朱博传：「博为御史大夫，……府中列柏树，常有野乌数千栖止其上，晨去暮来，号曰朝夕乌。」可作为𦺓字从隹的佳证。

总之，𦺓字并不是从莫隹声的形声字，而是从莫从隹的会意字，亦即莫字繁文。卜辞云：「☐𦺓，不冓大雨。」（佚九〇一）谓暮时不会遇到大雨，可证。甲骨文编将莫、𦺓分列二字，是不对的。」（古文字研究杂记四则，考古与文物一九八四年第一期一〇七頁）

按：說文：「莫，日且冥也，从日在茻中」（大徐本）。徐鍇繫傳以為「茻亦聲」，王念孫讀說文記力主莫當从茻聲，段玉裁、王筠均從之。古文字偏旁中屮、艸、茻，乃至木、林、森每無別。卜辭暮字作苩、苩、𦱤、替、𦱤、𥹳、𦸗諸形，多不从茻，實不得謂為从茻聲。佚二六六之作𦴿者，乃其異構。

卜辭以下諸例，均當用作朝暮之暮：

「其𦱤不其冓雨」　粹六九五
「其𦱤亡巛」　甲二〇三四
「其𦱤亡𢦏」　寧一·三七〇
「苩……不……」　粹六九七
「于朙日替」　續六·二一·七

「𠭰戠三宰王受又」 佚七九

「𠭰戠匕庚王受……」 粹三九四

「叀𠭰酌」 佚二七九

「父己戠叀𠭰酌」 後上五·一二

「且丁𠭰戠二宰王受……」 粹二六三

「匕庚戠叀𩫖酌先日」 佚八七八

「𣍝丁卯父丁𩫖戠宰，才三月，才雇卜」 粹三〇〇

「𣍝甲寅𩫖且乙戠朝酉，兹用；貞，䜌酉」 庫一〇二五

比較以上辭例，可見均當用作朝暮之暮。陳夢家據庫一〇二五謂「朝莫相對，朝在天明以後，莫與昏相當」。

卜辭「莫」或用作地名。

除上出諸形外，金祥恒進而論定「𦱤」、「𦱤」、「𣎴」等皆為「暮」字，其見解是正確的。

朝

羅振玉：「此朝暮之朝字。日已出茻中，而月猶未沒，是朝也。古金文省从𠦝，後世篆文从倝舟聲，形失而義晦矣。古金文作𣉻，从𠦝，从川，象百川之接於海，乃潮汐之專字。引申為朝廟字。」（《殷釋》中六頁）

王襄：「古萌字，从艸从明。」（《簠室殷契類纂》第三頁）

商承祚：「此朝暮之朝字，日已出茻中而月猶在天，是朝也。古金文从𠦝乃从茻之省。後世篆文从倝舟聲，形失而誼晦矣。」祚案，此字又疑為艸木萌芽之萌字，象日照臨而艸木萌生，與誼異，朝金文作𣉻，（《事族敦》及《中殷父敦》）从二屮，是朝與萌之分在屮茻之間，而朝固無从茻之理也。釋萌于誼為得。」（《類篇》七卷三頁）

董作賓：「朝在卜辭中作𠦝（地名）或釋萌，非。……《說文》朝作𦩻，云『旦也。从倝，舟聲。』則為後起之形聲字，非初誼矣。」（《殷曆譜》卷一第六頁下）

孫海波：「𦩎，後二·三·八。卜辭萌从茻。𦩎，庫一〇二五。或从二禾。」（甲骨文編二〇頁）

郭沫若：「䶵字羅振玉王國維均釋朝，商承祚王襄均釋萌。羅云『日已出茻中，而月猶在天，是朝也。』商云『朝，金文作𦩎，从二屮，是朝與萌之分在屮茻之間。』余按當以釋萌為是。羅說『日已出茻中而月猶在天』乃下弦時現象，若在上弦則『月已出天而日猶在屮中』。此字不將為莫（暮）耶？故羅說絕非，然商說亦未得要領。蓋古金文朝字乃示日出屮間，其旁有露，以《盂鼎》𦩎字為最顯豁，小篆作𣇟，誤从舟，後人作朝，誤从月。羅則今隸从月，而萌為朝耳。䶵自萌之繁文从茻明聲。」（《卜通》一七〇頁七九七片）

唐蘭：「古朝字，從羅振玉說。……按諸家僅見作𦩎一形，故多改釋為萌。然卜辭有𦩎（从屮者每變木）𦩎（从屮多變木）二形，是𦩎得省為𦩎，而商氏謂『朝無从茻之理』為非矣。《佚》二九二片云『朝又雨』，同片另一殘辭有『昏』字。《庫》一〇二五片云『朝酉，』其另一辭云：『貞暮酉』，暮當即莫，則朝字不當讀為萌亡疑也。銅器有《𠷎鼎》，云『唯周公于征伐東尸，豐白敷古咸𢦏。公歸，禦于周廟，戊辰，酓秦酓，公賁𠷎貝百朋，用乍障鼎。』其廟字作廟，或者遂疑為偽，不知此正銘文書於殷周之際，猶承殷世風氣之一鐵證，若果贗鼎，則作偽者既能仿之如是其精，寧不知朝不從月，為周世金文之習慣哉。王國維云：『卜辭有𦩎字，……今隸朝字，即从此出，但省二屮耳。小篆𣇟字乃變為从𠦝舟聲，𠦝者𦩎之譌，舟者月之譌也。殷周古文从月之字，篆文輒改从舟，如亞恆朝諸字，篆文皆从舟，古文皆从月，與今隸同也。』（《遺書》本《魏石經考》二六）此說最精核，郭氏謂『後人作朝，誤从月』，失之。朝字象日月同在屮中，與莫象日在屮中相對。郭氏謂此下弦時現象，上弦明日月同見於暮，因謂羅說為絕非。然古人繪一圖象以見意，但取彼時人所共喻，固不容膠固以說之也。月有圓時而但作D，日初出時亦在屮中，而𦱤但表暮。夙象人在月下治事，可晨可夕，而独為夙義。然則朝象月未落日上，固無不可也。金文朝字作𦩎𦩎淖等形者，王國維以為本潮汐字，借為朝夕字（同上）是也（郭氏謂『日出艸間，其旁有露』，殊誤。露雖多，不能為川澮畎之狀也。）周人既借淖為朝，後人又誤為𣇟，而日月同在屮中之形，乃僅存於今隸矣。萌字从屮明聲，訓為草芽，則後起之形聲字，其字形與古朝字作𦩎者固相混，然朝之非萌，則其事至顯也。」（《文字記》四七頁《釋朝》）

田倩君：「在甲骨文字中所見之朝字，均為从月之朝，如𦩎𦩎𦩎𦩎然則尚未見有其它形体，但古金文字其形体甚多，却未見有从月之朝字，誠怪事也！古金文朝字均从水形，余以為从水之朝非从甲骨文中此三朝（𦩶𠦝𠦜）字直接演变而來，疑甲骨文或有从水之朝，因至今尚未发現，是以令人煞費神思。彦堂师謂：「地理环境影响文字是很自然的。」（中国文字的起源）此三从月之朝字，定是先民於平野之上見日出於草艸中，残月在天之情景下所创造之，至於从水之朝是古人於河边或舟上見日出於草间而创造之，故加河川之边旁，盂鼎𦩶其边旁表水之三点而后人予以连成三横畫，如「月」則变成舟之形状，此一讹变，致令后世小篆乃至隶书均从舟旁故許氏謂：「从倝舟声」。汉隶則写作朝朝等形但「舟」「朝」双声，可以借作声符，如詩周南：「惄如輖飢」傳云：「輖，朝也」。……」（中国文字第二卷第七册七五〇—七五一）

按：甲骨文「朝暮」之「朝」，其形體差異較大，導致諸多誤解，有必要重新加以認識。

甲骨文早期「朝」字作「𣌭」或「𣌭」，舊均釋「明」。然據其辭例，當釋為「朝」。不得釋作「明」。

「丙申卜，㱿貞，來乙巳酌下乙？王固曰，酌。惟有祟，其有鑿。乙巳明雨，伐既，雨，咸伐，亦雨，𢿱卯鳥星」。合集一一四九七正

「……允有鑿，明有……云……𧈡亦有鑿，有出虹自北……于河，在十二月」。合集一三四四二正

「王固曰，其夕雨。祝，明……允雨」。合集一六一三一反

「丙申卜，翌丁酉酌伐，𢻮日。明霍，大食日𢻮。一月」英一一〇一

「明」與「明」無別。多與「風」、「雨」、「霧」、「𢻮」連言，且與「夕」、「大食」、「𧈡」等相對，乃表示時間概念。當讀作「朝」。刻辭類纂四四〇頁循舊說，釋作「明」，誤，應予訂正。

二期卜辭則稍加繁化：

「癸丑卜，行貞，翌甲寅毓祖乙歲，朝酌。茲用」。合集二三一四八

「貞，旬亡囚，在𣍝」。合集三三一三〇

西周青銅器銘文「朝」字作𦩶、𠦝、𠦜、𠦝諸形。其作𠦝形者，與甲骨文𣌭之形體相承襲。三體石經古文則从水作「淖」。說文：「𠦝，旦也，从倝舟聲」。从「倝」顯然是形體之譌變。「朝」字形體雖累經變易，但始終保持「旦」這一基本概念而不變。引伸之則為「朝會」，孳乳之則為「潮」、為「廟」，義俱相因。

或釋甲骨文「朝」為「萌」，形義皆不可通，不可據。

王玉哲已釋「𣌭」為「朝」，說見1436「春」字條引錄。

1395

按：字不可識，其義不詳。

1396

按：合集二一七二二辭云：「丁丑卜，呼[illegible]于[illegible]休」為地名。

1397

按：合集三一六六七辭云：「戊申祝，王其[illegible]」為祭名。

1398

按：字从「大」从「丰」，辭殘，其義不詳。

1399

按：字从「丰」从「孖」，合集一二五一辭云：「癸卯卜，史貞，來辛……𦍒于河……母王」為祭名。

1400 䗁 𡴭

按：字不可識，其義不詳。

1401 𦬁 𦬁

按：纯四三五七辭云：「……戌王其田鷄，其𬿪𬟁𬃼」為與田獵有關之動詞。

1402 木 𣎳

孙海波 「木，甲六〇〇。方国名。王令木方止。木，坊间二、一六一。地名。在𠂤木卜。」（甲骨文编二五九页）

王辉 「卜辞有木字，可作方国或人名解（如甲一六七：『……卜，争……令木眔……酉……衛有禽』）；亦可解作地名（如南南一·五〇：『……贞，燎于木三豭三羊。』）但也有不少的木作祭祀名称用：

庚戌卜，𡧊（央）贞：木于西，𠧪一犬一青（縠），燎三豭三羊青二，卯十牛青一。（库一九八七）

……贞，木妇好于父乙（存二·二一〇）

乙卯卜，不雨，𩰫宗木……（南明四四二）

癸酉卜，木于父丁卅牛（南明六一九）

戊午卜，木于祖己（存一·一四五八）

从这几例看，木祭对象有先祖、天神，使用的物品有牛、羊、豭、青（縠）……。这里的木用为动词，当是焚烧的意思，故木祭为火祭的一种。所谓木祭，我们认为就是柴祭，说文：『柴，小木散材，从木此声。又柴，烧柴焚燎以祭天神，从示此声。』柴是后起的形声字，从木此声，此乃古在支部，柴也是上古支部字。柴不见于甲文……正字通：『按祡字本作柴，后人因祭天改从示』。柴字的本义为燃木以祭，是很明白的。尚书尧典：『至于岱宗柴』说文引作柴。馬注，『柴，祭时积柴加牲其上而燔之。』礼记大传：『柴于上帝。』郑注：『柴告天地及先祖也』。这些都同上边几条卜辞大体符合。当然，后代所谓柴祭同商代所谓木祭不是完全一致的，但是后代的柴祭是从商代的木祭发展来的则没有疑义。正象孔子说的『周因于殷礼，所损益可知也。』（论语为政）（殷人火祭说，古文字研究论文集，四川大学学报丛刊第十辑二五六至二五七页）

丁驌 「木为祭法：

庚戌卜争贞木于西□一豕一腩，尞三豕三羊腩二，卯一牛腩一。（库一九八七）

（此辞木与尞分别为二祭法，亦二字。）

贞木于帚好，于父乙。（续下二一〇）

癸酉卜木于父丁卅牛。（南明六一九）

戊寅卜木百豕卯牛于妣……。（缀六五七）

戊寅卜木于且己。丙子卜木□父丁。（续上一四五八）

且己、父丁同版，当是武乙称康丁及其祖祖己，或帝乙称文武丁及祖己也。故此辞之……

时代，如非四期，便是五期。故知木字在武丁以后，虽至五期仍有用之者，非全部以尞字代也。木祭当有别于尞，但不知分别何在也。许（进雄）氏云尞祭对象为天神兼及人神。但木祭对象似只见于人神而已。尞祭求雨者为多，人神或为木祭之专用者也。」（说木杏朿（木 杏 朿）中国文字第八卷第三十三册三五一五——三五一六页）

饒宗頤 「卜辭『王：狩木』（見明義士二九）按木地未詳。河南光山縣南有木陵山，六朝時置木棱戍，疑其地古有『木』名，殷王田狩可能至此。他辭云：『戊辰，王卜貞：田木，往來無災』。（遺寶游九〇）又有木方，如：『壬午貞：癸未，太令木方止……』（屯甲六〇〇）又稱白木，『在白木卜』。（南北坊二、一六一）及伯木，『辛……貞：又隻，在白木空』。（洪存一九五）知木蓋伯木封地。卜人之木疑與木地有關」。（通考八五六葉）

考古所 「木：在此作为祭名。」（小屯南地甲骨九一八页）

考古所 「木月：殆月名，但不知为何月。」（小屯南地甲骨八四九页）

饒宗頤說參𣏟字条下。

按：說文：「木，冒也，冒地而生也。東方之行。从屮，下象其根。」王筠說文釋例云：「木下云从屮，非也。必从其義，乃可云从。屮與木之上半形相似耳，以木从艸，於義何居？木固全體象形字也。丨象幹，上揚者枝葉，下注者根株，祇統言象形可矣，分疏則謬。」

卜辭木為地名：

「…田木，往來亡（巛）」　鐵遊九〇

「丁卯王卜，才木貞：…」　甲三六八九

又「木」與「朿」易相混：

「丙子卜，丁丑木…（于）父丁；

戊寅卜，木于且己」　存一·一四五八

「辛卯卜，木于𤰔」　佚三三七

「癸酉卜，木于父丁卅牛」　南明六一九

「庚戌卜爭貞，木于西圖一犬一青，朿四豖四羊青二，卯十牛青一」　庫一九八七

商承祚佚三三七考釋據同版有「朿于□」之辭，釋「木」為「麥」是正確的。卜辭多有異字同形的現象，這是文字在其早期階段的不規範性的現象。

又卜辭⿱木口字彙見，當釋作「暮」：

「癸酉卜，⿱木口叀羊」　後下三九·一六

「丁丑卜，其又⿱木口于父甲；

丁丑卜，父甲⿱木口牢」　存二·七六三

「且丁⿱木口𢉖三卣」　摭續六〇

甲三六二九為習契，疑有敚文。且以「又⿱木口于父甲」例之，讀作「木丁」不可解。李孝定釋讀佚五六三亦有誤。蓋沿商承祚之譌「先」下一字不清晰，斷非「于」字；「冓」上一字亦不清晰，然斷非「父乙」之合文。其右所从為「攴」，豎畫特長，「父」字不得如此作。

至於⿱木口或釋「杏」，或釋「圍」，或釋「杳」，均不可信。余祥恒以為从「木」从「日」，釋作「暮」是正確的。

1403 莫 暮 ⿱木口

屈万里　「木丁乃廩辛康丁之諸父也。」（甲编考释五九一片）

李孝定　「卜辭屢見𣎵字，舊均釋杏。見王襄類纂第二八葉上郭沫若謂『从未从口與圍同』。見甲研釋作繼於粹考又直書作杏，無說。葉玉森謂『釋杏釋圍並未信』見前釋四卷二十葉屈翼鵬曰『木丁類纂釋杏，諸家多从之。然以三六二九片證之當作木丁，乃廩辛康丁之諸父也』。見甲釋八九葉五七一片釋文遍考諸辭，屈說良信。辭云『丙午卜貞木丁一牢』前四·六·三『丁未卜其又木丁于父丁貞』珠六三七『□□卜先于父乙貞木丁』佚五六三可證也。是木字在卜辭或又為人名。」

贾平　「我们认为，𣎵不是木丁，更不是廪辛、康丁之诸父，此字仍应按类纂隶定作杏，在卜辞中用作祭名，原因如下：

①此字之写法大多数作𣎵，但也有作杳和杏的。如：『宁一、一九〇：丙寅卜：且丁滈𣎵又𣎵？』一九七三年小屯南地发现的第九九号灰坑中的第十三号卜骨：『己丑卜：翊日庚，佳日其又𣎵于父甲？』在甲骨文中，口与日作字的偏旁时，常见到互相通用的例子。如：『启』字，可写作㪴、晵，也可写作𣈆；『明』字，可写作明和朙。而作为祖先名或干支的『丁』字都作口、口，不见写作日的。可见𣎵字木下之口，不应释丁，此字不是木丁。

②存二·七六三：『丁丑卜：其又𣎵于父甲？』辞例与南明六〇七『其又岁于父甲，滈牢？』从一八一六『戊辰卜：其又岁于父戊？』是相似的。𣎵字的作用近似岁字，应释为祭名比较恰当，若释作木丁则辞义不通。」（读殷虚文字甲编考释古文字研究第三辑二〇九页）

考古所　「𣎵：祭名。」（小屯南地甲骨八四六页）

考古所　「杳：与𣎵当为一字。」（小屯南地甲骨一〇三七页）

丁骕　「杏字从木从丁。其从口者，李孝定集释（一九三九页）谓是人名，即『帚杏……三屯』（林二·一八·一）是也。杏字为祭子之辞

丁未卜其又杏于父丁湡一牢。（遗六三七）

于父甲杏物牛。（存下七六二）

丁丑卜其又杏于父甲，丁丑卜父甲杏牢。（存下七六三）

丙戌卜父丁杏牢兹用，丙戌卜父丁杏以小丁。（邺三·四四·九）

凡此杏皆是祭子之称。……辞乃一二，或二三，或三四两期之辞也。

有謂杏字，实为木丁二字。遂以木丁为人名。如杏果为木丁二字，则上「丙戌卜」一辞，为「父丁，木丁，牢兹用」。亦可在木处断句，成「父丁木。丁牢兹用」。卜辞「丁牢」一词，见于五期之辞，有「康且丁丁其牢」、「武且乙丁其牢」。故丁牢乃五期之用法，上为三期辞，时代不同，故知杏仍是一字，非木丁二字也。……人名矦敋，见于祊及扶之辞。当是一二两期时之人。故此杏字在一期至二期辞皆有之。矦敋或应读矦枚、或矦敹。为木字加口之繁文，即柰字也。

……释杏为柴为柰于诸辞更通顺，……辞例如：

丙辰卜其𢍰[illegible]于高。丙辰卜于宗弘高杏兹用。（綜二・一〇六）

（按：禾字特别）

丙寅卜濡杏弘三牢。（人二三一五）

丙子卜濡杏一牢。（甲五七一）

丙寅卜且丁濡杏又㱿。（綜一・一九〇）

……「杏幾牢」当是「柰幾牢」，「杏又㞢」当是「柰又㞢」，……」（说木杏柬（木 杏 柬）中国文字第八卷第三十三册三五一七——三五二〇页）

1354

1404 㪅

王輝「杏為祭名，是柴的異体字。杏上从木，下从口。口在這里指地。甲文有昌字，于省吾先生释旦，謂象日出地平綫上；舍字甲文作舍，徐中舒老师說上令象柱撑之伞式屋頂，下口象台地（黄河流域穴居遺俗考）。杏下从地，正象為壇以祭。……卜辭又有㰏㫗字，前人多不释。疑㰏為杏之繁文，㫗則㰏之异构。這两个字也用為祭名，当是柴祭一类。」（殷人火祭說 古文字研究論文集二五八頁）

按：當以金祥恒釋「耆」，說見「耆」字條及「木」字條下。摹釋總集及刻辭類纂均誤讀作「木丁」，今正。

丁驌說參杏字条下。

按：合集一〇五五九辭云：

「戊寅卜，呼侯敖田」為人名。

1405 □ □ □

孫詒讓 □為禾，釋□為香。（舉例下十二葉）

葉玉森 「卜辭屢見□字。別體作□、□諸形，或省作□、□。……綜上各辭，參比觀之，十九卜征伐之事。所伐之國，為苦方、土方、下□。□上多冠以今字。依契文今月、今日辭例，今下一字當紀時。孫仲頌釋和禾，疑竝段為秋。考卜辭禾作□、□。年字偏旁作□、□、□。無作□、□諸形者。卜辭當象方春之木，枝条抽發，阿儺無力之狀。下从日，即从日為紀時標識。紬繹其義，當為春字。說文『萅，推也。从艸，从日。屯聲。』古孝經春作□，沼經作□。竝省艸，與卜辭近似。蓋屯本非聲，加艸更贅。萅乃後起字。卜辭又作□，省日，再省作□，似許書屮字，訓草木初生，仍春象也。又辭曰：『春酌』，曰『春覔』，即于春時酌祭或覔祭。曰『貞來春』，即問來春某事。來己巳，來乙未，來丁亥，來辛酉，卜辭屢見，與來春辭例正復相同。」（鈎沈一葉背）

葉玉森 「……卜辭當象方春之木，枝條抽發，阿儺無力之狀。下从日，即从日為紀時標識。紬繹其義，當為春字。說文『萅，推也。从艸从日，屯聲。』古孝經春作□，沼經作□，竝省艸與卜辭近似。蓋屯本非聲，加艸更贅。萅乃後起字。卜辭又省日作□，再省作□，似許書屮字狀，艸木初生，仍春象也。又本編卷六第四十三葉三版『□龍』，疑即春龍。又同葉四版『貞早□不囚』，疑即□春乃春（地名）之□也。（鈎沈）董作賓氏引申予說，於卜辭中推證春之演變，謂一為□，二為□，三為□，四為□，五為□，六為□。春字在甲骨文中變省之例，或省日如二六兩體，而繁體一三亦可謂篆文从艸从屯从日之萅所由孳。甲骨文中之吾字象人披髮舉手，承語巽順之狀。篆文變兩手為艸，髮變為又，即為一例。又沼經春字與五形為近，後世沿用諸異體，如芚屯之類，亦由此系統化分。若逐一比較之，一等于萅，（孔謙碑）𦯬（說文通訓定聲所舉大篆从艸屮，皆木枝之譌變）三等于芚（類篇木始生貌。通訓定聲今隸作春，亦作芚）三等于萅（篆文）𦳱，（見集韻）四五等于旾，（沼經古文）六等于屯，（草生之難也）屮（艸木初生也。按屯屮皆春之省文，形誼沿為屮音，沿為屯，實即一字。）萅萅皆自一三四五等形演变至為顯著。屮與春為雙聲，屯芚與春為同音。其形亦皆二六兩形演变。屯中一橫畫則又為木枝下垂之形所譌变，其誼屮訓艸木初生。屯訓艸生之難。芚則木始生貌。猶皆保持幾分春色。由此可知文字演化在複雜譌誤狀態中，仍有其相當之系統可于流傳之形體中求得其迹。」（前釋一卷一二七葉至一二九葉）

董作賓

「清于鬯說萅字與若字同例，證明萅字上半所从為木形，深合于卜辭且為繁體春字的最好注脚。錄其說于下：『艸部萅从艸从日，艸春日生也，屯聲。按此篆蓋體变，當作萅，上从𠦬即叒字也。叒部叒之籀文作𦱤𦱤，實即若字。而石鼓文箬字作萅，則𦱤亦當作萅。王筠句讀曰从口𠦬聲是也。叒之當作𠦬此明徵矣。』（說文職墨）徐灝引戴侗說也以為叒是象木而三其枝，其說曰：『𠦬象木而三其枝，譌為三又。古鐘鼎文作萅，籀文作𦱤乃萅之譌。若从艸从右則又自籀而譌也。』（說文解字注箋）說文『叒日初出東方湯谷所登榑桑叒木也象形』所謂象形必是象榑桑叒木之形，于戴兩家之說甚是。由此更可知春字所从之木實即叒木也，就是桑木。春字从桑从日，意是桑抽柔條之日也，就是說可以採桑之日。這裡還有三個證據，一文證、金文叒字，卜辭桑字皆類似春字所從，試比校于次：叒 𠦬 師𠭯敦 𠦬 毛公鼎 𠦬 盂鼎 桑 [字形] 後一上 [字形] 前六一、[字形] 前四一肆 春 萅 前四六三 萅 同上 [字形] 前五四、金文借叒為若，卜辭中則若另是一字。卜辭中桑字有曰『桑貞』、曰『在桑』、曰『田桑』，皆地名。商有桑林，相傳是成湯祈禱旱災之所。觀上所舉，可見叒音同弱，表示桑枝柔弱之義。卜辭桑字幾與金文叒字全同，春字所从即是桑字，不過更象其嫩條初生阿儺無力之狀而已。二、物證，桑之為木枝條柔弱且為春日常見之物，採桑詩歌即可為證。茲錄見于詩經者四則，『春日載陽，有鳴倉庚，女執懿筐，遵彼微行，爰求柔桑。』（豳風七月）『蠶月條桑，取彼斧斨，以伐遠揚，猗彼女桑。』（同上）『菀彼桑柔，其下侯旬，捋采其劉。』（大雅桑柔）『隰桑有阿，其葉有難。』（小雅隰桑）所謂柔桑、條桑、桑柔、阿難皆可見桑之為物，枝條柔弱之狀與春字所从之形正合，不然別的樹木如松柏桐梓之類雖春日也有嫩枝新條，但決非如此形狀了。三、事證，蠶桑的發明相傳始於黃帝的元妃嫘祖。這話雖荒誕，但至少在商代早有了蠶桑事業那是無疑義的。新石器時代的西陰村與仰韶文化同時在商以前已有了半個經過人工割裂的繭殼。（詳李濟所著西陰村史前的遺存二二葉）甲骨文中有从糸之字及帛巾等物，又有蠶祇之祀，（後上二三葉蠶示三宰之文）桑字之出現更是不用說了。古代農桑耕織並重，蠶桑事業早已盛行于商代，故特借此最有用之桑木為春日樹木之代表因以造為春字。」（卜辭中所見的殷曆載安陽發掘報告第三期）

商承祚

「卜辭屢見[字形][字形]，或省作[字形][字形]，葉釋春。[字形]，葉釋蟬，謂以蟬鳴夏，𩸄亦夏之別構。[字形]字从日在禾中，當即秋之初文。又有[字形][字形][字形]，象枝垂葉落或餘一二枯葉碩果之形，望而知為冬。（𣪊沈二葉，校譚四葉，）亾亦見金文。春夏秋三字所釋未當，且日字于各體書中決無作口形者。董彥堂先生于所著卜辭中所見殷曆亦主葉氏春夏秋冬之說。然前一、四六、四：「丙戌卜，今屮方其大出，五月。」「五月為春，于殷曆不可能。董氏知之，乃說曰：『這似是在五月追敘本年春季的事』。」若見簠徵之「□□卜，𣪊，貞今旾王从𢀛乘伐下𠂤，受出祐，十一月。」（征伐二六、）則何以置詞邪？東天氏（世徵先生據五月條及後上二九、十、「丁巳卜，今旾方其大出，三月。」後上三一、六、「丁酉卜，𣪊，貞今旾王廾人五千征土方受出祐，三月。」前四、五三、四、「乙未卜，貞黍在龍囿旾，受出年，二月。」遂謂殷人以三月至五月為春，六月至八月為夏，九月至十一月為秋，十二月至二月為冬。（殷商制度考中央大學半月刊二卷四葉第十九葉）而前五、二五、一之𦍒，同版有四月五月之文，前五、二二、三、𦍒為十月又二，即十又二月，𢆶二、十八、二、𦍒為七月，據此數則，不但東氏單詞孤證不能成立，即葉董二家亦難為之說矣。且葉氏所舉之夏秋，與今字連文極少。冬則決無于紀時，尤難證明。再推四字之紀月，則一月至十一月可稱旾，四月至十二月可稱𦍒，一月至十二月又可稱旾，東字雖無月可證，若以上三例例之，當亦無定時，則旾𦍒東旾之用，決非如後世將一歲分為四季，每季三月也。且旾字見最多，約五十以外，𦍒約二十餘，東不及十，亾不及五。若四字為紀時，則春事不應如是之多，冬事不應如是之少。亾乃終之本字，金文需終皆如此作，無用為四時之冬。春夏秋冬之稱，金文亦未見，其名殆始于春秋之世。且字皆从日，尤為紀時之證。如春本當作旾，于省吾說文職墨說，小篆將屮移于上，為艸，將屮抑于下，而增一，以為从屯聲，遂變作萅。魏三字石經古文作旾，即旾之省。夏，古鉥夏庚腹作頣，石經省變作𣅀。秋，鉥千秋作𪛁。冬，石經作𣅀，說文之古文作𣅀。既皆从日，則由歲時發生為無疑，四時之名既立，故書有春秋之稱，鉥有千秋之文，此其明證也。春夏秋冬于卜辭雖能通其讀，而不能通其理；通其一二，而不能通其三四也。」（佚存五至六葉）

郭沫若

「右三例旾字，葉玉森釋春，……今按釋春於辭例頗合，如第三四片辭末繫有『三月』，尤覺相宜。然謂『从凵即从日』則非也。殷周古文日字及从日之字至多，絕無如是作者。說為象盆中艸木欣欣向榮之形，較覺妥善。小篆及石經古文从日，蓋後來之譌變也。唯有可疑者，金文無紀時之例，春字及从春之字均未見。殷時曆法如已有四季之分，則此紀時之例之中斷，若難說明；故旾之是否即春，尚當存疑也。」（卜通十三葉）

唐蘭

「右屯字，卜辭習見。如：『丙戌卜，今屯方其大出五月。』（鐵一五一、二）『戊寅卜，今屯方其出。』（鐵一八四、三）『□丑卜，于屯酌餗。』（鐵一八二、二）『甲寅卜，今屯□。』（遺七、二）『屯𣎳』（遺十二、六）『𢀛□于屯羊十』（遺十二、十）『丁巳卜，今屯方其大出。四月」（後上二九·十）「口亥卜，今屯方其大出。」（籀三）「戊午囗來屯囗甲囗。」（粹七〇六）字形均略同。孫詒讓釋禾，（舉例下十二）非是。卜辭禾字作禾若朩，與此迥異。葉玉森釋春，（鉤沈）董作賓承其說，（卜辭中所見之殷曆）按，葉氏釋字往往馮肌妄測，此釋雖近似，亦不甚確也。此作屮形者，實即屯字，金文屯字多作屯，或變作屯；考文字增繁之例，於垂筆恆增一點，點恆引為畫，如丨變為十，再變為十；（詳導論下四六）則屯之一字，其演變當如下：屮丨屮丨山丨屯。魏石經春字古文作𡴘，其所从屯旁，亦正相近也。說文：「屯難也。象艸木之初生，屯然而難，从屮貫一，一，地也，尾曲。易曰：「屯，剛柔始交而難生」。」按許說多誤。屮既為艸，詎能生於地下，況更尾曲？蓋許氏不知屯之上畫，僅為增繁，曲尾僅為篆勢耳。且屯字本非从屮，卜辭或作朩形，允可證。余謂屯本作山若朩者，實象杶形。說文杶古文作𣓝，小篆以為从丑，昔儒紛紛議之，不知作𣓝仍是从屯也。朩字變為𣓝，正猶由朩字變為𣓝耳。說文杶或為櫄，顏注急就篇椿字或作櫄，蓋說文無椿字，杶即椿字也。中山經：「成侯之山，其上多櫄木」，注：「似樗，材中車轅」。按樗乃今之臭椿，椿本作杶者，當即今之香椿也。山字正象椿木枝條虬曲之狀，作朩則並象其根矣。然則屯字本象杶形，後世誤析為屯杶二字，屯字遂漸失其本義矣。以卜辭之辭例攷之，曰「今屯」，曰「來屯」，皆紀事之辭。蓋段借為旾若萅也。卜辭紀時，以朩與𣑭為最繁，余既考知𣑭為龝字，段為秋，則朩之當讀屯，假為旾，更得一重要之旁證矣。薛氏款識卷一有所謂商鐘者四，其三同銘，容庚考為越王器是也。有萅字作萅。而第四銘之春吉，則作屯字，蓋亦假屯為旾也。春夏秋冬，本俱假借，後世增以日旁，故屯字為旾，從日屯聲也。更進而為萅字，從艸旾聲也。為𡗗字，（即春）从収旾聲也。葉氏謂「屯本非聲」，董氏謂「春字所从之木，實即𣏟木，也就是桑木。」胥失之矣。卜辭假屯為春，雖是紀時，然非後世四時之春。其云「今屯」，「來屯」，正猶「今年」，「來年」，與「今茲」「來茲」耳。後文之「今龝」（秋），「來龝」（秋）亦同。今世猶以「千春」，「千秋」代「千年」，猶上古之遺意也。四時之分後起，春秋二名，而又益之以夏冬，於是春秋之古意晦。近人以四時說殷制，宜其扞格而不能通也」。（文字記一至三葉）

唐又曰「𠱒（𠱒）字，孫詒讓釋和，非是。葉玉森釋春，謂口即日，謬甚。卜辭之曰，可釋為口，如「鳴」「名」等字所从是也。又可釋為凵，（凵盧）𠙹魯等字所从是也。二字相混，此所以當是凵盧之凵，而屯為聲也。𠱒字字書所無，其本義不可詳。卜辭云「今𠱒」，「來𠱒」，與屯字同，蓋亦叚借為春字也。」（文字記三至五葉）

于省吾「卜辭朩字習見，亦作朩𠱒𠱒山等形。葉玉森釋春，謂象方春之木，枝條柚發，阿儺無力之狀。董作賓從葉說，謂春字所从之木，實即𣏟木。唐蘭釋朩為屯。按卜辭有萅字。

𣎵與屯形不相涉。研究古文字，其形音義三者，必無一不符，方可徵信。而三者之中，尤須先定其形。形之仍識以準確，則音讀與詞義，迎刃而解矣。𣎵象木形，上象其枝條，視而可識，了無可疑者也。而卜辭木字從無以此作者，是雖象木形，其非本字，自不待言。此字之特徵，即上部作枝條彎曲形。按古文字木形之各部分，辨別明晰。：：然則𣎵字果象木之何部乎？曰此當象木條形，即條之古文也。說文條从木攸聲。𣎵本為象形字，孳演已久，加攸為聲符，遂成條字。蓋由象形文演變為形聲字，乃文字遞衍常例，不煩贅言。𣎵字或省作屮形，但象其條，下部與木混，故省下而不省上也。或作⿱屮口⿱屮口，下从口。口於古文字中多象器皿形，郭沫若謂象盆中艸木欣欣向榮之形，是也。卜辭𢦏字有⿱屮土⿱屮土⿱屮土三形，或从才聲，或从之聲，或从屮聲，形不相混。屮即條字也。條，蕭部。條从攸聲。攸，幽部。蕭幽通諧。才之隸之部。之幽二部音最相近，故多互通。是屮形為條之初文，不獨條之本字已湮者可明，即从條之字，亦因此而得互證矣。凡卜辭言「今條」「來條」，即今秋來秋也。論語微子：「以杖荷蓧」。說文：「蓧又作莜」。按說文：「莜亦作⿷匚攸」。書禹貢：「瑤琨篠蕩」。說文篠作筱，是又省去木條之形，而但存其聲矣。詩終南：「有條有梅」。說文：「條，小枝也」，「柚，條也」。朱駿聲於條字下云：「條假借為楸」。於柚字下云：「爾雅釋木：「柚條」。條非條枝之條，亦非條梅之條。條梅之條即楸，柚條之條即由，方音不同，別其字耳」。按詩終南「有條有梅」傳：「條，稻」。陸疏：「條，稻也，今山楸也」。爾雅釋木：「稻，山榎」。郭注：「今之山楸」。又按條與从兆之字古每音近相借。詩七月：「蠶月條桑」。韓詩條作挑。楚辭王逸九思疾世：「閬睄窕兮靡睹」。睄窕即蕭條。廣韻二十九篠，窈窕作窈窱。此例習見。漢書律曆志集注引鄭氏：「庣音條桑之條」。爾雅釋器：「斛謂之疀」。釋文：「斛，郭云古鍬字」。方言五：「鍫，燕之東北，朝鮮洌水之間，謂之斛」。注：「此亦鍫聲轉也」。是从兆从秋字亦相通。以上所舉，條既通楸，條又通楸，條又通斛通鍬，是條之讀秋，以音近相借言之，已無疑問矣。前一、四六、四：「丙戌卜，今屮方其大出，五月」。簠室殷契徵文征伐二六：「口口卜，㱿貞，今⿱屮口王从望乘伐下危，受㞢又，十一月」。如釋屮⿱屮口為春，不但於字形不符，且於紀月尤相刺謬。董作賓於前一辭以為五月追敘本年春事，是不得其解而為揣測之詞耳。故商承祚於殷契佚存考釋舉後一辭駁之。余以為商代紀時，有春秋而無夏冬，唐蘭亦有此說。金文東周以前，未見稱敘四季。薛氏鐘鼎款識有鳥篆鐘，為春秋時器，有「王萅吉日」之語。近代出土陳旻壺，為列國時器，有孟冬之語。余疑尚書大誥「越茲蠢」，即于今春。「今蠢今翼日」，即今春今翌日也。是西周之時，當有春秋之名，特未見於已出土之彝銘耳。然則卜辭稱今萅來萅今秋來秋者，萅可以該夏，秋可以該冬。凡事由簡趨繁，乃自然之演進。卜於春而稱秋可也。其辭尾紀月，由一月至六月，均無不合。卜於秋而非春，其辭尾紀月，不得在七月以前也。故前編所載，稱今條而未署五月者，春時預卜秋事也。徵文所載，稱今條而未署十一月者，十一月距十二月末，時间尚有月餘，猶可興師出征也。卜辭稱今條下多云伐某方，以農事既畢，有暇遠征也。鄴中片羽初集下三二稱「𣎵雨」，𣎵即𣎵，上象條形，不限於三也。疑條讀為攸，條久也。攸卣盅字通，攸雨猶天壤閣十九片粹編七九五片之盅雨也。卜辭有□字，亦作□□，條地名。葉玉森釋條，謂即鳴條之條。按葉即釋𣎵為春，又釋□為條，是已不能自完其說。□與後世从攸聲之條，自非同字，姑存以待考。又按卜辭有龝龝字，象有翼之蟲，郭沫若謂為蟋蟀，特酌。唐蘭謂似龜屬而有兩角，未允。唯唐讀為龝，謂即後世秋字，是也。卜辭既假條為秋，又假龝龝為秋。後下十二、十四，「今龝」與「方貞」同版，佚存九九一，有「𣪊貞」及「來龝」之語，綜十三、二，有「出貞來□王其棗丁」之語。方𣪊係第一期貞人，出係第二期貞人，此外斯例罕見。蓋第一期末年及第二期，當條條龝互作。自第二期以後，無以條為秋者。是卜辭先以條為秋，漸演為條龝互作，後又盡以龝龝為秋矣。總之，就以上論述，所考知者，𣎵字上象木之枝條，為條之初文。循文作□，繁文作□□𣎵。後世从木攸聲之條，既易𣎵形為木，又增攸字為聲符，由象形變為形聲，乃文字滋演常例。但條之本作𣎵，人遂莫之知矣。以時间言，則商代有春秋而無夏冬，言春則該夏，言秋則該冬。春時所卜，辭尾紀月，不應在六月以後。秋時所卜，辭尾紀月，不應在七月以前。擬於條之象形而符，徵於條秋之音借而符，證於辭尾之紀月而符，是商代紀時，以條為秋，昭然若揭矣。」（駢枝五葉釋條）

陳夢家　「武丁時又有一紀時之字作□𣎵□□四形。今釋為世、葉、𦯧、昔。此字唐蘭修改葉玉之說，以為是□字，即春字。于省吾釋條，以為即秋字。我們以前釋載，楊樹達亦有此說。卜辭凡稱「今世」者有三、四、五、十一、十二諸月，所以世似非季名。武丁之世已有楚字，與農事有関，此稱「今世」諸辭則多與征伐有関。凡此「世」字似是年歲之義，字象枝葉之形，枝葉一年之凋，故一世為一年。曲禮下「去國三世」，釋文引盧（植）王（肅）云「世，歲也」；世之訓歲，僅此一見，未足為證。卜辭「今世」「來世」，究其上下文，似有今時來時之義，呂氏春秋誣徒篇「世，時也」。要之，「今春」「今秋」有関乎農事，「今世」或「今時」則無閡。此是兩者的區別」。（綜述二二七至二二八葉）

杨树达　「太平御览八十三引古本纪年云：『帝祖甲载居殷。』今本纪年云：『祖甲名载。』按卜辞有□字，旧释为春，然今□之贞下记月份有四月五月十一月十二月者，於事理不合。余据此字或作𣎵若□，而□字或作□，知□与中当同音，因释为载字，今载即今年，则四月五月十一月十二月之贞文皆可通也。胡厚宣释□篇引一辞云：『△酉，卜，宾贞，子□不死。』□为□之繁文，宾为武丁时贞人，辞称子载，谓武丁之子，正是祖甲也。」（竹书纪年

所見殷王名疏證、積微居甲文說卷下五八至五九頁）

楊樹達　「甲骨文有旾字，省形作屮，繁文作萅或萅，葉玉森釋為春。……近日治甲文諸君……大抵遵依其說。然試依其說徧考卜辭，有令人懷疑不置者。卜辭言『今旾』而下繫以四月五月十一月十二月者多有之。（卜辭以下廿三字係依意節引　孝定注）按殷人早分一年為十二個月，假使殷人果分一年為春夏秋冬四季，則四月以後若非追溯往事不得言今春。卜辭皆占未來之事，四月以後自不得復占今春之事，其理甚明。（中略）然則旾屮究當為何字乎，今欲明此字當先取甲文中他字與此字之形相關涉者，究之甲文才字作中，巛害之巛作巾，𢦏傷之𢦏作𢦔，巾𢦔皆中之孳生字也。然甲文𢦏字有作𢦔者，說文𢦏本作𢦏，字从才聲。由此推知甲文之𢦔亦當从屮得聲，屮字非即吾人所討論旾字省形之屮乎。以余上來所說字形無也，則旾屮之字音殆非以『才』不可矣。葉氏謂此字之上多冠以今字，其下一字當紀時，其說是矣。然則此字正確之釋，必一、義為紀時；二、音讀為才。據此搜求則『載』字最為近之。載為紀時之字，今載猶今年、今歲。載从車𢦏聲，𢦏从戈才聲，則字音讀為才之條件相合也。一年十二月中之任何一月皆可稱今載，以讀卜辭又毫無礙滯也。（前六、四三、四稱『子旾』，押一、八、十七稱『子𣎵』，它辭子載與貞人賓同見，知子載當為武丁之子。太平御覽八十三引竹書紀年云『帝祖甲載居殷』，知殷王祖甲之名為載，而祖甲實為武丁之子，此又當釋載之確證也。下略」（詳見耐林廎甲文說十四葉至十六葉又積微居甲文說三十九葉祖甲名載條說與此同）

李孝定　「說文『條小枝也从木攸聲』。契文作上出諸形。諸家說者紛紜，莫衷一是。惟于氏釋條於字形辭例兩皆可通，他家之說多得之於義而形不諧，請略辨之。葉釋春於字形絕遠，其下不从日，諸家既辨之矣。董先生从葉說，謂春字从桑从日，所舉契文桑字與此字皆不類，其下又非从日，則字非春字可知。唐氏釋屯，金文屯字多見，其下未有作木形者，即屮亦與乜形不類。且契文屯字作夂，（于省吾說見第一卷）則唐氏釋此為屯叚為春亦有未安。惟謂卜辭之『今旾』猶言『今年』則是也。孫氏釋禾，卜辭自有禾字作𥝌，其誤可以毋辯。陳夢家釋世，與金文世从冊者不同。楊氏釋才讀為載，卜辭才字習見作中，金文同，何以於叚為載之才必作屮已不可解，且此字多作𣎵，𢦏字亦未見从𣎵作𢦔者，是此字之不當釋才可知矣。此字既不當釋才叚為載，則祖甲之是否名載於此字之考釋已無關涉，可以不論。于氏釋條，於字形優有可說。條从攸聲，攸秋音近相叚，亦怡然理順。條之為秋亦猶卣（酒器）之為卣（徒遽切許書無卣有卣卣即酒器之卣也）也。至卜辭『今秋』『今春』，非如後世四季之名，唐于兩氏之說皆是也」。（集釋一九七二葉）

白玉峥　「峥按：□字，见于卜辞者，多为纪述时序之义，与□、□、□等形，同见于第一期武丁时之卜辞。至第四期时，或有作□者，但甚为罕见。」（契文举例校读中国文字第八卷第三十四册三八七二页）

李平心　「我以为就形声义三方面考索，屮□即屮字。说文：『屮，艸木初生也，象丨出形，有枝茎也，古文或以为草字，读若彻』。章太炎文始云：『屮本义与才同，才者艸木之初也。』屮与才古当同音。屮疑即柴之本字，象小木散材。柴属脂部，而柴从此声，此兹古通，柴的象形字屮最初当在之部。㞢字即由屮小变而成。

不论如何，□米屮古必与找兹二字同音，按声义来说，当假为兹（卜辞别有兹字）。今米今□当读今兹，来米当读来兹。

今兹一词见于诗经、左传、孟子、吕氏春秋、史记、汉书、后汉书等书，不烦举例。注家多一律释兹为年不确。在某些地方，今兹确应解为今年，但在另一些地方，今兹训今年就不合。例如小雅正月：『今兹之正，胡然厉矣？』兹郑笺就训此而不训年。我以为兹训为年是后起之义，最初当训时，时本从兹得声，与兹同音。今兹即现时，与见在现在并一声之转。」（甲骨及金石文考释（初稿），李平心史论集一四四四至一四五五页）

刘钊　「通过比较可以发现，『□』字与金文『者』字存在着形体近似的关系。试举金文『者』字形体如次：

A □（或者尊）　B □（𪇊簋）　C □（𢾊钟都字所从）

两字的区别是：卜辞『□』字上部多作弯曲状，而金文者字则不具备这一特征。但上举『□』字中的□、□、□式形体，其上部也不作弯曲状，同金文者字形极近，很可能是由甲骨文发展到金文的过渡形态。卜辞中一些作弯笔的字，发展到金文则变成直笔。如卜辞不字作『□』、『□』、『□』等形，皆为曲笔，金文不字作『□』、『□』、『□』、『□』等形，皆变为直笔。金文者字上部增加了若干装饰点划。这种增加饰笔的现象，在甲骨文发展到金文后的形体中屡见不鲜。如甲骨文易字作『□』，金文或作『□』、『□』；甲骨文每字作『□』，金文作『□』；甲骨文刺字作『□』，金文作『□』；甲骨文必字作『□』，金文或作『□』；甲骨文余字作『□』，金文或作『□』等等。这种由审美意识驱使而在文字的空隙处添加的装饰笔划，祇是为了追求一种字形上的美感，同文字的音义均无任何关系。

通过以上的比較分析，可见释「昔」为者，比诸家释其为「春」、「秋」、「载」、「世」字，在形体上更有根据，更能令人信服。其实「昔」字与金文「者」字存在的相似关系，诸家不会没有注意到，祇是由於认定「昔」字必为时间词这一先入为主的观念，阻碍了人们的深入思考。

卜辞「今者」、「来者」中之「者」，我们认为不是时间词，而是系於时间词下的助词。

者字作为助词，常接在时间词下，或是凑成音节以便诵读，或为加强状语的作用。试举典籍中的例子如下：

1. 不念昔者，伊余来塈。（诗邶风谷风）
2. 昔者子贡问於孔子曰。（孟子公孙丑上）
3. 今者不乐，逝者其耋。（诗秦风东邻）
4. 今者臣来。（战国策魏策）
5. 来者犹可追。（论语微子）
6. 往者不悔，来者不豫。（礼记儒记）

另外中山王大鼎銘中，者字有如此用法，如：「昔者吴人并雫……」、「昔者盧先考成王……」。

以上所列典籍中时代最早的周代作品诗经。金文中者字除中山大鼎銘外，都用作数量形容词，还不见有明确用作助词的例子。尚书中的者字似乎也无此种用法。然而这些并不能成为用诗经的语法进行比較的可能性的反证。虽然诗经代表的语言现象距商代已有一段距离，但已往研究的结果表明，卜辞的许多词，包括虚词在内的用法，皆可以在诗经中得到印证。商代的语言现象保留到周代，是不足为奇的。

以上诸例中時间词「昔」、「往」、「今」、「来」，分别可译为「过去（昔、往义近）」、「现在」和「将来」。其中5、6的往者、来者可分别今译为「过去的事情」和以后的事情」。其中的「事情」一词，是按文义补足的，并不包含於句中的「者」字本身。「者」字祇是作为助词存在，并無具体明确的含义。卜辞的「今者」、「来者」同典籍中的「今者」、「来者」的语法关系应该是相同的，者字也是没有具体含义的助词。

卜辞「今」、「来」为相对的两个时间概念。今字用法广泛，可与「祀」、「岁」、「春」、「秋」、「月」、「日」、「夕」、「干支」组成「今几祀」、「今岁」、「今春」、「今秋」、「今几月」、「今日」、「今夕」、「今干支」等形式。单称今字与干支字组合时，其概念是「现在」（現今）和「将来」（以后）。期限是一旬以内和一旬以外（一月之内）。说文「今，是时也」。卜辞今字用为本义，来字用为将来义则由往来之义引申。通过以上论证，则前文所举四点反证皆可涣然冰释。可见陈梦家先生推测「今世」、「来世」（按「世」应为

「者」）有今时、来时之义是正确的。」（释旹，古文字研究第十五辑二三〇至二三三頁）

白玉崢　參□字条

按：釋「春」、釋「秋」、釋「屯」、釋「載」、釋「才」、釋「茲」均不可據，可以無論。陳夢家釋「世」，於形未安，但釋其義為「時」，則較為近是。劉釗釋「者」，可備一說而已。此字仍有待於進一步之考索。

□　□

王襄　「疑主字。」（類纂存疑第六第三十二葉上）

葉玉森　「按，火在木上，疑即許書桀字。此从一火，乃焱省。惟凵似非火象，疑□与□非一字。本辭之□为地名。」（殷虚书契前编集释二卷三十九頁上）

商承祚　「此从木，蓋象燔木为火，殆即主字。」（殷虚文字类编五卷十一頁上）

商承祚　「說文解字：『主，鐙中火主也，㞷象形，从丶，丶亦聲。』此从木蓋象燔木為火，殆即主字。」（類編五卷十一葉）

陳邦怀　「疑为朱之初字，上从凵，或从凹，蓋皆为主字之省。从木，主声，当为朱字。朱、主古音同在四部也。」（殷虚书契考释小笺十五頁下）

李孝定　「說文：『主，燈中火主也。从㞷，象形，从丶，丶亦聲。』主即今炷字初文。契文象然木為炷，商說可从。字在卜辭為地名。」（集釋一七三五葉）

按：釋「主」可備一說。卜辭皆為地名，不足以證明其有「火炷」之義。

1407

[illegible] [illegible]

姚孝遂 肖丁 「[illegible]和[illegible]都是商代重要地点之一。其字形亦变化较多：

[illegible]—[illegible]—[illegible]

[illegible] [illegible] [illegible]—[illegible]）

另外尚有一些较细微的变化。

745之[illegible]乃[illegible]字之未刻全者。不能认为是[illegible]字之异体。

根据卜辞的记载，[illegible]与宫、榆、曹、喪等地都相隣近。而与『囚』見于同版，屡首次出現。」

（小屯南地甲骨考释一七七页）

考古所 「[illegible]：地名。」（小屯南地甲骨八九四页）

按：此當為[illegible]之繁體，卜辭均為地名。

1408

[illegible] [illegible]

饒宗頤 「[illegible]舟他辭亦作[illegible]舟（前編二·二六·二）亦作[illegible]舟。（後編上一五·八）[illegible]字从米从叀，可释為棲，與棲通。（又植棲之棲，乃集韻訓籬之棲）説文：『棲，引也。』故棲舟即引舟。」（通考一一三九葉）

考古所 「[illegible]：地名，屬沁陽田猎区。」（小屯南地甲骨八八六页）

姚孝遂 肖丁 「『[illegible]』字早期作[illegible]。其地隣近于『棆』、『[illegible]』（曹）。『甲子』迭[illegible]，『乙丑』迭[illegible]，相距仅一日路程。」（小屯南地甲骨考释一七二页）

按：刻辭類纂將「[illegible]」形混入「[illegible]」字，二者形體有别。均為地名，形體有别，應予分列。

1409

羅振玉　「象取果於木之形，故从爪果，或省果从木。取果為采，引申而為樵采及凡采擇字。」（殷釋中六十一葉上）

王襄　「古采字。」（類纂正編第六第二十八葉下）

商承祚　「卜辭有云『大采雨』，陳邦懷先生謂大采當為朝日之禮。案魯語之少采，即卜辭之小采，古文小少相通，盂鼎少學作小學，叔弓鎛小心小子小臣皆作少，可證。卜辭之大采雨小采雨當為祭雨之禮，至周則有所更变矣。」（佚存四十二葉下）

陳邦懷　「卜辭言大采者一，文曰：『庚辰□大采』。言采者二，文皆曰『采雨王』（三條皆見類纂二十九葉）邦懷案：國語魯語云：『是故天子大采朝日』，又云：『少采夕月』，韋注云：『禮，天子以春分朝日，亦有尊也。虞說曰：「大采，衮職也」。昭謂禮玉藻「天子玄冕以朝日」，冕服之下，則大采，衮職也，周禮「王者搢大圭執鎮圭，藻五采五就以朝日」。則大采謂此也。夕月以秋分，或云：非「少采，黼衣也」。昭謂朝日以五采，則夕月其三采也』。韋說極是，周禮鄭注云：『繅，有五采文，所以薦玉，繅讀為藻率之藻』。知韋本鄭說也。卜辭所言大采，當為朝日之禮，且知周之大采，因於殷也。卜辭采雨之采當同少采夕月之禮，夕月三采韋說得之。采雨之采，其亦三采也歟？三采者，朱白蒼。亦見周禮鄭注」。（小箋二十八葉下至二十九葉上）

郭沫若　「『大采』見國語魯語，曰『天子大采朝日，少采夕月』。卜辭既有日出入之祭，則自有大小采之禮。唯大小采之本義未可知。韋昭引虞說曰『大采，衮職』，又或云『少采，黼衣』。昭自為說，則以藻五采五就為大采，三采為少采。然卜辭大采若采均作動詞用，似舊解均未為得。」（粹考一三六葉上）

董作賓　「區分一日之時間，舊派較為完備，茲以武丁及文武丁兩世之卜辭為例。其紀時之法：曰明、曰大采、曰大食、曰中日、曰昃、曰小食、曰小采，一日之間分七段，夜則總稱之曰夕也。……大采小采，亦稱大采日、小采日。其時間，一在大食之前，一在小食之後，大采略當于朝，小采略當于暮也。卜辭中以「乙卯卜，㱿貞：「今日王往于𩫖」？之日，大采，雨，王不步」。（旧譜一、辭一一、武丁時）「癸酉卜，貞旬，二月。大采日，格雲自北，𩇯風。茲雨，不延佳好」。（旧譜二、辭四、文武丁時）「壬戌卜雨。今日小采，允大雨。延伐，善日佳啟」。（佚二七六、文武丁時）「癸亥卜，鼎旬。三月。乙丑，夕雨。丁卯，明，雨。戊，小采日，雨，𩇯風。已明，啟。壬申，大風自北」。（旧譜二、辭六、文武丁時）第一例，「之日」以下，乃乙卯以後所追記，蓋乙卯卜王往𩫖，因雨未能成行，故追記云：「是日大采時落雨，故王不步也」。大采在大食之前，是王將出發，已落雨，乃決定不行，否則落雨稍晚，必于途中遭遇之矣。第二例，壬戌卜雨所得兆必為有雨，至小采時果有大雨，故追記稱「允」。言「今日」，是大雨之時，猶在日間，可知小采為日暮傍晚之時。大采、小采，舊不得其解。國語魯語載公父文伯之母訓文伯語，舉天子，諸侯，卿，大夫，士，庶人，每日之行事，云：「是故天子：大采朝日，與三公九卿祖識地德，日中考政，與百官之政事，師尹維旅牧相，宣序民事，少采夕月，與大史司載，糾虔天刑；日入監九御，使潔奉禘郊之粢盛，而後即安。諸侯：朝修天子之業命，晝考其國職；夕省其典刑，夜儆百工，使無慆淫；而後即安。卿、大夫：朝考其職，晝講其庶政，夕序其業，夜庀其家事；而後即安。士：朝受業，晝而講貫，夕而習復，夜而計過無憾；而後即安。自庶人以下：明而動，晦而休，無日以怠」。此少采即小采，此「夕」，相當於少采及暮，在殷代則以夕為夜也。：：韋注以五采說大采，三采說少采，又泥于春分朝日，秋分夕月，均未允當。蓋原文固明言天子一日間之行事也。今試就原文作一比較：：則可知「大采」相當於「朝」，而「少采」相當於「夕」；於殷代則為「小采」與「暮」也。大采、小采之時間，於此可以確知。惟其命名之義，或為「朝日」「夕月」時，五采三采之服章？或為日初出，日將沒時，光采之強弱？今已不可詳矣」。（殷曆譜上編卷一第四葉下至第五葉下）

孙海波

「大采小采者，乃褒舞時所箸之衣也。采古训衣亦训帛。诗曹风：「采采衣服，」仪礼士冠礼：「将冠者采衣，」注：「未冠者所服，」杂记：「麻不加于采，」注：「元纁之衣，」汉书货殖传：「文采千匹，」注：「帛之有色者曰采，」申引之，凡衣服有文饰者皆曰采，必采服而後可以舞神，故余谓大采小采，皆舞服之称也。」（卜辭文字小记，考古学社社刊第三期六十七頁）

于省吾

「前四、四五、四：「☐大采☐」。五、三六、一：「☐采雨，王不☐（步）」。七、二六、三：「☐采略云自北西單靁」。七、四十、一：「☐采雨，王不☐（步）」。藏二四二、一：「貞，翌庚辰不雨，庚辰雈大采」。粹八三八：「☐采各云自☐」。一〇四三：「之日大采雨，王不步」。珠七六六：「☐

雈口采雨」。佚二七六：「壬戌卜，雨，今日小采，允大雨」。……按以卜辭文理揆之，大采小采與朝日夕月無涉。卜辭出入日之祭，無言大采小采者，陳說誤矣。商謂「小少相通」。郭謂「舊解均未為得」是也。周禮典瑞：「王晉大圭，執鎮圭，繅藉五采五就，以朝日。公執桓圭，侯執信圭，伯執躬圭，繅皆三采三就。子執穀璧，男執蒲璧，繅皆二采再就」。注：「三采朱白蒼，二采朱綠也」。左桓二年傳：「藻率鞞鞛」。注：「王五采，公侯伯三采，子男二采」。疏：「凡言五采者，皆謂玄黃朱白蒼」。左昭二十五年傳：「為九文六采五章以奉五色」。注：「畫繢之事，雜用天地四方之色，青與白，赤與黑，玄與黃，皆相次，謂之六色」。按周禮考工記：「畫繢之事，雜五色，東方謂之青，南方謂之赤，西方謂之白，北方謂之黑，天謂之玄，地謂之黃」。卜辭有三云、三嗇云、四云、六云，均謂雲之色也，與經傳言二采、三采、五采、六采可互徵矣」。卜要之，卜辭之大采小采，就雲色言之。三色以上，四色、五色、六色謂之大采。其二色、三色者，謂之小采。分言之，則以紀數字識雲之色。以大別言之，則但曰大采或小采。卜辭言大小采，或與靁雨連稱，或與雈連稱，（郭沫若謂雈當是冡之古文，見粹考八六）或與各云連稱，（各亦作格，應讀為格，謂來至也）是大采小采就雲色為言，殆無可疑。雖與周制朝日夕月之禮無涉，而言色之多少，以大小采為區分，則周因於殷，其詞原語例，由來尚矣」。（駢三第三三葉下辭大采小采）

李孝定

「說文『采捋取也从木从爪』又手部『捋取易也从手寽聲』詩桑柔『捋采其劉』當為捋采之本義。捋下段注云『按捋與寽二篆義別。寽見𠬪部云「五指守也」。五指守者以用指取禾采之穀是也。捋則訓取易，而義不同。詩「薄言捋之」，「捋采其劉」，傳曰「捋取也」，此捋之本義也。……寽下云「五指捋也」。宋本云「五指持也」，皆未是。廣韻六術云「寽持取也今寽禾是」，是則許當本作「五指持取也」。五指持而取之於義乃合』。段氏說兩字分別之義失之於泥。徐灝段注箋曰『寽捋本一字相承增偏旁。許以寽从𠬪而捋从手故分屬二部耳』。其說甚允。是則捋字之義亦當以寽之訓五指，寽即段所云『以用指取禾采之穀』。其所取者當為較小之穀粒或較柔之樹葉始便捋取，若較大之果實則無由捋取之矣。契文采字或从□，或釋果或釋葉，以采字訓捋取占之，則釋葉是也。至卜辭之大采小采，實與朝日夕月無涉。卜辭別有日出入之祭實為周禮朝日夕月之所因至大采小采之辭未見有與日出入之祭連言者知二者無涉也就其辭例觀之，實為紀時之專名，董先生之說碻不可易。至何以名之曰大采，竊謂當以日出入時光采之強弱及雲色變幻之多寡別之，董先生之後說與于氏之說是也。金文作□遣尊□遣卣」（集釋二〇一二葉）

考古所

「□：□之异构，当释采。采，殷记时之专名（見董作賓殷曆譜上一：四——

五页）。然此未注明是『大采』还是『小采』，当是刻辞时有所省略。」（小屯南地甲骨一一四八页）

白玉峥 「采，籀庼先生释采。罗振玉氏曰：『象取果于木之形；或省果从木。取果为采，引申而为樵采，及凡采择字』（考释中六一页）。峥按：字盖象以手採取木之枝叶之形；准之六书之类例，当为会意。」（契文举例校读十六中国文字第五十二册五八二八页）

按：羅振玉說「采」字之形甚是。徐灝說文解字注箋云：「木成華實，人所采取，故从木从爪」。李孝定以為采字「其所取者當為較小之穀粒，或較柔之樹葉……若較大之果實，則無由捋取之矣」。李氏以段玉裁之說「失之於泥」，實則李氏之說尤為拘泥。如李氏之言，則取禾采之穀必以五指捋，果實則不得以五指捋，斷無是理。且卜辭「采」字或从「果」，采取之義益顯，非穀从葉（參見果字條下）。

「采」之引伸義為色采，後世孳乳為「彩」及「綵」。徐灝以為「華實聚色咸備，因有采色之偁」，朱駿聲說文通訓定聲則以為「木有文，人所采用」。卜辭「大采」、「小采」乃紀時之專門名稱。董作賓謂「大采略當於朝，小采略當於暮」。陳夢家以為「即上午八時下午六時前後」（綜述二三二頁）。董氏說有未的，「大采」、「小采」與「朝」、「暮」為不同之紀時體系。「大采」應相當於「大食」，在「旦」之後，「中日」之前；「小采」應相當於「小食」，在「昃」之後，「昏」之前。

1410

权 杈

张亚初 「杈（综类一八八页） 杈字从木从又，卜辞之又有为宥字，故可隶定为梋。集韵梋，乙六切或尤救切，音郁或宥。广韵：『梋，李也。』卜辞以『梋棗』连文，『梋棗』即李与棗。」（古文字分类考释论稿古文字研究第十七辑二五七页）

王献唐 「烛以直立，譬况孳乳为封字，封由形容词亦用为动词。凡欲植之使立，皆可曰封，草木如此，一切器物亦如此。……封字初文，为权为㞢，本象手持烛，后加豆声。此烛形有从双手者，单手执者，可用为封，双手执者，亦可用为封。……蓺为后起字，说文作埶，亦为埶，训种。石鼓文作𡉚，从土从杋，杋即卜辞之𡉚也。卜辞后有𡉚字（前六.一三.二），

从土从戕，仍是双手持烛，与枫形异义同。」（古文字中所見之火烛，第二五至二六页）

王襄释叔，参杍字条下

白玉峥释柴，参枓字条下。

按：諸家所釋，皆難以為據。疑為「叔」字之省，假作「邇」。

1411

枚 枚 收

李孝定 「說文：『枚，榦也，可為杖。从木，从攴。詩曰：「施于條枚」』。枚無用為動詞者，而卜辭數言枚舟，字或作玫，郭說蓋是。」（集釋一九七五葉）

庞朴 「最近，周原出土的西周卜骨中，至少便已发現一块記事甲骨（見图1、2）可以印証我们对『枚卜』的解释。

文曰：王以我枚單兕，勿卜。

此文同左哀十七年的『王与叶公枚卜子良以为令尹』句，完全相当。『以』即『与』。『我』系記事者自称；王以我枚，对『我』是一种无尚荣誉，所以特地記录了下来。『单』，捕也；郭沫若有說。『王以我枚单兕』，用連山、归藏的說法，就是：『王筮单兕，枚占于我』；这样就清楚多了。『勿卜』二字在此最吃紧，它表明，有了『枚』就不需『卜』了。有了『枚占』、『枚卜』，就不需要『龜卜』了；『枚』本身是一种占法，而不是『枚數』，于此得到有力証明。

般契中，也有谈到『枚』的，如：

庚寅……癸巳，卜复枚，舟……貞……收……（殷粹一〇六〇）

郭沫若以『枚舟』连读，谓『盖犹言泛舟或操舟』，『盖殷语如是』。痛哉郭老之不及見周原也！『卜复枚』与上引之『枚……勿卜』相对成趣，是『枚』为占法的最好証明，而且透露出枚卜较龜卜享有更大的神灵性。『收』即『枚』字；以『中』代『木』，乃甲骨通例，周、莫等字常如此。

金文中，枚为氏（見父辛簋、枚家卣等），可以想見古有枚官，如卜官然，惜已不見于凋礼了。

……解放前南方許多省份，猶有以竹块二枚，擲地視其向背，以定吉凶者，殆牧卜之子遺歟？蓋竹块取自竹干，故可名为『枚』也。若果然如此，亦『礼失求野』一例。」（牧卜新記，历史研究一九八〇年第一期一五五——一五六頁）

考古所　「牧：可能与枚为一字，后者郭沫若释枚（粹考一三七頁一〇六〇片卜辞释文）。」（小屯南地甲骨八五三頁）

按：合集三七六六三辭云：「……子王卜……田枚，往……亡巛」，「枚」為地名。它辭均殘，「枚」亦當為地名。合集三二五五五「枚舟」不能連讀，「枚」在此當為人名。然則合集三三六九〇即粹一〇六〇，郭沫若謂猶言「泛舟」或「操舟」，不可據。至於是否即「枚卜」待考。

1412

孙海波　「朷，河七二一。地名。」（甲骨文编二六二頁）

按：字不可識，在卜辭均為地名。

1413　析

孙海波　「灯，鄴三下、三九、三。疑析字。」（甲骨文编七五九頁）

胡厚宣　「廬江劉晦之善齋所藏甲骨文字有一片曰：『東方曰析，鳳（風）曰劦。南方曰夾，鳳曰兊。西方曰𣓨，鳳曰彝。□（北）□（方）□（曰）□，鳳曰𠬝』，牛骨大字，直行下行。郭沫若氏撰殷契粹編未收，當以為僞。但其字體適整，應屬於武丁時期；又文理通達，亦與杜撰拼湊之僞品不同。故余獨疑其不僞，……其後果在中央研究院第十三次發掘殷墟所得武丁時龜甲文中，發現有下之一片：『貞帝（禘）于東方曰析，鳳曰劦。□（貞）□（帝）□

（于）□（南）□（方）□（日）□，（夾）□（鳳）□（日）□。（光）貞帝于西方曰彝，鳳□（日）□。（東）□□□，（卜）內□，（貞）帝□（于）北□（方）□（日）□，□（鳳）□（日）□。（殳）」除干支貞人祭名較前片為多之外，其四方風名，大體相同。金璋所藏甲骨卜辭出書，其第四七二片武丁時之牛骨卜辭言：「卯于東方析，三牛，三羊，青三。」亦稱「東方析。」則余之所疑有明驗矣。……總之，殷武丁時於四方及四方之風，各有專名，則由此三片可以明白知之也。此甲骨文之四方名與風名者，亦可於經籍徵之：山海經曰「東方曰析，來風曰俊，處東極以出入風。」（大荒東經）「南方曰因，乎夸風曰乎民，處南極以出入風。」（大荒南經）「有人名曰石夷，來風曰韋，處西北隅以司日月長短。」（大荒西經）「北方曰鳧，來之風曰狻，是處東極隅以止日月，使無相間出沒，司其短長。」（大荒東經）此某方曰某，來風曰某者，實與甲骨文之四方名及風名相合。大荒東經言：「東方曰析」，甲骨文言「東方曰析」。說文「析，破木也。一曰折也。」廣雅「析，折也。」蓋析折義同，且形亦近也。大荒東經言「來風曰俊」，甲骨文言「鳳曰劦」。說文「劦，同力也。从三力。」又：「俊，材過千人也。」禮運疏引辨名記云：「十人曰選，倍選曰俊。」堯典「克明俊德」，鄭注「俊，德，才兼人者。」蓋必同心合力，其材乃可以兼人。是「劦」與「俊」義可相通。……」（商史論叢初集二冊甲骨文四方風名考證）

饒宗頤　「析者，他辭云：「卯于東方析」，（金璋四七二）「東方曰析。」（拾掇二、一五八）析為東方區域之總名，奎星之封豕，出見于析之地帶，知析即指析津；後人謂之析木，爾雅釋天：「析木謂之津，在箕斗之間。」析木在寅宮為十二次之一，即所謂 SCORPIO－Sagittarius，衡之西法十二宮，應在人馬宮（♐）之間。析字从木，後人稱為析木，箕宿亦曰天津，離騷所云：「朝發軔于天津兮」是也。晉書天文志：「自尾十度至南斗十一度為析木，于辰在寅，燕之分野，屬幽州。」由右辭記有封豕星在析出現，知析木之名殷已有之，即十二次之說所由起也。析又為地名，如：「庚申卜，王在析卜。」（文錄七二一）亦稱「自析」，如：「貞：弗往，在自析。」（文錄七三五）皆其例。」（通考八五一——八五二葉）

于省吾釋析，參月字條下。

按：甲骨文析字从木从斤與小篆同，以斤分木，即破木之義。卜辭「東方曰析」，與堯典同。山海經則作「折」。陳夢家據胡厚宣之說，關於四方風名有進一步之論述，詳見卜辭綜述五八六至五九〇頁。卜辭又以「析」為地名。

1414 相 

按：金祥恒釋此為「眷」，有此種可能性，但辭殘，不能無疑，當有待於進一步之證明。參見1393「眷」字條。又1465與此重出，當合併。

1415 ⿰⿱木土又 蓺 邇 

李孝定　「从又从木从土，說文所無。疑埶之異構。」（集釋〇八六九）

王獻唐　參封字条

按：「蓺」字變體甚多，假作「邇」，與「遠」相對為言。參見1589「⿰⿱木土戈」字條，當合併。又刻辭類纂五一一頁有「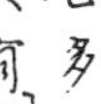」字，見於屯七七八，當讀作：「王⿰⿱木土又罒？罒𠦪」，乃「⿰⿱木土又罒」合文，上為貞辭，下為驗辭。總表誤敘，今附論於此。

1416 困 

按：合集三四二三五辭云：「乙酉貞，取河其困于上甲雨」為祭名。

1417 杕 

按：說文：「杕，樹皃，从木，大聲。詩曰：有杕之杜」。卜辭其義不詳。

1418

杞 [甲骨字形] [甲骨字形]

孙海波　「[甲骨字形]，記八八九五。方国名。」（甲骨文編二五九頁）

張秉权　「𣏟，或作杞，疑是杞之别体，本编图版陸，六亦有『帚𣏟来』之語，或作帚杞：

帚杞示十·争。（乙编七一二六）

帚杞示十ㄆ又一·宾。（後下三三·一〇）

与帚𣏟应是一人。卜辭又有杞侯炽者，例如：

丁酉卜，殻貞：杞侯炽弗其囚凡㞢疾？（後下三七·五；通七八九）

又有地方名杞者：例如：

丙戌卜，（在）甾貞：令（日）王步于□亡卅？

庚寅卜，在敨貞：王步于杞王卅？

壬辰卜，在杞貞：令日王步于甬亡卅？」（殷虚文字丙编考释第二九三頁）

按：卜辭杞字與金文、小篆合。用為地名。

1419

柳 [甲骨字形]

王襄　「古柳字。散盤柳亦作[字形]。」（類纂六卷二十八葉上）

金祥恒　續文編六卷一葉上收此作柳，無説。

李孝定　「說文『柳小楊也从木丣聲丣古文酉』丣與古文酉字之形迥不相侔，而與古文篆文之卯反近，疑實从卯也，金說可从。金文作[字形]散盤石鼓文作[字形]，並與此同。」（集釋一九四三葉）

按：說文：「柳，小楊也。从木，丣聲。」太平御覽、初學記皆引作「卯聲」。散盤作[字形]，石鼓汶作□，與卜辭同。王襄釋「柳」可從。卜辭為地名。

1420 □

按：合集五八五正辭云：「丁巳卜，□多□于□」為地名。

1421 杞 □ □

羅振玉 「說文解字：『杞，枸杞也。从木，己聲。』文从木旁己，杞伯敢作□，从己在木下，與此同。」（殷釋中三十五葉下）

王襄 「古杞字。或从木省。」（類纂正編第六弟二十八葉上）

商承祚 「□，从木从巳，唐寫本說文解字木部有粑字，……今以杢字觀之，說文一書為後世傳抄，譌脫之字不知凡幾，而由甲骨文中可增補校正之者，固在在皆是也。杢，地名。」（佚存六一葉下）

陳邦懷 「此字从木，从巳，當是杞字。唐寫本說文解字木部有粑字，音里，或體作梩。莫先生友芝箋異云：『集韻止部象齒切，相梩杞耜𥟹同字，引說文同小徐，疑其所見本有杞重文，唐本與二徐各失其一。詳里象齒即今讀相為杞之音，耜則杞之俗，耜𥟹相之俗也。自唐人經典相承用耜，五經文字遂無相字，僅存二徐說文，廣韻又收耜失杞，而杞相並正字，無有能識之者矣。』卜辭杞字，苟非唐寫說文，將無由識為何字；苟非莫先生考訂，抑且疑為譌文。惜卜辭晚出，不令莫先生見之也。」（小箋十六葉下）

李孝定 「說文：『杞枸杞也从木己聲』此與篆文同。孫氏文編金氏續文編六卷一葉杞下並收作□形者一文，从巳乃相字，見下。又陳邦福引簠室類纂八篇三十九葉下考字條下所引一辭有[illegible]字，（未著出處）陳云：『㠱即杞異，集韻引漢衛宏説云：「㠱與杞同。」』（蹟信四葉上）㠱杞並从己聲，自可通段，然未必即是一字，且單詞孤證亦不足采也。金文杞作[illegible]杞伯壺[illegible][illegible]杞伯簋[illegible][illegible]杞伯鼎[illegible]亳鼎[illegible]杞杞婦卣卜辭言『在杞』（𡿩八、七、二）言『杞侯』（𡿩七、五、下、三）爲方國之名，當即金文杞伯故國。」（集釋一九四五葉）

王獻唐　「[illegible]字近人或釋杞，下从巳，巳已古同字，与己各异；然古音同在之部，每以声近通讀。如人已之已，即尔雅釋詁訓我之台，台音犹已也。起从巳声，亦讀君启，杞或通用为𣐈，金文己姓之己，作㠱，亦作[illegible]；以此类推，杞字亦可从巳。」（山東古國考二三一頁）

按：字隸定作杞。或以爲梠，即耜或枱，説文訓「臿」，實則「杞」與「枱」同字。説文訓爲「耒耑」，或體作「鈶」，古者曲木爲耒，其耑謂之梠。莊子釋文引三蒼云：「梠，耒頭鐵也」，禮記月令「修耒耜」，注云：「耜，耒之金也」。耒耑施金，事較晚起，商代無之。甲骨文偶爾與小篆形體近者有之，不必同字。字在卜辭爲地名及人名。羅振玉釋「杞」，非是。商承祚及陳邦懷據唐寫本説文論其區分是對的。

1422

[illegible]

按：合集一一〇〇一辭云：「壬午卜，宂貞，勿呼田于[illegible]」爲地名。

1423

梌　[illegible]

王襄　「疑梌字。」（類纂存疑第六第三十二葉上）

于省吾　「契文梌字作[illegible][illegible]等形，多用爲地名。惟𡿩七、二八、一有辭云：『𨕣 朕小𦎧亡梌』。梌作[illegible]，从木余聲，應讀爲艅。梌與艅並諧余聲，艅今作俞。余所藏明義士墨本有辭云：『勿見，其㞢梌亡𡆥』。説文：『俞空中木爲舟也，从亼从舟从巜，巜水也』。按許説不可據，俞字早期金文艅伯卣作䑳，艅尊作𦨃。晚期金文魯伯俞父盤作䑳。說文从亼从巜，乃𠆢形之譌。弓鎛「勿或余改」，余亦作𠆢，乃俞之省。余應讀為渝。渝，变也。言勿有变改也。易訟九四：「渝安貞」。豫上六：「成有渝」。虞注並訓渝為变。然則契文言亡梌即亡渝，謂無变也。言出梌亡𡆥者，𡆥應讀為害，謂雖有渝变而無患害也。」（駢三第二十八葉下釋梌）

陳夢家 「『梌——宮——書』（前二·三四·三）此於辛未卜田書，次日壬申卜田梌，又三日乙亥卜田宮，則梌書當相近。今沁陽縣東三十里沁水南岸有徐堡鎮，東為武德鎮，西為尚香鎮。卜辭之梌或在此。又左傳襄二十三「救晉次於雍榆」，杜注云「雍、榆，晉地，汲郡朝歌縣東南有雍城」。榆或即梌，與雍相近。」（綜述二六一至二六二葉）

于省吾 「甲骨文梌字作𣏾、𣏾、𣏾、𣏾等形。其中用为地名者甚多，不知其地望。甲骨文称：「[illegible]胯小刍亡梌。」（前七·二八·一）又：「囗勿见，其出梌亡𡆥。」（南北明七六二），梌作𣏾，从木余声，应读为艅。梌、艅並谐余声。艅后世作俞。说文：「俞，空中木为舟也。从亼从舟从巜。巜，水也。」按说不可据。商代金文艅与亚中艅字，从余作𠆢或𠆢者常见，（金文编入於附录）。周代金文鲁伯艅父盘作䑳。说文俞从亼从巜，乃𠆢形之讹。弓鎛之「勿或余改」，余字作𠆢，乃俞之省。余应读为渝，渝，变也。言勿有变改也。易讼九四之「渝安贞」，豫上六之「成有渝」，虞注並训渝为变。然则甲骨文言「亡梌」即亡渝，谓无变也。……前引甲骨文之「勿见，其出梌亡𡆥」，应读为「物见，其有渝亡害。」「勿」乃物之初文，物谓云气之色。该辞是说，观察云气之色，虽有渝变而无灾害也。甲骨文称：「丙申卜，争贞，勿见咒不雨，受年。」（前六·七·四）勿见即物见，与前文同义。甲骨文又称：「贞，勿𠀡。」（明七五四）勿𠀡即物同，同应该为迥。（尔雅释诂训迥为遠。）是说云气之色已经遥遠也。」（释梌，甲骨文字释林七三至七五页）

按：于先生釋「梌」讀「亡梌」為「亡渝」是可信的。卜辭多以「梌」為地名。

1424

林 𣏟

按：說文：「平土有叢木曰林」。于鬯說文職墨云：「林但从二木而已，未見平土之義。許以平土有叢木解林，周禮林衡鄭注亦云：『竹木生平地曰林』，皆承詩車舝篇依彼平林毛傳而誤也。傳

云：「平林，林木之在平地者也」。此因詩言平林，故解為林木之在平地者。若但曰林，則何必於平地乎？且毛意正謂木在山為林……。觀擊鼓篇傳曰：「山木曰林」，則毛意曉然可見。然林亦無从山之義。毛主山，許鄭主平地，要皆一偏之說也。淮南子說林訓高誘注曰：「木叢生曰林」，不必言山，亦不必言平地矣」。

卜辭「林」為地名及方國名。

上引洪五一八為着名之宰丰骨雕刻辭，集釋失收，不知何故。合集亦失收。

1425 ⿱林口 ⿱林口

按：合集四三一八辭云：「癸未卜，王⿱林口允來即《」為人名。

1426 ⿱庚林 ⿱庚林

孫海波「⿱庚林，前二、四、一。从林从庚。地名。」（甲骨文編二六八頁）

按：合集三六八一九辭云：「癸卯王卜貞，旬亡畎，在⿱庚林」為地名。

1427 楚 ⿰木疋 ⿱屮楚 ⿱林口 ⿰木口 ⿱林口

孫海波「⿰木林，粹一三一五。地名。」（甲骨文編二六七頁）

郭沫若「⿱艸楚殆即楚字之異，疑即楚丘。（在河南滑縣者）三門當即砥柱。南單當即鹿臺。」（粹考十五葉下七三片释文）

又曰：「『舞楚』當是舞胥，周禮春官凢司樂舞之職，其下皆有胥。又大胥、小胥之職亦司舞事。楚與胥同从足聲，例可通。毛公鼎『埶小大楚賦』，孫詒讓王國維均謂楚與胥通。尚書大傳引書多方語『越惟有胥賦小大多正』，（困學紀聞引今書賦作伯）胥賦即楚賦，與此可為互證。」（粹考一七一葉一三一五片釋文）

陳夢家　「古音『楚』『足』『疋』相同，惟『足』為入聲。『楚』從林、疋（足）聲。武丁之殷京於武文作殷啚，而京即丘，所以楚啚可能是楚京，楚丘。古地名楚丘者，不止一個地方。左傳閔二狄滅衛懿公，衛之遺民『五十人立戴公以廬於曹』，僖二『諸侯城楚丘而封衛焉』。衛詩鄘風『言至於漕』，毛傳云『漕，衛東邑』。曹（漕）、楚丘在漢之白馬縣，河水注五『又曰白馬濟，津之東南有白馬城，衛文公東從渡河，都之』。白馬之楚丘，濟水注引竹書紀年稱楚丘，瓠子河注引『京相璠曰今濮陽城西南十五里有沮丘城，六國時沮楚同音，以為楚丘』。太平寰宇記『漢為濮陽縣地，隋開皇十六年於此置楚丘縣，後以曹州有楚丘縣，改名衛南』。故址在今滑縣東六十里。春秋隱七『戎伐凡伯於楚丘以歸』，杜注云『凡國，伯爵也，汲郡共縣東南有凡城』，又云『楚丘，衛地，在濟陰成武縣西南』。漢書地理志山陽郡武成縣有楚丘亭，今曹縣東南四十里。杜氏此注，實相矛盾，因凢伯既在共縣東南，則戎所伐之凡伯楚丘應在輝縣附近，不是曹縣的楚丘。戰國初期金文羼羌鐘中的楚京，卜辭的楚京，或是凡曹地之楚丘。衛詩定之方中『升彼虛兮，以望楚兮，望楚與堂，景山與京』，所望者是楚之京與堂之景山。此楚與京，應在衛地」。（綜述二六八葉）

李孝定　「說文『楚叢木一名荊也从林疋聲』此从足，古文足疋同字。𢦏从茻，古文屮艸茻木林森𣞤諸字偏旁中每得通也。郭釋此為楚是也。又从孫王之說讀楚為胥，說亦可从。辭云『岳于南單　岳于三门　岳于楚』（粹·七三）『叀楚鳳風大吉』（粹·八四二）、『無舞于□　其雨郭釋誤合本辭之『雨』與前辭之無為一字　于楚有雨　口于盂口有雨』（粹·一五四七）。此均地名也。『甲申卜舞楚啚』（粹·一三一五）。此楚字則郭讀為胥者也。金文楚字多見，作楚毛公鼎楚楚公鐘季楚簋楚邾王義楚耑楚敓馭簋楚楚王鼎从木楚余義鐘从邑」（集釋二〇四一葉）

按：戴侗六書故云：「楚，荊也。楚地多產此，故以名國。荊楚一物也，故楚國亦謂之荊」。楚人自稱曰楚，從無自稱曰荊者。周人呼楚曰荊，或楚荊，西周已然。卜辭「楚」皆為地名。粹一三一五「舞楚啚」，楚亦為地名。卜辭言舞雩以祈雨，每言所舞雩之地，如：

「孚舞于𦎫；于東舞」

「虘霝舞二田喪、盂又大雨」

「王其孚戍霝舞盂又雨」

郭沫若以「舞𧺆」為「舞胥」，非是。

1428

⿲木白木

孫海波　「⿲木白木，甲六五三。从林从白。說文所无。地名。」（甲骨文編二六八頁）

屈萬里釋卜辭「叀㬱眉田，亡𢦔？吉。」（甲編六五三）云：「⿲木白木，又見粹編九八五片（即誠齋二九三片）。與一七六三之㬱，當為一字。疑即淮南子俶真篇之𣋏字。於此乃地名。」（甲編考釋一〇三葉）

按：字當隸作「㬱」，在卜辭為地名。

乙八〇八一　粹九六八　掇一·三八五

1429

𣙙

饒宗頤　「𣙙即散，地名。」（通考一一三六葉）

屈萬里　「隸定之當作𣙙。按：古文四聲韻散字作𣙙，云出石經。則本辭之𣙙，蓋散字也。」（甲釋一三六〇片）

李孝定　「說文『𣙙分離也从攴从𣏟𣏟分𣏟之意也』又隹部『𢿙繳𢿙也从隹𣙙聲一曰「飛𢿙也」』二者當為一字，而以𢿙為正體，𣙙為省文，字當从攴、从林、从隹會意。以手執杖，於林中毆鳥飛𣙙𢿙也為其本誼，引申之則為分離。篆體譌林為𣏟，而𣙙遂入𣏟部。𣏟與麻同从二朩，朩訓分枲莖皮，𣏟猶勉有分𣙙之意，然字从攴無義，从攴从𣏟無由得有分離之義。蓋字本从攴从林作𣙙，而𣙙則𢿙之省文，字乃由林中毆鳥取義也。」（集釋二四二三葉）

麓。

姚孝遂　肖丁　「关于𢼸字，历来有争论。粹955：「叀阝𢼸，隻又大鹿，亡戈」。郭沫若先生攷释以「阝𢼸」为地名，盖读「𢼸」为麓。钾357：「弜𢼸阝」，屈万里先生考释谓𢼸「当为狩獵之义」。裘锡圭先生甲骨文字考释则以为𢼸「可能是作为𣏟、麓二字的合文使用的」（刊古文字研究第四辑）。据佚297：「丁丑卜，狄貞，王叀𢼸彔𢼸，亡戈」，「𢼸彔」即「𢼸麓」，足证𢼸不得读作麓，亦不得读作「𣏟麓」。」（小屯南地甲骨考释一六七頁）

温少峰　袁庭栋　「甲文中至今还未发現「麻」字，西周金文有麻字作𣏟（师麻匡）。但甲文有𣏟，或作𣏟，字象手执工具在麻秆上剥取麻皮之形，屈翼鹏释为「𢼸」即今「散」字（見甲骨文字集释），其说是。说文：「𢼸，分离也，从攴从林，林，分𢼸之意也。」「𣏟」字通：「𢼸，剥麻也，即分离之意。」卜辞之「𣏟」乃麻之象形，再加攴，即剥离之意。「𢼸」，后世写为「散」，训「分散」之意。

(48)丙寅卜，狄貞：孟田其遷𢼸……又（有）雨？（佚二九二）

(49)……貞……𢼸……王……允……（簠游一八）

(49)辞残缺过甚，辞意不明。(48)之意，于省吾先生释为「其遷散」，谓「乃是乘遷（驲）而往，分散在各处以猎」（殷代的交通工具和驲传制度，载东北人民大学人文科学学报第二期）。从以上二辞可知卜辞中有「𢼸」字，而且有「分离」之义，则殷人已経种麻，并剥麻为纺织原料，就可以肯定了。而殷墟发掘中发現的大麻的种子和麻布残片，更是殷人种麻的确证。……」（殷墟卜辞研究——科学技术篇一七九——一八〇頁）

裘锡圭　「甲骨文里有一个写作𣏟形的字，甲骨文编隶定为「𢼸」，附于「攴」部而未释（一一四四頁）。佚二九二的一条第三期卜辞说：

丙寅卜狄貞：孟田其……𢼸，朝有雨。

于省吾先生在殷代的交通工具和驲传制度一文里，释「𢼸」为「散」字所从之「𢼸」（东北人民大学人文科学学报一九五五年二期一〇七頁）。此说后来没有收入甲骨文字释林，但是实际上是可信的（甲骨文字集释也释「𢼸」为「𢼸」，見二四二三頁；但牽合「𢼸」、「𢼸」为一字，则非）。金文「散」字所从的「𢼸」，一般作「𢼸」，偶而也写作「𢼸」（如散姬鼎，見金文编二二三頁），「𢼸」当是「𢼸」的省体。甲骨文「莫」字有𣏟写法（甲骨文编二四頁），

「朝」字有⿱艹㪔写法（同上二〇頁，文編释此字为「萌」不确）可证「木」在用作表意偏旁时可以省作木。所以释「㪔」为「㪔」，肯定是正确的。

但是于先生在上引论文里，相信说文的说法，以分散为「㪔」字本义，却有问题。从字形上看，「㪔」跟「芟」同意，本义应该是芟除草木。古代「散」可训「杀」。方言三：「虔散，杀也。」东齐曰散……」。「杀」字在古书里，本来是既可以用来指杀死动物，也可以用来指杀死草木的。如月令：「季夏之月……利以杀草」，管子释地：「当夏三月……利以疾薅杀草岁」，左传昭公十六年：「昔我先君桓公，与商人皆出自周，庸次比耦，以艾杀此地，斩之蓬蒿藜藋而共处之」，荀子王制：「故养长时，则六畜育，杀生时，则草木殖」，这些都是「杀」以草木为对象之例。另外，据其他文献，如侯马盟书三二六頁、汗简卷上之一「支」部、「心」部等书记述，这种「杀」字很可能就是象斩杀草木之形的。「㪔」、「散」同音。「散」是心母字，「杀」是生母字，上古为一声。古韵「散」属元部，「杀」属月部，元、月阳入对转。「㪔」跟「杀」显然是音义皆近的同源词，训「杀」的「散」就是假借为「㪔」的。所以「㪔」的本义并不是分散之意，而应该是芟杀草木。

「㪔」字还見于以下卜辞：

㪔于东，有鹿。

貞：㪔，亡其鹿。 合一〇九一〇正

□㪔（此字倒书）□东兕□获。 合一〇九〇八

□北㪔，擒。 合二九二八九

□东㪔，擒。 合二九三七〇

这些「㪔」字全都出現在卜问擒获的卜辞里，应该都是用其本义的。野兽藏身林莽之中，由于芟杀草木而擒获野兽，是意中事。卜辞里又有一个写作⿱艹㪔形的字，如：

叀阢⿱艹㪔，获有大麐，亡灾。 合二八三四五

叀盂田省，亡灾。

弜（勿）⿱艹㪔阢。 合二九〇八九

王其往田于阢。

于盂。

其以人⿱艹㪔。 合二八九〇四

□亥卜：其⿱艹㪔盂（？）东，擒。 屯南一一四八

王其田，⿱艹㪔……麓，擒，亡灾。 屯南一四四一

叀行南麓，擒有豚。　　合二八三二〇

从辞例看，这个字没有问题是「楙」的繁体。字形从「鹿」，大概跟楙除草木之事往往在山麓进行有关（参看拙文甲骨文字考释（八篇），古文字研究第四辑一六九頁）。

上引诸辞提到的「楙」（包括「𪊨」），从表面上看好象只是一种猎兽的方法，实际上恐怕跟「焚」一样，不但客观上为开辟农田作了准备，而且有时可能主要就是为开辟农田而进行的，捕获野兽只是附带的收获。金文有「𦼮」字，見于父辛鼎（三代二·二七）和父辛卣（历代钟鼎彝器款识三、三〇）。古文字从「林」从「草」往往不分，这个字也应是「楙」的繁体。「楙」或加「田」跟「农」或加「田」同例。这正是「楙」跟农业有密切关系的反映。

現在回过头来讨论本小节开头所引的佚二九二那条卜辞。我们认为这条卜辞里的「楙」也是用其本义的。「遷」字，于省吾先生释为弜徬之「弜」的初文（甲骨文字释林二七七—二八〇頁），恐不可信。「遷」（此字下文均用「△」替代）字的意义跟「迟」相反，这从下引对貞卜辞可以清楚地看出来：

……其△至于攸，若。王繇曰：大吉。

其迟于之，若。　　前五·三〇·一

丁丑卜狄貞：王其田，△（此字所从之「辛」倒书）往……。　　甲三九一九

壬戌卜狄貞：……其△入。

壬戌卜狄貞：其迟入。　　甲三九一三

古文字从「彳」从「辵」可通，所以△应该当迅速讲，頗疑「△」字即应读为「迅」）。金祥恒以为「△」有「疾行而至」之意（参見中國文字一六期），近是。但是此字虽有「疾」意，却不一定有「行而至」之意。「△楙」就是迅速芟杀草木的意思。

卜辞地名凡称「某田」的，都指农田，如「壬寅卜，王其□……于孟田，有雨，受年」（屯南二二五四），「其寻求年……在𨙶田，有「雨」（合二八二五〇）等等。卜辞常说「省某田」、「叀某田」或「省田」、「叀田省」，都是指省視农田而言的。于省吾先生解释人文二〇七〇「王叀田省」延于……」一辞说：「这是说王省視农田，延及于沈」（甲骨文字释林一三八頁）。这是很正确的。孟田其△楙」就是在孟地农田上迅速芟杀草木的意思。可見这条卜辞里所说的「楙」确是农业生产上的一项工作。需要楙的孟田，应是孟田中的休耕地或撂荒地。从这条卜辞的全文看，卜问是否速楙，是为了赶在下雨之前完成这项工作。休耕地、撂荒地的草木芟杀之后，需要「以水火变之」，才能起到肥料的作用。殷人所以要赶在下雨前完成楙的工作，大概与此有关。」（甲骨文中所見的商代农业，全国商史学术讨论会论文集一九八—二四四頁）

每不分。說文訓𣏟為「分離」。本象持杖以分離叢木之形。引伸為一切離散之義。李孝定集釋以「𣏟」為「𢿃」之省文，取義於林中毆鳥。實則「𢿃」字較晚出，未免本末顛倒。

1430 𣡕

按：合集六九四六正辭云：「戊午㱿貞，呼雀往于𣡕」為地名。

1431

按：合集三六八辭云：「貞，呼𠂤往于[illegible]；勿呼𠂤往于[illegible]」為地名。

1432 埜 野

羅振玉「說文解字野，从里予聲。古文作壄，从里省，从林。則許書之古文亦當作埜，不从予聲。許於古文下並不言予聲也。今增予者，殆後人傳寫之失。許書字本不誤，而為後人寫失者多矣。玉篇埜（林部）壄（土部）並注古文野。殆埜為顧氏原文所見許書尚不誤。壄則宋重修時所增也。」（殷釋中八葉下）

王襄「古野字。許書野古文作壄，此从林从土。汗簡壄亦作埜省予」。（類纂正編第十三第五十九葉下）

陳晉「埜即許書野之古文壄。汗簡林部：『埜，古文。』說者謂說文古文野亦當作埜，是矣。唯埜字尚非从土。晉案：契文𡈽从⊥，王國維以爲士字，⊥亦士字，里部又云：『里从田从土，一曰士聲也。』是里有士聲之一說矣。假令埜从土當从Ω，从▲，从⊥，今皆不如此作，是非从土也，然則二埜字並从林士聲，形聲字也。」（龜甲文字概論三十七葉下）

孫海波「𡊅，前四．三三．五。不从予，壄之初文。」（甲骨文編五二一頁）

李孝定「說文『野，郊外也，从里予聲。壄，古文野，从里省，从林。』古文既不云『予聲』，則字當作埜。汗簡林部埜正云『古文野』，羅說是也。此从林士聲，羅氏釋野是，姑从之。金文作埜克鼎，埜但盨，埜楚王禽志鼎，均从林从土。」（集釋四〇二四葉）

按：羅振玉謂說文「野」之古文亦當作「埜」，其說可從，漢書地理志及汗簡野作「壄」从「矛」。與韻會及廣韻同。說文古文則作「壄」，从「予」。桂馥義證謂「俗誤作矛」；王筠句讀補正謂「隸譌予爲矛，汗簡又因隸造篆耳。矛聲不諧」。席世昌讀說文記據律歷志引左傳「乞食於壄人」，謂壄爲野之「真古文」。契文「埜」从「土」，非从「士」。金文亦皆爲从「土」，契文「土」亦或作「⊥」。

卜辭「埜」字，用義不詳。

1433 ⿱林隹

孫海波「⿱林隹，河七四六。从艸。𦿯，存下五二七。或从林。𦿯，摭續三〇九。或从森。」（甲骨文編二〇頁）

按：字在卜辭皆爲地名。

1434 ⿱林巳

孙海波「杞，后一·一一·五。从木从巳。唐写本說文有此字，今本无之。集韻以为耜或字。」（甲骨文編二六三頁）

按：「芑」當爲地名或人名。

1435

芑

王光鎬「总括起来，其中曾经被判定为『楚』字的已可区分为若干种不同情况。

第一种（A型）从林（或木）又从口，字形为⿱林口或⿱林口。此类楚字所见四例，皆出自郭沫若殷契粹编一书：

1、岳于南单，岳于三门，岳于楚。（粹七三）

2、于楚又（有）雨。（粹一五四七）

3、刚于楚。（粹四五〇）

4、甲申卜午楚高。（粹一三一五）

第二种（B型）从林从巳，字形为⿱林巳。目前搜检到的文例有三：

1、妇楚。（小屯殷墟文字丙编第六三）

2、妇楚来。（殷墟文字缀合第二一九反）

3、辛卯妇楚……（明义士：殷墟卜辞第二三六四）

第三种（C型）从林从足，字形为楚。共二例，皆见于近年出土的陕西岐山周原甲文：

1、曰今秋楚子来告父后哉。（H11∶83）

2、其微，楚□氒燎，师氏受燎（H11∶4）

第四种（D型）从林从口，字形为⿱林口。此一例亦出于周原卜辞：

楚伯迄今秋来，由于王其则。（H11∶14）……

综合A型四例的用法，『楚』皆为地理名称，是专门用来代指位在中原的某些地方的。而且，从1—3例可通文献『楚丘』、4例或通文献『京楚』来看，A型甲文『楚』确实曾隶定为『楚』。

……B型字从林从巳，既与周代甲文、金文各式楚國之『楚』不类，也与殷商A型楚地之『楚』不合。今案：殷契B型所从的『巳』，状如虫蛇，后世隶定为『巳』。說文：『巳，已也。四月阳气已出阴气已藏，万物見成文章，故巳为蛇象形。凡巳之属皆从巳。』甲文巳作

『䢅』（殷墟书契前编四・一三・六），妃作『㚤』（殷墟文字乙编四五三），即皆为从巳之属，对照的结果，不仅知B型字系从林从巳，还了解到甲文中早有从木从巳字。在殷墟书契后编及殷墟佚存中，『杞』或『⿱林巳』曾数见，前人即隶定为杞。……根据古文字的一般规律，林、木可通，所以我们认为B型字也就是『杞』之别体。同时，『楚』与『杞』在甲文中的用法也完全相同。如杞，在卜辞皆为地名，而且也恰是经常和『婦』字连称。殷墟书契后编下三三・一〇、甲骨续存下・六五就都有『婦杞』之谓。⿱林巳字三例与『婦』连用，是族名也就是地名，意义与『杞』毫无二致。总之，我们释B型字为『杞』，而认为其断非楚。……C型字无疑是『楚』，而且是可以确切肯定的楚国之楚。……甲骨文『⿲木口木』从林从口，口在林中，此断非楚，而应隶定为郴（梚）。」（甲文楚字辨，江汉考古一九八四年二期五二——五五頁）

按：字與「楚」無涉。當即「楚」之異構，在卜辭為地名。

春

王襄　「古楙字，許說木盛也，从林矛聲。屯即古矛字。」（簠室殷契類纂正編第六第二十九葉上）

葉玉森　「按《前》六・三九・三『甲辰卜㱿貞今⿱⿲木屯木日貞不吾』《前》七・二八・四『貞今⿲木屯木風出又』（祐）兩辭中⿱⿰木屯日⿲木屯木二文並冠今字，疑即《藏》二二七・三⿱⿲木屯木日字之省文。⿱⿲木屯木日从林从日，《說文》『楙，木盛也。从林矛聲。』夏為木盛之日，當即夏之別構，省作⿱⿰木屯日⿲木屯木。故並冠以今字。……又《殷虛文字》第二十二葉『于⿱⿰日屯彭受出又』，⿱⿰日屯又⿱⿰木屯日之省。曰『于夏彭』，即于夏時彭祭，猶《前》六・五十六云『于⿱⿰屮屮⿱木日（春）彭』，《藏》一八一・二云『于⿱屮屮⿱木日（春）彭』也。……造字之始，因以楙日為夏，與⿱屮屮木日為春，禾日為秋同例。後乃省日，即假楙為之。猶⿱屮屮⿱木日省為屮屮，再變作替，从梯，尚知為楙省，更變作旾省林，則古誼幾泯矣。」（《研契枝譚》又《前釋》二卷九頁）

丁山　：「⿲木月木象月出林中，即是暮字別體，而⿱⿲木月木日象日沒林下，月出林表，暮夜之情尤顯。」（《氏族及其制度》第五頁）

唐蘭　：「卜辭習見之⿲木屯木，用為紀時者，當釋為楙，即《說文》之楙字。然古文字艸與林通用，則　與𣝘殆本一字也。𣝘又从𣛱作𣛱，則多以為地名。如《菁》十·七𣝘字从林从豕，而　字从艸从豕，疑本象豕食艸木之葉之意，故𥡴為禾采之皃，而口挺𥡴」為艸莖也。然則殷人紀時當以此為本字而𠬪為叚借。卜辭又有𣝘字（《鐵》二二七·三）𣝘字（《拾》七·五）𣌭字（《前》六·三九·三）俱冠以今字，則均𣝘字之所孳乳，而為紀時之專字矣。𣝘從日𣝘聲，𣝘當為从日从𣝘省聲，而𣝘為从日𣝘聲，𥝌即𣝘也。由𠬪字所孳乳而為紀時之專字者，又有𣅔字（《戩》二二·二），當是从日豕聲。」（《天壤文釋》二十三頁至二十四頁）

于省吾釋上出諸形為楚昧𣝘𣝘𣝘以為并皆萅字。（《駢枝》一至四頁，詳見前屯字條）

孫海波　「係地名，當即後世頓國之頓，《左傳》二十三年傳城頓而還，杜注今汝陰南頓縣。」（《誠齋考釋》二二葉）

孫海波　「𣝘，續一一五一。于省吾釋萅。于萅。𣝘，鐵二二七·三。或从林，与萅、莫等字同例。𣅔，戩二二·二。省艸作旹，与三字石經古文同。𣝘，乙五三一九。今萅省日作芚。𣝘，存下二八·六。从𣝘。𣝘，佚七八四。从艸。𣝘，甲一一三四。从二木。」（甲骨文編二三頁）

孫海波　「𣥺，甲四三六。此字从屮从屯，当是芚之或体。新獲卜辭写本誤摹为之夕。」（甲骨文編六四三頁）

董作賓：「新出土《三體石經》《春秋》殘石有古文夏字作𡕒从足从日，疑即𢑚之譌變，試比較之。𣅔（甲骨文夏字）从𠬪（𢑚），是（《石經》古文夏字）从疋（足），𠬪與疋二形相差極少，易於訛誤。因形訛為足，音亦變从足聲。（後世夏雅同音）而蟬形夏字又久假不歸，故𣅔字亦漸廢棄也」（《卜辭中所見之殷曆》，《安陽發掘報告》第三期）

董作賓：「殷代四時問題，紛爭聚訟，迄今未已。冬夏字未能確定，春秋字以唐蘭氏解說為近是，謂今春、來春、今秋、來秋，猶言今年、來年也。……一般人曆法，已極嚴密，不容無四時之別，特其用不見於卜辭耳。今春，今秋作今年，乃春與秋之廣義，蓋以一年有一度春秋也。此廣義自當由狹義之春秋季節而來，則無足疑也。」（《殷曆譜》下編卷九第三十九頁）

陳夢家：「春字作𣌢，于省吾以為春字（《駢枝》一至四頁），或从火。這兩個考釋是對的。康丁卜辭云：「叀今秋　于春。」（《粹》一一五一）卜辭近稱的紀時之前加虛字「叀」，遠稱者加虛字「于」。「叀」「于」是相對的，秋春是相對的。由此可證卜辭只有春秋兩季而無冬夏。」（《綜述》二二六至二二七頁）

秋字作𪛅，唐蘭以為秋字（《殷虛文字記》5至8頁）或作屯吨𣏌𣌢𣢍等形。

王玉哲：「甲骨文习見「𣌢」字，或作萅、𣏌、𣏎、𣌢、𣏎、𣎵諸形。过去学者释为楙或𣙔，均难通读。于省吾先生始把所从之屯释为屯，因而释上字为萅，并谓卜辞中之屯或从屯之萅均即春秋的春字。但是，卜辞中出現了下列辞例，却不好解释：

(1)「戊寅卜争，貞：今𣏌众出𡆥，十一月。」（外四五二）

(2)「……𣌢今般□商，十三月。」（簠人五二）

(3)「甲子□貞：今屯受（？）年，九月。」（前四、六、六）

(4)「□□卜亙□□屯亡□，六月。」（粹一三八八）

(5)「……五屯，十二月。」（存一、八三）

按上举五辞的占卜时间，分别在十一月，十二月、十三月、九月和六月。若把𣏌、屯释为春，不论商代到底实行的什么历法，但总不该在十一月、十二月、十三月、九月和六月期间，称呼象征百物萌生的春季吧？这个矛盾現象如何解释，只有两种可能：一个是，这个字并非「春」字；另一个可能是商代所行的历法与一般人所说的不一样。我傾向于前一种可能，即该甲文不是「春」字。

对释「春」最初提出怀疑的是陈梦家先生。他虽然也同意于先生释春，但对上面第三辞则说：「称今春而系以九月，甚不可解。」尤其是卜辞中有「用屯」、「多屯」、「示屯」、有的称示多少屯，从「一屯」多至「五十屯」（見掠三〇八）。屯字若释为春，均成不辞。于先生对此，也不认为是春字，而谓「存以待考」。

可見屯释屯及𣌢释萅，还难以視为最后定论。

按学者之所以释春，是由于萅字从屯得声。但屯字是否屯字，尚有可疑。丁山就认为屯为朝夕之「夕」的或体。卜辞中经常有「今乇」、「来乇」，丁山说这就是他辞所习見的「今夕」、

「来夕」。「师乜不屋」，就是他辞所习見的「今夕师不屋」。丁谓夂若释为夕字，凡含有夂字作时间解的辞例，几乎都可以通读。

甲骨文中「夕」与「月」是同一字，则𦱤、𣦼等形体正象太阳初升或初降于草木中，而残月尚存的晨昏情景。这两形体可以隶定为「𣋺」，「朝」，此不正是说文解作「旦也」的朝夕的「朝」字吗？其左旁所作的𠦝、𣅳或早，象日在草木间，是「朝」字之本体。这三个形体即后来的「草」、「杲」、「早」三字，在文字的形声义上与「朝」都相近。其为一字之孳乳，根为明显。这三个阴韵字，绝对不能读为阳韵字（收鼻音）的「屯」，甲骨文习見的这个𦱤字，也就不会演变为后世的「春」字了。

「朝」字原作𦱤，根据甲骨文作字原则，有时为了简化的目的，也可以把其中的部分符号略为增减。若把日符省掉作𣏟、𣏟、𣏟，应当也同样是「朝」而不是「萅」。卜辞有：

「乙亥卜，争，貞：今𣏟王往田，若。」（缀二〇）

「丁酉卜，争貞：今𣏟王勿黍。

今𣏟王黍于南……」（續一、五三、三）

这两条都是武丁第一期有关田猎和农业的卜辞。如果把𣏟解为春，第一条就成为卜问今年春季不出去田猎顺利吗？第二条则是问今年春季不出去种黍好吗？今春，王到南地去种黍好吗？这就令人不好索解。因为商人占卜行止吉凶的习惯，一般最多的是卜旬，问十天以内的吉凶。而春季在商代包有多长时间，虽然不能确定，但总不会少于六个月或三个月。商王的每日行止都要占卜。王在出去田猎之前，只会卜问当日的吉凶，怎么会问三个月以上的吉凶祸福呢？也不会卜问在三个月内去不去种黍，或三个月之内到不到南方种黍，只能问当天出去种黍好不好。所以，上面这两条卜辞之𣏟释为春字是不够妥贴的。假如照我们解释为朝夕的朝字，这两条卜辞就可以顺理成章了。

另外，甲骨文中还有字作「𣏟」（后二、三、八）、「𠦝」（库一〇二五）、「𠦝」（供二九二）。这三字形与前面我们讨论过的「朝」字，其形体几乎全同，小有不同的是，一个从夕，一个从夕的或体。所以这一字也应是「朝」字。本来罗振玉最早就释此字为「朝」，唐立厂先生从之，这本来是对的。但后来孙海波改从王襄释为「萌」，于是以后一些学者把这类形体的字，强分为二；从夂者释春，从月者释萌。于是甲骨文字典中便再也找不到「朝」字了。

古人对一天时间的划分，往往前后二分，互相对照。甲骨文中已有日出时的「旦」（粹七〇〇、七〇二），与它相对的有日入时的「莫」（库一〇二五）或「昏」（京津四四五〇）；有代表夜晚时间的「夕」（續一、六、一七；粹六六八），怎么能够没有与它相对、代表早晨时间的「朝」呢？現在我们既认为甲骨文中的𦱤、𣦼、𣏟和𠦝、𠦝、𠦝诸形都是「朝」字，这一疑问就解决了。

周金文中潮汐的「潮」和作早晨解的「朝」，都作「𣶃」（盂鼎）、「𣶃」（矢方彝）、「淖」（陈侯因資錞）。盖原为日出草间之𠦝，有早晨之意，加水或川旁，即义为潮水之潮。魏三字石经无逸篇朝夕的朝之古文作淖，汉简误作淖，也是朝、潮通用。许氏说文潮与朝分为二字，潮作淖而朝则错误地变成形声字，作「韩」从倝舟声，完全远离了古人造字的原意。

我们所说的甲骨文中的「朝」字𦩍、𦨨等形，根据古文字简化原则，省去「木」即成了𣅜、明。这两个简化了的字，都见于甲骨卜辞（第一形见䀌二二、二），可以隶定为「明」。但这个字不可能是作为明亮解的「明」字，因为明亮的「明」，甲骨文金文都作从囧从月的「朙」形。近今学者已经有人指出，从日月作之「明」，商代甲文及西周金文均无之。秦绎山碑仍作朙，秦度亦作朙。高鸿缙说：

「商周文字皆只有窗牖朙，而无日月明。今查甲文中有明字者，实非明字，乃日夜二字之合文也。」

高氏虽不知甲文中的日、月构成的「明」是什么字，但指出它不是明亮的「明」，则颇具卓识，因为很多人都已错误地认为是明亮的明了。甲骨文编卷七「明」字下，列举了两类不同形象的字：

1. 朙（前四、一〇、四）朙（乙三二〇〇）朙（乙六四）

2. 明（甲三〇七九）明（乙六六六四）明（后二、二〇、一六）

第一类字从囧从月之朙，与说文明的小篆同。第二类作从日从月之明，则与说文明字的古文同。按「囧」偏旁，据说文谓窗牖之象形，从囧之「朙」字象月光从窗牖中照入。这是商周时代明亮的明字。李平心则主张「朙」所从之「囧」，「殆即目（眼睛）之初文。」其说甚是。则朙应作「明」。第二类从日从月的「明」，我们同意不是明亮的明字，而主张这是朝夕的「朝」的简化形体。因为很明显，𦩍、𦨨等朝字省去「木」不是就成了𣅜、明的「明」字了吗？可见甲骨文𣅜、明、明的「明」应读「朝」，不是明亮的「明」。除了从字形简化上推知外，还可以从朝夕对文的习惯用语上证之。在古文献和西周金文中，朝与夕对文的辞句是很普遍的。试举几个例子以见一般：

「朝不谋夕。」（左传昭元年赵孟语）

「天子大采朝日……少采夕月。」（国语鲁语）

「夜考之极星，以正朝夕。」（考工记匠人建国）

「朝不食，夕不食。」（孟子告子下）

「敏朝夕入谰（谏）。」（盂鼎）

「用朝夕饗乎多倗友。」（先獸鼎）

「克其用朝夕享于皇祖考。」（克盨）

「其朝夕用享于文考。」（事族簋）

「其于之朝夕监。」（史暗簋）

「用朝夕享孝宗室。」（仲殷父簋）

这种朝夕连语和对文的用法，可能源于殷商。在甲骨卜辞中，我们可以找到类似的语句。试择录几条如下，然后加以解释：

1.「……固曰易日，其明（朝）雨，不其夕……」（乙六四一九反）

2.癸亥卜貞旬，乙丑夕雨，丁卯明（朝）……小采日雨雀（风），己明（朝）启。」（拾七八）

3.「三月乙丑夕雨，丁卯明（朝）雨，戊小采日雨风，己明（朝）攺，壬申大风自北。」（乙一六三，参乙六三八六，六六四四）

上所引都是朝夕对文。第一条已残缺，其中大概是说，早晨下雨，不到晚上就停止了。第二条大意是说，癸亥这天占卜一旬中的天气，第三天是乙丑，夜晚有雨。第五天丁卯早晨有雨。第二辞中「小采」之含义，可能与风雨云气有关，也可能就是前所引鲁语的「大采朝日」、「小采夕月」。「己明（朝）启」是说，到第七天己日早晨天晴。第三条是说乙丑这天晚上有雨，到第三天丁卯早晨也有雨，第四天戊日有风雨，第五天己日早晨天晴。第八天壬申日，自北方吹来大风。

这三条卜辞中的「明」，都和「夕」对举，所以这里的「明」字，我们都认为是作为早晨讲的「朝」字。这样解释起来，文从字顺。如果直读为明亮的明，辞句变为毫无意义了。并且「明」与「夕」连用，在古文献中从来没有这种传统。而说文中，许氏对「明」字的解释只谓「照也」，没有早晨的释义。许氏对「朝」字虽误作从倝舟声，但解作「旦也」，仍是正确的。为了进一步证实卜辞中的「明」读作「朝」的正确性，不妨再引几条卜辞：

1.「丙申卜㱿貞：来乙巳酌下乙。王固曰：酌，隹有希，其㞢设。乙巳酌，明（朝）雨。伐，既雨，咸伐，亦雨。𢼸。卯鸟星。」（拾四八一）

2.「貞翌，庚申，我伐，易日。庚申明（朝）雀（霧）。王来途首，小雨。」（乙六四一九）

3.「丙申卜，翌丁酉酌，伐，啟。丁明（朝）雀，大食，日啟。」（库二〇九）

4.「乙未卜王，翌丁酉酌，伐，易日。丁明（朝）雈（霧）大食……」（續六·一一、三）

这些条的「明雨」「明雈」都应读为「朝雨」、「朝雈」。「雈」字从郭沫若、于省吾先生说，当读为「霧」。第一条是说乙巳这天酌祭下乙，早晨下雨。第二条是说，庚申这天举行伐祭，受到锡日。这天早晨有霧，这是天晴前的現象。所以，虽然有小雨，王还是外出了。第三条是说丙申占卜，第二天丁酉举行酌、伐祭祀，天晴。丁酉早晨有霧。在吃早饭后，太阳露出了。第四条和前条全同。诸条互相对照，既可证知「易日」等于「啟」，即天放晴，说明吴其昌释「易日」为「錫日」，为「賜霁」，为「祈錫日光」（殷虚书契解诂三续二三〇）之说为不可易；又可推知卜辞中的「明」读为「朝」是合理的。

甲骨卜辞中凡有从日从月之「明」，都是朝夕的「朝」字。其形体与作明亮解的从囧从月之「朙」（明）字形体很相近，极易混淆。大概到战国时，就有人错误地以「明」（实朝字）代替朙（明）字。许慎作说文解字，又从壁中书录「明」字附于「朙」下，误以为是朙（明）字之古文，遂使作早晨解之「明」（朝）不传，而误解「明」为明亮，与「朙」（明）字一同流传下来。

综合以上材料，可证甲骨文的[古文字形]諸形确是「朝」字，应该没有什么问题了。可是为什么西周金文「朝」「潮」等字，那么多資料，都是从水偏旁，从无一个从月的呢？甚至以「朝」为偏旁的「廟」字也大都从水。这确是一个值得令人深思的问题。所幸二十年代在陕西风翔出土一个周公东征鼎（或名壟鼎），其銘文中有「廟」字，所从之「朝」是从月。从銘文字体和辞句看，这个鼎确系周初器，无可怀疑。如此，这个朝字的问题，是不是就算解决了呢？希望专家同志们惠予指正。」（甲骨金文中的朝与明字及其相关问题，殷墟博物苑苑刊创刊号一六一頁）

柯昌濟

「按今楙一词为卜辞习見，余释为今夏之假文，以此名词与卜辞之今春、今秋命词相同可証。至楙字之假為夏字，或以字义相近而通假，說文『楙，木盛也。』夏季為草木茂盛之時，故假為夏字。此為契文之以字义相近通假之例。」（殷契卜辭綜类例証考释，古文字研究十六輯一五五頁）

按：字當釋春，毫無疑義。其余諸說均非。殷商及西周僅有春秋，而無夏冬。一年而分四季，當始於春秋以後。

1437 梦

按：字不可識，其義不詳。

1438 鬱

按：此當是「鬱」字之省，説詳1439「鬱」字條。

1439 鬱

于省吾：「周初器叔卣的『赏叔𩰪鬯』，𩰪字作[glyph]；小子生尊的『易金，𩰪鬯』，𩰪字作[glyph]（此器见西清古鑑八·四三。𩰪字误摹作[glyph]，鬯字误摹作首）；孟載父壶的『孟載父作𩰪壶』，𩰪字作[glyph]。陈梦家谓：『集韵鬱的古体作欝，字汇补引作欝。虽係很晚的字书，却保存古形。』（西周铜器断代三）按陈说是对的。但是，集韵和字汇补二书的鬱字省鬯从司，都和金文极相近似而稍有讹误。此两书的鬱字作欝不作欝，这是陈氏的误写。又在集韵之前，汗简引王存乂切韵已有欝字，陈氏失检。不仅如此，陈氏还不知道甲骨文已有𩰪字。第一期甲骨文的『贞，令生𩰪』（林二·一八·一七，即前六·五三·五。又前六·五三·四，文同而稍残），𩰪字作[glyph]，与叔卣『𩰪鬯』之𩰪形同。前引小子生尊和孟載父壶的𩰪字下部多出二小横，这和春秋时弓鎛的戒字作[glyph]，以及西周金文尸（夷）字到了晚周作[glyph]（详释人尸仁[glyph]（夷）），其例正同。至于鬱字，汗简引王存乂切韵和集韵入声均作欝，其讹大为缶，讹[glyph]为司，均由形近所致。

甲骨文的𩰪字从林从夸，夸字作[glyph]，上从大下从[glyph]，[glyph]即伏之本字（详释勹鳥朋）。由此可见，𩰪字从夸，下象一人俯伏于地，上象人正立践踏其脊背。其从林，当是在野外林中。这和甲骨文伲和𡰥所从之尼作[glyph]，象一人坐在另一人的脊背上（详释尼），都是阶级社会人蹂躏人的具体表现。但是被蹂躏者肢体的折磨，心情的抑鬱，是不言而喻的。𩰪乃鬱的本字。古代典籍训鬱为塞为怨为困鬱为鬱结为鬱鬱不乐，习见迭出，都是鬱字的引伸义。甲骨文祭祀用鬯者习见，但不用𩰪鬯。周代金文有𩰪鬯，典籍皆作鬱鬯，而说文以鬱为本字，训鬱为木丛生，殊误。鬱鬯是舂搗鬱金香草，煮其汁以调和鬯酒，气味浓鬱，统治阶级用以诱神乞福（详孙诒让周礼正义鬱人）。……甲骨文的『令尘樊』两见，文辞简略，文训待考。」（释樊甲骨文字释林三〇六——三〇八）

唐兰　「樊字从林从夸，即奇字，象騎在人背上，后来騎馬的騎，就是由此发展的。」（论周昭王时代的青銅器銘刻古文字研究第二輯二二頁）

按：于先生已詳論「鬱」字形體的演變過程，其說是對的。唐蘭釋「奇」非是。

葉玉森　「後下二十九有[illegible]字。从三直木，一横木，疑栅之象形文。說文『栅，編樹木也。从木从冊，冊亦聲。』按冊非聲，乃象栅形。前七、十二冊作𦉼，象四札二編。[illegible]則象三木一編。」（殷契鉤沈第八葉背）

馬叙倫　「此是侖字，是欄栅的象形字。」（中國文字之原流與研究方法之新傾向載馬叙倫學術論文集三八葉）

李孝定　「說文『栅編樹木也从木从冊冊亦聲』樹或作豎，此正象編樹豎木之形，字形近冊，故篆文变作从冊也，葉說可从，馬釋侖非是。侖訓思訓理均與編豎木之形無涉也。此辭殘泐，其義不明。」（集釋一九八五葉）

陈汉平　「甲骨文有[illegible]（后编下二九·一二），旧不识，甲骨文编收入附录。按此字象编木为栅栏之形。說文：『栅，编树木也。从木从冊，冊亦声。』『冊，符命也。诸侯进受於王也。象其札一長一短，中有二编之形。凡冊之属皆从冊。』甲骨文冊字作𠕁、𠕁、𠕁、𠕁、𠕁等诸形，象编竹简形，而[illegible]字造字方法与冊字相同，象编树木之形，是知此字当释为栅。」（古文字释丛，考古与文物一九八五年一期一〇六頁）

按：釋「栅」僅可備一說。辭残，其義不詳。

1441

果 

羅振玉 「象果生於木之形，卜辭中婐字、采字从此，說詳前婐字、後采字注。」（殷釋中三十六葉上）

又曰：「𣎵殆果字，象果實在樹之形。許君云：『象果形，在木上。』世固無此碩果矣。」（殷釋中二十二葉下）

王襄 「古果字。婐字重文。」（類纂正編第六第二十八葉下）

郭沫若 「𣎵字羅釋為果，……案當是枼，葉之初文也，象木之枝頭着葉。金文陳侯午鎛鐘枼字作𣎵，同此，僅實筆與空筆微異，是猶大之作大，土之作土矣。綸鎛作枼，柏盤作枼，南疆鉦作枼，驫羌鐘作枼，均稍稍変易，後竟譌而從世矣。……采字卜辭作𣐺，从枼，言采取樹葉也。羅說為『象取果于木之形』，亦失。」（卜通八九葉下）

孫海波 「𣎵，乙九六〇。地名。乎象凡枼。」（甲骨文編二六二頁）

于省吾 「甲骨文果字作𣎵或𣎵形者常見，也作𣎵、𣎵，𣎵等形。郭沫若同志釋枼（粹考一〇三四）。商承祚同志谓：『象果生于木之形，卜辞中婐字采字从此。』（类編六·一二）又谓：『𣎵殆为果字，象果实在树之形。』（类編一二·五）按商釋果是对的，但既言『殆』則非决定之词，而又不知道果字的又训，故仍須加以阐述。甲骨文『大采』的采字作𣐺者屡見，象用手采摘木上果实形，其作𣎵者乃省体。晚周古鉨文果字作果，為說文所本。說文：『果，木实也，从木，象果形在木之上。』甲骨文称：『乙酉卜，王果令』和『弜果令』（宁沪一·五〇六），以同版卜辞验之，乃令三族或族马出征之占。果字作虛词用，应训為能。孟子梁惠王的『君是以不果来也』，公孙丑的『闻王命而遂不果』，趙注并训果為能。果训能，典籍常見。前引占卜是说，王能否令三族或族马出征？又甲骨文称：『貞，亘不果佳（唯）執〇亘其果佳執。』（乙五三〇三）这是貞问亘能否被執？但是，亘為武丁时重要貞人，不应以執不執為言。甲骨文称：『己亥卜，争貞，令弗其佳執亘〇☐佳執亘。』（乙四六九三）这也是以亘之執不執為言。其实，以上所称的亘，乃亘方的省语。这和甲骨文常見的吕方也省称吕，召方也省称召，其例正同。甲骨文有『𠂤及亘方』（綜述图版貳貳·四），是說𠂤追及逃走的亘方。而『

犬追亘，㞢及」和「犬追亘，亡其及」（《綴合》三〇二），亦以亘為亘方的省称」。（《甲骨文字释林·释果》）

白玉峥

「字从女从𣎳，𣎳，罗氏释果，并谓：与媟为一字；立说无据，自不能采信。今考金文陈侯午錞有𣎳字，其文曰：「永𣎳勿忘」；𣎳，《金文编》释枼，为葉之本字。枼字於金文屡见，是𣎳字至战国末期之田齐，仍在通用。小篆作枼，形失，许氏据以为说，故有「从木世声」之说，「楄也」之训。然非字之初义，故又以「枼薄也」之诂，塘塞之，而以后起之形声字「葉」说解之，遂误以本字为孳乳字之者。非是。字盖象枝叶繁茂、层叠舒发之状。本字当从女从枼，隶书为媟。媟，《说文解字》：「嬻也；从女枼声」，典籍中皆以嬻嫚为训；然就字形观之，典籍之训，非其初义。《史记·五帝本纪》：「黄帝居轩辕之丘，而娶於西陵氏之女，是为嫘祖」。《路史注》：「西陵氏始养蚕」，相传螺祖教民育蚕缫丝，以供衣服，後世祀为蚕神。缘斯之故，天子親耕，皇后親蚕，成了历代的故事。且也，民国十五年曾於山西省夏县之西荫村，於新石器之遗址中，发现蚕茧。甲骨文字中之蚕、桑、丝三字，及从丝之字，所在多有；确证殷世育蚕、缫丝之发达，农业之兴盛矣。斯时女必育蚕、缫丝，男必力田耕作；故造字取象，於采葉也。甲文，故为殷世王室之贞卜文字，然文字之肇造，并非殷王及其臣僚；造字之取象，亦必於群众之生活中，取其形，记其事，模其意，而为图以记录。媟之取象，更未必肇造於殷世，即或如此，亦必前有所因；积之渐久，约定俗成，始有其字之作。《诗》曰：「女执懿筐，爰求柔桑」。《山海经》亦有：「欧丝之野有一女子，跪树而欧丝」；媟字，正其象也。是媟字之初义，盖乃跪树欧丝也。经典诸训，乃後世引申、假借之义也。」（《契文举例校读》九，《中国文字》第四十三册四八三二至四八三三页）

赵诚

「果，甲骨文写作𣎳，也有的写作[字形]。均象果实在树上之形，本义当为果实之果。卜辞用为副词，大体有两种意义。其一是「果然」之义：

贞：亘其果为執。（《丙》二〇四）——亘果然被捕。亘，亘方。这里指亘方之人。隹，表示被动的助词。執即执，动词，有执缚，捕捉之义。

其二是「能够」之义：

乙酉卜，王果令，弜果令。（《宁》一·五〇六）——是说商王能否命令。「果令」是说「能够命令」，「弜果令」是说不能命令。商王，作为当时的最高统治者，按照一般人的理解应该有至高无上的权威，要想命令就命令，不打算命令就不命令，根本就不存在能否命令的问題。但是商代人尚崇鬼神，迷信上帝，认为人间的一切皆决定於上帝鬼神。作为商王，为了巩固他的统治，就要经常考虑他的一言一行是否符合上帝神灵的意志，因而在商王的观念中就时时存在一个「可不可以这样做」的问题。卜辞中大量存在着为一件事反复贞卜的事实，就是这种观念的反映，如「王徃吕方」，「勿徃吕方」（鐵二四四·二），「令尹作大田」，「勿令尹作大田」（丙七一）。在这些反复贞问中，很显然包含着「能否这样」「可否这样」的意思，其潜台词当然是「做符合天意呢」还是「不做符合天意呢？」由此来看前面列的「王果令」「弜果令」这两条辞以及「果」字的含义，就相当清楚了。「果」这个虚词的第一种意义，近似於后代的助动词「能」，但又不尽相同；从和否定副词「不」，动词「令」的结合关系来看完全是一个副词，但又和「果然」义的「果」不尽相同，所以分列」。（甲骨文虚词探索，古文字研究第十五辑二七七至二七八页）

考古所「果：佚三九二有「于果」，为地名。本辞也是地名。」（小屯南地甲骨一〇三八頁）

按：說文：「果，木實也，从木，象果形在木之上」。甲文果字正象果實在木之形。金文作[illegible]，為小篆之所本。郭沫若釋葉，以為葉之初文，「象木之枝頭著葉」，其說非是。甲骨文[illegible]字从葉，與果形有別，郭謂「同此」，殆有未然。且黍、枽、來諸字所象之葉形均不如此作，仍當以釋「果」為是。徐灝說文解字注箋謂「木實謂之果，故謂事之實然者曰果然，因之果敢、果斷之義生焉」。

卜辭云：「亘其果隹執；亘不果隹執」（乙五三〇三）

此即用為「果然」之義。

「果」之義又為「克」，國語晉語「是之不果奉」，韋注：「克也」。卜辭：「王果令；弜果令」（寧一·五〇六），「果」即「克」之義。其同版刻辭為：「叀三百……令；叀三族馬令；叀族令；眔令三族」，「果令；弜果令」即與此有關。

至於卜辭「果」之用為地名者，則無義可說。

1442

[illegible]

饒宗頤　「按畧字从果从口，疑祼字」（通考四三三葉）

按：合集一四六四一辭云：「……酉卜，爭……勿畧……」用為動詞。文辭已殘，其義不詳。

1443 ⿰果丂

葉玉森　「从示从果，即祼字。又⿰口⿰果丂即祼之別構。」（殷契鈎沈十一頁）

李孝定　「按丁乃丂之省略者，当释斤。木当释業，乃葉之初文，非果字。葉说非是。」（甲骨文字集释补遺四四四九頁）

唐蘭　「⿰果丂从屮當是業字，斲就是析的異文」。（導論下三十葉）

按：唐蘭釋「斲」，以為析之異文，非是。字當从「果」，不从「丵」，其右从「丂」，不从「斤」。合集三三一〇一辭云：「于⿰果丂㠯」，為地名。

1444 桑

羅振玉　「象桑形，許書作𣜩，从叒，殆由𣏟而譌。漢人印章桑姓皆篆作桒。今隸桑或作桒，尚存古文遺意。」（殷釋中三十五葉下）

王襄　「古桑字」。（類纂正編第六第二十九葉上）

孫海波　「𣏟，前一・六・六。地名。」（甲骨文编二六九頁）

聞一多　「卜辭有𣏟字，舊釋桑，甚確。（隸書桒蓋从此出）有又加口者，自二口以至五口不等，大都加口愈多者，其木形詭变亦愈甚。通校諸形，括為四類，各示一例如下方：

前六，五三，七　前四，四七，一

前二，三五，六　後下三五，一

此等諸家皆释噩，今案亦桑字也，隸定當作器。卜辭中所見此字，除一部分因上下文多損缺，義難探究者，自餘用法計有五種。凡此释噩或不成文義，或義似可通而了無左證。反之，若释桑，則無不詞怡理順矣。

一曰桑，桑木也。

1、聂桑于宗。（佚五六三）

宗謂宗廟。聂即登，祭名，卜辭屢見。他辭曰聂禾，曰聂黍，曰聂来（麥），曰聂米，聂桑亦其類矣。

2、……聲桑其禝。（兄辛）（後上七、一〇）

殸，地名，他辭「其田殸，禽」（庫六，七七）可證。禝與聂同。「殸桑其禝兄辛」，猶言禝殸桑于兄辛也。

二曰桑，桑林也。

3、其尞于桑，叀大牢。（粹四七〇）

呂氏春秋慎大篇「立成湯之後於宋，以奉桑林」。案桑林，殷之社，故武王立湯後以奉祀之。知之者，墨子明鬼下篇「燕之有祖圜，當齊之社稷，宋之桑林，楚之雲夢也」，是桑林即宋之社，其證一。呂氏春秋順民篇「天大旱，五年不收，湯乃以身禱於桑林」，左傳襄十年正義引尚書大傳作「禱於桑林之社」，藝文類聚一二引帝王世紀同，路史餘論六曰：「桑林者社也」，其證二。卜辭言祀桑用尞祭，牲用太牢，其隆重如此，今謂桑即桑林，亦即殷人之社，庶幾足以當之。論語載宰我對哀公問社，云「殷人以柏」，其說無徵，蓋妄言之矣。

三曰桑，桑田，地名。

卜辭桑字用為地名者最多，今於此類，但就其辭例不同者各舉數版，不能備也。或曰「于桑」，猶言在桑也。

4、于榆　于桑（佚一〇三）

5、于口亡戈　于桑亡戈　于盂亡戈（佚二五四）

或曰「在桑」

6、丁亥卜在桑，貞王今夕亡畎。（甲二，二五，一五）

7、癸巳王卜貞在桑，貞旬亡畎。（瀘地一，五）

地名曰桑者實殷人遊畋之所，下列各辭可證：

8. 辛丑卜，貞王田于桑，往來亡巛。弘吉。（甬二、三五、六）

9. 丁□王卜，貞其田于桑，往來亡巛。（續三、一六、三）

10. 辛未卜，何貞王其田桑，亡巛。（甬四、四一、四）

11. 壬戌卜，貞王其田桑，亡巛。（戩一〇、六；續三、一七、六，又續三、一七、二並同）

12. 戊子王卜，貞田桑，往來亡巛。王乩曰（弘吉）丝御隻狀（狼）一。（洪四三四）

13. 戊□王卜，貞田桑，往來亡巛。王乩曰吉。丝御𩣡豕三。（續三、一七、四）

14. 丁亥王卜，貞田桑，往來亡巛。王乩曰吉。隻兕七𪊨卅。（邎游九、八六；續三、一八、一）

15. 戊辰☐在桑☐王田☐衣☐。（甬二、四一、五）

遊田之事亦稱獸，

16. 王其㞢于桑□獸。（洪五二）

亦稱逐，

17. 戊午囗圂桑，貞☐逐囚圂。（甬二、四一、一）

18. □乎冓逐鹿于桑，隻。（續三、四五、三）

19. □□卜，穷貞☐丁巳豕（逐）☐于桑。（洪六〇五）

卜辭逐作𨑢，此省止，與他辭「丙寅卜豕麋，禽」（洪四一四）「癸酉卜穷豕犀兄侯禁麋犬，羽日戊寅，王其□□□□□□卒（禽）」。（甬二、二、三；後上一二、一合）之豕並當讀為逐。商承祚謂前者偶未刻全，胡厚宣以後者為誤字例，以此證之，知二家說未必然。遊田又稱省，字讀為獮。

20. 叀（惟）桑省，亡戋。（洯一、九、一一）

21. 翌日壬王其省桑，夙，不大雨。（洪九〇一）

22. 叀桑田省。（洪八〇〇）

23. 叀桑田省亡戋。（掇六、二）

24. 王其省桑田，湄日亡戋。（漣一〇九〇）

或曰「叀桑省」，或曰「叀桑田省」，或曰「省桑」，或曰「省桑田」，是桑即桑田也。古稱田獵之地曰田，桑為殷人田獵之地，故亦曰桑田。鄘風定之方中云「降觀（館）于桑」，又云「命彼倌人，星言夙駕，說于桑田」。倌人即館人，桑田即上文之桑。詩言文公既望祀楚丘諸山，乃降宿於桑田之館中，其夜適得靈雨，詰朝晴明，遂命館人，早駕出遊而止息於桑田之上也。詩之桑一稱桑田，既與卜辭密合，而衛復為殷故地，然則卜辭之桑田即詩之桑田的矣。

四曰桑，動詞，採桑也。

25. 丁巳卜，穷貞乎弓□蠶奚芾桑。（藏一八五、三）

「蠶」「桑」二字並見於一辭，為此字當釋桑之鐵證。經傳桑字作動詞用者，如魏風十畝之間「桑者閑閑兮」，「桑者泄泄兮」，呂氏春秋察微篇「其處女與吳之邊邑處女桑於境上」，穆天子傳五「以觀桑者」，注「桑，採桑也」，胥是。

26、☒辛巳卜𠱠貞桑。受方又（祐）（前六、三九、六）

此桑字亦當訓採桑，惟似指躬桑之禮。月令「季春之月，……后妃齋戒，親東鄉躬桑」。注曰「后妃親採桑，示帥先天下也。東鄉者，鄉時氣也」。卜辭曰「桑」，又曰「受方祐」，疑後世后妃躬桑之禮濫觴於此。

五曰桑讀為喪，動詞，喪亡也。

27、貞我其桑眾人。（佚四八七）

28、貞弗售。貞其桑眾。貞弗其受出又（祐）。貞其嬉（艱）。（佚五一九）

29、貞華其桑眾。（佚五四九）

30、貞其桑眾。（佚五一九）

31、壬戌卜，今夕亡𡆥。其桑眾。壬戌卜不桑眾。（纂別一，六、一六）

32、圍貞竝亡巛（巛），不桑眾。（後下三五、一）

33、☒㪔桑眾。（粹一一九）

34、☒于滴☒桑人☒。三月。（前六、二、五）

35、癸未貞☒希亡☒。其自卜又（有）來𡆥。口口貞口壴（艱），允口桑自（師）。（粹一二五三）

36、丁未卜，王貞般不佳桑羊，凸告（許）若（諾）。（前八、一一、四）

37、貞戌其桑口。（甲二、一八、二〇）

此類王襄釋喪，允為卓識。惟字仍是桑。卜辭桑喪一字，此類則當讀為喪耳。28「桑眾」與「弗受出又」「嬉」並貞，32「不桑眾」與「亡巛」並貞，35「桑自」與「又來𡆥（咎）」「壴」並貞，31「不桑眾」與「亡𡆥」並貞，其義皆為凶咎，是桑即喪亡之喪無疑。古者喪禮器用多以桑木為之。儀禮士喪禮「鬠笄用桑」，注曰「桑之為言喪也」。公羊傳文二年「虞主用桑」，注曰「桑猶喪也」。鄭何兩注並以喪釋桑，實則二字不但音同，古字本亦同也。卜辭時代桑喪一字，金文始分為二。

☐（毛公鼎）☐（桓子孟姜壺）☐（喪史賓鈚）☐（余井鉦）☐（量侯毁）☐（旅鼎）

☐（井人安鐘）

此金文喪字，從𠾱（桑）從亡，乃桑之孳乳字。喪字從𠾱而讀與桑同，古禮復以桑象徵喪事，此亦卜辭眾口叢聚木間之文即桑字之佳證。

以上除7 10二例字作朩，舊已釋桑外，其餘眾口叢聚木間之繁文，舊所釋為噩者，今並改釋為桑，此於探究殷代經濟狀態，關係頗大，不特於卜辭中增一可識之字而已也。考卜辭有字作𧌒（藏一八五、三）酷肖蠶形，舊釋蠶，今以同辭又有桑字（即上揭25例）證之，益知舊釋不誤。他辭又有『蠶示』（後上二八、六）『蠶崖』（拾一三、八）以及從蠶之蠶字（前六、五一、五）復證以殷虛殘繭之發現，知當時養蠶之事已甚發達。夫蠶事已臻發達，而謂為數巨萬之甲骨中，僅有作朩之桑字寥寥數見，寧非異事，今依余釋，增出桑字幾以百計，庶幾此疑可以煥然冰釋矣。附錄（畧）」。（釋桑古典新義下第五六五——五七二葉）

李孝定

「說文『桑蠶所食葉木从叒木』羅振玉釋上出前三形作桑，其說甚是，字非从叒而灼切也。說見前叒字條。後三形金氏續文編六卷八葉上收以為說文所無字次桑字後。按栔文喪字从口若吅若品桑聲，說見前二卷喪字下。其所从聲符之桑多與上出後三形相同，知此亦桑之異體也。卜辭桑為地名。珠一〇四二稱『子桑』則為人名」。（集釋二〇五九葉）

于省吾

「甲骨文桑字常见，作朩形，均以为方国名或地名。或谓甲骨文𠷎字从桑，是也。但不知其何以从口？按𠷎字本从桑声，其从两口者为初文。其从数口者乃随时滋多所致。其所从之口是代表器形（详释𠷎），乃採桑时所用之器。由於商代已有丝织品，故以𠷎为採桑之本字，其以𠷎为丧亡之丧者乃借字。周代金文盂鼎「古（故）𠷎（丧）自」之𠷎作𠷎。免毁『昧𠷎』之𠷎作𠷎，应读为爽。以其就时间为言，故从日。又𠷎字见旂作父戊鼎（商器）、毛公鼎、量侯毁，从𠷎亡声，已变为形声字。说文丧字作𠷎，并谓：『丧，亡也。从哭亡声。』按许氏谓从亡声是也，但以从𠷎为从哭，则殊为妄诞。自来文字学家沿讹袭谬，不知其非。因此可知，不以古文字为依据，无以穷造字之源，不仅丧字为然。

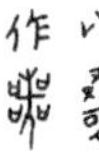

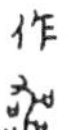

甲骨文𠷎字用法有三：一，用为人名，如『壶子曰𠷎』（库一五〇六），此例罕见。二，用为地名者最为习见。甲骨文中𠷎与盂每並举，故知其地望与盂相近。三，用为丧亡之丧，此如：『其𠷎众』，『不𠷎众』，『其丧众人』，『不𠷎人』，此例常见。以上是指征伐之丧众人与否言之。又甲骨文称：『丁未卜，王贞，𡆥不佳𠷎羊，甾若。』（前八·一一·四）甾应读之训此。言此贞之顺利也。它辞亦作『甾之若』（库一五五三）。𠷎羊即丧羊，当指放牧为言。易大壮六五之『丧羊于易』，可与卜辞互证。又甲骨文称：『乞𠷎自』（粹一二五三）与盂鼎之『古𠷎自』词例相仿。要之，甲骨文以𠷎为採桑之本字，既用为人名或地名，亦假借为丧亡

之喪。」（釋□，甲骨文字釋林七五至七七頁）

白玉峥釋桑，參□字條下。

按：羅振玉釋「桑」是正確的。象桑之形，不从「叒」。卜辭為地名。

□，李孝定集釋以為「桑之異體」，非是。字在卜辭為人名，與「桑」字之作□者形義俱有別。卜辭綜類以乙七七四六為𢆶字，亦誤。

1445

□

葉玉森 「□疑亦栗字，ㄓ象栗實，外刺毛形，其體物尤肖」。（引《集釋》二三一三）

趙誠 「□，栗。或寫作□，均象樹上結有毛栗之形。石鼓文作□，戰國印文有作□者。□或□即由毛栗形之□演化而來。說文古文作□，从□从二朩，所从之□當然是从□或□訛變而來。□即後世之西。栗字後代从西，显然与此有关。卜辞栗用作人名或地名（合二〇八，后下一六・一三），未见用其本义。」（甲骨文简明词典二〇七頁）

按：釋「栗」不可據，字在卜辭為人名。

1446

□

楊樹達 參□字條

按：字在卜辭為人名，與「□」有別，不得混同。

1447

喪 □ □

羅振玉 「許書無噩字，而有咢字，注：『譁訟也，从吅屰聲。』集韻咢或从噩。以是例之，知噩即許書之咢矣。鼎文噩字見於周官，以卜辭諸文考之，知从王者乃由□傳寫而譌。傳世古器有噩侯鼎、噩侯敦，鼎文噩字作□，敦文作□（沈氏樹鏞釋作噩，前人釋器非也）。又古金文中喪字从噩从亡，量侯敦喪作□，从□，齊侯壺作□作□，从□，均與卜辭同文。考鼎作□，从□，則與噩侯鼎文合。喪為可驚咢之事，故从噩亡。據此知卜辭諸字與噩侯兩器之文確為噩字。噩侯，史記殷本紀作鄂侯。漢書韋賢傳『咢咢黃髮』，文選諷諫詩作『諤諤黃髮』。綏民校尉熊君碑『臨朝謇鄂』，諤又作鄂。是咢諤鄂古通用，爾雅釋天之『作噩』，史記歷書作『作鄂』。（集解引徐廣曰：『噩一作鄂』），知史記之鄂侯即金文之噩侯。卜辭中噩為地名，殆即噩侯國。許書之咢，蓋後起之字。此其初字矣。」（殷釋中七十五葉）

王襄 「古噩字。（下引羅振玉說，略）」（簠室殷契類纂第六葉）

葉玉森 「噩疑从禾从三口或四口並為喿字。說文『喿，鳥羣鳴也，从品在木上。』卜辭文字凡表衆多之意者，往往較篆增繁。如□之作□，囂之作□是其例也。喿或鄂之古文，路史國名紀引盟會圖疏云『鄂侯國在悉州』。（鈎沈五葉）容庚氏曰：『羅氏釋噩，有噩侯鼎敦可證。若釋喿則喪之从喿从亡不可通。』（甲骨文字之發現及其考釋）予按喿澡古今字，許喿亡者即喪之譌誤。（藏龜拾遺考釋十二葉）惟欲求从喿之證，仍應索之金文。羅氏釋□之一形謂噩之从王即由从□而譌，□似不能譌寫為王。姑不具論，金文編中錄噩字凡五，如□□□□□除並从四口外，則从□□□□□，又錄喪字凡六，如□□□□□□除从四口从亡外，則从□□□□□，與噩字所存之五形無一相似者。則喪字所從斷非羅氏所認之噩字已不可撦。又諦察噩字第一體似从大之變態象人形，第二第五兩體似从千或仍象人形，第三四兩體則象犬之兩形，犬之食具曰器，人之食具亦曰器，故鄦公華鐘器字亦从□人，頗疑羅氏所謂噩者並器之譌變。舊釋器較可信也，至周代有無器侯，則不遑深考矣。卜辭喿字異體孔多，如□□……等形，象木多枝，鳥羣鳴於上下。金文喪字偏从作□□者，仍象木多枝形，即□□□□亦从木省變，則喪字从喿似可無疑矣。」（前釋卷二第三十六至三十七葉）

陳邦福 「卜辭□，□多从器从禾，或从來，各家釋噩至確。邦福案：來即來麰，言田禾蕃孰，具譁諤之象，噩侯敦作□，正从禾或从來展轉之異。」（瑣言七葉下）

郭沫若 「噩同鄂。殷末有鄂侯，史記殷本紀『以西伯昌，九侯，鄂侯為三公』。徐廣曰

「鄂一作邘，音于，野王縣有邘城」。左傳僖廿四年「邘晉應韓，武之穆也」。杜注「河內野王縣西北有邘城」。蓋邘地屬鄂，殷人之鄂，周人改稱為邘也。地在今河南沁陽縣西北，與垣曲相隔不遠。……足證殷人之噩非春秋時晉地之鄂，亦非江夏之鄂矣」。（卜通一三六葉下）

于省吾　「契文𠷎字異構甚繁。葉說誤，羅謂喪字从噩亦未允。余謂𠷎字即喪之初文。孟鼎「古𠷎自」即「故喪師」，𠷎作□。免𣪘「昧𣋡」段𣋡為爽，𣋡字从喪作□。昧𣋡就時間言之，故从日。井人鐘「安害﹅聖趮」，聖趮即聖爽，趮从喪作□。毛公鼎喪作□。說文𡃭从哭亡聲。按許以為从哭失之，謂从亡聲是也。孟鼎𠷎字與免𣪘𣋡字所从之𠷎，均不从亡聲。其演変之迹，與契文相符。是𠷎為喪之初文。喪从亡聲乃後起字。契文𠷎字用法有二。一、𠷎為地名習見，未見所在。惟𠷎與孟每並舉，知其地當與孟相近。二、𠷎為喪亡之喪，如「其𠷎衆」，即「其喪衆」。「其𠷎衆人」，即「其喪衆人」，當謂征伐之事，喪失衆人，斯例習見，不備舉。前六、五三、七：「不𠷎衆」，後下三五、一：「不𠷎衆」，謂不喪衆人也。林二、一八、二十：「戌其𠷎人」。𠷎人即喪人。前八、一一、四：「卜不隹𠷎羊，甾若」。𠷎羊即喪羊，當指芻牧之事言。易大壯六五：「喪羊于易」。粹一二五三：「允𠷎自」，與孟鼎之「古𠷎自」詞例同。要之，契文𠷎字，以孟鼎𠷎字及免𣪘𣋡字證之，知𠷎為喪之初文，加亡為聲符作𡃭者為後起字。說文以哭乃形之譌。契文以𠷎為地名，地望未詳。其以為喪亡之喪者，於文例詞義均脗合無間矣」。（駢三第二十四葉釋𠷎）

孙海波　「□，佚六〇五。此字异构甚繁，有从一口者，有从二口者，有从三口者，有从四口者，有从五口者。其在卜辞中用法有二，一为地名，一曰□衆。罗振玉释□，以为金文喪字从此。于省吾释𠷎，谓即喪字初文，引孟鼎古𠷎师，𠷎作□为証。其說較罗释为胜。今改释喪。

□，甲一三六九。地名，精喪雀其受有年。

□，誠明八四。此从三口，地名。

□，甲九〇七。从此五口，地名，于喪亡戋。」（甲骨文编五四——五五頁）

陳夢家　「噩疑是敖。仲丁居囂，殷本紀作隞，即敖山。甲骨文噩字從羅振玉所釋，但當其為動詞時（如噩自、噩衆）確為喪字，地名之噩可能即囂地。」（綜述二六二葉）

陳夢家　「羅振玉釋噩（考釋中七五），王襄釋喪（鈎沈五引），于省吾以為喪之初文（駢枝三：二四），聞一多釋桑（聞一多全集一：五六五——五七二），字於卜辭或為名詞，乃田獵所至之地；或為動詞，如武丁卜辭云：

戊戌卜鼎，今日王疾目，不喪明——其喪明。乙六四

凡不隹喪羊　擷八・二・四

其喪豕　洪五九四　　其喪工　乙七九二七、七九五五

允喪自　粹一一五三

此與西周金文大盂鼎「喪自」相同，字形亦同；冕殷昧爽之爽從此从日。後世的喪字，增加「亡」的形符。說文「喪，亡也」，「亡，逃也」，喪之初義當為逃亡、亡失。卜辭的喪羊同於易大壯「喪羊於易」；卜辭金文的喪自即喪師，周語上「宣王既喪南國之師」，韋注云「喪，亡也」。喪師指師旅的喪失，並不一定指人員的死亡。有此理解，則卜辭的「喪眾」乃指逃亡而言，就自此逃彼而言謂之喪，就自彼逃至謂之「俘」、「獲」、「執」、「氐」等，費誓「臣妾逋逃」，即卜辭的「喪眾」。」（綜述六〇七——六〇八葉）

李學勤

「關於「喪眾」：卜辭中有「喪眾」、「喪羊」、「喪明」等，「喪」均應解為亡失。前六・三九・六有「……不喪眾」，授方祐」，可見「喪」是動詞，「眾」是賓詞，「喪眾」是在戰爭中亡失人眾。如依陳夢家以「喪」為眾的主動逃亡，那麼卜辭依文法須乙作「眾喪」和「眾不喪」，這是不對的」（評陳夢家殷墟卜辭綜述，考古學報，一九五七年，三期）

李孝定

「說文「喪，亡也，从哭，从亡，會意。亡亦聲」。契文喪字異體甚多，然其別大抵在所从偏旁多少、筆畫曲直橫斜之間，其本形要無大異，諸家釋噩非是。葉玉森釋桑於字形為近，而於辭意難通。惟于氏釋喪於諸辭辭意豁然貫通，其說誠不可易，而於字形無說。陳氏於此字作動詞用者从于氏說，作名詞用者則仍讀噩。喪噩二字，音讀懸遠，訓解古文殆無是理也。按契文諸形以作□佚五四九□佚五二三者為正構，繁之則為□甲編八九三□後下三五・一，簡之則為□戩十・六、□佚六三九。除从口形由二至五無定數以示其讙呶嗷嘈之意可不具論外，其另一旁从作□□諸形，為一樹木之象形字。揆其字形，與卜辭桑字全同。蓋桑之為用以葉為主，故先哲造字特狀其葉，而他木則僅著枝幹。此形與字義無涉，字實从吅桑聲，桑喪音讀全同。此聲□之作□，其歷程當如下表：

□ → □ → □ → □

王筠說文釋例叒字條下云「叒字不足象形。石鼓文有□，蓋叒本作□，師寰敦器蓋若字皆作□，象木葉字形，若字蓋亦作□，即□之重文（中略）是以玉篇叒下有籀文□，若下亦有籀文□，足知叒、若之為一字，而□作□之非誣，而叒作□之非皮傳也。蓋漢人猶多作□，是以八

分桑字作桒，隸辨引二文無作桑者。集韻類篇桑古作桒，並足徵也。𠯑安為卉者，猶艸安什卅安卉曲者直之也（中略）」。按王氏說桑字之形之衍安甚是，今契文正作𣏟（後上、十一、𣏟前一、六、六、）諸形可證也。喪字聲衍之桑，詭安至多，至金文已安為𠯑𠯑𠯑，無復桑字之形，遂不得不更从亡字為聲。而喪之本字从吅桑聲之字，至篆文乃譌而為哭，許君乃以會意說之耳。今更舉卜辭喪字作動詞用者數例以證于說，「壬戌卜不喪衆 其喪衆」，甲編三八一；「喪衆」，甲編七三七「不喪衆」，甲編八〇九「其喪圂人」，甲編一〇九九「其喪圂𢓕逐」，珠五九四「貞我其喪衆人」，佚四八七「貞其喪衆」，佚五一九「疾目不喪明 其喪明」，乙編六四〇九此諸辭，喪字如讀為噩或咢，則無可通。最後一辭之意尤為顯豁，可證于說之不誣也。金文作𠷎旂作父戊鼎𠷎毛公鼎𠷎齊侯壺𠷎量侯簋𠷎喪史賁鉼𠷎南彊鉦𠷎易鼎南彊鉦喪字已與小篆形近，易鼎一文譌安更甚，無義可說矣」。（集釋〇四三九葉）

屈萬里 「卜辭『壬戌卜：不噩衆？』諸家從羅振玉說釋噩。此處作動詞用，當為驚愕之義。周禮占夢：『二曰噩夢。』注云：『噩，當為驚愕之愕。』此其義也。綜述謂噩為動詞時確為喪字（二六二葉）；非是。」（甲編考釋六〇葉）

白玉峥 「峥按：𠷎、又作𠷎，从品，从𣏟；𣏟，即桑字。于氏釋喪，是也。喪，盖甲文中之形声字也。许书於喪字之说解，非是。罗氏释噩，亦是。若衡之於声韵，噩为疑母字，在段氏古韵第五部。喪为心母字，在段氏古韵第十部。噩、喪二音，盖阴阳对转也；按释噩释喪，均无不是。若再衡之於辞性，其为名词或状词者，似以释噩或咢，即罗释是也。他如为动词等，似以释喪，即于释是也；然亦可释愕，故曰喪噩之释皆是，要以词性定之也。」（契文举例校读中国文字第八卷第三十四册三九〇〇——三九〇一页）

闻一多 参桑字条

于省吾 参桑字条

按：字當釋喪，卜辭喪除用作地名、人名者外，其用作動詞者如：「喪衆」、「喪人」、「喪衆人」，均與軍旅之事有關，乃貞問戰爭中之傷亡損失。人二一四二合集二七九七二「戋羌方不喪衆」此義最為顯明。或釋此類卜辭為奴隸逃亡，不可信。此外如「疾目，不喪明」乙六四；「不隹喪羊」（前八·一一·四合集二〇六七六）等，袁當訓失。釋瑶、釋粱均不可通。

1448

孫海波 「㴽、粹一五六一。疑瀋字。」（《甲骨文編》八五一頁）

郭沫若 「今按此乃琇之古文。其旁从之香若⿱香疋為古秀字。《說文》秀字適『上諱』，段玉裁云：『許既不言，當補之曰：「不榮而實，曰秀。从禾人。」』不榮而實者，《釋艸》（《爾疋》）、《毛詩》（《七月》及《生民傳》）文。……引申之為俊秀，秀傑。从禾人者，人者米也。出於稃謂之米，結於稃內謂之人。凡果實中有人，木艸本皆作人，明刻皆改作仁，謬。稃內有人，是曰秀。《玉篇》、《集韻》、《類篇》皆有禾人字，『欲結米也，而鄰切』，本秀字也，隸書秀从乃而禾人別讀矣。知秀古本从禾人，則此香若⿱香疋之為秀之初文即可迎刃而解。禾下所从之○形文非目字，實象含人之米實。此與告字同意。金文『即生霸』字多作告，有（《揚毀》蓋）（《豆閉毀》）（《散氏盤》）等形，實生之初文，象果實迸芽之形，後乃譌變而為从目生聲。香或从止作⿱香疋，止乃趾之初文，示其根也。知香若⿱香疋為古秀字，琇⿰玉⿱香疋从玉，以此為聲，斯為古琇字矣。」（《卜通》一四六頁六七○片）

饒宗頤 「㬱从古文《老子》拔字之異，益目旁，隸定可作眓。其繁形有从水者，如：『叀瀋，亡𢦏。从，亡𢦏，𢍰。』（《粹編》一五六一）㬱當是人名。」（《通考》九○二——九○三葉）

考古所 「𣪘、𢍰：地名。」（《小屯南地甲骨》一一五二頁）

考古所 「盟、門、𫣵、𢍰：皆地名。」（《小屯南地甲骨》八五三頁）

按：郭沫若說不可據。形體多變異，於卜辭皆為地名，無別。

1449

朱

李孝定　「說文『赤心木松柏屬。从木一在其中。』段氏注云『又按此字解云『赤心木松柏屬』，當廁於松樠檜樅之處，今本失其舊次。本柢根株末五文一貫，不當中骸以他物，蓋淺人類居之，以傅會一在上一在中一在下之說耳。』朱實即株之本字，其次本不誤。赤心木一解當是朱之別義，自別義專行遂另製从木朱聲之株字以代朱，非淺人類居之，一在上一在中一在下之說亦不誤。字在卜辭為地名，辭言『田朱』（珠、二一）可證也。金文朱作[字形]毛公鼎[字形]頌鼎[字形]師兌簋[字形]番生簋[字形]吳尊[字形]師酉簋[字形]彔伯簋」（集釋一九五一葉）

按：孫海波甲骨文編、金祥恒續甲骨文編皆列入朱字，卜辭用為地名。

1450

⿰木獻　[字形]

考古所　「[字形]、[字形]：均为地名。」（小屯南地甲骨一〇三一頁）

按：說文「⿰木獻」之古文作「[字形]」，「从木無頭」，「乘」字即从此。卜辭為地名。

1451

杲　[字形]

商承祚　「[字形]，疑為杲，金文皇多从[字形]，象日光芒四射之形。」（佚考四葉上）

李孝定　「說文『杲，明也，从日在木上。』金氏續文編六卷二葉上杲下所收除上列二文外又收乙、四四八八、一文作[字形]，原辭云『□□卜殻貞[字形]丙』，下不从木，疑子之繁文。乙、一一六一辭云『丁[字形]卜亘貞自今至于戊申其雨貞自今丁巳至于戊申不雨』。[字形]為[字形]之誤刻，實非杲字，以其誤作杲故仍金氏之舊收之於此。弟三文商疑杲字是也。辭云『☑杲☑止疾』，其義不明。」（集釋一九八一葉）

按：字可隸作「杲」，辭殘，其義不詳。

1452 □

按：佚二七〇一辭云：「癸酉卜旅从□方于……」為方國名。

1453 □

按：字不可識，其義不詳。

1454 □

按：字不可識，其義不詳。

1455 亲 □

詹鄞鑫「甲文▽象无柄凿，如果把这种凿用于劈析木柴，即今人所谓『楔子』。闽方言称为『柴尖』，尖即辛字。甲骨文□字象木上插着楔尖，因知亲是薪字初文。……既知亲即薪字初文，则新字本义也昭然若画了。新字甲文作□或□，象手持斧斤砍斫薪柴之形。《说文》：『新，取木也』，正保留了这种古义。《诗·七月》的『采荼薪樗』，《棫朴》的『薪之槱之』，《大东》的『薪是穫薪』的前一薪字，都应读为新，训为取木。」（《释辛及与辛有关的几个字》，《中国语文》一九八三年五期二七二页）

按：字當隸作「亲」，契文「新」即从此，亦即「新」若「薪」之初文，詹鄞鑫之說是對的。《合集》三〇七五七辭云：「甲子卜，狄貞，王其亲」，用為動詞。可讀為「薪」。

1456

按：合集二四三六一辭云：「甲子卜，行貞，今夕無𡆥？在正月。在果卜」，為地名。

1457

按：合集二〇〇五七辭云：「丙寅卜，王貞，侯光若……往〔字〕嘉……侯光……」為地名。

1458

按：合集二〇五〇〇辭云：「辛丑卜，王叀栗敦𢦏」為方國名。

1459 杏

李孝定「說文：『杏，果也，从木，可省聲。』卜辭恆見杏字，王襄釋杏諸家多从之，屈翼鵬已辨其非，說見前木字條下。惟此辭云『弗杏三屯』，字从木从凵不从口，乃真杏字，人名。」（集釋一九三九葉）

于省吾「杏非杏花的杏字（粹編四七二片）。」（引陳士輝懷念于省吾先生，古文字研究十六輯一八頁）

按：字可隸作「杏」，「弗杏」為人名。「〔字〕」、「〔字〕」乃「暮」字，與「杏」有別。

1460 李

按：字可隸作「李」，卜辭似為地名。

1461 杋

考古所：「杋、般：均地名。」（小屯南地甲骨九八四頁）

按：卜辭為地名。

1462 杉

按：字可隸作「杉」，卜辭為地名。

1463 槁

按：字从「木」从「高」，隸作「槁」，辭殘，其義不詳。

1464 栢

按：字从「木」从「百（首）」，其義不詳。

1465

按：金祥恒釋此字為「蓍」，參見1393「蓍」字條下。此與1414重出，當合併。辭殘，難以證明其為「蓍」字。

1466

按：字右从「木」，左从「丄」，「丄」可為「士」，亦可為「土」，辭殘，其義不詳。

1467 校

按：合集二九一四九辭云：「其穼」用為祭名，疑為「交」字之異構。待考。

1468 權

陈汉平「甲骨文有權字（乙编五六三八），旧不识，甲骨文编隶定为權字。按此字从木𠘨声，𠘨即凤字，在卜辞或读为风，如四方风名甲骨刻辞及卜辞，详见缀合二六一片及京津五二〇片，故此字当释为枫。说文：『枫，木也。厚叶弱枝善摇，一名欇。从木风声。』（古文字释丛，考古与文物一九八五年一期一〇六頁）

按：釋「楓」不可據，辭残，其義不詳。契文「鳳」無作「𠘨」者。

1469 椎

按：字从「木」，从「隹」，隸可作「椎」，辭残，其義不詳。

1470

按：字不可識，在卜辭為地名。

1471

按：字不可識，其義不詳。

1472

按：字不可識，在卜辭為地名。

1473 朡

按：字从「月」、从「㚇」，辭殘，其義不詳。

1474

按：此與「桑」字形體有別，或混入「桑」字，非是。辭殘，其義不詳。

1475

屈萬里 「米，疑是柴字。於此蓋為祭名；然未必為祭天之禮」。（甲釋第三八九葉）

按：刻辭類纂摹錄形體有誤，卜辭用為祭名。

1476 [illegible]

按：佚二七二二辭云：「辛巳卜，翌日壬王其[illegible]叀彔」疑為「藝」字之異構。

1477 𣡕

按：佚二一七○辭云：「于[illegible]楙单」用為動詞，與田獵有關。

1478 [illegible]

按：佚二一七○辭云：「于[illegible]楙单」為地名。

1479 [illegible]

按：字不可識，其義不詳。

1480 森

李孝定　「說文『森木多皃从林从木讀若曾參之參』契文从三木與小篆同。後下一辭僅殘餘『𡪋森』二字，其義不詳。」（集釋二〇四五葉）

按：字體漫漶不清，僅余殘辭，亦不得與上「𡪋」字連讀，英一二八八較清晰，當用為地名。

1481

按：字不可識，其義不詳。

1482 禾

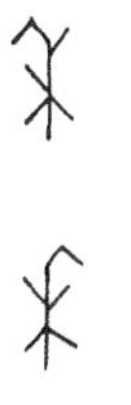

羅振玉　「上象穗與葉，下象莖與根。許君云从木从𠂹省，誤以象形為會意矣。」（殷釋中三十四葉）

孙海波　「禾，𣶒八。卜辭禾、年二字通用。受禾，即受年。」（甲骨文编三〇八頁）

陳夢家　「卜辭因時代之異而有『年』『禾』交替的用法。說文『年，穀孰也』，『稔，穀熟也』，年和稔同訓穀熟。以年為穀熟，是假借為稔字。卜辭受年受禾，實指一種穀物，即禾。但文獻上的禾有廣狹兩義，廣義的泛稱一切穀物，狹義的指穀子這一種。詩七月『十月納禾稼……禾麻菽麥』，禾稼之禾是穀物的通名，而禾麻菽麥與生民『菽禾麻麥』之禾則是穀子的專名。說文『禾，嘉穀也，二月始生，八月而熟』。禾和穀，古音發聲與主要元音皆相同，惟穀是收K的入聲字。崔述稷穄辨說『河北自漳以西舌強能發入聲，以東舌不能讀入聲』。是漳以東入聲的穀即漳以西的禾。

卜辭之年、禾亦有廣狹兩義：凡單稱的如『受年』『受禾』『年有足雨』『禾有及雨』，都指穀子；凡稱『黍年』『秬年』之年則泛稱穀類。卜辭所卜之年、禾有許多當是卜穀子。禾為殷代的主要的生產品，是與地利有關的。淮南子地形篇說『雒水輕利而宜禾，渭水多力而宜黍』，又說『西方宜黍，中央宜禾』。由此可知關西渭水流域宜黍，関東洛水流域和中原宜禾。詩提到黍的有二十多次，多屬周詩部份，可見西土以黍為主。但此並非說關西不産禾或関東不産黍，卜辭記殷人種黍可知關東中原仍有種黍子的。

禾、穀子、小米三名是一，乃是今天華北主要的食糧之一。在文字上，一切穀類的字都是从禾从米的，米最初應是小米。說文分别禾與稼，說「禾之秀實為稼，莖節為禾。」卜辭禾字象整個的一棵禾，稿莖之上並有穗。從禾穗打出来的顆粒是粟，說文「粟，嘉穀實也，」論衡量知篇「穀未舂蒸曰粟，」廣雅釋言「粟，穀也，」廣韻「粟，禾子也。」顆粒去了皮而現出實，是米，說文「米，粟實也。」初出地面的禾秧是苗，詩碩鼠傳「苗，嘉穀也。」孟子盡心下「惡莠恐其亂苗也，」莠是雜於禾田中的雜草。（綜述五二六葉）

李孝定

「說文『禾嘉穀也二月始生八月而熟得時之中故謂之禾禾木也木王而生金王而死从木从𠂹省𠂹象其穗』。契文禾字象形，羅說是也。其義亦為嘉穀，『庚午卜貞禾有及雨三月』（前、三、二九、三）言田禾其有及時之雨乎。『壬申貞桒禾于河』（後上、二二、三）禱于河以求禾之熟也。它辭率皆類此。金文作□曶鼎□禾簋□子禾子釜□邾公釛鐘『作𠂤禾鐘』𦱤乳為龢與契文小篆並同。許君解此字采五行生剋之說為漢儒故習，與字義無涉也。」（集釋二三四九葉）

于省吾

「按经传中禾字有两种涵义，狭义是专指稷，与甲骨文不同。广义是泛指一切谷类。……甲骨文中所见的禾都是广义的。因为甲骨文的稷字作𪏮，是谷子（小米）的专字。甲骨文凡言受某年者，年上一字必为谷类专名，如受黍年、受𪏮年、受來年是其例，但从未有受禾年者，足见禾不是专名。说文：『年，谷孰也。』谷梁传桓三年：『五谷皆熟为有年。』年乃就一切谷类全年的成熟而言。正因为禾和年都具有泛称性，所以第四期甲骨文往往用受禾代替受年，但决不言受禾年。」（甲骨文字释林释禾、年二五〇——二五一页）

陈炜湛

「甲骨文禾年二字常见，关系至为密切。禾字作□□□□□诸形，上象穗与叶，下象茎与根，为禾稻之象形。年字作□□□□□等形，从禾从人会意，象人负禾之状。二者形义有别而又有联系，辞例往往可以相通，具有同义词的性质。其证有三：桒禾与桒年同义，受禾与受年同义，它禾与它年无别。郭沫若说『桒禾犹桒年』、『受禾犹受年』，均符合卜辞实际。如后下三三·五，禾年二字共见一版；明后B二二九五与京津三九。七，二辞文例全同，行款相反，一称受年，一称受禾，皆足为证。至于它年与它禾（它义为害，说见前），例点多见，如：

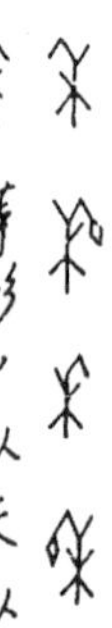

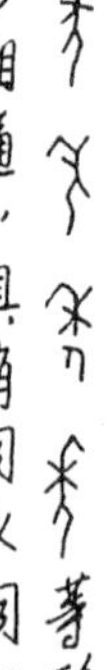

贞：隹帝它我年？二月。贞：不隹帝它我年？王固曰：不隹帝它，隹吉。（亿七四

五六——七四五七）

与此相似，卜辞还有「年有它」、「禾亡（无）它」的占卜：

庚寅卜，隹河它禾？庚寅卜，隹夔它禾？（粹一一）

庚子卜，𣪘贞：年出它？五月。（合集一〇一二五，京津六四八）

辛亥贞：我禾亡它？（甲四〇三）

「年有它」实即「禾有它」，意指年成受到损害，犹如今日所谓之减产；「禾亡它」犹「受禾」的同义语，其结果当然也就是「年亡它」了。

不过，𠦪年、受年、它年主要见于早期，廪辛以后便属少见，𠦪禾、受禾、它禾绝不见于早期，可见年禾二词的同义实有时代之因素在内。从大量文例考察，禾与年同义通用是中期卜辞的特点之一，𠦪禾、受禾、它禾也就是这一阶段产生的新词组，分别与原有的𠦪年、受年、它年构成同义词组，并用不悖。」（甲骨文同义词研究古文字学论集初编一五八——一五九页）

尹一萍

「禾，即是年字的省写。年字甲骨文本作[字形]，从人首载禾，象丰年收获之意。也有省从禾的，如后编下，三十三页一辞：

癸酉卜弜求，受年（禾）。

受年年字即省作禾，是个最好的例证。」（甲骨学二四八页）

裘锡圭

「「禾」字在古书里有广狭二义。狭义的指谷子（小米），广义的泛指一切谷类作物。前者是本义，后者是引申义（参看齐思和毛诗谷物考，中国史探研一七——一九页）。谷子的穗是聚而下垂的，黍子的穗是散的，麦子的穗是直上的。所以甲骨文把「禾」字写作「[字形]」，黍字写作[字形]，「来」字写作[字形]（来的本义是麦），主要依靠穗形的不同来区别它们。「禾」字有时还写作[字形]（人文二九八三）、[字形]（氾四八六七）等形，酷似成熟的谷子（参看贝冢茂树、伊藤道治甲骨文字研究（本文篇）六八四页）。「年」字所从的「禾」偶而也有这样写的，如甲三四三〇的[字形]。

谷子是古代北方最重要的谷物，所以「禾」引申而为一切谷物的通称。甲骨卜辞里的「禾」字多数已用于引申义。例如宾组等卜辞常常卜问「求年」、「受年」等事，历组等卜辞则说「求禾」、「受禾」。这种「禾」字应该就是泛指各种谷物的。但是有些卜辞，如「孟田禾释」（摭续一三七），「⋯⋯用禾延释」（存上一七六七）等辞里的「禾」，大概仍然是指谷子而言的（「释」是禾有病的意思，看拙文甲骨文字考释，古文字研究第四辑一五六页）。「年」字的本义是收成。「年」字从「禾」，也反映出谷子在古代粮食作物中的重要性。宾组卜辞除卜问「受年」外，还屢次卜问「受黍年」、「受𦾔年」。但是不管哪一期或哪一组的卜辞，都从来不卜问「受禾年」。这应该是由于禾（谷子）的种植量比其它谷物大得多，卜问是受年，实际上主要就是卜问是否受禾年，所以不必再专文为它卜问的缘故。」（甲骨文中所見的商代农业，全国商史学术讨论会论文集一九八—二四四頁）

陳煒湛　「禾年二字写法有相混的可能：禾字下端开个叉就似年；年字下端少刻两筆，或忘了『开叉』，便等于少了一个『人』，成了禾字。但实际情况並非如此。桒禾、受禾、它禾絶不見于早期；而桒年桒年、受年、它年则主要見于早期，廩辛以后便屬少見，可見它們的同义实有时代之因素在内。如『禾』是『年』的有意识的省略，那为何武丁卜辞中一例也没有；又为何在廩辛至文丁之世這种省略的『年』竟占了压倒优势，而不省『年』倒成了罕見的少数？上文提到殷墟卜辞综述收录桒禾之辞一百十六例，此外，还收录受禾之辞五十二例，难道這些『禾』都是『年』的省略？恐怕說不过去。应该承认，禾用为年是中期卜辞的特点之一，桒禾、受禾、它禾也就是這一阶段产生的新词汇，分别与原有的桒年、受年、它年构成同义词组，并用不悖。」（卜辭禾年說，文物研究第三期一一〇頁）

按：「禾」與「年」在卜辭有時可通用，但不同字。嚴一萍之說非是。「禾」之廣義為泛指一切穀物；「年」則指穀物之成熟，故引申為「年歲」義。通稱之，可言「受年」，亦可言「受禾」。專指某種穀物，則只能言「受某年」，而不能言「受某禾」。

1420

1483

𣎵

羅振玉　「說文解字：『𣎵，兩刃臿也。从木，丫象形。宋魏曰，𣎵也。或作釫。』與卜辭所載不知同誼否。」（殷釋中四十六葉下）

王襄　「古𣎵字。許說兩刃臿也。」（類纂正編第六第二十八葉下）

葉玉森　「𣎵，岳之省文。」（前釋四卷六十八葉下）

李孝定　「說文：『𣎵，兩刃臿也，从木，𦥑象形。宋魏曰：𣎵也。釫或从金、从于。』絜文與小篆同，當从羅釋岳。下从山，此从木岳者，不應从木也，葉說非。辭云『貞囗苿石有从雨戊戊雨』（𤕌五三、四、『乙囗王囗苿囗从囗』𤕌五、一三、五、弟三辭僅餘殘字，其義均不明。」（集釋一九八九葉）

按：說文以苿為「兩刃臿」，或體作「釫」。方言：臿「宋衛之間謂之鏵」。苿實即鏵字初文。卜辭苿字偶與說文苿字形體同，非象臿之形。葉玉森釋「岳」非是。今姑且隸定作苿。古文字形體偶合者多見。江陵鳳凰山一六七號漢墓遣冊有「釫」字，與說文「苿」之或體相同，但驗之於出土實物，則乃「鋤」字之異體。

1484

秉 [glyph]

羅振玉 「秉仲鼎作[glyph]，與此略同，象手持禾形。」（殷釋中六十葉上）

王襄 「古秉字，許說禾束也，从又持禾。」（簠室殷契類纂第十二葉）

按：甲文秉从又持禾，與小篆同。卜辭或為地名，或為動詞，其義不詳。

1485

𠥾 [glyph] [glyph] [glyph] [glyph]

葉玉森 「按，他辭云『王令𠮷人曰明𥄉于京。』（𤕌下二十、一六）𠮷从𠂔，疑𠮷、𠂔（啚）之变体。从亅，象垣蔽藏禾于亩，以垣蔽之，叚借作啚，杭师宧敦卹乃𥻗事。』叚𥻗为啚。𠮷（啚）人殆即大戴礼之啚人。又疑从𠂔，乃古稟字。从亅即乚，表隱蔽意。篆誤作广，𠮷人即地官之廩人。𠥾即𠮷省。」（殷虛书契前编集释六卷五七頁）

孙海波 「𠮷，𠃉五五。人名。丁丑卜，令日令𠥾。」（甲骨文编三一一頁）

白玉峥 「𠥾：金祥恒先生续文编，入方匸部之后（十二·二五頁）。李孝定先生作集释既录叶玉森氏之说，列为存疑字（四五〇一），又録粹九一六之文，入於待考（四七三〇）。叶玉森氏释啚，曰：『𠥾，即𠮷省。𠂔、𠂔之变体。从乚，象垣蔽，藏禾于亩，以垣蔽之，假借为啚』（前释六·五七）。或隶作困，亦亩字（粹考一二〇頁）。峥按：字从乚者禾；准之六书，当为会意。其初义疑为秋收堆禾於野；从乚者，或表其所堆积之范围欤？兹姑隶作⿷匚禾，以俟考定。至其在卜辞中之为用，率多为人名；馀以辞残，难於肯定。」（契文举例校读二一中国文字第五十二册五九八四页）

赵诚　「⿷匚禾，⿷匚禾。象置禾于器中之形，似即委即之委的古文，当为会意字。」（甲骨文简明辞典七一页）

按：釋「嗇」、釋「廩」、釋「委」皆不可據。字隸可作⿷匚禾，為人名。

⿰禾勿　利　⿰禾勿　⿰禾勿　⿰禾勿

羅振玉　「說文解字利从刀从和省，古文作𥝢。此或與許書古文合，或與篆文合，又或从秉，與从禾同意。許君云从和省，殆不然矣。」（殷釋中七三葉上）

王襄　「⿰禾勿，古黧字，媘黑。說文解字無黧字，惟利之古文作𥝢，說文通訓定聲：黎，黧古本一字，引荀子堯問：『顏色黎黑而不失其所』。注：『謂面如凍黎之色也』。釋名『九十曰鮐背，或曰凍黎，皮有斑點，如凍梨也』。字亦作黧，字林：『黧，黃黑也』，此曰『⿰禾勿馬』，即黃黑色之馬」。（簠考典禮七葉下）

王襄　「古利字。」（簠室殷契類纂第二十一葉）

葉玉森　「本辭（前・二・三・一）之⿰禾勿似當釋為吉利之利。」（前釋二卷四葉背）

胡光煒　「案卜辭利字从勿者，與古文合，其省勿作刀者，與篆文合，實為一字也。勿為雜帛，王國維斷卜辭勿牛為物牛之省，蓋本雜色牛之名，後推之以名雜帛，統觀卜辭用⿰禾勿之文，如云：『乙未卜[□]貞自[□]入赤[□]其⿰禾勿不用[□]』（後・下・十八・以⿰禾勿與赤馬相對為文，又云：『庚戌卜王曰貞其⿰禾勿又馬』（後・下・五・以⿰禾勿馬對文，又或以犅利連文，前・二・十八・犅為特牛，觀此數文，皆祭時卜牲之毛色，疑⿰禾勿本為雜色之牲，故其字从勿，由利之音推之，又知其與驪為一。」（說文古文考）

徐中舒　「利所从之刀勿諸形即力形之變，象用耒端刺田起土形。銅器將力旁土移於耒旁，自是从力得聲。刺地藝禾故得利義。利所从之勿勿，或讀為勿，勿利古韻脂部字，國語越語以一物失利相叶故得相通。勿之本義當為土色，經傳多借物為之。」（耒耜考集刊第二本第一分十五至十六葉全文見集刊二本一分十一—五九葉）

故小篆利或从刀。但古文利及从利之黎梨犁諸字仍是从勿，可證从刀乃是省形。利來母字，

孫海波　「𥝢，粹一五〇。人名。利亦六屯。」（甲骨文編一九九頁）

李孝定　「說文『利，銛也。从刀，和然後利，从和省。易曰：利者義之和也。𥝢，古文利。』此从段桂之說，各本古文作𥝢。絜文利从勿，實不从刀。屈氏謂當是犂之初文，其說是也。許訓銛乃由犂之利引申為凡銳之利也。卜辭利字，其義當為吉利。辭云『其伐瀜利不利』、『其伐尖利不利』前·一·三一、言伐某方利不利也。『甲寅王卜貞余其伐□方□□利』前·五·三二·五，同片它辭云『王卟弘吉』，利吉對文，可證當吉利之意。字又作㲀，其辭皆與用馬之事有關，如云『癸丑卜暊貞左赤馬其㲀不𠂆』藏·十·六、『庚戌卜王曰貞其㲀左馬　庚戌卜王曰貞其㲀右馬』後·下·十五、『乙未卜暊貞自賈入赤馬瑪其㲀不𠦪吉』『乙未暊貞□子入駛馬名上乙㲀』『乙未☒貞駛□利』後·下·十八·八、『乙未暊貞舊乙左駛其㲀不𠦪』甲·二·二六·七、珠三一八重出後·下·十八·八、辭其㲀與吉連文，知仍利字。郭讀為戀，李釋為剓，似有未安。金文作𥝢師遽尊 𥝢利鼎 𥝢屌弔多父盤 𥝢鄙王喜矛 𥝢宗周鐘」（集釋一五一八葉）

李孝定　「說文『黎，履黏也，从黍，𥝢省聲。𥝢，古文利。履黏以黍米』經典凡訓黑之字多假此字為之。亦作黧。玉篇『黧，黑也，亦作黎』，字林『黧，黃黑色也』。而說文無黧字。卜辭言『𥝢馬』當言黃黑色或黑色之馬，王氏之說是也。今从經典假黎為黧之例收𥝢作黎，利字重文。卜辭又假物，犂之初文為黧，說詳二卷犂下請參看亦並收之於此。犂字重文之字用為顏色字，皆假借，與黎之本義無涉也。」（集釋二三九一葉）

屈萬里　「卜辭有𥝢𥝢等字，羅振玉釋利，其說甚諦。本辭作𥝢，當亦利字。按：利，當是犂之初文，從禾从刀，其小點蓋象犂出之土凷也。」（甲釋二一三七片釋文）

姜亮夫　「从禾之字，還有一個重要的『利』。利即『𥝢』之變體。『𥝢』者初民耕種之器也。『勿』即象耒耜，即甲文稭字，所从之耒省寫，也就是耒字的繁文，耒單體象形。『𥝢』

則象形兼會意，言耒耜所施，以禾為貴也。（甲文有〔字形〕、〔字形〕，或有作〔字形〕，加「丄」（實即工字）與「㐅」（即手），則复體會意矣。」（漢字結構的基本精神 浙江學刊一九六一年一期）

按：卜辭「其利」、「不利」為「順利」之義。又用為人名及地名。

1487 剢 〔字形〕 〔字形〕

商承祚 「卜辭中數見其利不利之語，作剢，亦知其為利者，文與前同，殆繁文耳。」（類編四卷十五葉）

郭沫若 「剢字羅振玉收為利字。案字左旁从采，采字一作穗，从禾惠聲。此言『剢左馬』，上既言『叀左馬』，同屬田獵之卜，則剢蓋从刀采聲之字也。叀（古文以為惠）及剢字疑均假為繐。」（卜通一五六葉背）

李孝定 「郭氏謂叀及剢疑均叚為繐，是亦讀剢為惠，實與于氏之說相同。于氏讀采為惠于聲韻之道雖可通，然不知字作『剢』者仍當釋『利』。『利』為會意，『剢』則會意兼聲也。蓋采穗利二字聲韻均同，古音並在十五部且同隸真韻故利字得从采得聲也。且諸辭釋利並可通讀已如上述，較之于氏釋惠訓順者尤覺文从理順，故知此字仍當从舊說釋利也。」（集釋一五一九葉）

饒宗頤 「剢即利之繁形。易坤卦：『利牝馬之貞』。卜辭言『亦馬其剢』，其語可與易互證。」（通考一五三葉）

于省吾釋采，參〔字形〕字條下。

按：「剢」與「利」不能混同。于先生已詳論之。參見1488「剢」字條。

1488 剢 〔字形〕

𥝢、𥝢同，說文：『制，御也。』『舊乞左馬叀其制』猶『卜國為御也。』」（遺珠二六葉下）

金祖同　「剩字，吾友李旦丘釋為制，極確。古文制作剬、𠜾、𥝢、利，與此字之作𥝢、

于省吾　「郭氏謂𥝢乃剩之異，蓋亦假為𢇍也。按郭說非是。𥝢通惠，𥝢字當从采聲。說文采重文作穗，是𥝢可讀惠之證。惠之通詁訓順，『其惠不束』言『其順不棘』也。」（駢枝三八葉）

孫海波　「𥝢，鐵一〇、二。郭沫若釋采，即穗之本字。」（甲骨文編三〇八頁）

朱芳圃　「字从禾，勿聲。或从刀，省形也。

甲文又有作左列形者：

𥝢鐵一〇·二　𥝢後下五·一五　𥝢後下一八·八　𥝢菁九·五　𥝢菁一〇·一五　𥝢林二·二六·七

从𥝢，勿聲。𥝢一作𥝢，从𥝢，从土，當即采若采之繁文。說文禾部：『采，禾成秀，人所收者也。从爪禾。穗，俗从禾，惠聲。』木部：『采，捋取也。从木，从爪。』段玉裁謂『二字同意』，是也。濱虹草堂鉨印釋文載左揭朱文小鉨：

黃賓虹謂『𡋯，正字通「采官食地，故曰采邑。」菜、采通。』其字从𥝢，與甲文同。下从土，即『土爰稼穡』之意。」（殷周文字釋叢卷下第一八五葉）

白玉峥　「商承祚氏釋利，曰：『卜辞数見其利、不利之语，作𥝢，为利之繇文』（类编四·一五）。或曰：『𥝢，商承祚收为利字；案乃剩之异，盖亦段为𢇍也』（通考一五七頁）。金祖同曰：『剩字，吾友李旦丘释为制；极塙。古文制作剬、𠜾、𥝢、利，与此字之作𥝢、𥝢、𥝢同。说文：『制，御也』。『旧乞左马叀其制』，犹卜国为御也』（遺考二六）。于省吾氏释惠，曰：『其𥝢不束，卜辞数見。𥝢通惠；𥝢字当从采声。说文采重文作穗，是𥝢可读惠之证。惠之通诂训顺，其惠不束，言其顺不棘也』（駢枝三八）。峥案：字为利之繇文，仅見於第三期廪、康二王时之卜辞。於本辞之为用，当为吉利之义。」（契文举例校读十六　中国文字第五十二册五八四〇頁）

于省吾　「第二期甲骨文的『其剩右马』和『其剩左马』（后下五·一五），剩字作𥝢，

罗振玉释为利（增考中七三）。又第三期剢字孳乳作[glyph]，商承祚同志谓剢为利之繁文（类编四·一五）。郭沫若同志谓：「字左旁从采，采字一作穗。……其及剢字疑均假为䆃。」（通考七三一）按甲骨文利字常见，从无作剢或劙者。郭谓假为䆃，也不可据。说文：「采，禾成秀也，人所收，从爪禾。穗，采或从禾惠声。」甲骨文剢或作劙（左下从土），其上从又，其右从刀，象手持禾穗以刀割之，而又以采或叀为声符，乃会意兼声之字。剢或劙后世省化作采，自汉以来又代之以从禾惠声的穗字，而采字遂罕有用之者。采字晚周古陶文作𥝢，古鉨文作[glyph]或[glyph]者屡见。

甲骨文对于䮫（马名）或赤马言「其剢不卣」者数见（缀合编二三七）。卣字旧误释为𣏟（通考七三三）。剢既为穗之古文，故也可读作惠，尔雅释诂训惠为顺，惠训顺典籍习见。说文又训驯为马顺，驯与顺义相因。卣字甲骨文也作贞（佚八九一），卣与贞乃烈字的初文。今吾乡方言谓马性之騬突者为「烈剧」。依据上述，则前文之其剢右马和其剢左马，剢字均应读作惠，其义为驯顺。这是说，驯服左右马，使之就范。其剢不卣应读作其惠不烈，这是说，马之驯服而不騬烈。」（释「其剢不卣」甲骨文字释林三二八——三二九页）

按：「劙」與「剢」同字，于先生訓為「順」，義為馬之「馴服」，與「烈」相對。其說是對的。「剢」或「劙」均與毛色無關。

1489 龢

按：字从「侖」，从「禾」，而「侖」實為「龠」之省，此即說文「龢」之初文。說文訓「龢」為「調」，謂「讀與和同」。說文訓「和」為「相譍」。實則「和」即「龢」之省，初本同文。而「龢」則為「龠」之孳乳字。參見0751「龠」字條下。卜辭「龢」為祭名。

1490

白玉峥　参册字条

按：合集一五三三五辭云：

「……勿𠕋……亢于……豕……」為祭名。

1491

秝

孫海波文編七卷十三葉下收此作秝。

李孝定　「說文『秝，稀疏適秝也。適下秝字依段注補。从二禾。讀若歷』。契文正从二禾。辭云『秝示三屯又一）方』，秝似為人名。」（集釋二三八三葉）

吳其昌　「秝、𣦢、歷、賓一字，繇消之異體也。殷契文中或作[字形]，（林一、一八、一四）象禾黍分行成列之形，是行秝之本字也。是『麻〻左目』，『麻〻可數』之原意也。（故說亦云。『麻，讀若歷』可證）或增足形作[字形]，（如後二、一一、三、等）足徧及于禾黍成麻之地，是麻次也。足經行于禾黍成列之行間，是經歷也。或從林作[字形]（前一、三三、一）羅振玉曰：『从止，从秝，足行所至皆禾也，象經歷意。或从林，是所經皆木，亦得歷意矣』。（考釋二、六四）惟卜辭中有若干『𣦢』字，其義似為一人名，觀『癸未，貞歷，酒，𠂇戠』之片（戩四〇、三）可見。且又為一貞人之名，觀『癸未，卜𣦢貞，旬亡𡆥』（後二、一一、五）及『口口，卜𣦢貞，旬亡𡆥』（後二、一一、六）二片，益明白無疑。惟本片之『𣦢』是否為一人名？則因殘蝕過深，無從決知耳」。（殷虛書契解詁第三五〇葉）

按：合集二八二〇九辭云：「叀祖丁林𦏲用又正」「林𦏲」，蓋言舞之成行列。

1492

[亼/秝]

李孝定　「从秝从入，說文所無。商承祚曰：『[亼/秝]不知與秦為一字否』。（佚考八七葉）」（集釋二三八五葉）

按：與秦字無涉。

孫海波　「佚存七四五版「口若以⿱宀秝口乎仯，」商先生曰：「⿱宀秝不知与泰为一字否。」今审此字当是厤，說文「厤，治也，从厂秝声。」金文毛公鼎「厤自今出入尃命于外」作厤，此作⿱宀秝者，乃从宀，古文宀与厂无别。說文宀部「安，静也，从女在宀中。」金文陈猷釜作𢈔。「寝，卧也，」卜辞作⿱宀帚（后下二九·四）以是例之，知厤亦可从宀作也。」（考古学社社刊第四期十七页）

张亚初　「⿱亼秝（综类一九四页）　此字岛邦男以为与⿱入秝为一字，是不妥当的。此字应隶定为⿱亼秝。我们曾经在商代职官研究一文中考证过，⿱入秝即⿱入林。秝、林二字形音皆通，所以⿱亼秝即⿱亼林。⿱亼秝字也是如此。⿱亼林就是后代字书中的⿱亼林。集篆古文韵海卷一谆韵，侖字载有⿱亼林侖两种形体。由此可知，卜辞之⿱亼秝是从亼从冊的侖字的异体字。在卜辞中，⿱亼秝与⿱入秝字形虽近，但非一字。⿱亼秝字旧释曆，是不正确的。」（古文字分类考释论稿　古文字研究第十七辑二五四页）

张亚初　「卜辞的⿱入秝字从入从秝，后世变为从入从林的⿱入林和⿱⿱入林心。这是由于秝、林形、音都相近的缘故。」（古文字分类考释论稿　古文字研究第十七辑二三七页）

按：張亞初謂「⿱亼秝」、「⿱入秝」有别是對的，但以「⿱亼秝」為「侖」之異體則非是。契文「侖」乃「侖」之省，與說文訓為「思」之「侖」有别，不能據後世字書以「⿱亼秝」為「侖」之異體。

1493

按：合集二八二三三辭云：「𥡴用木延⿰禾夒」似為某種穀物之專名。

1494

葉玉森「藏龜之餘：『乙巳卜，今𥝌月有事』，殷虛文字第三十六葉：『庚申（缺），今𥝌月（缺）事』，今下一字並从日在禾中。依今春今夏例推之，當即秋之初文。卜辭以𣏒象春，以𥝌象秋，一狀枝條初生，一狀禾穀成熟，並繫以日為紀時標識。古人造字之始，取義正同。篆变从火，許君謂龜省聲，失其恉已」。（鉤沈二葉）

唐蘭「𥝌是穐之本字，其義當為穫禾」。（天壤文釋二十三葉）

郭沫若「束字亦字書所無，葉玉森釋秋，今與夏祭之寧共見，足證其謬。以辭意推之，余意當是稈之古文，从禾加束以示莖之所在，指事字也。字在此，則讀為旱。『其旱乃寧』，『則旱乃寧』，正文从字順」。（粹考一一三葉上）

于省吾「按釋束為秋為稈為穐，均疏於分析偏旁，莫由徵信。古化蒲坂幣，蒲字作束，乃束形之譌變，與束字無涉。卜辭𥝌字从禾从日，雖似束禾之形，然與束字迥異。卜辭束縛字作束，金文有剌字，同剌。……剌字左从束，或作束束束，其从禾與从木一也。其加點為飾與不加點一也。……由是可證卜辭束字，即剌與勑所从之束束束束，塙無可疑。……說文束部：『剌，戾也。从束，从刀。刀者，剌之也。盧達切』。按剌戾為聲訓。惟說文入於束部，又以為會意字，並誤。剌係形聲字，應从刀束聲。凡經傳稱列考或功烈字，金文通作剌，是列烈與剌以音近相假。又說文：『勑，勞也。从力，來聲。洛代切』。『敕，誡也。从攴，束聲。恥力切』。漢代人書敕字多作勑，勑即勅，勞之譌。勑同敕。易噬嗑：『先王以明罰勑法』。釋文：『此俗字也，字林作勑』。按清儒多以為勑正勑俗，疏矣。……勑及敕讀與飭同，剌勑並諧束聲。盧達切與恥力切，乃一聲之轉。凡金文剌剌剌勑敕所从之束束束束，即卜辭束字。束當讀盧達切，與剌同音辣。說文：『瘌，楚人謂藥毒曰痛瘌。从疒，剌聲』。玉篇：『辣，辛辣也，痛也』。按瘌同辣，瘌从剌聲，辣从束聲，是从剌从束音同之證。卜辭每稱今束或今束月，束應讀作臘。束臘雙聲，臘，盧盍切。束，盧達切。並來母一等字。以後世方言近之。說文：『楋，木也。从木，剌聲』。朱駿聲說文通訓定聲補遺云：『即吾蘇所云白臘杆子也』。廣韻二十八盍邋字注：『邋遢，不謹事』。宋項安世詩：『辣闌山頭破草亭』。按辣闌乃邋遢之轉語。是从巤从剌从束字通之證。風俗通義祀典：『禮傳：夏曰嘉平，殷曰清祀，周曰大蜡，漢改為臘。臘者，言田獵，取獸以祭祀其先祖也。或曰，臘者接也，新故交接，故大祭以報功也』。廣雅釋天：『夏曰清祀，殷曰嘉平，周曰大蜡，秦曰臘』。按廣雅與風俗通所記各異，惟臘祭之名，不始於秦漢。左僖五年傳『虞不臘矣』注：『臘，歲終祭眾神之名』。禮記月令『臘先祖五祀』注：『此周禮所謂蜡祭也。臘謂以田臘所得禽祭也』。韓非子五蠹：『夫山居而谷汲者，膢臘而相遺以水』。史記秦本紀：『惠文君十二年初臘』。秦始皇本紀：『三十一年十二月，更名臘曰嘉平』。禮記郊特牲：『伊耆氏始為蜡』。明堂位注：『伊耆氏古天子有天下之號也』。按此可證臘祭不始於秦漢。師袁毀：『余用作朕後男巤尊毀』。孫詒讓謂巤當為臘之省，是也。周禮羅氏『蜡則作羅襦』注：『鄭司農云：「蜡謂十二月大祭萬物也」。玄謂蜡建亥之月，此時火伏，蟄者畢矣』。包慎言云：『先鄭但以蜡為十二月大祭萬物，不辨周正夏正。故後鄭補其義，謂建亥之月即周十二月夏十月也』。按御覽三十三引杜公瞻云：『蜡者息民之祭，故孔子云：「百日之勞，一日之澤」，其所祭八神者，皆報其成功，則於十月農隙是也。後世臘有新故交接之義，遂移於夏正之十二月』。按杜說是也。卜辭以束為臘。祭名多用通借字，猶匚之即祊，衣之即殷，叀之即祫，叡之即塞，畾之即礿，是其證。識三六·十三：『庚申〔卜〕，今束月囗史』。簠室殷契類纂存疑十四：『今束（束作𣏟即束之異構）月』。拾七·六：『庚申卜，我今束又史』。前八·十·四：『丁未卜，〔今〕束又史』。又史即有事，有事均指祭言，詳研栔枝譚。是今束月即今臘月，今束即今臘。前四·二九·三，『友束』即有臘。類纂存疑三八，『又束』即有臘。粹編七八○：『束于盂，冓大雨』。束以讀為臘亦通。後下六六：『弜雚束』。類纂存疑三八：『束弜雚』。即弜雚束之倒文。雚束即觀臘，臘祭即蜡祭。禮記雜記：『子貢觀於蜡』。語例同。粹編八四五：『其束乃𠧟』。其束即其臘。但𠧟字未詳，郭沫若讀為雩，未塙。遺珠四○二：『癸酉卜，其束三示』。束作𣏟，金祖同誤釋為帝。其臘三示者，其臘祭三示也。葉玉森釋束為秋，不特於形不符，且今秋月不詞。又殷代紀時，有春秋而無夏冬。由一月至六月為春，由七月至十二月為秋，稱今秋可也。稱今秋月，不知其為秋之某月。古人紀月，均冠以數字，不應如此籠統。卜辭亦稱今月，以其月數紀於辭尾。然則今束月必就一年十二月中之一月為言，斷可識矣。束既應讀為臘，臘就一月為言，故但冠以今字。春秋乃季名，故稱今亦稱來。臘屬於秋，故不復稱來矣。總之，束字即金文剌剌刺剌勑敕所從之束束束。其音讀如釋。卜辭以束為臘，臘為祭名，引伸之則名臘祭之月為臘月矣』。（駢枝九葉釋束）

陳夢家

「武丁晚期的子組卜辭中，有兩種月名：

Ⅰ、今束月㞢又史　清一一·二○

……今束又（史）　拾七·六

今束用　簠存疑一四

Ⅱ、于𣏟月又昌　前八·六·三

𣏟月又史　前八·五·六

Ⅰ有兩體，其第二體从采，即說文穗字的篆文。當指穫禾。Ⅱ象奉禾於示，當指弄禾之祭。此二月名，都和農事有關。東周時代的齊國銅器，亦有附月名的，如陳逆殷的冰月，晏子春秋以為十一月；子禾子釜的稷月，當是祀稷之月。凡此皆與天時祭祀農事有關，和卜辭相似。」（綜述第二二八葉）

李孝定　「柬字从禾从口，葉釋秋，郭釋稈，唐釋穌，均於字形無徵。郭說為會意字，雖若可信，然卜辭言「今柬」或「今柬月」讀為今旱或今旱月亦不詞。于氏讀為臘，以讀卜辭雖較順適，然其主要論據不外二端，一曰卜辭之柬即金文剌之偏旁所从，二曰「說文剌於東部，又以為會意字，並誤。剌為形聲字，應从東聲」，以證東字應讀盧達切。今按金文剌字偏旁除剌伯作柬與卜辭之柬略近外，餘作東諸形，均與柬形迥異，不可遽仞為一字。又剌字篆文从東已未必可據，于氏謂剌應从刀東聲，東應讀盧達切，尤屬肊定。且東即讀盧達切亦與柬字無與，蓋卜辭之柬與金文剌之旁从固非一字也。于氏又引玉篇辛部之辢以證東之當讀盧達切，按玉篇不言从某某聲，辢字實當解云「从辛剌省聲」，非東有盧達切一讀也。于氏又謂古文从禾从木一也，其言固可从，古文有从禾从木通作者，然金文諸剌字偏旁固無一从木作者，遑論从禾。亦而絜文柬字則明明从禾，于氏讀此為臘於字形亦屬無徵也。今隸定作柬，以為說文所無字，亦多聞闕疑之義也。」（集釋二三八〇葉）

温少峰　袁庭栋　「卜辞有「柬月」，「柬」字从口，禾声，当即「和」字之异构。卜辞云：

(116) 今東月𡆥，又史。（菁一一·二〇）

(117) 今東月（又）史。（續六·二六·七）

(118) 庚申：……今東又史。（鐵三六·一三）

(119) 庚申卜：我今東又史。（拾七·六）

「又史」即「有事」。以上列諸辞与「今五月，我又史」（乙三三五〇）、「于七月又史」（乙一四七四）等辞相比照，可知「東月」即「和月」，是月名，当即「禾月」。战国时代齐国铜器铭文也有月之专名，如陈逆簋有「冰月」，晏子春秋亦有之，以为十一月。子禾子釜有「稷月」，「稷月」与卜辞之「禾月」可以比照，当是与种禾、获禾或祀禾有关之月。」（殷墟卜辞研究—科学技术篇八八—八九页）

姚孝遂 肖丁「335(2)」：「叀庚午桒于喪田不遘大雨」

……「桒」字的用法较特殊，过去未见此种辞例。

粹845：「翊日庚其桒乃霽，𢦏至來庚又大雨」（下略）

郭沫若先生考释谓「桒」字「叶玉森释为秋，今与夏祭之䨓共見，足证其谬。以辞意推之，余意当是稞之古文，从禾加束，以示茎之所在，指事字也，字在此则读为旱」。否定释桒为秋是对的，读「桒」为「旱」则是以意为之，缺乏根据。所有卜辞诸「桒」字，都不可能读作「旱」。陈梦家先生曾以「桒」为月名，以为「与农事有关」，亦不可据，关于「桒」字的解释，只能存疑。」（小屯南地甲骨考释一八七页）

裘锡圭

「桒这个字从下引卜辞看，显然跟农业有关：

叀庚午桒于𠂤田，不遘大雨。

弜庚午，其雨。 屯南三三五

□酉卜，其桒盂□ 洽三一七九六

□戌桒于盂□遘大雨。 粹七八〇

其桒于盂□ 洽三一二〇一

翌日庚其桒乃……，（比）至来庚有大雨。

翌日庚其其乃……，至来庚亡大雨。

来庚……桒乃……，亡大雨。 粹八四五

乙未卜：今日其屯（？）用林于湿田，有（正）。

弜屯，其……新桒，又正（「正」也可能应释为「足」）。

叀新桒屯用上田，又正。 屯南三〇〇四

这个字叶玉森殷契钩沈释「秋」（二页），唐兰天壤阁甲骨文存考释释「補」（二三页上），都没有根据。郭沫若殷契粹编考释释「秆」，谓其字「从禾加束以示茎之所在，指事字也」（一一三页上）。于省吾双剑誃殷契骈枝释桒，谓金文「剌」字与「桒」为一字，「桒」当与「剌」同音，说文谓「剌」字从「束」，非是。综合郭、于二说来考虑，「桒」似应是「梨」（此字下文均用「列」替代）的初文。说文：「梨，黍穰也。」广雅释草：「黍穰谓之列」，「稻穰谓之秆」。广韵平声阳韵：「穰，禾茎也。」说文「列」字段注：「诗生民『禾役穟穟』，毛传：『役，列也。』。『列』盖『梨』之假借，禾穰亦得谓之列也。」由以上引文可知「列」是禾、黍一类谷物的茎秆之名。「列」、「剌」古音相近。经传称列考或功烈字，金文通作「剌」。（双剑誃殷契骈枝释桒）周厉王之「厉」金文作「剌」，古书中「

烈山氏」亦作「列山氏」、「厉山氏」。这些都是「列」、「剌」音近相通之证。所以把「朿」释作「列」的初文，从字形和字音上都讲得通。

卜辞「朿」字多用为动词。殷人收获谷物有时只摘取其穗（详下文），留在地里的禾秆需要另作处理。用作动词的「朿」应指处理禾秆的一种行为。在古书中，除莱可称「莱」（周礼夏官大司马：「虞人莱所田之野」，郑司农注以「芟除其草莱」释「莱」字。地官山虞：「若大田猎则莱山田之野」，郑玄注：「莱，除其草莱也」），除草可称「草」（周礼地官序官「草人」郑注：「草，除草」）。卜辞里用作动词的「朿」，大概也是当除梨讲的。所以我们把「朿」包括在芟除工作里。禾秆也可用作肥料。殷人有时只收谷物的穗而把禾秆留在地里再作处理，这应该是一个重要原因。这一点从上引粹八四五的三条卜辞似可得到印证。

上引屯南三〇〇四诸辞需要解释一下。新朿可能指收获后不久就加以处理的禾秆。「湿」字以商承祚、王襄、叶玉森诸家释（看甲骨文字集释三七五五頁）。「湿田」、「上田」对举也见于屯南七一五，「湿田」还见于甲一五一六。西周晚期的散氏盘铭有「我既付散氏湿田」之语。吴大澂谓「湿田」即「隰田」（愙斋集古录十六册八頁），其说可信。诗经中屡以「隰」与「原」、「阪」或「山」对言。邶风简兮毛传，「下湿曰隰」。秦风车邻毛传：「陂曰阪，下曰隰。」小雅皇皇者华毛传：「高平曰原，下湿曰隰。」可知湿田就是地势低下土质比较潮湿的田。小雅信南山说：「……原隰，曾孙田之。」大雅公刘说：「度其隰原，彻田为粮。」这说明原田和隰田是古代最重要的两类田（原田之称见左传僖公二十八年晋舆人之诵）。毛传说：「下曰隰」，隰田也未尝不可以称下田，上田大概就是原田（大雅正月所说的「阪田」之类的田，或许也可以包括在上田之内）。从上引关于「湿田」、「上田」的卜辞来看，原田和隰田在商代大概已经是最重要的两种田了。

上引第一辞可能是卜问是否把草木禾秆等都用在隰田上。第二辞可能是卜问是否不要都用在隰田上，而把新朿移至别处使用。第三辞大概是卜问是否把新朿都用在上田上。

卜辞既卜问王是否「观藉」（参看下文第三节4之B），也卜问王是否「观朿」：

王其萑（观）。

弜萑朿。 後下六、六

可见商王对朿这件事相当重视。」（甲骨文中所见的商代农业，全国商史学术讨论会论文集一九八—二四四頁）

按：釋「秋」、釋「補」、釋「桿」均不可據。于先生讀為「膕」、裘錫圭讀為「裂」、可供參考，然均有待於進一步之追索。

1495

按：此與「束」形義皆有別，不能混同。隸雖可作「束」，但非「束縛」之「束」。而是「刺」字之所从，只能存其原形。

1496

李孝定　「刺字契文金文均不从束，于省吾隸定為束是也。金氏續文編殆即據于氏以束為刺字偏旁之說而釋束為束。文字衍变，偏旁亦時有更易，不能悉執小篆以上溯古文也。」（集釋二一〇七葉）

屈萬里　「剌，从束从刀。束，卜辭作束、束等形，于省吾隸定作束，謂即刺字之偏旁（駢枝九葉）。而刺字剌卣作剌，秦公毁作剌，並與本辭剌字形近，知剌即刺字也。金文多假刺為烈，于省吾謂卜辭多段束為臘（同上）。本辭殘缺，剌字義不可確知，或竟與束同也。」（甲編一三一五片釋文）

按：釋「剌」可從。甲一三一五、一三二五均殘泐。甲六二四「小臣剌」，屈萬里以為「小臣之私名」是對的（甲編六二四片考釋）。

1497

按：字从「束」从「殳」，辭殘，其義不詳。

1498

按：字不可識，在卜辭為祭名。

1499 [王沓]

按：此均為既期卜辭，皆為地名。當與1448之「沓」為同字。參見該字條下。

1500 秜

饒宗頤　「丁酉卜，争貞：乎甾秜，于始受年。……」（佚乙三二一二）

按：：秜字从禾从居。集韵：「蜀人谓黍曰穛秜。」则秜即黍之别名。（通考三六三页）

张秉权　「秜（秝）字卜辞作秜。胡厚宣最初隶定为秝，疑读为稗。他引用说文：「稗，禾别也。」以及朱骏声所说的「梁曰禾，禾之别有稗，今之小米也」，以为秜就是现在的小米。从前我也相信胡氏的说法的，后来觉得陈梦家把这个字释为秜字，似乎比胡氏之说，更胜一筹，而且也更符合这个字的形体结构，因此我现在改从陈氏之说也，把它释为秜字。说文七上禾部：「秜，稻今年落，来年自生，谓之秜。从禾尼声。」段玉裁注：「淮南书：离先稻熟而农夫耨之，不以小利伤大获也。注云：离与稻相似，耨之为其少实。疑离即秜。玉篇广韵秜皆力脂切，则音同也。他书皆作穞，力與切。埤蒼：穞，自生也。亦作稆。后汉书献帝纪：尚书郎以下，自出采稆。古作旅。史汉皆云：觜觿主葆旅事。晋灼曰：葆，采也。野生曰旅，今之饥民采旅生。按離、秜、旅一声之转，皆谓不种而自生者也」。可知历来的解释，都认为秜是一种不种而自生的野生稻。可惜卜辞秜字仅只一见，它出现在成套卜辞的一句之中，今录其成套卜辞的全文如下：

(1) 丁酉卜，争贞：乎甶秜于始受㞢年？一
丁酉卜，争贞：弗其受㞢年？一

(2) 甶耤于始受㞢年？二三
弗其受㞢年？二三

(3) 受年？四
弗其受？四

(4) 贞：受年？五六
弗其受年？五六

（乙编三二一二）

这一件事情，在一块大龟腹甲上，左右各卜六次，而在卜兆的旁边，左右各记了四条详略不同卜辞。从(1)(2)两辞的文例上去比较推测，那末第一辞中秜字的意思，正和第(2)辞中的耤字相当，是一个动词。所以陈梦家的卜辞综述和岛邦男的殷墟卜辞研究在叙述殷代农业的时候，都没有把它当作是一种农产品。不过在卜辞中，有些名词有时候是可以当作动词用的。譬如『黍』字有时就作『种黍』之用。所以这里的『秜』字，也许就是『种秜』的意思。那末秜在殷代似乎不是野生的稻，而是已经受人工栽培的稻的一种了。秜的产区卜辞未详。但娟在殷都以西，卜辞本身可以证明。至少我们可以知道在殷代安阳以西的地方已有秜的生产了。」（殷代的农业与气象，历史语言研究所集刊第四十二本第二分三〇七至三〇八页）

于省吾

「第一期甲骨文称：『旃眔般、甫耤（藉）于娟，受年〇贞，弗其受出年〇丁酉卜，争贞，乎甫秜于娟，受出年。』（乙三二一二）秜字作秜，……陈梦家隶定作秜（综述五三三）是对的，……甲骨文秜字从尼作𡰥，与秜字所从之尼形同。尼字是会意字，象人坐于人上（详释尼）。说文：『秜，稻今年落来年自生谓之秜，从禾，尼声。』段注：『他书皆作穞，力与切，埤苍：穞自生也。亦作稆，后汉书献帝纪，尚书郎以下自出採稆。古作旅，史汉皆云觜觿主葆旅事，晋灼曰，葆，采也，野生曰旅，今之饥民采稆自给，史传习见（详刘宝楠释谷）。秜是野生稻的专名，其通作穞稆旅者，泛指一切野生谷物。今东北方言，犹称未经播种而自生的谷类为穞生。

乎甫秜于娟，受出年，和弗其受出年对贞。甫是人名，娟是地名。这是说令甫在娟地种秜，能否有好收成。秜作动词用。甲骨文言乎黍于某地者习见，黍也作动词用。同版又有『旃眔般、甫藉于娟』之辞，旃、般也是人名。藉是踏耒以耕。既言藉于娟，又言秜于娟，应是先翻耕，后种秜。可见商人已经从自然的野生稻进一步加以人工培植。」（甲骨文字释林释秜二五一页）

裘锡圭

「有一条宾组卜辞说：

丁酉卜争贞：呼甫秜于娟，受有年。　乙三二一二

甫是人名，娟是当时一个重要的农业区。于文以为秜是野生旱稻（说文：『秜，稻今年落来年自生谓之秜』），上引卜辞用『秜』为动词，意即种秜，『可见商人已经从原始的野生稻进一步加上人工的培植』（一〇一页）。」（甲骨文中所见的商代农业，全国商史学术讨论会论文集一九八—二四四页）

于省吾說參[illegible]字條下。

按：「秜」為自生稻，卜辭既用為名詞，亦用為動詞。

1501

季

王襄 「古季字。」（類纂正編第十四第六十四葉上）

王國維 「季亦殷之先公，即冥是也。楚辭天問：『該秉季德，厥父是臧』，又曰：『恒秉季德』，則該與恒皆季之子，該即王亥，恒即王恒，皆見于卜辭，則卜辭之季亦當是王亥之父冥矣。」（先公先王考 集林卷九第三葉）

孫海波 「說文『季，少偁也，从子从稚省』。古子孫之子皆辰巳之巳，而非子丑之子，凡从子之字皆宜隸巳部，許書混入子部非。」（文編舊版十四卷十七葉）

孫海波 「，甲二二六三。說文从子之字，卜辭皆从巳。」（甲骨文編五五七頁）

李孝定 「說文『季少偁也从子从稚省稚亦聲』从禾未見其必為稚省。林義光文源謂季从禾从子會意，當即穉之古文，引申為長幼之偁，較許說為長。卜辭言『又季』前、五、四十、四、『㞢于季』前、七、四一、二、人名，王說當是。孫氏謂从子之字當隸巳部，說祖吾氏金文編，其說非也。子巳本一字，即篆文之巳。作♀象子在包中之形，仍是子之異體耳，非有二字也。金文作 寺季盉 虢季子白盤 作季簋 餘尚多見，略同。亦有禾字右傾作 季念鼎 義仲鼎 王煦說文五翼遂謂季當禾音稽聲，非也。右傾者仍是禾字，季念鼎文可證也。」（集釋四三一九葉）

趙誠 「 季。从禾从子，表示幼禾之意，为会意字。」（甲骨文简明词典第七页）

按：契文「季」字从禾从子，與金文、小篆並同。說文以為「从子从稚省」，非是。王筠句讀謂「說文有穉無稚，即今本毛詩尚作穉，知此為後人誤改」。林義光文源云：「禾為稚省不顯。說文云稚亦聲，是季與稚同音，當為穉之古文，幼禾也。」

从子禾。古作𡥈，引申為叔季之季，亦與穉通用。詩「有齊季女」（采蘋）；「季女斯饑」（候人），季猶穉也」。林說可從。廣雅釋詁三，季、稚並訓為「少」。凡物之幼者、少者、小者均得謂之「季」，亦謂之「稚」。儀禮特牲饋食禮「挂於季指」，鄭注：「季，小也」。周禮山虞「凡服耜斬季材」，鄭注：「季猶穉也」。

卜辭「季」為先公名，王國維以為即「冥」。陳夢家謂：「我們根據天問所能肯定者是該、恒在季之後而昏、微之前。天問的昏、微，相當於殷本紀的冥、微。就我們的理解，推論如下：

（1）天問的昏、微相當於殷本紀的冥與微；

（2）天問之季在該、恒、昏、微之前而不是冥；

（中略）在聲音上加以推測，武丁之季和武丁以後之夒可能是一」（綜述三四一）。陳氏辨正王國維之說可從，但以「季」為「夒」，則屬臆斷。

年

孫詒讓 「𥝌，即年字。」（契文舉例上四十頁下）

葉玉森 「說文『秊，穀孰也。从禾千聲。春秋傳曰「大有秊」』。按契文秊字並不从千，似狀禾下見根形。禾孰則犂其根，根見則一年盡，即秊之初誼。猶豳風『於十月曰改歲』。蓋言農事畢，以禾孰紀歲功之成也。又疑从人戴禾，初民首部力強，禾稼既刈，則捆為大束，以首戴之歸，仍許書穀熟為秊之意。迄今畬苗民族，及西方未開化諸島國，猶沿古代戴物之習。後制之秃，殆緣𥝌字而誤認與？」（說契一葉下）

董作賓 「說文『秊穀孰也从禾千聲』按金文卜辭皆从人不从千。金文有从壬者（齊侯壺），知當為壬或人聲，从千乃壬之省變。見卜辭中从人作𥝌也有省作禾的，意義則確為『穀孰』。卜辭中秊字用途有二，一是年，一是受年，就是後世『祈穀』之祭。受年受黍年，就是年穀豐登之意。在商代還沒有把年作紀歲之用的，到了周代才把禾穀成孰一次稱為一年，而年字始含有歲祀之意」。（卜辭中所見之殷曆，載安陽發掘報告）

吳其昌 「『年』字，亦有可為祭祀之一，又則在經典故書中，惟周禮春官太祝所掌六祝中『二曰年祝』，鄭注『年祝，求永貞也。』一見以外，余則絕无可徵，但在卜辭中，則呈有明自証驗。按卜辭有曰：「其年父庚」。續一·二七·二。此「年」字不以祭祀解之決不可通。有較此更明显者，如曰：「癸未卜貞燎于𡧊十小宰，卯十牛，年。……」續一·四·七·八。則「年」為殷代祭典之一种，可碻見矣。」（殷虛書契解詁第七三頁）

陳夢家

「乙辛卜辭云：「癸丑卜貞今歲受年，弘吉，才八月，隹王八祀」。粹八九〇。可證到乙辛時代為止，歲、年與祀三者有別。卜辭的年如「受年」「出年」即稔，指收穫。年字前加數字者則有以下諸例：「自今十年出五，王豐」。續一·四四·五。「寅至於十年」續四·七。粹一二七九。「保十年」候一九九此之「年」皆非紀時，它們可能是紀若干個收穫季節。前四·七·八武丁卜辭有「年十月用」之語，其義不詳。它們的用法略同於歲，武丁卜辭云：「癸丑貞二歲其出禍。」甲二九六一「貞其於十歲迺出足」。後上五·七·一「辛未卜自今三歲毋烽，五」。甲室藏骨歲之言穗，言劌。說文穗作采，象手收禾之形，劌之義為利傷為割。在卜辭中，歲即不作紀時的年歲解，亦不作歲星解。武文卜辭云：「辛亥貞壬子又多公歲；弜又大□歲」。粹一〇二三。這是歲解，摹者於「大」下失摹一干支，當是大乙、大丁之類的人名；或以「大歲」連讀，是錯誤的。卜辭有今歲來歲，其辭如下：1.「今歲受年」甲三二九八。燕一二六。甲二五一一。粹八九六、九〇七。2.「今來歲受年」佚六八一。甲一四九三。鄴三·三九·五。3.「今來歲：今來歲我不其受年」。佚一三七·九三二·十四。「今來歲我受年」。佚九七九。「今來歲帝」。續齋藏骨。4.「下歲中大一〇。5.「今歲：今歲亡禍」。寧六四八「今歲又史」。續八·三·七「今歲秋不至茲商」。河六八七「今歲亡大水」。後三七·七。由此可知「歲」大多數是關乎年成的。卜辭卜年分為兩段：一段在一、二、三、四等月，所卜為禾類的收成；一段在九、十、十一等月，所卜為麥類的收成，故定後者為「麥季」的開始。卜辭的卜年和卜歲都應在收穫以前，即每一「禾季」或「麥季」的前半段，即種植的時期。……卜辭的「今來歲」「二歲」是一年，「自今三歲」是二年，「十歲」是五年」。（綜述二二三葉至二二六葉）

李孝定

「說文：「秊，穀孰也。从禾，千聲。春秋傳曰：『大有秊』」。契文千字亦从人作，見第三卷千下。秊字从禾从人，與許說同。葉氏謂字象人首戴禾會意，恐未然也。又謂象禾下見根形，亦未安。契文秊字多見，其下明是「人」字且未見根，於義亦無取。葉謂未孰則挈其根，此刈穫以後之事，於文禾根不應與禾同見也。卜辭恆言受年求年，咸謂年穀豐登，無年歲意，董先生之說是也。金文年字多見，大抵从禾从人。如 頌壺 善夫克鼎 仲師父鼎 弔男父匜 弔上匜此例至多，不能具舉。亦有从千作者，如： 齊𡚸姜簋同器二文，一从千一从人 曾伯𣄰無卹壺 鄀公鐘 陳子子匜亦或从壬作 齊侯壺 邾公釛鐘 王孫鐘从壬乃从千所衍變，从千則从人所衍變，古文字每增橫畫，無義。契文或作䅵，續六·六四·一，辭云「貞我

受辭」，稿為季字，惟何以从鼻則不可知也」（集釋二三六七葉）

張秉权　「甲骨文中的『年』字，象一个人的头上顶着禾的形状。这也就是说文：『年，穀熟也』之义的来源。孙炎以为：『年，取年穀一熟也』。春秋，宣公十六年，经：『大有年』。穀梁传：『五谷大熟为大有年』。普通穀类，在黄河流域，大概一年一熟。所以以春生、夏長、秋收、冬藏，为一个年，是很合於农业社会的条件的。殷人自然也可能用这样的『年』来计算他们所度过的岁月的。至於岁字，在甲骨文中，除了『今岁』『来岁』等习见的语辞而外，亦有以数计岁的例子，如：

(1)癸巳卜，贞：二岁其出囚？（甲编二一六一）

(2)贞：其于十岁迺出足？（金璋五七一）

(3)辛未卜，自今三岁毋娃？　甲室藏骨（卜辞综述二四四页所引）

因为在卜辞中，还没有发现过『惟王若干年』或『惟王若干岁』的记录。所以我们对于上举的以數计『年』或『岁』的那些现象，只能说它是纪年的痕跡。」（殷代的农业与气象，历史语言研究所集刊第四十二本第二分二七七页）

白玉峥　「……年字在甲骨文字中，於吴氏及彦堂先生所举诸义外，尚有为人名之义者，如：

贞：出，年其死？　佚九六五

年卜。　前六·一一·五

贞人之名『年』者，只此一见，未由征其时序；然就其书体风格观之，或为第一期武丁时之贞人欤？商氏考释（一〇四页），解为『禾卜』，非是。

亦有为地名、或方国名之义者，如：

贞：兹雨，隹年囚？　人一六四

于年。　人一四六

前一辞之『年』，既可解为人名、神名，亦可解为地名、方国名；惜乏类例，未由征其究为何义。然后一辞之年，为地名、或方国名，殆无疑矣。」（契文举例校读中国文字第八卷第三十四册三九一四——三九一五页）

于省吾　「说文：『年，谷孰也。』谷梁传桓三年：『五谷皆熟为有年。』年乃就一切谷类全年的成熟而言。……甲骨文年字上部通常均作禾形，但亦有例外。如从黍省作（乙一七三一），从來省作（乙一九六六，乙七二〇五），按其字形即可知该辞之年有所专指。这是一种值得注意的现象。」（甲骨文字释林释禾、年二五〇——二五一页）

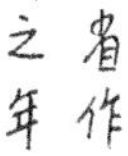

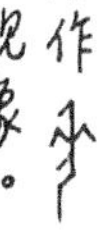

按：「年」象人首戴禾之說，純屬臆測。小篆為从「禾」、「千」聲，而契文皆从「人」，而「千」與「人」實本同音。陳夢家論「年」、「歲」之異甚詳，其說可信。

1503

王襄 「古黍字。」（簠室殷契類纂正編第七第三十四葉上）

王襄 「說文解字：『黍，禾屬而黏者也，以大暑而种，故謂之黍，从禾雨省声。孔子曰黍可為酒故从禾入水也。』（依段氏本）契文之黍从禾从水，或省水，不从雨省声。其禾之偏旁皆象黍之采，或雙夆或三歧或四出不定。然其采皆下垂作散放狀，所从之水异文甚多，从巜則為𣲖，孔子禾入水之說与契文黍字合。許氏广存异說，可以証此真古文，功有足多。曾伯簠之𥟥与他一器之𥟥，从雨从𣲖，𣲖為禾与許說合，殆黍之別体。」（古文流变臆說六九頁）

羅振玉 「說文解字引孔子曰：『黍可為酒，禾入水也。』仲叡父盤亦作𥞒，此或省水。黍為散穗，與稻不同，故作𣲖𣲖之狀以象之。」（殷釋中三十四葉）

東世澂 「甲骨文中有象黍字而聚穗的或作禾字形，而加水點的皆是稷字，過去皆誤釋為黍。」（歷史研究一九五六年一期五三葉夏代和殷代的奴隸制小注）

陳夢家 「黍即黍字，因其色黄，故又叫做黄米、大黄米。說文『黍，禾屬而黏者也，以大暑而種……黍可為酒……。』卜辭說『黍年有足雨，王飲亡它』，是說黍有了好雨，王可以暢飲無忌了，可見它是釀酒的。但當時以黍為飯，仍是可能的。據古書記載，黍賤於麥而貴於禾。詩良耜箋『豐年之時雖賤者猶食黍』，可見平年黍是貴重的糧食而小米是賤食。」（綜述五二六葉）又曰：「黍本為一種農作物名，作為動詞，即種黍的動作。」（綜述五三四葉）

孙海波

「[glyph]，甲二九九九。象黍形。[glyph]，甲二六六五。从水与篆文同。」（甲骨文编三一二页）

李孝定

「説文：『黍，禾屬而黏者也。以大暑而種，故謂之黍。从禾，雨省聲。孔子曰：「黍可為酒。」禾入水也。』契文大多象黍形，間亦从禾作。从水或省作⺗，或繇作[glyph]作[glyph]者即篆體从[glyph]所自昉也。篆既作[glyph]，故或以為雨省聲。段氏且改篆體為从雨矣。黍為高粱，為旱地作物，澧韻云『利高燥者曰黍』，而字从水殊不可解。惟字形與篆體合，釋黍固無可疑。朱氏釋稷非是。徐灝段注箋云『竊謂[glyph]當从禾建類，上二點下四點象黍米，與[glyph]从木作點象黍汁同例。書者誤以上兩點作曲垂，於是上半體成禾，下四點成水斷而三之，遂謂之禾入水耳。』徐氏蓋緣不得从水之解，故為此說。且考篆體作[glyph]，其說固若可從，然契文字亦从水，篆體固不誤，其義雖不可解，闕之可也。金文作[glyph]仲䱷父盤，與契文作[glyph]者同。」（集釋二三八八葉）

屈萬里釋卜辭「戊寅貞：叀王黍？」（甲五九二）云：「謂種黍也。」（甲編考釋九二葉）

于省吾

「黍今称黍子，或称糜子，去皮称大黄米。说文：『黍，禾属而黏者也，以大暑而种，故谓之黍，从禾雨省声。孔子曰，黍可为酒，故从禾入水也。』甲骨文黍字作[glyph]、[glyph]、[glyph]、[glyph]、[glyph]等形，穗部作一个或二、三个三叉斜垂，又多从水旁，也有以数点代水者。罗振玉谓：『黍为散穗，与稻不同，故作[glyph]、[glyph]以象之。』（增考中三四）罗氏释形是对的，但把齋字误与黍字列在一起。其实齋字是从齊从禾，其所从之齊虽多作点形，但所从之禾没有一个穗部作三叉形的。而且也没有从水旁者，二字截然不同。甲骨文称：『□□卜，殻贞，我受[glyph]年。〇丙辰卜，殻贞，我弗其受[glyph]年。四月。』（乙六七二五）又：『癸丑卜，□受[glyph]□年。』（京都五七九）这是甲骨文中罕见的黍字作从禾从水之例。周器仲䱷父盘黍字作[glyph]，与甲骨文中个别讹变为从禾的黍字相仿。黍字所从水旁有在禾下者，故小篆又变作[glyph]。说文既以为雨省声，又引孔丘说以为黍可为酒，故从禾入水，均属肊测之辞。甲骨文黍字最为习见，其它谷类多则数十见，少则数见或一见。因此可知，黍是商代的主要谷类作物，当是平民的主要食粮。」（甲骨文字释林释黍、齋、来二四二——二四三页）

于省吾

「甲骨文言乎黍于某地者习见，黍也作动词用。」（甲骨文字释林释秜二五二页）

裘锡圭

「甲骨文『黍』字的异体很多，下面举出的是比较重要的几类（未注出处者皆已見于甲骨文編「黍」字或「粟」字下。下文引用各类字形时用序數号代替）：

1a　1b　1c 粹八八七

2a　2b　2c

3a　3b　—

4a 汇三二八五　4b　4c　4d　4e　4F 汇三三二五

5a　5b

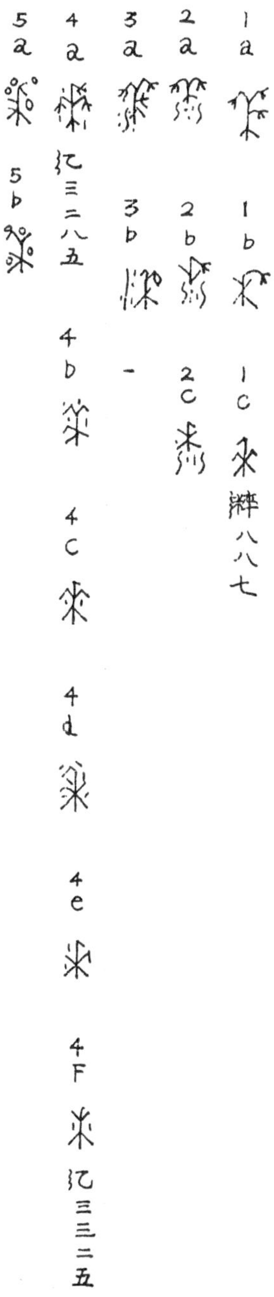

前面说过，「黍」的字形突出了黍子散穗的特点。但是加「水」形或水点形的「黍」字，由于已经具有「禾」字所没有的组成部分，黍形往往简化成跟「禾」相似。金文「黍」字作（金文编四〇三頁），也是从「禾」的。

甲骨文编（三〇二頁）和甲骨文字集释（二三一五頁）都把5释作「粟」。陈梦家殷虚卜辞综述以4b、d、e与5为一字（五二五—五二六、五二八、五二九—五三〇頁。以下引作「陈书」）。于省吾先生在商代的谷类作物一文里，指出「古文字点画的填实同于双勾」，以4d、e与5为一字（东北人民大学人文科学学报一九五七年一期九二—九三頁。以下引作「于文」）。这种意見是正确的。但是于陈二氏都不把这些字看作「黍」字的异体。陈书把它们隶定为「来」，认为「可能是粱字」，「还可能是粢字或粟字」（五二八頁。）于文把它们释作「粢」（九二頁）、并认为在卜辞里，「禾」字都是广义的，用来指谷子的字就是「粢」（九二—〇五頁）。此外，胡厚宣先生卜辞中所見之殷代农业（甲骨学商史论丛二集上八八頁。以下引作「胡文」）和陈书（五二九頁）都释1c为「来」（甲骨文编二五一頁「来」字条也收入此字），于文把1c和4b、c、f释为「秫」（九九—一〇〇頁。「秫」是当麦子讲的「来」的专用字）。这些意見恐怕都不可信。

从字形上看，4d、e、f跟4A的关系，于2c跟2a的关系相类。既然2a、c跟4a都是「黍」字，4d、e、f就也应该是「黍」字。4c跟4f見于同文卜辞（或称成套卜辞），无疑是一字异体（参看丙三四一三八，合九五二〇—九五二四诸片）。这一点于文也是承认的。既然4f是「黍」字，4c以及跟它很相似的4b就也应该是「黍」字。丙编把4c和4f释为「黍」是正确的。于文强调4f只从两点，4d、e则从三个以上的点，把它们区别为两个字，又把4f跟4b、c都释为「秫」。这样做是不合理的。在点數多少这方面，4b跟4c的关系与4d、e跟4f的关系完全相同。既然承认4b跟4c是一个字，为什么4

d、e跟4f却要分成两个字呢？

说文「香」字从「黍」，甲骨文「香」字上部正作□、□等形（甲骨文字集释二三九三页）。集释把字形和用法都不同的「𣅀」也收为「香」字，是不对的。殷虚卜辞综类分「香」「𣅀」为二字，可从）。这也可以证明4b至4f诸形都是「黍」字的异体。综类把4b—f和5都看作「黍」字是正确的。

4b、c如果去掉小点就是1c了。1c其实就是1e的简化形式。它的中段左右两笔跟顶上的一笔一样，也都代表穗，跟「来」字「禾」字中段左右两笔代表禾叶的情况不同。我们在前面已经指出，象穗的部分不下垂是「来」字的特点。仅仅根据这一点就可以断定，穗形显然呈下垂状的1c和4b、c等字不能释为「来」或「□」。甲骨文「来」字，第一期多作□，二期以后多作□，顶上所加短画似乎没有多大意义。晚期甲骨文「来」字往往作□，中竖上端略斜。这跟「戈」字由十字变弋一样，纯粹是笔势上的一种变化。只有少数「来」字由于顶端短画偏在一方面作□，才有些近似1c。粹八八七「乙亥卜受□禾」一辞中的□字，粹编考释和胡文都释为「黍」。这是正确的。但是粹九〇八「登□」的「□」字，（下文中此字均用&替代）考释却释作「禾」，胡文则释作「来」。这就自相矛盾了。综类把「登&」的「&」看作「黍」字是正确的。

从1—5各类字形在各类卜辞里出现的情况来看，也只能得出它们都是「黍」字的结论。

1a、b、2、3、4a等类形的「黍」字，只见于宾组和少量𠂤宾间组卜辞。如果只承认这些字是「黍」字，显然是不合理的。「黍」字这个在宾组卜辞里出现非常频繁的作物名称，为什么在宾组和𠂤宾间组之外的各组卜辞里竟然完全销声匿迹了呢？另一方面，在这些卜辞里，却屡见属于1c、4b—f和5这些类型的字，其用法跟宾组的那些「黍」字非常相似。例如：宾组卜辞曾卜问王在囧地种黍之事（前三、二〇、二等），历组卜辞曾卜问王在囧地种□之事（摭续一〇六）。宾组卜辞曾卜问「敀□」之事（合二七三四正，四〇〇七八正），历组卜辞曾卜问「敀□」之事（屯南七九四），第五期卜辞也曾卜问「敀□」之事（后上一八·一一）。宾组卜辞曾卜问「登黍」（丙四四八，乙七五九六），「黍登」（丙五七）之事，𠂤历间组卜辞曾卜问「登□」（粹九〇八、美国二〇）、「&登」（佚八七七、甲八九九、美国八九）之事，历组卜辞曾卜问「登□」（合三四五七八—三四五九〇等）、「□登」（安明二五〇八）之事，三四期卜辞曾卜问「登□」（屯南六一八、明后二二七九）、「登□」（合三〇六八一—八三等）之事。从这些情况来看，1c、4b—f和5只能是「黍」字的异体。

宾组卜辞的黍字也有一小部分是作4c、e、f等型的（如合七八七、九五二八、九五二

○一九五二四、亿七七五○等）。𠂤宾间组多数作4e型，但有时也作1b型。在一片𠂤宾间组卜甲上，这两种「黍」字还曾同时出現：

庚申卜：𥝢受年。

庚申卜：勿𥝢。

〔庚〕申卜：我〔不〕其受𥝢年。十二月。　甲綴五五

所以仅从宾组和某些𠂤宾间组卜辞的情况来考虑，是容易产生4e等形不是「黍」字的想法的。但是根据各类卜辞的情况作全面的考虑，只能得出4e等形也是「黍」字的结论。

历组登祭卜辞曾提到白黍：

丁卯□登□于□

叀（用法近「惟」）白黍。　明后二五四八

叀白黍登。　明后三○七○＋安明二三三七（安明附四○拼合）

叀白黍。　涂二○五

白黍之称是見于古书的。礼记内则：「飯：黍、稷、稻、粱、白黍、黄粱……」，正义：「下云白黍，则上黍是黄黍也」。齐思和毛诗谷名考认为先秦所说的黍是指包穈子而言的（穈子是不黏的黍，亦称穄），穈子米的顏色远较黍米为白，白黍大概就指穈子（中国史探研五頁）。其说似可信。

在各种农作物里，商代统治者对黍最为重視。从卜辞看，商王曾在四地亲自参加种黍收黍，并以所获之黍祭祀祖先（参看拙文关于商代的宗族组织与貴族和平民两个阶级的初步研究，文史一七辑一五頁）。在关于登祭的卜辞里，提到的谷物几乎只有黍一种（丙编考释释丙四四五一辞为「貞登禾祖乙」。丙四四五为卜甲背面，文字不清晰，登下一字似作𥝢，可能仍是黍字）。历组卜辞或言「登南冏米」（甲九○三，后下二三、五）、「登米」（外五三、佚南一八九、后下二九、一五、佚六六三），所说的米大概也是黍米。燕一二六的一条出组卜辞有「見新黍」之文，「見」似应读为「献」，但不知道是对人还是对鬼神而言的。祭祀用的鬯，据古书记载，是用一种黑黍酿的。商代统治阶级所享用的酒，大都也是用黍子酿的。在殷人心目中，黍显然是最好的一种谷物。「香」字从「黍」，也说明了这一点。有一条康丁时代卜辞说：

□寅卜：𩞁黍其登兄辛□。　后上七、一○

于文释「𩞁」为「声」，读为馨香的「馨」（一九三頁），可以。黍子比谷子好吃，但产量较低。直到今天，在北方很多农村里，黍子仍被当作一种高级的谷物。诗周颂良耜：「我来瞻女，载筐及筥，其饷伊黍」，郑笺：「丰年之时，虽贱者犹食黍」，正义：「少牢、特牲，大夫、士之祭礼，食有黍，明黍是貴也」。可見在上古时代，黍主要为统治阶级所享用，劳动人民平

时是吃不到黍的。在有关农业的卜辞里，黍的地位非常突出，提到的次數比其他作物多得多。这反映了当时的統治者对黍的重視，但是并不能证明黍是种植得最多的作物（参看温少峰、袁庭栋殷墟卜辞研究—科学技术篇一七二頁）。

甲骨文「年」上部从「黍」或其省体，这种「年」字或许也可以读作「黍年」，就跟我们不久前还在使用的单位字「浬」、「呎」，既可读为「里」、「尺」，也可读为「海里」、「英尺」一样。」（甲骨文中所見的商代农业，全国商史学术讨论会论文集一九八一——二四四）

常正光说参D字条下。

按：許慎關於「黍」字的說解，多屬附會，而「从雨省聲」實乃形譌。于先生區分「黍」、「穧」、「來」諸形之別，極為精確，足以令人信服。或釋「黍」為「稻」，但以其从「水」，不可據。

穧 □ □

商承祚　「說文解字：『𥝌，嘉穀實也，籀文作𥻆。』此象手持黍之形，當為粟之本字。」（類編七卷八葉）

孙海波　「□，宁滬二〇六。象粟粒之形。疑粟。」（甲骨文編三〇二頁）

陳夢家　「来，武丁作□，廩康作□，与黍之作□、□者不同。字象禾穗上下穀的顆粒之形。它可能是梁字。卜辞、金文『利』从禾从勿，勿，后者乃是耒，耒、利一声之转。西周金文利鼎和獸鉢之𥝌皆从来。来、利、勿之音可以轉而为梁，东周金文梁國之梁从刅，可证。一九五三年洛陽出土汉陶倉上所写的『粱米』即梁米，可证梁从刅（利）声。武文卜辞有『白来』（後二〇五，續四四七）即白梁，今之白苗穀，米粒小而略扁，用之作飯，最可口，而产量不多。但这个字，还可能是楶字或粢字。」（殷虚卜辞综述五二八頁）

李孝定　「說文『㮚嘉穀實也从卤从米孔子曰「㮚之為言續也」𥻆籀文㮚』契文从禾，象形，篆譌从卤，其故與栗字同，篆又譌禾為米，遂以象形為會意矣。辭云『登㮚于宗』（佚五六三）、『☐卜其征登㮚于羌甲』（鄴三·下·四二·七）、『☐頁㮚其禣登兄辛』（後上七·十）、『☐貞在☐貞王☐㮚☐往來☐』（後下十八·十一），乃薦新穀之祭也。頁為聲之古文，于此辭蓋地名」。（集釋二三一五葉）

陳夢家　「說文曰：『采，禾成秀也，人所以收，从爪禾』或體作穗。卜辭則从禾从又，凉津一五〇九，象手采穗之形。乙辛卜辭有[字形]字（佚二八一）即此字之繁文，而說文采則省去穗形。卜辭又有从采之剢或增土，詳卜通七三一——七三三、鐵十·二、湖四五〇，象用刀割穗」（綜述五三六葉）

李孝定　「陳氏釋采之字仍當釋㮚，舊釋不誤。辭云『☐頁[字形]禣兄辛』（後上一八·二）言以頁地之㮚薦于兄辛，釋采則不辭。至剢當釋利，其所从之[字形]則塙是采字。分詳前四卷『利』及本卷後『采』字條下，請參看」。（集釋二三一六葉）

于省吾　「𪗉即稷字的初文，今称谷子，去皮为。第一至三期甲骨文的𪗉字均从禾从三点，作[字形]、[字形]、[字形]等形，间有从四至六点者，如[字形]、[字形]、[字形]等形。从第三期开始，点变为双鉤，作[字形]、[字形]形。其从双鉤点者，商承祚同志误释为䆃（佚考五六三），甲骨文编误释为粟。其实，禾旁所加的双鉤点或实点，虽数目不一，而都是古文字的齊字。齊字在甲骨文与早期金文通作[字形]，甲骨文也作[字形]。齊婦鬲作[字形]，齊父乙壺作[字形]（器）、[字形]（蓋）。在古文字中，双鉤与填实是相同的。如甲骨文的雝己合文作[字形]也作[字形]，靁字作[字形]、[字形]也作[字形]、[字形]，衛父己鼎衲字从勹作[字形]也作[字形]，是其例证。甲骨文有些文字的构形还没有定型化，因而有些偏旁繁省无定。至于齊字通常作[字形]，有的作[字形]（乙八二六七）；晶字通常作品，有的也作品；尞（燎）字由二点以至六点，有的或作八点；涉字通从二止，有的也从四止（宁沪二·四五）。这样例子无须徧举。由此可见，以上所列[字形]、[字形]诸形，虽然略有变化，而都是从禾从齊，即𪗉字的初文，是没有疑问的。

说文：『𪗉，稷也，从禾齊声，粢，𪗉或从次。』又：『稷，𪗉也，五谷之长，从禾畟声，䅏，古文稷。』许氏虽以稷𪗉互训，但以稷为五谷之长，以粢为𪗉之或体，是以稷为正字，而以𪗉为典籍齍盛之齍。今考之于甲骨文，则𪗉是原始字，而稷䅏粢等则是后起的异体字。」（甲骨文字释林释黍、𪗉、来二四四——二四六页）

温少峰　袁庭栋

「甲文中有𥝌，或作𥝌，甲骨文編释「粟」，于省吾先生谓误，改释為「齍」，即今之「谷子」（見甲骨文字释林释黍·齍·來）。我们认为，此字仍以释「粟」為是。因為：第一，字本象禾上結实即「粟粒」之形。如說此字从禾齐声，则∴、∷、∴等形与齐之品形相距甚远，決非一字。就字形而言，释「粟」较释「齍」为长。战国玺印文字之「粟」字作𥝌，象禾上結实之形，可与甲文互证。第二，此字作𥝌，本是禾类，不是黍类。而「齍」即是稷，虽汉代經师释为「谷子」，但历代注疏和农书都说「稷」就是「穄」或「穈」，即現在的穈子，是一种不黏的黍类作物，並不是「谷子」（洋王毓瑚我国自古以来的重要作物，载农业考古一九八一年一期）。可見释𥝌为「齍」不但于字形所示的作物类属不合，而且将「齍」释为「谷子」，在作物品种的理解上也有问题。所以，我们认为𥝌字应从甲骨文編释为「粟」，在卜辞中是「谷子」之专名。卜辞中以𥝌为「谷子」之专名，是因为𥝌本为谷子，在为谷类作物之泛称之后，为了使之与作为专名之禾有所区别，遂于𥝌字加上指示符号∵、∴、∷等，表示其为結实之粟，以作为表示「谷子」之专称。正如来字（𥝌）假为来去之「来」以后，遂于來字加指事符号作𥝌，表示来麦結实，作为「来麦」之专称一样。

……

卜辞有「受粟年」、「粟年」、「粟受年」之辞：

(1) 受粟年？三月（续一〇二九）

(2) 癸亥卜，争貞：我粟受㞢（有）年？（乙七七五〇）

(3) 己酉卜：粟年㞢（有）足雨？（前四·四〇·一）

「粟年」者，粟谷一熟也。

卜辞或称「王粟」：

(4) 戊寅貞：叀（惟）王粟？（甲六九〇）

(5) 王弜（弗）粟？（摭續一〇六）

王其粟？

(6) 貞：王勿（勿）立（莅）粟？（丙三一）

以上敀辞之「粟」均用为动词，指种粟之事。第(4)(5)辞卜问殷王是否决定种粟，第(6)辞之「立」假为「莅」，往也，临也，谓亲临种粟之地視察之意。由此敀辞可充分看出粟之种植于殷人生产生活关系甚大，故须殷王亲自关心。

卜辞又有「登粟」之辞：

(7) 甲午登粟高且（祖）乙？（粹一六六）

(8) 癸未卜：其征登粟于𠀠甲？（京四〇二五）

登，甲文作□，象双手拱豆以献之形。古代农事收获之后，即行「登尝」之礼，盛物于豆以荐神。国语鲁语：「登川禽而尝之寝庙」。礼记月令：孟夏「农乃登麦」，仲夏「农乃登黍」，孟秋「农乃登谷」，皆指此礼。卜辞之「登粟」，当即以粟登荐于祖先，为殷人登尝之礼。卜辞又记「見新粟」之礼：

⑼辛丑卜：于一月辛酉酚，粟登？十二月（佫六四）

⑽……大貞：見新粟，羽……（𠂤一二六）

此之「見」，当训为「荐达」（左传·昭公二十年杜注），「見新粟」，即以新获之粟向祖先举行荐新之礼，与「登尝」一致。

卜辞又有「白粟」之辞：

⑾叀（惟）白粟？（南明四四七）

「白粟」，应即「白粱」。礼记内则区别粟饭有「白粱」、「黄粱」二种。汉书食货志颜注：「粱，好粟也」。本草綱目卷二三引苏恭曰：「白粱穗大，毛多且长，而谷粗扁长，不似粟圆也」。可见殷人已培植出「白粱」这一优良品种。……」（殷墟卜辞研究—科学技术篇一六八—一七〇頁）

丁驌释禾，参𣎆字条下。

按：字當爲从「禾」、「齊」聲，即「穄」之本字，于先生已詳論之。字與「黍」與「來」均有别，不能混同。與「粟」更相去甚遠。

1505

來 □ □

于省吾 「甲骨文來字作□、□、□、□、□等形，以左右从两点者居多，有的从三、四点，有的不从点。……按此字应隶定作來。中间竖划象茎，上端象穎，中部左右象叶之邪垂，下部象根。至于左右之有点者则象麦粒。它与𪗉字之区别有三：一、𪗉字没有省点者，因为省点则与禾字漫无区别，而來字省点后仍和禾形有别。二、𪗉字通常从三点，因为𪗉字的叠体起码是三点，没有从两点者，多则可达五点六点。而來字则多作两点。三、𪗉字有从四个或五个双鉤点者，而來字则无之。

甲骨文往來之來作□或□，金文中作□，与來字截然不同。……來与來在初期则有别，稍晚在偏旁中则有时互作。

说文：『來，周所受瑞麥來麰也，二麥一缝，象其芒刺之形。天所來也，故為行來之來。诗曰，诒我來麰。』又：『秾，齊谓麥秾也，从禾來声。』段注：『來之本义训麥，然则加禾旁作秾，俗字而已，盖齐字也。据广韵则埤蒼來麰字作秾。』今以甲骨文证之，來是说文秾的本字，与往來之來字有别。來是独体象形字，禾首來身，但來身也标志着音读（详具有部分表音的独体象形字）。秾字虽然变为形声，还没有完全失掉造字的本义。后人见诗思文称來麰，遂以來为本字，以秾为俗体，于是來行而秾废。段氏不知來之本作來，又误认秾为俗字，不根据古文字而侈谈文字起源者，都是肊测。

由此可知，甲骨文的來指的是小麥，而甲骨文的麥则指的是大麥。广雅释草：『大麥麰也，小麥麳也。』广韵上平十六咍有麳字，注为小麥，是麳的繁体字。解放后，在新石器时代遗址的发掘中往往遇见小麥，证明小麥的种植在我国有着悠久的历史。甲骨文两见『叀白來』（南北明四四七，淦二〇五）。新五代史四夷附录第三『回鹘』『其地宜白麥』，白麥当即甲骨文的白來。」（甲骨文字释林释來、䆁、來二四七——二四九页）

于省吾　「甲骨文來字作來，研契诸家均误为往來之來。实则，來字上部作禾省，下部为來省声，后世代以从禾來声的秾字而來字遂废。说文：『秾，齐谓麥秾也，从禾來声。』甲骨文以麥为大麥，以來为小麥（详释來䆁來）。來本为独体象形字，但其下部作來字的省体，也表示了來字的音读，然而不得谓为从禾來省声的形声字。」（甲骨文字释林释具有部分表音的独体象形字）

按：于先生以「來」為「秾」之本字是對的。「來」與「穧」、「黍」均有別，不能混同。而卜辭「來」與「往來」之「來」已發生分化，形義俱有別。

[illegible]

丁驌　「禾[illegible] [illegible]：撤一九，『丁未卜貞帚禾妫四月』字形略有异，当係随手之变。……又簠杂八九有『貞帚視册册妻』疑点是帚禾視册册妻之意。丁山释为䅘，臣当作目。」（諸帚名中国文字第八卷第三十四册三五六六页）

按：此可能是「禾」之異體，然其用法較為特殊，暫分列以待考。

1507 來

羅振玉　「說文解字：『來，周所受瑞麥來麰。天所來也，故為行來之來。』卜辭中諸來字皆象形，其穗或垂或否者，麥之莖強與禾不同。或省作朩作木，而皆假借為往來字。」（殷釋中三十四葉下）

王襄　「古來字。」（類纂正編第五第二十七葉上）

吳其昌　「『來』者，說文解字：『來，周所受瑞麥來麰。……象芒朿之形。天所來也，故為行來之來。……』按之殷契，則來字亦正象來麰之形，亦正為行來之義。羅振玉曰：『卜辭中諸來字，皆象形；其穗或垂或否者，麥之莖強，與禾不同。』（殷釋中三四）其說是也。然以說文所云，一若『行為行來之義，自周以後始然，則絕非；蓋在商時，久已義轉為去來之來，故卜辭中『王來』『侯來』『往來亡𡿧』『又來自東』，『又來自西』……之語，已多至不可勝舉，其驗也。（並詳下卷二疏）惟在此片（指前一、二五、三），則『來』字之義，為今後數日，與『翌』字之義，若相等比，而距『今』較遠。考卜辭中『翌』字之義，什九皆為明日，雖亦間有為第三日、第四日……乃至為第十日者，然究屬僅見，且亦限于第十日止耳。（並詳上第二片疏）至若『來』字之義，則在殷時習俗，最早為第二日：卜辭有云：『癸未……來乙酉。……』（湖七一六B）等是也。

次則為第三日：卜辭有云：『壬午……來乙酉……』（前一、二五、三）等是也。

次則為第六日：卜辭有云：『乙巳……來辛亥……』（後一、二一、一與續二、六、一乃一片之碎。）等是也。

次則為第七日：卜辭有云：『庚辰……來丁亥……』（前一、三六、一）『甲戌……來辛巳……』（前六、二、四）『庚辰……來丁亥……』（前？一六、一）『戊辰……來乙亥……』（前七、二七、二）『甲辰……來辛亥……』（後一、二三、一六）等是也。

次則為第八日：

卜辭又云：「丁酉……來乙巳……」（鐵一八六、一與續三、一四、七乃一片之碎）「丙寅……來甲戌……」（前六、六七、四）「丁卯……來乙亥……」（後一、二九、五）「丁丑……來乙酉……」（河一、一七、）等是也。

次則爲第九日：

卜辭又云：「癸巳……來[辛]丑……」（前三、一九、一）等是也。

次則爲第十日：

卜辭又云：「癸未……來壬辰……」（前三、一九、一）等是也。

次則爲第十日：

卜辭又云：「辛卯……來辛丑……」（前二、一、三）「甲辰……來甲寅……」（後一、二一、一三）「乙酉……來乙未……」（林二、一一、一）等是也。

次則爲第十一日：

卜辭又云：「庚戌……來辛酉……」（佚二五五）等是也。

次則爲第十四日：

卜辭又云：「辛卯……來乙巳……」（前二、二、一）等是也。

次則爲第十五日：

卜辭又云：「庚寅……來乙巳……」（前二、一、三）等是也。

次則爲第十六日：

卜辭又云：「己丑……來乙巳……」（前二、一、三）等是也。

次則爲第二十一日：

卜辭又云：「丙寅……來丁亥……」（前一、二九、三）等是也。

乃至有指爲第二十二日者：

卜辭又云：「丁丑……來己亥……」（續一、三九、八）等是也。

則今日傳世所見卜辭，凡稱「來」者，其最遲似即止于此矣。其在經典之稱「來」日者，則有若召誥云：「惟二月既望，越六日乙未，……越若來三月，惟丙午朏。……」則「來」之語爲距十又一日。又佚武成真書云：「惟一月壬辰，旁死霸，若翌日癸巳，粵若來二月，……」（按「二月」漢書律曆志所引，誤作「三月」。今从孔穎達武成正義所引及逸周書世俘解並王引之經義述聞）按其時二月爲庚申朔，則「來」之語爲距二十七日。武成與召誥，俱爲周初時書，故其指稱隔越數日，輒呼爲「來」，與殷代卜辭之語法並同也。

綜上以觀，「來」義與「翌」義，皆爲距越數日之通稱，而其期則「翌」近而「來」遠，此就其別義而言也。

若就其達義而言之，則「來」「翌」二字又雖謂之無別，殆亦不爲甚謬也。此其證驗，亦明著于卜辭。卜辭中往往有一片之文「來」「翌」同見者，如：

『翌丁亥，……來丁亥，……』同見于一片。（燕二九）

『翌辛酉，……來辛酉，……』同見于一片。（佚二五五）

『來乙巳，……翌乙口……』同見于一片。（燕六一）

皆淺明之證也。

此『來』之一字，在殷周之際，从『麳來』衍為『往來』，再衍而為『來日』之經過史蹟也。」

（殷虛書契解詁第二八四——二八七葉）

丁山　「甲冉所謂『我來卅』。『妻來十三』。在𦎫。』『⿱戔女來卅。』也祗能作某氏來人若干解。所有諸種刻辭凡言『某來』者，都該作『來朝』或『來歸』解。」（甲骨文所見氏族及其制度十四葉）

陳夢家　「來是說文『齊謂麥秼也』之秼，是小麥。」（綜述五三〇葉）

屈萬里　「卜辭『己未卜；今日不雨？在來？』（甲編二四二二）來，義當如尚書召誥：『越若來三月』之來。彼謂次月，此則謂次日也。」（甲編考釋三八葉）

屈萬里　「卜辭：『辛未卜：酒來，乙亥登且乙？』來，麥也。酒來，蓋收麥之祭也。『登來乙且』。（粹編九〇八）『登來于二示』（庫方一〇六一）可以互證。」（甲編考釋一三九葉）

李孝定　「說文『來周所受瑞麥來麰一來二縫此四字段氏注改作『二麥一夆』象芒朿之形天所來也故為行來之來詩曰「詒我來麰」』。契文正來麰之象形，與麥字同為象形，卜辭皆以為行來字。或云『來丁酉』『來甲子』，則未來將來之義亦由行來之義所引申。或云『我來卅』『妻來十三』，似當作來貢解，丁說恐不然也。金文作來康侯啚簋來般甗來䣄尊來宗周鐘來不嬰簋來宰甾簋來大保鼎」（集釋一八九〇葉）

張哲　「殷虛出土的灰陶破片上，有來字，字形象一株善麥，释为往來的來字，說文：『來，周所受瑞麥，來麰，一來二夆，象芒朿之形，天所來也，故为行來之來，詩曰：治我來麰』唯甲骨文中來字多作來（甲六九七）或來（甲二八四五）作來（衡四二二〇）若此字者仅一見，又释为𤼽字，𤼽即迄今通用的釐字。甲骨文第三期以后常常見到延釐相连的词语，此语流传的空间时间，至广且久，农历新年吾国中原农村，仍有家々户々用红紙书写延釐二字，端贴墙壁，希冀亦

恒幸福的习俗甲骨文中，延釐作驭嫠，驭延同音，演为延釐，釐字从麦，象以手持物打麦的形

态原书作[illegible]甲二六一八或作[illegible]后下二二、八可举二例如此：

一、殷虚文字甲编二六一八片：

貞馭嫠

癸酉貞彭貞：其有（祐）小乙，畴祀于祖乙

貞五牢貞三牢貞于□

二、殷虚书契前编二卷二十八頁第三片：

戊申卜，貞：王田

于⊕[illegible]（麓）往來

亡巛丝钔，獲豥一

狐三

其延嫠

右例是从第三期及第五期的卜辞里，各选一片，其中嫠字均从来由知匋文来字释嫠的依据，嫠从麦从來，释嫠释來应是均无不可，惟愚見以为释嫠较妥，理由是：殷虚灰陶文字，多单字附号，如畋字符号之一二三四；位置符号之左右中，动物符号之犬鱼虫；人名记号之已木夔婦姒口䠶；一般符号之車田陶饗等；另有墨书祀字疑为『隹王？祀』之残缺，与契刻紋字少異，这些单字符号，除却畋字位置，余为动物，人名，审視陶文来字在陶片上的位置，应是单字，此单字既非畋字位置符号，又非动物名称，殷人嗜书名字于器物上，匋文有米即木字，为人名此字或有疑为人名的可能外，莫如释为吉利语，說文：『釐：家福也』在古人观念上，有食即有福，书鍥釐字於器用，实有迎禧納福的意思今中原民间使用的粗瓷碗碟，仍多白底兰绘书写釐字福字於团圈々之内者。

从画一株像形的麦，引申为來为麦为嫠，其意念、形体、音韵、均保留着同源异流的跡象，溯源洋流，爰就此三字的形音义，分别略事阐述：

來，甲骨文中作米甲六九七作來甲八九九来甲二八〇五金文中作來般甗作來旅鼎都是麦的象形丨象麦茎，屮象麦叶，巿其上一撇象麦穗，麦穗或有或无，或挺或垂，盖麦茎坚强，中空有节似竹，豐穗上崎茎仍挺直，來其下两乂，象麦之气根，环持其茎而露出于地面者。

愚意來來字，米木字，林竹字，米禾字、𣏟黍字，其下八都是它露出地面的根，非深入地下的根，所有木竹禾麦黍各种植物，无一不有露出地面的根，中原农民，特称此根为霸王根，古人造字，加此符号，意即显示直立於地面之高茎植物，试以草（屮）字证之：草多短茎，伏于地面露出地面即生叶，故其字无浮根书作艸如释來（來）字上为叶，下为根，草亦植物，何

能无根，况地下草根常多于地面上的茎叶，所谓草乃泛指一般的草，非一二特殊高茎如茅者，古人造字，仅能取当时习见之一般形象，如取一二特例推测古人造字的本意，就未免以管窥豹了。

基上所述，可得一个结论，即此类文字都是植物地面以上的象形，古文字中有书根之例（洤肇鼎）本字作□即一木连根之形，其上为木，木下为根，说文：「本，木下曰本」，取根乃木本之意，麦亦有根，麦字作□（佚四五〇二）字异於來□字者，盖麦字为全麦连根之象形，来字乃生长于地面之麦状，乃从地面观察之象形，殷代麦来二字，字形上已有分别，殷代以前是否一字尚无可考。……

麦，甲骨文中作□（佚四五〇二）□（续三·二五·三）金文中作□（麦盉）□（麦鼎）是一株连根麰麦的象形，上部从来，其下为根合而成为一株连根麦的全形，前述来字，原是生长在地面上的麦，是绘成一株生长在地面上麰麦的形象，造字的着眼点，是在地面以上；而麦字便是全麦连根，是从地下拔出一株麦连根绘成的形象，造字的着眼点，乃是从全麦连根去观察，並非仅々视及生长地面的一株麦……

釐甲骨文中作□（甲二六一三）□（后下二二八）象以手持杖打麦，意在表示收获，收获为储粮之始，在古人的意识上，有食即有福故说文释釐：家福也，此字一旁象麦，一旁象手持杖打麦，麦脱其穗离殼为粒，釐声或由此來，殷代釐字字形变化颇大，甲骨文中最习见最明显的，有两个系统，其一如□（甲一六三七）□（佚一四一）□（铁五·十三）□（续一·二三·七）一类的字，当是金文中之□（师嫠簋盖）小篆之□今之𠩺字另一如□（甲二六一三）□（甲二六一八）□（后下二二八）□（甲一七七三）一类的字，其中前二字作以手执物打麦状意尚明显，后二字象一手执麦根，一手持杖打麦执麦根之手与持杖打麦之手，同在左方，依殷代文字惯例，同为左手两只左手，显然不是一人之手，非两人合作不可，不过殷代文字中，有使用同一方向两手操作之例，仅不普遍，绝大多数是一手在左，一手在右。今遍阅卜辞中诸釐字竟无一字左右两手区分明显者，于是乃怀疑持麦根之手非手或为麦根之讹……」（中国文字第二卷第七册七五九—七六九页）

裘锡圭 「「来」的本义是麦子，一般以为指小麦（诗周颂思文和臣工两篇都提到「来、牟」。广雅释草：「大麦，牟也」，「小麦，来也」）。卜辞「来」字常见，但几乎都是假借为来去之「来」的，用本义的似乎只有下行一例：

辛亥卜貞：或刈来。（铁一七七·三）」（甲骨文中所见的商代农业，全国商史学术讨论会论文集一九八—二四四）

洪家义 「来，甲骨文作□（菁五·一一）、□（后上·一八·六五）。麦，甲骨文作□（前四·四〇·七一）、□（佚二七七三）。□本是一种农作物的象形，后借为来去之來。為了表示动义，加夂作麥以别于农作物之來。大概因为來字经常使用，为刻写简便，又省夂作來，而麥却反而成了不常用的麦字。但來麦二字之所以能够互换，则是因为它们的读音原本相同的缘故。來本读复辅音ml。诗周颂思文：『贻我來牟。』汉书楚元王传引作『釐麰』，刘向说：『釐麰，麦也。』可证來本读复辅音ml。……后来随着汉字的发展和汉语的变化，ml才一分为二，麦专读m声，來专读l声。随着形音的分化，义也分化了。广雅释草：『大麦麰，小麦麳。』」（令命的分化古文字研究第十辑一二三页）

考古所　「來：地名。」（小屯南地甲骨八七九頁）

考古所　「來，当是來字。」（小屯南地甲骨九七九頁）

黎虎　「从卜辞看，『来』之含义主要有如下几个方面：

(一)来言、来王、王朝。如：『己未卜：貞，缶其来見，一月。』『己未卜：貞，缶不其来見王。』（沥一二四）『缶不其来見。缶不其来王。』（乙五三九三）……

(二)来假。卜辞除作『某来』外，还有作『某至』者，如：『辛酉卜王貞，方不至，今八月。』（洊上五一七）貞「方」其至，十月。』（洊上五一八）『丁亥卜：：方至？丁亥卜：：：余令曰方其不至？』（南坊五、二三）『甲寅卜王占曰吉，矢至，其隹辛。』

(三)来献。在卜辞中『来王』有明言为来献者。如：『貞□来王，隹来？允至，氐龟：：八，五百十，四月。』（洽集八九九六）這里『来王』的具体含义是来献龟于王室。……

(四)来使。……方國、諸侯亦常派『史人』至商王朝。如：『貞在丁牧来告，辰衛其从史受又。』（獮三·一）……

(五)来降。殷虚小屯南地甲骨有：『方来降，吉。不降，吉。』（屯南二三〇一）……」（殷代外交制度初探，历史研究四一——四二頁）

陈炜湛说参𠓜字条下。

按：卜辭穀物之「來」，與「往來」之「來」已分化為二字，不相混淆。目前尚未見以「來」為穀物名之明確例證。「來」之另一義指貢納言，如「來馬」、「來牛」等。此外，「來」亦表示「將來」。卜辭於一旬內之干支稱「今」，下一旬之干支稱「翌」，再下一旬之干支稱「來」。說見讀小屯南地甲骨劄記。

香 香

葉玉森 「从黍从日，地名。疑者字，即古文諸，由黍得聲。金文作者（諸女觥）者，（沈㪤）或省日作米，（仿尊）並从黍之譌變。」（說契二葉下）

郭沫若 「香字小篆作𪏰，从黍从甘。此作香，上正从黍，下亦甘省。古文从甘之字多省作口是者，故知此乃香字。」（卜通一四三葉上）

金祖同 「香，葉師洪漁以為从黍从日，地名，疑為者字。即古文諸，由黍得聲。……商承祚疑為奠，亦非。」（遺珠二三葉上）按甲文自有黍，此非从黍矣。至米，契文中亦有地名作米者，（續四、五、一、佚五二）

李孝定 「說文『香芳也从黍从甘春秋傳曰「黍稷馨香」』契文从乑與黍字之作乑者同。从禾从來同意或从乑，正是黍字。或省从來，其意亦同。蓋字象以祕盛黍稷之屬以見馨香之意，為會意字，从來麥之古文，與从黍自可通作也。郭氏釋从黍者為香，从來者為啬，蓋未之深思也。辭云『乙酉卜在香貞貞王今夕亡禍』（前二・二五・一五）『乙未卜貞黍在龍囿啬受有年二月』（卜通四四一）、香啬同為地名，而字形又只从黍从來，徵異可證其必為一字也。葉氏釋此者非是。說文『者別事詞也从白米聲米古文旅字』上从米，金文『者』上多从𣎳米𣏟諸形亦與此从黍若來者迥異也。古陶香作香見古籀補，亦與契文略同。」（集釋二三九四葉）

按：字或从「米」，或从「䊆」，或从「口」，或从「甘」，在偏旁中當無別。郭沫若釋「香」，可從。篆文从「黍」，乃形體之譌變。參見1509，乃同字。

𪏰 啬 啬 啬

郭沫若 「啬字或釋秋，義雖可通，而形不合。疑亦啬之異文，从来从口，口象麥之器，非口字。」（卜通九三葉下）

按：此與1508並當釋「杳」。郭沫若釋𣅀形者為「啚」，非是。

1510

按：合集二八一三九辭云：「王其𢦏敉𢦏」，又粹五九三辭云：「貞，勿𢦏敉𢦏」，當為方國名。

1511

按：合集一〇二三九辭云：「貞，出告𥝢豕，呼逐」為地名。

1512

麥

羅振玉「說文解字麥从來从夊。案此與來為一字。許君分為二字，誤也。來象麥形，此从夊，（降字从之，殆即古降字）象自天降下，亦天降之義。來牟之瑞，在後稷之世，故殷代已有此字矣。」（殷釋中三十四葉下）

王襄「古麥字。」（類纂正編第五第二十七葉上）

王襄「說文解字：『麦，芒穀，秋种厚薶，故謂之麦。麦，金也，金王而生，火王而死，从来有穗者也。从夊。』又来下云：『周所受瑞麦，来麰也。』是来麰為麦之异名，来為来麰之简称，許氏天所来也一語，枕用詩周頌：『詒我来麰』之箋誼，乃緯书之学說。契文之麦从来，或从来省，从夂，来亦麦也，夂象其根，与𡕒之从夂同誼。夂為止為足，止与足同人之有足，枕植物之有根，故从夂，或从乂，乂为夂之讹变。」（古文流变臆說六九—七〇頁）

葉玉森　「按許君謂來爲周之瑞麥。然殷契文中已有來麥二字，則許君說不足信。契文之來，从亻象穗及莖，从𠦃象葉之披拂，个象根，变作朿朿，穗形漸失，疑爲麥之本字。而契文之𡕝，實來之初文。小象一人兩臂盪動，下从夊表行來之意。後調爲麥，復变作麥，从來愈益訛矣。」（說契四葉上）

陈邦福　「前二、一〇云：『癸巳王卜在𠦬貞旬亡虞王稽曰吉。』邦福按：𠦬当释敉，古从又与从攴同谊，其字为敉正假作𨞛也。古來釐本可相假，诗周颂思文篇云：『诒我來牟』，汉书刘向传作『飴我釐麰』。考说文邑部云：『𨞛，殷侯国在上党东北。』商书西伯戡𨞛，段注：今商书作西伯戡黎，今文尚书作耆，或作阢，或作飢，皆假借字也。又考邶风旄丘：『匪車不东』，笺云：『黎国在卫西。』孔疏引杜预云：『黎侯国上党壶关县有黎亭』，是在卫之西也。又卜辞别有敉敉二文，正敉之本字。」（殷契说存第六頁）

孙海波　「𠦬，甲一二一八。地名。」（甲骨文编二五二頁）

屈萬里　「麥，地名，亦殷王常往田獵之處。殷墟南北所見甲骨集聯二、二五二片，麥地與𦎫地同見於一版，知兩地相去不遠。𦎫，在今河南沁陽一帶，則麥地亦當在此也。」（甲釋一二一八片释文）

李孝定　「說文：『麥，芒穀。秋種厚薶，故謂之麥。麥，金也。金王而生，火王而死。从來有穗者也。从夊。』許言从來而有穗者，明來麥頗近。今按來麥當是一字，羅說是也。夊本象到止形，於此但象麥根。以來假爲行來字，故更製繁體之𡕝以爲來麰之本字。葉謂朿爲麥之本字，𡕝爲行來之本字，若謂行來之來亦有專字者，其說大謬。誠如其言，則卜辭行來字累數百見何以無一作𡕝而必作來，而𡕝字復有用爲來麰字者，既各有本字而必互爲段借，何殷人之不憚煩如此也。卜辭麥字除用爲地名外，亦有用其本義者，辭云『翌乙未亡其告麥』。前四、四〇、六。『□己亥□卜賓翌庚子㞢有告麥允出告麥。』同上、七、言告麥。余初疑爲薦新之祭，惟下又有繇詞言允有告麥，是蓋記其諸侯之來告麥熟者，告字之意雖無由確指，此麥字則必爲穀名之字蓋無可疑也。金文作麥 麥盉 𣎆 麥鼎」（集釋一八九二葉）

饒宗頤　「麥地名亦稱麥麓，又稱『麥鹿』。（屯甲三九一八）史記趙世家：『趙奢攻齊麥邱，取之。』未審即其地否？」（通考一一三八葉）

裘锡圭

「「麦」字也已见于卜辞，有的是用为地名的，如「田麦」、「田于麦」的「麦」（参看综类二〇二页「田麦」条）；有的是当麦子讲的，不过数量不多。后编著录的一块非卜用骨版，上记两个月的六十个干支，开头一句作：「月一正，曰食麦」（后下一、五）。卜辞通纂收此骨为第六片，考释引月令「孟春之月食麦与羊」为证。此外，除去一些意义不明的残辞不算，当麦子讲的「麦」字全都见于第一期的「告麦」卜辞：

〔甲〕午卜宾：翌乙未〔有告〕麦。

〔乙未〕卜〔宾：翌〕丙〔申有〕告〔麦〕。

允有告〔麦〕。

〔乙亥〕卜宾：翌庚子有告麦。允有告麦。

庚子卜宾：翌庚丑有告麦。　前四、四〇、六

翌辛丑亡〔其〕告麦。　京津五六七

翌己酉亡其告麦。

己酉卜宾：翌庚戌有告麦。　合九六二一

翌丁亡其告麦。允亡。　燕四一

□〔亡〕其告麦。

□午有告麦翌麦。　合九六二四

通纂收前四、四〇、七为第四六一片，考释说：「月令『孟夏之月农乃登麦，天子乃以彘尝麦，先荐寝庙。』此云『告麦』，盖谓此。」胡厚宣先生不同意这种说法。他说：「今案辞言『出告麦』、『亡告麦』、『允出告麦』、『允亡』，则告麦之决非祭名可知。余谓告麦者乃侯白（伯）之国来告麦之丰收于殷王。」（甲骨学商史论丛初集第一册三二页）。上引于文又提出另一种说法，以为「告麦的意思是：殷王在外地的臣吏，窥伺邻近部落所种或所获的麦子，对于商王作了一种情报，商王根据这种情报，才进行武力掠夺。」（九七页）「告麦」的确切含义究竟是什么，还有待进一步研究。

于文以为卜辞所见的麦与来有别，来是小麦，麦应是大麦（一〇〇页）。由于資料太少，这个问题也还难以下结论。

从上引卜辞的情况看，当时商王国种植的麦子，数量大概不多。」（甲骨文中所见的商代农业，全国商史学术讨论会论文集一九八—二四四）

于省吾说参來字条下。

洪家义说𠩺米字条下。

常正光说𠩺𠃑字条下。

按：契文「麥」與「來」、「來」均有別，從不混同。「麥」在卜辭為穀物名，亦用作地名。于先生申「告麥」之義是可信的。卜辭之「告𠩺」亦屬此類。乃掠奪經濟之表現。卜辭亦有「告鹿」，乃有關田獵之情報。

1513

𠭰 𢻰 𢻰 𢻰 𢻰

羅振玉　「說文解字：『𠭰，反引也，从又𠩺聲。』卜辭作𢻰，从𢻰。師𠭰敦作𢻰，與卜辭略同。所从之𢻰，均不从未。又或省𠂆。」（殷釋中六十一葉下）

王襄　「疑𢻰字。」（類纂存疑第三第二十葉上）

王襄　「古𠭰字，許說引也。」（簠室殷契類纂第十二葉）

商承祚　「从木从乃來字之省，許書从未，殆來之誤也。」（類編三卷十一葉）又曰：「前二、二八、三曰：『其延𠩺，』作𢻰，龜二、十九、九曰：『延𢻰，』作𢻰，皆𠩺字也。𠩺本从來得聲，來，麥也，从𠩺象禾有粒，小篆从未即由𠩺形寫譌，後下六、七𢻰𢻰文與此同，余曩誤釋作殺，金文𣿬鼎釐字亦已从未。」（佚存三九葉）

葉玉森　「𢻰之異體作𢻰𢻰𢻰𢻰𢻰𢻰等形。或从木，或从來省，或从黍省。許書从未，似由𠩺形省交，疑釐字，辭言延釐。」（前釋二卷五十二葉）

董作賓　「釐卜辭𠭰即釐之初文，後又加里為聲，釐从來，故釐與來可以通用。𣿬『貽我來年』，漢書劉向傳作『貽我釐𪎩』是來𠩺𠭰釐聲本相同，可以互通。釐訓為福。」（𢻰𠭰說）

孙海波　「𢻰，甲一六三七。𠩺用为𠭰，𢻰𠩺犹言陳福。」

𢻸，甲二六一三。或从声省。」（甲骨文編一四〇——一四一頁）

屈萬里　「卜辭：『囗祉叔囗每？』叔，即𠭯字。祉叔，與叙𠭯同義，延長福祉也。于省吾駢枝（四八葉）說。」（甲編考釋一九一葉）

李孝定　「說文『𠭯引也。定按羅引作「坼引也」衍坼字 从又𠩺聲』又攴部『𠩺坼也从攴从厂厂之性坼果熟有味亦坼故从未』契文象一手持麥攴擊而取之之形，乃穫麥之象形字。象事也𠩺下小徐曰『攴擊取也』是也。攴擊所以脫粒，故引申訓『坼』。手引而攴擊之，故亦訓『引』。二者原為一字，許書誤歧為二耳。至卜辭言延𠭯者，當讀為釐。釐許訓家福，引申為凡福之偁。穫麥所以足食，引申自得有『福』義。訓福之『釐』，古殆祇是作『𠭯』，後始制為从里𠭯聲之專字耳。金文始有釐字卜辭無之金文𠭯作□□師𠭯簋□毓且丁尊□毓且丁卣 𠩺作□師寰簋□同上[illegible]文从貝古文偏旁从又或省每得通也。」（集釋〇九一三葉）

陳初生　「甲骨文作□、□、□、□、□等，象以手持杖打麥或一手持麥，一手持杖打麥之形，來麥之『來』亦表声（來，落哀切，之來平），乃會意兼声字。金文作□、□、□、□、□、□、□、□、□、□、□等，仍有以『來』為声者，『來』或訛為木、米，其表音功能遂失。木、米既不表声，乃復增『里』以表声。或用為『賞賚』字，故加意符貝。或从子，蓋賞賚与人有关，故以子表示人。字或省攴。小篆所从之『來』亦『來』之訛。从文字发展来看，說文所收的『𠭯』、『𠩺』、『釐』，实为一字。」（商周古文字讀本三四六——三四七頁）

按：𠩺、𠭯本為一字，釐與𠩺、𠭯則為古今字，說文歧而為三。許慎訓𠩺為「坼」，訓𠭯為「引」，于典籍無證。訓釐為「家福」，更屬不辭。段玉裁謂「家福者，家居獲祐也」；王筠謂「言家者，為其从里也」，皆曲為許氏迴護。實則祇是福僖之義。漢書文帝紀如淳注謂「釐，福也」；顏師古注謂「釐讀曰僖」。卜辭言「叙𠩺」、「祉𠩺」，均為延長福祉之意，說見叙字條下。李孝定集釋說𠩺字之形體及釐字之演化，可信。惟申訓「坼」、訓「引」之由，則乃局於說文，又從而為之辭，則大可不必。

1514
穆

屈萬里　「㣎，地名，音讀未詳。」（甲釋三六三六片）

考古所　「㣎：金文中的穆字作㣎（遹簋）、㣎（虢叔鐘）、穆（秦公簋）、㣎（刑人鐘）、穆（蔡侯盤）諸形。此㣎與㣎相近，似為『穆』之初形。」（小屯南地甲骨一一四九頁）

李孝定　「說文：『采，禾成秀也，人所以收。从爪、禾。穗，采或从禾，惠聲。』絜文此字當是采之初文，下从禾，上象其穗。篆文从爪禾會意，例當晚出。古文於表義之重要部分例加誇大，如見从大目、聞从大耳、頁从大頭，均是。采字从禾，上ㄖ正象穗上鋒芒之形。又絜文剢字从㣎即篆文之采，剢即利从采乃會意兼聲說詳四卷利字條下。惟絜文之采但見於偏旁，㣎為象形，㣎為會意，其成字雖有早晚之殊，然固得並行不悖也。采為會意穗為形聲於篆文固亦並行也。本辭云『王異戌其射在采兕』為地名。金文穆字作㣎師望鼎㣎㫚鼎㣎寰盤㣎虢叔鐘㣎遹簋所从正此字。許書穆訓禾，蓋禾之一種，字从采从彡會意。許云㣎聲乃據譌变之篆體為言。又㣎訓細文，㣎穆當為同字。蓋禾采兩兩對生，上有鋒芒以飾畫之文，故於文从采从彡會意，細文乃其本誼，訓禾則別一誼也。許云㣎从彡㣎省聲亦非」（集釋二三五九葉）

于省吾　「甲骨文稱：『王異（翌）戊，其射才㣎兕〇弗𠂤（擒）。』（甲三六三六）又：『王其射㣎兕，𠂤。』（外五四）。甲骨文以㣎或㣎为地名，为旧所不識，甲骨文編和續甲骨文編均入于附录。其实，㣎与㣎即古穆字。說文：『穆，禾也，从禾㣎声。』按許氏謂穆从禾㣎声，即訓㣎为细文，以为『从彡㣎省声』，又訓㣎为『际見之白（弓鎛虩字左从㣎，㣎字中从日，上下从小，即隙之本字）』，隨意割裂穆字，強作解事。西周器穆父鼎的穆字作㣎，从水从㣎，不从彡，犹存初文。甲骨文㣎字本象有芒穎之禾穗下垂形。說文：『穎，禾末也，从禾頃声。』段注：『渾言之則穎為禾末，析言之則禾芒為秒。』說文穆字段注：『凡言穆穆，於穆、昭穆皆取幽微之義。』按段氏知其然而不知其所以然。实則，由于禾穎微末，故引申为幽微之义。至于金文穆字皆从彡。說文訓彡为『毛飾画文』，則从彡有美观之义。詩清廟毛传訓穆为美，尔雅释詁也訓穆为美。总之，甲骨文穆字不从彡，乃穆之初文，其从彡乃后起的孳乳字。」（甲骨文字释林释穆一四五至一四六頁）

按：字當釋「穆」，在卜辭均為地名。

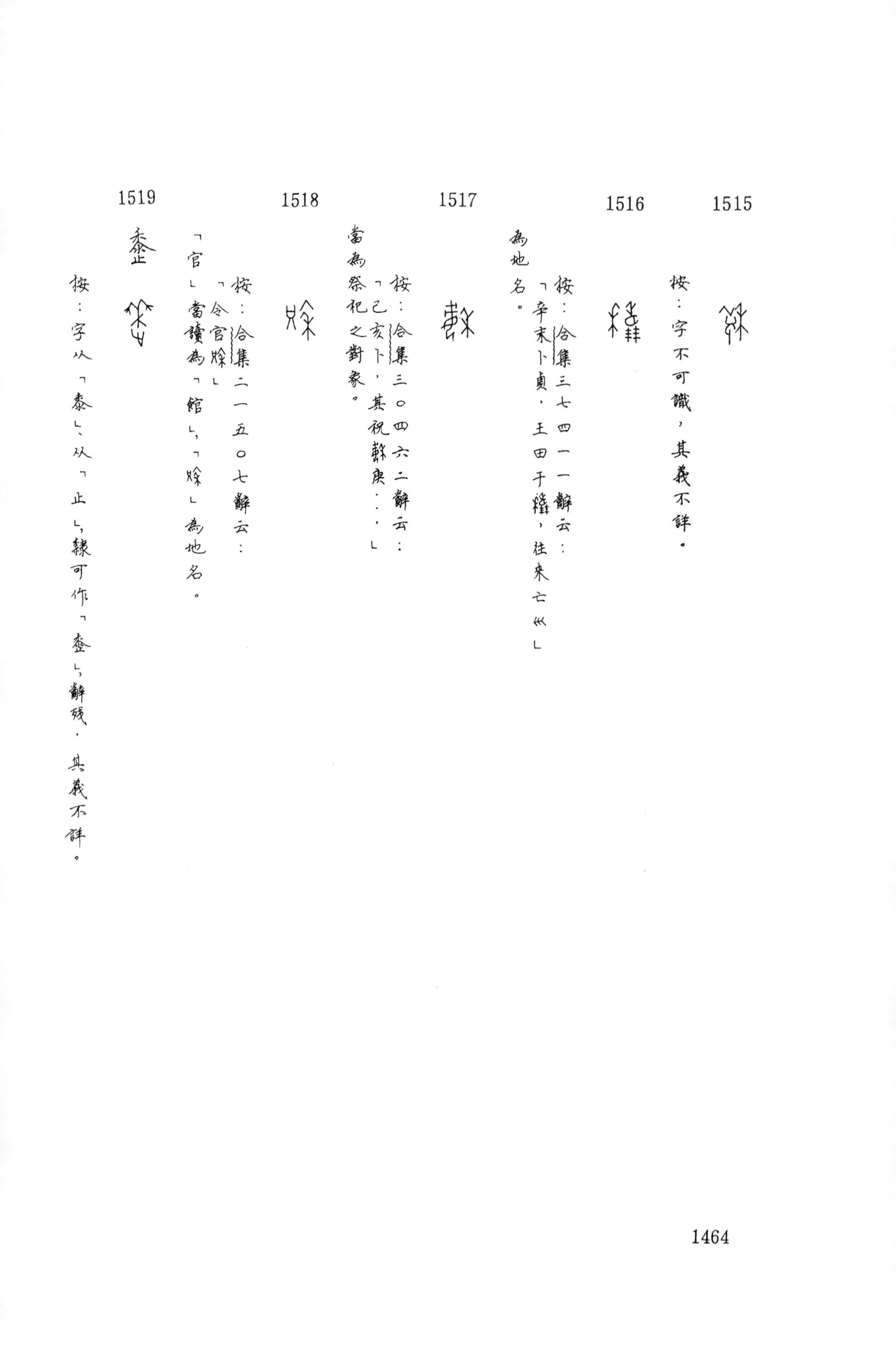

1515

按：字不可識，其義不詳。

1516

按：合集三七四一一辭云：「辛未卜貞，王田于[illegible]，往来亡巛」為地名。

1517

按：合集三〇四六二辭云：「己亥卜，其祝[illegible]庚……」當為祭祀之對象。

1518

按：合集二一五〇七辭云：「令官除」「官」當讀為「館」，「除」為地名。

1519 ⿱泰止

按：字从「泰」、从「止」，隸可作「⿱泰止」，辭残，其義不詳。

1520 ⿱禾周

按：字从「禾」、从「周」，隸可作「⿱禾周」，辭殘，其義不詳。

1521

按：字不可識，其義不詳。

1522

按：字不可識，其義不詳。

1523

按：合集一七五三一辭云：「帚⿰又木亦二屯」字似从「木」、从「又」，當為「柬」字。參見1484

1524

按：此字形體當有誤，應是「來」字，不得从「口」。參見1505

1525

按：此當是「來」字之異構。

1526

燎 米 𤇾 米 米 米

羅振玉　「說文解字尞，柴祭天也。从昚。昚，古文慎字，祭天所以慎也。今此字實從木在火上。木旁諸點，象火燄上騰之狀。卜辭又有太史寮，卿事寮。寮字一作𡨦，一作𤇾。毛公鼎大史寮、卿事寮，寮字作𡨦，均从米从火。許君云从昚者，非也。漢韓勑碑陰遼作遺。汶長淺碑作遺。並从木。衡方、魯峻兩碑寮字亦然，是隸書尚存古文遺意矣。卜辭或又省大作米，或更省作米。古金文中𩫖伯敦有𤇾字，與卜辭同。」（殷釋中十六葉上）

王襄　「古尞字。許說柴祭天也。周禮大宗伯以槱燎祀司中司命飌師雨師。注：燔柴而升煙。此从木从火，燔火木下其燄上炎，旁點象火燄上炎之形，古與僚通。」（類纂正編第十第四十六葉上）

王襄　「說文解字：『尞，柴祭天也，从火昚，昚，古文慎字，祭天所以慎也。』周禮大宗伯：『以槱燎祀司中司命飌師雨師，』注：『燔柴而升煙』，契文尞，从木从火，象火燔木之形，与燔柴之誼同。其旁之点，象火燄之飞騰；或省火，象架木，然后火燄四飞之形；或省火焰，象架木，流变最簡之体。卜辭有『卿士寮』，『大史寮』，字作𤇾与𡨦，从宀，宀。許說：『交覆深屋』，金文之寮，毛公鼎作𡨦，矢敦作𡨦、番生敦作𡨦，从𤇾从宮。爾雅釋詁：『寮，官也，』春秋文公七年左氏傳：『同官為寮』，寮之从宀，从宮，為官寮治事之地。寮是同官為寮之本字，許書所無，后假僚為之。古文寮無从昚者，惟博古圖箸錄之齐侯鎛作𡨦、𡨦，从日，殆小篆从昚之賁衍变所由来。」（古文流变臆說三三——三四頁）

王國維　「㶩字作米米者，並𤇾之省，从木在火上，燔柴之意也。」（戩考一葉十八行）

吳其昌　「又『尞』字在卜辭中，以作米者續四・五・一，為最正确，作米者為最多数。而此文作𤇾，下增从『火』，卜辭中作此狀者，不甚多見，惟偶見云：『……用𤇾羊，卯一牛。』『其又𠛬・一・二四・二。『其𤇾于宮，田……』續三・一六・四『……即𤇾……』淋・一・二・七『其𤇾』摘一九九。『其又（侑）𤇾亳土，又（有）雨』摘・九二八……等寥寥數片而已。金文中与此同例者，惟𩫖伯𣪘云：

「……至，夆于宗周。」須松續一·二六，一器而已。至于一文之中「尞」与「事」共見，此片而外，惟有一片，可相參校

文曰：「□貞卿事于尞北宗，不大雨」前·四·二一·七「卿事」，即「饗事」也，謂于北宗舉行尞饗事也。罗振玉氏解此片為即卿士寮者，非也。此种尞事，既為柴祭于天，欲其大气上騰，自当于旷野行之。其后不知何因，乃举行于屋下，於是此夆又增宀作寮。其在卜辭，如云：「制命其唯大史寮，命。」前五·三九·八，是也。其后又举行于宫中，於是此夆字又从宮作寮。其在金文，如矢彝、矢尊云：「眔卿事寮」，矢殷云：「用飤寮人婦子」是也。乃至少变其狀，如毛公鼎云：「卿事寮，大史寮」，番生殷云：「卿事大史寮」是也。」（殷虚书契解詁第三四頁——三五頁）

陳夢家　「卜辭尞字象然木之形，或有去火焰之形，或於大焰外更增一火的象形符。說文「尞，柴祭天也。」「柴，燒柴焚燎以祭天神」，爾雅釋天「祭天曰燔柴」，風俗通祀典篇「槱者積薪燎柴也。」凡此尞（燎）、燔、柴、槱等祭皆所以祭天神，所以周禮大宗伯「以禋祀祀昊天上帝，以實柴祀日月星辰，以槱燎祀司中、司命、風師、雨師」。這些都是焚燒積薪以祭天神。武丁卜辭祭先王先妣亦用「出祭」，而以我們以有「出」祭者為享祭人鬼的祭法，以有「尞」祭者為享天神地祇的祭法。所謂「尞」祭實際上常作為用牲之法、享祭人鬼亦可以以尞為用牲之法。其例如下：

其又上甲尞六羊　粹一·三

王賓上甲尞五牛　庫一一一三

又夕于示壬尞三小宰　續一·六·二

匚于丁尞卅牛　前五·三·一

……

凡此祭先王（並舊臣）而以尞為用牲之法。」（綜述三五二——三五三葉）

屈萬里　「尞，從羅振玉釋（殷釋中，一五葉）。即經籍中習見之燎字；置牲於柴上而焚之之祭也。惟殷人祭祖及地祇亦用尞祭，與後世專以祭天者不同。」（甲編考釋四葉）

李孝定　「契文象燔柴之形，其義為祭名，當即燔柴而祭柴之義也。或从止或但从小點，象火焰上炎之形。上从米或米，非象枝根株之『木』字，實象木柴之交加積纍之形。或变為米从木，為隸體从木之所自昉。羅氏說此字甚是，可从。」（集釋三一四四葉）

饒宗頤　「栜來：燎也。燎牲者，呂氏春秋季冬紀：『收秩薪柴，以供寢廟及百祀之薪燎。』高誘注：『燎者，積聚柴薪，置璧與牲于上而燎之，升其烟氣。』」（通考一五一葉）

饒宗頤　「沐字，契文作米（粹編一一七四）及米（佚存五二），从水从木，郭氏釋沐（陳梦家釋尞，非）。又有从屮者，以賁、肯为一字例之，从屮从木同意，仍是一字。或省水旁，但作木者，見于争穷之卜辭。『……令木眔……』（屯甲一一六七加二〇二九）『……由伐，木令比慶。……』（屯甲三五一〇加京津一六八一）有婦名曰帚妹（屯甲五一一六），当是木之婦也。殷器有木作父辛鼎（录遺六三）沐之卜辭仅两見（佚存五二、粹編一一七四，略｜編者）。至其字之从屮者如：『己卯卜，出貞：米幸，往舃自宾。……』（屯乙四二九三）米又与舃共事（殷綴二二三）他辭言『沖入冊』（京都大学九四一背）字不从木。」（通考六五〇至六五一頁）

白玉峥　「峥按：米之结体，各期皆有不同，以之为字形断代之准据，亦一证例。盖字于第一期及祖庚时，皆作米。第三期增火作[glyph]或[glyph]。第四期武乙时作米、米、米等。第二期祖甲时，及第四期文武丁时以米丁为米。祖甲时或有作[glyph]者，然皆用为地名矣。是米字及其孳乳诸形，为旧派之字，而米丁字及孳乳诸形，则为新派之字。亦即就礼制言，旧派用賁祭祀祖，新派则以柴祭祀祖。賁、柴为一另一字，至许慎作说文解字，不悉賁、柴为一字，遂歧之为二；后之人，亦习而未察焉。」（契文举例校读中国文字第八卷第三十四册三七四三頁）

王辉　「尞祭在殷代是经常举行的祭祀之一。尞字早期多作米，木旁小点象燃烧时迸出之火星。三期以后作[glyph]、[glyph]、[glyph]，象以火燃木，四期以后作米、米诸形，省去了火，但火星则保留。……尞字下从火，上从大，大乃米之讹变。尞字中间的日，并非日月之日，也非子曰之曰，而是吕形的讹变。甲文有[glyph]字作[glyph]，用为地名（粹一二一二），金文矢方彝作[glyph]，所从之尞上从[glyph]正是甲文[glyph]之讹变。其下从吕，毛公鼎把吕移到中间作[glyph]，小篆作[glyph]，足见日乃吕之讹变。所谓吕，徐中舒老师说就是火塘。先民每于屋中掘地为火塘，烧火其中，多人围坐取食，夜则用以取暖，故先民对火塘是很重视的。这个习俗现在少数民族中有不少地方保留着。……商周虽是阶级社会，但其时去古未远，必然保留着不少古老风俗。那时一个家庭有几个火塘，火塘周围是人们食宿活动的场所，保存了古代的遗俗，则是完全可能的，寮的后代引伸义也能说明这一点。后来每称多人共居之屋曰寮，如称僧屋曰僧寮，称官舍曰寮寀。今闽粤一带尚有呼住地曰寮者，如火烧寮，寮步墟，寮竹关等，又中中围火塘取暖之同伴曰寮，后引伸同官曰同寮（亦作僚），車辐聚之于毂，如人聚向火塘取暖，故车辐曰轑。又陈风月出：「佼人僚兮」亦作「佼人燎兮」僚，燎皆好貌，盖以火之明亮，喻所悦女子服饰之鲜艳，肌肤之红润。现在吴中一带尚呼人及物之美好者曰僚，大概也是古义的遗留。」（殷人火祭说，古文字研究论文集，四川大学学报丛刊第十辑二六三至二六四页）

考古所

「[illegible]：当为尞字之异构。」（小屯南地甲骨一〇五九页）

卫斯

「叀沉牛，即将牛用开水烫死。卜辞中有一例：

癸卯卜，殻貞，叀沉一牛（乙五一五七）

（从甲骨文材料中看商代的养牛业，中原文物一九八五年第一期五九页）

饶宗颐说参[illegible]字条下。

周国正说参[illegible]字条下。

按：許慎據小篆說解尞字，非其初朔。俞樾兒笘録云：「許說从昚之義甚為迂曲。凡祭無不當慎，何獨尞字从昚乎？經傳皆以燎為之……尞即从火，而燎又从火，是其重複無理。今按尞燎一字，燎乃尞之俗體也。師古注漢書禮樂志郊祀志竝曰：尞古燎字，是其明證。尞者庭燎也。儀禮士喪禮注曰：火在地曰燎，執之曰燭。周官司烜氏注曰：樹於門外曰大燭，於門内曰庭燎……」。呂氏春秋季冬紀：「供寢廟及百祀之薪燎」，注：「燎者積聚柴薪置壁與牲於上而燎之，升其煙氣」。契文尞字正象積木燃之之形，羅振玉釋其形體是對的。

卜辭尞為祭名，亦為用牲之法。尞與寮有別。羅振玉謂卜辭有「大史寮」「卿史寮」，並與毛公鼎之大史寮、卿史寮相比傅。實則前五．三九．八辭殘，當讀作「……其唯……大史……寮令……」。卜辭寮皆為地名。「大史」與「寮」不能連讀。前四．二一．七「貞卿史于寮北宗，不大雨」，辭殘，亦當有缺文。「卿」讀為「饗」或「享」，「史」即「使」，甲四二七有「克卿王史」

可證，即「克饗王使」也。

契文尞字變體甚多，其作「米」者，或以為即「米」、「番」，假作燔，甲骨文編以甲八七〇之朱書米字列入米字，並誤。其作宷形者，移火於上，續九七二同版另體作粢，同當釋尞。陳夢家綜述五九六以粢為𤇾或燔字，非是。參見𤇾字條。

1527

寮 □

羅振玉 「爾雅釋詁：『寮，官也』。釋文：『字又作僚』。左氏傳（文七年）穀梁傳（莊十六年）國語魯語注並云：『同官曰寮』。儀禮士冠禮注：『同官曰僚』。是寮古通僚。說文有僚無寮，於僚訓『好貌』。而卜辭及毛公鼎、番生𣪕皆有寮字，今人每以文字不見許書者為俗書，是不然矣。卜辭又省山作𡨄。漢祝睦碑：『尞屬欽熙』。魏元丕碑：『酬咨群尞』。是漢魏間尚段尞為寮也」。（殷釋中二十葉）

孫海波 「□，前四、三一、五。說文云，寮，穿也。从穴尞声。左傳、穀梁傳、國語注並云，同官曰寮。从宀，不从穴，与卜辭同。韋昌寮即衛師寮。□，粹一二一二。地名，在昌寮卜。」（甲骨文編三二八頁）

李孝定 「……今通作寮僚，契文正从山尞聲，當與寮為同字。古人有穴居者，詩云『陶復陶穴』是也。然則从穴从山其事類正同，字之本義當為人所居屋，今臺灣猶多以寮名屋者，蓋古義之僅存者，訓穿訓空其引申義也。同官為同寮者，同官則其治事之所必同也。……卜辭云『制令其唯大史寮令』前五、三九、八，此百僚同僚之義也。『丁未卜竹貞王賓叔亡尤在昌師寮卜丁未卜竹貞王賓歲亡尤在昌寮』徵、三九五，昌寮地名，蓋即寮舍之義也。又云『韋昌寮弜改亡宜王其乎宜宗京昌又用若』前、四、三一、六，『□卜在萃泉定按二字合文地名餗貞韋昌寮邾口王其令宜不口克古王令□』簠徵、人名五四，辭義不詳。言『韋昌寮』，未知與上辭『昌寮』同義否。金文作□毛公鼎『卿事寮』。『大史寮』與卜辭同 □矢簋 □矢作丁公簋 □同上 □齊侯鎛 从宮𤇾聲」。从宮與从山从穴同意」。（集釋二五〇四葉）

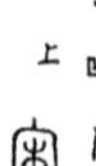

王輝 「尞字下从火，上从夫，夫乃米之訛變。尞字中间的曰，并非日月之日，也非子

曰之曰，而是吕形的訛变。甲骨文有竂字作[竂]，用為地名（粹一二一二）。金文矢方彝作[竂]，足見『吕』所从之尞上从[尞]正是甲文[尞]之訛变；其下从吕。毛公鼎把吕移到中間作[竂]，小篆作[竂]，乃吕之訛变。所謂吕，徐中舒老师說就是火塘。先民每于屋中掘地為火塘，烧火其中，多人圍坐取食，夜則用以取暖，故先民对火塘是很重視的。」（殷人火祭說 古文字研究論文集二六三頁）

白玉峥説参尞字条下。

按：說文有竂字，从穴尞聲。於典籍無徵。契文金文亦均不從穴。僚、遼、繚皆屬後起孳乳字。李孝定集釋引前五·三九·八「唯大史竂令」，以為卜辭竂字乃「百僚同僚之義」。實則辭已残缺，「大史竂」不得連讀，不得與毛公鼎之「大史竂」相傅會。孫海波甲骨文編（舊版）曾以為「卜辭尞亦用作竂」，其說非是。增訂版甲骨文編已放棄此說。

1528 [氵卽尞] [甲骨字形]

王國維 「此即弟子職云：『櫛之遠近，乃承厥火。』又云：『右手執燭，左手正櫛。』之櫛字，廣韻作𤐣。」（集釋一九八七）

葉玉森 「按[氵卽尞]之異體作[字形]，从即从尞从水或省。釋𤐣似尚未塙。」（前釋二卷卅二葉上）

郭沫若 「[氵卽尞]字王國維釋櫛。案此字从水，亦有省水作[字形]（前二、十七、四）若[字形]（林一、廿七、七）者，乃地方之專名。後二省水者或如王說。然从水則别係一字。當云『从水櫛聲也』。」（卜通一二八葉上）

孙海波 「[氵卽尞]，前二、一七、三。王国維說，此即弟子職櫛之远近乃承厥火之櫛。地名。」（甲骨文編二六〇頁）

陳秉新 「按：玉篇、集韻有𤐣字，博雅訓『煨也』。集韻『本又作𤐣，烄謂之𤐣。』𤐣从節声，節从即声，𤐣与𤐣乃一字之异。卜辞[字形]，从尞（尞的初文）与从火同，即声，当是㴋字古文。渼、則是㴋的古文。广韵：『㴋㴋，汩水声，一曰水流皃。』卜辞㴋为地名，地望待考。」（殷虛征人方卜辞地名汇释，文物研究第五辑七五页）

按：王國維釋「㯻」，可備一說。陳秉新進而據玉篇、集韻有「㯻」形加以申論，可供參考。卜辭為地名，義無可考。

1529

□

吳其昌「□者，象束柴而衡置之形也。□，斜橫槎枒之柴枝狀也；中O形，所以束之也。束柴衡置，將所以燎燔；禮所謂『柴祀』者也。（見儀禮特牲饋食禮、禮記王制、禮器、大傳，及尚書舜典等。）鄭康成之注月令曰：『……小者合束謂之柴，柴以給燎。』又注大傳曰：『柴告天地及先祖也。』可謂此字之形字義之精當說明矣。本辭乃記凡祭于母辛而有□，則鄭氏所謂『告先祖』者是已。□既所以祀，故其文又可從『示』。藏龜之餘（一一三、二）云：『……王其□口、（祊）』（又見續二、九、八）可鑑也。□亦有簡消其中束形之O者，則其字作□，下第二四五片文云：『……其□口（祊）于太室』。『……圍□出于妣庚。』（前一、三六、三）此外又有『……卜貞□……三小牢』（林一、一八、一三）之文，胥可鑑也。」（殷虛書契解詁三三〇葉）

白玉峥釋柴，參□字条下。

按：字當為「㚇」之異構，此乃「□」之橫書。參見1526「㚇」字條。

1530

□

羅振玉「此字不嬰敢作□，象束矢形。許君不知為象束矢而云束从口木以為會意字，誤矣。曶鼎『匹馬□絲』之□，以此例之亦束字也。」（雪堂金石文字跋尾）

屈萬里「……本辭之□，亦當為束字。束字於此，當為祭名；疑薦束脩之祭也。又：二一五七片之□，殆亦束字。……」（甲釋第六七葉）

李孝定　「說文『束縛也从口木』此與篆文同，字象囊橐括其兩端之形，與囊字同出一源。橐爲名詞，於六書屬象形，束爲動詞，於六書屬會意，引申以爲凡束縛之偁。許說固誤，羅謂象束矢亦有可商也。」（集釋二一〇五葉）

王輝　「卜辭有束、朿二字，前人或釋束，束亦用爲祭祀：

束示（甲四三〇）

壬子卜，其束司鱼，丝用。（南明七二六）

：凡母辛，岁于㓝宓，以朿十月。（前一·三〇五）

說文：『束，缚也，从口木。』小徐曰：『束，薪也。』以字形论，束正象以绳捆缚之木柴。礼记月令：『收秩薪柴，』郑注：『大者可析谓之薪，小者合束谓之柴。』故束可用为祭名，为柴祭之一种，是没有疑义的。」（殷人火祭说，古文字研究论文集，四川大学学报丛刊第十辑二五九页）

白玉峥釋柴，參[古文字]字条下。

按：「束」字形近似於金文、小篆之「束」，而實非「束」字，乃「𤇾」之異構。參見1526「𤇾」字條。

1531

[古文字]　[古文字]

王輝　「甲文有[古文字]、[古文字]、[古文字]、[古文字]四字，前人不释，这些实际上都是火祭之一种。[古文字]从束从又，象持柴束祭神，当隶定作敕。[古文字]从双手，为[古文字]之异体。[古文字][古文字]所从之丨义不明，然字从束，用为祭名，是没有疑义的。」（殷人火祭说，古文字研究论文集，四川大学学报第十辑二六〇页）

白玉峥釋柴，參[古文字]字条下。

按：此亦當是「𤇾」之異構。合集二七五二九辭云：

「……其[古文字]妣庚在白；

辛酉卜，其洓妣庚，其𤆍」均為「𤆍」祭無疑。

1532 □

按：合集三三二〇七辭云：「……在北洓西」為水名。

1533 𠦪 □ □ □ □

葉玉森 「按金文拜作□（頌𣪕）□（師遽方尊）□（吳尊）□（諆田鼎）吳大澂氏謂『从又从華，手拔華曰拜』。引詩甘棠『勿剪勿拜』，箋『拜之言拔』為證。（字說）卜辭□之異體作□□，與金文旁从拉合。疑即華字。惟文不多見，辭亦難通，終未敢斷定。」（前釋一卷九十三葉）

郭沫若 「𠦪字作□，案此與金文𠦪字及从𠦪之字相同。孟爵『隹王初𠦪于成周』作□，杜伯盨『用𠦪壽匄永命』作□，明係用為祈祀之義。矢令方彝『錫鬯金小牛曰用⿰示𠦪』作□，从示。𠦪蓋⿰示𠦪之省也。」（

又曰：「□乃□之省。周公𣪕⿰扌𠦪字作□，吳尊作□，所从𠦪字均與此同。」

吳其昌 「□，羅、王、二大師均釋為『求』是也。詳上第一七九片及一九二片疏。近郭沫若氏必欲分別□、□為二字，以□為『求』，以□為『𠦪』。其說云：『□乃□之省；周公𣪕⿰扌𠦪字作□，吳尊作□，所從𠦪字均與此同』（通纂三四）按郭說雖似可通，但在卜辭中，則□、□無別，顯據甚明，以卜辭中有『求方』，為一專詞；乃或作『□方』，（鐵五一·四、又六四·二、又九〇·三、拾遺三·二、後二·二〇·三等）或作『□方』。（拾遺一三·二等），『求雨』，亦一專詞；乃或作『□雨』（前一·四六·三、後二·二九·八等）或作『□雨』。（前三·二九·三等）『求年』亦一專詞；乃或作『□年』（文多不舉）或作『□年』。（林一·二一·一四。文云：『口卯卜獻貞⿱乂木年……于𠂤。』此以同一事詞比較推之，而知𠦪、⿱乂木之決然無別也。又若前一、三三、三卜文云：『……求出于高妣庚。……𠦪出于高妣丙。』同類者則有若云：『……𠦪出于妣庚，妣丙』（見下）而他辭又實有『……庚妣，⿱乂木出。……』（前八、六、一）『貞毋丙⿱乂木……』（後一、六、一二）之文，不可謂其不同一牲質，同記一事，然明明于『𠦪出』、『⿱乂木出』無別也。凡此原文森然在目，胥無可掩諱强辯者；故知羅王之說，殆一時未可輕議也。」（殷虛書契解詁第三五二——三五三葉）

孫海波

「𠦪當讀若賁，廣雅釋詁『賁，美也』。說文餘或从賁，是𠦪賁自可通假，金文皆以𠦪為之。」（文編舊版十卷十五葉）

孫海波

「𠦪，甲一六九。祈求之祭。」（甲骨文編四二六頁）

陳夢家

「卜辭𠦪泉之𠦪當讀若賁，即詩邶風之肥泉，地當在今淇縣附近。」（綜述二六五葉）

屈萬里

「此與杜伯簋𠦪之作𠦪者相似，當是𠦪字。金文𠦪餘每通用作祭名，本辭𠦪字，蓋亦祭名也。」（甲編考釋四六七葉）

李孝定

「說文：『𠦪，疾也。从夲，卉聲。拜从此。』金文拜均从𠦪，與此同。或亦从𠦪者，其譌変也。研契諸家即據金文拜有从𠦪作者，遂逕釋契文之𠦪為𠦪與此混為一談，非是。契文𠦪當釋求，說詳八卷求下，請參看。金文作𠦪杜伯盨 𠦪伯椃簋 𠦪盂爵 𠦪彔伯簋 𠦪毛公具 𠦪番生毁 𠦪吳尊 𠦪 𠦪師兌簋」（集釋三二三八葉）

饒宗頤

「卜辭云：『又上甲，𠦪三牛。』（南北明五一七）『𠦪一牛，受又又（祐）』（拾掇二、一四七）𠦪為用牲之名。金文𠦪有繁形从示者，如令彝云：『明公易太師鬯金小牛，曰：用⿰示𠦪。易令鬯小牛，曰：用⿰示𠦪。』𠦪本祈字，周禮肆師『祈珥』，犬人稱『幾人珥沈辜』。鄭注：『故書祈為幾，杜子春讀幾當為祈。』幾實為釁，釁禮之事也。故𠦪牛即釁牛。用羊則曰祈羊，管子形勢：『山高而不崩，則祈羊至矣。』粹編二二一：『壬寅、卜𠦪，其伐歸，叀北𢀛用，廿示一牛，十三羊，氐四戈，彘。』上言𠦪，而下言用牛羊彘用豕則曰𠦪豕，（寧滬二二三）京都大學七〇：『𠦪，用白豕』，并其例。卜辭言用牲之𠦪，牛、羊、豕均見之，是𠦪為釁禮之釁

明甚。説文：『釁，以血有所刏，涂祭也』。（通考九七八葉）

龙宇纯　「今按説文犮字下云：

犮，艸根也。从艸、犮声。春艸根枯，引之而發土為撥，故謂之犮。

又説文拔字下云：

拔，擢也。从手，犮声。

……犮為草根，拔為拔擢草根，已可見二者意义上的关联；而二者读音相同（廣韻並蒲撥切）……可以肯定二者語源上的关系，即是『拔』之語是由『犮』之語孳乳的。换句话说：拔擢草根之所以言拔，便是因为草根言犮之故。𣎵即是拔的本字，𣎵便是犮的初文了。就字形而言，𣎵字上端的『屮』是普通表草的形象；作𣎵的『小』也是屮形，可由每字乃一印证；字下从木或木，也正是草根的样子（木字下端作木，亦象根形，可以互证）。……古人除災之祭谓之祓，又必然是由拔這一語言所孳乳的。这即是说，无论拔草之拔或除災之祓，本来只要写一个𣎵字即可，後来加文以示区别，於是有加手的𢱧，有加示的䄻，到了小篆时代，𣎵字讹变成𣎵若𣎵，人已不解其初谊，而别制为形声之犮，於是又有从手的拔，和从示的祓。……」（甲骨文金文𣎵字及其相关问题，历史语言研究所季刊第三十四本下册四一二至四一五页）

姚孝遂　肖丁　「『𠦪』为祈求之义，亦为祭名。多用于『𠦪年』、『𠦪禾』、『𠦪雨』，皆为祈求年收之事。但言『𠦪』而无具体祈求之内容者则多为单純之祭名。《乙》7779：『癸未卜爭貞，求于土，𠦪于岳』。『𠦪』与『求』相对，均为祭名。」（小屯南地甲骨考释一〇頁）

張亞初　「就卜辞讲，……𣎵字借为𠦪，……𦯬𦯬，都是假借字。」（古文字分类考释論稿古文字研究第十七辑二四二页）

周国正説参𢆶字条下。

按：𣎵、𣎵並當釋𠦪。甲三六五九「……余彭𣎵……」，前三・二七・六則作「余彭𣎵……」，均為征人方之辭，足證二形通用無別。金文𢱧字所从亦互作。郭沫若均釋「𠦪」，謂「用為祈祀之義」。

説文以「𠦪」、「𠦪」皆从「𠦪」聲。而金文「𠦪」本作𠦪（盂鼎），下从三「止」，篆文从𠦪乃形體之譌變。金甲文「𠦍」皆為獨體，與「卉」無涉。說文訓「𠦍」為「疾」於典籍無徵。揆其初形，實當為「桼」字。說文：「桼，木汁可以𩠍物，象形。桼如水滴而下」。古今注：「桼樹以剛斧斫其皮開，以竹管承之，汁滴管中，即成桼也」。契文米、朱、𣓃象以管承桼之形。說文：「髹，桼也」。髹乃桼字之孳乳，古動靜無別。金文每見「𠦍敉」或「𠦍𤔲敉」、「𠦍畐敉」，亦稱「𠦍𠕋」，「𠦍」均為「桼」，謂以桼為飾。舊均讀「𠦍」為「賁」，解為「飾」。金文記賞賜輿馬諸名物，皆詳加描述，不得獨此含混言之。舊不知「𠦍」即「桼」字，乃強讀作「賁」為解，得其意，未得其實。金甲文「𠦍」與「桼」、「立」與「位」同字，「月」與「夕」、「大」與「夫」通用，而音讀皆相遠。由此可以推見商周古音與後世之差異。

篆文「𠦍」、「桼」皆源於米、𣓃，實本同字。形體既經譌變，本義久晦，許慎遂以「𠦍」為从「卉」聲，訓為「疾」，音義亦殊，非其本朔。又別出桼字，支離其承桼汁之管，而成象水滴而下。其變異之跡，猶可循求。

1534

奏

羅振玉　「說文解字有𢍏無𣓃。𢍏注：『兩手同械也。从手从共。共亦聲。或从木作桊。』孟子『拱把之桐梓』，拱字當如此作。訓兩手同械者，殆引申之義矣。」（殷釋中六十二葉上）

王襄　「舊釋桊，即說文解字𢍏之或体。」（簠室殷墟徵文考釋典礼四頁下）

葉玉森　「釋拱甚塙。『拱舞』从雨，是殷之拱舞，乃帥眾合舞之誼。」（前釋三卷二十一葉下）

郭沫若隸定粹編五三〇片之𣓃為奏。見粹考七七葉下。又隸定粹編一一一片之𣓃為𠦍。見同書二十葉下。

朱芳圃文字編收此作𢍏，見該書十二卷三葉上。而收前四、十八、一之𣓃作奏，見該書補遺十八葉下。

陳邦懷「羅參事謂許君訓兩手同械為引申誼，其說至塙。按尚書大傳：『湯之後武丁之前，王道不振，桑穀俱生于朝，七日而大拱。』鄭注：『兩手搤之曰拱。』（據雅雨堂本）此當為拱之本誼，卜辭𠦪字，正象兩手搤木形。」（小箋二十葉上下）

屈萬里「奏，當从萃釋（七四四）說。諸家从羅振玉釋桒，以卜辭核之，非是。說文謂：『登謌曰奏。』卜辭奏字，多用為樂舞之義；與說文合。」（甲釋第三六葉）

屈萬里「卜辭：『庚寅卜：辛卯奏舞，雨？』（甲編三〇六九）奏，此處義當為詩六月『以奏膚公』之奏；為也。」（甲編考釋三九七葉）

屈萬里「𠦪，當是桒之省，即奏字。說者謂卜辭奏字，有奏樂之義。此亦是也。」（甲編考釋四二五葉）

李孝定「說文『奏，奏進也。从夲、从廾、从屮。屮，上進之義。𡘯古文。𡙁亦古文。』契文作𠦪，與篆文近。篆从屮夲者乃𠦪之譌。𠦪契文求字，象兩手奉求奏進之義也。契文奏舞每連文。字又作桒从木，與舞字作𣞤所从之木同。疑象舞時所用之道具兩手奉之以獻神，故有進義也。二說未知孰是。羅釋𢍁，而契文實不从木，且以拱讀卜辭諸辭多不可通。辭云『乙□貞今奏䵼』（𣶒十四、一）䵼象兩手奉尊形，或即尊之異構。奏䵼者，進尊也。『貞奏岳』（拾二、十）奏岳者，進于岳也。『戊申卜今日奏舞有从雨』（拾七、十六）『乙未卜今夕奏舞㞢从雨』（前三、廿、四）此所謂舞乃舞雩之事，獻舞于神以祈雨，奏舞猶今言奏樂也。『王作𣎴般奏』（前四、十六、六）𣎴即今盤字，言王作盤進之于某也。『翌己酉奏三牛』（後上、二六、十四）進三牛也。『魚奏』（後下、十五、九）進魚也。『叀商奏』（藏三七、七）進于商也。『叀小乙美奏』（藏三七、八）進于小乙及美也。『甲午王卜貞其于西宗奏示王乩曰弘吉』（前四、十八、一）示神主也。言其奉主於西宗也。（西宗猶言西廟）凡此諸辭以『拱』讀之均扞格難通，釋奏訓進若奉，則罔不洽適，羅說之誤至明矣。」（集釋三二四〇葉）

饒宗頤「甲午卜，㱿貞：王𠦪，絲（茲）玉，咸又（祐）。（屯乙七七九九）
□未卜，（㱿貞）……玉……貞：勿……玉……。（京津一〇七〇）
按玉字作丰，象繫玉形。𠦪从木，益兩手。木本象枝狀，卜辭用為祓。爾雅釋天：『祭山曰庪縣。』郭注：『或庪或縣，置之于山。』山海經糈以吉玉是也。釋文『庪』本或作『庋』，又作『攱』，集韻作『祓』，云：『祭山名』。」（通考第一六二葉）

饒宗頤　「𣞤为米字增益奴旁，余释为祓。米丘乃祭山之礼，亦雅所谓『祭山曰庪縣』是也。」（殷代貞卜人物通考卷十第六五九頁）

柯昌濟　「卜辭所見奏字甚多，其字从米从双手形，故疑為求之繁体假字。」（殷墟卜辭綜類例證考释，古文字研究十六輯一五四頁）

赵诚　「甲骨文有个奏字写作𣞤，或简写作𣞤，从廾从米（或写作木），肯定是会意字，但不明如何会意。卜辞用作行为动词，其中有两种意义紧相关联。一是演奏乐器，如『奏麂』（南明六八四）。……二是聚众跳舞，如：庚寅卜，辛卯奏舞，雨。（甲三○六九）从词义发展的一般规律，以及商代词义的笼统性来看，卜辞奏这个动词的具体词汇意义，绝不会等于后代奏乐之奏加上跳舞之跳，而要模糊得多，其外延要广泛得多。从奏在卜辞里所带的宾语来看，其词汇意义似是集合人众演奏乐器，或聚集人合舞，其目的都是为了祈求神灵福佑或降雨以获得丰收，因而与祭祀有关。大概就是由于这一点，奏这个动词又具有与祭祀有关之意义。如：

贞，帝示若，今我奏祀，三月。（库三五三）

壬子卜，即贞，祭其酌、奏，其才（在）父丁。（佚一七二）

『奏祀』，奏而祀之。『祭其酌奏』，祭时要酌要奏，由此可见，与奏乐、跳舞有关的奏和与祭祀有关的奏，在意义上是紧相联系的，正因为这样，奏又进一步用作祭祀动词。如：

奏于示壬。（林一·一三·一○）

奏且丁（京四○二○）

『奏于示壬』是向示壬进行奏祭。『奏且丁』是奏祭祖丁。奏祭，当然要演奏乐器，聚众跳舞，但和单纯说演奏乐器或聚众跳舞并不一样，与说祭祀时奏或奏而祭祀也有区别。」（甲骨文行为动词探索（一）古文字研究第十七輯三三○頁）

按：說文：「奏，奏進也。从夲从廾，屮上進之義」。契文作𣞤，實从𠬞从米，米即「𠦍」，亦即「𠦍」，參見「𠦍」字條。說文「𠦍」、「奏」皆云从「夲」，均形體之譌。「夲」說文謂「進趣也，从大从十，猶兼十人也」，雖支離其形體，於典籍無徵，但猶略存其初義。

「奏」為「湊」之本字。說文「湊，水上人所會也，从水奏聲」。此乃傅會从水為說。朱駿聲通訓定聲以為「上人」二字當為「衆」之譌。廣雅：「湊，聚也」；周書作雒解：「以為天下之大湊」注云：「湊，會也」。詩緜：「予曰有奔奏」，箋：「奔奏，使人歸趨之」。「奏」即「湊」，皆為會合聚集之義。爾雅釋獸：「豕奏者豱」，釋文：「奏本作湊」；周禮合方氏注：「津梁相奏」，釋文：「奏本作湊」。淮南主術訓或以為「奏」假作「湊」，不知「奏」即「湊」之本字。「輳」字从「奏」，謂輻之湊於轂。淮南主術訓即作「群臣輻湊」。輳字亦晚出，說文無輳字。桼皆聚集點滴而成，取桼者皆以管收聚桼汁而會集之。奏字从収从米，即會此意。故「奏」訓「聚」，訓「會」，訓「合」。本義為聚集桼汁，引伸為一切聚集會合之義。說文訓奏為「奏進」者，謂采聚眾物以進之。段玉裁不明此義，以「奏」字為衍文而刪之。卜辭祈雨之祭有「舞」，又稱「奏舞」，謂聚集而舞，其規模較僅言「舞」者為大。卜辭「奏」又為祭名。

羅振玉釋「拲」，以「拲」或體作「桊」為據，其說非是。周禮掌囚「上罪梏拲而桎」，鄭司農注謂「兩手共一木也」。「拲」為「兩手同械」，與𡍮之象兩手操作於米者不類。「拲」與契文㚔字有關，參見「執」字條。

1535

饒宗頤　「□午卜，㱿貞：……𡍮禾。」（鄴二下三八·七）此云「𡍮禾」義殆與米禾相類，即月令所謂祈穀實者也。𡍮字益土旁，乃米之繁形。（通考五一四葉）

按：此亦「敉」之異構，字亦作「𥸨」，分別參見1415及1584。字不當是「𡍮」之繁體。

1536

按：此亦「敉」之異構，參見1415「敉」字條。

1537

祁

張亞初　「……郭沫若把杜国之姓庸根据文献推定为祁，召伯虎簋之庸推定为祇，并从石鼓文中找到了这个字的对应关系（金文丛考二〇五页释嫞）。这是很正确的。但对此字发生发展的脉络还是不够清楚的。

在甲骨文中，祇字第一二期作□（綴二六・十一—十一），第三期在其上部或者上下同时加甾作声符，变为□（戩三七・十一），或简化为□（粹九四五偏旁），由“□□□”（戩三七、十一）等材料可证，此字系名词，是商人祈祝求雨的对象。粹九四五此字从示旁，更说明它确为神祇之祇。祇祇古本同字。王符石经《君奭》以甾为祇，说明甾、祇、祇是同音字，故□字加甾作声符。这一条卜辞是贞问，是否向神祇祷求。……此字演变过程可图示如下：

□—□□—□—□

……郭氏认为此字象两缶相抵，中间的冂则象两缶间有物以垫之，原文当为抵或底之本字（此说亦见《殷契粹编》三〇页由《寿县蔡器论到蔡墓的年代》《蔡侯钟铭考释》）。甲骨文之□，根本没有两缶之形，又当如何解释？可见认为此字为抵或底之本字的说法是靠不住的。《说文》曰“祇，地祇，提出万物者也”，许慎解此字，用的是声训，祇提音近，故云“提出万物者”，亦非此字之本意。祇在石鼓文中的用法为祁祁，文献上祁祁训盛、多、大和舒徐（参郭氏《释𡟪一文》）。从甲骨文看，此字为树木枝叶茂盛、舒展状。所以它应是祁字的本字，祁、祇则都是借字、后起字。

……甲骨文中的冂字（亿二一一〇、俩一二、二〇等），为祁的中间部分，应为祁之省，读如祁。祁之作冂，犹如□加声符作□，省作□（前四・二六・四），进一步省作□（亿六五三三），演变情况完全一致。冂在甲骨文中为国族名（俩一二、二〇）。……从女从冂的㚼即冂国族氏的女子。传说黄帝之后裔有姓祁的（《史记·五帝本纪》）。《左传·襄公二十一年》传曰“祁大夫”注云“祁奚也，食邑于祁，因以为氏。祁县今属大原”。此祁有可能即甲骨文中的冂。”（《甲骨文金文零释·古文字研究》第六辑一六七—一六九页）

按：張亞初據郭沫若說進一步加以申論，釋此為「祁」之初形。其說是對的。

1538

□

□

考古所 「糅：地名。」（《小屯南地甲骨》一一二二頁）

為地名。

按：字从「𡴘」、从「鳶」，隸可作「𪆎」。合集二八八〇〇辭云：「……寅卜，王叀辛爇𪆎彔亡𢦏，永王」

1539

張亞初釋柔，參㬥字條下。

按：合集八七一四辭云：「貞，勿乎柔人」為方國名。

1540

希 祟

孫詒讓　「希為古文彖字。說文希部希，脩豪獸，一曰河内名豕也。从彑，下象毛足。讀若弟。古文作𢑑。此文略簡耳。」（舉例上廿六葉下）

羅振玉　「說文解字裘古文省衣作求，又㫐作𧘝，此省又作𧘝，象裘形，當為裘之初字。許君裘字注：『古者衣裘，故以毛為表。』段先生曰：『古者衣裘，謂未有麻絲，衣羽皮也。衣皮時毛在外，故裘之制毛在外。』今觀卜辭與㫐裘字，毛正在外，可為許書左證。卜辭中又有作希者，王君國維謂亦裘字，其說甚確。蓋𧘝為已製為裘時之形，希則尚為獸皮而未製時之形，字形略屈曲象其柔委之狀。番生敦及沇兒鼓文作求，齊子仲姜鎛作求，並與此同。求既為獸皮而未製衣，是含求得之誼，故引申而為求匄之求。卜辭中又有作求，亦求字」。（殷釋中四十二葉下）

王國維釋求，見羅氏增考引王說。

王襄　「古裘字」。（類纂正編第八第三十九葉上）

王襄　「疑求字」。（類纂存疑第八第四十三葉下）

王襄　「此𠦪字釋求於義甚安」。（簠考帝系三葉上）

林泰輔釋犬，見甲、二卷附釋文一葉下，無說。

商承祚　「求為求，𠦪為𠦪」。（佚考二四葉下）

商承祚　「𠦪，王靜安先生云，蓋亦用牲之名。又甲骨文習見求字，王氏謂即說文裘之古文。類編、八、六、棨二說皆是也。如前、三、廿九、「求雨旬」。又同版「庚午卜，貞禾之求雨，三月」。卷五、四十葉「辛酉卜，㞢，貞季求」。又同版「壬午卜，賓，貞𠦪図」。其後見於它辭者，大率為「𠦪年于某某」人名戠牢」，或「于某某𠦪年」，或「于某某𠦪」，若讀求雨求年，其義可通。求于某某則費解。卜辭復有一例，即「㞢求」二字連文，其上多冠以「王固曰」，清華一五六葉及它書凡二三十見，其字無一作𠦪者，至其它辭亦十之八九與𠦪連用，惟其義意皆非肯定之詞，中舉辭例从略與𠦪字決非一義，求為後世之求，與𠦪義不能相混也。立厂先生謂「𠦪疑即說文𠦪字，亦即金文餗字，所从之𠦪其作𠦪或𠦪者佚尊及彝器棨字偏旁，乃其繁文，又與賁同」。案唐說其形是也。殷契佚存第三十二版：「甲申卜，亘，貞𠦪于大甲」。𠦪又作𠦪，與金文合，可為佐證。但𠦪祭唐氏謂即佚尊之棨祭，于經無徵，殆佚禮也。復从字形觀之，小木架大木，卓立地上，爾雅所謂升𤐫異詞而同祭與」。（福考一葉）

葉玉森　「按本辭云「卜求于九示」，他辭云「貞𠦪于九示」（後上、廿八、十二）又云「丙寅卜王図鼠山𠦪雨図」（後下、廿九、八、）似𠦪求塙為一字，應並釋求。即不讀求亦當為祭名，非祟也」。（前釋卷三第廿四葉上）

葉玉森　「按卜辭云「往裘」，似裘為地名」。（前釋七卷五葉背）

郭沫若　「𠦪日本林泰輔釋犬固不可通。羅王二家均釋求，然王亦自言多不可通。見戩壽孫詒讓釋希。余按當以孫釋為是。字與求字有別，求乃裘之初字。卜辭作𠦪求諸形，象死獸之皮，其字大抵中畫垂直而左右對稱，呂此求之百無一失。惟孫雖得其讀而未明其義，羅王之不从者或亦因此。蓋字當讀為祟。他辭如「貞甲𠦪王」（林、二、二、十五、）「貞妣癸𠦪」殷虛古器物圖錄四四葉『貞父乙不杀』林一、二、八，即言人鬼為祟，與『貞祖辛壱我 貞祖辛不壱我』前一、十一、五、『貞寅尹壱我 貞寅尹不壱』前一、五二、一，同例，莊子天道篇所謂『其鬼不祟』者是也。杀祟同在脂部，又杀爾雅釋文『本作肆』，肆祟均齒頭音，許讀若杀者蓋音之変。又說文殺部以杀為古殺字，杀與𣏂亦略有繁簡而已，殺亦猶祟。呂氏春秋仲秋紀『殺氣陰盛』，淮南天文訓『地氣不藏乃收其殺』。殺在祭部，與脂部同類。近出魏三體石經春秋殘石以杀為古文蔡。尚書『竄三苗于三危』，孟子引作『殺三苗』。左氏昭元年並四年傳而言『周公殺管叔蔡叔𢪛』，是又以蔡為竄。釋文『蔡，說文作𥻆』。自尚書以下三句採自王國維魏石經考附是蔡殺字古本通用。蔡人以杀為其族名者，蓋以隸為圖騰也。竄於說文又作𥨍，曰『𥨍塞也从宀𣪠聲讀若虞書「𥨍三苗」之𥨍』𣪠从祟聲，是又蔡、殺、祟、杀古本同音之證。音同義近，故杀實為祟。杀之為祟者猶它之為它。杀有害於田圃，準古人艸居問它之例此，則問杀之有無化而為有祟不祟字。許書云『从示出』。段注出亦聲。又籀文作𥛱云『从𩚫省』。王國維以為『𩚫即古禱或祝字，𥛱當从𩚫出聲』。史籀疏證故𥛱為形聲字，祟又𥛱之省耳。形聲之字例當後於象形，故杀正不失為𥛱祟之初字』。（甲研上冊釋蝕一葉下——二葉下又卜通四二六片釋文亦有此說）

郭沫若「杀字孫詒讓釋杀是。字與求字有別，求乃裘之初字。卜辭作米杀諸形，象死獸之皮。其字大抵中畫垂直而左右對稱，以此求之百無一失。」（甲研釋蝕一葉下）

郭沫若「此字當讀為祟，辭如『貞甲杀王』（《林》二．二）『貞父乙不杀』（《林》一．二）即言人鬼為祟，與『貞祖辛壱我貞祖帝不壱我』，（《前》一．一一）『貞寅尹壱我貞寅尹不壱』（《前》一．五二）同例。《莊子．天道篇》所謂『其鬼不祟』者是也。祟同在脂部，⋯⋯故正不失為𥛱祟之初字。」（《殷周青銅器銘文研究》又《卜通》八七頁四二六片釋文亦有此說）

余永梁「此殺字，後借為蔡，說文殺之古文作杀，與此同。魏三體石經作杀，蔡侯匜作𣏂，蔡太師鼎作𣏂，蓋皆以殺為蔡也。」（殷虛文字考）

唐兰「右杀字王國維氏未釋，孙海波作甲骨文编入附录，亦未释。按此字見於彝器者甚多，薛氏款识有杀毁，厥杀生鼎，近世著录有杀□□姬单匜（阮氏款识七、二四）杀侯鼎（攈古录二、一、五八）白乍杀姬尊、杀姬毁（窸斋集古录十一、二二）杀大市贊鼎（貞松堂集古遗文续上、二四）杀子杀匜（十二家吉金图录 一七）杀侯𩐁戈（集古遗文十一、二九）

等器。又𢼸编钟云『𢼸眔𠂔姬永宝』，其字作夲，一作夲。其字宋人释龙，前人多从之。吴大澂至谓『古龐字从大不从犬：后人混夲、𣏟为一字，而夲字废。』然不问夲即龐字，固有何证据也。方濬益於从龙字旧释外，云『又疑是𠫑之变体』（缀遗斋彝释一、二五）盖吴、方二氏已觉龙字不应作夲，与夲之必从大而又无法以摆脱旧说也。及容庚作金文编始释夲为蔡，云『魏三字石经古文作𣏟，故得定为蔡字。』当世学者多从其说。余固疑之。按，魏石经古文之以𣏟为蔡者，王国维谓『说文𣏟古文杀。杀、蔡同音可相通段。』（魏石经考三三）甚是。然𣏟亦即说文之𢆶字。郭沫若谓『即𢆶字段为蔡也。』尤为直捷。』（郭说见两周金文辞大系图录考释一七七）然则於此有矛盾者，两夲与𣏟虽略相似，而不全类。其主要之异点在夲字从大，而𣏟为豕属。昔人既强之为龙，時贤又勤令为𢆶，以豕易犬，仍与从大不合一也。卜辞侣有𢆶字作𣏟、𣏟等形，与此迥异二也。夲既非𣏟，则亦非蔡，事至显然。然郭氏於卜辞则从孙诒让释𣏟为𢆶，於金文则又释夲为𢆶，以读为蔡。盖既不能摆脱蔡字之释，既难免於自为矛盾矣。余以释蔡久持反对意见，盖比较文字之法，虽有時可用，然文字偏旁及其统系不可淆乱也。彼𣏟字之借为蔡自有其故，然与夲字固无关系也。顾余虽不善旧说，亦不能得其确解，忽忽亦已数载。前人迺於无意中悟得之。雖风雨飘摇之會，亦不禁欣然起舞矣。夲字从大无可疑者，盖即说文鬽字，籀文之彖也。说文『鬽，老精物也。从鬼、彡。彡，鬼毛。魅，或从未声。𩲃，籀文从彖首，从尾省声。𩲃，古文。』（彖字本作彖，与说解不合。盖由彖误彔，更误为彔耳。源绪彔字从彖不误。汲古本鬃、𧰼下亦不误。段注本並作彖，令从之。又彖、罴二字说解原误例。今据鬃、𧰼二字注及诸家注释移正。）桉，说文所称『从尾省』之字，如隶字应作隶，而说文作隶，是其例。然则彖字本应作彖，隶字本应作隶也。又以彖字古文作东例之，则彖字古应作东也。夲字与东近，而与东近，可以下图明之：

夲 → 东 → 彖 → 彖

𣏟 → 朿 → 彖

则夲当释彖无疑也。且鬽、魅二字俱从鬼，盖魅者幻作人形故也。古文作𩲃，当作𩲃，象鬼身之有毛也。然则籀文之彖本应作东，应从大象人形，而非从夂可知也。夲易讹东，且大字有時作大，故致混淆，后人误认其为豕头，遂改为彖，而从夂耳。然则於文从大之夲必为彖字又可无疑也。金文之𠂔国，旧以为蔡者，今既知其非是，或狃於旧说，则谓蔡为大国，不应无器。然此不足为据。蔡非小国，亦未见於金器也。余谓金文之𠂔，当即经传之密国。说文从彖得声者有鬃、𧰼二字。𧰼下云『读若虙羲氏之虙』，段玉裁云『鬽声在十五部，必声在十二部，音相近也。当读如密。今音房六切，非也。』其说甚是。彖、密声相近，则𠂔（彖）即密国之本

字，后世段密以为之耳。」（殷虛文字記三十——三十二頁）

吳其昌　「『求』者，卜辭作□（前七·六·三）□□（後二·八·八）□（前七·一三·一）□（前五·二四·三）□（拾遺一二·一五）□（鐵七·一四）□（林一·二一·一）□（後二·二九·八）諸狀。其遞漸演变之迹，絜然可睹。羅振玉曰：『說文解字裘古文省衣作□。又卣作□，卜辭省又作□。象裘形，當為『裘』之初字。許君裘字注：「古者衣裘，故以毛為表」。段先生曰：「古者衣裘，謂未有麻絲，衣羽皮也。衣皮時，毛在外，故裘之制，毛在外。今觀卜辭與又卣『裘』字，毛正在外，可為許書左證。卜辭又有作□者，王君國維謂亦裘字，其說甚碻。蓋□，為已製為裘時之形；□則尚為獸皮而未製時之形。字形略屈曲，象其柔委之狀，潘生毀又石鼓文作□，齊子仲姜鎛作□，並與此同。□既為獸皮而未製衣，是含求得之誼，故引申而為求匄之求。卜辭中又有作□者，亦求字。」（考釋二·四二）

今按羅說至為精碻。本片『求』字作□，尤像一獸皮在懸，柔毛委蕤、纖長下垂之狀，為一未製成衣裘之毛革，殆一望可識。古者衣裘之式，毛外向，革面裏，許書與說文，固可互證。然即古籍記述，小說稗聞，亦可考見。如新序雜事片二，記魏『文侯出遊，見一人反裘負芻，文侯問之曰：胡為而然？對曰：臣愛其毛。文侯曰：裏之盡矣，毛將安附！』此負芻者，因愛裘之毛故，不忍芻之傷毛，而服毛於內，若今人服裘之式。然在當時，則謂之『反裘』，致勞國君之怪問矣。是古代衣裘之式，以毛在外，為正，為常，為習俗：以毛在內，為反，為怪，為罕見也。又豳風七月之詩曰：『一之日于貉，取彼狐狸，為公子裘』。是古者欲得獸皮以為裘，則必將設附施機，盡心力以求之，求則得之，不求則不得也，故引申而為『求匄』『祈求』之義矣。在卜辭中，則凡字體之作□或□形者，悉數為『祈求』『求匄』之義。乃云：『求年』（前一·五〇·一，後一·一一·一，續一·二·三等）『求禾』（後一·二二·三，續一·四一·六，佚三五九等）『求方』（鐵五一·四，即『求祊』）……等，皆可為證。本片（指前一·二九·二）云：『求，戠于母庚』者，意皆為『求于母庚，戠』也」。（殷虛書契解詁第三一二——三一三葉）

楊樹達　「粹編三〇二片云：『丁巳，卜，行貞，王宾父丁□，十牛』。樹達按□為殺之古文，與歲字音同，此假為歲，此知祭名亦用假字也。又按□字連十牛二字讀，文固可通，然核之卜辭通例，字當與上文父丁二字連讀，不與下文連讀也」。（求義十七葉下）

孫海波　「□，鐵三三·九。金文蔡字作□、□，此与之同。今定为蔡字。古蔡、殺通用。重見殺下。」（甲骨文編二〇頁）

孙海波「㣇，戩三三、九。說文殺字古文作㣇，与甲骨、金文同。篆文殺字从杀，即㣇形之訛。金文㣇皆用为蔡。㣇，甲一四三。卜辭殺借用为祟，出希。」（甲骨文編一三四頁）

朱芳圃「余謂豕彖希三者同物。彖為豕之重文，家豕也；希為另一字，野豕也。从兩部隸屬諸字證之，即知其分別之所在矣。希彖脩豪獸形，當即豪豬之本名。山海經西山經：『竹山……有獸焉，其狀如豚而白毛，大如笄而黑端，名曰豪彘』。郭注：『貆豬也。夾髀有麄豪，長數尺，能以脊上豪射物。亦自為牝牡』。漢書楊雄傳：『拕豪豬』。顏注：『豪豬亦名希，貆也。自為牝牡者也』。按顏注之希，當改作希。希希二字，形義既殊，音亦既殊，音亦遠隔，故宜析為二部，說解如下：

希，野豕也。象形。讀若弟。

希、脩豪獸。一曰，河內名豕也。象形。

庶幾名實兩符，毫無窒礙矣。」（殷周文字釋叢卷上第六十五葉）

屈萬里「甲骨文希字，與《魏石經》古文蔡字形同，古者蓋為一字。」（《甲編考釋》二九六頁）

屈萬里「希，災禍之也。」（《甲編考釋》四〇三頁）

李孝定「說文『希脩豪獸一曰河內名豕也从彑下象毛足讀若弟𢑚籀文㣇古文』。契文上出諸形與許書古文全同。孫氏釋希，郭氏說其字義均確不可易。惟郭謂希為竄祟之初字則有可商，蓋神禍之祟古無專字，即段音近之希為之，其後始製从示出聲之專字。希之與祟舍音近外，不必有若何其他之關聯，固不煩以希為害田圃說之。蓋為害田圃之獸尚多，古人何以不取它獸，希之為祟只是段借耳。祟殺竄竅音近義通之說王鳴盛尚書後案已先發之，當為王郭諸氏所本。卜辭希字均段為祟，尚未見用其本義者，金文𢑚字作𢑚大豐簋𢑚𢑚簋，其單體作㣇若㣇，與契文近。」（集釋三〇〇〇葉）

李孝定「說文『殺戮也从殳杀聲𢼚古文殺𢽨古文殺㣇古文殺𢿡籀文殺』契文與許書古文作㣇者相同。按字契文又作㣇乃希之本字於卜辭多段為祟上出數文亦㣇之变體而其誼則為殺乃段希為殺也，故殺下收此。郭釋為希，謂殺竄蔡𥨍古音相同，互通假，而皆以希為之，(卜通八七葉四二六釋文)其說是也。辭九卷希下，又前數字條亦嘗論殺竄𥨍通段之故，請參看。此數文乃假希為殺，辭云「囗十宰希殺五宰囗，示三宰八月」(後上二八、六)正言殺五宰，與辭言「𠆢當釋𥨍段為殺卅囗卯四宰」(押、一、十、十)者正同。說見前數字條下(四五二葉)，請參看。葉釋為狐，非是。「辛已卜貞牛示杀自上甲一牛希殺」「隹羊希殺隹虎」(瀘徵、帝系、十三)及楊氏所引粹三〇二辭諸希字，讀為殺於義均安。余氏謂以殺為祭，未諦，蓋殺固假借字也。」(集釋一〇三〇葉)

饒宗頤　「「乙卯卜，㱿貞：于𣏟示，杀(續存下一八四)丙午卜，㱿：卯于杀(虤)，十牛。(七集天津三)按此疑「𧆢」字，殷人祀龍星，故他辭有「龍宗」，(續存上二二四一)與此稱宗相類。𧆢即虤。楚語：「日月會於龍虤。國于是乎蒸嘗，家于是乎蒸祀」。亦見張衡東京賦。虤即尾星。左僖五年傳：「龍尾伏辰」是矣。卜辭有祀尾之文：「王固曰：其隹丙戌幸。出(有)杀。」(屯乙四二九三)杀即尾字，可定為尾星。此字見於七集者，其上从「豕」，灼然甚明。則以𧆢宗為虤，自無不可也。」(通考一四八——一四九葉)

饒宗頤　「殆古𥛚字。」(《通考》七九九頁)又曰：「「㱿貞：于杀，𥛚受年。」(《巴黎》一四)此即上𥛚地，殷器有𥛚白毀》。(《録遺》二七)」(《通考》七九九至八〇〇頁)

饒宗頤　「其字即蔡，魏石经蔡人字作杀，金文蔡作杀杀(参近年寿縣出土蔡侯戈、卢钟𠀠器铭文及蔡姞毀𠀠)，此蔡殆即蔡叔封地之旧疆，在今河南上蔡县西南。卜辞有人名子杀(屯乙二五七五，又七〇九六)或封於蔡地者。」(巴黎所见甲骨录一七页)

裘錫圭　「甲骨文杀字还可以写作杀(前五·四〇·五)、杀(续五·五·六)等形。金文「求」字作杀、杀、杀等形(金文编四六七页)，跟它们很相似。金文又有𡩋字，一般都隶定为「𡩋」(金文编四二八页)，所从的「求」跟甲骨文杀完全相同。所以我们认为罗、王把杀释作「求」是可从的。事实上，就是极力主张杀当释「希」的郭沫若，有时也仍旧把杀释作「求」(见殷契粹编第四〇一和九八七片释文)。「求」大概是「蛷」的初文，求素是它的假借义。说文䖵部：「蟲，多足蟲也。从䖵求声」，或体作「蛷」。隶、楷一般把这个字写作「蛷」。甲骨文杀字有时写作杀(佮三三九五三)、𣎼（合三〇一七五）等形，非常像多足蟲。周礼秋官赤发氏郑注：『貍蟲，䗪、肌求之属』，释文：『求，本或作蛷』。这个『求』字用的正是本义。甲骨文𣎼字也有写作[illegible]的（甲一三五六等）。这是省去头部横划的写法，跟从大的[illegible]不能混为一谈。

…… ……

从𣎼在甲骨卜辞里的用法来看，把它释作『求』也是合理的。

在古汉语里，『求』跟『得』是相互呼应的一对词，例如：

易随：『有求，得。』

诗小雅正月：『彼求我，则如不我得。』

谷梁传隐公三年：『求之为言，得不得未可知之辞也。』

在甲骨卜辞里，𣎼跟『得』也往往前后相呼应，例如（卜辞释文一般用宽式）：

(1) 貞：呼△，先得。

(2) 呼△，先从東得。 （丙六三，合一二〇五一正）

(3) 貞：呼歌△，得。

(4) 貞：歌弗其得。 （殷虚古器物图录一三頁）

(5) 貞：（𦍒）𦍌自宆，呼△，得。

(6) 貞：𦍒𦍌自宆，不其得。 （合一三五正甲）

(7) （庚）午貞：令步以鬼△黃（尪），得。

(8) 庚午貞：令霝以才它△黃，得。

(9) 甲戌貞：令[illegible]△黃，得。

(10) 甲戌貞：令霝以才它△黃，得。

(11) 甲戌貞：令步△黃，得。 （甲八〇六，合三二五〇九）

(12) 庚辰卜賓貞：△雨我，（得）。

(13) ☐△雨我，弗其得 （乙五二七九，合一二八六二正）

(14) ☐其呼△，得。 （乙七一二，合八八九二）

(15) ☐呼△，得。 （乙七六五八，合八八九三正）

把这些『△』字释作『求』，是非常合适的。(5)、(6)二辞的『𦍒𦍌』指逃亡的打牧草的奴隶。(7)至(11)各辞里的『黃』读为『尪』，指一种有残疾的畸形人。殷人举行焚人求雨之祭时，常用他们为牺牲。所以这两种人都有需要加以搜求（『△黃』尚见於八五·二七·七）。(12)(13)二辞中『我』字的意义详下文。

卜辞屡言『△雨』：

(16) 乙卯卜：王△雨于土（社）。（外五○，给三四四九三，同文之辞见掇一·五四九，即给三二三○一）

(17) 癸巳，其△雨于東☐

(18) 于南方△雨。（安明二四八一、给三○一七五）

(19) 癸巳，其△雨于☐

(20) 于口方（△）雨。（给三○一七六）

(21) 其△雨于☐（给三三九五三）

(22) 癸巳卜賓貞：△雨口（给一二八六八）

(16)跟卜问楚人求雨的「蔑」祭之辞同版，「△雨」无疑应该释为「求雨」。卜辭或言：

(23) 于岳△，又（有）大雨。（佚七四，给三四二二六）

(24) 于夒△，又大（雨）。（京津三九三○，给三○四○三）

这些也都显然是求雨之辞，「△」也应释「求」。

卜辭又屡言「△雨我」，「我」也作「娥」。除上引(12)(13)二辭外，此语还见於下引各辭：

(25) 甲子卜賓貞：帆△雨娥于河。（佚三八九，给一三二）

(26) 甲子卜賓貞：于岳△雨娥。（给一二八六，四）

(27) 甲子卜賓貞：△雨娥于☐。（珠一一五○，给一二八六七）

(28) 庚子卜口貞：△雨娥于丁。（人文一一五四二）

(29) 貞，△雨我于岳。（文錄三六七，给一四五二一）

(30) （貞：于）岳（△）雨我。（京津四三六，给一二六八七）

下引二辭「△」下已殘去的那個字大概也是「雨」字：

(31) 貞：其△口我于河，㞢（有）雨。（乙一九八七，给一二六五一）

(32) ☐其△口我于☐（乙六八九○，给一六九七一）

我们在前面已經指出，(12)(13)二辭的「△」跟「得」相呼应，应該释为「求」。上举其它各辭里「△雨我」的「△」，自然也应释为「求」。「我」或作「娥」，說明它在這里不是用来表示你我之「我」的。我们初步認为这个字应该读为「宜」。

在古代，「宜」和从「宜」声的「誼」，跟「義」是通用字。中山王墓銅器銘文中的「宜」字，多应读为「義」（中山王譽器文字編三三頁）。周礼春官肆師鄭玄注引鄭司农曰：「古者书儀但为義，今时所謂義为誼。」（參看段玉裁說文解字注「誼」字条）「義」从「我」声，所以「我」和从「我」声的「娥」可以讀为「宜」。古有「宜」祭。周礼春官大祝：「大師，宜於社，造乎祖，設軍社，类上帝……」礼记王制：「天子将出，类乎上帝，宜乎社，造乎禰。

诸侯将出，宜乎社，造乎禰……天子将出征，类乎上帝，宜乎社，造乎禰。」《尔雅·释天》：「起大事，动大众，必先有事乎社而后出，谓之宜。」《诗·大雅·緜》：「迺立冢土，戎醜攸行。」《毛傳》亦有此文。《礼记·王制》正义解释宜祭之名说：「云宜者，令诛伐得宜，亦随其宜而告也。」，并引了《尔雅》谓之「宜」的孙炎注「求便宜也」。《诗·緜》正义也解释说：「以兵凶战危，虑有負败，祭之以求福宜，故谓之宜。」卜辞的「求雨宜」应该就是求雨水得宜的意思。这也可以说是一种宜祭。

在卜辞里，还可以看到其他种类的一些「求宜」之辞。有的卜辞说「△年我」，「我」也可以写作「娥」，与「求雨宜」之辞同：

(33) 貞：勿△年我。 （合一〇一二七）

(34) 囗卯卜㱿貞：△年娥于河。 （林一·二一·一四，合一〇一二九）

(35) 甲〔申卜〕貞：于丁△年娥。 （佚一五三，合一〇一三〇）

(36) 甲申卜貞：于〈丁〉△年娥。 （佚一四三，合二五二三。以上两条卜辞为同文卜辞，所缺之字可以互補。右一条原缺刻丁字）

(37) 貞：勿于丁△年娥。 （綴三八〇，合一〇一二八）

「△年我」应该读为「求年宜」，当是祈求年成方面的福宜的意義。

有的卜辞说「△方我」：

(38) 丙寅卜㱿貞：勿曰囗△方我。

(39) 貞：勿曰囗△方我。 （合六七六七）

(40) 辛未卜貞：令昼以囗射从𡿺，△方我。 （續三·四六·六，合五七六六）

(41) 己亥卜王：△方我。 （乙九〇八〇）

卜辞屡言「受方又（祐）」或「受某方又」（如合六四，八六一七等），意即在与敌对方国作战時受鬼神保祐。「△方我」，应该读为「求方宜」。「方宜」当指与方作战之宜。上引各条所求方宜的卜辞，跟「求雨宜」和「求年宜」的卜辞有一个明显的区别，就是从来不提鬼神。所以这些卜辞里的「求方宜」似乎不应解释为何鬼神祈求与方作战的福宜，而应该解释为寻求与方作战的适宜的机会。有一条卜辞说：

(42) 戊辰卜𢓊：呼并△小方我。七月。㱿。 （乙八五〇五）

「△小方我」当读为「求小方宜」，大概是寻求与小方作战的适宜机会。并应为人名。

有的卜辞说「△戎我」，「我」也可写作「娥」，与「△雨我」之辞相同：

(43) 己巳卜王：呼△戎我。 （合五〇四八）

(44) 丙戌卜扶：令戍（也可能当释「何」）△戎娥。 （甲綴三三）

(45) 壬寅，衒品△戎我于𪉩☒　（佚三八三）

卜辞有说「受今来戎又（祐）的（粹九一六），意即在与目前来犯的戎作战时受到鬼神保祐。「△戎我」当读为「求戎宜」，「戎宜」指与戎作战之宜。上引几条卜辞里也没有出现鬼神名称（末一辞中「于」后一字是地名），这些卜辞里的「求戎宜」，似乎也应该解释为寻求与戎作战的适宜机会。

卜辞有时说「得方玤」：

戊戌卜殻貞：戎得方玤，戠。　（合六七六四，合六七六五与此同文，但無「戠」字，戠残去「戠」字。合六七六六残片也有「方玤」二字）

「得方玤」大概是得到跟方作战玤可能是「我」的繁文，也可能是「戎（重）我」二字合文。「得方玤」大概是得到跟方作战（戠跟方和戎作战的适宜机会的意思。卜辞又有說「雀得亘我」的：

辛巳卜殻貞：雀得亘我。

辛巳卜殻貞：雀弗其得亘我。　（丙一一九，合六九五九）

商王曾命雀伐亘：

癸卯卜殻貞：呼雀衒伐亘，戠。十二月。

勿呼雀衒伐亘，弗其戠。　（乙六三一〇，合六九四八二）

此外关于雀与亘作战的卜辞屢見，不具引。「雀得亘我」，大概就是雀得到与亘作战之宜的意思。「得方我」戠「得方，戎我」，「得亘我」等辞，可以证明「△方我」、「△戎我」的「△」，确实应该释为「求」。

卜辞还有说「求方」，「△戎」的：

(46) 辛□（丑？）卜扶：今𠭯△方。　（屯南六〇四）

(47) 辛丑卜㞢：御步于學戍，其△方。　（前一·四四·五）

(48) 甲午卜扶：令去𠬝△方。　（甲綴三五）

(49) ☒△方。　（京津三〇九〇）

(50) ☒王：令去△戎☒　（人文三一四〇）

(51) ☒逆△戎☒　（京津三〇四五）

后两条卜辞「戎」字下本来也可能有「我」字。「△方」也应释为「求方」，大概是寻求敌方与之作战的意思。

有一条卜辞说：

(52) 戊午卜王：上（尚？）△子辟我。（续五·五·六）

同版有「戊午卜王：勿御子辟」等辞，御是攘除灾殃之祭。「△子辟我」当读为「求子辟宜」。「上」疑当读为尚且之「尚」。大概是在决定不为子辟举行御祭之后，才卜问是否为他向鬼神求福宜的，所以卜辞说「尚求子辟宜」，意思就是说，虽然不举行御祭，但仍为子辟求宜。

有的卜辞只说向鬼神「△我」，而没有说明为何「△我」：

(53) 于王亥△我。（丙四四〇，合四七八正）

(54) 勿于王（亥△我）。

(55) ⊠△我于大宗。（库三二五，合四〇四四八）

(56) 于夒△我。（怀一五七一）

这些卜辞里的「△我」，可能是凡求福宜的意思。(56)末一字原作𢦔，今暂定为「我」字繁文。

在卜辞里，「△」与「匄」常常同见於一辞之中：

(57) 于父乙△㞢（有？）匄。（乙七八〇九，合二七二正）

(58) 勿于父乙△㞢匄。

(59) 于高祖△又（有？）匄。（粹四〇一，合三二三一五）

(60) 于后祖△又匄

(61) 己亥卜争貞：𢆶㞢（有）祉，勿△㞢匄，亡匄。十月。（续三·四四·四，合一七四五二）

(62) 丁未卜争貞：△雨匄于河。十三月。（甲骨缀合新编四，合一二八六三）

(63) 貞：于岳△雨匄。

(64) 口未卜賓貞：△雨匄。十三月。（合一二六四三）

(65) ⊠貞△雨匄⊠（诚一〇一，合一二八六六）

(66) △雨匄（前三·二九·三）

(67) 于口△口（雨？）匄（京津九八四，合一五七五三）

(68) 勿求雨匄，不蔑。（合一三〇三八）

(69) 甲寅卜，乍△雈匄口⊠（合三四一七二）

(70) 庚辰卜口貞：𢀛口其△雈匄其宗（？）口奏口（合四六六〇）

「匄」是「丐」的古体。「丐」「求」義近。虽然上引各辞的意义还不是十分清楚，但是可以肯定这些卜辞里的「△」也应该释为求。(66)同版之辞卜问「禾㞢（有）及雨」，可知在当时作物急需雨水，「△雨匄」显然是祈求降雨的意思。「匄」字在古书里有祈求与给予两义。卜辞「匄」字有一些似乎也应该当给予讲。例如有一条卜辞说：「口卜殻貞：𢀛方衛率伐不，王告于祖乙，其正，匄又（祐）」（合六三四七），这里的「匄又」似乎就应该当给予保护讲。「△……匄」的「匄」可能也应该当给予讲。「△有匄」就是祈求鬼神有所赐与的意思，「△

雨匄」就是祈求鬼神赐给雨水的意思。

在卜辞里，除前面引过的「△雨于土」、「求雨娥于河」、「△年娥于河」、「△我于大示」、「△雨匄于河」等类句子外，还可以看到不少「△A于B」这种类型的句子，例如：

(71) 貞：王△牛于夫。

(72) 貞：勿求牛于夫。（丙四一三，合九四〇正）

(73) 貞：△马呂于多马。（合五七二三）

(74) 癸亥卜口貞：△珏（玉）于口。

(75) 貞：△珏于壹。（合一六九七六正）

(76) 口戊（？）卜口貞：余口△奠臣于口。（庫一八八，△奠臣又見于亿四〇六五，即合七二三九正）

这种卜辞里的「△」显然也应该释为「求」。上引诸辞大概都是卜问商王向臣属或各地征求实物或奴隶之事的。「呂」本指銅，周代金文作「鋁」。「马呂」有可能指马方所产的銅。

卜辞里几次提到△牛、△羊一类事。除上引(71)(72)二辞外，这类事还见于以下各辞：

(77) △在口牛。（合一一一五六）

(78) 貞：△勿（物）牛。（存上九八三，合一一一五七）

(79) 甲寅卜賓貞：△牛☒（合七五六五）

(80) 貞：△我羊。（前四·五〇·四，合一六九七四）

这些卜辞里的「△」大概也都应该当征求讲。

有的卜辞说「△豕」或「△彘」：

(81) 丁未子卜：叀（意与「惟」近）今日△豕，冓（遘）。（庫一六五七）

(82) 甲子卜：丁呼△彘五，往，若。（京津三〇二三）

从文义看，都应该是寻求野猪的意思。卜辞里屡见「逐豕」和田猎获豕之辞，可见「豕」也可以指野猪。

有一条卜辞说：

(83) 丁巳卜行貞：王賓父丁△十牛，亡尤。（粹三〇二）

很多人释「△」为「杀」，把「十牛」看作它的賓语。这是不正确的。我们可以引一条文例相类的卜辞来比较一下：

戊申（卜）旅貞：王賓大戊桒，五牛口卣，亡尤。在十月。（合二二八二八）

这一条辞里的「桒」是祭名，不能与「五牛」连读。上一条辞里的「△」也应是祭名，不能与「十牛」连读。「△」仍应释「求」。

此外表示要求之义或其引申义讲的「求」字，主要就是郭沫若读为祟的那些字，如「旬有△」的「△」，「羌甲△王」、「南庚△王」……的「△」。我们认为这种「△」字仍应释为「求」，但应读为「咎」。「求」和「咎」都是群母字，上古音都属幽部，所以「求」可读为「咎」。说文人部：「咎，灾也。」周易中「无咎」之语习见。卜辞里有用法跟读咎的「求」很相似的𠂔字（参看殷墟卜辞综类八〇页），陈梦家释为「咎」，大概是正确的。𠂔跟读「咎」的「求」大概是本字跟借字的关系。

最后提一下「△」字上部变为「口」形的异体：

(84) ☐旬又（有）𡿨，王曰傍（防？）（虚七一六A）

(85) 丙子卜：今日𡰥名方幸。（佚下二四·一三，佮三三〇二六）

(84)的「旬有𡿨」跟常见的「旬有△」无疑是一回事。(85)跟屯南一九〇同文。屯南一九〇拓本不清晰，「名」上一字似与一般「△」字同形。卜辞有说「贞：呼△寇幸」的（京津二二〇七，佮五七二）。「△寇幸」的文例跟「𡰥名方幸」全同，可证𡰥确是「△」的异体。甲骨文里的𡿨和𡰥，用法相近（参看殷墟卜辞综类二一一页），也应是一字的异体。这个字跟「△」字的关系待考。」（释「求」，古文字研究十五辑一九五至二〇五页）

柯昌濟　「𢑚，希屬，𢑚古文希𢑚，虞書曰，𢑚类於上帝。今文本作肆，則希可通肆字，肆古有訓放肆義，左傳昭公十二年『昔穆王欲肆其心』，又襄二十五年：『不可肆也』。希字又引申為遂义。卜辭之希或即是肆其心之义。這样，柰字释肆是比較近是的。」（殷墟卜辭綜类考释，古文字研究十六輯一四五頁）

饒宗頤说參𡘲字条下。

陈炜湛说參𢀳字条下。

按：據其形體，仍當以釋「希」為宜，卜辭多用作「祟」。裘錫圭力主釋「求」，其釋讀卜辭多有新解，然讀卜辭為「求有咎」，其義嫌複，殆有未然。且占辭之「出希」，只能是祟禍之義，裘錫圭釋「求」讀為「咎」，其實一也。問題在於「求索」之「求」本無其字，乃「裘」之本字，說文以「求」為「裘」之古文。與此形相去甚遠，釋「求」於形難通。

1541

按：此乃「希」之孳乳字，卜辭多用作「希」，但人名只能作「[glyph]」，合集三二五九，二字見於同版，足證其有區分。

1542

按：字所从亦「希」字之異，裘錫圭已加以論證。此與1541當同字，而卜辭多用作「希」。

1543 夒

孫海波 「[glyph]王先生初释夋，继释夒，云『夒与嚳相近，夒即帝嚳之名』。（文长不备引。）按释夒是也。說文：『夒，貪兽也，一曰母猴似人，从頁已止夊其手足。』卜辞猴字作[glyph]，夒形与猴形相似，此益证王说之可信。惟以夒当帝嚳似未谛……夒与羔、河，为时相去必不甚远。斯三人者，为殷人所泛祭之神，皆非其先公先王。」（读王静安先生古史新证书後，考古学社社刊第二期五一至五五頁）

孫海波 「[glyph]，鐵一〇〇．二。唐兰释夒。」（甲骨文编二五四頁）

李瑾 「南北、明四八三片『己巳卜，其桒夔，叀辛酉……』夔，奴刀切，嚳，苦沃切，倒不如渠追切为近是，所以杨树达先生已疑其音不类（积微居甲文說释羔篇）。以声类求之，实则当释作夔，角之有无均系一字，训『母猴』乃許君之误，从南北、明四八三片之所揭示，足为吾說佐証。」（殷代甲骨刻辭中夔方地理释証，人文杂志一九五九年四期七二頁）

姚孝遂 「甲骨文中被李瑾同志隶定作『夔』的字，或释作『夋』，或释作『夒』，或释作『夏』，或释作『禼』，在卜辞中皆用作先公名。說文『夔』和『夒』是有区别的。許慎对于『夔』字的說解是：『神魖也（大徐本神作即），如龙一足』；对于『夒』字的說解是：『貪兽也，一曰母猴』。『夒』就是后世的『猱』字。李瑾同志根据山海經：『有兽状如牛，苍身而无角，一足……其名曰夔。』于是断定『角之有无，均系一字。』可是，他对于下面这一系列的矛盾並未加以解决：

1．甲骨文中既有『牛』字，也有『龙』字，字形从不相混；

2．所谓『夔字，既不象龙，也不象牛；

3．甲骨文中有角与无角之字，区分得异常严格，如『麋』和『鹿』，『馬』和『犀』等都是。所谓『有角无角，均系一字』的说法，与甲骨文字的构形原则不符。」（关于殷代甲骨刻辞中夔方地理释証一文的商榷，人文杂志一九五九年六期七三页

姚孝遂　「卜辞先公有名『夒』。『夒』和『猱』是古今字。大家习惯于先公名隶作『夒』，兽名隶作『猱』。实际上甲骨文先公名『夒』与兽名『猱』在形体上是有区别的。先公名的『夒』字其足部如人直立，而兽名的『猱』字其足部则均屈曲。

卜辞关于猎猱的记载很少。明确无疑者仅有一条，见于绺六·九，其辞为：

『……其隻猱』

商所收到的贡品中亦有『猱』，其辞为：『雀氏猱』（乙四七一八）。」（甲骨刻辞狩猎考·古文字研究第六辑五二页）

考古所　「夒：在此作地名。卜辞中很多人名均有相应的地名。殷先公之名有时也有相应的地名。殷先公之名有時也有相应的地名，有時又为地名，乙四九八有『在唐』，就是其例。」（小屯南地甲骨九八〇页）

徐錫台　「筆者重新考查了殷墟甲骨文字，认为陈夢家先生考証殷墟卜辞中『[illegible]』（以下用乙代）为夏字是正确的。

……秦公簋中的『夏』，无㠯中的『[illegible]』，項燮盨中的『項』与卜辞中所谓『夒』、『禹』、『真』，形体结构基本相同，故卜辞中『夒』、『禹』、『頁』，当隶定为夏字，这样，则下述一些卜辞不难解释了。『又宗乙』。見卜辞『即又宗夏又雨』（佚一·一七、五九）。『又』当为有或侑、佑、祐等字义。『又宗夏』，亦即『有宗夏』，简称『有夏』（見尚书·湯诰、湯誓、国语周语）或『宗夏』（見国语魯語文例与『宗周』类似）。所谓『有宗夏』，即夏禹所建立的夏王朝，为天下诸侯所宗。『雨』与『禹』是同声字，假借『雨』为『禹』，即夏禹。『又雨』即『佑

禹』。文例与周原八四号卜甲中『王奉佑大甲』同。所谓『佑禹』，意为商王求佑夏禹神祇保佑。

『〜コ』。見『壬戌王曰：夏コ牛一月』（潭一二九八）。『コ』与『コ』、『匚』字同，据集韵卷五、上声、荠韵中『匚』与『启』同属一声韵，假借『コ』为启字。『夏コ』，即夏启，夏禹之子。由于启定夏王朝有功，故商人对他十分崇拜，于一月以牛牲祭祀之。

『〜巻』。見『甲子……夏巻』（清九·一二）。广韵、集韵中『巻』与『倉』、『亡』、『望』、『忘』、『妄』等字同声韵，而『茫』与亡、忘、望、妄等字音韵相同，故假借『巻』为芒字，『夏巻』当为夏芒。史記夏本紀：『……帝槐崩，子帝芒立。』『帝芒』即卜辞中的『夏芒』。

『〜舌』。見『貞：其……夏舌』（續六·一〇）。据广韵卷五、入声，薛韵中有『舌』、『桀』二字。『舌』与桀为同声韵，故假借『舌』为桀字。卜辞中的『夏舌』当为夏桀。

『高且（祖）夏』見『癸巳……貞：于高祖夏』（綜图二四七）。『高祖夏』亦即『夏高祖』。因为禹所建立夏王朝为天下诸侯所宗，商汤伐桀代夏治天下，但认为是承夏业，故称夏高禹为夏高祖。

『曼不作〜』。見『……曼不作夏古（故）王事』（掄六·一八·一）。『曼』作延、長解。全句意为長期不作夏社，是先王的事情。此与尚书湯誓『湯既胜夏欲迁其社，不可作夏社』的意思相同。

『〜亐』。見『貞：隹夏亐』（存一·九九〇）。『亐』，前辈学者将其释为芑字。但从此字结构看，上从止，下从已或虫，似应释为芑或蚩字。集韵：『蚩，丑里切音耻；类篇：蚩，虫伸行或作蚩。』故『夏亐』即夏蚩也。

『〜𡿧河〜』。見『……酒奉年于𡿧河夏』（掄七·五·二）。『𡿧』，孙诒让释为嶽，又曰嶽，又曰岳；罗振玉释为羔；郭沫若释為筮；于省吾释为笑；还有人释为羊。众释纷纭，未有定说。按此字书法结构分析，上从羊，下从火，笔者认为当释为『烊』字。广韵：『焇烊出』；陆善经字林、集韵：『并余章切音阳。』故『烊』通阳字。『烊河夏』，即夏阳河，与禹都阳城附近阳河有关。

『奉年于〜』。見『甲子卜，巻貞：奉年于夏，燎六牛』（甲三五一二）。『奉』为祈求之意。『夏』指为夏社神祇。这条卜辞大意是，甲子這一日占卜，巻贞问：焚六条牛祭祀夏社神祇，求丰年。

『燎于〜』。見『燎于夏，牢，十月』（掄六·一八·四）。此卜辞与周原三〇号卜甲中『燎于河』文例相同，大意是：于十月烧全牲一牢（牛、羊、猪）以祭祀夏社神祇。

『司〻』。此卜辭見于京三九二七。西周墻盘銘文中有『上帝司夏元保』；前汉书时令：『东方之神太昊，乘震执规司春，南方之神炎帝，乘离执衡司夏；西方之神少昊，乘兑执矩司秋；北方之神颛頊，乘坎执权司冬；中央之神黄帝，乘坤艮执绳司下去。兹五帝所司，各有时也。』『司夏』即主夏令也。『告〻』。見『……告夏女卌……』（南明四八二）。『告夏』亦即『夏告』（陳一六：『夏告六月』）即报夏季到了。殷墟卜辞中除『告夏』外，还出現『告秋』、『令春』、『令秋』等詞汇。可证商代已有春、夏、秋、冬四季之分无疑。总之，殷墟卜辞中不仅有『夏』字，而且不少，筆者大概检核达六十見。以上只是选择其中的一小部分。」（殷墟卜辞中夒字考，人文杂志一九八四年五期一〇二——一〇三頁）

于省吾　『夒字王國維释夒，以為帝嚳，帝嚳名夋。王以夒為夋不确，甲骨文没有夋，而有允，古文字晚即畯。這个字以读憂較為合理，说文作𢝊，字形象以手掩面而哭，帝嚳之嚳，与𢝊也同音。』（引陳世輝怀念于省吾先生，古文字研究十六輯一八頁）

按：王國維釋『夒』，字亦作『猱』、作『獶』，『母猴』即『沐猴』、『獼猴』，段玉裁謂『母非父母字』。其余各家之説，李孝定集釋辨之甚詳。卜辭夒為先公名，至於用為沐猴者，如：

『己巳卜，雀以猱；　乙四七一八（合集八九八四）

己巳卜，雀不其以猱』

『其隻猱』　拾六・九（合集一〇四六八）

二者形體在甲骨文已有所區分。當屬同源分化。今分別隸定作『夒』或『猱』。卜辭『夒』稱『高祖』，祀典極為隆重。

1544　虣　[illegible]　[illegible]

羅振玉　『象人倒持戉。知人持戉亦為伐者，其文曰『乎伐笋』，曰『貞乎伐𢀛方』，以是知之矣。』（殷釋中六十八葉下）

容庚　『此文云：『[illegible]𢀛方』。五三二版云：『貞[illegible]為厭勝之術，象人持戈以禳之歟，疑

與伐非一字」。（栔釋十七葉）

葉玉森　「此為人名，他或用作動詞。以本辭及他辭云『貞□五牛』，『亡其求禾（季省）于□尞二牛』，（並見後上二十四葉之一之九）皆人名也。羅氏釋伐，然卜辭伐字概作揚戈持戈形，無作曳兵狀者。且此之所攜亦非戈。予曩釋頗，謂『象人形一足，又手持一物象足，蓋用以代足者。疑即象形頗字。公羊襄三十年「楚子使薳頗來聘」釋文作跛，古固有以頗為名者』。（殷契鉤沈）復思此字既作側視形，僅見一足，似不能斷定為頗。手攜之□□□□並下著于地，或象農器之鉏。卜辭耤字象兩手持耒，此則象一手攜鉏，二字似同時所制，故構造法相同。疑即古文鉏字。他辭又云『貞乎□若方』，『乎□□』，即命誅鉏若方與蒙方也」。（前釋六卷十九葉上）

郭沫若　「羅振玉釋伐。案當是蔑之異文，假為滅」。（卜通一〇七葉下）

郭沫若　「䤈字像一人倒執斧鉞之形，舊釋伐，不確。此乃人名，乃殷之先公」。（粹考六葉上）

唐蘭　「□字舊無確釋。羅振玉釋伐，葉玉森初釋頗，繼釋鉏，郭沫若寫作䤈，云：『像一人倒執斧鉞之形，舊釋伐不確』。今按伐字作𢦏，象以戈擊人，故其刃接于人頸，與此迥異。此人形上作□者，即百，故字或变作□（後上二·四），蓋古人作人及猴首均作□，其首变為□□□，或迻為□，非首有兩歧亦非从目也。□象首部側面故兼及其耳。故卜辭□為頁字，□為頣字，顯从此，□或□為夒字，下一形孫海波釋猴，誤。而此所从者為夒字。然古文於人形，其特亦足形，多無深義，以允即夋，兒即嬰，兇即夋，則夒亦即頁字耳。葉釋頗，郭釋䤈，其頁或夒旁均不誤，葉又釋鉏，則無一是處矣。葉氏之釋文字，自謂若射覆，故多妄誕之思，以謂此人形所持為代足之物，又謂是鉏，並無根據。郭謂倒持斧鉞，其義較優，亦未中的。蓋□之倒為□，字至明顯，當釋戌，非戌字也。古戌戌為一字，戌為別一字，幹枝之合有戌戌，此決不可混者。然則此字像人曳戌之狀，戌亦戈戌屬之兵器也。由其字形，當有戰勝者耀其威武之意。古文之倒書者，或改為正書，以启或作□，則□可变為䤈。古文之从日者，象有器臨之，則咸為日中戚戌，當是从日戌聲。然則䤈即頣字，夒即頁，戌即咸也。此云『䤈呂方』，當讀以『咸劉厥敵』之咸，『克滅侯宣多』之滅，蓋頣字之本義。說文以頣為『飯不飽面黃起行也』，則後起之義矣。洒伯戡黎之戡，疑即由頣字本義所孳乳之形聲字」。（天壤文釋五十二葉下——五十三葉下）

于省吾

「卜辭□字習見，亦作□□等形。羅振玉釋伐，葉玉森先釋顛，繼釋鉏。唐蘭釋戭，謂戭即顛字。：按羅葉唐三說並非。然唐所釋已校羅葉為進一步之追索。其謂戛即頁是也。戭當即戛字，从戛从頁从百一也。（說文首百同，古文首也）文字演化，由繁趨簡耳。至戉字倒書，古文字倒正每無別。戉係斧鉞類之戎器。小篆以百為戛之省，从戈為倒戉之譌。書皋陶謨：「戛擊鳴球」。文選長楊賦作「拮隔鳴球」。隔即灩羌鐘敲字，乃鐘之別名。「敲與球皆名詞，戛與鳴皆動詞。書馬鄭注均云：「戛櫟也」。文選射雉賦：「櫟雌妬異」。徐注：「櫟擊搏也」。說文段注謂戛同扴。錢大昕說文答問謂扴即介于石之介。薛氏疏證：「釋文曰，馬作扴，云觸小石聲」。按鄭依古文作砎，讀為戛。按戛有擊訓，戛介扴字通。粹編十五：「其奉雨于戛」。後上二四、九：「其奉禾于戛」。戛當為殷先公名或神名，未知所指。前六、十八、五：「貞，乎戛呂方」。又六、十八、六：「乎戛芫」。戛訓擊，義相符。又戛通介，可讀為匄。詩言「以介眉壽」，金文介通作匄。後上十七、三及十七、四，均有「匄呂方」之語。匄通害通割。經傳曷害字通，以曷从匄聲也。書湯誓：「率割夏邑」。多士：「有命曰割殷」。多方：「劓割夏邑」。然則卜辭之言匄言戛，猶書之言割也」。（駢枝廿六葉釋戛）

魯實先

「卜辭之□，王國維釋夒而以為殷人先祖帝嚳之名，斯則陳義未審也。其作□者，羅振玉釋伐，吳其昌釋絨，葉玉森始釋為顛，繼疑為鉏，郭沫若釋戭，唐蘭釋顛，于省吾釋戛，金祥恆釋襲，饒宗頤釋攕，說並非是。唯高田忠周釋□為戩，疑為擾之異文，（古籀篇卷二十六第三〇葉及卷五十四第四〇葉）雖無義證以明之，其說倖中矣。然高田並以□□亦釋為擾，則未為審諦，且未悉其辭義也。以愚考之，□□皆夒之異體。其從戉作□者，乃夒之繁文，即擾之古文。是猶「月品」之月，其字或从戉作□，亦即相之古文也。篆文之擾相字並从手，而卜辭並从戉者，乃以兵器示征伐之義，例猶从手之搏，於虢季子白盤從干作搏，於不㝬簋从戈作戟，亦以干戈示征伐之義也」。（新詮之四釋夒十五至十六葉）

屈萬里

「羅振玉釋伐，葉玉森釋鉏，唐蘭釋顛，于省吾釋戛。似皆未的。茲从郭某說隸定作戭」。（甲釋五六二片八辭釋文）

李孝定

「从戛从戌，說文所無。諸家說者紛紜。就其形義言，唐說最為近之。惟說文咸下云「从口从戌」不云「戌聲」，則从戌之字不得與从咸同，是唐氏釋顛亦無確據。自餘諸家所釋，於字形所从偏旁相去懸遠，故均不敢从，謹依其隸定次之於此。至其字義則唐于諸家說均為近之。所不可知者，其音讀耳。金氏釋襲其說未聞意者蓋以諸文所从之戌均倒藏身戌故有

此說乎惟於字形懸遠，似未足據也」（集釋二八四六葉）

饒宗頤　「按㚁字从戌从夏，讀為𢧀，集韻十六屑：『𢧀，博雅：擊也。』」（通考五二六葉）

田倩君　「㚁是持斧鉞征服自然或抵禦敵人的样子。……這鼻祖不仅是殷人的祖先，而是人类的祖先。所以殷人俸之為神、為天帝，因為殷商是个崇尚鬼神的國家。」（釋㚁　中國文字第五卷二〇三九頁）

伍士謙　「此外还有一个夒字，也与伐字有密切的关系。例句如下：

①、丙子卜㞢貞乎夒呂；　貞勿乎夒呂方（粹一·五七〇）
②、壬申卜殼貞牧人乎夒呂。（掇二·一一七）
③、壬辰卜其桒年于夒，燎，又羌，茲用。（續一·五一·五）
④、其桒年夒重酌，又大雨。（粹一六）
⑤、其桒年于夒燎九牢。（粹一五）
⑥、乙未卜貞于夒，告龜。（粹一·一九六）
⑦、出于夒。（佚四〇五）
⑧、貞夒雨。（前六·一八·三）
⑨、□〇卜其桒禾于夒燎二牛。（后上二四·九）
⑩、于夒桒，又大雨。（京二九三〇）
⑪、癸巳卜往夒以雨。（南明四二九）

例句1、2都是『夒呂』，与伐字之例句相同，可以認為伐之异体字。以后的例句，都是神名，求雨、求年、告秋、求禾，都要向他致祭，這与前面㚁的例句，大略相同，都是『出於㚁』或『出于夒』。『于夒桒』，或『桒于㚁』。意义都相同。求雨的例句也同，看来似乎是同一种神。当然以后分化了，㚁成為以后的㚁字，而夒字不用了，成為死字，但他们的原字都是㚁字。」（甲骨文考釋六則　古文字研究論文集八一頁至八二頁）

考古所　「㚁：殷先祖名。」（小屯南地甲骨八三九頁）

姚孝遂 肖丁 「此均为祭祷于『䖒』之占卜。『䖒』为殷人祭而祈年的主要对象之一。『䖒』与其它先公不同之点在于：从未見有『䖒』为『㞢』为『希』之例。」（小屯南地甲骨考释九頁）

劉釗 「『䖒』应有『擾』义，『䖒方』即骚扰方方。」（卜辞所見殷代的軍事活动，古文字研究十六輯八一頁）

按：字隸可作「䖒」，釋「伐」、釋「虣」、釋「虢」、釋「組」、釋「擾」，均不可據，與「𢦏」更了不相涉。于先生釋「𧆞」，論其形義甚詳。其用作名詞者為先公名，與「夒」斷非一人。其用作動詞者，為「伐擊」義。

牛 □ □

羅振玉 「說文解字：『告，牛觸人，角著橫木，所以告人也。』卜辭中牛字或从二或从乚，乃象著橫木之形。其文曰『十牛』，曰『□牛』，知亦為牛字矣。」（殷釋中二十六葉）

王襄 「說文解字：『牛，事也，理也，象角头三封尾之形也。』（依段氏本）契文之牛上象二角，下象封与尾之形，角上或著木。又告字下云：『牛觸人，角著橫木，所以告人也。』契文牛之或体作□、□，為著木形，与許說合。而篆文告所从牛字無著木之形，此亦字形与說不合者。按卜辭所見家畜野兽名皆為象形字。惟牛字不然，其初文象形字至殷已亡或不习用，□、□、□皆后者也。然父癸尊之□、牛觚之□，皆為牛之象形字，牛首鼎之□為牛首形，以羊首為羊字之例相証，应是牛字。許书羊字下引孔子曰：牛羊之字以形举也，東周之季象形牛字尚存，故孔子云然，而契文無之，其故难說。」（古文流变臆說六五——六六頁）

于省吾說参□字条下。

黄錫全释牛，参□字条下。

按：王筠說文釋例以為牛字「象自後視之之形」是對的。古文牛羊鹿兕諸字，均突出其角之特徵。文字乃係典型化、綫條化、規範化之符號，起源於圖畫，但不能等同於圖畫。必須按原物苛求，勢將迂曲難通。

其作□□□□者，則一牛、二牛、三牛、四牛之合文，不必曲爲之解。或以爲即說文犕、犙、牭諸字，非是。□□□□諸字之上從無冠以數字者，□、□等字亦然。甲骨文編（科學院本六一三頁）列入合文是正確的。前五．四六．一「王貞：：以：：其十：：□」，或連讀作「其十□」，誤。

1546 □

按：合集六八七七、六八七八均有「伐□□□」之記載，乃方國名。

1547 □ □

按：合集一二四五○辭云：「□于祖辛」，為祭名。

1548 牢 □

羅振玉 「牢為獸闌，不限牛，故其字或从羊□，或变作冖，或变作宀，遂與今隸同矣。其从□者亦見禹子卣。」（殷釋中十三葉）

王襄 「說文解字：『牢，闲也，养牛馬圈也。从牛冬省，取其四周帀也。』契文之牢象养嘼之闲，所养者若牛若羊不定，故字或从牛或从羊。貉子卣作□，从牛，牢爵作□，从羊，例同。□意是象闲形，开其一面，以利出入。契文与小篆所从之一是横木，防獸之逸去，与開字从卄象植兩木形以稽人之出入同誼，非冬省也。冬之形誼与牢无关，或从冖、冂為□□之变体，象交覆深屋之形，益可證□非冬省。」（古文流变臆說六八——六九頁）

孫海波 「說文：『牢，閑養牛馬圈也。』牢為獸闌，不限牛，故其字或从羊。卜辭大牢

作牢，小牢作宰」。（文編二卷五葉）

胡厚宣 「武丁時關於祭祀用牲之卜辭中，有成語曰『牢㞢一牛』：

（辭1）甲申卜，貞羽（翌）乙酉㞢于且（祖）乙，牢㞢一牛，㞢𡆥（縠），（前一·一〇·三）

（辭2）貞羌三人，卯牢㞢一牛。（粹五五七）

（辭3）貞牢㞢一牛。（前五·一一·八）

此成語自廩辛康丁以後，所見益多，而皆變為『牢又一牛』：

（辭4）口口卜，召（魯）且乙牢又一牛。（粹二四四）

（辭5）匕（妣）庚召牢又一牛，王受又（祐）。（佚二五一）

（辭6）貞叀牢又一牛。用。大吉，（院二〇三五）

（辭7）貞牢又一牛。（院二〇一二）

此廩辛康丁時卜辭也。

（辭8）卯牢又一牛，王受又。（佚二〇一）

此武乙文丁時卜辭也。

（辭9）☐羌口人，𢀛一卣，卯牢又一牛。

（辭10）其牢又一牛。

（辭11）其牢又一牛。

（辭12）其牢又[一]牛。（庫一八九八）

（辭13）其牢又一牛。丝（茲）用。

（辭14）其牢又一牛。（續二·二四·二）

（辭15）其牢又一牛。

（辭16）其牢又一牛。（前五·三九·三）

（辭17）其牢又[一][牛]。

（辭18）其牢又一牛。（甲二·一六·七）

（辭19）[其]牢[又][一]牛。

（辭20）其[牢]又一[牛]。（後下五·四）

（辭21）其牢又一牛。

（辭22）[其]牢[又]一牛。（契三四九）

（辭23）其[牢]又一[牛]。丝用。（契三五〇）

（辭24）其[牢]又一牛。（契三四八）

（辭25）囗牢囗曰牛。（契三八五）
（辭26）其牢又一囗。（契三六一）
（辭27）其牢又一囗。（庫一三九〇）
（辭28）囗牢囗曰牛。（粹五四五）
（辭29）其牢又一牛。（粹五六〇）
（辭30）囗囗又一牛。（續二·二五·三）
此帝乙帝辛時卜辭也。此外亦言「大牢一牛」。
（辭31）乙亥，貞又彳歲于且乙，大牢一牛。（院八〇六）
此廩辛康丁時卜辭也。又言「一牢一牛」：
（辭32）一牢一牛。（粹五六五）
此武乙文丁時卜辭也。

「牢」即一牢，此由成語言「牢又一牛」，又言「一牢一牛」可證。「牢㞢一牛」即「牢又一牛」，「㞢」之義在此與「又」同，他辭言「旬㞢二日」「九旬㞢一日」「俘人十㞢五人」……「俘人十㞢六人」，「㞢（有）往芻自益，十人㞢二」，「卒（禽）鹿五十㞢六」，「卒二百㞢九」，皆其例也。「大牢一牛」與「一牢一牛」，其「又」字皆省。言「大牢」者，與「牢」同。蓋卜辭通例：牛稱「牢」，又稱「大牢」；羊稱「宰」，又稱「小宰」。「牢」上不必盡冠以「大」字，而凡戴有「大」字者，必作「牢」；「宰」上不必盡冠以「小」字，而凡戴有「小」字者，必作「宰」，與大戴記「牛曰大牢，羊曰少牢」之說合。知「牢」「宰」有別，而「牢」與「大牢」皆謂牛，義實不異。故「牢㞢一牛」，「牢又一牛」，「一牢一牛」，皆謂一牢另一牛也。

「牢」字舊注或以為牛羊豕：
周禮天官宰夫：「以牢禮之灋」。鄭注：「三牲牛羊豕具為一牢」。
國語周語：「饋九牢」。韋注：「牛羊豕為一牢」。
又齊語：「環山於有牢」。韋注：「牢，牛羊豕也」。
或以為羊豕：
儀禮少牢饋食禮：「佐食上利升牢」。鄭注：「牢，羊豕也」。
又：「佐食取牢」。鄭注：「牢，羊豕也」。
或以牛羊豕為大牢：
山海經西山經：「大牢」。郭注：「牛羊豕為大牢」。
呂氏春秋仲夏紀：「以大牢祀于高禖」。高注：「三牲具曰大牢」。

淮南子脩務訓：「如饗大牢」。高注：「三牲具曰大牢」。今案其說皆秦漢以來之禮制，非朔義也。卜辭言「牢又一牛」，絕無言「牢又一羊」或「牢又豕」者，則「牢」者必祇為牛也可知。且卜辭言「牢又一牛」，又言「大牢一牛」，「牢」與「大牢」之義同，字從牛，舊籍謂「牛曰大牢」，亦可證其必為牛之專稱。又卜辭祇言「牢又一牛」，絕無言「牢又二牛」者，則「牢」者決不能過於二牛。又卜辭特言「牢又一牛」，而不稱之為「二牢」或「二牛」，則「牢」者亦決不能即為一牛。國語晉語曰：「子為我之特羊之饗」。韋注曰：

凡牲一為特，二為牢。

以二牲為「牢」，於卜辭最可通。疑其說必有依據而言者。卜辭中卜用牲之以次遞增者，或「牢」與「牢又一牛」並舉：

（辭33）癸巳，于滴杏牢。

牢又一牛。（佚一六七）

此廩辛康丁時卜辭。

（辭34）丙子卜，貞武丁[回]其[牢]。一

其牢又一牛。二

（辭35）癸卯卜，[貞]□□[回][其][牢]。一

其牢又一牛。兹用。二

（辭36）甲辰卜，[貞]□□宗日[其][牢]。兹[用]。一

其牢又一牛。二

（辭37）□□卜，貞□□日其[牢]。一

其牢又一牛。二

（辭38）癸巳卜，貞且甲日其牢。一

其牢又一牛。二

（辭39）甲午卜，貞□□宗日其牢。一

其牢又一牛。兹用。二

（辭40）□□卜，貞□丁日[其]牢。[兹]用。一

其牢又一牛。二（通六十四）

（辭41）其牢。

其牢又一牛。（契三六〇）

舉：

此帝乙帝辛時卜辭。「牢」即二牛，「牢又一牛」即三牛也，或「牢一牛」與「二牢」並舉：

（辭42）牢一牛。

二牢。（粹五六七）

此武乙文丁時卜辭。「牢一牛」即三牛，「二牢」即四牛也。或「牛」，「牢」，「牢又一牛」，「二牢」並舉：

（辭43）匕癸歲，叀牛。

牢。

牢又一牛。

二牢。大吉。（明義士藏）

此亦武乙文丁時卜辭。「歲」，祭名，「叀」為用牲之法，義為斷首，「叀牲」與「伐人」之「伐」略同。此卜歲祭於妣癸，叀牲，用牛乎？用牢乎？用牢又一牛乎？用二牢乎？及得兆之後，惟「二牢」為大吉，或即從而用之。其牲數亦以次遞增，而「牛」即一牛，「牢」即二牛，「牢又一牛」即三牛，「二牢」即四牛也。凡此皆可證「牢」之必為二牛，而韋氏「二為牢」之說為不誤。

然武乙文丁時卜辭又曰：

（辭44）其鼻新鬯二牛用，卯。叀牢用。（粹九一〇）

以「牢」與「二牛」對舉，則兩者仍當有別。疑「牢」者當專指一牡牛與一牝牛而言，故與普通之二牛異也。

據余所統計，卜辭中以牛祭者，十牛以上，或十五牛，或廿牛，或卅牛，卌三牛，或卌牛，或五十牛，或百牛，或三百牛，或四百牛。最多者或至五百牛。以牢祭者，十牢以上，或十五牢，或廿牢，或卅牢，或五十牢，或五十五牢，或百牢，最多者或至三百牢。以「二為牢」之例推之，則「三百牢」者當為六百牛，殷人祭祖，至於用牛六百，此其規模已良可觀矣」。（使語所集刊八本二分釋牢）

吳其昌「卜辭通例：牛稱『大牢』，羊稱『小䍿』。『牢』上不必盡冠以大字，而凡載有『大』字者必作『牢』。『䍿』上不必盡冠以『小』字，而凡載有『小』字者必作『䍿』。此蓋數十條見而未嘗紊，僅有一處偶誤而已。舉『大牢』之例而言之，如云：『庚戌貞，辛亥又（侑）丁。賁大牢，圍大牢，茲用』。（後一·二二·七）『圍大牢』。（佚四〇七）『叀大牢』。

（佚二四八）……等是也。此外則凡「其牢茲用」之「牢」字，不翅數百餘見，無不並同，絶無一次自紊而作「宰」者。至於卜辭中「小宰茲用」之例，尤見頻數。如云：「貞于宗，酒卅小宰。九月」（後一．二〇．八）「貞尞于土，三小宰，卯二牛，沈十牛」（前一．二四．三）「癸酉卜貞尞于藿，三小宰，卯三宰。丙子卜貞酒藿，三小宰，卯三宰」（前七．二五．三）「□□卜𣪘貞，尞于藿，小宰」（續一．四九．二）「癸亥貞，其又（侑）匚于示壬，尞三小宰」（續一．六．二）「求年于邑，□羊，尞小宰，卯一牛」（續一．四一．六）「戊□卜貞，王宜大丁奭妣戊，歲小宰，亡尤」（續一．九．四）……求年于大甲，十宰，且乙，十小宰」（後一．二七．六）「㞢于南庚，叀小宰」（前一．二四．一）「□□卜𣪘貞，今日酒，小宰，于父乙。（小乙）」（續二．二一．五）「貞于兄丁，（小丁）小宰」（鐵一〇一．三）「癸酉卜貞尞于丁，五小宰，卯五牛」（前二．二一．四）「丁未卜□，尞于丁，十小宰，卯十□」（燕二四三）「貞御子弓大己小宰。十月」（前四．一六．六）……等，可見上自「土」（相土）起，下訖武乙之世（子弓或以謂武丁子），其祭享也，率皆可以小宰矣。此外或刑小宰以禱雨，如云：「叀小宰，又（有）大雨」（前四．四二．六）「叀小宰，又（有）雨」（佚六五一，又八〇四，兩見）「叀小宰」（戩二三．二）「叀小宰」（戩二三．一三）其「叀小宰」之語，且與前一．一四．一同文。或刑小宰而不知所旨，如云：「□□卜貞，禁三小宰」（林一．一八．一三）「叀小宰」（續二．一六．八）……歲小宰十五，又伐……」（佚七八）「歲小宰」（漸二六一）「冊小宰，今日酒」（燕二八八）此外尚有數處見「小宰」字，（如前六．二九．八，後一．二六．六，燕三四一，又三四五，續二．一九．二，又二．二五．七等）總之，其「宰」字無一不從「羊」也。惟有一片文云：「貞翌辛未，其㞢于血室，三大宰。九月」（鐵一七六．四）此「三大宰」非「三大牢」之誤文，即「三小宰」之誤文，此但偶然微誤耳。要不足以破茲通例也。蓋殷人見羊小于牛，故目牛以「大牢」，而呼羊為「小宰」，乃最順自然之常情矣。以此常情自然之古義，衡以秦漢以後經訓家之詮詁，則多見其齟齬盧造耳。惟儀禮少牢饋食禮賈疏引鄭玄儀禮目錄云：「羊、豕，曰少牢」。此為最近古義矣。其餘如桓公八年公羊傳何休解詁云：「牛、羊、豕，凡三牲曰太牢。羊、豕，凡二牲，曰少牢」。郭璞本之，注山海經西山經云：「牛、羊、豕為太牢」「羊、豬，為少牢也」。不以牢之大小當「太」「少」，而計牲之多寡解「太」「少」，知其於古義直無所得耳。自檜以下，魏高誘注呂覽仲夏「以太牢祀于高禖」，注淮南脩務「如饗太牢」，並云：「三牲具，曰太牢」。晉杜預注桓公六年左氏傳云：「太牢，牛、羊、豕也」。亦無識焉爾。

吾曹所應注意者：卜辭記牲牷種類，武丁以上，先王之祭犧，宰多而牢少，無慮三與一之比率。自帝乙、帝辛之時，每祭先王，殆無不曰「其牢茲用」，以是「宰」幾不復再見。而龐然大牢，或羊（騂）或物（雜色牛），又無不求其精好，中葉與叔世，敦樸與靡奢之相去，益

於此亦可睹其消息也』。（殷虛書契解詁第一八八——一九○葉）

陳夢家　「卜辭牢、宰、寓並泉、彝皆从冂，象平地上以圈柵為欄。說文『牢，閑養牛馬圈也』，『圈，養畜之閑也』，『檻，一曰圈也』。牢、圈、檻、閑為畜養之所，同時亦為監獄之名。養豕於廁，所以晉語『少溲於豕牢』，韋注云『豕牢，廁也』。此等畜養之處，後世是渠室為之。在古代亦有利用山谷洞穴之處：說文『阹，依山谷為牛馬圈也』，蕭該漢書楊雄傳音義引三蒼云『因山谷為牛馬圈謂之阹』，集韻『廬，山旁穴』』。（綜述五五六葉）

李孝定　「說文『牢閑養牛馬圈也从牛冬省取其四周帀也』。絜文大牢作□，小牢作□。如諸家言，其義則為用牲之名，其形則如許說，蓋許說字之本義。卜辭牲名之義，乃由本義所引申。所謂从冬省者，實象牢形，即許言『取其四周帀』者是也。冬省說，非。卜辭言牢若宰，必兼他牲言之。殷虛文字第一頁一版『羊一小宰俎』，羊與小宰並言，是證宰非特羊（注一）。周禮大行人『禮九牢』，注『三牲備為一牢』。呂覽仲夏『以太牢祀於高禖』，注『三牲具曰太牢』。儀禮少牢饋食禮鄭目錄云『羊豕曰少牢』。賈疏『云羊豕曰少牢者，對三牲具為大牢。若然，豕亦有牢稱。故詩公劉云『執豕於牢』。下經云『上利升牢心舌』，注云『牢羊豕也』。是豕亦稱牢也。但非一牲即得牢稱。一牲即不得牢名，故郊特牲與士特牲皆不言牢也』。據此，則牢為牛羊豕三牲具也（注二）。金文牢作□貉子卣□爵文□古鉢「旅牢」。前二者與絜文同，鉢文則同於今隸矣。牢之本義為養畜之圈，不限牛馬。詩公劉『執豕於牢』，漢書東夷傳『王令置於豕牢』，楚辭『亡羊而補牢』。可證卜辭牢、宰於用牲之義有別。至宰之音讀，則不可知』。（集釋○三一五葉）

勞榦　「从字形上看，牢字从牛，宰字从羊，它们的原始意义，『牢』是牢中養着的牛，『宰』是宰中養着的羊，应該是沒有问题的。但甲骨文和造字時代，已经有了一段距离，而且，這二个字的用法，虽則大致上还有分别，不过在有些地方，也不免相混了。譬如：丙編四一六，即以『一牛』和『宰』对貞，在那二条对貞卜辭之中，自『宥』字以下，除了一作『一牛』；一作『宰』以外，其余的文字，完全相同。這似乎显出『宰』的意义，已經和『一牛』相当的了，很可能這个『宰』字，已經和那个『牢』字混用了。正因为這两个字，在甲骨文時代，已經有了相互混用的現象，所以才有『大』和『小』的形容詞来指定它們。此外，如『宰』和『小宰』二名同見於一辭之中，那个『宰』字，恐怕也与『牢』字相混了，它和『小宰』应該是有分别的，並非一般人所說的『宰』就是『小宰』之省。不過从一般的情况看来，牢指牛，宰指羊，大致上还是可以說得過去的。至於牢和牛，宰和羊的分别，恐怕不在於数目，上，或种类上的不同，而是牢或𡧱中特意護養着的牛或羊，是專門為了供作祭祀之用的，所以稱之為『牢』或『𡧱』。而卜辞中称為『牛』或『羊』的那些，可能並不是專門为了祭祀之用，而經過一番特意護養着的牛羊，它们可能就是普通牧放中的牛羊，也可能是臨時徵收来的。不過有些学者，还是相信傳統的舊説，以牛羊豕三牲为大牢；以羊豕二牲为小牢。」（殷代的祭祀与巫術，历史語言研究所集刊四七五——四七六頁）

張秉权

「（26）贞：来庚戌㞢于示壬妾妣牝、羊匕、豝？（续一·六·一）

（27）甲申卜，御帚鼠妣己牝牡？

一牛御帚鼠妣己？

一牛一羊御帚鼠妣己？（前一·三三·七）

（30）贞：我囗凡牛⊕羊⊕豕⊕？（丙编三五一）

（38）辛巳卜，贞：㞢示𡆥自上甲一牛帚佳羊帚佳彘？（续一·四·一）

（179）壬辰卜，羽甲午賁于蚰羊㞢豕？（前四·五二·四）

（191）癸未卜，𣪘贞：賁黄尹一豕一羊卯二牛𠕋五十牛？（丙编一七七）

（198）肜夕二羊二豕宜？

肜夕一羊一豕囗？（丙编一一七）

（259）乙亥卜，𣪘贞：今日賁三羊三豕三犬？（乙编三四二九）

（329）甲申卜，贞：羽乙酉㞢于祖乙牢㞢一牛㞢青？（前一·一〇·二）

（332）贞：其𡧱又一牛？（续二·二二·二）

（335）庚寅卜，贞：其大𡧱？（佚三〇八）

（336）叀小牢？（甲编三八九）

（337）其𡧱又一牛？

小牢王受又又？（前六·四·五）

（340）羽乙巳㞢于祖乙𡧱㞢牝？（丙编三一七）

（350）于子庚御余㞢𡧱又𠬝？（乙编四五二一）

（362）丁亥卜，㞢于河二牛二𡧱？（续一·三六·二）

（369）贞：羽辛未其㞢于血室三大𡧱？九月。（铁一七六·四）

（372）三𡧱夾三羊？

二𡧱夾二羊？（续二·二二·五）

（376）贞：三小𡧱卯三牛？

癸酉卜，贞：賁于羔三小牢卯三牢？
丙子卜，贞：酒羔三小牢卯三牢？（前七·二六·一）
（377）贞：乎帚㞢于父乙牢册三牢㞢艮？（丙编一八二）
（382）☐（御），小辛三牢又戠二☐？（前一·一六·五）
（416）辛酉卜，争贞：今日㞢于下乙一牛册十黎牢？
贞：㞢于下乙（牢）册十黎牢？（丙编三〇四）

……牢或宰是祭祀中的牺牲，是没有问题的，但这究竟是些什么样的牺牲？却须再加检讨，根据传统的说法，大牢是指牛羊豕三牲具备而言的；少牢即小牢是指羊豕二牲合备而言的。如：

周礼天官宰夫：“以牢礼之法”。郑注“三牲牛羊豕具为一牢”。

国语周语：“馈九牢”。韦注：“牛羊豕为一牢”。

国语齐语：“环山於有牢”。韦注：“牢，牛羊豕也”。

国语越语：“天子举以大牢”。韦注：“大牢，牛羊豕也”。

山海经西山经：“大牢”。郭注：“牛羊豕为大牢”。

淮南子脩务训：“如飨大牢”。高注：“三牲具曰大牢”。

仪礼少牢馈食礼：“少牢馈食之礼”。郑注：“礼将祭祀，必先择牲，繫于牢而芻之，羊豕曰少牢，卿大夫祭宗庙之牲”。

又：“佐食上利升牢”。郑注：“牢，羊豕也”。

又：“佐食取牢”。郑注：“牢，羊豕也”。

在上列的那些文献中：有单称“牢”的，有称“大牢”的，也有称“少牢”的，而注疏家们，对于单称“牢”的那些材料；有时把它解说成包括牛羊豕的大牢，有时又把它解说成包括羊豕的少牢。可见牢字有时可指大牢而言；有时亦可指少牢而言。所以牢字之前，如果没有“大”或“少”等形容辞加以指明时，它的意义就不十分清楚了。因为它可以指牛羊豕而言，也可以指羊豕而言，在解说的时候，就不免要用望文生义的办法，来指定它所含的成分了。以牛羊豕为大牢；以羊豕为少牢，原是秦汉以来的一种说法。能否适合于卜辞时代的殷商礼制，原是一大问题。因此，近人胡厚宣氏认为牢是专指一牡牛与一牝牛而言的，他说：

“牢”字旧注或以为牛羊豕……今案其说皆秦汉以来之礼制，非朔义也。卜辞言“牢又一牛”，绝无言“牢又一羊”或“牢又一豕”者，则“牢”者必为牛也可知。且卜辞言“牢又一牛”，又言“大牢一牛”，“牢”与“大牢”之义同，字从牛，旧籍谓“牛曰大牢”，亦可证其必为牛之专称。又卜辞只言“牢又一牛”，绝无言“牢又二牛”者，则“牢”者决不能过于二牛。又卜辞特言「牢又一牛」，而不称之为「二牢」或「二牛」，则「牢」者亦决不能即为一牛。

国语晋语曰：「子为我具特羊之飨」。韦注曰：

凡牲一为特，二为牢。

以二牲为「牢」，于卜辞最可通。疑其说必有依据而言者。……

然武乙文丁时卜辞又曰：

其异新鬯二牛用，卯。

叀牢用。（粹九一○）

以「牢」与「二牛」对举，则两者仍当有别。疑「牢」者当专指一牡牛与一牝牛而言，故与普通之二牛異也。（集刊第八本第二分释牢PP.一五五——一五七）

又说：

「大牢一牛」与「一牢一牛」，其「又」字皆省。言「大牢」者，与「牢」同。盖卜辞通例：牛称「牢」，又称「大牢」；羊称「𡧱」，又称「小𡧱」。「牢」上不必尽冠以「大」字，而凡戴有「大」字者，必作「牢」，「𡧱」上不必尽冠以「小」字，而凡戴有「小」字者，必作「𡧱」，与大戴记「牛曰大牢，羊曰少𡧱」之说合。知「牢」「𡧱」有别，而「牢」与「大牢」皆谓牛，义实不异。（同上P.一五五）

胡氏的说法，看起来是很可以讲的通的，所以也有不少的人，是信从他的。但是细细地推究起来，也还有不少问题。他引证韦氏国语晋语注的「凡牲一为特，二为牢」，来支持他的牢为二牛的说法，可是韦氏在同书的齐语、周语和越语注中一则说：「牢，牛羊豕也」，再则说：「牛羊豕为一牢」，那末韦氏所说的「凡牲一为特，二为牢」，恐怕是指牲的种类一为特，二为牢，而不是指一头牛或一只羊为特；二头牛或二头羊为牢的吧。况且胡氏以齐语和周语中的韦注为「秦汉以来的礼制」，而「非朔义」。却又认为晋语中的韦注「必有依据」，取舍之间，未免有些成见。自然，在他看来，这个「依据」是在卜辞中可以找出来的。那末且看他对卜辞中的「牢」的解说，他首先从「卜辞言：『牢又一牛』，绝无言『牢又一羊』或『牢又一豕』者」，来推断「牢」必为「牛」，再从「卜辞只言：『牢又一牛』，绝无言『牢又二牛』者」，来推断「『牢』者决不能过于二牛」，又从「卜辞特言『牢又一牛』，而不称之为『二牢』或『二牛』」，来推断「『牢』者亦决不能即为一牛」。这样地层层推论，可以说是很聪明的，而胡氏对于卜辞材料的熟悉，又是人所共知的，所以此说一出，信者极多。其实，他的说法，最主要的依据，是在卜辞「牢又一牛」那句话上。如果卜辞中「牢又一牛」的情形，并不像他所说的那样简单，那末他的主论基础，岂不失去了依据？现在再看卜辞的实际情形。诚如胡氏所说，卜辞中没有见过「牢又一羊」或「牢又一豕」的句子，但这并不能证明「牢」必为「牛」；更不能证明必为二牛，而且是一牡一牝。因为卜辞中还有着「牢出一牛出青」（见上，例329），「三牢又戠二」（见上，例382），「𡧱又𠬝」（见上，例350；377），「𡧱又一牛」（见上，例332），「𡧱出牝」（见上，例340），「二𡧱点二羊」「三𡧱亦三羊」（见上，例372），「二牛二𡧱」（见上，例362）等等的句子，其中任何一条卜辞，都足以否定胡氏的说法。他说卜辞中没有「牢又一羊」，但是现在却有「二𡧱点二羊」「三𡧱点三羊」，而且相反地更有「𡧱又一牛」、「𡧱出牝」、「𡧱由黎牡」、「𡧱曰黎」、「二牛二𡧱」。他说卜辞只有「𡧱又一牛」，但是事实上卜辞中还有「牢出一牛出青」、「三牢又戠二」、「𡧱又𠬝」等等。他说卜辞中的「大牢」和「牢」没有分别，「牢」就是「大牢」之省；「小𡧱」和「𡧱」没有分别，「𡧱」就是「小𡧱」之省。但是事实上，卜辞中不但有被他列入误字例中的「大𡧱」（见上，例335和例369），而且还有「小牢」（见上，例336和例337）。这些例子虽不太多，如果尽以「误刻」来作解说，似乎也不太妥当。何况卜辞中更有「𡧱」与「小𡧱」同见一辞（见上，例376），如果没有分别，为什么一作「𡧱」；另一却作「小𡧱」，而且在它的对贞卜辞中，情形亦复如此。这些，都是胡氏的说法，在卜辞中遭遇到的困窘。再就理论上说，他说「牢」是「二牛」，而且是「专指一牡牛与一牝牛而言」；「牢又一牛」是三牛。但是卜辞中却有牝牡的合文（见上，例27），为什么不称之为「牢」？此外，卜辞中用「二牛」「三牛」之辞很多，难道这些都是牡的或者牝的？况且卜辞中用四牛以上，如「十牛」「廿牛」「卅牛」「卌牛」「五十牛」「百牛」「三百牛」乃至「千牛」的例子，多不胜举，难道的那么多的牛群中，就没有一对牡牛与牝牛？如果有，又为什么不称之为「牢」呢？因此，牢为专指一牡牛与一牝牛的说法，在情理上，也是说不过去的。所以胡氏之说，似乎还有重行考虑的必要。那末卜辞中的「大牢」「小𡧱」或「大𡧱」「小牢」，是不是像秦汉以来的传统说法那样以牛羊豕为大牢；以羊豕为小牢的呢？按照卜辞中的材料看来，也是有问题的，譬如上举例26、30及38，以牛羊豕并举，而不称之为大牢或大𡧱；又如例179、191、198、259等辞中，以羊豕并举，而不称之为小牢或小𡧱。从字形上看，牢字从牛，𡧱字从羊，那末这二个字，究竟应该怎样解释，才合于卜辞中的意义呢？从字形上看，「牢」字是牢中养着的牛，「𡧱」字是牢中养着的羊，应该是没有问题的。但甲骨文和造字的时代，已经有了一段距离，而且，这二个字的用法，虽则大致上还有分别，不过在有些地方，也不免相混，譬如上举的例416中，即以「一牛」和「𡧱」对贞，在那二条对贞的命辞之中，自「出」字以下，除了一作「一牛」；一作「𡧱」以外，其余的文字，完全相同。这似乎显出「𡧱」的意义，已经和「一牛」相当的了。很可能这个「𡧱」字，已经混用作那个「牢」字。正因这二个字，在甲骨文时代，已经有了相互混用的现象，所以才有「大」和「小」形容词来指定它们。此外，如「𡧱」和「小𡧱」二名同见于一辞之中，那个「𡧱」字，恐怕也与「牢」字相混了，它和「小宰」应该是有分别的，并非一般人所说的「宰」就是「小宰」之省。不过，从一般的情形看来，牢指牛，宰指羊，大致上还可以说得过去。至于牢和牛或宰和羊的分别，恐怕不在于数目上或种类上的不同，而是牢或宰中特意護养着的牛或羊，是专门为了供作祭祀之用的，所以称之为「牢」或「宰」。而卜辞中称为「牛」或「羊」的那些，可能并不是专门为了祭祀之用而经过一番特意護养着的牛羊，它们可能就是普通牧放中的牛羊，也可能是临时征收来的。」（祭祀卜辞中的牺牲中央研究院历史语言研究所集刊第三十八本一八六——二一五页）

白玉峥　「按：吴氏谓：凡大牢，字必作牢；小宰，字必作宰。然徵之卜辞，未必为然；如：佚一七六·四，佚二〇八，缀二·一二五等，其大牢字皆从羊作宰；又如：粹八二八，甲三八九，乙四五〇七、四六〇三，京五二四等，其小宰字皆从牛作牢。吴氏之说，无异闭门造车矣。」（契文举例校读十五中国文字第五十二册五七九三至五七九四页）

严一萍　「綜上所論，爰得其結論曰：

一、卜辭之牢，从牛与从羊为一字，其含义为一牛一羊，曰：「牢㞢一牛」者，为二牛一羊。

二、大牢当如旧說為一牛一羊一豕之共名。

三、少牢亦当如旧說為一羊一豕之共名。

四、羊豕犬等单名者，当如逸周书世俘所称，為「小牲」，与牢异。

五、用牢即不与他牲相共，如与他牲見於同一条卜辞内者，其用牲之方法，必不同。

六、羊豕同用不称少牢，牛羊豕同用不称太牢者，因陈牲之位置及排列分组等，与牢有不同之故。

明乎此，不特牢、太牢、少牢之义，釐然可辨；殷礼之有条理可寻，將不仅五种祀典而已也。」（牢字新义中國文字第九卷四三五一頁至四三五二頁）

姚孝遂　「「牢」专指牛，「宰」专指羊，但又有别于一般的牛或羊。然则，它究竟应如何正确地加以理解？陈梦家先生在卜辭綜述中曾提到：「甲骨文中有牢、宰、寓，前两者是牲品，乃指一种豢养的牛羊」五五六。尽管說得不够明确，也缺乏任何例証，但是已接近于正确的理解。郑玄早就曾经指出：「系养者曰牢」（見詩·瓠葉序箋）。

……卜辭所有「牢」或「𡧱」牢，不是用「牢閑」之本义，而是用其引申义，指系于牢閑之牛羊而言。

周礼·牧人：「凡祭祀，共其牺牲，以授充人系之。」鄭注：「授充人者，当殊养之。」賈疏：「牧人养牲，临祭前三月，授与充人繫养之。」

又牛人：「凡祭祀共其享牛、求牛，以授職人而刍之。」鄭玄謂「享，献也，献神之牛，謂所以祭者也。求，终也，终事之牛，謂所以绎者也。」鄭众則謂「求牛，祷于鬼神祈求福之牛也。」

又充人：「掌繫祭祀之牲牷，祀五帝，則繫于牢，刍之三月，享先王亦如之。凡散祭祀之牲，繫于國门，使养之。」

公羊传宣公三年：「帝牲在于滌，三月。」何休注：「滌，宫名，养帝牲三牢之处。」

基于上述，可見凡是用于祭祀之牺牲，必繫之于牢，经过特殊之饲养，所謂「衣以文繡，食以刍菽，」一般是十天到三个月。國語·楚語：楚昭王问于观射父：「刍豢几何？」对曰：「遠不过三月，近不过浃旬。」

……牛经过特殊饲养之后，則称為「牢」。作為祭牲，用「牢」要比用「牛」隆重：

「王其又于圉三牛，王受又？

五牛？

其牢？」 小南二六一七

此可以說明，一牢是較五牛為隆重。

「己酉貞，岳以牛其用自圉，汎大示叀牛？

己酉貞，岳以牛其用自圉，三牢汎？

己酉貞，……以牛其(用)自圉五牢？汎大示五牢 小南九

牛是由「岳」貢獻来的，其經过特殊飼養的就称之為「牢」，未經过特殊飼養的仍称之為「牛」。此亦可以証明牢只能是牛，而不能是牛羊豕。這种經过特殊飼養的牛羊，其大者謂之「大牢」、「大𡧱」；其小者謂之「小牢」、「小𡧱」。（牢𡧱考辨 古文字研究九輯三二頁至三四頁）

姚孝遂 肖丁 「卜辭「牢」、「𡧱」区分甚严，从不相混。「牢」為专门飼养之牛，「𡧱」為专门飼养之羊，均是為了供祭祀之用。詩·瓠葉序箋：「繫养者曰牢」，犹存「牢」之古义。周礼·牧人：「凡祭祀，共其牲牲，以授充人繫之」，鄭注：「授充人者，殊养之」。賈

疏：「牧人養牲，臨祭前三月，授充人繫養之」。又周礼·充人：「掌繫祭祀之牲牷，祀五帝，則繫于牢，芻之三月，享先王亦如之。凡祭祀之牲，繫于国门，使养之。」

凡屬較為隆重之祀典，則須用特殊飼养之牛羊，否則的話，甚至寧愿取消祀典。春秋宣公三年：「春王正月，郊牛之口傷，改卜牛，牛死，乃不郊」。足徵某些祀典，必須用經过特殊飼养之牲，不得以普通之牲代替。

「牢」、「窜」皆有大、小之别。「牢」之大者曰「大牢」，牢之小者曰「小牢」，「窜」亦如之。沱者多以為「大窜」、「小窜」為字之误，其說非是。」（小屯南地甲骨考释八七—八八頁）

姚孝遂 肖丁 「观第9片第(4)、(5)、(8)諸辞，「[illegible]」所进致者为「牛」。及至用为祭牲，則或称「牛」，或称「牢」。足徵「牛」与「牢」是有区别的。卜辞臣屬所进致者，但有「牛」、「羊」，从未見有进致牢、窜之例。古代祭祀，所用之牲，其經过特殊之飼养者謂之「牢」或「窜」，而未經特殊飼养者，則仍称牛羊。过去认为「牢」为特牲，或「牢」为牛、羊、豕三牲具，「窜」为羊豕等等，皆与卜辞之实际情况不符，关于此类之說解，详見《牢窜考辨》一文。」（小屯南地甲骨考释二四頁）

按：諸家均釋牢字，無異辭。問題在於牢字之含義。說文訓牢為「閑養牛馬圈」，乃後起引伸義。冂象牢闌之形，許慎以為从冬省，誤。甲骨文字或从牛，或从羊。卜辭大牢、小牢或作大窜、小窜，諸家或以典籍大牢、少牢說之；或以二牲為一牢，專指一牡與一牝而言，均非是。卜辭牢或窜，均得冠以大小，不必大牢作牢，小牢作窜。「牢」為專門圈養以供祭祀之牛，「窜」為專門圈養以供祭祀之羊。「大」、「小」均指牲之大小言之。說詳牢窜考辨。

1549

牡

羅振玉 「說文解字：『牡，畜父也，从牛土聲』。此或从羊或从犬或从鹿。牡既為畜父，則从牛从羊从犬从鹿，得任所施。牡或从鹿作麈，猶牝或从鹿作麀矣。又牡字从丄，丨即古文十，乃推十合一之士，非从土地之土。古者士與女對稱，故畜之牡亦从士」（殷釋中二十七葉）

王国維「牡，案說文云：『畜父也，从牛土声。』然詩三百篇，牡在尤韵，不与土同部。卜辞牡字皆从⊥，⊥古士字。孔士云：推十合一为士，士字正丨（卜辞十字）一两字之合也。古者士在之部，牡在尤部，之尤二部音最相近，牡从士声，形声兼会意也。士者男子之称，古多以士女连言，牡之从士与牝之从匕同意，匕者妣也。」（戩寿堂所藏殷墟文字考释第六十七頁）

王國維「說文：『牡，畜父也。从牛，土聲。』案：牡，古音在尤部，與土聲遠隔，卜辭牡字皆从⊥，⊥，古士字。孔子曰：『推十合一為士。』⊥字正丨（古文十字）一之合矣。古音士在之部，牡在尤部，之、尤二部，音最相近。牡从士聲，形聲兼會意也。士者，男子之稱，古多以士女連言，牡从士與牝从匕同。匕者，比也，比於牡也。」（觀堂集林卷六第十三葉釋牡）

郭沫若「然則祖妣之朔為何耶？曰祖妣者牡牝之初字也。……王國維釋牡……余案：『匕者比也』迺後起之說，其在母權時代，牡猶不足以比牝，遑論牝比於牡。『推十合一』之說亦必非士之初意。孔子之意殆謂士君子之道由博返約，然士為士女之士，實遠在士君子之士以前。故此與『一貫三為王』之說實不免同為望文生義之解釋。⊥若果為十與一之合，則土亦何不可為十與一之合耶？據余所見土、且、士實同為牡器之象形。土字古金文作⊥，卜辭作⊥，與且字形近。由音而言，土、且復同在魚部，而土為古社字，祀於外者為社。祖與社二而一者也。士字卜辭未見，从士之字如吉，於作吉形（後上十九葉四片）之外，多作吉（後下九葉一片）若吉（林二卷十葉一至四片）吉（前五·十六葉四片）吉（同上）諸形，是士字古亦作⊥⊥若⊥矣。……此由形而言與土、且實無二致。士音古雖在之部，然每與魚部字為韻。如射義禮記引詩『曾孫侯氏』八句以舉、士、處、所、射、譽為韻，詩常武首章以士、祖、父、武為韻（本作「戒」不入韻），（據江有誥校改。以射義按之，當以士字入韻為長。段玉裁、王念孫入韻，江）是士字古本有魚部音讀也。……則如士字蓋古本讀魚部音而轉入之部者也，未可知。牡从土聲而讀在尤部者，亦同此說。（尤、魚二部亦有為韻之例，如民勞二章以怓韻休、逑、憂、休者是也），是故士女對言，實同牡牝、祖妣。而殷人之男名『祖某』，女名『妣某』，殆以表示性別而已。」（甲研釋祖妣九至十一葉）

楊樹達「甲文有牡麀字，羅振玉云：『說文，牡，畜父也，从牛，土聲。此或从羊，或从犬，或从鹿。牡既為畜父，則从牛从羊从犬从鹿得任所施。牡或从鹿作麀，猶牝或从鹿作麀矣。』又有䍧、豝、駝諸字，羅氏又云：『說文牝，畜母也，从牛，匕聲。』母畜對牡而稱牝，殆猶母對父而稱匕。羊豕犬亦有牝，故或从羊，或从豕，或从犬，或从馬。詩麀鹿之麀，乃牝之从鹿者，與⿰羊匕⿰豕匕牝⿰馬匕諸字同，乃諸字皆廢而麀僅存，後人不識為牝之異體而別構音讀，蓋失之矣」。

樹達按自羅氏為此說，治甲文者靡然從之，略無異議。余於一九四〇年夏重讀甲文諸書，心竊疑焉。蓋以爾雅釋獸釋畜及說文牛部馬部諸文觀之，物色形狀，辨析綦詳，事偶不同，別為一字。蓋畜牧時代之殘遺也。假令牛羊鹿犬種類各殊，祇以牝牡相符，即為一字，以此校彼，詳略懸殊，揆之事情，殆不當爾。說母牛為牝，母鹿為麀，牝麀既不同文，牡⿰羊土⿸鹿土⿰豕土安能為一字？羅氏不據牝麀之不同，推求諸文之異字，乃反疑麀別為音讀也非，幾於以一手掩天下之目矣。故余據爾雅釋獸「鹿牡麚」之文釋⿸鹿土為麚，據「豕牝豝」之文釋⿰豕匕為豝，據釋畜「牡曰騭，牝曰騇」之文，釋⿰馬匕為騇，據「羊牡羒牝牂」之文，釋⿰羊土為羒，⿰羊匕為牂。嘗以其說書告郭君沫若，郭君復書深然余說。然余當時但據理推論，無確證也。近讀胡厚宣商史論叢殷代婚姻考引卜辭一則云：「辛巳，貞其桒生于妣庚妣丙，牡，⿰羊土，白豕？」又一則云：「□□貞□桒生于妣庚妣丙，圂，⿰羊匕，⿰豕匕？」（原文十七葉下粹編三九六片），今見一以牡⿰羊土連言，又其一以牝⿰羊匕⿰豕匕連言，若如羅說，文乃絕不可通，二辭不當為吾說作確切之證明，羅氏之言，不待攻而自破矣。文成後，得讀殷契卜辭載瞿潤緡說云：「⿰豕匕牝⿰馬匕牝⿰馬匕麀雖皆从匕，而種類各異，不必為一字。今⿰豕匕⿰馬匕⿰馬匕牝諸字不見於字書，然牝麀尚異其音讀」。（釋文六葉）知於羅說持異議者固有人也」。（續甲文說二至三葉釋⿸鹿土⿰羊土⿰羊匕⿰豕匕⿰馬匕）

馬叙倫

「又如他（指王國維）說牡字，根據了甲文裡寫做⿰牛丄和⿰羊丄，他以為是从士得聲，他說：「古音士在之部，牡在尤部，之尤二部音最相近，牡從士聲，形聲兼會意也。士者，男子之稱。古多以士女連言，牡從士與牝從匕同，匕者比也，比於牡也」。這是他不滿意於說文裡說的「從牛，土聲」，他以為土是士的錯誤。其實牝牡的初文是匕士，匕士又是也ㄗ的寫誤。（一也是「女陰」，說文裡說得對的。（清朝人有死爭它不是「女陰也」，說它是匜字的。這都因為女陰是很褻瀆的字面，其實造字的哪管這些事）「了」字說做「尥也」，就不曉得說到哪裡去了。）這定不是許慎的原文。連這部也怕不是許慎原本有的。「了」字當是ㄗ的變誤，ㄗ象男性的生殖器，甲文裡牡字寫做⿰牛丄，裡面的丄字就是△的省寫，正和「存」「在」本是一個字。「在」字裡的土字是乜字的變誤一樣」。也了本是男女生殖器的象形字，男性牛就加一個了字，女性牛就加上一個也字，做他們的名稱」。因為金甲文裡土字寫來和丄字一樣，所以說文裡會變做土．其實既不從土，也不從士，況且士是大的變誤詳在疏證裡，大和人是一個字，一古書士女連說的，是偕士做男，士字的發音在牀紐，古音牀紐歸在定紐裡的，男以田得聲．田的發音也在定紐」，怎樣可以人和牛會意做牡字」。（原流與傾向馬叙倫學術論文集一七一至一七二葉）

朱芳圃　「余謂⊥即矛之異文，金文𢼸字有作左列形者：

宅簋　召尊　小臣遊簋　師鼎　史𢼸壺

其所从之矛作⊥，是其明證。牡从⊥聲，諧同音也。」（殷周文字釋叢卷上第五十九葉）

李孝定　「說文『牡，畜父也。从牛，土聲。』又『牝，畜母也。从牛，匕聲。易曰「畜牝牛吉」。』許君之意牝牡實該他畜言之，蓋通偁也。故牝下引易以明其義。如牝但言牛母，則牝牛為不辭矣。又許書「特，朴特，牛父也」。（此據大徐本說解，小徐本作「特牛也」。）則牛父偁特，不稱牡也。羅氏於契文牡、⿰羊土、⿰豕土、麀諸文悉釋牡；牝、⿰羊匕、⿰犬匕、⿰馬匕、⿰豕匕、⿸虍匕、麀諸文悉釋牝，按之許書之例殆無可議（許書有麀字訓牝鹿，當別論）。然就契文立說，則楊氏之言是也。蓋通言則同，析言則別。許書之牝牡，通言之也；契文之牡、⿰羊土、⿰豕土、麀、牝、⿰羊匕、⿰犬匕、⿰馬匕、⿰豕匕、⿸虍匕、麀，則析言之也。卜辭諸文降及漢代殆已無傳，故許書不錄。至爾雅之麚、豝、騭、騇、羒、牂諸文，蓋為後起。（爾雅一書為後世經生解經之作，其成不自一人一代）說文亦兼錄諸文，唯無騇字，其義與爾雅亦大同小異。羊部『羒，牂羊也』，（段注改「牡羊也」）『牂，牡羊也』，（段注改「牝羊也」）豕部『豝，牝豕也。一曰二歲能相把拏也。詩曰「一發五豝」』。馬部『騭，牡馬也』。鹿部『麚，牡鹿也』。楊氏以此諸文分當契文諸字，其義極是。唯謂⿸鹿土即麚，⿰豕匕即豝，⿰羊匕即牂，⿰羊土即羒，⿰馬匕即騇，則仍采安。蓋釋古文字，當於形、音、義三者求之。今⿸鹿土、⿰豕匕、⿰羊土、⿰羊匕、⿰馬匕之與麚、豝、羒、牂、騇，其義固相同，其形殊不相涉。而卜辭諸文之音復渺不可求，固不能僅執其義類相同一點，遽仞為一字，而置形、音於不顧也。契文諸字，其用有別，識如楊氏之言。本書為甲骨文字典，自當以卜辭義例為主。謹師楊氏之意，除牝、牡二文收為牝牡外，其餘諸形分收於羊、豕、犬、馬、虎、鹿諸部之末，為說文所無字。契文牡字，蓋以牛士會意，士亦聲。郭說是也。馬氏謂从⊥為乙之省寫，匕士為也了之誤，更不惜虛構一〔 〕形之了字以實其說，迂曲無徵，說不可從。金文作牡刺鼎與小篆同」。（集釋〇二九七葉）

闻宥　「我们但看尔雅、广雅等所记：同样是『去势』，对马称騬，对牛称犗，对羊称羯，对豕称豮，对犬称猗；甚至同样是对牛，用椎的称劇，用刀的称劇。又看同样是雄性，牛称牡，羊称羒，鹿称麚，马称骘。这些文字虽然后起，但这些词语必是早有的。所以在甲文的时代，同样是蘿沈，对牛、羊、犬、豕等々不可能都读蘿；或者更可能都不读蘿。同样是雄性，对牛、豕、鹿，也不可能都读牡。高本汉在汉字谐声谱新编里否定了牡的『土声』是正确的。但他认为，在卜辞里，从牛有时也可以从羊或从鹿，都读为 mǝg，则仍是为王国维的说法所误。」（释牡，社会科学战线一九八一年一期三〇四页）

高明　「牛羊豕馬鹿犬皆为早期出现的象形字，甲骨文牛字写作『𐃒』（乙三三三一），羊字写作『□』（甲二三五二），豕字写作『□』（续一·三五·九），馬字写作『□』（京津一六八六），鹿字写作『□』（甲一二三三），犬字写作『□』（粹二四〇），多代表一种兽的名称，个性极为明显，彼此从不混淆。但是，作为汉字形旁，在古文字中却不分彼此，可互为通用。牡□（前一·二九·五）□（林二·一三·四）□（乙一七六四）□（前七·一七·四）牝□（鐵二三·一〇）□（粹三九六）□（前四·二一·五）□（佚六六四）逐□（粹九五七）□（前六·四六·三）□（佚六五八）牢□（甲五四〇）□（后一·二三·一四）□（宁沪一·五二一）牧□（粹一五二二）□（前五·四五·七）□（甲一四五九）

在现行的汉字中，这些用不同兽旁组成的异体字多已不见，只由其中一种兽旁代替。如牡、牝、牢、牧、犅等字均用牛旁，逐字用豕旁，这是后来逐渐规范的，古代汉字並不完全如此。

在古汉字中关于兽旁通用的问题，过去曾有不同的看法。罗振玉曾讲：『说文：「牡，畜父也，从牛土声」。此或从羊、从鹿、从犬，牡既为畜父，则从牛从鹿得任所施，牡或从鹿作麈，犹牝从鹿作麀矣』；又云：『说文：「牝，畜母也，从牛匕声」。以畜对牡而称牝，殆犹以对父而称匕，羊豕犬亦有牝，故或从羊、或从豕、或从犬，或从马。诗麀鹿之麀，乃牝之从鹿者，与[羊匕][豕匕][犬匕][馬匕]诸字同，乃诸字皆废而麀仅存，后人不识为牝之异体而别构音读，盖失之矣』。后来杨树达撰释麈[羊土][羊匕][豕匕][馬匕]一文对于罗氏意见予以驳难：『树达按自罗氏为此说，治甲骨者靡然从之，略无异议。余于一九四零年夏重读甲文诸书，心窃疑焉。盖以尔雅释兽释畜及说文牛部马部诸文观之，物色形状，辨析綦详，于偶不同，别为一字。盖畜牧时代之残遗也。假令牛羊鹿犬种类多殊，只以牝牡相偶，即为一字，以此拟彼，详略悬殊，揆之于情，殆不当尔。况以牛为牝，以鹿为麀，牝麀既不同文，牡[羊土]麈[犬土]安能一字？罗氏不据牝麀之不同，推求诸文之异字，乃反疑麀别为音读之非，几於欲以一手掩天下之目矣』。主此说者不仅杨氏一人，殷契卜辞瞿润缗释文亦谓：『[豕匕]牝[馬匕][犬匕]麀虽皆从匕，而种类多异，不必为一字』。按杨、瞿二氏之言均未尽然，汉字经秦朝整顿之后，多已规范，不能用秦以后已基本定形的字体衡量古文。例如逐字，甲骨文写作『□』、『□』、『□』等三种形体，如依杨、瞿之说，当为各逐不同兽类而制的专字，事实並不如此。如：『我其逐麋獲』（乙下一三〇·一四一〇·九），『贞逐六豕毕』（后上三〇·一〇），此二辞明言逐获麋豕，而所用的逐字皆从豕作『□』，足证杨、瞿之说不确。再如：『贞祖辛岁□牡』（后上二五·一一），『岁于祖乙牡三十□』，（甲二三八六），此二辞牡字从牛而□字从羊，如依杨、瞿之说，从牛从羊种类各异，那么这两次祭祀所用的牲畜则无法解释。还有人主张，卜辞中所谓『大□』，乃用牛祭，故字也从牛写作『牢』；『小□』用羊祭，故字也从羊而写作『□』。这也是一种误会，事实並不尽然。

如：「出于血室大牢」（铁一七六·四），「一小牢」（粹八二八），「其大牢」（佚三〇八），「九小牢」（南北明藏五一一），所举诸例恰同持上述意见者相反。从而可见，罗氏之言，虽证据嫌少，但确符合古汉字的实际情况。我们可越出甲骨和铜器铭文的范围，从古代文献中的用法方面，提供诸兽旁相互通用的例证。如：

⿰牛辛騂　小尔雅广诂：「⿰牛辛，赤也」；礼记郊特牲：「牲用騂，尚赤也」；集韵平清：「騂，牲赤色，或从牛」。

猑騉　尔雅释畜：「騉蹏趼，善陞甗」，郭璞注：「騉蹏如趼而健上山，秦时有騉蹏苑」；后汉书马融传广成颂：「绢猑蹏」，李贤注：「猑蹏，野马也」。

猏豜　晏子春秋谏上：「公子捷歎曰：接一搏猏，而再搏乳虎」；吕氏春秋知化篇：「譬之犹惧虎而刺猏」；集韵平先：「豜，或作猏豜」。

猼⿰羊尃⿰牛尃　山海经南山经：「又东三百里曰基山，有兽焉，其状如羊，九尾四耳，其目在背，其名猼訑」；玉篇羊部：「⿰羊尃，布莫切，⿰羊尃⿰羊它兽也，似羊九尾四耳，目在背上，或曰猼」。

猊麑貎　说文鹿部：「狻麑，兽也，从鹿兒声」；尔雅释兽：「狻麑如虦貓，食虎豹」。郭璞注：「即狮子也」；穆天子传卷一：「狻猊，野马，日走五百里」；玉篇鹿部：「麑，五兮切，狻麑狮子也，又作貎，猊」；豸部：「貎，五兮切，狻貎，或作猊」。

类似这样从不同兽旁的异体字，古籍中保存很多，诸如：麝⿰犭射（集韵去祃），麞獐（集韵平阳），麢⿰犭霝（集韵平青），麙⿰犭咸（集韵平咸），駱狢（集韵去祃），馲犵⿰豸乇（集韵入陌），犓犓（集韵入锡），豬猪（集韵去至）……均为牛羊豕馬鹿犬等诸兽旁古相通用之证。」（古汉字义近形旁通用例中国语文研究第四期三三——三五页）

陳初生　「『牡』字许慎谓从牛土声，段玉裁曰：『按土声求之，叠韵双声皆非是。』甲骨文作牡，郭沫若谓『牡』从士，士亦声，士（丄）为牡器之象形（详见甲骨文字研究释祖妣）。按『士』字古音在之部，与『牡』字古在幽部，相隔极近。西周刺鼎字作牡，即从士。然战国中山王墓出土的胤嗣𡔷盗壶字作⿰馬土，从馬从土，则讹士为土由来已久。」（商周古文字读本三〇三页）

于省吾说参⿰牛牛字条下。

按：「牡」乃合文，甲骨文有分書者可證，張秉權已論及之。兩周以後，始成為獨體字，合集一九九八七有牡字，當讀作「牝牛、牡牛」，此亦「牡」、「牝」均為合文之確證。

牝

王襄　「古牝字。牝或从豕、从犬、从羊、从虎、从馬，無一定，羅叔言先生云：麀亦牡之異體，後人別構音讀，失之。」（簠室殷契類纂第四葉）

孫海波　「□，後一．二五．一〇。匕形誤為刀。□，前一．三三．七。牝牡見合文二二。□，前五．四三．六。或从羊。□，明藏五六一。或从彳。□，鐵一五．一。或从豕。□，後二．五．一〇。或从犬。□，前六．四六．六。或从馬。□，甲二四〇。或从虎。□，乙一九四三．或从麃。（甲骨文編三四——三五頁）

李孝定　「說文『牝畜母也从牛匕聲易曰「畜牝牛吉」』。說詳前牡字下。徐灝段注箋牝下引戴侗說『牝，字牛也。象牛下有犢，與麀同』。徐氏復申之曰『牝與麀皆象獸乳子，故作重文為小牛、小鹿，非匕聲也。凡重文有作二者，如重子為孖，重犬為猋，重人為从，是也。有作匕者，牝與麀是也。漢碑兩字連用多作重點，即古之遺法也』。按金文之例，重文作二，如子＝、孫＝、數＝、熊＝（唐蘭釋㲋＝）之類。絜文每有此例，如習見之『王受出又』或作『王受又＝』，即『受又又』（上又與出通，下又則祐也）是也．然卜辭、金文均未見重文作匕者，惟今時行艸之法有之，即篆文亦無此例。其說雖新奇可喜，然不可據以說文字也。」（集釋〇三〇三葉）

張秉权　「……像这种牝牡之字，有时也分开来写成二个字的，例如第（25）辞中的牝字，便是写成匕牛二字的（丙编一五三）。这和标志毛色的犂字一样，有时分开来写作勿牛二字，有时合书作物，有时则省掉牛字而仅作勿，如第（18）例中的二条卜辞，一作犂牛，一作犂（续一．三一．二），就可以知道卜辞中通常所见的那个物字，实在就是犂牛二字的合书。至于牝牡犂黄多种的牛，是否有特定规格的用法，在卜辞中，一时还很难加以十分肯定的判断，不过，大致说来，对于男性先祖的祭祀，很少看到用特别注明的牝牲的，而对于女性先妣的祭祀，则以用牝牲的居多，但也常常可以看到用牡牲的卜辞。」（祭祀卜辞中的牺牲 中央研究院历史语言研究所集刊第三十八本一八七页）

于省吾　「甲骨文牝字习见。说文：『牝，畜母也，从牛匕声。』牝为形声字，自来並无疑问。但是，牝字的初文本作匕，后来加上形符的牛字，遂成为从牛匕声的形声字。就一时所知，甲骨文匕牛二字分作两行者凡三见，今录之于下：

一、乙卯卜，瞽，先匕」牛（乙七二八，加「」以示分行。又乙八八一四，文同上，但已模糊。以上匕牛两见，均属第一期）。

二、己酉卜，用匕」牛彡○弜用匕」牛（外七，第四期）。

凡是古文字由两个偏旁所组成的合体字，从无分列左两行的例子。据此，则第一条的匕牛，当然是两个字。第二条由于第一段已分匕牛为两个字，则第二段纵列的匕牛，也当然是两个字。此外，甲骨文匕牛二字作纵列者屡见（乙六四六九，粹四六○，南北明五二五，库一○九七，七W二七），虽然都缺乏对贞辞，但是如果认为是牝字的纵列，则毕字笔划很少，不应均占两个字的地位；而且，匕与牛的中间都有一定的距离，其为匕牛二字是显而易见的。

依据上述，则甲骨文本来先有匕牛二字，后来演化为从牛匕声的牝字。至于牡以及从士的⿰羊士⿰豕士⿸鹿士等字，均从士作丄（非从土声），则不能以牝字为例。」（释牝 甲骨文字释林三三○——三三一页）

姚孝遂　肖丁　「……勿牛常合书作⿰牛勿，或释作『物』，以为一字，实属误解。卜辞勿与⿰牛勿形体有别，用法亦殊。西周金文此二形始相混。『勿』从郭沫若先生释。但不得谓⿰牛勿或⿰牛勿象牛耕之形，即犁之本字。」（小屯南地甲骨考释八九页）

濮茅左　「凡合文，被后世作为一个字后，其字形保持合文的形式不变，训诂和合文一样，唯读音省读为一个字音，这是文字发展、演变中常见的情况。如甲骨文：

牝：⿰牛匕（殷墟书契后编上二五·一○）、⿰牛匕（乙编五三九四），于省吾先生说：『甲骨文本来先有匕牛二字，后来演化为从牛、匕声的牝字。』（甲骨文字释林三三一页）牝是甲骨文匕牛的合文，意思是母牛，这二个字的合文被后世作为一个字后，字形保持原来的形状作牝，从牛、匕，训诂和合文一样，说文解字：『畜母也，从牛、匕声。』读音为『匕』。

洹：⿰氵亘（殷墟书契续编四·二八·四），是甲骨文亘水的合文，甲编九○三片把洹写作亘水可证，是河名。这二个字的合文被后世作为一个字后，字形保持原来的形状作洹，训诂和原来合文一样作河名，唯读音作『亘』。」（「贞」字探源上海博物馆集刊总第二期八——九页）

高明说参𤘘字条下。

按：「牝」乃「匕牛」二字之合文，于先生及張秉權已詳加論述。參見「牡」字條。

1551 牝牡

按：此乃合文，當讀作「匕牛、丄牛」，亦即「牝牛、牡牛」。甲骨文「牡」、「牝」皆合文，非獨體字。

1552 𦍩騂

羅振玉　「說文無𦍩字，角部：『觲，用角低昂便也。从牛羊角。詩曰：「觲觲角弓」』。土部：『垟，赤剛土也。从土，觲省聲』。案，『觲觲角弓』，今毛詩作『騂騂』。赤剛土之垟，周禮草人亦作騂，（故書作挈形，與𦍩近，殆𦍩字之譌。）知𦍩者即騂之本字矣。注經家謂周尚赤，故作𦍩，乃於觲注曰『从牛羊角』，於垟注曰『从觲省』，皆由未見𦍩字之故。許君不知騂有本字，用騂剛。然卜辭中用𦍩者，不止一二見，知周亦因殷禮耳。又西清續鑑載大中敢及鑄鐘並有𦍩字，與卜辭正同」。（殷釋中二十六葉下）

王國維　「……殷虛卜辭騂犧之騂作𦍩，說文土部：赤剛土之垟作垟」。（史籀篇疏證卅三葉）

商承祚　「許書無此字，新附有之，『騂，馬赤色也，从馬觲省』。則𦍩又騂之初字矣」。（類編十卷三葉）

吴其昌「『華』，罗振玉氏释曰：『說文无「華」字。角部：「觲，用角低昂便也。从牛、羊、角。詩曰：觲觲角弓」。土部：「垶，赤剛土也。从土，觲省声」。按「觲觲角弓」，今毛詩作「騂騂」。赤剛土之「垶」，周礼草人亦作「騂」。故书作「𤘍」与「華」近，殆「華」字之誤。知「華」者，即「騂」之本字矣。注经家謂周尚赤，故用騂剛，然卜辭中用華者，不止一二見，知周亦因殷礼耳』。按：罗說至确。『華』之誼為赤，為剛，尚可以金文証之。攷敵王皮難鈡五有『不帛不華』之語，西清續鑑、一七·一〇。『帛』謂白，『華』謂赤也。矢毁三續鑑一二·四。有『錫寡華剛，曰：用啻禘于乃考』之語，『華』，謂赤色；『剛』，即『犅』，謂特牛也。然則，其牢華者，謂其牲牢為赤色特牛矣」。（殷虛书契解詁第一五八頁）

1526

考古所「華：商承祚认为即說文新附字騂之初文（類编十·三）。說文：『騂，馬赤色也』，但卜辞之華不一定指馬，也可能指牛，論語：『犂牛之子騂且角』，正与卜辞相合。」（小屯南地甲骨八四七頁）

按：說文無「華」，而有从「華」之「垶」、「觲」。玉篇有「⿰牛華」，解為「赤牛」，又有「騂」，解為「馬赤色」。禮記檀弓「牲用騂」，是騂為牲之赤色者通謂之華，騂⿰牛華則由華所孳乳，分指牛馬之赤色者。⿰牛華乃指赤色之牲。「⿰牛華」字僅見於玉篇，典籍皆通作騂，或體作騂，其演變之關係當如下：

華
垶　騂　⿰牛華
騂
騂

1553

沈

王襄「古沈字。殷契用為祭名，象沈牛于水中之形」。（類纂正編第十一第五十葉上）

羅振玉　「此象沈牛於水中，殆即貍沈之沈字。此為本字，周禮作沈，乃借字也。又據禮經：『柴燎所以事天，貍沈以禮山川』。而徵之卜辭，一則曰：『賁于妣乙一牢貍二牢』。二則曰：『貞賁于㞢三小牢卯二牛沈十牛』。三則曰：『乙巳卜㱿貞賁于妣乙五牛沈十牛十月』。是賁與貍沈在商代通用於人鬼。既有宗廟之事，又索之於陰陽。商之祀禮可謂繁重矣」。（殷釋中十六葉上）

唐蘭　「𣴎亦卜辭習見之字，或作𣶐𣴎等形，羅振玉釋沈。按羅說之行，二十餘年矣，學者多襲其說，不悟其非。𣴎固象牛在水中，其義近于沈，然字形與沈迥異，且古文自有作𣲒𣲒𣳚等形之沈字也。羅所舉批乙二例，皆汅之誤。汅為河，土為社，本片所祭不知為𡵂抑為岳，要之非人鬼，其他例亦無祭人鬼者。蓋薶沈之祭與地示有關，故就可達地之深處而祭之，羅謂通用於人鬼，是不知禮義也。余謂𣴎从水从牛，為泮，當為泮之古文，猶伴件為一字也。依朱駿聲說牛之即半猶豕之即豕，此泮即泮之證。禮器云：『故魯人將有事于上帝，必先有事于頖宮。晉人將有事于河，必先有事于惡池。齊人將有事于泰山，必先有事于配林』。鄭注謂『頖宮郊之學也』。詩泮水傳：『泮宮之水也』。舊以半天子之學及半有水半無水為訓，均非。泮水當是沈牛以祭之水，於其上築宮謂之泮宮。故魯人先有事於此，若僅是學宮，則與齊之配林晉之滹沱不倫矣。明堂位云：『米廩，有虞氏之庠也，序，夏后氏之序也，瞽宗，殷學也，頖宮，周學也』。由此可知二義，古人之學，本無正地，米廩為藏粢盛之所，序當為廟，習射之所，瞽宗祭樂祖之所，則頖宮自為沈牛之所無疑。又頖宮既是周學，則璧雝之異名，王制謂『天子曰辟雝，諸侯曰頖宮』，賓強生分別，後人讀泮為半，其誤亦自易明也。明堂位注：『頖之言頒也』，與詩箋『泮之言半也』，自為矛盾。蓋泮為沈牛之義久湮，漢人已不得其解矣」。（天壤文釋四十三葉下——四十四葉）

孫海波　「𣴎，殘一八九九。罗振玉說。此象沈牛于水中，殆即貍沈之沈字，此为本字。周礼作沈，乃借字也。」（甲骨文编四三九頁）

屈万里　「沈，从罗振玉释（殷释中一六页）。祭名；沈牲於水也。周礼大宗伯：『以貍沈祭山林川泽。』淮南子説山篇：『斋戒以沈诸河。』注云：『祀河曰沈。』卜辞沈祭，亦皆用于河流。」（甲编考释五八頁）

李孝定　「从水从牛，説文所無。卜辭用此為祭時用牲之法。羅氏說其意固不誤，然逕定為沈字則非。今沈沒字小篆作『湛』，已為形聲字，『沈』則許訓『陵上滈水也』。然則此字即以意定之，亦當作湛不作沈也。唐氏釋洋，謂牛之即羊猶豕之即豕，其證據殊嫌薄弱。今據字形隸定為此。」（集釋二三八八葉）

周國正　「壬子貞：其求來于河，賁三宰，沈三，俎宰。」　綴二．四○四

如果我们要向河祈求麦子的话，我们就应该賁祭三宰，沈祭三牛和俎祭一宰。（注释：[glyph]字的用例字义有广狭两种：就广义而言，泛指沈牲，无论所沈的祭牲是牛是羊，都可以使用从倒牛的[glyph]字，例如前一．三二．五「[glyph]二[glyph]」。就狭义而言，则是专指沈牛，同时因为形体本身已经包含牛字，所以往往不用写作「[glyph]牛」，单用「[glyph]」已经可以表示沈牛的意思。例如：

壬子貞：其求來于河，賁三宰，[glyph]三，俎宰。　綴二．四○四

「賁三宰」、「[glyph]三」、「俎宰」三组显然是平行的并列句，「賁」和「俎」之后都标明OV，但「[glyph]三」之后却不见OV，最自然的解释就是因为「[glyph]」之中已包含牛形，具有「沈牛」的意思，所以不用再标出，同样的情况亦见于下例：

壬子貞，其求禾于河，賁三宰，[glyph]五。　綴二．四○四

「裘锡圭先生汉字形成问题的初步探索一文中对此问题亦有讨论，可参看。」）」（卜辞两种祭祀动词的语法特征及有关句子的语法分析古文字学论集初编二四六、二九五页）

周国正说再参[glyph]字条下。

闻宥说参[glyph]字条下。

按：羅振玉釋「沈」是對的。契文「沈」字作[glyph]或[glyph]，所从之「牛」或正或倒。[glyph]形與篆文沈字所从之冘形近致譌。陳夢家以為羅氏釋沈「雖在字形上無根據，但還是近理的」（綜述五九七）。篆文形譌者多矣，不為無據。且「冘」字本身說文以為「从人出冂」即為形譌。卜辭「沈」為用牲之法，迄今所見，均用於祭「河」。周禮大宗伯：「以貍沈祭山林川澤」，注：「祭川澤曰沈」。書大傳「沈四海」，注：「祭水曰沈」。卜辭所「沈」者多為牛，引伸之，凡沈祭牲於水皆可謂「沈」：

「使人于河，沈三羊，冊三牛」　粹三六

「祭于河三宰，沈三宰，俎一宰」　合三三九

「其𡧊于河牢，沈鄭」（後上二三・四）

唐蘭釋「沈」者，實乃「河」字較晚之形體。而釋「沈」為「泮」，非是。

1554

埋 薶 □ □ □

羅振玉：「以周禮・大宗伯》：『以貍沈祭山林川澤。』此字象掘地及泉，實牛於中，當為貍之本字。貍為借字。或又从犬。卜辭云『□三犬，尞五犬五豕，卯四牛。』貍牛曰□，而□之本字廢。」（《類纂》正編四十三頁九卷貍下）

王襄：説文解字：「薶，瘞也，从艸貍声，」周礼大宗伯：「以貍沉祭山林川泽。」契文作□或□，象掘地為坎實牲其中之形，内之点為水或土，乃薶之本字。又沈，作□……諸形，象投牲于水之形。契文薶、沈字亦為祭名，所以之牲有牛、羊、犬、豕之异，每当定形，盖為当時用牲之紀实，用羊則写羊，用豕則写豕。若薶之从□、□作，沈之从□、……作，偏旁有繁简，則其流变。」（古文流变臆説三四——三五頁）

吳其昌：「□者，瘞埋之初文『貍』之本字；亦即周禮貍祭之所自出也。字或從牛作□，（前一、三二、六，前、六、三九、一，前、四、三五、二，後、一、二三、一〇，後、一、二三、一三）或從犬作□（前、七、三、三）□（後、二、四、四）或從羊作□（後、二、二三、一二）視其所埋之牲為何種而各異其字之所從以應之也。羅振玉曰：『周禮大宗伯：「以貍、沈、祭山林川澤」。此字象掘地及泉，實牛于中、當為貍之本字。貍為借字。或又從犬，卜辭云：「貞：□三犬，尞五犬五豕，卯四牛」（前、七、三、三）貍牛曰□，貍犬曰□，實一字也』。（考釋二、一六）其昌按：羅説是也。然□字羅氏手編入後編；今麻數『貍牛』『貍犬』，而猶不及『貍羊曰□』，則不免疏忒已甚耳」。（殷虛書契解詁第三四九葉）

孫海波「□，前一・三二・六。罗振玉説，周礼大宗伯以薶沈祭山林川泽。此字象掘地及泉，實牛于中。当为薶之本字。卜辭云貞于河一牢，薶二牢。」（甲骨文编二一頁）

金祥恒《續甲骨文編》薶字條下兼收□□□□□□□諸形，無説。（《續編》一卷十三至十四頁）

饒宗頤：「按⿶凵牛與朿及卯並用牲名，於此辭所見各異其體，⿶凵牛為薶□於地，朿則燔燒，卯蓋殺而陳之。」（《通考》五六〇頁）

屈萬里：「□、□等字，羅振玉釋貍，是也。本辭之□，亦當是貍字。茲從通行書體寫作埋。埋，埋牲之祭也。」（《甲釋》一二九頁八二三片釋文）

裘锡圭　「甲骨文埋牲字作□、□等形。罗振玉释此字为薶（埋），甲骨文编从之。释此字为埋，从卜辞文义看是合理的，但是在文字学上缺乏根据。

此字所从之「凵」是「坎」的初文。说文凵部：「凵，张口也，象形」，其读音与「坎」至近。杨树达认为「凵象坎陷之形，乃坎之初文」，显然比说文的解释合理。古汉语名动相因，坎字除名词用法外还有动词用法，掘地为坎或是掘地而埋物其中都可以叫「坎」。左传僖公二十五年：「宵坎血加书，伪与子仪、子边盟者，」杜注：「掘地为坎，以埋盟之余血，加盟书其上」周礼秋官司盟郑玄注：「盟者书其辞于策，杀牲取血，坎其牲，加书於上而埋之。」左传襄公二十六年、昭公六都有「坎用牲」之语（襄二十六年原文作「歃用牲」，歃、坎音近通用）。甲骨文⿶凵牛、⿶凵犬等字从凵（坎），象埋牲于坎之形，应即「坎血」、「坎其牲」之「坎」的专字。最初⿶凵牛大概就可以代表「坎牛」两个词，⿶凵犬大概就可以代表「坎犬」两个词，随着一字一音节原则的严格化，它们就成为坎字用作动词的异体字了。

甲骨文田猎卜辞里常见一种叫做⿶凵麋的田猎方法，这个字有时也写作⿶凵鹿或⿶凵麋。罗振玉释⿶凵麋为阱，甲骨文编则把⿶凵麋、⿶凵鹿、⿶凵麋都当作薶字的异体一二二页）。从有关卜辞可以清楚地看出来，⿶凵牛、⿶凵犬指埋牲于坎以祭鬼神，⿶凵麋、⿶凵鹿、⿶凵麋则指用陷阱捕兽，文编把它们看作一个字是不妥当的。⿶凵麋等字的构造与象人落入陷阱的「臽」字同意。胡厚宣先生以为此字「象挖地为阬坎，以陷麋鹿之状」，应读为「陷」，这比罗氏释阱的说法合理。「臽」、「坎」意义相近，字音也极其接近，「臽」应该就是从「坎」分化出来的一个词。殷虚书契四·四·二：「壬子卜，殻鼎（贞）：⿶凵麋毕（擒）⿶凵麋（麋）。丙子⿶凵麋，允毕二百出（又）九。」卜辞通纂收此片为第二十三片，考释认为⿶凵麋「当是穽麋二字之合文，知者以下言允毕二百又九，不复言麋也」。此说极为有理，不过「穽麋」应改释为「陷麋」。卜辞里后面不跟兽名的⿶凵麋、⿶凵鹿、⿶凵麋诸字，大概多数应该分别读为「陷麋」、「陷鹿」、「陷罠（麋）」。卜辞里个别⿶凵犬字后面不跟牺牲名，可能也应该读为「坎犬」。

殷契遗珠三四：「丙申卜王鼎（贞）：弓（勿）前□于门。辛丑用。十二月。」发凡说：「古有祀门之祭……⿶凵犬读若薶，用女俘也。」于省吾先生改释此字为「臽」。从文义看，此字当与𡆥、𢦏等字为一类，应为动词「坎」的异体，在上引卜辞里也可能应读为「坎女」或「坎奴」（女、奴古音极近）。」（古文字研究第四辑一六二—一六三页）

于省吾释陷，参𡆥字条下。

闻宥说参𤘻字条下。

按：甲骨文薶字正如羅振玉所説，「象掘地及泉，實牛於中」之形。或从牛、或从羊、或从犬，均因所埋之牲而異。典籍或作貍，今字作埋。在卜辭為祭名，亦即用牲之法。殷墟發掘或於腰坑、或於墓道、或於門，或於專門的祭祀坑，屢見有完整的牛、犬等骨骼，其中一部份當屬薶祭之遺蹟。金祥恒續甲骨文編將从鹿从女等字亦混入薶字，非是。

甲骨文从牛、从羊、从犬之薶，均各有專指，猶如宰、窜、䆛、𥥛、𥧄之類，當時區分甚嚴，絕不相混同。今姑並列於此，實則應當分列。

又按：裘錫圭説是有道理的。該字可讀為「坎牛」、「坎羊」、「坎犬」、「坎女」等等，較釋「薶」為優，於字形較合。但卜辭「𡆥」均有賓語或「牛」、或「宰」、或「窜」，是「𡆥」斷不能讀作「坎牛」，而合集一六一九七之「𢦏三犬」似亦不能讀作「坎犬三犬」。

1555 牧 ⿰羊攴 ⿰彳⿰牛攴

羅振玉　「説文解字：『牧，養牛人也，从攴从牛。』此或从牛，或从羊。牧人以養牲為職，不限以牛羊也。諸文或从手執鞭，或更增止以象行牧，或从帚與水以象滌牛。」（殷釋中七十葉下）

王襄　「古牧字。象手持鞭形以御牛也。」（簠室殷契類纂第十五葉）

王襄　「疑牧字。」（類纂存疑第二第八葉下）

葉玉森　「牧之繁文作𤘻，从手持帚以洗牛，小點乃狀水點，古人制字之精，並含畫意。」（鉤沈十五葉七行）

孙海波 「牧，乙七一九一反。人名，牧入十，在魚。𢼄，甲一一三一。或从羊，二牧。𢽽，宁滬一．三九七。或从辵。地名，南牧、北牧。」（甲骨文編一四一——一四二頁）

李孝定 「說文『牧養牛人也从攴从牛詩曰「牧人乃夢」』契文之𢼄，羅釋牧是也。惟羅氏并𢼄𢼄諸文皆釋牧則有可商，今从牝牡二字之例，僅收从攴从牛者作牧，从攴从羊之𢼄收入本部之末，以為說文所無字，其意則與牧同。从牛从帚或从𠬝之𢼄若𢼄，已收入二卷牛部之末作㩴。葉氏謂餘畫意者，亦指此文，說詳二卷牲字條下，請參看。金文作𤘘小臣𧶜簋𢼄𢼄牧師父簋𢼄同簋𢼄鬲攸比鼎𢼄牧共簋[illegible]作父辛鼎並皆从牛，未見从羊作者，已漸趨劃一，此文字衍變之通例也」。（集釋一〇八一葉）

于省吾 「甲骨文牧字作𢼄、𢼄、𢼄、𢼄、𢼄或𢼄、𢼄等形。其从𠬝象手持鞭形，后来变为从支。商器作父辛鼎的牧字作𢼄，两个偏旁纵列。其下从𠂤，就与初文相符。因为放牧需要有行动，故牧字也从止或彳。又甲骨文牧牛作牧，牧羊作𢼄。今将甲骨文放牧之贞择录数条，并略予说明。

一、壬辰卜，贞，商微（续存下四七六）。

二、甲戌卜，宾贞，才易牧，隻羌（缀七五八）。

三、牧隻羌（簠四二）。

四、庚子卜，贞，牧氏羌，征于□（祊）□用（后下一二·一三）。

五、贞，乎王𢼄羊（乙二六二六）。

六、用牧以羌于父丁（明义士拓本）。

七、☑微亡𢦔（南北师一·一六七）。

八、𨸏鹿，其南牧𢦔，其北牧𢦔（宁沪一·三九七）。

九、丙申卜，贞，𢼄其出𦉪〇贞，𢼄其亡□𦉪。六月（佚一三〇）。

以上第一条的商微，是说放牧于商地。第二、三两条是说放牧时俘获羌人。第四条是说，用放牧所送来的羌人，以祭于宗祊。第五条的乎即呼，说文作評。这一条是叫商王亲自牧羊。其言呼者，系鬼神的指示。第六条是说用放牧所获的羌人，以致祭于父丁。第七条的𢦔即擒之初文。甲骨文𢦔作动词用者，是就擒兽言之。这一条是说放牧对于野兽无所擒获。第八条是说𨸏地之鹿，放牧于𨸏地之南能够擒获，或者放牧于𨸏地之北能够擒获呢？甲骨文编误以南牧、北牧为地名。第九条是说，𢼄羊有无灾害。

依据上述，既然牧是放牧牲畜，为什么还以获羌或擒兽为言呢？我怀疑多年，不知其意。近来才了解到，我国多少数民族，在解放前，往往武装放牧。从消极方面来说，可以保护牲畜和牧场；从积极方面来说，可以获得俘虏或野兽。据民族学家介绍，解放前，我国西北或西南多少数民族，多有武装放牧的作风，而以西北的哈萨克族最为典型。总之，由于我国多少数民族从前有着武装放牧的作风，那末，甲骨文的牧获羌或牧擒，当然都是武装放牧所获得的。」（甲骨文字释林释牧二六〇——二六二页）

考古所「牧：官名。簠征三八：『壬申卜，在攸貞：又牧𠂤告啟☐』？又牧，当即右牧，职官名，𠂤为人名。从该片卜辞看，牧可能分为左、右或左、中、右。」（小屯南地甲骨八四八页）

考古所「牧征：牧，官名；征，人名。」（小屯南地甲骨一〇〇二页）

考古所「又牧𡆥：又当为右，右牧是官名，𡆥是人名。右牧一词见于簠徵三八，其文为：『壬申卜，在攸貞：又牧圖告啟☐？』」（小屯南地甲骨一〇〇二页）

考古所「牧：可能与众一样，是一种人的身份，即饲养牛羊之人，如左传昭七年『牛有牧』；但也可能是职官名，卜辞中有右牧（簠徵三八），本书二三二〇有牧征、牧𡆥、右牧𡆥，此牧、右牧皆职官名。」（小屯南地甲骨一一六一页）

按：說文：「牧，養牛人也」，此說不確，左傳昭七年：「牛有牧」杜注：「養牛曰牧」，斯為牧之本義。初文牧牛為牧，牧羊為𢼸，卜辭此種區分已不顯明，牧已成為牧放一切牲畜之通稱。方言：「牧，飤也」郭注：「謂牧養牛馬也」。卜辭已具有此等引伸義。

羅振玉、葉玉森並將从帚之㩵混入牧字，俱誤。㩵即侵字，與牧無涉。

1556 一牛

羅振玉「說文解字：『告，牛觸人，角著橫木，所以告人也。』卜辭中牛字或从＝或从ㄴ，乃象著橫木之形，其文曰『十牛』曰『㞢牛』，知亦為牛字矣。」（殷釋中二十六葉）

又曰：「此乃湯大畫牛之告之本字。牿又告之俗作」。（殷商貞卜文字考十三葉九行）

孫海波 「⿻牛一，乙七二八四。此一牛合文。旧釋牛，謂一象角箸橫木，非是。」（甲骨文編六一三頁）

嚴一萍 「說文牛部紀牛齡者三字：『⿰牛市二歲牛，从牛市聲。博盖切。』『犙三歲牛，从牛參聲。穌合切。』『牭四歲牛，从牛从四，四亦聲。息利切。』『⿰牛貳籒文牭从貳。』鍇本繫傳⿰牛貳下有『仁至反』三字，清苗夔說文繫傳校勘記曰：『許書重文無音，此有音，而並不與牭同，疑⿰牛貳本訓二歲牛，與犙从參同例，自鉉本誤以二歲牛入⿰牛市下，以⿰牛貳為牭之重文，後人依鉉改鍇，遂移許書「體長」為鍇說，又妄增「⿰牛貳」字，幸其音尚存，可藉見許書之舊』。段注曰：『按鍇本此下有「仁至反」三字，與十三篇「二」字反語同是。朱翱不謂⿰牛貳即牭字，而謂⿰牛貳乃二歲牛之正字也，疑鍇本不誤，後人用鉉本改之，未刪朱氏切音耳』。王筠說文句讀曰：『小徐本有「仁至反」，二部亦曰「仁至反」，是不謂與牭同字也。初學記於本部自牡至犢皆引之，獨無此字，惟玉篇與說文同』。三家據小徐本『仁至反』三字而知⿰牛貳之非牭，蓋由說文解字之體例悟出，故段氏於⿰牛市下曰：『⿰牛市字見爾雅釋畜「牛體長也」。許氏則曰「二歲牛」。按犙字从參，故為三歲牛，牭字从四，故為四歲牛，則⿰牛貳字从貳，當為二歲牛矣。而謂⿰牛貳為籒文牭字，二四既不同數，且四之籒文作亖，則牭之籒文當作⿰牛亖。凡此乖剌當由轉寫脫謬，宜易之曰「⿰牛市牛體長也，⿰牛貳二歲牛，犙三歲牛，牭四歲牛，⿰牛亖籒文牭」。則可讀矣，而非可無徵專輒也』。段氏此論確自謙無徵，實為卓識。王國維史籒篇疏證曰：『案段說是也。如此，則⿰牛貳字當為說文正字，未必遽為籒文，其字从貳。貝部云：「貳，副益也，从貝，弍聲。弍，古文二」。（弍，二部古文亦云然）召伯虎敦云：「公宕其貳，女則宕其一」，則二均作貳，唯从弍不从弋，與此字所从及貳弍字異』。王先生據金文以證⿰牛貳為說文之正字，則段說之可徵已。今若上溯甲骨，則說文所著牛齡之字皆遠有所本。卜辭曰：『貞我□畀□令□吉』『告□于丁□⿻牛一』（藏一二七）『告□一牛，二牛，三⿻牛一』（戩二四·八）『貞桼于河，氏⿻牛一，□□河，勿氏⿻牛一□示』（乙七·二八四）『□□囚王貞氏其十⿻牛一』（前五·四六·一）『□惠⿻牛二』（前五·四六·二）『□佳牡□』（京津一二二）『出犬于黃奭，卯⿻牛二』『惠豕卯⿻牛二』（乙四五一八·四三七三合）『□于出𡆥出羊卯牡』（掇二二），孫海波甲骨文編收⿻牛一⿻牛一⿻牛一⿻牛二均入牛部，并謂『說文「告，牛觸人，角著橫木，所以告人也」，此从乚，象角著橫木之形』。果如此論，則當釋告，然甲骨別有告字，告明而此牛角所著一二三亖均有，不僅乚而已，決非角著橫木之形。余謂即牛齡之標識，亦即說文訓二歲牛、三歲牛、四歲牛之初文，此點可以卜辭自證之。乙五三一七版有一辭曰：『貞于王吳乎雀用⿻牛二二牛』，此『⿻牛二』字用於『二牛』之前，其非牛之通名而為牛之專名可知。蓋卜所用者為三歲之牛二隻也。說文⿰牛市非牛齡之字，當據爾疋為訓。然則殷人於

⿰牛貳犙牭三字之外，尚有「从牛从一」訓一歲牛之「⿰牛一」字及加牛齡而兼明性別，如牡牝諸字，皆為說文所未收，僅非牛部有挩佚，即已於說文之前，而許君所不及見也」。（中國文字第二期說文𤘴犙牭⿰牛貳四字辨源）

李孝定

「說文『𤘴，二歲牛，从牛市聲』，『犙，三歲牛，从牛參聲』，『牭，四歲牛，从牛从四，四亦聲，⿰牛貳，籀文牭从貳』，以犙牭二字例之，則二歲牛字當作⿰牛貳。今本𤘴下解云二歲牛，而以⿰牛貳當牭之籀文，乃轉寫脫譌耳，苗段王諸家之說是也。至⿰牛貳犙兩字之異，當在大寫數字流行之後。友人周君法高云『至於後代所謂數目字的大寫，自秦漢已開其端，宋程大昌演繁露卷三十數改用多畫字條云『今官府文書，凡其記數皆取聲同而點畫多者改用之，於是壹貳叁肆之類本皆非數，直是取同聲之字借以為用，貴點畫多不可改換為姦耳，本無義理，可以與之相更也』（見所著中國古代語法稱代編二六〇葉）秦權量刻辭及諸山刻石，一字多已改用壹字，此習蓋由來已久。牛齡之字雖不慮人之交易為姦，而篆文不从二三亖作⿰牛二⿰牛三⿰牛亖者，蓋一則以大寫數字沿用既久，一則以二三亖筆畫過簡，用為偏旁則兩側不易勻稱完美耳（四字已為假借，且筆畫已多，故不須更用大寫肆字。）然許書紀畜齡之字猶有从簡體數字者，如馬部『⿻馬一，馬一歲也，从馬一，絆其足，讀若弦，一曰若環』，『馭，馬八歲也，从馬从八』，⿻馬一下說解『从馬一絆其足』，與馬一歲之義無涉，此殆沿豖下說解云『豕絆足行豖豖，从豕繫二足』之說而譌（竊疑豖亦當訓豕一歲）。按此當解云『⿻馬一，馬一歲，从馬从一』，至所从『一』字橫貫馬之四足，亦猶⿻牛一⿻牛二⿻牛三⿻牛四之橫着牛角，蓋隨宜措置，本無羈絆或警告之義。羅說之誤亦猶許君『一，絆其足』之說也。嚴氏釋契文之⿻牛二⿻牛三⿻牛四為⿰牛貳犙牭，並謂當更有⿰牛一及加牛齡而兼明性別之牡牝字，其說至確。二歲牛之字，本當作⿰牛貳。本書標目一从許書，未便輒改，故仍作𤘴」。（集釋〇三〇九葉）

李孝定

「从牛，从一，說文所無。按當解云『⿰牛一，一歲牛也。从牛，从一，一亦聲』。說詳前𤘴字條下」。（集釋〇三三一）

白玉峥

「峥按：夫子釋⿻牛一为一岁牛，洵千古不易之说也；惜说文失录，茲姑从其犙、⿰牛貳諸字之例，隶作⿰牛壹，藉便说解。字於卜辞，仅见于第一期武丁之时，他时，尚未之见也。」（契文举例校读二十，中国文字第五十二册五九五三页）

王襄釋牛參⿻牛一字条下

按：「⿻牛一」乃「一牛」合文，孫海波之說是正確的，其余諸說皆非是。

1557

三牛

李孝定「說文『犙三歲牛从牛參聲』此以參代三，當云『从牛、从參，參、亦聲』。餘詳見前『犕』字條下」。（集釋〇三一一葉）

严一萍释犙参牛字条下

按：此乃「三牛」二字之合文。

1558

三牡

李孝定「从牛，从士，从三，說文所無。按當解云：『三歲牛父也』。說詳前犕字條下」。（集釋〇三三一）

严一萍释牡参牛字条下

按：此乃合文，當讀作「三牡牛」。

1559

四牡

李孝定「从牛，从士，从四，說文所無。按當解云：『四歲牛父也』。說詳前犕字條下」。（集釋〇三三一）

严一萍释牡参牛字条下

按：此乃合文，當讀作「四牡牛」。

1560 六牡

按：此亦合文，當讀作「六牡牛」。卜辭數字積畫只限於「四」作「亖」。但「六牛」合文有所不便，故以積畫為之。此例較為特殊。

1561 羊

王襄「說文解字：『羊，祥也，从𦍌，象头角足尾之形。』契文羊之初字象角尾四足之形，后省变為羊角之正面形，更衍為羊首而略其目作[字形]、[字形]、[字形]、与小篆近。然不論其省变如何，其角始终存在。」（古文流变臆說六六頁）

1562

考古所「羊字横书相当特殊。羊在卜辞中除为本义外，还可作人名、地名。如：乙六七五三『亘貞：羊受年？』在此片(7)、(8)两段辞作地名。其大义是卜问川是否在羊地作邑。」（小屯南地甲骨九八五页）

按：卜辭牛羊之羊均作[字形]或[字形]，為獨體象形字。說文以為「从𦍌」，王筠已辯其誤。羅振玉以[字形]（絴）、羌諸字混入羊字，非是。

1563

孙海波「芈，佚二六二。方国名。戊戌卜，有伐芈。」（甲骨文编一八二页）

按：卜辭芈字从羊，象聲气上出形。用為地名。

按：合集一七四〇五反辭云：「[illegible]入十」為人名。

1564

𡨄 [illegible]

王国维 「𡨄，即牢，小牢即少牢矣。」（戩壽堂所藏殷墟文字考释第一页下）

葉玉森 「[illegible]森按諸家釋牢，其字或从牛，或从羊。王國維氏於殷虛文字考釋中書作牢𡨄二體，似已懷疑。予觀卜辭言小𡨄凡數十見，而𡨄竝从羊。（古泉滙錄商南幣乃一𡨄合文，釋𡨄，誤。王氏殷虛文字考釋第五葉『三小牢』之『牢』从牛，乃誤書。影本原作𡨄。又藏龜第百七十八葉『三大牢』之『牢』从羊，當从牛，乃絜刻偶誤。）與大戴禮『牛曰大牢，羊曰少牢』之說正和。韋注晉語『凡牲一為特，二為牢』，是稱牢當非一牲。殷世或即以二牲為牢，惟犬與豕必在大牢小牢之外，故卜辭云：『羊一，小𡨄，俎』，（殷虛文字第一葉之一）明小𡨄專指羊也。又辭云『三小𡨄，卯二牛，沈十牛』，（前七·二五·一）『□□卜，貞三小𡨄，☒卯三牛』，（殷虛文字頁之一）二十六別乎牛以言小𡨄，則𡨄亦專指羊。或云『三小𡨄，卯三𡨄』，（前七·二六·一）𡨄竝不以羊，則小𡨄與𡨄亦竝指羊。曰𡨄，即小𡨄之省稱也。（說詳研契枝譚）」（前釋一卷四十六葉）

唐蘭 「𡨄當即庠，舊釋牢為是，其本義為少牢。」（天壤文釋三十五葉）

郭沫若 「凡小牢字均作𡨄，从羊，此獨从牛作。然足證牢𡨄實一字。」（粹考一一〇葉上）

瞿潤緡 「𡨄，諸家以為牢字，未諦。从牛與从羊不同，从羊者大概皆為小𡨄，而小𡨄之𡨄未有从牛者，知𡨄牢有別，猶豝牝駝牝麀雖皆从匕，而種類各異，不必為一字。今豝駝駝牝諸字不見於字書，然牝麀尚異其音讀，則𡨄牢之音讀或亦不同，未可知也」（卜釋第六葉）

【注一】簠徵典禮八〇「犁☒其□又□牢□一牛其□又……」上卜牛色，下卜牢，抑乎一牛也，亦牛牢對舉，足證牢非特牛也。

【注二】國語越語「天子舉以大牢」韋注「大牢，牛羊豕也」亦與鄭說同。

董作賓 「𡨄義同牢，用法有別，疑即牛為太牢，羊為少牢之義。以羊之𡨄有作[illegible]者，

可證少牢即小牢，太牢即大牢也。」（集釋。三一三）

吳其昌　「『牢』者，象檷内或屋下，着有畜类之意也。此所著之畜类，或为『牛』，則字為『牢』；或為『羊』，則字為『宰』；或為『豕』，則字為『家』矣。罗振玉曰：『宰为獸檷，不限牛，故其字或从羊。』意是而語有病。其所用以限庇畜类之具，或作冂狀，（前·四·一六·五）或作冂狀，（後·上·二三·一四）或作冂狀，（燕·二六四）則象圈闌之形，亦即說文之部首『宀』字矣。故，此宇溯其源而言其广义，則『牢』『宰』『家』三字，但一諦耳。不特此也，駱子卣云：『王宰于庡。……王命士衢歸駱子鹿三。』建宰於庡，而取于宰以歸駱子者，乃為鹿三，明『宰』亦可為獸檷之共名，並可以兼鹿而言矣。若分疏其流別而各詳其專誼，則雖牢宰亦自有显別；牛謂之牢，羊謂之宰。施及后世，則牢謂之大牢，宰謂少牢矣。詳前第一片疏。詳下九九片。『叀九牢』『叀十宰出五』者，謂𧶠戮少宰九，及十又五也。出，又也。詳前第一片疏。叶玉森曰：『……他辭云：『十宰出五。』（淋·二·二七·一六）『卅十宰出九』（鐵·五·二一九·四）『十牛出五』（湖·一九二六）句法並同。』按叶說是也。」（殷虚書契解詁第九三頁）

孙海波　「𡨦，（乙一九八三）或从羊。𡨦，（京津四八三一）或从馬。」（甲骨文编三六——三七頁）

陳夢家　「卜辭寓宰牢諸字同从冂。寓字後变作庽，可以推證宰即後起之庠字。」（謝與鄴六葉十二行）

李孝定　「从宀从羊，說文所無。諸家謂即後世之庠，以文字衍变之情形言自有可能，然卜辭用『宰』之義則為小牢，與庠義無関，不能逕釋為庠也。陳夢家又釋𡨦為庠，綜述五一三，亦非。」（集釋一三四八葉）

严一萍　「罗氏謂冂象獸闌之形甚塙。說文鄭注曰：『宰，闲也，必有闲者，防禽獸触齧。』賈公彥疏曰：『防所系之禽獸，自相触齧。』仪礼少牢饋食礼曰：『礼將祭祀，必將择牲於宰而芻之。』『至祭享之時，則『視其身体具无災害。』（公羊宣三年何注）備在芻三月期内，有自相觸齧者，当有損伤，即不能供祭享之用，故必繫之宰，以分隔之。甲骨有𡨦字（乙四。七圖四）正象分隔繫牲之形，作二宰枕說文八部之𠫑从二余，与余同。其从二宰者，亦宰

字无疑也。」（牢字新义 中國文字第九卷四三二六頁）

張秉权說參[glyph]字条下。

白玉崢 參牢字条

张政烺说参[glyph]字条下。

高明说参[glyph]字条下。

姚孝遂释宰見牢字条下

姚孝遂 肖丁说[glyph]参[glyph]字条下

按：「宰」為特殊飼養以供祭享之羊。卜辭「牢」與「宰」有嚴格之區分。卜辭既有「大宰」、亦有「小宰」，均指「宰」之大小而言。或以「大宰」為刻寫之誤，非是。說詳「牢」字條下。

1565

⿱羊羊 ⿰氵⿱羊羊 [glyph] [glyph]

高承祚 「疑即洋字，水之作⁞⁞形者，濩溹洸諸字从之。」（類編十一卷二葉）

孫海波 「象沈羊於水之形，應與沈為一字，非篆文之洋。」（文編十一、二）

屈萬里 「[glyph]，隸定之當作⿰氵⿱羊羊，疑是⿱羊羊之異體。」（甲編考釋一三〇葉）

李孝定 「說文『洋水出齊臨朐高山東北入鉅定从水羊聲』契文同。或从二羊，此古文通例。字在卜辭為人名。辭云『口巳卜洋口貞王賓☒禍』藏、一九二、一『貞子洋不死』拾、九、一、甲、二、十四、一、同『丁亥卜洋貞王賓叡亡尤』續、一、廿、一、『辛亥卜洋貞龜不既』鐵、六二九、是也。或以為羊字，辭云『口辰卜殸貞[glyph]尞十豕洋卯☒』鐵、八六、三、尞卯對文為用牲之法，十豕洋者，去勢之羊十也。此亦可證豕為牲之去勢者不限於豕，更非許訓之豕絆足也。「卯三青洋」（後·下·一·五·三）穀羊也。「貞祝叀洋王言王受又」（甲編一一四三）以上二辭例之，此亦假為羊字，蓋貞用牲之種類非牲色之華也。卜辭洋無用為用牲之法者，其非沈字可知。然亦不當釋沈說見下固不僅洋沈二文字形懸遠也。又前於沮字條下謂卜辭以沮為且殆作字偶誤，今以洋為羊者不一見，似不能以偶誤解之，然則于正字增之水旁而義無差別蓋當時有此省俗歟。」（集釋三二九九葉）

按：契文□或作□、□，與□有別，不得同字。孫海波文編一一·二、李孝定集釋三二九九加以混同，非是。

合二六〇「星華」，乙四六九三則作「星漭」，可證華、漭同字。甲編考釋圖版四五：「丁丑卜王其夕漭牛于⋯五牢」，屈萬里以為「華」之異體，不可據。卜辭從無「華牛」連言之例。鄴三·四二·九「⋯彝漭牛大乙⋯」，足證「漭」非動詞，孫海波文編以為與「沈」一字，殊誤。

「星漭」、「子漭」均為武丁時人名。又祖甲時貞人有「漭」。

羴 □

王襄 「古羴字。許說羊臭也，从三羊。」（簠室殷契類纂第十九葉）

孫海波 「□，鐵一八·一。人名

□，前四·三五·五。或从四羊。

□，乙四五三一。或从二羊。

□，師友二·一八〇。貞人名。亦有从水作洋者，見水部洋下。」（甲骨文編一八五—一八六頁）

李孝定 「說文『羴羊臭也从三羊羶羴或从亶』契文或从二羊三羊四羊不拘，古文偏旁多少每無定。其从三羊者，或上一下二，或上二下一，亦不拘也，當即說文羴字，羅說可从。字从多羊會意，羊多則其臭更甚也。卜辭羴字疑當為方國之名，辭云『沚其重羴』，藏十八·二、『癸未☐乙酉羴☐征延十二月』拾五·三、『羴不重』前四·三五·三、『癸☐重羴』甲二·三十·七、『己卯卜貞沚从卬𦍋羴』後·下·二二·四、重字不可塙仞，為含有征伐義之動詞。沚為方國之名。沚其重羴，

言沚其伐羴否也。」（集釋一三四九葉）

饒宗頤　「羴殷方國名，卜辭所見，略舉如次：

沚其叀羴。（鐵一八、一）

吼弗弋羴。（前編一、三一、五）

口未卜，羴其叀……。（前編四、三五、六）

羴字或从四羊作䍩（前編四、三五、五）說文『羴，羊臭也。』重文作羶，羴地望未詳。經傳羴或借為馨，禮記郊特牲『焫蕭合羶薌。』祭義，燔燎羶薌是也。卜辭云：戊寅卜，㠯貞：陕其氏出于羴……。戊寅卜，㠯貞：陕弗其氏出于羴，父丁。（續編五、一、四）此辭亦讀為寘，與奠同。（左昭四年傳寘饋，釋文寘本作奠。）羴即羶薌之羶，故亦羴猶言寘馨，謂致奠于父丁而薦羶，此別一義。」（巴黎所見甲骨錄一五葉）

按：說文羴「羊臭也，从三羊」，其或體作「羶」。段玉裁以為「羊多則气羴，故从三羊」，此皆望文生訓，說不可據，典籍羶臭字無作羴者。俞樾兒笘錄謂：「羶者羊臭也；羴者群羊也。猶雥為群鳥，驫為衆馬也。羼字从羴，義亦相近，故回羊相廁也。羼从羴在尸下，猶雧从雥在木上也。許君合羴羶為一字，則羼字从羴亦失其意矣。」卜辭羴均為人名或方國名。合集二一二八四乃「𢿳」字，與「羴」有別。饒宗頤誤作「羴」。

1567
䍩

羅振玉　「从四羊者與羴同誼」。（殷釋中三十一葉下）

按：「䍩」與「羴」同字。

1568
𢿳

按：「𢿳」在卜辭為人名。

1569

羝

□ □

孙海波　「□，甲二四八。或从羊。□，乙一七六四。或从豕。□，前七·一七·四。或从鹿。」（甲骨文编三三一三四頁）

杨树达　「……以尔雅释兽、释畜及说文牛部、马部诸文观之，物色形状，辨析綦详，事偶不同，别为一字。盖畜牧时代之残遗也，假令牛羊鹿犬种类各殊，祇以牝牡相符，即为一字，以此校彼，详略悬殊，揆之事情，殆不当耳。况母牛为牝，母鹿为麀，牝麀既不同文，牡羝麀安能为一字？罗氏不据牝麀之不同，推求诸文之异字，乃反疑麀别为音读之非，几於以一手掩天下人之目矣。故余据尔雅释兽『鹿牡麚』之文释麀为麚，据『豕牝豝』之文释豝为豝，据释畜『牡曰騭，牝曰騇』之文，释驼为騇，据『羊牡羒牝牂』之文，释羝为羒、羊匕为牂，……胡厚宣商史论丛殷代婚姻考引卜辞一则云：『辛巳，贞其牵生于妣庚妣丙，牡，羊匕，白豕？』又一则云：『△△贞△牵生于妣庚妣丙，△（牝），羊匕，豝？』（原文十七页下，今见粹编三九六片）一以牡羝连言，又其一以牝羊匕豝连言，若如罗说，文乃绝不可通，二辞不啻为吾说作确切之证明，罗氏之言，不待攻而自破矣。」（释麀羝羊匕豝駝，积微居甲文说卷上九至十页）

李孝定　「从羊从士，说文所無。義為羊父，與牡為牛父意同。後世通牡為畜父之偁，而羝豝麀廢矣。說詳前二卷牡字條下。」（集释一三四三葉）

1570

羊匕

□ □ □

于省吾说参□字条下。

高明说参□字条下。

按：「羝」為合文，當讀作「牡羊」。参見「牡」字條。

李孝定 「从羊从匕，說文所無。與牝同意。說詳前二卷牡字條下」。（集釋一三四五葉）

高明說參牡字条下。

按：「」為合文，當讀作「牝羊」。

1571 沈

孫海波 「，佚五二一。說文洋，水名。此象沈羊于水之形，应与沈为一字，非篆文之洋。洋三宰。

，甲一一四三。或从羊。

，存一四八三。貞人名。

，前六、二三、六。貞人名。从羊。

，林二、一四、一。地名。

，庫一二一五。从巛，亦貞人名。」（甲骨文編四三四——四三五頁）

闻宥說參牡字条下。

按：卜辭多指沈牛，又有或，專指羊而言：

「三宰」 佚五二一

「貞尞于河，宰，卯二牛」 合四五三

字亦當釋沈，商承祚佚五二一隸作「沈」是也。猶牢、宰；豭、之有別，而後世則不復區分。然卜辭「羊」、「宰」亦可用，从牛。其例雖罕見，足徵漸趨混同。、未見用「牛」或「宰」者，故仍區別分列。

1572 沈小宰

孙海波　「沇，佚三〇三五。从水从室，說文所无，疑沈之異文。」（甲骨文編四四〇頁）

李孝定　「从水从室，說文所無。辭云『𡨦于口室濘二牛』與泮同意，或竟是一字。」（集釋三三九三葉）

按：字亦當釋「沈」，但專指「沈室」而言。合集一四五五八正辭云：「貞，尞于河……室沈，卯三牛」，明證所「沈」者為「室」，李孝定引文有誤。

1573

羖

屈萬里　「㺅，从羊伇。按：甲骨文殷庚之殷，其偏旁或作伇，知伇即殳。从可知㺅即羖字。爾雅釋畜：『夏羊牡羭牝羖。』說文：『夏羊牡曰羖。』義適相反。（夏羊，山羊也。王夫之詩經稗疏卷二有說）說者謂說文是而爾雅誤，蓋可信也。」（甲釋一一三一片釋文）

李孝定　「說文『養，供養也。从食羊聲。羚古文養』。契文與許書古文同。屈氏釋羖是，以為形聲字，而字象手執杖以驅羊，與牧同意，是會意字。羅氏逕釋為牧亦非，古多分別，於牛為牧，於羊則為養羖，亦猶於手為盥，於足為洗，於髮為沐，於面為沬也。今牧羖義仍得通，辭云『貞乎王羖羊』佚二六二六、以讀為羖羊似覺不辭。『貞于青羖』佚三九三五、青讀為轂，蓋謂羊羔羖之也。或為人名，『癸口令羖龖』粹二二〇、是也。或為方國之名，『貞往于羖』珠九〇一、『丙申卜貞羖其出巛』『貞羖亡巛六月』佚一三〇、是也。金文作羖父丁爵羖羖又戈羖父乙觶。」（集釋一七七〇葉）

金祥恆　「而羖，甲骨卜辞除断烂过甚，仅存一二字外，其余较为完整者如小屯乙编第二六二六片：

貞：乎王羖羊？

殷契佚存一三〇片：

丙申卜，貞：羖，其出巛？

貞：羖，亡（巛）？　六月

其『敎羊』与『敎』，果然可释為『养羊』与『养』，犹如今語。但古多言『牧』而不言『养』。如孟子公孙丑章『今有受人之牛羊而為之牧之者』，告子章『牛羊又从而牧之』，詩小雅无羊『尔羊来思……尔牧来思』由是言之，敎為牧羊之牧，牧之别书，非养之古文。……『敎白追林先』之敎白，以卜辞文例言，敎為地名。如卜辞宗白、易白、盂方白、而白等。牧之地望，或即商郊之外。周书武王『战于牧野作牧誓』，正义云『戟于商郊牧地之野』。左传隐公五年『郑人侵卫牧』。杜注『牧，卫邑』。案尔雅释地，『邑外谓之郊，郊外谓之牧』。

殷契拾掇二第一三二片：

戊戌貞：ㄋ（左）敎于卝伊侯山啚？

中敎于义伊侯山啚？

左敎，中敎，疑為官名，礼记曲礼下：『九州之长，入天子之國曰牧。』周王季伐余无之戎，克之，殷帝武乙封為殷师。古本竹书纪年云：

周人伐余无之戎，克之，周王季命為殷牧师。

周官宗伯曰：『八命作牧』。郑注云：『謂侯伯有功德者，加命得專征伐于諸侯。』此言牧师者，師長也。……卜辞牧分左、中者，犹师之分左行中行也。」（释敎 中國文字第六卷二五三三頁至二五三五頁）

于省吾释牧，参牧字条下。

高明说参牡字条下。

按：敎即牧字，牧羊為敎，牧牛為牧，猶牝牡、牝牡、牢窂之比。屈萬里釋敎固然非是，李孝定釋養亦誤。王筠說文釋例云：「養之古文敎，玉篇在攴部，案此字从攴，殊不可解，不如附之養下，糊塗了事。古文傳久，或有譌誤，故許君於古文或體，往往不言所從，闕疑之法」此可謂善讀古書而不湖塗者。許慎生當漢之末葉，不識敎為牧之異構，列於養下，湖塗了事，未可厚非。當據古文字資料以訂正許書，不得據許書之錯誤說解以株求古文字，是謂本末倒置。

且李孝定釋讀卜辭多誤：

佚一三〇乃𦍒（絴）字，非敎字；

乙三九三五當讀作「于南敎」，否則「于」字如何交待？

珠九〇一已残缺，應為「往于……敎……」，不能連讀；

乙二六二六乃「𡥈」字，非「𢼄」字。

絴

羅振玉　「芈字变體最多，然皆為象形。其作羋者，象牽之以索也。索在後不在前者，羊行每居人先也。作𦍋者，側視形。作𦍋者，亦象帶索从側視之之狀也。」（殷釋中二十八葉上）

王襄　「至羋字象羊而繫以索，羊為家畜，繫之，籍防其逸。」（古文流变臆說六六頁）

饒宗頤　「按卜辭有云『羊方𡏳田。』（屯甲三五一〇）又記獲獵之地有『羊』（拾掇二、一九五）知羊即羊方。沁水源出羊頭山，在今山西，疑羊方地在此。」（通考四五〇葉）

Ⅎ崟　「他辭又見『令众人入絴方乃𡏳田』（甲三五一〇），故此絴当为坚田地点。」（殷墟卜辞有用羌于农业生产的記載嗎　甲骨文与殷商史三五頁）

于省吾　「甲骨文絴方屢見，絴字作羋或羋，象系索于羊头形，这和羌字作𦍋形同义，但前者是就羊言之，后者则就羌人言之。近年来云梦出土的秦简：『士五（伍）甲盗一羊，羊頸有索，索直（值）一錢。』（一九七六年文物第八期二八頁）以甲骨文验之，则以索系羊頸，已見于絴方。絴方或由此习惯作风而得名」。（甲骨文字释林释盥）

姚孝遂　「絴字从羊从糸，与羌字下从人者迥然有别。诸家多误混入『羌』字，或混入『羊』字，均非是。

『令众人……入……絴方……𡏳田』　甲三五一〇

『其氏絴方』　存一·三五一

以上『絴』为方国名。」（古文字研究第一辑三四五頁）

按：卜辭羋字隸定當作絴，猶羌字或作𦍋；係字作𦍌，均象縛以繩索之形。用為方國名，與羊字迥然有別。其辭云：

「羋方其用，王受……」　京津四三八一

「奚羋白盥用于丁」　後下三三·九

「其以羋方」　存一·三五一

于先生辨「羊」與「𦍌」之區分是正確的。

1575 羞 □ □ □

王襄 「古羞字。許說進獻也，从羊从丑，丑亦聲。又訓丑爲象手之形。此从又。」（類纂正編第十四第六十四葉下）

羅振玉 「从又持羊，進獻之象。或从□，亦羊字側視狀也。說文解字云：『从丑，丑亦聲』。誤又爲丑，又誤會意爲形聲矣。古金文與卜辭同。」（殷釋中二十五葉下）

孙海波 「□，甲一三九四。从又。□，鄴文八四。方国名。羌方羞方𢀛方。」（甲骨文编五六〇頁）

屈萬里 「羞，從羅振玉釋（殷釋中二五頁）。方言一二：『羞，熟也』。注云：『熟食爲羞』。則本辭羞字（見甲編一三九四）蓋薦熟食之祭也。」（甲編考釋一九二葉）

李孝定 「說文：『羞進獻也，从羊，羊所進也。从丑，丑亦聲』。許君云从丑正以手誼說丑。『从羊从丑，丑亦聲』乃會意兼聲字，許說不誤。羅氏謂『誤又爲丑，又誤會意爲形聲』，是不知丑爲手之古文，从手从又意同也。契文均从又从羊，許說乃字之本誼。卜辭云『己☐羞☐小宰』前四、三四、五，乃云進小宰也。云『勿羞』言勿進也。金文作□ 𠭯文□羞父乙爵亦迺獻于父乙也 □ 鄦伯鬲 □ 不嬰簋 □ 仲姞簋 □ 伯匕朕 □ 魯伯鬲 □ 邿遣朕 □ 羞朕 或从収，與从又同。」（集釋四三三七葉）

连劭名 參□字条

按：契文羞字从又，不从丑，與金文同。續三·一三·一「羞方」作□，象手持羊。篆文𦍌實亦从羊从又，分離之則作𦍌，誤以爲从丑矣。周禮庖人鄭注：「備品物曰薦，致滋味乃爲羞」。羞食之美者爲羞。方言：「羞，熟也」，熟食爲羞，乃羞之另一義。甲二〇〇六「……祀其羞，王受又」

1576 繖

南明四三八「弜且……卅牢兹用羞……」

此均用為「薦羞」之義。

續三・一三・一「羞方」，乙五〇二六「貞乎取羞𠤎」，「羞」為方國名。陳夢家綜述二九八以「羞方」與「𢧀方」、「羌方」、「繐方」（當作「𦅫方」）為「四羊方」。

1577 綝

按：合集二〇三七三辭云：「……大王𡚱繖」

為方國名，當為「䍿」之異構。參見1574「䍿」字條。

1578 𦍋

孫海波「□，天五二。牲或从羊。」（甲骨文編三五頁）

按：合集五六五九辭云：「……酉卜，王貞，……亞綝三……鳳一」

字从「䍿」、从「生」，辭殘，其義不詳。釋「牲」不可據。

1579

按：合集二八七六九辭云：「徃于又□」

為地名。

董作賓「說文羊部『羋羊鳴也从羊象氣上出與牟同意』又牛部『牟牛鳴也从牛乙象其聲气從口出』此作∨與乚乙小異，要皆象鳴時气從口出之形。卜辭中當為國名，文曰『又伐羋。』」（新寫後記十四葉）

李孝定「說文『羋羊鳴也从羊象聲气上出與牟同意』史記楚世家『六曰季連羋姓，楚其後也』。證之卜辭羋字，史遷所記殆不誣也。」（集釋一三二一葉）

按：合集六六七正辭云：「癸卯卜，㱿貞，乎弘往于𢀛比羋；癸卯卜、㱿貞，乎弘往比羋于𢀛」為人名。卜辭自有「羊」字，此不得釋「羋」。

1580

按：合集二六五八辭云：「貞，乎婦好見多婦于[illegible]」為地名。

1581

恙

于省吾「甲骨文有𦍌字（乙一七〇六，文残），甲骨文编误以為『从羊从貝，說文所无』。按其字从羊从心，即恙字。說文：『恙，憂也，从心羊声。』段注：『古相问曰不恙、曰无恙，皆谓无憂也。』楚辞九辯的『还及君之无恙』，王延寿梦賦的『转禍為福，永无恙兮』，无恙均谓无憂，乃古人常語。周代金文无恙字，古璽文有『𢟍容』，𢟍字从恙作𦍌」。（甲骨文字释林释心）

按：于先生釋「恙」。卜辭残缺，其義不詳。

1582 羜 □

按：字从「羊」、从「生」，辭殘，似為人名。

1583 羊 □

連劭名「此字当分析为从𦍌、从又。□不是羊字，因为卜辞中凡从羊的字皆写作□，上部分无一字作此回旋内转之形……甲骨文中常见□、□，笔者曾考订为首、𦍌二字，其字多与否定词『弜』、『不』等连用，构成一种否定之否定的句式，例如：

……大……岁，弜𦍌延？一月。（河四四三）

丙子卜，㱿贞：乎言酌河，燎三豕三羊，卯五羊？

丙子卜，㱿贞：勿首酌河？（粹四七）

历组一类卜辞中的□字，用法与首、𦍌一致，可见它们的含义与辞性都是相同的。例如：

甲辰贞：弜□酌𣎴，乙巳易日？（屯南二六〇五）

历组一类卜辞中的□字有时又写作□，二者用法一致，例如：

丁巳贞：弜□□见丁？（邺三四六·一）

首、𦍌皆读为蔑，蔑者，不也。历组一类辞中的『攸』字从『𦍌』声，也当读为蔑。弜，裘锡圭先生考释其词义为『不要……』那么，弜攸就是『不要不……』的意思，是对于肯定性陈述句的另外一种表达方式。」（甲骨文字考释，考古与文物一九八八年四期四二至四三页）

按：連劭名的見解基本上是正確的。唯是否讀為「蔑」則有待於進一步之考索。參見「𦍌」字條。

1584 祥 □

按：卜辭云：

「祥以芻于敎」（合集一〇四）

「勿祥以芻于教」（合集一〇五）

為人名，字从「示」、从「羊」，隸可作「祥」。但無後世「吉祥」義。

1585

犬

王國維 「腹瘦尾拳者為犬，腹肥尾垂者為豕。」（引集釋三〇九一）

丁山 「卜辭之犬侯即尚書大傳之犬夷，是東夷也。亦即大雅緜之犬夷，為商之犬侯。向来经師比附犬戎，失之。史記比附為匈奴，其失尤遠。」（甲骨文所見氏族及其制度一一五—一一七葉）

楊樹达 「殷契粹编玖叁伍片云：『戊辰卜，在澅，犬中告麋，王其射，亡𢦏？禽？』郭沫若云：『犬中盖谓犬人之官名中者，周礼秋官有犬人職。』（考释一二二頁）树达按：郭君释犬为官名，中为人名，是也。辞云：『犬中告麋，王其射。』知此犬职官司狩猎，而周礼犬人職掌犬牲，与狩猎无涉，知名偶同而实则異也。余谓殷人犬职盖与周礼地官之迹人相当。迹人職云：『掌邦田之地政，为之厉禁而守之，凡田猎者受令焉。禁麛卵者与其毒矢射者。』据此知迹人与犬名号虽异，職掌实同，其證一也。郑注地官序官迹人云：『迹之言跡，知禽兽处。』说文十篇上犬部云：『臭，禽走，臭而知其迹者，犬也。』犬知禽兽之迹，故狩必以犬，狩初文之獸，后起之狩，字皆从犬，是其义也。犬知禽兽之迹，司犬之人亦曰犬而知禽兽之迹，故能有告麋之举，此与郑注『迹之言跡，知禽兽处』正相合，其證二也。……」（释犬，積微居甲文说卷上三一頁）

楊樹达 「卜辞云：『令犬方。』（后编下卷陆叶壹壹版）按殷周间稱国为方。战国策赵策载纣醢鬼侯，而卜辞及易既济未济诗大雅蕩並称鬼方，鬼方即鬼侯国也。故干宝注既济云：『方，国也。』是也。犬方或省称犬，卜辞云：『贞令多子族眔犬侯寇周，叶王事？五月。』（前编伍卷柒叶柒版，与陆卷伍壹叶柒版合）又云：『己卯卜，㱿贞，令多子族从犬侯寇周，叶王事？五月。』（续编伍卷贰叶贰版）是其事也。然则犬方究为何国乎？余谓殆即昆夷也。孟子梁惠王下篇曰：『文王事昆夷。』是也。昆夷或作混夷，诗大雅緜云：『混夷駾矣，维其喙矣。』是也。又或作串夷，大雅皇矣云：『串夷載路。』郑笺云：『串夷即昆夷。』是也。又或作畎夷，史記匈奴传云：『周西伯昌伐畎夷氏。』是也。又或作犬戎，国語周語記穆王伐犬戎，是也。颜师古注汉书匈奴传云：『畎夷即畎戎也。又曰昆夷，昆字或作混，又作緄，昆緄畎声相近，亦曰犬戎也。』今按颜说是也。寻昆夷世为周祸，至於穆王之世，犹劳征伐。据卜辞观之，其寇周也，实般人助使为之，亦古史中一新資料也。」（释犬方，积微居甲文说卷下六二至六三页）

孙海波「[illegible]，京津四七七七。疑犬之异文。[illegible]侯。」（甲骨文编八二六頁）

陳夢家「犬　犬追亘出及　乙五三一一

王其从犬𠂤　後三七四

雀往𢑚犬　鐵一八一·三

令犬，繇于京　續六·七·九

：犬與缶、雀、繇、亘等國有交涉，它可能是周人所謂的畎夷、昆夷、犬戎：詩緜『混夷駾矣』，說文馬部引作昆夷，口部引作犬夷；孟子梁惠王下『文王事昆夷』。左傳襄卅一正義引尚書文王『四年伐畎夷』，西伯戡黎正義引作犬夷；周本紀文王受命之『明年伐犬戎』，又『穆王將征犬戎』集解云『徐廣曰一作畎』。凡此可證犬、畎、昆、混，都是相通的。左傳僖十六『狄侵晉：涉汾及昆都』，今臨汾縣南有昆都聚，可能是昆夷之都」。（綜述第二九四葉）

陳夢家「卜辭云：

多犬罝　簠雜一一八

多犬及𢀛長——多犬弗其及𢀛長　續二·二四·一

戊辰卜才潢，犬中告麋，王其射，亾戈，𠦪　粹九三五

盂犬告鹿，王其从，𠦪　游二·八二一

郭沫若考釋粹九三五云『犬中蓋犬人之官名中者，周禮秋官有犬人職』。西周金文師晨鼎『官犬』次於小臣、善夫之後，郭氏亦釋作犬人之官。這是正確的。我們以為武丁卜辭的多犬和乙辛卜辭的犬某都是犬人之官。多犬與犬是司犬之官，猶多馬與馬乃司馬之官。又有犬祉：

令犬祉田于京　燕五二

犬祉其工　汴三九·三

犬祉以羌用于大甲　瀏一八七

此『犬祉』與『犬中』『犬𠂤』同一结構，祉、中、𠂤可以是私名亦可以是族邦之名。但

犬征既出現於武丁卜辭，又出現於武文卜辭，則征不可能是私名。因此犬征與『犬侯』犬族無關。」（綜述五一四葉）

李學勤　「商王狩獵的場所可分兩種：一種是行途所經適於行獵之地，一種是特殊設定的苑囿。在後者，設有職司獵物的人員稱為犬……」（殷代地理簡論六）

饒宗頤　「按『多犬』官名，即犬人，周禮秋官之屬，掌犬牲。他辭云：『戊辰卜，在淒，犬中告麋。王其射，亡𢦏𢆶。』犬中之犬亦官名。楊遇夫謂：殷代犬人職，與地官之迹人相當。鄭注『迹之言跡知禽獸處』。說文『禽走，臭而知其迹者，犬也』。右辭呼『多犬網鹿』。可申楊說。」（通考一〇一葉）

饒宗頤　「犬侯為殷侯甸，殆周時之犬夷。尚書大傳作畎夷，孟子梁惠王下及說文馬部引作『昆夷』。」（通考五六九葉）

姚孝遂　「甲骨文的『犬』字作𤜣、𢦏，『豕』字作𧰨，前者『腹瘦尾拳』，后者『腹肥尾垂』，王国維总结这两者的形体特征是对的。但还有一个明显的特征就是：『豕』字必须突出其腹形作𧰨，而『犬』字为了夸张其瘦腹，可以省去腹形作𤜣。」（古文字研究第一辑一七六頁）

考古所　「本片九四一有『犬告，王其田』？与此片『犬来告又鹿』相类，可見犬是职司田猎之官。」（小屯南地甲骨九一五頁）

考古所　「犬：作𤜣似豕。摭續九一第(5)段辞与此相似，字作𢦏，可证为犬非豕。」（小屯南地甲骨一〇六一頁）

姚孝遂說參𤜣字條下。

按：卜辭犬多用為牲，亦為方國名及人名。卜辭又以犬為職官名，陳夢家謂「犬本為飼獵犬之官，進而為田狩之官，亦參加征伐之事」（綜述五一四）。粹九三五「犬中告麋，王其射，亡𢦏，𢆶」。郭沫若謂「犬中蓋犬人之官名中者，周禮秋官有犬人職」。存二·八二一「盂犬告鹿，其从，畢？」謂盂地司田獵之官告其地有鹿，占問前往能否禽獲。

鐵一〇四・一有二犬字相並，辭殘，行款不清，綜類二一七釋讀作「卜弜⋯⋯犬虫⋯⋯犬⋯⋯」，以為二犬字是對的。釋「犾」或「豩」均不可據。前五・四七・一有「𤠔」字，商承祚類編加以割裂，列入「犾」字，孫海波文編列入「豩」字，均誤。

1586 𤞞 𤞞

按：字从「犬」、从「攴」，其義不詳。

1587 𤠔 𤠔 𤠔 𤠔

葉玉森 「商承祚氏誤錄上半之𤠔入待問編，（五・十二）復錄下半之𤞞入正編犾字下。徐中舒釋丽，謂象兩耒兩犬形。按徐說至塙。」（前釋五卷五十一葉）

徐中舒 「丽或麗甲骨文作上揭諸形。古金文作𤠔車飾 𤠔 𤓰鼎 𤠔 父丁尊 𤠔 盄鉌鐘 𤠔 𤠔 齊侯鎛 丽从兩耒，麗从兩耒兩犬，金文从三犬齊侯鎛鐘又变从猒 其所从耒形與甲骨金文耤字合。小篆作丽，古文作丽，即耒形筆誤。麗屬來母，即从耒聲。薛書盄鉌鐘云『麗鉌萬民』，齊侯鎛鐘云『鉌麗而九事』，麗鉌、鉌麗即堯典之協和，借麗為協與劦音轉為協例同。丽象兩耒並耕形。古者偶耕，故丽有耦意，故儷得訓為伉儷。說文『丽兩耦也象兩兩相附之形』。其義則是，其形則非。」（耒耜考集刊二本一分十四葉）

郭沫若 「首一奇文（卜通四〇四片之𤠔）亦見攸田尊。彼銘云『王𠧪攸田，𤠔虎二，作父丁尊』，字與田獵有關，當是動詞。卜辭另有一例『𤠔田每 翌日其田亡災，亡𢦏，畢』，（後下二三・一三）所言者亦係田獵之事。余釋為𪌲，小篆作𪌲，乃由此而譌変者也。」（卜通八三葉）

又曰：「盄和鐘有此字，文曰『𤠔鉌萬民』，摹刻雖已失真，然固是一字也。宋人釋協，不知何所本。齊侯鎛鐘『鉌𤠔而有事』，似从此字之省，宋人亦釋為協。又此字之半亦見於王𠧪攸

□尊與卜辭。尊銘云：「王甴伇田□二，作父丁尊」。另一器作□。卜辭凡三見，其二與田獵之辭同契於一化。觀此，可知此字與田獵饒有關係。尊文前人大率釋為龖虢二字，案其實本一字也。揆其字形，余以□即龖之初字。小篆作□，余謂□即有之變，□則虎形之變也。許雝訓龖為飛龍，然由尊銘按之乃動詞，當是襲擊字之本字。襲乃左衽袍，从衣龖省聲，猶文作襲不省，則襲之用為襲擊字，乃同音通假也。……知□本龖之本字，為襲擊之義，則□从三虎，再益之以刀，其為襲擊之意更明，蓋又龖之繁文也。龖讋襲與協聲均在緝部，同音可以通用，故盄龢鐘之「□龢萬民」，乃假龖為協。齊侯鎛鐘之「龢□爾有事」，乃假讋為協也」。（青銅卷二者盄鐘韵讀）

又曰：「□即習見之𤟩字，此省去一耒形」。（萃考一二一葉上）

唐蘭

「□為卜辭奇字。徐中舒釋麗，按麗實从鹿，金文自有其字，與此从犬形者迥異，其說非也。郭沫若寫為𤟩，今無其字。余按此當是猒及肰之本字。卜辭字或作□（粹五五）从一犬。金文或作□（沇尊）从三犬。或作□（秦公鐘）亦从三犬而変□作□。或作□（諸盄鐘）変□作□。或作□（洹鎛）則从言□聲。考□雖耒形，其字易與肉混，金文或作□□，與从肉無異。□形乃更省□為□，則為□，即後世之肰字，說文訓肰為犬肉，則已不知其本義而望文生訓矣。卜辭又有□字，（鐵遺十四．十五）當即金文□□等形所从出，其作□形乃省為□，（如□又為□）則有似於從甘從肉，金文作□形者亦然，此皆猒字之形所從出，說文以為从甘从肰者也。至常見之□□□則有似於从丿从肉，丿為吕字，故說文猒字重文作□，从吕从肰矣。凡古文繁縟者，後世恆変為簡易，□篆析為二，則為肰，為猒為猒。金文之作□者，省之當為說文肰字，古文之□，□蓋□形之譌，□則□之変也。秦公鐘云：「□龢萬民」，□即肰字，亦即猒字，猒讀為厭，合也，安也。猒協聲相近，是□龢猶協和也。𡰥鎛云：「□龢而九事」，□為从言□聲，當為說文嘫之本字，其讀亦同。𡰥鎛又有猒字，則春秋以後，已不知肰猒之為一字矣。郭沫若以此為龖，亦非。古龍字與此迥殊」。（天壤文釋五十九葉）

李孝定

「从□象二力（耒之象形字）耦耕之形从犾，說文所無。徐釋麗□與丽尚可說為形譌，而鹿之與犬於文迥異，唐氏已明其非。郭初釋龖讀為襲，謂是襲擊之本字，無論字不从虎，且於耒形無說，寧有虎狼襲人而需刀者乎。其後於粹考中但隸定為𤟩，未采前說，蓋已自悟其非。唐氏釋肰若猒，於形差近，然此明是从力，謂其與肉形近易混則可，而逕謂是肰則不可。且肰訓犬肉，許君必有所受之，則字明是从肉。𡰥鎛或稱洹鎛，□猒並見，正足以證二者之非一字。唐氏乃謂春秋以後已不知肰猒之為一字，其說未免近於穿鑿附會矣。字从□象二耒，金文中从一犬二犬或三犬象羣犬並耕之形。今愛斯基摩人以羣犬曳雪橇為交通，是則服牛乘馬之前古或有犬耕者矣。此說果信，則字當是犂耕之初字，卜辭中犂均為牛色專字說見二卷犂下蓋當時尚無牛耕之事實犂耕之字或當以此為本字也姑妄言之存以俟考从勿，勿亦聲。其音讀當與犂同。金文中讀為協者，犂劦聲韵並近而劦協今讀相同也。段氏說文注謂協非从劦聲然劦協二者今讀相同恐非盡淺人妄說也字在卜辭為地名，辭云「戊子卜王往田于㚇」前三、三六、六、「囗弜田囗㚇囗王其每」甲六一五、「癸未卜爭貞王在丝㚇咸狩」續三、四〇、四、「戊子卜貞王其田㚇亡𢦔」粹九七三是也。」（集釋三一三七葉）

饒宗頤

「按㚇為殷王畋獵地名。他辭云：「王往田，湄（彌）日，不冓大風。弜田㚇，王其每。（悔）」（屯甲六一五）「庚辰貞：日又戠。其告于父丁，用牛九。在㚇。」（粹編五五）「王叀㚇田，湄日亡𢦔。」（京都大學四五三）此字唐蘭釋「猒」。竊謂非也。字從二耒二犬，耒與來聲義俱通。釋名：「耒，來也。」故地名之㚇，應是猌字。（說文：猌，大張齗怒也。）借為憖。左昭十一年：「會于厥憖」，即此。疑本名猌，加語詞則曰「厥憖」，如宋地有厥貉，亦加厥字，是其比。（秦公鍾：「□龢萬民。」又者滅鍾：「□于我霝龠。」此字并用作語詞之憖，可證我說。）」（通考三六三——三六四葉）

于省吾

「甲骨文㚇字作□、□、□或□、□、□、□、□、□等形。……甲骨文以㚇字为地名。……说文：「耒，手耕曲木也，从木推丰。」旧解以为从丰即说文训为艸蔡之丰，殊误。甲骨文的耤（藉）字作□，其从耒作□或□形，上象耒之柄，下象歧头之耜。耒耜之间的横木有两种用处，一便于用足以踏之，一为利于平均发土的深度。商代金文的耒字作□或□、□，……说文耒字作□，其上部的三邪划，即又字作□形的讹变。……说文力作□，并谓：「力，筋也，象人筋之形。」按许氏据已讹的小篆为说，乖谬之至。……实则古文力作□，係由耒字演化而来。孙常叙同志谓商器爵文的□□□（录遗四六五），鼎文作□□□（录遗五一），是「□」、「□」在铭文中的同义换用（耒耜的起源及其发展）。按孙说甚是。耒字作□也作□，是力为耒字所演化的确证。说文谓「劦，同力也，从三力」；「協，众之同和也，从劦从十」；「恊，同心之和，从劦从心」。说文义证和说文通训定声均谓協恊为「劦亦声」，这是对的。甲骨文劦也作𠷎，劦和𠷎为初文，協与恊为后起的分别文。吴其昌谓：𠷎「从劦为三具耒耜之形，盖□、□皆象耒耜之初形，其后乃衍为力字也」（解

《诂七续五〇四》。又谓：「𢦏字象手扶双来之形。」（同上）按吴说至确。智鼎奴隶之名有𦬇字，也象双来形。此外，最引人注意的是，前文所引第七条的才𡘍卜，𡘍字作𤕜，上部已由三来变为三力形，下部又由二犬省为一犬。这不仅看出古文偏旁之单复无别，而且也证明了甲骨文力和从力从劦之字都是由来形演化而来，是毫无疑问的。

甲骨文𡘍字上部多从二来，偶有从三来或一来者；下部多从二犬，偶有从一犬者。其从来从犬的意义为旧所不解。其实，𡘍字之从来从犬，和古文器字之从口从犬同义。因此，对器字先要加以说明。《说文》：「器，皿也，象器之口，犬所以守之。」……徐灏《说文段注笺》：「局从口，咢从吅，龠从㗊，皆各象其器物而非口出之口。器从品象众器，其例正同也。器不必犬守，义稍可疑。」按徐氏谓品象众器是对的，但所举三例均与事实不符。甲骨文从口之字象器皿形者常见，例如：昌字作□，吕字作□，古字作□（上从中象盾形），鲁字作□，这四个字象置贝、弓、盾、鱼于器皿之中。周代金文的器字多从四口，偶有从三口（穆公鼎）或二口（仲盘）者。《说文》误谓器字从口「象器之口」，但谓「犬所以守之」是对的。上古时代地旷人稀，农民耕于荒野，饭于垅亩，故用犬以资警卫，并守护器物。商人的武装放牧，也具有自卫之义（详《释牧》），可资参证。器字所从的四口，系抽象的器皿，𡘍字所从的二来，系具体器物。吾乡的农耕，犬也往往随从，卧于阡头陌角。这虽然已失去了守器的用意，但也是古代相传的遗风。……

商器父丁觶：「王由攸田𡘍，作父丁觶。」《况（攈）》。」𡘍字作□，下从三犬，《金文编》误分林猋为两个字。攸和𡘍均为地名。这是说，王由攸往畋于𡘍。

东周器者盪钟的「𡘍于我霝龠」，𡘍字右上从刀，刀也是农具。叔弓镈的「龢𡘍而九事」，𡘍字下从一犬从言。言音二字金文同用。其本义是因为钟为音乐之器。晚周秦公钟的「𡘍龢萬民」，𡘍字与者盪钟形同。宋代有关金文典籍，均直接释𡘍或𡘍为協，而从无解说。今专就以上三个钟铭的词义来看，释为「協于我霝龠」，「龢協而九事」，「協龢萬民」，当然是很恰当的。龢古和字。这与《尔雅·释诂》的「協，和也」，《国语·周语》的「和協辑睦」，《书·尧典》的「協和萬邦」，可以互证。但是，旧说脱离文字的构形而以为合乎音义，所谓知其当然而不知其所以然。……𡘍𡘍与協乃古今字。

……以《说文》为例，则甲骨文𡘍字应解作：「𡘍，協也，从二来二犬，犬以守来，秝亦声。𡘍，𡘍或从劦从一犬。」是𡘍字属于会意兼形声。」（《甲骨文字释林·释𡘍》二五三——二五八页）

考古所：「𡘍：地名。」（《小屯南地甲骨》八八四页）

之由為用以守器，恐有未然，不如闕疑。

按：于先生論「[字形]」之形音義甚詳，其讀金文「[字形]」為「協」，無疑是正確的。但解釋从「犬」

1588

埋 [字形] [字形]

孫海波　「[字形]，前七、三、三。薶三犬五豕，卯四牛。此象薶犬。[字形]，后二、四、四。此象薶豕。」（甲骨文編二二頁）

于省吾释陷，参[字形]字条下。

闻宥说参[字形]字条下。

按：裘錫圭讀作「坎犬」，參見1554「[字形]」字條下。合集一六一九七有「[字形]三犬」之記載，是「[字形]」為獨體字，不當分讀。「[字形]」亦多有賓語或「牛」、或「牢」、或「宰」，是「[字形]」絕對不能讀作「坎牛」。

1589

[字形] [字形] [字形] [字形]

陳邦懷　「此字不見說文解字。三體石經尚書君奭殘石古文戾作[字形]，與此正同。」（小箋）

唐蘭　「[字形][字形]當釋犾，卜辭犾字極多，舊不釋，今按即犾字，犾字說文缺，三體石經為戾字古文。」（導論下五十三葉）

屈萬里　「[字形]，與後編下四二葉八片之[字形]，當是一字。从犬从立。與魏石經多方殘字之戾字同；當亦戾字也。此處殆是地名。」（甲釋第八一葉）

考古所　「犾：唐兰释戾，谓三体石经戾字古文作此形（導論下四一頁）。在此片卜辞中为地名。」（小屯南地甲骨八六三頁）

按：此當是「𢼄」字之異體。參見1415及1590諸字條下。

1590

狌

孫海波 「狌，後一·一四·八。卜辭用往來之往。王狂田，湄日。」（甲骨文編四〇七頁）

葉玉森 「說文『狌，狾犬也。从犬㞢聲』此字从犬从㞢，乃狌字，地名，卜辭王一作⊥，故知㞢為生」（引集釋三一〇七葉）

屈萬里 「葉玉森釋狌（鉤沈）；是也。按：尚書微子：『我其發出狂』狂，史記宋微子世家作往。是狂往互通之證」（甲編考釋九六葉）

李孝定 「說文『狌狾犬也从犬㞢聲㤮古文从心』契文與篆文同。葉氏謂字作𤜲，諦審彩本原片雖略漫漶，字仍作𤜲，辭云『王狌田湄日不遘口大風』狌似當讀為往，非地名。湄日者，竟日也。湄讀為彌」（集釋三一〇七）

金祥恆 「往本作㞢，與一㞢作狌者，此獨从犬，乃第三期卜辭。且犬，乃田獵所需。武丁卜辭有多犬之官，本為飼養獵犬者，供王田獵之所需。故狌加犬以別於卜辭恆語『㞢來亡𢦏』之㞢。非許氏說文所謂狾犬之狌，假借狌為㞢也」（釋狌 中國文字第五卷二二二七頁）

按：此即「𢼄」、「㹊」之異體，釋「往」非是。卜辭均用作「遠邇」之「邇」，參見1415「𢼄」字條下。

1591

尨

羅振玉 「豕與犬之形象，其或左或右。卜辭中凡象形字，弟肖其形，使人一見可別，不拘拘於筆畫間也。有从彡者，象剛鬣，或腹下加/，未知何義」（殷釋中二十八葉上）

羅振玉　「象犬腹下脩毛垂狀，當為尨字。今篆彡在背上。犬非剛鬛，若在背，則彡狀不可見矣。」（殷釋中二十八葉上）

王襄　「古尨字。」（類纂正編第十第四十五葉上）

陳夢家　「豕字應指野豕，說文『豨，野豕也』，石鼓田車『麋豕孔庶』，亦以豕為狩獵的對象，乃是野豕。」（綜述五五五葉）

屈萬里　「豕，隸定之當作豩。按：集韻有豩字，云：『同豕』。說文有豕字，云：『豕絆足行豕豕也』。說文之義，雖與卜辭豩字之義未合；而集韻之有豩字，要必有所本。疑豩乃豕之一種，說文失收，後世遂誤以為與豕同字也。」（甲編考釋二五葉）

李孝定　「契文象豕碩腹揭尾之形。或丞其剛鬣象之，正許氏所謂『象毛足』之毛。屈氏以為豩字，說有可商。契文馬字亦多象其鬣，固不能謂是髟字也。其作豩者，當从閗一多之說釋豕，非豕字也。金文作〔古文〕戊辰簋〔古文〕函皇父簋其作〔古文〕者，當从唐蘭說釋豭。〔古文〕〔古文〕二字羅氏並釋豕字，非是。」（集釋二九七八葉）

按：卜辭均殘，佚九四六稱「一尨」，似用其本義。前四·五二·三「令尨」，則當為人名。

1592　⿱爫犬

按：字从「爪」、从「犬」，辭殘，其義不詳。

1593　⿰酉犬

孙海波　「〔古文〕，存下七三一。方國名。从酉。」（甲骨文編四〇七頁）

考古所　「〔古文〕：字不识。为旋邦之名。怀特B一六三八：『癸酉卜：王𦎫〔古文〕』。〔古文〕与〔古文〕

当为一字。时曾与商作战，本辞之时当是时族之战俘。」（小屯南地甲骨一〇〇六页）

按：字从「酉」、从「犬」，在卜辭為方國名。

1594 莽

屈萬里：「」，隸定之当作芖。《集韻》有芖字，謂是『疑』字之古文。按：甲骨、金文篆古刻辭，疑字無作芖者。《集韻》云云，恐是矢字而傳寫致誤也。竊疑芖或是莽字之初文。」（《甲編考釋》二三二頁）

于省吾：「甲骨文𣡵字作（續存下四九五），只一見，原辞已残。甲骨文編谓𣡵字为『说文所无』。按𣡵即莽字的初文。早期古文字的偏旁，艸、木无别，单复也无别。例如：甲骨文的萅、莫、蒿、萑、蔖等字，有的从艸或从茻，有的从木从林从森或从𣏟。说文的艸、木二字既然有别，又区划屮、艸、茻为三个字，这是后来的分别文。说文：『莽，南昌谓犬善逐兔艸中为莽，从犬从茻，茻亦声。』按西周后期器齐莽史喜鼎的莽字作，从艸不从茻，乃会意字。总之，这可以纠正说文莽从茻声之误。以从艸从林无别验之，则甲骨文的𣡵即西周金文的字。甲骨文的𣡵字和金文的字，均为莽字的初文，是没有疑问的」。（甲骨文字释林释𣡵）

按：字或从「𣏟」、或从「林」、或从「森」，釋「莽」可從，卜辭用義不詳。

1595

按：合集三七四三九辭云：「戊戌卜，貞，在可告麑鹿，王其比射，往來亡巛」，當為地名。

1596 猍

動詞。

按：字从「犬」从「未」。合集二七八一六辭云：「丁卯卜，犾貞，王其𤝎目若……」用為動詞。

1597 □

按：佚七四二辭云：「乙未卜，隹□邑」其義不詳。

1598 ⿰𦣞犬 □

按：字从「犬」、从「𦣞」，隸可作「⿰𦣞犬」。合集二一九五四辭云：「庚辰卜，貞，男芍無⿰𦣞犬」為動詞。

1599 豕 □ □ □

王襄「說文解字：『豕，彘也，竭其尾，故謂之豕。象毛足而后有尾。』契文豕象形，或兼象竭尾，或兼象剛鬣。或兼脩毛。惟腹下著丨，誼有難明，或周豕产子多，象其乳形，以丨指之，与上下刃之一同。戊辰敦作□，犹象形也。而腹部加丿，殆与契文豕腹下所著之丨移置之，為錯书之例。周公敦『不敢墜』作□，彔伯敦作□，皆假豕為之，腹亦有丿与丿，与□之着丿同例。函皇父敦作□，石鼓作□，小篆之豕，緣之孳乳。」（古文流变臆說六六—六七頁）

饒宗頤「『豕』字大抵作□或□形，豕蓋讀為『⿰示豕』。大徐本說文：『䝑，秋田也』。『⿰示豕，䝑或从豕，宗廟之田也；故从豕示』。小徐本示部云：『禰，秋畋也』。玉篇又作『䝑』，重文作『獮』。爾雅釋天：『秋獵為獮』。而釋詁訓為殺，郭注：秋獵所以應殺氣也。齊語：「秋以獮治兵」。韋注：「秋田曰獮」。廩康卜辭言田獵之「豕」，應即秋畋之「祿」，是此類乃秋時所卜者矣。侯家莊七：「王其田于盂，桼，南洮立」。立即涖卜，周禮肆師：「獮之日，涖卜來歲之戒」是也。至豕上用「衣」字，上舉片又益「示」旁作「祴」，余前釋為地名；今以「衣」與「豕」連言觀之，「衣豕」即「殷祿」，猶經典之言「殷薦」，（易豫：「殷薦之上帝」。）「殷見」（周禮大宗伯：「時見曰會，殷見曰同」。）「殷奠」（喪大祭）皆其比。說文訓「殷」為「作樂之盛稱」。廣雅釋詁：「殷，大也」，又「殷，眾也」。釋名：「朔望祭曰殷奠，所以殷眾也」。是「衣豕」者，即合眾以行秋畋也。至其單言「祴」，殆指宗廟之田時，作為盛樂，以助威武，此說似較勝。故循上下文義，「豕」應讀為「祿」，良不可易」。（通考一三〇四—一三〇五葉）

饒宗頤　「記占候，言天現異徵，所云「夕㞢□」者，謂夕有豕也，字作大豕狀，當即天豕。他辭云：「庚，允曲，冓虫于天豕卯」。（拾遺五、一四）史記天官書：「奎為封豕，為溝瀆」。正義：「奎一曰天豕，亦曰封豕，主溝瀆，熒惑守之，則有水之憂。詩漸漸之石：「有豕白蹢，烝涉波矣，月離于畢，俾滂沱矣」。易林履之豫云：「封豕溝瀆，水潦空谷」。蓋古星占家，以封豕見則有水潦之憂」。（通考八五一葉）

姚孝遂　「卜辞的「豕」字作□，其特征是「腹肥尾垂」。「犬」字则作□、□，其特征是「腹瘦尾拳」。「犬」字可省去其腹部作□，「豕」字则不得省去其腹形。因此，任何省去其腹形者，均不得释作「豕」。」（甲骨刻辞狩猎考古文字研究第六辑五一页）

姚孝遂　「甲骨文豕字作□，犬字作□，虎字作□，三者形体看起来非常近似，然而实际上区别却是非常严格。王国维以为犬字「腹瘦尾拳」，豕字「腹肥尾垂」，这是对的。还有一点，就是：犬字可以作□，省去其腹形，豕字则不能。」（古文字的符号化问题古文字学论集初编九三页）

罗琨　「在田猎卜辞中多见「逐豕」、「隻豕」（合集一〇二二七—一〇二四六），野猪一律称豕，……。说文有「豕，彘也」，「彘，豕也」，可知二字原是相通的。卜辞中豕已成集合名词，如「又责于父丁，百犬、百豕、百牛。」（掇二．三四）以百豕献祭不大可能是野猪。但从语言文字的发展看集合名词的出现要晚于专有名词，而彘作为会意字却又是从独体象形的豕字派生出来的，所以出现最早的豕字本义当为野猪的专名。」（释家古文字研究第十

七輯二一四頁）

按：今本說文豕字羼入後人說解，語多譌舛，段玉裁、錢大昕、朱駿聲、錢坫、孫星衍均嘗加以訂正，王筠句讀則徑加刪削。契文□象豕有鬣形，亦為豕字，屈萬里釋彖非是。李孝定已辨其誤。豕與豖、豭均有別，不得混同。

1600

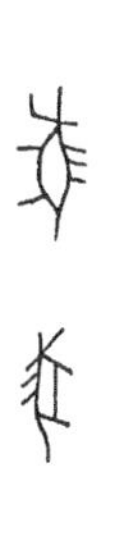

考古所「□：疑豕之异构。」（小屯南地甲骨一一六一頁）

按：此可能是「豕」之異構，但屯附三與「□」字同見，均為祭牲，則此似專指野豬而言。然則康、康以後，家豕與野豬各有專名，則亦有可能。

1601

豖

聞一多「唐釋□為豭至塙。□字予初釋十豕合文，近知其非。諦審之當釋豖，去勢豕也，故所从丨旁列以示去之之誼。經傳之椓劅斀等均與此音近義通。詩大雅召旻『昏椓靡共』。傳云『椓夭椓也』。箋『昏椓皆奄人也，昏其官名也，椓毀陰者也』。書呂刑稱『椓黥』，鄭注『椓破陰』。堯典正義引鄭本作劅。說文攴部『斀去陰之刑也』。引書作斀。許以豕絆足行豖豖从豕繫二足訓豖，失之」。（考古六期一八八葉釋豖）

聞一多「卜辭□、□、□三文諸家一概釋豕。今案□□有並見於一辭者。（見下引八、一七兩例）是二字有別。至□雖未見與□並用，然以□□異字推之，則□腹下一畫，必亦非虛設。唐立厂先生曩為余言：此字象豕腹下有根器之形，當釋豭。案家卜辭或作□，（前四、一五、四）金文作□（枝家卣）作□（小臣告鼎）作□（壆禹）作□（叔向段）且有直作□者，（頌鼎）而許君復謂家豭省，則唐釋殆確，惟卜辭豝字有作□者，（拾四、二）如唐說則不得不委為誤刻耳。要之，釋□為豭，不為無據。今所欲論者，□□二形顯然有別，似亦不當同字。余初疑卜辭十作丨，又有合書之例，因之□即有讀『十豕』如□為十牛之可能，三□亦有讀『十三

豖」形為十二月者之可能。及見諸辭中有曰「十亓」者，（見下引4 25二例）曰「十白亓」者，（見下引15 16二例）遂知合文之說不能成立。且以川或作刂，卝或作丱之例衡之，豖而果為十豖之合文，則應有作亓者。然此例從未一見。此亦前說之一反證也。今案腹下一畫與腹連著者為牡豖，則不連者殆即去勢之豖，因之，此字即當釋為豖。許君謂豖為「豖絆足行豖豖」，從豖繫二足」。此蓋不得其解而妄以騙馬等字之義說之。實則豖之本義，當求之於經傳之椓及劅斀等字。

> 詩大雅召旻篇「昏椓靡共」，傳「椓，夭椓也」，箋「昏椓皆奄人也，昏，其官名也，椓，椓毀陰者也」。
> 書呂刑篇「爰始淫為劓，刵，椓，黥」，鄭注「椓，破陰」。堯典正義引鄭本作劅。
> 說文攴部「斀，去陰之刑也」。引書作斀。

案椓劅斀並與豖音同義通。豖去陰之稱，通之於人，故男子宮刑亦謂之豖。詩書作椓，用借字。（毛訓椓為夭椓，夭者折也，椓讀為豖，故曰夭椓。鄭訓椓為椓毀陰，又曰破陰，則讀椓如字，不若毛義為長。）鄭作劅，許作斀者並後起形聲字。許君訓斀為去陰刑，固無可議，特不知豖乃其最初文耳。豖之聲轉為豶，（詩周頌有客篇「敦琢其旅」，敦亦琢也，豖之轉豶猶琢之轉敦）唐韻引字林曰「豶，去畜勢也」，說文豕部「豶，羠豕也」，趙宧光云：方言或讀若敦，易大畜釋文引劉表曰「豕去勢曰豶」。豶旁轉為羵，廣雅釋獸「吳羊犗曰羵」，羵為羵之譌，羵之言剸也，斷也。（莊子說劍篇「試使十敦劍」，司馬注「敦，斷也」，羵之訓斷，亦猶敦之訓斷。）羵對轉為⿰豕肖，說文豕部「⿰豕肖，羵也」。⿰豕肖之言隓也，方言十二「⿰土肖，脫也」。豖之本義既為去陰之豖，則卜辭之亓就其字形所示，釋為豖字，最為確切。去陰之豖，自無牲別可言，故卜辭⿰豕匕⿰豕土二字，絕無從豖作者。且卜辭中所見鳥獸之名，除一部分用為人名國族名地名者外，其用為普通名詞者，要不外祭祀所用之牲與畋獵所獲之禽。卜辭此字果為去勢之豖，則必為牲而非禽，蓋田獵所獲，決無既劇之豖也。今檢各書，凡辭中出豖字者，悉逐錄於下：

1. 辛巳卜，𡆥貞酓三犬，尞五犬五豖，卯四牛。一月。（前七．三．三）
2. 庚戌卜，爭貞尞于西𠂤一犬一南，尞四豖四羊南二，卯十牛南一。（庫一二八、一九八七）
3. 壬午卜，爭貞尞三豖，卯一羊，尞三豖三犬，卯一羊。（庫一〇九，一七〇一）
4. 口辰卜，殻羊尞十豖洋卯……（藏八、六三）
5. 壬辰卜，翌甲午尞于蚰羊㞢（又）豖。（後上九．二）
6. 今丁酉夕，尞豖方帝。（佚五四，五〇八）
7. 貞㞢于祖乙。貞尞豖。（續一．一五．三）
8. 尞于東母……豖三豖三。（藏一四二．二）

9. 貞尞𢀛㞢(又)豕。(續一、一、四)
10. 丙戌卜，貞叀犬㞢(又)豕帝。(前七、一、二)
11. 甲戌卜，㞢丑在今日。叀豕。(淺上五、四)
12. 甶豕司衍，吉。(前六、二三、一)
13. 貞叀……豕，令……。(藏二一三、二)
14. 囗午卜，方帝，三豕㞢(又)犬卯于土(社)宰(庠)，𠦪雨。(佚五，四〇)
15. 貞𤉲豕百。九月。(前六、四二、八)
16. 丙午卜，穷貞㞢于祖乙十白豕。(前七、二九、二)
17. 貞㞢于祖乙十白豕。(續一、一五、一)
18. 丁巳卜貞帝(禘)雉。貞帝(禘)雉三羊三豕三犬一豕。(前一、一七、五)
19. 囗酉貞福……豕……。(識四五、三)
20 癸卯卜彰，求貞乙巳自甲廿示一牛囗羊一囗囗彘宰五豕十。(續一、二、四)
21. ……帝(禘)既(餼)，……于豕二羊。(藏一七八、四)
22. ……㞢貞御……嬉豕于𡿨。(藏二七二、二)
23. 囗囗其至(致)二白豕父甲。(前八、五、四)
24. ……囗母……豕。(拾一一、七)
25. 于……十豕㞢(又)南。(庫一一六一，七七三)
26. ……豕二。[illegible](佚六五，六二一)

1至9曰燎，10至13曰叀，14曰卯，皆祭祀用牲之法。15 𤉲一作[illegible]，(前六、四三、一)與金文[illegible]字同意，當釋盡，說文盡訓調味，此殆亦用牲之法。16 17之㞢，18之禘，19之福，20之彰皆祭名，21之既，疑當讀論語八佾篇「子貢欲去告朔之餼羊」之餼，說文槩餼並為氣之重文，儀禮聘禮記「日如其饔既之數」，注「古文既為餼」。22之𡿨，23之父甲，24之囗母，皆被祭者之名。又22御訓進御，「御豕與帝既」謂禘祭所用之餼也。23致豕同誼。25與南並舉，南于卜辭習見，每為祭祀所用之物。26與[illegible]並舉，字不可識，然非畋獵所得之生物則可斷言。綜之，二六條中絕對無一卜問畋獵之辭，(卜辭中凡從豕之字與田獵有關者，若逐，彘，𢿢，及冢，亦皆從豕不從豕。)反之其為卜問祭祀之辭，則什九確有明徵，此正與吾人釋𢀛為豕之假設密合。意者祭祀用牲，本尚肥腯，而既劇之豕，膚革尤易充盈，故殷人祭祀，多用豕為牲歟？楊遇夫先生云，䝐為斀之借字，去陰之刑也，其說至確。

「追記」(三)周禮司刑注引尚書大傳「男女不以義交者，其刑宮䝐」。(古典新義下釋為釋豕五三九——五四四葉)

三八 孫海波 「□，前八．五．四。象牡豕之形而畫勢于其旁，即豭字初文。」（甲骨文編九頁）

李孝定 「豖聲蜀聲之字多有去陰之訓，古語蓋然。當以豖為本字。豖聲之字又多有擊刺之義，如椓啄⿰豖攵皆是，當由去陰之義所引申。至椓訓去陰，乃豖之借字。劅斀則後起形聲字也。馬部馽，篆解云『絆馬也从馬口其足』然則豖絆足之字固當作⿰馬豖，亦當別有音讀。以與豖豕形近譌混，而其本義遂亡並其音讀亦失，乃以豖之音讀讀之獨存其義，絆足豖而豖之本義反為所掩，此文字衍變過程中所常見之混淆現象也。卜辭豖為牲名，去勢豖也。」（集釋二九八六葉）

姚孝遂 「又例如：□ □ 这种区别形式，不妨也可以认为是形体组合上的差异。□象豖有势形，即豭之本字；□则表示豖之去势者，即「豖」之本字。说文谓：「豖，豖绊足，行豖豖，从豖繫二足」。这是许慎在豖字的本形本义既已晦失之后的一种误解。说文别有「斀」字，说解为「去阴之刑也，从攴蜀声。周书曰：刖、劓、斀、黥」。今本吕刑作「劓刵椓黥」，正义引郑玄「椓，谓椓破阴」。诗召旻「昏椓靡共」，昏椓皆指奄人。椓即豖之孳乳字，义亦有所引申。小篆□犹存□形的痕迹，「斀」则存□之本义。而由豖所孳乳之椓，说文训为「繫」，但在实际运用中，有时仍然表示「奄割」这一最基本的概念。□（豭）为牡猪，与□（豖）在形体组合上有着细微的，然而是明显的区别。孙海波先生甲骨文编、岛邦男先生殷墟卜辞综类均将此二形混同，不加区分，这是错误的。」（古文字的符号化问题古文字学论集初编一〇六——一〇七页）

按：聞一多釋豖是正确的。豖與猳、豭有別。猳、豭象犬豕之有勢，豖則示豖之去其勢。豖皆从豖，使於肥育，此乃畜牧事業發展之象徵。前七．三．三：「辛巳卜㕣貞，㞢三犬，𡆥五犬五豖，卯四牛，一月」。又合二七二：「癸未卜㱿，𡆥黃尹一豖一羊，卯三牛，冊五十牛」。豖皆用為犧牲。殷人祭祀，選用犧牲之毛色、牝牡以至用牲之法均甚嚴格。即以豖而論，有豖、豝、⿰豕士、豚、彘之別。綜類二一九□字條引戩一．九「三屮□」豖而从彘，實乃摹寫之誤。此拓本模糊，續一．二．四及佚八八四與此同片，則甚清晰，乃「四巫豖」，島邦男摹寫此三字均誤。

豭 [g] [g]

唐蘭　「[g]字卜辭習見，舊釋為豕。字或作[g]作[g]，亦釋豕。並詳甲骨文編九、九。其變為[g]，則釋為牡或从豕矣。殷虛書契考釋三四、甲骨文編二、五。余按諸釋並誤。[g]當象牡豕之形，故並繪其勢。[g]則作書之時，小變其法，故勢不連綴於小腹，丨又變為⊥，即土字，勢之本字。則為塚。牡豕為豭，故[g]當為豭之本字。凡羅振玉所謂牝牡牢牧等字或从羊豕犬之類者均誤。說文：『[g]豕也，从彑，下象其足，讀若瑕。』朱駿聲云：『當為豭之古文。』通訓定聲豫部其說極允。蓋[g]之變為[g]，即得轉為[g]。然則[g]即[g]形之變，而說文僅云豕也，下象其足，已失其義。豭則後起之形聲字，遂獨專牡豕之義矣。說文家字從豭省聲，段玉裁疑之，謂：『此篆學者但見從豕而已，從豕之字多矣，安見其為豭省耶？何以不從叚而紆回至此耶？』因謂家為豕之居。余謂家固豕居，段所疑者，亦正中輕說省聲之病，凡省者當本有不省之字，不然皆誤也。然許說此字未為大誤。蓋卜辭家作[g]前四、十五、四，象[g]在宀中。以象意字聲化之例推之，當讀[g]聲，其但作豕形者，可謂為[g]省聲。[g]即古豭字也」。

郭沫若　「豭字原作[g]，腹下有物挺出，蓋牡豕也」。（粹七九片考釋）

孫海波　文編九、一〇以[g][g]諸形均為「象牡豕之形，而畫勢其旁，即豭字初文」。

金祥恆　續文編九、一一混入豕字。

李孝定　「說文：『豭，牡豕也。从豕，叚聲。』又『[g]，豕也。从彑，下象其足，讀若瑕。』此字从豕並繪其勢，即許書之[g]，豭則其後起形聲字，唐說確不可易。惟謂[g][g]並是豭字則非。[g]當釋豕，[g]字但當隸定作[豕士]，其義為牡豕，乃豭之同義字，从豕从士，勢會意，士亦聲，與[g]豭非一字也。卜辭云『甲子卜㱿叀二[g]二[豕士]用　□□卜亡[g]㱿二[g]二[豕士]』乙四五四四、[g][豕士]並見，可證。惟字既並見，其義亦不當全同，其別何在則不可知矣。又云『叀[豕士]羊』乙九八三、羊而稱[豕士]，似可為羅氏牡或羊犬豕說之佐證。惟它辭又云『乙未卜御于妣辛叀[豕士]叀羊』乙五三二八、則前辭之『叀[豕士]羊』者，當仍是『叀[豕士]叀羊』之漏刻。『叀』字者叀多對貞之辭非牝牡牢牧之字可从犬豕牛羊任作也」。（集釋二九八〇葉）

姚孝遂　「卜辞「豭」与「猳」是有区别的：乙四五四四：「㱿二猳二⿰豕土」，乃是用二雄犬、二公猪为牺牲。但同版尚有：「甲子卜，㱿二豭二⿰豕土于入乙」，则显然「豭」是「猳」字之误。说文有「豭」无「猳」，桂馥说文义证以「猳」为「豭」之俗体。典籍「豭」可以泛指一切牲畜之雄性。这和卜辞牝牡、⿰羊匕⿰羊土、⿰豕匕⿰豕土有别，而后世一律作牝牡是一致的。」（古文字研究第一辑一七七——一七八页）

姚孝遂　肖丁　「2707」

(1)「……酻大卸自囲，其告于大乙，在父丁宗卜」

(2)「……大卸自囲，其告于祖乙，在父丁宗卜」

(3)「……其大卸王自囲，血用白猳九，下示汎牛，在大乙宗卜」

(4)「……自囲，血用白猳九，……在大甲宗卜。」

(5)「（乙）卯贞，其大卸王自囲，血用白猳九，下示汎牛，在且乙宗卜」

(6)「丙辰贞，其酻，大卸自囲，其告于父丁」

此片占卜之次序，可根据其行款、日期、界画等情况加以确定。

占卜之主要目的在于为商王除災禳祸而御告于先祖。辞中之「父丁」当为祖庚之称其父武丁」。

「汎」即「盤」，乃釁礼之房，为取牲血以祭。

卜辞「汎」或用犬，或用羊，或用牛，或用人。此为用犬及牛。

相同之辞例尚有：

摭续64：「丁未贞，其大卸王自囲，血用白猳九，下示汎牛，在父丁宗卜。」

粹79：「甲辰贞，其大卸王自囲，血用白猳九，下示汎……」

……

「猳」字过去诸家或混入从「豕」之「豭」，或读作「豕」，或读作「犬」，释读均有误。

卜辞于牲之牝牡区分极严，各有专字，犬之牡者谓之猳，豕之牡者谓之⿰豕土，犹牛之牡者谓之牡，羊之牡者谓之⿰羊土，以不相混。猳字从犬，象犬之有势形。至于豖字，当释豕，则象豕之去势形。或以卜辞猳混入豕字，亦误。

说文有豭无猳，典籍中尚见有「猳」字，桂馥说文义证以为猳是豭之俗体。清代小学家每每以不见于说文之字一律都认为是俗体，这是一种偏见。

「白猳」即白色之雄犬，「血用猳」谓取白色雄犬之血，这和下文的「汎牛」是一致的。

說苑：「釁之以猳」，这是商代「皿白猳」之礼的孑遺。卜辞祭祀用白牛、白羊、白豕、白豚、白彘，尚有「白羌」、「白人」。粹245之「叀今夕用三白羌」或读作「三百羌」是错误的。

粹396「其桒生于妣庚、妣丙牡⿰羊土白猳」，島邦男综类587－1摹猳字作□，殊误。而综类163－1、2、466－3、542－3所摹是正确的。」（小屯南地甲骨考释三五－三六頁）

罗琨「……豭，不仅表示牡豕，这个字的本义原是家猪的专名。在甲骨文里猪豕的野生动物是不分牡牝的，只有家畜才有表示牡牝的专名。如卜辞有：

辛巳贞，其桒生于妣庚、妣丙，牡、⿰羊土、白豭。粹三九六

「辛巳」贞，其「桒」生于「妣」庚、妣丙，「牝」、⿰羊匕、⿰豕匕。

豭与牡、⿰羊土并举，又与牝、⿰羊匕、⿰豕匕对贞，可见指牡豕无疑，但它的涵义不限于牡豕，因卜辞中也有⿰豕土字，甚至与豭并举，如：

甲子卜，𢼸二豭二⿰豕土于入乙。合集二二二七六

⿰豕土字结构与牡、⿰羊土同，也当指牡豕。此外卜辞还有豕字，如「贞卌丁用百羊、百九十九豕。」（甲三五一八），其字作□，闻一多考「豕去势豕也，故所从丨旁刻，以示去之之谊，经传之椓、劅等均与此音近义通。」从构成看豕与⿰豕土都属于会意，一从豕从丨表示去势之豕，一从豕从丄特指未去势之牡豕，当为一组相对应的用语，故豭还应另有涵义。由于卜辞曾见「庚申卜，见□。庚申卜，见□。」（合集二二四三六）以豭与彘对举，暗示出豭与⿰豕土的不同在于它最初的涵义是指与彘——野猪相区别的家猪。」（释家古文字研究第十七辑二一三——二一四页）

姚孝遂说参丯字条下。

按：唐蘭釋亥為豭是正確的，但並以亥、⿰土亥為豭則誤。桂馥說文義證亦曾謂亥「與豭通」。小篆亥形譌變，故許慎以「下象其足」為言，實本獨體象形。豭乃後起形聲字。亥乃豕字，孫海波、金祥恆皆與豭字混同。其从犬者，乃猳字，指犬之雄者而言，與豭有別。說詳猳字條。

卜辭牝牡以从牛羊豕犬馬鹿區分之。牧、牢則分牛羊，豭則分犬豕，各有專指，各有所从，後世則僅有牝牡牧牢豭，義有引伸，不復區分。

1602(2) 猳

按：卜辭猳字專指犬之雄者而言，與从豕之豭專指牡豕有別。後世則混同，通作「豭」，而以「猳」為「豭」之異體。釋契諸家，亦未加區分从犬之「猳」與从豕之「豭」，而誤以為皆从「豕」。乙四五四四有辭云：「甲子卜，𢦔二犭二犭于入乙」，豭與𧱏並列，義複，當有誤字。其同版有辭云：

「𢦔二犭二𧱏」；「于兄丁𢦔犬」

此辭豕與犬區分顯然，猳字正从犬，不从豕。粹三六九辭云：「其桒生于妣庚妣丙牡牡白猳」，謂以公牛、公羊及白色之雄犬祭於妣庚妣丙，以祈求生育。拾一·一〇與此版同文。島邦男卜辭綜類五八七摹粹三九六「猳」字作犭，殊誤。說苑「釁之以猳」；易林「牝牛牡猳」；桂馥說文義證以為豭之俗體，實則合於古文。廣雅釋獸：「豭，雄也」，是不僅豕之牡者稱豭，凡獸之雄者皆可稱豭，義有引伸。漢書翟方進傳：「與豭豬連繫都亭下」，豭用如雄牡之義。

卜辭「猳」又為祖甲時貞人名，陳夢家綜述二〇六隸作「犬」，「猳」復增水作氵，陳氏隸作「涿」，並誤。

1603 豚

孫詒讓　「（藏一四五·三）左从D即肉字。金文散氏盤散作𢿵，彼肉作D，此省中畫，猶月之作D也。右从犭，即豕之省，與亥作下正相邇，古亥豕形畧同。」（舉例下卅八葉下）

羅振玉　「說文解字豚从彖省，从又持肉。此从豕肉，會意字也。許書又載篆文从豕肉與此正合。古金文有从又者，許書作豚，亦有所本矣。」（殷釋中廿八葉下）

王襄　「疑吠字」（類纂存疑三葉）

王襄　「古豚字。」（類纂正編第九第四十三葉上）

葉玉森　「按此字異體作□□□等形，藏龜之□上似不完。予舊說豚為小豕从肉，小誼不顯，且牛羊虎鹿犬馬等獸亦無从肉表小誼者。卜辭从D乃月字，盖小豕以月計不以歲計，猶許書云『生三月豚曰豯，生六月豚曰豵』。析言之曰豯，曰豵，渾言之曰豚而已。許君謂从又持肉以給祠祀，于小誼亦無関。从又加繁，古誼益晦。金文已傳譌矣。卜辭亦变从A，仍月字。卜辭之月亦多作D也。（殷契鉤沈）復案卷五第四十六葉七版之□（鳴）从A即口，乃悟豚字所从之A夕並口字。小豕好鳴，故从口。予舊說仍未諦」。（前釋卷三第廿六葉上）

商承祚　「余曩釋吠，非是，當是豚字」。（佚存四九葉）

唐蘭　「按其字从口从豕，釋吠與从豕不合，釋豚又與从口不合，皆非也。余謂啄當為喙之本字，左傳昭二年『深目而豭喙』。豕喙異於常畜，故从豕，而卜辭此字，又特示其喙狀也。說文喙从彖聲，朱駿聲謂當从彖聲，又以彖為豕之或體，（通訓定聲履部）今卜辭啄字正从豕，可為朱說之證。喙為豕喙，引申之則鉅喙之畜或獸，皆得稱喙，湯曰：『為黔喙之屬』是也。本片『出喙』者，疑是豕之異名」。（天壤文釋三十四葉至三十五葉）

孙海波　「啄，乙四五一八。从口从豕。唐兰以为即喙之本字。左傳昭二年，深目而豭喙。豕喙异於常畜，故从豕。　按，卜辞用为豕名，甫喙。」（甲骨文编三九頁）

李孝定　「說文『吠，犬鳴也。从犬、口』。契文犬豕二文每不易辨，於偏旁尤然。大抵細腹拳尾或着爪形者為犬，碩腹短尾者為豕。佚三五九有文作□，前已从唐蘭之說收為喙，此數文孫海波甲骨文編，朱芳圃文字編均收為吠，金祥恆續文編亦收，乙編及伯書所見與此相類者數文為吠，姑从其意收此為吠，然不敢必也。辭云『在吠』，前六．三五．四為地名。『□于王十吠』，前七．三五．四『貞尞□年三犬三吠』，乙八一二三『叀吠卯犙』『勿出吠』，乙一八四五『尞于蚰叀羊出吠　尞于土，叀羊出吠尞于蚰一吠』，乙三三四七則均為牲名。言『出吠』者，以吠佐祭也，不詳其義」。（集釋〇四〇五頁）

李孝定　「說文『喙，口也。从口，彖聲』。契文从口从豕會意。本為豕口，引申以為凡口之稱。史記越世家范蠡遺文種書『越王為人長頸鳥喙』，此稱越王之貌。按此謂鳥喙疑狀其鼻漢書地理志『左馮翊谷口莽曰谷喙』。非獨獸畜得稱喙也。唐釋喙於字形為近」。（集釋〇三四五葉）

李孝定　「說文『豚，小豕也。从彖省象形。从又，持肉以給祠祀。豚，篆文从肉、豕』。契文正从肉豕，與篆文同。葉謂从口會意，牛羊犬馬諸字亦無从口表小誼者，其舊說謂豚以月計，實較从口之說為長。惟契文A夕字實為肉字，非从月也。其从又作者乃古文與金文作□臣辰卣□臣辰盉□豚鼎□豚卣者全同。竊謂从又作者亦豚尚小可以置於把握之間，蓋以對比見意也，許解為持肉祠祀失其旨矣。卜辭豚為牲名」（集釋三〇〇八葉）

于省吾

「甲骨文豚字作□、□、□等形，从肉从豕，人所易知。甲骨文习见□字，王襄「疑吠字」（簠類存疑三）。甲骨文的「□，羊㞢□」（佚三五九），商承祚同志谓：「余曩释吠，非是，当是豚字。」唐兰同志谓：「其字从口从豕，释吠与从豕不合，释豚又与从口不合，皆非也。余谓啄当为喙之本字。」又谓：「喙为豕喙，引伸之则鉅喙之畜或兽，皆得称喙，易曰为黔喙之属是也。本片㞢喙者，疑是豕之异名。」（天考三四）按释吠释喙，既乖于形，又背于义。然而，甲骨文编和续甲骨文编均从唐说释为喙。其实，商说是对的，但不知其字何以从𠙵，故不作決定之词，以「当是」为言。我认为，豚字所从之𠙵，並非口字，乃肉字在偏旁中的变体。甲骨文祭字象以手持肉，作□、□、□等形，至于作□或□者也是常见的，这和豚字之从肉作𠙵可以互证。

甲骨文称：「叀□〇勿㞢□」（乙四五一八），「来于蚰，叀羊㞢□」（乙四四七三），「贞，来羊，三犬三□」（乙二三八一），「贞，来于王亥毋□」（乙六四〇四）。此外，甲骨文有关从𠙵或从□的豚字习见，不备录。就以上所举的几个例子来看，释为豚，无论在构形或词义上，都是相符的。

在上述之外，甲骨文「帚□」（乙八八九六）之□，旧不识。按其字从D即肉字，应释为⿰女肉。又甲骨文有□字（续存下三九一，原辞已残），从女从豚，应释为⿰女豚。」（释豚，甲骨文字释林三二六页）

姚孝遂

「天34「□羊㞢□」，唐兰先生以为「喙」之本字。诸家多从其说。王襄类纂释「吠」，复释为「喙」，混淆莫辨。商承祚先生类编原释「喙」，佚359考释改正为「豚」字。释「豚」是对的。卜辞从肉之字或作𠙵，祭字从肉或作𠙵，或作□，可证。唐兰先生误以□字为从口，未免疏失。综类进而区别□、□二形，且根据其辞例，皆为人名或地名，形体既殊，用法亦迥然不同。（殷虚卜辞综述简评古文字研究第三辑一八四至一八五页）

按：甲骨文从「肉」之字，或作夕、或作□，或作𠙵，□亦豚字。說文訓豚為小豕，曲禮：「豚曰腯肥」。古代祭祀之用豕者，以豚為貴。雜記所謂「豚肩不掩豆」是也。卜辭或云「豕㞢豚」（續四．一八．八）；或云「羊㞢豚」（乙四七三三）；或云「三羊三犬三豚」（乙七四四五），如釋作喙，則不辭。

1604

彘 □ □

羅振玉

「从豕，身着矢，乃彘字也。彘殆野豕，非射不可得，亦猶雉之不可生得與，其貫丿者，亦矢形。許君謂彘从彑矢聲从二匕，是誤以象形為形聲矣。」（殷釋中二十八葉下）

王襄

「說文解字：『彘，豕也，后蹏發謂之彘。』又發下許訓：『射，發也。』契文之彘象豕箸矢形，疑彘是野兽，后蹏發猶云疾足，是善走之謂，非躲不能得，故象箸矢之形，丨為矢之省，詩召南騶虞：『壹發五豵』『壹發五豝』，豝、豵亦用矢射，殆与彘同类。彘邑幣作□、□、鉩文作□，近于小篆。」（古文流变臆說六七頁）

吳其昌

「彘者，彘字之消文，其字在栔文中變體滋多，而要皆從『豕』從『矢』。其矢或將及于豕身，如□。（鐵二一〇．二）或射着于豕腹，如□（前四．五一．一）□（前五．四三．一）□．（菁．一一．一九）或洞貫于豕體，如□（前四．五一．一）□（前四．五一．三）□（前四．五一．四）□（後．一．一八．五）□（後．二．二．一六）□．（林．二．四．四）至其狀橫注之□，消去鏑、鋒，簡作一狀，如本片（前一．三一．四）之□字者，尤多不勝舉，以其便捷而易書故也。所以知此字為『彘』字者，羅振玉曰：『從豕身箸矢，乃彘字也。彘殆野豕，非射不可得，亦猶『雉』之不可生得與？其貫丿者，亦矢形。……』（釋中二八）羅說是也。其後小篆之彘、作□，若解析之，則所从彑者，即此□形頭部之形譌，說文所謂：『彑，豕之頭、象其銳而上也』。比，亦即豕形四足之轉変，說文所謂：『二匕彘足；與鹿足同』也。腹中亦箸『矢』又正與卜辭同．故知此字之碻為『彘』字無疑也。」（殷虛書契解詁第三四二葉）

饒宗頤

「……卜，㱿貞：㞢（侑）白□，示（寘）三月。辛……㱿……甲……用。……（寧滬三．三〇）按爭卜辭云：『㞢白□（彘）于妣癸』。（寧滬二．三七）與此辭互證，知□亦牲名，與彘同。『示』讀為寘，他辭習見之『品□』（乇甲三五八八）『用□』（庫方一〇〇九）□與□乃一字。故續存下六五骨臼：『帚杞示（寘），㞢（侑）七□。㱿．』由㱿署名，語例與此正同」。

白玉峥　「峥按：校之契文，其作彘形者，散见于各期中。至其作彘或彘形者，多见于前期之卜辞；至后期，有省减为彘形者，其作彘者，则似为牺牲之专名。至其在甲文中之为用，作彘者，多为祭名、人名、或地名等；作彘者，则似为牺牲之专名。如：

贞：来三羊三犬三彘？　乙二三八一

辛巳卜，祭于𠂤三彘？在禽。　乙九〇四七

酒三彘于……　后下二·一六

尽管诸字之辞例有异，然亦有时又皆用为动词字者，而其义，似又为杀生。惜传世之甲骨，辞残有间，未由征其实矣。」（契文举例校读中国文字第八卷第三十四册三九〇五页）

張亚初　「彘、⿰矢豕研契诸家都以为是彘字。这个字最早是由罗振玉考订的。他说，此字『从豕身著矢，乃彘字也。彘殆野豕，非射不可得』，故于豕腹著矢，以区别豕字（殷商贞卜文字考征名第二）。从字形讲，说它是后来的彘字，这是对的。至于说它是野豕，非射不可得，则纯系望文生义。这个字在甲骨文中并非指野豕，它除了少数作国族人名外，大部分是作祭名，系动词。为了避免与一般概念中的彘字相混，姑且隶定为⿰矢豕。彘、彘二字形近，人们往往把它们混同起来，其实二者是有显著区别的。⿰矢豕字从矢从豕，彘字则是豕身有一横，应隶定为豖。不但字形不同，用法也有别。举例来讲：

『贞㞢豖于妣』（续五·二六·七）

『戊寅卜，又匕己羊、豖』（乙八八九五）

『兄亚束豖』（乙八八〇四）　以上为豖

『癸卯卜，宾贞，井方于唐宗⿰矢豕』（后一·一八·五）

『王㞢匚，⿰矢豕，不其⿰矢豕』（缀二二五）

『戊壬贞，⿰矢豕亡囚』（前五·四二·八）

『贞東畀（水名）⿰矢豕』（前四·五一·二）　以上为⿰矢豕

在上述关于豖的材料中，豖都是名词，指牺牲。肄簋『遘于妣戊武乙爽，豖一』（三代六·五二·二），豖后有数量词一，说明也是牺牲名，是指某一种猪。在西周金文中此字简化为豕、豖（参金文编三九页），假为隊（墜）。上面关于⿰矢豕的材料说明，⿰矢豕都是动词祭名，它除了押一一八·七等作国族地名人名外，无一例外，都是动词。由此可知，豖与⿰矢豕从字形到用法，判然有别。

我们所以讲豭並非野豕，是因为在成千上万的田猎材料中，只见到获豕、禽豕、逐豕、罝豕之卜，而从未见有获豭、禽豭、逐豭、罝豭的记载。这充分说明，在商代野猪称豕，而不称豭（彘），可见罗说之非。

国语楚语下观射父说：『天子禘郊之事，必自射其牲』，韦昭注：『牲，牛也』。周礼射人『祭祀则赞射牲』，郑玄注：『蒸尝之礼有射豕者。』贾公彦疏：『若然则宗庙之祭秋冬则射之，春夏否也。祭天则四时常射，天尊故也。是以司弓矢共王射牲之弓矢，此射人赞射牲也。』由此可知，古代祭祀有射牲的礼制，而且后来设有专职掌管其事。当然这是一种隆重的祀典。周承殷礼，这种祭礼正是从商代沿袭下来的。商代的豭祭就是后世的射豕之祭。豭字构形从矢从豕，有的作飞矢向豕形，有的作豕身着矢形，很形象生动。

杨树达先生于卜辞求义射字条，引粹三一四、戩九・二等，认为这些材料中的射字是指射牲，非常正确。此射泛指射牲。豭则应为射豕的专字。」（甲骨文金文零释古文字研究第六辑一五八——一六〇页）

李孝定　「說文：『彘，豕也。後蹏發謂之彘，从彑、矢聲，从二匕，彘足與鹿足同。』契文象豕身貫矢乃會意字，羅說可从。卜辭為牲名，或為人名。」（集釋三〇〇五葉）

考古所　「彘：在此可能为用牲法。」（小屯南地甲骨一一三八页）

陳初生　「甲骨文每見有豕形文而腹中橫貫以矢者，如〓、〓、〓，戊辰彝有『〓一』之文，歷来皆释为『彘』，名詞。金文又有作〓、〓、〓、〓者，结构与『彘』类似，在銘文中皆用為墜失之意。豕中矢即倒地，高墜之意或由此而得。小篆〓上部八係由〓上之入分离而生的讹变。『彖』即『墜』之初文，『墜』乃后起形声字。」（商周金文读本三〇二頁）

饒宗頤説參〓字条下。

按：說文「彘，豕也。後蹏發謂之彘，从彑矢聲，从二匕，彘足與鹿足同」。乃據小篆曲為之解。契文象矢貫豕形。張亞初言其義是對的。綜類二一九〓字下引戩一・九有〓字，實乃〓字之誤摹。佚八八四、續一・二・四皆與此同片，甚清晰，可參見。乙四四八四「彘入十」，乙六〇一一「乎彘㞢在束……」，均為人名。

並乃「豖」字，不得釋「彘」。

1605

按：字从豕，與「豖」形義有別。在卜辭為人名。

1606 ⿰豕土

李孝定「从豕从士，說文所無。其義為牡豕。羅氏釋牡非是。說見二卷牡字條下。」（集釋二九八九葉）

聞宥說參牡字条下。

于省吾說參牝字条下。

高明說參牡字条下。

按：「⿰豕土」乃合文，當讀作「牡豕」，指豕之雄者而言，與「豭」同義。說詳「牡」字條。

1607

1608 ⿰豕匕（⿰豕刂）

按：合集三三五三辭云：「叀[illegible]乎比侯叙」為人名，與「⿰豕匕」有別。

唐蘭　「𢻹字羅振玉誤釋為牝，學者多從之。今按當釋為剢，非牝或豝字，其作𢻹者，乃真豝字耳。剢於卜辭當讀若遂。銅器靜𣪘有鞭𢻹，亦即剢字，吳大澂讀為射韝之遂是也。射韝以革製故番生𣪘鞭韝字从革」。（天壤考釋廿三葉下）

李孝定　「从豕从匕，說文所無。唐氏又分此為豝剢二字，前一、二四、三『貞㞢豕于父甲』同片它辭云『丙辰卜爭貞自㞢𢻹』此𢻹字當即唐氏釋剢者其辭例與上辭言『㞢豕』例全同，當仍是牝豕之豝，不當讀為遂也」。（集釋二九八九葉）

張秉权　「𢻹，楷寫為豝，即牝字，偏旁从豕，專指母豬而言。青，郭氏讀為𣪊（註一），唐蘭說是畜子之通称（註二）。按二氏之說甚是，豝青当是小母豬的意思。又庫方二氏藏甲骨卜辭一〇六〇片有

癸未卜，帚鼠㞢妣己青豕？

青字似為形容詞，青豕或是小豕之意，但是說為青与豕，亦无不可，另一辭作『羊豕』，是羊与豕二牲。豕字郭氏引作犬（註一），恐非」。（殷虛文字丙編考釋第四七一頁）

陈炜湛　「甲骨文匕（妣）多作□或□，然亦可作□或□，遂与人形相近，又可作□（佚一九二），乃与刀同形。而人字，除一般作□外，亦可作□（契四）或□（京津四一三三），与匕同形，偶亦作□（京津二九九二），与刀形同。卜辞有□方（□、□）者，或释尸（夷）方（殷契粹編），或释刀方（甲骨文編、殷虛卜辞綜类），均似有理，其实即释为人方亦无不可。可见，甲骨文人与匕基本同形（且从人之字亦多作□）；匕与刀、人与刀也有少数同形之例，唯据文义均可判断，不致相混，故其例亦可从略。今复得从刀与从匕者同形之一例，即豝与剢共作𢻹形，需略为一说。

甲骨文编卷二牝字条下注云『匕形误为刀』，复列从豕之𢻹等十三文为异体，谓『或从豕』。案此十三文中实包含豝剢两字。象戩四三·五片『勿□□』，後下二五·一二片『貞叀小𢻹』，甲三〇二二『勿乎取□□』，甲三〇七〇片：『庚申卜乎取□□』，乙五六八九片『㞢于祖辛𢻹青』，諸例之𢻹，釋豝（牝）誠可，其义为牝豕，且在辞中均为名词。而其余诸文，如鐵一五·一片『壬戌卜王貞勿㞢𢻹』，後下三六·七片：『王固曰：其㞢𢻹。允𢻹，弗得□』，續一六片（甲骨文编误为一三）『丙辰卜，爭貞：自㞢𢻹』，均称『㞢𢻹』，辞例与『㞢希』、『㞢囚』、『㞢来媗』等同，其义颇与灾异不吉之事有关，与牝无涉，当是剢字，不应释牝。剢，从豕从刀，其本义当为杀豬，引申之则或有杀伐、凶杀义。此字古金文

点属兄，作一手操刀向豬的腹部（或背）砍去之形，容庚先生定为图形文字，金文编入之附录（见附录上第二七页）。甲骨文不如金文形象、填实，而是完全线条化、抽象化，但其写作㓹从豕从刀，则与古金文一脉相承。

除甲骨文编所列十三文外，㓹或[glyph]之当释豕匕（牝）者还有：

贞：[glyph]青于父乙？　乙二八三三

贞：[glyph]卷于祖乙？　前一·九·七

勿[glyph]卷。　戬四三·五

等数例，而当释㓹者为例尚多，其辞较完整可读者如：

戊亡其㓹。　续六·七·五　佚一四二

射鹵亡其㓹。　南明二五一

贞：我在沚亡其[glyph]？　宁沪二·五二

丙辰卜，争贞：自出㓹？　前一·二四·三（续存下一八二）

☐征其出[glyph]？六月。　续二·二三·一

☐酉卜，☐贞：弜出[glyph]，隻正方？　拾遗四·三

☐未卜，贞：弜出[glyph]？　库六九六

均是其例。案：[glyph]实即[glyph]之倒形，豕匕㓹之共作㓹形与此不无关係。」（甲骨文异字同形例　古文字研究第六辑二四三——二四五页）

高明说参[glyph]字条下。

按：甲骨文「豕匕」、「㓹」有別，但其形時相混，陳煒湛論其同異甚詳。「豕匕」為合文，當讀作「牝豕」，「㓹」則多用作動詞。

1609

狐　[glyph]　[glyph]

羅振玉　「季良父盉良作[glyph]，卜辭作[glyph]，殆與[glyph]同。从犬从良即狼字，或有从匕者，殆[glyph]之省。許君謂良从亡聲，故知亦狼字。」（殷釋中三十一葉上）

王襄　「疑狼字」。（類纂存疑第十第四十九葉下）

葉玉森　「按卜辭之亡均讀若無，如「亡𧅫」，「亡祐」，「亡庆」，「亡尤」，「亡囚」，「亡不若」可證。則从犬从亡疑即古文狐字。狐祅獸也，鬼所乘之，有時而亡，故古人謂之犾。其音讀無。後世殆循弧瓠之例制狐字，音仍近犾。易解九二「田獲三狐」，古人田游，固以獲狐爲貴，以其皮可製裘也。（鉤沈）」（前釋卷二第十六葉上）

商承祚　「卜辭中曰：「獲馬」、「獲鹿」、「獲麑」、「獲雉」之文屢見，以誼考之，此當爲狼字。曰「獲狼十有三」，前二、二七，曰「獲狼廿五」，前二、卅四，曰「獲鹿狼」，前二、卅五，此狼字之確證也。良亡音相近，故叚亡爲良。」（類編十卷七葉）

唐蘭　「卜辭於狼字往往以犾為之。」（天壤文釋十一葉）

柯昌濟　「犾當釋狐。」（補箋）

郭沫若　「它辭有言「獲犾鹿」者，自是狐鹿，狼與鹿不能同時獲得也。亡音古讀無，與瓜音同在魚部。即讀陽部音，亦與瓜爲對轉也。」（卜通一二八葉上）

陳夢家　「犾，或釋狼或釋狐，由於出土骨骼沒有狼，故暫定為狐。」（綜述五五五葉）

孙海波　「犾，佚三一八。从犬从亡。說文所无。商承祚釋狼，郭沫若釋狐。」（甲骨文编四〇八頁）

張秉权　「此字胡君从商承祚說释狼，我覺当从叶玉森說释狐，因为从亡从犬，亡即是無，与狐音近，狐皮可以作裘，所以狩猎的乐於捉獲。」（見殷虛文字丙編考释第三四九頁）

姚孝遂　肖丁　「「犾」字罗振玉殷释31、王襄类纂10.46、商承祚类编10.7均释「狼」。叶玉森集释2.16释「狐」，谓「古人田游，固以獲狐為貴，以其皮可製裘也」。郭沫若卜通128頁谓「它辭有言獲犾鹿者，自是狐鹿，狼与鹿不能同时獲得也。亡音古读無，与瓜音同在魚部。即读陽部音，亦与瓜為对转也」。

「犷」当以释「狐」为是。卜辞多見田獵獲狐之记载。而其繇辞皆曰「吉」、「弘吉」、「大吉」，其辞例如下：

「…：：肌曰弘吉：：：犷四」 甲318

「戊辰：：：田雞：：：亡巛：：：曰吉：：：隻犷卅又七」 甲478

「王田于雞，往來亡巛：：：弘吉：：：兹印，隻犷八十又六」 佚547

「王肌曰大吉，在四月，兹印，隻犷十又三」 揃2.27.5

「之日獸，允𡆥隻虎一，鹿十四，犷百六十四：：：」 乙2908

田獵所禽獲者，尚有「白犷」（粹956，存1.2372）卜辞记载田獵「獲犷」之事極多，一次可高达一百六十四只。陈梦家綜述555页謂殷墟发掘未見狼之骨骼，是「犷」当释「狐」之旁证。」（小屯南地甲骨考释一六〇页）

王襄釋狼參𤢶字条下

按：字當釋狐。卜辭多見田獵獲狐之記載，而其繇辭皆曰「吉」、「弘吉」、「大吉」，此不得為「狼」。其辭例如下：

「…：…肌曰弘吉…：…犷四」 甲三一一八

「戊辰…：…田雞…：…亡巛…：…曰吉…：…隻犷卅又七」 甲四七八

「…：…王田于雞，往來亡巛…：…弘吉，兹印，隻犷八十又六」 佚五四七

「王肌曰大吉，在四月，兹印，隻犷十又三」 揃二·二七·五

「之日獸（狩），允𡆥隻虎一，鹿四十，犷百六十四…：…」 乙二九〇八

而禽獲者尚有「白犷」（粹九五六、存一·二三七二）。卜辭記田獵「獲犷」之事極多，而一次竟高達一百六十四頭，陳夢家謂殷墟發掘未見狼之骨骼，是「犷」當釋「狐」之旁證。

1610

豚

𣍃

按：合集一一二六五有辭云：「…于丁…豚」，「豚」字為卜辭所僅見，辭残，疑為「白

豕」之合文。

1611 □

按：合集二二〇七五辭云：「乙亥卜我……□……入□于亂」，字為卜辭所僅見，當為獸名。

1612 □

羅振玉 「說文解字：『豢，以穀圈養豕也。从豕，𠬞聲。』此从㐭从𠬞。以穀飼豕故从𠬞。豕腹有子象孕豕也。樂記注：『以穀食犬豕曰豢。』月令注：『養犬豕曰豢。』故卜辭或从犬作㺃。此字殆即豢字。初从𠬞豕，𠬞亦乃會意字。許云从豕𠬞聲，則形聲字矣。」（殷釋中二十八葉下）

商承祚 「卜辭有𢍃𢍰字，象以手奉豕，疑即豢之初字。篆文从釆，殆後世所增，牛羊曰芻，犬豕曰豢，故其字或从豕，或从犬，㐭象孕豕形。」（類編九卷六葉上）

孫海波 「□，前六·四七·八。此作豕腹中有子，疑為豶之別体。」（甲骨文編一〇三頁）

李孝定 「古豕為野生，今从𠬞示握持之以見豢養之意，非象以穀飼豕也。音讀近𢍃，後世遂作豢，以為从豕𢍃聲耳。商氏謂『从釆殆後世所增』，說精未安，蓋𢍃乃一獨立之字，豢从此為聲，非於㺃上又增之釆也。」（集釋二九八三葉）

按：釋豢可從，卜辭用義不詳。

1613 □ □

按：字不可識，其義不詳。

1614

圂 圂

羅振玉　「从豕在口中，乃豕笠也。或一豕或二豕者，笠中固不限豕數也。其从⌂者，上有庇覆。今人養豕，或僅圍以短垣，口象之。或有庇覆，⌂象之。一其闌，所以防豕逸出者。」（殷釋中十三葉上）

王襄　「古圂字。」（類纂正編第六第三十葉上）

饒宗頤　「按圂，蒼頡篇云：『豕所居也。』漢書五行志：『豕出圂。』顏注：『養豕之牢。』此卜作豬圈之吉否。」（通考四九四葉）

胡厚宣　「圂字从口从㒸，說文所無，卜辭或言『作圂于専』（乙八一一一），疑即圂字的別構。說文，『㒸，豕也』，又『豕，㒸也』，㒸豕兩字轉注，从㒸與从豕同，所以圂字即是圂字。說文，『圂，廁也，从口豕，豕在口中。』其義為豬圈茅廁。」（甲骨文所見殷代奴隸的反壓迫鬥爭，考古學報一九六六年一期）

按：說文：「圂，豕廁也。从口，象豕在口中也」（段注本）。一切經音義引蒼頡篇：「圂，豕所居也。」漢書五行志「豕出圂」，顏注：「圂者，養豕之牢也」。卜辭圂字形體與說文合，正象豕在口中之形。乙八一一一「乎作圂于専；勿作圂于専」，乃用其本義。

1615

豯

温少峰　袁庭栋　「……卜辭云：

(135) 貞：叀（惟）□令取豯宁？十三月。（遺二七九）

(136) 丙寅卜，㱿貞：叀（惟）引令取豯宁？三月。（游二·二·二九）

『豯』字当隶定为豯，旧无释。此字从豕从子会意，当即训『仔猪』之『豰』字初文。說文：『豰，小豚也。』『宁』本作『𡧛』，象贮积物件之器物形。『豯宁』者，当即栏畜仔猪于分隔之栏圈中。此二辞乃卜问是否命人收聚仔猪而专门圈贮之，即分圈饲养。这是殷代畜牧业

中一項重要的技术成就。」（殷墟卜辭研究—科学技术篇二五〇頁）

按：釋「穀」不可據，闕疑待考。

豩

羅振玉　「說文解字豩，二豕也。豳从此。此从三豕，疑即豩字」。（殷釋中三十一葉下）

葉玉森　「按此字三象形文，並修尾，剖腹，象犬，疑古猋字。羅氏考釋錄作大腹形，故疑从三豕即豩之繁文。本辭為地名」。（前釋一卷一〇六葉上）

李孝定　「契文犬豕二文形近易混。拾一、五云『叀豩叀龍』，其義似為名辭。前一、三一、五豩為地名。古象形字二文三文並列每無別」。（集釋二九八七葉）

吳其昌　「云『于豩』，云『戠羴』，則此豩與羴者自可推知其為地名。地名而乃以豩與羴為稱者，度其地一以多產豕故，一以多產羊故也。殷人質對此兩大牧地，欲記以適當之文字，以謂宜莫如繪示眾多之『豕』『羊』；猶後世繪列眾多之『木』，以為森林之表示矣。但欲表示此牧場區豕或羊數量之眾多，故三倍之而其字作『豩』，作『羴』，可。（乃前一、三一、五）二倍之而其字作『豩』，（拾遺一、五）作『羴』，（續五、八、六）亦可。四倍之而其字作『羴』，（前四、三五、五）亦無不可也。準此例推，使此牧區而產馬者，則其字自當作『驫』，金文中之驫，如鼎（貞松二、三五）驫如彝（精華二、一一二）驫羌鐘（善齋一、二四）蓋即其遺地矣。此名豩之地，金文中有婦豳所作鼎（殷存上、一七）鬳（殷存上、一〇）罍（周金五、三〇）卣（陶齋二、三六）斝（善齋七、六八）兕觥（愙齋二一、一〇）等器，婦豳猶云婦豳氏耳。此豩與豳二名，是否即為一地，雖不敢遽斷；然必為淵源関係，則頗可信，惜各書皆未嘗記其出土之地，今遂無從推求耳」。（殷虛書契解詁第三四四葉）

按：說文：「豩，二豕也，豳从此，闕」。契文从三豕，則與豩字形義俱乖，釋豩不可據。拾一、五實亦从三豕，各家誤摹从二豕耳。在卜辭為地名。

又鐵一〇四、一乃从二犬，不从豕；甲三六三四乃犬豕二字合文，甲骨文編九、一一均誤混入豩字。屈萬里甲編考釋以犬豕二字合文釋作犾，犬羊二字合文釋作羏，並誤。

1617 家

按：字从「八」、从「豕」，合集七六五三辭云：

「…家于…征」

又合集一〇八六三辭云：

「辛卯卜，爭貞，家隻」

為人名。

1618 涿

孫海波 「說文『涿，流下滴也，从水豕聲。上谷有涿縣。』契文作㒸，即豕字，或省从豕。」（文編舊版十一卷三葉）

李孝定 「說文『涿流下滴也从水豕聲上谷有涿縣𣆶奇字涿从日乙』契文从水从豕，孫氏釋涿或是。字在卜辭為人名。」（集釋三三四七葉）

按：英八三七辭云：

「貞，𢼸…乎涿…田」

當為人名。字从「水」、从「豕」，釋「涿」不可據。

1619

王襄 「疑駱字。」（類纂存疑第二第六葉上）

李孝定 「按，此从夂从豕。但当隶定作[夂/豕]。商氏疑遂，於字形懸远，说当存疑。」（甲骨文字集释存疑四四六七頁）

金祥恆「遂於古又者有达也，成也，竟也。」（加拿大多倫多大学安达黎奥博物館所藏一片牛胛骨刻辭考释　中國文字第九卷四二五七頁）

按：合集六九四六辭云：

「于王族比[illegible]」

為方國名。

1620 ⿰豕卩 [illegible] [illegible]

按：合集九七四辭云：

「貞，王⿰豕卩父乙㝐」

當為祭名。

1621 [illegible]

按：合集二八一七五辭云：

「貞于[illegible]」

為地名。

1622 [illegible]

按：字不可識，其義不詳。

1623 [illegible]

按：字不可識，其義不詳。

1624

王襄　「古豪字。」（簠室殷契類纂正編第九第四十二葉下）

按：説文：「豪，豕怒毛豎。一曰殘艾也。从豕、辛。」此不从「辛」，釋「豪」不可據。卜辭殘缺，其義不詳。

1625

陈梦家　「卜辞又有豖畢字，（甲骨文编七·一七）或增又，其辞云：

甲子卜贞：口王勿豖畢，归。（铁一五二·一）

甲午卜亘一：豖畢，不其……。（前七·一六·三）

戈（雔）豖畢，亘戋。（前七·一二·一）

甲子卜……（铁四三·四）

其字从又持畢取豕，犹豖叕之双手奉毕取豕，可证毕与畢为同类之工具，商承祚类编释云「此字说文所无，当为尔雅释器彘罟谓之羉之羉。」案从䜌之变其声与畢、搏、薄相同，然则卜辞之豖叓亦当读若变、畢、搏、薄之类。」（史字新释补证，考古学社社刊第五期一三至一六页）

王国维　「从畢从豕，殆尔雅所谓彘罟谓之羉者也。」（戬寿堂所藏殷墟文字考释第六十九页）

1626

孙海波　「𦋗，记七八九。从网从豕。説文所无。𦋗，前七·一二·一。或从爪。」（甲骨文编三三四頁）

按：釋「羉」不可據。字在卜辭動詞。

按：合集二八三九八辭云：「叀𦗚先犬卑亡巛」
用為人名。

1627

按：字不可識，其義不詳。

1628

葉玉森「𥥍疑突字。」（拾考十一葉上）

商承祚亦隸定作「突」。（佚存七七五片考釋）

李孝定「說文『突犬从穴中暫出也从犬在穴中一曰滑也』栔文正从穴从犬。辭云『㞢突帚鼠苗』其義不明。」（集釋二五○七葉）

按：字从「豕」，不从「犬」，釋「突」不可據。辭殘，其義不詳。

1629 豰

按：字从「豕」、从「又」。英一九二四辭云：「壬午卜，中貞，曰其豰」用作動詞，其義不詳。

1630 馬

羅振玉　「說文解字馬古文作𢒉，籀文𩣬同，象馬頭髦尾之形。卜辭諸字形雖屢變，然一見可知為馬字矣。」（殷釋中二十九葉上）

徐中舒　「甲骨文凡關於禽獸的象形字多作側視形，只能顯其一面，因此四足的獸只畫其兩足。說文中凡馬鹿羊豕象兔諸字都解說為象四足形，例如『馬怒也武也象馬頭髦尾四足之形。』這些字在小篆裡也的確是象四足形。漢書萬石君傳說書馬字與尾當五，馬本有四足，再加一尾為五，這類的錯誤全是根據當時訛變的字體而來。正當的解釋是尾三足二。甲骨文及銅範中畫獸尾多作ㄔ形，象尾毛分張之形。試看銅器狩獵圖上所畫的獸形就更加明白了。鹿兔寫為四足又與上面所說的不同，甲骨文鹿足作从，銅器从兔字之兔足作比，乃象足旁懸蹏或爪形，形與四足相似所以小篆就因以致誤」（引集釋三〇三一葉）

王襄　「說文解字：『馬，怒也，武也。象馬头髦尾四足之形。』古文作𢒉，籀文作𩣬。契文之馬象形，其簡体衍馬首為横目，与鹿字同例，馬身及小，髦与尾仍存在，馬之身間，写条文殆象斑馬也。許书所收古文、籀文之馬字，与盂鼎之罘，令鼎之罘形均相近，惟馬服幣之馬作𡈼或目為七國時奇詭之体，与契文、金文皆不类，亦可見其流变。」（古文流变臆說六四——六五頁）

陳夢家　「武丁卜辭的『多馬、亞』是多馬與多亞，卜辭有多馬也有多亞。馬、亞都是官名。馬與以下的官名常常並舉

多馬亞	武丁
多馬	武丁康丁
族馬	武丁武乙
馬亞	廩辛
馬小臣	康丁
戍馬	康丁武乙

可見他們的性質是相近的。馬受令征伐與射獵，很可能是馬師，後世司馬之官或從此出。」（綜述五〇八——五〇九葉）

饒宗頤　「按爲為馬之繁形，讀如師祭之禡。」（通考二七七葉）

屈萬里　「卜辭：『☒馬其每，雨？大吉。』（甲編一二四〇。馬字於此，當是官職名。」

（甲編考釋一七六葉）

張秉权 「多馬之馬，就是卜辞中常見的『馬方』之馬，或单称馬。此称多馬，是指許多馬方的人」。（殷虚文字丙编考释第一一六頁）

張秉权 「馬，或称馬方，例如：

甲辰卜，争貞：我伐馬方，帝受我又？一月。（丙编一一四）

丁未卜，争☐告曰：馬方☐河東☐？（簡四·四六·四）

貞：允隻？余受馬方又？（簡四·四六·一）

馬方為殷西河東一带之方國，与羌或等地相近，例如：

乙卯卜，爭貞：王其伐馬，羌？（遺二·一五·一八）

癸巳卜，㝐貞：多馬（冓）或？（簡四·四五·五）

武丁時虽常与殷為敵，其后旋即臣服，故卜辞謂：

☐来告大方☐（出）伐我㐭☐叀馬小臣☐（令）？（粹一一五六）

叀戌馬百乎 王受又又？

丙寅卜，叀馬小（臣）☐？（粹一一五六）

乎多馬逐鹰隻？（丙篇八三）」（殷虛文字丙编考释第一六四——一六五頁）

考古所 「馬：在此片卜辞中可能是馬方的馬。」（小屯南地甲骨八三五頁）

姚孝遂 肖丁 「(2)『……多射㞢马……于斲』

『馬』即『馬方』，乃方国名。

『馬方』為卜辞所常見的敌国之一。乙5408：『甲辰卜，争貞，我伐马方，帝受我又』。京津1681：『马方其㞢』，是殷人与马方之间，經常发生冲突。

过去我们只承认『马方』為方国名，今得此片，則似乎『马方』亦可单称『马』。或者由于『方』字适在缺文中，亦未可知。

8

(1)『马……先，王……每，雨』

(2)『马叀翊旦先戊，王兇比，不雨』

「马弜先，王其每，雨」

粹1154(3)有相同之辞例，其文为：「戊申卜，马其先，王兑比，大吉」。郭沫若先生考释谓：「此辞疑是卜以马为殉，言马其乐从先王于地下也。」这种解释是错误的。

……卜辞「马」的涵义有：牛马之马，方国名之马，以及职官名之马。

陈梦家先生综述曾列举例证，说明「马」与「亚」、「旋」、「小臣」、「戍」等并举，认为「他们的性质是相近的。马受令征伐与射猎，很可能是马師，后世司马之官或从此出」（509頁）。

由于此类之「马」有可能误解为方国名，故附论于此。」（小屯南地甲骨考释一〇四——〇五頁）

于省吾说参[illegible]字条下。

按：說文以馬「象馬頭髦尾四足之形」，象頭髦尾是也，不得謂象四足。金甲文獸類字多象其側面形，僅見其二足。許慎誤以尾形作[illegible]者分離其二畫為足，故謂之四足。說文馬字之古文作影，籀文作影，謂「籀文馬與影同有髦」。說者多致疑。段玉裁據玉篇改籀文作影。王筠句讀謂「當以小徐韻譜作影，玉篇無尾，不可从也……篆體既譌之後，校者加注，謂籀文與古文同體，二篆皆有髦，彼不知小篆之連於首者即髦也，是淺人之說也」。王國維史籀篇疏證謂「彔伯𣪘蓋馬作[illegible]，與影形略似，但影从彡，不能得髦形，當為轉寫之失矣」。說文所錄古文籀文，彙經傳鈔，變譌勢所難免。影字之彡，附於馬首即成[illegible]，毛公鼎馬字作[illegible]、克鐘作[illegible]，雖析於馬首則成彡矣，王國維蓋偶失察耳。契文馬字髦皆覆於頸，金文而後，則移於首，籀文則與體分離成彡。演化之迹，猶可尋繹。

卜辭馬以丙計：

「馬廿丙出……」前二·一九·一

「丙」讀如「匹」，小盂鼎「孚馬……匹」，而牛羊豕等則金甲文中未見以丙或匹計者，是為特異。

1631

⿱宀馬

陳夢家

「卜辭⿱宀馬疑是⿸广馬字，廣雅釋宮『⿸广馬，庵也』、『庵，庣，舍也』；廣韻又有⿱宀馬、

牢二字，集韻以窂為牢」。（綜述五五六葉）

乎一萍「是馬亦繫之棡牢。而契文有从冂从馬之[illegible]，正象馬在牢中。見於卜辭者凡四条，无一用作祭祀之牲牢：

王畜馬在丝廄☐母戊王受（又） 宁滬五二一

☐丝廄☐ 宁滬五二二

☐畜馬在丝廄☐ 粹一五五一

☐☐卜王其乍[illegible]于廄☐ 京津四八三一

續甲骨文編据粹編考释隶定作廄，甚碻。是卜辭从冂之馬不作『牢』用。」（牢字新义 中國文字第九卷四三三七頁）

金祥恒 「……其本字或作𡧖从宀马。此字虽不见于字书，然殷墟甲骨文尚存其字如粹編一五五一

畜马在丝𡧖。

郭氏考释云：『𡧖字虽半损，然其跡甚明，为廄之初文无可疑。』殷后守沪新获甲骨集五二一

王马在兹𡧖。

郭氏考释云：『𡧖字虽半损，然其跡甚明，为廄之初文无可疑。』

王畜马在丝𡧖……母戊，王受（又）。

又五二二：王……其……丝𡧖

又四八三一：卜，王其乞使棕于𡧖。

以上各片之𡧖完好无缺从宀马，明若观火，象马在槛中，犹牛之在牢即說文古文之[illegible]。說文[illegible]从九。段注云：『从九声。』非也，九乃宀之讹。篆文书宀，与九字形相近，笔势稍变，即讹宀为九。马氏六书疏证云：『[illegible]与勹部之[illegible]，皆廄之讹，亦或从宀皀声，因讹为[illegible]』马氏谓或从宀，是也，而皀声则非也。皀，說文为叀之古文，說文殷下云：皀，古叀字，乃马之讹。金文马如毛公鼎作[illegible]，象马之有头、足、尾、鬃也。或省简，如大簋作[illegible]，与說文皀相似，不过笔势稍变，形体省简而已，将身与头分离作皀，犹虎之作[illegible]。」（中国文字第三卷第九册一〇一九—一〇二〇頁）

于省吾说参□字条下。

高明释牢，参牡字条下。

按：字當隸作「⿱宀馬」，其義為「廄」，但不得逕釋作「廄」。金祥恒言「廄」字形體演變之由過於迂曲。陳夢家以為即廣雅之「⿸广馬」字，亦即廣韻之「⿱穴馬」字，較為近是。卜辭皆用為馬廄之義。

1632

⿰馬牢

商承祚　「大⿰馬牢、小⿰馬牢則大馬小馬也。用以祭祀，故加牢以別之」。（福二十九片考釋）

姚孝遂　「除了『牢』、『⿱宀羊』以外，卜辭尚有『⿰馬牢』字：

『叀小⿰馬牢用？』

『叀騖眔大⿰馬牢亾巛？』

商承祚先生福二九考釋謂：『大⿰馬牢、小⿰馬牢則大馬、小馬也。用以祭祀，故加牢以別之』，其說近是。更為確切的解釋則是：『⿰馬牢』為經过特殊飼养而用于祭祀之馬。」（牢宰考辨　古文字研究九輯三五頁）

劉釗　「⿱宀馬字从馬作『□』，犹牢字从牛作『□』，宰字从羊作『□』。『⿰馬牢』字同『□』字很可能是一字的不同写法。[73]、[74]之『小⿰馬牢』、『大⿰馬牢』即分别指经過特殊飼养，用於祭祀的小馬和大馬。」（卜辭所見殷代的軍事活动，古文字研究十六輯八一頁）

按：卜辭云：

「叀小⿰馬牢用」

「叀騖眔大⿰馬牢亡災，弘吉」（福二九　佚九七〇）

均用作祭牲，字从馬从牢，牢亦聲，乃會意兼形聲字。指圈養而專供祭祀用之馬名，與牢、⿱宀馬之用法同。商承祚之說近是，參見牢字條。

1633 馬丂 □

按：合集三六九八六辭云：「叀馬丂用」字从「馬」、从「丂」，為馬名，用以為祭牲。

1634 馬猷 □

陈汉平 「甲骨文有字作□（佚九七〇）、□（通七三〇），旧不识，甲骨文编收入附录。

按此二字为同字之繁简异体，字从马从□作，繁体从犬。字从马者为形符，说明此二字为马之一种。字从□者为声符，详下文。字从犬者为意符，盖指此物为动物中之一种，与后世玃、猴、狼、狐等动物造字俱从犬作相同。所可注意者为：商卜辞中泛指动物之犬旁作□，作垂尾形；而专指犬属之犬字作□，作翘尾形。二形有所不同，至后世渐趋混同，由说文犬部所列诸字可见。

□字象正视大人形站立不正之状，字当释竵。说文：「竵，不正也。从立冎声。」此字为形声字，后世书作歪，为会意字。

上列甲骨文前一体从马冎声，故当释⿰馬𦉼，此字后世书作騧。说文：「騧，黄馬黑喙，从馬咼声。⿰馬𦉼，籀文騧。」上列甲骨文后一体为騧字繁文异体，已详前文。卜辞曰：

叀□罘□用 （佚九七〇）

叀馮罘□子亡灾 （通七三〇）

字在此二辞中俱读为騧。

甲骨文又有□字，卜辞残辞曰：

于□ （甲五二六）

字在辞中似为地名。此字从犬从冎，然说文无此字。形声字中冎与咼声可以通用。如騧字籀文作⿰馬𦉼。又冎与果声亦可通用，如说文蝸字或体书作蜾，可以为证。故此字疑当释为猓或猧。」

（古文字释丛出土文献研究二二七页）

按：合集三七五一四辭云：「叀⿰馬利眔駥子亡巛」為馬名。

1635 ⿰馬利

羅振玉「从馬利聲，殆是許書之驪字。廣韻騺同驪。漢書西域傳：『西與犁靬條支接』。注：『犁讀與驪同』。古利麗同音，故⿰禾馬字後亦从麗作與」。（殷釋中二十九葉上）

李孝定「說文『驪，馬深黑色，从馬麗聲』。犁訓雜文及牛不純色，見前二卷犁字條，則⿰禾馬當亦言馬色。卜辭云『叀⿰禾馬眔⿰茲馬子亡巛』（前、四、四七、五）、『叀⿰禾馬眔大騂亡巛』（佚九七〇）為馬之分別詞，解為馬色可通。說文驪訓馬深黑色，與此辭類正同。羅氏疑此為驪是也」。（集釋三〇三五葉）

陈汉平「卜辞通纂七三〇片：『叀⿰禾馬眔騺子，亡巛。』郭沫若考释说：『罗云：从馬利声，殆是许书之驪字。广韵騺同驪。按此释至确，毫无可疑。』而郭氏将此片另一辞：『叀驪眔⿰馬利亡中。』释作：『叀驪眔⿰馬利亡巛。』按此辞二馬名之前一字从馬从[illegible]作，所从即麗字，故此字当释驪，而⿰禾馬仍当释⿰馬利、騺字。说文：『馬深黑色。从馬丽声。』商代甲骨文中驪字与⿰禾馬字当有所区别，至后世因二字声旁相通可以通用。」（古文字释丛，考古与文物一九八五年一期一〇四頁）

按：說文無騺字，廣韻「騺同驪」，羅振玉釋驪是對的。禹貢「厥土青黎」，史記作「青驪」，音義皆相因。治小學者皆奉說文為圭臬，凡不合於許書者，概以俗體目之，實有未然。廣韻之騺，與契文合，驪實較晚出。

1636

按：合集三六九八五辭云：「叀⿰女馬眔[illegible]用」

為馬名，用為祭牲。

駁

羅振玉 「說文解字：『駁，馬色不純。从馬爻聲』。此殆即許書之駁」。（殷釋中廿九葉上）

王襄 「古駁字」。（類纂正編第十第四十四葉上）

屈萬里 「駁，從羅振玉釋（殷釋中二九葉）。說文：『駁，馬色不純。』則駁者，雜色馬也。卜辭『叀并駁？』（甲編二九八）此蓋卜問以雜色之馬二以祭，其吉否也」。（甲編考釋四八葉）

李孝定 「辭云『口戌卜貞王𠕁麑駁𩣡』（前·四·四七·三）、『叀并駁』（甲編·二九八）皆馬名，蓋即雜色馬之專名，引申以為凡不純之偁」。（集釋三〇三七葉）

按：馬色不純為駁，徐鉉以為「爻非聲，疑象駁文」。爻可象馬色斑駁之形，爻亦聲。爻之入聲為學，亦从爻聲。

陈汉平 「甲骨文有𩢍字，郭沫若释为駒，说为马名，详见卜辞通纂。其说非是。卜辞曰：

戊卜貞王：麑媽𩢍 前编四·四七·三

：于馬：𩢍從 前编四·四七·四

按此字从馬从夰，夰亦声。而夰字从大从丂作，即从大从丂作。说文：『丂，气舒出丂上碍于一也。丂，古文以为亏字，又以为巧字。凡丂之属皆从丂。』故欲释此字须自从馬从大从丂之字中求之。汉字从大从丂作者，仅奇字可以当之。说文：『奇，异也。一曰不耦，从大从可。』『可，肯也。从口丂、丂亦声。凡可之属皆从可。』『丂，反丂也。读若呵。』甲骨文字或正反不分，方向多不固定，故丂丂可通用。又后世文字之从可者，古文字多从丂或丂作，如甲骨文河字写作〓、〓、〓、〓、〓、〓、〓、〓、〓等诸体，河字所从之丂形或与⿱大丂字所从之丂形相同。知⿱大丂乃奇字。而〓字从馬从奇，当释为騎。說文：『騎，跨馬也。从馬奇声。』騎字或可用为名词。前举卜辞盖贞卜騎乘某种座騎之辞。」（古文字释丛，考古与文物一九八五年一期一〇四至一〇五页）

按：此乃馬名，釋「〓」、釋「騎」皆不可據。

1639

⿰馬歺

魯實先　「〓隸定為⿰馬歺，當為䮥之初文。以列从𡿧聲，𡿧乃从歺省聲，宜其初文為⿰馬歺。大徐本說文川部云『𡿧从川列省聲』並从之說文馬部云『䮥次第馳』引申則為馳，故廣雅釋室以奔訓䮥。」（新詮十三第十九葉）

李孝定　「說文『䮥，馬次第馳也，从馬列聲』此从歺聲，魯說可从。其初誼蓋祇訓馳，以後改从列聲，故訓次第馳耳。」（集釋三〇四三葉）

楊樹达　参禦字条

按：卜辭為「王馬〓〓其御于父甲亞」（續三一一二），僅此一見，與「次第馳」之義不符。存以待考。

1640

唐蘭　「右〓字旧失录，郭沫若释〓非是。按，字从馬从〓，〓与鹿殊，当是丽字。金文彙毀還字作〓，尹先鼎還字作〓，取虘盤麗字作〓，与卜辭小異。說文『驪，馬深黑色，从馬麗聲。』卜辭以〓为馬名，义同。罗振玉以卜辭〓字当說文驪字，不知卜辭固自有〓字也。」（殷虚文字記十八頁上）

按：字所从與金文偏旁之「麗」迥異，唐蘭釋「驪」非是。卜辭為馬名。

1641

騽

羅振玉　「說文解字：『騽，馬豪骭也。』卜辭有𩥇，从𦐂。𦐂古文友字，疑許譌𦐂為習矣。」（殷釋中二十九葉上）

王襄　「古騽字。」（類纂正編第十第四十四葉上）

唐蘭　「古䮍字。爾雅釋畜云：『驪馬黃脊䮍。』說文作驔。魯頌：『有驔有魚』，毛傳：『豪骭曰驔』。說文則云：『䮍，馬豪骭也。从馬習聲』。許說與爾雅、毛傳相違。今驗卜辭云：『叀驪眔䮍』，則似以訓驪馬黃脊馬為優，覃習聲近，疑許氏顛倒其說矣。䮍从習聲。羅振玉謂『𦐂為古文友字，疑許譌𦐂為習』，是不獨忘友之作習，并忘䮍之為形聲字矣。」（文字記十七葉上）

郭沫若　「馬種之名僅䮍稱二字見於字書。羅振玉云：（見前羅釋，此不贅引）今案釋䮍甚是，疑許譌習為習亦是。然謂𦐂為古文友字，則蛇足也。此字分明从羽从日，蓋謂禽鳥於晴日學飛。許之誤在譌日為白，而云『白聲』，聲紐俱不合。古文友字就見於金文而言乃作𦐂（毛公旅鼎『䀠其用𦐂』）若𦐂（曆鼎『孝友隹井』）乃从甘友聲，殆侑之初字，毛公旅鼎文正用為侑。用為朋友字者乃叚借也。字亦省从口，如農卣『卒友』字作𦐂，大史友甗作𦐂是也。說文則譌变為習，羅又因此譌形而誤𦐂為友矣。」（卜通一五六葉七三〇片釋文）

于省吾說參𦐂字条下。

按：說文：「騽，馬豪骭也」，徐鍇繫傳謂「豪骭，馬膝脛多長毛，若今胡馬」。爾雅釋獸以騽為「驪馬黃脊」，其說各異。朱駿聲通訓定聲「疑騽驔本一字」。詩魯頌駉「有驔有魚」，毛傳「豪骭曰驔」，與說文驔騽之訓解適相顛倒。沈濤說文古本考以為「一字兼二義，未嘗分析。蓋騽與驔本非兩字」，與朱氏之說同，在畜牧發達之時代，舉凡毛色之稍有差異者，皆各有專名，一字兼二義之說，當非其實。騽驔音近致誤，唐蘭之說是也。但卜辭騽字無與驪字並列者，唐蘭誤讀𩥇為驪。

1642

唐蘭「⿰馬𡨄字舊不識。𡨄即說文騫也。⿰馬𡨄从馬𡨄聲，字書所無。其義為馬名。以聲推之，疑即驕之或體。說文『馬高六尺為驕。』」（文字記十七葉）

按：唐蘭疑驕之或體，可備一說。合集三七五一四辭云：「叀⿰馬𡨄眔小騽亡巛」為馬名。

1643 ⿰馬豕

于省吾說參𢆶字條下。

按：字从「馬」、从「豕」。合集三七五一四辭云：「叀⿰馬豕眔騽亡巛」為馬名。

1644 ⿰馬沓

按：合集二七九七二辭云：「戍其歸于⿰馬沓王弗每」字从「馬」从「沓」，隸可作「⿰馬沓」，用為動詞。

1645 駛

饒宗頤「駛字从馬从史，即駛字。亦作駛。說文新附：『駛，疾也；一曰馬行疾。』」

此辭駛殆指良馬」。（通考一一五三葉）

于省吾說參剢字条下。

王貴民　參史字条

按：合集二八一九五辭云：「乙未卜，暊貞，右史入駛牡其剢不冎」「駛」為馬名。「丄」即今「牡」字，不得釋作「土」。謂「右史」所進納之「牡駛」馴順而不烈也。參見「剢」字條。摹釋總集及刻辭類纂釋讀有誤，今正。

1646 駂

按：此乃「匕馬」二字之合文。

1647

按：合集三六九八八辭云：「辛未卜，貞，豕…翌日壬王其比用…眔□用亡巛」為馬名，用為祭牲。

1648

按：合集三七三八七辭云：「丁酉…貞，翌日壬寅王其𤰈兕、其唯□□□…王弗每」為馬名，用以𤰈兕。

1649 □

按：合集三七五一四辭云：「叀左馬眔□亡巛」此當為「一馬」合文，然何以與「左馬」並稱，則不可解。

1650 □

按：字不可識，其義不詳。

1651 □ □ □

商承祚

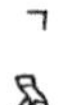

「□余疑即豸字，金文貉子卣貉子毀貉字偏旁作□，形與此近似。」（福攷四葉下）

葉玉森

「董氏斷定有角者非馬字，洵為卓見。惟遽認為麟，尚不能無疑。氏謂麟為牛尾，據所揭三十八麟字中有二十七字為馬尾作□形，且身亦馬身也。將以一角為特點，然一角者古不止麟。將以白色為異徵，然白色者古亦不止麟。若謂馬為家畜，不應曰狩，曰逐，曰獲，然野馬則非狩逐不可獲，以本辭之內有犬□，有騱，有騽，似並野馬。故用畢，畢固狩具也。予疑此戴角之馬之獸當為馬屬，故與騱騽並見于一辭。爾雅釋畜『騊駼馬野馬駁如馬倨牙食虎豹』，是三者皆野馬可驂乘者。故說苑辨物篇淮南子泰族訓註云『駁馬』，司馬相如子虛賦云『楚王乃駕馴駁之駟』，張揖曰『馴擾駁如馬，白身黑尾，一角倨牙，食虎豹』。擾而駕以當駟馬也』。周書王會篇云『義渠獻茲白，茲白者，倨牙食虎豹』。是白色身如馬，而一角者即駁。即茲白非麟也。大獸頭骨上之『獲白□』，當釋獲白駁，能食虎豹。其大于馬可知。故卜辭云『大駁』，駁為野馬而難得，故狩之、逐之、畢之，其來歸或進獻亦紀之。……近讀方國瑜氏獲白麟解質疑一文，謂西土之里姆為牛身，而中國之麟為麕身。里姆與麟及□為三種獸，麟有黃白蒼三色。曰白□乃別於他色之稱。卜辭中象尾馬尾並作□，又麟與里姆並一角，而□之為一角或兩角則不可定。因以一兼二乃象形文字之恆例，因斷定□為中原地域蓄殖之動物。欲證明為何獸，一、須

研究□為牛身，其頭骨是否與里姆同。二、須研究□之頭骨是完整或殘缺，就此頭骨之大小輕重可以比例法推算其全體之容量重量是否與里姆及麟之體量相稱。三、須研究此大獸頭骨上有無骨礎，是一是二，否則雖旁徵博引，恐考證之結果未必能符合□之本身。（見師大國學叢刊第一卷第二期）按方氏說有精細處。考卜辭象物形文以角為特徵者如鹿龍羊作□□羊，乃雙角形。鹿亦省作□，為一角形。而卜辭中□字竟無一作雙角形者，或象其一角用為特徵。但其身尾與馬同，可斷其非牛非麐。大獸頭骨之牙或為牛，殷人未必獲此大獸，後即剝取其頭骨，刻此一辭以紀事。已發現之大獸骨上刻有辭者甚多，某辭與某獸骨固絕無關係也。予可斷定安陽所發現之大獸頭骨或為牛屬，與刻辭中之白□必非一物，且必無關係。方氏所舉研究三點均不必深究矣。」（前釋二卷十二葉上——十四葉上）

陳邦福 「（□字）案當釋作彖，說文……彖字籀文作□，卜辭此字為橫置，與籀文正合。籀文从コ即卜辭从A之誤，从小即尾象也，考卜辭彘本从矢，福當日疑為山海經西山經豪豬之屬，是彘彖皆具矢形或矢誼，非射不能得矣。又它辭載豕三羊三之文，豕為六牲之一，與野生有別。」（瑣言四葉）

唐蘭 「說文『兕如野牛而青色象形』蓋即卜辭之作□形而小異耳。說文舊有校語曰『與禽離頭同』則別，本篆當作□，是又□形之異也。然則以字形論之，甲骨刻辭此字當釋為兕，即說文之兕可決然不疑者。海內南經『兕其狀如牛，蒼黑一角』。爾雅『兕似牛』。郭注云『一角青色，重千斤』。左傳疏引劉欣期交州記曰『兕出九德，有一角，角長三尺餘，形如馬鞭柄』。按兕角可為酒觵。詩卷耳『我姑酌彼兕觥』。韓詩說『以兕角為之，容五升』。蓋兕角之巨可知。然則一角之獸而其角又特大者當為兕之形亦皎然無疑者也。」（獲白兕考一二三葉）

丁山 「我认为犀兕一声之转，二兽一物，不过是方俗的殊名。甲骨文常见：

□ □ 前一·一九·六　□ 前二·一三·四

□ 前七·三四·一　□ 后下三八·五

唐兰先生释兕，其说甚确。但，貉子卣铭，貉字作：□ □

其所从□、□，自为□形直接的演变，商承祚先生尝谓即豸字（详佚存考释一），说尤不可易。豸，蔡邕独断云，『獬豸，兽名，盖一角』。然则，犀豸亦疑名同物，甲骨文所常见的□字，於形，当释为豸；於谊当释为兕，实皆犀牛的异名。」（商周史料考证一七五至一七六页）

董彦堂先生以新獲大獸頭骨上有「獲白□」三字乃釋為白麟，歷舉故書古繪證明麟之特點在頭頂一角，馬之特點在頂上多鬣，因于卜辭文内揭出麟字三十有八，註謂馬為家畜無庸狩獵，始獲各辭言獲者七，言逐者五，言逐而獲者二，言狩者一，言歸者一，當然為麟。且斷定中國之麟即印度之瘤牛、亞述里亞之里姆、巴比侖之野牛。又斷定麟為麕身，為牛尾，為白色，為一角獸，為牛屬。詳見獲白麟解載安陽發掘報告第二期二八七至二三五葉，文長不具錄。此據葉玉森前釋二卷十二葉上節引迻錄。

孫海波　「□，甲六二〇。唐兰釋兕。」（甲骨文編三九三頁）

孙海波　「□，湖五六九。疑亦兕字。」（甲骨文編八三二頁）

屈萬里　「卜辭：『貞：其涉□□泚？』（甲編三九一六）□，於此作動詞用，謂獵□也。此卜问涉□泚獵□之辭也。」（甲編考釋四九二葉）

姚孝遂　肖丁　「兕字早期释契诸家，众说纷纭，每多误解。说文篆文作□，隶作兕，说文云古文作□，即典籍之兕字。□、犀乃古今字，今通称犀牛。左传宣二年：『犀兕尚多』；国语楚语：『巴浦之犀犛兕象』，是尔雅释獸等即已『犀』、『兕』相对为言，是误以兕、犀为二物，其由来已久。尔雅、说文以似牛者为兕，似豕者为犀，强为区分，不可据。」（小屯南地甲骨考释一五一頁）

按：唐蘭釋兕是正確的，其餘諸說均非是。說文以兕、犀分列，實本同字。兕為象形，犀則為形聲。舊說以獨角者為兕，二角或三角者為犀；考工記函人「犀甲壽百年」，「兕甲壽二百年」，實則今通稱之曰「犀牛」而無别。

陳夢家以為「卜辭的兕當是野牛」（綜述五五五），其說非是。

卜辭多見田獵獲兕的記載。有「戠兕」、「白兕」。今中原黄河流域，兕、象等動物早已絕迹。當與原始森林之消失及气候之變遷有關。

1652

兕

按：合集三二六〇三辭云：「叀兕」乃「匕兕」二字之合文。

1653

象

羅振玉　「說文解字：『象，長鼻牙，南越大獸，三季一乳，象耳牙四足之形。』今觀篆文，但見長鼻及足尾，不見耳牙之狀。卜辭亦但象長鼻。蓋象之尤異於他畜者，其鼻矣。又象為南越大獸，此後世事。古代則黃河南北亦有之。為字從手牽象，則象為尋常服御之物。今殷墟遺物有鏤象牙，禮器又有象齒甚多（非伸出口外之二長牙，乃口中之齒）。卜用之骨有絕大者，殆亦象骨。又卜辭卜田獵有獲象之語。知古者中原有象，至殷世尚盛也。王氏國維曰：『呂氏春秋古樂篇：「商人服象為虐於東夷，周公乃以師逐之，至於江南。」』此殷代有象之確證矣。」（殷釋中三十葉下）

王襄　「說文解字：『象，長鼻牙，南越大嘼，三年一乳，象耳牙四足之形。』篆文象之字与許說不全合，疑存古說，佚其古字歟。契文之象但着其長鼻，不見耳牙，為象之特征。祖辛鼎作，鼻牙耳之形皆見，与許說合，殆象之初文。意象形文字以填実為早，鈎匡廓或為後起，如父乙敦之、、，觶作，妣辛敦之，父乙觚作，癸尊之，父癸尊作，高父乙敦之，父癸鼎作，宅敦之，盾觶作中，約举数字着其明例。」（古文流变臆說六三——六四頁）

王襄　「古象字，象形。」（類纂正編第九第四十三葉下）

孙海波　「，摭續二七四。疑象字。」（甲骨文編八三二頁）

張秉权「卜辭中关於象的記載並不多，例如：

叀象☑？

勿隹象☑？（前四·四四·三）

辭句残缺过甚，看不出究竟是何意义，又如：

貞：☐其来象三？（后下五·一一）

似乎是在貞卜某方某人是否有三头象来進貢。又如：

丙寅卜，𡆥貞：乎象凡果☑（宁）？（乙编九六〇）

則象似乎是一个人或族名。至於本版第（一）辭卜『矢象』而正面（图版壹陸零，一六九）第（一五）辭有卜『王出』之語，也許卜问王出与矢象之事有关，不过第（三）（四）二辭則问象来与否，如果把這些卜辭合起来看，則又令人感到难解。卜辭又有『矢奚』『矢𤞞』『矢来』『矢需牛』等事，例如：

貞：小母矢奚？（前一·三·四）

貞：叀矢𤞞？（前四·五一·三）

戊寅卜，貞：跕矢𤞞？（前四·五一·四）

其矢？（庫六八〇）

矢来？（乙编七一）

己丑卜，貞：矢若？（乙编三五八九）

貞：乎矢需牛？（乙编三六二一）

☑周？

貞：矢☑？（乙编六三四九）

其矢？（乙编八三三〇）

于省吾謂：

爾雅釋詁：矢，陳也。左隱五年傳：公矢魚于棠。注矢亦陳也。逸周書世俘：武王乃翼矢珪矢憲告天宗上帝。注：矢，陳也。卜辭称矢奚，謂陳列奚奴以祭，以人為牲。矢彘謂陳彘，曰其矢弓矢者，矢均就陳牲言之也。（双剑誃殷契駢枝三编釋矢p一八）

矢𤞞（即于氏所謂的彘），固然可以說是陳彘，但是𤞞也是一个貞人之名，例如：

丁卯卜，𤞞貞：王往于彳不冓雨？（前四·五一·一）

而矢需牛之需，也是一个人或部族之名，例如：

辛卯卜，貞：需其来？（庫五〇四）

貞：台需其有囚？（乙编三五二七）

甲午卜，爭貞：往芻啚取？（續一．二九．一）

戊申卜，臼啚降囚？（外編三五〇）

辛酉卜，我伐啚若？（南北無想一七五）

壬戌卜，伐啚戈？（京津一三二五）

又有仅称矢而不說明矢什么的，例如：

貞：王其凶于大甲矢？（乙編七二五七）

所以矢象之象，究竟是人牲，还是畜牲，尚待细考。」（殷虛文字丙編考释第二五二——二五三頁）

姚孝遂　「……晚期乙辛卜辭有作[glyph]形者，陈梦家綜述五五五释『龟』以为即今之『貍』。这是错误的。[glyph]乃是『象』字的进一步符号化。金文『為』字的偏旁多作[glyph]，如曾鼎、弘尊、姑氏簋等均是。这显然是由甲骨文[glyph]形演变而来。」（甲骨刻辭狩猎考古文字研究第六辑五一頁）

按：卜辭記田獵獲兕象多見。今兕象均熱帶或亞熱帶動物，而殷代中原地區盛産之，此為研究當時地理氣象之重要線索。根據卜辭有關田獵之記載，當時中原地區應是廣袤之原始森林，雨量充沛。周代以後，氣候之變易，加上人為之破壞，中原地區之自然環境已完全改觀。

為

[glyph] [glyph] [glyph]

羅振玉　「說文解字：『為，母猴也。其為禽好爪，爪，母猴象也。下腹為母猴形。王育曰：「爪，象形也。」古文作[glyph]，象兩母猴相對形。』案為字古金文及石鼓文並从[glyph]，从爪，从象，絕不見母猴之狀。卜辭作手牽象形，知金文及石鼓从[glyph]者乃[glyph]之変形，非訓覆手之爪字也。意古者役象以助勞，其事或尚在服牛乘馬以前。微此文幾不能知之矣。」（殷釋中六十葉下）

聞一多　「卜辭曰：

乙丑卜，㱿貞我甶㝈為。（後下一〇、一三）

口口……（下畧）

丁未卜，㱿貞我爲穷。（明義士藏版）

……

丁卯卜，㱿貞我勿爲穷。（同上）

貞勿爲穷。（淺下一〇、一一）

以上各辭孫海波先生釋之曰：「云「我爲賓」「我勿爲賓」，猶言「我其爲客」，「我其弗爲客」，賓即賓客之義也」。（卜辭文字小記，載考古第三期）案孫說未確。稱「爲穷」者七例，稱「穷爲」者，益以孫所未引之「貞叀穷爲」（津一〇七，一六八七）且八例，「爲穷」可訓「爲客」，然則「穷爲」亦可訓「客爲」乎？余謂穷，他辭多作宊一作寏，（粹二、一、一三），又作寏（前七、二〇、二），皆用爲動詞，此作穷亦非例外。其含義，在此因文辭過簡，未可確指，要不外賓儐擯等文所有諸義。「爲」乃「穷」之賓格，當爲名詞，即嬀姓之嬀。嬀古只作爲，金文陳子子匜，司寇良父壺及毀並以爲爲嬀，論語述而篇：「不圖爲樂之至於斯也」，釋文「爲本作嬀」（孔子因聞韶而有此語，韶爲舜樂，而舜嬀姓，則一本作嬀，不爲無據。）並其比也。卜辭爲字或爲人名，或爲國族名，或爲地名，亦無從臆度。書堯典：「釐降二女于嬀汭」，史記陳世家：「昔舜爲庶人時，堯妻之二女，居於嬀汭，其後因以爲氏姓，姓嬀氏」。（諸書或言舜姚姓，姚即嬀字，余別有說。）然則此字殆與傳說中之舜有關，此亦研究古史之新資料也。至卜辭「賓嬀」或作「嬀賓」者，「賓」爲外動詞，古代文法，例得倒置於賓格之前，而在否定語中尤爲習見。「我勿嬀賓」即「我勿賓嬀」，猶詩之「亦不女從」即「亦不從女」，「天不我將」即「天不將我」也。若釋「爲賓」爲「爲客」，則「爲」爲繫詞，「賓」爲名詞性的表詞，二者斷不容倒置。此本我國文法中不易之定律，今但舉古書中「爲賓」二字連用者二事：

爲賓爲客，獻酬交錯。（詩小雅楚茨）

名者賓之濱也，吾將爲賓乎？（莊子逍遙遊篇）

試將二「爲賓」易爲「賓爲」，復成何文義？此事關係古代文法者甚鉅，故詳辯之如此。又爲字於卜辭中除上揭各辭外，尚未一見……卜辭中尚無訓作爲之爲字，此又古文字學中之一有趣現象也」。（釋爲釋豕古典新義五三七—五三九葉）

聞一多 「卜辭每以爲賓連文。爲賓者，賓爲也。爲嬀古一字，嬀乃舜姓，此疑與傳說中之舜有關。卜辭中尚無以「爲」訓作爲之意者。」（考古六期一八八葉釋爲）

陳邦福 「卜辭[illegible]，象以又牽象，各家釋爲，至確。邦福案：卜文金文爲字，並不見母猴形。作母猴者，必秦漢以來音讀之異也。然說文爪部爲，訓母猴，或就音假爲說，考說文無獮字，禮記樂記鄭注云：「獶，獮猴也。」論衡物勢篇云：「獮，猴金也。」猶因悟許君爲訓母猴，或獮之轉音。許君收「爲」刪「獮」，或秦漢師說，必有以獮猴與爲猴當一音一物者，不然，許書不應與古文形體若是之絶異矣。」（讀言六葉）

孙海波　「𤔔，乙一〇四九。卜辞为字象用手牽象。說文訓母猴盖由字形写讹。」甲骨文编一〇九頁）

李孝定　「說文「爲，母猴也。其爲禽好爪，爪，母猴象也。下腹爲母猴形。王育曰：「爪象形也。」」絲古文爲象兩母猴相對形。」契文从又从象，羅釋爲極是。小篆爲契文金文之形譌，其下所从仍是「象」字。「畫象象之長鼻，徒以初形既失，許君不得其解，遂以爲象母猴之形說之。清代注說文者囿於許說，又不見真古文，故其說一無是處也。陳氏謂許君以母猴訓爲乃就音假爲說，則此曲說也，蓋許書固已明言爲象形矣。以手役象有作爲之義，故引申爲作爲，若訓爲母猴，則與作爲之義彌遠。段氏以段借說之，亦非。許書古文作絲，不知何所本，豈壁中古文有此字邪。卜辭恆言爲賓或賓爲，聞氏謂爲段爲媯，乃舜姓，其說蓋是。金文亦有段爲爲媯者，見下引金文爲均从又从象，與卜辭同。如□啚鼎□姞氏簋□□周憲鼎□召伯簋□邾公華鐘□陳侯因資錞□陳子子作□孟媯穀女匜段爲媯□叔男父作媯霍姬賸旅匜□司寇良父作媯衛姬壺

又甲編二七六九片辭云「己丑卜彭貞其□祖丁門于賓啚衣御彡」屈翼鵬解云「門謂菒門也，賓疑宗字之訛，宗廟也。」此一爲字所从之象不如他辭之酷肖，蓋較晚出文字化之程度較深，故去圖繪階段亦較遠，與金文所見多數爲字相同，其義爲「作爲」之「爲」，與它辭段爲「媯」者亦有別，此種用法與形體在卜辭均極少見也。就余所知尚係僅見」（集釋〇八六二葉）

姜亮夫　「此外，還有一個「爲」字，指的是人的一切作爲。在甲文金文石鼓文中是象手牽象形：□（前伍、三十）□（後下十）□（啚鼎）□（陳侯因資鐓）□（叔男父作爲霍姬賸旅匜）□（石鼓文）殷人已服牛乘馬，而此字確從最早留到周末，成爲漢民族詞滙中最重要最基的一個。若照甲文加手成動字之例，則六畜可加手，虎豦可加手，乃至工之爲攻、功，都未嘗不可表作爲，爲什麼要用個「象」呢？其實古初以服象爲事（傳說从舜起指），這是以「象」耕的繪畫（舜耕歷山傳說即使用象）。服象是耕地，是農作中最重要最艱難的事。農業時代最重的工作，還有過于耕作的嗎？所以用此字以統總一切「作爲」，正是古社會中存在的事呵。」（漢文字结構

的基本精神，浙江學刊，一九六一年一期）

按：甲骨文為字从手牽象，故有作為之義，乃會意字。許慎以為象獼猴形，蓋小篆形體譌變，非其初朔，以致誤解。卜辭似均用作祭名，乃動詞。聞一多謂乃舜姓之嬀，非是。卜辭為字無用作名詞者。

1655

萈

于省吾「第一期甲骨文的萈字作□、□、□或□等形。甲骨文編既把𦍩字列入正編，以为『说文所无』，又把萈字列入附录。甲骨文象形字常有𠔿或𠔿形者截然不同，前者象兽角或鸟冠形，后者象眉形。甲骨文的蔑字均从𦍩或𦍩，无从𦍩者。周代金文蔑字习见，有的已由从𦍩讹变为𦍩或𦍩。𦍩和萈字说文作萈，并谓：『萈，山羊细角者，从兔足，首声，读若丸。寬字从此。』按许氏把一个独体字割裂为两截，以下截为兔足，以上截的首为声符，显然是乖谬的。自来说文学家多阿附许说。其不从许说者，如徐铉『疑象形』，说文句读谓『似通体象形』，都是对的。今将有关萈和𦍩的甲骨文择录数条于下：

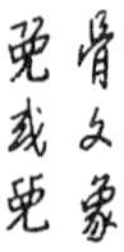

一、貞，出于𦍩十萈羊（續一·五一·四。又「萈羊」见綴合一七三反）。

二、貞，方弓于萈〇貞，方于萈（乙六七〇五）。

三、隹（雍）芻于萈〇隹芻弓于萈（綴合一〇八）。

四、貞，隹芻于𦍩（乙七一三七）。

五、……入于𦍩（前四·二九·五）。

六、……吕方☒于𦍩亦𢦏（續存下二九七）。

以上所列第二条至第六条，萈与𦍩均作地名用，故第三、四条雍芻于萈和雍芻于𦍩的词例完全相同。因此可见，𦍩乃萈的省化字。这和说文𢍵之古文也作𠧪同例。

萈字与说文莧菜字『从艸見声』判然有别。说文繫传谓萈『俗作羱』。按典籍以羱为萈。尔雅释兽的『羱如羊』郭注：『羱羊似吴羊而大角，角橢，出西方。』郝懿行尔雅义疏：『今羱羊出甘肃，有二种，大者重百斤，角大盘环，郭注所说是也；小者角细长，说文所说是也。』至于前引第一条的出于𦍩十萈羊，𦍩是被祭的对象，十萈羊即十羱羊。总之，说文谓萈『读若丸』，与羱音近字通。这和甲骨文祭祀之羊一般就家畜为言者有别。」（释萈甲骨文字释林三一——三三三页）

按：于先生釋「兕」，論其形、音、義之演化甚詳，其說是對的。卜辭或為地名，或稱「家羊」，于先生以為即「豨羊」。

1656 廌

饒宗頤：「按薦者，《詩．雝》：『于薦廣牡，相予肆祀。』《月令》：『季春，薦鮪于寢廟。』《郊特牲》言『薦酒』，《禮疏》又言薦血等，此即薦之義。薦字，郭氏釋文闕。董氏釋『農』。細審之，乃廌字，于氏釋廌，謂即盧之初文。他辭云：『甲戌卜，貞：王室且甲，，亡尤。』（《後編》下三三．二）即薦字。」（《通考》九七七頁）

李孝定：「此从與鹿近，當即麀之初文。」（《集釋》三〇七一葉）

按：《說文》：「解廌，獸也，似山牛一角，古者決訟，令觸不直，象形。」此乃後世加以神化，卜辭多殘缺，似用為「薦」，存以待考。

1657 [廌匕]

按：《合集》七九五辭云：「貞，其钟；貞，不其钟」似為人名。

1658 [廌矢]

按：字从「廌」、从「矢」，隸可作「[廌矢]」。卜辭用為族名或人名。

1659

㲋 □ □

王国维「說文解字㲋部：『㲋，兽也，似兔青色而大，象形，头与兔同，足与鹿同。□，籀文。』按：古从㲋之字，井季□字从□。殷虚卜辞□字从□，略同篆文。石鼓文□字从□，则与籀文略同。」（史籀篇疏证二十八至二十九页）

王襄「古㲋字。許說獸也，似兔青色而大頭與兔同，足與鹿同。」（類纂正編第十第四十五葉上）

陳夢家「㲋字疑是說文之㣇，許慎以為㲋，『似兔青色而大』，玉篇、廣韻並以㣇為獸『似貍』，廣雅釋獸『㣇、貄也』，爾雅釋獸郭注云『今江東呼貉為貄貄』，所謂貄即金文之㣇，人名，說文所無。」（綜述五五五葉）

姚孝遂說參□字条下。

按：字當釋「㲋」，與「兔」之區别在於：「㲋」皆張口露牙，在卜辭多用為人名及地名。

英一八二七辭云：

「壬……征……隻……㲋三……」

「㲋」在此為獸名。

1660

□ □ □ □

夏渌「□  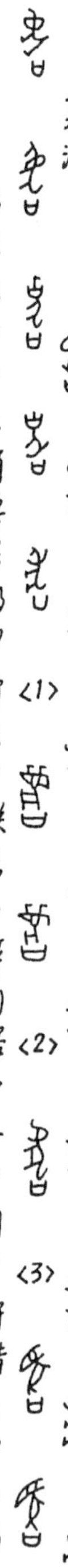 □ □ □ □ □ □ □ □ □〈1〉□ □ □〈2〉□ □〈3〉□ □〈4〉□ ……以上从口，上有兽形的甲骨文，联系卜辞内容，一，用于狩猎之中，为一种捕猎方式。二，『子□』連文，用为人名。三，『□甲』連文，释沃甲、虐甲、魯甲（陽甲）之类，作祖先名。

从卜辞的内容看，口上的兽形虽变，词义不变，如甲骨文『埋』字，凵中埋牲，不拘于一种，人、牛、犬、羊均可。『虏』字也有类似情况，网下的捕获物，不限于一种兽名，从网从虎、从豸、从象（鄴初下二九·六）、从猴（后二·一七·八）、从罝……均可。

甲骨文<1>，所从之口，仍代表『陷穽』，上面不限于一兽之名，象、虎、豸、兔、罝、罝……均代表被穽擒的对象，它是象形表意字，部件不作声符用，变换捕捉对象，于字音义不变。从字形结构和卜辞文义内容看，它们仍是『穽』即『阱』字的异体，甲骨文多以□、□等形为之。

《周礼·秋官·雍氏》：『春令为阱擭，秋令塞阱杜擭。』注：擭，柞鄂也，坚地阱浅则设柞鄂于其中。

《礼·中庸》：『驱而纳诸罟擭陷阱之中。』

《书·费誓》：『杜乃擭，敛乃穽。』疏：穽以捕小兽，穿地为深坑，入不能出其上，不设機，小异于擭。

《说文》穽，陷也。所以取兽者。一曰：穿地陷兽也。

我们以这种『穿地陷兽』的捕猎方式的『穽』，联系卜辞举例如下：

王田□鹿？（乙五三七四）

王逐鹿，不其□？

王其逐鹿，于□□？

王从尤东□？（乙七四九〇）

王从□？（乙四五二四）

……焚……□？（后二·九·三）

贞：不其□？ 其□？（丙四〇）

不其□？（乙七一六二）

不□？（乙一六七七）

王从……□？（乙三一八八）

……允□豕，获八。（铁一五五·三）

……

上图乙二二三五：『己卯卜殻贞：我其罝擒？』……对照铁一五五·三：『允□豕，获八。』知皆狩猎卜辞。罝、□，皆『陷穽捕兽』的『穽』字。从凵与从口同意，表示『陷穽』，上部只要是野生动物：象、虎、豸、兔、罝、鹿皆可，实是一字异体。……

其次，王子『子麋』的名字，续一一六五：『壬寅出子□？』对照『子麋』、『子□』、『子□』等写法，也知是『穽』字异体。……

我们依据狩猎有关『穽』字卜辞，确定：□、□、□、□、□……皆『穽』字异体，当读

「爯甲」。「爯甲」不见史书，但以声类求之，当为世本的「開甲」、纪年的「開甲踰」。因为有一口形，或误以为「和甲」。「開甲」相当殷本纪的「沃甲」。」（学习古文字琐记二则古文字研究第十辑一〇四——一〇七页）

姚孝遂 肖丁 「卜辞「⿱色口」字形体变化不一，或隶作「喙」，或隶作「⿱色口」，或隶作「象」。但均以为即史籍之「陽甲」，则无疑义。

738「⿱色口甲」与「般庚」、「小辛」同祭，是「⿱色口甲」为「陽甲」之又一例证。

就其主要形体而言，字乃从「色」，既非从「象」，亦非从「兔」，更与「象」形无涉。

粹272亦有「⿱色口甲」，郭沫若先生以为「字是一獸形，借稍泐损，与芍与象均不类」，是郭氏对于释为「喙甲」亦有所怀疑。」（小屯南地甲骨考释五四頁）

按：「⿱色口」从「色」、从「口」，是卜辭「⿱色口甲」之主要形體，相當於典籍之「陽甲」。此外則多用作與田獵有關之動詞。合集一〇九〇〇辭云：

「……允⿱色口豕……隻八」

又合集一一二〇九辭云：

「甲申……有子……⿱色口白虎」

「⿱色口」乃狩獵手段之一。摹釋總集及刻辭類纂誤以「白虎」為「白犬」，今正。

1661

⿱色口

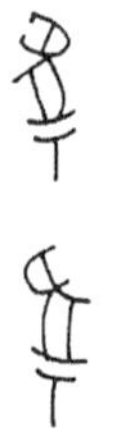

饒宗頤 「按貍即瘞薶。禮記祭法：「瘞埋于泰折，祭地也。」「戊午卜，爭〔貞〕：且乙，其貍丝邑。……」（殷綴一三二）此卜有事于祖乙，因行瘞薶之禮。」（通考三七二葉）（補通考一〇〇葉）饒宗頤曰：「貍即薶字，楚辭九歌：「薶兩輪兮縶四馬。」「薶輪」與「貍車」語正相同。」（通考一二九八葉）

饶宗颐 「癸巳卜，㱿貞：旬亡囚。王固曰：㞢希！若𠬝（扔）。甲午，……马𢦏貍（貍）王车。……（宁滬二・二四）按他辞云：「……水其貍丝邑。」（屯乙三一六二）知貍读为埋，与此「埋王车」义同。埋于水与土中俱曰貍，集韵十六怪貍薶一字。引周礼「貍沉山林川泽」，即瘞埋之埋，（非禦字）……。」（通考一〇〇页）

饒宗頤：「卜辭：

癸卯卜，穷貞：㞢（有）獐，㚔（獮），我狸，戋。」（《屯乙》二三三一）

狸即貍，輪之貍，言田獵遇獐人出，有埋車之禍，故卜之。」（《通考》三一三頁）

王　襄　　參御字条

聞宥　　參御字条

按：字从「邑」从「丂」，隸當作「甹」。《合集》一〇四〇五辭云：「……甲午，王往逐兕，小臣甾車馬，硪甹王車……」，「甹」之義為「薄」，為「迫」，謂王之車撞於山石，故卜文言「子央亦墜」。又《合集》一三五八四辭云：「……，水其甹茲邑」謂洹水迫近商邑，將造成災害，故下文言「我家祖乙佐我」，呼求先祖之祐護。舊或釋「甹」為「馭」，非是。

1662

按：字不可識，其義不詳。

1663

按：《合集》四六二一辭云：「貞，叀□令」為人名。

1664

按：合集一〇四六七辭云：「……酉卜，角隻□」為獸名，或當為「□子」之合文。

1665

鼠 □ □

羅振玉　「丷象鼠穴形，加丷者为竄字。」（殷商貞卜文字考十八頁）

葉玉森　「森按，□之異体作□、□、□等形。丷、⺌竝象米粒。鼠善疑，將食米仍却顧疑怯，古人造字，既狀其形，竝狀其性。加小点仍為鼠，犹加帶索仍为羊也（殷契鉤沈）。惟卜辭云，帚（歸）頗難索解。考他辭云『亞突歸鼠苗』（拾遺五、五）、『歸鼠早』（遺徵雜事一〇。），似鼠即來归之鼠苗，殷人或因或俘之也。又有『之父戊鼠』（后上、五、十）。一辭曰之鼠，誼同之俘，即獻鼠之俘也。」（殷虚书契前編集释一卷一〇八頁）

郭沫若　「此即貍字，貍者，野貓也。」（見朱芳圃甲骨学文字編補遺十五頁）

吳其昌　「□字未詳，各家皆闕疑。惟葉玉森氏釋『鼠』，竊謂近之，何則？尖喙、屏身、脩尾、皆鼠象也。鼠乃殷代已有，宜有其字，今殷文別無『鼠』字，推厥最近似者，此字是也。但此字在卜辭記述文中之義，皆為地名。故每遇此字，除一處剥蝕過甚，上下滅没，無可推核外，（前、六、五〇、一）其餘無一不以『帚□』為文，幾無例外。如前一、三三、七片三節皆云『帚□』他又云：『戊寅卜御子凸，帚□……』（拾遺、六、九）『口丑卜王圓，帚□……』（拾遺、六、九）『口丑卜王圓，帚□……』（前、六、五〇、二）『己卯月㞢，丙辰帚□』『……帚□□幼。』（前、七、一四、四）『戊辰卜王貞，帚□』（前、八、一二、三）『己亥卜口余曰帚□母□』（前、六〇七）等皆是。『帚』，即『歸』之初文也。（詳上第一七二片疏）由是可知前一、三三、七片之義，其首節謂于甲申日歸□地，禦祀于母己，用牝牡二牲也。次節，終節，大意並同，但所用牲，次節以二牛，終節一牛一羊，是其微異耳。（『牲』為牝牡二字之合文詳前第七一片疏）」（殷虚書契解詁第三五四——三五五葉）

丁驌說參□字条下。

按：釋「鼠」可從，卜辭「婦鼠」為人名。

[illegible]

孫詒讓　「當是豕字……當為隊之叚借字。豕刎謂㫐刎也」。（舉例下三九）

王襄釋為八虎二字合文。（簠考雜事十五葉）

郭沫若　「此于『九日』與『辛口』之間着一虎字，不解何義，蓋用為迫薄等動詞者耶？」（粹考二一一葉一五八〇片釋文）

唐蘭　「按諸釋並非。[illegible]與豕形迥殊，然亦非虎，蓋此字之所象者，為一長鼻之獸，與虎之大口者不同，其尾下垂，或歧出，亦與虎尾之上屈者不同。考卜辭象作[illegible][illegible]等形，（甲骨文編九·十一）是此所以者亦象也。[illegible]字字書所無，以字例推之，當為从八象聲。卜辭用[illegible]字，多在貞旬亡囚之後。如云『……旬亡囚。九日[illegible]，辛……㞢巛。王𡆥自……』（粹一五八〇）『……貞旬亡囚。勹[illegible]，壬申……𡆥火，帚娃子㞢』（續三·四·二八）『……日[illegible]，……貞旬亡囚。勹……火。帚娃子㞢』（續六·四九·三　此似兩辭）『……亡囚。三日[illegible]，乙……乙彡。一月』『及……[illegible]，乙酉，子售又出，二月』（簠遊藏骨拓本）『癸酉卜，完，貞……七日[illegible]，己卯……』（續七·二二·二）『癸亥卜，史，貞勹亡囚。一日[illegible]，甲子夕，變犬甬至于相』（簠雜二六）『勹㞢五……[illegible]，戊……小子……』（林二·五·一五）『……二旬㞢六日[illegible]，辛……』（庫一六一五）『癸未卜，兄，貞勹亡囚。口日[illegible]，……㞢』（鐵四〇·四）『癸……勹亡囚。……㞢……[illegible]，己卯……日大……雨』（林二·一八·一）『……[illegible]……龜……冉至……丙』（林二·九·一）『□亥……貞勹亡……[illegible]，……厌……』（簠雜一五）『……[illegible]，乙……我邑……大采……』（前五·四四·四）等皆與本片同。其云……『卒[illegible]允卒』者，似叚為象。（契一〇四）『貞王弓㞢獸，从[illegible]』（續三·一·四）『弓从[illegible]』（佚八六）等辭，殆亦從象之義。於貞旬後繼以某日象者，其與下紀日名有合有不合。如九日辛，勹壬，三日乙，七日己，皆與卜辭計日之法合。一日象而下言，甲旬有五日象而下言戊，則遲一日。至二旬有六日象而下云辛，則遲三日矣。郭氏所釋一例為九日與辛，因謂于九日與辛之間着一虎字（郭所據一片，略近虎形，乃字體偶交，博觀自能辨之。）不解何意，蓋用為迫薄等動詞者耶。（粹編考釋二一一）然九日迫辛口亦是不辭。況卜辭之例，又不盡合也。余謂象當讀為象。周禮大卜：『以邦事作龜之八命，一曰征，二曰象，三曰與，四曰謀，五曰果，六曰至，七曰雨，八曰瘳』。卜辭之象，當即八命之二。云其日象者，言其日當有象。蓋卜者得兆徵之繇詞也。其卜所記則占驗之辭。所卜有驗有不驗，當日不驗而驗於次日或更後者，亦從而記之，則有遲一日以至三日者矣。」（天壤閣甲骨文存考釋十四葉）

李孝定　「契文此字，上从八下从一動物象形字，其形不一，莫可名狀，為物大抵有爪牙之利，（如首形作ㄙ足形作𠂋者，於契文均象其爪牙之利）而象長鼻者絕少。唐釋象於字形不類。卜辭虎字豕字均習見，皆不作此形，僅乙編七六七四片一文作⿱八豕，釋豕差近。其辭云「乙卯卜爭貞⿱八豕獲」，釋豕於辭義亦屬讀，惟是單辭孤證，不敢必其為「豕」；當如屈氏之言存以待考，亦不知蓋闕之義也。」（集釋〇二八二葉）

孫海波　「⿱八豕，甲二〇四〇。唐兰释象。」（甲骨文编六四八页）

屈萬里　「⿱八豕，孫詒讓釋豕，讀為隊。王襄釋八虎二字。郭沫若釋虎。唐蘭盡非之。非之是也。而唐氏則釋象，謂當讀為周禮太卜：『以邦事作龜之八命……二曰象』之象，今按其說，於字形既不類；核諸辭義，亦殊未協，待考。」（甲釋二〇四〇片釋文）

史景成　「按⿱八豕正如李孝定所说，『乃上从八下从一动物象形字，其形不一，莫可名状，其为物大抵有爪牙之利』，因此，此字颇合董、王、郭、明诸氏所训为八、虎二字的合文。即不为⿱八虎字，亦当为八及另一某兽的合文。稽之卜辞，凡句中插有此字者，多为不祥的记事验辞，所以普通它是不吉祥或不顺利的意思，有时可释为窘迫、危险或灾祸等义。」（加舒大安省皇家博物館所藏一片大胛骨的刻辞考释中国文字第四十六册五一五〇页）

方述鑫　「⿱八虎字从虎、八声，读若班，盖即虎之异体字。说文三上龚字也是从八得声：『八亦声，读若颁。』朱骏声说文通训定声『经传皆以班以颁为之。』……殷商甲骨卜辞里的『虎』是象形字，『⿱八虎』是形声字，正如甲骨文有象形字的『星』，也有加声符『生』而形成的形声字的『星』。古无轻唇音，⿱八虎读若班，作虎讲，在卜辞中文从字顺，无往而不通，下面引卜辞作证：

(1) 癸亥卜，争贞：旬亡祸？一日⿱八虎。　合集六·一八七九三

(2) 〔癸〕亥卜，宾贞：旬〔亡〕祸？一日⿱八虎。　合集六·一八七八七

(3) 一日⿱八虎，丁亥王往……　合集六·一八七九一

(4) 丙辰卜，㱿貞：帚好疾？二日虒。 合集五・一五七一二

(5) 乙酉子雝有禍，三日虒。 合集二・三一二三

(6) ：又五［日］虒，戊小子孔・一月。 通X一四

(7) 癸未卜，宾貞：七日虒？ 合集四・八五五四

(8) ［癸口卜］，的亡禍？九日虒，辛有灾，王墜。 合集六・一八七八九

(9) 丙午卜，㱿貞：乎自往見，佑自？王曰：佳老佳人，𠧞冓若。卜佳其𠧞？二旬又八日虒。 合集六・一七〇五五正

(10) 口口卜，古貞：的亡虒？ 合集六・一八七八八

(11) ［癸亥］卜貞：旬亡虒？ 合集六・一八七九四

(12) ［癸］亥［卜］貞：旬亡虒 合集六・一八七九五

(13) 癸［酉卜］，旬亡禍？有虒，乙卯日大雨。 合集六・一八七九二

(14) ［王固曰，有祟？］乙卯有设，虒，庚申亦有设，有鸣雉，疛圍羌戎。 綴三六反

(15) 擒虒？允擒。获麋八十八，兕一，豕卅又二。 合集四・一〇三五〇

(16) 贞王勿往狩从虒？ 合集四・一〇九三九。

(17) 贞王勿狩从虒？ 合集四・一〇九四〇

(18) 王往狩虒？ 合集四・一〇九四二

按上引前十四条卜辞里的『虒』皆表示灾害的意思，常与死、疾、祸、大雨、灾、墜、设、鸣雉、羌戎等表示灾害的词语连用。……因为虎是一种凶猛大兽，所以古人视之为不祥之物，作为图腾加以崇拜。玉篇谓虎『恶兽也』，尚书君牙：『心之忧危，若蹈虎尾，涉于春冰。』周易履：『履虎尾，咥人，凶。』『履虎尾，愬愬。』后汉书南蛮传：『廪君死，魂魄世为白虎，巴氏以虎饮人血，遂以人祠焉。』又上引十五至十八的四条卜辞，是记商王狩猎的事情。其中『虒』盖即虎，用的是本义。」（甲骨文字考释两则，考古与文物一九八六年四期七〇至七一页）

按：諸說均非是，字不可識，存以待考。小通二二片考釋疑爲地名，亦非。

1667 色

白玉峥 「乙亥卜，㱿貞：兕既围？」 鐵一六一・一

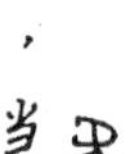

[illegible]：籀廎先生隶定为豕，孙海波氏列为不识之字（文编附录二十三页），並误为一六一·二，当正。夫子（严一萍）隶定为兕（見释围篇），是也。象竖耳曲腿蹶尾之兕形。」（契文举例校读中国文字第八卷第三十四册三七一七页）

白玉峥　「孙海波氏文编入於附录（二五）。李孝定先生集释，列为待考之字（四六〇四）。疑为虎字之急就者，然否尚待论定。」（契文举例校读十六中国文字第五十二册五八三四页）

張秉权　「[illegible]，或作[illegible]（乙编三八六五），諸家迄无确切的解释（注一），疑即豦字，說文九下豕部：『豦，鬭相丮不解也。从豕虍。豕虍之鬭不解也。讀若蘮蒘草之蘮。司馬相如說：豦，封豕之屬。一曰：虎兩足舉（強魚切）』。許氏在這个字的解說中，保存了三种不同的說法。关于第一說，載侗駁道：『豕虎無鬥理，相如之說是也，虎豬其声，尔雅：豦迅頭。郭璞曰：今建平山中有豦大如狗，似獼猴，黄黑色多髯鬣，好奮迅其头，能舉石擿人玃类也』（見徐箋）。第二，三兩說都承认這个字是一种獸的象形。其字上象虎头，說文五上虍部：『虍，虎文也，象形（荒烏切）』。但是金文从虍之字的虍形均象虎头而非虍文，下似虎身而無紋，且尾亦特短；似豕身而尾恒向上翹，所以从此字的結构上看来，好象是一种似虎非虎，似豕非豕的畧类，可見司馬相如說：『豦，封豕之屬』，是有来源而可信的。至於說：『虎兩足舉』，与此形亦近，也可以說得过去。也許因此而說文对這字同時保存了几种不同的說法。豦，在本版是人名，他辞尚有：

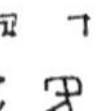

☑豦（勿）夅羌？隻廿㞢五。而（二）。（后下三八·七）

貞：勿嚾豦来羌？（戩四二·二）

貞：□挈卌馬冗其夅羌？（乙编三三八一）

貞：豦卌馬弗其夅羌？（乙编三三八一）

貞：乎豦往于楙？

勿乎豦往于楙？（乙编四一五九）

貞：（勿）□从豦弗其☑？（乙编四一三九）

（勿）令□（从）豦☑？（乙编四〇四四）

貞：豦㞢報☑？（乙编七三〇六）

此外，尚有甲桥刻辞：

豦挈卌。（乙编二六八八）

1668

虞☐。（乙編二一六七）虞兄衔入☐。（乙編二六八十七二五；丙編待刊）虞卯入廿。（乙編三四〇四；三八六五）所以虞可能也是一个地方的名字，其地則与羌、馬、而、𣏟等处相近，而羌常在今山西河東的大荔一帶活动，而則在永济县南，馬与羌近，在殷之西，那么虞的所在地与這些地方相去或不太遠。」（見殷虚文字丙編考释第一六〇——一六一頁）

（注一）唐兰释為兔字（見天壤閣甲骨文存考释〇〇二九——三〇）又陳夢家把這个字和『鼠』『兕』等字混在一起释為『兔』字，但在最后他自己也說，『释兔字亦不確』。（說見卜辭綜述p．二九〇）

按：此亦當釋「㲋」。參見1659「㲋」字條。

虎

羅振玉　「說文解字虎，古文作　二形。此象巨口脩尾，身有文理，亦有作圓斑以象豹狀者，而由其文辭觀之，仍為虎字也。」（殷釋中三十葉上）

王襄　「虎，山獸之君。从虍从几，虎足象人足也。』契文之虎象形，头尾足毛色文章一一写出，而头上之丰毛作屮、个，省变為ㄌ、卜、∧。柜父乙壺之虎作　，头上丰毛与第一虎字同。篆文虎作　。所从之虍犹存其象。契文于禽兽之具异徵者，其字每特為表出，如鳳鷄之冠，龍鹿之角，魚、燕之尾，象之鼻，馬之鬣，豹之圜文胥是。厥后省虎之文章，头之屮形漸变為ㄋ，屮即虍。篆文作　，許氏所訓虎文也。然ㄋ与屮乃虎头形之衍变，的非虎文，許氏誤解，二千年后，賴契文訂之，治学求是不必為諱。」（古文流变臆說六一——六二頁）

朴海波　「　，前六、六三、六。从人与說文篆文同。」（甲骨文編二二五頁）

白玉峥　「　：……类此之文，见于甲骨文字者甚少，故释虎、释龍，皆各有說。然释虎于义為長，于形无牾，兹从之。」（契文举例校读中国文字第八卷第三十四册三八一四——三八一五頁）

李孝定　「說文『虎，山獸之君，从虍，虎足象人足，象形。𧆨古文虎，𧇊亦古文虎』。契文金文虎字均為象形。前六·六三·六，虎作，其下已簡变似『人』字，許君遂以『虎足似人足』說之矣。卜辭虎或為獸名，如『甲申卜王其罕禽虎』拾六·十三。『□丑卜□貞王夢有死大虎由□』拾·十·七·是也。或為方國名，如『□虎方其涉河東𣲣其Q』前·六·六三·六。或為人名，如『□貞令□从㐭倉侯虎伐方受㞢又』前·四·四六·六。『令㐭侯虎歸』珠·四五五。是也。此兩辭均言㐭侯虎自為一人，而兩虎字一作一作，後一文从二小點即圍文的省略，从可作圍文者之必為虎字也。它辭言侯虎者多見，均㐭侯虎之省文。其字或作條文或作圍文，皆為一字，羅說是也。金文虎字作毛公鼎師酉簋師兑簋彔伯簋師寰簋師虎簋盄姬鬲旅虎簋番生簋呂伯簋」（集釋一六九〇葉）

姚孝遂　「虎字的形体变化多端。早期的『虎』字，是甲骨文中仍然接近原始图像的少数字体之一，与『犬』和『豕』的区别非常明显。到了廪辛、康丁时期，形体则已经简单化，线条化，与『犬』字形体极为近似，很容易相混。甚至在祖庚、祖甲时期，就开始出现了这种形体。

粹九八七当属于祖庚、祖甲时的卜辞。通版都是有关獵虎的记载。共有三个『虎』字，其中之一作。郭沫若同志说这个虎字『以单线作之而亦酷肖』。它与『犬』字的区别在于：这种虎爪是『犬』字所不具有的。

摭续一二一：『王其焚沘西麓，王于東立，虎出，毕』。『虎』字作，与『犬』字的区别更为明显。除有独特的虎爪形外，其头部的形体作『7』，这是任何『犬』字所不具有的。并且尾不拳曲。

李亚农攷释以为『豕』字，又说：『豕出二字疑为逐字之误』。本来这一段辞义非常清楚：焚爇山林以驱赶野兽，商王於东边等候，虎出，占问能否擒獲。相类似的例子还有：

粹九五〇『……滴至[illegible]，射又虎，毕』。郭沫若攷释也误释『虎』为『豕』。实际上这种形体与『豕』相差太远。

与此有关的是，甲骨文有字，人身而虎头，是一个方国名：前六·六三·六：『方其涉河东𣲣，其……』

与『虎』的形体和用法，都有严格的区别。但自罗振玉以来，均误混入『虎』字。孙海波甲骨文编二二五页谓『从人，与说文篆文同』，殊不知篆文乃形体的讹变，是不足为据的。」（古文字研究第一辑一七六——一七七页）

姚孝遂　肖丁

「3055　3599

「……虎隻」

(1)「叀工逐亡戈」

(2)「辛，王其……來宰虎亡戈」

(3)「于來自宰廼逐辰登亡戈」

(4)「……般……」

3055虎字猶保持其較為原始的形态，3599虎字已逐渐綫条化、符号化。这些虎字很容易辨识，不致造成误解。康丁以後的虎字符号化的程度较高，考释诸家或误释作豕，或误释作犬，实則三者的形体虽近似而区分甚严。虎字足部作「卜」象有爪，头部作「亼」象有牙，这些形体都是「豕」、或「犬」所不具备的。

商代中原地区盛产虎兕之属。「宰」即産虎地区之一，卜辭每見于「宰」地獵虎之记載：

粹987：「叀宰虎弋戋亡戋」；

珠121：「壬子卜貞，田宰，往來亡𢦏，王毗曰吉，丝知，隻兕一、虎一，狐七」；

存L2374：「壬寅卜貞，田宰，往來亡𢦏，王毗曰吉，丝知，隻虎一，狐六」。

卜辭记載獵穫之虎每次仅为一、二头，亦属较稀少动物之一。其最多者，为佮194之：「翌癸卯，其焚阜？癸卯，允焚，隻……兕，十一豕，十五虎，毘廿」。

獵虎之手段多为围獵，亦有「虣虎」者。存1.743：「……王往虣……虣，允亡𢦏」。粹643：「湋虎，虣……」。「虣」即「暴虎」，詩大叔于田：「襢裼暴虎」，毛传：「空手以搏也」。论語述而：「暴虎冯河」，疏：「空手搏虎为暴虎」。

历代传注家以「暴虎」为空手、徒手搏虎，恐非事实。从卜辭虣字的形体結构来看，乃从戈从虎，是会意字，其最初的概念谓以戈击虎。」（小屯南地甲骨考释一五四——一五五页）

丁驌说参𠨧字条下。

按：卜辭虎字即象虎之形，許慎以為「虎足象人足」，王筠據金刻以為虎字「本全體象形」，經刪說文此句。

又地名或人名之「𢆶」，諸家均混入虎字，非是。說詳𢆶字條下。

其作圓斑或小點形者，當从王襄釋豹，與虎字判然有別，均用作人名，無例外。綜類與虎字分列是也。詳見豹字條。

合集一一二〇九「……𢀛白虎」，摹釋總集及刻辭類纂均誤釋作「𢀛白犬」。又合集二八七四〇、二八八七七、二九三一八、二九三八九、二九三九〇、二九三九一、二九三九二、二九三九三、二九三九五、三一〇九七、屯六二五、八〇八、一〇七〇、二六一八、三一七六、三六九六、懷一三五一均當釋「虎」，而非「犬」。今一並附正於此。至於「𢀛方」之「𢀛」，是否即「虎」字，仍需待考。

1669 豹 [字形] [字形] [字形]

王襄 「[字形]，古豹字。許說『似虎圜文』。」（類纂九卷四十三葉上）

葉玉森 「按羅氏仍釋虎是也。『口医虎』即『𢀛医虎』，𢀛医固名虎也。先哲造字時疑虎豹為一物，作豹斑者亦呼為虎，于字形可推知焉。」（前釋四卷六十一葉上）

姚孝遂 「卜辭又有『豹』字作[字形]、[字形]等形，其特征為文理作圓斑或圓点形，头部也与虎差异。王襄类纂九·四三釋豹是正確的。『豹』字在卜辭均用作人名，无一例外。說文『豹，似虎圜文』，卜辭豹字正突出其『圜文』的特征。不得混同于虎字。」（甲骨刻辭狩獵考古文字研究第六輯五〇——五一頁）

按：「豹」字舊均混同於「虎」字，唯王襄釋「豹」是正確的。「豹」字形義與「虎」迥然有別。但迄今尚未發現卜辭以「豹」為獸名之例。

1670 [戈虎] [字形]

李孝定 「从戈从虎，說文所無。」（集釋三七九四葉）

裘錫圭 「扶风庄白村新出土的𢦔方鼎銘文有如下一句：

王由羌事（使）內史友員易（錫）𢦔玄衣朱𧞤襘（衿）（見文物七六年九期五七頁）

玄衣朱𧞤襘就是有朱𧞤襘的玄衣。襘是衿、襟的古字，說文：「襘，交衽也」。𧞤字从衣从戲，是个前所未見的新字，需要加以研究。

从古书和古文字資料来看，戲应該是虣字的古体。古代释搏虎为暴。诗小雅小旻说："不敢暴虎，不敢冯河"，郑风大叔于田也有"檀裼暴虎"之语。古书里有时把疾暴的暴写作虣，例如周礼的"暴"字就大都写作虣。文选羌城赋李善注引字书说虣是古暴字。从字形上看，虣字从虎，应該就是暴虎之暴的本字。这个字也于西周晚期的量盨和战国时代的诅楚文，但写法与古书略有出入：

勿事（使）戲虐从狱（量盨，見历代钟鼎彝器款识一五、一五一，原称寅簋）

内则虣虐不辜（诅楚文，見绛帖）

集韵、类篇都收虣字异体虥，大概就是根据诅楚文的。郭沫若先生在诅楚文考释里说："虥即暴虎憑河之暴，字不从戒，实象两手持戈以搏虎。周礼古文作虣，从武，殆系沿误。"（見沃地玄黄）这是很正确的。量盨虣字从戍，戍本象戈钺之类武器，从戍与从戈同意。这两个虣字或从廾，或不从廾。这跟金文"执"字有執、埶二体（見金文编五五七頁），是同类的情况。由此可以断定，焘方鼎⿴衣虣字所从的戲也是虣字。⿴衣虣字显然是从衣虣声的形声字，应該就是古书里的"襮"字的异体。

说文："襮，黼领也。从衣，暴声。"尔雅释器："黼领谓之襮"。诗唐风扬之水："素衣朱襮"，毛传："襮，领也。诸侯绣黼丹朱中衣。"郑笺："绣当为绡（此读可能不确）。绡黼丹朱中衣，中衣以绡黼为领，丹朱为纯也（纯指衣缘）"。襮（衿）在古代也训为领。诗郑风子衿："青青子衿"，毛传："青衿，青领也"，正义："释器云：『衣皆（今本尔雅作"背"）谓之襟』，李巡曰：『衣皆，衣领之襟』，孙炎曰：『襟，交领也』。衿与襟音义同。衿是领之别名，故云青衿青领也"。颜氏家训书证谓"古者斜领下连於衿，故谓领为衿。"方鼎铭的"朱襮⿰衤金"，应該是指以黼纹装饰的有丹朱纯缘的下连於衿的斜领。"玄衣朱襮⿰衤金"，就是有这种斜领的玄色上衣。

认识了金文的虣字，甲骨文的虣字也就可以连带认出来了。甲骨卜辞里也有一个从戈从虎的字：

壬辰卜，争，鼎（貞）：其[字形]，隻（获）？九月。

壬辰卜，争，鼎（貞）：其[字形]，弗其隻（获）？（乙编六六九六）

☒[字形]淒虎？（殷契卜辞六四三）

鼎（貞）：乎（呼）从[字形]侯？（乙编二六六一）

这个字所从的戈旁倒写在虎旁之上，以戈头对准虎头，显然是表示以戈搏虎的意思，无疑也应該释作虣。上引前二条卜辞，卜问如去搏虎能否有获。第三辞说"虣淒虎"，就是搏淒地之虎的意思。第四辞的虣是侯国名。

甲骨卜辞里还有一个从水从虣的地名字：

壬申卜，才（在）曹，鼎（貞）：王步于⿰氵虣，亡（无）巛（灾）？（前编二、五·五）

⊠才（在）⿰氵虣〔貞〕：〔王〕步于☐，亡（无）巛（灾）？（后编上十一、九）

殷人往々在有水之地的地名字上加水旁，例如地名函也作涵，地名婁也作漊之类，举不胜举。⿰氵虣无疑就是虣侯的封地。古有暴国。尔雅释乐埙字下释文：「世本暴國暴辛公所作也」。太平御览卷五九一等引世本宋均注谓暴辛公是周平王时诸侯。暴国之地后来为郑国所有，就是春秋文公八年公子遂会雒戎于暴的暴，故地在今河南阴武县一带。甲骨文的⿰氵虣跟古书的暴应该是一个地方。上引第一辞是殷王在曹地所卜的，卜问从曹步于⿰氵虣，会不会逢到灾祸。郭沫若先生认为卜辞的曹「当是卫之曹邑……今河南滑县白马城即其地」（卜辞通纂七四三片）。滑县在阴武之北，两地相距不过一、二日程。殷王在曹地卜步于暴，是非常合理的。

甲骨文里还有一个象以手执仗搏虎的字：

⊠小臣⊠[glyph]（此字上端似略残）？（甲编九一四）

☐子卜王其[glyph]粪（此当是地名）⊠？（京都一八四五）

这很可能也是虣的异体。

根据甲骨、金文里虣字的字形，还可以纠正古人训诂上的一个错误。诗郑风大叔于田毛传：「暴虎，空手以搏之。」吕氏春秋安死及淮南子本经高诱注也都以「无兵搏虎」解释「暴虎」。从古文字字形象，暴虎可以使用兵仗。认为只有「空手」「无兵」而搏虎才叫暴虎，是不正确的。古书里又常々把暴虎解释为「徒搏」（见尔雅释训、诗小雅小旻毛传、论语述而集解引孔注）。这大概是比较早的古训。很可能最初说徒搏是指不乘田车徒步搏虎，汉代人错误地理解为徒手搏虎了。」（说玄衣朱襮裣——兼释甲骨文虣字，文物一九七六年十二期七十五页）

按：虣即虣，今字則假暴為之。裘錫圭已詳加論證。易繫辭：「重門擊柝，以待暴客」，釋文：「鄭作虣」。文選蕪城賦「伏虣藏虎」，李善注引字書：「虣古文暴字」。古偏旁每增「止」，此例習見。是虣當為虣之繁衍。契六四三考釋以為「戈虎」二字，非是。下一「虣」字其上存一·七四三辭残，綜類二二五讀作「……王往虣……虣，亡巛」是正確的。已残，惟餘「虎」形，據驗辭之通例，此當是虣字，而非「虎」字。契六四三「……盧虎……虣……」，與上辭俱當與獵虎有關。詩大叔于田：「襢裼暴虎」，毛傳：「空手以搏也」。爾雅釋訓「暴虎，徒搏也」。論語述而：「暴虎馮河」，疏「空手搏虎爲暴虎」。
「暴虎」即「虣虎」，亦即「虣虎」。契文从戈从虎會意，乃以戈搏虎。詩大叔于田毛傳謂「空
手以搏」，乃誇張之詞。以戈搏虎，已足見其勇，不必徒手。

1671 ⿸虍屮 [illegible] [illegible]

按：字可隸作「⿸虍屮」，辭殘，其義不詳。

1672 ⿰臼虎 虢 [illegible] [illegible]

丁山 「字當是象兩手搏虎形，虢之初文也」。（殷商氏族方國志一五一葉）

按：丁山釋「虢」可从。卜辭所僅見，用義不明。林義光文源謂「虢爲虎攫，無他證，當爲鞹之古文，去毛皮也。……从虎，𠬪象手有所持以去其毛，凡朱鞹，諸彝器以虢爲之」。可備一說。

1673 ⿰虎匕 虐 [illegible] [illegible]

李孝定 「从虎从匕，說文所無。疑為牝虎專字，亦牝牡豝麀之比。」（集釋一六九五葉）

裘锡圭 「甲骨文里有一个从虎从人的字：
鼎（貞）：今夕其[illegible]。 乙五五八九
鼎：不隹（唯）[illegible]。
鼎：不（隹）[illegible]。 續五・三三・六
鼎：王囧其[illegible]。 佚六六四

丙子卜☒蛊[illegible]☒　拾一三·一〇

叶玉森把这个字释作虍，以为『即牝之异体』，甲骨文编从之，实不可信。这个字象虎抓人欲噬形，应是『虐』的初文。说文虍部：『[illegible]，残也。从虍，虎足反爪人也。』诅楚文虐字作[illegible]，会稽刻石作[illegible]，与说文相合。西周金文作[illegible]、[illegible]，没有突出虎爪，与甲骨文虐字相近。

虐字在卜辞里多与蛊、[illegible]、[illegible]等灾祸字并用，例已见上。有的卜辞贞问『王[illegible]佳（唯）蛊』，文例与上引『王[illegible]其虐』一辞相类。由此可见这个字的意义一定与灾祸有关。从这一点看，把这个字释作虐也是合理的。尚书盘庚：『殷降大虐，先王不怀，厥攸作，视民利用迁』，同书金縢：『史乃册祝曰：惟尔元孙某遘厉虐疾……』，虐字的用法都与卜辞相近。」（古文字研究第四辑一六一—一六二頁）

高明说参[illegible]字条下。

鍾柏生说参[illegible]字条下。

按：裘锡圭釋「虐」可從。然合集一〇一九七辭云：「乙未卜，今日王狩光，毕？允隻虍二、兕一、鹿二十一、豕二、麑百二十七、虎二、兔二十三、雉二十七。」唯此辭仍當是「虍」，為獵獲之獸名，當是「牝虎」合文。至於「虐」字則隸作「虐」。二者有别。

𤰈　[illegible]　[illegible]

陳邦福　「𤰈，当释猫。卜辞苗有从田者，正周礼大司馬『遂以苗田』之谊。說文无猫字。詩大雅韓奕篇云『有貓有虎』，毛傳『猫，似虎浅毛者也』。礼記郊特牲云『迎猫为其食田鼠也。』又逸周书世俘解云『武王狩禽虎二十有二，猫二，麋五千二百三十五。』是卜辞系猫之礼足与古经籍相質證者。」（殷契說存五頁上）

孙海波　「[illegible]，后二、三六、八。[illegible]，甲一九〇八。地名。」（甲骨文编二二六頁）从虎从田，說文所无。

屈萬里　「卜辭『隹虠田，亡𢦔？』甲編三九〇。从田，虎聲，隸定之當作虠。字書無此字；於此則為地名。」（甲編考釋六一葉）

李孝定　「从虎从田，說文所無。」（集釋一六九五葉）

考古所　「䖒：在本辭中為地名。」（小屯南地甲骨一〇七二頁）

按：字从「虎」从「田」，陳邦福釋「貓」不可據。此「田」形不當是「土田」之「田」，猶「靁」之或从此形而非「田」。隸可作「䖒」，在卜辭為地名。

1675

䖒

孫海波　「虠，甲一一八八。疑虠字。」（甲骨文編七四一頁）

陳夢家　「虠字應是說文『䖑，白虎也……讀若鼏。』」（綜述五五五葉）

李孝定　「从虎以虠字从虎甲編一一八八、壹文作虠从虍證之知此亦从虎也从爪，說文所無。未知與虢是一字否。」（集釋一六九五葉）

李孝定　「从虎从宁，說文所無。字在卜辭為地名，辭云『王其射虠□』後下二三、二、『王迺射虠眔』後下三八、五、『□王其☑虠□　王由往射虠□』佚二七三、『☑射虠☑宰☑巛』甲編一一八八、據後下三八、五辭知虠為地名，如以虎名釋之則如䖒䖑之比。」（集釋一六九五葉）

屈萬里　「虠，隸定之當作虠，地名。」（甲編考釋四五五葉）

考古所　「虠：地名。」（小屯南地甲骨九一八頁）

按：字不从「宁」，不得隸作「虠」，陳夢家釋「䖑」亦不可據。卜辭為地名，其地盛產兕，均與獵兕有關。

1676

按：裘錫圭以為字从「虢」从「水」，然「虎」所从之形體與「戈」不類，姑存疑。在卜辭為地名。

1677 ⿱冖虎

胡厚宣「……我认为殷武丁时甲骨卜辞中的⿱冂虎字即是⿱冖虎。⿱冖虎字所从的冂，即是说文的冂冃冒，亦即是今天的帽字。冃冃和冂都象帽形。卜辞⿱冖虎字从冂从虎，即是说文的冡字，冡字从冂从豕，豕与冤形近，豕字乃是冤字之误。冡与冒通，冒有蒙义。古之冡字，今经典都借蒙字为之，蒙行而冡废。所以卜辞中的⿱冖虎字，即是今天的蒙。

蒙者冒也。乃勇士出征，披冤皮伪装，以冒犯敌人之义，盖古代作战，以冤皮表军众，以冤皮色兵甲，战士战马也都蒙以冤皮。即是统治阶级宫廷的武卫，象虎士，虎臣，虎贲，亦皆以虎字为名，身上穿着冤皮衣袴，腰里用冤皮系着刀兵。还有统治阶级出猎，前面有蒙着冤皮的皮轩车，后面随着身披虎皮的猎手，猎手上身穿着斑纹的冤皮衣，下身穿着白色的虎皮袴。

凡这些披戴的伪装，都是使用冤皮以逞其凶猛，所以⿱冖虎从虎字。

以虎皮伪装，谓之为蒙。如战士战马，凡是披虎皮伪装，以出征作战，都以蒙字称之。就是方相氏伪装，蒙熊皮谓之蒙，蒙玄衣朱裳谓之蒙，蒙谌头戴面具，亦谓之蒙。猎手蒙鶡冠鶡尾，亦皆谓之蒙。而前驱蒙着虎皮的皮轩车，则谓冒，冒蒙也，也即是蒙。这便是古文献蒙字也就是甲骨卜辞中⿱冖虎字的真实意义。

由甲骨卜辞看来，殷武丁时有武将名叫⿱大豕，也常见于殷金文。他是一个在殷王武丁以下地位相当高的奴隶主。能够统率军队，常常手持大刀率领师旅去征伐西方的舌方。在西北征伐羌人，得到了大批战俘，还要向殷王贡献，或者用以祭祀先王。殷王武丁又曾亲自连卜三次，问⿱大豕是否能够抓得住羌族的俘虏，可以想见其威武的程度。

⿱大豕这个武将，凡是参加征伐，经常身着虎皮为伪装，以威吓敌人，这就是所谓⿱冖虎。⿱大豕在殷王朝经常担任着通过征伐以攫俘虏奴隶的任务，所以卜辞中多次贞卜⿱大豕是否有所俘获。

关於古代这类驱兽作战，从前有不少学者解释为并非真是驱猛兽作战，乃是教士卒习战，以猛兽之名名之。但由前引䖒字𧆞字看来，乃是勇士作战𧆞野兽之皮以为伪装，情况非常明白。象关於蚩尤的传说，就正是说的身披兽皮头戴牛角，伪装而触人。又如南北朝的宗慤作战时，也正是把人伪装成狮子，并非真是说的猛兽和狮子。

这种伪装猛兽以冲锋作战，便是甲骨卜辞中所说的䖒，也就是古文献上所谓𧆞。最有兴趣的是，一九七三年四月，在北京举行的历代「墨西哥历代文化艺术展览」，陈列有三至九世纪在波纳帕克玛雅人关於勇士和战俘的一幅壁画。俘虏们散发光身，屈服跪倒于地上，勇士们则手执刀兵，挺身而立於俘虏之前，头戴凶猛的兽头帽，身披斑文的虎皮衣，就连脚上也包着一块老虎皮，伪装成一种极为凶恶可怕的样子。地上砍下了俘虏的人头，有的人头还挂在勇士的胸间，勇士是贵族，战俘是奴隶，阶级对比，非常鲜明。阶级残害的场面，活灵活现。勇士们用虎皮伪装的情况，栩栩如生。用它来说明甲骨卜辞中的䖒字，那就再适当没有了。」（甲骨文䖒字说、甲骨探史录三六至六七页）

1678 ⿸虍肖

按：合集二一七六八辭云：「甲戌卜，豕䖒卬」用為動詞。「卬」讀為「抑」，為疑問連詞，是一種省略的對貞形式。「卬」與「𠬝」字有別。

按：屯一〇二一辭云：「王其田⿸虍肖，湄日不冓……」為地名。參見1695「⿸虍胥」字條。

1679 虘

按：合集一八〇三五辭云：「貞……虘……不隹囚」

辭殘，其義不詳。

1680

按：合集二一九一四辭云：「丁丑伐[illegible]……」為方國名。

1681

考古所「[illegible]：字从虎，下有二点，可能是虎之异构，也可能是另一个字，在此辞中是人名。」（小屯南地甲骨一一〇二页）

按：此與「虎」字有別，似為人名。

1682

按：字當隸作「[illegible]」。合集二〇八八辭云：「丁丑卜，步黄[illegible]」為地名。

1683 [illegible]

按：合集二七八八七辭云：「……小臣[illegible]」為人名。此當是「號」之異構。參見1670「虢」字條。

1684 虍

徐中舒「說文：『虎文也』。此字原形作虍，非虎文，乃虎皮或兽皮。古人在屋顶上端蒙以虎皮或兽皮以避风寒。盧、膚等字即从此而来。盧，上面象屋顶蒙以兽皮，下面是火炉食具；膚字引申为皮肤。如果不从这种意义去探求，这两个字就讲不通。」（怎样研究中国古代文字，古文字研究第十五辑四页）

朴海波「，乙八〇一三。地名。」（甲骨文编二二三頁）

按：說文：「虍，虎文也。」恐有未然，字但作虎首形。在卜辭為地名。徐中舒以「虍」為「虎皮」，不可據。「盧」乃从「虎」省聲，與虎皮或獸皮無涉。

1685

考古所「：地名。」（小屯南地甲骨八七三頁）

按：卜辭為地名。

1686

按：卜辭殘缺，疑亦「虎」之異構。

1687 虎

按：卜辭為祭牲名。

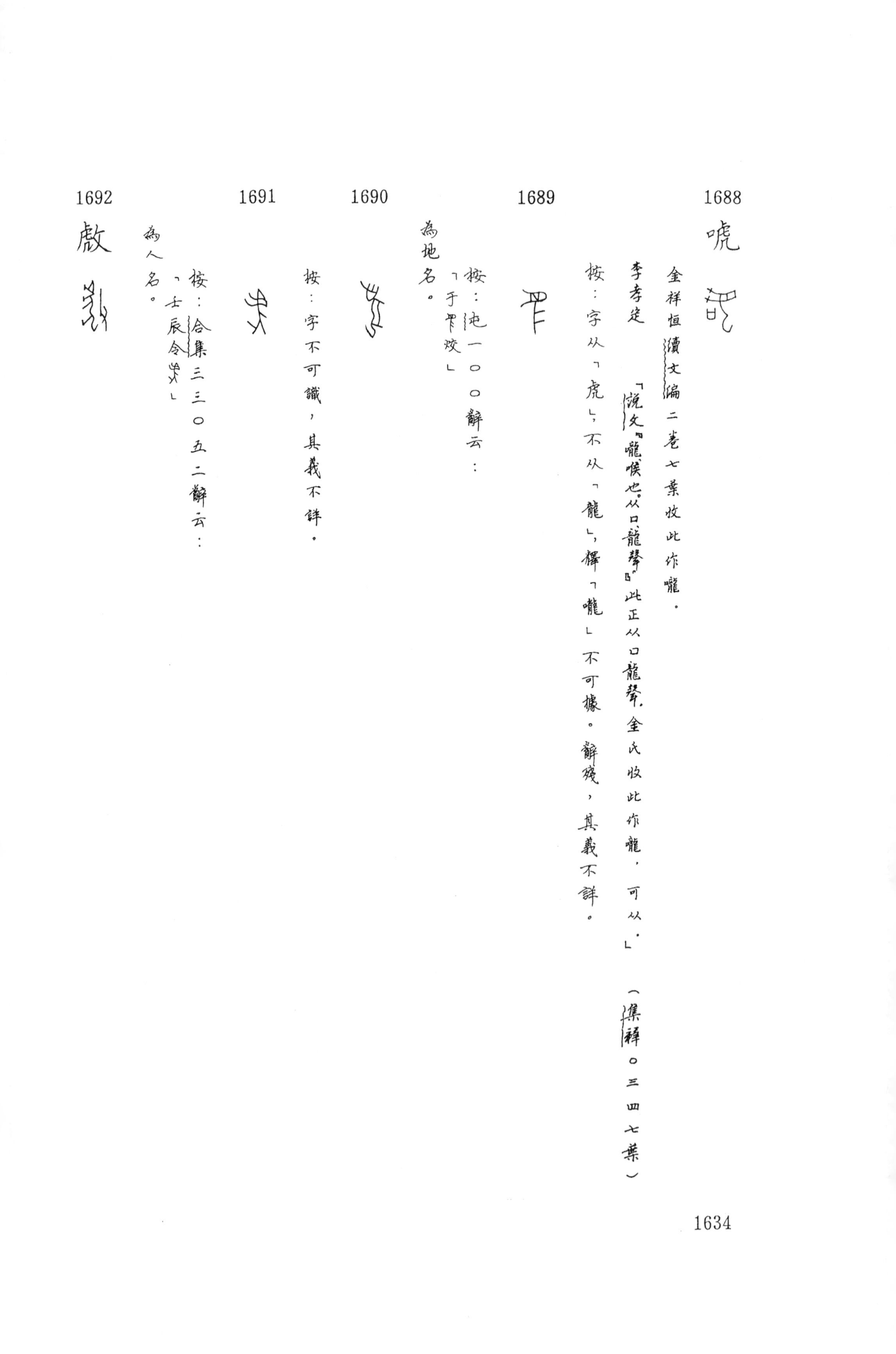

1688 唬

金祥恒續文編二卷七葉收此作嚨。

李孝定「說文『嚨，喉也。从口龍聲』此正从口龍聲，金氏收此作嚨，可从。」（集釋〇三四七葉）

按：字从「虎」，不从「龍」，釋「嚨」不可據。辭殘，其義不詳。

1689

按：佚一〇〇辭云：「于𠁥焚」為地名。

1690

按：字不可識，其義不詳。

1691

按：合集三三〇五二辭云：「壬辰令𡗕」為人名。

1692 敫

按：合集三〇九九八辭云：

「……卜王其皾鼎……」

裘錫圭以此為「虢」之異構。參見1670「虢」字條。

1693

盾

按：合集三六四八一即著名之小臣牆刻辭，記某次大規模戰役之戰功。除俘獲人眾之外，尚有車、盾、冑、矢等。此為「盾」之初形無疑，象虎士執盾形。說文：「盾，瞂也，所以扞身蔽目，象形」小篆譌變，難以見其為象形。「目」實即盾形，故許慎不言从「目」，但又以「蔽目」為言。如無完整之辭例，則難以定此即「盾」字。

1694

膚 膚

王襄　「古膚字」。（類纂正編第五第二十二葉下）

屈萬里　「膚，隸定之當作膚」。（甲編考釋八四葉）

李孝定　「从曰从膚，說文所無」。（集釋一六〇九葉）

蔡運章　「膚字或作形，从虍从歺，当隶定为膚。「歺」，說文謂「剐骨之残也，从半冎，读若蘖岸之蘖」。徐锴曰：「冎，剔肉置骨也。歺，残骨也」。可见，「歺」为剔肉所余残骨之义。因歺与肉字的含义相近，在古文字的形旁里可以通用。例如，殨，通作膭，礼记乐记载：「胎生者不殨」，管子五行篇作：「毛胎者不膭」，集韵曰：「殨，古作膭」。膚字的别体臚，字汇作「⿰歺盧」，康熙字典歺部说：「⿰歺盧，本作臚」。字汇和康熙字典虽是较晚的字书，但它们仍保持了膚字中肉、歺通用的写法。这些都是其绝好的旁证。故「膚」当是膚字的别体。……唯膚（或膚）字的中间不从田，犹如甲骨文编卷五盧字作（铁九五三）、（京津七一）诸形，也不从田一样。西汉刘胜墓出土铜壶上鸟虫书「简式的膚字作「肩」，中省田、二」，更是其直接的佳证。肩字后累增田符作膚，于是膚遂行而肩、膚渐废。……

从肩（或膚）字的构形来看，它上部所从的「虍」旁当是声符，下部所从的「月」或「肉」旁当是义符。肉字的含义很明显。卢，于省吾先生指出：「甲骨文卢即列字的初文」，当是。说文刀部：「列，分解也」。可见，肩字读虍声，含有肉、列二义。

膚，或作臚。说文肉部：「臚，皮也。从肉，盧声。膚，籀文臚」。又，皿部说：「盧，饭器也。从皿𠙹声」。又，甾部云：「𠙹，𧵅也。从甾，虍声」。是𠙹亦从虍声。可见，肩与膚字的音读相同。

广雅释器：「膚，肉也」。仪礼聘礼说：「膚鲜鱼鲜腊设扃鼏」，郑氏注：「膚，豕肉也」。少牢馈食礼载：「雍人伦膚九」，郑氏注：「膚，脅革肉也」。说明「膚」有「肉」字的含义。同时，广雅释言说：「膚，剥也」。释诂云：「剥，膚皮离也」。王念孙疏证：「说文云，剥取兽革者谓之皮。韩策云，因自皮面抉眼，自屠出肠。郑注内则云，膚，切肉也。是皮膚皆离之义也」。于省吾先生说：「按王说是也。皮与膚皆系名词，作动词用则有剥离之义。礼记内则之「麋膚」，郑注：「膚或作胖」。按膚与胖双声，故通用。周礼腊人之「凡祭祀共豆脯荐脯膴胖」，郑注：「郑大夫云，胖读为判」。是胖与判通，乃割裂之义」。说明膚字亦有「列」的含义。……

□，当隶定为盧，应是肩字的异构。在古文字中，常在其下增写凵旁，……□，……当隶定为盧，……与盧、盧相同。因在古文字中，构形的单双每无别，……这里需要说明一点，就是盧字下部所从的凵旁，与金文鲁字下部所从的凵旁相同，疑象器皿之形。郭沫若先生指出：「鲁字下部，金文多从凵，这不是口字，而是器物之象形文，与皿同意」，甚是。肩字含有「肉」及「切肉」之义，其下置凵，用器以盛之，因此郭老将此字隶定为盧，是很正确的。膚字后来演变为臚，当是由盧发展为盧，或书写作臚而来的。这种写法犹如𡨦敖簋铭中的鲁字书写作𩵋一样，都是由「凵」演变为「皿」的结果。

□、□，旧多隶写为𧆨、𩰪，未确。在卜辞里「山字跟火字不分」，从此字在卜辞中均用作地名来看，当以隶定作盧、𩰪为宜。盧、𩰪，乃是肩字在其下增写山符的结果。这种用增加形旁来区别词义的书写特点，在古文字中屡见不鲜。……因此，岛邦男先生在殷墟卜辞综类中将肩、盧列为一字，是很正确的。……

现在，我们试将肩字在甲骨文……中的用法，举例说明于下：

一　肩……大乙？　粹一四四

二　弜𩰪，在父甲，兄一牛、二牛、三牛？　粹三三九膚，或作臚，通作旅。《仪礼·士冠礼》说：「筮人還东面，旅占卒，进告吉」。郑氏注：「古文旅作臚也」。《周礼·秋官·司仪》载：「皆旅擯」。郑氏注：「旅，读谓鸿臚之臚」。《汉书·叙传》载：「大夫臚岱」，郑氏曰：「臚岱，季氏旅於泰山是也」。师古曰：「旅，陈也；臚，亦陈也。臚、旅声相近，其义一耳」。皆是其证。

旅，《尚书·禹贡》载：「蔡蒙旅平」，孔氏传：「祭山曰旅」。《周礼·天官·掌次》载：「王大旅上帝」，郑氏注：「大旅上帝，祭於圜丘，国有大故而祭，亦曰旅」。又，《春官·大宗伯》云：「国有大故则旅上帝及四望」，郑氏注：「旅，陈也，陈其祭事以祈焉，礼不如祀之备也」。可见，「膚」可用为祭名。

因此，上引第一条卜辞中，「膚」，读如旅，祭名。……第二条卜辞中，……「盤」，读如旅，祭名。……「兄」，通作貺。这条卜辞的大意是说：祭祀父甲，不用旅祭，用一牛、二牛、三牛可以吗？

三　盧霝……二田噩盂，又大雨？　《粹九六八》

四　霸罘门盧酌，又雨？　《金一八九》

五　其盧取二山，又大雨？　《后下二三·一〇》

六　豚罘羊，盤用？　《甲七七五》

七　其盧用雀罘贝？　《甲七七七》

膚，读如旅。《国语·越语》载：「欲其旅進旅退也」，韦昭注：「旅，俱也」。《礼记·乐记》载：「今夫古乐，進旅退旅，和正以广」。郑氏注：「旅，犹俱也。俱进俱退，言其齐一也」。又，《说文》云：「俱，皆也」。可见，膚含有俱、皆之义。

……第三条中，「霝」，读作雩，祭名；「噩」、「盂」，均为地名；「又」，通作有。这条卜辞的大意是说：皆用雩祭于噩、盂二地之田，会有大雨吗？第四条中，「霸」、「门」，均为地名；……这条卜辞的大意是说：在霸及门两地皆用酌祭，会有大雨吗？第五条中，「取」通作聚，祭名；……这条卜辞的大意是说：若皆用聚祭于二山，会有大雨吗？第六条卜辞的大意是说：豚及羊皆用于祭祀可以吗？第七条中，「雀」，当是祭品名。这条卜辞的大意是说：若皆用雀及贝来祭祀可以吗？……

十一　其田，叀膚……　《续六·一〇·七》

十二　丁亥卜，口王其田，叀盧，禽？　《掇二·一六七》

十三　……膚，亡戋？　《后上一八·一〇》

十四　戊子卜，贞，王其田盧，亡戋？　《粹一·一九六九》

十五　辛卯卜，王叀盧鹿逐，亡戋？　《佚九〇四》

十六　壬子，王卜，贞：田𪗉，往来亡災？　前二·一六·一

十七　口子卜，才口贞，王于高虘，口災？　續三·二七·五

按：第十一——第十六条中的虘、𪗉、𪗉，皆读如旅，通作莒，均为地名。诗大雅皇矣载："以按徂旅"，郑氏笺："旅，地名"。孟子梁惠王下作"以遏徂莒"，可以为证。春秋隐公二年载："夏五月，莒人入向"，杜预注："莒国，今城阳莒县也"。可见，虘、𪗉、𪗉当为地名，在今山东莒县一带。

第十七条中的"高虘"，亦为地名，疑即文献中的"高鱼"。旅、鱼古音相近（同为鱼部），可以通假。如，书序嘉禾篇："旅天子之命"，史记周本纪作"鲁天子之命"，说文云："旅，古文以为鲁卫之鲁"；后上三一·二"其雨在邦鲁"，前四·五五·七作"其雨在邦鱼"，是旅、鱼可通之证。左传襄公二十六年说："遂袭我高鱼"，杜预注："高鱼城在廪丘县东北"。水经注瓠子河条："京相璠曰，高鱼，鲁邑也。今廪丘东北有故高鱼城，俗谓之交鱼城"，地在今山东郓城县西。……

十八　隻狐十、麑口、虘一、𢦏十、㲋口、雉十一？

这是一条占问田猎时捕获禽兽多少的卜辞。"虘"，当以同音通假用为"虎"字……」（释續古文字研究第十辑五四——六〇页）

于省吾释𣥂見𪔅字条下。

按：此當與1695「𪗉」同字，應合併。

1695

𪗉　𪗉

罗振玉　「説文解字：『𪗉，兩虎爭聲，从虤从曰』。此从口與曰同意」（殷释中七十八葉下）

于省吾　「甲骨文中训为並列的歬字仅一見，属于第二期，它和第三期的𪔅𪗉𣥂等字同用。𪔅𪗉𣥂三字隶定作𪔅𪗉虘。甲骨文編附录于口部，續甲骨文編误释𪔅𪗉二字为𪗉。郭沫若同志谓『虘当即盧字』（粹考九六八），非是。按𪔅𪗉虘都是以歬或歬为音符的形声字。古文字的偏旁往々单复无别。甲骨文歬即列字的初文，从刀作列乃后起字。礼记服问的『上附

下附，列也」，郑注谓「列，等比也」。按训列为等比，具有相並之义。又广雅释诂谓「併，列也」，释文「併本作並」。说文谓「竝（隶变作並），併也，从二立」。按竝字契文屡见，竝与併乃古今字。然则併之训列，足以证明列有相並之义。

今将甲骨文中训为并列的卣、皆、醬、䖒等字的辞例较为完整者，择录于下，并予以阐释。

一、戊兑卜，㞢贞，王曰，余其曰多尹，其卣二侯——上㯻眔𡆥侯，其☒周（通别二桃山）。

二、☒醬令二人（甲五四二）。

三、豚眔羊皆用（甲六七五）。

四、䖒𩂣二田喪、盂，又大雨（粹九六八）。

五、𩁹眔门䖒酌，又雨（金一八九）。

六、其䖒用雀眔貝（甲七七七）。

七、其䖒取二山，又大雨（后下二三·一〇）。

以上第一条的末句已残缺，辞义不详。自王曰以下三句是说，王告多尹，並及上㯻和𡆥侯。末一侯字也承上㯻为言，故上㯻下省侯字。第二条的醬令二人即並令二人，意思是说令二人一起从事某项工作。自第三条以下均就祭祀为言。第三条的豚眔羊皆用，是说豚及羊並用；第四条的䖒𩂣（雩）二田喪、盂，又大雨，是说並用雩祭于喪、盂二田，则有大雨；第五条的𩁹眔门䖒酌，又雨，是说于𩁹及门两地並用酌祭，则有雨；第六条的其䖒用雀（当是祭品名）眔貝，是说並用雀及貝；第七条的其䖒取（䝴，祭名）二山，又大雨，是说应该並用䝴祭于二山，则有大雨。总之，上列七条全是两种事物並举。验之于辞例和文义，则卣、皆、醬、䖒等字之读为列训为並，都是吻合无间的。（甲骨文字释林释卣、臬、皆、醬、䖒三七〇—三七四）

按：于先生謂「卣」、「㔾」、「䖒」、「醬」同字，釋為「列」，訓為「並」，是正確的，其餘諸釋皆非是。

1696

虞 □ □

于省吾说参□参□字条下。

考古所「虞：地名。」（小屯南地甲骨八八三页）

蔡運章说参□字条下。

按：此當併入1697「⿳虍胃火」字條下。

1697

⿳虍胃火

葉玉森 「虤山合文。」（殷墟書契前編集釋二卷三十頁）

朱芳圃 「从虤从火，說文所無。」（甲骨學文字編五卷六頁）

李孝定 「字上从膚，似从虍从凡，非虎字。虎當作𧆞，其尾上翹，與虎口之方向相反，而兩足則必與虎口之方向相同。今膚字如釋為虎，則是兩足與口異向，虎必無作此形之可能，似又隸定作⿳虍胃火為是。說文所無。」（集釋○四二六葉）

于省吾 「……甲骨文后期以貞、膚、膚、⿳虍胃火等字為地名，西周金文以櫨或櫨為方国名。这类字已不見于后世字書，但均以歺字為声符，其应读如列，是沒有疑问的」。（甲骨文字釋林釋歺、㱝、𣦸、⿳虍胃火、膚）

按：「虞」、「⿳虍胃火」均為地名，通用無別。或省作「膚」、「膚」，亦當為同字。

1698

盧

于省吾 「因字本象鑪形，加虍為聲符，乃由象形孳乳為形聲。契文獻字作[?]，不从虍。又膚字契文作[?]，金文膚从戈作[?]，本象膚形，見膚作[?]，加虍則為繁文矣。又以金文𠭯殷吳之即虞，說文処之或體作處也。膚字後世作盧，从皿已為彖增字，更無論盧鑪矣。卜辭膚因並見，稍晚則膚行而因廢，再晚則盧行而膚廢矣。隮尊，隮字从因作因。禹比盨，瀘字从因作因，形已簡化。師湯父鼎，膚字从因作因，猶與契文相仿。金文鑪字，曾伯盧作鑪，王子嬰次盧作[?]，邵鐘作[?]，鄦公華鐘作[?]，从膚从盧一也。小篆作鑪。古化盧氏幣，盧字作[?]，或从甶，或从田，或从甾，並為因形所譌變。說文：『盧，𩰫也，从甾虍聲，讀若盧』。又『盧，飯器也。从皿盧聲』。按盧盧同字，盧不从皿，為盧之初文，不應歧為二字。凡此皆盧字孳乳之辜較也。茲將膚因二字之用法，分述於法下：一、膚字通旅。甲二、二六、五有膚字，惟其辭已殘。輔大藏骨有辭云：『庚辰卜，[?]，翌日甲申』。膚為祭名無疑，當即周人之所謂旅祭也。膚經傳通用盧。盧旅音近相借。伯晨鼎『旅弓旅矢』，書文侯之命『盧弓一，盧矢百』，旅弓旅矢即盧弓盧矢。周禮司儀「皆旅擯」注：「旅讀為鴻臚之臚。」儀禮士冠禮「旅占」注：「古文旅作臚也。」士昏禮「婦執笲」注：「笲竹器而衣者，其形蓋如今之莒筥籚矣。」方言十三：「籚，趙魏之郊謂之筥籚。」是筥籚即筥籚。漢書敘傳：「大夫臚岱，侯伯僭畤。」鄭氏曰：「臚岱，季氏旅于太山是也。」師古曰：「旅，陳也。臚亦陳也。臚旅聲相近，其義一耳。」按沖尊：「王大省，公族，于庚辰旅。」周禮掌次：「王大旅上帝。」大宗伯：「國有大故，則旅上帝及四望。」注：「旅，陳也。陳其祭事以祈焉。」按旅謂陳列祭品以祭。然卜辭言膚，非為周禮專就上帝山川為言也。前舉粹編一辭：「膚彡力自上甲。」膚、彡、力為三種祭名，膚即旅，彡即肜，力即劦也。一、因字之義為剝割，為豕肉之膚美。佚三一：「庚申，叀因口。」三八三背：「壬辰卜，出母癸，界豕。癸子卜，出母甲，界豕。甲午卜，出母乙，界豕（界形下多一橫畫，余在厰肆曾見扁足商鼎，三足之下部有盤相連，其器已著錄於河南吉金圖志賸稿，鑪形或亦如是也）。乙未卜，出母，界豕。」三九二：「庚午卜，出母甲，因豕。」以上所列因豕之因，均應讀為後世之盧。盧膚同字，後世岐化為二。金文金名之鑪通作鏞，鑪器之鑪作盧。論語顏淵「膚受之愬」，即「盧受之愬」。詳論語新證。說文臚之籀文作膚，均其左驗。廣雅釋言：「膚，剝也。」釋詁：「剝膚，皮離也。」王氏疏證云：「說文云：『剝取獸革者謂之皮。』韓策云：『因自皮面抉眼、自屠出腸。』鄭注內則云：『膚，切肉也。』是皮膚皆離之義也。」按王說是也。皮膚皆係名詞，皆就外言。作動字用則有剝離之義。禮記內則「麋膚」注：「膚或為胖。」按膚胖雙聲。說文：「胖，半體肉也。」周禮腊人：「凡祭祀共豆脯薦脯膴胖。」注：「鄭大夫云：『胖讀為判。』」是胖乃分割之義。儀禮聘禮：「膚鮮魚鮮腊，設扃鼏。」注：「膚，豕肉也。唯燖者有膚。」胡氏正義云：「鄭意蓋謂唯豕有盧耳。燖字或有譌誤。羊牛有腸胃而無膚，豕則有膚而無腸胃。」少牢饋食禮：「雍人倫膚九，實于一鼎。」注：「膚，脅革肉。」胡氏正義云：「膚，革膚之近脅骨者，其肉最美。馬融注噬嗑卦云：『柔脆肥美曰膚。』此膚為豕膚，故鄭注聘禮云：『膚，豕之肉也。』」按以上所舉經傳言膚之義有二：剝割，為膚，豕脅骨肉之肥美者，亦曰膚。就已發現之卜辭言之，均云因豕，而未言他牲。因作動字用，蓋謂割豕膚肉之肥美者，當兼二義言之。一、因為人名為地名。後一、三七、六：「界貞」，押二、二二、九：「界貞」。殷虛卜辭一一一四：「丙戌卜，界貞。」因均係貞人名。後六、六、四：「貞，弓用界氏羌。」界，人名。氏，致也。詳駢枝。此言勿用界致羌也。界作界，上無豎畫，猶甾之作甾矣。粹九三四：「辛卯貞，从禪涉。辛卯貞，从戰因涉。」以上一辭證之，从戰因涉，當即戰从因涉之倒文也。是因當係地名或水名也。綜之，界為鑪之象形初文，上象器身，下象款足。作膚者，加虍為聲母，由象形孳乳為形聲。膚與因之用法，卜辭有別。其言膚謂旅祭也。其言因豕，謂割豕膚肉之肥美者以祭也。」

（駢續二十至二三葉釋盧）

郭沫若　「周恭王時趞曹鼎『王射于射盧（廬）』字作𠤷，與此作𠤷者相同，故知此亦盧字。案此乃鑪之初文，下象鑪形，上从虍聲也。」（粹考二十葉上）

孙海波　「𠤷，粹一〇九。郭沫若释盧，与金文趞曹鼎盧字同。」（甲骨文编二二七页）

饒宗頤　「虞乃地名，他辭云：

辛卯卜，王由虞鹿逐亡戋。（佚存九〇四）

戊王其田虞，不遘雨。其遘大雨。（粹編一〇〇六）

庚午卜，王田虞，其………。（後編上一五、六）

田虞之事，若鄴初下四三、一〇粹編九七〇均見之。其字有省犬作𧆨者：

𧆨亡戋（後編上一八、一〇）

𧆨疑即盧，左隐三年：『尋盧之盟。』杜注：『齊地，今濟北盧縣故城。』（三代吉金文存有吹作樝姙隣彝三、九樝即櫨，偏旁與此同）」（巴黎所見甲骨錄一八——一九葉）

曹定云　「我认为：殷代『盧方』的后裔应是武王伐纣时候的盟邦——『盧』。尚书牧誓：『王曰：嗟！我友邦（史记周本纪引作有国）冢君，御事、司徒、司马、司空，亚旅、师氏，千夫長、百夫長及庸、蜀、羌、髳、微、盧（史记引作纑）、彭、濮人。称尔戈，比尔戈，立尔矛，予其誓。』这里，千夫长、百夫长以上是周武王的部属；而自庸、蜀以下八国，则是周的盟邦。当时周的实际盟邦比这还要多，庸、蜀等八国不过是见之于史籍的其中最重要者，『盧』是其中之一。史记集解引孔安国曰：『八国皆蛮夷戎狄』，大概是指这些国家皆为当时少数民族部落，处于殷之边境，文化落后。这里的『羌』，其祖辈就是卜辭中的『羌方』；这里的『盧』，其祖辈就是卜辭中的『盧方』。他们在殷王朝的统治下，有着共同的经历和遭遇，在殷代后期，共同的不满和仇恨，使他们联合在周的旗帜之下，一起反抗殷王朝的统治。这是『盧方』与殷王朝关系发展的必然结果。

『盧』既是周的盟邦，它当在西方，而且距周应不远。于是，关于此『盧』的地望，历来的注释家们有着不同的解释：一、认为盧在西北。史记集解引孔安国曰：『八国皆蛮夷戎狄。羌在西。蜀、叟。髳微在巴蜀。纑、彭在西北。庸、濮在江汉之南。』二、认为盧在西南，正义引括地志云：『房州竹山县及金州，古庸国。益州及巴、利等州，皆古蜀国。陇右、岷、洮、丛等州以西，羌也。姚府以南，古髳国之地。戎府之南，古微、纑、彭三国之地。濮在楚西南。』

三、认为盧在湖北南漳县东，孙星衍尚书今古文注疏云：「盧者，春秋左氏桓十三年传云，屈瑕伐罗，罗与盧戎两军之，大败。杜注云，盧戎，南蛮。」后刘文淇在春秋左氏传旧注疏证中对文十六年，楚伐庸，「自盧以往」作过考证，认为此「盧」在今湖北南漳县东五十里之中盧镇。据此，有人将此「盧」认为是周武王伐纣时之「盧」。此外，对于孔安国所云「纑、彭在西北」，亦有人认为是「在东蜀之西北」等等。总之，众说纷纭，莫衷一是。

以上解释中，第二种解释目前很少有人接受；而第三种解释则颇能迷惑人，接受者不少，其原因在于刘文淇的名望和他的春秋左氏传旧注疏证一书的影响。诚然，刘文淇对文十六年，楚伐庸，「自盧以往」中之「盧」的考证是准确的，但此是春秋之「盧」，而非周武王伐纣时之「盧」。理由是爵位不符；周武王伐纣时之「盧」是殷代「盧方」的后裔，卜辞记载明白，其爵位是「伯」，随着周武王伐纣战争的胜利，其爵位如果不上升，至少不会下降；而湖北南漳之「盧」，据清人顾栋高考证属「子」爵。所以，第三种解释亦是应当否定的。如此，只剩下第一种解释可供我们考虑。……

渭河的北面有它的一条重要支流——泾河。它发源于今宁夏回族自治区南部，经甘肃陇东高原，流入陕西入渭。泾河上游的支流，东北面有马莲河、蒲河等，南面有黑河。水经注于泾水无注，赵一清作补注曰：「弹筝峡下引水经注云：泾水经都盧山，山路之内常有弹筝之声，行者闻之鼓舞而去。又云，弦歌之山，峡口水流，风吹滴崖，响如弹筝之韵，因名。」「……汉书地理志安定郡乌氏县都盧山在西。师古曰：氏音支。九域志曰：都盧峡即弹筝峡。」都盧山在今平凉县西境，汉之乌氏县亦在今平凉县西。另平凉县志云：「城北里许涉泾，北五里坂曰虎原，又北十里曰小芦河原，又北十里大芦河，……」由此看来，今平凉县境，山水名中名「芦」和「都盧」者好几处，「都盧」亦即「盧」，因古代国名，单称和连称往往一样，如「夏后」称「夏」，「徐吾」称「徐」，「邾娄」称「邾」，「滕黄」称「滕」，「昆吾（虞）」称「虞」等等。据此，「都盧」应即「盧」之全称。所以，我认为今之平凉县境应是殷时「盧方」之所在。以地理条件观之，它处于周的西北面，与周紧紧相邻。「盧」既称「盧方」，自不会是一隅之地，平凉县境只不过是活动中心，它的活动范围可能涉及今宁夏回族自治区南部和甘肃陇东高原，亦即整个泾河流域的上游。」（殷代的「盧方」社会科学战线一九八二年二期一二三——一二五页）

姚孝遂　肖丁　「667「……盧方白漅……王迷」

辞残，又不可尽晓。「白」即「伯」，「盧方伯」谓「盧方」之伯长。押2416：「余其比多

田于多白正盂方白炎」，「盂方白」与「盧方白」同例。游1.194.1亦有「盧方」。」（小屯南地甲骨考释一〇五—一〇六頁）

陈汉平　「甲骨文有[?]字（乙編五七〇三），旧不释。按此字从虎省乂声。说文：『彪，虎皃。从虎乂声。』知甲骨文此字当释彪。」（古文字释丛，考古与文物一九八五年一期一〇七頁）

按：于先生論「虘」之形音義甚詳，說無可易。或以「虘」字混入，非是。

1699

戲　虘

王襄　「古虘字，从又，戲字重文。」（簠室殷契類纂正編第五第二十四葉上）

楊树达　「殷虚文字甲編（捌零柒版）云：伐弗及戲方？伐及戲方，弗戈？伐甲伐戈戲方，弗戈？（上伐字疑衍）

书契前編卷伍（叁柒頁伍版）云：貞伐戲？

书契后編卷上（拾捌叶玖版）云：

△，卜，在麻貞，戲方余从△△。王卟曰：大吉。

按卜辞屢見戲方，且恒云伐戲，其为国名甚明，顾未見经传有国名为戲者。以声类求之，疑即诗大雅皇矣篇之徂也。皇矣五章云：『密人不共，敢拒大邦，侵阮徂共。王赫斯怒，爰整其旅，以按徂旅，以笃于周祜，以对于天下。』毛传释侵阮徂共云：『侵阮遂往侵共。』训徂为往，认为动字。郑笺云：『阮也，徂也，共也，三国犯周，而文王伐之，密须之人乃敢拒其义兵，违正道，是不直也。』是郑以徂为国名，与毛異义。後来学者於毛郑二义各有偏袒。……今按两方各执一义，以文义论，侵阮往共，於文理难通，毛义本有罅漏。然非有强证，不足以折之。今用甲文勘校诗经，知戲之与徂，文虽殊而事则一，则鲁诗郑笺之说是，毛传王肅孔晁孙毓之说非也。」（释戲方，积微居甲文说卷下六七至六九頁）

孙海波　「虘，邺三下·四三。方国名。伐及虘方。」（甲骨文编二二三頁）

按：䖑字在卜辭為方國名。字或省又作虘，其繁體則增艸或茻作蔖及𧆨。亦即說文从邑之䣜字。沇兒鐘用為語詞，實乃通假。羅振玉謂為語詞「且」之初文，未免顛倒本末。楊樹達以為即「侵阮徂共」之徂，不可據。

1700

蔖

羅振玉　「从艸䖑聲。䖑即且，殆即孟子『驅龍蛇而放之菹』之菹。」（殷釋中八葉）

羅振玉　「此字與許書及古金文並同。」（殷釋中五十九葉下）

又曰「沇兒鐘及王孫鐘並有『中諱䖑揚』語，猶詩言『既多且有』『終和且平』，殆語辭之且，古乃此作。且象祖形，其為祖之專字歟。」（雪堂金石文字跋尾）

王襄　「古樝字。羅叔言先生釋菹。樝或从又。」（類纂正編第六第二十八葉上）

王襄　「古䖑字，許說又卑也。吳愙齋先生訓取。」（簠室殷契類纂第十二葉）

丁山　「䣜即䖑方，與商相距甚近，當今河南永城縣西境。」又：「䖑夷地近淮水，故或偁為淮夷，世為殷周患。」（䖑夷考四二一葉）

陳邦懷　「此古文蔖字。說文解字艸部無蔖字，邑部有䣜字，許君曰：『沛國縣，從邑、虘聲，今酇縣。』段注：『今河南歸德府永城縣，縣西有酇縣城。』邦懷按：說文䣜乃蔖之後起字。」（小箋三葉）

楊樹達　「卜辭言䖑方，以聲類求之殆即汏雅皇矣之祖也。皇矣之祖，毛鄭異說，毛訓祖為往，鄭謂阮徂共並為國名。勘以甲文，則鄭是而毛非也。」（甲文說四十六葉釋䖑方）

按：此乃「䖑」之繁體，均為方國名，當與1699「虘」及「䖑」合併。

1701 瀘

按：合集二〇三六四辭云：

「乙巳卜，亞由瀘……」

「瀘」為地名。卜辭地名多增「水」，地名與水名皆相互依存，「瀘」蓋與「盧」有關。

1702 椃

王襄　「疑椃字。」（類纂存疑第六第三十二葉上）

商承祚　「說文解字『號，木也，从木號省聲。』集韻或省作椃，宰椃角作□，淋白彝作□，皆與此同。其作□者，又□之省矣。」（類編六卷一葉上）

饒宗頤　「『癸酉卜，㱿貞：乎𥎦取椃于𡿺亩。』（續編五、七、九）按椃見于他辭云：『……方……椃……在𠂤牧。』（前編四、四、五）集韻：『椃，乎刀切，音豪，木名。』殷文存下二三：『庚申，王在東间。王各（格），宰椃从。錫貝五朋，用作父丁障彝，在六月。隹王廿祀翌又五。』此宰椃當以椃地得名。周器淋生㲃云：『作椃娟嫸媵㲃，』亦見此字。」（通考七六八—七六九葉）

李孝定　「說文『號木也从木號省聲』姚文田嚴可均說文校議云『當从唬聲』唬字許雖云『从虎』，亦當以之為聲，是唬聲即虎聲也。契文正从木虎聲，商說可从。金文亦有此字，作□宰椃角□伯椃簋容氏金文編收入木部之末，孫氏甲骨文編亦然，並以為說文所無字。」（集釋一九四一葉）

按：商承祚釋「椃」可從，字在卜辭為地名。

1703 兔

王襄　「古兔字。許説獸名，象踞後其尾形」。（類纂正編第十第四十五葉上）

姚孝遂　「卜辭『兔』字作、。與『罡』的区别在于：『罡』字均有頸，而『兔』字則无頸，其首与身緊緊相連。又『兔』与字也容易混。字張口露牙，字当釋『㲋』，卜辭均用作人名，未見有作动物名者。」（甲骨刻辭狩猎考古文字研究第六輯五〇頁）

姚孝遂　肖丁　「契文兔与㲋、与罡（麑）形近易混。罡作，其頸較长；㲋則作，均張口而露牙，彖、㲋、㲋諸家皆从此。㲋皆用作人名，无例外。无用作獸名者。兔則多用作獸名，為獵獲之对象。在此則為人名。」（小屯南地甲骨考釋六一頁）

1704

麑

按：契文兔與㲋，與罡（麑）易混。罡作，其頸較長；㲋則作，均張其口，彖、㲋、㲋諸字所从皆無例外。㲋皆用作人名，無用作獸名者。兔則如羅振玉所謂「長耳而厥尾」。説文以「兔頭與㲋頭同」，與契文不符。卜辭兔字多用作獸名，為獵獲之對象。

孫海波　「，甲二四一八。卜辭麑不从兒，无角，象形。」（甲骨文編四〇三頁）

郭沫若　隶定麛。（卜辭通纂一三九頁）

按：商承祚類編釋「麑」，義為子鹿，是對的。郭沫若隸作「麛」，「麛」即「麑」之或體。説文：「狻麑，獸也」。爾雅釋獸：「狻麑如虦貓，食虎豹」。郭璞注：「即獅子」。「狻麑」即「狻猊」。段玉裁疑「狻麑」二篆皆後人所增。「麑」之另一義為「子鹿」，見論語鄉黨「素衣麑裘」釋文。契文「麑」似鹿無角，義為子鹿。

1705

𨀯

按：此當與1706同字，應合併。

1706

敳 □

王襄「疑牧字。」（類纂存疑第十第四十九葉上）

朱芳圃文字編十卷三葉上麋字條兼收此文下引羅振玉說。按羅氏增考中二十九葉下麋字條僅錄作□形者兩文，未收此字。

屈萬里「□，隸定之當作敳。」（甲編考釋四四六葉）

李孝定「說文『敳，數也。从攴，麗聲。』栔文□字所从之□。似鹿無角，篆文从鹿者，古文亦或从□，如麋字栔文作□，是也。然則此字當隸定作敳字，與牧同意。古者或有馴鹿，此字象之，當即許書敳字。敳許訓數，當是引伸義。牧者於其所畜每慮亡逸，故恆數計之也。篆文从麗，乃从鹿之譌。卜辭云『壬寅卜貞今日敳丞十月』，似為人名。朱書收作麋，非是，字从攴，不从禾也。此字前人未釋。」（集釋一○五三葉）

按：字當隸作「敳」，卜辭均為人名，釋「敳」、釋「牧」皆不可據。

高明釋牧，參牡字條下。

1707

麋 □

羅振玉「說文解字麋，从鹿，囷省聲。籀文从囷不省。今卜辭从□不从鹿，然則麋殆似鹿而無角者歟？」（殷釋中二十九葉下）

王國維「麕，說文解字鹿部：『麋，麞也，从鹿，囷省聲。麕籀文不省。』案：殷虛卜辭有□字，象婦觚有□字，均與篆文略同。」（史籀篇疏證廿八葉）

王國維　「殷虛卜辭有[illegible]字，麋婦觚有[illegible]字，均與篆文略同。」（史籀篇疏證）

王襄　「古麇字。」（類纂正編第十第四十四葉下）

葉玉森　「[illegible]（前、四、四八、八）从[illegible]與[illegible]異，至[illegible]象持卜擊無角鹿，似與麇並非一字。」（前釋四卷六十五葉上）

商承祚　「其从[illegible]者，殆亦麇字，其文與卷七同，故推知之。」（類編十卷四葉）

郭沫若　「又其一曰：『壬寅卜貞今日[illegible]至』（後、下、三五、八）……後一例商承祚收為麇字重文，按均非是。後一例以辭意按之，確是慶字。」（卷一大豐毀韻讀廿八葉）

饒宗頤　「卜辭『……殼貞：王往于[illegible]（𥃝）自。』（屯乙七一八又殷綴四〇二）按『𥃝』為眉字，疑即郿，春秋莊二十八年『築郿』。水經注『濟水又北逕微鄉東』。公羊作微。」（通考一〇八葉）

孫海波　「以字形論之，蓋鹿屬而無角者，然則卜辭慶字之从[illegible]，當[illegible]字之變體，此以金文慶字之从[illegible]，可以證知之。說文以麇為从鹿困省聲，籀文作麕，詩野有死麕、釋文作麏云，本亦作麕，又作麇。困與君皆同聲，固無可疑，然說文以从禾為困省聲則失之。殷世已有麇字，而麕麏字發生尚在此後，又安能省之哉。余謂麇字實从禾[illegible]聲，稛或穮之本字也。春秋公羊哀十四年傳云：『有麕而角者。』則麇本無角，其證甚明也。說文『麇，麞也。麞，麇屬也。』考工記注云『齊人謂麕為獐。』則麞即獐，而今之獐，固無角也。則麇之本字以麇鹿例之，實當作[illegible]。以無角別于鹿，亦象形字也。」（文錄四六——四七葉）

按：說文訓麇為麞，籀文作麕，公羊作麏。說文訓「麞」為「麋」、「麋」乃「麇」之譌。卜辭以麋為人名，未見用作獸名者。

按：合集三三六〇辭云：「……告有□。」當即「兕」字之異構。

1709 麋 □ □

瞿潤緡 「□非鹿字，滂編卷上第十五葉『王田于㲋麓，往鈇兹出，獲□六鹿九。』□之角與鹿不同，苟釋為一字，則云『獲鹿六鹿九』，而不云獲鹿十五，亦為不辭也。」（卜釋五一葉）又：「字作□者尚可解為首具二角而不歧出，惟於作□形者則無以為解。急就篇『貍兔飛䶂狼麋麐』，顏注：『麋似鹿而大，冬至則解角，目上有眉，因以為名也。』小顏此說與絜文字形亦近，蓋它獸無眉而麋獨有故作字象之耳，顏說當是。」（集釋三〇六四）

陳夢家 「是麋字，捕麋有網，爾雅釋器『鳥罟謂之羅，兔罟謂之罝，麋罟謂之罞，彘罟謂之羉。』」（綜述五五四葉）

孫海波 「□，甲三一八〇。卜辭麋从眉得声。」（甲骨文編四〇二頁）

屈萬里 「當是麋字之異體。」（甲編考釋四〇九葉）

李孝定 「絜文此字大體為象形，然麋角斷無作『□』形者，孫說為从眉亦未安，蓋『□』形明明與軀體相連也。字於六書不知居於何等，亦惟闕之以俟高明耳。唐氏謂『古麋眉形近，故眉壽多作麋壽』。見前麐字注說亦有可商。按眉壽為殷周嘏辭習語，金文作𥇚壽，經籍或作麋壽、微壽，壽上一字眉𥇚麋微無定者，以其音近非關形似也。」（集釋三〇六三葉）

于省吾 「說文：『麋，鹿屬，从鹿米声。麋冬至解其角。』急就篇的『貍兔飞䶂狼麋麐』，顏注：『麋似鹿而大，冬至則角解。目上有眉，因以為名也。』甲骨文麋字作□或□，其头部作□或□，和人的眉目之眉同形。后世代之以从鹿米声之麋，于是麋行而□废。总之，□本为独体象形字，但其头部作□，也表示着□字的音读。」（甲骨文字释林释具有部分表音的独体象形字）

姚孝遂 肖丁 「『毘』即『麋』。急就篇顏注：『麋似鹿而大，目上有眉，因以為名也』。卜辭『毘』字从『㠯』即『眉』，突出其目上有眉的形状。实則麋的目上有白斑，看上去似眉。或以為『麋』即『麈』，今謂之『四不象』，未知孰是。

……獵毘之手段有『逐』、『射』、『𦘔』(毘)等，与獵鹿同。过去著录一次最高獲毘为前4.4.2之：『壬申卜，㱿貞，叀毕毘？丙子，毘允毕二百出九』。屯南663所记則更高于此數，达『三百又四十又八』。」(小屯南地甲骨考釋一五九頁)

按：麋本為獨體象形字，但又寓眉聲於其中，于先生已詳論及之。其作𦣻者，形與此有別，不當同字。

卜辭狩獵多見獲毘之記載。

1710 慶

羅振玉 「說文解字：『麐，牝麒也。从鹿吝聲。』此字从𦣻，似鹿而角異。从吝省聲，殆即麐字。鹿為歧角，麐角未聞，似鹿，故此字角無歧，許以鹿殆失之矣」。(殷釋中三十葉上)

王襄 「古麐字。」(類纂正編第十第四十四葉下)

唐蘭 「說文『麟大牝鹿也』『麒仁獸也麕身牛尾一角』『麐牡麒也』是麟字本當作麐殷虛卜辭有𢆶字，羅氏云已見前引从吝又秦公𣪘云『以受屯魯多釐眉壽無疆畯疐在立高弘又𢆶竈囿四方』秦公鐘銘略同。宋人釋𢆶為慶。容庚金文編云『慶說文所無』。董作賓則申容絀羅，以『慶為从鹿从文會意，象鹿皮之有斑文也』。欲論慶之是否為麟，不能僅以从鹿从文會意之一假定為滿足也，先當審𢆶字所从之𦣻為何字乎。卜辭有𦣻字及麑字，羅氏並釋為麑。其說云『象鹿子隨母形，殆即許書之麑字。』說文訓麑為狻麑，而別有麛字訓鹿子。然麑之為字明之从鹿會合，鹿兒之誼正是鹿子矣。卜辭以有角無角別鹿母子，故卜辭中之𦣻字似鹿無角，緣是亦得知為麑字矣』。羅氏誤認以見之字以為兒字故有此說，所謂卜辭以有角無角別鹿母子亦其所臆測也。卜辭又有麇。麐慶二字並从𦣻，羅氏於麇下則云『麇殆似鹿而無角者』，是其自為矛盾之證也。𦣻當即𦣻字之變體，此以金文慶字之从𦣻可以證知之。爾雅釋獸曰『麋牡麔牝麎其子麇』。又曰『鹿牡麠牝麀其子麛」。又曰「麠牡麞牝麋其子麐」。此麋鹿暨麠者鹿之三大族也。卜辭數見□字，舊不之識，故商氏列於待問編。又有□字且屢見偏旁，又有□字，亦均在待問編。余謂當釋為眉或覓。蓋惟古文麋眉形相近，故經傳眉壽多作麋壽也。鹿字見卜辭甚多，亦見金文，皆象歧角之形，則麋鹿並象形字也。說文以麋為从鹿囷省聲。籀文作麕。詩「野有死麕」。釋文作麏，云「本亦作麕，又作麇」。囷與君皆聲固無可疑，然說文以从禾為囷省聲則失之。殷世已有麋字，而麕之字發生尚在其後，又安得因而省之哉。余謂麋字實从禾𦣝聲，稛或穛之本字也。春秋公羊哀十四年傳云「有麠而角者」，則麋本無角其證甚明。說文「麋，麞也」，「麞麋本誤麋依諸家注訂」麠也。考工記注云「齊人謂麠為獐」。則麞即獐，而今之獐固無角也，則麋之本字以麋鹿例之，實當作𦣝，以無角別於鹿，亦象形字也。麐為麠屬，故公羊記有麠而角者，而春秋記為獲麟，此一證也。爾雅等書並言麠身，此二證也。爾雅釋獸「麠，大麃，牛尾一角」，郭璞注云「漢武帝郊雍得一角獸若麃然謂之麟者此是也。麃即麞，黑色耳」。史記孝武紀「獲一角獸若麃然」，索隱引韋昭云「體若麠而一角，春秋所謂『有麠而角』是也」。楚人謂麋本誤麋今正爾雅「菌，鹿藿」，釋文「菌，郭巨隕反，謝其隕反」。說文廣雅則云「麃，鹿藿也」。此正麋麃聲轉之例為麃，此三證也。麠即麒麐之合音，麒麟猶吉量二字為一名，漢人乃歧為二名。此四證也。鐵雲藏龜拾遺第十一葉有□字，葉玉森疑為麟字，其形頗似麠之或體□而首有角，揆以龍鳳字卜辭並以▽為角，則葉說庸或可信也。吝說文以麐為从鹿吝聲則轉為形聲字。卜辭鳳字亦象形與形聲並存也。其从鹿者，□之誤也。吝字又从文聲，形聲之初無轉輾取聲之理，則卜辭金文从文聲者乃其夙初。或从吝聲，當為後起，蓋从文聲者兼取其義。說文有媽字，即文馬也，即慶之从文亦謂麠之有文者，故京房偁其有五采，廣雅謂之文質彬彬也。羅氏謂从吝省聲，董氏謂鹿之文者，皆失之矣。惟慶从文聲，故亦語轉為麠。爾雅之「麠大麃牛尾一角」與「麐麠身牛尾一角」所異者，一為大麃，一為麠身耳。然楚人謂麋為麃，郭璞以麃為麞，而說文以麠為麞，是麃麠乃同物而異名，則麐之與麠本亦同物，皆麠字一聲之轉，為方俗之殊名，爾雅非一人所集故並錄之耳。說文「媽馬赤鬣縞身目若黃金名曰吉黃之乘犬戎獻之」。周書王會解作吉黃。海內北經「犬戎有文馬名曰吉量」。凡此吉黃、吉量，其合音正與麠同。文馬名曰吉量而文麠謂之麠，則慶或讀麠，故秦公毀假為慶字。湯豐曰「來章有慶」，楚茨曰「孝孫有慶」，呂刑曰「咸中有慶」，有慶為周人習語，此當从宋人讀為「高弘有慶」，以與疆方為韻也。（獲白兕考）

郭沫若　「慶古文慶。秦公毀及秦公鐘「高弘有慶」字作□，从鹿从文，與此同。伯其父慶簠作□，从文之緐文。古文「文」字多从心作□（師酉毀）若□（師害毀），故慶字亦有省变，召伯虎毀「余告慶」作□，我叔慶父鬲作□，似从鹿省，亦似从文省。由此再变，則為

小篆之慶。說文說為『从心夊，从鹿省』，乃沿譌字以為說也。」（卜通一五五葉上）

聞一多　「其字於卜辭則為麐之初文，（辭曰：『□戌卜貞……王……慶駁鴹……』字與駁鴹連文，諸家釋麐亦不可易。）是慶與麐古為同字。麐與麟同……鹿類之中，莫尊於麐，故古禮納徵用贄，麐為最貴，因之麐遂孳乳為慶賀字。」（詩經新義．麟，古典新義，聞一多全集選刊之二（上）第七九葉）

孫海波　「𢜃，前四．四七．三。說文麐，牝麒也。从鹿吝声。此从文，即吝之省。」（甲骨文編四〇二頁）

李孝定　「字當釋麐，秦公毀假為慶非即慶字也。絜文自有从鹿从心之慶字作𢜃，殘上．十一．二．與此从鹿从文者有別也。」（集釋三〇六二葉）

李孝定　「說文『麐牝麒也从鹿吝聲』此从文聲，吝亦从文聲，羅說可从。郭沫若於秦公毀之『高弘有慶』讀為慶，亦是。郭說見殷周青銅器銘文研究下冊四十七葉此辭慶駁鴹並見，當亦獸名。」（集釋三〇五七葉）

按：慶不當釋麐。麐麟本同字，說文歧而為二，清代學者多已辨之。唐蘭引證詳博，但以𢜃為麟，以𢜃為麐，以為實本一物。典籍所稱之麒麟，當即今日之長頸鹿，惟傳說異辭耳。卜辭諸形，各有所指，不當同物。秦公毀「慶」字與此形近，唯卜辭僅此一見，文殘，用義不詳。或釋「𢜃」為「慶」，而卜辭自有「慶」字與此形有別。參見1719「慶」字條。

1711　陷　【】　【】

孫詒讓　「【】字上形亦與鹿同，而下从凵，前烝煙二字从火皆作丰圓形，則此當亦从火，蓋是麃字。說文麃，麞屬。从鹿，𤇾省聲。即此字也。」（舉例下卌二葉上）

葉玉森　「附上或附内之小點並象食物，蓋餌之也。羅氏謂象水，商氏謂表示土意。（商說見殷虛文用點之研究，載語言歷史研究所十一集文字專號）非。」（前釋二卷二十五葉）

郭沫若　「[illegible]象麋陷於穽中之形。羅釋為穽，案當是『穽麋』二字之合文。知者，以下言『允畢二百又九』，不復言麋也。」（卜通一一一葉上）

孫海波　「[illegible]，鐵一〇七．三。此象蘿蓖。」（甲骨文編二二頁）

胡厚宣　「字當釋『臽小阱也，从人在臼上，舂地坎可臽人。』」（歷史研究一九五七年七期六五葉說貴田）

李孝定　「羅釋阱胡釋臽於字形並皆無徵，然以辭例稽之實以羅說為長。卜辭言阱者均與田獵有關，其下並系以獸名可證也。孫釋麃而字實非从火，其誤可以毋辨。郭謂當是阱麋二字合文，亦非。元嘉造像室所藏甲骨文字第八三片有辭云『☐子其[illegible]』見胡著論史論叢四集之釋[illegible]為阱麋，則阱麋之三字連文殊覺不辭也。……羅氏引舊注『穿地以陷獸也』之義說之是也。字正象陷獸之形，可證。胡釋臽而字不从人，故知當从羅說也。字在卜辭又或為人名，辭云『庚戌卜賓貞子阱☐』前七．四十．一是也。」（集釋一七四四葉）

張秉权　「[illegible]，即阱字，从罗振玉释（注一）。阱字在這里，似乎是一个人或族名，但是在另一些卜辞中，也有可以作為地名讲的，如：

壬戌卜，爭貞：叀王自往阱？（乙编七七五〇）

戊午卜，爭貞：叀王自往阱？（乙编五四〇八）

还有一些卜辞中的阱字，则作动词之用，如：

戊申☐貞：今日阱鹿☐（固）☐？（鐵一一〇．三）

丙戌卜，丁亥王阱毕？允毕三百又四十八。（后下四一．一二）

壬申卜，㱿貞：叀毕麋？丙子阱，允毕二百出九。（前四．四．二）

那是設陷阱以捕麋鹿的意思，也許有人以為地名之阱，与动词（狩猎）之阱，不易分别，或竟把地名之阱，当作狩猎的动词之用，因此否定它是一个名词，但是卜辞中还有子阱之名：

丁巳卜，宾貞：子阱其出災？（續三．四五．五）

庚戌卜，宾貞：子阱☐？（前七．四〇．一）

子阱大概是諸子之封於阱者。」（殷虛文字丙编考释第十八頁）

（注一）見殷虛书契考释中第四九頁（增訂本）。

張秉权　「阱，在此版乃地名，春秋宣六年左傳：『圍怀及邢丘』，水经注引韓詩外传曰：『武王伐紂，到邢丘更名曰怀』，一統志：『平皋故城在怀庆府温县東，即古邢丘也』，邢丘疑即卜辭之阱，在今河南温县東二十里。阱地的首領，則為子阱，例如：

丁巳卜，穷貞：子阱其㞢災？（續三·四五·五）

庚戌卜，穷貞：子阱☐？（前七·四〇·一）

或單称阱，例如：

甶子不乎阱？（丙編三）

弗其𢀛阱？

阱弗𢀛？（甲編二九五五）」（殷虚文字丙編考释第一六六頁）

白玉峥　今通检诸甲骨拓片，字之结体凡有二焉。其一，字之上从，大较均作[字形]或[字形]，其或有从[字形]或[字形]者，在百数十文中，仅只一二見，可纳之为或体。其二，字之下从，大较均为井，或作凵二形，或又有增⺌者。或有从甘作者，然亦仅只一見而已。至在卜辞中之为用，大较亦有二焉。其一用为动词字者，字皆从甘；其结体约有如左诸形：

[字形] 續三·四五·四　[字形] 佚七一五　[字形] 南明一九九　[字形] 前六·四一·四

[字形] 乙二九四八　[字形] 乙二二三五　[字形] 掇二·三九九反　[字形] 後下二五·三

其二，用为名词字者，其构形除本字外，尚有如左之诸形：

[字形] 續三·二六·一　[字形] 續三·四五·五　[字形] 甲一〇三三

[字形] 掇一·四四五　[字形] 京四四九八　[字形] 前七·四〇·二

观右列诸字之构形，其可言者，约有四事：

一，凡从凵之字，其字必为动词。如：

丙戌卜，丁亥王[字形]禽？允禽三百又四十八。　后下四一·一二

有时，亦或用为人名字，然其字即不从⺌矣。如：

二，凡从井及其变例者，多为名词字。如：

囗[字形]弗囚凡㞢疾？　存一·七三九

庚戌卜，穷貞：子[字形]……？　前七·四〇一

又小臣亦有名[字形]者，如：

癸巳卜，貞：其小臣[字形]……？　甲一〇三三

亦有方国地名者，如：

戊午卜，争貞：甶王自往[字形]？十二月。　乙五四〇八

壬戌卜，争贞：亩王自往𨘢？　乙七七五〇

有时亦或用作动词字。

三，凡所从之兽，其画腹部者，必见於第一期武丁之时；反之，则为第四期文武丁之时。

四，阱兽之法，多用於旧派；新派则未见其事。

至造字之初谊，当为动词，义为阱兽；故其字从凵。凵、坎也；盖治阱必入地为坎也。以今时激乡阱兽法例之，罗氏象水之说，较得其真。当冬春之际阱兽时，尝於坎底实以锋利之木橛；夏秋之季则常灌之以水，使坎底呈泥糊状。坎口，再敷以伪装，导使野兽误陷入阱。然而兽虽误陷入阱，必以全力作生命之最后挣扎，极为猛烈。猎者积其阱兽之经验，于坎底实以木橛，使猛兽因入阱而受伤；或灌以水，以消耗困兽之抗力，而缩短擒获之时间。但究於事例，所猎之鹿属非为猛兽；然则造字何以独从鹿属？殆鹿者，禄也；盖在渔猎时代先民之观念中，的，必以鹿为上，故以之为猎获之记载。行之既久，约定俗成，遂以为阱获字。至从土，从餌，从丹诸说，实乃向壁虚造。」〈契文举例校读八中国文字第四十三册四八二二至四八二五页〉

于省吾

「甲骨文𨘢字以及□、□、□、□等字，旧解不尽可据。……胡厚宣同志《说贵田》：『□作□者，当与𨘢同字。𨘢字罗振玉释阱。今案字象挖地为阬以陷麋鹿之形，疑当为臽之古文。甲骨文另有从井的□和从水的□，则当释为阱字。』按胡说颇有道理，但言疑並非决定之词，又不知□与𨘢之本从凵声。因此，除去甲骨文用作人名的□字，並非从井外，对于以上诸字有重加辨认的必要。

甲骨文从多种兽形从凵的字常见。凵字说文作凵，並谓：『凵，张口也，象形。』朱骏声《说文通训定声》谓：『一说坎也，堑也，象地穿。』按朱说甚是。古文凵字象坑坎形，小篆讹作凵，下横平，故《说文》误训为张口。凵字典籍通作坎，凵为本字，坎为借字。《说文》：『坎，陷也，从土欠声。』坎陷叠韵，以音为训。章炳麟《文始》谓『凵又孳乳为坎』，『在本部则变易为臽』、『为陷』。按典籍坎字也通作欿或埳。《易·坎》释文谓『坎，京、刘本作欿』，《尔雅·释言》释文谓『坎本作埳』。《一切经音义》三谓『埳亦坑也』。典籍以坎代凵，凵坎和陷欿埳等字又由于音近而通用。

甲骨文臽字作□、□（从卩与从人同）、□等形，象陷人于坑坎之中。其字从人凵，凵亦声，系会意兼形声字。甲骨文的『今日□』（乙八七一六），是指陷人以祭言之。此外，关于田猎陷兽，则陷麑作□，陷鹿作□，陷罴作□；祭祀用牲，则陷牛作□，陷犬作□。至于甲骨文中从多种兽形从凵的字，其中往往加以数点，则象坑坎中尘土之形。

甲骨文□字作□、□、□等形，上从□，即麋之初文，下从凵，象陷□于坑坎之中。今将有关田猎的□和□□的例子，择其词句较为完整者，分条录之于下，并略予说明。

一、戊午卜，争贞，叀王自往□。十二月（乙五四〇八）。

二、丙戌卜，丁亥王□，擒。允擒三百又卌八（后下四一·一二）。

三、壬申卜，𣪊贞，甫擒□，丙子□，允擒二百出九。（前四·四·二）

四、戊午卜，□（鞭）□，弗其擒（乙七六八〇）。

五、叀子不（子不为人名）擒□〇弓叀子不擒（乙五四〇三）。

六、贞，于翌己子□□（续存上七六七）。

七、其□□于斿（续四·五·五）。

八、贞，王弓戰，又，既□□，歸。九月（库一七九九）。

以上八条的□字都作动词用。□从□凵，凵亦声，系会意兼形声字。□应读为陷，□□即陷麋。其只称□者系省语，也指陷□言之。第四条□□之□即古文鞭字（详释□）。鞭□指用鞭驱□以陷之，即后世打猎所谓赶围。

甲骨文田猎还有陷鹿之陷作□，陷□（麑）之陷作□，例如：

一、贞，令□（前六·四一·四）。

二、……王自东□伐□，□（乙二九四八）。

三、我其□，擒（乙二二三五）。

四、戊寅卜，王□（摭续一二五）。

前两条的□，指陷鹿言之；后两条的□，指陷麑言之。

在上述田猎陷兽之外，祭祀有□、□、□等字，均指陷牲言之。例如：

一、来于河一宰，□二宰〇来于河一宰，□二宰（前一·三二·五）。

二、□于河二宰（后上二三·一〇）。

三、□于河一宰（粹三八）。

四、贞，帝于东，□□犬，来三宰，卯黄牛（牛）（续二·一八·八）。

五、辛子卜，㱿贞，□三犬，来五犬、五豕，卯四牛。一月（前七·三·三）。

以上所引前三条，于祭河言□一宰或二宰，□作动词用，即于河陷没二宰或一宰。礼记檀弓下的"毋使陷其首焉"，郑注训陷为陷没，是其证。第五条的□犬，谓掘坎陷犬以祭。

基于上述，则甲骨文陷人以祭的□字，即臽的初文。从臼的臽乃后起字，从阜的陷，又系臽的后起字。后世不仅陷行而臽废，并且甲骨文从各种兽形从凵的几个古文陷字，也都废而不用。」（甲骨文字释林释□、□、□、□、□二七〇——二七五页）

姚孝遂　「卜辞⿶凵鹿字象掘地为坎以陷麋之形，而⿱鹿井字则象掘井以陷麋之形。这两种形体的用法，在卜辞中没有区别。说文以『臽』为『小阱』，而以『阱』为『大陷』（据玄应一切经音义引）。然则『臽』与『阱』只是掘地为坎的大小深浅之别，至于其用以陷兽，则是一致的。……

卜辞『⿶凵鹿』、『麂』、『⿱罒鹿』诸字的形体结构与『⿶凵人』相同，毫无疑问是篆文『臽』之初形，是卜辞诸字均当释『臽』，而不得释『阱』。……

……⿶凵鹿和⿱鹿井在卜辞中用法完全相同，均用作动词，是⿱鹿井字当释作『臽』，不得释作『阱』。卜辞武丁时人名有『子⿱鹿井』，也作『子⿶凵鹿』（备七·四〇·一），这也是『⿱鹿井』、『⿶凵鹿』同字的有力佐证。……

⿶凵鹿或⿱鹿井所禽获者必定是麋，而不是任何其它兽类。据此，则⿶凵鹿、⿱罒鹿、⿱罒⿱鹿井等也当分别是指擒获鹿、罷、兕而言。」（甲骨刻辞狩猎考古文字研究第六辑三五——三六页）

按：卜辭⿶凵麋字，專指陷麋而言。陷麋為⿶凵麋，陷鹿為⿶凵鹿、陷人則為臽，區分極為嚴格，不得相混。字或从井作⿱麋井。卜辭多見「⿶凵麋麋」連言，是「⿶凵麋」不得為「穽麋」二字之合文，郭沫若之說非是。

1712　漉

按：合集一四七五五正辭云：「癸……賓貞，周毕犬延漉」當是「⿶凵麋」之繁體，唯不明何以增「水」於下。

1713　⿱鹿井　⿱鹿臼　陷

羅振玉　「說文解字：阱，陷也。从𠂤井，井亦聲。或从穴作穽，古文汬。禮記中庸釋文、書費誓傳、漢書食貨志下注、後漢書趙壹傳注，並云穿地以陷獸也。卜辭象獸在井上，正是阱字。或从坎中有水，與井同意。又卜辭諸字均从鹿屬，知阱所以陷鹿屬者矣」（殷釋中五十葉上）

孫海波　「𥂁，甲六九八。或从罡。从䴡从丹。說文所无。人名。」（甲骨文編二三二頁）

𥂁，前二、一二、一。

屈萬里　「𥂁，隸定之當作𩟿，羅振玉釋阱（殷釋中四九葉）。此作動詞用，謂設阱也。」（甲編考釋一一一葉）

考古所　「𥂁：京都二一二三也有此字，當為阱之異构。」（小屯南地甲骨一〇二八頁）

姚孝遂　肖丁　「卜辭以陷阱捕兕謂之「𡿩」，以陷阱捕麑謂之「𩟿」或「𪋻」，捕鹿謂之「麗」，捕罡謂之「罡」，各有专指，而以陷阱俘人則謂之「𢌿」或「𢍁」，即今之「臽」字。后世通謂之「臽」，又孳乳作「陷」。

京津4496：「其𪋻𩟿」

掇1.445：「于戊𩟿𢀛」

乙2235：「我其罡𢀛」

前6.41.4：「貞，令……麀」

京都2123：「其𡿩叀……𢀛」

珠34：「弓𩟿𢍁于门」

乙8716：「子𠬝𢌿亡囚」

上述諸辭，均用如「臽」。

說文：「臽」，小阱也，从人在臼上」。據卜辭，陷兕于阱謂之「𡿩」；陷麑于阱謂之「𩟿」或「麗」；陷鹿于阱謂之「𪋻」；陷罡于阱謂之「罡」；陷人于阱謂之「𢌿」或「𢍁」。其下或从井，或从坎，坎即小阱。用各有当，从不相混。

說文：「阱」之或体作「穽」，古文作「汬」，从水。「阱」实乃「井」之孳乳字。汲水者謂之「井」，張禽獸者謂之「阱」，古本无此区分。卜辭「𡿩」、「𩟿」均从「井」，是張禽獸者亦謂之「井」。阱為井之累增，犹陷為臽之累增。

「𩟿」与「麗」同字，均象穿地以陷麑之形，或深或浅而已。「𡿩」但从「井」，蓋兕為龐然大物，非深阱不足以陷之。

卜辭武丁时人名有「子𩟿」，亦作「子𪋻」（前7.40.1）足証「𩟿」、「𪋻」同字。

𪋻、罡、麀等，其形体結构与𢌿同，𡿩、𩟿亦然，均屬「臽」之原始形体，用則各有区分。

自羅振玉以來，諸家除以从「人」、从「女」者釋為「臽」而外，其从「鹿」、从「麗」、从

「毘」者，多釋為「阱」，不可據。」（小屯南地甲骨考釋一五三—一五四頁）

白玉崢　參陷字条

于省吾說參□字条下。

夏渌釋穽，參□字条下。

按：此與「□」同字。說見前。

1714 灘 □

按：合集二七九六四辭云：

「甲子卜，其灘」

「叀馬乎灘」

當與「□」、「□」同字，應予合併。

1715 鹿 □ □ □

羅振玉　「或立或寢，或左或右，或回顧或側視，皆象鹿形」。（殷釋中二十九葉下）

王襄　「疑麢字」。（類纂存疑第十第四十八葉下）

王襄　「古麢字。許說解麢獸也，似山羊一角。此字从一角，與鹿从二角者異」。（類纂正編第十第四十四葉下）

王襄　「說文解字：『鹿，獸也。象头角四足之形，鳥鹿足相似，从匕。』契文之鹿，初文象其歧角短尾匕足之形，几若写照鹿象，后則鹿首扩大為目，似与身等，仍存其歧角匕足，

為小篆所从出，而初文之鹿形漸失，或从四亦目字，貉子卣作□，命敦作□，类契文晚期鹿字。」（古文流变臆說六四頁）

唐蘭　「□近人有釋為廌者，蓋謂鹿當具二角，而此只一角，故也。實則甚誤。廌字卜辭自作□。鹿字小篆作□，亦只一角，可知此仍是鹿字」。（天壤文釋五十九葉）

郭沫若　「『受又鹿』猶它辭『受又』」（受有祐）鹿假為祿。从鹿之麓字，卜辭作□，金文□伯星父𣪘作□，是知鹿音與彔音古互相通用也」。（卜通一三三葉下）

孫海波　「說文『廌，解廌獸也，似山牛一角，古者決訟令觸不直』象形。」此正象一角之形。」（文編舊版十卷二葉）

孫海波　「□，甲三一六二。象鹿側立之形。」（甲骨文編四〇二頁）

李孝定　「孫釋此為廌可从。字與鹿異，鹿皆象二角多歧之形。……契文自有鹿字作□。吾人治契文，首當就契文本身作比較研究，不能謂小篆鹿只一角遂謂契文一角者亦鹿字也」。又：「契文鹿字象其兩角多岐，其作一角者乃廌字，說見前。足形或作从，象有懸蹏之形，為小篆作从之所自昉。許君乃以『鳥鹿足相似』解之，此與『虎足象人足』同屬不經之論。下云『从匕』，亦不辭。字為全體象形，不得以會意說之也。字在卜辭為獸名。或云『受又鹿』者，郭說是也。（甲二一三九，字作□，略漫漶是否鹿字尚待考）金文作□□貉子卣□□命簋與契文同」。（集釋三〇五一葉）

考古所　「□：以往異說，有釋為鹿。有釋為廌……卜辭中某些象形字有正規与側視的區別，正視二角、側視則是一角。但不管是二角或一角，其主要特征应当保存。此字，角是分叉的，這正是鹿角的主要特征。所以，此字仍应释为鹿字。」（小屯南地甲骨一一五三頁）

姚孝遂　「□或□象鹿之反首回顾形，故有时只见其一角；□则为正视形，故必须有兩角。□为□之进一步符号化。后下一·四所获之□，多达一百六十二。『解廌』只是传说中之神兽，卜辭□则为经常猎获之对象，且其数量很大，其为鹿而非廌是很明显的。」（甲骨刻辞狩猎考古文字研究第六辑四九頁）

卜辭『鹿』之形体变化甚多，主要有：□、□、□等。或以□为『廌』，說文以『解廌』

为「似山羊一角，古者決訟，令觸不直」，是一种传说中之神獸。释者以𢊁之形体仅有一角，故以为「廌」字。

实則𢊁为鹿之正視形，有两角；𢊁或𢊁象鹿之反首回顧形，故只見其一角。亦可以认为，𢊁为𢊁形之进一步简化以及进一步符号化。

卜辞经常見到有獵𢊁之记载。後2.1.4记所獲之𢊁一次即多达一百六十二头。可見𢊁不是廌，也不是神兽。

獵鹿之手段有「逐」、「射」、「𪊨」等。」（小屯南地甲骨考释一五五——一五六頁）

按：說文：「鹿，獸也。象頭角四足之形。鳥鹿足相似，从匕。」段玉裁據韻會改作「鳥鹿足相比，从比。」謂「鳥鹿皆二足相距密，不同他獸相距寬，故鳥从匕，鹿从比，比，密也。古匕與比通用，故槩之曰从比」。徐灝不以為然，譏之為「若從此穿鑿，自以為得，去之愈遠」。許說「象頭角四足之形」本不誤，孔廣居、林義光謂篆文巜象足形非比字是正確的。金甲及石鼓文鹿字皆宛肖鹿之形體，乃獨體象形字。王襄類纂亦釋鹿，但誤將罷字混入。林二·一三·九「受𡗜……」，最後一字已殘，斷非「鹿」字，郭沫若謂「鹿假為祿」，猶言「受有祐」，不可據。其作𢊁、𢊁、𢊁諸形者，亦為鹿字。孫海波舊釋廌，增訂版甲骨文編知舊說之誤已加以放棄，均列入鹿字。

麀 陷 𢊁 𢊁

闻一多　「卜辞有麀字，与麛同义，商承祚释阱。案当即麑字。卜辞字从鹿在凵中，凵即凵字，象陷阱形。凵幽声同，故小篆变从幽。麑象鹿在凼（凵）中，与麛同义，而音读复同，是麑即麛鹿专字矣。据通鑑注所记安南捕象之法，知凡媒之以类相诱者，皆以雌诱雄。说文：『麀，牝鹿也。』重文作麑，盖麑鹿之法，亦以牝为媒，以诱致其牡，故即呼牝鹿为麑，字虽变作麀。许君以麀为正体，麑为重文亦误。（释麛中国文字第四十九册五四○一至五四○二页）

孙海波　「𢊁，佚二八九一。此象藋鹿。」（甲骨文编二二頁）

于省吾釋陷，參[臽鹿]字條下。

夏渌釋穽，參[臽鹿]字條下。

按：卜辭「[鹿凵]」字象穿地為坎以臽鹿形。前六·四一·四「貞令……[鹿凵]」，辭殘，當指獵鹿言之。乙二九四八「辛未卜，爭貞，帚好其从沚戓伐巴方，王自東宩伐戎，[鹿凵]，于帚好立」，據卜辭[鹿凵]專指獵鹿；臽，臽專指臽人，均無例外。則[鹿凵]亦當專指獵鹿。古代狩獵亦有習武振旅之義。每於克敵凱旋時大蒐以耀武功。參見「立」字條。

[鹿凵]與[臽鹿]有別，猶牢宰、牝牡、牡[羊土]之有區分。後世則通作臽，或混入[臽鹿]，釋作阱，非是。

參見[臽鹿]字條。

1717 瀀

按：合集三六八三五辭云：「……在瀀師……在三月」為地名。

1718 [鹿士]

王襄 「古塵字，从鹿从士」。（類纂正編十卷四十五葉上）

葉玉森 「按本辭為地名，或从土之塵也」。（前釋七卷十二葉下）

商承祚 「王徵君國維曰：『其从鹿从士與从牛从士同意，鹿牝者謂之麀，牡者謂之塵也』。（類編第二卷三葉牡字條下）

魯實先 「字仍當釋鹿，卜辭方名之字下或从土，如分之作坌，旅之作[旅土]，森之作[森土]，即其明例」。（姓氏通釋之一載東海學報一期十四葉）

李孝定 「从鹿从士，說文所無。字非从土，釋塵非是。王國維氏釋⿸鹿士，其說是也。契文畜叉之字即於畜名之字旁着士字以示之」。（集釋三〇七四葉）

聞宥說參牡字条下。

于省吾說參牡字条下。

高明說參牡字条下。

按：字本當指牡鹿而言，說文以鹿之牡者為麚，爾雅釋獸「鹿，牡麚牝麀」，麚乃後起形聲字，或作麚，从加聲。卜辭以為地名。

豭、猳、麚皆有牡義，而今音與牡異。古从叚音者屬魚部，猶「馬」音「武」，「瓜」音「孤」，「家」音「姑」。商周古音，未加理董，古文字有關之資料日益豐富，應為研討商周古音之重要綫索。

1719 麌

按：此當釋「麌」，與金文形同，參見1710「麌」字條。「麌」在卜辭用為人名。

1720 ⿴行鹿

按：字从「鹿」从「行」，隸可作「⿴行鹿」，辭殘，其義不詳。

1721 ⿸鹿止

李孝定 「从止从鹿，說文所無。辭云『王弜獸狩廼鄉禽又⿸鹿止』，葉玉森曰：『⿸鹿止即逐之異體』。（拾考十三葉上）義與逐同。詳前逐字條下」。（集釋〇五五二葉）

高明釋逐，參牡字条下。

按：卜辭辭例不足以證明其為「逐」字，待考。

1722

麤

王襄「古麤字，从二鹿。」（類纂正編十卷四十四葉下）

孫海波 文編十卷三葉下收此作麤。

葉玉森「按予舊釋丽，象二鹿旅行。說文麗下出古文丽，篆文丽。孫詒讓氏謂丽从比从二入會意，取兩兩相比，與旅行誼合。後人以鹿性喜旅行，乃增鹿為麗。予意丽丽竝二鹿形之譌变，卜辭象形鹿字亦簡作肖，與丽形近。初文本象二鹿，譌作丽丽，僅象鹿腹與足，而首角形失，增鹿乃更譌矣。（殷契鉤沈、說契）」（前釋八卷八葉上）

商承祚「从二鹿與三鹿同。」（類編十卷四葉）

孫海波「□，前八．一〇．一。卜辭麤从二鹿。」（甲骨文編四〇四頁）

按：字隸定當作麤，釋麤不可據。卜辭為地名。

1723

麓

王襄「古麓字。」（類纂正編第六第二十九葉上）

姚孝遂 肖丁「『彔』假作『麓』，卜辭『麓』字作『彔』或增林或增艸，或增森作『□』、『□』、『□』等形，其作『□』者（粹664），即篆文『麓』字之所本。」（小屯南地甲骨考釋一六一頁）

按：說文：「麓，守山林吏也。从林，鹿聲。一曰林屬於山為麓。春秋傳曰：『沙麓崩』。𥜹古文从录。」沈濤說文古本考云：「御覽五十七地部引作『林屬於山麓，一曰麓者守山林之吏也』。是古本以林屬於山為正解，守山林吏為一解。蓋麓本林屬於山之名，因而守山林之吏即名為麓。義有先後，足徵今本之倒置矣。」證以卜辭，沈濤之說良是。卜辭言「某麓」者習見，均與田獵有關，所獲者有鹿、兕、狐、豕等。今僅舉一例：「壬午，王田于麥菉，隻商戠兕……」佚五一八水經漳水注：「麓者林之大者也」；由卜辭累見於「某麓」獵兕觀之，林之大者為麓，當為其本義，至於詩旱麓毛傳以為「山足」，當為其別義。較為晚出。卜辭以从「录」聲之「菉」為正體，其从「鹿」作「麓」者僅粹六六四一見。又多假「录」為「麓」，不从「林」，說見「录」字條下。

⿸鹿見

罗振玉　「象鹿子隨母形，殆即許书之麑字。說文解字訓麑为麑，而别有麛字訓鹿字，然麑字為字明明从鹿，會合鹿兒之誼，正是鹿子矣。卜辭以有角无角别鹿母子，故卜辭中之𦊔字似鹿無角，缘是亦得知为麑字矣。」（增訂殷虛书契考释中廿九頁下）

王襄　「古麑字。許書麑訓狻麑，麛訓鹿子。論語素衣麑裘，音義麑鹿子也，麑从鹿从兒，形誼均塙，殆為麑之本訓。弭兒一聲之轉，故麛借訓為鹿子。淺三文似鹿而無角象鹿子未生角之形。」（類纂正編第十第四十四葉下）

唐兰　釋麑，參麐字条下。

郭沫若　隶定麑。（卜辭通纂一三七頁）

按：字當隸作「⿸鹿見」，不从「兒」，不得釋為「麑」，且合集三七四三九「⿸鹿見鹿」連言，是「⿸鹿見」不得釋「麑」之明證。

1725

按：字在卜辭為地名。

1726

射鹿 

按：此乃「射鹿」二字之合文。纯二五三九。當釋讀為：「丁未卜，象來涉，其乎射鹿？射……」後一「射」字屬驗辭，足證其為「射鹿」二字之合文。

1727

隹 唯 

羅振玉 「卜辭中語詞之惟，唯諾之唯，與短尾之隹同為一字，古金文亦然。然卜辭中已有从口之唯，亦僅一見耳。又卜辭中隹（許訓短尾鳥者）與鳥不分，故隹字多作鳥形。許書隹部諸字，亦多云籀文从鳥。蓋隹鳥古本一字，筆畫有繁簡耳。許以隹為短尾鳥之總名，鳥為長尾禽之總名。然鳥尾長者莫如雉與雞，而並从隹；尾之短者莫如鶴鷺鳧鴻，而均从鳥，可知强分之之未為得矣。」（殷釋中三十一葉下）

吳其昌 「『隹』者，在卜辭中，虽大部用发語之詞，如『隹王□祀』、『隹王來正□方』等是。但亦有少數处按考其上下文意，必須以祭名解之乃通。如云：『乙亥貞，隹大庚……』洍、一、二二、五、『貞，隹南庚』。林、二、二七、一三、『貞，隹般庚』。林、二、八、一四、『隹妣癸。隹兄丁』。揃、一、三八、二、不以祭大庚、南庚、般庚……等解之，不可也。与本片例考尤近者，如云：『隹妣己，壱』。續、一、五四、四、『丁未卜，隹伊，壱雨』。洍、二、三八、六、『伊』，即伊尹；此殆祭伊尹以卜雨矣。此外又有『又隹』連文，『又』即侑也。又有『㞢隹』連文，揃、六、三三、一、㞢，亦祭也。詳下第一七。片疏。『又隹』見揃、六、五、七、以此类旁証之，則『隹』字之义可概見矣。」（殷虛书契解詁第二七三頁）

孫海波　「說文『隹，鳥之短尾總名也。』卜辭用為語詞，孳乳為唯，經典亦以惟以維為之。」（文編四卷八葉）

孙海波　「[illegible]，甲四。隹用为唯，经典亦以惟、維字为之。」（甲骨文编一七一頁）

張秉权　「[illegible]，或作[illegible]，[illegible]，[illegible]，乃隹字，在第（五）辭中是地名，又如：

王又歲于帝五臣正隹亡雨？（粹一三）

己巳卜，叀北隹人？（后下三六．六）

癸卯卜，殻貞，乎吕于隹从乘？

癸卯卜，殻貞，乎吕往从乘于隹？（丙编一五五）

𠂤正化𢦏阜眔隹　（乙編七八四六；四〇六二）

郭氏以為淮夷（註一），恐非，卜辭中自有淮字，与隹似不相涉，隹又有用作人名者，例如：

乎隹卯史？（丙編一五〇頁）

戈方，或与𠂤方相近，在殷都之西，卜辭有：

□□卜，𡆥貞：𠂤化正受㞢有？三旬㞢□日戊子奉□𢦏戈方？（乙编二五〇三）

王固曰：吉！𢦏。之日允𢦏戈方。十三月。（乙编四〇六九十四〇六二；丙编待刊）

貞：王往𡆥戈至于宕𡆥？（乙编七六八）」（殷虚文字丙编考释第二〇〇頁）

（注一）見殷契粹編考P．五。

張秉权　「[illegible]，即隹字，在第（七）（八）二辭中，均為地名，在本編圖版壹貳伍，三四考釋中，已经說及，今再补述一辭於下：

己卯卜，我貞，令豕羽庚于隹？（后下四一．九）

且亦見於甲桥刻辭：

隹入二〇（乙编四九六〇）」（殷虚文字丙编考释第二二七頁）

李孝定　「說文『隹，鳥之短尾總名也。象形。』契文隹字均叚為語詞之唯，與金文同。古文从鳥从隹每不分，篆文亦往往如此，二者古蓋為一字，羅說是也。陳氏謂省觀為隹，文字省交殆無是理，其誣可無待辨。金文隹字多見，亦多著足形，與卜辭同。亦有省去足形者，則與篆文無別矣。如[illegible]宜子鼎[illegible]觶尊[illegible]同卣[illegible]畱鼎[illegible]師奎父鼎[illegible]遣卣[illegible]盂鼎[illegible]伯中父簋[illegible]弔上匜[illegible]虢季子白盤[illegible]𡧊鼎[illegible]㝬鼎[illegible]陳子子匜[illegible]戈叔鼎[illegible]周公簋[illegible]貝隹爵例多不具舉。

亦有从口作唯宴簋者，則爲後起語詞之專字矣。」（集释一二五一页）

姚孝遂「卜辞『隹』多用为语词。晚期则有用其本义者，如：

『王田栜，往来亡𡆥？獲隹百四十八，象二。』續三·二四·二

『獲隹二百……』金七四二

說文以『隹』为短尾鸟，卜辞『隹』乃鸟类之通称。」（甲骨刻辞狩猎考古文字研究第六辑五三页）

赵诚「隹，本指羽禽。卜辞用作助词，则为借音词：

一、表示被动：

貞，亘其罘隹执（乙五三〇三）——亘果然被捕捉。

二、用在句首，无义，有人称为发语词，

隹王来征人方。（前二·一五·三）——商王前来征伐人方。人方，与商王室为敌之方国。

辛亥卜，㱿貞，勿隹王往伐吕方。（后上一六·一二）——勿，否定副词，用在隹之前，是甲骨文的语法特点之一。吕方，与商王室为敌之方国。隹的这种用法后来写作唯。『不隹』这一形式后来被淘汰。

三、表示原因：

貞：㞢疒隹黄尹壱。（六双十七）——有疾病，是因为黄尹伤害。㞢用作有。黄尹，商王室之旧臣。后世商王不仅祭祀先王，也祭祀旧臣，可见旧臣之地位崇高。

貞：疒隹父乙壱。（乙三四〇三）

四、表示假设：

其隹甲㞢至，吉。（簠典一·三）——如果甲日有来的，就吉利。

其㞢设，其隹庚，吉。（前七·三二·三）——将要有设之兆象，如果是在庚日，就会吉利。设，自然界有时会有某种异常现象，商代人以这是上帝有意的设置，是某种吉凶的预兆。所以把这种现象称之为设。庚指庚日。

五、可以将宾语提前，而无其它意义：

王勿隹龍方伐。（丙二三，京一二二六）——即王勿伐龍方。龍方，方国。

六、用来表示时间，有『在』的意思：

帝隹癸其雨。（前三·二一·三）——近似于说帝『于』癸日下雨，即在癸日下雨。

这种用法的隹，近似于「于」，有「在」的意思，好象是介词。但「隹癸」所说的时间带有推测的成份。从这一点来说，「隹」又不完全等於「于」，而只能看做是表示某种意义的助词。

王固曰：䳓其出，其隹丁。丁不出，其㞢疒。（複附一）——风要出来，在丁日。丁日不出，将有疾病。䳓用作风。「其隹丁」，近似于「其于丁」，即在丁日之义，但不像说「于丁」哪样肯定，而带有推测的语意。

七、用来表示时间，有「到」的意思：

己卯卜，㱿貞，雨？王固曰，雨隹壬，壬午允雨。（丙二三五、乙四五二四）——乙卯那一天占卜，㱿貞问，下雨吗？商王占曰，到壬日那一天下雨。壬午那一天果然下雨。「雨隹壬」，即「隹壬雨」，乍一看似与「于壬雨」同，其实有别。壬午是乙卯的第四天，于己卯日说壬午日下雨是预卜之词，不象一般说「于……」那样肯定。表面看来隹的这种用法和第六类的「帝隹癸其雨」相同。从语感上来体味，却略有差别。「雨隹壬」虽然是预卜，但其推测的意味不如「帝隹癸其雨」那样重，后者还多少有一点「大概」的成分。」（甲骨文虚词探索，古文字研究第十五辑二八七页）

逄振镐「『淮夷』的『淮』，说文：『从水，隹声。』其字当本作『隹』。甲骨卜辞中有『隹夷』，即『淮夷』。『隹』，说文：『鸟之短尾总名也。』则『淮夷』亦是以鸟为图腾，当是鸟夷的一支。据此，淮夷也是东夷人的一支……」（东夷及其史前文化试论，历史研究一九八七年第三期五八页）

陈炜湛说参[illegible]字条下。

按：隹象羽禽之形，卜辭多用為語詞，但亦有用其本義者。例如：「王田徐，往來亡災。隻隹百卅八，毘二」續三・二四・二「隻隹二百……」佚七四二此隹字乃鳥禽之總名，說文以短尾為「隹」，長尾為「鳥」，其說尚有待證明。卜辭晚期，出現从口之「唯」，以為語詞之專用字，由於「隻隹」之「隹」不得作「唯」，是「隹」與「唯」在殷代晚期已開始分化，羅振玉謂「同為一字」，不確。卜辭「隹」與「鳥」亦有嚴格之區分，凡「鳥」字皆突出其喙形，「隹」字則否。且「鳴」字所从鳥形皆張其喙，與「唯」字亦有明顯之區分。羅振玉謂「隹」「鳥」古本一字，亦非是。參見「鳥」及「鳴」字條下。

1728 □

按：合集二四三六九辭云：「癸卯卜，行貞，□日叀壱？」
謂風將為禍患，乃「鳳」之異構。

1729 傲 □ □

按：合集一三三九〇辭云：「貞，其歠牛傲于唐」
為祭名。與「隻」字有别。

1730 隻 獲 □ □

羅振玉 「說文解字：『獲，獵所獲也。从犬蒦聲』。此从隹从又，象捕鳥在手之形，與
許書訓鳥一枚之隻字同形。得鳥曰隻，失鳥曰奞。奞，从大从隻，謂鳥已隻而飛去。隻，象鳥
初持在手形。大，象鳥遠𨒪飛至空際之形，非大小之大字。許君云『从又从奞』，失之矣。茲因
释獲字而附及之」。（殷释中七十葉下）

王襄 「古獲字，許說『獵所獲也』。又訓隻云：『鳥一枚也，从又持隹』。又持隹，有捕
獲之誼，殷契故叚為獲字」。（類纂正編十卷第四十五葉下）

王襄 「古隻字。許說鳥一枚也，从又持隹。古與獲通」。（簠室殷契類纂第十八葉）

孙海波 「□，沖九〇。卜辞用隻为獲。重見隻下。」（甲骨文編四〇七頁）

孙海波 「□，沖九〇。說文隻，鳥一枚也。卜辞隻字象以手捕鳥，用为獲得之獲。

□，河三九八。地名。在名隻卜。」（甲骨文編一七二——一七三頁）

孫海波　「說文『隻，鳥一枚也，从又持隹。』古文以為獲字，象捕鳥在手之形。」（文編四卷十葉）

屈萬里　「□，當是隻之異體，即獲字。」（甲編考釋四三九葉）

陈炜湛說参□字条下。

按：卜辭隻皆用為獲。从手持隹為獲，引伸之為凡一切獲得之意。隻為獲之初文，獲為後起形聲字。許慎訓「隻」為「鳥一枚」，義乃晚出，非其初朔。

1731

隻□

商承祚　「□，疑獲字之別構。」（殷契佚考六九頁下）

按：字不當釋「隻」，疑為「□」之異構，辭殘，於辭例不足徵。

1732

敓　攉　□　□

孫詒讓　「□从隹从攴，疑當為雝之省。周禮秋官有雍氏，□即此官也。（雍即雝之隸變）」（舉例下四五葉下）

王襄　「古敓字。或釋隹。亦見季敓敦。」（類纂存疑第三第二十葉下）

商承祚……　「與廣韻同。季敓設與此同。」（類編三卷十九葉）

楊樹達　「敓疑當讀為罪。」（卜辭求義四三葉上）

陳夢家　「降𪇰」　口帝隹降𪇰——口帝不隹降𪇰（續五、二、一）

其出降𪇰（淋二、二、三）

方帝，𢆶𪇰（鉀一一四八）

茲雨氏𪇰（京津四七四）

𪇰字不識，或是鷯字，假作潦，說文「潦，雨水大貌」。卜辭「𢆶𪇰」或即止潦。（綜述第五六六葉）

饒宗頤　「𪇰字見廣韻二十六咸。云：『鳥𪇰物也。』讀與欃鑱同音。卜辭𪇰有二義：一指災禍，如云：『降𪇰』，謂降災也；一為方域名，如云：『𪇰入。』又卜辭稱『攴𪇰』，（見乙八一一二）攴讀為啓奏，殆謂我與𠂤同啓奏𪇰國之事。」（通考二二三葉）

孫海波文編三卷十七葉上收此作𪇰，以為說文所無字。

李孝定　「說文『𢿛，繳𢿛也。从隹𢼸聲。一曰飛𢿛也』。契文从隹从攴，當為𢿛字之初文，字實从攴隹會意，鳥過攴則飛𢿛。許君𢿛下說解『一曰飛𢿛也』，當是初誼。繳𢿛也之誼當是其引申誼。卜辭用此或為人名，或方國名。辭云『貞𪇰弗其𡆥𠂤』（前一、四六、一、）『貞𪇰弗其𡆥𠂤』『貞𪇰𡆥省伯𠂤三月』（前一、四六、三、）是也。又或當讀為霰，辭云『貞其有降𪇰』『貞囚𪇰』（甲二、二、二、二、三、）『貞令秋其有降𪇰』（甲二、二、六、十三、）疑當釋𢿛讀為霰。楊氏讀為罪，似有未安。此字本為會意，以唐蘭氏象意字聲化例之說推之，後乃衍变為小篆之从隹𢼸聲耳。金文季𪇰盨有此字作□，銘云『季𪇰作旅毀，子孫作寶』（憲齋八冊十一葉上）𪇰為人名，無義可說。卜辭此字尚多見，惟辭均殘泐，今就其稍可屬讀者錄之於左，惟其義亦多不明也。辭云『往出狩𪇰取□』（纖三六、三、）『囚𪇰𢆶于□』（粹二、十三、）『貞𪇰其大洌』（前四、三三、七、）『其有入𪇰』（前五、二五、二、）『其从𪇰』（後下三十三、）『茲雨𡆥𪇰』（粹七五五、）『貞□亡眓𪇰』『丁卯卜㱿貞我𠂤師亡眓𪇰』（乙、八二、）『亡來𪇰』（乙二五九五、）『降𪇰』『囚貞我囚降𪇰』（乙、二六五二）『貞王夢不隹𪇰』『貞王隹𪇰』（乙七一五〇）粹七五五辭上言茲雨，下言𡆥（或釋氏或釋挈）有提挈攜取之義，𪇰蓋兩霰並作也。乙八一一辭之𪇰則疑當讀為散。凡此單辭孤證，未敢信其必是，姑存以俟考。」（集釋一二八五葉）

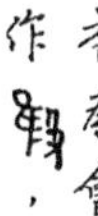

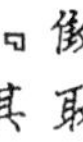

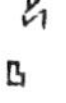

白玉峥　「𪇰……综观诸家所释，虽皆隶定为𪇰，而於说文解字之部从，则有从攴与从隹之歧。就之构形考之，字当从隹从殳，为会意字。盖所从之隹，应为欲得之目的物；所从之殳，则为达成此一目的之工具，而表将猎之行动；隻则以手持隹，意在表彰获隻之隹。金文季

𣪊簋之𣪊字，虽与之构形相同，然究当今之何字，以年荒代远，文字屡经衍变，而说文解字又竟失录，难予徵实。兹姑隶作𣪊，以待考定。至於卜辞中之为用，就辞例言，约有如下三义：

(一)、与𡆥字同例者：

□□卜，㱿贞：王梦，隹𣪊？ 亿七一五〇

贞：王梦，不隹𣪊？

贞：帝隹降𣪊？ 续五·二·一

贞：帝不隹降𣪊？

贞：其㞢降𣪊？ 林二·二二·三

贞：𡆥𡆥降𣪊？

(二)、与嬉字同例者：

贞：其有来𣪊？ 亡来𣪊？ 亿二五七五

(三)、为方国名或地名者：

𣪊入十。 綜六

丙申，𣪊示二屯。岳。 存二·五四

除右三例外，尚有若干类似人名，或他意之例，以辞残有间，无法考知其确矣。

（契文举例十一中国文字第四十三册四九〇〇至四九〇二页）

于省吾 「古文字从攴与从殳往往互作，不烦举例。西周金文有季𣪊簋。晚周古鉩文有「王𣪊」，西周金文的雔字，从隹与从𣪊互见，虢季子白盘以[illegible]为经维之维。我认为，甲骨文的𣪊即古推字，也即古摧字。古文字从攴的字后世多变为从手。例如：说文扶字的古文作𢻯，和揚字的古文作敭，播字的古文作𢿡，是其证。至于推摧相通，是由于推从崔声，崔从隹声，推从隹声音符同。关于推之通摧，今举五个例子：一、说文：「陮，陮隗高也，从𠂤隹声。」段注：「陮隗犹崔嵬」。二、庄子齐物论的「山林之畏隹」，畏隹即诗卷耳「崔嵬」之倒文。」三、广雅释诂：「摧，推也。」王氏疏证谓：「摧推声相近。」四、集韵平声六脂谓「崔同隹」，又上声十四贿谓「隹同摧」，（这也是下文所引第二条的隹字通摧之证）。五、甲骨文王亥之亥作隻（佚八八八），也作蒦（库一〇六四，京都三〇七四），其从隹与从崔互作。由此可见，推摧之通是没有疑问的。诗北门的「室人交徧摧我」，毛传训摧为沮。又云汉的「先祖于摧」，摧与北门的摧字同义。总之，摧训为沮，典籍中又多训沮为毁为坏，一义相贯。又广韵下平二十六咸：「𣪊，士咸切（音馋），鸟𣪊物也。」按𣪊摧双声。鸟𣪊物应解作鸟摧毁生物，和灾害之义相因。这是古文字偶于后世字书的一例。」

今將甲骨文言戠之例,择其詞句較為完整者,分条录之于下:

一、貞,□帝隹降戠○貞,帝不隹降戠(續五·二·一)。

二、貞,帝不降隹(續存下六八)。

三、帝其降戠(乙五七五)。

四、今龜其出降戠(林二·二六·一三)。

五、貞,其出降戠(林二·二二·三)。

六、丙辰卜,穷貞,殸,告戠于□,一月(前四·四·六)。

七、兹雨氐戠(粹七五五)。

八、貞,亡来戠○貞,其出来戠(乙二五九五)。

九、其出入戠(前五·二五·二)。

十、☒曰,其出降大戠(乙二六五三)。

十一、翌乙酉,戠至于河☒(外五一)。

十二、貞,戠其大枲(前四·三三·七)。

十三、□□卜,殸貞,王□骴隹戠○貞,王骴不隹戠。(乙七一五〇)

十四、□申卜,貞,方帝罒戠。九月(甲一一四八)。

十五、于𢆶罒戠(拾二·一三)。

十六、貞,罒戠于𢆶(粹六〇七)。

以上所列各条的戠字,均应讀作摧,摧作名詞用,指摧毁性災害為言,于詞义无不可通。第十二条的戠其大枲,枲即古㴊字,在此应讀為烈,說文訓烈為火猛。這是說,摧毁之災既大而又猛烈。第十四条的方帝罒戠,方為四方之省称,方帝是帝方之倒文(詳释方土)。罒应讀為寧,古籍每訓寧為息。這是說,用帝祭于四方,以寧息摧毁之災。總之,戠即古摧字,与摧字通。甲骨文除有時用作人名外,都指摧毁的災害言之。」(甲骨文字释林释戠二二三頁至二二七頁)

温少峰　袁庭栋　「甲文有𢦏、𢦔字,释者多家,皆未能尽合辞意。朱培仁先生认为:『戠字的字形,有手执长杆驱鳥的象征。广韵:「士咸切,音饞,鳥戠物也」』(甲骨文所反映的上古植物水分生理学知识,载南京农学院学报第二期)。这是完全正确的解释。『戠』字既有『鳥戠物』即鳥害之义,又有驱逐啄食作物之鳥以保护庄稼之义。一字反训,此為古代训诂所习見。卜辞云:

(200)☒申卜,貞:方帝孚(宁)戠?九月。(甲一一四八)

貞：𢦔（宁）敫于𫩛？（粹六〇七）(201)

以上二辭之『宁敫』与『宁𫩛』同例，乃卜问是否在先公𫩛等鬼神之前举行祭祀，以止息鳥害。(200) 以上二辭记时在九月，其又尤𫩛，因为九月正是作物成熟及收获晒藏之时，鳥类损害粮食最為严重。

(202) ……我……降敫？

……降敫？八月。（乙二六五二）

(203) 今𫩛（秋）其出（有）降敫？（遺二六九）

此二辭记时在八月，或言『今秋』，与(200)辭相似，都是在收获季节卜问鳥害之辭。

由于鳥害时有发生，故而『敫』字卜辭中已由『鳥害』引申为『灾害』之义，如『貞，其出（有）來敫？亡來敫？』（乙二五九五）『丝（兹）而氏（氐）敫。』（粹七五三）之类即是。

不过，由于材料的限制，目前我们尚不能見到殷人驱鳥的更具体的记载，这是令人遗憾的。」（殷代卜辭研究——科学技术篇二二〇——二二一頁）

按：于先生釋「推」讀作「摧」是正確的。卜辭「敫」有災咎義，或用為人名。

1733

濩

羅振玉

「說文解字：『濩，雨流霤下貌。从水，蒦聲。』卜辭中為樂名，即大濩也。或从水隻聲，或省又隻省聲。」（殷釋中六十八葉下）

王襄

「古濩字。」（類纂正編第十一第五十葉上）

葉玉森

「按竹書紀年『殷商成湯二十五年作大濩之樂』，羅謂濩即大濩，乃樂名，宜可信。惟本辭無一祭名，與辭例不合。或濩仍祭名，祭時作大濩樂，乃謂之濩耳。」（前釋一卷三十四葉下）

吳其昌

「『濩』者，此片（指前一、三、五片——摘錄者）作，从水从隹，卜辭中『濩』字多如此，乃本字也。亦間有繁而作狀者，（鐵四、一六九、一）从水，从隻（即獲之本字）乃繁文也。至後世『濩』字，悉从此繁體以別于『淮』字，而在卜辭則『淮』『濩』當為一字也。

羅振玉曰：「說文解字：『濩，雨流霤下貌，从水，蒦聲。』卜辭中為樂名，即大濩也。」按羅說是也。所以知者：此片（指前一·三·五片——摘錄者）云：「王賓大乙，濩。」以卜辭通用之文律繫之，則此「濩」字之地位，正當他辭祭名之地位，絕無例外，故決知此「濩」亦必為祭名之一。祭而名「濩」，則必為獻濩舞之濩祭矣。與此片卜辭例類絕同者，如云：「乙亥卜貞，王賓大乙，濩，亡尤。」（續一·八·三）如云：「乙卯卜貞，王賓且乙，濩，亡尤。」（滴九一八）如云：「丁卯卜貞，王賓大丁，濩，亡尤。」（林一·一六·二一）諸「濩」字，皆非以獻濩之祭名解之，則決不可通。又如云：「庚寅卜旅貞。翌辛卯，其濩于丁。」（滴九一二）此文更必當以「其獻濩于丁」解之，始合。以是可以推證「濩」字之義，必為一種「樂舞」之名，施之於祭，因即以為祭名者。既知其為樂舞，則樂舞之在殷代而名「濩」者，斯必為「大濩」矣。按周禮春官大司樂曰：「以樂舞教國子，舞雲門……大濩，大武。」又曰：「……乃奏夷則，歌小呂，舞大濩，以享先妣。」鄭玄注曰：「大濩，湯樂也。」又漢書禮樂志記先王之樂云：「……湯作濩。……」「……濩者，救民也。」（白虎通及風俗通義聲音篇並略同）又春秋元命苞亦云：「湯之時，民大樂其救之于患害，故樂名大濩。」其在經典，「濩」又通假作「護」。墨子三辯篇云：「湯放桀，因先王之樂，又自作樂，命曰濩。」又呂氏春秋古樂篇云：「湯命伊尹，作為大護。」公羊隱五年何休注云：「殷曰大濩，殷時民大樂其護己也。」白虎通義禮樂篇云：「湯曰大護者，言湯承衰能護民之急也。」更後羣籍，則「濩」又从「音」作「韄」。春秋繁露楚莊王篇云：「湯之時，民樂其救之於患害也，故護。護者，救也。」又廣雅釋詁四：「韄，護也。」綜其實，「濩」「護」「韄」皆「濩」之一字之嬗衍而已。故書羣籍並以謂「濩」樂為殷湯所作，別無異說。湯即大乙，而此片卜辭及續編一·八·三卜辭，並以「濩」樂施于「王賓大乙」之祭，知故說之亦有所本，非盡誣妄矣。其他，「濩」祭所及，大丁、祖乙及丁，並在大乙之後，「濩」始于湯，似屬可信；故說卜辭，相得益彰已。但「濩」之本義，以卜辭書契所語示於我儕者推之，从水从隹，隹者鳥形，「濩」字亦有作[illegible]狀者，（滴九一二）正象鳥入水之形，殆原始此樂，模擬飛禽浴水之鳴音歟？此雖不敢碻定其故，而字形之昭然顯示者甚明；有以知往說以為「民大樂其救濩而名為護」者，可以決定其後人望文生義之肊說，而無當于殷代之史實矣。使吾人由形以會意，所測尚不遠者，則殷商一代之樂，其準則蓋可以想象，以輕麗靡曼為主，乃惟求其美妙而悅耳，而與周樂大武「揚休山立」「發揚蹈厲」云尊嚴悲壯之態，適成兩極。……（中略——摘錄者）

周民族音樂之泉源，由于模擬耕夫之邪許，與鬥士之引吭；商民族音樂之泉源，由于模擬湖上之好鳥與水濱之鳴禽，商周兩民族文化之根本違異，一崇「美」，一崇「實」，隨處可見，此亦其證之一端矣」。（殷虛書契解詁第六六——六八葉）

董作賓　「濩，卜辭作潅，即『大濩』，湯之樂也」。（殷曆譜上編卷三祀與年十三葉下）

孫海波　「[illegible]，前一・三・五。祭名。」（甲骨文編四三八頁）

饒宗頤　「庚寅卜，旅貞：羽辛卯，其濩于丁。（佚存九二）按他辭云：『乙亥卜，貞：王室大乙，濩，亡尤』。（續編一・八・三）『乙卯卜貞：王室且乙，濩』。（佚存九一八）契文濩字但作『潅』。墨子三辯篇：『湯放桀，因先王之樂，又自作樂，命曰濩』。（呂氏春秋古樂、白虎通禮樂篇、風俗通聲音篇濩俱作護，謂以護民爲義。春秋繁露作護，謂『護』者，救也』。濩、護、護實皆借字。周代大濩爲六樂之一，周禮大司樂云：『乃奏夷則，歌小呂，舞大濩，以享先妣』。然殷之濩舞，亦以祭大乙、祖乙諸先王，不限于先妣也。舞大濩，時蓋兼用干羽。觀武官村殷大墓西側所出女骸二十四具，伴葬品有三小銅戈，（一上有絹繒，其一有鳥羽殘痕。）郭寶鈞謂『此即舞干羽之戈』是爲祭時羽舞及用鼗鞞鼉以舞樂之證。（參通考第八三七葉）」（通考第九五三葉）

饒宗頤　「契文濩字但作『潅』。墨子三辯篇：『湯放桀，因先王之樂，又自作樂，命曰濩。』（呂氏春秋古樂、白虎通禮樂篇、風俗通聲音篇濩俱作護，謂以護民爲義。春秋繁露作護，謂『護』者，救也。』濩、護、護實皆借字。周代大濩爲六樂之一，周禮大司樂云：『乃奏夷則，歌小呂，舞大濩，以享先妣』。然殷之濩舞，亦以祭大乙、祖乙諸先王，不限于先妣也。」（通考九五三葉）

李孝定　「說文『濩，雨流霤下皃。从水，蒦聲』。契文作潅，从隻省聲。羅氏謂有从隻作者乃指藏、一六九一片一文，惟諦察影本其左旁从[illegible]似與[illegible]字相連作[illegible]，故兹收此作『掠』，非右屬於[illegible]乃作[illegible]也。兹不錄。辭云『乙亥卜貞王賓大乙濩亡尤』前一・三・五。『貞望乙□亻□濩□唐』前・五・三六・三。『丁卯卜貞賓大丁濩亡□』甲・二・十六・二一。羅氏謂是樂名即大濩之樂當是」。（集釋三三四五葉）

赵诚　「[illegible]，濩。从水点从隹，隶定当作潅。但卜辞作为水名的潅写作[illegible]，两者明显有别。[illegible]，甲骨文作为祭名，用法与镬同，为煮物以祭，也可能就是镬的省文，故释作濩。」（甲骨文简明词典二四三至二四四页）

1734 ⿱隹⿱鬲火 □

按：契文□與□有別。羅振玉釋「濩」可從。然以為樂名則不可據。

佚九·八「乙卯卜，王賓祖乙濩……」

前一·三五「乙丑卜，王賓大乙濩亡尤」

林二·一六·二一「丁卯卜，王賓大丁濩亡……」

「濩」均為祭名。當讀為「瀹」。詩葛覃「是刈是濩」，韓詩：「濩，瀹也」。爾雅釋訓：「是刈是鑊，鑊煮之也」。漢書郊祀志：「不如西鄰之瀹祭」，注：「謂瀹煮新菜以祭」。以湯煮物皆謂之「瀹」，此當係濩之本義。武丁卜辭作□、□，字釋「鑊」，此即其省文，當本同字。

1735 □

按：字當隸作「⿱隹⿱鬲火」，當是「鑊」之繁體，卜辭以為人名。

1736 ⿰帚隹 □

按：合集八二四一辭云：「……自□」

又合集九四三八辭云：「……乞自□」

為人名

1737 □

按：字可隸作「⿰帚隹」，辭殘，其義不詳。

按：字不可識，其義不詳。

1738

按：懷一三九八辭云：「……酉卜……盖」辭殘，其義不詳。

1739

按：合集一〇九辭云：「勿取匋于」為地名。

1740

⿱萑乃

按：字可隸作「⿱萑乃」，其義不詳。

1741

⿷匚殳

按：字可隸作「⿷匚殳」。合集二二〇五〇辭云：「戊戌卜，⿷匚殳在甲……改于不」似為祭名。

1742

按：懷一四六四辭云：「叀[字形]比上行左旟王受又」為人名。

1743

圉 [字形] [字形]

夏淥釋凶，參[字形]字条下。

按：合集六六五三正辭云：「叀[字形]令：」為人名，釋「凶」不可據。

1744

萑 [字形] [字形]

郭沫若：「[字形]乃地名，明義士所録《殷虛卜辭》亦有此字。云『□寅卜王□在、（一九一三片）从三木，蓋[字形]奪也。案此當是萑字之異。萑，籀文从茻作[字形]，古从茻之字每从林，如卜辭[字形]（莫）或作[字形]（《前》四．九．二），[字形]或作[字形]（《菁》九．九），[字形]（囿《前》四．五三．三，又《前》七．二〇．一）或作[字形]（《前》四．一二．三）也。」（《卜通．別二》第八頁第十八片釋文）

葉玉森：「《殷虛卜辭》第二千一百八十八版『□虎□[字形]』，[字形]字右下並不完，當作[字形]，即古萑字。又同書第一千九百十三版「□寅卜王□在[字形]」，[字形]从森，与从茻同字。如[字形]（[字形]）亦作[字形]可證。契文之萑為地名。」（《説契》二頁）

饒宗頤：「『癸亥（卜），㱿貞：于京萑。』（《鐵》一六二．一）按萑舊釋以為雚字。《説文》『萑，鴟屬，讀若和。』隻即从又持萑。刈穀之穫，即从禾隻聲，陳夢家謂萑即穫之初文。按他辭云：『庚子卜貞：王其隻，叀往。十二月。』（《後編》下二八．一六）『其萑稷』此猶《詩．七月》之言『其穫』。又『帚井黍萑。』胡厚宣訓『萑』為茂盛。惟『萑』無

「茂」義。此賓詞位前，「黍獲」即獲黍也。」（《通考》九七頁）

按：郭沫若釋雀可信，在卜辭用作地名。

1745 [illegible]

按：合集六六七正辭云：「……呼弜往于[illegible]比[illegible]」為地名。

1746 [illegible]

按：合集一三八二七辭云：「……亡疾呼[illegible]」為人名。

1747 [illegible]

按：字不可識，其義不詳。

1748 䬙 [illegible]

謙信一「[illegible]」从王得声，為䬙之初文。䬙之义，集韵以為風，又以為小風，广韵以為小風。以為風渾言之，以為小風，分别言之也。故[illegible]在契文应释為小風之䬙。……广韵入声術部第六：䬙，許聿切，小風兒。集韵入声第五：䬙，休必切，風也。广雅释诂四：䬙，風也。故䬙亦可作小風解。

……⿸風戉与⿸風戌既然同表达「小風」的意念，由同一个甲骨文字形演变而来，為何讀音不同，
究竟是两个个别的字呢？我们的解释是：把⿰雚戌所从的声符認作戌，便讀作⿸風戌，認作戉，便讀
若⿸風戉。⿸風戉不見於說文，但說文：⿸風朮，小風也，从風朮声。玉篇：⿸風朮，小風皃。集韻入声質第五：
⿸風朮，小風，雪律切。則与戌同音。這个⿸風朮字，与⿸風戌其实是同一个字，只是因为用了不同的声符，
沿用日久，讀音与⿸風戌有了小差異。差異的产生乃由於形声偏旁往往不能完完全全地标出一个字
的語音，只是标出相近的語音而已。……
由是可知契文⿰雚戌，即是小篆⿸風戌、⿸風戉、⿸風朮三字的初文。至於⿰雚戌字的字音，則讀同⿸風戌、⿸風戉、
或⿸風朮，皆无不可。」（甲骨文中之鳳、⿸風戌、⿸風兒說 中國文字第五卷一九七六頁至一九七八頁）
按：字从「雚」，从「戌」，即「⿸風戌」、「⿸風戉」、「⿸風朮」之本字，謝信一之說是對的。辭殘，其義
不詳。

1749

按：字不可識，其義不詳。

1750

按：字不可識，其義不詳。

1751

按：字不可識，其義不詳。

1752 寉

按：合集三三三八四辭云：「……辰卜，王狩雈弗孚」為地名。

1753 ⿰彳隻

按：字可隸作「⿰彳隻」，辭殘，其義不詳。

1754 翟

按：字可隸作「翟」，辭殘，其義不詳。

1755

按：合集六六四九甲正辭云：「……疋化𢦏𡚸眔□」為方國名。

1756 雋

按：字从「隹」从「丙」，可隸作「雋」，辭殘，其義不詳。

1757 雝 雍

羅振玉「从巛（即水字）从口从隹，古辟雝字如此。辟雍有環流，故从巛或从乚，乃巛省也。口象圜土形，外為環流，中斯為圜土矣。或从回，與口誼同（邕卣㪟尊亦均从回）。古辟雍有圜鳥之所止，故从隹。說文訓為雍渠，非初誼矣。伯雝父鼎作雝，與此同。他金文或增口作吕，後又訛吕為邑，初形益不復可見矣。」（殷釋中十一葉下）

王襄 「古雝字。雝父敦雝作雝，與此文同。」（簠室殷契類纂第十八葉）

王襄 「𡿧，古雝字，雝父敦作雝，亦从口，作口，邑之媘。」（簠考游田五葉上）

又曰：「雝或从鳥，隹鳥之偏旁，殷契中固不分也。」（同上五葉下）

葉玉森 「按予舊釋卜辭之[glyph][glyph][glyph][glyph]為雝。卜辭宮作[glyph][glyph][glyph]吕[glyph][glyph]，並象列屋參差或銜接形。[glyph]其別構，非玄字。王襄釋[glyph]為鴡，謂取玄鳥之誼，（類纂十二、五三、）似未塙。（殷契鉤沈）復按本辭之𡿧壇水省吕作口，當為一字。卜辭別有吕字，商承祚釋呂。（類編七、十四葉）予按吕即宮字，所从之偏旁聲與宮近，故宮雝並由吕得聲，非呂字，且疑許書之船亦从吕非从呂。（鉢文公亦作皆並同）」（前釋二卷四十五葉上）

陳邦懷 「說文解字邕下曰：『邑四方有水自邕成池者是也，从巛、邑，讀若雝』。此籀文𡿧。竊疑𡿧从宮省聲，巛象宮外有水，从宮省聲，故讀若雝，乃辟𡿧之本字。羅參事謂雝為古辟雝字，又謂許訓雍渠非初誼，胥失之矣。」（小箋八葉下）

楊樹達 「淮當為雝之省，𡿧省口形便成淮字矣。」（卜辭求義四十三葉上）

孫海波 「[glyph]，乙七八五。或省水。[glyph]，河六八四。或从[glyph]。[glyph]，古邕字。」（甲骨文編一七七頁）

陳夢家 「雝田間溝洫也」。（射與郊八葉八行）

陳夢家 「清水注『東逕雍城南，寒泉水注之。……京相璠曰今河內山陽西』。山陽今修武縣境，雍當在其東，近吳澤大陸之處，與甯相近」。（綜述二六〇葉）

李學勤 「帝乙由舊經洮至淮。洮地無可考。淮地曾設有師次：

乙未王卜在淮餗貞，翼其□，其豩□，受祐？王（占曰）……茲用。（南明八〇六（五））

淮是渭水的支流。漢書地理志在右扶風下記武功有「斜水出衙嶺山，北至郿入渭。襃水亦出衙嶺，至南鄭入沔。有垂山、斜水、淮水祠三所」。此處「淮水」曾引生一些爭論。全祖望漢書地理志稽疑卷三懷疑「淮水」是「渭水」之誤，趙一清水經注釋渭水注也有同樣的看法。吳卓信漢書地理志補注卷三疑為渭水，王紹蘭漢書地理志校注卷上疑為雍水，汪士鐸漢志志疑疑為襃水。按神名常由遠古傳流下來，例如戰國時代的堯典和山海經保存着殷代的四方、四風神名。武功共有兩水，斜水有祠，則淮水必即襃水。漢武功在今郿縣東」。（殷代地理簡論第五十五葉）

李孝定　「說文『淮水出南陽平氏桐柏大復山東南入海从水隹聲』。契文同。楊氏謂為雝省，說有未安，蓋雝古文作[illegible]或省作[illegible]乃从吕宮古文聲，而淮从隹聲，二者音讀各異，有宮聲則不得為雝字，而淮字則不得从宮聲也。卜辭淮為地名。金文作[illegible]散盤[illegible]兮甲盤[illegible]師寰簋[illegible]虢仲盨[illegible]曾伯簠曾伯簠一文从水唯聲，唯亦从隹聲，故得通作。唯字从口，口舌之口與雝之𢀓从口宮之省文有別，似不得謂淮為雝字也」。（集釋三二八九葉）

李孝定　「說文『雝雝鶵也从隹邕聲』。卜辭雝為地名，陳謂从宮省聲是也。辟雍乃後儒所說之古制，羅氏附會之以說雝字殊為迂曲。金文作[illegible]雍伯鼎[illegible]雍嬰簋[illegible]彔簋[illegible]雍母乙鼎[illegible]雍原鼎[illegible]雍伯鼎[illegible]邻王鼎[illegible]宗周鐘[illegible][illegible]毛公鼎除少數从攴者外，餘均與契文同」。（集釋一二七八葉）

李孝定　「彙說是也。王氏分釋此為雝鳬二字，非是。吕即宮之古文，其本誼為室。王者所居曰宮，乃後起義。字作㑹亦當後起」。（集釋一二七九葉）

張秉权　「雝，在此版乃人名，当係雝地首長之名，作為人名的雝字，往往沒有水，例如：

雝芻于龜？

雝勿芻于龜？（乙編八〇八十七一三七；丙編待刊）

□雝芻□？（乙編一九三三）

貞：勿雝芻？（乙編一〇八八）

丙（寅）卜，□貞：湔雝芻□？（乙編二四八四）

貞：令藺□雝□？（乙編二一一一）

☐☐雖邑☐？（乙編一二三五）
☐雖往（邑）☐？（乙編七八五）
癸酉卜，穷貞：乎雖眔㠯蒿（后下二一·一一）
己丑（卜），貞：雖☐邑☐疾？（佚五二五）
其中有称『雖往邑』者，可知所謂『雖邑』当是雖与邑二名的連称。」（殷虛文字丙編考释第二〇七頁）

張秉权 「[illegible]，或作[illegible]，楷写為雖，即雖字，在這裏是人名，或称子雖，或称雖，例如：
☐辰卜，☐貞：子雖不作媸不死？（前四·二九四）
丁丑卜，穷貞：子雖其御王于丁妻二妣己㞢羊三，用羌十？（佚一八一）
己丑「卜」，☐貞：雖，邑疾？（佚五二五）
癸酉卜，穷貞：乎雖戎㠯魚？（后下二一·一一）
雖在卜辭中，也有用作地名的，例如：
其田雖眔不☐，往来亡災？（譜二，四·一九）
雖的地望，王國维以為在今河南省修武县之西。這一版上的雖，大概就是雖地的首領，武丁為了要他到蘊、[illegible]、雇等地去取[illegible]，所以先行占卜，以定去向。」（殷虛文字丙篇考釋第四六四頁）

于省吾释雍，参[illegible]字条下。

按：字當釋「雝」，从「吕」聲，「吕」即「宫」之初文，或省作从「口」，或聲符完全省略作「淮」，或省水作「隹」，實亦「雝」字，典籍通作「雍」。

1758

售 [illegible]

孙海波 「[illegible]，前二·五·一。或从隹。地名。」（甲骨文編一八一頁）

考古所 「[illegible]是[illegible]字之異体，地名。該字在此为人方的邑名，是商王國进攻之地，在第五期則为商王國之領土。如：前二·五·一『圂来王卜，貞：旬☐畎，在十月又二，☐正人方。

在𠂤。』」（小屯南地甲骨九七七頁）

按：此从「隹」，不从「萑」，隸當作「雋」，與「舊」有別。在卜辭均為地名，無用作「新舊」之義者。地名之「雋」和「舊」則可能相通無別。

1759 舊

羅振玉「說文解字：『舊，鴟舊，舊，留也。从萑，臼聲。或作鵂。』此从凵，古文臼字多如此作。」（殷釋中三十二葉下）

按：卜辭舊字从「萑」从「臼」，粹二三二（合集三二五三六）辭云：

「丙戌卜，叀新豊用；叀舊豊用」

是用為新舊之舊。又用為地名。

1760 雚 觀

孫詒讓「此即萑字。說文萑部『萑鴟屬从隹从𦫳有毛角所鳴其民有旤讀若和』是也。」（舉例下卅五葉下）

羅振玉「說文解字：『雚，小爵也。从萑吅聲。』卜辭或省吅，借為觀字。此字之形，與許書訓鴟屬之萑字相似，然由其文辭觀之，則否矣。」（殷釋中三十三葉上）

王襄「古觀字。雚字重文。」（類纂正編第八第四十葉下）

王襄「古雚字。」（簠室殷契類纂第十八葉）

葉玉森「胡氏謂卜辭之雚為風似塙。本辭釋風至，亦可通。惟卜辭屢言『年雚』，『雚芻』，『黍雚』，『王其雚』，如並釋風，仍未安耳。」（前釋一卷七十一葉背）

郭沫若　「萑，說文云『鴟屬，从隹从卝，有毛角。所鳴，其民有旤，（禍）讀若和。』在此疑即假為禍。它辭有單言『黍萑』，（滷、四、三九、四）與征伐之事同繫於一片者。亦有單言『年萑』者，（滷、四、四三、五）似均不吉之意。羅振玉以萑為雚字，更讀為觀，讀『帚井黍萑』為『觀黍歸井』，大謬。」（卜通九五葉背）

吳其昌　「雚者，在卜辭中，本義，引申，共有四訓。其一，原始本義，乃象一雚鳥之形，[illegible]摹繪惟肖，不煩言詮。或省其雙目形之吅，則為[illegible]。其在說文，於『萑』字解云：『鴟屬，从隹，从卝，有毛角。所鳴，其民有旤。……』於『雚』字解云：『小爵也。从萑，吅聲。詩云：雚鳴于垤。』在殷代卜辭時，萑雚殆為一字矣。卜辭云：『己巳卜，其遘雚。』（後二、六、七）則似亦以雚為不吉之鳥然。又云：『□丑，……用王口大己，册二牢，叀萑。』（後二、三四、八）則萑鳥亦有時可叀醫以為祭高之品也。其二，則引申以為地名。或以其地因產雚著聞故，而即以為名也。如卜辭云：『戊午，王田貞，田（佃）萑。』（滷二、二六、一）是也。其三，則引申假借，以為『觀』字。此殆因雚目囧睛炯然，視察銳利，故凡以目（詳彼片疏）炯灼視察者，遂以雚形容之，就以『觀』呼之也。其在卜辭，如云：『己亥卜，萑耤。』（滷六、一七、六）『庚子卜貞，王其萑耤。叀生（往）十二月。』（後二、二八、一六）此言王觀于耕耤也。如云：『其雚黍，不帚（歸）井。』（後二、四〇、一五）『受……萑匄……七月。』（佚五七〇）此記述觀黍與觀田也。是皆假『萑』為『觀』之證。其四，則以『雚』為祭名之一種；蓋既有『册』（義同『殺』）二牢，叀萑之詞，『雚』與『牢』可以同時刑宰以供祭，則有時亦特以『雚』為祭品，宜名其祭為『雚』矣。卜辭中乃云：『乙丑卜……室雚。……』（後二、六、五）此『雚』為祭名，無可疑耳。更如上列丁片（指戩三四、一五即續五、一七、七）文云：『㞢母口，父口，雚。』此『萑』義亦為祭，明甚。乙、丙二片（指續一、三三、四，滷八、三、二）及本片（指滷一、一六、五），皆以『酒萑……』連文，明『酒萑……』實同為祭義，殆其祭須祼酒而獻雚矣。是故雚有四義，而本片（指滷一、一六、五）之『雚』則義為祭也。」（殷虛書契解詁第二〇九——二一〇葉）

胡光煒　「周禮大宗師風師作飌師，飌本止作雚，傳者恐人不識，故于其旁注風，後寫者誤將注文與本字合書，遂成飌字。今以卜辭證之，古本有以萑為風之例也。」（說文古文考，转引自集释一二九七页——一二九八页）

楊樹達　「按吅萑雚三文音並相近，余疑萑雚一字，雚於萑加注聲符吅，如厂加干為厈，

网加亡爲罔之比。雚觀音近，故假雚爲觀耳。」（求義十九葉下）

又曰：「按雚爲觀之省文。」（同上）

陳夢家　「字當釋雚，即穫之初文。古音和與穫、獲相同，所以雚讀若和猶存『穫』的古讀。」（綜述五三五葉）

孫海波　「雚，甲一八五〇。卜辭用雚為觀。重見雚下。」（甲骨文編三六八頁）

孙海波　「雚，甲一八五〇。雚用为觀。雚，粹一四七。雚大乙。雚是祭名，当读为灌祭之灌。」（甲骨文编一八〇頁）

饒宗頤　「按雚即觀。卜辭云：『王其雚，弜雚東。』（後編下六、六）是其例。古書言『觀兵』（左襄十一年傳）『觀魚』，（公羊隱五年傳）此但言『觀』，未悉所觀爲何事。」（通考九三一葉）

饒宗頤　「舊說讀雚爲觀。按說文『雚，鴟屬，讀若和。』蒦字即从又持雚，又訓刈穀之穫，即从禾蒦聲。陳夢家謂雚即穫之初文，卜辭言毋雚其雚，與詩七月篇『八月其穫』語例同。其說是。說文『芻，刈草也。』雚芻即收穫割刈之事。」（巴黎所見甲骨錄九葉）

饒宗頤　「『癸酉卜，何貞：由且雚（舊）……乂歲允……及止用。』（佚甲二八四七）『且舊』即『祖舊』，管子牧民，『敬宗廟，恭祖舊』是也。左襄十四年傳：『纂乃祖考，無忝乃舊。』『舊』作名詞用，古籍所見，如稱『故舊』（論語：『故舊不遺』）『先故』（禮記祭義：『以祀天地社稷山川先古。』先古即『先故』。）皆其例。管子四稱篇作『敬其山川宗廟社稷，及至先故之大臣。』卜辭云『昔我舊臣。』（庫方一五一六）『祖舊』殆可統指先祖及舊臣，皆祭祀之對象也。」（通考一〇九四葉）

白玉琤　參雚字條

赵诚説參雚字条下。

物，卜辭「雈」與「雚」形義皆有別。「雚」多用為「觀」，陳夢家加以混同，非是。「雈」之用作祭名者，其義當如「灌」。吳其昌以為祭品，誤。

按：字當釋「雚」。説文訓為「小爵」，未知所本。而説文訓「雈」為「鴟屬」，論者或以為同

1761 雈

陳夢家

王其穫䅫，甶往，十二月　甲三四二〇十下二八·一五

王往穫䅫，祉往　前六·一七·六

穫䅫

王往穫　林二·一六·二〇

卬方出，王穫，五月　鄴友一·六二

王勿穫　庫一六八五

王穫河，若　河三六六

王往穫□𡆥，三月　續五·一九·七

穫禾𡆥　燕七八九

帚姘黍，其穫——帚姘黍，不其穫　下四〇·一五

帚井年，穫　林二·一三·一二

帚姘田，穫　甲三〇〇一

子俾弗穫　前六·四·四

年不其穫　珠一一七五

年穫　前四·四三·五

黍穫　前四·三九·四

穫芻　前八·三·二，八·四·五

⋯⋯

以上都是武丁卜辭。穫作雈，舊無說。説文曰：『雈，鴟屬，从隹…有毛角…讀若和』；又曰『蒦，規蒦商也，从又持雈』；『穫，刈穀也，从禾蒦聲』。卜辭之雈即穫之初文，古音和與穫、獲相同，所以雈讀若和猶存『穫』的古讀。卜辭『毋穫』『其穫』『不其穫』之『穫』都是動詞，與詩七月『八月其穫』同。卜辭雈、隻有別：雈是説文的穫，是刈穀；隻是説文的『獲』，是田獵所

得」。

……」（綜述第五三五葉）

孙海波　「𦬁，甲四四四・卜辭用雚为穫。重見雚下。」（甲骨文編三〇八頁）

孙海波　「𦬁，甲四四四・陳夢家讀为收穫之穫。丁亥𡆥雚。

𦬁，甲二九〇二。用为灌祭之灌。」（甲骨文編一七九頁）

張秉权　「雚和䨻不但在形体上不同，其用法也有分別的，譬如䨻字的用法：

癸卯卜，貞：王旬亡畎，在六月乙巳工典，其䨻？（前四・四三・四）

己巳卜，其遣䨻？（后下六・七）

征䨻？（后下六・八）

乙丑卜，☐宔䨻☐？（后下六・五）

這些䨻字都是名詞，可以拿風字来解释它，又如：

王其䨻？

弜䨻？（后下六・六）

那些雚字則為動詞，可以拿觀字解释它。至于雚字的用法，一，用為地名者，例如：

丙午卜，穷貞：羽乙巳𦎫其征，受雚又？（通别乙，東大，五）（注一）

戊午卜，穷貞：王（往）雚☐亡☐在☐？（巒二・一六・二〇）

乙亥卜，貞：王往雚耤征往？（甲編三四二〇）

庚子卜，貞：王其雚耤𡆥往？十二月。（后下二八・一六）

☐寅，子☐雚𦉪☐？（㴱・八・三・二）

戊午（王）☐田雚☐钔隻☐？（㴱二・二六・一；通七〇六）

癸（亥）〔卜〕，㱿貞：于京雚？（鐵二六二・二）

𡆥雚大子㽙☐用于☐？（后下三四・八）

二，用為人名者，例如：

己未卜，钔子塱于母雚？（㴱六・四・四）

☐寅卜，乎☐甲申㞢母雚父☐？（識三四・一五；續五、一七、七）

☐酒雚至☐？（㴱一・一六・五）

来辛亥酒雚？報于祖辛？

此外，又如：

甶雈報？酒祖辛？（本版）

（貞）：帚（井）黍其雈？

帚井黍不其雈？（綜下四〇·一五）

帚井黍其雈？（綜下六·九）

黍雈？（瀓四·三九·四）

□□〔卜〕，貞：帚姘年雈？

貞：年不其雈？

年雈？（前四·四三·五；六·一四·一）

貞：雈？（拾二·二）

這些雈字都与『黍』『年』『𠭯』相連，則此字必与農事有关，陳夢家以為即穫之初文……按陈氏之説甚是，但是他把卜辞中所有的雈字都說為動詞，却不尽然，譬如他說的『母雈』实即『子俾弗雈』实即『𣎆子俾于母雈』之誤。」（殷虚文字丙編考释第一七七——一七八頁）

（注一）此辞之意义，郭氏考释（P.一四）以為：「阜，其征雈，受祐也」，謂阜雈均國族名，甚是，但謂「阜其征雈，受祐」則非，盖此辞乃問阜之出征其受雈之助与否也。

宝祥恒　「『[illegible]』如释為雈，即后世禘灌之『灌』。如論語八佾章：

子曰：禘自既灌而往者，吾不欲觀之矣。

礼記郊特牲：

灌用鬯臭。

盖灌為祭祀以圭瓚酌鬯始獻神也。而卜辞暦，徐中舒释耤（詳見集刊二本一分十二頁）象人持耒耜操作之狀。『雈耤』之耤，古者天子藉田千畝之藉。如礼記祭义：

昔者天子為藉千畝……以為醴酪齊盛。

月令：

是月也……躬耕帝藉……命曰勞酒。

周礼甸師：

甸師掌率其属而耕耨王藉，以時入之，以共齍盛。

由此可知，天子藉田，必行酒礼，然語焉不詳。國語周語虢文公諫周宣王不可废藉田之礼云：

宣王即位，不籍千畝，虢文公諫曰：上帝之粢盛於是乎出……司空除壇于籍……王乃淳濯饗醴，及期郁人荐鬯，牺人荐醴，王祼鬯饗醴，乃行，百吏庶民毕从，及籍，后稷监之。

……所谓『王祼鬯饗醴』，即卜辞之『雚』也。說文『祼，灌祭也』。段注『詩毛傳曰，祼灌鬯也，周礼注曰，祼之言灌，灌以郁鬯』。卜辞如：

福大乙，酒𩰫，王每？（甲一八五〇）

『福大乙，酒雚』，亦其証。故卜辞之『雚耤』，以礼考之，乃藉田時所行之礼，礼用灌祭。……然以甲编一三六九片

弜耤衆[illegible]，其受又年？

言之，『𦫳』乃耤衆而行灌祭也……卜辞又有『雚河』之辞如

貞，王𦫳河，若？（甲骨文録三六六）

……灌為祭名，犹『賁河』『𣪊河』『帝（禘）河』『祀河』之比。殷契佚存第五八三片『乙巳既雚』下缺。其『既雚』，岂非論語八佾：『子曰：禘自既灌而往者，吾不欲觀之矣』之『既灌』乎！綜言之，卜辞之𦫳或𩰫，当釋雚，即說文之雚。鸱屬，借雚為禘灌之灌。」（釋𦫳𩰫　中國文字第六卷二七九〇頁至二八一〇頁）

白玉峥：「前贤之释本字也，率多与雚定为一字，已概如上揭，然就二字之辞例言，无一相同或近似者。再就时序之衍变言，二字亦见於同期之卜辞。因此，窃疑应为二文；然否，尚待董而理之，探而讨之，予以论定。又释𡀈之吅为萑之目，其说殊非，盖甲文中从目之字多矣，无一以吅为目者，亦无一以目作吅者，其非为目之省变甚明。故其字仍当以从萑从吅解之为是。又吴其昌氏认定地名之雚，为字义之引申，其说殊非。盖凡地名之字，皆为字音之假借，此为稍有文字学之常识者皆知之事，勿庸置辩。吴氏又谓：雚字引申假借为觀，其说更属非是。盖引申为字义之事，假借为字音之用，吴氏竟於此二者不之知，无怪其说之可笑也已。姑隶作萑，盖为说文中所有也。」（契文举例校读二十中國文字第五十二册五九六二页）

温少峰　袁庭栋：「甲文有𦫳字，多释为『雚』或『觀』，误。陈梦家先生释『雈』，读为『穫』，即今『获』字（殷虚卜辞综述第五三五頁）。其说是。卜辞云：

(207) ☐卯卜，𡆥貞：帚（妇）姘田「不」其萑（获）？（乙二七七）

(208) ……貞：帚（婦）姘田萑（获）？（拾五六）

(209) 貞：年不其雈（获）？（林二·二七·一二）

(210) ☒☒〔卜〕，殳貞：帚（婦）姘年雈（获）？（林二·一三·一二）

(211) ☒申卜，王……粟年……雈（获）？（凉五五九）

(212) 貞：帚（妇）〔井〕黍其雈（获）？

帚（妇）井黍不其雈（获）？（后下四〇·一五）

(213) 黍雈（获）？（前四·三九·四）

(214) ☒寅，子……雈（获）刍？（前八·三·二）

(215) ☒亥，子卜：丁来𠂤雈（获）刍我？（前八·四·五）

以上诸辞，或谓「田获」，或谓「年获」，或谓「粟获」，或谓「黍获」，或谓「获刍」，均是关于农作物收获之卜问。「获刍」之「刍」当读为「秸」，广韵释草：「稷穰谓之秸」，即谷物之秸秆。」（殷人卜辞研究——科学技术篇二二二——二二三页）

赵诚　「甲骨文的雈字写作雈，象一种飞禽之形。或写作雚，增加了两个口表示一对眼睛，隶定当写作雚。看来这是一种有着大眼睛的鸟。说文释雈为『鸱属』，当指鸱鸺（也叫鸱鸮）一类之鸟。鸱鸺，即俗所谓猫头鹰，也叫夜猫子。这一类鸟确实是有一对大大的眼睛。大概就是因为有一对大大的眼睛，所以卜辞的雈或雚作为动词有观看之义，再由此发展而有观察、监视之义，如：

……子卜，穷贞，吕方出，王雚。五月。（外一）」（甲骨文行为动词探索（二）古文字研究第十七辑三三五页）

按：雈即說文訓為「鴟屬」之「雈」，與說文訓為「小爵」（小當是水之譌）之「雚」在卜辭有別。雈用為穫：

「王往雈耤」　甲三四二〇

「王其雈耤，重往，十二月」　後下二八·一六

「帚井黍雈」　後下六·九

「黍其雈；黍不其雈」　後下四〇·一五

「帚姘田雈」　佚五六

「帚姘年雈」　林二·一三·一二

「年雈」　前四·四三·五

卜辭「雈」無用作「觀」者，故「雈措」只能是「獲措」而不能是「觀措」。陳夢家讀雈為獲是正確的。但謂雈即獲之初文則非是。

隺 霧 冢 冢

孫詒讓 「冢字似从隹从日，字書未見，或即鳳字。古从鳥从隹字多互易。如說文隹部雞鷄雛鶵之類恒見，不足異也。日與凡亦相近，（鳳从凡聲，凡古文作日）但與說文古文不合耳。」（舉例下卅六葉上）

王国维 「冢从隹从凡，即鳳字。卜辞假鳳为风，其字作𩘳𩘳诸体。余谓周礼大宗伯飌师之飌即此字之讹舛也。他辞云：辛卯雨冢（前六·五一）又云：庚子卜翌辛丑雨冢（后下二五），冢雨並言，是为風之借字无疑矣。」（戬寿堂所藏殷墟文字考释六十页）

王襄 「冢，古鳳字，从日、从隹，日即月之変體，隹、鳥古文不分，此與說文解字篆文近矣。卜辭段為風。」（簠考天象一葉下）

王襄 「又有冢為晚期鳳字，从凡从隹，借為風，契文隹鳥不別，无短尾長尾之說，当為鳳之別構。」（古文流变臆說第一九——二〇頁）

葉玉森 「藏龜二六〇葉冢𩘳二字在一版上，余曾疑風（按當隸定作瞿，不當作風）非風字。（說見研契枝譚）今按本辭曰『大敎冢』，與後下二三葉之『大敎𩘳』，三六葉之『大敎𩘳』，及菁華之『大敎𩘳』辭例並同。則風𩘳為風字更無可疑。敎敎敎余釋雷，象天地之斧鉞。（說詳殷契鉤沈）」（拾考十六葉下至十七葉上）

葉玉森 「按𩘳之異體或作……冢冢等形，卜辭𩘳為風字。」（前釋二卷三十五葉上）

郭沫若 「瞿當是冢之古文，讀為霧。舊或釋風，非是。」（粹考八六葉上）

又曰：「瞿字王國維釋風，謂『从隹从凡，即鳳字，卜辭段鳳為風』。（戩釋六十）案此字从日从隹，並非从凡。卜辭凡字作月，乃盤之初文，其它鳳字可證，與此从日作者迥然有別。

又此字有與鳳字同見於一片者，（鐵二六〇、又明二一四六、二片俱殘僅存二字）亦不得為風。余謂此當是冡字之異，說文『冡，覆也，从冃豕』。（字今作蒙）冃豕為蒙，冃隹亦蒙意也。字每與風雨同見，必假為天象字，無疑。余意蓋假為雺若霧。書洪範『曰雨，曰霽，曰雺』，傳云『蒙陰闇』，疏云『「曰雺」，兆氣蒙闇也』。又云『雺聲近蒙，詩云「零雨其蒙」』，均以蒙釋雺，（今書竟作蒙，乃衛包所改）音近可通。史記宋世家引作霧。卜辭雈字殆雨用，其言『雨雈』，『風雈』者，以詩之『零雨其蒙』。其單見者蓋用為霧。」（卜通八五葉 又粹考一〇九葉下引粹八二一片「雈」「風」同見證雈之非風）

郭沫若

「雈當是冡之古文，讀為霧。舊或釋風，非是。」（粹考八六葉上）

陳夢家

「說文：『霏，雨止雲罷貌。』霏是雨止雲散，天已廓清，它與啟（白日雨止）霽（雨止）是不同的。卜辭的雈字，應是說文卷五冂部的隺字，說文曰：『高，至也，从隹上欲出冂。』字象以罩罩鳥之形，爾雅釋器：『雈，謂之罩』，注云：『捕魚籠也』，說文作䉶。雈霍同从隹而音亦相同，古音與廓為近。武丁卜辭云：『羽壬寅易日？壬寅雈？』（續五、十、三）『羽丁酉彫伐易日？丁明雈？大食日啟？』（續六、一一、三，庫二〇九〔參乙六三八六〕）『卯雨，辛雈』（滬六、五一、六）『羽辛丑雨？雈？』（後下、二五、六）『羽癸卯帝不令風，夕雈』。（乙二四五二）『羽甲啟？甲雈？』（續四、三六、八）『羽壬寅啟？壬寅雈？』（珠一六六）『旬日其雨，其于丙辰雈不雨』。（粹八一九）『囗日允出雨，乙巳雈』。（拾七、十二）由此可知凡一卜之中預卜天氣者有：(1)易日或雈，(2)雨或雈，(3)啟或雈。則雈不是陰，不是雨，也不是白日雨止，而是雨止雲散。集韻『暀音霍，暫明也』，玉篇『暀音擴，明也』。其義與卜辭之雈近。乙六三八六『乙卯允明雈』，可參證。卜辭雈字亦可讀作罹，說文『罹，覆鳥令不飛走也，从网隹，讀若到』，說文：『昭，日明也』，『照，明也』。音皆與到同。卜辭之雈若讀作昭，與霽義亦相若。」（綜述二四五至二四六葉）

孫海波

「冡，乙一八三。从冃从隹。說文所无。郭沫若以為冡字异文，假為雺、為霧。書洪範曰雨、曰霽、曰雺。傳云，蒙陰闇。疏云，曰雺，兆气蒙闇也。又云，雺音近蒙。詩云零雨其蒙，均以蒙釋雺，音近可通。丁雨、乙雈不雨。圇，涼鄰二六四。或从宀。」（甲骨文編三三二頁）

李孝定

「說文：『冡，覆也，从冃豕。』栔文从冃隹，舊多釋為鳳之異文，假為風。惟甲文鳳字皆从凡作冃，而此字皆从冃無一作冃者，足證其誤。葉氏舉『大𡧍冡』一辭謂冡是風字之異，說非。「大□風」與「大□冡」並是紀天象之辭，然風冡不必同字，猶言「大雷雨」或「大雷風」風雨豈亦同字乎。陳氏釋雈讀為霿亦有未安，雈字从H，古金文从H之字若冘央之屬皆从H，無一从冃者，足證二者之非一字。且陳氏說雈為雨止雲散，是與啟義相近。卜辭中每多雈啟對貞之辭，如陳氏言則將無以為辭。郭釋冡讀為霿，以讀陳文所舉諸辭如續六、二、三，佚下、二五、六，續四、三六、八，甬六、五一、六等辭莫不怡然理順。如粹八一九云「旬日其雨其于雨丙辰雈不雨」，蓋謂丙辰僅有霧而不雨，如讀為霿則其意將為「丙辰雨止雲散不雨」。上言「雨止」而下言「不雨」，不亦纏復無理邪。通讀諸辭，實以郭說於義為長也。即如陳氏之言亦當釋為雈讀為唯不當讀霿。本書已於四卷隹部收此作雈，其字主於冃，依例應入冃部，以為从冃隹會意，說文所無。以其形音義與許書冡字並近，故更收作冡，以為雈字重文。」（集釋二五四二葉）

張秉权「雈字，郭氏讀為霧，即後世的霧字。」（殷虛文字丙編考釋第八二頁）

于省吾「甲骨文第一期的雈字习见，作冡或冡。王国维谓：『冡从隹从凡即风字，卜辞假风为风。』（戬考三六·四）陈梦家释雈为寉（综述二四五）。按王和陈说并误。郭沫若谓：『雈当是冡之古文，读为霿。』（粹考六一一）又谓：『卜辞雈字殆两用，其言雨雈、风雈者，如诗之零雨其濛。其单言者，盖用为霿。』（通考四一六）又：『丁明雈大食者言丁酉之天明雾大消散也。』（殷契余论易日解）又：『易乃晹之借字。说文晹日覆云暂见也，从日易声。是则易日犹言阴日也。』（同上。按易日每与雈连称，故引此条。）按郭谓雈当是冡之古文，读为雾，颇具卓识。但既谓雨雈和风雈连言，又谓雈字殆两用则非是。今将甲骨文有关雈字的贞卜择要录之于下，然后再加以阐述。

一，辛丑卜，𠂤，自今至于乙子雨，乙雈不雨（缀合三七七）。

二，☐日其雨，至于丙辰雈，不雨（粹八一九）。

三，辛丑卜，㝊，翌壬寅启，壬寅雈（珠一六六）。

四，癸子卜，翌甲☐启，甲雈。六月（戬三六·四）。

五，辛未卜，内，翌壬申启，壬冬（终）日雈（续存下七六）。

六，贞，翌庚申我伐，易日，庚申明，雈，王来途首，雨小（亿六四一九）。

七，（癸）未卜，争贞，翌甲申易日，之夕月㞢食，甲雈，不雨（丙五九）。

八，辛丑卜，争，翌壬寅易日，壬寅雈（续五·一〇·三）。

九，乙未卜，王翌丁酉酚伐，易日，丁明，雈，大食☐（续六·一一·三）。

十，丙申卜，翌丁酉酚伐，启，丁明，雈，大食日启。一月（库二〇九）。

甲骨文翟字从隹冋声（冋字详释冥），冋雾双声。翟为雾之本字，雾为后起字，雾行而翟废。谚语的「十雾九晴」，是说有雾则天气晴朗，有雾而雨则少见也。前文所引第一条，先言自今至于乙子雨，后言乙翟不雨，则乙子之不雨，是因为有雾。第二条也以翟和不雨连言。以上两条都是有雾则不雨之证。第三、四两条均以启（訓晴）和翟连言，这是说有雾则晴。第五条以启与终日雾连言，虽然不是晴朗，但也未降雨。第六条以易日与翟连言，而又言雨小，则是九晴一雨之验。因为雨小并不影响外出，故以王来途首为言，第七、八、九三条也均以易日为言。吴其昌释易日为「锡日」为「赐霁」，为「祈锡日光」（解诂三续二三〇）。按吴说可从。甲骨文以易日与雾连言，又它辞对易日多举行祭祀，则以易日为「赐霁」，于文义无有不符。第九条是说，乙未卜，翌日乙酉举行酚、伐之祭，因而受到锡日。丁（丁酉的省语）日天明有雾，表明即将晴朗。甲骨文大食屡见，又有小食（缀合七八），它是商人划分每日时刻的名词。第十条是说在天明之后言大食，当指朝食言之。据第十条则大食下应补日启二字，这是说在大食时已由雾转晴。郭说既以易日为阴日，又以「翟大食」连读，释为「雾大清散」，均不可据。

总之，翟与雾是古今字。甲骨文的翟字读作雾，于文义咸符。翟是以隹为形符，以冋为声符的形声字。可是为什么以隹为形符呢？这乃是形声字形符含义的缘故。古文字的隹与鸟多无别。由于某种鸟鸣预知将雾，故从隹。这和甲骨文阴晴之阴从隹作雂（详释雂），也是由于某种鸟鸣预知阴雨，其例正同。」（释翟，甲骨文字释林一〇七至一一一页）

施谢捷

「甲骨文中有字作□，辞称：

不……□……六月。（京津五二一）

此字甲骨文编作为不识字归入附录中。

我们认为，此字即「允翟」二字合文。甲骨文中有「允翟」不作合文例，辞曰：

丁卯卜，殻，翌戊辰帝不令雨？戊辰允翟。

「允翟」为验辞，与前引例同用。「翟」读为霧。」（甲骨文字考释十篇，考古与文物一九八九年六期六九页）

按：釋風、釋雈讀作霿，均非是。

卜辭均指天象而言，可以肯定者有：

一、與雨相對

「丁卯卜，殻，翌戊辰帝不令雨？戊辰允翟」 合一一五

「辛丑卜，㱿貞，自今至于乙巳日雨？乙翟，不雨」 合三七七

「……日其雨？至于丙辰翟不雨」 粹八一九

二，與𢼄及易日有別

「辛丑卜穷，翌壬寅𢼄？壬寅翟」 珠一六六

「辛未卜丙，翌壬申𢼄？壬終日翟」 存二・七六

「丙申卜，翌丁酉酌伐，𢼄？丁翺翟，大食日𢼄。一月」 庫二〇九

「乙未卜王，翌丁酉酌伐，易日？丁翺翟，大食……」 續六・一一・三

「甲辰雨，乙巳翟，丙午𢼄」 乙一五六

三、與不風有關

「翌癸卯帝不令雨，夕翟」 乙二四五二

卜辭既多見「翟不雨」、欲雨，但翟而不雨，是「翟」不得讀為「雨止雲罷」之「霽」。郭沫若以為冡之古文，讀作霧，其說可信。說文：「冡，覆也。从冂豕」。今通用作蒙。从冂豕與从冂隹均為覆蓋之意。說文訓冂「為重覆」，其義相因。釋名：「霚，冒也，气蒙冒覆地之物也。」卜辭翟字讀作霚均可通。既非雨，又非𢼄，又不同於易日，且與不風有關，則非霚莫屬。此均早期卜辭，晚期則有从雨敄聲之專字，參見霚字條下。

⿱今隹 陰

于省吾：「第一期甲骨文⿱今隹字习见，作□或□，旧不识，甲骨文编谓「从隹从今，说文所无」。按⿱今隹字从A，即今字的省作。今字在偏旁中多省作A，详释今。今择录几条有关⿱今隹字甲骨文于下，并加以阐述。

一、不生，⿱今隹。十一月（乙九五）。

二、囗征⿱今隹（乙一九四）。

三、戊寅囗⿱今隹不（否）（乙三五〇）？

四，丙辰卜，丁子其⿱今隹印，允⿱今隹（乙三〇七）。

五，戊戌卜，其⿱今隹印〇翌己𢼄，不见云（雲）（乙四四五）。

六，丁未⿱今隹〇戊申卜，己𢼄，允𢼄〇戊申卜，己其雨，不雨，𢼄，少囗（乙四四九）。

⿱今隹即雓字，说文：「雓，鸟也，从隹今声。春秋传有公子苦雓。」甲骨文以⿱今隹为天气阴晴之阴，不作雓鸟字用。前文所引六条的⿱今隹字如读为阴晴之阴，无一不合，而五、六两条以⿱今隹与𢼄对贞，更是显明的验证。说文训阴为闇，以为阴晴之阴。阴晴之阴说文作霒，并谓：「霒，雲覆日也」，

从雲今声。」以甲骨文验之，则𩂋为后起字，初文本作雂。总之，甲骨文以从隹今声之雂为阴晴之阴，犹之乎以从隹冋声之罹为雲雾之雾（详释罹）。造字之初，雾与阴无法形容，故以形声字的罹、雂明其音与义。但是，罹与雂之所以从隹（与鸟同用），是由于某种鸟鸣预示天气将变的缘故。某种鸟鸣预示天气将变乃中外习俗所共知，不烦引述。至于甲骨文以霒为阴蒙之蒙（详释霒），它和雂字的区别是，霒为轻阴，故有时只言『霒日』。但轻阴逐渐加浓，也能降雨。」（释雂，甲骨文字释林一一一至一一三页）

按：于先生釋「雂」，讀作「陰」是對的。說文「䧹」為鳥名，而以「霒」為「雲覆日」。卜辭以「雂」為陰晴之「陰」，當為音假。「陰」與「霒」義俱相因，乃後世區別之文。

鳶 □

于省吾　「甲骨文有『乎多☒射⿱戈隹，隻』（續存上七〇五）之貞，又有『不其乎多☒隻射⿱戈隹』（遺游一三〇）之貞。⿱戈隹字，王襄誤釋為雚，甲骨文編未收，續甲骨文編誤列入雚字中。按⿱戈隹字作□，上从戈，下从隹，即鳶字的初文，古文字从隹从鳥每互作。它和雚字構形截然不同。商代金文鳶字屢見，鳶觚作□，且辛卣作□，鳶卣作□，均係从鳥戈声。此字也見于它器，不备录。王念孙謂：『以谐声之例求之，則当从鳥戈声而书作鳶。鳶字古音在元部。古从戈声之字，多有讀入此部者，故說文䦎从戈声而讀若縣，㦿从戈声而讀若環。鳶之从戈声而讀与专切，亦猶是也。』（广雅疏证释鳥）按王說甚是。」（释⿱戈隹甲骨文字释林三二五页）

赵诚　「□，⿱戈隹，从隹戈声，实为鳶字初文。有的书也写成鳶，如集韵，是一种鸟的名称。卜辞所说的『射□』（射鳶）（存一・七〇五），即用其本义。」（甲骨文简明词典二〇五页）

按：于先生釋「⿱戈隹」為「鳶」。合集五七四〇辭云：「……貞，呼多射⿱戈隹隻」為狩獵之對象，乃用其本義。

1765 [字形]

按：合集九七五八正辭云：「庚子卜，[字形]受年」乃人名或地名。

1766 [字形] [字形] [字形]

孙海波

「前编卷五第八叶四版『癸卯卜賓貞𢆶[字形]䧹于京，』又卷六第六叶三版『□緍伐笰□[字形]□，』（铁云藏龟第三十六叶三版『□生出狩□于徹取[字形]□，』[字形]旧无释，窃疑此字从乐从隹，即许书之鷢。说文『乐，木本，从氏，大于末，读若厥。』金文作[字形]（克鼎）[字形]（宗周钟）[字形]（格伯簋）[字形]（攻吴鑑）。卜辞亦有此字，菁华第三页『癸酉卜㱿贞旬亡□王固曰𢦔之求之𢀛，五日丁丑土娩中丁[字形]陵在𠂤十月，』[字形]即乐字。[字形]上所从[字形][字形][字形]诸形均与乐形相近，故知此字从隹从乐。说文乐厥异部，古文有乐无厥。容先生曰：『庄子「若厥株拘」，列子作「若橛株驹，」殷敬顺曰：「橛，说文作乐，」是知乐为橛之古文，亦厥之古文，敦煌本隶古定尚书厥皆作乐，史记引尚书多作其。』（金文编乐字注）是知厥乐古一字。广雅曰『鷢，鸇也。』古今注云『似鹰而尾上白，亦號为印尾鹰。』徐笺引郝懿行曰『白鷢，即今白鷢，即今白鷂子，似雀鹰而大，尾上一点白即名印尾鹰。』是鷢即鹰属，说文作王雎非。」（考古学社刊第四期十五页）

饒宗頤

「按雈即雚，乃䨼字，爾雅釋鳥：『鷢，白鷢。』說文：『白鷢，王雎也。』他辭云：『癸卯卜，穷貞：將雚𩫖（墉）于京。』（前編五、八、四）鷢地未詳。詩十月之交：『聚子內史，蹶維趣馬。』鄭箋：『聚蹶皆氏。』舊無釋，鷢地未審與蹶氏有關否。」（通考六一六葉）

饒宗頤

「『癸卯卜，穷貞：將（將）雈，𩫖于京。』（前編五、八、四）按雈疑雁字。漢書武帝紀：『祠于汾陰雁上。』師古曰：『地本名鄈，盖借雁為鄈。』卜辭凡言『將某』即指帥某地之人。如云：『將戈人』是。（珠四五八）則此之『將雁』，殆謂將雁地之人。」（通考三一七葉）

張秉权「𢆶，象鳥頂有丝毛，疑是鳳字之別体，鳳為地名，在殷之東南，与攸相距大約有五、六天路程，董彦堂师殷曆譜下編卷九帝辛日譜，頁四十九說：

十一月大 戊戌朔。

辛酉廿一日 王在婐，步于雉。

辛酉王卜，在婐貞：今日步于雉亡巛？（前二·一九·六）

癸亥廿六日 王在雉，步于卣。在十一月，征人方。

癸亥王卜貞：旬亡畎？在十月又一。征人方，在雉。（綴五八四）

十二月小 戊辰朔。

己巳二日 王在卣。步于攸。在十二月。

己巳王卜，在卣貞：今日步于攸亡巛？在十月又二。（續三·三〇·七）

癸酉六日 王在攸。在十二月。征人方。

癸酉王卜，在（攸）貞：旬亡畎？在十月又二。征人方。（綴五八四）

癸（酉卜，在）攸，（泳貞：王）旬（亡畎？王來）征（人方）。（前二·一六·六）

从上面的一段記載中，我们可以知道鳳（日譜作雉）和攸都是征人方途中所经过的地点，癸亥在鳳，癸酉在攸，中间相隔十一天，不过其中自甲子至己巳有五、六天是在卣耽擱的，所以在路上走的日子不过五、六天罷了。鳳或稱鳳方，丁山以為即風夷，在漢志六安國的安風县，即今安徽霍邱县与攸（今安徽桐城？或說安徽來城）相距不过五、六天的路程。」（殷虛文字丙編考释第一三七——一三八頁）

白玉峥「就字之构形審之，疑即今隶焉字之初文。其与凤字之异，不仅头饰；即其隹字之构形与修饰亦异。凤身之隹，必以斑羽为饰，与隹之构形，截然有别，明白清楚。而焉身则与隹字全同，不仅无斑羽，且无歧羽。又焉字仅见於第一期及第五期之卜辞，且皆寥寥数字。至其在卜辞中之为用，就第一期言之，在极少之数字中，又半为地名，馀则以辞残有间，字意难予肯定。再就见于第五期者言之，均为地名，无一例外。而凤字则否。就甲文以证甲文，二字之构形，与在卜辞中之为用，迥异其趣，是必为二字无疑。再就小篆之作焉、诅楚文之作焉言其构形，仍与甲文相同。是焉之释焉，殆无疑也。至甲文中地名之焉，当即今隶之鄢字。疑即春秋隐公元年：『夏五月，郑伯克段於鄢』之鄢。杜预注：『鄢，今颍川鄢陵县』。字又作隔。后汉书郡国志：『隔陵，属颍川郡，春秋时曰隔』。颍川之隔陵或鄢陵，即今河南省之鄢陵县，地在殷墟之南，与商近也。」（契文举例校读十一中国文字第四十三册四九〇二至四九

○三頁）

按：釋「鷹」、釋「焉」均不可據，卜辭為地名或方國名。

1767

雈 萑 萑

余永梁　「此疑進字。說文近字古作岸。卜辭文曰『貞于□南進萑』，又曰『乎萑進』。」（殷虛文字考，轉引自集釋一三八九頁）

孙海波　「萑，師友一、五八。地名，在雈崗。」（甲骨文編五七頁）

嚴一萍　「卜辭有萑及萑字，孫海波甲骨文編隸定為雈附錄於上，後葉葒漁前編集釋引余永梁說釋進。案此字在卜辭均為方國地名，如『壬寅卜萑侯弗戈畀？☐萑侯戈圍』（前五、九、三）『辛亥☐萑侯☐家☐』。（拾三九〇）為臣屬殷王朝之諸侯，如『貞乎取萑？貞燎十牛？貞于杯南萑奠？貞燎五牛』（前四、三六、七）此時萑已稱叛，故有『呼取』之卜。別有一版『貞以萑人乎宅萑』（佚五九〇六）以有徵集義，乃貞徵集萑人以歸萑地，似為救亂已平撫輯流亡以安萑社之意。故同時期他辭又有『貞乎往奠于萑』『勿乎奠于萑』（佚五三三〇）萑亂既平，萑地仍歸殷商版圖，故武丁卜辭又有『循萑』（京一三二九）『□辰卜循萑』（甲三二五六）之辭。至文武丁時代當為殷商之屏藩，卜辭曰『戊寅卜方至小時出日方在萑啚』（外二二七）方為文武丁時代常見於卜辭之外族，或謂萑為夏世少康即位『方夷來賓』之方族後裔。後漢書屬之東夷傳，知其地望東在殷之東南方，萑為其近鄰也。此萑字，余永梁釋進，葉氏从之。今細審之，當即說文之舄若雒。說文曰『舄雒也象形七雀切雒篆文舄从隹昔』。初學記卷卅引『昔』下有『聲』字，則雒為形聲字。段氏說文注曰『謂舄即雒字，此以今字釋古字之例。古文作舄，小篆作雒……言其物。此云舄雒也言其字。舄本雒字，自經典借為履舄字，而本義廢矣』。按段氏之意，舄即雒字，惟有古文與小篆之別。按今傳世銅器銘文所見，凡言『舄』者多與赤字連文，蓋均借為『履舄』字。據金文編所錄諸舄字凡七器，桓侯鼎作☐譌变太甚，與他器之字形殊不類，餘六器所作諸舄字形體大致不殊。此下一段考證金文編舄字所見六器之年代从器定記今以字形之演变而論，則西周年曆譜所推定者，上承甲骨之萑，下啟小篆之舄，秩然有序。茲據以排比以見其遞嬗：

萑　甲骨文武丁時　西元前一三〇〇年左右

[glyph] 孟鼎 九九九

[glyph] 師虎簋 九七六

[glyph] 師嫠簋 九五六

[glyph] 元年師兑簋 九二四

[glyph] 師晨鼎 八七六

[glyph] 吳方鼎

[glyph] 小篆 秦始皇廿六年書同文時西元前二二一年許慎成說文解字漢安帝建光元年西元一二一年

以盂鼎之[glyph]相較，下半之隹譌變已多，上半止字尚存三歧。師虎簋師嫠簋則最形似，从止从隹宛然可辨。至師兑簋以下之[glyph]，上半譌作[glyph]形即爲小篆作[glyph]所从出，下半之隹徽有譌變乃截取鳥之下半遂成今形作[glyph]，許君謂「象形雟也」，既識其字義乃昧於初文。段氏知[glyph]與雟爲古今字可謂卓識，然無緣知是雀之譌也。古音止在支部，昔入之部，之支聲近相通，故古字从隹止聲之雀可隸變而爲今字从隹昔聲之雟。儻無卜辭之雀，則所謂古今字者終難通其郵。今山海經南山之首曰雟山，與卜辭毗鄰東夷之雀皆在殷都之南，地望相若。逆臆之，或即殷為雀侯之故治，則地亦可徵焉。」定按下段考[glyph]之地望从器（中國文字第三冊一至七葉釋[glyph]）

严一萍　「此[glyph]字：余永梁释進，叶氏从之。孙海波未释音义。今细审之当即说文之[glyph]若鹄。」（释[glyph]，甲骨古文字研究二七五页）

屈萬里　「[glyph]，隸定之當作雀。」（甲編考釋二九四葉）

李孝定　「說文『[glyph]雟也象形雟篆文[glyph]从隹笞』契文之[glyph]，嚴氏釋[glyph]可从。惟疑字上从止象[glyph]之毛冠，偶與止字相類非从止聲也。嚴氏以止聲似有可商。字在卜辭爲方國之名。金文[glyph]字已見嚴氏文中所引，亦不復贅。卜辭進字作[glyph]，从止从隹，此所从止與从辵同非[glyph]字所从象毛冠形之[glyph]也與[glyph]有別。進字見第二卷辵部」（集釋一三九三葉）

張亚初　「从隹从止、以止为声符的雀字（綜类二三三页），就是后世的雟字。說文训鸟也。集韵平声支韵以雟为雟。早期以止为声符，后世则以此为声符。」（古文字分类考释论稿古文字研究第十七辑二三八页）

按：字不能隸作「雀」，在卜辭為人名，地名及國族名。

1768 □

按：卜辭云：「……中卜、㱿貞，亘捍不隹我□其終于之」似有災咎之義。

合集六九四四

1769 鳳 風 □ □ □ □

孫詒讓「此字亦似从隹，而文特繁縟，疑即鳥之象形字。說文鳥部鳥，長尾禽總名也，象形。鳥之足似匕。此文鳥之羽尾足咸備，疑最初象形字本如是，與隹小異，上似从辛，疑當為鸞之省。說文鸞，赤神靈之精也。赤色五采，鳴中五音·頌聲作則至。从鳥䜌聲。周成王時氐羌獻鸞鳥即此。『鸞止』（藏五五·三）猶言鸞鳥來集也。又案說文鳳古文象形作𠏁，（即朋字）與此形亦相近。鸞為鳳之屬，或本从朋，此肊說，無左證，附識以葡攷。」（舉例下卅五葉下）

羅振玉「說文解字鳳古文作𠏁□二形，卜辭从□與□略同，从H（即凡字，古金文作H，與此小異）與篆文同。惟从丵或省作□，與許書篆古二文不合耳。龍字从□，鳳字所从亦與龍同，此於古必有說，今無由知之矣。王氏國維曰：『卜辭中屢云「其遘大鳳」，即其遘大風。周禮大宗伯風師作飌師，从雚。而卜辭作鳳，二字甚相似。』予案此說是也。考卜辭中諸鳳字誼均為風。古金文不見風字，周禮之飌，乃卜辭中鳳字之傳譌。蓋譌□為雚，譌凡為風耳。據此知古音假鳳為風矣。」（殷釋中三十二葉上）

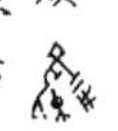

王襄「□古鳳字，假為風，左象鳳鳥羽翼之形，右从H有四正四隅八方風向之誼，即凡之所由譌変。」（簠考天象二葉上）

王襄「殷契借鳳为風。初期象鳳之形，繼則字旁加点，有風动塵起之誼；后則加H即

古文凡，（凡散盘作月，聃敦作月皆可証），由象形已演為形声，許說鳳从鳥凡声。南宮鼎之鳳与契文后期之鳳同。」（古文流变臆說第一九——二〇頁）

葉玉森　「按𦫳之異體作𦫳作𦫳、……𦫳𦫳寄形，卜辭𪉖為風字。予曩疑𦫳象大鳥之冠省，变作∀ ∀ ▽ 𦫳𦫳寄並象鳥有長尾，𦫳象尾末有圓斑如孔雀。然或古代鳳尾亦有此斑，長尾鳥長則奮翼一飛，風象自見。故古風字从長尾鳥从日，日疑舟帆之形。（凡或帆之古文）長尾鳥與帆並可占風，故先哲制風字，取二物以象意，省左省右仍並為風。其从𠀠者，大鳥舉則塵揚，殆以狀飛塵歟？（說契）……陳邦懷氏謂鳳字所从之𦫳即說文解字之丵字，吉城氏曰：『許說鳳屬有名鸑鷟者，鸑族即丵嶽。』按二氏之說足補余疏。又藏、二六〇、四，𪇴𪇴二字在一版上，予曾疑䧿非風字，（揅契枝譚）嗣得一龜版文曰『□王步□大𪇴𪇴』，與他辭言『大𪇴𪇴』，（後、下、三三、六）『大𪇴𪇴』，（後、下、三六、三）『大𪇴𪇴』（菁、五、三）之辭例並同，乃知䧿𪉖為風字。（說見拾遺考釋十七葉）孫疑雖者誤也。」（前釋二卷三十五葉）

陳邦福　「卜辭𪉖、𪇴，各家釋鳳，假風，至確。邦懷從弟謂上從丵者，邦福案古僕、業本可相假，詩既醉篇云：『景行有僕。』傳：『附也』，據卜辭龍鳳既皆從丵者，正有龍飛鳳儛，羣從歸附之誼。……或从𠀠，象濯羽，或从日、月，皆从凡得聲，偁从盥散盤凡作月可證。」（瑣言八葉上）

陳邦懷　「卜辭鳳字所从之丵，即說文解字之丵字，其作𦍌者，省文也。許君說丵字曰：『叢生艸也，象丵嶽相並出也。』段注云：『吳語不經見者謂丵嶽。』考卜辭中鳳與龍字有從丵者，蓋以鳳龍為不經見之物歟？」（小箋十三葉下）

吉城　「鳳文从丵極是，許說鳳屬有名鸑鷟者，鸑鷟即丵嶽。」（小箋自序二葉上引）

郭沫若　「『𠭰觀伊奭』以上第二五五片『于妣庚弓甲奭』及戊辰𢦏『遘于妣戊武乙奭』（通二五九、後上、二二、四）同是例之，足證殷人以觀（鳳）為伊尹之配。它辭言『剛于伊奭』，又『王室帝史』。……祭鳳之辭。鳳又稱帝史，曰『于帝史鳳二犬』，（通三九八）又『王室帝史』。（通六四）此蓋殷人神話，或者以伊尹之配死而為風神也。寧風之事，卜辭尚有之，曰『甲戌卜其寧風三羊三犬三豕』，（遺、典禮、一六）曰『辛酉卜寧風，巫九犬』，（庫、九九二）曰『癸酉卜巫寧風』。（後、下、四二、四）」（粹考一一〇葉）

又曰：「後漢書東夷傳言『夷有九種』，中有風夷，此鳳方當即風夷矣。」（粹考一五二葉背）

丁山 「後漢書東夷傳風夷注引紀年及御覽八二引紀年有風夷，是風夷者，夏后氏故國也。商周以來，載籍多不傳。鳳，卜辭通假為風字，鳳氏其即夏后氏風夷之胄歟！」（殷商氏族方國志一四八葉）

陳夢家 「卜辭風作雚或觀，有『大風』『小風』（佚一九四，拾七.九），武丁卜辭又有『大掫風』，于省吾以為即大驟風大暴風（駢枝三：三）。廩辛卜辭有『大颱』（甲三九一八）。廣雅釋詁四『悅，狂也』，『兄』『王』古音同，當是大狂風。凡此大風、小風、大驟風、大狂風乃是風力的區分。爾雅釋天有四方的風名，廣雅釋天有八方的風名，後者根據了呂氏春秋有始篇、淮南子天文篇和史記律書。凡此與卜辭的四方風名，都不相同。善齋藏骨（京津五二〇）綴二.一一九（京津五二〇）和拾二六一（十三次發掘所得）都記有四方之名和各方的風名如下：

東方　風曰劦
南方　風曰炎　善齋骨方名與風名互倒
西方　風曰東　善齋骨方名與風名互倒
北方　風曰伇

山海經北山經『北望雞號之山，其風為颱』，說文劦下引作『其風曰劦』，此丁聲樹所指出。周語上『瞽告有協風至』，注云『立春日融風也』。北山經以北方之風為劦，與卜辭不同。廩康卜辭云：『彝風叀豚，又大雨』。攈四、四二、六『其寧，叀日彝韓用』。京津四三一六即韋風，亦即東風，大荒西經曰『來風曰韋』，此楊樹達說（積微居甲文說一七）。其它南風北風，字既不識，也不必與古書風名強合。此四方風名，乃風神之名，猶後世稱風神為飛廉或屏翳」。（綜述二四一葉）

朴海波 「𩇯，拾七.九。鳳用為風。𩇯，鐵五五.三。不从凡，象形。」（甲骨文編一八八頁）

孫海波 「𩙪，甲三九一八。从鳳从兄。說文所无。卜辭用为風字。癸亥卜，𡧊貞，有大颱。癸亥卜，𡧊貞：今日亡大颱。」（甲骨文編五一一頁）

屈万里 「字隸定当作觀。按，当是颱或𩘓字。《书、无逸》『無皇曰』之皇，漢石经作兄。《詩·桑柔》「倉皇慎兮」，《釋文》云「皇本亦作況」。是知皇、兄同声，字书有⿵風皇、⿵風黄字音横。《玉篇》云「暴风也」。韓愈《城南聯句》「龍駕聞敲⿵風黄」，《朱子考异》云「⿵風黄或作⿵風皇」，是⿵風黄⿵風皇同字，甲骨文习见卜风之辞，而觀与觀（飌）皆从雚作，則觀为⿵風黄若⿵風皇字，蓋无疑也。」

饒宗頤「此四方風名，胡厚宣楊樹達俱有精詳考證，楊氏以為四方草木之神，若乏的證。其间剩義尚多有待探索，茲再補論為次：

東方曰析。劍橋大學藏骨云：「卯于東方析，三牛三羊青三」。（金璋四七二）《大荒東經》言「東方曰析」，「析」、「析」形近。「析」乃東方區域之通名，他辭云「旬出希。之日瀝，夕出豕在析，八月」。（《綴合編》一六九——《文錄》六八十七二四）此記天象，謂夜有豕星，在析出現。《史記·天官書》：「奎為封豕」。《正義》：「奎一曰天豕」。此殆指奎星見於東方之析。古天文列星次有十二次之區分，其一曰析木。《爾雅·釋天》：「析木之津，箕斗之间，漢津也」。箕為木宿，斗為水宿，天漢起自箕尾，於辰在寅，為木，故主起處而名為析木。殷時稱東方地區曰析，必與星宿有関，可知分野上寅宫「析木」一名之產生，已有悠長歷史。

東方之風曰劦，即《國語》之協風。《周語》云：「耕籍先時五日，瞽告有協風至」。韋注：「立春日，融風也」。《鄭語》：「虞幕能聽協風，以成樂物生者也」。《山海經·北山經》：「毋逢之山，北望雞號之山，其風曰⿵風劦」。字又作⿵風劦。《說文》「劦」字下引作「其風曰劦」。

南方之風曰「𢼸」。此字實即散字，微字从此得聲。卜辭恆見人名散。（《殷綴》二七三）《說文》豈下云：「从微，省聲」。微通作闓，故《廣雅·釋詁》：「微，明也」。（見《通訓定聲》）此字楊氏讀作先。謂即凱風是也。《爾雅》：「南風謂之凱風」。字又作「愷」。《淮南子·地形訓》：「南方曰巨風」，高注：「一曰愷風」。

南風下言「尸」者，此亦星占之說。《開元占經·南方七宿占篇》引石氏云：「輿鬼五星，中星色白如粉絮者，『積尸』氣也」。此「尸」疑指南方「積尸」之氣。

西方曰彝，風曰「丯」。他辭作韋風。《前編》四·四二·六：「韋風，重豚，又大雨」。丯乃韋之省形。又《粹編》一二八一：「其罕，叀日𢆶（彝）韓用」。（《京津》四三一六重）「彝韓」即指西方彝之韓風。善齋巨骨刻辭作「西方曰朿，風曰彝」，實當作「西方曰彝，風曰朿」方合。《大荒西經》言西北「來風曰韋」，即韓風是也。

北方之風曰「役」。諸家未詳。役于卜辭為⿸疒役字。《廣雅》：「⿸疒役，病也」。王念孫《疏證》：「《說文》民皆病曰疫，疫與⿸疒役同」。《呂氏春秋·有始覽》：「西北曰厲風」。《楚辭·天問》：「伯强何處？惠氣安在？」王逸《章句》：「伯强，大厲疫鬼」。伯强即禺强，為北方神名，見《莊子》、《山海經》等書。《淮南子·地形訓》云：「隅强，不周風之所生也」。《史記·律書》：「不周風居西北，主殺生」。不周風，厲風，皆西北風後起之異名；殷人稱之曰『役，』役即疫，以其神為大厲疫鬼，故曰疫風，亦稱厲風。厲與疫同義，檀弓下：『斬祀殺厲。』鄭注：『厲，疫病，』字又作癘，左哀元年傳：『天有災癘，』杜注：『癘，疾疫也。』故知疫風即厲風，此義可補胡楊二氏之缺略。

卻有進者，漢人有風占之說，見論衡變動篇，亦稱『風角。』後漢書郎顗傳注云：『候四方四隅之風，以占吉凶。』西漢翼奉京房皆有風角書，（見隋志）何休復為之注。爾雅釋天言四方之風，北曰涼風，西曰泰風，南曰凱風，東曰谷風，呂氏春秋（有始覽）淮南子（地形訓）等俱言八風，緯書如通卦驗，（左昭二十年正義引）春秋考異郵（御覽九引）亦述八風之名，八風即合四方四隅之風，此後起之說。殷人已言四方風名，即風占之濫觴，此言術數史者，不可不知也。右辭貞禘四方之風并行米祭。米即祈，此方為大厲疫鬼，故禳之；東方為協風，能成樂百物，則祈之。（原甲左橋殘缺，于西南方亦應有米字，今殘。）月令云：『磔禳以畢春氣。』鄭注謂：『磔牲以禳于四方之神，所以畢止其災。』此即米風之義，後世祈風之術，殆昉于此乎？原辭左西方南方中間有：『貞：豕其出不』一行，與甲上端『出豕不若，一月』語對貞，其卜日辛亥，正值孟春，復貞用豕，其為磔禳之事明矣。」（通考四八八——四九一葉）

張東权「鳳，在今安徽霍邱县。」（殷虛文字丙编考释第一七五頁）

饒宗頤「按觀字从風从兄，字書所無。周禮大宗伯飌師，古文風字从雚，此从兄。釋名：『兄，荒也。』東陽古通，故風，殷人讀為兄也。」（通考一一三一葉）

張東权：「（一）（二）二辭的『風』字，假『鳳』字为之，這在甲骨文中，已屬通例。甲骨文中的鳳字，都被借為風字，从来没有当作鳳凰之鳳讲的。」（殷虛文字丙编考释下輯二第三三頁）

謝信一「屈翼鵬先生『鄴，隶定之当作觀，当是𩗽或䫻字。』的說法是对的。集韵下平声耕十三：䫺，平萌切，大風也；𩙥，呼宏切，大風也，或从厷。大風又同暴風。高氏的中國中古上古音摘要中，𩙥、䫺同在廿一部，而䫻在十六部；但是此三字字音之差別甚小，可以通假：

𩙥（呼宏切）　xmwɛng / xwɛng / hung
䫺（呼萌切）　g'wɛng / xwɛng / hung
䫻　g'wăng / ɣwung / heng

固然我们有理由認為颱、飂与颸、颸是由一个字演变而来的。所以甲骨文的鳳即是小篆颸、颱、飂的初形，其意义为暴风也，大风也。」（甲骨文中之鳳颸颸說　中國文字一九七九頁）

李孝定　「考其字形，似为从隹凡声，当隶定作䧿。辞云『今日亡大䧿』，与风同义。」（甲骨文字集释补遗四四三九頁）

李孝定　「說文『鳳，神鳥也。天老曰：「鳳之象也，鴻前麐後，蛇頸魚尾，鸛顙鴛思，龍文虎背，燕頷雞喙，五色備舉。出于東方君子之國，翱翔四海之外，過崐崘，飲砥柱，濯羽弱水，莫宿風穴，見則天下大安寧。」从鳥凡聲。𠌙，古文鳳，象形。鳳飛羣鳥從以萬數，故以為朋黨字。䳍，亦古文鳳。』契文象鳥形，或亦从凡聲，並叚為風。其為方國之名者，殆當如郭丁二氏之說。至郭氏謂殷人以鳳為伊尹之配，諦審原辭『鳳』『伊』二字似不相屬，疑別為一辭，即如郭氏所讀，其說亦待考。陳邦福謂龍鳳从丵乃丵字，有歸附之誼，說涉附會，殊不待辨。陳邦懷氏謂字从丵即許書之丵是也。惟引段注謂吳語以不經見為丵嶽，因謂龍鳳从丵蓋亦不經見之誼則殊迂曲。蓋吳語以不經見為丵嶽乃後起之誼，且係方言殊語，契文遠在三千年前，亦非吳人所造，安得有此意乎。蓋从丵者象鳳頭上叢毛之冠也。許君訓丵為叢生艸，叢字亦从丵，鳳殆即今之孔雀，其頭上毛冠固象叢生艸也。葉氏謂𠌙亦鳳之或體亦叚為風，說非，已於隹部辨之。又謂从凡乃古帆字，帆可占風，故先指叚以象意，說殊荒誕。許君明謂鳳从凡聲也，此與王襄氏所云有四正四隅八方風向之說同不足辨。說小篆从鳥凡聲，正鳳之省文也。許書鳳下出古文一體作𠌙本係象形，而解云『故以為朋黨字』，此許書說叚借之例，後世復叚為朋貝字，此蓋朋字音義既殊之後，乃以叚借字之朋專行耳。詳前一卷玨字條下。金文作[illegible]鳳魚鼎[illegible]且癸簋」（集釋一三六六葉）

于省吾　「甲骨文的雚即古鳳字。甲骨文以雚为風，係造字假借。因为風无形可象，故借用音近相通的雚字。第三期甲骨文称：『甲寅卜，乎鳴𦋐，隻雚。丙辰隻五。』（佚三一一二）雚字作[illegible]。甲骨文雚作本字用者只此一见。鳴为习见的人名。𦋐即𦊃字，从鸟从隹古同用。說文：『𦊃，覆鸟令不飞走也，从网隹，读若到。』段注：『网部有罩，捕鱼器也。此与罩不独鱼鸟异用，亦且𦊃非网罟之类。谓家禽及生获之禽，虑其飞走，而笼罩之，故其字不入网部。今则罩行而𦊃废矣。』按段氏曲为之解。𦊃字从网隹，其本义为以網捕鸟。前引一段甲骨文是说，商王令鳴用網捕鸟，丙辰这天捕获五只雚鸟。由于用網捕之，故所获自是生雚。甲骨文有『其隻生鹿』（粹九五一）之贞。因为甲骨文有时用網捕鹿——『乎多犬网鹿于槭』（记五三二九），故获生鹿。周初器卣鼎的「卣平歸（饋）生觀于王」，郭沫若同志谓「生鳳自是活物」（參考一八），可以与甲骨文互相证明。」（释䕭甲骨文字释林三二三——三二四页）

姚孝遂　「𠦪即后世之「鳳」字，本象鳳鸟之形，但在古文字中从来未见过当鳳鸟之鳳用，而仅仅只是用作風雨之風，有时也用作人名。」（古文字的符号化问题古文字学论集初编一一〇页）

尤仁德　「考古界对凤的来源的解释有两种：认为玄鸟即凤，此说本于楚辞离骚：「凤凰即受诒兮，恐高辛之先我。」据孔雀的形体与甲骨文及文献所描述凤的形象相近似，认为凤即孔雀。笔者认为，甲骨文燕与凤字形体相差太远；孔雀产于印尼和我国云南，迄今的考古发掘材料，尚无三四千年前黄河中下游及周围地区发现孔雀的纪录。故知以上两种解释均难以成立。

「圣人制礼，不用难得之物。」「从原始宗教产生的观点来讲，能够引起人们产生宗教观念的对象，是那些与人类日常生产和生活有着密切的联系并经常有利害关系的自然对象。」据此，凤可能是鸡的神化。

(一)从甲骨文凤与鸡的字形对比来看：……两者形象较接近，其共同的特征有：有羽冠或肉冠；長而丰满的尾羽；足趾宽大有力（所从之m、ㄖ即足趾，甲骨文追字作𠂤（亿九〇八五），可证）。另外，说文隹是短尾鸟总称，鸟是长尾鸟总称，而甲骨文凤字绝大多数从鸟不从隹，与鸡字从鸟是一样的（说文鸡字籀文作「鸡」，篆文作「雞」，知篆文从隹者是后起字）。

(二)从文献中凤与鸡的形体对比看：

1. 山海经南山经：「丹穴之山有鸟焉，其状如鸡，五彩而文，名曰凤凰。」

2. 逸周书王会解：「西申以凤鸟」注：「其形如鸡。」

3. 说文鸟部：「凤……鸡喙，五色备举」。龙鱼河图：「鸡有五色」。广雅释鸟：「鸾鸟，凤凰也。」说文鸟部：「鸾……赤色，五彩鸡形。」

4. 孝子传：「舜父夜卧，梦见一凤凰，自名为鸡。」

5. 古人说凤高六尺（尔雅释鸟郭注）而鸡大者高达四尺，尾长四尺（同上）、鶾（雉鸡）尾长六尺（埤雅引薛综说）二者形体尺度相近。

6. 文选头陀寺碑文注引春秋元命苞：「火离为凤」，周易说卦传：「离为雉。」雉是鸡之原种，也是凤之原型。

7. 是凤凰本鸡属，故又名鶤鸡，或名莎鸡，鸡善鸣，而凤凰为鸡属，故凤凰谓之鸣鸟。诗卷阿：『梧桐生矣，于彼高岗，凤凰鸣矣，……于彼朝阳，菶菶萋萋，雝雝喈喈，』朝阳之时，雝喈鸣之声』此凤凰为鸡属之明验。（闻一多古典新义尔雅新义）

(三)从文献中凤与鸡的品性看：

1.徐整正历：『黄帝之時，以凤为鸡。』

2.卜辞『甲寅卜，呼鸣罟获凤。』（佚三一一二）；『（缺）不其呼多（缺）获射凤。』（簠游田一三0）凤为神鸟，于田猎中不可获，『获凤』实即获雉鸡。

3.卜辞『辛已卜貞，牛示，求自上甲一牛、豕、隹、羊、凤、犬。』（簠帝系一三）其用凤作牺牲者，应是鸡。

4.括地图：『夏后之末，世民始食凤卵。』凤卵实即鸡卵。中药凤凰衣，即鸡卵之内膜衣。可谓佐证。

5.拾遗记卷一：『尧在位七十年，有祇支之国，献重明鸟，……状如鸡，鸣似凤，……每当元旦，或刻木铸金，或图画，为鸡于牖上，此其遗象也。』『供重明鸟即凤，而用鸡为象。』

6.史记司马相如传注引汉书音义：『鹓鶵，鸟似凤也。』司马彪曰：『鹓鶵，山鸡也。』

7.急就篇注：『九家易鸡为凤精，故鸡十八日剖而成雏，二九十八主风。』说文羽部：『翰，天鸡也。……一曰晨风。』卜辞借凤为风，或即源于古人以凤、鸡同为主风之鸟。

8.广雅释鸟：『凤凰……晨鸣曰发明。』玉篇：『鸡，司晨鸟。』两者均属司晨鸟。

9.鹖冠子：『凤，火鸟，……阳之精也。』春秋解说辞：『鸡为积陽，南方之象，火陽精物。』皆属陽精之鸟。

10.说文鸟部：『凤，……出于东方君子之国』。风俗通义祀典引青史子书：『鸡者，东方之牲也』。

11.尔雅释畜：『鸡三尺曰鶤』。淮南子览冥训：『轶鶤鸡于姑余』注：『鶤鸡，凤凰别名也。』

12.鸾为凤之别属。山海经西山经注：『旧说鸾似鸡』，故有鸾鸡之称。蔡邕車服志：『鸾旗，俗人名曰鸡翘。』

13.礼记月令：『乃以雏尝黍。』注：『用小鸡作祭求黍丰收。』史记封禅书：『凤凰麒麟不来，佳谷不生。』小鸡凤凰同为祈求丰年的祥鸟。

雉是家鸡原种，故鸡属雉科。据上述，可以设想凤可能是鸡或雉的神化，正如龙为蛇的神化一样。妇好墓的玉雉，妇好墓作者称之为玉凤，也是有一定道理的。』（商代玉鸟与商代社会，考古与文物一九八六年二期五九至六十页）

按：卜辭鳳字象鳳鳥之形，或增凡為聲符。所从之丵或丫、或𢆉，乃其頭部之羽飾，所謂「鳳頭」者，非說文之丵字。獨體象形字均不得割裂其形體加以比傅。卜辭鳳字皆假為風雨之風。風本無形可象，从虫凡聲之「風」乃後起孳乳字。卜通三九八「于帝史鳳二犬」，郭沫若以為「蓋視鳳為天帝之使」。殷人崇尚鬼神，已形成較為系統之上帝觀念。舉凡風雨豐歉，災疾禍福，均視為或神或祖主之。天帝與人王，具有同等之威嚴，亦有臣正供其驅使、「帝使風」即其一例。小篆「風」字，許慎以从「虫」之意為「風動而虫生」，不可據。後起文字形體、有時具有隨意性，不必強為之解。卜辭「鳳」未見用為本義者，于先生所據甲三一一二實乃「雞」字，說見「雞」字條。據中鼎「觀」亦「鳳」字。不得釋「鵻」或「鷫」。

1770

霍

按：霍从雨从萑，當為「風」字之異構。辭為：

「貞雨；其霍」　乙八三七五合集一二八一七正

「貞雨不霍」　乙五六九七合集一二八一七正

1771

靃　霍

羅振玉　「說文解字：『靃，飛聲也。雨而雙飛者，其聲靃然。』叔男父匜作靃，从雔，與此同。」（殷釋中七十八葉上）

王襄　「古靃字，从三隹。」（簠室殷契類纂第十九葉）

孫海波　「靃，前二．一五．七。从雥。地名。靃，乙七七四六。或从雙。作霍。靃，存一四五八。或从隹。」（甲骨文編一八六頁）

李孝定　「說文『霍飛聲也雨而雙飛者其聲霍然』。契文均从三隹，在卜辭為地名。辭云『癸未卜在霍貞王旬亡猧 禍在六月甲申祭祖甲𧇛虎甲』續三、二九、三。『癸未卜在霍貞王旬亡猧 禍』續三、二九、四。『☐在霍餗次☐王卟曰吉』前二、十五、七。『癸亥卜在霍貞王旬亡禍』盧徵、地望、是也。惟續四、一四、八霍字祇从一隹，辭云『貞霍其霍』，與它辭辭例亦不同，疑當與後世『霍然』同誼。以古文偏旁多寡隨意例之，與从三隹者當是一字。金文作靃婦男父匜靃靃鼎从雔者與小篆同。今隸作霍，从隹，與卜辭或體同，其省文也。」（集釋一三五一葉）

按：卜辭靃字均用為地名，或从隹作䨥，其文為「雨伐霍」。孫海波以為从隻（文編四一五），非是，其下當為泐痕，孫氏故誤為从隻。小篆作靃，今字作霍。

⿱隹鬲

羅振玉　「說文：『鑊，鑴也。从金，蒦聲。』段君注曰：『少牢饋食禮有羊鑊有豕鑊所以煮也。』此从鬲，隻聲，殆即許書之鑊。或加⺀象水形，所以煮也。隻即獲字，或省隻作隹。」（殷釋中三十八葉下）

王襄　「古鑊字，从鬲。」（類纂正編第十四第六十一葉上）

商承祚　「此字从鬲隻聲，殆即許書之鑊字，从金為後起之字。」（類編十四卷一葉）

葉玉森　「此字……从鬲，疑獲或濩省聲。商氏釋鑊可信，惟謂鬲聲則非。」（前釋卷六第四十二葉下）

楊樹達　「羅氏釋鑊是也。从鬲者烹煮之器也，篆文變而从金則泛而不切矣。」（卜辭求義六葉上）

李孝定　「說文『鑊鑴也从金蒦聲』。契文獲作隻，獲亦从隻聲，是隻蒦聲同也，羅氏釋此為鑊可从。辭云『貞鑊其有疾』乙、二七六二、人名。它辭僅餘殘文。」（集釋四〇六〇葉）

尤仁德　「食鳥　甲骨文⿱隹鬲（粹一二二四），象鳥于鬲中烹煮，汁液四溢形。呂氏春秋本味：「伊尹说云，肉之美者，巂燕之翠。」礼记内则注：「翠，尾肉也。」又聘礼注：「羞，谓禽羞，雁鹜之属。」周礼夏官射鸟氏注：「鸟谓中膳羞者，凫、雁、鸨、鸮之属。」又掌畜：「共膳献之鸟」注：「雉及鹑鸳之属。」又天官醢人注：「七醢：醓、蠃、蠯、蚳、鱼、兔、雁醢。」妇好墓的玉燕、鸭（鹜）、雁、雉、鸮等，殆是主要的食用禽类。其用法或整烦，或制成肉酱。」（商代玉鸟与商代社会，考古与文物一九八六年二期五七页）

按：字當釋「鑊」。漢書刑法志：「大辟有鑿顛抽脅鑊亨之刑」，顏注：「鼎大而無足曰鑊，以鬻人也」。淮南說山訓：「嘗一臠肉知一鑊之味」，高注：「有足曰鼎，無足曰鑊」。契文从鬲，皆有足。說文訓「鑊」為「鑴」，訓「鑴」為「瓽」，訓「瓽」為「大盆」，亦並無足。羅振玉謂「或加⁝⁝象水形，所以煮也。隻即獲字，或省隻作隹」。然則契文當為會意字，而非形聲。詩葛覃：「是刈是濩」，毛傳：「濩，煮之也」。爾雅釋訓同。釋文本「濩」作「鑊」。孫炎注以為「煮之於鑊，故曰鑊煮」，實顛倒本末。「鑊」之本義為煮，故引申之煮物之器曰「鑊」。「鑊」乃後起之形聲字。

卜辭云：

「貞，叀鑊」　前六·四五·七

「貞，叀鑊」　珠二九二

「鑊」為動詞，當為祭名，謂煮物以祭，其用同於「濩」。契文濩作𣹯，為𤅩之省。初本同字。

卜辭「鑊」又為人名：

「叀鑊令田」　粹一二二四

「丁未卜，㱿貞，鑊从沚戓……甾王事……」　乙八一六五

張秉权：「𨶒，乃閵字，說文四上，隹部：『閵，今閵，佀鴝鵒而黃，从隹𤰇省声。良刃切。』（𨶒，籀文不省。）按籀文与此形近，丙編二八四『閵（考释作䕲，傳写之誤，当改為閵）亦出雙』係鳥名。乙編二一一一『令閵☐雖☐』与此版之閵同，似為人或族名。」（殷虛文字丙編考释第三八二頁）

張亚初释鶳，参艸字条下。

按：合集一一九辭云：「貞，令[illegible]：·雍芻」貞，勿令[illegible]取雍芻」乃人名，字不可識。

1774

雇 鳸

羅振玉 「說文解字雇籀文从鳥作鳸。卜辭地名中有鳸字，从鳥戶聲，與籀文合。」（殷釋中三十二葉下）

王襄 「古雇字。」（簠室殷契類纂第十八葉）

葉玉森 「考甘（後上·十二·四）扈（後上·四·八、又十三·二）二地，並見卜辭，惟扈作雇。說文『雇，九雇農桑候鳥扈民不淫者也，从隹戶聲。』左昭十七年傳作『九扈』，知雇為扈之正字。雇地當即有扈。」（前釋二卷六葉）

郭沫若 「雇，王國維釋扈，謂『雇字古書多作扈，詩小雅桑扈，左傳及爾雅之「九扈」皆借扈為雇。然則春秋莊二十三年「盟扈」之扈殆本作雇，杜預云「榮陽卷縣北有扈亭」（今懷慶府原武縣）』（觀堂別補·四）今案此說不確。上第五六九片及五七〇片屢言『征夷方在雇』，又第五七三片言『在齊餗隹王來征夷方』，則雇地當於山東求之。余謂此古雇國也。商頌長發『韋顧既伐』，王應麟云『鄆縣志「顧城在濮州范縣東二十八里」，（寰宇記「在縣東南」）夏之故國。（古今人表韋鼓，鼓即顧，見詩地理考）左傳哀公二十一年『公及齊侯邾子盟于顧』，杜預云『齊地』者即此。今山東范縣東南五十里有顧城是也。」（卜通一六〇葉上）

李學勤 「雇和勤都是濱于黃河的地名。」（殷代地理簡略第四三葉）

饒宗頤 「按雇即詩韋顧既伐之顧。」（通考一〇四三葉）

朴海波 「鳸，乙八八七二。地名。」（甲骨文編一七七頁）

按：羅振玉釋雇可從。在卜辭為地名。南一・八〇「乎取雇白」則為方國名。郭沫若以為即左傳哀廿一年「公及齊侯邾子盟於顧」之「顧」。

1775 ⿰⿱隹示又

羅振玉「象兩手奉雞牲于示前。後或省从一手。其从[illegible]者，殆亦鳥形。」（類編・待問編一卷二頁）

葉玉森「在殷為祭名……殷代師行必祭馬神，故曰禡。師行之次，祭禮簡率，或即持隹為祭品歟。」（鉤沈六頁）

又曰：「按此字變體作[illegible][illegible][illegible]諸形，不可識。殷人于唐，于祖乙，祖甲，武丁並行持隹之祭。」（前釋一卷五十七頁）

郭沫若隸定此字作集。謂：「集字習見，上隹字均倒書，或从臼以倒提之。羅振玉疑是『為雞之祭』，然此言『集子馬』，則所薦不必是雞。」（粹考二十五頁第一三五片）

吳其昌云：「『𥜉』者，契文作[illegible]，从𠬞，从倒隹，从示。偶或互易其顛倒作[illegible]（後一・一九・一三）从𠬞，从隹，从倒示。總之，此字示與隹必有一倒矣。但其數量之比率相距懸殊耳。其从『示』與『祭』『叙』『祀』『祝』……諸字之从『示』者意義正同。从𠬞，从倒隹，則象雙手拱捧鳥𠂤之屬倒執以祭矣。故『𥜉』字誼為倒執鳥類以祭之祭名，猶『祭』字誼為手摘塊肉以祭之祭名矣。此種祀儀，頗通行于殷時，故卜辭中『𥜉』字數見（據其昌所統計凡十六見）至周代而此儀廢，故在昔自宋以來金文四五千器中，此字絕未嘗一見，直至近時鳳翔軍隊發掘秦文公墓，獲周公東征鼎（即豐白鼎），拓片見金文麻朔疏證續補）始有『𥜉于周廟』之語，原文如下：

𥜉于周廟

胡光煒「此亦彝字之類，蓋彝本訓為祭名，後乃段為宗廟之鼎彝。其字仍象雞，雞之鳴以時，故引申彝誼訓常。」（說文古文考）

按其器乃周公佐成王東征管蔡商奄四國之器，即《詩·破斧》所詠「周公東征，四國是皇」者也。（詳《麻朔疏證》）其時方當周初，殷滅未久，故此「𣝗」祭尚或有偶行之者。過此，則「𣝗」字絶不復見，「𣝗」祭殆即永廢矣。意者執鳥以祀先，更不副以餘品，而獨隆為專典，此殆先民佃獵時代實際生活反映之特徵，故演成此𣝗祭。及至農稼時代，則此實際生活之徵象既逝，其所因緣反映之儀式隨息，因其至宜。此所以「𣝗」祭行于殷而廢于周歟。」（《殷虚書契解詁》第一三九至一四〇頁）

饒宗頤　「槩象以手獻禽於神，或从二手，或省「又」但作「隻」（《天壤》八二，《零拾》二三）古用為獻祭專字，李氏釋為《說文》訓數祭之「𩱦」（《金文研究》）余謂字从短尾禽之「隹」宜讀為進。《說文》「進，登也。」（許言進為閵省聲，實即从隹聲，故隻與進同。）《玉篇》：「進，升也。」宋玉《高唐賦》：「進純犧。」李善注：「進謂祭也。」《盨鼎》「槩于周廟」，即「進于周廟。」「槩馬」之槩，可讀如「進純犧」之進。又按《拾遺》三·十一「貞槩馬于且。」《摭續》三六「乙未卜，其凩，其槩龍。陟于祖乙未卜，其槩龍于父甲。」此處龍為牲名，蓋讀為驡。《周禮·犬人》：「凡幾珥沈辜，用駹可也。」故書駹作龍。」可證。「槩龍」與「槩馬」同為進牲之事。《左傳》襄九年：宋災，祝宗用馬于四墉，祀盤庚于西門之外。古祈禳多用馬牲。校人職：「凡將事于四海山川，則飾黃駒。」鄭注：「殺駒以祈沈禮」是也。」（《通考》一六〇頁）

金祥恒釋此為𩱦，無說。《續編》一卷六頁

姚孝遂　「卜辭曾經記載，以狩猎所擒获的野兽供祭祀時的犧牲：

「子宓隻鹿，集于……」　佚八二

「其數虎于父甲禼」　掇二·七七

「數兕于且……」　拾三·一一

「父丁鼎三兕；

其五兕」　甲八四〇

「用犾于丁」　後下一五·一二

卜辭「集」或「數」字，所从之「隹」或倒或正；或从「又」，或不从「又」，各家隶定不一。

「集」或「數」是祭名，有两种不同的内容，而都与田猎有关。上面所引证的诸条卜辞是既猎之后，以其所获的野兽致祭于神祖。

另一种「集」祭则是未猎之前，「为田祷多获禽牲」。周礼甸祝：「禂牲禂馬」，注引杜子春云：「禂，祷也，为马祷无疾，为田祷多获禽牲」。

周礼大司马之职，仲春蒐田「献禽以祭社」；仲夏苗田「献禽以享礿」；仲秋獮田「致禽以祀祊」；仲冬狩田「献禽以享烝」。周礼成书较晚，但所叙述的情况，都是古礼的孑遗，可作为卜辞以禽牲致祭于先祖的注脚。穀梁传桓公四年「四时之田，皆为宗庙之事也」，这种说法是有一定根据的，是符合于古代社会的实际情况的。」（甲骨刻辞狩猎考古文字研究第六辑六三——六四页）

孫稚雛

「𥙷是一个形声字，从示隻声，讀如獲，乃獲俘獻祭之專字。」（古文字释讀中一些问題的探討（续），古文字研究九輯四一九頁）

考古所

「𥙷：祭名。」（小屯南地甲骨八四九頁）

姚孝遂 肖丁

「卜辞集字作[illegible]諸形。諸家释读不一。

罗振玉谓：「象捧雜牲于示前，后或省从一手」。（见类編待问編八12）

郭沫若隶作集，谓「集字习見，上佳字均倒书，或从臼以倒提之」。（粹135考释）

吴其昌隶作「[illegible]」，谓「字谊为倒执鸟类以祭之祭名」。（书契解诂139）

胡光炜说文古文考则谓「此亦𢑴字之类」。

李亚农摭續27释𥜒，以为「谢神之祭」，金祥恒續甲骨文編从之。

唐兰天82考释隶作「稚」，李孝定集释105隶作「𥙷」。

此字現以郭沫若隶作集，使于书写耳。

「集」用为祭名，諸家无异间。卜辞有「集兇」：

「叀今集兇」；弜集兇」京津4030

「集兇叀今日」京津

卜辞又有「集虎」：

「乙未卜，其集虎，陟于且甲」；

「乙未卜，其集虎，于父甲𥙷」。

上述辞例，旧均不得其解。天82有辞为「貞子𩵦隻鹿，集于……」摭續36。显然「集」祭与田獵有关。

周礼甸祝：「禂牲禂马」，注引杜子春云：「禂，祷也，为马祷無疾，为田祷多獲禽牲」。

之祭。卜辭獵兕，獵虎，獵鹿多有舉行「集」祭者。

「王射兕，集」者，謂商王將獵兕，占問是否先行「集」祭，以求神祖之佑助也。

「集」祭所用之牲还有「马」、「牛」、「㞋」：

「集子马自大乙」　粹135

「酌集且乙二牛」　卜通163

「一㞋集」　拾206

罗振玉謂「集」是「薦鷄之祭」，据卜辭則「集」所薦不必是鷄，郭沫若已言之。李学勤简论据佚427及518，謂：商王宜武丁禦，是祈求獵物的仪式（19頁），这种理解是正确的。」（小屯南地甲骨考释一六八——一六九頁）

按：「㪔」或「㮚」或「集」均同名，所从之「集」或倒或正。卜辭「集」祭多於田獵之前後進行，田獵之前進行「集」祭，乃「為田禱多獲禽牲」；在既獲禽牲之後，則以所獲得之禽牲進獻於先祖以祈福祐。亦或以牛、馬為祭牲，其中「集子馬自大乙」，則顯然是為「子馬」禱求無疾。

□

陈汉平　「甲骨文有字作□、□，字从肉形附于隹形之后，字当释脽。說文：「脽，尻也。从肉隹声。」卜辭曰：

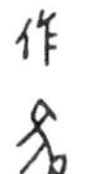

□入二　　乙四九六〇

此辭脽字為人名、族名或地名。

丁丑卜貞……□……　后下六·二

……丑卜貞……□……□　后下六·二

……□……□……　京二六〇〇

此三辭文字残缺不可卒讀。」（古文字释丛出土文献研究二二二——二二三頁）

按：字不从「肉」，釋「脽」不可據。

⿱夂米

严一萍　「甲骨文有一⿱夂米字，甚奇。甲骨文編未收，續甲骨文編收于卷四雇字后作附录。迄今所見，共有卜辞四条，以甲骨續存二、一六六版首甲最为完整，其辞曰：

（戊子卜旁貞王逐⿱夂米于沚），亡巛。（之日王）往逐（⿱夂米于沚），允（亡巛）。隻⿱夂米（八）。

又，一四七九片系左腹甲之近边部分，亦見于殷契拾綴二篇十九片。曰：

（戊子卜旁貞王逐⿱夂米）于沚，（亡巛。之日）王往（逐）⿱夂米，允（亡巛），隻（⿱夂米八）。

小屯乙編三六七四片則為另一事，其辞曰：

癸未卜殻貞：多子隻⿱夂米。

殷契佚存三八九版曰：

癸未卜，永貞：翌戊子王往逐⿱夂米。

續編三、三六、八乃同文异版，其辞曰：

癸未卜，貞：翌戊子王往逐⿱夂米。

此⿱夂米究為何种动物，蓄疑者久之。近始确定為鷹之一种。案尔雅释鳥曰：『鷹鶆鳩』。郭注：『鶆当為鷞字之误耳。左传作鷞鳩是也。』左传昭公十七年疏引樊光曰：『來鳩，鷞鳩也。』是樊本亦作來，不以為误字。尔雅释文曰：『來字或作鶆』。石经作鶆。郝懿行尔雅义疏以『來為正字，鶆為或体。』今以卜辞沁之，則鶆為正字，來為省写。黄侃尔雅音训曰：『鶆，释文作來。案說文不，上去，而至下來。名來者，盖言其下來。』此言恐非朔誼，盖來字系⿱夂米之形讹，鶆即⿱夂米字也。鶆為鷹屬，鷹与鳩名，更相禅化，故夏小正：『五月鳩為鷹。六月鷹始摯。』月令『季夏鷹乃学习，孟秋鷹乃祭鳥。』太平御览卷九六二引此下有『善击，官于代郡捕之』八字。郑康成注月令『鷹始学习』，謂『攫搏也』。說文曰：『鷙，击杀鳥也。』李调元夏小正箋曰：『月令鷹乃学习，此言始摯，言学击摯也。』艺文类聚引广志曰：『有雉鷹，有兔鷹。一歲為黄鷹，二岁抚鷹，三岁青鷹。胡鷹獲麞。』是鷹為大鳥，力能击杀麞鹿。鶆乃鷹之一种。因鷹善击摯，故官于代郡捕之。史记匈奴传曰：『自代並阴山，下至高阙為塞，而置云中、雁门、代郡』。代郡故治，在今河北省蔚县东北。蔚县在河北省之西部，与山西省為鄰。案卜辞逐鶆于沚，沚為沚戠封地，与吾方土方為鄰，亦在北方，大约北方自古以來多鷹，官于代郡捕之，状卜辞之逐鶆于沚，據此以觀，捕鷹之习，由來亦久矣。」（释⿱夂米，中国文字新十期一二一—一二二頁）

1778

按：「⿱隹朿」或省作「朿」，為狩獵之對象．卜辭多見獲⿱隹朿之記載。嚴一萍以為即「鶆」之本字，為「鸘」之一種，其說可從。爾雅釋鳥「鶆」亦或省作「來」，當是「⿱隹朿」或「朿」形體之譌。

按：字从「⿱隹朿」从「止」。合集三二八三二辭云：「辛未貞，王其⿱隹朿止十人」用為動詞，似為俘獲之意。

1779

⿱隹冉　⿱雔冉

郭沫若　「当是祭名。」（殷契粹编三五二页）

李孝定　「按，字从雔从冉。魯氏謂冉为⿱艹林之省无据。即为嗌之省者，因謂从嗌与从言同意，字可通作，亦覺未安。且卜辭契文从A作之字甚多，篆文均从冉，未有从嗌若言作者。魯氏释於此字逕释为讐，似有可商。按，字从雔，雔讐音韵並同，於卜辭当读为讐，讐眾即比眾。魯氏說碻不可易也。魯氏引粹三九六『比⿱雔冉』，『比』作弜，当释弜，读为弗。前言讐，后言弗讐，乃对貞之辭。魯氏释比读为庀，亦未安。」（甲骨文字集释存疑四四七二頁）

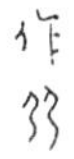

魯实先　「卜辭有⿱雔冉字，漢輔宗释双（見漢集正篇十九页）。其說非是。以愚考之，⿱雔冉隶定為⿱雔冉，当為从雔从⿱艹林省。⿱艹林乃籀文之嗌，嗌义为咽，咽乃言語之所由，則从咽与从言同意。是就从口之字与从言者互通也。然則⿱雔冉当是即異构。讐义为比校……周礼夏官大司馬『比軍眾』，是当为考謂考比师旅之技艺与數量及軍实之良窳也。卜辭之⿱雔冉以文义审之，以同版它辭覈之，是当为考比师旅之得失．如云『乙丑貞，其⿱雔冉眾，告于父丁一牛，比⿱雔冉。』（粹三九六。按沪下三八．九片与此为同文異版）所謂『⿱雔冉眾』即大司馬之『比軍眾』，所謂『比⿱雔冉』者，比即庀之初文。謂具讐眾之事也。其云『大⿱隹冉』者，⿱隹冉即⿱雔冉之省体。大⿱雔冉义即周礼之大比。」（殷契新詮之一弟二五——二六頁）

考古所 「雋：在此片卜辭中為地名。」（小屯南地甲骨九一六頁）

姚孝遂 肖丁 「1132 (7)『戊申貞，其雔雋眾人』(8)『弜雔雋』

『雔雋眾』亦見于粹369：『己丑卜，其雔雋眾，告于父丁，一牛』。『雔雋』字不識，其义不明，有可能為招集之意。」（小屯南地甲骨考釋一二一頁）

夏渌 「卜辭文例是：『己丑卜：其仇众，告于父丁一牛？弜仇？』（粹三六九）仇本从雔（俦初文），下从筥的象形文字，代表笼子，這是喂鸡、养鸟配种繁殖的专字，经书中假借為酬的『仇』為之。也写作『君子好仇』的『仇』。『仇，訓匹。』我们為了減少刻字，都用『仇』字代替。卜辭文例还有：『戊申貞：其仇众人？弜仇？』（屯南一一三二）等等，『仇众』是什么含义呢？尚书召誥：『予小臣敢以王之仇民，百君子，越友民，保受王威命明德。』孔传『仇，匹也』。郭疏：『仇，犹俦也。』卜辭里的『仇众』，也就是经书中的『仇民』，另外还有『民匹仪』、『民魄』、『匹夫』等名目，它们是奴隶社会的庶民，是主要劳动力。……卜辭叫作『仇众』，经书叫『仇民』，就是传疏注解说的『言民在下，自上匹之。』」（匹夫、仇民，和奴隶繁殖，江汉考古一九八八年第一期八一—八二頁）

粹369

柯昌濟 「按集字从佳从冄，字义无徵，卜辭以之通用雋字，或亦有偁举之义。秋雋当為秋季收禾之事，故称秋雋。」（殷墟卜辭综类例证考释，古文字研究十六辑一五五頁）

按：字从「雔」，从「冄」，「雔」或省作「佳」，隸可作「雔雋」、「雋」。均用作動詞，主要有「雔雋眾」和「秋雋」。均有聚集之義。合集三三二二七辭云：

「……戊貞，其告秋𩁹于高且夔六……」

又合集三四一四八辭云：「庚午貞，秋大𩁹……于帝五丰臣血……在祖乙宗卜」

「秋𩁹」、「秋大𩁹」當指蝗蟲為患，祭告於神祖。參見「秋」字條。

1780

雉 [illegible] [illegible] [illegible] [illegible] [illegible] [illegible]

羅振玉　「說文解字雉古文作䳢，从弟。今以卜辭考之，古文乃从矢，蓋象以繩繫矢而射，所謂矰繳者也。雉不可生得，必射而後可致之，所謂二生一死者是也。許言从弟，殆失之。」（殷釋中三十二葉下）

王襄　「古雉字。象以矢貫鳥頸之形，為雉之初字。」（簠室殷契類纂第十八葉）

陳邦懷　「卜辭雉字皆從夷，第一字从矢，即說文解字之夷。第三字从夷，則夷之反文也。段注說文雉字云：『雉古音同夷，周禮雉氏掌殺艸，故書作夷氏，大鄭從夷，後鄭從雉，或作夷。』又按段先生周禮漢讀考卷二云：『雉氏注：「故書雉或而讀如鬀，今本周禮作薙者，俗製也。』又按段先生周禮漢讀考卷二云：『雉氏注：「故書雉或作夷」，「夏日至而夷之」。月令注引「夏日至而雉之」。然則夷即雉字。』邦懷按段云雉古音同夷，夷即雉字，皆足證卜辭雉字碻是從夷，說文解字古文雉從弟，蓋亦為從夷之譌，段云弟聲，恐不然矣。卜辭第二第四字所從夷、夷，則為夷字之變體。卜辭第五字所從之夷，省作夊，而與矢形近者，是小篆雉字所從矢所由出歟？」（小箋十四葉）

陳邦福　「殷虛書契前編卷四第十七葉云：『丁巳卜貞帝雉』，又同葉云：『貞帝雉三羊三豕三犬』。邦福案：卜辭雉祭疑丹鷄之祭也。爾雅釋鳥云：『鶾，天雞』。逸周書王會解云：『文翰若翬雉』。風俗通祀典篇云：『山海經曰：「祠鬼神皆以雄雞，魯郊祀常以丹鷄祀日，以其朝聲亦羽去魯侯之咎」』。是卜辭雉祭疑爾雅之天鷄，山海經之丹鷄祀日矣。」（說存四葉下至五葉上）

于省吾　「洪五：『伐衛不雉眾』。九二二：『叀不雉眾，其雉眾』。鄴三下三八二：『伐𢍰弗雉王眾，伐𢍰弗雉王眾，伐㠯弗雉王眾，伐逐弗雉王眾，伐羌弗雉王眾，五族其雉王眾』。三下三九、十：『五族伐，弗雉王口（眾）』。三下四四、五：『癸，于昌廼伐戎，不雉人』。按雉从矢作↑者妥體也。或从土作墊者繁文也。栔文雉兔之雉亦作[illegible][illegible]，从矢从兔一也。上文所舉諸辭之雉字，均應讀為夷。周禮薙氏注：「夏日至而夷之」。月令注引作「夏日至而雉之」。爾雅釋詁：「雉，陳也」。樊注：「雉，夷也」。楚辭東方朔七諫七愍：「列新夷與椒楨」。漢書揚雄傳：「列新雉於林薄」。集注引服虔：「雉夷聲相近」。是雉夷字通之證。左襄二十六年傳：「王夷師熸」。注：「夷，傷也」。荀子君子：「故一人有罪而三族皆夷」。注：「夷，滅也」。傷與滅義相因。要之，栔文雉眾雉人相屬為文，均就征伐言之，雉字應讀為夷。夷謂夷滅。其言眾者謂眾人，語之省。猶之「不蠱眾」亦作「不蠱眾人」也。」（駢三第二十五葉上釋雉）

杨树达「甲文有⿰至隹字，从隹从至，旧无释，余疑当为胵字。说文四篇上肉部：「胵，鸟胃也。从肉，至声。」义为鸟胃，故字从隹，非鸟莫属也。篆文变为从肉，则人与禽兽皆可通矣。」（释胵，积微居甲文说卷上十四页）

陳夢家「卜辭的雉字，武丁作「至」，廩辛作「⿰矢夫」，康丁從「矢」，武增土。康丁所从之⿱矢土即至字，皆象矢至於地。凡此諸形，意當相同。方言六「雉，理也」，爾雅釋詁「矢，雉：：旅，陳也」，郝疏云「旅者師旅也，人眾須有部別，與陳義近」。雉可能是部別、編理人眾。卜辭說「王作三師：右、中、左」（粹五九七）又說馬分為「左、右、中人三百」（續三·三一·二）如此一百人為一隊乃殷代師旅的單位。乙辛卜辭在一版之中卜左、右、中之雉眾，則此「眾」是分三師的，康丁卜辭有「眾一百」（粹一一五〇）之語，則左、右、中之眾各為一百人。康丁卜辭有「王眾」，則此「王眾」可能即是「王自」（燕八九「王眾」受制於五族戍，則「王眾」似為守邊之人。卜辭又有「王人」（乙四〇五四「王族人」，河五八七和「王眾」應有所不同。」（綜述六〇九葉）

陳夢家「雉眾　多射不至眾　鐵二三三·一

其⿰矢夫眾——不⿰矢夫眾　下二二·二

……

受不雉王眾——其雉王眾　佚九二二

五族其墊王眾　鄴三三八·二

……

⿰至隹眾不⿰至隹眾，弗戋　林一·二四·一六

……

以上的「雉」字，武丁作「至」，廩辛作「⿰矢夫」，康丁從矢，武增土。康丁所從之⿱矢土即至字，

皆象矢至於地。凡此諸形，意當相同。方言六『雉，理也』；爾雅釋詁『矢，雉……旅，陳也』，郝疏云『旅者，師旅也，人衆須有部別，與陳義近』。雉可能是部別、編理人衆。……乙辛卜辭在一版之中卜左、右、中之雉衆，（見甫五、六、一）則此『衆』是分三師的；康丁卜辭有『衆一百』（粹一一五〇）之語，則左、右、中之衆各爲一百人。康丁卜辭有『王衆』可能即是『王自』（燕八九）。『王衆』受制于五族戍，則『王衆』似爲守邊之人。」（綜述第六〇八——第六〇九葉）

孫海波 「[illegible]，掇二、一六八。不雉衆。古雉、夷通用。夷，古訓傷。不雉衆，猶言不傷衆也。[illegible]，甫二、一一、六。或从夷。罗振玉說，象以繩系矢而射，所謂矰繳者也。獲□一兕二雉二。[illegible]，甲二五六二。或从至声。不雉衆。[illegible]，鄴三下、三八、二。或从土。其义与雉同。今列为雉字别体。六辭。戍并弗雉王衆。伐□弗雉王衆。伐𠂤弗雉王衆。伐逐弗雉王衆。伐□弗雉王衆。五族其雉王衆。」（甲骨文編一七五——一七六頁）

金祥恒 「雉，甲文或作雉，鴙。雉，汉书揚雄传，师古注引服虔曰：『雉，夷也。』左传昭公十七年，正义引樊光服虔曰『雉者，夷也；夷，平也』。左传襄公二十六年『王夷师熸』，杜注『夷，伤也』。荀子君子篇『故一人有罪，而三族皆夷』楊倞注『夷，灭也』。史记淮阴侯列传『夷灭宗族』，可知雉字者，即伤众灭师也。」（从甲骨卜辞研究殷商师旅中之王族三行三师 中国文字第五十二册五六六〇页）

屈萬里 「雉，從諸家所隸定。雉衆之語，卜辭習見。按：雉衆之雉，疑當讀爲周禮夏官大司馬『及致』之致，鄭司農注云：『致，謂聚衆也。』」（甲編考釋三二五葉）

李孝定 「从隹从至，說文所無。卜辭每以『雉衆』連文，與『雉衆』之辭例全同，其義亦當相類。說見前雉字條下。」（集釋一二九二葉）

李孝定 「說文『雉有十四種：盧諸雉、喬雉、鳪雉、鷩雉、秩秩海雉、翟山雉、翰雉、卓雉，伊洛而南曰翬，江淮而南曰搖，南方曰𨿸，東方曰甾，北方曰稀，西方曰蹲。从隹矢聲。𨾊古文雉从弟』。契文从[illegible]或从夷者，即許書古文所自昉。卜辭多以雉眾連文，于省吾、陳夢家兩氏之說均可通，而以陳說為長。蓋鄴三數辭于氏引作「伐」者字均作𢓊，當釋「戍」，言戍於某地，其陳王眾否也。于氏釋伐，故訓雉為夷，蓋偶未察耳。雉有夷義，已見周禮注，惟似與卜辭之意不合。王眾當為時王之直屬部曲。左傳成十六年「苗賁皇言於晉侯曰「楚之良在其中軍王族而已」，王族當與卜辭王眾義同。卜辭雉眾又作雉眾、鉃眾、𡙁眾，其意均同，陳說是也。辭云「多射不雉眾」（鐵二·三三·一）「其雉眾吉」「左不雉眾王叶曰弘吉」「其雉眾吉」「中不雉眾王叶曰弘吉」「其雉眾吉」（下殘，當為「右不雉眾王叶曰弘吉」九字，續五·六·一）「其鉃眾不鉃眾」（後下二二·二）「五族其𡙁王眾」（鄴三·三八·二）「五族戍弗𡙁王眾」（鄴三·三九·十）「受不雉王眾其雉王眾」（佚九二二）「戍衛不雉眾」（佚五）「子戍俌于孚其雉眾」（寧滬一·五○九及五一四）諸辭用字雉別，而辭例均同可證也。言左右中雉眾者，乃貞是否陳王之三師也。尤可注意者，鄴三下三八·二辭（見上于氏引）所戍凡五處，而下言「五族其𡙁王眾」，疑五族即王眾分戍五地者之統俌。此可為王眾王族同義之證。陳氏謂「當有所不同者，殆未然也。字从矢或作夷，象矰繳之形，羅說是也。惟从矢祇是聲符，於義無涉。凡鳥皆不易生，何以雉獨从矢，羅氏此說實為蛇足。陳邦懷氏謂雉當從夷聲，蓋以雉夷通訓之故，證之卜辭雉字仍多從矢，與小篆同，陳說實未然也」。（集釋一二六一葉）

張政烺　「字相當于第一期卜辭的氏字，用法相同，蓋同音假借。」（卜辭裒田及其相關諸問題，考古學報一九七三年一期）

于省吾　「甲骨文称：「戍卫不雉众。」（佚五）「受不雉王众○其雉众。」（佚九二二）「戍屰弗雉王众○戍黹弗雉王众○戍𠂤弗雉王众○戍逐弗雉王众○戍口弗雉王众○五族其雉王众。」（邺三下三八·二）……按雉字或从土作𡙁者繁文也。甲骨文雉兔之雉亦作雉，矢与夷叠韵，故互作。……上举诸辞之雉字，均应读为夷。……训为伤亡。前引诸辞是贞问戍守或征伐时众人有无伤亡之义。」（释雉，甲骨文字释林六二至六三页）

姚孝遂　肖丁　「卜辞雉字形体很多，或从矢作雉，或从夷作雉，实则「夷」为有缴之矢。说文雉之古文作𩁹，从弟，弟乃夷形之演变。柳簋夷字作夷，说见释林62页。卜辞尚有独体象形之雉字：

合354：「甲寅卜，乎鳴网雉隻？丙辰風，隻五」。

此为雉字之初形，同版其它诸雉字则均从矢。

甲骨文編0971误合上文网为一字。屈万里先生甲3112考释始区分为二字，但以为『不知何鳥』。島邦男先生綜类236-2虽对此形体有所怀疑，仍附入雉字，则是正确的。」（小屯南地甲骨考释一六〇—一六一頁）

王貴民「从『雉众』卜辞的辞例和語法来分析，也足以説明陈师之义为是而夷伤之义为非。

(一)上引(11)辞，分别貞问左中右三列是否『雉众』，每列均有对貞的两条命辞。其间有商王的占辞『引吉』；而在『其雉众』命辞之后也书以『吉』。這就表明，无论『雉众』与否都可能有『吉』的結果。很明显，這『雉衆』本身不含有灾禍之义，而純粹是一種行動，這種行動可以招致或吉或凶的結果的。(13)辞的辞例完全相同。(6)和(10)辞虽然是『不雉衆吉』，似乎說不伤众是吉利的，其实『不雉衆』則是吉利，就不需要再书以『吉』了。

(二)卜辞貞问师行吉利，各期都有一套成語……所以『雉众』『不雉众』并不是這夷师行吉凶的貞卜用语……

(三)凡灾禍都有来由，有制造灾禍的主体，表現在文辞上即为灾禍动词的主语。卜辞虽簡要，仍然有文意脉絡可求。『雉众』卜辞却看不出『雉众』是发自敌方，相反，而是发自我方，最显著的如(1)辞：『多射不矢众？』多射是商軍中的射手队伍，這不可能是占问『多射不夷傷我众人吗？』又如(3)辞是有选择性地占问五个『成某』『弗雉众』，成后一字逆、骨、遂、衛等是族（地）名，从来辞总括一句『五族其雉王众』可知。『成某』可以有两种解释：一是以成字为动词，那来卜辞是问：去成守某族時要否『雉王众』；一是为名词组，成是成守部队，或成官之署，他们由各族人或族長担任，故其后缀以族称，如『成逆』就是逆族的成卒或成官，那来卜辞就是占问：某族成卒（或成官）要否『雉王众』？以(4)(10)两辞加以对照，似以后解为長。不管那种解释，『成某』是『弗雉王众』的主体，他们显然是商王室问疑者自己的一方，怎么能占问他们是否『夷伤』王众呢？(4)(10)两辞也同样存在這个问题。『雉众』既与敌方无关，所以决不可能由自己一方的行为使自己的兵員遭受『夷伤』的。

如果把『雉众』解释为『部别编理人众』即陈列兵员，则一通百通……」（申论契文雉众为陈师说，文物研究第一期五二頁）

柯昌濟「逸周書王會解：『南人至衆皆北嚮。』朱右曾校释：『南人北嚮則北人南嚮可知』，指至衆一词来加解释。卜辞中所載雉衆之文，有『其雉衆吉，中不雉衆五鄉曰弘吉。』（前五·六一·一）雉字不見說文，而从至声可讼为一事。至雉字音在脂部，至字音在至部不可相通。」

自是二事。疑當為雉字異文，至雉、雉字在文义上俱似為动词，又似部族名词，且二字均从隹部，未得其解。此外它文又有「雙眾」从雙「己丑卜其雙眾告口父丁」（后下三八、九一）。雙字亦从隹。按左傳昭公十七年：「郯子曰：少皞為鳥師而鳥名……五雉為五工正……」似雉眾等称或為古代鳥官之后裔。商代尚存其称，姑举以俟证。」（殷墟卜辞综类例证考释，古文字研究十六辑一五二頁）

按：「雉」字或从「夷」、或从「至」、或从「矢」，或增「土」為繁文。且有獨體象形字作「[glyph]」，舊或誤與上「网」字相連釋「罹」，或誤釋為「鳳」。據同版刻辭為「雉」之初形無疑。說詳見甲骨刻辭狩獵考及小屯南地甲骨考釋。

「雉」除用為鳥名外，多見「雉眾」之記載。「雉」當從陳夢家說訓為陳列，合集三五三四七「其雉（雉）眾吉」，「雉眾」而言「吉」，不得訓為「夷傷」。

1781

隹鳥

羅振玉 「說文解字：『隹，鳥肥大隹隹也。』或从鳥作鳿，與此同。疑此字與鴻雁之鴻古為一字。惜卜辭之鳿為地名，未由徵吾說矣。」（殷釋中三十三葉上）

孙海波 「[glyph]，前二、九、六。地名。」（甲骨文編一七八頁）

按：隹字卜辭均用作地名。散盤亦為地名。

1782

隹匕

王襄 「疑雌字。」（類纂存疑第四第二十三葉上）

余永梁 「此字从隹从匕，疑雌字。」（朱芳圃文字編四卷四葉下引）

丁山 「此字演而為周代金文的[glyph]（應叔鼎）[glyph]（毛公鼎），直接变為說文的雁字，今讀為應，編甲骨文編者特不能自文字形體察其古今之变，而失之眉睫耳。水經滍水注之應鄉注言：『周武王封其弟子為應侯，汲郡古文，殷時已有應國，戰國范雎所封邑也，謂之應水。』」（甲骨文所見氏族及其制度一二五至一二六葉）

李孝定　「說文『雁，鳥也。从隹，瘖省聲。或从人，人亦聲。䧹，籀文雁从鳥。』後下二十、十一之𤿺，丁山以為雁字非是。字當隸定作䧿，从隹从匕，此从倒人之匕，說文所無，見下。與此非一字。此从隹从乚，與金文雁字所從相同，當為雁字無疑。二文辭例亦不同，後下二十、十一云『貞叀䧿』，从此辭云『庚子卜殻貞勹呂方于好雁』，二辭之意均不明。金文雁作□應公簋□應公尊□應公鼎□應叔鼎□應公觶□毛公鼎□同上大𢦏與卜辭此文同。金文編雁下容庚解云『雁，說文「从隹瘖省聲或从人人亦聲」，其云从隹瘖省聲者當作𤸰，其云或从人人亦聲者當作㑺，即此□字少異。今篆文作雁，知今本訛奪將雁㑺二篆合而為一矣。孳乳為應，左僖廿四年傳『邗晉應韓武之穆也」』，卜辭及金文均不从疒，疒卜辭作爿，金文作爿，未見有瘖省聲之象。云或从人者，則ㄱ卜之訛，容說是也。」（集釋一二七五葉）

李孝定　「从隹从𠤎不从此，卜辭此作𠂤，余說非。字所从𠤎與金文雁字所从之卜若卜亦不類，丁說亦待商，仍當隸定為䧿，說文所無。與祖妣字所从之卜亦不類」（集釋一二九一葉）

金祥恆續文編四卷十一葉上收此與後下二十、十一之𤿺為同文，並以為說文所無字。

張秉權　「𤿺，从隹从人，当為雁字，孳乳為應（容庚說，見金文編）。說文四上隹部：『雁，鳥也，从隹，瘖省聲。或从人，人亦聲。鷹，籀文雁，从鳥』。雁在第（十三）（十四）二辭中是地名。左僖二十四年傳：『邗晉應韓，武之穆也』。陳槃先生曰：『徐文靖曰：按地理志潁川父城县：應鄉，故國，周武王弟所封。……杜預注左傳，謂應國在襄陽城父县，胡身之曰：襄陽無城父，杜誤也。括地志：故應城，在汝州魯山县東三十里（竹書统箋五，一八）』（見春秋大事表譔异，册四，三三八頁）。朱右曾曰：『水經滍水注，臣瓚漢書地理志注，並云汲郡古文殷時已有應國，路史國名紀亦云尔，然則今本紀年云：盘庚七年，应侯来朝。或是竹書本文，但未見古籍援引，未敢信也』（見汲冢紀年存真卷上，二十四頁）。朱氏所未敢相信的事實，現在由卜辭可以得到证明了。」（殷虛文字丙編考释下輯二第十六頁）

按：唯續三・三〇・六一形似與金文同，其餘均不類，續三・一・二斷非从人，用法亦異。

待考。

1783 鳧

于省吾 「第一期甲骨文称：『貞，王入于鳧，求〇貞，弓于鳧，求。』（乙五八〇）鳧字作（甲骨文鳧字只三見，明一六二一有鳧字，文已残），旧不识，甲骨文編入于附录。鳧字上从隹，古文从隹从鳥每无别。下从⺈，即伏之本字。鳧字后世典籍中作鳧。説文：『鳧，舒鳧，鶩也，从鳥几声。』又：『几，鳥之短羽飞几几也，读如殊。』林义光文源谓鳧『不从几，从人，人所畜也，取其近人』。按许氏谓鳧从几是错误的，林氏从人之说也不足据。周代金文的鳧字，爯簋作，鳧弔匜作，均从勹。詩鳧鷖毛传：『鳧，水鳥也。』爾雅释鳥的『舒鳧，鶩』，舍人及李巡注：『鳧，野鴨名。鶩，家鴨名。』説文：『鶩，舒鳧也，从鳥敄声。』説文通训定声：『以其行步较鳧为舒迟，故曰舒鳧。』説文义证引禽経：『鳧好没。』又引易林：『鳧得水没，喜笑自啄。』莊子达生的『若乃夫没人』，郭注：『没人谓能鶩没于水底。』依据上述，則鶩与鳧只是家禽野禽之别。又典籍鳧与鶩有時互作。由于鳧能没水，故人之没水也称为『鶩没』。伏、没双声，典籍多训伏为隐为藏，和没字的义训也相涵。以説文为例，則鳧字应解作：『鳧，水鳥也，从鳥勹，勹亦声。』是会意兼形声字。甲骨文以王入于鳧求和弓入于鳧求对貞，以鳧为地名，即詩閟宫『保有鳧繹（峄）』之鳧。鳧山在今山东邹县，商王遊畋往々在魯东一帶。（甲骨文字释林释勹、鳧、俑）

裘锡圭 「甲骨文里有一个从隹从⺈的字：

鼎（貞）：王入于，求值。 乙五八〇

鼎：弓（勿）于，求。 丙五二一

甲骨文编把它当作未识字收在附录里，殷虚文字丙编考释则认为此字『从隹从人，当为雍字』。这个字也见于周代金文：

仲鳧父簋　爯簋　鳧弔匜

前人释为鳧。古文字隹旁、鸟旁通用，释此字为鳧应该是可信的。説文鳧字小篆下部从几，隶书、章草和早期楷书里的鳧字，下部从力，都是金文鳧字下部所从人形的讹变。所以上揭甲骨文应洪是兒字而不是瘫字。细审甲骨、金文兒字下部所从，实象俯身人形，而非一般人字。頗疑此即俯字表意初文，兒字盖以此为声旁。卜辞兒字似用为地名。」（古文字研究第四辑一六〇—一六一頁）

按：字當釋「皃」。合集一四一六一正辭云：「貞，王入于皃朿循；貞，勿于皃朿」為地名。

1784

雔

孫海波甲骨文編四、一五金祥恆續文編四卷十六葉上并收此作雔。

李孝定「說文『雔羣鳥也从三隹』契文正从三隹，金收作雔可从。字从三隹會意，與雥同例，音義與雜並相近。音同義近集字从此而音義並遠，蓋雔象羣鳥並飛雥舞紛沓，雧象羣鳥在木上，有棲止之象，雖同三隹而動靜各殊也。續一、七、六辭云『叀武唐用王受又　叀唐雔王受又』，雔與用對舉，當與祭祀之事有關，而其義不可確知。」（集释一三五三葉）

按：說文：「雔，群鳥也，从三隹」。卜辭為：「叀唐雔王受又」（續一．七．六合集二七一五一），其義不詳。有可能為祭名。

1785

售

考古所「售、南陽：地名。」（小屯南地甲骨一一五六頁）

按：屯二五〇五辭云：「……翌日售其畀」

當為祭名。又佚四五二九辭云：「于售北對」為地名。

1786 曣

按：字不可識，其義不詳。

1787 椎

孫詒讓「从隹从朮，古字書未見。攷金文宗周鐘雄字作[glyph]，此疑亦即雄字。說文隹部雄，鳥父也。从鳥，厷聲。朮即厷之省變。」（舉例下卅五葉上）

楊樹達「藏龜一三四葉之四云：『貞……其[glyph]……』[glyph]字从隹从朮，乃鷸字也。說文四篇上鳥部云：『鷸，知天將雨鳥也，从鳥，矞聲，引禮記曰：「知天文者冠鷸」』（今禮記無此語）甲文字从隹从朮，隹鳥義同，不待論矣。說文作矞，甲文作朮者，矞朮古音同故也。爾雅釋詁云：『遹，自也』。孫炎云：『遹，古述字』。說文二篇上辵部遹从矞聲，訓狂走，而七篇下疒部疣从朮聲，亦訓狂走，二文實一字也。此从矞之字與从朮之字同文之證也。遹述同字，故遹字从矞，亦有述音。莊子天地篇云：『皮弁鷸冠搢笏紳修以約其外』。釋文云：『鷸音述，本又作[辶鳥]』。說文引禮記曰：『知天文者冠鷸』，說苑修文篇則云：『知天文者冠鉥』，字作鉥。司馬彪續漢書輿服志引記曰：『知天文者冠述』，字又作述。匡謬正俗云：『左傳僖公二十四年，鄭子華之弟子臧好聚鷸冠，鷸字音聿，亦有述音，故禮記之衣服圖及蔡邕獨斷謂為術氏冠，亦音鷸，音轉為術字耳，非道術之謂也』。樹達按玉篇鳥部云：『鷸，餘律時律二切』。餘律切者，聿字之音，時聿切則述字之音也。蓋鷸有述音，故古字書或作[辶鳥]，假借字或作鉥，或作述，或作術，而甲文亦从朮作椎也。」（求義四十六葉下至卌七葉上）

唐蘭「椎字，孫詒讓釋雄，誤。孫海波入附錄。今按當是从隹朮聲。說文無鳿字，疑與鷸同。爾雅釋言：『遹述也。』釋訓：『不遹不蹟也。』詩日月：『報我不述。』不遹即不述。是矞朮聲近得通。」（文字記卅三葉上）

李孝定「說文『鷸知天將雨鳥也从鳥矞聲禮記曰「知天文者冠鷸」鷸鷸或从遹』栔文从隹朮聲。隹鳥同物，朮矞音通，當即鷸字，楊氏之說是也。卜辭僅餘殘文『其鷸』二字不詳其義。」（集釋一三八三葉）

按：唐蘭、楊樹達並釋「𨾴」為「鷸」可從。

1788

按：字不可識，其義不詳。

1789

按：洽集二〇五七六正辭云：「……弜克貝𠂤南封方」似為地名。

1790

崔

王襄「古雀字」。（簠纂四卷十八葉上）

饒宗頤「雀為殷侯國。卜辭云：『乎侯雀』，（沌甲四四〇一）『雀受侯又』。（戩壽四七、七）亦稱『雀男』，（林二、二二、一二）其采地與田牧所至，可徵于卜辭者：『……雀宅哭……』（續編六、二六、一）『雀芻于教……』（沌甲二六〇）『雀田于㫃（偃）』（鐵一九一、二）水經河水注：『教水出垣縣教山南。』偃即河南偃師。是雀地當在豫西，穆天子傳：『至于雀梁，浮于

滎水。』濟水注以為黃雀溝。則近滎澤之雀梁、殆即雀侯之故居矣。」（通考一九八葉）

白堅、原中根「王族派駐在這里的最高統治者、軍事首領就是雀，或叫亞雀。當然雀对最高统治者商王来說，是臣是奴隶，但在南方，在当地，他又确是一方的主宰者、大的臣僚和奴隶主。各种迹象表明，吴城這地方，就是商王派駐到南方的雀之都邑——軍事重鎮所在地，它的目的就是替最高统治者商王，保卫好這一条通向南海的要道——軍事的、经济的和贡献的通道。」（說雀，江汉考古一九八九年第一期九七——九九頁）

按：卜辭雀字从小从隹，與小篆同。均用作人名。亦為國族名。

1791

雀

按：合集五四三九反辭云：「莫來四在雀」為地名。

1792

鳥

王襄「鳥，長尾禽总名也。象形，鳥之足似匕，从匕。』『隹，鳥之短尾总名也。象形。』契文鳥与隹不別，或形似鳥，或形似隹，或隹鳥难定，所录各文可得其屋略。按許书：隹雞、雛、雕鷂文皆从鳥，鳥部鷄之古文与或体皆从隹，鶴、鴟、鶵之或体亦从隹，可証鳥、隹之相同。至語詞之惟、唯諾之唯，卜辭亦多作隹。今將鳥、隹及鳥、隹难定之字类別写之，存許氏分部之旧，待通人審定。至鳥之第五字作，見其省变。金文中从鳥之字見集將敦之，王孙鈡之，鷄侯敦之，鴅公剑之，古鉢之，三數字而已。」（古文流變臆說六一頁）

胡小石「國語『賓孟適郊見雄雞自斷其尾，問之待者曰『憚其犧也』。』此象雞之

形．予以为即古𨍏字．」（說文古文考）

胡厚宣　釋隹。（商史論丛四集一冊四八頁）

楊樹達　「卜辭云：『丙申，卜，㱿貞：來乙巳，酒下乙．王占曰：酒隹出希，其出酘乙巳，酒。明，雨，伐，既雨，咸伐，亦雨，𢦏卯□星．』（據胡厚宣商史論叢引）舊通釋□為鳥，謂即堯典『日中星鳥』之鳥。余按出□字形如鳥而口形特顯，與甲文其他鳥字不同，竊疑其為咮字也。說文二篇上口部云：『咮，鳥口也，从口，朱聲。』甲文字為象形，咮則後起之形聲字也。甲文云咮星者，左傳襄公九年云：『咮為鶉火。』爾雅釋天云：『咮謂之柳，柳，鶉火也。』郭注云：『咮，朱鳥之口。』咮字又作噣：詩召南小星云：『三五在東。』毛傳云：『三，心；五，噣。』字又作注：史記律書云：『西至于注。』索隱云：『注，柳星也。』咮注古音同，轉入聲則為噣，故字可通作矣。」（積甲文說二葉釋□）

屈萬里　「□，象鳥鴉伸頸長鳴之狀，與𢽾卣鳥字之作□者相似，當是鳥字。」（甲編考釋三七五葉）

李孝定　「說文『鳥長尾禽總名也象形鳥之足似匕从匕』。栔文正象鳥形。楊氏釋咮者乃乙六六六四之□，實仍是鳥字。楊氏以其口形特顯遂釋為咮，是亦猶𪈁字所从之□（前六·四六二·）身有斑點，葉氏遂釋為鷄，上出前四·四三·二及前七·二三·二，兩鳥字高冠距足，羅振玉氏遂釋為鷄也．蓋商時文字猶未完全定型，尤以象形文字為然，作書者於偏旁位置筆畫多少形態動靜花紋繁簡每多任意為之，不拘一格，固不可以其形似而臆說之也．楊氏謂咮注噣音近字通，均為星名，是也．然此辭祇是鳥字，釋咮殊覺無據．鳥為星名，它辭或為人名，或為地名。」（集釋一三六〇葉）

李孝定　「按，此与前頁王襄释雉之𪀀当为同字。胡氏释隹，不如释鳥於篆体为近。」（甲骨文字集释存疑四四八四頁）

白玉峥　「孙海波氏释鳥，谓为象形（文编四·一七）。杨树达氏释咮，曰：『说文口部：咮，鳥口也；从口朱声。甲文字为象形，咮则为后起形声字也』（积微居甲文说二頁）。峥按：字或释鸠，言从人文演进言，殷时之人，於鸟类之识别，未必若今日之周；无论任何禽

类，皆乎之为鸟，盖为人类与之之共名，而鸠，则指鸠类之专名。且在象形文字产生之时、地各皆未必定一，任何鸟类皆可图绘其形，表达其意。至杨氏释咮，亦嫌迂曲，故仍当释鸟为是。」（契文举例校读十九中国文字第五十二册五九〇六页）

陳邦怀「六，鸟日其矢……「鸟日」，谓春分玄鸟至之日也。「其矢」，谓授商王以弓矢于郊禖之前也。诗商頌玄鸟：「天命玄鸟，降而生商，宅殷土芒芒。」毛傳：「玄鸟，鳦也，春分玄鸟降。湯之先祖有娀氏女簡狄配高辛氏帝，帝率与之祈于郊禖而生契，故本其为天所命，以玄鸟至而生焉。芒芒，大貌。」诗大雅生民：「克禋克祀，以弗无子」。毛傳：「禋，敬。弗，去也。去无子，求有子。古者必立郊禖焉，玄鸟至之日以大牢祠于郊禖，天子亲往，后妃率九嫔御，乃礼天子所御，带以弓韣，授以弓矢于郊禖之前。」综合商頌玄鸟诗及毛传，并大雅生民毛傳观之，对于「鸟日其矢」之意义，可了然矣。」（小屯南地甲骨中所发现的若干重要史料，历史研究一九八二年第二期一二八——一二九页）

按：甲骨文鳥與隹之區別，在於鳥字突出其喙，隹字則否。說文以長尾、短尾言之，非是。說文：「鳥，長尾禽總名也，象形。鳥之足似匕，从匕。」王筠釋例云：「鳥下云象形，是通體象形也。又云鳥之足似匕，从匕，誤也。」

卜辭鳥與隹二字區別甚嚴，羅振玉以為一字，殊誤。卜辭鳥字或為人名，或為地名，亦有用其本義者，如合集四七二五「辛未卜，鳴獲井鳥」即是。

卜辭鳴字均从鳥，無从隹者可為參證。綜類二三八·三及二三八·四將「鳥」字不同形體分列為二，有一定道理。疑作形者，當為「雉」字之異體，類纂混同為「鳥」，終覺有所未安。凡卜辭「鳥星」、「鳴鳥」，均應為「雉星」、「鳴雉」。說見「雉」字條下。

卜辭「雉星」當即指彗星，胡厚宣論「鳴雉」甚詳。參見「鳴」字條，摹釋總集及刻辭類纂均誤釋為「鳥」，今正。

1793

李瑾「摭續二一六片『夔其出于田（左行）』？（本辞之夔作，李旦丘先生释作凤凰之凰，非是。上端之三豎曲線，象『宣髮』之狀。李說，見摭續考釋頁八三上——頁八三下。」（殷代甲骨刻辭中夔方地理釋証，人文杂志一九五九年四期七四頁）

按：合集二八四二五辭云：「夒其出于田」為人名，與「夒」字無涉。

1794 鳴

羅振玉　「說文解字：『鳴，鳥聲也。从鳥，从口。』此从雞从口。雞，司時者也，應時而鳴，引申而為凡鳥之鳴。許書从鳥，非初誼矣。石鼓文已从鳥作鳴。」（殷釋中七十八葉下）

饒宗頤　「鳴雎指災變。（契文雎字从目在隹上甚顯。說文訓雎為仰目，無鳥名義。）史記天官書『歲星與翼軫晨出，曰天雎。白色大明。』此星占之說，疑與殷代鳴雎有關。考地鏡云：『雞夜鳴，天子適有急令，戎馬興。』『衆鳥集木上，鳴而泣，兵且起，邑將虛。』（馬國翰輯本）。則鳥鳴為兵起之兆，此古之鳥占也。」（通考三二葉）

孫海波　「鳴，前五·四六·四。人名。」（甲骨文編一八九頁）

于省吾　「甲骨文耳鳴之占屢見，文多殘缺。其比較完整的为：『庚戌卜，朕耳鳴，出卸于且庚，羊百出□五十八……。』（乙五四〇五）今將典籍中关于耳鳴之书和耳鳴的事例，擇要加以引述。姚振宗所輯七略數術略佚文，有『嚏、耳鳴雜占十六卷』，汉书艺文志同。又姚氏汉书艺文志条理：『隋书五行家梁有嚏书、耳鳴书、目瞤书各一卷，亡。』姚氏依据陸賈之說，謂『是类之书在汉初已有之矣』。楚辭九歎遠逝：『耳聊啾而慌慌』，王注：『聊啾耳鳴也。』說文：『聊，耳鳴也，从耳卯声。』蔡邕广連珠：『目瞤耳鳴，近夫小戒也。』又居延汉簡甲編一四一三，有『耳鳴得事』和『耳鳴望行事』的記載。」（甲骨文字释林释耳鳴二〇頁）

胡厚宣　「又或以『不于一人禍』和『其于一人禍』正反兩面相对貞，如說：

口口卜，貞口鳴，不口一人禍。
口口一人口。六月。（安明一四〇）

商族在原始社会，是以鸟为图腾的。所以殷人迷信，以鸟鸣为不祥。武丁时卜辞说，「庚申亦㞢酘，㞢鸣雉。」（甲二四〇〇十二四一五）又说，「之日夕，㞢鸣雉。」（海外一・一）尚书高宗肜日说，「高宗肜日，越有雊雉。」史记殷本记说，「帝武丁祭成汤，明日，有飞雉登鼎耳而呴，武丁懼。」汉书五行志说，「书序又曰，高宗祭成汤，有蜚雉登鼎耳而雊。刘歆以为羽虫之孽。野鸟自外来，入为宗庙器主，是继嗣将易也。一曰，野鸟居鼎耳，小人将居公位，败宗庙之祀。武丁恐骇，谋于忠贤，修德而正事。」现在这两条卜辞也是说，有鸟在鸣，乃及复卜问，这对于殷王武丁这一个人，是由什么祸患呢？还是没有什么祸患呢？左传襄公三十年说，「鸟鸣于亳社，如曰譆譆，甲午，宋大災。」亳社见于卜辞，宋为殷人之后，可见直到春秋时期，殷人的后代，仍然还保存有以鸟鸣为灾祸的宗教信仰。」（垂论「余一人」问题古文字研究第六辑一六——一七页）

按：卜辭鳴字所从之鳥均張其喙，無一例外，與唯字有明顯區分。皆用作人名。卜辭雞字多从奚聲。羅振玉謂鳴字从雞从口，諦審其形體，少數確與雞之形體相類似。雞亦鳥屬，不得謂所有「鳴」字皆从雞。參見雞字條下。

1795

唯

羅振玉　「卜辭中語詞之惟唯諾之唯，與短尾鳥之隹同為一字，古金文亦然。然卜辭中已有从口之隹，亦僅一見耳」。（殷釋中三十一葉下）

李孝定　「說文『唯，諾也。从口隹聲。』絜文語辭之惟通作隹，亦有从口作唯者，前四・二七・二，辭云『弜弗改其唯小臣𦉢令王弗每。』前五・三九・八，辭云『☐利令其唯太史寮令』均語詞也。金文亦然，頌簋、毛公鼎、旂鼎、舀鼎、封簋、王命明公簋、散盤、㺇伯友鼎、公文宅匜、曲仲叒匜、叔丹鼎」。（集釋〇三六五葉）

按：晚期卜辭有从口之「唯」字，專用為語詞，「唯」與「隹」已開始分化。羅振玉以隹與唯「同為一字」，卜辭早期則然，晚期則否。說詳隹字條下。

1796 [甲骨字形]

按：合集一一五〇一辭云：「……采姼云自北西單雷……[甲骨字形]星」為星名。

1797 [甲骨字形]

按：字从「鳥」从「亣」，辭殘，其義不詳。

1798 [月鳥] [甲骨字形] [甲骨字形]

葉玉森「卜辭鳴一作[甲骨字形]，疑此仍鳴之別構。从A为口，乃鳴之幖识。契于鳥之身上，或身外，固无异也。」（殷虛書契前編集釋三卷三十四頁下）

按：合集六〇九〇辭云：「庚午卜，㱿貞，𢀛方來，隹[月鳥]，隹我囚」似有災咎之義。

1799 [甲骨字形]

按：辭殘，其義不詳。

1800 [甲骨字形]

按：英二六七四辭云：「□子曰□」為人名。

1801 □

按：字不可識，其義不詳。

1802 ⿰鳥殳 □

按：字不可識，其義不詳。

1803 ⿰口⿰鳥卩 □

按：字从「鳥」、从「口口」，辭殘，其義不詳。

1804 島 □

按：說文「海中往往有山可依止曰島，从山鳥聲」。此正从「鳥」、从「山」。屯四五六五辭云：「島有因」為人名。

1805 燕 □ □

王襄「說文解字：『燕，燕燕，玄鳥也，籋口布翄，枝尾，象形。』契文燕字象燕燕之形。許氏篇口布翄枝尾之说，形容甚塙，简体作□，变体作□、□或□，为侧视之形。细玩各燕字，其流变虽甚而初形未泯，卜辞之燕，借为燕享字，王燕卺享，或为祭名，燕示即高禖之祀，与诗商颂玄鸟诗可互证。篆文燕字枝尾之形讹为火，与魚尾同，盖魚之枝尾由双钩之形□变为单画之形□，更于尾之两旁加点作□，象尾之骨，魚敦之□明写其骨，若穌旨姓鼎作□，石鼓作□，古鉨作□，火之形特箸。篆文燕魚之枝尾讹为火形，形非其朔，谊难说解。」（古文流变臆说六〇页）

按：□宛肖燕形，釋燕可從。續五、二六、五「叀吉燕」，零拾「叀燕吉」，與□之辭例略同。似亦為祭名。

1806

□

按：合集一〇五〇〇辭云：「……往逐殸□、弗其毕」卜辭皆為獵獲之對象，當為禽鳥之名。

1807

□

按：英一七一四辭云：「……亞□」為人名。

1808

□　□

按：卜辭云：「己卯卜……貞，令……歸□」「貞，令方……□邑……」

合集六七〇二
合集八六七五

□乃祭名，合集二七九九〇之□與此字形義俱非，不當同字。

1809

按：字不可識，其義不詳。

1810

按：字不可識，其義不詳。

1811 集

羅振玉「說文解字：『雧，羣鳥在木上。从雥，从木。』或省作集，毛公鼎作集，从隹在木上，與此同。」（殷釋中七十八葉上）

王襄「古集字，从隹作。說文雧之或體與此同。」（簠室殷契類纂第十九葉）

孙海波「𣡕，前五·三七·一。从隹与說文集字或体同。」（甲骨文编一八六页）

郭沫若「集字于木上契一飛鳥形，示鳥之將止息也。」（粹考二一二葉背）

李孝定「說文『雧羣鳥在木上也从雥从木集雧或省』契文从隹與許書或體同。辭云『☒夢集口鳥』，佚、九一四、甲、一、四五、三重似與今義同。它辭殘泐，其義不明。金文作□毛公鼎與此同。它辭則于木上繪一鳥形，父癸卣、集偕簋、父癸爵並同，近於圖畫，與从隹同也。」（集釋一三五七葉）

按：卜辭集字文辭均殘，其義不詳。

魚

羅振玉「說文解字：『魚，象形，魚尾與燕尾相似。』謂从火也。卜辭魚與燕尾皆作W形，不从火。然石鼓文魚字下已作火形。許君蓋有所受之矣。卜辭中諸魚字皆假為捕魚之漁」。（殷釋中三十三葉下）

吳其昌「『魚』謂漁釣也。『獸魚』連文，本片而外，尚有一片与本片絕同，如狀，蓋即『狩漁』連文也。卜辭中『魚』『漁』『侴』『魯』『灥』『魰』……數文，皆相互通轉，名詞与動詞各隨文意所宜而變。金文亦然。『魚』『漁』相通，如上列二片，均以『魚』為漁釣之『漁』可証。又井鼎云：『王漁于㵆。乎井從漁。攸錫漁。』貞松·三·二三·『錫漁』即『錫魚』，亦『魚』『漁』无別之證也。『魚』『侴』相通，如卜辭云：『貞，不其魚。』前·四·二二、二·又作『貞，不其侴。』前·六·五〇·四、又後·二·二四·三，可証。『魚』『魯』相通，如卜辭云：『其雨，在㞢，魚。』前·四·五五·七·又後·一·三一·一·畧同。又作『其雨，在㞢，魯。』後·一·三一、二·可証。『漁』『灥』相通，如『王漁』井鼎又作『王灥』前·六·五〇·七·可証。『漁』『魰』相通，卜辭中有𩵋前·五·四五·二·𩵋前·五·四五·四、𩵋前·五·四五·五·𩵋後·二·一二·一八·四字，罗振玉曰：『漁……或又作魰，从『又』持絲，从『魚』，象漁釣形。石鼓文：漁字作灂。周礼：『漁人』作『㪙人』，均从『又』。則『魰』為『漁』无疑』。續·二·七一·按：罗說是也。遹毀：『平漁于大池』，漁正作灂，湣·八·八六·可証。故知本片之『魚』，乃為『漁釣』之义也」。（殷虛書契解詁第三一八——三一九頁）

李孝定「說文：『魚，水蟲也。象形，魚尾與燕尾相似。』契文亦象形。金文作鳳魚魚父乙卣餘尚多見，均與魚形逼肖，不能具錄。小篆即自契文金文所娩变，其文字化之程度已深。許君云魚尾與燕尾相似，乃就篆文之形體為言也」。（集釋三四六五葉）

饒宗頤「『辛卯卜，殸貞：王往征魚，若。　辛卯卜，殸貞：王勿征魚，不若。……』（屯乙六七五一）

按：『魚』即『漁』。說文：『漁，捕魚也。』易『以佃以漁。』釋文本亦作『魚』。魚即古漁字。他辭云：『……王漁……』（前六·五〇·五）漁字从四魚在水中。遹毀：『穆三王在葊京，呼魚于大池』。（滇松六、三）井鼎：『王呼漁于簸池。呼井从漁』。（滇松三、二三）而靜𣪘稱『射于大池』
似漁即矢魚之禮。」（通考一〇三葉）

饒宗頤　「魚即漁。佚存六五六『王弗漁，其獸。』漁與狩并言，所謂『以佃以漁』是
也。契文動詞之漁字，或不从水，如『不其魚』（前編四、二二、二）『王往征魚若』（沈乙六七
五一）是其例」。（巴黎所見甲骨錄一二葉）

考古所　「魚：在卜辭中大多为人名，亦有作地名者，如沪甲二八二四「□卯卜，何□：
囗魚囗受年？」在此片卜辞中为人名。」（小屯南地甲骨九二一頁）

姚孝遂　肖丁　「637『庚寅卜，翊日辛王兑省魚，不遘雨』『吉』
漁与獵屬于同一性質。就广泛的意义而言，漁亦屬于狩獵的範疇。
前1.29.4：『王狩京魚𢍰』，是魚亦可以称『狩』。
卜辞有『省田』、『省亩』、『省牛』。『省魚』則为前此所未見。」（小屯南地甲骨考
釋一六一頁）

按：卜辭「魚」字多用為動詞，讀作「漁」。然亦有用作名詞者：

「戊寅……王狩毫魚𢍰」　前一、二九、四　合集一〇九一八
「貞，翌乙亥……狩魚」　巴六
「丙戌卜貞，𢦏用魚」　庫一二一二

前一、二九、四綜類二三九摹「毫」作「京」，字體不清晰，似以作「毫」為是。要皆為地名。
葉玉森前釋、饒宗頤巴釋均讀此作「漁」，非是。

卜辭「魚」亦通作「魯」。「魯」今作「魯」。地名「甫魯」（合集七八九四）亦作「甫魚」（合
集七八九五）。「魚」、「魯」為同源分化關係。

「魚」亦有嘉美之義：

「……丑貞，王祝伊尹……取祖乙魚，伐告于父丁、小乙、祖丁、羌甲、祖辛」　屯二三四二

此處之「魚」字，其義與下列「魯」之用義同：

「丁巳卜，𣪘貞，黍田年魯？四月」　合集一〇一三三正

「王固曰，吉、魯」 合集一〇一三三反

「乙丑卜，古貞，婦妌魯于黍年」 合集一〇一三二正

1813 魯

羅振玉釋為漁字，見殷釋中七十一葉上。

唐蘭 「凵是象凵盧，在古文字多作甘，和人口無別，曹、魯、古、喜、合等字所從都是。說文把古、喜、合當做从人口的口，曹字变做曹，所從曰字也從口，魯字变做魯，從白，都錯了。」（導論下編五十七葉）

饒宗頤 「丁巳卜，㱿貞：黍年魯。貞：乙保黍年。乙弗保黍年。」（北乙七七八二）按他辭云「魯妨，允妨。祉田（北甲三〇〇〇）魯即魯，彝銘屢見「魯休」（散繼鼎）「魯福」（戠者鼎）「萬福屯魯」（遺鋪）爲祝嘏之辭。屯魯猶詩言純嘏。受福曰嘏，此祝先王乙（大乙或小乙）降福于黍也。」（通考九四葉）

郭沫若 「卜辭有『貞今一月在魯王囚』（燕十一、一、）一例，以卜辭及金文案之，當是地名。余謂即是魯字，羅氏釋為畋漁之漁，未確。……」（青銅卷一十八葉戊辰彝考釋注五）

葉玉森 「疑甘象盤皿蓋盛魚之器，魯或魚之繁文。藏龜之餘有『魯受黍』文，似詩漁洋夢魚占年之意。別一辭『魯』下有『于』字，似又假借為漁矣。」

于省吾 「說文：『魯，鈍詞也。从白魚聲。』按卜辭魯作魯，象魚在器皿之上；下不从白，與金文同。佚存五三一：『乙丑卜，古貞：帚妌魯于黍年。』又六九三：『囗囗卜，王隹正商，允魯。』商承祚考釋以魯為漁而卜，非是。魯旅為雙聲疊韻字，故相通借。書序嘉禾篇：『旅天子之命。』旅字，史記周本紀作魯；魯世家作嘉，魯旅均應訓嘉，故魯世家以嘉代詁也。書洛誥：『拜手稽首，旅王若公。』即嘉王及公也。邢侯毀：『拜䭬首，魯天子。』即嘉天子。亦猶效父毀：『休王錫效父貝三。』之休王也。洹卣：『尹其亞萬年，受亦永魯。』永魯者，永嘉永休也。然則帚妌魯于黍年者，婦妌嘉于黍年也。允魯者，允嘉也。」（駢枝五三葉釋魯）

于省吾 「……按甲骨文魯字作魯，从魚从口，口為器形（詳釋蘇），本象魚在器皿之中，說文訛為从白。……甲骨文之言魯，言允魯，魯均應訓為嘉。甲骨文又稱：『丁子卜，㱿

貞，黍田年魯○王固曰，吉魯。』（乙七七八一、七七八二）吉魯連用，尤可证魯为美善之义。至于說文训魯鈍词，乃后起之义。」（释魯，甲骨文字释林五二至五三页）

李白凤　「我认为『魯』之本字从魚从口，应读成魚方才合例。案：魚、魯古音均在模部、和『旅』字阴阳对转故可相通假，但均属此字的第二义而非第一义。卜辞多有『自魚』之文，孙海波误读为一字；其实卜辞中『自某』之例多見，其谊应读是『王来自魚』的省文。金文中的『魯』字，在西周中叶以后亦多从魚从口……其后魚字虽小有改变，其从口仍不变……大致都能看出『魚』字变化的痕迹，以后讹书『口』为『甘』，乃因其第二义已成立，乃从而取其形容词之义而造成从『甘』的新字。」（东夷杂考三八至三九页）

胡瀓咸　「『（缺）在圃，魚』。（后上三一·一）『贞，其雨，在圃，魯』。（后上三一·二）这两条卜辞语例辞意完全一样。『魯』和『魚』显然就是一字。『魚』又作『魯』乃是增加笔画。甲骨文往往有加『口』作的。如『可』或又作『哥』，『劦』或又作『劦口』。这种笔画的增加很难说出它有什么意义。……

『魯』义实为厚为多。士父钟：『作朕皇考叔氏宝林钟，用喜侃皇考。其严在上，數數𧷸𧷸，降余魯多福亡疆』。井人妄钟：『用作龢父大林钟，用追孝侃前文人。前文人其严在上，數數𧷸𧷸，降余厚多福無疆』。『降余魯多福亡疆』，『降余厚多福無疆』，语例辞意完全一样，可知『魯』义必与『厚』相同。又沂伯簋：『用旂屯彔，永命魯寿』。『魯寿』意非为多寿不可。可知『魯』也必有多义。

铜器铭辞习见『魯休』、『魯休令』、『魯令』。……我以为『休』义当为恩。……『魯休』即是厚恩。『魯休令』就是恩厚的任命。『魯命』即是厚命。……卜辞『帚妌魯于黍年』，『魯』义也为厚，意为丰厚。这是说帚妌黍的岁丰稔。又卜辞：『丁巳卜，㱿贞，黍田年魯。王固曰：吉，魯』。（乙七七八一、七七八二）这也是卜黍的年岁收成是否丰稔。

魯本就是『魚』字，其义为厚乃是假借义。說文云：『魯，鈍词也』。『魯』义为鈍盖是引申。即由『魯』义为引申的。人质实敦厚称为魯。论语云：『参也魯』。人敦厚就不免显得呆板，因此又引申为愚鈍。」（甲骨文字考释二则，古文字研究第六辑一五〇——一五二页）

姚孝遂「『魯』是从『魚』衍生的，今作『魯』。小篆誤从『白』（自）。『魯』字所从之『口』，亦与『口舌』之『口』无关，纯粹是一个区别符号。卜辞『魚』既用为『魚肉』之『魚』，是其本义，又作『休美』之义的『魯』及地名之『魯』。但『魯』则不能用作『魚』，均有『同异』之辨，亦不可逆转。」（再论古汉字的性质 古文字研究第十七辑三一五页）

姚孝遂 肖丁「『魚』字在此用法亦极特殊。卜辞『取』祭未見附加牲名之例，而卜辞亦仅見粹1212有『拊用魚』。此处之『魚』似当假作魯，训为嘉。与佚7781『黍田年魯』之『魯』字用法同。佚7782『王固曰吉魯』，可証明此『魯』字之涵义。卜辞『在甫魚』（後上31.1）亦作『在甫魯』（後上31.2），可以証明『魚』与『魯』是可以相通假的。」（小屯南地甲骨考释五一頁）

于省吾说参□字条下。

按：魯字段玉裁、朱駿聲皆以从魚聲是正確的。林義光文源謂「彝器每言魯休、純魯，阮氏元云：魯即嘏字。史記周本紀魯天子之命，魯世家作嘉天子命。魯、嘏、嘉並同音通用。魯本義蓋為嘉，从魚入口，嘉美也」。卜辭魯字除用作地名或人名外，其義均為嘉美。卜辭「魯」字乃由「魚」字分化而來。古文字每增「口」作為區別符號。與「口舌」之義無關。从魚入口故有嘉美之義，其說不可據。

1814 魚 □

王襄 「□，疑古魚字。」（簠纂第十一葉）

吴其昌 「『止日不魚』之語，殆為殷代通用之習詞，故在契文中數數遘其近似或相類同者：或作『止日不魚』（如前一、三〇、七）或倒其文作『不其魚，止日』（如後二、二四、三）或反其文作『止日允魚』（如前三、三八、二，前四、五七，鐵一二五、五）或作『今日魚，止日卣』（如淺二、三四、三）或作『止日卩（即）魚』（如前六、一四、四）或作『魚益』（如淺二、三四、三，前五、三八、二，前四、五、七，林二、二六、二）推原其意，『止日』與『今日』對稱，則『止日』之義，必相等于『至日』，『至月』云者，猶言『至其日』；盖指其先已卜定之日也。『𩵋』字或作□形，（前六、一四、四）解析釋之：則□者，象有魚懸于綸索之形也；八者象水點之滴瀝也。魚懸索而出水，宜旁有水點滴瀝矣。湯取『魚貫』為象，（剔六五）石鼓文詠『維鱮維鯉，……橐之……楊……柳』之詩，（乙鼓）是古者釣得之魚，固知橐貫，此□字正象魚在橐貫之形耳。如是，則所謂『𩵋益』者，□象注水于皿中之形，盖釣得之魚，恐其即死，故置之于盆盎之中，益注以水，以暫活之也。所謂『今日𩵋，止日𩵋』者，謂今日釣得之魚，至其卜定之日始𩵋以祭也。由是則所謂『止日允𩵋』『止日不𩵋』之語，可不煩言而得其喻矣。」（殷虛書契解詁第三三七——三三八葉）

商承祚「𩵋字卜辭恆見，以文義繹之，亦是漁字。與魯同為変體，从八口皆象取魚之具。」（佚考八葉）

饒宗頤「按𩵋字為動詞，京津三七三〇：『貞不其𩵋。』前編四、二二、二另卜『貞不其魚』，文同而字異。魚之作𩵋，其上益八形者，為飾文，如龜之作□，4之作□矣。葉氏、商氏皆謂𩵋魚一字是也。」（通考八五七葉）

饒宗頤「『口寅卜，出貞：羽丁卯，𩵋益醫，之日……』（續編五、一九、四）按『𩵋益醫』語亦見于大之卜辭。（遺珠三九三）𩵋或指宗廟薦嘉魚以享。他詞云：『戊寅卜貞：𩵋彡，歲，自母辛衣。』（前編一、三〇、四）𩵋亦祭名。」（通考八五八葉）

李孝定「从八从魚，說文所無。以文尋之，商說是也。今仍从其偏旁隸定為此。金氏謂與天時有関未塙。」（集釋三四六八葉）

金祖同「佚七五九片『止日允𩵋』與上一四七片『止日允雨』同例，似與天時有関。淵八九三『𩵋允雨』可為之證。」（遺珠九葉）

姚孝遂「沖三五一〇的『王魚文不雨』，原本作『王𩵋文不雨』，『𩵋』在这里作动詞用，相当于現在的『漁』字。這一片刻辭是占问殷王在文地去漁猎是否会遇雨。淵六、五〇、四：『貞，不其𩵋文』；淵一、三〇、七：『之日不𩵋』；淵四、五、七：『之日允𩵋』，『𩵋』都是动詞，当『漁』字用。」（关于殷代甲骨刻辭中變方地理释証一文的商榷，人文杂志一九五九年六期七二頁）

陈邦怀「先举几条用『䲨』字的卜辞：

1.癸丑卜贞，勿自䲨羊，隹（维）牛。

2.口口口（卜），出口（贞），䲨豢，之日允䲨。

3.贞，弗其䲨彘邑方。

4.王固曰，……䲨酒……

以上四辞『䲨』字之后带的都是名词，有羊、牛、豢、彘、酒，结合上下文义来看，可以肯定『䲨』是个动词。

现在再来分析『䲨』字的构造，上面是个『八』字。这个字同『𢍏』字的构造方法是一样的，说文解字卷三上𦍌部：『𢍏，……从𦍌八；八，分之也；八亦声，读若颁。』𢍏字从八得声，读若颁；䲨字也从八得声，也应当读若颁。诗经小雅鱼藻：『鱼在在藻，有颁其首』，毛传曰：『颁，大首皃。』说文解字卷九上页部：『颁，大头也；从页分声。』颁字当大头讲，是指人而言。诗经『鱼在在藻，有颁其首』的颁是个假借字，它的本字当是䲨字。卜辞里的䲨字，是颁首鱼的本字，所以䲨字从鱼。『有颁其首』的颁音坟。不过颁字又音班，卜辞里的䲨字都读班。䲨字当班赐讲。以此义来解卜辞，是无往而不通的。」（甲骨文『䲨』字试释、中国语文一九六六年一期二九页）

方述鑫「……卜辞中的『䲨』为祭名，盖即鱼祭。……殷卜辞中有鱼祭的实例，如出土于小屯南地H五七的历组卜辞云：『口丑贞：王祝伊尹，取白鱼伐，告于父丁、小乙、祖丁、羌甲、祖辛？』（南地二三四二）先秦典籍里不乏鱼祭的例子，如礼记曲礼：『凡祭宗庙之礼……槀鱼曰商祭，鲜鱼曰脡祭。』国语鲁语上：『取名鱼，登川禽，而尝之寝庙。』韦昭注：『名鱼，大鱼也。』山海经东山经：『祠：毛用一犬，祈聃用鱼。』」（甲骨文字考释两则，考古与文物一九八六年四期七〇页）

按：卜辭「䲨」之用法較為複雜，主要有二：

一為祭名，例如：合集一八八〇四辭云：

「辛未卜、貞，今日䲨庸」

又合集二三七一七辭云：

「己巳卜，大貞，翌辛未䲨益畐」

皆為祭名。

另一較為常見之用法可能相當於「漁」，如合集六辭云：

此即用為「漁」，諸家均已列舉「庚寅卜，貞，翌辛卯王𩵋亥不雨」「𩵋」、「漁」相通之證，然「𩵋」與「魚」終有別，不得視為同字。

1815

𩵋

孫海波 「从自从魚，說文所無」。（文編四卷四葉）

按：𩵋字不識，用義不詳。

饒宗頤 「按𩵋，字書所無，以文義揣之，意為抵禦。金文工𢿢一作『攻敔，』濟水注『魚山，』瓠子河歌作『吾山。』此字疑讀為『敔，』敔與圉、禦音義同」。（通考一七七葉）

按：卜辭「𩵋」多見用為動詞，其義不詳。

1816

鮫

王襄 「古篽字，說文篽或作䱷，从又魚聲」。（類纂正編第五第二十二葉上）

孫海波 「䱷，甲三六六〇。或从又持竿取魚。」（甲骨文編四五八頁）

屈萬里 「張衡西京賦：『逞欲畋䱷。』注：『䱷，捕魚也。』按：字與周禮之𢿢字同，亦即通用之漁字也」。（甲編考釋一五五葉）

饒宗頤 「按說文竹部：『篽，禁苑也。春秋傳曰：「澤之目篽。」䱷，篽或从又，魚聲。』許君以䱷為篽之或體，然其字已見于殷時。䱷或為地名，他辭云：『貞：弗其𢀛，九月，在䱷。』（前編五、四五、四）亦稱䱷𩵋，辭云：『王受又又，……卜又𢦏，其㭉，在䱷𩵋，隹中田。』（寧滬一、三三、一）䱷亦可作禁苑解。西京賦：『洪池清篽。』漢書宣帝紀：『池篽，』亦稱『圉篽，』（宋書禮志）蓋于池苑中，以竹絲聯之為禁篽也。元帝紀言：『嚴篽池田。』晉灼注：『射苑也。』此辭亦可解作王在射苑，當為漁獵時事」。（通考八四九葉）

按：□在卜辭為地名，孫海波謂象「从又持竿取魚」。但卜辭從不用作「漁□」義，參見「漁」字條。

1817

漁 □ □ □

王襄

「說文解字：『瀿，搏魚也。从鱻水。漁，篆文瀿，从魚』。段注云：『然則古文本作魚，作鱻、瀿其籀文乎。』周礼歔人音义：『歔音魚，古又作魚，亦作敹，同又音御。』言契文之漁，最初為□，蓋先民見水中有魚，搏而食之，始製此字，所謂魚猎時代。四魚者，言其多，甚人之知識，知四為极數，故以四狀之，与三人为众立，三隹犀鳥，三馬為衆馬誼同。漸衍用為手搏魚之□，冉漁解作□，漁敦作□，从大从𠦃，与𠂇同誼。更衍為手持竿絲釣魚之□，漁鼎作□，漁還鼎作□，為手举網取之□形，終則用瀩，由□所脫化為簡体，而許书之瀿亦□之簡体。遹敦作□，从魚从水从収，石鼓作□，从魚从水从又，𠦃、又与𠂇同為爪之省，即手，𠦃、又亦訓手，均有搏誼。」（古文流变臆說四九頁）

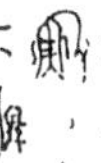

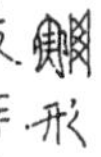

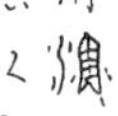

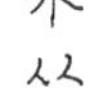

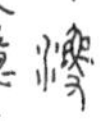

按：卜辭「漁」即說文訓為「捕魚」之「瀿」，或从四「魚」，皆為動詞。其从一「魚」或二「魚」者，為人名。二者當有別。

1818

漁 □

羅振玉

「說文解字：『瀿，捕魚也。从鱻，从水。』篆文从魚作漁。此从魚从水者，與許書篆文同。或从水中四魚，其文曰『王漁』，知亦為漁字矣。或又作敹，从又持絲从魚，象漁釣形。石鼓文漁字作□，周禮魚人作歔人，均从又，則敹為漁無疑。許君以敹為御之古文，殆不然矣。其作魯者文曰『在昔漁』，故知亦為漁字。或又作手持網，或省水徑作魚。」（殷釋中七十葉下）

李孝定

「說文『瀿捕魚也从鱻从水瀩篆文漁从魚』契文作上出諸形，羅氏並釋瀿，其說可从。或象垂釣，或象張網，或象臨淵見魚，文字未定形前得以意為之也。卜辭或用本義，或為人名。金文作□遹簋□□井鼎略同」。（集釋三四七〇葉）

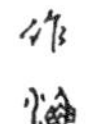

考古所　「□：即漁字之异构。漁，从水从魚。此字之川表示河，亦当为从魚从水。（小屯南地甲骨一〇二四頁）粹一二六三有子□，為武乙卜辭，与武丁時之子漁殆都出自漁族。

按：□、□、□、□其用法各有別，不得混同。李孝定謂「以意為之」，非是。□象張網捕魚，□則與說文𤁨字同形。卜辭此二字用作動詞，乃漁獵字：

「叀漁□」　續六·一〇·九

「……其□」　粹一三〇九

「……王𤁨，十月」　京津一五一六　前六·五〇·七

卜辭「子漁」多見，乃人名，字均作从水从魚之□：

「子漁其出疾」　前五·四四·二

「子漁亡疾」　續三·四七·三

卜辭□則為地名：

「牧入十，在□」　乙七一九一

「壬辰卜出貞，今夕亡囚，十月，在□」　京津三五一二

孫海波謂「从又持竿取魚」。字不从糸，不得釋「䋖」。䋖典籍或作鮌，或作鯀、或作鮌，均與此形相遠。

1819　⿰魚受　□

丁山　「子漁之後，是為漁氏。由字面推尋，漁氏采地，宜在今河北密雲縣境。由文字的聲音通假看，春秋時代的句吳，文獻裡一稱攻吳，吳王夫差鑑一稱工𫊸，者減鐘一稱攻敔，吳王元鑑吾魚兩字，自古音近字通，我認為商代的漁氏可能即是戰國時代的齊國的梧邱。世本言齊國的大夫有虞邱氏。其舊地當即東河縣西的魚山，亦即水經注之吾山，魚山名正應於梧邱，即商子漁氏所在矣。」（甲骨文所見氏族及其制度七七葉）

郭沫若　「□象手張網以捕魚之形，當即漁字之異。」（粹一〇三九片考釋）

屈萬里　「……此字，蓋亦祭儀之一；或竟是陳魚之祭也。」（甲釋第二四七葉）

孫海波　「□，甲三九一三。或从手持網網魚。」（甲骨文編四五八頁）

考古所　「鱻：字从魚从□，像兩手張網以捕魚之形。郭沫若認為是漁字之異（粹考一七〇頁一三〇九片卜辭釋文）。本書四二八一片有□字，與本片鱻字之右旁結構相似，也以雙手張網，不同處是省略了魚旁，其他用法也與本字一樣。故□為鱻之省，可隸定為□。鱻為形声字，□為形，魚為声，故鱻應讀魚。金文有□字（頌鼎），當隸作𩵜，也是形声字。高鴻縉認為是甲骨文鱻字之變（頌器考釋四五頁），至確。鱻在本片作動詞。」（小屯南地甲骨一〇六三頁）

考古所　「鱻：在此條卜辭中與祝一樣，為祭名。可能為登魚之祭。國語·魯語：『古者大寒降，土蟄發，水虞於是乎講罛罶，取名魚，登川禽，而嘗之寢廟，行諸國人，』呂氏春秋·季春紀：『天子焉始乘舟，薦鮪於寢廟』等即是。」（小屯南地甲骨一〇六三頁）

姚孝遂　肖丁　「卜辭『魚』、『漁』、『瀺』、『鰻』諸字在形体及涵义上都有严格的区分。『魚』通常为名词，与后世之用法同。有时假作『魯』，训作『嘉』，在卜辞其形体亦作『魯』。卜辞的『漁』则但用作人名，与后世之漁有别。

揃6.5007：『……王瀺，十月』。『瀺』，动词，即后世之『漁』。

粹1309：『其鰻』；粹1565：『弜鰻』，郭沫若先生谓『鰻象两手張網以捕魚之形』，这是对的，但又谓『当即漁字之异』，则不够确切。在卜辞『鰻』与『漁』的形体及用法均有别，不是一字之异。

屯南3060：『弜鰻』，其形体与辞例均与粹1565同，用作动词，盖張网以捕魚之专用字。」（小屯南地甲骨考释一七〇頁）

邨笛說參□字条下。

按：「鰻」从魚从网从又，象張網捕魚之形。卜辭即用為漁獵之「漁」。卜辭「漁獵」字既可作「魚」，亦或作「瀺」、作「鰻」。「漁」則只用作人名「子漁」。

1820 ⿱山魚

按：前七·八·四：「乙未卜貞，黍隻⿱山魚？十二月。允隻六十，以羌六」，葉玉森以為方國名是對的，然釋「緻」則非是。後下二一·一一「自⿱山魚」為地名。方國名與地名均相因。

1821 ⿱魚大

按：字不可識，其義不詳。

1822 ⿱虍魚

羅振玉 「齊子仲姜鎛「保⿱虍魚兄弟」，⿱虍魚，吳中丞釋魯，與此同。兮田（田）盤亦有⿱虍魚字。」（殷釋中七十三葉上）

商承祚 「王國維曰：「⿱虍魚乃魚字之緐文，周禮魰人作⿰⿱虍魚攴人，知魚可作⿱虍魚矣。古魚吾二字同音，故叚為吾字，齊子仲姜鎛「保⿱虍魚兄弟保⿱虍魚子姓」，即保吾兄弟保吾子姓也。沇兒鐘「⿰⿱虍魚攴以宴以喜」，即吾以宴以喜也。兮田盤「王初各伐玁狁于畧⿱虍魚」，畧⿱虍魚即彭衙之初字，當即魚字，古文且作虘，吳作虞，皆从虍。」」（類編十一卷十一葉）

孫海波 「⿱虍魚，前六·五〇·三。从魚从虍，說文所无。王國維說，周礼天官⿰⿱虍魚攴人，釋文本或作魰。魰、⿰⿱虍魚攴同字，知⿱虍魚、魚亦同字矣。古魚、吾同音。敦煌唐写本商书魚家旄孫于荒，日本古写本周书魚有民有命，皆假魚为吾。河渠书功无已兮吾山平。吾山，即魚山也。」（甲骨文編四五七頁）

孫海波 「從魚從虍，說文所無。」王國維曰：「周禮天官⿰⿱虍魚攴人釋文「本或作魰」，魰⿰⿱虍魚攴同字，知⿱虍魚魚亦同字矣。古魚吾同音，敦煌唐寫本商書「魚家旄孫于荒」，日本古寫本周書「魚有民有命」，皆假魚為吾。史記河渠書「功無已時兮吾山平」，吾山即魚山也。」」（文編十一卷十三葉）

屈萬里　「盧，疑即尚書牧誓『微盧』之盧。」（甲編考釋四六六葉）

李孝定　「字當係从虍魚聲，說文所無。⿱虍魚魚同音且形亦相近，故周禮⿸广⿰魚攵字本亦作魰，未足以證⿱虍魚魚一字也。魚為象形字不當有从虍作⿱虍魚者。至王氏謂魚吾同音古多通段，說不可易。羅氏引吳大澂說釋魯，說非。古音虍魚吾三字聲韻並相近，故得通段也。金文作□齊子仲姜鎛□沇兒鐘□兮甲盤□父丁觶□林氏壺卜辭⿱虍魚字所見一辭僅餘殘文，不詳其義。」（集釋一六八六葉）

按：字隸作「⿱虍魚」，卜辭均殘，不能斷定即與「魚」同字。

1823　⿱生魚

按：字从「魚」、从「生」，合集二二四〇五辭云：「貞，勿⿱生魚多口亡𡆥」其義不詳。

1824

按：合集一六〇四三辭云：「……寅卜，㝑……翌丁卯□饗多……」，當亦「魚」字。又合集一三三三三辭云：「貞，夕□□……滴」形體與此有別，不能混同。

1825　⿱臼魚

按：字不可識，其義不詳。

1826

魰，从又从魚。段注：从又者，取扞衛之意。卜辭云『其鬣，』猶言『其禦，』謂其往禦方夷也。」（通考一一四六葉）

按：合集二八〇一一辭云：「壬戌卜，狄貞，其又來方亞旋其鬣王受有祐」

饒宗頤讀作「禦」，於辭義可通，但是否即「魰」字，則待考。

1827（1）

龍 □ □ □

羅振玉 「說文解字龍，从肉飛之形，童省聲。卜辭或从𢆉，即許君所謂童省。从□象龍形，A其首，即許君誤以爲从肉者。乙其身矣。或省𢆉，但爲首角全身之形，或又增足。」（殷釋中三十三葉上）

王襄 「古龍字。繁簡不一，象其屈伸变化之形。」（類纂正編第十一第五十二葉上）

葉玉森 「近世地質學者，考竅化石，乃決定龍爲古代爬行動物，種類孔繁，或一棲兩棲，或有翼無翼，或肢有鉤爪，或頭有廣鰭，其體長或至十二三丈。此徵之實驗者，當非齊東野語也。吾國古以龍爲四靈之一，其形雖不可考，然於契文諸篆象形諸龍字，可得十之七八。如□象首角，w左象胡，右象耳，巛象甲紋。□□象首角，巜象甲紋。□◇象首角，ㄐ象二肢。龍本有四肢，側視乃見其二。肢有掌，似虎，＝象甲紋。□ㄧ象鬣項肉冠，ㄈ象闊口，ㄇ象二肢，⋮象斑紋。□□象肉冠及闊口，ㄘ象二爪。□ㄒ象肉冠，口象首口，ㄱ象一肢，飛則見一肢也。□目象肉冠，ㄚ象首鬚，ㄟ象二肢。據上各形，乃斷定龍頂有肉冠，有兩角，兩耳，口闊，有鬚，有胡，有四肢，有掌爪，身有甲或斑紋，無翼，尾秃，其形蜿蜒，能飛能行，與近儒學說略合。」（枝譚十葉龍字條）

陳夢家 「若『龍』字的詮釋不誤，則龍方可能與匈奴有關。匈奴傳『五月大會龍城，祭其先天地鬼神』，索隱云『崔浩云西方胡皆事龍神，故名大會處爲龍城。』後漢書匈奴俗，歲有三龍祠，祭天神』。班固燕然山銘『乘燕然，至龍庭』。左傳昭二十九記夏代有學擾龍於豢龍氏者『以事孔甲，能飲食之，夏后嘉之，賜氏曰御龍。』

此種傳說，當有來源，但龍非後世想像的飛龍，當是一種較大的爬蟲類而已。」（綜述二八三葉）

陳邦懷「龍字从𢆉，即丵之省文，……篆文龍字譌𢆉為䇂，許君說童省聲，恐不然也。」（小箋十五葉上 又前四卷屬下引陳說請參看）

李孝定「龍字固象形，而葉氏失之於鑿。陳氏謂从𢆉為丵之省，引吳語以不經見者為丵嶽，因謂卜辭中鳳與龍字有從丵者，蓋以鳳龍為不經見之物則說象形為會意，又未免失之附會矣。金文龍字作龍邵鐘龍龍母尊龍昶仲無龍鬲龍昶仲無龍匕龍王孫鐘『余[illegible]龏[illegible]屖』从兄當以為聲也除鐘文外，均與契文略同。」（集釋三四八三葉）

饒宗頤「『丙午卜，夶：令龍己進丁（舊宗）寅（矢）巴，八月。夶：令宁……』（續編五、一四、五）按龍人名，殷器有子龍觚。（錄遺三四一）龍為武丁時人，今由龍宁之時代，可定夶當亦屬武丁時。」（通考六六八葉）

饒宗頤「卜辭『龍不既𢀛』。（見拾掇二、四八、七）殷人祀龍星，龍即蒼龍，淮南子天文訓：『天神之貴者，莫貴于青龍。』廣雅以青龍即太歲，是龍亦指歲星也。」（通考九三四葉）

饒宗頤「卜辭言乎婦妌伐龍方，（續編四、二六、三）從伐者有沚戠。（甲乙五三四〇）是孔甲時有御龍氏。左傳成二年：『齊侯伐我北鄙，圍龍。』杜注：『龍，魯邑。』龍方或即其地。」（通考四〇一葉）

（補通考一一四葉）「龍字用作寵，急就篇云：『竭禓塞禱鬼神寵』，是其例。」（通考一二九八葉）

饒宗頤「卜辭『龍不既作』，（見綴合編九六）猶言龍星不已出現矣，此米龍之事。他辭云：『……米龍……』（粹編四八三）『其兄（祝）龍，𢆶用。』（後編下六、一四）左傳襄二十八年：『龍，宋鄭之星也。』此蓋有祭于龍星，故卜之。」（通考七〇四葉）

張秉权「龍，在此版乃人名，他辭有：貞：龍亡不若，不㚔羌。（丙編一三二）」

丁未卜，龍隹若？（戩五·一五）

甲午卜，龍𡆥貝？二月。（乙編八九七）

以上三辞，前二者為武丁時卜辞，后者為文武丁時卜辞，時代相去狠远，而龍方的首領，仍以龍字為名，名字虽相同，而实际上的领袖，則已不是武丁時代的那个人了。龍的采地，則称龍方，例如：

貞：勿乎帚姘伐龍方？（續四·二六·三）

王亩龍方伐？

勿隹龍方伐？（丙編二四又考释ア·四九——五〇，插图二；三）

或單称龍，例如：

甲申卜，㱿貞：乎帚好先収人于龍？（前五·一二·三）

白玉峥「峥按：龍字在甲骨文字中，……尚有方国曰龍者，如：

王亩龍方伐？　乙三七九七

至龍字之结体，约言之：前期通作□形，或其孳乳诸形；至第四期时，有作□（咻二·二九·九）、或增繁作□（續五·一四·五）诸形；凝之时间因素。」（契文举例校读中国文字第八卷第三十四册三八八四页）

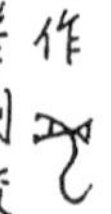

丁驌「龍字在契辞中最早者为地名曰龍方，『帚姘伐龍方』（續四·二六·三）。曰彭龍，辞曰：『貞勿令𠂤般取……于彭龍』羌龍方国名，『貞吴戋羌龍』（綴一·五二〇）。三者似皆指一地，此字形变异甚多。……

（摭續一四七）。

壬寅卜穷貞若兹不雨，帝。隹兹邑□不若。　（遺六二〇）

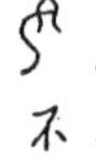

王国曰帝隹兹邑□不若。（遺六二〇反）

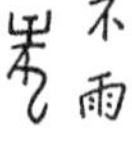

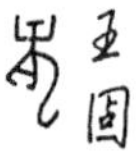

□出醜　（佚九七三）

……辞中之龍字，似为出□二形之合文。郭释为龍，读为寵；饒从之。郭氏将續四·九·二之辞接于佚九七三，又足其句曰：『若兹不雨隹兹邑寵出醜于口』。谓帝加怒于某，降禍于某也。余以为郭氏有误，盖帝为禘，非谓上帝也。祭祀之方有善有恶，善者求之，恶者激之。此醜为恶求也。周礼大祝：『掌六祈以同鬼神示……五曰攻，六曰说。』醜者攻也。按契辞合文例为专名，通用之字而为合文，尚乏例证。此字当仍是『有龍』一字。故此辞只是久旱不雨，禘以求之，醜以激之也。『有龍』窂龍困苦之意也。从董说。」（释眗与龍中国文字第八卷第三十二册三四二一——三四二四页）

裘錫圭　「古代遇到旱災还往往作土龙以求雨。山海经大荒東经：『大荒東北隅中有山名曰凶犁土丘。应龙处南极，杀蚩尤与夸父，不得复上，故下数旱。旱而为应龙之狀，乃得大雨』，郭璞注：『今之土龙本此』。淮南子地形：『土龙致雨』，高誘注：『湯遭旱，作土龍以像龙，云从龙，故致雨也。』（或謂此是許慎注）同书說山、說林也都讲到土龙求雨之事。春秋繁露求雨对作土龙的方法有較詳细的叙述。桓譚新論（后汉书礼仪志中刘昭注引）、論衡的亂龙等篇都討論了土龙求雨的问题。

从甲骨卜辭看，商代已经有作土龙求雨之事。安明一八二八：

叀（用法与『唯』相近）庚䒒（焚尪？），又（有）〔雨〕。

其乍（作）龙于凡田，又雨。

『作龙』卜辭与焚人求雨卜辭同見于一版，卜辭中并明言作龙的目的在為凡田求雨，可知所謂『龙』就是求雨的土龙。佚二一九：

十人又五☐

☐龙☐田，又（有）雨。

上引第二辭很可能是占卜『作龙于某田』之辭的残文。看来，淮南子地形注說商湯遭旱作土龙以致雨，可能是确有根据的。」（說卜辭的焚巫尪与作土龙，甲骨文与殷商史三二頁至三三頁）

按：卜辭「龍」為方國名：

「王惟龍方伐？」「勿惟龍方伐？」　合集六五八三

「貞，勿乎帚姘伐龍方？」　合集六五八五

又「龍母」為人名，為祭祀之對象：

「庚子，子卜，叀小宰𢀛龍母？」　合集二一八〇五

「辛丑，子卜貞，用小宰龍母？」　合集二一八〇五

又「龍」為地名：

「乙未卜貞，黍在龍囿啚受有年」　合集九五五二

又為水名：

「戊戌貞，令衆涉龍西北，無囚？」　懷一六五四

按：卜辭𢀜字與「龍」形義俱乖，刻辭類纂一八二七混入「龍」字，並讀作「寵」，殊誤。合集九四正反連文，其辭為：

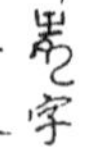

「壬寅卜，賓貞，若茲不雨，帝惟茲邑龍，不若？

王固曰：帝惟茲邑龍，不若。」（亦見珠六二〇）

合集七八六一亦見綜圖二一．三，亦有類似之辭例：

「惟茲邑龍，不若？」

「龍」字从「龍」，从「虫」，「虫」當為聲符。其義當為災咎。據合集九四所載，商邑久旱不雨，卜問是否為帝所降之災咎。商王判定為乃帝所降之災咎。「不若」即不順利。

卜辭累見「帝降𡆥」、「帝壱」，亦有「帝尤」。凡此均屬於「不若」。「龍」義亦當與此相類似。

陳夢家綜述五七一隸「龍」為「蚩」，謂「義不明」。字既不从「虫」，亦不从「之」，不得隸定作「蚩」。

龏 龔

王襄 「古龏字。許說慤也，从廾龍聲。段茂堂先生云此與心部恭字音義同。」（簠室殷契類纂第十一葉）

朱芳圃 文字編三卷四葉下收作龔。

楊樹達 「殷契殘存貳拾肆版云：『△丑，侑于五后，至於龔㝅。』……余謂龔㝅即小辛也。知者，小辛名頌，頌从公聲，古讀與公同。……龔與公音同。」（積甲文說三九葉五行）

孙海波 「□，佚五〇五。疑龏字。」（甲骨文編㐅九五頁）

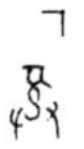

孙海波 「□，乙一三九二。方国名。」（甲骨文编一〇一頁）

孫海波 文編三卷四葉收作龏。

張秉权 「□，即龔字，在這里是地名，王國維以為即左傳：『太叔出奔于共』的共，因為龔共二字，古相通用，杜注：『今汲郡共县』，也就是現在的河南輝县。

㠯，即餗字，师所至也，后世則用「次」字，左傳莊公二年：「凡师一宿為舍，再宿為信，过信為次。」于龔㠯，即「在龔停下来」的意思。」（殷虛文字丙編考释第十八頁）

己卯貞：令甾以㠯代龍戋？（庫一〇〇一）

春秋成公二年，左傳：「齐侯伐我北鄙，圍龍」，水经注：「汶水西南逕龍鄉故城東」，一統志：「龍鄉城在泰安县東五十里」，左傳的龍疑即卜辭的龍方，其地在今山東泰安縣境。」（殷墟文字丙編考释第一六七——一六八頁）

李孝定　「說文『龔愨也从廾龍聲』又『龔給也从共龍聲』奴共古今字，龔龔亦當為古今字。今从契文字形收作龔。卜辭龔為地名，辭云『戊申囗田龔囗子死』（拾六、四、）『辛未卜在龔貞王今夕亡禍』（前二、十三、六、）『囗至于龔雩十月』（前二、二五、六、）『囗吉其乎取龔𢦏羅釋乐』（前四、二九、三、）『囗乎行取龔从于如砌氏』（前四、三十、一、）『囗允貞令龔𠭯敦』（前七、三一、四、）『貞王于龔』『勿于龔餗』（乙五四〇三、）『叀惟龔伐』（佚五八〇、）『至龔』（佚六七〇、）均可證，其義不詳。」（集釋〇七九七葉）

李孝定　「前二、二五、六、辭影印本上半斷缺，僅餘『至於龔叙十月』數字，無由證其上半為『自口口王先公名先』，則龔叙不能證其為人名。而他辭龔字又悉為地名，即此辭解為地名亦文从字順。且辛字卜辭多見，無作𢦔者，更無論紀年說之是否可信也，楊說可商。金文龔作𢦔頌鼎與契文同。」（集釋〇七九九頁）

姚孝遂　肖丁　「『龔』在卜辭多為地名，在此則為神祖名。《前》225.6：『……丑㞢于五后至于龔𤔲』；《陈》55：『貞，㞢于龔司』，是『龔』為祭祀之对象。而此片言『又龔𡆥王』，亦為前所未見。『龔』既為祭祀之对象，又可以為𡆥于王，是為神祖之名无疑。」（小屯南地甲骨考釋七頁）

丁驌說參𩦸字条下。

楊树达　參𤔲字條

按：字从龍从収，即龔字，典籍則作龔。卜辭多用作地名。而續五·六·六有辭云：「㞢龏司印子㚔」，為祭祀之對象。乙七一四三云「隹龏司壱帚好」可以參證。

1829 龐 [glyph] [glyph]

羅振玉釋龐無說。（增考中七十三葉下）

王襄「古龐字。許說高屋也，从广龍聲。此从广从[glyph]或[glyph]諸形皆龍之象形異文。」（類纂正編第九第四十二葉上）

孫海波「[glyph]，乙一四〇五。[glyph]，續五·三四·五。或从龏。」（甲骨文編三八三頁）

考古所「龐、滭：皆地名。」（小屯南地甲骨一〇一三頁）

李孝定「說文『龐高屋也从广龍聲』。絜文从广龍聲，或从龏聲，龏亦从龍聲也，羅釋可从。辭云『甲申卜㱿貞乎婦好先収人于龐』（前·五·十一·二·三）『乙酉卜爭貞乎婦好先（定案：先字較小，旁注於『好』『収』二字之間，係漏書後加者）収人于龐』（前·七·三十·四）『庚辰卜爭貞黍于龐』（續五·三四·五）並地名。它辭或言『婦龐』（盧考·殷禮·四二）人名，蓋龐方之女嬪于王室者。」（集釋二九五五葉）

按：卜辭龐為地名及人名。

1830 龏 [glyph] [glyph]

按：「龏」於卜辭皆為地名，與「龐」有別。

1831 [glyph]

丁驌說參乃字條下。

按：合集七九五反辭云：「貞，隹𡚁司壱婦好；不隹𡚁司壱婦好」字从「亂」與「辭」有別，乃神名。

1832 龐 ⿸广⿰母龍 （龐母合文）

按：英一一一一辭云：「貞：……作龐……」為祭祀之對象，當為「龐母」之合文。

1833 ⿰龍攴 ⿰龍又 ⿰龍又

王襄 「疑龓字。」（類纂存疑第三第十六葉下）

陳邦懷 「此字當即龓之古文，說文解字：『龓，兼有也，從有，龍聲，讀若聾。』段注：『今牢籠字當作此，籠行而龓廢矣。』卜辭⿰龍攴字從又，象人手牽龍頭形，牢籠之誼昭然，小篆從有，殆以又有通用而然歟？」（小箋二五葉下）

董作賓 「龓，今牢籠字，有困苦之意。」（殷曆譜下編卷九第四十七葉上）

李孝定 「說文『龓，兼有也。从有，龍聲。讀若聾。』契文从又从龍或从㞢，以卜辭又㞢得通證之，二形並當釋龓。前六、四六、二『□未卜□龓□受□』其義不詳。珠六二〇正面辭云『龓壬寅卜𡧊貞若茲不雨帚隹茲邑龓不若』，背面辭略同，當釋龓段為寵，與龍究有別也。」（集釋二二六五葉）

按：合集九七七二辭云：

「丙子卜，貞，舟龖㞢年」

「龖」似為地名或人名。字與「龏」有別，不得混同。釋「攏」、釋「㰍」皆非是。

1834 瀧 □ □

王襄 「从水，从庀，古泷字，許書所無，地名」（簠考地望一葉下）

葉玉森 「按卷六第四十三葉三版之□，藏龜第百六十三葉四版之□，並龍之最簡象形文，與□形相似。疑□字从水从龍，即古文瀧。（鉤沈）」（前釋二卷十四葉下）

孫海波 「□，乙四五二四。疑瀧字。」（甲骨文編八四九頁）

李孝定 「説文『瀧雨瀧瀧皃从水龍聲』契文从□，或省作□，與庀形不類。葉説可从。字在卜辭為地名」。（集釋三三四九葉）

按：釋瀧可從。簠地四「在□」，乙四五二四「在□」，並為地名。偏旁或从水，或从川。前二·六·五「甲午卜古貞，在□或芻，乎……」，亦為地名。但所从與「龍」之形體不類，葉玉森疑為「瀧」字，不可據。

1835 ⿱龍丙 □

孫海波 「从龍从丙，説文所無」。（文編十一卷十五葉）

1836 ⿱幵龍 □

按：乙五三〇三「……妥以龏」，疑為方國名。

商承祚「疑亦龍字」。（佚考五五葉）

唐蘭「右龍字，商承祚云：『疑亦龍字』，今按非是。此字从龍幵聲，TT即幵也。金文䜌𣪘云：『隹八月甲申，公中才宗周，易䜌貝五朋』。（攗古錄三之三卷十葉）䜌字作𢏚，昔人不識，孫詒讓丕附會丁為筭艸之六，𢏚為弓十二，（古籀餘論廿二．洛原上二）余謂當是从弓幵聲，即『帝嚳䜌官』之䜌字也。盖古文字之垂筆，每易增一横畫，如𣎆之為𣎆，丨之為十，丫之為干之類，比比皆是，則TT即幵之初文，固無可疑也。說文：『龍，龍耆脊上龍龍也。從龍幵聲』。」（文字記三十四葉下）

李孝定「說文『龍耆脊上龍龍，从龍幵聲』契文从龍从TT，唐氏謂TT即幵字，其說可从。本辭僅餘殘文，不詳其義」。（集釋三四八五葉）

按：釋「龍」可從。用義不詳。

1837

嚨

按：从口从龍，與說文訓為喉之嚨字形體同，金祥恆續甲骨文編列入嚨字。合集四六五九辭云：「……叀比嚨前……」，為人名或國族名。

1838

寵

柯昌濟「夕字在卜辭中习見，按之文意當為形容詞，它文『乙巳卜𣪘貞之[illegible]不其夕』（乙四〇七一）帚好夕（掇一四四四），所用夕字文义相同，余疑為父字，言病不長久之义。」（殷墟卜辭綜類例証考释，古文字研究十六輯一四四頁）

郭沫若「寵殆龍之繁文，以亡為聲。金文龏字或作龏，（按即前龍字條下所引王孫鐘銘文）所从龍字以兄為聲，與此同。寵當假為隴。『坚田寵』者治場隴也。」（粹考二〇六葉下）

孫海波文編十一、十五隸作龐，謂「从龍从亡，說文所無」。

饒宗頤 「卜辭云：

貞出犬于父庚，卯羊。祝（祝）氏，出疾齒。鼎（貞）龍（寵）。龍，不其龍？（屯乙六七〇〇）

按「鼎龍」，猶言「貞寵」。謂卜問疾齒，得良貞也。卜辭凡卜疾病之吉語每曰「龍」。詩酌：「我受龍之」，傳：「龍，和也」。玉篇：「龍，寵也，和也」。（詳說文詁林引潘鴻訓龍為和辭）辭每言：「疾龍」，即謂疾和」。（通考一三八葉）

饒宗頤 「『……龍其兄（祝）王受又』。龍為人名，習見。亦每見祀龍之文：『其兄龍丝用，壬戌……』（後編下六．一四）殷代文法，時或賓詞先行，故謂其兄與其兄龍同義，兄即祝也。『米龍』，（粹四八三，屯甲七五四）猶言祈龍，蓋龍亦殷人祈祝之對象。左傳桓五年云：『龍見而雩』。又襄二十八年傳云：『龍，宋鄭之星也』。獨斷：『靈星，火星也，一曰龍星』。論衡明雩篇：『靈星之祀，歲雩祭也』。龍為宋鄭之星，正當殷之星虛。（分野）契文又見龍宗一名：□宗。（續存上二二四一）『方：……王禎……□（龍殘文）若于……』。（拾掇二．一六一）殷人祀龍，意者即雩祭，所以祈年也」。（巴黎所見甲骨錄一七——一八葉）

饒宗頤 「按方即龍字，廣雅釋詁：『龍，和也』。詩『何天之龍』。傳訓龍為和，故方甲即和甲。今本紀年：『陽甲名和』。大荒北經郭注引竹書：『和甲西征得一丹山』。此方甲為和甲，即陽甲」。（通考一三七——一三八葉）

張秉权 「方，疑是龙字，古音与凶同部，假為凶，是问疾病的吉凶之词」。（殷虚文字丙編考释第三二頁）

嚴一萍 「方字與□□□諸形舊並釋龍。唐蘭始析為二字，謂方□諸形即方字，為地墳之象形，當讀愽或鈎訓憂。桀唐說甚是。惟以讀為愽訓憂衡諸卜辭未能盡通，疑當讀為眴，眴通瞚。說文『瞚開闔目數搖也从目寅聲』一切經音義引通俗文作眴，呂氏春秋安死篇『其視萬歲猶一瞚也』高注『潁川人相視曰瞚』。史記項羽本紀『梁眴籍曰可行矣』，繫傳曰『謂動目私視之也』。眴又通眩。一切經音義卷十三『眩古文作眴』，又孟子滕文公云『若藥不瞑眩』，音義亦曰『瞑眩又作眠眴』，漢書揚雄傳『目冥眴而亡見』，方言『顛眴謂之賑眩』，皆眴即眩之證。說文曰『眩目無常主也』，釋名釋疾病『眩縣也，目視動亂如懸物搖搖不定也』，國語『觀美而眩』，賈注『惑也』，字林「眩亂也」，蒼頡篇「眩視不明也」，證知眴通瞚即眩，而以眴釋𠃉㇈諸字，則卜辭繫㇈𠃉之辭無不渙然通順矣。」（殷契徵醫四一葉）

李孝定

「說文『龍，鱗蟲之長，能幽能明，能細能巨，能短能長，春分而登天，秋分而潛淵。从肉飛之形，童省聲』。契文作上出諸形。羅氏釋龍是也。說者或疑同是一字何以形體迴異，按古文字形體多異，蓋文字演變所必經之階段，尤以象形文字為然，但取形似，不拘於點畫之同異也。𠃉字在卜辭為地名或方國之名，作㇈若𠃉者則均與疾病有關。辭云『貞有疾目龍』『貞有疾目不其龍』乙九六〇。疑當讀為曨，目不明也。然以讀它辭則不能洽適。又云『御婦妌子于匕己允有㇈』鐵七一六、『戊子卜𣪘貞王固㇈』乙七六八、『今日疚口㇈』乙九六四、『貞疚身𠃉』乙二三四〇。是唐氏釋螾即螭之象形字以與作𠃉者相區別，於卜辭辭例之解釋似較羅說為長。惟於字形則較遠，今姑仍羅說收為一字，存以俟考。」（集釋三四七九葉）

孫海波

「龍字卜辭作㇈㇈㇈𠃉等形。唐蘭謂龍字自作𠃉㇈等形，糾曲而尾向外，此蟠結而尾向內，其形迴異。此簡體作㇈，明即𠃉字。𠃉或𠃉象龍蛇之類，而非龍或蛇字，又變作𠃉，更變而為𠃉，則為云字，雲之本字也。似古人以此為能興雲，則𠃉當是能類也。史記封禪書：『黃帝得土德，黃龍地螾見』。集解以螾為蚯蚓，殊誤，蚯蚓豈足為符瑞哉。余謂螾即𠃉之假借字。說文：『螭若龍而黃，北方謂之地螻』。地螻當是地螾之誤。呂覽應同篇云：『黃帝之時，天先見大螻、大螾』。大螻二字，疑亦校者據誤本旁注而闌入正文者。然則黃龍地螾即螭，而𠃉實象螭也。㇈疑讀為慱或鈞，詩正月『憂心慱慱』，說文云：『鈞，憂也』。今按卜辭㇈字為人名或稱龍甲，與卜旬之字有別，訓為慱或鈞皆不可通。」（誠齋考釋一葉）

金祖同

「鼎堂師以為『殆龍字之異文，假為寵』。『若茲不雨，帝隹茲邑寵』，乃求晴之卜。……予按：粹編第一一一七片『甲戌卜爭貞，我勿𣪘自茲邑𣪘方己乍若』，𣪘方具卜人名，今都為地名，故『茲邑龍』，猶之它辭言『大邑商』，或『天邑商』，殆是地名」。（遺珠四一葉）

唐蘭

「𠃉卜辭習見，或作㇈𠃉㇈㇈等形，又或作㇈㇈㇈㇈等，則其繁形也。自羅氏誤釋為龍，學者咸承之。不知龍自作𠃉㇈等形，糾曲而尾向外，此蟠結而尾向內，其形迴異。余謂此簡體作㇈，明即㇈字，而前人莫悟，何也？㇈字王國維讀作旬，甚是。劉鶚謂㇈象虺形，以與鼎彝虺形相近。孫詒讓釋為它。雖不及王氏讀旬之精確，然由字形言之，解為蛇虺固猶近之也。余考彝器之稱蟠虺文者，象兩蛇糾結之狀，即取其上半，乃作㇈形，其全形當作㇈與㇈形無關。余所見有父戊畢盤，亞𣪘盤，舟盤，腹內均有一虺蟲圖，略如㇈，當即㇈形，惟彼為正面，故有兩肉角，乃為側面，故知一角耳。然則乃或ㄅ象龍蛇之類，而非龍或蛇。字又变作ㄅ，更变而為ㄅ，則為云字，雲之本字也。似古人以此為能興雲，則ㄅ當是龍類也。史記封禪書「黃帝得土德，黃龍地螾見」，集解以螾為邱蚓殊誤。蚯蚓豈足為符瑞哉？余謂螾即ㄅ之假借字。說文：「螭，若龍而黃，北方謂之地螻」。地螻當是地螾之誤。呂覽應同云：「黃帝之時，天先見大螻大螾」。大螻二字，疑亦校者據誤本旁注而闌入正文者。然則黃龍地螾即螭，而ㄅ實象螭之形也。卜辭中同一文字，往往因用法不同，書法亦有殊異。作ㄅ者多用為旬，作ㄅ者多用為雲，此作[glyph]或乃者，其用法又異。此辭云：「貞出乃」，別一辭云：「知帚炅子于匕己，允出乃」，（鐵七十六、一）疑讀為惸或愍。詩正月：「憂心惸惸」。說文：「愍，憂也」。」（天壤文釋四十葉下——四十一葉）

李孝定

「嚴氏謂瞋眴眩音義並近，其說是也。以讀卜辭疾目其乃不其乃之文固可怡然理順，然以讀它辭亦未盡渙然通順。嚴氏乃謂「風眩即外臺秘要之風頭眩頭。風眩其原因甚多，為多種疾病之一證候」。見同上蓋將以解釋卜辭多種病病均見「其乃不其乃」之一事實，其說實未免鄰於想象。然較之唐說則又進一境矣」。（集釋三四八一葉）

丁驌

「契文[glyph][glyph]二型，变异頗多，罗均释龍。郭、金、饒均从之，谓段为寵。唐兰始分为二字：一曰龍，其尾部向外挠；一曰瞚，其尾部内捲。严一萍由唐氏说以瞚通眩，即眣、即眣、亦即眴字，遂断为眴字。按严说是也。惟此字本是眴字，並非瞚字。眴、瞚、眩皆谓目搖也。

1 [glyph] 2 [glyph] 3 [glyph] 4 [glyph] 5 [glyph] 6 [glyph]

一 丨 五眴 六龐（误字） （乙二二七四、七一四三）

……一、二两形相同。一形中首部张开之部分，乍视之似为角，实乃口状也。此与第二文之简形相同。首中之一画乃眼目也，……故契文此字从目从旬，本即眴字也。……第一文与第二文用为王名，称眴甲。（旧释龍甲。按龍甲前人以为即是和甲，陽甲名和，故是陽甲。陽甲不见契文。契辞中称为象甲。象从乌从豕，读若弛。注式視切。音近眴字之音舜。以之就教子劳幹兄云：眴、象二音甚近，当可通也。姑述之以待大雅。）

……龐字作廂，当是笔误。

尚书说命：「若药弗瞑眩厥疾弗瘳」。疏：「瞑眩者，令人烦闷之意也」。如从此疏，则有良药苦口之喻。但如读说命上下文，便知此话乃直说者，非反说者。应是药不治病，其疾弗痊之意。瞑，闭目也；一作眠，安卧也。此瞑眩之瞑，当作安字解。眩，目迷离也，视不明也。眴，目动摇也。素问刺瘧谓患者「目眴眴然」，注曰：「目动摇而不明也」。故瞑眩即瞑眴，即安定动摇不止之目也。按疾病沉重，脑失控制，双目方有眴眴之状，此殆发高热病危之状，故药如不能安定目之动摇，其疾不可治也。因之眴字，便用以代表沉疴之意。

卜辞问疾病曰其疾眴，不其眴。恰与前人释寵之意相背。「疾眴」，危也。「不其眴」，安也。问病不限于目，亦用于疾足、疾齿、疾耳，以至于舌、鼻、歓、身、音皆作是云云。严氏以眩病说「疾眴」，偶失之耳。風眩之症，不见卜辞。有者只是「丹風有疾」，乃風湿症也。

眴字除前述作人名，上述为疾危之意外，似亦为地名、人名、祭名。如：

于妣己福子戒（戕），（𢦏）眴。贞福于母庚，眴。（存下二二四）

贞乎子穷福于㞢妣（此豕种名）㞢，眴。（佫一七〇）「𡆥：盧」

贞㞢于妣庚宗眴。（亿一八五八）

乙巳卜扶眴医敌。（押三四八三）

乙亥卜我……蕎……入豕于眴。（亿六二九八）

丙寅卜贞衣。今月其𥁕（月）。左𥁕执。眴九月。（南南二·一〇八）

「此二月字均同作）。月：盟字。」

庚子贞夕福……羞卯牛一。眴。

贞于眴王囚？（存下一三七）

于眴登盧？

卜其邑。眴。丝用（后下六·一四）

丁未卜眴隹若。（戬五·一五）

″ 辛亥……告，眴于父丁一牛。（粹三六五）

″ 贞告眴于……戊午卜穷贞𠦪不丧众。（佇三·四三）

″ 辛巳卜旅贞：眴不，既𢓜，其亦寻奏，叀丁亥酒十一月。（掇二·四八七）「𢓜疑是胙字。」

己巳贞：眴不，既𢓜，其亦奏，自上甲，其告于丁，十一月。（海二·九）

庚辰卜旅贞：眴不，既𢓜，其亦寻，其既，穷于上甲。（佺七二九、七三〇）

辛未卜大贞：眴不，既……（京三二二一）

辛亥卜𤃫贞：眴不，既𢓜其亦奏叀丁巳酒。（文五四四）

此最后五辞句法甚少见。标点句读为余之见解，疑仍系贞问疾病之辞。有二辞曰「于眴」，似为人名与地名，有一二辞似以此眴字代旬字。其它各辞，眴作何义，未能明也。按眴字形近乎希字，其义亦近。辞曰：『贞出疾目，不其眴。』（乙九六〇）它辞作：『贞疾目不希（刺）』（拾一〇·三）。又如：『贞出疾，眴』（乙六四一二），它辞曰：『疾刺』（乙五六三四）。皆有恶意。（按㓨、刺未有释，暂写为希，疑为翅，疾況重也。）眴字又有肇源之意，如『乙未殸贞妣庚眴王疾』（乙三〇六六），与『贞隹多妣肇王疾』（乙六五二四），辞类义同也。」（释眴与龍中国文字第八卷第三十二册三四一五——三四一九页）

夏渌

「容庚师曾以所藏殷代貞卜人物通考赐赠。饶宗頤先生在书中说：『卜辞疾病之吉语每曰『龍』。诗酌：『我龍受之。』传曰：『龍，和也。』玉篇：『龍，寵，和也。』卜辞每言『疾龍』（簠文四三），即谓疾和。说見卜辞义证。』（一一三八頁）

丂字，罗振玉释龍，郭老及前辈甲骨学者多从之。唐兰天壤阁甲骨文存考释：『貞：有旬？』（天壤四一）读丂为旬，释为憂也。张秉权丙编考释中『亦疑龍』，谓『古音与凶同部，假为凶，是问疾病吉凶之词』。陈邦懷先生释蛸，假为捐。

丂字有单笔的，也有双鉤的作□、□、□等形。甲骨文编将双鉤的列入龍字之前三行；将单笔另外置于附录之中，认为是尚未认识的字。其实都是虯字。说文、广雅並以『虯，龍子有角者』。王逸、高诱注天问及淮南览冥训並云：『有角为龍，龍无角曰虯。』今就甲骨文证之，『龍子无角曰虯』为是。

(一)卜辞假虯为瘳的文例：

貞：侑病瘳？（乙六四一二）

病瘳？（明藏二六六）

貞：王疾異，其病不瘳？（乙六八一九正）

貞：王患瘳？王患不其瘳？（合乙二六四）

病齿貞瘳？（丙一二）

王嗽瘳？（粹一二六六）

貞：婦好病祉瘳？（甲二〇四〇）

婦好瘳？（粹一二三一）

其克瘳王病？（乙四〇五九）

唯上帝瘳？（乙五六〇）

貞：亦瘳王［疾］？（存二·四七三）

求瘳。（粹四八三）

貞：有瘳？（天壤四一）

說文：「瘳，疾病瘉也。」詩鄭风：「云何不瘳？」注：瘳，愈也。螂，广韻音蚪，义同。蚪渎瘳表示病愈是可能的。周礼大卜：「以邦事作龜之八命：一曰征，二曰象，三曰與，四曰謀，五曰果，六曰至，七曰雨，八曰瘳。」瘳既为周人「作龜八命」之一，殷人卜辞中早已有之，以后沿續至周，也是合乎情理的。

(二)「蚪甲」连文的卜辞文例：

知子来于丙甲？（前六.一九.六）

知婦□于丙甲？（續五.二五.五）

于丙甲知？既册丂甲（乙三二五二）

勿侑上下瘳，唯有蚩？（丙二〇二）

辛亥，告瘳于父丁一牛？（粹三六五）

出于丂甲？（师友一.三）

栖于丙甲？（乙一四六三）

知丙甲？（乙一〇七六）

王宾丙甲？（粹二七二）

又丙甲？（佚九〇七）

丂甲不……（減一七六）

知霝妃于丙（甲）？（拾三.七）

佚九〇七蚪甲有单笔和双鉤两体，证明它是一字繁簡異体，犹如它（蛇）字有双鉤和单线的两类写法。其它許多字（龍、豕、虎、象等）也都有类似写法，意义不变。

「丂甲」连文有「龍甲」、「蜎甲」、「旬甲」等读法，陈梦家殷虚卜辞综述则隶定作「巴甲」，大概都難找到对应的先公、先王名称。今以「龍子无角」之「蚪」读之，擬释「蚪甲」即卜辞「七甲」中之芍甲（史記殷本紀作沃甲）。郭老读芍甲为荀甲，是祖乙的儿子，祖辛的兄弟。写本「𢀛二匚至扎甲十示？」「王固曰：南庚蚩。大示祖乙、祖辛、芍甲蚩。」（丙一六二）蚪甲即扎甲，亦即芍甲，三匚箕起，洽是十示

丙，卜辞中尚有作方国名称和人名姓氏的。

丙寅，卜寺：乎蚪夷侯専希权？（乙二〇〇〇）

蚪聖田？（京都二三六三）

叀蚪。（拾一.五）

貞：般亡不若？不莘羌？（丙一三二）

貞：蚰亡不若？不莘羌？

卜：蚰唯若？（戩五、一五）以上蚰似为人名。」（古文字研究第一輯一四八—一五一頁）

曹錦炎　汤余惠　「亂，旧释为龙，读为宠，殊误。此字卜辞习见，繁写或作𢆶（戩五一五）、𢆶（巳一五），与金文嬴字所从略同。字象一巨口蜷身之动物，本义待考。卜辞或用为方国名称，疑即嬴姓国族生息繁衍之地；用于卜疾之辞，应读为嬴，意指病情加重。淮南子时则训：『孟春始嬴』注：『长也。』广雅释诂一：『嬴，益也。』」（古文字学概要一六八至一六九頁。又记：一九八一年，裘锡圭先生在给笔者的信中，曾提到此字疑是嬴字。）

施謝捷　「甲骨文有辞称：……王令……坚田，𢆶？（粹一五四四）辞中朩一字，郭沫若殷契粹编考释释『龍』，……我们认为此字为『亡龍』二字合文。如此作者，犹甲骨文『有巷』作𢆶、𢆶；『有戋』作𢆶。……『亡龍』读为『亡寵』，广雅释言上：『龍，寵也。』此用在甲骨文中亦已存在，如：

鼎𡳿龍。（合一七〇）

是说现在能有宠佑。『𡳿龍』与前引『亡龍』用同，惟其义相反也。」（甲骨文字考释十篇，考古与文物一九八九年六期六九頁）

鄭慧生说参阝字条下。

按：曹錦炎、湯余惠釋「亂」是正確的，字與「龍」有别，不得混同。「疾亂」似非「病情加重」，而應是病情好轉。合集一四一一八辭云：

「知婦鼠子于妣己，允出亂」

此言于妣己禳除婦鼠子之疾，「允有亂」不得為「病情加重」之意。

葉玉森　「按他辭云『☒十牢□五牢□示三牢八月』（後上二八·六）予釋□為蠶，蠶亦即蠶神。□象獸形，夭矯若狐，从丫丫未知何意。似殷人亦奉馬神，于祀蠶日同祀。故亦謂之『□示』。（殷虛卜辭五一八）」（前釋一〇五葉上）

吳其昌　「□者，當亦『求』字之變體；象裘革披茸而又宛轉之形。但與彼□字宜亦有小別，彼象其懸直狀，此則略形彎曲也。與此文畢同者不多遘，惟于後編一重見之；猶繹彼片之文云：『……囗，十牢。□，五牢。□（蠶）示，三牢。八月。』（後一·二八·六）則□者，似為一人名？本片『□帝（禘）』之文，意將謂于此名□之人而禘祭之歟？」（殷虛書契解詁第三四〇葉）

姚孝遂　「綴二·二〇三記所獵獲之獸中有名□（希）者，不知何獸。說文以為脩豪獸，一曰河內名豕也。今稱之曰野豬，不知是否。」（甲骨刻辭狩獵考古文字研究第六輯五四頁）。

按：字不可識，與「希」有別。狩獵考所引綴二·二〇三即合集三七三六八，字作□，从「∧」即「肉」，該片「虎」字亦从「∧」。合集一四三四八辭云：「乙卯卜，㱿貞，于□示奉……」又合集一四三四九辭云：「貞，于□示奉……」「□示」為卜辭祭禱之對象。

1840　龖　□

按：說文：「龖，飛龍也。从二龍，讀若沓。」此與小篆同。辭殘，其義不詳。

1841　它　□　□

王襄　「疑蛸字」。（類纂存疑第十三第六十五葉上）

葉玉森　「此字疑象蠶形，即蠶之初文。」（見朱芳圃甲骨学文字编十三卷三頁上）

孙海波　「𧊒，鉄一八五・三。疑虫字初形。」（甲骨文编八七六頁）

孫海波　释蠶。（甲骨文编十三卷二頁上）

于省吾　「陈梦家殷虚卜辞综述（四六二页）已释『𧊒示』为『它示』。张政烺同志有它示——论卜辞中没有蠶神（古文字研究第一辑）一文，也认为卜辞的元示即大示，它示即二示。按元示与它示对文成义，陈、张之说确不可易。但是，自叶玉森释它为蠶，学者多靡然从之，而不知其非。」（释𧊒上海博物馆集刊总第二期一页）

闻一多　参桑字条

裘锡圭说参𧊒字条下。

按：此當併於1843「它」字條下。

1842

𢀛　[彳𢀛]　[glyph]　[glyph]

吴其昌　「按卜辭中有『𢀛』、『亡𢀛』对举者，如云：『貞南庚，𢀛　貞南庚，不𢀛』。揃・一・一三・八・又有以『𡕲𢀛』『不𡕲𢀛』对举者，如云：『隹大庚，𡕲𢀛。大庚，不𡕲𢀛。』绐・一・二二・五・『亡𢀛』『不𢀛』之外，又有作『弗𢀛』者，如云：『貞父庚，弗𢀛。』续・一・三九・六・『𢀛』下或綴以『王』字，如云：『貞𢀛王。貞不𢀛』。揃・七・一〇・一・或綴以『我』字，如本片之『𢀛我。不𢀛我』。及与本片之『貞寅尹，𢀛我。貞寅尹，不𢀛』。揃・一・五二・一・『貞父甲，不我𢀛』。林、一・二・八・『不我𢀛』，亦得有易作『亡𢀛我』者。揃・四・一・五・四・考以上各辭，『亡𢀛』之語，无一不施之于祭后，知其意与『亡尤』『亡巛』者等矣。卜辭且有一片其上下節文『亡尤』与『亡𢀛』相遣间通用者，绐・一・二・一〇・尤足為『亡𢀛』即等『亡尤』之詁也。故罗振玉氏即以說文之『無它』释卜辭之『亡𢀛』，為得其实矣。罗之言曰：『說文解字：「它，虫也。上古艸居患它，故相问：无它乎？或作虫作蛇。」卜辞中从「止」即足下「它」；或增从「彳」。其昌按：增从「彳」者，皆第五期殷末卜辞，前·三·二八·一·及后·一·二〇·七·皆以「亡巷」字作「亡徃」。此与「御」字卜辞作[illegible]，亦偶有增「彳」作「[illegible]」者正同例。殆即「它」字。上古相问以无它，故卜辞中凡貞祭於先祖，尚用「不它」「亡它」之遺言，殆相沿以為無事故之通稱矣。卜辞中亦单称「它」，「則当是有故不可以祭矣。」（增释二·三四）叶玉森氏又引申罗說而足之曰：「罗释可信。惟繫「止」于「它」首，究為何誼？疑古人足觸它首，則驚呼「有它」！故繫「止」于「它」首以亦戒」。（集释·一·六·四）其昌按：「巷」「它」一字，不成問題。卜辞中同一片內，「又巷」与「亡它」遣出通行，即其明白堅證。所成為問題者，「亡巷」宜与「亡尤」「亡卌」「亡囙」「亡献」為类，浅显易明。但此数詞絶无例外作「又尤」「又卌」「又囙」「又敵」者，亦絶無例外，者作「尤」「卌」「献」者。亦絶无例外。「尤」与「亡尤」，「卌」与「亡卌」，「献」与「亡献」对舉者。此則「亡巷」之例，与之絶異。卜辞中祭文后着「它」者，多不胜舉。吾人不能不深切明曉者也。」（殷虚书契解诂第一六六——一六七頁）

孫海波　「[illegible]」，甲一六五四。卜辞它从止。[illegible]，前二·二八·一。或从彳。」（甲骨文编五一一——五一二頁）

姚孝遂　肖丁　「742

(3)「甲……隹犬巷」

(4)「弗巷」

(5)「乙未卜，隹犬巷」

卜辞為「巷」者多為祖妣神祇，其它則罕見。

粹1166有「隹西方巷我」，此一「西方」可能是指西方之神祇，即地祇，但也有可能為西方之敌国。

乙3407：「壬辰卜，争貞，隹鬼微」，其反面之验辞為：「允隹鬼眔周微」。鬼与周皆為殷之敌国。

卜辞「微」一般為用牲之法，此則与「巷」同。「犬巷」謂犬方為禍。「犬」為方國名。」（小屯南地甲骨考释一〇三頁）

周策纵　「说文十三上虫部：「蚩，蟲也。从虫，㞢声。」虫与它（蛇）古為一字。罗振玉增订殷虚书契考释已言之，证以契文，頗无疑义。说文训它為虫，即蛇字，而引「无它」

一词，若比照卜辞，则许所云「无它」之它实为壱。今许又训蚩为蟲，虫蟲浑言无别，许书及典籍无壱字，则卜辞之壱，殆已于小篆变省为它，或作蚩、蚩、蚩。说文虫部复出蚩字，云：「蚩，蟲曳行也。从虫，屮声。读若骋。」按屮非艸木初生字，实为止，许书于古文屮、止二字，多有混淆，英文拙作诗字古义考（文林，一九六八年威斯康辛大学出版，页一九五至一九九）中已加申论。段玉裁于蚩下注曰：「屮读若彻，屮声而读骋者，以双声为用也。」今读丑善切。」段所谓今读，实据广韵，蚩在上声獮部（与狝同部），释作「伸行」。而集韵上声纸部又出蚍字，云：「蚍，丑里切，音耻。蟲伸行。或书作蚩。」又广韵之部：「蚩，蟲名，亦轻侮字。从虫，赤之切。」而集韵则曰：「蚩，敕多切，音弛。蟲伸行。」按止、之（虫）古多不别。则蚩、蚩、蚩，就形声义而言，皆极类似，殆皆与甲骨文之壱为一字，初义当为蛇行可以伤足。」（说「尤」与蚩尤中国文字第四十八册五二四〇页）

裘锡圭　「甲骨文里有一个写作[字形]、[字形]等形的字（以下隶定为「蛊」），用法跟「希」（祟）、「𡆥」（忧）等字相类，例如：

父庚弗蛊王。

父庚蛊王。　乙缀一七七

鼎（贞）：　南庚不蛊。

鼎：南庚蛊。　前一·一三·八

鼎：疒（疾）齿，隹（唯）父乙蛊。　乙四六〇〇

隹且（祖）辛蛊王目。　乙六七二九

鼎：不隹帝蛊我年。

鼎：隹帝蛊我年。二月。　乙七四五六

丙午卜：隹岳蛊雨。　屯南二四三八（金二〇一同文）

甲寅卜宾鼎：王隹出（有）蛊。六月。　甲二〇三二

壬戌卜亘鼎：出疒齿，隹出蛊。　续五·五·四

鼎：王亡（無）蛊。　乙二三七八

丙午卜行鼎：翼（翌）丁未祭于中丁，亡蛊。　后上二·一〇

罗振玉释此字为「它」，……罗说颇为世人所信，但是实际上并无可靠的根据。

金文「虫」字作[字形]、[字形]等形，「它」字作[字形]、[字形]、[字形]等形，二字毫不相混。甲骨文里有一个写作[字形]、[字形]等形的字，旧或释作「蚕」，张政烺先生改释为「它」，十分正确。甲骨文和金文的「它」字有一个共同特点，就是象身体的部分比较粗。金文「它」字中间的一

竖是甲骨文『它』字蛇身花纹的简化，省去中间一竖的是较晚的写法。甲骨文的[古文字]、[古文字]变为金文的『虫』，[古文字]、[古文字]则变为金文的『它』，系统分明。罗氏说『它与虫殆为一字，后人误析为二』，是不可信的。

我们认为『蚩』字与『它』无关，应该是伤害之『害』的本字。要证明这一点必须从『舝』字谈起。

大徐本说文舛部：

舝，車軸耑键也。两穿相背。从舛，[⿱萬省]省声。

在四部丛刊影印的说文解字繫传的影宋钞本里，这个字的篆文写作[古文字]（冯桂芬翻刻的宋本说文解字均谱同），可以隶定为『[⿱萬舛]』。说文玉、辵、蚰三部都有从『舝』声的字。在上引影宋钞本繫传里，『[⿰玉舝]』、『[⿱舝䖵]』二字所从的『舝』也都写作『[⿱萬舛]』（冯刻均谱同）。

云梦睡虎地一一号秦墓所出竹简有『[⿱䖝舛]』字：

稷辰　正月二月：子，秀。丑、戌，正阳。寅、酉，危阳。卯，敫。辰、申，[⿱䖝舛]。巳、未，阴。午，徹。亥，结。（云梦睡虎地秦墓图版一一八·七五五。『[⿱䖝舛]』字还见于七五六至七六〇及七六九等简）

字亦作『[⿱䖝叏]』：

正月二月：子，采。丑、戌，「正」阳（「正」字据九四三等简推补）。寅、酉，危阳。卯，敫。「辰」（此字原简漏写，据九四三等简推补）、申，[⿱䖝叏]。巳、未，阴。午，徹。丑（「亥」字之误），结。（同上书图版一四七·九四二。「[⿱䖝叏]」字还见于九四三至九四七及九五四等简）

所谓『秀（或作「采」，即「褎」字声旁）、正阳、危阳、敫、[⿱䖝舛]、阴、徹、结』，是早期建除家所用的术语。云梦简七三〇至七四二号还记有如下一套早期建除术语（同上书图版一一六至一一七。简上尚有其他文字，已略去。「绝纪日」三字据九一八号简补）：

濡　嬴　建　陷　彼（破）　平　寧

结日　阳日　交日　害日　阴日　達日

坐　蓋　成　甬

外阳日　外害日　外阴日　「绝纪日」　夬光日　秀日

见于前引二简的『敫、[⿱䖝舛]（[⿱䖝叏]）、阴、徹』，显然相当于这一套简的『交、害、阴、達』（「交」「敫」音近。「徹」、「達」音义皆近）。这说明秦简『[⿱䖝舛]』（[⿱䖝叏]）字应读为『害』。

『舝』（[⿱萬舛]）、『轄』二字古通。说文以『車軸耑键』为『舝』字本义（此义实非「舝」字本义，读后文自明），古书则多用『轄』或『鎋』字。毛诗有車舝篇，左传昭公二十五年引诗作「〓轄」。「轄」从「害」声。从「〓」声的「〓」字，说文也读作「害」。由此看来，「萬」（〓）跟「〓」（〓）应该是一字的异体。江陵天星观一号楚墓所出竹简有从「車」从「萬」的〓字，可见「萬」是较古的写法。「〓」当是「萬」的变体，「〓」似是揉合这两种写法而成的，「〓」是最后的讹体。楚简「〓」字疑即「轄」字异体。上引秦简上的「外害日」，同出另一简作「外遣日」。「遣」跟说文的「〓」可能是一个字。

马王堆三号墓出土的西汉前期帛书本周易，把损卦「曷之用二簋」的「曷」、大有卦「無交害」的「害」都写作「〓」。这也是「萬」的变体。「曷」、「害」二字古音极近。说文「〓」读若害」，而「〓」则「读若曷」，就是一个例证。

甲骨文「蚩」字应该就是「萬」的初文。容庚先生指出：「甲骨文〓，金文作〓，后渐变为〓，为〓。」「〓」演变化「萬」，跟「〓」演变为「萬」同例。甲骨文的〓、〓后来演变为「禽」字所从的「禸」，情况也是类似的。甲骨文有〓字，闻一多释「齲」。其说可信。这个字所从的「〓」后来也演变为「禹」，跟「〓」字的演变如出一辙。「齲」字由从「虫」变为从「禹」，大概还跟「萬」、「禹」二字读音相近有关（说文「𤘘」字从「牙」「禹」声，或体作「齲」）。「萬」音「害」，「害」与「禹」古音也相近。「害」为匣母字，「禹」为于母（喻母三等）字。于母古归匣母。「禹」属鱼部，「害」属祭部，韵似相隔。但是从古文字资料看，「害」字的古音跟鱼部实有密切的关系。所以「萬」字由从「虫」变为从「禹」，可能也有兼取「禹」字以为音符的用意。

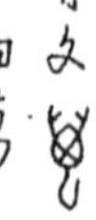

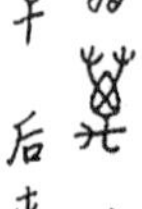

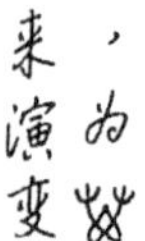

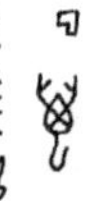

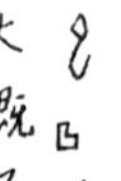

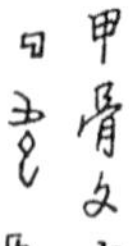

说文以「伤」为「害」字本义。周法高指出「害」字本象下器上盖之形，跟「會」、「蓋」等字音义皆近。其说可信。说文显然是把「害」字的假借义误认为本义了。「蚩」（萬）字有「害」音，其字形象人的足趾为蟲虺之类所咬啮，也与伤害之义相合，应该就是伤害之「害」的本字。后世习惯于假借字「害」表示伤害之义，「萬」字就被废弃了。

卜辞「蚩」字有动词、名词两种用法，意义跟「希」（祟）字最相近，读为「害」显然十分合适。罗振玉指出「无它」是古代成语，但是用「它」为动词之例从未见于古籍。仅仅从这一点看，把「蚩」读作「害」也要比释作「它」合理。

小屯南地甲骨著录下引对贞卜辞：

丙寅鼎（贞）：岳〓雨。

弗〓雨。 屯南六四四

第二辞以「虫」为「蚩」。前一·一六·六有下引残辞：

□□卜王「贞」：□辛酉□□小乙□□亡〓。

也以「虫」为「蚩」。这类「虫」字疑是刻漏「止」形的「蚩」字，但是也有可能并非误刻，而是以音近借用為「蚩」的。「虫」与「虺」同音，是晓母微部字。晓、匣二母，微、祭二部，关系都很密切，可知「虫」、「蚩」（害）二字古音相近。上古时代，蛇虺之类为害极烈。「蚩」（害）大概就是由「虫」孳生的一个词。所以卜辞有时以「虫」为「蚩」，並不奇怪。

在甲骨卜辞里，「亡蚩」有时也写作「亡𢓊」。商代金文也有「𢓊」字。西周中期的卫鼎（乙）铭文所记的车上器物，有「𠦪圁、虎冟、希𢄼、画轉」等物。「希」下一字作「儒」，应是「𢓊」字较晚的写法。人为蟲虺所伤多在行路之时，「𢓊」字有可能如前人所说是「蚩」的繁体，不过这个字也有可能是小篆「[illegible]」字的初文，卜辞以其音与「蚩」同而借作「蚩」字。卫鼎（乙）「儒」字究竟借为何字，尚待研究。」（释蚩古文字学论集初编二一七——二二三頁）

徐鍚台释蚩参𢦏字条下

张亚初说参𠀠字条下。

陈炜湛说参𡿧字条下。

沈建华说参𠧩字条下。

按：上古艸居患「它」，行道而遭「它」，即為災患之義。「𢀛」从止从它會意。在殷人之心目中，一切禍福均為神祖所司掌。凡有災疾，均屬神祖所降。故卜辭中每見此類之占問，多稱之為「𢀛」：

「貞，疾隹父乙𢀛；
不隹父乙𢀛」（乙三四〇二）

「母乙𢀛王；
母乙弗𢀛王」（乙七八九三）

「河𢀛雨；
河弗𢀛雨」（乙九二〇）

「隹帝𢀛我年；
不隹帝𢀛我年」（乙七四五六）

「𢀛」或假「它」為之，但尚難以證明「它」、「𢀛」同字。粹一一「隹河𢀛禾？隹夒𢀛禾？」

郭沫若謂巷「用爲患害義」是對的。綜類誤摹爲不从「止」之「它」，並混入巳字。

它 [字形]

羅振玉　「說文解字它，虫也。上古艸居患它，故相問無它乎。或从虫作蛇。卜辭中从止（即足也）下它，或增从彳。其文皆曰『亡巷』，或曰『不巷』，殆即它字。上古相問以無它，故卜辭中凡貞祭於先祖尚用不它、亡它之遺言。殆相沿以爲無事故之通偁矣。（卜辭中亦單稱它，則當是有故不可以祭矣）又案它與虫殆爲一字，後人誤析爲二，又并二字而爲蛇，尤重複無理。許君於虫部外別立它部，不免沿其誤矣。」（殷釋中三十四葉上）

羅振玉　「說文解字：『虫，一名蝮，博三寸，首大如擘指，象其臥形。』卜辭諸字皆象博首而宛身之狀。（案許言蝮狀，本爾雅釋魚，疑有誤字。郭注言今蝮蛇細頸大頭，正虫字所象也。）」（殷釋中三十三葉下）

王襄　「古它字。許說从虫而長，象宛曲垂尾形，上古艸居患它，故相問無它乎？」（類纂正編第十三第五十九葉上）

王襄　「古虫字，象大首恑蜓之形。」（類纂正編第十三卷第五十八葉下）

郭沫若　「巷或作䖲，蓋即迱字。卜辭恆用爲患害義，每見『亡巷』之成語與『亡尤』『亡𡿧』等用例。」（粹十一片考釋）

葉玉森　「疑古人足觸它首則驚呼有它，故繫止于它首以示戒，且因它之形不僅象它，故看此特徵也。其从彳者，即佗字所由孳生歟？」（前釋一卷六十四葉下）

孫海波　「與巷通用」。（文編十三卷二葉）

金祖同　「辭云『巷庚』，殆謂諸庚。祭先公先王之名庚者。」（遺珠四十二葉）

屈萬里　「巷，謂降殃咎也。」（甲編考釋四〇六葉）

饒宗頤

「按『歲亡蚩』，亦嘏詞，與『歲亡尤』同例，指歲事豐穰也。」（通考九七九葉）

李孝定

「説文：「虫，一名蝮，博三寸，首大如擘指，象其卧形。物之微細，或行、或毛、或蠃、或介、或鱗，以虫為象。」古虫它同字，羅振玉説見下它字條，均象蛇形。辭云『隹虫』（藏、四六、二）、『囗王囗乙酉囗小乙囗亡虫』（前、一、十六、六），均當讀為它，與他辭『隹蚩』、『亡蚩』同例。金文作[glyph]魚鼎[glyph]甲虫爵。」（集釋三九〇九葉）

李孝定

「説文：『它，虫也。从虫而長，象冤曲垂尾形。上古艸居患它，故相問無它乎。蛇，它或从虫。』契文它增彳，象道路形，羅氏説此字甚是。容庚謂『它與也為一字，形狀相似，誤析為二』（見金文編十三卷七葉下）説非。它即虫，象蛇形。『也』字許君訓解不誤。金文它作[glyph]沈子它簋[glyph]齊侯簋[glyph]黄仲匜[glyph]子仲匜[glyph]異甫人匜，亦象蛇形。今所見眼鏡蛇遇敵即上豎頸，喉如眼鏡，正作此狀。或段為匜，同音通段也。『它』本有『移』音，不足以澄『它』『也』為同字也。」（集釋三九三四葉）

张政烺

「……它的本义是蛇，象形。字有两种写法：一种用双钩法写的它示，被过去的甲骨学家释为九示，如上边引过的几条，甲骨学家释为蚕示。一种用单笔道写的它示，被过去的甲骨学家释为九示，举例于下：

辛酉卜，賓，貞：勿于它示奉。

貞：勿乎伐𢀛方，弗其受㞢又。（續5.1.1）

辛酉卜，争，貞：乎伐𢀛方，受㞢又。

貞：勿奉于它示。（綝1.2.5）

这两条卜辞是同日所卜，内容相同，它示二字明白无疑，决非能释为九示。单笔道的它示和双笔道的它示应当相同，亦即上引卜辞『柁示一牛』（宗都2979）的柁示。柁字从木，它声（《金文编》九六七頁，字号5874），即説文杝字。説文：『杝，落也，从木也声，读又若阤。』段玉裁注：『小雅：「析薪杝矣」，传曰：「析薪者必隨其理」，谓隨木理之迆袤而析之也，假杝为迆也。』卜辞的柁示和它示正是迆又，皆指直系先王（大示）以外的先王，即过去甲骨学家所称『旁系先王』。」（古文字研究第一辑六六頁）

赵诚

「它，甲骨文写作[glyph]，象長虫之形。或写作[glyph]、[glyph]，为线条化的写法。本为象形字。卜辞用作代词，则为借音字：

辛酉卜，賓貞：勿于它示𠦪。（續三、一、二）——它示指旁系先王。商代的先王分直系、旁系两类，而以直系为主，旁系当是直系以外其它的先王，所以称为它示。『它』就是用来指代旁系者。𠦪，祈求之义。

它字甲骨文或写作柁，从木它声：

庚申卜，酒，自⊞一牛至示癸一牛，自大乙九示一牢，柁示一牛。（人二九七九）——酒，祭名。大乙九示指大乙、大丁、大甲、大庚、大戊、中丁、祖乙、祖辛、祖丁等九位直系先王。柁示指直系以外其它的旁系先王。

柁字也有人释作椸，是把朩看成是木和㫃合写在一起。」（甲骨文虚词探索，古文字研究第十五辑二九八页）

柯昌濟

「

隹羔它禾（戩二一九）

庚午卜隹河𢀚禾（粹一）

二文互証，知𢀚為它之異文，帷字象蛇形，或即古蛇字，蛇它歌部旁轉，它禾之义当谓降災於禾稼之义。」（殷墟卜辭綜类例証考释，古文字研究十六輯一四六頁）

裘锡圭说参𢀚字条下。

按：說文：「它，虫也。从虫而長，象冤曲垂尾形。上古艸居患它，故相問無它乎。凡它之屬皆从它。蛇，它或从虫」。說文又有「虫」字，實乃「它」字之孳生。段玉裁注云：「虫乃不垂尾之它，它乃垂尾之虫，二篆實一字也」。王筠釋例云：「若虫專是蝮，則部中字豈蝮類乎？……若蚰是二蝮，蟲是三蝮，何由為昆蟲之總名乎？小蟲好叢聚，故三之。用為偏旁則重累，故一之。虫部字所从者，乃省三為一之虫也」。契文「它」即象蛇之形。「它」與「虫」雖同源，但說文「虫」字已別為一義。或行或飛、或毛或蠃、或介或鱗，不必為蛇。卜辭「它」或假作「巷」，但不得謂與「巷」同字。「它」為獨體象形；「巷」為會意，說詳「巷」字條。綜類二四三以「它」之作𢀚形者，混入巳（巳）字，非是。𢀚象蛇體之宛曲，且蛇首橢圓，與巳迥殊。

「它」與「也」亦本同字，容庚之說是對的。王筠釋例、孔廣居說文疑疑、徐灝段注箋皆據彝器銘文以為「也」即「匜」，其說本於戴侗六書故、周伯琦六書正譌，但不知「匜」即假借「它」字為之。

1844

按：合集二二一九七辭云：「有□」辭殘，其義不詳。疑爲「卷」字之異。

1845 蚰

王襄　「古蚰字。」（類纂正編第十三第五十八葉下）

陳邦福　「古虫與蚰字有緐簡，誼固可通。（說文虫部蟁或作蟁蚊籀文作蝱又蚰部蝨或作蚤蝨或作蚉之類）說文虫部云：『虫一名蝮，博三寸，首大如擘指，象其臥形。』段注：『爾雅釋魚云：「蝮虫」，今本虫作虺，又虺下云：「虺以注鳴者。」段注：「今爾雅以爲虫蝮字。」福因審卜辭之蚰與虫相假，正湯左相仲虺也。史記殷本紀云：『中𦉼作誥。』集解引孔安國云：『仲虺，湯左相，奚仲之後。』索隱云：『尚書作虺。』此云『奠于蚰』，（前四、五、二）猶後編之『酒于伊尹也』。」（說序三葉又見辨疑三葉）

孫海波　「□，乙三二一四。地名。」（甲骨文編五一〇頁）

屈萬里　「□，羅振玉釋蚰（殷釋中三二葉）諸家從之。蚰於卜辭爲神祇之名；亦爲地名。……疑蚰爲靈聖之地，殷人祀之，故爲地名，亦爲神祇之稱也。卜辭『舞蚰』（見甲編二三四五），猶『舞河』（乙編三八九九）、『舞岳』（乙編三四四九）之比，謂舞於蚰也。舞爲求雨之儀式。」（甲編考釋二九五葉）

饒宗頤　「『蚰』說文云：『蟲之總名，讀若昆。』戰國器蚰匕銘，言蚰爲水蟲。殷人祀蚰，所以侑雨，知爲水神，故與水旱有關。」（通考一四九葉）

李孝定　「說文『蚰蟲之總名也從二虫讀若昆』契文亦從二虫。卜辭屢見『奠于蚰』之語，當為殷先公若舊臣之名。陳氏謂即仲虺之名。考虫之與蛇義固可通，然音當有別，陳說待攷。金文作蚰魚丮匕與此同」。（集釋三九二三葉）

羅振玉釋蚰，無說。（殷釋中三十三葉下）

饒宗頤「蚰字卜辭習見，有二義：一為神名，如：

貞召（招）河來于蚰出（侑）雨……貞乎舞于蚰（佚乙五二七二）

庚戌卜殻貞蚰卷我　庚戌卜殻貞蚰不卷我（佚乙四六八三）

取又父冊于蚰卟我事（佚乙一七八一）

一為地名，如：

丁未卜王其逐在蚰豸隻（獲）允隻在一月（佚乙三二一四）

說文「蚰，蟲之總名，讀若昆」。戰國器蚰匕銘言蚰乃水蟲，殷人祀之，所以侑雨，以其為水神，與水旱有關也」。（巴黎所見甲骨錄一四葉）

劉渊临「甲骨文𧈢字是兩条蛇的形状，恰好侯家庄一〇〇一号大墓中亦出土了一件蛇形器，根据其五六頁上的描述：

一、一头二身蛇形器头尾长约一·三六五公尺，头端较尾端厚约〇·〇三公尺，平面大致葫芦形，头「饕餮形」，左身弯曲成正S纹，右身反S纹，两相交叠在二S纹之中腰处，右身在上。二身皆饰同样的同心棱纹，刻线精细。上面全部涂朱红色。二身上面皆微凸，并非平面。发现时头右部右身之尾已被毁，二身上尚有小伤痕数處。……

这是仪仗器物中的一种，可惜的是这一层埋藏情形已被盗坑破坏了……这蛇形器很可能就是蚰蚰为当时祭祀的对象之一。……高（逸夫）先生认为侯家庄一〇〇一号大墓的蛇形器，即是流传於後世的东汉武梁祠及唐高昌国绢上的伏羲、女娲画像，他的这种说法，我非常赞成……蚰是殷代的神祇，而这神祇在後代的神话中称之为伏羲、女娲。伏羲、女娲是晚於殷代的名称，也许在殷代的伏羲、女娲就称为𧈢？」（甲骨文中的「蚰」字与后世神话中的伏羲女娲，历史语言研究所集刊第四十一本第四分五九五至六〇六頁）

按：釋「蚰」可從。契文从二「它」，篆文「虫」即由「它」所孳生。而偏旁中「虫」、「蚰」實無別。說文區分「虫」、「蚰」、「蟲」為三字，音義各別。徐灝段注箋云：「古言昆蟲者，謂眾蟲耳。後人以蚰字當之，非也。」良然。「虫」、「蚰」不得謂為蟲之省。段玉裁謂「人三為眾，虫三為蟲，蟲猶眾也」，其說較為近是。陳夢家綜述三五五以為先公之名。

巳祀𢀛㔾

羅振玉 「《爾雅・釋天》：『商曰祀。』卜辭稱祀者四，稱司者三，曰『惟王二祀』、曰『惟王五祀』、曰『其惟今九祀』、曰『王廿祀』，曰『王廿司』，是商稱年曰祀，又曰司也。……商時殆以祠與祀為祭之總名，周始以祠為春祭之名。故孫炎釋商之稱祀，謂取四時祭祀一訖，其說殆得之矣。」（《殷釋》下五十三頁）

王襄 「古祀字。」（《簠室殷契類纂》第二頁）

商承祚 「文曰『隹王二祀』，作巳者與上文同，故知即祀之省矣。」（《類篇》第一卷五頁）

郭沫若 「祀象人跪於此（生殖）神象之前。」（《甲研・釋祖妣》十二頁）

又曰：辭言巳𡧊，「𡧊者，余謂即武丁時所習見之卜人𡧊。『巳𡧊』者，蓋謂罷免其官職。（余舊解為儐祀之事，不確，今正）。」（《粹考》一四三頁一一一三片）

孫海波 「巳，鐵二六三・四。巳用為祀。此為巳然之巳。」（甲骨文編五六三頁）

董作賓 「殷代紀王年者，今所見於卜辭中惟一『祀』字，如稱『隹王二祀』、『王廿祀』是也。亦有稱年為『歲』者，以數字記『年』者，然不見『隹王若干歲』或『若干年』之載記也。據余考定殷人稱一年為一祀，乃帝乙帝辛時之事，此與祀典有密切關係，說見下章。其前不稱『祀』，或稱『年』，以不入卜辭，末由徵之矣。」（《殷曆譜》上編卷三《祀與年》第一頁）

又曰：「彡、翌、祭、壹、𠭯，五種祀系之連續關係既得，吾人乃名此五『祀系』為一『祀統』，即一年中先祖妣五種祭之一週，亦即所謂一祀也。」（同上九頁）

又曰：「『祀典』不與『王年』相始終，且又前後游移，故代表『王年』之『祀』僅借『祀』以名『年』，不與三十六旬而一週之『祀典』，有直接之關係，此吾人當注意之點也。」（同上十一頁）

白玉峥　「巳实狀子之跪而受教之形。盖子之跪也，实无所谓垂足、翘足之异，而狀其足与腿平铺于地上之形也。」（契文举例校读中国文字第八卷第三十四册三六一七页）

張政烺　「說文巳部：『巳，巳也。』『弜巳』，卜辭常見，构成一个詞，常在动詞前，当是付詞，如：

癸卯卜，狄，貞：其兄（祝）？

癸卯卜，狄，貞：弜巳兄（祝）？　甲三九一五

其戠日？

弜巳戠日，吉？　前四·四·四

其御？

弜巳御？　戩三三·一七

其𠦪，王受又？

弜巳𠦪，于之若？　粹三三五

在一些卜辭里『弜巳』和『其』对言。其是該，表示一种試问的語气，和其简单地相对的是『弜巳』，是否定的語气。『弜巳』和『弜』不同，它处于另一个极端，是全面肯定的語气。這个詞在古书上可以找到一些痕迹，老子法经（第三十七章）『天无以清將恐裂』以下数句，馬王堆帛书老子（据甲本，缺字用乙本补）作：

謂天毋巳清將恐裂，謂地毋巳寧將恐发，謂神毋巳灵將恐歇，謂谷毋巳盈將恐渴，謂侯王毋巳貴以高將恐蹶。

這裏一連串出現五个毋巳，义为『无休止地』，用普通話来說就是『沒完沒了地』（参考老子河上公章句），卜辭『弜巳』义正相同。第五期卜辭常見『弜改』，疑即『弜巳』之演变。改字从攴，巳声，見于公元前五世纪的侯馬盟书和前四世纪的詛楚文，文义明白，就是今天通行的改字。卜辭如：

弜改，其唯小臣臨令，王弗悔？　前四·二七·二

『弜巳』、『弜改』都是不停、不变的意思，大约是同一个詞。」（殷契𠬝田解　甲骨文与殷商史一〇頁至一一頁）

徐中舒　「又如祀，是殷人祭祖的礼制，此字在甲骨文中有许多不同的形体。如巳、[illegible]、[illegible]、[illegible]、[illegible]、[illegible]、[illegible]、[illegible]，殷代金文中有[illegible]。字形虽有繁简之不同，但实际都是一个字的异形。常正光先生甲骨文的一字多形问题（见四川大学学报丛刊古文

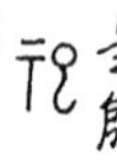

字研究论文集一九八二年版）对这个字的形体异同说得极为详尽，这里只能简略地谈谈其先后堆积的层次。殷人祭祖，一人为尸，一人主祭。最初充当尸的都是小儿，即所谓『孙为王父尸』。按何休公羊宣八年传注：『祭义有尸者，节神也。礼，天子以卿为尸，诸侯以大夫为尸，卿大夫以孙为尸』。根据祀字發展的次第，即此字堆积的层次，以小子为尸，应当是最原始形式。古代贵族专政，卿大夫也是君主（即主祭者）血缘最近的宗支。这是后来的变化，已与孙为王父尸的意义不合。总之『子』是代表作尸的小子，在甲骨文中，子丑寅卯之『子』作[glyph]、[glyph]、[glyph]，而辰巳午未之巳作[glyph]、[glyph]、[glyph]、[glyph]、[glyph]。此二字在甲骨文中都是描绘小儿之形，当为一字，后来才分化为子、巳两个不同的字。当祭祀祖先时，有主祭的大人，和代表尸的小子，一般只要标明祭祀的一方，即可以表示祭祀的意义。祀从示、巳声，这就成为祀的形声字而固定下来，成为大家公认的祀字。另一方面主祭者是大人，[glyph]，象双手上举主持祭祀之形，加示为禩，也就成为祀的异体字。说文祀或从異作禩，说明这两个字不论从尸或从主祭的大人看都是表示古代祭祖之事，所以禩也成为大家公认的祀字，即祀的异体字。如果把祭祀的双方同时表示出来，即成为[glyph]形。此字又从非，象尸所凭依的几形。从这些许多不同的形体，我们可以了解文字发展的更多层次。」（怎样考释古文字古文字学论集初编一四——一六页）

陳初生 「甲骨文作[glyph]、[glyph]，金文作[glyph]、[glyph]、[glyph]，象胎兒之形，小篆作[glyph]。地支之『巳』，甲、金文皆以『子』（[glyph]、[glyph]、[glyph]）為之。又金文中『巳』与『已』同形。」（商周古文字讀本四〇八頁）

按：卜辭祀字或省作巳。除用作年祀如「十祀」、「廿祀」之外，尚用作祭祀之祀，如「其祀多先且」（佚八六〇）；用作地名，如：「在祀」。郭沫若以為象人跪於神象之前，實則甲骨文人形決無如此作者。祀字的形體目前尚難以解釋。甲骨文「巳」與「祀」有時可通用，但已分化。只能視為同源，而不能視為同字。張政烺論「巳」之詞義甚詳，其說至確。

1847 [glyph]

按：字不可識，其義不詳。

乚

王襄　「古氒字，許説『木本也，从氏丁，本大於末也，讀若厥』。𠂤𣪊氏改本，金文借為厥字，訓其。」（類纂正編十二第五十五葉下）

郭沫若　「金文中多見氒氏字，形雖相似，然固有迥然不同之處。今就容庚金文編所輯彔者，整揭之如次：

氒　（盂鼎）（向卣）（伯睘卣）（欽段）（𧽊仲尊）（器作氒卣）（克鼎）（大保段）（辛鼎）（天君鼎）（昊爵）（趞叔段）（毛公鼎）（宗周鐘）（虢叔鐘）（邾公華鐘）（格伯段）（女尊）（周公段）（伯中父段）（師害段）（井人鐘）（倗尊）（彔伯段）（農卣）（封段）（茉伯段）（師寰段）（𨤹土𨤹段）（散盤）（大鼎）（鄀公鍼）（姑馮句鑃）（秦公段）（義仲鼎）（邾公華鐘）（鄀公鈓鐘）（攻吴監）

氏　（毛公鼎）（頌鼎）（頌壺）（頌段）（散盤）（賀鼎）（克鼎）（不嬰段）（干氏盤）（姑氏盤）（令鼎）（尹氏匡）（師遽段）（齊鎛）（國差𦉜）（嬴氏鼎）（伯庶父段）（齊䕫氏鐘）（師嫠段）（叔妣段）（芮公鬲）（格氏矛）

氒字舊均誤釋乃，吴大澂竟謂『江聲古文尚書从汗簡，改厥為𠂿，許氏説「𠂿讀若厥」，疑壁經乃字本作弓，漢人讀為厥，遂改作厥。今彝器無厥字』。（古籀補廿四葉）以今觀之洵有隔世之感。然今人復有以氒氏字混者。

近出𠫑氏編鐘十四具，銘六十一字者五具，一具入美國，銘四字者（兩面各四字曰『𠫑氏之鐘』）九具，亦有一具入美國，餘均歸盧江劉氏。劉氏器，近有徐中舒𠫑氏編鐘圖釋整彔之。今取其銘長者四具（即圖一至圖四之甲乙各二面）及『𠫑氏之鐘』四字之最明晰者一面（即圖十一之甲）轉揭之於次。

𠫑氏鐘銘，考之者頗不乏人，據余所知，有劉節、吴其昌、唐蘭、徐中舒諸氏，余曩亦有所論列，詳見專釋。今所欲論者乃第二行第二字之氏字，此字僅第三器泐，餘均同作，以第四器為最顯箸。劉、吴釋氏，因有姜戎氏之説。唐亦釋氏，讀為厥；謂『陳侯因資鐘「合𩣡氏德」亦借氏為厥。古書多以氏為是，爾雅以厥為其，氏、是、其、厥，並聲之轉。』徐釋為氒，與余同。徐云：

『氒古厥字。邾公牼鐘、邾公華鐘氒並作𠂆，邾公釛鐘（釛當作釓）作𠄌，均與此同。此云厥辟，辟，君也，文亦見大克鼎。齊侯鎛鐘（即叔夷鐘）云「對揚朕辟皇君之易（錫）休命」，詩韓奕云「以佐戎辟」。朕，我也，第一人稱。戎，汝也，第二人稱。厥，其也，第三人稱。』

今案此釋氒至確，字斷非氏。小鐘氏字八器十六字除一二例稍泐外均作𠂇，與𠂆判然為二。二字亦各不相混。觀上舉氒氏字，而尤以二字同見于一器者，可證也。

知𠂆為厥，劉吳『妻戎氏』之說遂不能成立。唯此得劉氏來書，言『金文氒字作𠂆，未有加一點作𠂆者。邾公釛鐘不可薾，邾氏三鐘佳邾牼鐘非誨。𠂇（氏）之與𠂆乃一字之異體，金文中往往有之，為鐘中昭字有二體可證也。此字所関甚重，不能不爭也』云云。是劉氏以點之有無定氒氏之分，案此說有未諦。邾公釛鐘是否誨器尚未敢必，而攻吳監『攻吳王大差羼氒吉金自乍御監』氒字亦作𠂆矣。考古文字形演变之例，凡肥筆作之字後均褌化為點畫。試觀上舉盂鼎、盠仲尊、叟卣、克鼎、義仲鼎諸氒字均肥筆作，則演变為點畫並不足異，本鐘與邾鐘吳監均較晚出器也。細氏字亦有不从點作者，如上舉頌𣪘、𡣍氏鼎、伯庶父𣪘、叔𡚱𣪘諸例是。是則氒氏之分不在斜畫上點之有無矣。余謂氒氏之分當在首畫之曲向，氒字首畫上端曲向左（其反作者向右）氏字首畫下端曲向右，此瞭諸古文字可以一目瞭然者也。唯字形相近，古人亦不能保無筆誤，如師㝨𣪘之『叔市金黃』，一盂即誤為『令黃』，其確徵也。故如唐氏所舉因資鐘之『合𡢁乃惠』，乃誤氒為氏（唯此字上端似稍泐）又如寽鼎之『師氏』作𠂆，又誤氏為氒。（此器余初疑偽，唐庚云不偽）又工𫊸𣪘伯𣪘二氒字就其銘辭案之，均當為氏，該𣪘諸器文字均草率，語多奪訛，確為誤例也。凡此均不能據為典要。唐氏謂『氏是其厥並聲之轉』，案氏是一字（一說下詳）其厥雙聲，固各有攸関，然是與其，氏與厥，韵紐俱隔，無由通轉也。

氒與氏之分，由形與聲已知其然，請更進而探求其字源。說文云『氏，巴蜀名山岸脅之自旁著欲落墮者曰氏。氏崩聲聞數百里。象形乀聲。揚雄賦「響若氏隤」。』又云『氒，木本也，从氏，大於末也。（此文當有奪落，段氏於『从氏』下加『下本』二字，說亦牽強）讀若厥』。

今以古文字形按之，氏與氒均當為象形文，無聲從可言。許求二字之初義於實物，甚是。然氏之古文非象山岸欲墮之形，亦非从乀聲也。氒字則字形已遠隔，古氒字並不从氏下，許訓為木本者以同音之橛字為說耳。

余謂氒乃矢栝字之初文也。說文『栝，檃也，从木𠯑聲，一曰矢栝檃弦處』。栝从𠯑聲，𠯑又从氒省聲，故栝氒同音。矢栝檃弦處之栝，此氒字也。古矢栝之形近始為羅振玉所發現，其貞松堂集古遺文（卷十二、廿七）著錄矢栝三器，均有左字，今摹其第二器為次：（甲為原圖，乙亦其字之面而橫置之。）

1849

弖 卬

（矢左弦上乃横置，故卒取其横。𢑌鐘之弓，吳監之弓首括處均合一弦，蓋弦之斷面）

羅氏云「形如戈鐓而小，旁有小鉤下俯。予初不能定其名。嗣讀釋文釋名釋兵言「矢末曰括，括會也，與弦會也。括旁曰叉，形似叉也」乃知此物確為矢括」此考至確。知此，請圖前器𢀛字之面而横置之，非即古卒字所象之形耶？」（金文餘釋之餘十二卷一八〇葉）

又曰：「卒蓋讀為𢀛」（卜通一五八葉上按此乃釋契文弖字）

屈萬里　「以鐘鼎文證之，弖當是厥字；於此則為地名」（甲釋三七五葉二九〇三片二辭釋文）

常正光　「甲骨文的𠄎不仅可以省形作𠄎、弖，而且还有省形作「弖」的。如「弖方」（佚一一九），「五日丁丑王賓中丁弖……」（菁一），「貞翌乙巳其祀亡𡆥」（續三、二〇、三），「甲寅卜叀翌丁巳𡆥」（摭續二〇一）。篆书的「𠃨」字可能就是从這个「弖」字演变而成的。」（甲骨文字的一字多形问题　古文字研究論文集五八頁）

徐中舒釋祀，參弖字条下。

常正光釋𠄎參𢀛字条下

常正光　參異字条

陈炜湛说參𠃬字条下。

按：弖、卬當同字，乃祭名。釋卒不可信。弩機之制，東周始有之，西周金文不得取以為象。卒、久古本同字，與矢栝無涉。

按：字从「巳」从「工」。合集二〇二七八辭云：「……酉卜大王𡧊𢀜」似為祭名。

1850

王襄　「古𢀜字。」（類纂正編十二第五十三葉下）

朱芳圃　「說文解字『扡，曳也。从手它声。』」（甲骨学文字編十二卷二頁下）

屈萬里　「𢀜，象拖蛇之狀，隸定之則作𢀜；當是扡字。扡，說文：『曳也』。按即後世之拖字。」（甲釋二八八葉二二八四片二辭釋文）

李孝定　「按，滬上二文乃『有𢀜』合文，至滬六．五一．四，辭云『☒勿令☒从𢀜』，蓋亦有它合文。其上文当言『勿令某从有它』也。惟本片有闕文，辭意不完。就字形言，𢀜与扡近，然單辭孤證，不可確知也。」（甲骨文字集釋存疑四五七八頁）

裘錫圭說參𢀜字条下。

按：釋扡不可據。卜辭均殘，用義不詳，亦不可能為「有它」之合文。

1851

王襄　「古蟲字。」（類纂正編第十三第五十八葉下）

郭沫若　「𡍮乃人名。它辭有作『𡍮告』者。又金文有子癸𡍮觶（集古遺文九、卅四、），當即此人或其國族之器。」（粹考二一〇葉下）

饒宗頤　「疑𡍮與蛇亦為一字，益土旁，如禹亦作𡍮也。（路史後紀十三注）他辭言：『……

蚰叶我事」（乙一七八一）是其一例」。（通考七九七葉）

李孝定 「从土从䖵或从蚰說文所無。葉玉森氏嘗謂字从蚰从王，古者蓋以蠶為蟲王，字當釋蠶，一時忘其出處況殊荒誕，可發一噱。」（集釋四〇〇九葉）

按：字从三「它」或二「它」、从「土」。在卜辭均為人名。

1852 ⿱罒䖵 [glyph] [glyph]

孫詒讓 「案此三[glyph]字，下皆从蚰，與它同版，互勘可見它非即虫字。上从四者，即橫目。說文蚰部螽，从虫冬聲。或作⿱眾䖵，从虫衆聲。⿱罒䖵疑即⿱眾䖵之異文。」（舉例上廿五葉下）

商承祚 「[glyph]疑亦蜀字。」（類編十三卷三葉上）

屈萬里 「[glyph]，隸定之當作⿱罒䖵，地名。」（甲編考釋四二四葉）

按：字从「目」从「蚰」。卜辭用為地名，亦或用為人名。

1853 ⿱止䖵 [glyph]

李孝定 「从止从竹，說文所無」（集釋〇四六三葉）

朴海波 「[glyph]，甲三一一三。或从矢。貞人名。」（甲骨文編二四三頁）

按：合集一四〇六八「[glyph]婦」乃人名，而合集一三六二七之殘辭「[glyph]」乃从「止」从「蚰」，隸當作「⿱止䖵」，二者有別，不能混同。

1854 氾 [glyph]

羅振玉釋汜。（殷釋中十葉上）

按：前四·一三·六：「……令……汜……」；明一六七一：「……丝汜……」，皆殘辭，用義不詳。

1855 ⿱林巳 □

張秉权 「楙，疑即杞字的别体，帚楙即自杞所娶之婦」。（殷虚文字丙編考释第二三頁）

按：合集五六三七反辭云：「……婦楚來……」為人名。

1856 祀 □ □

孙海波 「□，甲六六八。説文云，祀，祭無已也。此辞云令婦好祀。祀，甲二九七。商代称年曰祀，隹王八祀。□，鐵二六三·四。卜辞用巳为祀。」（甲骨文編九頁）

常玉芝 「『祀』确实是祭祀之义，但祭祀用語也是可用作表示时间的，这在卜辞中並不乏其例。如『翌』是五种祀典名之一，义为舞羽之祭；但它同时又具有纪时之义，就言『来』，表示未来日（一般多指次日）。所以『隹王几祀』中的『祀』也是表示时间的。商代末期以五种祀典对先王先妣轮番祭祀一周需要三十六旬或三十七旬的时间，与一年的日数相当，因此是可以借『祀』以名『年』的。卜辞以『隹王几祀』记时王在位之年，与尔雅释天所载的商称年曰祀是完全符合的。」（商代周祭制度二二四——二二五頁）

陈炜湛说參 □ 字条下。

徐中舒说参巳字条下。

按：卜辭「巳」與「祀」雖有時可通用，但仍有別。「祀」多為「祭祀」之「祀」，而「巳」則不能。參見「巳」字條。

1857

徐中舒释祀，参巳字条下。

按：字與「祀」有別，乃祭名，無用「年祀」者，不能混同。

1858 攺

吳其昌　「攺字（前、一、三一、四）雖小蝕，諦加案辨，尚可據認。其字亦契文所屢見，變態亦頗多；歸納之約有五體：作攺（前、一、三一、四）者為甲體。作攺（前、六、一一、七）攺（菁、一〇、一八）者為乙體。作攺（拾遺、一一、一九）攺（前、六、三一、八）攺（前、七、三一、三）攺（後、一、二八、四）攺（續、五、二五、一〇）者為丙體。作攺（鐵一七六、一）攺（後、二、二三、三）攺（菁、九二）攺（後、二、二六、三）者為丁體。作攺（前、六、一一、八）攺（後、二、三二、一七）者為戊體。此五體中，甲乙二體之別異，為字形首尾之顛倒變象。甲丙二體與乙、丁二體之別異，為「攴」字作攴，與作攴之繁簡變象。甲、乙、丙、丁四體與戊體之別異，為蛇虺形之作巳與作巳之或體變象。綜合觀其會通，則象水中有蛇虫之狀，手持攴以擊之而已。然從其文義而觀之則又自不同。卜辭或云：『攺羊百』。（鐵一、七六、一）或云：『攺羊于章』。（拾遺、一一、一九）或云：『攺牛』。（後、二、二三、三）或云：『貞攺牛』。（續、五、二五、一〇）或云：『攺一牛』。（後、一、二八、四）或云：『攺口牢』。（後、一、二八、五）或云：『攺叀』。（前、一、三一、四）乃實為刑牲之義。然而明明為持攴以擊水中蛇虫之象形兼會意字，又何故而賦以刑牲之義？此其樞鍵，殆非今日所能曉。其所涵之音讀當何若？亦未詳；姑並闕焉」。（殷虛書契解詁第三四二—三四三葉）

于省吾　「卜辭習見攺字，亦作攺攺攺攺等形，孫詒讓疑炎之異文（見舉例下三二葉），柯昌濟釋流（見書契補釋二葉）。按二說並非。𢽍即溦即𢼸。从沱从它一也。从攴从殳一也。攴殳或倒或正一也。𢼸字象以樸擊蛇之形。它即古文蛇字。蛇乃後起字。它形左右有點者，象血滴淋漓之狀。說文：『𢻱，數也。从攴也聲，讀與施同。』段玉裁云：『今字作施。施行而𢻱廢矣。施旗旖施也，經傳多假借。』朱駿聲云：『當从它聲，經傳皆以施為之。』按段朱二氏說是也。。卜辭𢼸字，初義為以樸擊蛇。引伸為割殺之義。𢼸即說文𢻱字，經傳假施為之，亦與胣字通。。莊子胠篋『萇弘胣』，釋文：『胣，本又作肔。崔云：「讀若拖。」或作施字，胣裂也。』雖淮南子曰：「萇弘鈹裂而死。」司馬云：「胣，剔也。」一云「刳腸曰胣。」』按𢼸既與施胣字通，胣之義為裂為剔為刳腸。卜辭𢼸字每與人牛羌牢豕彘連文，前七、三一、三『串亦𢼸人』，後下二三、三『𢼸牛』，藏一七六、一『勿𢼸羌百』，後上二八、五『𢼸牢』，菁九、二『其𢼸豕于匕丁』，前一、三一、四『𢼸彘』，是卜辭言𢼸，猶言伐言卯，與『萇弘胣』之胣詁訓不殊矣。」（駢枝四六葉釋𢼸）

孫海波

「𢽍，甲二五。从殳从它，古它、也一字，象持朴击它。𢼸，甲四〇四。从攴。」（甲骨文編一三九頁）

饒宗頤

「『溦』與『施』同，『溦羌』即殺羌人以作犧牲。晉語：『秦人殺冀芮而施之』，韋注：『施，陳尸以示眾也。』」（通考一八一葉）

饒宗頤

「按溦字于即之卜辭所見特多，象以朴擊蛇形。契文有溦豕、溦牛、溦羊；而溦羌、溦尸，則指人牲」。（通考九八九葉）

屈萬里

「𢼸，陳夢家釋𢻱（考古六期，釋𢻱）。古也它同字，故𢻱亦作𢼸（見集韻）。說文：『𢻱，數也。……讀與施同。』卜辭中多用為朴殺之義。」（甲編考釋六葉）

張秉权

「𢽍，象以朴击它（蛇）之形，即𢼸字。陳夢家（注一）、于省吾（注二）均以為即說文之𢻱，因為𢻱讀与施同，故經傳借施為𢻱，而施与胣，胣等字相通，胣，讀若拖，其意則為：裂也，剔也，刳腸也。所以𢻱字也應該有：裂，剔，刳腸的意思，朱駿声說𢻱当从它声，這一見解，現在由甲骨文字，把它証実了。朱氏未見卜辭，仅以音理推論說，竟与卜辭字形相合，足見他的功力深湛，識見卓越了。小篆它作Ψ，也作Ψ，二者形根相近，金文則它与也為一字，卜辭有它而無也，由此我們可以假定小篆中的也字，是由卜辭及金文中的它字分化或變訛而成，𢻱字所从的也，当為它字的訛變；𢻱字不但失去了原形，也失去了原义（說文三下『𢻱，敷也』）和本音，而其原始的意义和本音，則反而由他的假借字施，胣等字所保留下来，這真是一樁有趣味的事情。此股敌羌与伐羌对貞，可知敌与伐，意义相通。伐是以戈击人，敌是以攴击它（蛇），二字都有割杀之义。亦見肔字的：裂，剔，刳腸之訓和讀為施的字音由来已久，其源甚古的了，而這些意义和声音，也正是向攱（即敌字）借来的。」（殷虛文字丙編考释第二四頁）

（注一）見考古第六期释攱

（注二）見双剑誃殷契騈枝释敌第四六頁

李孝定 「从攴从艸从虫，說文所無。當與攱敵字同意。」（集釋一〇八七葉）

李孝定 「說文『攱敷也。从攴，也聲。讀與施同』。它，金文作［字形］，篆作［字形］，與也之篆文作［字形］形近而混。金文也它同文，从也从它之字亦每互譌，為匜字金文从它而篆文从也，可證。蓋二者不唯形似，且音亦相近也如委蛇亦作逶迤是也。容庚金文編十三卷七葉『它』下云『與也為一字，形狀相似，誤析為二。後人別構音讀，然从也之迆、攱、馳、阤、杝、施六字仍讀它音，而沱字今經典皆作池，可證。徐鉉曰「沱沼之沱今別作池，非是」蓋不知也即它也，說文「也女陰也」望文生訓，形意俱乖，昔人蓋嘗疑之』。容氏說二者形音相近，偏旁相通，是也。然謂即是一字，似尚待考。絜文作敌而篆作攱，亦由形近而然。于氏說此字形義極塙，于氏原文末注云『按此文立說與考古第六期陳夢家釋攱義複因已付印未及刪削』是則陳說在前惟此間未見考古第六期既云義複則內容當亦相近今錄于說覽者鑒之說文攱訓敷，無殺割搏擊之義，蓋字形既譌，而初誼亦晦。猶幸滙子尚有肔字，得存古義也」。（集釋一〇五〇葉）

白玉峥 「本字，大较均見於旧派之卜辞中，其间，前期较为工整，后期较为草率，且将它头向下，简作㳄矣。然此风则为二期时之贞人大及旅所开先，惟皆它头向上，简作㳄。兹将各期之书体略举数字，以見其概：

1 見於第一期者：

乙六七四二貞人古　　續二·二·五貞人爭

乙七〇三〇貞人古　　合二八九貞人爭

續五·三四·三貞人㱿　　乙八三五二貞人穷

2 見於第二期者：

㪅九二貞人即　　遺八二貞人即

文四四七貞人旅　　文五五一貞人大

3見於第四期者：

㱿甲六二八　㱿甲五五〇

右二文，甲考定为第三期之书体，非是。

㱿乙四八一〇　㱿乙一四六九

㱿宁一·一一三

就右揭诸字观之，后期时之它均作𠃊形者，且其所执，皆作丨形，无一作丿者矣。就其构形究其初义，为动词字，其义为击。」（契文举例十四中國文字第五十二册五七七一至五七七二页）

于省吾　「甲骨文㱿字作㱿、㱿或㱿、㱿、㱿等形。其从沱或它本无别；其从攴或殳以及或倒或正也无别。㱿字象以朴击蛇，其或从数点，象血滴外溅形。……今将有关㱿字的貞卜，分类择录于下，然后重加推考。

甲、㱿

一、貞，至于庚寅㱿，廼既，若〇弜至于庚寅㱿，不若（丙八三）。

二、旦其㱿鼎（鬻），廼各（格）日又正（甲四〇四）。

乙、卯或戠（歲）与㱿連言

三、☐卯、㱿（乙一四六九）。

四、……乙子彭，明雨，伐，既雨，咸伐，亦雨。㱿、卯，鳥星（乙六六六四）。

五、庚寅卜，父乙戠眔㱿（续存下七六四）。

六、庚申卜，旅貞，往匕庚宗，戠、㱿。才十二月（文录四四七）。

七、貞，人戠、㱿于丁。九月（燕二四一）。

丙、㱿人

八、㱿人（乙六三一三）。

九、貞，㱿人于亭旦（拾一一·一九）。

十、……𠂤亦㱿人（前七·三一·三）。

丁、㱿羌

十一、丙辰卜，古貞，其㱿羌〇貞，于庚申伐羌〇貞，㱿羌〇貞，庚申伐羌〇貞，㱿羌〇貞，庚申伐羌。（丙七）

十二、貞，率㱿羌，若（文录五一五）。

十三、癸亥卜，殻貞，弜甾㱿羌（續五·三四·三）。

六）。

十四、戊辰卜，争貞，𢦔羌自匕庚〇貞，𢦔羌自高匕己〇貞，𢦔匕庚，卅（乙六六四

十五、癸亥卜，𣪊貞，𢦔羌百……（續二·二九·三）。

十六、甲兇卜，𣪊貞，弓𢦔羌百。十三月（藏一七六·一）。

戊、𢦔牲

十七、貞，𢦔牛（戩二四·二）。

十八、貞，𢦔牛五（續六二四）。

十九、己亥卜，旁，𢦔卅年（明一一六四）。

二十、丙寅卜，即貞，其𢦔羊，盟子（續存上一四九四）。

二十一、貞，𢦔牢（后上二八·五）。

二十二、丙午卜，即貞，□其𢦔宰（珠八二）。

二十三、隹征𢦔豕（乙二七二八）。

二十四、丁酉卜，即貞，其𢦔豕于匕丁（菁九·二）。

二十五、𢦔二豕二豭于入乙（乙四六四四）。

二十六、☐𢦔㲋（前一·三一·四）。

二十七、庚辰卜，令多亞𢦔犬（宁沪二·一六）。

二十八、于兄己𢦔犬（乙四五四四）。

𢦔字說文作𢻫，並謂：「𢻫，敷也，从攴也声，讀与施同。」按許氏訓𢻫為敷，並非本义，应改為「𢦔，以戈击它（蛇）也，从戈它，它亦声。」又說文：「施，旗皃，从㫃也声。」按典籍中每借施為𢻫。庄子胠篋：「昔者龙逢斬，比干剖，苌弘胣，子胥靡。」释文：「胣本又作胣。崔云，讀若拖，或作施字。胣，裂也，淮南子曰，苌弘鈹裂而死。司馬云，胣，剔也。」又一云刳腸曰胣。」按胣乃𢦔的后起字，以其割裂腹腸故从肉。以朴击它為𢦔之本义，异文作胣，訓為割裂乃引申义。

章炳麟新方言：「今語陵迟為剖腹支解。陵迟者犹言夷也。秦法有夷三族，汉书刑法志曰大辟有夷三族之令。……司馬彪云，胣，剔也。古但作施，晋語施邢侯氏，左氏传国人施公孙有山氏。施其家若，即所謂夷三族也（原注：韦訓劾捕，杜訓行罪，皆非）。施其身者，即今陵迟為夷也。」按章氏訂正旧說之誤，頗具卓識，但还不知施為𢦔的借字。其言陵迟為剖腹支解，剖腹支解乃后世陵迟之刑的起源。𢦔訓為剖腹支解，是說既剖割其腹腸而又支解其肢體（以下簡称為「割解」）。今验之甲骨文，不仅割解牲畜，而且割解俘虏以為祭牲。

前引第一、二两条只言𢦔，不言其所𢦔者為人牲或物牲，但甲骨文用人牲不称羴，则第二

条当指剖解物牲言之。第三条卯𢼄之卯，王国维『疑卯即刘之假借，释詁刘杀也』（戩考二、二）。卯𢼄即刘𢼄，乃先杀而后剖解之。唐兰同志謂『𢦏当讀为劌，劌也。』（天考二七）按說文謂『劌，利伤也，从刀岁声。』訓劌为利伤，未免費解。朱駿声說文通訓定声改利伤为刺伤，并引方言『凡草木刺人，自关而東或謂之劌』为証，其說甚是。此条的岁罙𢼄和第六条的岁、𢼄，是說用牲时先刺杀而后剖解之。第七条的人岁𢼄于丁，是說用人牲以祭于丁，先刺杀而后剖解之。第八、九、十各条的𢼄人，也都是就剖解人牲言之。第十一条以𢼄羌与伐羌对貞，是解决𢼄与伐有别的有力佐証。甲骨文的伐字作[illegible]，象以戈砍人之頸。戈为句兵，用以向頸，故砍头用之，它和直兵之矛用以刺杀者有别。甲骨文凡祭祀言伐者，均指用人牲而砍其头言之。其言若干伐，则伐字已由动詞转化为名詞。至于征伐某方之伐，乃杀伐的引伸义。本条是一个完整大龟的占卜，右为𢼄羌而左为伐羌，凡三次对貞。这是說，剖解羌俘以祭还是砍掉羌俘的头颅以祭，两种用人牲的作法，哪一种能获得祖先的福祐呢？至于第十二条至第十六条𢼄羌的解释，也同前例。第十七条至第二十八条，有的言𢼄牛或𢼄羊，有的言𢼄牢或𢼄宰，有的言𢼄豕、𢼄豼或𢼄彘，有的言𢼄犬，𢼄字既訓为剖解，则和其它各种杀牲的方法就判然有别了。」（甲骨文字释林释𢼄一六一頁至一六七頁）

张政烺

「……[illegible]象一只手拿着棍子打蛇，只是蛇身用双鈎画法写成，乍看不习惯罢了。其用单笔道写的見《甲骨文编·附录上》（字号是3673及5027），皆是甲骨文中极常的𢼄字（見《甲骨文编》139頁，字号是420）。

裘锡圭

「甲骨文『蚑』（𢼄）字从『虫』（甲骨文编一三九頁），这似乎是『它』、『虫』本为一字的一个证据。但是从『虫』的『蚑』字可以看作象以攴击蟲之形的表意初文，不必把它所从的『虫』看作声旁，所以仍然不是『它』、『虫』一字的确证。而且这个字究竟是不是『蚑』字，其实也还是可以讨论的。有人释甲骨文[illegible]字为『拖』（甲骨文编四六八頁），此說从卜辞文义丝毫也得不到支持，不足辯。」（释黄古文字学论集初编二二五頁）

連劭名

「卜辞中的𢼄字，其义近于经典中的『刳』，玉篇：『刳，空物腸也。』诗经小雅信南山：『持其鸾刀，以啟其毛，取其血膋。』郑玄箋：『毛以告纯也。膋，脂膏也。血以告殺，膋以升臭，合之黍稷，实之於蕭，合馨香也。』孔穎達疏：『先以鬱鬯裸而降神，乃随従於後，以騂牲之牲还而入于庙门，以献于祖考之神，即纳以告神，乃令卿大夫执其鸾铃之刀，以此刀开其牲之皮毛、取牲血与脂膏之膟膋而退。」卜辞中血祭往往用牡牲，用牲方法采取刿、剖，這些都与文献中的记载一致，可能在荐血的同時，也有焚燎牺牲肠脂的仪式。」（甲骨刻辞中的血祭，古文字研究五七——五八頁）

張政烺释施，参[illegible]字条下。

按：字隸定作攺或𢻮，即說文「𢻮」字初形。在卜辭為用牲之法，與莊子「萇弘胣」之「胣」同義。商代殺人為祭牲，名目繁多，残酷野蠻至極，「攺」即為其中之一。

1859 改 [illegible]

羅振玉 「說文解字：『改，更也，从攴己。』又：『攺，毅改大剛卯以逐鬼鬽也，从攴已聲。』古金文（改簋蓋）及卜辭有从巳之改，無己之改。疑許書之改即攺字，初非有二形也。」（殷釋中六十一葉下）

王襄 「古改字。吴愙齋先生云疑古文改攺本一字。」（簠室殷契類纂弟十五葉）

郭沫若 「改字作攺若[illegible]，殆象朴作教刑之意。子跪而執鞭以懲戒之也。」（轉引自朱芳圃文字编卷三、十九頁）

李孝定 「說文『攺，更也。从攴己。』又『攺，毅改大剛卯以逐鬼鬽也。从攴，已聲。讀若已。』契文上出諸文以形言當為許書之攺改，其義則為訓更之改，許書改下說解乃漢儀，自非造字本義。羅氏疑初非有二形，其說蓋是。辭云『弜假為弗改其唯小臣口令王弗每悔』前四·二七·二『章自寮弜改亡宦王其𢦏宦示京自師又用𠭥若』前五·十·六·『弜改囗弗悔不囗』前五·十七·六均與弜字連文，而下又多與『不悔』相貫，當即訓更之改，而字形又不从己，姑从許書攺字之序次。此郭云殆象朴作教刑之意，其說是也，即為許書訓更之所本。卜辭又有鼎[illegible]後下·十五·十一、鼎[illegible]後下·二九·十四、[illegible]藏二九·二字，與此字同意。金文作攺改盨攺改簋與卜辭同。」（集釋一〇七七葉）

于省吾 「說文改『从攴己声』（古亥切）。又攺『从攴巳声，讀若巳』。按契文、诅楚文更改之改均从巳，金文有改毁、改盨，新嘉量「改正建丑」之改从巳，汉印有史改，隶韵上声十五海引石经论语改字从巳。说文以改为更改字，而更改之改反读若巳，益不足据。李文仲字鑑谓改「俗作改」，失之。」（论俗书每合于古文 中国语文研究第五期一六页）

按：卜辭均「弜改」連言，張政烺謂即「弜巳」，猶言「不變」，論其義甚詳，其說是正確的。參見1846「巳」字條。

寢 㝲

于省吾　「契文寢字作㝲，舊不識，當即宄之初文。說文：『宄，姦也。外為盜，內為宄。从宀，九聲，讀若軌。古文作殳窓』。按金文宄作窨寬𡨋宄寏弃。㝲字从宀，可證說文內為宄之義。从𢾁，𢾁形左从它，象蛇虺形之曲其尾；右从殳，以殳擊它，象毆蛇虺於室外，而姦宄之義尤顯。以六書之誼求之，寢从宀从九殳，九亦聲，是會意兼形聲也。前六・十六・一：『庚辰卜，大貞，來丁亥，寢寑出枫，戠羌卅，卯十牛』。後下三・十三：『丁亥，其寢寑宰』。寑今作寢，寢字應讀為宮。寢寑即宮寢。寢宮雙聲，並見母三等字。金文宄字作宄，上从宮。或作究，上从宮省。麥盉：『麥賄于麥宮』。假宮為宮。伯椃毀：『伯椃作氒宄室寶毀』。宄室即宮室，假宄為宮。晚期契文有公宮血宮。早期每假寢為宮，亦猶金文有宮字而又假宄宮為宮也。要之，寢字本義，為毆蛇虺於室外，故引伸為外姦內宄之宄。金文作宄寏弃者，易殳為又廾，猶與初義相近。自小篆作宄，但以為形聲字，而本義湮矣」。（駢三第二六葉釋寢）

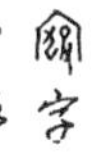

饒宗頤　「按寢即宄字。說文：宄，姦也。讀若軌，窓弃古文宄。契文作『寢』，兮甲盤作『㝔』。宄與軌通。左傳：『納民于軌物』。軌訓法，故宄可反訓為治，猶亂之為治也。卜辭『宄寑』，（見前編六、一六、一）猶言治寢。他辭云：『丁亥，其寢寑，宰。十二月』。（後編下三、一三）文義略同」。（通考八三四葉）

李孝定　「說文『宄，姦也。外為盜，內為宄。从宀，九聲，讀若軌。𡧔古文宄。𡧦亦古文宄』。于氏釋此為宄之古文，其說是也。許書古文从又，古从又从殳於偏旁中每可通作也。卜辭言『寢寑』，寢疑為寢宮之名，亦猶東寢西寢新寢之比，非假為宮。蓋契文自有宮字作㝉若𠮚也。金文作宄師望鼎宄剌𠭯鼎宄閥卣宄師酉簋宄伯椃簋宄麥盉宄義伯簋宄兮甲盤宄㝬鼎」（集釋二四

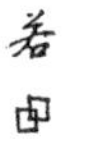

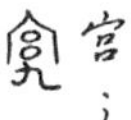

六九葉）

于省吾 「甲骨文寇字作𡨦，旧释宄是也，但于宄字之构形与义训，仍不得其解。《说文》：『宄，姦也，外为盗，内为宄。从宀九声，读若轨。』按许氏只就后世省化字为说，并非造字的本义。宄字初文何以作寇，需要予以诠释。寇从宀一即古宅字，详释宀宅一从⿰九殳，⿰九殳从殳九，九与鬼声近通用。《礼记·明堂位》之『鬼侯』，《史记·殷本纪》作『九侯』。此与轨从九声之音读相同。甲骨文『鬼方』之鬼作『畀』，周器《梁伯戈》『⿰鬼攴方蠻（蛮）』之⿰鬼攴作⿰黑攴，乃鬼之孳乳字。⿰鬼攴字象以攴击鬼，从攴从殳古同用，此与甲骨文寇字从⿰九殳，象以殳击九之即击鬼，适相符洽。《周礼》：『方象氏掌蒙熊皮，黄金四目，玄衣朱裳，执戈扬盾，帅百隶而时难，以索室殴疫。』《礼记·月令》引《论语》『乡人难』，郑注：『十二月，命方相氏索室中，驱疫鬼。』今本《论语·乡党》难作傩。或以《说文》魖与禓为傩，但此皆后起字。甲骨文称：『庚辰卜，大贞，来丁亥，寇寑（寝），出朹，或羌卅，卯十牛。十月。』（《后下》三·一三）以上两寇字均作动词用。寇寝而用人牲或物牲，是搜索宅内，以驱疫鬼之祭，可以与周人傩为索室驱鬼相印证。甲骨文言寇，周人言傩，名异而实同。以六书为例，则寇为从宀从殳九，九亦声，乃会意兼形声。十年前，孙作云教授，曾以『释寇』为打鬼一文见示，颇具卓识。但于九之通鬼，并无佐证，而于金文鬼之作⿰鬼攴亦未引用，难以令人置信。本文所论可以证成孙说。」（《释寇》，《甲骨文字释林》四八至四九页）

考古所 「宄：此次首見。在此為动詞，其义殆与𦎫、伐等相近。」（《小屯南地甲骨》一〇〇〇頁）

按：于先生《釋林》於舊說有所是正，但「九」仍當是聲，不必為「鬼」。卜辭「寇寝」或當是「儺」禮，待考。

1861

萬

羅振玉 「《說文解字》：『萬，蟲也。从厹，象形』。不言何蟲。而卜辭及古金文中□□等形，均象蝎，不从厹。金文中或作□，石鼓文始作□，失初狀矣。段先生玉裁云：『从厹蓋其蟲，四足象獸』，依後來字形為說，失之彌遠。」（《殷釋》中三葉上）

葉玉森

「按據郭氏說謂萬即蠆，萬亦蠆幾，若子亦蠆。商之契即萬，即蠆。且幻想商人沫契為蠆，乃因某事某事而名為契，若偰。毒蠚之蠆乃作人形之變。郭氏又謂本辭卜「萬受年」之萬為商人自稱，即商人以蠆為圖騰之鐵證。圖騰必先于星象，商人以蠆為姓，即以萬為祖。蝎星之觀念輸入，乃以此星為其祖之所顯示。閼伯遂與契併合而為一也。（亦見釋干支篇）予思郭氏方治古代社會學，古代天文學，故其腦海中充塞圖騰星象，極其玄想，可入非非。惟考許書子下所出之古文幾，卜辭中子字無數，固未見此一體。金文中亦未見之，疑譌變矣。卨萬契偰之四體，卜辭金文亦並無所見。王國維氏釋卜辭之□為㚅，謂象人形乃契之父嚳。（洗公先王考）王襄氏則釋萬即蠻猶，謂象猴形，乃商祖之契。（徵文考釋帝系一葉）郭氏復以地名之萬為蠆，謂象蝎形，即商人之圖騰。不知卜辭曰「我受年」，曰「商受年」，乃商人之自稱。曰「萬受年」，即卜萬地受年，猶他辭云「卜雀受年」，（前三、一、二）「貞雪受年」，（徵文、歲時五）「貞犬受年」。（殷虛卜辭四四）曰雀、曰雪、曰犬並地名或國名，不能概謂商人自稱也。萬之為地，當即「□于萬」（押二、二、十三）之萬，□即呂□之變，其音與宮近。似繪一建築之圖案，當含建築之意。殆卜建屋于萬地耳。……郭氏釋□為房，曰「房于某」猶他辭言「俎于某」或「匚（方）于某」，亦誤。」（前釋三卷三十二葉下——三十四葉上）

郭沫若

「蠆（今隸作蠆，亦即萬字）即蠍之象形文也。在卜辭此人余謂當即是契。契說文作偰，「偰，高辛氏之子，堯司徒，殷之先。」漢書古今人表作卨，說文「卨，蟲也，从厹，象形，讀與偰同。𠧢古文卨。」卨蠆形近，而聲同祭部，古蓋一字。又古十二辰，曩由余考知與巴比倫之十二宮一致，首位之子辰，卜辭作□若□者，當房尾心之大辰，西方之蠍座。此乃商星，為高辛氏之長子閼伯所主。（見左傳昭元年及史記鄭世家）閼伯亦即契也。閼字古音烏割切，與契卨同祭部。爾雅「歲在卯曰單閼」，古音讀禪，蔫，亦祭元陰陽對轉，與萬蠆之為對轉同。是則契之名本當作蠆形，變而為萬，音變而為契若閼也。」（卜通七一葉）

又曰：「商之先人為契，則契與閼伯是一非二。契或作偰，……又或作卨，見漢書古今人表，說文云「卨，蟲也，从厹，象形。讀與偰同。𠧢古文卨。」此古文萬字與古文幾（子）之字形極相似。案此殆即萬（蠆）之變形也。說文「□，毒蟲也。」此即蝎之象形。古金文中千萬之萬多如是作，如靜敦之□，仲敦之□是也。故蠆與萬實係一字，……萬與蠆亦當為一字。知萬蠆為一，則知契之即是商星即是閼伯，而中國之古商星本即視為蝎形也。契之名本為萬為蠆，然以其為毒蟲，故其後世子孫諱之而改為同音之契若偰，其選用此二字者疑商人亦以書契為其先祖之所發明。（書多士「惟殷先人，有冊有典」）第三，幾字亦當由萬若蠆之變，蓋亦以毒蟲為可諱，以閼伯若契本為玉上神高辛氏之子，故變蠆形而人形也。殷人以子為姓之子亦當即

蠆形之変，蓋古民族之姓即該氏族之图騰，殷人以萬為祖先，殆即以蠆為其圖騰耳」。（甲研釋干支六十二葉）

李孝定　「契文象蝎形，郭氏謂與蠆今隸作蠆為一字是也。蓋萬象蝎形，許訓猶存古義。然以萬假為十千數名行之既久，不得不另製蠆字以代之，亦猶七切九肘之比，第七九諸文假借專行而古義遂湮，而萬之古義尚能倖存於許書耳。至郭氏牽附禹禼離偰契諸文謂均是萬之一字之形变音假，則未免流于附會，葉氏辯之是也。卜辭萬多為方國之名」。（集釋四一九七葉）

張秉权　「在甲骨文中，有一微妙的现象，值得我们加以注意，即作为纪数的『萬』字，与作为人或地名的『萬』字，无论在独体的单文，或合体的偏旁中，往往作☐或☐等纯粹象蠍的形状；而作为纪数的『萬』字，则作☐形，在蠍形的尾部，加上一横，『三萬』则作☐，在尾部加三横。数名的『萬』字虽不多见，但人地名的『萬』字，例子却不算太少。二者的分别即在字形中有无表示数目的那一横画。换句话说，纪数的『萬』字，在字体的下半部，加了一横；而人地名的『萬』字，则没有那一横。由此可知甲骨文中纪数的『萬』字，实应为『一萬』的合文。至于说文中的『萬』和『蠆』字，有些文字学者，已经认为它们其实就是一个字。说文十四下厹部的『萬』字，也就是十千的萬字，是从甲骨文中纪数的『萬』字，亦即『一萬』的合文演化而来，其中的『一』，到了金文中逐变为『ㄣ』『𠃊』『九』等形，至小篆时则变为『九』，便与蠍尾结合而成『𠔃』形，即说文的部首『厹』。十三上虫部的『蠆』字，则由甲骨文中人或地名的『萬』字演化而来，它所从的『虫』，系由蠍尾的讹变。」（甲骨文中所见的「数」，历史语言研究所集刊第四十六本第三分三五九至三六〇页）

按：說文：「萬，蟲也。从厹，象形」。段玉裁謂「蓋其蟲四足象獸」，實乃誤解。徐灝段注箋謂「萬即蠆字，譌从厹，此古文變小篆時所亂也。因為數名所專，俗書又加虫作蠆，遂歧而為二」。其說是正確的。說文「蠆，毒蟲也，象形」。段玉裁謂「其字上本不从萬，以『𦫳』象其身首之形，俗作蠆，非」。段說得其初形。實則其下之「虫」，亦為譌體。鈕樹玉說文校錄、王筠句讀均謂「當云从虫萬聲」，並誤。其形體之演變如下：

字本象蠍形，借為數詞，是以分化。卜辭「萬」亦為地名。

1862

禺

按：說文：「禺，母猴屬，頭似鬼。」古「禺」字不似猴形。許慎說解之誤，當與以「為」為「母猴」同。段玉裁力圖證明「禺」與「為」通，曲加阿附。合集一〇九五一辭云：「壬午卜，王弗其隻在禺鹿」為地名。

1863

澫

羅振玉「从水从萬。石鼓文『澫有小魚』，殆即許書之砅字，砅或作濿。考勉勵之勵，祖糲之糲，蚌蠣之蠣，許書皆从萬作勱、糲、蠣。以此例之，知澫即濿矣。（說文勱注：『讀與厲同。』段先生曰：『厲亦萬聲，漢時如此讀。』亦其證也）澫為淺水，故有小魚。許訓履石渡水，亦謂淺水矣。」（殷釋中十葉上）

王襄「古濿（砅）字。」（類纂正編第十一第五十葉上）

孫海波「[字形]，前二·一一·五。說文砅字或体从厲作濿，石鼓文作澫，此与之同。[字形]，前五·三一·五。或从㳽。」（甲骨文編四三八頁）

李孝定「說文『砅，履石渡水也，从水从石，詩曰「深則砅」。濿，砅或从厲。』契文與許書或體同，為形聲字，羅說極塙。字在卜辭為地名，無義可說。」（集釋三三四一葉）

按：羅振玉釋砅，諸家從之，其說非是。契文从水从萬，與石鼓文同。石鼓文「澫有小魚」，亦不得釋砅，砅無淺水之義。「澫」當為「瀨」之借字。說文：「水流沙上為瀨，瀨，淺水也」。據一切經音義卷二十引。漢書司馬相如傳：「北揭石瀨」，顏注：「石而淺流曰瀨」。淺流經沙石上，則清澈得見小魚。史記南越傳：「為戈船下厲將軍」，徐廣謂「厲一作瀨」。是从「萬」聲與从「賴」

聲可通之證。

契文[字形]、[字形]均从水从萬，與[字形]之从「禺」者有別。諸家皆誤與砅混同，綜類二四五分列是正確的。

「叀濿田亡戈；弜田濿」 京都二〇九九

「……子子䍃从濿虫鹿」 乙八〇七五

「……卑其往濿」 前五·三一·三

皆為地名。

地名亦有「萬」：

「貞，斗逐从萬，隻」 合一三九

「萬受年」 前三·三〇·五

但數字之「萬」無从水作者，「萬」、「濿」仍當分列。

1864 濿 [字形]

按：字當釋「濿」。合集三七五三六辭云：「戊戌卜，在濿，今日不征雨」為地名。

1865 [子萬] [字形]

按：字从「子」从「萬」，辭殘，其義不詳。

1866(1) 鼄 [字形] [字形]

孫詒讓 「龜文有三字常見，字特小，皆橫列，不與它文相屬，莫明其義例也。其文云『不[字形][字形]』……前後共二十二見。下兩字文互有增減，大較以次字作[字形]，三字作[字形]作[字形]者為最備。以形義求之，[字形]從糸從口，疑即絽字之省。故或作[字形]，（藏十九·一）則直段召為之。[字形]

疑即龜之古文。說文龜部龜，外骨內肉者也。从它。龜頭與它頭同。𠙷象足甲尾之形，籀文作𪚦。金文从黽字，如魯伯愈鬲鼃作𪓕，邾伯鬲作𪓕。黽龜並象它形。此象四足及腹甲形，與篆文異，而與金文从黽字略同，可以互證。紹與詔聲同字通。不紹龜者，不詔龜猶云不命龜也。蓋卜事之疏略者，故特記之與」。（擧例下五十葉下——五一葉上）

王國維 「說文解字黽部，黽，鼃黽也。从它象形。黽頭與它頭同。𪓕籀文黽。按此字殆譌。魯伯愈父鬲鼃字作𪓕，从𪓕。邾鐘鼀字作𪓕，从𪓕，皆象黽前後四足。籀文黽字前足譌而為㕚，後足譌而為臼，皆失其形，蓋傳寫之誤矣」。（史籀篇疏證）

王襄 「疑蝹字」。（類纂存疑第十三第六十五葉下）

胡光煒 「卜辭記『不𠂤𢆶』，常與『上吉』『弘吉』之屬相對列，余釋不鼅鼄，段為不踟躕」。（文例下二六葉）

于省吾 「卜辭記兆璺之術語有不𠂤𢆶三字，孫詒讓釋為不紹龜；胡光煒釋為不鼅鼄，段為不踟躕；董作賓初釋為不冒龜，後又釋為不絲鼄，從胡說讀為不踟躕；陳邦福釋為不牾鼄，讀為不牾殊；郭沫若釋為不鍰黽；唐蘭釋為不才黽，讀為不再墨。按家說紛紜，莫衷一是。𠂤字上从午，下从▽，▽形冒於杵之末端，或係金屬所製，以矢之有鏃，取其銳利也。郭沫若謂三角形乃器身，上端乃其柄，是也。然以𠂤或作𠂤，謂上部不从午，非也。从◊者，乃𠂤之省文。如殷下三一、十八有𢆶字，中从午作𠂤。金文天君鼎午字作𠂤，是其證。容庚所藏明義士殷虛卜辭墨本第六冊有不𠂤𢆶三字。𠂤逕省作𠂤，丞為顯明。卜辭習見𢆶字，亦作𢆶，象兩手持有尖端之杵形。午即古文杵之本字，象杵形。𠂤字異於午者，下端但多一銳形之鏃耳。其字之从午，與其必為杵類之一種，無可疑也。陳邦福讀𠂤為牾，是也。說文：『午，牾也。』『牾，逆也』。淮南子天文：『午者忤也』。史記刺客傳：『人不敢忤視』。索隱：『忤者逆也』。午牾忤並音近字通。𢆶字亦作𢆶形，郭沫若釋為黽，是也。黽應讀作冥，二字雙聲。說文：『鼆，冥也。从冥，黽聲』。左定四年傳：『直轅冥阨』。墨子非攻中作『冥隘』。史記春申君列傳作『黽隘』。蘇秦列傳作『鄳阨』。淮南子墬形作『澠阨』。是黽冥字通之證。然則『不午黽』即『不牾冥』也，言兆璺之不舛牾，不冥闇也。卜辭亦有作不午，則謂不舛牾也。鄴中片羽初集下四一、三：『帝𨟭貞不午』。雖非兆辭，但不午亦舛牾之義也」。（駢枝五一葉釋不午黽）

唐蘭　「不□□三字，習見，均在兆璺之側，與二告小告等同。孫詒讓釋不紹鼄，讀紹為詔。胡光煒釋不鼅鼄，讀為不踟蹰。董作賓初釋不咢鼅，後改不綠鼄，從胡讀。陳邦福釋不語鼄，讀不語殊。張鳳釋不吾鼅。許敬參釋不契鼅。郭沫若釋不鏝黽。余按□字舊釋鼅固不類，鼄字見金文，自是形聲字，與此亦迥殊。郭氏釋黽，以《象屋清賞》著錄之一盤，中有黽圖者相比校，極精確。《前編》八、四、三有一例云「不□□」，以繩為之，乃其鐵證。□字或作□，釋為紹鼅咢綠語吾契鏝，均與字形不合。卜辭尚有□字，象兩手執□之形。又有□字，以卜辭午字□或作丨，澄之，□□當是一字。郭氏謂此□形當是某種手工之具之象形文，三角形乃器身，上端乃其柄，殊為卓見。惜彼離字形而求諸聲音，遂誤釋為鏝字耳。余謂□□二體，當以□為正體，□為變例，□即才字也。卜辭才字有作□者，當是原形。蓋與午杵為同類，而銳首，即甾也。《說文》：「甾，舂去麥皮也，從臼，干所以甾之。」按干非甾之之具，當從才，午所以舂，才所以甾，甾去麥皮，故必銳首也。⋯⋯然則才本杵類之象形，甾之本字，其後由□變為□，為中，而所象之形晦，《說文》訓為艸木之初，而其義更晦。才為所以甾之具，名詞也。甾象以才甾於器中，動詞也。才之本義既湮，後人遂用甾為名詞，才甾固一聲之轉也。由杵類之甾引申之為匕屬之歟，又為田器之甾，田器與匕，蓋俱象□之形，故得承甾之名，及田器之義盛行，而杵屬之甾亦晦，其幸而存者，唯動詞之舂去麥皮耳。⋯⋯《說文》甾從干，王筠疑之，謂「干是何物而可以甾乎？」獨段玉裁謂「干猶杵也」，最為有見。今謂當從才，才正杵屬之器也。於卜兆旁作不才黽三字，其義必與璺坼有關。然則讀為紹鼅，咢鼅，踟蹰，語殊等之不能通，無待言矣。郭氏釋為不鏝黽，因解為兆璺之鮮明，其失在先以□黽為聯語之非雙聲即疊韻者，遂附會□形為鏝，而牽合之於覲茅蒂離耳。紀於卜兆旁者，如大吉，弘吉，小吉，二告之類，不才黽之義當與相近，鮮明與不模糊，非其義也。余謂才當讀為再，才再聲本相近。卜辭□字象兩手持才，當讀才聲，考其用法，蓋有三者。如云：「羽甲寅□用于夫甲」，《前》四、七、六。「羽乙亥□㞢侑于且罕出一口」，《前》七、三、二、四。「□□于大甲」，洪三、二、「□㞢匚于⋮⋮」，契六五三，並用于祭名之前。祭名于此為動詞。又如：「□卯卜，乎，□貞，旬亡囚」，「口未卜，丙，□貞，⋮⋮」淋一、二、六、十。「□亥卜，完，□貞，勹口口」，淋一、二、六、十一，則用於卜人之後，貞字之前。又如：「□子卜，□，貞，勹亡囚，口口口□，貞，勹亡囚」，粹一四二五，則在卜貞之間。除第三例當為卜人之名外，郭沫若氏謂第二例為二人共卜，《粹考》一八八。然此例中卜人有罕，丙及完，何均與□同卜，而他人則無一同卜之例。是其說未洽也。蓋前二例中之□字，均當讀為再，□用者再用也。□㞢者再出也。□□，□㞢匚者，再□再出匚也。而□貞者再貞也。□當讀再，則才亦當讀為再無疑。黽或作蠅，當讀為璺，或為墨，皆謂坼裂也。黽、蠅、墨、璺、並聲相近。《周禮·卜師》云：「揚火以作龜，致其墨」。《占人》云：「史占墨，卜人占坼」。注云：「墨，兆廣也，坼，兆璺也」。賈疏云：「據兆之正釁處為兆廣，就正墨旁有奇釁鑄者為兆釁也」。又玉藻云：「史定墨」，注云：「視兆坼也」。然則墨即是璺，璺義同坼，對文則大畫為墨，旁裂為坼，散文即通，故鄭於古人以璺釋坼，於玉藻又以坼釋墨也。此云「不才黽」者，猶不再墨，當為史占墨之辭。他辭或但云「不才」，如淋二·十七、二四及二五片當讀不再，則以正在墨旁，故省去黽字」。（天壤文釋二葉下—四葉）

楊樹達　「按黽古音與明同，二字同唐部，喪黽即喪明也」。（甲文說六十一葉）

商承祚　「王徵君釋黽，說文解字『黽，鼃黽也，从它，象形，籀文作𪓰。』與此略近，殆今之蛙也」。（類編十三卷四葉）

郭沫若　「卜辭於兆璺之旁每繫以『不〼〼』二字，例均橫書，與紀卜辭不屬。……孫詒讓釋為『不紹鼅』，紹讀為詒。（見契文舉例）胡光煒釋為『不龍鼄』，讀為『不踟躕』。（見甲骨文例）董作賓初釋為『不黽龜』，（發掘報告一·六二）後又改從胡說，謂『〼當為絲，絲鼄即作絲之鼄』，仍讀為『不踟躕』。（斷代例）陳邦福疑〼為牾之異，謂『不牾鼄者猶云不牾殊』（見商氏福攷七葉所引）商承祚謂『以陳說為當』。今案〼字固不得釋為鼄，然亦不得釋為鼅。形雖與鼅鼄略肖，註無朱之音符。如竟可釋為鼄，則又何見其不可釋為鼅耶？字無音符而象形，其實即鼅鼄字所從之黽字耳。〼字或作〼，下部乃矢銳之三角形，註非从口。（諸家釋紹，釋知，釋牾，均誤以為口字而云然）。上部不从午，亦不从糸。……按此當是某種手工工具之象形文，三角形乃蜷身，上端乃其柄。卜辭有從此作之字作〼，（通纂二二九、前四·七·六）若〼，（佚三二）正象兩手執此器操作之形，其為工具字，毫無可疑。字象器形，而與黽字之為聯語，以文字通例推之，必非雙聲，必為疊韻。即此〼字必不讀明紐，必韻在陽部。準此形與聲以求之，余謂〼必係鏝之初文。爾雅釋宮『鏝謂之杇』，說文『鏝，鐵杇也，从金曼聲。槾，鏝或从木』。今人所謂泥起也，塗工之作具。蓋以金而柄以木，故或从金或从木。然鏝槾均形聲字，例當後起者也。〼說為鏝，於形既適，而鏝黽復為雙聲，鏝黽者覶縷也。爾雅釋詁覶縷為茀離，說文引作茀離，郭璞云『茀離即彌離，彌離猶蒙籠』。是則『不鏝黽』猶言不迷茫，不朦朧，不紛亂，言兆璺之鮮明也。（今人言『密麻』，亦是同音之轉語）『不〼黽』或又省作『不〼』（通纂第九片。淋二·一七背面末二片）是則單言不鏝而已，亦謂不模餬，不漫漶」。（古代銘刻彙考殷契餘論二五—二八葉鏝黽解）

陳邦福　「鐵雲藏龜第廿一葉云：『不〼〼』。邦福案：〼或从午作〼，本字為舌，疑又段作牾。□当释黽，「不告黽」者，或「不牾殊」之音段，猶云「不乖殊」也。又卜辞「不告黽」多与「宏吉」「上吉」连文，正卜之曰吉事不乖殊也」。（辨疑十一葉下）

闻一多「此字孙诒让释龟，闻宥董作宾从之，而郭□□力作其非，谓当释黽。案龟黽二字，相混已久，此字以形求之，识与黽为近，然意中亦未尝不可指龟，盖不□□既为占卜之术语，则以常识推之，此字焉得与龟无关？虽然，窃意释龟释黽，皆有未的。考此字结体，可分著横笔与不著者二类。今就甲骨文编所收者计之，字之著二横作□者二十三，著一横作□者十，共三十三，而直作□者才十一，其比数当三与一而强，是有横者为正体而二横尤备，无横者其变体也。字中加横，若非虚设，则此字之义或当于横中求之。又考「不□□」之语，每见于兆璺之旁，意者□即兆字，二横以示龟上见兆之意欤？

……

由上观之，黽兆古为一字，确无可疑，是则□字释黽而音读若兆，固无不可，然终不若径释为兆，盖卜辞别无兆字，说者或以□若□当之，並无确据也。若严格言之，则□□为兆之正字，而□则黽字，就中复有作□者（藏二三·二），又似龟字（龟黽之别，要在有尾与无尾，全文可证）。此二者或为□之讹变，或为其假借，均未可知，要並当读为兆，孙郭二氏一律释龟或黽，斯为皮相矣。

此字结体抽象，最难辨识，余尝苦思半载，最后始悟及诗小旻篇「我龟既厌，不我告猶」之语，因疑「不□兆」与「不告猶」或不无关系。「告猶」之语亦见尚书。大诰「王若曰：大诰猷尔多邦」，马本作诰繇，此疑即占卜术语「告猶」之衍变（详下），特下一字当以作繇为正，繇即卦兆繇辞之繇，其作猶若猷者，俱属假借。繇兆音义俱通，（方言一「踰，跳也」，陳鄭之间曰踰」，又十「窕，淫也，沅湘之间谓之窕」，广雅释诂四「䠷，长也」，庄子秋水篇注「遥，长也」，说文木部「櫾，崑崙河隅之长木也」，荀子荣辱篇「其功胜姚远矣」，注「遥同」。汉书礼乐志「雅声远姚」，金文访繇同字，舜妫姓，一曰姚姓，姚即繇字耳。汉书礼乐志「铫四会员十二人」，注引韦昭曰「铫，国名」，音繇。」以上並繇兆声通之证。礼记月令「命太史釁龟策占兆」，注「占兆，龟之繇文」，左传闵二年「成风闻成季之繇」，注「繇，卦兆之占辞」，僖四年「且其繇曰」，注「繇，卜兆辞」，襄十年「姜氏问繇」，注「繇，兆辞」。以上並繇兆义通之证。盖龟之璺，坼谓之兆，其占兆之辞谓之繇，实则兆繇古本一音一义，其后乃分化为二耳。卜辞曰「□兆」，诗曰「告猶」，书曰「诰繇」，兆与繇（猶）若为一语，则□与告（诰）当亦不远。夫就字形观之，释□为告，诚识难徵信，然前揭□之变体，有作□之例，其字确有告音，□既可假为□（作□者仅一见，故暂定为借字），则□音亦近告，从可知矣。

（释「不□□」中国文字第四十九册五四二九至五四三三页）

董作賓

「卜辭又有『不□□』之文，余疑即『不⿱罒弓龜』，不⿱罒弓龜之義與用龜之義適相反，蓋用龜則⿱罒弓而取之，不⿱罒弓龜即不用龜也。□亦作□，孫詒讓釋紹，誼有未安。考殷契類纂存疑第十三葉有□字，中从□，□象繩索，▽象一物下垂，疑是網罟之屬，又从从象兩手牽而舉之之形，知其中之□不當釋紹也。又七十葉有文曰『不□』，七十一葉有文曰『□□』，又□下有□□□□諸形，文皆為『不□龜』，而□則俱象网形。又存疑第七十一有□字，其第七字所引之□作□於網形尤肖。按今漁人猶有以竹竿撐繫作弔網以取魚者，其字當為⿱罒弓。廣韻『⿱罒弓丁歷切魚繫網也』，玉篇『⿱罒弓繫也』，則⿱罒弓之義當為釣為可以釣繫之網矣。疑□□即⿱罒弓之象形字，□象羅作▽形象網之出水四邊收縮而下垂之狀，作廿形象網之入水圓展之狀也」。見殷代龜卜之推測載安陽發掘報告一期六十一葉。按董先生後又釋□為絲，釋□為鼄，從胡小石先生說讀為不踟躕。見甲骨文斷代研究例載蔡元培先生六十五歲紀念論文集四〇六葉）

金祥恆

「□疑為殊字。說文：『殊，死也。从歺朱声。一曰斷也，汉令曰，蛮夷長有罪当殊之』。甲骨文从歺从□声。歺，死也。□，鼄也。朱声。金文邾公华钟（三代一·二四頁）之邾作□，邾公牼钟（窓斋集古录）作□，其字从□，朱声。□即蜘蛛之象，即甲文□，朱為後加之声符。而甲文為不加声符之原始象形，兆語有『不□鼄』之鼄亦如是。而篆文殊从歺，歺乃歺之省。观文殂之古文作□，从歺从作（小徐本作□，段注非之），歺之古文作户，而說文歺（死）之古文作□，則知古文殂（□）从古文死乍声，篆文从歺或死之省。殪之古文作□亦然，是其朱為鼄之省，如金文邾公釛钟（窓斋集古录一·二一）之邾作□，从邑从朱，不从朱黽之□，故□為殊之本字，而殊為後起，其义為誅杀死亡也。」（加拿大多伦多大学安達黎奧博物館所藏一片牛胛骨刻辞考释，中國文字第九卷四二五七頁至四二五八頁）

李孝定

「說文『黽鼃黽也从它象形黽頭與它頭同。龜籀文黽』契文象蛙之大腹四足形，與籀文近。孫海波文編十三卷三葉下收此作龜。按龜之與黽契文形近，此就龜之作正視形者言其別在尾之有無。篆文黽亦有尾，乃形譌非當有也」。（集釋三九四五葉）

李孝定

「說文『鼄，鼅鼄也。从黽，朱聲。䵹，鼄或从虫』。契文作上出諸形，恆與『不□』二字連文，為卜辭習見之成語，諸釋此者略如上述，而言人人殊，莫衷一是。然覈之契文字形，證以卜辭文義，□字當从陳邦懷氏說釋□，□字當從胡先生說釋鼄為是。請略辨之。按□字或作□□

□諸形，其為昆蟲類之象形字可無疑義。孫詒讓初釋龜，然卜辭自有龜字見前與此迥異。近頃治契諸家已無採此說者，可不具論。自郭氏改釋為黽，唐于諸氏從之，唐氏且亟贊其精確。按象形之文雖不畢肖亦當得其彷彿。黽為蛙類，其特徵為突睛頑腹足有四趾而無鈎爪，契文之□前四、五六、二、正象此形，首部特著二點象其突睛也∪象其頑腹彭亨也□象其足有數趾也而契文□□諸文實無一與蛙形相類。尤可注意者，此象形文之腹部大半橫著「二」或「一」形之標識，諸家於此多未論及。按此實象蛛在網上之形，「二」若「一」者其緯也。網具經緯而此但特著其緯者，文字固非圖畫，舉其一可概其餘也，偏其經綫象之，則慮與象形之主體相牴牾矣，非然者，則「二」若「一」之標識如諸蛙腹之上究將何所取義乎。且此字或从「()」明象鼄之鈎爪，此正蛛之特徵而黽蛙之所必無者也。綜上所論，則此字之當釋鼄已無可疑。今請更論□字。□字契文或作□，0為8之省，从8从▽。契文午幺糸二字皆作8，▽則口之異構也。許書籀文从口之字大都作▽可證。从幺糸从口，字書所無，則解此字當於从午从口求之。許書牾，抓逆，从午吾聲，吾則从口五聲，午五聲同，則語字固可作告也。或曰「如子之言固亦可通，然他家之說此者何莫不能言之成理」。曰「卜辭此字既與蛛字連文，則當就其辭義觀其會通，請於諸家之言一一辨之」。孫氏釋此為紹。考紹从召聲，召从刀聲，古金文紹均从刀取義兼以為聲，說見前紹字條。省刀固不得為紹字也。且孫氏讀此為詔，而下文既不得釋龜，則無論「詔黽」「詔鼄」均屬不辭，孫說之誤可立見矣。胡先生釋鼅。此字既非从知，且蜘蛛二名實為一物，古文例不得有二不同之象形字，先生之說似有未安也。董先生釋罗亦於字形無徵。後又釋絲，而契文自有絲字，說亦似有可商。張鳳釋「吾龜」，殊覺不辭，倘釋下一字為蛛讀為殊，而讀上字吾為語，則與陳氏說合矣。許氏釋契於字形雖遠。郭氏釋鑊亦全憑想像，唐氏已辨其非，且字既象其柄，何以作8而不作丨，亦屬難安。唐氏釋才，謂不才黽者不再墨也，於諸說中為最辨。然卜辭才字多見，均作▽中諸形，無一作88諸形者，而此辭中之8字無慮數十百見，亦無一作中▽諸形者，唐氏乃據契文□或作□二者是否一字尚待詳考，且即係一字，亦不足以證88之必有作▽形者也，遂謂8即▽即才，雖具苦心而實為句辭。且即乃其言讀此為不再墨，然徵之傳世龜版亦與事實不合。蓋卜辭兆璺之旁着「不8□」三字者實極少數，乃唐氏言則凡未着此三字者當皆再墨之兆。考龜卜師之文揚火所以致璺，今傳世龜版未見再版之迹，是唐氏說為無據矣。又唐氏謂才即甫，其首銳所以舂去麥皮者，其說亦非。蓋舂物之杵其首皆鈍，藉衝擊磨擦之力以脫穀皮，未見有銳首作▽形者也。此三字實當从陳氏說讀為不牾殊，言兆璺與所卜者不牾殊，猶言弘吉大吉也。金文作□鄦公華鐘□鄦公牼鐘□鄦伯鬲□杞伯盨□敉杞伯鼎□鄦友父鬲□鄦未口鬲除作敉一文並與小篆同。契文為象形，金文小篆則後起形聲字也」。（集釋三九六〇葉）

孙海波　「[甲骨文]，京津二四九六。疑𪓐字异文。」（甲骨文编八七七页）

孙海波　「[甲骨文]，甲一一六一。人名。𪓐死。[甲骨文]，甲二二四一。不[甲骨文]𪓐，卜辞习见之成语。」（甲骨文编五一四页）

史景成　「[甲骨文]为一合字，从歺从[甲骨文]声，为殊之本字。歺，即死字，小篆之殊从歺，乃死之省。汉令曰：『蛮夷長有罪当殊之』，是殊原为殊杀、死亡之义，汉时犹然，後其义他转，遂以诛字代之。」（加拿大安省皇家博物館所藏一片大胛骨的刻辞考释中国文字第四十六册五一五〇至五一五一页）

黄沛荣　「甲骨文常见的『不[甲骨文][甲骨文]』一辞，在这里，我收集了四六七片甲骨（共出现五五〇次），再加以整理。内容方面，谈不上有什么新见解，我只是想要在我们现有的材料里，对这个意义不明的兆语作一番检讨。

一、不[甲骨文][甲骨文]的异体

『不[甲骨文][甲骨文]』三字以『不』、『[甲骨文]』、『[甲骨文]』为正体，他们的异体不多，现列在下面：

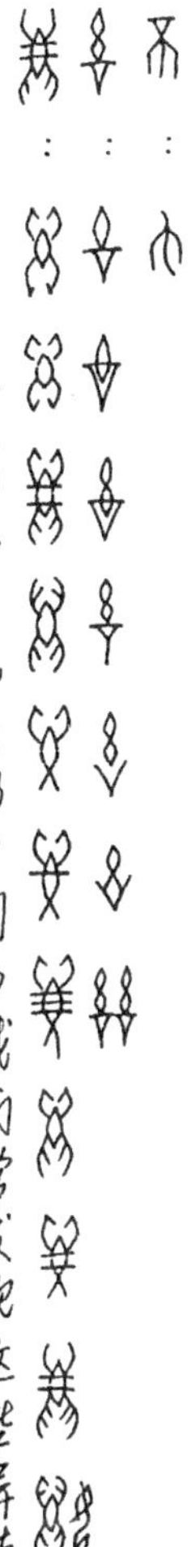

这些字体的不同，是与时代先后无关的，因为我们常发现这些异体同在一版上出现。例如：

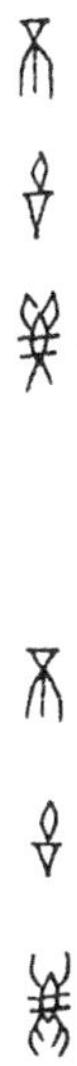

续三·二七·一

珠五五四

既然是同版，他们的不同就跟时代没有关连了。此外在同一贞人的卜辞中，也有异体的出现，以贞人𣪊为例：

（前七·六·一）

（前七·八·一）

（珠七八七）

（续三·一·三）

（乙六六八五）

（乙七一九〇）

可见这些异体纯粹是因为书法上的不同，而与时代及贞人的习惯是无关的。

二、不玄冥是武丁时的习语

在我辑录的四百七十片甲骨卜辞中，有贞人名字的共七十六片，贞人则只有八位；他们是：宾（十六次）、㱿（十六次）、争（二十次）、亘（十六次）、永（七次）、韦（四次）、古（五次）、吕（三次），都是武丁时代的贞人，由此我们可以推测，「不玄冥」是武丁时习用的兆语。也许有人会以为这七十六片在四百多片中，仅占六分之一，以六分之一来决定六分之五，实有以偏盖全之嫌，殊不知有「不玄冥」三字的卜辞，大部份都是断片，一片之中，往往就仅此三字，这种情形在四百多片里占了一半以上。假如除此不算，其他的甲骨，我们都可以利用贞人、称谓、字体、人物等方法来定其为第一期的卜辞，而最重要的，就是绝无反证，所以我们是有理由说「不玄冥」是武丁时代的习语的。更由于这兆语出现在「㱿」、「争」、「宾」、「亘」这四位武丁早期贞人的卜辞中次数最多，所以我们又可以假定它是武丁早期习用的兆语了。

三、不玄冥与二告

「不玄冥」三字常与二告、小告同版。二告和小告有两种说法：第一种是释告为吉，二告就是上吉；他们的理由是因为甲文中有「弘吉」、「大吉」而无「小吉」，所以把小告释为小吉，二告也就是上吉了。第二种是释告为告，因为甲骨文中不但有二告，而且有三告，要是释告为吉，则三告便不好解释了，况且「弘吉」、「大吉」所用的吉字作「吉」，与告字绝不混用，故不可释告为吉。

我们现在很难判断这两派说法孰是孰非，但是我们却可以从「不玄冥」这兆语得到一些启示。因为，第一：「不玄冥」虽然常与「二告」、「小告」同版，却绝不与「弘吉」、「大吉」同版；第二：「不玄冥」更常与二告连文，而且这种连文是有一定法则的，它们的次序必然是「二告不玄冥」或是「冥玄不告二」，视卜辞的左行或右行而定，但无论是左行或右行，它们的次序仍是一定的（注：虽然说它们的次序是一定的，但也不是没有例外的。不玄冥与二告连文的甲骨共有三十八片，其中就有两片例外。它们是综一·三〇五及综二八六三。），这是一个很有趣的问题。因为从各方面看来，「不玄冥」实有不祥的含意，假定它们是凶辞的话，二告就不得释为上吉了，因为「吉」与「凶」是无法配合的。唯一可以解释的办法是：㈠「不玄冥」非凶语或㈡「二告」非上吉。

四、「不玄冥」与兆序的关系

「不玄冥」的出现是与兆序无关的，从一卜至八卜都可以有「不玄冥」出现。

这里顺便要提到一个问题，就是兆序与兆语契刻的先后问题。在四百多片甲骨里，其中有三片可以说明这问题，现摹录于下：

黽玄三不　　鐵四〇·一三

黽玄二不　　七集P.四

不二玄黽　　续一六五一

先刻兆序再刻兆语这意见，虽然早经张秉权先生提出，但没有举出具体的证据，这三片甲骨正好作为一个补充。我们虽然不知道刻字的贞人为何要把这三字拆成两半而不把它们的位置全部移过一些，但是先刻兆序再刻兆语这种现象却是我们可以断言的。

五、历来学者对于『不玄黽』的考释

诸家对于不玄黽的解释都不大相同，因为篇幅的关系，这里只能将各家考释的大意叙述。

1、孙诒让：『以形义求之，玄从糸从口，疑即绍字之省；黽疑即龟之古文……不绍龟犹云不命龟也。』（契文举例下）

2、陈邦福：『玄或从午作□，本字为告，疑又段作牾；黽：当释鼄。不告鼄者或不牾殊之音段，犹云不乖殊也。』（殷契辨疑）

3、胡光炜：『卜辞记不玄黽常与上吉弘吉之属相对列，余释不鼅鼄，段为不踟蹰。』（甲骨文例）

4、许敬参：不契龟。（殷虚文字存真考释）

5、张凤：不吾龟。（见孳乳研究引）

6、董彦堂：『疑即不罚龟，不罚龟与用龟之义适相反，盖用龟则罚而取之，不罚龟即不用龟也。』（殷代龟卜之推测）

又：『我曾误释玄为罚，又从孙诒让释黽为龟，近细审卜辞，乃觉胡氏之说为是。』（甲骨文断代研究例）

7、唐兰：『余谓玄□二体，当以□为正体，玄为变体，□即才字也。……才读为再……黽或作黿，当读为釁，或为墨；皆谓坼裂也。』（天壤阁甲骨文存考释）

8、郭沫若：『黽字……即黽字，……玄必係鏝之初文。……不鏝黽犹言不迷芒、不朦胧、不纷乱，言兆璺之鲜明也。』（古代铭刻汇考）

9、于省吾：『陈邦福读玄为牾是也。……黽字亦作□□形，郭沫若释为黽是也，黽应读作冥。……然则不午黽即不牾冥也，言兆璺之不舛牾、不冥闇也。』

10、李亚农：「玄当释为许字……黽字实为蛛之原始形，不玄黽即不许朱也……点即不许乎之意也。」（殷契摭佚续编考释）（殷契骈枝）

11、饶宗颐：「卜兆术语之不𥂶黽、不𥂶黾，应读不再命。卜之已吉，不再命龟也。」（卜辞义证之一）

上述诸家，孙诒让、许敬参、张凤等释黽为龟，这是很明显的错误，因为这三字并非只出现在龟甲上。郭沫若释为不鑪黽、于省吾释为不𥂶冥，并以为是指兆璺的不迷茫、不冥闇而说的，可是我们要知道，不玄黽是兆语，无论说它是指兆璺的鲜明或不闇，在意义上都是讲不通的。李亚农释为不许朱，即不许诸、不许乎的意思，更觉牵强。胡光炜释为不鼅鼄，假为不踟蹰，董彦堂先生从之。董先生又说：

按玄当为絲，絲鼄，即作絲之鼄；鼅鼄结网时，欲前不前，正可借以喻人之踟蹰，不踟蹰也同以兽之犹豫喻人之迟疑一样。卜辞中，凡一事两三卜时，必有极简之语句，不踟蹰即是一例。……因为一卜再卜而未决，所以三卜时即决定了，说不踟蹰。不过既然已经决定，就不应再有所卜问了。可是我们看：

照董先生的说法，不玄黽就是下决心定吉凶时所用的兆语。

1、乙编二六八三号，左第三卜与右第四卜的兆语都是不玄黽，但仍有第四、五、六、七卜。

2、乙编六八八一号，左第三卜与右第四卜的兆语都是不玄黽，但仍有第四、五、六、七卜。

3、丙编二六七号，右第二卜的兆语为不玄黽，但仍有三、四、五、六卜，而第七卜的兆语又是不玄黽，但仍有第八卜。

上述三个例子，都是在不玄黽之后再卜，可知它决不是下决心定吉凶的意思了。而且根据这些例子，唐兰氏『不再𥂶』、饶宗颐先生『不再命』的说法，也自然是不能成立的了。总之，兆语『不玄黽』，至今还没有很好的说法；其正确的解释，有待学者们的研究和探讨。」（甲文「不玄黽」一辞的检讨中国文字第八卷第三十二册三四六一——三四七二页）

考古所「玄黽：此版中的『不玄黽』似为『不玄黽』之省。」（小屯南地甲骨一〇三四页）

许进雄「*B0960 第一期

□□□死□□

死作从死黽声的写法只数例，而此版也涂朱，恐怕与上一版的卜问是有关连的。」（怀特氏等藏甲骨文集第四九页）

赵诚　「□，黽。象蜘蛛停在网上的形状。金文增加朱字作为声符。小篆变为从黽，可能是讹变。卜辞习见『不幺□』，似为当时成语，和弘吉、大吉相近，但具体意义不详。」（甲骨文简明词典二八六页）

聞一多　「卜辭有術語曰『不幺□』，或緐縟其體作『不𢆶□』，（前八、四、三）或更易其文作『不□□』，（藏一三四、三）或省略其辭曰『不幺』，（甲一、二、一五；又二、一九、二四；又二、一九、二五；佚五〇、四六五；又五七、五三二；庫一〇一、一六四二）皆橫書之。『幺□』二字，釋者八九家，聚訟數十載，衆說紛紜，事同射覆。不幸而皆未中也。今案『不幺□』既可省爲『不幺』，是□於句中爲賓格，於字當爲名詞。幺位於副詞不字之下，賓格之上，則當爲動詞。二字之詞性既定，乃可進而求其形音義。

首說□字。

此字孫詒讓釋龜，聞宥量作賓從之，而郭沫若力斥其非，謂當釋黽。案龜黽二字，相混已久，此字以形求之，誠與黽爲近，然意中亦未嘗不可指龜，蓋『不幺□』既爲占卜之術語，則以常識推之，此字焉得與龜無關？雖然，竊意釋龜釋黽，皆有未諦。考此字結體，可分著橫筆與不著者二類。今就甲骨文編所收者計之，字中著二橫作『□』者二十三，著一橫作□者十，而直作□者纔十一，其比數當三與一而強，是有橫者爲正體，而二橫尤備，無橫者其變體也。字中加橫，若非虛設，則此字之義，或當於橫中求之。又考『不幺□』之語，每見於兆璺之旁，意者□即兆字，二橫以示龜上見兆之意歟？

龜黽古字不分，前已言之，今謂黽兆亦未始有別。從黽之字，如鼂音直遙切，竈音則到切，鼁音七宿切，（並據廣韻）其音皆與兆近，此何故歟？嘗試推之，古黽字祇作□，而上來諸字所從之黽，則□之後身，實古兆字，自□□二形相混，篆書一概作黽，於是□之形湮而徒寄其聲於此數字中也。黽亦兆字，凡有五證，述之如次：

邵黛鐘『大鐘八聿（肆），其竈四堵』，郭沫若據書湲石磬曰『自作造磬』，謂竈即造磬，

案郭說得之。周頌有瞽篇曰『應田縣鼓，鞉磬柷圉』，竈磬、造磬，即鞉磬也，傳分鞉與磬爲二，而謂鞉爲鞉鼓，非是。知之者，鞉鼓即縣鼓，陳奐辯之甚審，此鞉若爲鼓，則縣鞉並出爲不辭矣。且上句應、田、縣皆鼓，下句亦不煩再言鼓。實則詩以『鞉磬』與『柷圉』對舉，柷圉爲一物，

鞉磬亦一物矣。說文鞉為鞀之重文，其籀文作磬，磬蓋鞉磬專字。此以寵磬，一作鞉磬澄黽即兆，一事也。

考工記輈人『龍旂九斿，以象大火也，鳥旟七斿以象鶉火也，熊旗六斿以象伐也，龜旐四斿以象營室也』。案此四旗者，即禮記曲禮上所謂『前朱雀而後玄武，左青龍而右白虎』。龍之為青龍，鳥之為朱雀，不待論。熊之為白虎，以同類相亂，亦無足異。惟龜謂之為玄武，其義維明。今謂龜黽古字每不分，玄武即玄黽，黽武一聲之轉，猶[illegible]黽，耿黽一曰蝦蟆、螯蟆也。黽冥音同通用，（左傳定四年之冥阨，即戰國策楚策之鄳阨，史記春申君傳之黽隘）故玄武又变為玄冥。淮南子天文篇『北方水也，其帝顓頊，其佐玄冥，……其獸玄武』。玄冥玄武，並屬北方，明為一名之分化。說文黽部『鼆，冥也，讀若黽蛙之黽』，左傳文十五年『一人門于句鼆』，釋文鼆本作黽。案黽加聲作鼆，鼆又省形作冥，黽，鼆，暨玄冥之冥，總一字耳。要之龜黽本已混淆，故北方之獸，或以為龜，或以為黽，兼言其色則曰玄黽，字之变則為玄冥，聲之轉又為玄武，其又或以龜蛇二獸者，似屬後起。考工記之龍旂，鳥旟，熊旗，龜旐，周禮司常則曰文（校）龍為旂，鳥隼為旟，熊虎為旗，龜蛇為旐，皆一獸衍而為二也。知北方之獸或以為黽，則其旗名曰旐之故，可得而言。蓋黽兆不分，既為上說，此旗畫黽為象，故謂之旐也。四旗之中，畫黽者謂之旐，猶畫鳥者謂之旟，旟與即鷩耳。此以旐為畫黽之旗，澄黽即兆，二事也。

說文『頫，低頭也，從頁逃省，太史卜書頫仰字如此，楊雄曰人而頫』，重文作俛，今字又作俯。案此字例當以兆為聲，而玉篇音靡卷切，今又讀匪父切，自來說者紛紛，咸未窺其窾要。今謂此字所從之兆亦黽字也。以聲言之，黽免音近義通，（詩谷風『黽勉同心』，釋文『黽勉猶勉勉也』，娩訓生子，[illegible]訓懷孕，義亦近。）頫古當作䫉，故重文作俛。其又作俯者，則俛之音轉，俛謂之俯，猶捫謂之拊矣。以義言之，頫訓低頭，正受義於黽。詩新臺篇『得此戚施』，傳『戚施，不能仰者』，國語晉語曰『戚施不可使仰』。案戚施者，說文黽部引詩作䵶鼀，字並从黽，而太平御覽九四九引韓詩薛君章句云即蟾蜍，蟾蜍固黽類也。龜黽之屬，性不能自仰，故毛傳國語云云。黽性能俯不能仰，因之黽有俯義，兆黽同字，故制字從兆從頁，以表低頭之意。此以頫字從兆而其聲與義並得之於黽，澄黽即兆，三事也。

山海經北山經『洧水其中多鱯黽』，注『鱯似鮎，黽鼃，似蝦蟇，或曰鱯黽一物名耳』。案或說是也。爾雅釋魚『魾大鱯，小者鮡』，注『鱯似鮎而大，白色』，爾雅之鱯即山海經之鱯，是山海經之黽即爾雅之鮡矣。黽為魚名，字當作鱦。釋魚又曰『鱦，小魚』。家語屈節篇『魚之大者名鱄，其小者名鱦』。案鱄即鱯，（楚辭離騷注『楚人名被為扈』，說文扈讀若阡陌之陌，國語周語魯懿公名戲，漢書古今人表作被，並鱯鱄聲通之比。）鱦即黽魚專字，亦即鮡字也。（鱦郭音繩則與鮡一聲之轉）此以鱦一作鮡澄黽即兆，四事也。

說文黽部「鼂，匽鼂，讀若朝。揚雄說匽鼂蟲名，杜林以為朝旦，非是。」廣韻作鼂，字從日，引蒼頡篇云「蟲名」，晁下曰「上同」。漢書景帝紀「御史大夫晁錯」，本傳作鼂。此以鼂字一作晁，證黽即兆，五事也。

由上觀之，黽兆古為一字，確無可疑，是則□字釋黽而音讀若兆，固無不可，然終不若逕釋為兆，蓋卜辭別無兆字，說者或以□若公當之，並無確據也。若嚴格言之，則□□為兆之正字，而□則黽字，就中復有作□者，（藏二三·二）又似龜字，（龜黽之別，其要在有尾與無尾，金文可證。）此二者或為□之訛變，或為其假借，均未可證。要並當讀為兆。孫郭二氏一律釋龜或黽，斯為皮相矣。

此字結體抽象，最難辨識，余嘗苦思半載，最後始悟及詩小旻篇「我龜既厭，不我告猶」之語，因疑「不□兆」為「不告猶」或不無關係。「告猶」之語，亦見尚書大誥「王若曰：『大誥猷爾多邦』」，馬本作誥繇，此疑即占卜術語「告猶」之衍變，（詳下）特下一色仍當以作繇為正，繇即卦兆繇辭之繇，其作猶若猷者，俱屬假借。繇兆音義俱通，方言一「䠛，跳也，陳鄭之間曰䠛」，又十「窕，淫也，沅湘之間謂之窕」，廣雅釋詁四「跳，長也」，莊子秋水篇注「遙，長也」，說文木部「櫾，崑崙河隅之長木也」，荀子榮辱篇「其功盛姚遠矣」，注「遙同」。漢書禮樂志「雅聲遠姚」，金文鴻繇同字，舜媯姓，一曰姚姓，姚即繇字耳。漢書禮樂志「銚四會員十二人」，注引韋昭曰「銚國名，音繇」。以上並繇兆聲通之證。禮記月令「命太史釁龜筴占兆」，注「占兆，龜之繇文」，左傳閔二年「成風聞成季之繇」，注「繇，卦兆之占辭」，僖四年「且其繇曰」，注「繇，卜兆辭」，襄十年「姜氏問繇」，注「繇，兆辭」。以上並繇兆義通之證。蓋龜之璺坼謂之兆，其占兆之辭謂之繇，實則兆繇古本一音一義，其後乃分化為二耳。卜辭曰：「□兆」，詩曰「告猶」，書曰「誥繇」，兆與繇（猶）若為一語，則□與告（誥）音義當亦不遠。夫就字形觀之，釋□為告誡，誠難徵信。然前揭□之變體有作□之例，其字確有告音，□既可假為□，（作□者僅一見，故暫定為借字。）則□音亦近告，從可知矣。請言其詳。

□者，卜辭執圉諸字俱從此，故知字確當釋㚔。說文「㚔，所以驚人也，从大，从羊。一曰大聲也。……一曰讀若瓠，一曰俗語盜不止曰㚔，讀若籋」。案卜辭□字為獨體象形，許君說小篆从大从羊，其誤不待辯。至所說㚔字二音三義，則皆可信。首論二音，（一）讀若瓠，（二）讀若籋。籋音即執字所從得聲，此最易明。瓠音則自來學者多疑之。今案瓠左魚部，而從㚔之圉睪等字亦並在魚部，是㚔讀若瓠固無可疑。漢書王子侯表上「瓡節侯息」，注「瓡即瓠字也」，瓡字從㚔而與瓠同，此㚔本有瓠音之確證。次論三義（一）所以驚人也，（二）大聲也，（三）盜不止。盜不止之說未詳。其曰「所以驚人也」者，㚔部六文可證。睪下曰「司（伺）視也，从目从㚔，令吏將目捕辠人也」，執下曰「捕辠人也，从丮从㚔，㚔亦聲」，圉下曰「囹圄，所以拘辠人，从口从㚔」，盩下曰「引繫也，从㚔攴見血也」，報下曰「當辠人也，从㚔从𠬝，𠬝，服辠也」，籀下曰「窮治辠人也从㚔人言竹聲」，重文作𥫔。統觀諸義，㚔當是刑具之屬，古字作𡘋象形，故曰「所以驚人」，驚猶警也。曰「大聲也」者，睪從㚔而睪與皋古字通，㚔即古皋字，亦即嗥字也，漢書皋陶，列女傳作睪陶，詩鶴鳴篇「鶴鳴于九皋」，漢孫叔敖碑「收九睪之利，九睪即九皋，荀子王霸篇「睪牢天下而制之」，後漢書馬融傳注引作皋，他若皋與澤通之例尤多，殆不勝舉，凡此並睪皋古通之證。儀禮士喪禮曰「曰『皋某復』，三」注「皋，長聲也」，周禮樂師「皋舞」，注「皋之言號」，案皋讀為嗥，故訓長聲，訓號，許書一說㚔訓大聲，即皋嗥之本字，廣韻悴，古勞切，集韻作㤉，一作㿥，是皋古字當祗作本，其異體之臯祗作𡕒，本𡕒並㚔之省変也。因思許慎㚔一曰讀若瓠，以讀若字有義之例推之，似當云讀若呱。詩生民「后稷呱矣」，本書口部「呱，小兒號聲」。呱轉為皋（嗥），猶呼轉為號也。由是觀之，許書「一曰大聲也」下又似當補「讀若皋」三字。知㚔有皋音，則㚔部睪籀盩報諸字之語根乃明。許君謂籀從竹聲，而睪下盩下報下均不云何聲。實則籀與皋音全同。睪古音仍當在幽部，說文「睪，司（伺）視也」，廣雅釋詁三「覩，見也」。義同。從目與從見同，㚔即皋字矣。盩報與皋亦同韻母，惟聲母変耳。此三字實皆從㚔得聲，許君不知㚔有皋音，故有此誤」。（釋「不𢆶𦣝」古典新義五七五——五八〇葉）

按：鼅鼄亦名鼄蝥、蠿蝥、次𧒂，皆一聲之轉，今則通作蜘蛛。方言：「鼅鼄，鼄蝥也，自關而西秦晉之間謂之鼄蝥，自關而東趙魏之郊謂之鼅鼄，或謂之蠾蝓。蠾蝓者，侏儒語之轉也。北燕朝鮮洌水之間謂之蝳蜍」。卜辭鳥獸蟲魚之名未見作謰語者，謰語當起於東周。鼅鼄初但作鼄，猶蝶之為蛺蝶，蝎之為蛣蝠，蝥之為蠓蠛，皆急言緩言之別。急言則為鼄，緩言之則為鼅鼄，為次𧒂、為蝃蝀、為蠿蝥。孟子滕文公即作蟷，皆此之比。

契文鼄字即象蛛在網上之形，李孝定之說是對的。金文鼄增「朱」為聲符。小篆从黽為譌體，契文本象蛛形，與黽有別。郭沫若謂並無「朱」之音符，「何見其不可釋為鼅」，未免疏失。

1866(2)

黽

按：王國維釋黽是對的。周禮蟈氏「掌去鼃黽」，鄭眾注：「蟈，蝦蟆也……。鼃黽，蝦蟆屬」。鼃今作蛙。契文即象蛙形。徐灝段注箋云：「黽無尾，則非从它也。蓋二文偶相似耳」。

金文黽作（父丁鼎）（父辛卣）、黿合文所从之黽作（父癸卣）（父乙卣）。金文編入於附錄。「黽」後足曲，無尾，與「龜」形有別。甲骨文編誤混。卜辭皆殘，用義不詳。

1867 ⿱田黽

按：合集二九三五一辭云：「王其田在⿱田黽」為地名。

1868

夏淥說參凵字條下。

按：合集一三七五二辭云：「貞，⿰弓斤其有疾？王固曰，⿰弓斤其有疾，叀丙不庚二旬㞢七日庚申腹」當與疾病有關，字不可識。

1869

按：懷一三八一辭云：「……肙祝于酉……」為人名。

1870 ⿱畱黽

葉玉森「鼉鼈鼄鼉並非水中小虫，若鼁鼅黽鼇，疑古文或亦从黽。上揭奇字似从黽从單省，或即鼉字。」（

商承祚「說文解字『鼉，水蟲，似蜥易，長丈，所皮可為鼓，从黽單聲。』單字古金文作□，與此形近，邵鐘作□，與此各同。」（類編十三卷四葉）

李孝定「說文：『鼉，水蟲，似蜥易，長大，从黽單聲。』商氏引說文據段注本，从龜从黽於文形近易混。唐蘭說見前鼉字條。鼉字古或从龜，葉說可从。金文作□，邵鐘从田，疑頭形之『〇』所譌變，許君遂以為从單聲矣。」（集釋三九四七葉）

何光岳「早在商代的甲骨文中，便出現□字，即今鼉字，這是早期的甲骨文，到了商代后期，甲骨文简化为□、□、□、□。在周代金文中，有鼉字，或简化为□、單、□。『鼉字，象其头、腹、足、尾之形。』以后鼉与單的字体分化，單即取鼉的上部，随着方言称呼的不同，便叫作鳝，這些方言主要流傳于河南、山東一带，至今仍有些地方叫鼉龙为鳝龙。因鼉除交配时雌雄在一起生活外，大多数时间都是单独生活，每一鼉穴只有一条鼉，故單便演化为单独的单，音檀，变为一音之轉，以后单字加魚旁为鱓，以别于义为单独的单。愈到后来，单、鼉的音义差别就愈来愈远，以至于分道扬镳了。鼉，音鮀，与鮀通用，后又转化为咢，这些方言主要流传于山西南部，随着古代人民的南迁，便将这个方言也带到了长江流域来。古代因鼉字复杂难写，便简化为咢字……当作战进兵时，击着鼉鼓执戈而进，以后单和戈两字合成作战的战字，且音与单（鳝）仅一音之转。这种叫声……与现在的扬子鳄叫声完全一样。金文中的噩字作□（噩侯簋）一字四口，正象征为多口发出的响声，即以后的噩字。这些鼉、噩、單的甲骨、金石文，不但是产地，也是因产地而命名的国名和邑名。后来以击鼉鼓作战，双方必然造成伤亡和损耗，便演变为噩耗、噩丧等名词的来源，由于鼉具有神秘和模糊感，故又演生为渾渾噩噩之意。」（扬子鳄的分布与鄂國的迁移，江汉考古一九八六年三期二四——二五页）

按：鼉即虫部之蜥今之鳄。邵鐘「鼉鼓」之鼉，與此形近，釋鼉可從。卜辭均殘，用義不詳。

1871

按：字不可識，其義不詳。

1872

按：字不可識，其義不詳。

1873

按：合集三三三二九辭云：「乙酉貞，又歲于伊[illegible]示」，當為「[illegible]」字之省。沚二五六七辭云：「丁亥貞，多宁以鬯又伊尹[illegible]示」，與此辭例同。參見1876「[illegible]」字條。

1874

按：字不可識，其義不詳。

1875

羅振玉　「說文解字龜古文作[illegible]。卜辭諸龜字皆象昂首被甲短尾之形。或僅見其前足者，後足隱甲中也。其增水者，殆亦龜字。」（殷釋中三十三葉下）

王襄　「古龜字。象龜側視之形。」（類纂正編第十二第五十九葉上）

龜宗（補通考三六葉）　饒宗頤　「左傳哀二十三年：『將戰，長武子請卜。知伯曰：君告于天子而卜之，以守龜于宗祧，吉矣；吾又何卜焉。』此即龜宗之義。」（通考一二九六葉）

命龜（補通考三七葉）

饒宗頤　「周禮太祝六辭，二曰命。詩定之方中傳：『建邦能命龜』。可參俞正燮金縢公命義。」（通考一二九六葉）

饒宗頤　「『戊午卜，設貞：我狩鰌。𢍰（禽）。之日狩，允𢍰……』（屯乙二九〇八）按鰌，地名，即龜。左桓十二年：『會宋公于龜』。杜注：『龜，宋地。』」（通考九八——九九葉）

李孝定　「契文多見側形，與篆文同。亦有象正視形者，與許書古文近。辭云『用龜一月』（前、四、五四、六）、『丙午卜其用龜』（前、四、五四、七）、『䵹龜』（燕二）均其本誼。其从水者，辭云『己卯卜爭貞今條秋令𢦏田从𢦏于龜獲羌』（前、七、二、四）、『𡗗龜𡗗于龜也□二牛』（新寫三八一）均為地名，非龜字。」（集釋三九三葉）

按：說文：「龜，舊也，外骨內肉者也。从它，龜頭與它頭同。天地之性，廣肩無雄，龜鼈之類，以它為雄。象足甲尾之形」。姚文田、嚴可均說文校議以為「廣肩」當作「廣要」，要俗作「膂」，因誤為「肩」。契文龜或象其側形，或象其俯視形。小篆即象其側面形，字不得謂為从「它」。龜鼈無雄，以它為雄之說，乃傳譌之言，不可據。王筠釋例謂「非無雄也，龜鼈皆有雄而不能交合。鼈之交也，多見之者。雄覓一蛇，來與雌交。雄輒入水，跳躑不已，似欣喜也」，亦屬誕妄。卜辭「龜」字皆用其本義。其从水作𪛖者，乃地名，與龜字有別。

1876

鼉

朴海波　「鼉，乙二九四八。从日从龜，說文所无。人名，白鼉。」（甲骨文編一〇六頁）

張政烺　「丙寅〔貞：〕𢦏來告，以〔羌〕用于☐。貞：〔𢦏〕來告，羌其用自上甲。丙寅貞：叀亻以羌眔它于鼉示用。」这是武乙时卜辞。𢦏和亻是人名。羌是羌人，常为殷之俘虏。「以羌……用」是说用羌人作祭品。眔犹及，言祭之所及。它是它示，即旁系先王。于犹与，䵼示与它示並提，皆为祭祀的对象。䵼《甲骨文编》入臼部（字号823），无说。按殷人称示很不简单，一般都指商王的祖先，这片卜骨言「用自上甲」，又言「于䵼示用」，当指一事。「用自上甲」言祭以上甲为首的一系列的大示，非指上甲一人。殷虚卜辞综述（460頁）曾讲「元示」，所引卜辞有：

辛巳卜，大，貞：出自上甲元示二牛，二示二牛。（前3.22.6）

貞：元示五牛，二示三牛。（哲庵85）

说「元示当指上甲」。这些材料很重要，可惜其解释却似是而非。元示和二示对言，犹大示和它示对言，前者指直系先王，后者指旁系先王。前一条「出自上甲元示」是说祭从上甲以下的大示，也就是我们在前面说过的上甲加九示。这里的「二示」指旁系先王，也就是我们考证的它示。第二条相同，「元示五牛，二示三牛」就是大示五牛，它示三牛。这点讲明白了再回头看，䵼示和元示相当，因此我疑心䵼当读元。说文：「黿，大鼈也。从黽，元声。」䵼象两手提个大鼈之形，也许就是黿之异体字。」（古文字研究第一辑六七頁）

按：字可隸作「䵼」。屯二五六七辭云：

「丁亥貞，多宁以鬯侑伊尹䵼示」

「䵼示」既有別於「它示」，亦有別於「元示」，當為非先王之諸示，而以伊尹為首。合集三三三二九亦稱「伊䵼示」。

1877 ⿰黽又

按：字从「黽」从「又」，隸當作「⿰黽又」。辭殘，其義不詳。

1878 ⿰黽攴

考古所　「地名。在武丁时期就作为殷王田猎地出现（見丙释二八四）。」（小屯南地甲骨九一九頁）

按：字从「黽」从「攴」，隸當作「⿰黽攴」。在卜辭皆為地名。

灉

王襄　「古灉字。」（類纂存疑第十一第五十三葉上）

葉玉森　「按此字从水从龜，乃地名。與□（前六、六五、五）□（後上十九・五）同字。羅振玉釋龜（書契考釋），予疑其地殆即名灉，或龜水合文也。」（前釋七卷二葉下）

陳夢家　「湡，或隸定作灉，古文龜、禺、禹是一字。」（綜述五九七葉）

陳夢家　「……辛丑卜尞湡三宰　佚二三四

戊午卜尞于湡三宰埋三宰于一珏　輔仁二〇

尞湡三牛　甲二七九

勿帝于湡　珠六四七

弜又湡　甲二六九七

……湡或隸作灉，古文龜、禺、禹是一字，所以我們暫定為湡，說文『湡水出趙國襄國之西山，東北入寖』，今邢臺縣至舊大陸澤之間。」（綜述第五九七葉）

孫海波　「□，甲二七九。用与龜同。尞灉一牛。」（甲骨文編四四六頁）

屈萬里　「灉字，不見於字書；其為形聲字，一望而知；則其音讀當如龜也。或釋湡；以字形核之，殊不類。」（甲釋四五葉二七九片三辭）

按：契文灉从水从龜，陳夢家隸作湡，以為「古文龜、禺、禹是一字」，其說非是。契文自有湡字作□，禺字作□，形體迥殊。

前七・二・四「己卯卜，爭貞，令旨令邑田从戠至于灉隻羌」，為地名。

灉亦為祭祀之對象：

「出于灉」　前六・六五・五

「弜又灉」　甲二六九七

「戊午卜，王賁于龜，三宰埋」 南輔二〇

「辛丑卜，賁龜我三宰」 佚二三四

「貞，又龜賁」 南明五〇九

殷人每祭於山川之神以乘年祈雨，此亦其例。

1880 ⿰彳龜 [illegible]

孫海波 「从彳从龜，說文所無。」（甲骨文編七八頁）

按：字从「彳」从「龜」，辭殘，其義不詳。

1881 龝 秋 [illegible] [illegible]

孫海波 「[illegible]，鐵一五三·二。唐兰释龝。龟屬。按，說文无此字，今附於龜後。」（甲骨文編五一三頁）

李孝定 「說文『烁禾穀孰也从禾龜省聲[illegible]籀文不省』卜辭假龝為穮。龝字重文，說詳十三卷龝下。又或段條為秋條字重文，說詳六卷條下。至籀文之穮，當由龝字所衍変，以龝為秋乃段借，後或增禾為形符，遂為从禾龝聲。龝龜形音並近。或有从禾龝聲之龝字，後復譌龝為穮，廣韵有此字音焦與龜音亦近遂為許書籀文之穮矣。」（集释二三六九葉）

蕭艾 「甲骨中关于祀[illegible]的卜辞出现不少。例如：

『庚戌卜，出[illegible]。』（龟甲兽骨文字一·一八·三）

『[illegible]隹奈』（铁云藏龟拾遗七·三）

……[illegible]是什么呢？……我定[illegible]为『羌龟』合文，即羌方贡来的大龟。……殷虚附近甚至数百里远近地区，并不产龟。其所需大量龟甲，都是所属方国或臣下贡献而来。因此，甲骨文中出现了『南氏龟』、『西龟』之类的纪录。说明殷代贞卜用的龟来自南方长江流域或陕甘等西方地区。

今天，人们把龟视为下贱之物，可是，在上古时代恰恰相反。人们认为龟是神物，称之为灵龟。尤其是藏于太庙的龟，视为国宝，绝非等闲。左传有一段纪载说：

「昭公十八年夏五月……郑火……子产……公孙登徙大龟……」

因为起火，宰相命令专人赶快搬走大龟，这是何等重视。又庄子：

「吾闻楚有神龟，死已三千岁矣。王巾笥而藏之庙堂之上。」

这些，都是春秋时代的事了，在春秋以前一千余年，更可想而知。……

明瞭上述这些，就不难清楚：在殷代，当西方的羌方，从老远贡来大龟，是多么重视，于是名之曰羌龟。将它作为神物，藏之于庙。为了占卜国之大事，得到灵验，并时时给以祀祭。所以甲骨载有祀「羌龟」的卜辞，而⿱艹龜决不是什么蛙或蟋蟀了。」（释「⿱艹龜」社会科学战线一九七八年二期六二页）

温少峰　袁庭栋

「甲文有[illegible]、[illegible]、[illegible]等字，唐兰先生认为：此⿱艹龜字者，本象龟属而有两角之形（殷墟文字记）。郭老则认为『龟属绝无有角者，且字之原形亦不象龟。其象龟甚至误为龟字者，乃隶变耳。今按字形实象昆虫之有触角者，即蟋蟀之类』（殷契粹编）。此二说置于卜辞之中均与文义不合，非是。近年来，郭若愚同志释为『螽』，即蝗虫，他说⿱艹龜『象一只蝗虫，有触足，有翼、肢足，一个蝗虫的各部分都具备了』（释⿱艹龜，载上海师范学院学报一九七九年二期）。同时，夏渌同志和胡澱咸先生也得到了相同的结论（见学习古文字琐记，殷代的虫害，甲骨文字考释·释⿱艹龜，均油印本）。此说正确，可从。

卜辞中有『⿱⿱一八丁⿱艹龜』之载：

(184) 庚辰贞：其⿱⿱一八丁⿱艹龜？（南明四六九）

(185) 贞：⿱⿱一八丁⿱艹龜，来辛卯酌？（甲三六四二）

(186) 乙亥卜：其⿱⿱一八丁⿱艹龜于猶？（摭续二）

『⿱⿱一八丁⿱艹龜』就是『宁螽』，与卜辞中关于『宁风』、『宁雨』之辞同例，乃是祈求祖先神灵宁止『螽』即蝗虫的灾害。春秋桓五年经：『秋，螽』。谷梁传曰：『虫灾也』。艺文类聚卷一〇。引春秋佐助期曰：『螽之为虫，赤头甲身而翼，飞行，阴中阳也。』又引洪范五行传曰：『春秋为螽，今谓之蝗。』由于蝗虫为害严重，殷人十分担心蝗灾的发生，故有卜问其至或不至之辞：

(187) 庚申卜，出贞：今岁⿱艹龜不至丝（兹）商？二月。

贞：⿱艹龜其至？（文六八七）

(188) 癸酉贞：⿱艹龜不至？（坎T〇·一二）

当蝗群大量发生时，卜辞中称为「龝异」或「龝大异」，即蝗虫大举之意。又称「龝𡕒」，郭若愚在上引《粹释·龝》中释𡕒为「集」之异体，近之。

(189) ……龝异至商。六月。（林二·一五·九）

(190) 乙酉卜，宾贞：龝大异？……（存一·一一九二）

(191) 丁酉贞：龝不隽（集）？

其龝集？（佚二三六二）

对蝗灾为害，殷人极为重视，常告祭于先王先公或河、岳、土（社）等神灵，求神降祐，消除此害。卜辞云：

(192) 乙未卜，宾贞：于上甲告龝异？（存一·一九六）

(193) ☒戊贞：其告龝隽（集）于高且夒？（粹二）

(194) 庚午贞：龝大隽（集），于帝五丰臣宁（宁）？才（在）且（祖）乙宗卜。（粹一二）

(195) 甲申卜，宾贞：告龝于河？（佚五二五）

(196) 乙未卜，宾贞：于岳「告」龝异？（续三四七二）

(197) 贞：帝龝于门？于土（社）？（卜五九二）

值得注意的是，殷代先民对于蝗灾的态度并不仅是停留在祭告鬼神以消极无为的祈祷，而且已采取了积极的灭蝗措施。

甲文有𤈦字，字象火烧蝗虫之形，《说文》写为𤈦，训「灼龟不兆也，读若焦」。可知此字之本义为火烧蝗虫，使之焦死。此字在卜辞中借作季节之名，即「秋」。但是如果灭蝗之事不是经常举行，就不可能造出这个𤈦字，更不可能以其焦黄之色为特征而借为秋字。所以郭若愚同志在《释龝》中以为：「𤈦字似乎告诉我们，他们已采用烧火灭蝗的办法」。这论点是可以成立的。在《诗·小雅·大田》中就有「去其螟螣，及其蟊贼，无害我田稚。田祖有神，秉畀炎火」的记载，「螣」就是蝗（见《吕氏春秋·不屈》高诱注：「今兖州谓蝗为螣」）。《毛传》训「炎火，盛阳也」。不确。故朱熹《集传》训为：「必去此四虫，然后可以无害田中之禾。然非人力所及也，故愿田祖之神为我持此四虫，而付之炎火之中也。姚崇遣使捕蝗，引此为证，夜中设火，火边掘坑，且焚且瘗，盖古之遗法如此。」王先谦《诗三家义集疏》亦「谓亟取而畀之炎火也」。《吕氏春秋·不屈》：「蝗螟，农夫得而杀之。奚故？为其害稼也」。由这些记载可知，殷周时确有以火灭蝗的事实。

(198) 虫（惟）龝令𠬝？（粹九四六）

此辞之𠬝，从𢆶，乃𢆶即毕之省体，象田网之形。又从匕，即从匕声。故字为毕之异体。

郭若愚同志据此辞而谓殷人对付蝗虫已经「采用网捕捉的方法」。这是完全可能的。

(199) 庚戌卜，貞：出（有）罙⿱艹⿱龜火，隹帝令佽？（前五·二五·一）

饒宗頤　「「癸丑卜，……于⿱龜火令。」（拾掇四三五）「……亞于⿱龜火。……」（佚存七八〇）……龜與⿱龜火實為異字。他辭云：「……叀令龜。叀令⿱龜火。」（𣏶一一五一）右版中一稱龜，而一作⿱龜火。按說文：「⿱龜火，灼龜不兆也。春秋傳曰：「龜⿱龜火不兆」。讀若焦。」哀二年傳：「卜戰，龜焦」。無「不兆」二字。又定九年傳：「衛侯將如五氏，卜過之，龜焦。」魏書諸帝子孫傳：「昔軒轅卜兆，龜焦。」俱借⿰火龜為焦。廣韻字作⿰火龜，灼龜不現兆曰⿱龜火。此化龜與⿱龜火分言之。考卜辭间言灼龜不見兆之卜。沘乙四八二二殘甲右甲橋有「卜⿱龜火」二字。又同書四七四一殘甲左甲橋有「貞⿱龜火」二字，此兩版同為第十三次發掘所得，可以綴合，見殷綴二七七。審甲上俱無坼兆，正可證⿱龜火為灼龜不兆之說。（卜辭⿱龜火又作⿱艹⿱龜火又作⿱艹龜，借為龝即「秋」字，每見「今⿱艹龜」「告⿱艹龜」即「今秋」「告秋」，與此義別。）（通考三七——三八葉）

唐蘭　「右⿱龜火字，舊不釋。今按當是从火从⿱艹龜，象以火熟⿱艹龜，據余所定象意字聲化例，則⿱艹龜乃聲也。故卜辭以⿱艹龜⿱艹⿱龜火同段為秋。說文：「⿱龜火灼龜不兆也。从火，从龜。春秋傳曰：「龜⿱龜火不兆。」讀若焦。」⿱龜火即⿱艹⿱龜火字之誤。疑傳文本作「龜⿱艹⿱龜火」，⿱艹⿱龜火焦音近，得相通假，而讀者誤認⿱艹⿱龜火為焦之專字，遂改从龜耳。董作賓乃謂⿱龜火字不見於說文，何其疏也。⿱艹龜字孫詒讓釋燮，（舉例下四二）亦誤。新撰字鏡九卷龜部，出⿱艹龜字云：「奇樑反，虬字，無角龍。」又出⿱艹龜字云：「奇樑反，字書亦虬字也。虬龍之無角者也，在部。」（當云在虫部）淺儒似出原本玉篇。」（文字記七葉下——八葉上）

唐蘭　「按葉說謬妄，董作賓乃和之，謂「甲骨文中夏之形，象蟬之側面」，（董說見卜辭中所見之殷曆）蘭亞角鋬內蟬形作□，（澂吾心室彝識下蘭亞角）殷虛白陶片上蟬文作□，與此⿱艹龜字頭戴二角者判然有異，謂⿱艹龜是蟬一妄也。夏蟲不足以語仌，夏蟲多矣，何以不舉蝨蠅，謂段蟬為，再妄也。文字之學不修，故葉氏得售其妄，今辨正之，庶來者無惑。然操觚之士，率爾者衆，自檜以下，我不欲觀，亦不能悉論及也。以字形言之，此⿱艹龜字者本象龜形而具兩角，誠以卜辭所見龜字對校之，如：□與□，□與□，□與□，自頸以下，背腹足尾，纖悉畢同，固不待繁言而見也。其或作□與□者，未詳所狀。（似多一足形。爾雅：「鼈三足能，

龜三足賁」。注：「山海經曰：『從山多三足鼈，大苦山多三足龜』。今吳興郡陽羨縣君山上有池，池中出三足鼈，又有六眼龜」。然則龜屬固多異形也。）其或作[glyph]者，似口尚有鬚也。⿱艹龜字說文遺漏。廣雅釋魚：「有角曰⿱艹龜龍」。⿱艹龜正當作⿱艹龜，盖龜黽易亂。（如：鼉或為[glyph]，鼃或為[glyph]）萬象名義廿五龜部有⿱艹龜字，「奇樛反，虬也，龍無角也」。天治本新撰字鏡同。（天治本印本難得，須託友人借到一帙，方付景照，未及檢查，僅憶其龜部⿱艹龜字凡兩出。）盖原本玉篇當有此字，今本龜部則已為俗人刪之矣。龍龕手鑑誤入艸部，然其字作⿱艹龜，則猶未甚誤也。⿱艹龜讀為蚪者，段借義也。其本義當為龜屬而具兩角者，其物今不可知。然余頗疑其即說文之⿰句黽也。說文：「⿰句黽，鼃屬，頭有兩角，出遼東」。又：「⿰句黽，水蟲也，蔵貉之民食之」。（按所謂水蟲者，乃鼉是也。）其非[glyph]、⿰句黽、⿱艹龜之屬可知。⿰句黽字從句聲，句從丩聲，而⿱艹龜段為蚪，蚪字亦從丩聲。⿰句黽頭有兩角，而⿱艹龜字之首亦具兩角。兩者間關係似頗密切也。從⿱艹龜之字，今可考者凡四。其閒見於卜辭者二：一⿱艹龜字，（見後下四一·一及湧一二四）未詳。一⿱⿱艹龜火字，見後，即說文之⿱⿱艹龜火字也。其閒見於字書者二：原本玉篇九龠有⿰龠龜字，（本作⿰龠龜，依萬象名義正之）「思條反」，蒼頡篇：「⿰龠龜，韶九成也」，字書或籥字也。今本玉篇譌為⿰龠龜。漢楊著碑云：「畏如[glyph]」，秋作⿰禾⿱⿱艹龜火，隸韵引燕然銘秋作[glyph]，萬象名義作⿱⿱艹龜火，並從⿱⿱艹龜火。今說文則譌為⿰禾⿱⿱艹龜火。然則凡從⿱艹龜之字，後世多誤為從龜，故⿱艹龜字遂湮晦矣。卜辭曰：「今⿱艹龜」，又曰：「今⿱⿱艹龜火」，⿱艹龜及⿱⿱艹龜火，並當讀為「秋」，即「今秋」與「來秋」也。盖⿱艹龜聲本有聚斂之義，故段以為收斂五穀之稱。殷庚言：「若農服田力穡，乃亦有秋」，是秋本收穫之義，引申之乃為收穫之時矣。因有收斂五穀之義，故後世注以禾旁，而為形聲字之「⿰禾⿱⿱艹龜火」，其後又省⿱艹龜，遂為「秋」字矣。說文：「秋，禾穀熟也。从禾⿱⿱艹龜火省聲。⿰禾⿱⿱艹龜火，籀文不省」。雖誤⿱艹龜為龜，其說固猶有本也。六國文字作秌，則當是從日秋聲。其演變如下圖：

⿱艹龜 ─┬─ ⿱艹龜
　　　　└─ ⿱⿱艹龜火 / ⿱龜火 ── ⿰禾⿱⿱艹龜火 / ⿰禾⿱龜火 ── 秋 ── 秌

秋本收穫之時，百穀各以其熟為秋，本無定時也。惟穀多一年一熟，故秋之義略當於年，詩「如三秋兮」是也。卜辭云「今秋」「來秋」，當亦如此，惟未必如歷術中稱年之精確耳。若四時之秋，則後起之名矣。（文字記六葉上——七葉下）

葉玉森

「古人造春秋夏冬四時之字，疑並取象於某時最著之物。卜辭未見夏字。據上今春之例，𢧁獲三則。『今』下一字並象形文，如『今[glyph]其章』，（揃二·二五）『□賓貞由今[glyph]□』，（後下·一·二）『今[glyph]其出降[glyph]』，（佃二·二六）三辭中之象形文，並狀緌首翼足，與蟬畢肖，疑卜辭段蟬為夏。蟬乃最著之夏蟲，聞其聲即知為夏矣」。（鉤沈二葉）又曰：「夏之殊態如[glyph][glyph][glyph][glyph][glyph]並象蟬之緌首翼足之形。蟬為夏蟲，聞其聲即知為夏，故先哲假蟬形以表之。小篆作□，誤□為臼，誤□為頁，誤□為夂，猶略得其似。至許君乃謂象首及兩足，為中國之人一若外國之人頭及手足與中國異轂者然，滅殆索解矣。」（朱氏文字編五卷十三葉上夏字條引）

李孝定「从龜省从北，字本為單體象形，姑从許書例說之如此。說文所無。唐氏謂即萬象名義之龜，叚為秋字，其說甚是。葉謂象蟬形，卜辭叚為夏字。蟬之與夏聲韻懸遠，叚借字從無此例，更無論其形之不肖也。」（集釋三九四四葉）

于省吾「唐兰解释卜辞的龜字说：「以字形言之，此龜字者本象龟形而具两角。……」我既同意唐氏的前一说法，现在对于他说引的典籍略加补充。周书王会谓「龙角神龟」，广雅释鱼谓「有角曰龜（应作龜）。」抱朴子对俗谓「千岁之龜，五色具焉，其头上双骨起，似角。」以上所引，亦可以作为参证。

今将在刊物上登载的有双角的烏龟，录之于下：

一九八一年化石刊物（第三期十五页）的标题是长犄角的乌龟：「在澳大利亚的一个小島的陡崖上，澳大利亚古生物学家阿·里奇发现了相当大的陆生龟类化石，这种龟类早已绝灭。」「学者们还是第一次见到了这种形状古怪的龟，它生活在两千二百万年以前。使大家感到惊奇的是：第一，它的头上长着两个向后弯的尖犄角，当它将头缩进龟壳下面时，它的这一对角仍留在外边；第二，它还长着一个带有脊的尖尾巴；第三，这种龟的龟壳很薄，可能就是因为这个才使它不能生存至今。」又光明日报（一九八一年五月二十五日第四版）奇异的乌龟：「澳大利亚古生物学家阿列克斯·里奇，在澳大利亚北部海岸附近的小岛上发现了一具十分奇异的乌龟遗骸。据认为，这种乌龟生活在一（化石一作两）千二百万年以前的陆地上。这种乌龟背上的甲壳很薄，头上却长有一对相当锋利的角，其尾巴与鱷魚的尾巴十分相似。」这和化石所记大致相同。……

按以上列物所记载澳大利亚双角龟形，虽然以为生存在两千二百万年之前，但不能说在我国三千多年前的商代就没有这类动物。因为甲骨文的双角龜属于象形字，当时必然实有其物，然后才能摹仿其形，这是可以理解的。此外还要加以说明的是，象形文字经常与图画或实物不能完全相同。就双角龜的实物图形上是横列的，它头上的双角向后倾斜，但就象形文字来说，下管头上的角形偏前偏后，无不列于头的顶部。又甲骨文的龜形的尾巴有无互见，其有尾者，例如：作□（粹一二一）、作□（文录六八七）、或□（前二·五·三）等形。这和澳大利亚的角龟，「长着一个带有脊背尾巴」是相合的。至于头尾中间的龜殼作横列的橢圓形，其龜殼上

的纹理，和现在的一般龟形几乎没有什么区别。」（释龜，史学集刊一九八二年四期一至四页）

姚孝遂　肖丁

「《佚》525：「告秋于河」

《粹》88：「其告秋上甲二牛」

卜辞「秋」字作□、□、□诸形，与龜字在形体上迥然有别。《说文》「秋」字的籀文讹变为从「龜」，我们不能据此以为卜辞的「龜（秋）」字是象「龜」形。」（小屯南地甲骨考释一七页）

姚孝遂　肖丁

「……𪛉即龜字之繁体，下从火。籀文作𪛉，其形益繁，且讹变为从「龜」。卜辞「龜」与「龜」在形体上用法上均区分极为严格，不容相混。龜与𪛉均即今「秋」字。说文训𪛉为「灼龜不兆」，形体既讹，义亦非其本朔。」（小屯南地甲骨考释三三页）

姚孝遂　肖丁

「「告龜」即「告秋」，为收获之事祭告于先祖。其对象为夔，为河，为岳，而主要则为「上甲」。《粹》4：「其告秋上甲」，《粹》88：「其告秋上甲二牛」均其例。（小屯南地甲骨考释一一页）

姚孝遂　肖丁

「「秋爯」当为有关收获之事，卜辞或称「告秋」。」（小屯南地甲骨考释一七页）

何琳儀

「例如「秋」，甲骨文本作「□」形，籀文省簡音符「丘」作「龝」。」（戰國文字通論二〇〇頁）

按：唐蘭釋龜即𪛉是對的。但謂為龜屬而具兩角，又疑即黽，則非是。其後復於天釋修正前說。據天二〇謂上端象喙形，其尾旁之揭起者為甲形。釋龜為「觜觿」，即「靈龜」。均局執於龜為龜屬，或於𪛉為灼龜之訓，以致誤。龜首為觸鬚，背或突出其翼，與「喙」與「甲」無涉。柯昌濟、郭沫若以為蟋蟀之形。鹽鐵論引月令：「涼風至，殺氣動，蜻蛚鳴，衣裘成」。方言：「蜻蛚，楚謂之蟋蟀，或謂之蛬，南楚之間謂之蚟孫」。其蟲鳴秋，其鳴以翼。契文龜或突出其翼形，借為春秋之秋。籀文从龜乃形體之譌變。

或以「龜」乃象蝗蟲之形。卜辭「告秋」、「寧秋」之祭，均與災異有關。解為蝗禍皆可通。

蝗至秋時為害最烈，故可引申為春秋之「秋」。「䶂」字仍當以取象於蝗蟲即「螽」為是。

1882

按：字从「八」从「䶂」，其義不詳。

1883

郭沫若 「二蟬字作𤰇，與蟬形酷肖。白色陶紋有作𤰇者，亦正相似。蟬假為禪祭也。有此字出，足證葉玉森以䶂為蟬形文實謬。」（殷契粹編考釋二○五頁下）

金祥恆 釋蜩。（續甲骨文編十三卷四頁）

1884

按：郭沫若以為字象蟬形是對的，但謂假作「禪」則非是。合集三四四一○辭云：「叀甲用𤰇」；「叀癸用𤰇」。當為祭品。

1885

按：合集七○一四辭云：「己卯卜，王貞，余乎巛辜戈、余弗𤰇巛」用為動詞。

按：此與1884同字，當合併。

1886 熊

按：佚二一六九辭云：「其在面熊盞」。本片通版皆記田獵之事，「熊」在此當用其本義，為獸名。

1887 熊

羅振玉「古金文有熊字（虢叔鐘）（㪤狄鐘）（宗周鐘）諸形與卜辭同」。（增考中卅葉下）

王襄「古熊字」。（類纂正編第十第四十六葉上）

按：此亦「熊」字，當與1886合併。

1888 米

王襄「古米字」。（類纂正編第七第三十四葉下）

羅振玉「象米粒瑣碎縱橫之狀，古金文从米之字，皆如此作。許書作米形，稍失矣」。（殷釋中三十四葉下）

于省吾「栔文米字作𣥠，金文如梁稻穛等从米之字亦如是作。小篆中畫直貫，已失初形。栔文來字間作米，與米字有別。後下二九·十五：「王其聶米自且Ø」。佚八五：「茲米」。登米系米均謂祭時獻米也。後上二五·七：「王米口叀父丁以于囧米」。後下二三·五：「王其聶口囧米」。粹二二七：「王米于以且乙。王米于囧以且乙」。二二八：「□王米□于□以且乙」。囧為祭名，栔文亦作盟，通盟，即周禮詛祝盟詛之盟。米作動字用，亦當為祭名，與彌弭敉字通。周禮小祝「彌烖兵」注：「彌讀曰敉，敉安也」。男巫：「春招弭以除疾病」。注：「杜子春讀弭為彌兵之彌。玄謂弭讀為敉，字之誤也。敉安也，安凶禍也』。說文：『敉，撫也。从攴，米聲。周書曰：「亦未克敉公功」。讀若弭』。按撫安同義，是契文之米祭，即男巫招弭之弭。弭為安凶禍之祭。囧米連文，盟謂要誓於鬼神。其言『以于囧米』，謂與于盟弭。其言『王米于以且乙』，以應讀台，訓我之，言王弭祀于我之且乙。其言『王米于囧以且乙』者，言王弭與盟于我之且乙。中間省去介詞于字，乃契文之常例也」。（駢三第十三葉釋米）

郭沫若　「米蓋讀為類，類从頪聲，頪从米聲，例可通假。周禮大祝『一曰類』，注云『類，祭名也』。小宗伯言『類社稷宗廟』，則宗廟之祭亦得用之」。（粹考三十七葉下）

陳夢家　「『米众』，米或是敉或侎字，說文『撫也』。」（綜述六〇八葉）

屈萬里　「卜辭：『己巳貞：王米囧，其登于且乙？』按：米，即米穀之米」。（甲編考釋一四〇葉）

李孝定　「疑中一畫乃象籭形。蓋米之為物作⺌固足以象之，而與沙水諸字之从小點作者易混，故取象於籭以明之，亦猶雨字作⺌上畫象天之意也。擇米者必用籭，說文『籭，竹器也，可以取粗去細从竹麗聲』字今作篩。卜辭言𢍰米為薦新米之祭，乃用其本義。或用為祭名，郭讀為類，于讀為弭，似以于說為長。言『米眾』則當以陳說讀為敉也。金文粱糕等字偏旁所从米字與契文同」。（集釋二三九七葉）

白玉峥　「峥按：字蓋象谷采形；禾成谷，其采之谷粗壮，故以⺌象之。其必以三，三，多也。中一，蓋谷采之梗也。字於卜辭，率多用为祭名，即辭中之㝡米也；蓋即嘗新之祭也。其用为动词者，如本辭，蓋即说文之敉之本字；其作弭、弥者，皆为形声，例当后起。字虽见於典籍，然不得据以论文字初始；况今传之典籍，皆为后汉之隶定者也。」（契文举例校读十六中国文字第五十二册五八五五页）

按：金甲文米字皆作⺌，小篆則形體稍有譌異，故說文諸家釋其形體皆誤。李孝定以為其中橫畫象籭形，可備一說。卜辭米字多用其本義，亦有用作祭名者，于先生駢枝釋米已詳論之。惟「囧米」之「囧」當為地名，「米」為祭品。卜辭「米衆」、陳夢家讀「米」為「敉」是正確的。「敉衆」謂「安撫」衆人。

又卜辭「𣎴」為「小甲」之合文，不得混入「米」字。

釆

𠦃

葉玉森　「𠦃即番。疑並段為燔柴之燔。……疑米仍米之变體，或番與粪義本相同。米形亦相近，故古人通用之歟？」（鉤沈五葉下十三行）

商承祚　「卜辭中又有作米者，亦粪字。文曰：「庚午米于𤊿」，曰「丁卯貞于庚午酒米于兕」，故知其為粪矣。」（類編十卷八葉）

李孝定　「字形與粪之習見者小異，似仍以葉說為是。惟此字僅於卜通二五九片中見之，同片中六見，是否書體偶有不同，未敢確指，存以俟考。」（集釋三一四七葉）

郭沫若　「即說文「釆，辨別也」之釆字，此段為燔。」（卜通五十五葉上）

郭沫若　「釆字七見。（即卜通二五九片）即說文「釆辨別也，讀若辨」之釆字，此段為燔。」（卜通五十五葉二五九片釋文）

孙海波　「𠦃，粹一一二。郭沫若釋釆。文曰，乙未酒茲品，上甲十，匚三，匚三，示壬三，示癸三，大乙十，大丁十，大甲十，大庚十，釆三，□□□三，祖乙□□。」（甲骨文編三二頁）

李孝定　「說文「燔，爇也。从火番聲」卜辭假釆為之。」（集釋三一四七葉）

李孝定　「說文「釆，辨別也。象獸指爪分別也。凡釆之屬皆从釆。讀若辨。𠂇，古文釆。」辭作米與小篆形近，疑與番為一字，並象蹤迹之迹。葉、郭釋釆，謂段為燔，其說可从。辭云「丙寅貞釆三宰卯牛于口」、「丁卯貞于庚午酒釆于𡆥」、「己巳貞庚午酒釆于𡆥」、「庚午釆于岳又从才雨」、「釆于岳亡从才雨」、「癸酉卜又釆于六云六豕卯羊六」卜通二，其義為祭名。或言釆三小宰與卯對舉，為用牲之事，蓋即周禮春官大宗伯「以禋祀祀昊天，以實柴祀日月星辰，以槱燎祀司中、司命飌師、雨師」之義。鄭注云「禋之言煙。周人尚臭煙氣之臭，聞者槱積也。」詩曰「芃芃棫樸，薪之槱之」之祀，皆積柴實牲體焉。或有玉帛燔燎而升煙，所以報陽也。鄭司農云「……實柴，實牛柴上也。故書實柴或為賓柴』。賈疏申之言『……此司中、司命等，言槱燎則亦用煙也。於日月言實牲；至昊天、上帝言禋祀，則三祀互相備矣。但先積柴，次實牲，後取煙，事列於卑，祀義全於昊天，作文之意也』。所謂『米三小宰』者，當讀為燔，蓋實三小宰於積柴之上，燔之以祭也。二鄭所說雖為周禮，殷禮蓋亦然矣。金文作米孟文乙卣、米米卣。小篆中畫上端右屈，此則屈其下端，並與卜辭契文相近。」（集釋〇二八五葉）

按：𢄶一一二為「小甲」合文，不得釋「米」。英三八〇反辭云：「……米冊入……」「米」為人名。